Geschichte der Stadt Mannheim

Band II 1801–1914

# Geschichte der Stadt Mannheim

## Band II 1801–1914

*Herausgegeben im Auftrag der Stadt Mannheim*
*von Ulrich Nieß und Michael Caroli*

*unter Mitwirkung von Anja Gillen, Dieter Hein,*
*Hans-Joachim Hirsch, Christian Jansen, Wilhelm Kreutz,*
*Hans-Erhard Lessing, Carl-Jochen Müller, Ulrich Nieß,*
*Christiane Pfanz-Sponagel, Christmut Präger, Hansjörg Probst,*
*Gerhard Rietschel, Hanspeter Rings, Dieter Schott,*
*Harry Maximilian Siegert, Walter Spannagel, Harald Stockert*
*und Franz Waller*

verlag regionalkultur

Bibliographische Information der Deutschen Bibliothek
Die Deutsche Bibliothek verzeichnet diese Publikation in der Deutschen Nationalbibliographie; detaillierte Daten sind im Internet über http://dnb.ddb.de abrufbar.

ISBN Band 2: 978-3-89735-471-5
ISBN des Gesamtwerks: 978-3-89735-487-6

| | |
|---|---|
| Gesamtherstellung: | verlag regionalkultur |
| Herausgeber: | Stadt Mannheim, Michael Caroli, Ulrich Nieß |
| Redaktion: | Grit Arnscheidt, Michael Caroli, Dieter Hein, Ulrich Nieß, Heidrun Pimpl, Hanspeter Rings, Susanne Schlösser, Harald Stockert |
| Lektorat: | Jürgen Weis, Stuttgart |
| Satz: | Jochen Baumgärtner, vr |
| Grafik: | Jochen Baumgärtner, vr / Steffen Elsishans, Edingen-Neckarhausen |
| Umschlaggestaltung: | Steffen Elsishans, Edingen-Neckarhausen |

Diese Publikation ist entsprechend den Frankfurter Forderungen auf alterungsbeständigem und säurefreiem Papier (TCF nach ISO 9706) gedruckt.



verlag regionalkultur Heidelberg – Ubstadt-Weiher – Basel
Korrespondenzadresse:
Bahnhofstraße 2 • 76698 Ubstadt-Weiher • Telefon (0 72 51) 3 67 03-0 • Fax 3 67 03-29
E-Mail: kontakt@verlag-regionalkultur.de • Internet: www.verlag-regionalkultur.de

MANNHEIM²

2007 400 Jahre bewegen

# Geleitwort

Stärker als in den ersten 200 Jahren seiner Geschichte als protestantische Festung und kurpfälzische Hauptstadt bildete Mannheim im 19. Jahrhundert ein historisches Profil aus, das die Stadt bis heute charakterisiert: als Handelsmetropole mit einem leistungsstarken Binnenhafen und einem vielfältigen Geschäfts- und Dienstleistungsspektrum, als Industriestandort mit großen Unternehmen und einer politisch wie kulturell engagierten Bürgerschaft.

Dabei schienen die Startbedingungen zu Beginn des 19. Jahrhunderts alles andere als günstig: Zum dritten Mal in seiner noch jungen Geschichte kriegszerstört, im äußersten nordwestlichen Winkel des neuen Großherzogtums Baden gelegen, drohte der Stadt der Absturz in bedeutungslose Provinzialität. Vielleicht waren es aber gerade diese besonderen Herausforderungen, die wagemutige Handelsleute motivierten und auf den Pfad wirtschaftlichen Erfolgs brachten. Und andererseits – wenn man seine gesellschaftliche Stellung und Anerkennung nicht mehr fürstlicher Gunst, sondern eigener Arbeit und Anstrengung verdankte, was lag dann näher, als auch Mitwirkungsrechte in öffentlichen Angelegenheiten und bürgerliche Rechte einzufordern?

Zwar wurde der liberale und demokratische Aufbruch des Vormärz durch die Niederschlagung der Revolution 1848/49 noch einmal unterdrückt, die Hoffnungen auf einen Nationalstaat mit moderner Verfassung enttäuscht, aber die damals gewachsenen Wurzeln ließen sich gerade in Mannheim nicht gänzlich ausreißen. Und nicht nur bürgerliche Liberale und Demokraten verstanden es, sich allmählich wieder neue Freiräume zu erobern – auch die so genannten „kleinen Leute", Handwerksgesellen und Arbeiter brachten immer selbstbewusster ihre Interessen zur Geltung: Mannheim wuchs zu einer Hochburg der Arbeiterbewegung heran.

Ein weiteres Dauerthema der Mannheimer Stadtgeschichte prägt auch diese Zeit: die Zuwanderung, zumeist aus den Nachbarregionen, die zahlenmäßig die Migration des 17. und 18. Jahrhunderts weit übertraf. In kaum 50 Jahren verfünffachte sich die Bevölkerungszahl bis 1914 auf über 200 000 Einwohner. Welche Integrationsleistungen die – im doppelten Sinne des Wortes – „junge" Großstadt zu bringen hatte, wird deutlich, wenn man sich vergegenwärtigt, dass 1905 gerade einmal 4 100 über 45 Jahre alte Menschen in Mannheim lebten, die auch hier geboren waren.

Und schließlich wollte dieses wirtschaftlich dynamische, politisch wache Mannheim endlich auch das Image der nur geschäftigen Hafenstadt und grauen Industriemetropole abstreifen: Erst als Kulturzentrum werde die große Stadt auch zur Großstadt, so hatte der städtische Chefstatistiker

Sigmund Schott um 1900 bemerkt. Und Mannheims wohlhabendes Bürgertum unternahm nicht geringe Anstrengungen, um seiner Stadt nun auch kulturellen Glanz zu verleihen. Einen Höhepunkt bildete dabei das Stadtjubiläum 1907, als der Industriehafen und die Kunsthalle eingeweiht wurden, die städtische Handelshochschule, die heutige Universität, ihren Betrieb aufnahm und eine Internationale Kunst- und Große Gartenbau-Ausstellung weit mehr als 4 Millionen Menschen anlockte.

Dennoch – unter der glänzenden Oberfläche verbargen sich auch soziale Verwerfungen und nicht wenige Konflikte. Ob beim Wohnungsbau oder bei der Bekämpfung von Armut oder gefährlichen Krankheiten – noch längst reichten die städtischen Instrumentarien auf diesen Problemfeldern nicht aus. Indes schickte sich eine Stadt wie Mannheim weit früher als anderswo im „Musterländle" Baden an, nach neuen Lösungen zu suchen, die wiederum anderen Städten zum Vorbild dienten. Das „Mannheimer Schulsystem" eines Anton Sickinger um 1910 kann hier beispielhaft genannt werden. Ob die Stadt auch politisch neue Wege beschritten hätte, um eine stärkere Partizipation auch der besitzärmeren und bildungsferneren Schichten zu ermöglichen, wissen wir nicht, weil der Erste Weltkrieg der politisch vom nationalliberalen Bürgertum dominierten Welt ein jähes Ende bereitete.

Diesen Spannungsbogen zeichnet der vorliegende Band nach und macht durch seine großzügige Gestaltung die Reise durch die Vergangenheit zugleich auch zu einem Sehvergnügen. Er handelt über eine Epoche, die von nicht wenigen Historikern das Etikett des „langen 19. Jahrhunderts" erhielt, um die Wirkungsmächtigkeit auch für die politischen und gesellschaftlichen Kräfte und Faktoren des 20. Jahrhunderts zu verdeutlichen. Geschichte ist stets auch ein Erbe mit bleibender Aktualität; sie taugt zwar nicht als Handlungsschnur, aber sie ist wichtige Grundlage, um die eigene Gegenwart besser begreifen und die Zukunft gestalten zu können.

Mein Dank und meine Gratulation gilt den Herausgebern und dem gesamten Team des Stadtarchivs – Institut für Stadtgeschichte, den Autorinnen und Autoren der Beiträge sowie dem Verlag Regionalkultur und seinen Mitarbeiterinnen und Mitarbeitern. Auch der zweite Band der neuen Mannheimer Stadtgeschichte hält das hohe Niveau, das durch den ersten vorgegeben wurde. So bin ich fest überzeugt, dass es mit diesem Werk gelingt, weitere Leserinnen und Leser dafür zu gewinnen, sich mit der Geschichte unserer Stadt eingehender zu beschäftigen.

Mannheim, im Oktober 2007

Dr. Peter Kurz
Oberbürgermeister

# Vorwort

Noch rechtzeitig im Jubiläumsjahr freuen wir uns, den zweiten Band der Geschichte der Stadt Mannheim vorlegen zu können. Der Erfolg und die hohe Beachtung, die der erste Band gefunden hat, bestärken die Herausgeber in ihrem Vorhaben. Es erwies sich als richtig und notwendig, bereits vor Jahren die Weichen für eine komplette Neubearbeitung der Mannheimer Stadtgeschichte zu stellen. Klar entschieden ist damit die ursprünglich heiß diskutierte Frage, ob es nicht genügen würde, das vor 100 Jahren erschienene Werk einfach fortzuschreiben. Der gewählte Weg hat Zustimmung gefunden: Nur eine komplette Neubearbeitung garantiert, dass heutige Fragestellungen an alle Epochen der Stadtgeschichte einfließen können. Jeder Band bezieht die jüngsten Forschungsergebnisse mit ein und stellt sich gleichzeitig dem kritischen Urteil eines breiten Lesepublikums.

Unsere leitende Absicht ist es, wieder eine gut lesbare Darstellung zu bieten, die gleichermaßen verständlich und unterhaltsam geschrieben sein soll. Zum Lesevergnügen soll vor allem auch die anspruchsvolle Gestaltung beitragen. Schon beim ersten flüchtigen Blättern wollen wir die Lust zur vertiefenden Lektüre wecken. Diese Grundidee trägt offensichtlich: Gerade für das neue Layout und die zum Teil bislang noch unpublizierten Bilder erfuhren wir bislang große Zustimmung. Das ist uns Ansporn und Verpflichtung zugleich für das Gesamtwerk. Einige kritische Leserreaktionen betrafen die so genannten Fensterthemen, mit denen wir den Blick auf zeitgenössische Einzelthemen gestatten, die nicht nur Bezug zu Mannheims Stadtgeschichte aufweisen, sondern auch auf übergeordnete Entwicklungen, Innovationen und dergleichen mehr eingehen sowie Porträts von außerordentlichen Persönlichkeiten bieten. An der optisch-deutlicheren Hervorhebung dieser „Fenster" wurde noch etwas gefeilt.

Ein chronologischer Hinweis sei noch angemerkt: Für den Kenner der Materie mag zunächst etwas irritierend erscheinen, dass als Epochengrenze das Jahr 1801 gewählt wurde. Gewiss ist richtig, dass staatsrechtlich gesehen Mannheim erst 1802/03 an Baden fiel. Indes stellt die eigentliche übergeordnete Epochenscheide der Frieden von Lunéville von 1801 dar, bei dem mit dem Verlust der linksrheinischen Gebiete für die Kurpfalz und für andere ältere Territorialgebilde das Ende eingeleitet wurde.

Die zweite tiefe Zäsur in Mannheims Geschichte setzt der Ausbruch des Ersten Weltkriegs, womit dann der dritte Band anheben wird. So umfasst der hier vorliegende Band nahezu den gesamten Zeitraum der großherzoglich-badischen Zugehörigkeit Mannheims. In diese Periode fällt der Aufstieg zur Handels- und Industriestadt, bilden sich sowohl ein innerstädtisch gut vernetztes Großbürgertum und eine bildungsbürgerliche, liberal-demokratisch geprägte Schicht als auch eine organisierte Arbeiterschaft als die zentralen Größen heraus, die der Stadt ihren Stempel aufdrücken. Gleichzeitig steht die erste Hälfte des 19. Jahrhunderts für Mannheims Führungsrolle bei den freiheitlichen, demokratischen Bestrebungen dieser Zeit, die zwar in der Revolution 1848/49 eine empfindliche militärische Niederlage hinnehmen mussten, aber dennoch längerfristig obsiegen sollten. Von der *heimlichen Hauptstadt der Revolution* bis hin zu jenem *Stück junges Amerika mitten im alten Deutschland,* von dem der Sozialdemokrat Ludwig Frank sprach, spannt sich somit der Entwicklungsbogen, von dem im Buch nachfolgend die Rede ist.

Einmal mehr gilt es, Dank an alle Mitstreiterinnen und Mitstreiter des Werks zu sagen, angefangen beim Redaktionsteam, den Autorinnen und Autoren, den Kolleginnen und Kollegen vom Stadtarchiv-Institut für Stadtgeschichte und von befreundeten Institutionen bis – last but not least – zum Verlag Regionalkultur mit seinem kreativen Gestaltungsteam. Die gute und stets angenehme Zusammenarbeit aller Beteiligten wird auch beim dritten Band entscheidend sein, wenn dieses Werk einen würdigen Abschluss finden soll.

Dem Buch wünschen wir viele aufmerksame Leserinnen und Leser!

Mannheim, im Oktober 2007

Ulrich Nieß | Michael Caroli

# Inhalt

# 1801–1815

## Ein „goldenes Zeitalter" unterm badischen Greif?

Harald Stockert

## Ein neuer Kurfürst stellt sich vor: Mannheim wird badisch

1801–1815

*Sey uns gegrüßet, Vater! Wir wagen es*
*Mit Ehrfurcht diesen Herzen umfassenden*
*Namen zu sprechen; sieh es, die Pfalz*
*Harret mit Sehnsucht dir jubelnd entgegen!*

*Sey uns gegrüßet Herrscher! Es blühen nun*
*Gewerbe, Handel, Ackerbau wieder auf;*
*Künste, von dir geschützet, erstehn*
*Jugendlich unter dem Glanze Rupertens.*

Mit diesen Versen wurde Kurfürst Karl Friedrich von Baden am 2. Juni 1803 an der kurpfälzischen Grenze bei Hockenheim von einer Kinderschar begrüßt.[1] Damit begann der Antrittsbesuch des neuen Herrschers in der rechtsrheinischen Kurpfalz, die ihm im Reichsdeputationshauptschluss zugesprochen worden war.

Am Nachmittag erreichte Karl Friedrich mit Mannheim die Hauptstadt seines neuen Territoriums. Vor dem Heidelberger Tor angekommen wurde er mit Glockengeläut und Vivatschüssen empfangen, und vom Mannheimer Stadtdirektor Karl Anton Rupprecht willkommen geheißen. Begleitet von der Bürgerwehr zog der Kurfürst mit seinem Tross inmitten jubelnder Schulkinder und Bürger durch die Planken über den Paradeplatz hin zum Schloss, wo ihn der Adel und die hohen Verwaltungsbeamten erwarteten.

*Zum Empfang eines neuen Regenten ist immer die ganze Stadt auf den Beinen. Im Jahr 1811 versammelten sich die Honoratioren, die Bürgerwehr und große Teile der Bevölkerung vor den Toren der Stadt und hießen den neuen Großherzog Karl willkommen. Ähnlich dürfte es sich auch 1803 anlässlich der Ankunft von Kurfürst Karl Friedrich abgespielt haben. Aquarell von Ludwig Neureuther, 1811. REM.*

*Zum Andenken an die Huldigung Mannheims ließ die Stadt 1803 Münzen prägen. REM.*

Für die nächsten Tage war ein umfangreiches Programm vorgesehen. So wohnte Karl Friedrich im Nationaltheater einem ihm zu Ehren geschriebenen Schauspiel sowie einer Oper bei. Im Anschluss daran gab er bekannt, dass er auch künftig den Betrieb dieser Institution mittels eines jährlichen Zuschusses aufrechterhalten wolle. Er empfing Schulkinder aller Mannheimer Schulen und gab sich ganz als fürsorglicher Landesvater. Den Konfessionen gegenüber präsentierte er sich als toleranter Staatsmann, indem er sowohl einem lutherischen, reformierten und katholischen als auch einem jüdischen Gottesdienst beiwohnte.

Den Höhepunkt seines Aufenthalts bildete am 7. Juni die zentrale Huldigungsfeier im Schloss. Erschienen waren Deputierte aus der ganzen rechtsrheinischen Kurpfalz sowie aus den an Baden gefallenen Teilen des Fürstbistums Speyer. Die Feier begann mit einer Rede des Hofratspräsidenten Ludwig Freiherr von Hövel, der ihnen ihre Untertanenpflichten gegenüber dem Landesherrn einschärfte. Darüber hinaus rief er alle Neubadener auf, sich als ein Staatsvolk zu fühlen. Hierauf antworteten die Deputierten, an erster Stelle der Mannheimer Stadtdirektor Rupprecht: *Mannheims Bewohner haben sich stets durch unerschütterliche Treue, Liebe und Anhänglichkeit an ihre Durchlauchtigsten Landesfürsten ausgezeichnet. Schmerzlich musste ihnen daher die Trennung von ihrem angestammten Regentenhause fallen* […]*; sie schieden wehmutsvoll wie dankbare Kinder von ihrem geliebten Vater; nur der Gedanke konnte sie wieder aufrichten, dass die göttliche Vorsicht sie einem Fürsten zugewiesen, der seit einem halben Jahrhundert Glück und Segen über seine Staaten verbreitet hat, einem Fürsten, den ganz Europa den Weisen, den Gütigen, den Gerechten nennt.*[2] Nach den Reden erfolgte die Huldigung, anschließend war zur Feier des Tages ein stadtweites Fest mit Illumination angesagt. Karl Friedrich blieb noch einige Zeit in Mannheim, ehe er sich in Richtung Heidelberg verabschiedete.

Während seines Besuchs in Mannheim sah sich der Kurfürst der schier unbegrenzten Devotion seiner neuen Untertanen ausgesetzt, die ihn wiederholt als *Vater des Vaterlandes* feierten und mit Dank- und Lobpreisungen überhäuften. Dabei unternahmen die Mannheimer große Anstrengungen, um ihre Stadt im besten Licht erscheinen zu lassen. Zugleich brachten sie ihre damit verbundenen Erwartungen zum Teil recht deutlich zum Ausdruck. Nicht nur sollte Karl Friedrich der Stadt und dem Land den ersehnten Frieden geben oder – wie im zitierten Kindergedicht formuliert – die Künste unterstützen und die Wirtschaft zum Blühen bringen; man erhoffte sich von ihm nicht weniger als den Beginn eines *goldene*[n] *Zeitalter*[s].[3]

Von einem solchen sahen sich die Mannheimer 1803 jedoch weit entfernt. Seit dem traumatisierenden Wegzug des kurfürstlichen Hofs im Jahr 1778 hatte sich bei weiten Teilen der Bevölkerung eine regelrechte Krisenstimmung breit gemacht. Zahlreich sind die Zitate aus jener Zeit, denen zufolge Mannheim seither *öde und leer* gewesen sei, von einem Geist der *Kleinmut* beherrscht, welcher *gegen alle Lebensfreude strebte.*[4] Die politische Entwicklung und die fortwährenden Kriege in den 1790er Jahren verstärkten diese Tendenz. Geradezu typisch war angesichts der bevorstehenden Abtretung des linksrheinischen Gebiets an Frankreich die rhetorische Frage des kurpfälzischen Landesarchivars und späteren badischen Regierungsrats Albert Friederich, der 1798 apodiktisch formulierte: *Muß Mannheim durch die Eigenschaft als Gränzstadt gegen Frankreich aufhören zu seyn, was es war?* [...] *Oder mit dürren Worten gesagt: Soll M*[annheim] *darum jetzt zu Grunde gehen?*[5]

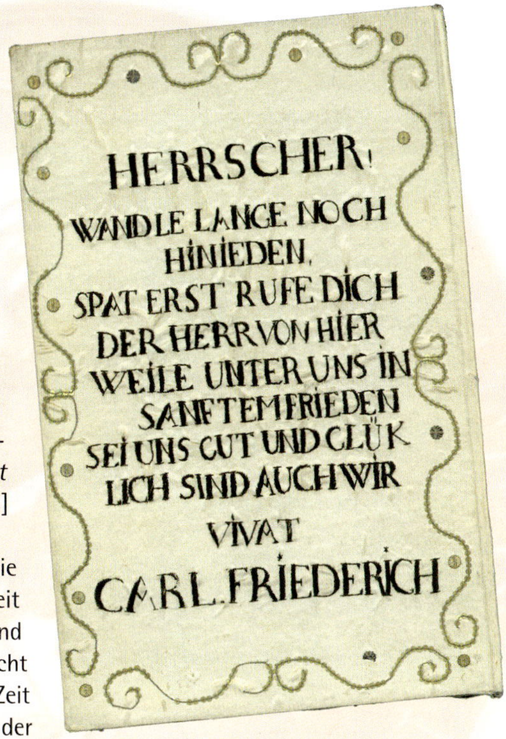


*Die Huldigung der Schüler der katholischen Schule am 4. Juni 1803 wurde in einer eigens angefertigten Handschrift festgehalten, auf deren Umschlag sich prachtvolle Stickereien befinden. GLA KA.*

Diese Endzeitstimmung war um die Jahrhundertwende in Deutschland weit verbreitet. Scheinbar unverrückbare und altbewährte Fundamente von Politik, Recht und Gesellschaft waren binnen kurzer Zeit ins Wanken geraten, und dem Ansturm der französischen Revolutionstruppen hatte das altehrwürdige Heilige Römische Reich Deutscher Nation wenig entgegenzusetzen. Im Gegenteil, Frankreich bestimmte nun maßgeblich die Entwicklung, und Paris wurde spätestens seit dem Friedensschluss von Lunéville am 9. Februar 1801 zum Zentrum der deutschen Politik. Mit der endgültigen Anerkennung der Rheingrenze in diesem Vertrag war die territoriale Ordnung des Reichs zur Makulatur geworden; die Gebiete der geistlichen Reichsstände wie auch die der Reichsstädte sollten unter der Aufsicht Napoleons unter denjenigen weltlichen Fürsten verteilt werden, die Territorien links des Rheins besessen hatten.

Auch die linksrheinische Kurpfalz war hiervon betroffen, und es stellte sich die Frage nach dem weiteren Schicksal ihrer rechtsrheinischen Gebiete. Bayern, dessen staatliche Existenz zwischenzeitlich gefährdet war, sah sich zunehmend napoleonischem Druck ausgesetzt, auf die verbliebenen Stammlande am Rhein vollständig zu verzichten. Angesichts der dortigen desolaten Finanzverhältnisse fiel Kurfürst Max Joseph und seinem Staatsminister Maximilian Joseph Graf von Montgelas die Entscheidung jedoch nicht allzu schwer. Stattdessen strebten sie eine Erweiterung ihrer Kurlande in Schwaben und Franken an, was ihnen von Napoleon schließlich auch gewährt wurde. Nutznießer dieser Entwicklung wurde das bis dato eher unbedeutende Baden, das sich in den vergangenen Jahren als treuer Parteigänger Napoleons erwiesen hatte. Geleitet von dem Interesse, ihm gewogene und leistungsfähige Mittelstaaten im Süden Deutschlands zu schaffen, bestimmte der Korse, dass die kleine Markgrafschaft eine weitaus größere Gebietskompensation erhalten solle, als ihr eigentlich zugestanden hätte. Im französisch-russischen Entschädigungsplan, der im Juni 1802

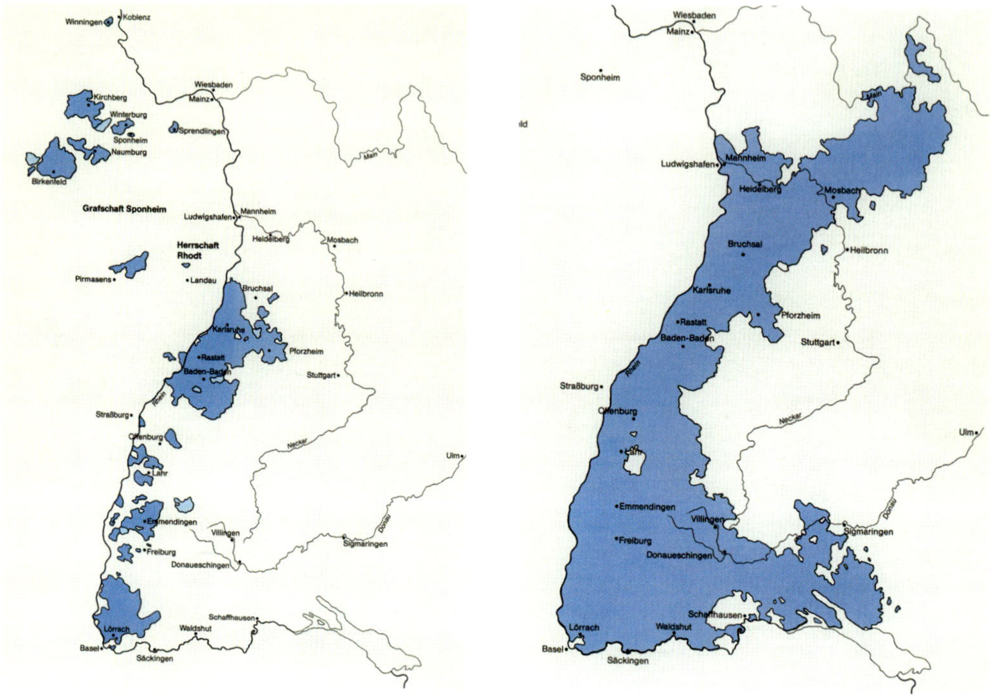


*Territoriale Entwicklung von Baden. Zwischen 1800 und 1815 vervierfachte sich die Fläche Badens. Nach: Baden und Württemberg (1987) Bd. 1,1 S. 90 f.*

veröffentlicht wurde, sah sich Baden unter anderem mit den rechtsrheinischen Teilen der Kurpfalz und des Fürstbistums Speyer bedacht. Obwohl dieser Plan noch keine rechtliche Relevanz besaß und lediglich als Vorlage für die in Regensburg tagende Reichsdeputation dienen sollte, gingen die neuen Mittelmächte Bayern, Württemberg und auch Baden ab August 1802 dazu über, die ihnen zugesprochenen Gebiete zu besetzen. Erst mit dem am 25. Februar 1803 geschlossenen Reichsdeputationshauptschluss sollten die neuen Grenzen eine rechtliche Grundlage bekommen; im selben Vertragswerk wurde überdies die Markgrafschaft Baden zum Kurfürstentum erhoben.

*Wie durch Zauber* fand sich Mannheim *aus der Mitte des alten Staates an die Graenze des südwestlichen Deutschlands versetzt.*[6] In der Stadt hatte die Bekanntgabe des Herrscherwechsels gemischte Gefühle ausgelöst. Die Freude über das mutmaßliche Ende des fortwährenden Kriegs wurde überschattet von der Unsicherheit, wie es Mannheim unter Badens Herrschaft ergehen würde. Hinzu kam die Enttäuschung über den ehemaligen Landesherrn Max Joseph, von dem man sich verkauft fühlte. Öl ins Feuer goss zudem das Bestreben Bayerns, die im Mannheimer Schloss befindlichen Kunstsammlungen nach München abzutransportieren. Max Joseph hatte dem Verzicht auf die Kurpfalz unter anderem nur unter der Bedingung zugestimmt, dass er die Sammlungen behalten dürfe. Den Protesten wie auch den devoten Bitten des Mannheimer Stadtrats schenkte er daher kein Gehör. Der Verlust des Kupferstichkabinetts, des Antikensaals, großer Teile der Hofbibliothek sowie der wissenschaftlichen und Kunstsammlungen wurde seither als *kulturelle Katastrophe* beschrieben, durch die Mannheim seine *schönste Zierde* verloren habe.[7] Dabei hatte der Exodus von Kulturgütern nach München bereits mit der Residenzverlegung 1778 begonnen und in den 1790er Jahren einen weiteren Höhepunkt erreicht; der Abtransport 1802 bildete lediglich das traurige Finale.[8] Nur ein geringer Rest der wissenschaftlichen Sammlungen, des Naturalienkabinetts sowie der Hofbibliothek, um die es sich nach Ansicht von Montgelas nicht lohnte, *Krieg zu führen*, verblieben in der Quadratestadt.[9]

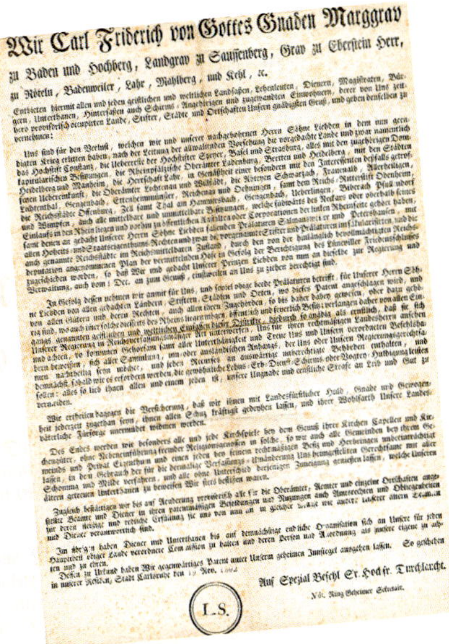
Wir Carl Friderich von Gottes Gnaden Marggrav zu Baden und Hochberg, Landgrav zu Sausenberg, Grav zu Eberstein Herr, zu Rötteln, Badenweiler, Lahr, Mahlberg, und Kehl, &c.

Auf Spezial Befehl Sr. Hochfr. Durchlaucht.

L.S.

Badisches Besitzergreifungspatent, 1803. StadtA KA.

In der Zwischenzeit hatte sich die neue Herrschaft durch eine vergleichsweise behutsame Vorgehensweise bei der Herrschaftsübernahme Sympathien gesichert. Nachdem am 27. August 1802 die kurpfälzische Garnison Mannheim verlassen hatte, ließ Baden einige Wochen verstreichen, ehe es die Stadt besetzte und schließlich am 23. November 1802 die Zivilbesitzergreifung durchführte. Dabei wurde mit wohlwollenden Worten für die neuen Untertanen nicht gespart. So äußerte Freiherr von Wöllwarth anlässlich der Verpflichtung des Amtspersonals: *Welche Hoffnungen muß nicht ihr neuer Regent von einem solchen guten Volke* [wie dem der Pfälzer] *schöpfen! Er verspricht sich auch von ihm die nehmliche Treue und Anhänglichkeit, die sie ihrem alten Regenten erzeigt haben, und* [...] *er* [nimmt] *als wahrer Vatter des Vatterlandes der Pfälzer seine neuen Unterthanen auf.* [10]

Im Anschluss an diese Zeremonie fand eine Parade der neuen Garnison sowie der aufmarschierten Bürgerwehr statt, ehe dem Stadtdirektor Rupprecht und dem Stadtrat das badische Besitzergreifungspatent zur Aushängung an den Stadttoren übergeben wurde. Ihre Abrundung fanden die Feierlichkeiten in einer Opernaufführung im Nationaltheater auf Rechnung der markgräflichen Kassen, zu der die Bevölkerung eingeladen war. Eigens hierfür hatte man das Libretto der Mozart-Oper *Titus* auf Markgraf Karl Friedrich umgeschrieben, der wie der Flavierkaiser als Personifizierung herrschaftlicher Milde und Weisheit gefeiert wurde.

Der Streit um die Kunstschätze, die Enttäuschung über das alte Herrscherhaus sowie die verbreitete Zukunftsangst trugen dazu bei, dass sich die Blicke der Mannheimer rasch dem neuen Landesherrn zuwandten. Die badische Regierung unterstützte dies durch eine geschickte Propaganda, die den mittlerweile 74-jährigen Karl Friedrich als idealen und (groß)väterlichen Herrscher inszenierte, der sich liebevoll um seine neuen Untertanen kümmern werde. Dass sie damit Erfolg hatte, zeigten die in zeitgenössischer Rhetorik verfassten, überschwänglichen Huldigungsadressen der Mannheimer, vor allem aber die Einschätzung der badischen Entscheidungsträger: So reagierte der Außenminister Ludwig von Edelsheim geradezu euphorisch auf den Ablauf der Huldigung im Juni 1803 und unterstrich, dass *die bisherige* [kurpfälzische] *Regierung nichts unterlassen* [habe], *den Mannheimern eine Änderung erwünscht zu machen.*[11]

*Großherzog Karl Friedrich von Baden (1728–1811). Ölgemälde von Franz Joseph Zoll, 1808. Privatbesitz.*

Wie hochfliegend die Erwartungen der Mannheimer an die neue Herrschaft teilweise waren, zeigt beispielhaft die *Denkschrift über das Loos von Mannheim*, die Albert Friederich 1804 der badischen Regierung vorlegte.[12] Aufgrund des Verlusts der Kunstwerke, der teils erfolgten, teils bevorstehenden Verlegung zahlreicher Behörden und großer Teile des Militärs sowie der neuen Grenzverläufe drohe nun der endgültige *Untergang* der Stadt. *Mannheim ist ein Kunsterzeugnis, und nur durch künstliche Mittel kann es dauern*, so seine These. Woraus diese *künstliche*[n] *Mittel* bestehen sollten, darüber hatte Friederich eine feste Meinung: Mannheim müsse neue badische Hauptstadt werden. *Die Entscheidung falle, und das Churfürstenthum Baden besitzt bald eine Hauptstadt, die mit Deutschlands ersten in Linie tritt, die vor vielen von innerer Schönheit und Natur-Begünstigung den Rang gewinnt.* Karlsruhe könne demgegenüber mit einigen Manufakturen und Fabriken abgespeist werden.

Es verwundert kaum, dass diese Eingabe in Karlsruhe auf heftigen Widerspruch stieß. Ein badischer Beamter machte sich das Vergnügen, ein Gegengutachten zu verfassen. Teils systematisch, meist polemisch nahm er die Argumente Friederichs auseinander: Karl Theodor sei ja auch aus dem schönen Mannheim weggezogen, warum solle dann Karl Friedrich dorthin gehen? Weiter lästerte er: *Mannheim, nichts als Mannheim ist das Symbol seiner Bürger, und ich liebe sie darum.* [...] *Zeige man einem Mannheimer das prächtige Paris mit allen seinen Schöpfungen und Sammlungen Napoleons, das unermeßliche London mit seiner reizenden und üppigen Umgebung, Wien, Berlin – er wird wohl einzeln das Vorzügliche überall bemerken und bewundern, dennoch aber* [...] *ausrufen: 's is eben nur eene Palz und een Mannem.* Als schlagendes Argument führte der unbekannte Schreiber schließlich an, eine Grenzstadt könne niemals Residenzstadt sein. Der Kurfürst ließ sich überzeugen und die Eingabe zu den Akten legen. Mannheim wurde zwar zur *Zweite*[n] *Großherzogliche*[n] *Haupt- und Residenzstadt* erhoben, was jedoch letztlich ein leerer Titel blieb.

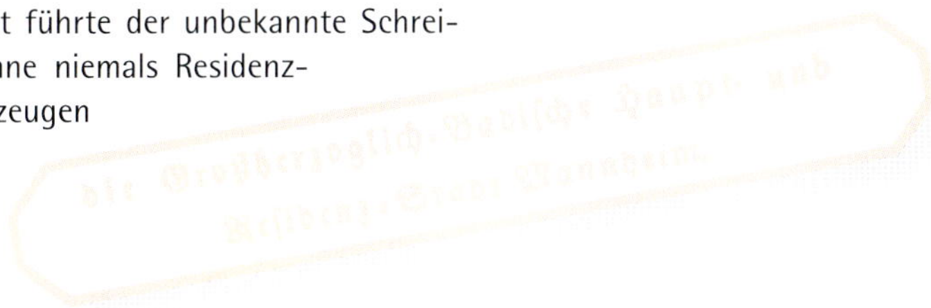

Auch wenn dieser Vorgang rückblickend reichlich kurios erscheinen mag, so ist er doch aussagekräftig in mehrerer Hinsicht. Der schlechte Abgang der Wittelsbacher sowie der gute Einstand der Badener erzeugten eine enorme Erwartungshaltung, die nicht erfüllbar war. Geradezu greifbar war dabei das ungemein hohe Selbstbewusstsein, mit dem viele Mannheimer insbesondere aus der Beamtenelite und der bildungsbürgerlichen Schicht dem neuen Staat entgegentraten. Für sie war es selbstverständlich, dass Mannheim als größte Stadt im neuen Kurfürstentum und nicht das beschauliche Karlsruhe die erste Geige spielen sollte. Enttäuschungen waren damit vorprogrammiert.

Ein weiterer Aspekt ist ebenfalls greifbar in Friederichs Denkschrift: die bereits angesprochene Krisenstimmung hinsichtlich der Zukunft der Stadt, die immer wieder mit Endzeitszenarien aufgeladen wurde. Die apodiktisch formulierte Alternative Residenz oder Untergang zeigt, dass dabei das traurige Schicksal Mannheims als einzigartig wahrgenommen wurde und nur wenige über den Tellerrand hinausblickten. Dabei sahen sich um die Wende vom 18. zum 19. Jahrhundert die meisten Städte im Reich mit einer Vielzahl von Entwicklungen konfrontiert, die mit ungeheurer Dynamik über sie hereinbrachen. Neben Belastungen durch Kriege, Einquartierungen oder revolutionäre Unruhen veränderten sich in jener Zeit Absatzmärkte, Handelsrouten, aber auch Migrationsbewegungen. Die Staaten wiederum sahen sich durch die wiederholten territorialen Verschiebungen zu umfangreichen Reformen veranlasst, die nicht nur Verwaltung und Verfassung betrafen, sondern auch gravierend in die gesellschaftliche Struktur eingriffen und hier tiefe Gräben rissen. Diese Phase des verstärkten allgemeinen Umbruchs sollte sich in Mannheim auch in den folgenden Jahren fortsetzen, sodass die Hoffnung auf ein *goldene*[s] *Zeitalter* auf eine harte Probe gestellt werden sollte.

## „... bei tüchtiger Verwaltung wird sich das Land erholen ...": Objekt der badischen Reformpolitik

Der Reichsdeputationshauptschluss von 1803 bildete einen Höhepunkt der *territorialen Revolution*[13], die Deutschland in den ersten beiden Jahrzehnten des 19. Jahrhunderts erlebte. Die Hoffnung vieler Zeitgenossen, dass mit den neuen Grenzen und verfassungsrechtlichen Verhältnissen nun endlich wieder Stabilität einkehren würde, erfüllte sich nicht. Im Gegenteil, Napoleon zeigte kein Interesse, die Dynamik der territorialen Flurbereinigung abebben zu lassen. Sein Ziel war es, seine Vasallen weiter zu stärken und ein noch höheres Maß an Abhängigkeit zu erwirken. Entsprechend gab es allein für das Kurfürstentum Baden, das 1806 zum Großherzogtum aufsteigen sollte, in den Jahren 1805, 1806, 1810 und 1819 weitere Änderungen in seinem territorialen Bestand. Im Jahr 1806 schlossen sich die meisten Mittelstaaten unter Napoleons Führung zum Rheinbund zusammen und erklärten ihren Austritt aus dem Heiligen Römischen Reich Deutscher Nation, das wenige Wochen später mit der Niederlegung der Kaiserkrone durch Kaiser Franz II. ein trauriges Ende fand. Erst nach dem Sieg über Napoleon 1814/15 fanden die deutschen Staaten wieder zusammen, als sie sich 1815 auf weitgehend autonomer Basis zum Deutschen Bund zusammenschlossen.

*Der Herrscher Europas im Krönungsornat: Napoleon Bonaparte, Kaiser der Franzosen (1769–1821). Ölgemälde von François Gerard, 1805. AKG Images.*

Die umfangreichen Gebietszuwächse in jener Zeit stellten die neuen Mittelstaaten und dabei vor allem Baden, dessen Territorium sich von 1802 bis 1815 vervierfachte, vor große Herausforderungen. Die neuen Gebiete mussten in den Staat integriert und dieser gleichzeitig modernisiert werden, um ihn überhaupt regieren zu können. Zudem sahen sich die Rheinbundstaaten intensivem Druck durch Napoleon ausgesetzt, der rationale Reformen nach französischem Vorbild forderte. Die badische Regierung setzte dabei ihre Schwerpunkte in den Bereichen Verwaltung, Verfassung, Justiz, öffentliche Finanzen sowie in der Bildungspolitik. Binnen weniger Jahre galt es, die patrimoniale Ordnung der alten Markgrafschaft in die Strukturen eines modernen Mittelstaats zu überführen.

Kennzeichnend für Baden beim Herangehen an diese Herausforderungen war die Wechselhaftigkeit der Reformpolitik.[14]

So setzte in den Jahren nach 1803 zunächst die altbadische Beamtenelite unter Johann Nikolaus Friedrich Brauer eine Politik durch, die an die Verwaltungstraditionen der neu gewonnenen Territorien anknüpfte. Dies fand seinen Ausdruck unter anderem in der Einteilung Badens in drei Provinzen, wobei Mannheim *Hauptstadt der Pfalzgrafschaft* wurde. Zwar beklagten die badischen Beamten die Lage der Stadt als die eines *an der einen äußersten Grenze* [gelegenen] *ganz unschicklichen Ort*[s];[15] dennoch blieb Mannheim ein regionaler administrativer Mittelpunkt. Allerdings gab es auch hier tief greifende Neuerungen, da es ein Ziel der Reformpolitik war, eine möglichst gleichförmige Kommunalstruktur zu schaffen.[16] Im Gegensatz zu den altbadischen Städten hatte Mannheim – aber auch Heidelberg – in der Vergangenheit vergleichsweise umfangreiche Autonomierechte besessen. Diese wurden nun sukzessive beschnitten. Den Anfang machte ein Erlass des Kurfürsten vom 25. April 1804, in dem er befahl, *den Stadtrat, das Stadtgericht und das Pupillaramt Unserer Hauptstadt Mannheim* [...] *gänzlich aufzulösen.*[17] An ihre Stelle trat das neu geschaffene staatliche Obervogteiamt, das später Stadtamt genannt wurde, mit dem Stadtdirektor an der Spitze. Als Vertretung der Gemeinde fungierten nun der gewählte Oberbürgermeister und der Stadtmagistrat. Organisatorisch wie personell herrschte bei dieser Neuerung ein hohes Maß an Kontinuität, indem zahlreiche Amtsinhaber der Vorgängerinstitutionen in die neuen Ämter übernommen wurden – Stadtdirektor Rupprecht behielt ebenso seinen Posten wie acht ehemalige Stadträte, die nun Stadtmagistrate wurden.[18] Dabei hatte man die städtischen Kompetenzen drastisch beschnitten, indem viele Kompetenzen an das staatliche Obervogteiamt übertragen wurden. Die Rechte des neuen Stadtmagistrats beschränkten sich auf *die städtische Oekonomie, die Ausfertigung von Kaufbriefen und Hypotheken, die Ausübung der städtischen Lokalpolizei.*

Bereits 1809 wurden diese Strukturen wieder beseitigt. Inzwischen hatte mit Sigismund Freiherr von Reitzenstein die modernere Fraktion innerhalb der badischen Regierung Oberhand gewonnen, die radikale zentralistische Reformen nach französischem Vorbild in die Wege leitete. Das Großherzogtum

*Wie sehr die Kompetenzen des Stadtrats in den Reformen beschnitten wurden, zeigen augenfällig die Ratsprotokolle, deren Umfang zwischen 1803 und 1810 von voluminösen 2 700 Seiten auf etwa 800 Seiten pro Jahr zurückging. StadtA MA.*

*Sigismund Freiherr von Reitzenstein (1766–1847). Foto nach einem Pastell eines unbekannten Meisters, um 1810. GLA KA.*

wurde nun in zehn Kreise unterteilt, die wiederum in Bezirke bzw. Stadtämter gegliedert waren. Bewusst wurden dabei historisch gewachsene Grenzen ignoriert, um eine möglichst rationale Staatsgliederung zu schaffen.[19] Die Städte verloren weitgehend die verbliebenen Autonomierechte an die Kreise und sahen sich als unterste Verwaltungsebene in den staatlichen Instanzenzug integriert.

Statt Hauptstadt einer großen Provinz war Mannheim nun nur noch eine von zehn Kreishauptstädten. Immerhin wurde das bisherige Stadt- bzw. Obervogteiamt beibehalten, das die unterste staatliche Behörde bildete. Stadtdirektor blieb Rupprecht, der nun überwiegend an den Kreisdirektor zu berichten hatte. Oberbürgermeister und Stadtrat – so wurde der Stadtmagistrat nun wieder genannt – sahen sich gegenüber diesen beiden Gewalten noch weiter zurückgedrängt. Deutlich wurde die zunehmende Machtlosigkeit der Kommune bei der Wahl des Oberbürgermeisters, die zwar der Bürgerschaft zustand, an die das Kreisdirektorium bei der Ernennung jedoch nicht gebunden war. Dies galt im Übrigen auch für die Wahl des Stadtrats, zu der mittlerweile sämtliche Inhaber des Bürgerrechts zugelassen waren. Wie sehr das Kreisdirektorium dabei *Gesichtspunkte der bürokratischen Effizienz* [...] *gegen den erklärten Willen der städtischen Bürgerschaft* stellte, zeigten die 1810 abgehaltenen Wahlen.[20] Die Kreisbehörde verfolgte hierbei das Ziel, die in ihren Augen fehlbesetzte Gemeindespitze zu erneuern. Das Wahlergebnis entsprach allerdings nicht ihren Erwartungen, da auch einige alte Ratsverwandte wiedergewählt wurden. Mit vorgeschobenen Argumenten wurde der Wahl die Anerkennung versagt und die Bürger aufs Neue zu den Urnen gerufen. Die Wahlbeteiligung sank von 86 auf 16 Prozent – ein deutlicher Ausdruck des Unmuts der Bürger über die Farce. An der Spitze der Stadt stand nun, nachdem der Verleger und Buchhändler Mathias Fontaine als Kandidat mit den meisten Stimmen verzichtet hatte, der Kaufmann Johann Wilhelm Reinhardt als Oberbürgermeister. Auch der Stadtrat war weitgehend erneuert.

Diese obrigkeitliche Bevormundung der Gemeinde und ihrer Gremien war für die nächsten beiden Jahrzehnte kennzeichnend. Meist hatte der Rat nur noch über Hypothekenangelegenheiten und die städtischen Finanzen zu befinden. Erst mit der Gemeindereform im Jahr 1831 sollte es zu einer demokratischeren Ausrichtung der Gemeindeverfassung kommen, die den Kommunen wieder mehr Rechte zubilligte.

Die badische Zentralisierungspolitik ging somit stark zu Lasten der ehemaligen Hauptstadt der Kurpfalz. Dies zeigte sich auch bei den bislang in

Mannheim ansässigen Zentralbehörden, die aufgelöst bzw. verlegt wurden. Allein beim Generallandeskommissariat, wie zuletzt die kurpfälzische Regierung genannt wurde, sowie beim Oberappellationsgericht waren 1802 zusammen rund 200 Personen tätig.[21] Zwar wurde ein Großteil der Staatsdiener weiterhin in Mannheim beschäftigt, gleichwohl war der Aderlass beträchtlich – so sollen allein in den Jahren 1803/04 rund 60 Beamtenfamilien die Stadt verlassen haben.[22] Der Anfall der Kurpfalz an Baden markierte damit das Ende Mannheims als administrativer Mittelpunkt. Parallel dazu wurde im Zuge von Militärreformen ein Großteil der Garnison abgezogen, sodass in Mannheim lediglich 1 500 Mann stationiert blieben.

*Johann Wilhelm Reinhardt (1752–1826) war ein höchst erfolgreicher Geschäftsmann und avancierte vom kleinen Krämer zum Großhändler und Bankier. Von 1810 bis 1820 bekleidete er das Amt des Mannheimer Oberbürgermeisters. Ölgemälde eines unbekannten Meisters, um 1810. Privatbesitz.*

Wohl auch als Kompensation für diese Verluste ist die 1810 erfolgte Verlegung des Oberhofgerichts von Bruchsal in die Quadratestadt zu sehen. Mannheim, das ja bereits das *Hofgericht für die badische Pfalzgrafschaft* beherbergte, dessen Bezirk von der Kurpfalz bis ins Taubertal reichte, wurde somit zur Hauptstadt des Rechts in Baden.[23]

Doch nicht nur die Gemeindespitze und -vertretung wurden im ersten badischen Jahrzehnt drastisch umgestaltet, auch die innere Struktur der Stadt mit dem Finanz-, Polizei-, Armen- und Bildungswesen wurde von der staatlichen Reformpolitik erfasst. Diese hatte in der ehemaligen Kurpfalz recht drastische Folgen. Denn dieser Landesteil war nicht nur notorisch überschuldet; viele Institutionen boten auch infolge eines jahrzehntelangen Reformstaus ein Bild des Niedergangs.[24] Bereits 1802 mokierte sich von Reitzenstein über die pfälzische *archiméchante administration* (Misswirtschaft), die nur bei guter Verwaltung über Jahre hinweg beseitigt werden könne.[25] Diese Einschätzung wurde bestätigt von den Beamten, die vor Ort die Verhältnisse analysieren und reformieren sollten. Die altbadischen Amtsträger, die von zu Hause die finanziell konsolidierten und schuldenfreien Verhältnisse der kleinen Markgrafschaft gewohnt waren, traten den Kurpfälzern dabei nicht selten mit einer besserwisserischen Siegermentalität gegenüber, was wiederholt zu Zusammenstößen führte.[26] Bereits die Huldigungsfeier vom Juni 1803 führte zum Konflikt, da die Stadt Mannheim zur Ausrichtung eines möglichst prunkvollen Empfangs des Kurfürsten nach dem Vorbild der Karl-Theodor-Zeit um die Aufnahme eines Kredits angefragt hatte. Damit stieß sie allerdings bei den badischen Haushaltspolitikern auf taube Ohren.

Entsprechend entpuppte sich die Ordnung und Konsolidierung der kurpfälzischen wie der Mannheimer Finanzen als äußerst schwierig. Die

Durchsicht der städtischen Rechnungsbücher brachte den damit betrauten badischen Hofrat Wilhelm Gaum schier zur Verzweiflung. Kopfschüttelnd urteilte er über die Zahlen: Die Ursache für die Misswirtschaft *liegt aber nun einmahl in dem leichten Bluth des Pfälzers* [...] *Er frisiert sein Kind, ehe er ihm Hemden schafft, und baut sein Haus sorgenlos von oben herab, ohnbekümmert, welche Parthien wieder zusammenstürzen* [...] *Wie es hierbey einem Diener* [...] *aus der alten baadischen Schule zu Muthe seyn muss, kann* [man sich] *leicht vorstellen.*[27] Am besten, so ein Vorschlag aus der badischen Administration, führe man eine Luxussteuer ein. Nur so könne man der *Genußsucht* der Pfälzer Herr werden, die letztlich verantwortlich für den finanziellen Ruin der Kurpfalz sei.

Auch wenn dieses Urteil weit überzogen und auch ungerecht war, so stellte sich die Neuordnung des Mannheimer Haushalts in der Tat als recht schwierig dar.[28] Ein großer Hemmschuh war hierbei zunächst die Begleichung der so genannten Wurmser'schen Douceur, einer Kontribution, die der Stadt 1795 infolge der österreichischen Besetzung auferlegt worden war. Da sich der pfalzbayerische Kurfürst Max Joseph 1802 zur Übernahme der Restschuld von 75 000 Gulden durch die Staatskasse bereit erklärt hatte, stritten sich nach 1803 die kurpfälzischen Nachfolgestaaten um die Begleichung dieses Betrags. In einem komplizierten Kompromiss einigten sich Baden, Hessen-Darmstadt sowie die Fürstentümer Nassau-Usingen und Leiningen schließlich darauf, diesen Rest als Staatsschuld anzuerkennen, während Mannheim zum Verzicht auf weitere finanzielle Ansprüche an diese Staaten bereit war.

*Verschwenderische Mannheimer? Wiederholt beschwerten sich die altbadischen Beamten über deren aufwändige Kleidung. Postkarte über Mannheimer Hutmoden Anfang des 19. Jahrhunderts, um 1900. StadtA MA.*

Auch nach der Befreiung von dieser Forderung war es um die Stadtkasse schlecht bestellt. Letztlich wurde eine Gesamtschuld von 424 305 Gulden ermittelt, der Aktiva von lediglich 175 834 Gulden gegenüberstanden. Dieser Schuldenberg hatte seine Ursache nicht nur in der *heillosen Haushaltung*, wie die badischen Beamten mutmaßten, sondern auch in der Beschneidung städtischer Einnahmequellen durch den kurpfälzischen Staat im Lauf des 18. Jahrhunderts. Beides hatte zu einem strukturellen Defizit in der Stadtkasse geführt. Schließlich wurde der Schuldenanstieg in den 1790er Jahren dramatisch forciert, als die zahllosen Einquartierungen der Stadt in Rechnung gestellt wurden. Mit einigen Mühen konnte schließlich ein fester Schuldentilgungsplan entwickelt werden, der – mehrfach überarbeitet – bis 1858 laufen sollte.[29] Der Plan basierte auf einer effektiveren Verwaltung, verstärkter Ausgabendisziplin, nachdrücklicherer Schuldeneinforderung gegenüber Dritten sowie nicht zuletzt dem Ver-

kauf bzw. der besseren Verpachtung städtischer Liegenschaften. Diese beabsichtigte Professionalisierung der Finanzverwaltung war auch der Grund für die beschriebene Erneuerung der Gemeindespitze in Mannheim im Jahr 1810.

Die Konsolidierung des städtischen Haushalts blieb ein Dauerbrenner über Jahrzehnte. Mehrmals wurden die Anstrengungen zum Schuldenabbau durch äußere Ereignisse wie Einquartierungen oder aufgrund der Konjunkturlage zunichte gemacht. So mussten unter anderem in den Jahren 1805 und 1814 kurzfristig neue Kredite aufgenommen werden, um die kommunalen Finanzen vor dem Zusammenbruch zu bewahren.[30] Dabei relativiert der Blick auf andere Kommunen die so trostlos beschriebenen finanziellen Verhältnisse Mannheims. Mit einer Pro-Kopf-Verschuldung von 22 Gulden im Jahr 1803 war die Stadt keine Ausnahme, im Gegenteil. Eine Analyse der Rechnungsbücher der Residenzstadt Karlsruhe hätte ähnliche Zornesausbrüche bei den altbadischen Beamten auslösen müssen, da die Pro-Kopf-Verschuldung hier um 1810 immerhin 27 Gulden betrug.[31] Dies war im Übrigen immer noch recht wenig im Vergleich zu den mediatisierten Reichsstädten, wo die Schuldenquote 1803 wie etwa im Falle von Ulm mit 287 Gulden bis zu zehnmal so hoch war.[32] Diese Zahlen weisen aus, dass die Überschuldung der kommunalen Haushalte ein allgemeines strukturelles Problem in dieser Zeit und Mannheim damit keine Ausnahme war.

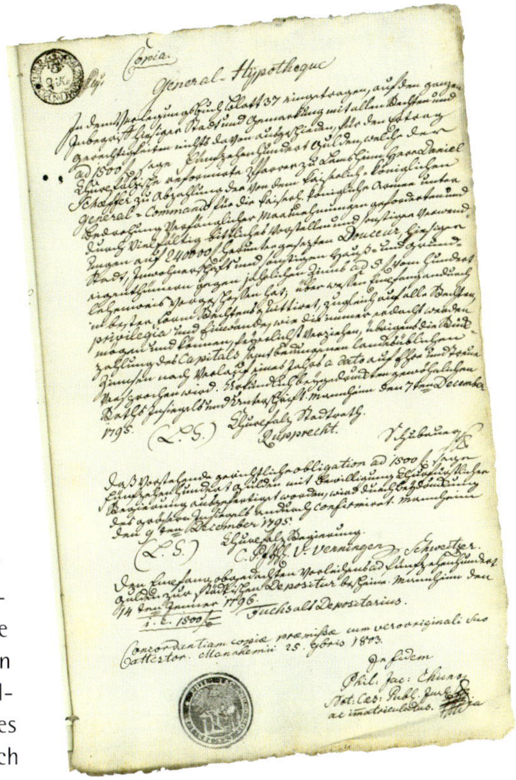
Copia.
General-Hypotheque

Schuldschein der Stadt Mannheim über 1 500 Gulden, erhalten am 7. Dezember 1795 von dem Lambsheimer Pfarrer Daniel Schäffer, zur Begleichung der Wurmser'schen Douceur. Kopie, 1795. GLA KA.

Neben der Finanzverwaltung war das kommunale Polizei- und Armenwesen ein weiterer Schwerpunkt der badischen Reformpolitik. Schon kurz nach der Besitzergreifung wurde den beiden Hofräten Wilhelm Gaum und Friedrich von Manger der Auftrag erteilt, diesbezüglich einen Reformvorschlag auszuarbeiten.[33] Zum einen galt es, den Machtanspruch des Staats auch in diesen Bereichen durchzusetzen, zum anderen waren die Mannheimer Institutionen an der Jahrhundertwende *kaum noch funktionsfähig*.[34] Mit der Neugliederung der Verwaltung 1804 war die Polizeigewalt nahezu vollständig an das staatliche Stadtvogteiamt übergegangen. Zuständig zeichnete dieses auch für die Armenfürsorge, was zunächst mittels eines monatlich fixen Zuschusses an die Kirchengemeinden und Hausarmen bewerkstelligt wurde. Doch dies war nur eine Zwischenphase. Durch landesherrlichen Erlass wurde 1805 eine Polizeikommission ins Leben berufen, die aus je einer Abteilung für das Polizei- bzw. für das Armenwesen bestand.[35]

Die Polizeiabteilung, die 1809 an das staatliche Stadtamt übertragen wurde, zeichnete für nahezu sämtliche polizeilichen Belange in der Stadt verantwortlich; lediglich die Aufsicht über Maße und Gewichte, Feuerschutz und das Marktwesen verblieben dem Stadtrat. Aus den 1807

*Statistik der Mannheimer Polizeikommission für das Jahr 1808. StadtA MA.*

erstmals veröffentlichten *Polizei-Vorschriften für die Großherzoglich Badische Haupt- und Residenz-Stadt Mannheim* konnte die Öffentlichkeit die Zusammenstellung der gültigen polizeilichen Bestimmungen entnehmen. In einem alphabetischen Katalog wurden auf insgesamt 88 Seiten allgemeine Vorschriften über die Aufrechterhaltung der öffentlichen Ordnung (z.B. zur Sonntagsarbeit oder zum Baden im Rhein), über das Gewerbewesen (z.B. Bäckereien, Gaststätten oder Metzgereien), die Bauvorschriften oder allgemeine Verbote bzw. strafrechtliche Delikte (z.B. Verbot von Bettelei oder Bestrafung von Diebstahl) veröffentlicht.[36] Diese Vorschriften wurden in der Folgezeit sukzessive erweitert und den aktuellen Erfordernissen angepasst wie beispielsweise mit der Verschärfung der Meldepflicht im Zug verstärkter Truppendurchmärsche.

Einen statistischen Rechenschaftsbericht legte die Polizeikommission für die Berichtsjahre 1808 bis 1810 vor. Allein 1808 und 1809 wurden rund 3 500 Vorgänge bearbeitet.[37] Die detaillierte Auflistung gibt Aufschluss über die enorme Anzahl zeittypischer Vergehen wie die Umgehung der Konskription oder aber die Bettelei. Daneben finden sich die üblichen Vorfälle wie Verletzung der Sperrstunde, liederlicher Lebenswandel oder uneheliche Schwangerschaften. Das mit Abstand am meisten verfolgte Delikt in jenen Jahren war unterlassene Gassenreinigung; dass dies als latentes Problem gesehen wurde, zeigen nicht weniger als 32 Paragraphen in den 1807 erlassenen Polizei-Vorschriften. Der Zuwachs an entsprechenden Delikten um 50 Prozent von 1808 auf 1809 deutet darauf hin, dass die Mannheimer wenig Neigung zeigten, hier den detaillierten Vorgaben Folge zu leisten. Wie sehr die Obrigkeit Wert ausgerechnet auf diesen Punkt legte, zeigte die 1810 erfolgte enorme Ausdifferenzierung dieses Delikts in nicht weniger als 13 Unterpunkte – von der unterlassenen Kanalreinigung bis zum *auf* [der] *Straße gelassenen Federvieh.*[38]

Dass darüber hinaus noch einiges zu wünschen übrig blieb, zeigte auch die unbefriedigende Situation im örtlichen Zuchthaus. Angesichts einer gestiegenen Kriminalitätsrate vor allem bei Eigentumsdelikten[39] war die Verwahranstalt schon bald überfüllt.[40] Nicht weniger als 195 Menschen befanden sich in dem in Q 6, 11 gelegenen Gebäude in Haft bzw. als *Beschuldigte* verwahrt (d.h. in Untersuchungshaft). Ihnen gegenüber standen zehn, meist schon ältere *Zuchtmeister*, die mit der Bewachung völlig überfordert waren. 1810 spitzte sich die Lage zu, es gab Ausbruchsversuche, Angriffe auf die Wärter und auch kleinere Rebellionen. Erst die Überstellung der Untersuchungsgefangenen nach Bruchsal sowie einige organisatorische Änderungen bewirkten hier eine vorübergehende Entspannung.

Für das Armenwesen zuständig zeichnete seit 1805 die zweite Abteilung der Polizeikommission, zu der auch Vertreter der christlichen Konfessionen gehörten.[41] Letzteres hatte darin seine Ursache, dass in der Vergangenheit hauptsächlich konfessionelle Spitäler für die Versorgung der Armen und Bedürftigen zuständig gewesen waren. Allerdings waren 1802/03 mehrere dieser Versorgungsinstitutionen wie das kurfürstliche Borromäusspital oder das Spital der Barmherzigen Brüder mangels Finanzmasse aufgelöst worden. Dabei hatte sich in den ersten Jahren des 19. Jahrhunderts die Lage besonders zugespitzt. Eine statistische Aufnahme der Armen im Winter 1804/05 zählte 2 361 unterstützungsbedürftige Personen, was einem Anteil von 13 Prozent der Stadtbevölkerung entsprach. Hierunter fielen neben ehemaligen Militärangehörigen, Arbeitslosen, Alten und Kranken vor allem viele Witwen.

Nach dem Vorbild anderer Städte in Deutschland organisierte man in der Folge das Armenwesen in Mannheim neu. 1807 wurde eine Armenpolizeikommission ins Leben gerufen, der eine Armenanstalt unterstellt war. Ihr lag die Überzeugung zugrunde, dass viele Betroffene nicht durch *Müßiggang*, sondern aufgrund fehlender Arbeitsgelegenheit verarmt waren. Ziel war es daher, sämtliche Bedürftige, die Heimatrecht in der Stadt hatten, zu unterstützen und möglichst schnell wieder in Arbeit zu bekommen. Gleichzeitig sollte die *Mildthätigkeit des Publikums* künftig nicht mehr dem nunmehr verbotenen *schädlichen Bettel* zukommen, sondern der obrigkeitlich kontrollierten Armenanstalt.[42]

*Nicht zuletzt aufgrund der großen wirtschaftlichen Not gab es Anfang des 19. Jahrhunderts vergleichsweise zahlreiche Räuberbanden, die von der Obrigkeit bekämpft wurden. In der Folge waren viele Zuchthäuser überbelegt. Dargestellt ist die in Heidelberg 1811 verhaftete Bande des „Hölzerlips" Georg Philipp Lang (1770–1812), die vor allem im Odenwald ihr Unwesen trieb. Kupferstich, 1812. GLA KA.*

In einem Statut wurde die Stadt in 18 Armenbezirke aufgeteilt, die von insgesamt 95 ehrenamtlichen Armenpflegern betreut wurden. Diese hielten den Kontakt zu den Bedürftigen, prüften in regelmäßigen Intervallen deren Lebensumstände und wachten auch über ihr *sittliches Betragen.*[43] Finanziert wurde die Armenanstalt überwiegend durch Staatszuschüsse sowie Spenden, wobei immer wieder Kredite aufgenommen werden mussten. Mit ihren Ausgaben unterstützte sie gesunde Arme, Kranke im Hospital oder auch Kranke zu Hause. Dabei war der Kreis der Unterstützungsberechtigten beträchtlich eingeschränkt worden – 1808 belief sich ihre Zahl auf 1 223, was der Hälfte der 1804/05 gezählten Personen entsprach.[44] Die Armenanstalt unterhielt darüber hinaus im ehemaligen Karl-Borromäus-Spital in R 5, 1 ein eigenes Arbeitshaus. Hier gingen 1809 insgesamt 261 Personen – davon 100 Kinder – Tätigkeiten wie Spinnen und Stricken nach, um sich den Lebensunterhalt selbst zu verdienen.[45] Im selben Quadrat befand sich zudem das Allgemeine Krankenhaus, das ebenfalls von der Armenpolizeikommission betrieben wurde. Insgesamt kann die Arbeit der Armenanstalt in ihren ersten Jahrzehnten als Erfolg gewertet werden, da mit ihr das ehedem äußerst fragile, konfessionell bestimmte Armenwesen eine einheitliche und tragfähige Grundlage bekam.[46]

Ebenfalls ein Element der staatlich-kommunalen Fürsorgepolitik war 1809 die Gründung des Leihhauses *zur Steuerung des Wuchers und zum Besten der bedürftigen Volksklasse.*[47] Dieses übernahm schon bald eine Ersatzfunktion als Bank für die ärmeren Schichten und bot verzinsliche Spareinlagen wie auch Kredite an. Damit wurde es zum Vorgänger der 1822 gegründeten städtischen Sparkasse.[48]

Eine ähnlich hohe Bedeutung wie dem Umbau von Verwaltung und Polizei kam der Reform des Bildungswesens zu.[49] Bereits zu markgräflichen Zeiten hatte sich die badische Regierung um die Verbesserung des nie-

*Frauen und Mädchen bei Handarbeiten in einem Arbeitshaus bzw. Arbeitsinstitut. Kolorierte Lithografie, um 1817. Württembergische Landesbibliothek Stuttgart.*

*Karikatur auf das „Antike Schulwesen", wie es Ende des 18. Jahrhunderts an zahlreichen Schulen geherrscht haben muss. Deutlich ist die fehlende Trennung zwischen dem öffentlichen Unterricht und dem privaten Leben der Lehrerfamilie zu erkennen. Kolorierte Lithografie von Friedrich Campe, 1825. Badisches Landesmuseum Karlsruhe.*

deren und mittleren Schulwesens bemüht. Diese Politik wurde nun auf die neu erworbenen Gebiete erweitert, nachdem vor allem in der Kurpfalz ein *geradezu erschreckende*[r] *Tiefstand* festgestellt worden war.[50] Ausgangspunkt in Mannheim war 1804 eine Inspektion des lokalen Schulwesens, das wie in anderen Städten unter den Konfessionen aufgeteilt war, die allesamt eigene Elementarschulen unterhielten. 524 Schülerinnen und Schüler gingen auf fünf katholische, 251 auf drei deutsch- bzw. zwei wallonisch-reformierte sowie 325 auf drei lutherische Schulen.[51] Diese Einrichtungen konkurrierten mit zahlreichen Privat- und Winkelschulen in der Stadt, wo zweifelhafte Hausgelehrte kostengünstigen Unterricht erteilten.

Die Schulvisitation stellte allen kein positives Urteil aus und vermerkte dies summarisch unter der wenig schmeichelhaften Rubrik *Gebrechen der Schulen in Mannheim.* Detailliert ging die Kommission dabei mit der Schule der lutherischen Gemeinde ins Gericht. Hier klagten die Lehrer, dass sie *bei jedem Versuch zur Wiederherstellung einiger Ordnung mishandelt* würden. Als Übeltäter gaben sie die Pfarrer, die Gemeinde sowie das Presbyterium an, die immer wieder Kompetenzstreitigkeiten auf dem Rücken der Lehrer austrügen. Diese Zustände hätten unter anderem zur Folge, dass gerade einmal die Hälfte der schulfähigen lutherischen Kinder den Unterricht besuchte. Über hundert gingen demnach *zu anderen Religionspartheien* oder *in Winkelschulen oder laufen müssig auf der Gasse herum.* Regelmäßige Visitationen sowie eine ernste Ansprache an die Gemeindeverantwortlichen führten immerhin dazu, dass dem Schulwesen 1809 ein besserer Zustand attestiert wurde. Die badische Regierung behielt letztlich die konfessionelle Vielfalt bei den Elementarschulen bei, versuchte aber einen einigermaßen gleichen Standard zu erreichen. So wurde ein zentraler Lehrplan eingeführt und die finanzielle Ausstattung der Lehrer verbessert. Zudem gelang es, das für staatliche Kontrolle unzugängliche Winkelschulwesen etwas einzudämmen.[52]

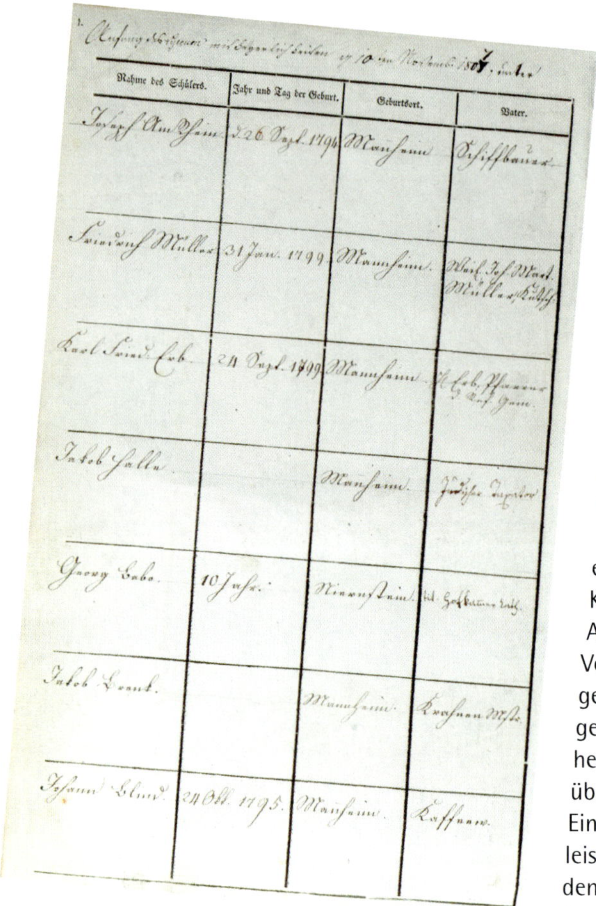

| Nahme des Schülers. | Jahr und Tag der Geburt. | Geburtsort. | Vater. |
|---|---|---|---|
| [illegible] | 26 Sept. 1794 | Mannheim | Schiffbauer |
| [illegible] Müller | 31 Jan. 1799 | Mannheim | [illegible] |
| Karl [illegible] | 24 Sept. 1799 | Mannheim | [illegible] |
| Jakob [illegible] | | Mannheim | [illegible] |
| Georg [illegible] | 10 Jahr | [illegible] | [illegible] |
| Jakob [illegible] | | Mannheim | Kaufmann [illegible] |
| Johann [illegible] | 24 Okt. 1795 | Mannheim | Kaufmann |

*Erste Schülerliste des neu gegründeten Lyzeums, 1807. StadtA MA.*

Das eigentliche Reformfeld im Bereich der Bildung waren hingegen die Mittel- und Oberschulen. Zwar wurde die bunte Vielfalt von Lateinschulen, Gymnasien und Lyzeen in Baden nach wie vor beibehalten, es wurde jedoch gezielt ein überkonfessioneller Ansatz gefördert.[53] Dies war auch notwendig, wie die Schulvisitation 1804 in Mannheim feststellte: *Die* [lutherische] *lateinische Schule ist gantz eingegangen. Die reformierte hat nur einen einzigen lateinischen Lehrer, und das katholische Gymnasium bedarf einer grossen Verbesserung. Es ist traurig für Eltern, dass ihre Kinder auf die Akademie nicht vorbereitet werden können.*[54]

Nach diesem traurigen Befund machte sich eine Kommission, in der alle drei christlichen Konfessionen vertreten waren, an die Arbeit. Als Resultat wurde am 10. November 1807 das Vereinigte Großherzogliche Lyzeum als Nachfolger der bisherigen konfessionellen Oberschulen gegründet. Das neue Institut war vom Anspruch her eine *Stätte der Wissenschaft* und gab sich überkonfessionell als *templum concordiae*.[55] Diese Eintracht sollte unter anderem dadurch gewährleistet werden, dass die Direktion jährlich zwischen den Konfessionen wechselte.[56] Untergebracht war das Lyzeum im Gebäude des ehemaligen Jesuitenkollegs in A 4, 1, das aufwändig renoviert worden war. Noch viele Jahre musste die Neugründung jedoch um ihr finanzielles Überleben kämpfen; auch sah sie sich wiederholt Anfeindungen ausgesetzt, da die Umsetzung der geforderten religiösen Eintracht im Alltag nicht immer einfach war. Dennoch war die Anstalt – nicht zuletzt dank des Engagements ihrer Gründer um den Altphilologen Friedrich August Nüßlin – ein voller Erfolg, setzte sie doch ganz im Sinne Humboldts weniger auf Paukerei leerer Inhalte, sondern mehr *auf die Bildung des Menschen als solchen, die Entwicklung seiner besonderen Fähigkeiten und Anlagen.*[57] Das Lyzeum, das 1907 in Karl-Friedrich-Gymnasium umbenannt wurde, erwies sich schon bald als Keimzelle der liberalen Opposition in Baden; Männer wie Karl Mathy, Friedrich Daniel Bassermann oder Friedrich Hecker drückten hier die Schulbank.

Im Schatten dieser Gründung existierten im ersten Jahrzehnt des 19. Jahrhunderts teilweise immer noch ältere Spezialschulen wie das Winterwerber'sche Institut oder die Bürmann'sche Handlungsakademie.[58] Diese hatten sich einem lebenspraktisch orientierten Unterricht verschrieben, um vor allem Kaufleute auszubilden. Insbesondere in den 1790er Jahren konnten sie sich hoher Schülerzahlen erfreuen, wobei ihnen die Krise der konfessionellen Gymnasien zugute kam. Allerdings litten die Institute schon bald unter öffentlicher Geringschätzung, einer hohen Abbrecherquote und nicht zuletzt unter ständigen finanziellen Problemen. Eine Fusion etwa der Handlungsakademie mit dem Lyzeum scheiterte an dessen Einspruch, sodass mit dem Tod ihres Inhabers Johann Heinrich Bürmann 1817 das letzte Institut dieser Art in Mannheim einging.

Wie in der Schulpolitik stand der überkonfessionelle Ansatz auch im Mittelpunkt der Kirchen- und Religionspolitik der badischen Regierung. Hierzu war sie nicht nur aufgrund der Bestimmungen des Reichsdeputationshauptschlusses verpflichtet; eine solche Politik war angesichts der neuen konfessionellen Mehrheitsverhältnisse im Land zwingend notwendig. Daneben verfolgte Baden auch das Ziel, autonome religiöse Gewalten – seien es Bischöfe oder aber stolze Selbstverwaltungsgremien – unter staatliche Kontrolle zu bringen.

Recht unproblematisch war hierbei zunächst das Verhältnis zum katholischen Fürstprimas Karl Theodor von Dalberg, der unter anderem das für Mannheim zuständige Bistum Worms innehatte. Dessen innerkirchliche Reformpolitik hatte zum Ziel, das Bildungsniveau der Priester zu heben, was durchaus im Interesse der großherzoglichen Regierung lag.[59] Für Mannheim von größerer Bedeutung war aber die Neuorganisation der katholischen Gemeinde. Es blieb zwar bei einer Stadtpfarrei – die gewünschte zweite konnte nicht finanziert werden –, doch wurde 1804 die Jesuitenkirche zur neuen Stadtpfarrkirche erhoben. Die alte St.-Sebastian-Kirche war für die

*Blick durch den Schlosspark auf die Jesuitenkirche, nun die neue Pfarrkirche. Aquarell von Paul Joseph Karg, 1819. REM.*

stark angewachsene Gemeinde schlichtweg zu klein geworden. Hinsichtlich der örtlichen Klöster und Stiftungen setzte die badische Regierung die Säkularisationspolitik ihrer kurpfälzischen Vorgänger fort. Viele dieser Einrichtungen hatten mit dem Wegfall der linksrheinischen Gebiete und damit der Einkünfte aus dortigem Grundbesitz ihre finanzielle Grundlage verloren und waren ohne staatliche Zuschüsse nicht überlebensfähig. In Mannheim verschwanden in wenigen Jahren das Karmeliterkloster, der Orden der Barmherzigen Brüder sowie das Nonnenkloster. Das Kapuzinerkloster hingegen blieb bis zu seiner Auflösung 1838 erhalten.

Größere Machtkämpfe musste die badische Regierung hingegen mit den lokalen protestantischen Gemeinden ausfechten. Bereits frühzeitig verfolgte sie hierbei das Ziel einer lutherisch-reformierten *Union von oben.*[60] Nicht zuletzt aus finanziellen Erwägungen heraus wurden 1807 Lutheraner und Reformierte mit dem badischen Oberkirchenrat einer gemeinsamen Kirchenbehörde unterstellt. Dagegen liefen die beiden Presbyterien in Mannheim Sturm und verwiesen auf ihre historisch verbrieften Selbstverwaltungsrechte. Doch allem Widerstand zum Trotz wurde 1809 unter Umgehung der lokalen Kirchenvorsteher eine gemeinsame Schul- und Kirchenkommission errichtet, die von nun an für beide Gemeinden verantwortlich zeichnete. Möglicherweise leistete diese gemeinsam erlittene Niederlage der örtlichen Gemeinden einen entscheidenden Beitrag dazu, dass sich ein stärkeres Gemeinschaftsgefühl entwickelte. Denn schon wenige Jahre später gehörten die Mannheimer Lutheraner und Reformierten zu den Geburtshelfern der 1821 vollzogenen badischen Kirchenunion.

Ganz dem Gedanken der religiösen Eintracht verpflichtet war hingegen bereits im ersten Jahrzehnt des 19. Jahrhunderts die Mannheimer Schlosskirche, die auf einen Wunsch der Prinzessin Stephanie hin in den Jahren 1809/10 zur Nutzung durch alle Konfessionen umgebaut wurde.[61] Damit war sie nach der Eintrachtskirche des Kurfürsten Karl Ludwig – abgesehen von der Notkirche in R 2 um 1700 – die erste Simultankirche auf Mannheimer Boden.

Zehn Jahre nach dem Herrschaftswechsel 1802/03 endete mit dem Auseinanderfallen des Rheinbunds auch in Baden die Epoche intensiver Reformen. Die Hegemonie Napoleons war gebrochen und damit auch der seit 1808 immer stärker gewordene Druck zu modernen, rationalen und zentralistischen Reformen entsprechend dem französischen Vorbild. Im Zug dieser Politik waren zahlreiche alte Strukturen in Mannheim aufgelöst und das Gemeinwesen in Verfassung, Verwaltung, Finanzen und Bildung in kürzester Zeit auf neue Fundamente gestellt worden.

## Mannheim verändert sich:
## „Neues Leben in Geschäften und Gewerben"?

Im ersten Jahrzehnt des 19. Jahrhunderts wurden nicht nur die Binnenstrukturen Mannheims reformiert, auch das äußere Gesicht der Stadt wandelte sich nachhaltig. Verantwortlich hierfür war noch ein Befehl Kurfürst Karl Theodors aus dem Jahr 1798, der sehr zur Freude der Einwohner die Schleifung der Festungswerke angeordnet hatte.

Die Durchführung dieser *Demolition* erwies sich in der Praxis als sehr zeitaufwändig und kostenintensiv. Schon nach wenigen Jahren gerieten die Arbeiten, die unter anderem auf freiwilliger Basis von Mannheimer Bürgern sowie von fronpflichtigen Dorfbewohnern der Umgebung geleistet wurden, ins Stocken. Als besonderes Problem entpuppte sich einmal mehr die Finanzierung. Zwar hatte Kurfürst Karl Friedrich bereits 1803 öffentlichkeitswirksam einen Zuschuss bereitgestellt, dennoch musste die Stadt eigens ein Darlehen aufnehmen, dessen Abzahlung bis ins Jahr 1870 währen sollte.[62]

Mit den Abbrucharbeiten verlor Mannheim seinen Charakter als Festungsstadt, durch den es in der Vergangenheit immer wieder zum Ziel von Angriffen geworden war; die Stadt verdankte dem Abbruch auch ein neues Stadterweiterungsgebiet und damit die Möglichkeit, über das zu eng gewordene Quadrateschema hinauszuwachsen. Aus Gründen des Hochwasserschutzes entschied man sich, einen Damm mit Abwassergraben anzulegen und die Straße um die frei gewordenen Gebiete als *gleichförmige krumme Linie* zu bauen, was die heutige Ringstraßenführung vorwegnahm.[63] Dabei wurden die Festungsgräben mit den zur Festungsanlage gehörenden Erdwällen einfach zugeschüttet. Hinsichtlich der Bebauung hatte der Direktor

*Schleifung der Mannheimer Festungsanlagen. Kolorierter Kupferstich, 1799. REM.*

der Hof- und Gartenbaukommission Friedrich Ludwig Sckell einen Entwurf vorgelegt, demzufolge das Gelände hinter dem Schloss *mit landschaftlichen Anlagen von edelstem Stil und größter Disposition auszufüllen sei.*[64] Sehr zum Vorteil gereichte der Stadt schließlich der neue Stadtgraben, der im Osten die Flüsse Neckar und Rhein miteinander verband. Doch es dauerte zum Teil noch Jahrzehnte, bis das gewonnene Gebiet vollständig zur Bebauung in Anspruch genommen wurde. Stattdessen diente die Fläche, von der übrigens über ein Drittel dem badischen Herrscherhaus gehörte, vorerst zur Anlage umfangreicher Gartenanlagen. Damit war das viel gerühmte grüne Mannheim der ersten Hälfte des 19. Jahrhunderts geboren.

Bereits 1812 vermeldete ein Reiseführer: *Nun endlich sahen wir das wunderschöne, ganz in eine*[n] *Garten gegrabene Mannheim!* [...] *Die Gärten nehmen kein Ende; die Gartenhäuser sind in allen möglichen Stilen erbaut.*[65] Eine weitere Besonderheit entstammt ebenfalls diesen Jahren: Nach der Entfestigung der Stadt bestimmte der Stadtrat ein neues System mit

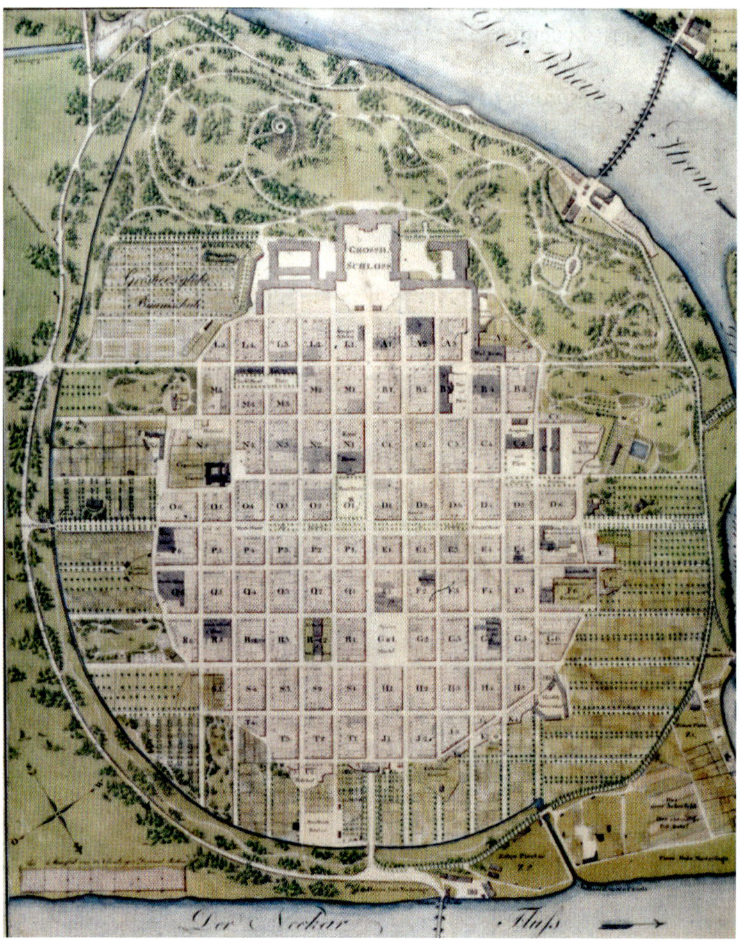

*Das grüne Mannheim auf dem ersten nach der Entfestigung veröffentlichten Stadtplan. Plan von Wilhelm von Traitteur, 1813. StadtA MA.*

Buchstaben und Ziffern für die Bezeichnung der Quadrate, das bis heute Gültigkeit besitzt.

Parallel zu den Abbrucharbeiten der Festungswälle verlief bis ins erste Jahrzehnt des 19. Jahrhunderts hinein auch der Wiederaufbau der 1795 zerstörten Gebäude in der Stadt. So sahen sich die nach Mannheim entsandten badischen Regierungskommissionen 1803 einigen *traurige*[n] *Trümmerwüsten* etwa bei den Kasernen gegenüber, die in den Folgejahren mühsam beseitigt werden mussten.[66] Das häufig kolportierte Bild von Mannheim als einem *oberirdische*[n] *Herkulaneum* war jedoch übertrieben.[67] Denn die meisten Privatgebäude waren in den vergangenen Jahren bereits wieder hergerichtet worden.

Seit dem Wegzug des Hofs befand sich Mannheim in einem *tiefgreifenden inneren Strukturwandel*, der *mit einer sich langsam, aber stetig verschärfenden Wirtschaftskrise einherging.*[68] Dieses nüchterne Urteil aus der Feder des heutigen Historikers beschreibt eine Entwicklung, die für die betroffenen Zeitgenossen Nachfragerückgang, Wegfall von Absatzmärkten, Arbeitslosigkeit sowie generell wirtschaftliche Unsicherheit und Zukunftsangst bedeutete. Zwar konnten sich Handel und Gewerbe in den 1790er Jahren aufgrund der Einquartierungen und Aufträge für das Militär über eine *ausgesprochene Kriegskonjunktur* freuen, doch war dies nur ein vorübergehendes Strohfeuer, da die strukturellen Probleme blieben.[69] Dies zeigte nicht zuletzt ein starker Preisanstieg für Fleisch und Getreide, unter dem vor allem die ärmeren Bevölkerungsschichten zu leiden hatten.[70] Die Abtretung des linken Rheinufers stellte sich für Handel und Gewerbe zunächst als weitere Beschwernis dar, war doch damit ein wichtiger Rohstoff- und Absatzmarkt nur noch äußerst schwer zugänglich.[71]

In einer amtlichen Statistik wurden 1811 insgesamt 2 037 Künstler, Handels- und Gewerbsleute, davon 1 045 Meister und 992 Gesellen gezählt, die sich auf 76 Berufsgruppen verteilten.[72] Die Mehrheit bildete dabei das zünftig organisierte Handwerk, das sich zum großen Teil in einer Krisensituation befand. Nach wie vor war es stark differenziert und bestand überwiegend aus Klein- und Kleinstbetrieben, meist mit einem Meister und einem Gesellen besetzt, und produzierte fast ausschließlich für den lokalen Bedarf. Signifikant war dabei die enorme Zahl der Zunftstellen und damit die Überbesetzung der Zünfte. Bedingt durch die Kriegskonjunktur sowie systemimmanente Faktoren wie die häufig praktizierte Aufnahme von Meistersöhnen und -schwiegersöhnen in die Zunft kam es seit den 1790er Jahren zu einem starken Anstieg, so dass 1804/06 rund 780 zünftige Handwerker gezählt wurden.[73] Den Schwerpunkt bildeten hierbei das Textil und Leder sowie das Holz und Papier verarbeitende Handwerk. Die bei weitem größten Einzelzünfte waren die Schumacher mit 137 bzw. die Schneider mit 114 Meistern. Hier herrschten angesichts eines beschleunigten Nachfragerückgangs, der vor allem durch den Abzug großer Teile der Garnison bedingt war, immer größerer Konkurrenzdruck und wirtschaftliche Not. Besonders stark traf es zudem die Gewerbe, die sich wie etwa das Gold- und Silberschmiedehandwerk auf die Erzeugung von Luxusgütern spezialisiert hatten.[74]

# Von A bis Z: Das Geheimnis der Quadrate

*Hanspeter Rings*

Der Begriff Quadrat für die Baublöcke der Mannheimer Stadtanlage dürfte erst in der zweiten Hälfte des 17. Jahrhunderts allmählich in Gebrauch gekommen sein. Ein früher Beleg findet sich im Ratsprotokoll vom 22. Februar 1676: *derweilen kein brunnen in solchem Quadrat vorhanden.* Allerdings wird hier die Bezeichnung Quadrat noch allgemein und ohne spezielle Nummerierung oder Buchstabierung verwendet.

Geometrisch gesehen sind die Mannheimer Quadrate unterschiedlich groß ausgeformte Rechtecke. Entlang dem ehemaligen inneren Festungsverlauf bzw. am heutigen Ring gleichen sie eher Dreiecken oder Trapezen. Insgesamt sind es inzwischen 144 Quadrate, wobei die Sickingerschule aus T 4 und T 5 optisch eines macht.

Das bis heute gültige Bezeichnungssystem mit Einzelbuchstaben und Nummern, die so genannte Literierung, führten die Stadtväter im Jahr 1811 ein. Hierzu heißt es im Ratsprotokoll vom 10. Juli 1811: [...] *worauf die rechte Seite der Stadt, vom Residenz-Schloß abwärts genommen, mit anderen Littera dergestalt zu bezeichnen seye, daß bei der ersten Straßen Abtheilung mit Litt*[era] *L angefangen und fort bis zum Buchstaben U nach der nemlichen Abtheilung wie bei der linken Seite fortgefahren werde, als deutlicher und bestimmter genehmigt worden seye.* Außerdem veranlasste Oberbürgermeister Johann Wilhelm Reinhardt die Herstellung einer entsprechenden Beschilderung für die Quadrate, was – neben den damals noch gebräuchlichen Straßennamen – der Literierung als Orientierungssystem vor Ort Vorschub geleistet haben dürfte.

Denn zunächst diente die eindeutige Bestimmung der Baublöcke bzw. Quadrate und der Grundstücke nur der Katasterverwaltung und Grundsteuererhebung. Hierzu hatte man schon 1617 ein System mit lateinischen Buchstaben und arabischen Ziffern ersonnen. Dann nahm im Jahr 1684 Renovator Philipp Jakob Ulmann eine Neuvermessung der Stadt vor und bezeichnete die Quadrate mit römischen und die Grundstücke mit arabischen Ziffern. Nach Aufgabe der Zitadelle und Vereinigung der dortigen Baublöcke mit der Stadt erhielten diese

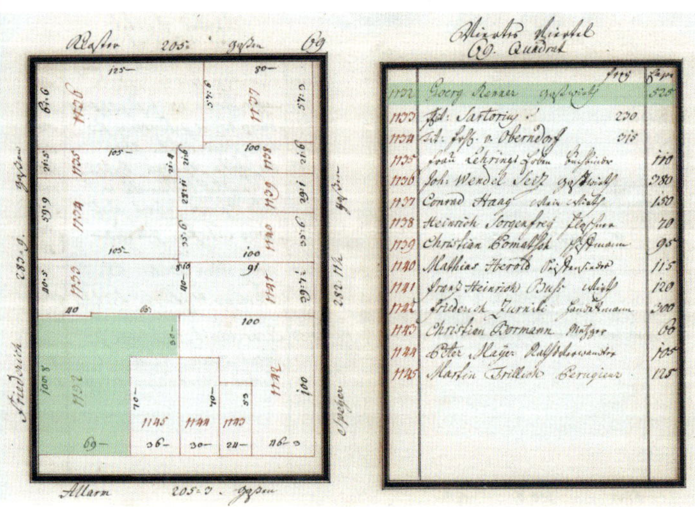

*Grundrissbuch von 1774, 69. Quadrat (heute D 1). Grundstücke (links), Grundstückseigner und Schatzungskapital (rechts). Für die Besteuerung z.B. des Grundstücks von Georg Renner (Gastwirt des „Pfälzer Hofs") ist ein Grundstückswert von 525 Gulden angesetzt (Grundstücksnummer 1132). StadtA MA.*

Quadrate lateinische Großbuchstaben. Weitere Neuvermessungen durch Renovator Johann Georg Baumgratz 1735 und durch Joseph Paulus Karg 1774 bezeichneten die Quadrate und die Grundstücke mit arabischen Ziffern. Der Ziffernverlauf für die Quadrate orientierte sich – anders als bei Ulmann – sowohl bei Baumgratz als auch bei Karg an den fünf (!) Vierteln oder Quartieren, in welche die Stadt aufgeteilt war. Der Begriff Viertel leitete sich von den so genannten Viertel- oder Quartiermeistern ab, die über bestimmte Stadtareale die Aufsicht führten und gleichsam das Bindeglied zwischen Rat und Bevölkerung darstellten.

Im Jahr 1794 wird das Benennungssystem von 1774 durch ein neues ersetzt, das nicht mehr auf der traditionellen Vierteleinteilung basiert und in dem Plan von Peter Dewarat von 1799 erscheint. Diese Literierung ist westlich der Breiten Straße (seinerzeit Friedrichsgasse und Carl-Philipps-Gasse) bereits mit der noch heute gebräuchlichen identisch. Zwar gibt der Dewarat'sche Plan die Straßennamen noch an, doch verdrängten zu Beginn des 19. Jahrhunderts die Blockbezeichnungen die Straßennamen zusehends. Auch die 1865 neu eingeführten Straßenbenennungen vermochten sich nicht gegen die Quadratbezeichnungen mit Buchstaben und Ziffern durchzusetzen.

*Heutige Böckstraße 4, ehemals H 10, 31 (restaurierte Literierung). Foto, 2007. StadtA MA.*

Ferner gab es als Quadrat bezeichnete Distrikte, denen eher Stadtteilcharakter zukam, nämlich Z 1–9, wohl erstmals im Stadtplan von 1813 für Z 1 (heutiger Bereich Haus Oberrhein und Jungbusch) und Z 2 (heute Hauptsitz MVV) nachweisbar. Diese Z-Bezeichnungen wurden nach Schleifung der Festung eingeführt und benannten die Areale außerhalb des ehemaligen Festungssterns. Ab den 1880er Jahren wurden die Z-Bezeichnungen durch andere Literierungen wie zum Beispiel II 10, um 1900 dann durch Straßennamen ersetzt, die zum Teil die alten Straßenbezeichnungen der Innenstadt fort führten (Akademie-, Kirchen- und Jungbuschstraße).

Z 2 umfasste laut Adressbuch zeitweise sogar die Neckargärten im Pflügersgrund. Dann wurden – mit zunehmender Besiedlung – in den 1850er Jahren die Bezeichnungen A bis Q (jeweils für die Bereiche östlich oder westlich der späteren Mittelstraße) eingeführt. Ab 1890 setzte man für dieses Gebiet ein Z voran – vermutlich zur deutlicheren Unterscheidung von den innerstädtischen Quadratbezeichnungen –, sodass es nun ZA bis ZQ hieß. Eine planmäßige Bebauung der Neckarstadt unter Zugrundelegung eines Blockrasters leitete der Gemeinderat 1871 ein, weshalb dieser Stadtteil in gewisser Weise sogar als zweite Quadratestadt betrachtet werden kann. 1892 lösten Straßennamen die Literierung endgültig ab. In der Innenstadt dagegen haben sich die Quadratbezeichnungen bis heute erhalten.

Die Überfüllung der Zünfte wurde als Problem durchaus erkannt; wiederholt gab es Stimmen, die sich für ein Verbot von Neuaufnahmen stark machten. Zu einer entsprechenden Regelung kam es jedoch nicht. Dennoch kann bis 1815 ein Rückgang um über 20 Prozent festgestellt werden, der sich vor allem in den Luxushandwerken und der überbesetzten Metzgerzunft auswirkte. Demgegenüber konnten die Zünfte der Gastwirte und Bierbrauer unternehmerische Erfolge erzielen. Sie profitierten besonders von den Truppendurchzügen und Einquartierungen. Ihrem Gewerbe kam um die Jahrhundertwende eine wirtschaftliche und soziale Schlüsselstellung zu und es zählte zur ökonomischen Spitze der Stadt.

Anders als Frankreich oder auch Preußen, wo die Zünfte aufgehoben wurden und man die Gewerbefreiheit einführte, beließ es die badische Regierung bei vorsichtigen Reformen in diesem Bereich. So wurden die Zunftverfassung und die Einteilung in zünftige und nichtzünftige Gewerbe weitgehend beibehalten, jedoch landesweit vereinheitlicht.[75] Ursache für diesen Konservatismus in der Reformära war vor allem die große Bedeutung des Handwerks und seiner Zünfte als *das tragende Element des alten Mittelstandes.*[76] Tief greifende Umstrukturierungen wie die Einführung der völligen Gewerbefreiheit hätten – so die weit verbreitete Befürchtung – nicht nur im ökonomischen, sondern vor allem im gesellschaftlichen Bereich gravierende Auswirkungen gehabt, da die Zünfte nach wie vor ihren Mitgliedern und deren Angehörigen

*Ein Stück Mannheimer Handwerkskunst: Nachttisch aus Mahagoni-Holz für das Schlafzimmer der Großherzogin Stephanie. Gefertigt von dem Bildhauer Joseph Künstler, dem Kabinettschreiner Henri Geindrat und dem Vergolder Peter Schmuckert, 1812. Staatliche Schlösser und Gärten Baden-Württemberg.*

*Der Mannheimer Paradeplatz. Kolorierte Lithographie, 1820. REM.*

eine soziale Absicherung und eine eigene Lebenswelt boten. Es blieb bei einer vorsichtigen Öffnung des alten Systems, wobei durchaus auf neue Entfaltungsmöglichkeiten für Fabriken und das nichtzünftige Gewerbe geachtet wurde.

Geriet das zünftige Handwerk zunehmend in die Defensive, so hatte sich der Handel als großer Nutznießer der Kriegskonjunktur in den 1790er Jahren erwiesen: *Ein sich ausweitender Warenabsatz bei gleichzeitig steigenden Preisen – das mußte fast allen Kaufleuten auch höheren Gewinn in die Kassen bringen.*[77] Entgegen allen Befürchtungen profitierte Mannheim als Grenzstadt von den neuen Rahmenbedingungen. 1804 hatten sich Frankreich und die übrigen Rheinanliegerstaaten auf einen einheitlichen Tarif für die Rheinschifffahrt geeinigt; statt der bisherigen 31 verschiedenen Zollstellen gab es künftig nur noch zwölf *Octroibüros*, welche die Gebühren einzogen, davon eines in Mannheim.[78] Von weitreichender Bedeutung waren schließlich zwei großherzogliche Verfügungen aus dem Jahr 1808. Zum einen wurde Mannheim zu einer der drei ausschließlichen Ein- und Ausladestellen am badischen Rheinufer bestimmt, zum anderen zum Speditionsort für den Neckar. Dieser Neckarstapel beseitigte die für Mannheim so nachteiligen Bestimmungen über die Neckarschifffahrt von 1784, und es bestand nun für alle Schiffe, die den Neckar passierten, Umladezwang in der Quadratestadt. Die Neuerung rief starken – aber letztlich erfolglosen –

*Kran am Neckar. Aquarell von R. Follenweider, um 1830. REM.*

Widerstand seitens des Königreichs Württemberg hervor, da sie zu Lasten der bis dahin dominierenden Stadt Heilbronn ging.

Flankiert von der landesweiten Vereinheitlichung der Maße und Gewichte in Baden wurden somit viele Handelshemmnisse beseitigt. Sicherlich gab es noch zahlreiche Erschwernisse und auch Klagen der Kaufleute, doch bestand für sie nun erstmals die Chance, sich aus alten Strukturen zu lösen, innovativ zu handeln und die wechselhaften Zeiten unternehmerisch auszunutzen.[79]

Dass es in der Mannheimer Handelszunft an innovativen Kräften nicht mangelte, zeigte sich, als sich in den Auseinandersetzungen zwischen Baden und Württemberg um den neuen Mannheimer Neckarstapel ein *Handelskomitee* als schlagkräftige Interessensgruppe gründete. Das Komitee fungierte als direkter Ansprechpartner der badischen Schifffahrtskommission und blieb auch nach dem Konflikt mit Württemberg wichtigster Fürsprecher der Mannheimer Handelsinteressen.[80] Dabei tat sich eine kleine Gruppe von Kaufleuten hervor, welche die Chance des Umbruchs nutzte und in kurzer Zeit außergewöhnliche wirtschaftliche Erfolge feierte. Im überregionalen Handel boten sie pfälzische Produkte wie Tabak und Wein feil, sie betätigten sich aber auch erfolgreich im Zwischenhandel mit Rohstoffen oder mit Tuchen. Mit ihrem Reichtum ragten sie bald nicht nur aus dem Kreis der Mannheimer Kaufleute, sondern auch aus der gesamten Stadtbevölkerung hervor. 1820 bildeten 29 Kaufleute die größte Gruppe unter den höchstbesteuerten Hausbesitzern in Mannheim.[81] Protagonist dieser neuen Wirt-

*Erfolgreiche Geschäftsleute: Abfahrt eines Warentransports vor dem Haus des Großhändlers Johann Wilhelm Reinhardt am Markt in F 2, 6, um 1810. In der Tür Johann Wilhelm Reinhardt (Mitte) mit seinen beiden Schwiegersöhnen Johann Wilhelm Reinhardt (geb. 1777, links), der gleichzeitig sein Neffe war, und Friedrich Ludwig Bassermann (1782–1865, rechts). Zeichnung, um 1855. Privatbesitz.*

schaftselite der Stadt war mit Johann Wilhelm Reinhardt ein waschechter Selfmademan, der es vom kleinen Kaufmann zum Großhändler und Bankier und schließlich zum Mannheimer Oberbürgermeister brachte.

Auch zahlenmäßig bekam der Handel im wirtschaftlichen Gefüge der Stadt langsam ein Übergewicht. So wurden 1804/06 184 Kaufleute, 1815 bereits 225 gezählt. Die soziale Spannweite war dabei enorm – vom kleinen Krämer, der sich mit seiner Verkaufsbude mit Ach und Krach durchbrachte, bis hin zum großen Handelshaus, das Geschäftsverbindungen in ganz Europa unterhielt. Wie das Handwerk war auch der Handel zünftig organisiert. Dennoch herrschte hierbei eine vergleichsweise große Offenheit. Während die großen Kaufleute die Zunft kaum noch brauchten und sich auch wenig mit ihr abgaben, bot sie vor allem den kleinen Geschäftsleuten Schutz. Entsprechend gab es von dieser Seite immer wieder Forderungen, den Zuzug auswärtiger Konkurrenten zu erschweren.

Unter die beschriebenen Öffnungsklauseln des Zunftsystems durch die badische Regierung fielen Fabriken, um deren Ansiedlung man sich bemühte. Im Gesetz wurden diese als arbeitsteilige Betriebe definiert, womit sie im Gegensatz zur ganzheitlich arbeitenden Zunft standen.[82] Bei der 1809 durchgeführten Zählung in Baden wurden insgesamt 41 Fabriken mit mehr als 20 Arbeitnehmern gezählt. Hiervon waren mit der Zichorienfabrik D. Anton & Co. (60 Arbeitnehmer), der Chemiefabrik des Freiherrn von Villiez, der Tapetenfabrik Jakob Behagels und der Roeder'schen Tabakfabrik lediglich vier in Mannheim ansässig.[83] Mannheim war somit nur ein kleines industrielles Zentrum im Großherzogtum und stand ganz im Schatten etwa von Pforzheim, wo nicht weniger als neun größere Fabriken gezählt wurden. Neben diesen Großbetrieben gab es in der Quadratestadt laut der amtlichen Statistik von 1814 eine Krapp-, zwei Likör-, eine Schirm- und eine Spielkartenfabrik sowie fünf Tabakfabriken, die bis auf zwei Ausnahmen allesamt Gründungen aus der napoleonischen Zeit waren.[84]

Entgegen der landläufigen Meinung profitierten diese Fabriken von der 1806 verhängten Kontinentalsperre, die eine Einfuhr englischer Produkte streng untersagte. Einerseits bewirkte die Ausschaltung der englischen Konkurrenz eine Überschwemmung des Markts mit französischen Importprodukten, andererseits jedoch mussten vor Ort Ersatzerzeugnisse hergestellt werden. Belege hierfür waren in Mannheim nicht zuletzt die Zichorienfabrik zur Herstellung von Kaffeeersatz oder die Likörfabriken. Demgegenüber musste der Handel vorübergehend Einbußen hinnehmen.

Dass der lange Arm Napoleons bei der Überwachung der Kontinentalsperre auch bis Mannheim reichte, zeigte sich, als im November 1810 sämtliche Läden und Lager in der Stadt von Amts wegen nach englischen Produkten durchsucht wurden. Die anschließende öffentliche Verbrennung derselben wurde freilich zur Posse. Unter Zutun von Oberbürgermeister Reinhardt, der auch als Tuchhändler wirkte, wurde ein *Wagen mit billigstem Rupfen* verbrannt, der mit wenigen Samt- und Seidenstoffen eingekleidet worden war. Die gute englische Qualitätsware indessen wurde beiseite geschafft und entging den Flammen. Sie tauchte nach kurzer Zeit unter anderem als Kleidung der Söhne eines Rathausangestellten wieder auf, was noch lange Zeit zu Hohn- und Spottgelächter unter der Mannheimer Bevölkerung Anlass gab.[85]

Neben dem Handel und den Fabrikbetrieben gab es auch im Bankwesen einen enormen ökonomischen Aufschwung. Bereits Ende des 18. Jahrhunderts waren die jüdischen Bankhäuser Ladenburg und Hohenemser gegründet worden, die bald zu äußerst finanzkräftigen Institutionen aufstiegen.[86] Zu ihnen gesellte sich Anfang des 19. Jahrhunderts der spätere Mannheimer Oberbürgermeister Reinhardt, der ebenfalls im Bankgewerbe tätig wurde. Er machte sich auch als Finanzier des badischen Staats einen Namen, indem er beispielsweise 1806 eine Anleihe über 1 Million Gulden für das Großherzogtum platzierte. Alle drei Bankhäuser ragten schon mit ihrer Bilanzsumme aus den sonstigen Unternehmen der Stadt heraus und profitierten von der staatlichen wie kommunalen Kriegsschuldentilgung, die sie teilweise selbst organisierten.

Im Schatten der übrigen Gewerbe stand schließlich die Mannheimer Landwirtschaft, die im stetigen Rückgang begriffen war. Doch nach wie vor war der Anteil der Personen, die hier ihr Auskommen fanden, beachtlich – das Adressbuch von 1815 listet allein 80 *Ackersmänner* namentlich auf. Die durch die Festungsdemolition gewonnenen neuen Flächen dienten

*Warenverbrennung auf dem Mannheimer Marktplatz 1810. Zeichnung, um 1855. Privatbesitz.*

vorübergehend dem Garten- und Tabakanbau. 1809 gab es auf Mannheimer Gemarkung nicht weniger als 4 665 Morgen landwirtschaftliche Fläche inklusive Waldungen, von denen drei Viertel für Ackerbau genutzt wurden. Der Viehbestand belief sich auf etwa 1 700 Tiere.[87]

Nicht nur politisch, auch wirtschaftlich gesehen waren die ersten beiden Jahrzehnte des 19. Jahrhunderts eine Zeit des Übergangs und der gegenläufigen Entwicklungen. Neben der anhaltenden Krise des traditionellen Gewerbes, das nach wie vor in Zünften organisiert war, machten sich leise und vereinzelt im Handel, im Fabrik- und Bankenwesen Tendenzen zum Aufschwung bemerkbar. Diese blieben angesichts der allgemein verbreiteten ökonomischen Krisenstimmung zwar größtenteils noch verborgen und waren nur selten so exponiert wie in der Person des Oberbürgermeisters Reinhardt; gleichwohl sollten sie die Grundlage für den wirtschaftlichen Aufstieg der Stadt in späteren Jahrzehnten bilden.

## Zwischen Nostalgie und Aufbruch: Gesellschaft und kulturelles Leben

Die lange Zeit in der Geschichtsschreibung erhobene Klage über den stetigen Aderlass der Mannheimer Bevölkerung nach 1778 ist in der Zwischenzeit hinreichend revidiert worden. Zwar kann für die Jahre nach dem Wegzug Karl Theodors tatsächlich ein Rückgang festgestellt werden, doch spätestens seit den 1790er Jahren stabilisierte sich die Zivilbevölkerung bei etwa 18–19 000 Personen.[88] Die Geburten- und Sterbezahl glichen sich im ersten Jahrzehnt des 19. Jahrhunderts weitgehend aus, auch hielten sich die Aus- und Einwanderung in jener Zeit in überschaubarem Rahmen.[89] Gravierenden Schwankungen unterlag hingegen die Militärpräsenz in Mannheim. Während in den Revolutionskriegen teilweise bis zu 11 000 Soldaten anwesend waren,[90] verblieb nach 1803 eine Garnison von etwa 1 500 Mann in der Quadratestadt. Der Abzug großer Teile des Militärs in der badischen Zeit erklärt den in der älteren Literatur kolportierten Rückgang der Gesamtbevölkerung in Mannheim. Mit 18–19 000 Einwohnern war Mannheim immer noch die größte Stadt im neuen Großherzogtum Baden, innerhalb Deutschlands jedoch nicht mehr als eine von vielen Städten mittlerer Größe.[91]

*Badische Jäger und Infanterie. Kolorierter Kupferstich von Johann Baptist Seele, um 1808. Wehrgeschichtliches Museum Rastatt.*

Im bürgerlichen Haushalt: Barbara Reinhardt (1753–1827), die Ehefrau des Kaufmanns und späteren Oberbürgermeisters Johann Wilhelm Reinhardt, am Spinnrad. Aquarell von Friedrich Ludwig Bassermann, 1806. Privatbesitz.

Das Großherzogtum Baden hatte ungeachtet aller Reformbestrebungen die althergebrachte Aufteilung der Stadtbewohner in Bürger, Beisassen (Schutzbürger) und sonstige Einwohner beibehalten und lediglich deren rechtlichen Status landeseinheitlich festgeschrieben.[92] Da Mannheim in jenen Jahren vom Recht der Bürgerannahme nur sparsam Gebrauch machte, blieb die Zahl der Bürger mit 1 200 bis 1 300 zwischen 1800 und 1815 weitgehend konstant.[93] Damit besaßen etwa 7 Prozent der Einwohner das Bürgerrecht und somit exklusiv das aktive und passive Wahlrecht zu den Gemeindeämtern. Rechnet man die zu diesen Personen gehörenden Familienverbände mit ein – schließlich handelte es sich bei den Bürgern ausschließlich um Familienoberhäupter –, so repräsentierten die Bürger etwa die Hälfte der geschätzten 2 500 in Mannheim ansässigen Familien.[94] Die zweite rechtliche Großgruppe in der Stadt war die der Schutzbürger, deren Anzahl sich 1815 auf 792 Familien belief, mithin auf ein Drittel der Gesamtbevölkerung. Ihr gehörten in der Regel sozial schwächere Familien an. Diese hatten kein Wahlrecht, jedoch konnten sie in beschränktem Maß Anteil an der Allmende haben oder auch Grundstücke erwerben. Hiervon ausgeschlossen waren schließlich die übrigen Einwohner, die ein bloßes Aufenthaltsrecht genossen. Zu dieser Schicht, die immerhin rund ein Fünftel der Bevölkerung stellte, gehörten ärmere Bevölkerungskreise, viele Tagelöhner und Gesellen.

Hinsichtlich der konfessionellen Gliederung hatten sich in den vergangenen Jahrzehnten die Gewichte weiter zugunsten der Katholiken verschoben. Diese hatten nicht nur eine höhere Geburtenrate, auch die Zuwanderer der Vergangenheit hatten überwiegend dieser Konfession angehört. Von den Einwohnern der Stadt unter Ausklammerung der Garnison waren 1811 insgesamt 51 Prozent Katholiken (9 416 Personen), 21 Prozent Lutheraner (3 912), 20 Prozent Reformierte (3 638), 7 Prozent Juden (1 275) sowie knapp 1 Prozent Mennoniten (95).[95] Damit stellten die Katholiken nunmehr auch die absolute Mehrheit unter der Bevölkerung. Wie einzelne Konflikte im Zusammenhang mit der Errichtung des überkonfessionellen Lyzeums zeigten, gab es nach wie vor Misstrauen und auch Antipathien zwischen den Konfessionen; gleichwohl reichte die Brisanz der Auseinandersetzungen bei weitem nicht an frühere Zeiten heran.

Eine große Bedeutung hatten die Reformen in Bezug auf den rechtlichen Status der Juden, die bislang außerhalb der ständischen Ordnung als eigene Gruppe geduldet waren.[96] In zwei Konstitutionsedikten wurden sie 1808/09 den Schutzbürgern gleichgestellt. Ferner erhielten sie Zugang zu allen Gewerben,

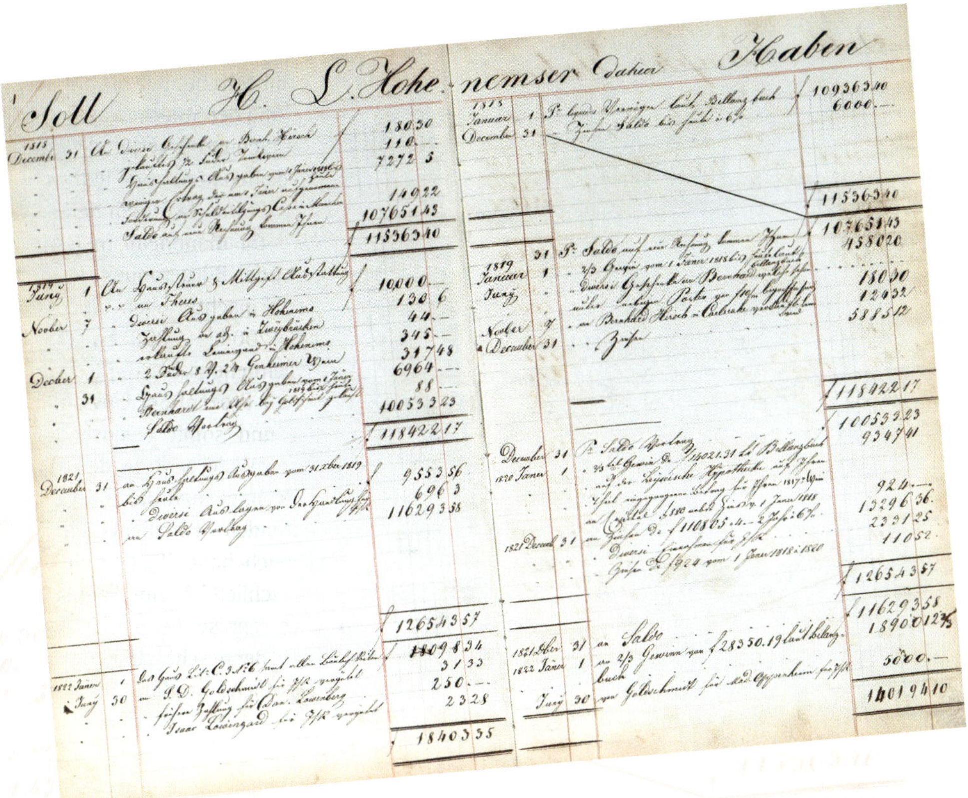


*„Privat Haupt-Buch" von Bankier Hirsch Levi Hohenemser (1771–1838) mit der ersten Eintragung vom 31. Dezember 1818. StadtA MA.*

waren verpflichtet, erbliche Familiennamen anzunehmen, und wurden auch zum Militärdienst herangezogen.[97] Wie bereits im 18. Jahrhundert spielten die Juden gemessen an ihrem Anteil an der Bevölkerung eine überdurchschnittliche Rolle in der heimischen Wirtschaft. Herausragende Exponenten waren die erwähnten Bankhäuser Ladenburg und Hohenemser; aber auch im Handel hatten Juden eine enorme Bedeutung. Dank ihrer überregionalen, teils sogar internationalen Geschäftsverbindungen sowie nicht zuletzt ihres Arbeitseifers beherrschten sie große Teile des einheimischen Markts – sehr zum Unwillen der Handelszunft, die hierfür auch die neuen Konzessionen verantwortlich machte: *Einen Hauptschlag versetzen uns die Juden! Diese Menschen, welche so leicht den Schutz für alle ihre Familienglieder erlangen können, vermehren sich dahier unendlich; alle Beschützte und Unbeschützte, sogar Kinder von 12 Jahren, Knechte und Mägde handeln, und meistens mit unseren, den Ellen- und kurzen Waren, auch Galanteriewaren.*[98] Ungeachtet derartiger Äußerungen, die vor allem die Angst einer wirtschaftlich bedrängten Konkurrenz widerspiegeln, fielen viele Schranken, welche die Juden rechtlich, sozial wie auch im Alltag von der übrigen Gesellschaft separiert hatten. Ein bemerkenswertes Beispiel war hierbei das 1807 gegründete Lyzeum, das von Anfang an auch jüdische Schüler aufnahm, was der jüngeren Generation neue Aufstiegschancen eröffnete und die Integration erleichterte.

Ungeachtet der nach wie vor engen rechtlichen Auslegung des Bürgerbegriffs zu Beginn des 19. Jahrhunderts brachte der beschleunigte Wandel von Staat und Gesellschaft eine Dynamik mit sich, welche die alten Standesschranken des städtischen Bürgertums sprengte. Die alten Führungsschichten um Staatsbeamte und Ratselite gerieten zunehmend in die Defensive. Neben ihnen entwickelte sich *auf breiter Front ein neues Bürgertum*, das sich überlokal und jenseits zünftiger Schranken definierte.[99] Träger dieser Schicht war zunächst das Bildungsbürgertum, das sich vor allem aus den freien Berufen wie Ärzten, Rechtsanwälten und Notaren speiste. Seit der Jahrhundertwende jedoch erlebte eine Gruppe aus dem Handelsbürgertum einen rasanten Aufstieg. Der Leistungsgedanke und die Bereitschaft, den Umbruch von Wirtschaft und Gesellschaft vorteilhaft zu nutzen, ließ sie über die alten Standes- und Zunftschranken hinausgreifen und etablierte sie bald als neue Führungsschicht in den Kommunen.

Die alte wie die neue Elite hatten sich institutionell in der 1803 ins Leben gerufenen Casinogesellschaft bereits zusammengefunden. Diese Gründung war *der Startschuß für die Entfaltung eines modernen Vereinslebens* in Mannheim.[100] Vorausgegangen waren mehrere Versuche, in der Quadratestadt Lesegesellschaften zu gründen, was immer wieder am Widerstand der kurpfälzischen Obrigkeit gescheitert war.[101] Deren Ablehnung

*Das Achenbachische Kaffeehaus in D 2, Sitz der Harmonie. Aquatintablatt von Karl Kuntz, um 1810. REM.*

ging unter anderem auch auf die Erfahrung zurück, dass sich andernorts derartige Gesellschaften als Nachrichtenbörsen und zuweilen auch als Foren zur politischen Meinungsäußerung entwickelt hatten. Jetzt, unter der badischen Herrschaft, die derartige Vereinigungen bereits zugelassen hatte, unternahm eine Gruppe von Mannheimern unter Führung des Buchhändlers Mathias Fontaine einen neuen Versuch. Dank eines dezidiert unpolitischen Anspruchs im Gründungsantrag wurde dieser genehmigt, und Kurfürst Karl Friedrich selbst erklärte sich 1804 bereit, die Schirmherrschaft zu übernehmen. Das Casino entwickelte sich zu einer Institution, die einerseits das Bildungs- und Unterhaltungsbedürfnis befriedigen sollte, darüber hinaus aber auch zu einem Verein, der seinen Mitgliedern ein umfassendes gesellschaftliches Netzwerk bot. Man traf sich im Achenbachischen Kaffeehaus in D 2, 6 zur Unterhaltung und zum Amüsement, zum Gedankenaustausch, aber auch um wirtschaftliche und unternehmerische Interessen zu verfolgen. Wie fragil der Zusammenschluss zunächst war, offenbarte sich anlässlich eines Streits über die Zulassung von Frauen zu gemeinsamen Vergnügungen, der 1808 mit der Abspaltung der Museumsgesellschaft endete. Diese konnte pikanterweise das großherzogliche Erbprinzenpaar Karl und Stephanie als Protektoren und Namensgeber gewinnen und stand stärker in der Tradition der bildungsorientierten Lesegesellschaften. Nach massivem großherzoglichen Druck fanden 1814 beide Seiten wieder zusammen, wobei der wiedervereinigten Gesellschaft der sprechende Name Harmonie gegeben wurde.

Verfassung
des
Museums
Karl - Stephanie
in
Mannheim.

Mannhe
gedrukt in der Burgerhospit
1809.

Eigenthümlichkeit der Gesellschaft.

1.

Das Museum ist ein freier Verein für die Zweke
und den Genuſs der verfeinerten Geselligkeit.
Seine Mittel sind Literatur, Musik, Umgang und
Spiel. Sie machen wesentliche Bestandtheile
desselben aus.

2.

Das Museum ist nach allen seinen Bestand-
theilen eins und untheilbar; die Gesellschaften
für Damen sind wesentlich damit verknüpft.

3.

So wie dieser Verein nur als Erzeugniſs der
Humanität gedeihen kann, so sind ihm die Förm-
lichkeiten und Verhältnisse des gemeinen bür-
gerlichen Lebens fremd, und alle Glieder haben
gleichen Rang. — Mögte kein Ceremoniel und keine
Titelsucht in diese dem Frohsinn und der Kultur
geweihten Säle eingehen! Diese im Geiste unse-
rer Regierung gegebene Bestimmung gelte uns
für einen Fortschritt in der deutschen geselligen
Welt.

Statuten der Museumsgesellschaft. Druckschrift, 1809. StadtA MA.

Das Casino wie später auch die Harmonie avancierten bald zum führenden gesellschaftlichen Zirkel in der Stadt. Mit 250 Mitgliedern gehörten 1815 dem Verein sowohl die höheren Beamten der Kreis- und Staatsverwaltung und der Gerichte an als auch unter den bildungsbürgerlichen Gruppen alle Geistlichen und alle Professoren des Lyzeums sowie ein Großteil der Advokaten, der erfolgreichen Handelsleute und Unternehmer. Von den gewählten Stadträten waren 1814 über 60 Prozent Angehörige der Harmonie, sodass man *geradezu von einer Harmonie-Fraktion* sprechen konnte.[102] Im Schatten von Casino und Museum standen mehrere Freimaurerlogen, die in jenen Jahren neu bzw. wiedergegründet wurden. Diese erreichten teilweise durchaus beachtliche Größen – so sind etwa von der Loge

*Carl Maria von Weber (1786–1826). Ölgemälde von Carl Christian Vogel von Vogelstein, um 1820. AKG Images.*

*Karl zur Eintracht* 136 Mitglieder bekannt. Nach ihrem neuerlichen Verbot 1813 wurden sie nur noch kurze Zeit in verdeckter Form fortgeführt.

Die neu gegründeten Gesellschaften waren jedoch nicht nur politische und gesellschaftliche Netzwerke, sie avancierten auch zu wichtigen Zentren im kulturellen Leben der Stadt. Dies galt insbesondere für das Museum, das sich in erster Linie der *Literatur, Musik, Frauenhuld, alle*[n] *Genien der Künste* und *alle*[n] *Mittel*[n] *der Geselligkeit* verpflichtet sah.[103] Entsprechend bot das Hillesheim'sche Palais in R 1, wo das Museum Unterschlupf gefunden hatte, schon bald eine Bühne für literarische Lesungen, vor allem aber für musikalische Aufführungen. Einerseits wurde ein Feierabendorchester aus Laien und Berufsmusikern unterhalten, andererseits lud man auch immer wieder große Virtuosen ein. Prominentestes Beispiel war Carl Maria von Weber, dessen Konzerte im Museum in Beisein der Protektorin Stephanie so große Erfolge waren, dass diese sich für seine Anstellung beim Hof- und Nationaltheater stark machte. Dieser Plan scheiterte aus finanziellen Gründen. 1811 verließ Weber die Stadt mit der liebevoll-ironischen Beteuerung, von nun an *dieses Klümpchen Mannheim* [...] *wie eine Geliebte im Herzen* zu tragen.[104]

Im Gegensatz zu diesen privaten Veranstaltungen war es um die öffentliche Pflege der Kultur weitaus weniger positiv bestellt. Das Mannheimer Nationaltheater war seit dem Weggang August Wilhelm Ifflands 1796 in einer permanenten Krise. Finanznöte, Kriegseinwirkungen, aber auch eine gewisse Amtsmüdigkeit des langjährigen Intendanten Wolfgang Heribert von Dalberg hatten dazu geführt, dass die Institution vor dem Ende zu stehen schien. Im Wissen, dass das Nationaltheater eine Herzensangelegenheit der meisten Mannheimer war und hier enorme Sympathien für das neue Herrscherhaus gewonnen werden konnten, erklärte sich Kurfürst Karl Friedrich 1803 bereit, die aufgelaufenen Schulden auf Staatskosten zu übernehmen. Auch wenn damit das drängendste Problem gelöst schien, blieb das Theater in der Krise. Hierfür verantwortlich gemacht wurde in der Vergangenheit vor allem der 1803 ins Amt gelangte Intendant Friedrich Anton von Venningen, der ein Missgriff gewesen sei und im künstlerischen Bereich personelle Fehlentscheidungen getroffen habe.[105] Die schlechte Qualität der Aufführungen spiegelte sich bald in leeren Kassen wider. Auch der Wunsch breiter Kreise der Bürgerschaft nach einer Rückkehr Ifflands wurde nicht erhört. Allerdings muss bei der Bewertung der Krise bedacht werden, dass ohne einen größeren Hofstaat der Theaterbau in B 3 mit 1 450 Plätzen im

Verhältnis zur Einwohnerschaft bei weitem überdimensioniert war.[106] Insofern war es an sich schon eine beachtliche Leistung, die Institution während der langandauernden Konjunkturkrise am Leben gehalten zu haben. Das Großherzogliche Hof- und Nationaltheater, so der offizielle Titel seit 1806, wurde demnach nicht nur zur Feier der Künste in Schauspiel und Oper genutzt. Es fanden hier auch Maskenbälle, Faschingsveranstaltungen und sonstige Feierlichkeiten statt.

Dass das Überleben des subventionierten Nationaltheaters keine Selbstverständlichkeit war, zeigt der Blick auf andere kulturelle und auch wissenschaftliche Institutionen der alten Kurfürstenzeit. Der Botanische Garten und die Zeichnungsakademie fielen schon bald dem staatlichen Rotstift zum Opfer, ebenso die Deutsche Gesellschaft und die Akademie der Wissenschaften. Letztere war bereits von den Bayern als *gebrechliche Körperschaft* gesehen worden, die nur noch dazu gedient hätte, *den Unterhalt von zwei oder drei Invaliden zu sichern.*[107] Auch Pläne des badischen Kurfürsten, in Mannheim nach Ende des Kriegs *eine kleine Academie* zu etablieren, erwiesen sich bald als hinfällig.[108]

Für die Beibehaltung des Nationaltheaters sprach jedoch nicht nur das Interesse des Bürgertums, sondern auch des zahlreich in der Stadt vertretenen Adels. Einerseits waren viele Familien aus der kurpfälzischen Zeit noch in Mannheim wohnhaft wie etwa die von Dalberg, von Venningen

*Hölzernes Bühnenmodell. Das Modell entspricht in allen technischen Details der Bühne des Mannheimer Nationaltheaters um 1800. REM.*

CLASSISCHE WERKE,

zum ersten Male dargestellt.

| Nummern in der Reihenfolge. | | | |
|---|---|---|---|
| 610 | 1804 | 22. April | Maria Stuart, von Schiller. |
| 614 | " | 15. Juli | Wilhelm Tell, von Schiller. |
| 632 | 1805 | 5. Mai | Nathan der Weise, von Lessing. |
| 643 | " | 23. Nov. | Die Braut von Messina, von Schiller. |
| 644 | 1806 | 5. Jan. | Der Geizige nach Molière, v. Zschokke. |
| 647 | " | 6. Febr | Der Wunderarzt n. Molière, v. Zschokke. |
| 651 | " | 7. April | Macbeth v. Shak., b. v. Schiller. |
| 660 | " | 22. Nov. | Faniska, von Cherubini. |
| 668 | " | 26. Dec. | Egmont, v. Goethe. |
| 669 | 1807 | 18. Jan. | Wallensteins Lager, von Schiller. |
| 686 | " | 22. Nov. | Tancred, nach Voltaire, von Goethe. |
| 689 | " | 20. Dec. | Die Piccolomini, von Schiller. |
| 691 | 1808 | 1. Jan. | Wallensteins Tod, von Schiller. |
| 720 | 1809 | 26. " | Othello, nach Shak., von Schubart. |
| 730 | " | 20. Aug. | Merope, nach Voltaire, von Gotter. |
| 731 | " | 31. " | Phaedra, nach Racini, von Schiller. |
| 733 | " | 24. Sept. | Rodogüne, n. Corneille, v. Bode. |
| 765 | 1810 | 5. Juli | Uthal, von Mehul. |
| 774 | " | 26. Dec. | Aschenbrödel, von Isonard. |
| 776 | 1811 | 28. Jan. | Julius Caesar, n. Shak., v. Schlegel. |
| 777 | " | 17. Febr. | Zaire, n. Voltaire, v. Benzel-Sternau. |
| 786 | " | 11. Juli | Der Cid, n. Corneille, v. Benzel-Sternau. |
| 789 | " | 11. Aug. | Götz von Berlichingen, von Goethe, neu bearbeitet. |
| 790 | " | 1. Sept. | Jacob und seine Söhne in Aegypten, von Mehul. |
| 817 | 1812 | 15. Aug. | Die zwei Blinden, von Mehul. |
| 838 | 1813 | 27. Juni | Johann von Paris, von Boieldieu. |
| 857 | 1815 | 23. April | Jaery und Baethely, von Goethe, Msk. von Frey. |
| 897 | " | 15. Oct. | Das Käthchen von Heilbronn, v. Kleist. |
| 945 | 1817 | 2. " | Joconde, von Isouard. |
| 961 | 1818 | 30. April | Coreggio, von Oehlenschläger. |
| ~~[illegible]~~ | ~~"~~ | ~~22. Nov.~~ | ~~Das Leben ein Traum, nach Calderon v. West.~~ |
| 1009 | 1820 | 3. Aug. | Donna Diana, nach Moreto, von West. |
| 1014 | " | 25. " | Iphigenia in Tauris, v. Goethe. |
| 1031 | 1821 | 28. Febr. | Medea, von Cherubini. |
| 1043 | " | 25. Aug. | Das Rothkäppchen von Boieldieu. |

*Mannheimer Erstaufführungen des Nationaltheaters zu Beginn des 19. Jahrhunderts. Ausschnitt aus dem Plakat „Rückblick auf die Verwaltung des Großherzoglichen Hof- und National-Theaters in Mannheim 1803–1821“. StadtA MA.*

oder von Berlichingen, andererseits war die Stadt durch den prominenten Zuzug des großherzoglichen Erbprinzenpaars 1806 für diese Schicht noch attraktiver geworden. Zwar stellte der Adel 1815 nur 3 Prozent der Haushaltsvorstände in Mannheim, hinsichtlich seiner gesellschaftlichen Bedeutung kam ihm jedoch weitaus größeres Gewicht zu.[109] Nach den Befreiungskriegen und dem Wiener Kongress 1815 zog es noch mehr adlige Familien nach Mannheim, die hier teilweise ihren Haupt-, häufig aber auch ihren Nebenwohnsitz nahmen, um zumindest in Ansätzen ein standesgemäßes Leben zu führen. Die Quadratestadt avancierte dadurch in jenen Jahren zum Zentrum der Adelsopposition gegen die badische Verfassungsbewegung und Adelspolitik, wofür der spätere Ehrenbürger der Stadt Sigmund Freiherr von Gemmingen ein prominentes Beispiel ist. Bewusst bevorzugte diese Gruppe Mannheim als Wohnsitz, das in ihren Augen nicht nur weitaus schöner, sondern auch repräsentativer als Karlsruhe war. So berichtete der preußische Gesandte Karl August Varnhagen von Ense: *Ohne Frage war Mannheim damals lebhafter und freundlicher als Karlsruhe; dort hatte ein verschwundener Hof gute Wirkungen zurückgelassen, die ein vorhandener meistenteils vermissen ließ.*[110]

Für höfisches Flair in der Stadt sorgte seit 1806 das badische Kur- bzw. Erbprinzenpaar, d.h. der spätere Großherzog Karl und seine Gattin Stephanie Beauharnais, eine Adoptivtochter Napoleons. In ihrem Ehevertrag war ihnen das Wohnrecht im Mannheimer Schloss zugesprochen worden.[111] Die Mannheimer Bürger begrüßten die neuen Schlossbewohner euphorisch und über alle Maßen. Der Empfang war an Aufwand und Pracht mit dem des Kurfürsten 1803 vergleichbar – allein die Kosten für die festliche Illumination beliefen sich auf 711 Gulden.[112] Wie damals brachten die Mannheimer ihre Erwartungen deutlich zum Ausdruck: *Werden Sie, gnädigster Kurprinz, Mannheims neuem Jahrhundert ein zweyter Carl Ludwig und Carl Theodor.*[113] Zwar sollte sich die Hoffnung auf eine Wieder-

*Einladungskarte zum Hofball, 1810. StadtA MA.*

*Tanzvergnügen im renommierten „Badner Hof". Federzeichnung, Anfang des 19. Jahrhunderts. REM.*

gewinnung der Residenzfunktion Mannheims abermals nicht erfüllen, immerhin aber wurde die Quadratestadt badische Nebenresidenz. Die Ehe des Paars in jenen Jahren war jedoch ausgesprochen unglücklich, sodass es vor allem Stephanie alleine war, die von Zeit zu Zeit das Schloss bewohnte. Ihr Hofstaat war recht bescheiden und bestand aus französischen Hofdamen und ihr von badischer Seite zugewiesenen Kammerherren. Dennoch sollte sich hier ein – wenn auch bescheidenes – Hofleben entfalten mit Festen, Bällen, Konzerten, Schlittenfahrten oder auch mit hohem Besuch wie etwa vom schwedischen König Gustav IV. Adolf oder von König *Lustig*, dem Napoleon-Bruder Jérôme von Westfalen.

Dabei war es zunächst um den baulichen Zustand des Schlosses, dessen altmodisches Mobiliar sowie seine Gartenanlagen nicht zum Besten bestellt. Zwar waren die Räume im Hauptgeschoss des östlichen Corps de Logis bereits eingerichtet, jedoch gab es in der Gesamtanlage noch zahlreiche Zerstörungsspuren des Kriegs, die erst im Lauf der Jahre beseitigt werden konnten.[114] Vor allem der Schlossgarten lag der Erbprinzessin, die im Übrigen den Titel einer *Kaiserlichen Hoheit* führte, am Herzen. Hier ergaben sich durch das aufgrund der Festungsdemolition gewonnene Gelände völlig neue Möglichkeiten. Ein Brief Stephanies an ihren Schwiegervater Karl Friedrich hatte schließlich den Erfolg, dass Gelder aus der Staatskasse zur Errichtung eines Gartens zur Verfügung gestellt wurden, an der sich auch die Stadt finanziell beteiligte. Der Schlossgarten, angelegt in *romantischer Kleinteiligkeit*, wurde damit zu einem zentralen Element des grünen Mannheim.[115] Nicht nur diese Fürsprache Stephanies, auch ihr einnehmendes Wesen führten dazu, dass sie sich der stetig wachsenden Zuneigung der Mannheimer erfreuen durfte. Diese brachten die Bürger 1811 unter anderem dadurch zum Ausdruck, dass sie ihr ein im italienisch-französischen Stil erbautes Landhaus mit Garten an der Schwetzinger Straße schenkten, das im Volksmund bald den Namen Stephanienschlösschen erhielt. Dass diese Schenkung nur mit neuen Krediten finanziert werden konnte und wieder einmal die badischen Beamten zur Verzweiflung brachte, stand dabei auf einem anderen Blatt.

Stephanie blieb auch nach 1811, nach der Regierungsübernahme ihres Mannes,

*Medaille auf die Hochzeit Karls von Baden mit Stephanie Beauharnais 1806 mit dem Konterfei Napoleons auf der Rückseite. Württembergisches Landesmuseum Stuttgart.*

*Erbgroßherzog Karl von Baden (1786–1818) vor dem Mannheimer Schloss. Aquatinta und Radierung von Karl Kuntz, 1806. GLA KA.*

Erbgroßherzogin Stephanie von Baden (1789–1860). Ölgemälde von François Gérard, um 1806. REM.

der Quadratestadt so sehr verbunden, dass Napoleon selbst sie ermahnen musste, *ihre Vorliebe für Mannheim nicht zu übertreiben* und sich mehr dem Karlsruher Hof zuzuwenden.[116] Nach dem Tod von Großherzog Karl im Jahr 1818 wählte sie das Mannheimer Schloss als Witwensitz, wo sie mit Unterbrechungen bis zu ihrem Lebensende im Jahr 1860 wohnen blieb.

Abseits der höfischen Gesellschaft wie auch der bürgerlichen Elite und deren Vereinen lebte die breite Masse der Bevölkerung. Für die kleinen Gewerbetreibenden und Handwerker, für die vielen Tagelöhner, Gesellen und sonstigen abhängig Beschäftigten, aber auch für die Arbeitslosen und Armen drehte sich der Alltag weitgehend um das wirtschaftliche Überleben für sie selbst und ihre Familien. Dies war angesichts der schwierigen Konjunkturlage und steigender Preise alles andere als einfach. Dabei war der überwiegende Teil von ihnen in Gruppen und Zünften zusammengeschlossen, die nicht nur das Berufsleben, sondern auch die Freizeit, ihre alltäglichen Verhaltensweisen und auch in gewissem Maße ihre ethischen Werte bestimmten. Ihr Zusammenhalt wurde gestärkt in regelmäßigen Treffen, sei es ungezwungen nach Feierabend in den zahlreichen Gaststätten der Stadt oder ritualisiert in Zunftlokalen. 1814 wurden nicht weniger als 69 Gaststätten und 47 Straußwirtschaften in Mannheim gezählt.[117] Geselligkeit stand hierbei im Vordergrund, aber auch Kommunikation.

In derart politisch ereignisreichen Zeiten kam dem Informationsaustausch eine gesteigerte Bedeutung zu. Aus der großen weiten Welt berichteten mit der *Mannheimer Zeitung*, dem *Mannheimer Intelligenzblatt*, dem französischsprachigen *Journal politique de Mannheim* sowie der *Rheinischen Bundes-Zeitung* gleich mehrere Blätter. Dabei gerieten sie wiederholt in Konflikt mit den staatlichen Zensurbehörden, die sich ihrerseits enormem französischen Druck ausgesetzt sahen.[118] Letzterer führte schließlich dazu, dass nicht nur mehrere Zeitungen verboten wurden – ab 1810 durfte nur noch aus französischen Zeitungen zitiert werden. Entstanden hierdurch Nachrichtenlücken, so wurden diese mehr und mehr durch eine intensive Gerüchtewirtschaft kompensiert, die sich hauptsächlich über die Wirtshäuser verbreitete. Hier trafen sich nicht nur die Einheimischen, sondern auch Durchreisende und Fremde. Ihre Zahl war infolge der

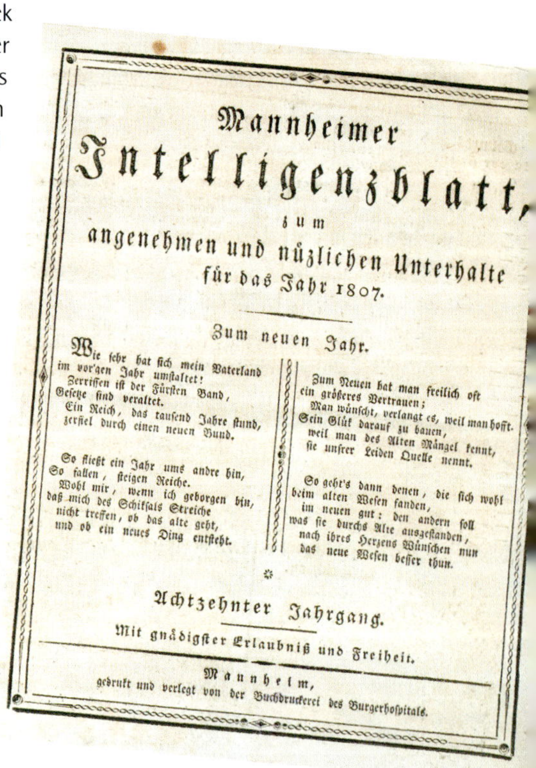

Mannheimer
Intelligenzblatt,
zum
angenehmen und nüzlichen Unterhalte
für das Jahr 1807.

Zum neuen Jahr.

Wie sehr hat sich mein Vaterland
im vor'gen Jahr umstaltet!
Zerrissen ist der Fürsten Band,
Geseze sind veraltet.
Ein Reich, das tausend Jahre stund,
zerfiel durch einen neuen Bund.

So fließt ein Jahr ums andre hin,
So fallen, steigen Reiche.
Wohl mir, wenn ich geborgen bin,
daß mich des Schiksals Streiche
nicht treffen, ob das alte geht,
und ob ein neues Ding entsteht.

Zum Neuen hat man freilich oft
ein größeres Vertrauen;
Man wünscht, verlangt es, weil man hofft.
Sein Glük darauf zu bauen,
weil man des Alten Mängel kennt,
sie unsrer Leiden Quelle nennt.

So geht's dann denen, die sich wohl
beim alten Wesen fanden,
im neuen gut: den andern soll
was sie durchs Alte ausgestanden,
nach ihres Herzens Wünschen nun
das neue Wesen besser thun.

Achtzehnter Jahrgang.

Mit gnädigster Erlaubniß und Freiheit.

Mannheim,
gedrukt und verlegt von der Buchdruckerei des Burgerhospitals.

Die erste Ausgabe des „Mannheimer Intelligenzblatts" für das Jahr 1807 startete am 2. Januar mit einem Gedicht, in welchem die dramatischen Veränderungen unter dem Motto „Wie sehr hat sich mein Vaterland im vor'gen Jahre umgestaltet" noch einmal aufgegriffen werden. StadtA MA.

permanenten Kriegsdurchzüge außerordentlich gestiegen. Alle brachten sie Neuigkeiten mit aus der näheren und weiteren Umgebung, aus den Hauptstädten des Rheinbunds und Paris, aber auch von den napoleonischen Kriegsschauplätzen. Da es Mannheimer ebenfalls in die Fremde zog bzw. sie vom Militärdienst dorthin gezogen wurden, konnten diese, ihre Rückkehr vorausgesetzt, von bis dato exotischen Ländern wie Spanien oder gar Russland berichten.

Abwechslung in den Alltag der Stadt brachten Feste, Jahrmärkte und hierbei vor allem der Maimarkt. Aus nah und fern strömten Händler, Schausteller und Besucher in die Stadt, wo zwei Wochen lang ein hektisches Treiben herrschte. Auf dem Paradeplatz, in den Planken und auf der Breiten Straße wurde präsentiert, gehandelt und gefeilscht, wurden große und kleine Geschäfte abgeschlossen, neue Waren begutachtet und die letzten Nachrichten ausgetauscht. Für Unterhaltung und Vergnügen war ebenfalls gesorgt. Gaukler und Schausteller zeigten ihre Künste und begeisterten das Publikum mit teilweise spektakulären Vorführungen.

Ein Höhepunkt in dieser Hinsicht war im Juni 1812 der Auftritt des Luftschiffers Sebastian Bittorf.[119] Vor reichlich versammeltem, zahlendem Publikum stieg Bittorf mit seinem nach dem Vorbild der Brüder Montgolfière konstruierten Ballon vom Neckartor aus in den Mannheimer Abendhimmel auf, von wo er, von einer Böe erfasst, abstürzte. Der Luftschiffer, der zuvor bereits 30 erfolgreiche Flugversuche absolviert hatte, erlag wenige Tage später seinen Verletzungen.

Dieser Absturz könnte auf viele Zuschauer symptomatisch für ihre Zeit gewirkt haben: ehrgeizige, hochfliegende Pläne auf der einen Seite, schmerzhafte, zuweilen tödliche Abstürze auf den Boden der Realität auf der anderen. Dies galt nicht nur für die napoleonischen

Karlsruhe.

Mit Allerhöchster Bewilligung

at Unterzeichneter die Ehre, einem hohen Adel und verehrungswürdigen Publikum hiermit ergebenst bekannt zu machen, daß er heute, Nachmittags nach 5 Uhr (wenn es die Witterung, von welcher der Luftfahrer mehr als jeder andere Künstler abhängt, zulassen sollte), seine schon angekündigte Luftreise zum Neun und zwanzigsten Male

Mit einem Ballon

unternehmen wird.

Der Schauplatz ist in dem Großherzoglichen Marstall-Hof.

Preiße der Plätze:

| | |
|---|---|
| Erster Platz zum Sitzen | 1 fl. 12 kr. |
| Zweiter Platz zum Sitzen | 1 — |
| Dritter Platz zum Sitzen | — 48 — |
| Vierter Platz zum Stehen | 24 kr. |
| Fünfter Platz zum Stehen | 12 — |

Ergebenster

Bittorf, Mechanikus.

Ankündigung des Ballonaufstiegs von Sebastian Bittorf (um 1764–1812) in Karlsruhe. Druck, 1812. StadtA KA.

Kriege, von deren letztlichem Ausgang man zu diesem Zeitpunkt ja noch nichts wissen konnte. Enttäuscht sah man sich in Mannheim auch hinsichtlich der großen Erwartungen in Bezug auf eine Wiederbelebung der glorreichen Residenzzeit. Der Hof der Erbprinzessin Stephanie wirkte vor diesem Hintergrund wie der letzte Abglanz einer längst vergangenen Zeit. Dies galt auch für das darbende Nationaltheater, das immerhin weiter existierte, was keineswegs selbstverständlich war. Dabei verdeckte die allgemeine Larmoyanz lange Zeit entscheidende, zukunftsweisende Veränderungen wie den Aufstieg einer neuen wirtschaftsbürgerlichen Elite. Ihre organisatorische Klammer fand diese zusammen mit dem Bildungsbürgertum in Casino, Museum und Harmonie, die für die Entstehung eines modernen bürgerlichen Vereinslebens Vorbildcharakter bekommen sollten.

## Schwierige Zeiten: Im Schatten der großen Politik

*Medaille auf den Rückzug Napoleons aus Russland, 1812. Württembergisches Landesmuseum.*

Die Hegemonie Napoleons über Mitteleuropa wirkte sich nicht nur in der beschriebenen Modernisierung von Staat, Wirtschaft und Gesellschaft aus. Untrennbar mit dem Namen des großen Korsen verbunden sind die Feldzüge, die auch nach dem Friedensschluss von Lunéville 1801 weiter geführt wurden. In schier atemberaubender Geschwindigkeit zogen Napoleons Armeen über den Kontinent. Der Dritte Koalitionskrieg mit der Dreikaiserschlacht 1805, die Niederwerfung Preußens 1806/07, die Kriege in Spanien 1807/08 sowie gegen Österreich 1809 sind nur einige Beispiele und markieren rückblickend den Auftakt zum großen Finale der napoleonischen Herrschaft im Feldzug gegen Russland 1812, über die Befreiungskriege 1813/14 bis hin zur Schlacht bei Waterloo 1815. Erst mit der Verbannung des französischen Kaisers nach St. Helena sollte das Zeitalter der permanenten Kriege enden.

Der Sieg über Frankreich 1813/14 erzeugte in ganz Deutschland Freude über den gewonnenen Frieden, aber auch eine Welle der nationalen Begeisterung. Dies war auch in Mannheim der Fall, wo 1814 zum Jahrestag der Völkerschlacht von Leipzig eine große *Feyer des allgemeinen Gedächtnisfestes der Befreyung Teutschlands* abgehalten wurde.[120] Von L 1 aus zog ein Festzug aus Bürgermilitär, der städtischen Militärmusik, *festlich gekleidete*[n] *Mädchen* und sonstigen Festteilnehmern auf die andere Neckarseite, wo eigens ein Dankaltar errichtet worden war. Nach Festansprachen, Opferfeuer und Kanonendonner wurde abends gefeiert und die Festwiese für Volksbelustigungen freigegeben. Zeugnis von diesen mehrtägigen Feierlichkeiten geben einige Festschriften, die ganz im Sinne des Freiheitsdichters Ernst Moritz Arndt von nationalem Pathos erfüllt sind. Bei aller patriotischer Begeisterung überwog darin aber auch die Freude über den Frieden: *Wir* [in Deutschland] *sind Freunde, und des Friedens segensreicher Geist ist's, der Fröhlichkeit, Ruhe und Freyheit uns verheißt.* [121]

Denn von Frieden konnte im vorhergehenden Jahrzehnt in der Tat nicht die Rede sein. Die fortwährenden Kriege stellten in mehrfacher Hinsicht außerordentliche Anforderungen an die Bevölkerung. Das strategisch günstig an der französischen Grenze gelegene Mannheim war bereits in der Vergangenheit bevorzugter Durchzugs- und Einquartierungsort französischer Truppen gewesen. Dies setzte sich auch unter badischer Herrschaft fort. Die Klagen der Bevölkerung darüber ziehen sich durch die Quellen wie ein roter Faden. Zwar machte Napoleon 1805 Kurfürst Karl Friedrich gegenüber die Zusage, bei künftigen Feldzügen Karlsruhe und Mannheim von Durchmärschen und Einquartierungen auszunehmen, tatsächlich hielt sich jedoch kein Truppenführer daran.[122] Alle paar Monate mussten die Gastwirte, aber auch die Privatleute ungebetene Gäste ertragen, wobei sie meist auf ihren Kosten sitzen blieben. Ein drastisches Beispiel gab hierbei der „Pfälzer Hof" in D 1, der als renommiertestes Gasthaus am Ort bevorzugter Logierplatz für französische Offiziere war. Allein für die Jahre 1808 bis 1810 legte der Wirt der Stadt eine Rechnung von rund 11 000 Gulden zur Begleichung vor. Der Unmut der Bürgerschaft über die ständigen Einquartierungen war enorm und durchaus nachvollziehbar, da zudem zwielichtige Gestalten in Mannheim Quartier nahmen und angaben, im Auftrag des großen Korsen zu handeln. Gleichwohl war auch dies nur der Auftakt zu noch umfangreicheren Einquartierungen, welche die Stadt im Lauf der Befreiungskriege ereilen sollten.

Dabei waren die Mannheimer die Anwesenheit von Militär in ihren Mauern durchaus gewohnt. Die ehemalige Festungsstadt hatte seit jeher eine Garnison beherbergt, die freilich im Zug der badischen Reformen sehr stark zusammengeschmolzen war. Daher verringerte sich auch ihr Anteil an der Gesamtbevölkerung von über 30 Prozent in den 1770er Jahren auf nunmehr unter 10 Prozent. Auch die Zahl der in der Stadt wohnhaften Offiziere ging zurück – 1815 wurden gerade einmal 137 gezählt.[123] Baden hatte nur einen Teil der ehemals kurpfälzischen Truppen übernommen, die nun zu einem neuen Regiment formiert und dem Kurprinzen Karl unterstellt wurden.[124] Das Regiment, das von 1803 bis 1806 den

Major à la Suite in der Uniform des 2. badischen Infanterieregiments Erbgroßherzog. Kolorierte Federzeichnung, um 1809. Wehrgeschichtliches Museum Rastatt.

Namen *Linien-Regiment Kurprinz Nr. 2* und danach *Erbgroßherzog* führte, bestand 1806 aus zwei Bataillonen sowie einem Grenadierregiment und war in mehreren Kasernen untergebracht. Mit rund 1 500 Mann stellte es 1803 etwa 30 Prozent der gesamten badischen Armee.[125] Das Regiment nahm an zahlreichen napoleonischen Feldzügen teil, entsprechend selten war es in Mannheim. So war es der erste Truppenteil der badischen Armee, der bereits 1811 in Vorbereitung des napoleonischen Russlandfeldzugs mit insgesamt 1 722 Mann ausrückte und nach Magdeburg verlegt wurde.[126]

Die häufigen Truppendurchzüge wie auch die Abwesenheit der Garnison brachten es mit sich, dass die Bürgerwehr ein immer größeres Aufgabenspektrum zugewiesen bekam, von der herkömmlichen Bewachung der Stadt bis hin zum Auskundschaften von Wegen für die ausrückende Garnison. Nicht zuletzt vor dem Hintergrund einer allgemeinen Rechtsunsicherheit und einer erhöhten Kriminalitätsrate wurden von Seiten der Stadt Anstrengungen unternommen, die Bürgerwehr auszubauen. Eine 1811 durchgeführte Reform verpflichtete jeden Bürger und Schutzbürger bis zum vollendeten 50. Lebensjahr zum Dienst. Die Bürgerwehr war verantwortlich für die Aufrechterhaltung der öffentlichen Ruhe und Sicherheit, musste gegebenenfalls die Polizei unterstützen und war auf Befehl der Obrigkeit zu Patrouillen- und Wachdiensten verpflichtet. Auch wenn ihre Einteilung in Infanterie, Kavallerie und Artillerie sich an der des Militärs orientierte, so

*Protest einiger zur Landwehr Einberufener im Haus des Oberbürgermeisters Johann Wilhelm Reinhardt, da sie ihre Montur selbst bezahlen mussten, und Gegenrede des Reinhardt'schen Schwiegersohns Friedrich Ludwig Bassermann, um 1813. Zeichnung, um 1855. Privatbesitz.*

dürfen die Begrifflichkeiten nicht über den geringen Professionalisierungsgrad hinwegtäuschen. Zwar war die Bürgerwehr mit über 1 000 Mann auf den ersten Blick eine durchaus stattliche Truppe; ihre Ausstattung jedoch, die weniger aus Waffen als vielmehr aus schönen Uniformen bestand, unterstreicht, dass sie vor allem repräsentative Aufgaben hatte. Wenn es galt, der großherzoglichen Familie einen prächtigen Empfang zu bereiten oder ein stadtweites Fest zu feiern, so war die Bürgerwehr in Galamontur, teilweise gar mit Federbusch und Goldsäbel ausgestattet, mitten im Zentrum des Geschehens.[127] Mit dem französischen *citoyen en armes*, dem Bürgermilitär, hatte sie wenig gemein.

Dennoch blieb auch Mannheim von der zunehmenden Militarisierung der Gesellschaft nicht unberührt. Baden war wie die anderen Verbündeten Napoleons zur Heerfolge verpflichtet und musste seine bis dato bescheidene Armee um- und vor allem ausbauen. Die 1804 eingeführte allgemeine Wehrpflicht wurde ständig erweitert und Aushebungen nach französischem Muster vorgenommen, die nur noch wenige Ausnahmen vorsahen. Um die Einziehung ihrer Söhne zu verhindern, zahlten Mannheims wohlhabende Bürger in einen gemeinsamen Fonds ein, aus dem Stellvertreter finanziert wurden. Wie das Regiment *Erbgroßherzog* sah auch so mancher Mannheimer Bürger- bzw. Schutzbürgersohn auf diese Weise die napoleonischen Schlachtfelder in ganz Europa und konnte von Glück reden, wenn er lebend zurückkam. Im Dezember 1813 wurde in Baden zusätzlich eine Landwehr gegründet, zu der schließlich auch über 100 Mannheimer eingezogen wurden.

Den traurigen Höhepunkt der napoleonischen Kriege markierte der Feldzug gegen das russische Zarenreich im Jahr 1812. Die Niederlage der *Grande Armée* war für ganz Europa eine *ungeahnte Überraschung.*[128] Lange Zeit hatte man den großen Korsen nur siegen sehen; unvorstellbar war es daher, dass das mit 700 000 Soldaten größte Heer der Geschichte im Osten eine vernichtende Niederlage erleiden würde. Beteiligt am Feldzug war auch ein 7 166 Mann umfassendes badisches Truppenkorps, von denen lediglich 800 bis 1 000 in die Heimat zurückkehrten.[129] Das Leiden der eigenen Soldaten im Osten, die *unterm nördlichen Himmelsstrich lagern und ihr Blut vergießen*, hatte sich auch nach Mannheim herumgesprochen, weshalb der Stadtrat einen *vaterländischen Aufruf* erließ und Geldspenden sammelte.[130] Vom 1 700 Mann starken Mannheimer Regiment überlebten schätzungsweise 100 Soldaten.

## Mannheimer in Napoleons Armeen

*Carl-Jochen Müller*

Das Aufkommen des modernen Massenkriegs im Gefolge der Französischen Revolution forderte blutigen Tribut auch unter Mannheimern, die meist unter badischen und bayerischen Fahnen fochten. Zeugnisse, die über ihr Leben und Sterben Auskunft geben, liegen aus allen sozialen Schichten und militärischen Dienstrangen vor. Recht gut dokumentiert ist die Teilnahme von Söhnen der Stadt an der Kampagne Napoleons gegen Österreich 1809 und an den Befreiungskriegen 1813 bis 1815, vor allem aber am Russlandfeldzug von 1812.

*„Ich habe mich so auf den Krieg gefreut": Graf Adolph von Ottweiler (1789–1812). Ölgemälde. Privatbesitz.*

Nicht wenigen Soldaten, jung und erlebnishungrig wie sie waren, erschien der Krieg gegen den Zaren zunächst als Abenteuer sondergleichen. Einer davon war Graf Adolph von Ottweiler, Sohn der in Mannheim als *Katzengräfin* berüchtigten unstandesgemäßen Witwe des letzten Fürsten von Nassau-Saarbrücken. Später freilich, im Osten, ja manchmal schon auf dem Marsch dahin, empfing die Begeisterung alsbald merkliche Dämpfer. Leutnant Philipp Speck, Spross einer Mannheimer Militärdynastie und mit seinen 17 Jahren zugleich ein Musterbeispiel für die neuen Möglichkeiten raschen Leistungsaufstiegs, berichtete aus Danzig von wenig Erfreulichem – von der Aussicht auf einen mehrjährigen Krieg und von einem „friendly fire" zwischen Franzosen und Deutschen, in dem, aller Bundesgenossenschaft zum Trotz, bereits zukunftsreiche nationalistische Aversionen aufblitzten: *Ich hatte beinahe in Stettin ein großes Unglück, denn ich wurde beinahe erstochen. Ich hatte nachts die Ronde und war ohne Begleitung, als mich eine Schildwache von der französischen Garde in die Seite sties, weil ich ein deutscher Officier war und die Franzosen den Tag vorher geschlagen wurden, in einem Streite mit uns, wo 5 Officier und 60 Gemeine von ihnen theils erschossen, theils in die Oder geworffen worden sind. Auf dies verfolgte mich die ganze Wache und feuerte mir nach.* Für diesmal kam Speck davon, er durfte Russland noch sehen, die Heimat aber nicht mehr – ein Los, das er mit den meisten der Mannheimer Russlandkämpfer teilt. Einer, der es schaffte, der Feldwebel Joseph Steinmüller, beschrieb den Übergang über die Beresina, den Höhepunkt der Rückzugskatastrophe, später als *lebendiges, aber schaudervolles Bild der unglücklichen Schatten, die nach der Vorstellung der Griechen in der Unterwelt an den Ufern des Styx umherirren.* Unseren vordem so kriegsversessenen Grafen von Ottweiler ereilte Anfang Dezember am Heiligen Tor zu Wilna sein Schicksal. Ein Kamerad berichtet: *Fast unwillkürlich deckte ich während des Tragens den Mantel auf, und das gänzlich abgefallene, doch noch recht kenntliche Gesicht starrte mir mit allen Zeichen des Erschöpfungstodes entgegen. So eilig als möglich trugen wir ihn in das nahe Haus eines Juden* [...] *Aber unsere Anstrengungen* [...] *waren vergebens. Kein Lebenszeichen ward sichtbar.* [...] *Den Leichnam begruben wir im Schnee des Gartens, denn in die Erde war nicht zu kommen. Der Jude, dessen Theilnahme wirklich rührend war, gab mir und dem Oberjäger die Hand darauf, daß er den Todten beim Aufgehen des Frostes an derselben Stelle begraben wolle.*

Wer die Hölle des Winters 1812/13 überstanden hatte, war oft für sein weiteres Leben traumatisiert: Mehrere dieser Leben endeten im Freitod. Von einem Schneidergesellen, der sich drei Jahre später die Kehle durchschnitt, heißt es im Polizeiprotokoll ausdrücklich, dass er *Wachtmeister unter einem baierischen Chevauxleger Regiment gewesen und den Zug nach Moskau mitgemacht habe. Derselbe sei immer tiefsinnig und melancholisch gewesen,* man *habe denselben nie lachen sehen.* Nun, Grund zum Lachen hatten die alten Soldaten in der Tat wohl kaum, wenn sie die Erinnerung an die diversen napoleonischen Kriege heimsuchte. Und auch die Pflege des Andenkens der Veteranen erwies sich als sehr heikle Angelegenheit. *Als 1847 in Mannheim der Entwurf eines Ehrenmals für all jene erörtert wurde, die mit ihren Leichen vieler Herren Länder zwischen Tajo und Moskwa gedüngt hatten*, erregte der vorgesehene Dekor – ein Adler mit Lorbeerkranz – in der national aufgeladenen Atmosphäre des späten Vormärz großen Anstoß. *Vortrefflich! Das wäre also ein Pröbchen vom deutschen Sinn in Baden, daß man Denkmalen das Wort redet, wodurch die Selbstzerfleischung Deutschlands verewigt werden soll?* In der Presse wurde empfohlen, den Raubvogel, diese *Verherrlichung des Napoleonischen Despotismus*, durch einen *großartigen Mohnkopf* zu ersetzen, *als sinniges Zeichen, daß hier wenig zu rühmen, aber viel der Vergessenheit zu übergeben sey.* Tatsächlich blies das badische Kriegsministerium sogleich zum Rückzug. Ein Adlerhorst ist das Denkmal bis heute nicht. ✧

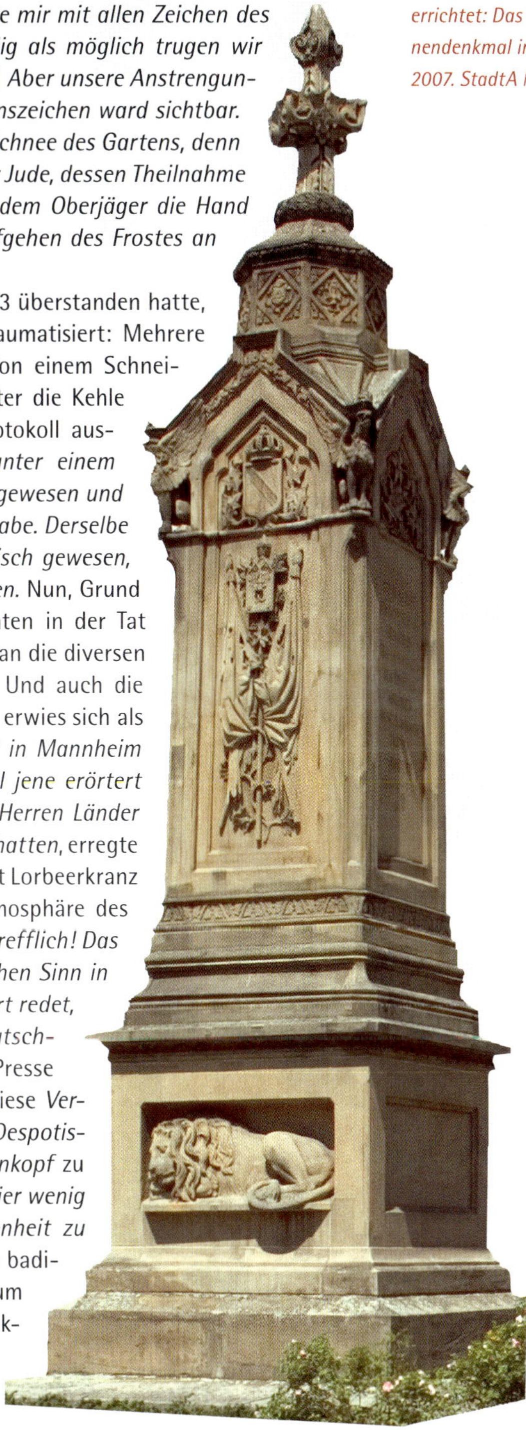

*Im Revolutionsjahr 1848 errichtet: Das Veteranendenkmal in D 5. Foto, 2007. StadtA MA.*

*Das letzte Gefecht der badischen Brigade auf dem napoleonischen Russlandfeldzug bei Molodetschno am 4. Dezember 1812. Ölgemälde von Feodor Dietz, 1859. Wehrgeschichtliches Museum Rastatt.*

Dennoch standen neu formierte badische Truppen bald wieder an Napoleons Seite im Feld, den sie auch bei der Völkerschlacht von Leipzig unterstützten. Gerade noch rechtzeitig gelang es der badischen Regierung im November 1813, zu den Alliierten um Russland, Preußen und Österreich überzuwechseln und somit den Bestand des Großherzogtums zu sichern. Zu diesem Zeitpunkt standen vorgerückte österreichische Truppen bereits in Mannheim, das nun zu einem Sammelpunkt der Verbündeten wurde. *Als Einfallstor nach Frankreich, als Stützpunkt einer wichtigen Heerstraße war Mannheim überflutet von vorrückenden und heimkehrenden Truppen, überflutet von Kranken und Verwundeten.*[131] Insbesondere letztere stellten die Stadt bald vor große Probleme. Bereits am 18. November 1813 erließ Kreisdirektor Johann Philipp von Hinkeldey einen Aufruf zur Sammlung von Verbandsmaterial.[132] Noch bedrohlicher war hingegen die Einschleppung von Seuchen; so grassierte bereits Typhus in mehreren Militärlazaretten, der auf die Bevölkerung überzugreifen drohte. Für die Mannheimer war dies eine neuerliche Belastungsprobe, die durch den ständigen Zuzug weiterer, nun vor allem russischer Truppen, verschärft wurde. Die Stadt glich somit einmal mehr einem einzigen Heerlager. Dies änderte sich auch nicht, als am Neujahrstag 1814 das russische Korps von Sacken bei Sandhofen den Rhein überschritt, auf dem anderen Ufer Fuß fasste und die dort gelegenen französischen Stellungen eroberte. Denn der Nachschub und die Verstärkung für die Truppen, die von nun an immer tiefer nach Frankreich vorstießen, lief zu einem großen Teil weiterhin über Mannheim.

Rheinübergang des russischen Korps von Sacken bei Mannheim am 1. Januar 1814 und Besichtigung der eroberten französischen Schanze auf dem linksrheinischen Ufer durch König Friedrich Wilhelm III. von Preußen (1770–1840). Aquarell von Wilhelm Kobell, 1815. REM.

Diese Zeit der Einquartierungen sollte bis in das Jahr 1819 dauern. Welch große Belastung diese Phase für die Mannheimer Bürger darstellte, unterstreicht eine Statistik, derzufolge allein in den Monaten April bis Dezember 1815 nicht weniger als 411 836 Manntage gezählt wurden, d.h. durchschnittlich über 1 700 Mann pro Tag in der Stadt lagen.[133] Eine städtische Einquartierungskommission organisierte die jeweilige Belegung der einzelnen Häuser. Die hierbei entstandenen Kosten waren enorm. Alle Mann mussten untergebracht und versorgt werden, ebenso tausende von Pferden, welche die Truppen mitbrachten. Erschwerend kamen noch die Ansprüche des Offizierskorps hinzu, die alles andere als bescheiden waren. Ausweis hiervon gibt unter anderem die Rechnung eines Sandhofener Gastwirts, der einen russischen Offizier beherbergt hatte. Neben der üblichen Zehrung und Logis entstanden weitere Kosten für Unterbringung, Essen sowie reichlich Kaffee, Wein und Schnaps für den Militär und zwei *bei sich gehabter Mannheimer Frauenzimmer.*[134] Was hier in Sandhofen Aufsehen erregte, dürfte in Mannheimer Gasthäusern, wo ja die Mehrzahl der Offiziere unterkam, die Regel gewesen sein.

Doch nicht nur die fremden Truppen weilten in der Quadratestadt, auch ihre obersten Befehlshaber und höchsten Monarchen machten hier Station. Bereits im Mai 1814 war die russische Zarin Luise, eine Schwester des badischen Großherzogs Karl, zu Gast. Ihr zu Ehren wurden mehrere Feiern veranstaltet.[135] Über höchsten Besuch konnte sich die Stadt im Juni 1815 freuen, als mit Kaiser Franz von Österreich und dem russischen

*Die russische Parade auf dem Theaterplatz in Mannheim am 27. Juni 1815 vor den Augen des russischen Zaren Alexander I. (1777–1825) und des österreichischen Kaisers Franz I. (1768–1835). Aquarell von Paul Joseph Karg, um 1815. REM.*

Zaren Alexander gleich zwei hohe Monarchen in ihren Mauern verweilten. Untergebracht waren sie standesgemäß im Mannheimer Schloss bzw. im renommierten Gasthaus „Pfälzer Hof". Beide Herrscher, ranghohe Militärs sowie die Großherzogin Stephanie wohnten am 25. Juni der Truppenparade einer russischen Infanteriedivision mit über 10 000 Soldaten auf dem Theaterplatz bei. Das prachtvolle, geordnete und durchaus beeindruckende Auftreten der russischen Truppen stand freilich ganz im Gegensatz zu dem eher chaotischen Eindruck, den die Mannheimer bei den fortwährenden Einquartierungen von ihnen gewonnen hatten. Dennoch war an diesem Tag *die ganze Stadt* [...] *auf den Beinen*, bekam man doch selten gleich zwei Kaiser gleichzeitig zu Gesicht.[136] Die Herzen flogen hierbei insbesondere dem russischen Zaren zu, der nun, rund eine Woche nach der endgültigen Niederlage Napoleons bei Waterloo, einmal mehr als Befreier Europas gefeiert wurde.

Präsenz in der Quadratestadt zeigten in jenen Jahren jedoch nicht nur die Großmächte, sondern auch die Mittelstaaten – allen voran das Königreich Bayern, das ebenfalls sein Heerlager in der ehemaligen Residenzstadt aufschlug. Dies gab zu neuen Gerüchten Anlass. Denn nach dem Sturz Napoleons stand die territoriale Landkarte Mitteleuropas neu zur Disposition. Nicht nur galt es, die französische Grenze neu zu bestimmen, auch über das Schicksal seiner ehemaligen Bundesgenossen musste entschieden werden. Verhandelt wurde auf dem Wiener Kongress, wo sich 1814/15 die führenden Diplomaten der Siegerstaaten und Frankreichs zusammengefunden hatten.

Auch Baden, das ja erst sehr spät die Seiten gewechselt hatte, geriet hierbei in Gefahr; zu fragil erschien sein von Napoleon zusammengeschneidertes Territorium, und ein gemeinsames Staatsbewusstsein seiner Einwohner existierte noch nicht. Entsprechend gab es vom Breisgau bis zur Taubermündung Stimmen aus der Bevölkerung, die sich ihre alte bzw. eine andere Herrschaft als die badische wünschten.[137] Dies galt auch für die ehemalige Kurpfalz, wo es ungeachtet der Enttäuschung von 1803 nach wie vor große Sympathien für das wittelsbachische Herrscherhaus gab. Trotz allen offiziellen Verlautbarungen im Jahr 1802 hatten die Wittelsbacher die ehemaligen Stammbesitzungen noch längst nicht aufgegeben. Vor allem Kronprinz Ludwig, der spätere König Ludwig I., der ja in der Kurpfalz der 1790er Jahre aufgewachsen war, machte aus deren Rückgewinnung eine Herzensangelegenheit und agierte auch abseits der offiziellen bayerischen Politik in diese Richtung.[138] Als schließlich die linksrheinische Pfalz auf dem Wiener Kongress dem Königreich Bayern zugesprochen wurde, zielte auch die Staatsführung darauf ab, durch Erwerb der badischen Kurpfalz eine Landbrücke zwischen den Kernlanden und der neuen Außenbesitzung zu schaffen. Entsprechend bekam das Auftreten der bayerischen Truppen sowie ihrer Heerführer in Mannheim im Zug der Befreiungskriege eine doppelte Bedeutung.

*Anlässlich des Einzugs der Alliierten in Paris ließ Freiherr Siegers van de Würde bei seinem Mannheimer Haus eine aufwändige Illumination aufstellen, in deren Mittelpunkt hell erleuchtete transparente Bilder des Malers F. Sprecher standen. Der Adler symbolisiert den Verlierer Napoleon, der auf dem Weg zwischen M (Moskau) und P (Paris) von zwei Blitzen geköpft wird und dem die Krone vom Kopf fällt. Kolorierte Handschrift, 1814. StadtA MA.*

Signifikant wurde dies bei einem Besuch Kronprinz Ludwigs im bayerischen Hauptquartier in Mannheim, der – so der Tagebucheintrag des Dichters August von Platen – *mit Enthusiasmus von den Mannheimern empfangen* [wurde], *da ihre Anhänglichkeit an Bayern unbegrenzt ist.*[139] Auch wenn diese Einschätzung nur bedingt der Realität entsprach, so ließ es sich der Bayer nicht nehmen, weiterhin in eigener Sache zu werben. Anlässlich des Geburtstags seines Vaters Max Joseph am 27. Mai 1815 ließ er eine große Parade der eigenen Truppen auf dem Paradeplatz abhalten, was nichts anderes als eine offene Demonstration der eigenen Ansprüche auf die Kurpfalz war. Die badischen Behörden mussten dies zähneknirschend hinnehmen. Am Abend des gleichen Tags fanden sich Ludwig und hohe bayerische sowie preußische Militärs zu einer Aufführung im Nationaltheater ein.[140] Dabei kam es zu einem Eklat, als von den

oberen Rängen Flugblätter auf das Publikum geworfen wurden, auf denen unverblümt der Wiederanschluss der Kurpfalz an Bayern gefordert wurde. Der Vorfall war ein Skandal ersten Rangs, die intensive Suche der badischen Behörden nach den Urhebern verlor sich jedoch im Dunkeln.

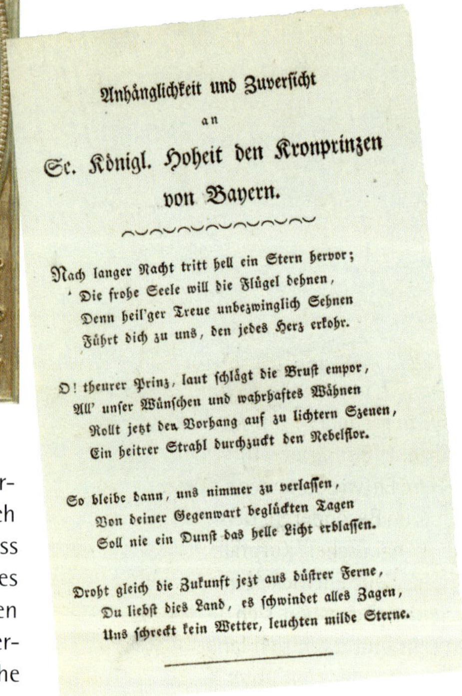

Anhänglichkeit und Zuversicht

an

Se. Königl. Hoheit den Kronprinzen

von Bayern.

Nach langer Nacht tritt hell ein Stern hervor;
Die frohe Seele will die Flügel dehnen,
Denn heil'ger Treue unbezwinglich Sehnen
Führt dich zu uns, den jedes Herz erkohr.

O! theurer Prinz, laut schlägt die Brust empor,
All' unser Wünschen und wahrhaftes Wähnen
Rollt jetzt den Vorhang auf zu lichtern Szenen,
Ein heitrer Strahl durchzuckt den Nebelflor.

So bleibe dann, uns nimmer zu verlassen,
Von deiner Gegenwart beglückten Tagen
Soll nie ein Dunst das helle Licht erblassen.

Droht gleich die Zukunft jezt aus düstrer Ferne,
Du liebst dies Land, es schwindet alles Zagen,
Uns schreckt kein Wetter, leuchten milde Sterne.

*Kronprinz Ludwig von Bayern (1786–1868) in altdeutscher Tracht. Ölgemälde von Joseph Stieler, um 1816. AKG Images.*

*Ein in den Untersuchungsunterlagen des Stadtvogteiamts Mannheim verwahrtes Exemplar des prowittelsbachischen Flugblatts von 1815. GLA KA.*

Die Frage nach dem Verbleib der Kurpfalz blieb auch nach dem Wiener Kongress offen, zumal angesichts des Fehlens eines männlichen Nachfolgers des Großherzogpaars sich das mögliche Aussterben der Zähringer Linie andeutete. Die Unsicherheit über den künftigen territorialen Bestand Badens ließ den bayerischen Kronprinzen weiterhin als Lichtgestalt für viele Mannheimer erscheinen. So finden sich im Nachlass von Ludwig einige Briefe von *Mannheims treugehorsamen pfalzbayrisch gesinnten Untertanen*, die den Kronprinzen bestärkten, an seinen Forderungen festzuhalten.[141] Dabei malten sie die badische Herrschaft in dunkelsten Farben: *Das Elend unserer armen Stadt und Gegend wird täglich größer. Jetzt müssen sogar unsere besten Schauspieler, die besten Musiker nach Karlsruhe; dadurch entreißt man uns noch das interessanteste, was Mannheim für Fremde, für Freunde der Kunst hatte.* [...] *O Gnädigster Herr! Es ist Zeit, dass uns geholfen werde,* [...] *Euer Königliche Hoheit* [...] *Sie müssen unser Vater werden.* Einmal mehr wurde hier das Jammerbild der verlorenen goldenen Zeit gezeichnet und die badische Regierung dafür verantwortlich gemacht. Unklar bleibt jedoch, inwieweit diese prowittelsbachische Haltung tatsächlich unter der Bevölkerung eine größere Verbreitung hatte.

Territoriale Klarheit kam erst zustande, als nach dem Aachener Kongress der so genannte Frankfurter Territorialrezess im Jahr 1819 geschlossen wurde. Mit Ausnahme eines kleinen Gebiets am Main, das von Baden an Bayern abgetreten wurde, bestätigten die Großmächte die territoriale Integrität des Großherzogtums. Mit diesem Vertrag fand die von Napoleon angestoßene *territoriale Revolution* ihr Ende. Die Kurpfalz und mit ihr Mannheim blieben badisch, während sich die Wittelsbacher mit der linksrheinischen Pfalz begnügen mussten. Parallel dazu verlief auch die innenpolitische Konsolidierung Badens. Die neue liberale Verfassung von 1818 bot der Bevölkerung eine Grundlage, zu einem Staatsvolk zusammenzuwachsen, sodass in der Kurpfalz wie auch in anderen neubadischen Gebieten die Erinnerung und auch die noch vorhandene Anhänglichkeit an die vorherigen Landesherren zunehmend verblasste.

## „Ungeheure Dinge sind geschehn“: Am Beginn einer neuen Ära

*In einem Jahrhundert, das mit grosen Umwandlungen angefangen hat, zu einer Zeit, in der man nichts gewises mehr kennt, als die leidige Ungewisheit, kann den Ländern am Rheinstrom noch mehr als eine Veränderung bevorstehen.*[142] So lautete 1804 die Prognose eines badischen Beamten über die weitere Entwicklung des neuen Kurfürstentums im Allgemeinen sowie Mannheims im Besonderen. Denn so reibungslos der staatsrechtliche Übergang der rechtsrheinischen Kurpfalz von Bayern an Baden zunächst vonstatten ging, so turbulent entwickelten sich für die Zeitgenossen die folgenden Jahre. Die Mannheimer sahen sich in ihren hochfliegenden Erwartungen rasch enttäuscht und taten sich lange schwer, die ständig präsente Erinnerung an die eigene Residenzzeit unter Karl Theodor beiseite zu schieben.

Aufschlussreich erscheint hierbei ein näherer Blick auf das 200. Stadtjubiläum, das 1807 begangen wurde. Bereits zum 100-jährigen hatten die Mannheimer die Gelegenheit genutzt, ein beachtliches Fest zu geben, um

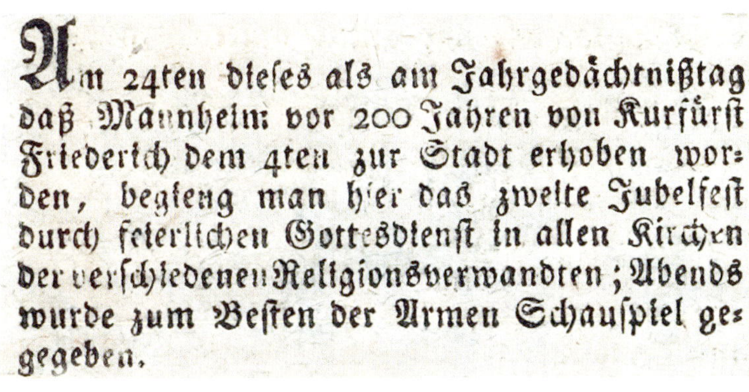
Am 24ten dieses als am Jahrgedächtnißtag daß Mannheim vor 200 Jahren von Kurfürst Friederich dem 4ten zur Stadt erhoben worden, begieng man hier das zweite Jubelfest durch feierlichen Gottesdienst in allen Kirchen der verschiedenen Religionsverwandten; Abends wurde zum Besten der Armen Schauspiel gegegeben.

*Die öffentliche Berichterstattung in den Mannheimer Zeitungen über die Feier des 200. Stadtjubiläums beschränkte sich auf diese wenigen Zeilen. „Mannheimer Intelligenzblatt“ vom 27. Januar 1807. StadtA MA.*

*Die Erinnerung an den badischen Großherzog Karl Friedrich wird heute noch wach gehalten unter anderem durch ein Bronzedenkmal auf dem Ehrenhof des Schlosses. Es wurde anlässlich des Stadtjubiläums 1907 nach einem Entwurf von Johannes Hoffart gegossen. Von seinem ursprünglichen Standort vor dem Westflügel wurde es 1958/59 an seine jetzige Stelle versetzt. Foto, 2006. StadtA MA.*

so für politische Ziele beim Kurfürsten zu werben. 1807 wäre von den feiererprobten Mannheimern eigentlich Ähnliches zu erwarten gewesen – eine prunkvolle und teure Inszenierung, um so das Selbstbewusstsein gegenüber dem neuen Herrscher, gegenüber den altbadischen Beamten zumal, unter Beweis zu stellen. Doch dies war nicht der Fall, was zunächst umso überraschender erscheint, da man ja zuletzt im Sommer 1806 bei den Feierlichkeiten anlässlich des Einzugs des Erbprinzenpaars noch einmal alle Register gezogen hatte.

Anfang 1807 machte man sich von städtischer Seite erstmals Gedanken über das Jubiläum.[143] Mit Datum vom 5. Januar 1807 wandte sich Stadtdirektor Rupprecht im Namen des Stadtmagistrats an den Hofrat zu Mannheim. Man halte es *für zweckmäßig*, dass am 24. Januar 1807 *in den sämtlich hießigen Pfarrkirchen* [und ...] *der Synagoge dem Allmächtigen ein feierliches Danckfest dargebracht* [...] *werde.* Alle weiteren Feierlichkeiten hingegen wolle man erst begehen, wenn Großherzog Karl Friedrich mit seiner Familie in Mannheim anwesend sei. Allein schon der späte Zeitpunkt des Schreibens, sein Tonfall wie auch der Inhalt ließen nur zu deutlich werden, dass das Fest von den Stadtoberen als lästige Pflicht angesehen wurde. Entsprechend bescheiden wurde am 24. Januar – dem genauen Datum der Stadtrechtsverleihung – gefeiert; neben den Gottesdiensten und zwei öffentlichen historischen Vorträgen des Casinos gab es bei bitterkaltem Wetter eine Jubelmesse mit Volksbelustigung. Von der beabsichtigten *öffentliche*[n] *bürgerliche*[n] *Feier* in Anwesenheit des Großherzogs war schon bald keine Rede mehr, entsprechende Anstrengungen seitens der Stadt blieben aus.

Der Ablauf des Jubiläums ist aufschlussreich in mehrfacher Hinsicht. Die Bescheidenheit und auch die Unlust, mit der das Stadtjubiläum begangen wurde, sind nicht nur auf die allgemeine Krisenstimmung zurückzuführen; sie können auch als ein Indiz dafür gewertet werden, dass langsam der Ablösungsprozess von der erdrückenden, glorreichen Vergangenheit begonnen hatte. Dies wäre angesichts der vielfältigen Umbrüche, welche die Stadt infolge der badischen Reformpolitik seit 1803 erlebt hatte, nur zu verständlich. Insofern war es bezeichnend, dass die Feier des Stadtjubiläums am 24. Januar 1807 mit der offiziellen Gründung der Mannheimer Armenanstalt zusammenfiel, die ein Produkt und Symbol der badischen Reformpolitik war. Mehr noch, der Erlös einer Theateraufführung am Jubiläumsabend war zum *Besten der Armen* und als finanzielle Grundlage für die neue Institution gedacht. Auf diese Weise wurden – symbolisch gesehen – die höfische Vergangenheit Mannheims und seine badische Zukunft miteinander versöhnt und gingen eine Symbiose ein.

Was für Mannheim galt, war für ganz Mitteleuropa Realität: Die ersten beiden Jahrzehnte des 19. Jahrhunderts waren geprägt von zahlreichen Umbrüchen und bildeten den verdichteten Höhepunkt der so genannten Sattelzeit (Reinhard Koselleck), womit der Übergang *von der ständischen zur bürgerlichen Gesellschaft* von der Mitte des 18. bis zur Mitte des 19. Jahrhunderts beschrieben wird. Mannheim ist ein Paradebeispiel dieses Transformationsprozesses, in dem die stolze Hauptstadt der Kurpfalz nicht nur ihre einstige Funktion endgültig verlor, sondern sich auch in ihren gesellschaftlichen wie ökonomischen Strukturen nachhaltig änderte.

Bei den meisten Zeitgenossen überwog angesichts dieser Entwicklung das Verlustgefühl. Noch 1824 wurde die schon 1803 von Regierungsrat Friederich erhobene Klage kolportiert: *Alles, was der Stadt höhere Bedeutsamkeit gab, verschwand* [... Die] *Grundfesten der Stadt waren tief erschüttert – ihre Lebensquellen Kunst, Kunstschätze, Handel, Gewerbe, zahlreiche Staats- und Hofdienerschaft, starkes Militair, Zufluß von Fremden waren versiegt.*[144] Diese von der Geschichtsschreibung wiederholt aufgegriffenen Klagen versperren freilich den Blick darauf, dass dank der badischen Reformen in vielen Bereichen – etwa der Modernisierung der Kommunalverwaltung, der städtischen Finanzen oder des Schulwesens – neue und durchaus vielversprechende Strukturen geschaffen worden waren. Diese sollten wiederum die Basis bilden für den erfolgreichen Aufstieg Mannheims zur bedeutenden Handelsstadt in den späteren Jahrzehnten. Fest steht, dass den Mannheimerinnen und Mannheimern in jenen Jahren viel zugemutet wurde. Hierfür waren die fortwährenden Kriege hauptverantwortlich, aber auch die badische Reformpolitik, die nach Jahrzehnten des Stillstands hektisch und teilweise auch überstürzt wirken musste. Den Wegfall vertrauter Strukturen und den schier unkalkulierbar beschleunigten Fortschritt empfanden viele Zeitgenossen als Bedrohung, manche aber auch als Chance.

*„Die Zeit ist auf der Flucht..." Schmuckuhr aus dem Besitz der Großherzogin Stephanie. Foto, 2006. REM.*

Insofern war für die Stadt an Rhein und Neckar die allgemeine Feststellung des Dichters Ernst Moritz Arndt über diese anderthalb Jahrzehnte durchaus zutreffend: *Die Zeit ist auf der Flucht, die Klügeren wissen es lange. Ungeheure Dinge sind geschehen, große Verwandlungen hat die Welt still und laut* [...] *erlitten; Ungeheures wird geschehen, Größeres wird verwandelt werden.*[145]

## Anmerkungen

1 Huldigungsfeier (1803) S. 12 f.
2 Ebd. S. 74 f.
3 So die Formulierung in einer Huldigungsschrift, zitiert nach F. Walter (1907) Bd. 2 S. 8.
4 Zitiert nach D. Hein (1995) S. 77.
5 Lage von Mannheim (1798) S. 9.
6 A. Friederich (1807) S. 114.
7 H. v. Feder (1877) Bd. 2 S. 20; D. Hein (1995) S. 80.
8 H. Huth (1982) Bd. 1 S. 184 f.
9 Zitiert nach E. Weis (2005) S. 133.
10 H. v. Feder (1877) Bd. 2 S. 8 f.
11 Zitiert nach K. Hauck (1899) S. 38.
12 F. Walter (1913) Sp. 13, 15.
13 Der Begriff stammt von Ernst Rudolf Huber; hier zitiert nach H.-P. Ullmann (1992) S. 26.
14 Ebd. S. 40–43. Vgl. W. Andreas (1913) S. 63–80.
15 Zitiert nach C. Würtz (2005) S. 135.
16 H.-P. Ullmann (1992) S. 52 f.
17 Edition des Erlasses bei: G. Christ (1904) Sp. 112 f.
18 D. Hein (1995) S. 203.
19 P. Sauer (1987) S. 214 f.
20 D. Hein (1995) S. 209. Zur Gemeindewahl 1810 vgl. ebd. S. 205–209; F. Walter (1907) Bd. 2 S. 34 ff.
21 Hof- und Staatskalender (1802) S. 228–233.
22 So A. Friederich in seiner Denkschrift von 1804; zitiert nach F. Walter (1913) Sp. 14.
23 D. Hein (1995) S. 80 ff.
24 H. Schlick (1930) S. 77 ff.
25 Schreiben vom 23.10.1802 an Edelsheim, zitiert nach B. Erdmannsdörfer (1896) S. 209 f.
26 H. Stockert (2003) S. 372 f.
27 Schreiben vom 13.6.1804, GLA KA, 213/3467.
28 Zum Folgenden vgl. ausführlich F. Walter (1907) Bd. 2 S. 37–43; K. Hauck (1899) S. 39–63.
29 F. Walter (1907) Bd 2 S. 153.
30 F. Walter (1907) Bd. 2 S. 39 f., 61, 176.
31 Vgl. D. Hein (1995) S. 216.
32 A. Lutz (2003) S. 772.
33 K. Hauck (1899) S. 64.
34 M. Krauß (1993) S. 60.
35 F. Walter (1907) Bd. 2 S. 39 f.
36 Exemplar in GLA KA, 213/2299.
37 Regierungsblatt (1809) S. 4; (1810) S. 5; (1811) S. 1 (Beilage).
38 Regierungsblatt (1811) S. 1 (Beilage).
39 Auswertung bei: P. Wettmann-Jungblut (1990) S. 149–153.
40 Vorgang in GLA KA, 213/3453.
41 Vgl. M. Krauß (1993) S. 26–86.
42 Einrichtung (1807) S. 22 f.
43 Zitiert nach M. Krauß (1993) S. 69.
44 Regierungsblatt (1809) S. 5 (Beilage).
45 J.G. Rieger (1824) S. 407 ff.
46 M. Krauß (1993) S. 148 f.
47 K. Hauck (1899) S. 132.
48 R. Haas (1970) S. 33.
49 H.-P. Ullmann (1992) S. 55 f.
50 H. Schlick (1932) S. 446.
51 Ebd. S. 452 f.
52 A. Meuser (1891) S. 20 f.
53 K.A. Müller (1972) S. 97 f.
54 Protokoll der Visitation vom 5. bis 9.6.1804, GLA KA, 213/1575.
55 F. Walter (1907) Bd. 2 S. 19 f.
56 J.B. Kolb (1814) S. 253.
57 L. Gall (1989) S. 205.
58 F. Walter (1907) Bd. 2 S. 75 ff.; L. Gall (1989) S. 98–102.
59 P. Sauer (1987) S. 226.
60 H.-O. Binder (2003) S. 1180.
61 GLA KA, 213/1444.
62 K. Hauck (1899) S. 52 ff.
63 H. Friedmann (1968) S. 47.
64 Zitat von F. Hallbaum aus dem Jahre (1927) nach H. Ellrich (2004) S. 199.
65 Zitiert nach H. Rings (2000) S. 238.
66 F. Walter (1907) Bd. 1 S. 853.
67 J.G. Rieger (1824) S. 156.
68 D. Hein (1991) S. 475.
69 D. Hein (1995) S. 93.
70 Vgl. zur Preisentwicklung F. Konersmann (2003) S. 96 f.
71 A. Blaustein (1928) S. 39 f.
72 Regierungsblatt (1811) S. 1 (Beilage).
73 D. Hein (1995) S. 92.
74 H. Friedmann (1968) S. 56.
75 W. Fischer (1962) S. 37 f.; F. Walter (1907) Bd. 2 S. 71 f.
76 T. Nipperdey (1983) S. 210.
77 D. Hein (1995) S. 107.
78 H. Rings (2003) S. 62. Siehe H. Rings in diesem Band S. 398 f.
79 D. Hein (1995) S. 110.
80 A. Blaustein (1928) S. 46 ff.
81 D. Hein (1995) S.113 f.
82 W. Fischer (1962) S. 37 f.
83 Ebd. S. 276.
84 J.B. Kolb (1814) S. 254; D. Hein (1995) S. 119.
85 L. Gall (1989) S. 153 f.
86 R. Haas (1970) S. 27–30.
87 Regierungsblatt (1809) S. 5 (Beilage).
88 F. Teutsch (1994) S. 99 f.; D. Hein (1995) S. 84 f., 415.
89 Auflistung und Analyse der Auswandererlisten bei W. Hacker (1983) S. 71-194 sowie der Auswandererdatenbank unter www.auswanderer-bw.de (Stand 13.6.2007).
90 M. Krauß (1993) S. 17.
91 T. Nipperdey (1983) S. 112 f.
92 W. Leiser (1983) S. 42 ff.
93 D. Hein (1995) S. 418.
94 L. Gall (1989) S. 219 f.
95 H. v. Feder (1877) Bd. 2 S. 48.
96 K.O. Watzinger (1987) S. 25.
97 W. v. Hippel (1992) S. 590.
98 Zitiert nach T. Bayer (2001) S. 31.
99 L. Gall (1993) S. 14.

100 D. Hein (2003) S. 28.
101 Zum folgenden vgl. D. Hein (1995) S. 146–154, 164–176; vgl. S. Schlösser (2007) S. 591, 594.
102 D. Hein (1995) S. 211.
103 Zitiert nach F. Walter (1924) Sp. 31.
104 Ebd. Sp. 18. Vgl. M. Lurz (2007).
105 F. Walter (1907) Bd. 2 S. 24 ff.
106 C. Zimmermann (1992) S. 77.
107 So die Einschätzung von Montgelas; zitiert nach E. Weis (2005) S. 133.
108 Emmerich Josef von Dalberg (1910) Sp. 187.
109 D. Hein (1995) S. 83.
110 K.A. Varnhagen (1987) S. 85.
111 F. Walter (1948) S. 98.
112 Ausführliche Schilderung bei: Einzug (1906) Sp. 141–151; Kosten der Illumination in GLA KA, 213/3852.
113 Dem Durchlauchtigsten Kurprinzen Carl Ludwig Friedrich und Ihrer Kaiserlichen Hoheit Stephanie Louise Adrienne Napoleon. Mannheim 1806. Exemplar in StadtA MA, Bibliothek, B8/16.
114 H. Huth (1982) Bd. 1 S. 185, 188.
115 H. Ellrich (2004) S. 204; F. Werner (2006) S. 351–360.
116 F. Walter (1948) S. 195.
117 J.B. Kolb (1814) S. 254.
118 F. Walter (1907) Bd. 2 S. 56–59.
119 A. Kistner (1917) Sp. 110–119.
120 Feyer (1814) S. III.
121 E. Batzer (1921) Sp. 210.
122 H. v. Feder (1875) S. 27.
123 D. Hein (1995) S. 83.
124 F. Walter (1907) Bd. 2 S. 4.
125 S. Fiedler (1987) S. 258.
126 H.-J. Harder (1987) S. 88. Aufgrund des Herrschaftsantritts von Großherzog Karl war das Regiment kurz zuvor in *Vakant Nr. 2* umbenannt worden.
127 L. Gall (1991) S. 156 f.
128 F. Schnabel (1929/1987) S. 481.
129 P. Sauer (1987) S. 262, 269.
130 Zitiert nach F. Walter (1907) Bd. 2 S. 95.
131 Ebd. S. 99.
132 Gedrucktes Exemplar in GLA KA, 213/1689.
133 F. Walter (1907) Bd. 2 S. 111.
134 A. Heierling (1986) S. 160.
135 Beschreibung der am XII. Mai 1814 zu Mannheim an dem Hause des Freyherren Siegers van de Würde aufgestellten Transparenten Illumination [...]. Mannheim 1814. Exemplar im StadtA MA, Bibliothek, 2001 A 254.
136 G. Arnscheidt (1982) S. 231.
137 P. Sauer (1987) S. 299.
138 Vgl. K. Baumann (1937).
139 Zitiert nach H. Probst (1989) S. 133.
140 Zum Folgenden vgl. H. Stockert (2003) S. 373 f.
141 Schreiben vom 1.5.1817 in: GHAM, Nachlass Ludwig I. 85/4/2.
142 Zitiert nach F. Walter (1913) Sp. 38.
143 Zum folgenden vgl. H. Stockert (2007).
144 J.G. Rieger (1824) S. 155.
145 Zitiert nach D. Langewiesche (1990) S. 386.

# 1815–1830

## In „kargen Zeiten"?

Hans-Joachim Hirsch

## An der Schwelle einer neuen Zeit

1815–1830

In der Regel wird Mannheims Geschichte in den Jahren 1815–1830 als eine Art Dornröschenschlaf beschrieben. Zwischen Niedergang und neuer Hoffnung schwankend, trauerten die Einwohner der einstigen Residenzstadt, denen die wohltuende, ökonomisch stabilisierende Präsenz des Hofs verloren gegangen war, schon seit Jahrzehnten den Vergünstigungen der Hofhaltung nach. Nur mühsam und aus der allgemein spürbar gewordenen Notlage heraus konnte die Stadt sich auf ihre nahe liegenden wirtschaftlichen Tugenden besinnen. Friedrich Walter umschrieb diese Jahre im entsprechenden Kapitel seines Jubiläumswerks als *karge Zeiten*[1] und stimmte mit einer solchen Wertung vorab schon auf seine düstere Betrachtung einer Stadt im Niedergang ein. Weniger drastisch und durchaus mit positiven Entwicklungstendenzen beschrieb der Historiker Heinrich von Feder diese Jahre, in denen er aus der Perspektive eines Demokraten vor allem den Entstehungszusammenhang seiner politischen Ideenwelt wahrzunehmen glaubte. Durchaus zu Recht stellte er daher seine Ausführungen unter den Leitgedanken, dass eine *Zeit der friedlichen, bürgerlichen Arbeit* begonnen habe, die *still, unbemerkt und sehr allmählich* voran gehe, jedoch *eine riesige Aufgabe* vollbringe.[2] Diese Feststellung erscheint zumal im Widerschein deutsch-europäischer Geschichte wie auch der historischen Folgen

*Gesamtansicht Mannheims von Nordwesten. Kolorierte Umrissradierung von Andreas Bissel nach einer Zeichnung von Theodor Ferdinand Denis, um 1810. REM.*

durchaus plausibel und rückt die Stadt ganz zu Recht aus ihrer scheinbaren Randexistenz ins Zentrum des Geschehens. Im Übrigen ächzten auch andere große Städte Deutschlands nach den Wirren der napoleonischen Kriege unter der Verunsicherung, die wirtschaftliche, technologische und soziale Veränderungen mit sich brachten.

Nichts davon ist wahrzunehmen in den zeitgenössischen Bildzeugnissen, die Mannheim als Stadt im jahreszeitlich variierenden grünen Kranz zeigen. Denn noch obsiegte die Natur über die Expansion der städtischen Quartiere, beherrschte eine üppige Vegetation nach der Entfestigung das Bild der am Stadtrand gelegenen Quadrate. Über den Neckar hinweg oder von den beschaulichen Pappelalleen auf der Mühlauinsel erhob sich das Profil mit der unverkennbaren Kuppel der Jesuitenkirche hinter einem parkähnlichen Grünzug. Die Anlage des Schlossgartens akzentuierte seit 1808 den idyllischen Anblick aus dem südlichen Blickwinkel, machte aus dieser Perspektive eine über Jahrzehnte gültige Bildidee, die von verschiedenen Künstlern immer aufs Neue aufgenommen wurde. Ergriffen von der majestätisch sich zusammenfügenden Silhouette von Jesuitenkirche, Sternwarte und kurfürstlichem Schloss blickte man jedoch aus dieser Perspektive auch auf die rußgeschwärzten Ruinen der zerstörten Seitenflügel dieses Schlosses, die drohend an die jüngste Vergangenheit gemahnten.

Es war Napoleons letzte militärische Niederlage, die für Mannheim die endgültige Wende zu einem bescheidenen Neuanfang einleitete. Das die

*Illumination zur Feier des Siegs über die napoleonische Armee. Kolorierter Kupferstich von Friedrich Daniel Sprecher, 1814. StadtA MA.*

Weltgeschichte prägende Jahr 1815 wurde im Südwesten Deutschlands als Befreiung von jahrzehntelangem Bangen um die Existenzgrundlagen empfunden, nachdem der Sieg der antinapoleonischen Koalition bei Waterloo dem Hin und Her der Schlachtengetümmel ein Ende gesetzt hatte. Endlich eröffnete sich die hoffnungsvolle Aussicht, nach Bombardierung und langjährigen, wechselnden Besatzungsschicksalen glimpflich davongekommen zu sein. Im Glanz der Fürstenbesuche hatte Mannheim noch einmal wenige Wochen lang das Flair der Residenz genossen, bevor es in einen zeitweiligen gesellschaftlichen Lähmungszustand versank.

Als soziales Trauma blieb der Krieg den Menschen noch lange Zeit erhalten. Wahrnehmbar wurde dies nicht selten im Alltag, beispielweise wenn eine Theateranzeige die Aufführung vom 24. April 1818 bewarb, in welcher der *Brand von Moskau* von Ernst Petermann als *militärische, mit Tänzen und Evolutionen vermischte Pantomime, in 2 Akten geordnet*[3] gegeben wurde. Doch auch abseits der Bühne stand die Realität noch lange Jahre im Schatten der Kriegsjahre. Bedingt durch das zeitweilige militärische Engagement Badens an der Seite Napoleons hatte manche Mannheimer Familie den Verlust ihrer Söhne oder Väter zu beklagen. Zwar besaß die Stadt seit Mitte Oktober 1815 wieder eine badische Garnison,[4] groß scheint die Begeisterung für den Wehrdienst jedoch nicht gewesen zu sein, wie die in den folgenden Jahren sich häufenden Fahndungen nach fahnenflüchtigen Rekruten nahe legen. Argwöhnisch wurde noch 1820 eine Ausbildungsreise des *Handlungs-Commis* Wilhelm Sachs ins Ausland beobachtet. Sein Vater, der Wirt Karl Sachs, musste als Sicherheit die enorme Summe von 800 Gulden *wegen Genügung der Milizpflicht* hinterlegen und dazu gar eine Hypothek auf sein Haus in D 5, 4 aufnehmen.[5] Ein Ende der lästigen Einquartierungen von Militär war längst nicht in Aussicht. Noch im November und Dezember 1818 durchzogen 10 000 russische Soldaten auf ihrem Rückmarsch in mehreren Abteilungen die Stadt, und erst im Januar 1819 wurde die hier bestehende russische Kommandantur aufgehoben.

Nur zögerlich wich der Druck militärischer Besatzung, der fortdauernden Einquartierung von Truppenteilen verschiedenster Nationalität und deren wirtschaftliche Auswirkungen von der Stadt. Auf manchem Zeitgenossen lasteten noch die überkommenen Pflichten der kriegerischen Jahre. Gemeinderat Valentin Möhl war die Verwahrung der im November 1814 zur Verteilung an den Landsturm zugestellten, dann aber nicht zur Verteilung gelangten Armbinden überlassen worden. Im April 1816 meldete er sich dazu im Rat zu Wort und klagte, dass die immerhin summarisch 159 Gulden teuren Ausrüstungsstücke *dem Verderb durch Motten sehr ausgesetzt seien, er daher anstehen müsse, ihm solche abzunehmen,*[6] und weigerte sich, sie weiter aufzubewahren. Letztendlich wurde verfügt, den Versuch einer Versteigerung zu machen, um wenigstens einen Teil des ausgegebenen Gelds zu retten. Eine Reduzierung der für die Stadt und ihre Bewohner entstandenen Kosten blieb langfristig die Hauptaufgabe der Kommunalpolitik. Noch im Januar 1820 beschäftigte sich der Gemeinderat mit der endgültigen Regulierung der Forderungen Mannheimer Gastwirte

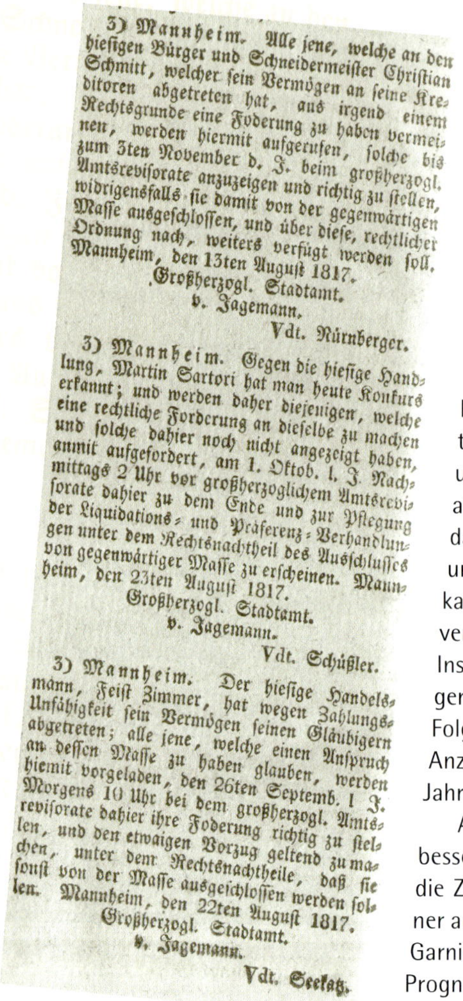

3) Mannheim. Alle jene, welche an den
hiesigen Bürger und Schneidermeister Christian
Schmitt, welcher sein Vermögen an seine Kre-
ditoren abgetreten hat, aus irgend einem
Rechtsgrunde eine Foderung zu haben vermei-
nen, werden hiermit aufgerufen, solche bis
zum 3ten November d. J. beim großherzogl.
Amtsrevisorate anzuzeigen und richtig zu stellen,
widrigensfalls sie damit von der gegenwärtigen
Masse ausgeschlossen, und über diese, rechtlicher
Ordnung nach, weiters verfügt werden soll.
Mannheim, den 13ten August 1817.
Großherzogl. Stadtamt.
v. Jagemann.
Vdt. Nürnberger.

3) Mannheim. Gegen die hiesige Hand-
lung, Martin Sartori hat man heute Konkurs
erkannt; und werden daher diejenigen, welche
eine rechtliche Forderung an dieselbe zu machen
und solche dahier noch nicht angezeigt haben,
anmit aufgefordert, am 1. Oktob. l. J. Nach-
mittags 2 Uhr vor großherzoglichem Amtsrevi-
sorate dahier zu dem Ende und zur Pflegung
der Liquidations- und Präferenz-Verhandlun-
gen unter dem Rechtsnachtheil des Ausschlusses
von gegenwärtiger Masse zu erscheinen. Mann-
heim, den 23ten August 1817.
Großherzogl. Stadtamt.
v. Jagemann.
Vdt. Schüßler.

3) Mannheim. Der hiesige Handels-
mann, Feist Zimmer, hat wegen Zahlungs-
Unfähigkeit sein Vermögen seinen Gläubigern
abgetreten; alle jene, welche einen Anspruch
an dessen Masse zu haben glauben, werden
hiemit vorgeladen, den 26ten Septemb. l. J.
Morgens 10 Uhr bei dem großherzogl. Amts-
revisorate dahier ihre Foderung richtig zu stel-
len, und den etwaigen Vorzug geltend zu ma-
chen, unter dem Rechtsnachtheile, daß sie
sonst von der Masse ausgeschlossen werden sol-
len. Mannheim, den 22ten August 1817.
Großherzogl. Stadtamt.
v. Jagemann.
Vdt. Seekatz.

*Zeitungsseite mit Konkursanzeigen von Mannheimer Geschäftsleuten aus dem Krisenjahr 1817. „Großherzoglich Badisches Anzeigeblatt" vom 10. September 1817.*

aus den Einquartierungen des Jahrs 1813, ein unübersichtliches Geschäft, das Oberbürgermeister Johann Wilhelm Reinhardt während seiner Amtszeit nicht zu Ende bringen konnte.

Die von den Einquartierungen, Frondiensten und Kriegsabgaben über Jahrzehnte in Mitleidenschaft gezogene städtische Wirtschaft war buchstäblich aus den Fugen geraten. *Es sollen damals Hausbesitzer im eigentlichen Sinne des Wortes durch diese Last ruiniert worden sein,*[7] beschrieb der spätere Gemeinderat Karl Hoff die Folgen der Unterbringung von Soldaten in den Privathaushalten Mannheims. So feierte die vielfach gedemütigte Stadt das Ende der gut 20 Jahre andauernden Krisen- und Kriegszeit in Illuminationen und Militärparaden. Die allgemeine Freude wurde jedoch schon bald getrübt durch das Hochwasser von 1816, im Jahr darauf durch Missernte und Hungersnot. Bis zur Mitte des folgenden Jahrzehnts kann auch die schwierige Lage der besitzenden Schicht verfolgt werden. Die Häufung von Konkursen und privaten Insolvenzen ist ein sprechender Beleg dafür. Zwangsversteigerungen von Geschäften oder gar Wohnhäusern waren die Folge. Sie füllten die öffentlichen Bekanntmachungen in den Anzeigeblättern und nahmen erst zu Beginn des folgenden Jahrzehnts ab.

Auch die negative Bilanz in der Bevölkerungsentwicklung besserte sich nur schleppend. Während der Kriegsjahre ging die Zahl der in kurfürstlicher Zeit gezählten 25 000 Einwohner auf etwa 18 000 zurück, was hauptsächlich dem Abzug der Garnison geschuldet war. Besonders pessimistisch mussten die Prognosen stimmen, denn im Jahr 1815 standen 639 Todesfällen nur 528 Geburten gegenüber – eine dramatische Entwicklung, deren Ende nicht abzusehen war, da den Kriegszeiten die Krisenzeit folgte und Zuwanderungen aus dem ländlichen Umland ausblieben. Die negative Bilanz blieb in den folgenden Jahren stabil: 105 im Jahr 1816, 148 im Jahr 1817, 221 gar im Jahr 1818, 55 dann 1819.[8] So konnte es durchaus als positives Zeichen gedeutet werden, als das Ergebnis der Zählung aus dem Jahr 1822 eine Einwohnerzahl von 18 451 Köpfen, unter Einbeziehung der Garnison gar eine Gesamtbevölkerung von 19 753 Personen ergab. Erfreulichstes Detail solcher Zahlen war die rechnerische Zunahme gegenüber dem vorausgegangenen Jahr um 257 Köpfe. Zwar war in den Folgejahren zwischen 1822 und 1829 erneut ein leichter Rückgang zu verzeichnen. Doch scheint dies den Mannheimer Gemeinderat nicht besonders beeindruckt zu haben, denn er lehnte gleichwohl zahlreiche Gesuche unbemittelter Auswärtiger um Erlangung des Schutzbürgerrechts bzw. der Heiratserlaubnis wegen *der bereits vorhandenen Übervölkerung der hiesigen Stadt mit Schutzbürgern und Taglöhnern*[9] ab. Im Dezember

1829 ermittelte die amtliche Zählung 19 336 Einwohner einschließlich der Garnison. Danach machte sich insgesamt ein leichter Aufwärtstrend bemerkbar, sodass im Herbst 1830 schon 20 125 und Ende 1833 trotz gesunkener Stärke der Garnison auf 856 Mann 20 657 Personen gezählt werden konnten.[10]

In den ersten Jahren nach den napoleonischen Kriegen war daher die Atmosphäre in der Stadt nicht gerade von pulsierendem, umtriebigem Geschäftsleben geprägt. Der Zustand der Straßen und Gassen war dementsprechend verwahrlost, selbst zentrale städtische Orte hatten unter der jahrzehntelangen Vernachlässigung gelitten. Als der Gemeinderat am 15. Mai 1822 über die Dringlichkeit einer Sanierung des Kiesbelags für den Theaterplatz beriet, wurde bemerkt, *seit vielen Jahren sei auf den angeführten sehr besuchten Platz kein Kies geführt worden; er sei bei feuchtem Wetter sehr schmutzig, und das Regenwetter habe ganze Rinnen ausgehöhlt.* Diesem anerkannt desolaten Zustand war es zu verdanken, dass der damalige niedrige Wasserstand des Rheins und die gesunkenen Preise für den Fuhrlohn ausgenutzt wurden, den Platz mit *durchgeworfenem feinem Rheinkiese* zu decken.[11] Der Straßenzustand ließ auch an anderer Stelle zu wünschen übrig, und die 1822 erschienene Neuauflage der Polizeivorschriften für Mannheim fasste den Sachverhalt unter dem Paragrafen 555 in folgende Bestimmung: *Das im Frühling und im Sommer auf den Nebengassen zwischen den Steinen aufsprossende junge Gras muß auf die von der Polizei durch die Schelle geschehene Ankündigung bei 15 Kr*[euzer] *Strafe ausgestochen und hinweg geschafft werden.*[12] Eine Vielzahl weiterer Vorschriften erschien in unregelmäßigen Abständen und regelte detailliert die von einem geordneten Stadtleben abweichenden Gewohnheiten. Das Ausschütten von Wasser und anderen Flüssigkeiten aus den Fenstern, das Aderlassen der Pferde im öffentlichen Raum, die Verunreinigung der Straßenrinnen mit Abfall und ähnliche Unsitten wurden geächtet, das Säubern der Gehwege vor den Häusern wie der Straßenrinnen penibel geboten und bei Nichteinhaltung ebenfalls mit Geldstrafe belegt. Allerdings fehlten in mancher Hinsicht auch noch die Voraussetzungen für ein einer größeren Stadt angemessenes Leben. Eine Kanalisation, wie wir sie heute kennen, wurde in Mannheim erst ein halbes Jahrhundert später eingeführt, sodass nur mit zunehmend strenger

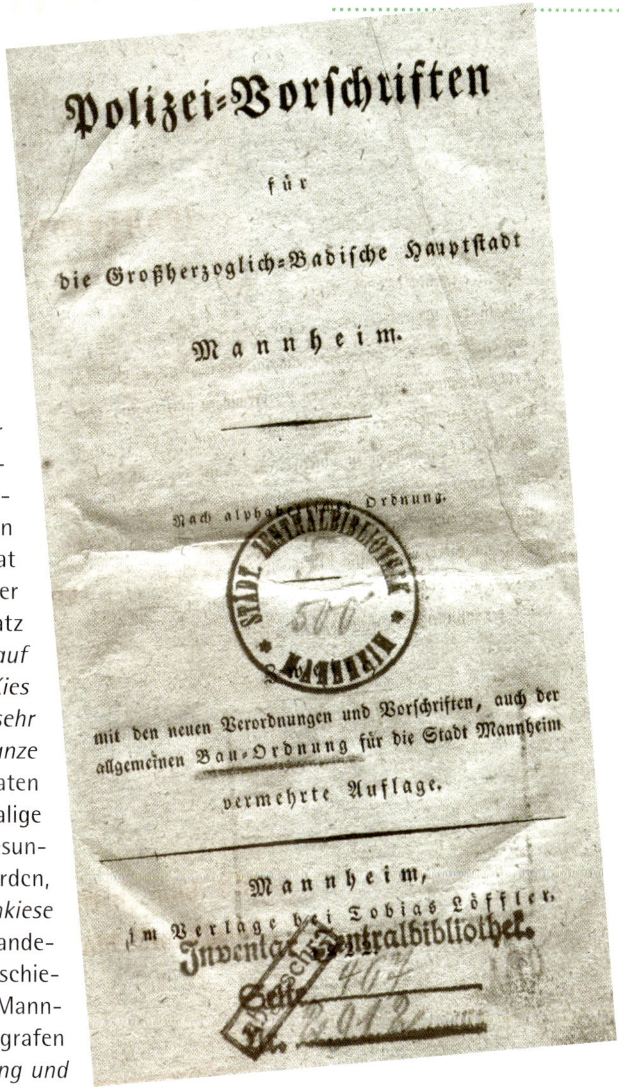
Polizei-Vorschriften

für

die Großherzoglich-Badische Hauptstadt

Mannheim.

Nach alp[illegible] Ordnung.

mit den neuen Verordnungen und Vorschriften, auch der allgemeinen Bau-Ordnung für die Stadt Mannheim

vermehrte Auflage.

Mannheim,

im Verlage bei Tobias Löffler.

Titelblatt der Polizei-Vorschriften von 1822. StadtA MA.

Aufsicht ein erträglicher Zustand garantiert werden konnte. Stadtdirektor Philipp Anton von Jagemann erinnerte beispielsweise im Frühjahr 1821 an ein vom badischen Innenministerium 1815 erlassenes Verbot, den Inhalt der Abtritte bei Nacht in die Straßenrinnen auszuschöpfen. Verstöße gegen das Gebot den *Pfuhl* [...] *in großen verschlossenen Fässern während der Nacht* aus der Stadt zu bringen, bedrohte er mit Arreststrafe und kündigte an, auch die Hauseigentümer zur Rechenschaft zu ziehen.[13]

Den drakonischen Polizeiverordnungen ist allerdings auch die Erfindung einer typischen Spezialität Mannheimer Konditoren zu verdanken. Der „Mannemer Dreck" war die humorvolle Antwort auf einen Erlass der Polizeibehörde vom 15. Mai 1822. Um den beklagenswerten Zustand der schmutzigen Straßen in der Stadt zu verbessern, hatte Stadtdirektor von Jagemann verboten, den in den Häusern gesammelten Kot mit dem Kehricht auf die Straße zu schütten. Verstöße sollten mit einer Geldstrafe von zwei Reichstalern geahndet werden. Unter dem Beifall der Mannheimer Bürger soll daraufhin der gewitzte Konditormeister Friedrich Brechter sein Schaufenster mit den gebackenen „Dreckhäuflein" aus Lebkuchenteig mit Schokoladenüberzug dekoriert haben, die auch heute noch von Traditionsbetrieben nach historischem Rezept gefertigt werden. Die nicht belegte Legende über die Entstehung dieser Mannheimer Spezialität hat allerdings eine Vorgeschichte. Im Sommer 1817 brachte der Lebkuchenbäcker *Friedrich Kneib & Consorten* im Gemeinderat eine Beschwerde wegen *Nahrungs-Beeinträchtigungen* vor. Offensichtlich hatte er Konkurrenz bekommen, die für das Gebäck jenseits der bis dahin geltenden winterlichen Saison Absatz gefunden hatte. Der Gemeinderat befand jedoch, *dass das Lebkuchenbacken unter keinem Zunftzwange*[14] stehe, und gab somit Produktion und Vertrieb frei. Daher ist davon auszugehen, dass die geschmackvollen, aber etwas formlosen Fladen in der ungeregelten Entwicklung eines Seitengewerbes der Konditoren und Bäcker ihren eigentlichen Ursprung fanden.

Geradezu fatal wirkte sich der im Zug der Schleifung der Festung angelegte Abzugsgraben im Südosten der Stadt aus.[15] Seine Einmündung in den Neckar im Bereich des Gewanns Rosengarten wurde bei häufigem Hochwasser als Sicherheitsrisiko für die Stadt empfunden, daher war die Verbindung mit dem Fluss über den Damm hinweg durch den zu überwindenden Höhenunterschied erschwert. Ein technisches Problem, das zur Folge hatte, dass der Graben faktisch zum stehenden Gewässer wurde, in das sich zu allem Überfluss noch die Abwässer der Stadt ergossen. Eine stinkende Kloake war entstanden, die zusammen mit zahlreichen weiteren Sumpflöchern rund um die Stadt als Ursache für die im Sommer stark grassierenden, unerklärlichen Fieberkrankheiten angesehen wurde. Die außergewöhnliche Häufung der Fälle von *Wechselfieber* im Jahr 1827 veranlasste das staatliche Stadtamt dazu, die Stadt mit Frist von fünf Tagen zur Stellungnahme über ihre Maßnahmen zur Ausfüllung der Geländevertiefungen anzuspornen. Die daraufhin vorgenommene Auflistung belegt, wie jenseits der rund um die Stadt angelegten Dämme, vorrangig jedoch beidseits des mittlerweile begradigten Neckars die Landschaft von Gräben und Löchern übersät war, in denen sich das Wasser sammeln konnte. Am Zustandekommen dieses Zustands wollten die Stadtväter jedoch keine Schuld tragen, *indem solche lediglich von der großherzoglichen Fluss- und Straßenbauinspektion ohne unser Zutun und unsre Zustimmung geschaffen wurden.*[16] Ohne darauf einzugehen, verstärkte das Stadtamt in seiner Antwort den Druck, forderte, dass die Sumpflöcher bald eingeebnet werden sollten und bestellte ausgerechnet die Fluss- und Straßenbauinspektion zur Aufsicht über die angeordneten städtischen Arbeiten. Zumindest im rechten Uferbereich auf dem Gebiet der heutigen Neckarstadt waren diese auch recht schnell auszuführen, problematisch blieb aber der Zustand des Stadtkanals, dessen Entleerung in den Neckar mit einer von Pferden angetriebenen Schöpfmaschine bewerkstelligt wurde. Eine behördlich angeordnete Untersuchung über deren Funktionsweise und Effektivität bewegte den Gemeinderat am 31. Juli 1827 zu einer ausführlichen Stellungnahme. Man warf dem Gutachten vor, dass es sich nicht an den kritisierten Missständen orientiere und den Bürgern der Stadt die Kompetenz zur Meinungsäußerung in dieser Frage abspreche. Es gehe nicht um die unbestrittene Funktionstüchtigkeit der Maschine, sondern um das berechtigte Interesse der Mannheimer Bürger, von den gesundheitlichen Belastungen befreit zu werden. Schließlich sollten die *mit großem Aufwande ausgeführten Anordnungen* [doch] *den Zweck haben* [...], *den pestartigen Gestank, durch welchen die hiesige Einwohnerschaft leidet und dem selbst nach der Ansicht der Sanitätsbehörde die jetzt so häufigen Fieber-Krankheiten zuzuschreiben sind, für die Folge zu beseitigen.*[17] Der Vorschlag des Gemeinderats, den Kanal zuzuschütten und eine geregelte, abgemauerte, wenn auch ebenerdig geführte Kanalisation zu bauen, stieß jedoch vorerst angesichts der zu erwartenden Kosten bei den Behörden auf wenig Gegenliebe.

In anderer Hinsicht entwickelte sich Mannheim jedoch durchaus zur Großstadt. Seit 1815 konnte man sich in einem kleinen unscheinbaren Büchlein die nahezu perfekte Übersicht über die Einwohnerschaft – genauer die Haushaltsvorstände, d.h. in der Regel die Familienväter und Alleinstehenden – verschaffen, die mit den Jahren zunehmend um Angaben über Institutionen und wirtschaftliche Aktivitäten in Mannheim ergänzt werden sollte. Im Verlag der Buchdruckerei des Katholischen Bürgerhospitals erschien im genannten Jahr nach dem Muster

Alphabetisches Verzeichniß
der sämmtlichen
Einwohner zu Mannheim
mit
Bemerkung ihrer Wohnung.
Aufgestellt
im Anfange des Jahres
1817.
***
Im Verlage des kathol. Bürgerhospitals.

Titel des Adressbuchs von 1817. REM

anderer Städte erstmals ein *Alphabetisches Verzeichnis sämtlicher hiesigen Einwohner mit der Bezeichnung ihrer Wohnungen.* Vom Verlag wurde es mit den Worten angepriesen, dass die *Gemeinnützigkeit eines solchen Verzeichnisses für jeden Geschäfts- und Gewerbsmann* das Ziel des Produkts sei. Preislich stellte man sich *wohlfeiler als an jedem anderen Orte, da man solchen auf die kleine Summe von 20 Kr*[euzer] *gesetzt hat, damit nicht leicht jemand durch den hohen Preis abgehalten werden könne, sich das Verzeichnis anzuschaffen, welches künftig jedes Mal zu Anfang des Jahres erscheinen* sollte.[18]

Noch lange blieb der Alltag der nun namentlich bekannten Einwohnerschaft von ökonomischer Auszehrung geprägt, brachten die Nachwehen der zwei Kriegsjahrzehnte weit verbreitete soziale Verunsicherung mit sich. Nicht nur der Mittelstand hatte unter der Krise zu leiden. Der in Mannheim verbliebene Adel war häufig verarmt, fielen doch die in der Residenzzeit sprudelnden Einkünfte nicht selten vollständig weg und wurden nur selten durch wirtschaftliche Aktivitäten ersetzt. Als Einzelgänger lebten vormals einflussreiche, mehr oder weniger begüterte Rentner in ihren Stadtpalais, allenfalls noch an der Tafel von Großherzogin Stephanie gern gesehene Gäste. In der Sitzordnung höfischer Festlichkeiten dominierten nämlich noch die Adelsprädikate, Offiziersgrade und Titel der in Mannheim tätigen Verwaltungsspitze. So erscheinen auf der Liste eines Festbanketts vom 18. Februar 1822 Oberhofrichter Karl Wilhelm Ludwig Freiherr Drais von Sauerbronn, der Vorstand des Stadtamts Philipp Anton von Jagemann oder Servatius Nikolaus Freiherr von Soiron mit ihren Familien ebenso wie der

*Der Theaterplatz in Mannheim. Aquarell von Jacob Pozzi, um 1830. REM.*

Theaterintendant Karl von Luxburg. Nahe beim Schloss, vorzüglich um den Theaterplatz herum, befand sich das Wohnviertel, in dem vor allem gut gestellte Geschäftsleute oder Adlige lebten. Aber auch Staatsbeamte, Militärs, Richter, Advokaten oder freiberuflich tätige Juristen waren hier ansässig und galten als hoffähig bei der früh verwitweten Großherzogin.

Manch adeliger Einzelgänger jedoch bewegte sich außerhalb dieser Kreise, beschloss sein Leben als Sonderling, wie die als *Katzengräfin* bekannt gewordene Reichsgräfin Katharina von Ottweiler, die im 72. Lebensjahr am 11. Dezember 1829 in Mannheim vereinsamt starb. Trotz ihrer bürgerlichen Abstammung hatte sie gegen die Widerstände des Hofs im Jahr 1787 Ludwig Fürst zu Nassau-Saarbrücken geheiratet, nach dessen Tod sie in Mannheim im Jahr 1815 das Haus in C 1, 2 samt Garten an der Schwetzinger Chaussee für 20 000 Gulden kaufte, um sich dort niederzulassen. Ihr einziger Sohn Graf Adolph von Ottweiler war an der Seite Napoleons mit württembergischem Militär nach Russland gezogen und dort unter dramatischen Umständen in Wilna verstorben. Von den in Mannheim ansässigen Aristokraten wurde die *Katzengräfin* gemieden. In der Bevölkerung erzählte man sich noch lange, wie sie in ihrer Theaterloge mit einem Kätzchen auf dem Schoß spielte, gekleidet in roten Samt und reich mit Brillanten um Stirn und Schläfe geschmückt.[19]

*Reichsgräfin Katharina von Ottweiler (1757–1829). Gemälde eines unbekannten Künstlers, um 1810. REM.*

Zahlreiche Immobilien aus adeligem Besitz gingen nun in den ersten zwei Jahrzehnten des 19. Jahrhunderts in die Hände bürgerlicher Eigentümer über. Sie wechselten manchmal gleich mehrfach innerhalb weniger Jahre den Besitzer, da auch ihre Käufer – Handwerker und kleine Geschäftsleute, Wirte und Händler, die das wirtschaftliche Rückgrat der städtischen Ökonomie bildeten – mit engem finanziellen Spielraum lebten und wirtschafteten. Hilfe für die in Not Geratenen versprach hauptsächlich die unter den Bürgern der Stadt weit verbreitete Mildtätigkeit. Eine durchaus in der Mentalität verwurzelte, noch lange nachwirkende Solidarität der Bürger griff um sich, von der nicht selten Zeitungsannoncen, begleitet von ungelenk geschnitzten Versen, Zeugnis ablegten. So etwa im Fall der ungenannt bleibenden Gesellschaft, die mit dem Wahlspruch: *Im Kreise der Freuden / vergesset der Leiden / des Armen nicht! / Zu spenden die Gabe / nach unserer Habe, / welch süße Pflicht*[20] im Januar 1822 die Mitteilung über eine an die Armenanstalt übersendete Geldspende verband. Wohltätigkeit war eines der wenigen Mittel gegen die zunehmend als Alternative begriffene Auswanderung. Das Verharren in der Stadt, die nur Wenigen eine wirtschaftliche Zukunft zu bieten schien, gelang häufig nur mittels

Unterstützung durch mildtätige Aktivitäten. Großherzogin Stephanie und ihr nacheifernde Mannheimer Bürger erleichterten manches menschliche Los, für die institutionalisierte Armenpflege der Stadt und des Landes galten jedoch strengste Richtlinien.

Aber auch der tätigen Selbsthilfe der erwerbslosen Bevölkerung waren im Geschäftsleben häufig enge Grenzen gesetzt. Parallel zu den bis dahin gültigen, durch Zunftregularien und staatliche Verordnungen festgeschriebenen Erwerbsformen bildete sich eine verzweigte Schattenwirtschaft heraus, die freilich nicht selten gegen die veralteten Regeln verstieß. Den Neuerungen waren jedoch angesichts der verbreiteten sozialen und wirtschaftlichen Unbeweglichkeit in Handwerk und Gewerbe Grenzen gesetzt. So bat die Mannheimer Schneiderzunft den Gemeinderat *um Abhülfe der ihr sehr nachtheiligen Nahrungsbeeinträchtigung durch weibliche Kleidermacherinnen*; zwar wurde dieser Vorstoß am 21. April 1819 vom Gemeinderat ein für allemal abgewiesen,[21] weitere Belege zeugen jedoch vom ständigen Hader in einzelnen Sphären des städtischen Wirtschaftslebens. So lag dem Gemeinderat am 23. März 1821 ein Gesuch der Spenglerzunft vor, die den Zeugschmieden und Schlossern die Fertigung von Ofenrohren aus Schwarzblech verbieten wollte. Namentlich habe Schlosser August Schmiz gegen eine solche seit 1811 gültige, im Karlsruher Ministerium abgefasste Aufteilung verstoßen. Binnen zwei Wochen war der Konflikt geregelt. Mitte Mai ließ die Spengler- und Blecharbeiterzunft die behördlich sanktionierte Absteckung der Gewerbegrenzen öffentlich verkündigen, *dass die Blecharbeiter im allgemeinen alles, was aus weiß verzinntem schwarzem Eisen- oder Messingblech besteht, ausschließlich als blecherne Röhren, Dachrinnen, blechernen Hausrat und Küchengeschirr, kleine getriebene Blecharbeiten, Laubwerk, Leuchter, Laternen, schwarzblecherne Öfen, Ofenröhren und Hälse fertigen, die Schlosser aber nur die Bänder, Fallen, Schloss, Röste.*[22]

*Abdruck des Zunftsiegels der Schwarz- und Nagelschmiede aus dem 18. Jahrhundert. StadtA MA.*

Und auch innerhalb der Zünfte regte sich der Widerstand der Gesellen gegen die Allgewalt ihrer Meister. Im Sommer 1816 entbrannte in der Schreinerzunft ein Konflikt, der sich an materiellen Forderungen der Gesellen entzündete. Als Rädelsführer und *Ordnungsstörer* beriefen im Juni die Altgesellen *gelegenheitlich der Auflage-Einsammlung die sämtlichen Gesellen zusammen* [...] *und bei dieser Versammlung wurde verabredet, die Meister zu nötigen, ihren Gesellen die eingeführte Vergütung für das Frühstück zu verdoppeln, ihnen, was seit 10 Jahren abgestellt war, bei Tische Bier und Sonntag abends Nachtessen zu geben, wobei die Gesellen darauf bestanden, dass die bei Abschaffung der beiden letzten Punkte ihnen am Wochenlohn zugelegten 32 Kr*[euzer] *wöchentlich nicht wieder abgezogen werden dürften.* Für den Fall der Ablehnung ihrer Forderungen drohten sie gar mit Streikhandlungen. Als Antwort übernahmen die

Die Mannheimer Planken zwischen O 3 und P 3, 1830. Zeichnung von J. Himmelheber. GLA KA.

Zunftmeister die Gesellenkasse unter ihre Aufsicht, da die Einsammlung der Beiträge durch die Gesellen selbst Anlass zum Verdacht auf *Unterschleife* geboten hatte. Sie ließen die *klagbar aufgetretenen wenigen hartnäckigen Ruhestörer* in Polizeiarrest setzen und verfügten zur Verwaltung der Gesellengelder die Führung eines *Kontrollbuchs*, das allerdings *in der ersten heftigen Aufwallung, wie man in Erfahrung brachte,* [...] *in der Herberge zerrissen und verbrannt wurde.*[23]

Das Gewerbe der Gast- und Schankwirtschaften, das für viele überzählige Handwerker eine Option zum Gelderwerb darstellte, ächzte unter deren Zulauf. Bald 150 öffentliche Gasthäuser zählte Mannheim beispielsweise im Jahr 1822 bei knapp 20 000 Einwohnern. Durchaus sinnvoll war also die Zurückhaltung der Polizeibehörde bei der Erteilung neuer Konzessionen, deren Begutachtung dem Gemeinderat oblag. Dieser hatte gleichzeitig auch über Beschwerden der Bierbrauerzunft zu verhandeln, die *um Aufrechterhaltung ihrer Zunftgesetze*[24] ersuchte und wegen starker *Übersetzung und unbefugter Betreibung ihres Gewerbes durch unqualifizierte Subjekte*[25] klagte. Als das staatliche Stadtamt am 5. August 1825 alle Wirte vorlud, die keine gültige Konzession vorzuweisen hatten, und ihnen mit Geschäftsschließung drohte, falls sie nicht innerhalb von vier Wochen einen Antrag auf Neubewilligung stellten, benannte der zur Durchführung der Aktion herangezogene Rat 22 offene Fälle. Während eine Anzahl der in ihrer Existenz bedrohten Gastwirte erst gar nicht auf die Auflage reagierte, suchten andere in den verschiedensten Ausflüchten ihr Heil. Einige versuchten ihr Wirtschaftsrecht mit zweifelhaften Dokumenten zu begründen. So legte die Witwe Margaretha Oberling eine Gebührenquittung vom 24. Dezember

1782 vor, um den Betrieb der Wirtschaft durch ihren mittlerweile verstorbenen Ehemann zu bescheinigen, und erklärte dazu, *dass die sonstigen Urkunden über die ihrem Manne erteilte Wirtschaftserlaubnis abhanden gekommen sein müssten, da sich außer gedachter Quittung unter seinen hinterlassenen Papieren nichts vorfinde.*[26]

Zunehmend wurden die restriktiven Bedingungen für den Betrieb von Gastwirtschaften und Cafés strenger ausgelegt. Der Gemeinderat weigerte sich, Billardtische oder andere Spieleinrichtungen anderweitig als in den dafür privilegierten Etablissements zuzulassen, *damit nicht außer den gebildeten Ständen auch der gemeine Haufe die reizenderen Spiele, unter denen das Billard-Spiel offenbar das reizendste ist, kennen lernen und durch dessen ungestörte Ausübung zu Geldzersplitterungen veranlasst werde, die nicht nur sein geringes Besitztum leicht aufzehren, sondern auch, wenn die Spielsucht einmal erwacht ist, zu noch weit schlimmern Erfolge führen.*[27] Die Stadtväter fühlten sich aber auch verpflichtet, anderen Versuchen Einhalt zu gebieten, mit denen Wirte sich bemühten, ihren Betrieb rentabel zu machen, wie beispielsweise in einer Speisewirtschaft auch Wein und Branntwein zu verzapfen.

Die aus den kriegerischen Wirren geborene soziale Krise zog allerlei zweifelhaftes Volk in die Stadt, deren Grenzen nach ihrer Entfestigung durchlässig geworden waren. Ein Gefühl allgemeiner Unsicherheit verbreitete sich. In der bunten Mischung vom Krieg entwurzelter Menschen, die durch die Stadttore einsickerte, sah manch einer das Räuber-Unwesen in städtischer Ausprägung. Beschäftigung als Fuhrleute, Spanner oder Tagelöhner suchend, trieb sich das Volk auf den Straßen, in der Nähe der

*Das Neckartor. Kolorierter Stahlstich von Ludwig Friedrich Schnell nach Ernst Georg Gladbach, um 1830. StadtA MA.*

Schiffsanlegestellen und am Rand der Märkte herum. Im besten Fall ernährten sich diese Menschen vom Hausierhandel, der von den etablierten Handwerkern und Händlern allgemein als Konkurrenz beklagt wurde. Die unsicheren Verhältnisse während der napoleonischen Kriege wirkten auch in Mannheim nach. Noch 1815 versuchten aus der Schweiz kommende Agenten arglose junge Leute für das Militär einer auswärtigen Macht anzuwerben; die Behörden reagierten mit der Anweisung, *dass, wenn dergleichen Werber sowohl darüber betreten werden, die diesseitigen Untertanen angeworben zu haben, als auch, wenn von ihnen hinlänglich konstatiert sei, dass solche diesseitige Untertanen im Lande geworben haben, solche zu arretieren* [seien] *und hievon die Anzeige zu machen* sei.[28] Zur Gewährleistung der öffentlichen Sicherheit und zur Befriedigung des Sicherheitsbedürfnisses der Bürger musste zu weitreichenden Mitteln gegriffen werden. Kavallerie-Patrouillen überwachten den Zugang zur Stadt, und an neuralgischen Punkten, beispielsweise beim Theatergebäude, wurden Posten aufgestellt. Zusätzlich zu den ihre Runde machenden Nachtwächtern und Polizeidienern wurden von der Schlosswache Patrouillen durch die Stadt ausgesandt. Im Jahr 1829 wurden dann mit einem Neubau des an das Rathaus anschließenden Wacht- und Gefängnislokals, das im Volksmund der *Hoorige Ranze* genannt wurde, die Arrestzellen erweitert und modernisiert, nachdem die schon 1813 von dem Karlsruher Baudirektor Friedrich Weinbrenner fertig entworfenen Pläne den Anforderungen der Zeit angepasst worden waren. Eine wesentliche Voraussetzung für die Beteiligung der Stadt an diesem Bauprojekt war die Aussicht auf Rückerstattung der *Jurisdiktionskosten* gewesen.[29] Wie dieser Lastenausgleich zugunsten der Stadtkasse zog sich letztendlich die Vollendung des Baus, den ein *Basrelief* nach einer Zeichnung von Professor Maximilian Joseph Pozzi[30] zieren sollte, noch bis 1829 hin.

*Das Arrestlokal „Hooriger Ranze" kurz vor seinem Abriss. Zeichnung von Jakob Stoll, 1866. REM.*

Bankier Hirsch Levi Hohenemser (1771–1830), Gründer des Bankhauses. Foto nach einem Gemälde in Privatbesitz, um 1820. StadtA MA.

Die Haftzellen waren in der Hauptsache für vagabundierende Personen bestimmt, die nach ihrer Arretierung in die Arbeitshäuser gebracht oder über die Landesgrenzen abgeschoben wurden. In den Ratsprotokollen der Zeit erscheint diese Praxis jährlich als eigener Finanzposten, da die Aufwendungen der Stadt von den Landesbehörden ersetzt wurden. Die allgemeine Unsicherheit schlug sich aber auch in anderen Begleiterscheinungen nieder: In den Lagerhäusern blieben herrenlose Handelsgüter liegen, geflüchtete Täter ließen ihre Schmuggelware im Niemandsland an der Stadtgrenze zurück. Stadtdirektor Philipp Anton von Jagemann versah sein Amt mit der gebührenden Strenge, auch wenn sie nicht immer einfach anzuwenden war. So konnten in einer 1823 angestrengten Untersuchung wegen mehrerer Raubdelikte aus den Jahren 1820 und 1821 nicht alle Vorwürfe zweifelsfrei zugeordnet werden, da die entsprechenden Anzeigen fehlten. Möglicherweise brachte ja die daraufhin erfolgte Suche per Zeitungsanzeige den Fahndungserfolg in den insgesamt sechs Fällen brutaler Wegelagerei, die hauptsächlich auf den Wegen und Straßen außerhalb der Stadt begangen worden waren.[31]

Auch als am 8. und 9. Dezember 1820 gleich mehrere Feuer die Stadt in Angst und Schrecken versetzten sowie Not und Elend über die betroffenen Bewohner der Unterstadt brachten, wurden die Täter schon bald überführt. In einem Aufsehen erregenden Verfahren wurden vier der Brandstiftung verdächtige Mannheimer angeklagt. Der Prozess gegen Andreas Kassel, Friedrich Muth, Anton Auracher und Friedrich Weiß endete im Februar 1824 mit ihrer Verurteilung zu langjährigen Haftstrafen, deren Antritt wegen der Schwere der Tat mit *Willkomm* – einer Prügelstrafe – verbunden war. Während sich hinter den Übeltätern die Gefängnistore schlossen, kümmerte sich die Bevölkerung um die Brandopfer: Eine Sammlung erbrachte den namhaften Betrag von über 2 000 Gulden, die je nach Bedürftigkeit in kleinen Summen oder Naturalien auf immerhin 72 Geschädigte verteilt wurden. Zuvor jedoch konnte Stadtdirektor von Jagemann am 17. Februar 1821 die von Freiwilligen aus der Bürgerschaft begleiteten nächtlichen Sicherheitspatrouillen auflösen, nicht ohne den beteiligten Bürgern *für die eben so pünktliche als anständige Erfüllung der ihnen erteilten Vorschriften, so wie überhaupt für den rühmlichen Eifer und Gemeinsinn, mit welchen sie diese mit persönlicher Aufopferung verbundenen Verrichtungen vollzogen haben,* [...] *den öffentlichen Dank abzustatten.*[32]

Eine markante Zeiterscheinung bildete der verbreitete Hang zum Spiel. In den Hinterzimmern der Gastwirtschaften und Kaffeehäuser vermehrten sich die Billardtische, die Geselligkeitsvereine oft auf eigene Rechnung anschafften. Gleichzeitig eröffneten Lotterien und Glücksspiele die Aussicht auf einen Gewinn ohne die anstrengenden Mühen der Arbeit. Mit einem Los von Bankier Wolf Hayum Ladenburgs *Güterlotterie* konnte man hoffen, den Alltagssorgen ein für allemal zu entfliehen. Durch eine massive Werbekampagne suchte Ladenburg das Publikum zum Einsatz des respektablen Betrags von 11 Gulden für ein Los zu bewegen. Als Hauptgewinne lockten immerhin wertvolle Immobilien, die Aussicht auf eine sorgenfreie Zukunft boten: das Landgut Stein bei Mosbach, ein Gut bei Käfertal oder das repräsentative Mannheimer Stadthaus in M 1, 2 an der Breiten Straße. Die im Mai 1824 ausgelobte, in zwei Klassen stattfindende Ziehung wurde allerdings mehrfach verschoben und fand erst 1826 statt. Offensichtlich war dies kein Geschäftszweig, der den noch jungen Bankgeschäften der Ladenburg und Hohenemser einträglich genug erschien, blieb es doch bei diesem einmaligen Versuch.

Das Engagement beider Familienunternehmen in den umfangreichen kriegsbedingten Finanztransaktionen Mannheims und seiner Nachbarstädte sicherte da schon eher den Geschäftserfolg. Auch über die Region hinaus reichten die Geschäftsverbindungen manchmal schon. So trat der Bankier Hirsch Levi Hohenemser beispielsweise als *Agent des königlich württembergischen Kreditvereins für Mannheim und Umgegend* auf, suchte gegen Kapitalanlagen ab 100 Gulden Obligationen dieses Vereins an etwaige Interessenten zu bringen und kooperierte auch bei solchen Transaktionen mit bekannten Bankimperien wie Rothschild in Frankfurt oder Haber in Karlsruhe, die solche Papiere garantierten.[33] Innerhalb Mannheims bildete auch

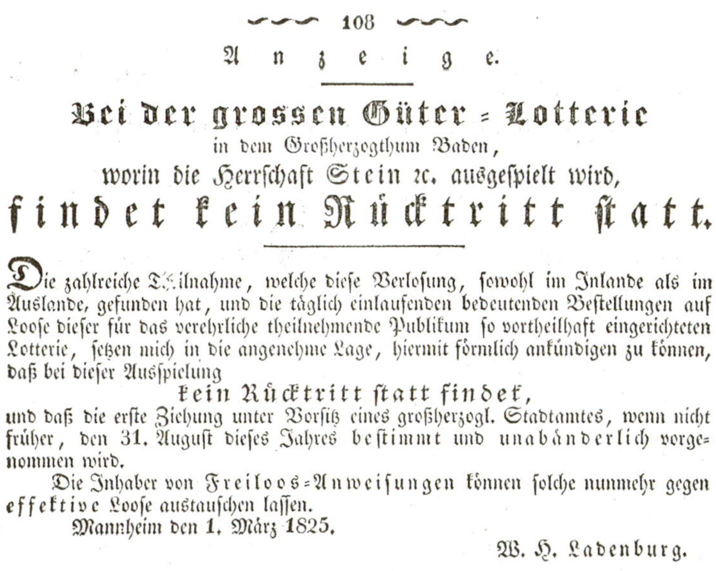

108

Anzeige.

**Bei der grossen Güter = Lotterie**
in dem Großherzogthum Baden,
worin die Herrschaft Stein rc. ausgespielt wird,
**findet kein Rücktritt statt.**

Die zahlreiche Theilnahme, welche diese Verlosung, sowohl im Inlande als im Auslande, gefunden hat, und die täglich einlaufenden bedeutenden Bestellungen auf Loose dieser für das verehrliche theilnehmende Publikum so vortheilhaft eingerichteten Lotterie, setzen mich in die angenehme Lage, hiermit förmlich ankündigen zu können, daß bei dieser Ausspielung

kein Rücktritt statt findet,

und daß die erste Ziehung unter Vorsitz eines großherzogl. Stadtamtes, wenn nicht früher, den 31. August dieses Jahres bestimmt und unabänderlich vorgenommen wird.

Die Inhaber von Freiloos=Anweisungen können solche nunmehr gegen effektive Loose austauschen lassen.

Mannheim den 1. März 1825.

W. H. Ladenburg.

*Zeitungsanzeige zur Güterlotterie. „Großherzoglich Badisches Anzeigeblatt" vom 11. März 1823. StadtA MA.*

der zeitbedingt häufige Transfer von Immobilien eine bedeutende Einnahmequelle für die Geschäftsleute. Das Bankhaus Ladenburg verdankte einem solchen Geschäft seinen Stammsitz in D 3, 12, wohin die Firmenbüros im Juni 1824 verlegt wurden. Ein Geländeverkauf von fünf zusammenhängenden, hinter den H-Quadraten liegenden Grundstücken an die Stadt, die nur widerwillig just zum gleichen Zeitpunkt die weitere Verwaltung des Demolitionsgeländes zu übernehmen gezwungen wurde, verweist auf die spekulative Komponente solcher Transaktionen. Für die öffentliche Hand war das lukrative Geschäft mit dem ehemaligen Festungsgelände ausgeblieben, nicht so für Ladenburg, der das erst wenige Jahre zuvor angekaufte Grundstück an die Kommune zurückverkaufen konnte.[34]

Die aus den Zeitumständen geborene materielle Not machte auch in anderer Hinsicht erfinderisch. Aus freiwilligen Zusammenschlüssen zur Selbsthilfe bildeten sich Krankenunterstützungskassen, die sich häufig auf Zunftgenossen stützten und deren Hilfsleistungen aus den Mitgliedsbeiträgen gespeist wurden. Diese Kassen waren nach den Gastwirtschaften benannt, in deren Hinterzimmer sich ihre Mitglieder trafen, und vermehrten sich im Lauf der Jahrzehnte zusehends. Eine weitere gemeinnützige Stiftung ging auf die zur Linderung der Kriegsnot im Jahr 1809 gegründete Leihanstalt zurück, von der am 18. Juli 1822 die Sparkasse als selbstständiges städtisches Institut abgekoppelt wurde. Bürgern mit niedrigen Einkünften sollte auf diese Weise

*Ärmliche Behausungen in den F-Quadraten am Stadtrand. Foto, um 1900. StadtA MA.*

eine Möglichkeit zum Sparen geboten werden. Das angesammelte Guthaben sollte als Vorsorge gegen plötzliche Erkrankung und Mittellosigkeit im Alter dienen. Die Einlagen, die zwischen 1 und 100 Gulden liegen durften, wurden beim Leihhaus angelegt, die gesamte Geschäftstätigkeit von einem aus angesehenen Bürgern zusammengesetzten Verwaltungsrat überwacht. Die Stadt garantierte damals schon das Kapital, das den Einlegern mit 4 Prozent verzinst wurde. Der Erfolg gab den Gründern Recht, denn bereits 1826 konnte die Sparkasse einen Überschuss verzeichnen – eine Entwicklung, die dem Institut langfristige Existenz verhieß, aber auch Begehrlichkeiten der immer noch sanierungsbedürftigen kommunalen Kassen weckte.[35]

Viele Einwohner Mannheims jedoch, an die sich ein solches Angebot zur Existenzsicherung richtete, waren noch weit davon entfernt, es zu nutzen. Zwischen dem Katholischen Bürgerhospital und seiner Kirche in E 6 sowie dem ganz am Stadtrand im Quadrat G 6 gelegenen „Badischen Hof" mit seinen warmen Bädern lagen die niedrigen, kleinen Behausungen der F- und G-Quadrate, denen die Ärmlichkeit schon äußerlich anzusehen war. Auf der anderen Seite der Stadt nördlich der Planken das gleiche Bild. In der Unterstadt lebte das einfache Volk, nur entlang der Breiten Straße und rund um den Marktplatz zeigte sich ein Hauch von Großzügigkeit.

Am Marktplatz, in alten Ansichten stets von kleinen Menschenansammlungen belebt, die in eifriger Unterhaltung begriffen sind, entstand neben dem Hillesheim'schen Palais R 1, 1 eines der bedeutendsten Bauwerke dieser Zeit. Der von Friedrich Ludwig Bassermann nach dem Vorbild des Renaissance-Architekten Andrea Palladio errichtete Stadtpalast sollte mit seinem von einem dreieckigen Giebel gekrönten Pilastervorbau fortan den Platz dominieren. Zwischen Sommer und Herbst des Jahres 1828 erwarb Bassermann gleich drei nebeneinanderliegende Grundstücke für insgesamt 58 000 Gulden: R 1, 5 von

*Entwurfsskizze der Fassade des Bassermann-Hauses. Zeichnung von Jakob Friedrich Dyckerhoff, 1829. REM.*

*Zeitgenössische Ansicht von Paradeplatz und Grupello-Pyramide. Nicht ausgeführter Entwurf für einen Sockel im klassizistischen Stil. Aquarell von Karl Stein, um 1830. REM.*

Josef Tunna für 14 000 Gulden, R 1, 6, worin sich zuvor Johann Jakob Reinhardts Gastwirtschaft „Zum Goldenen Schaf" befunden hatte, für 28 000 Gulden und R 1, 4 von Martin Sartori für 16 000 Gulden. Ab September 1828 plante der Vertrauensarchitekt der Mannheimer guten Gesellschaft, Oberingenieur Jakob Friedrich Dyckerhoff, das Gebäude im zeitgemäßen Weinbrennerstil. Im April 1829 wurde der Grundstein gelegt, und ein gutes Jahr später war der Neubau fertiggestellt. Das Bassermann-Haus war in seinen Innenräumen üppig mit Fresken ausgestattet, reich möbliert, legendär in seiner gesamten Ausstattung. Es stand symbolisch für den Bürgerstolz, dessen materielles Fundament in den Geschäftserfolgen dieser Jahre gelegt wurde.

Den Blick durch die Breite Straße versperrte an ihrem Ende damals noch das Neckartor. Dahinter hatte die Entwicklung Mannheims zur Handelsstadt längst begonnen. Am so genannten Neckarkran hinter den traditionellen Anlegeplätzen am Fluss waren die ersten Hafeneinrichtungen entstanden, die als Umschlagplatz für die Mannheim erreichenden Frachtschiffe auf Rhein und Neckar dienten. Nur selten würdigten Zeitgenossen dies als Beginn einer großen Zukunft als Handelsmetropole, obgleich schon zu Anfang der 1820er Jahre spürbar wurde, wie der Bedarf an Lager- und Umschlagkapazitäten an beiden Flussufern gestiegen war. Noch verbanden jedoch nur schwankende Pontons die Stadt mit dem jenseitigen Neckarufer, das sich als sandige, zur Mündung hin spärlich bewaldete, grasbewachsene Dünenlandschaft dahinter erstreckte und dessen verkehrstechnische Verbindungslinien mit dem Hinterland den Erfordernissen hinterherhinkten. Zwar unterbreitete schon im Jahr 1824 Wilhelm von Traitteur dem Gemeinderat das Projekt eines festen Flussübergangs in Form einer Kettenbrücke; der kühne Plan sollte jedoch vorerst an den veranschlagten Kosten scheitern. Auch die Realisierung anderer Ideen blieb einer späteren Zeit vorbehalten. Die gesetzlich empfohlene Neuanlage eines Zentralfriedhofs außerhalb der Stadt scheiterte an der Weigerung der Staatskasse, ausreichende Zuschüsse zur Verfügung zu stellen. Stattdessen bekam die Stadt ein baufälliges Denkmal übereignet: Am 20. Dezember 1823 ging die Grupello-Pyramide, die damals noch gänzlich ohne ihre Wasserbecken den Mittelpunkt des Paradeplatzes bildete, durch Erlass des Großherzoglichen Finanzministeriums auf die Gemeinde über – sicherlich nicht nur zur ihrer Freude, denn schon in einem 1821 erschienenen Bericht der *Mannheimer Tageblätter* beklagte ein kunstsinniger Redakteur: *Schade, dass dieses Kunststück wachelos so manchem verderblichen Muthwillen der spielenden Jugend Preis ist.*[36]

## Städtische Selbstverwaltung und landespolitische Einordnung

Die im Friedensjahr 1815 entstandenen politischen Erwartungen, das Verfassungsversprechen und die zunehmend davon abweichende Verfassungswirklichkeit prägten die Entwicklung Badens. Am 13. November 1815 wurde dem Mannheimer Gemeinderat vom großherzoglichen Stadtamt angezeigt, dass in Heidelberg Flugschriften mit der Forderung nach einer landständischen Verfassung unters Volk gebracht worden seien. Der Hinweis war mit einer deutlichen Warnung und der behördlichen Weisung verbunden, diese Druckwerke bei ihrem Auffinden in Mannheimer Buchhandlungen sofort zu beschlagnahmen.[37] Zwar hatte Großherzog Karl zuvor unter dem Druck der Verhältnisse seinem Volk am 12. Januar 1815 in Wien ein solches Verfassungswerk zur Regelung des staatlichen Lebens zugesichert. Doch mit der Umsetzung ließ er sich vorerst Zeit, während seine Untertanen ungeduldig der verheißenen Freiheiten harrten. In Mannheim gar machte man sich ungeschminkt Hoffnungen, den verlorenen Status einer Residenz wenigstens als Tagungsort der Landstände kompensieren zu können. Eine *wegen Verlegung des Versammlungsortes der Landstände in hiesige Stadt unternommene Reise einer gemeinderatlichen Deputation nach der Residenz*[38] hatte jedoch offensichtlich nicht den gewünschten Erfolg.

Erst im Frühjahr 1818 setzte Karl unter dem Druck des Deutschen Bunds eine Kommission ein, die recht zügig auf der Grundlage eines liberalen, konstitutionellen Ideengebäudes einen Entwurf vorlegte, der im Ergebnis durchaus eigenständige Züge gegenüber den in Bayern oder Württemberg verabschiedeten Verfassungswerken trug. In der Präambel unterstrich der Großherzog mit symbolschweren Worten an seine Untertanen die liberalen Tendenzen des Verfassungswerks, gab sich *von dem aufrichtigen Wunsche durchdrungen, die Bande des Vertrauens zwischen Uns und Unserem Volke immer fester zu knüpfen*, und versprach *nachstehende Verfassungsurkunde [...] treulich und gewissenhaft zu halten und halten zu lassen.*[39] Mit diesem Schritt hatte der Souverän eigenhändig die Regierungsform seines Landes von der absoluten Monarchie in eine konstitutionelle geändert und begab sich in der Ausübung der Regierungsgeschäfte in Abhängigkeit von den Entscheidungen der beiden Kammern des Landtags: einer Ersten Kammer, die in der Hauptsache aus Vertretern des Adels und des Klerus gebildet wurde, sowie einer Zweiten Kammer, deren Abgeordnete von Wahlmännern gewählt wurden. Eine Kandidatur wurde allerdings von den Vermögens- und Einkommensverhältnissen abhängig gemacht, so dass die zahlenmäßig auf 63 Abgeordnete der Städte und Ämter festgelegten Kammermitglieder durchweg das bürgerliche Element repräsentierten. So war die Hürde des Zugangs zu diesem Parlament recht hoch gelegt worden, allein mit der Möglichkeit, an der Gesetzgebung für das Land beteiligt zu sein, und der Zustimmungspflichtigkeit von Steuern und Abgaben wurde ein grundsätzlich neuer Weg beschritten.

Am 22. August 1818 unterzeichnete Karl die Verfassungsurkunde. Wenig später sprach ihm der Mannheimer Gemeinderat in einer vom 9. September 1818 datierten Adresse seinen Dank aus. Die Stadtvertretung erging sich darin in Unterwürfigkeitsbezeugungen und wiederholte ihrerseits den Wunsch, mit der Kodifizierung bürgerlicher Rechte gegenseitiges Vertrauen zu festigen. Als *unverkennbares Zeugnis der landesväterlichen Gesinnung*[40] begrüßte Mannheims bürgerliche Elite die Urkunde, die dem badischen Staatsleben einen konstitutionellen Rahmen geben sollte: Rechte und Pflichten für beide Seiten. Mit der Gewährung der Verfassung war Großherzog Karl auf dem Höhepunkt seiner Popularität angelangt. Den Wünschen der Dankadresse nach *einer langen und gesegneten Regierung*[41] war allerdings keine Erfüllung beschieden. Schon nach wenigen Wochen stürzte das Ableben Karls am 8. Dezember 1818 das Land in eine Krise, die erneut militärische Konflikte befürchten ließ. Der Großherzog hatte noch kurz vor seinem Tod die Militärreserven des Landes mobilisiert, um einem befürchteten bayerischen Einmarsch in die badischen Teile der ehemaligen Kurpfalz zuvorzukommen, eine Vorsichtsmaßregel, die sich dann glücklicherweise als unnötig erwies. Unbestritten trat Ludwig, der dritte Sohn des ersten Großherzogs Karl Friedrich, das Erbe an. Der 55-Jährige galt als Gegner konstitutioneller Ideen, als er die Nachfolge seines Neffen antrat. Beinahe schicksalhaft mutete es daher an, dass er vor der Aufgabe stand, dessen Vermächtnis zu erfüllen. Immerhin unterzeichnete er als eine seiner ersten Regierungshandlungen am 23. Dezember 1818 die Landtagswahlordnung, mit welcher der Verfassung erst praktisches Leben eingehaucht wurde.

*Großherzog Ludwig (1763–1830) in Generalsuniform mit Ordensstern. Brustbild, Öl auf Leinwand, um 1820. REM.*

Erste Annäherungen an den neuen Souverän fanden auch in Mannheim durchaus unter positiven Vorzeichen statt. Am 18. Dezember nahm Oberhofrichter von Drais die Huldigung vor und würdigte noch einmal die Verdienste von Ludwigs Vorgänger. Vom 19. bis zum 21. Februar 1819 machte der Großherzog seinen Antrittsbesuch in der Stadt. Schon im darauf folgenden Sommer allerdings, als erste Andeutungen auf einen weiteren Besuch durchgedrungen waren, erließ Ludwig eine Verfügung, nach welcher er sich Feierlichkeiten, vor allem aber *alle öffentlichen, besonders kostspielige*[n] *Ehrenbezeugungen* verbat. Das tat einer weitgehend unterwürfigen Haltung seiner Untertanen vorerst keinen Abbruch. Zur Feier des *hohen Namensfestes seiner Königlichen Hoheit des Großherzogs* am 25. August 1819 wurde im Mühlauschlösschen ein *Casino* abgehalten, ein Festbankett, das einem exklusiven Kreis vorbehalten war und eine persönliche Anmeldung voraussetzte.[42] Von der allgemeinen Euphorie über die Verfassung und den Beginn des Verfassungslebens profitierte auch die persönliche Beliebtheit des Fürsten, zu dessen 59. Geburtstag die *Mannheimer Tageblätter* in schwülstigen Zeilen gereimte Untertänigkeit verbreiteten: *Alle rufen Dir entgegen: / Ludwig, den uns Gott gesandt, / nimm die Wünsche, die wir hegen, / als der Treue Unterpfand* – Worte, mit denen der derart gesalbte großherzogliche Herrscher ganz offensichtlich verpflichtet werden sollte, seinerseits die in den folgenden Gedichtzeilen ausgesprochenen Wunschvorstellungen wahr zu machen: *Unter Deinem Schutze sprossen / Glück und Wohlstand hoch empor; / allen Deinen Zeitgenossen, / leuchtet Deine Milde vor.*[43]

*Valentin Möhl (um 1767–1844). Lithographie von Waag, um 1850. REM.*

Mit solchen Lobsprüchen korrespondierte eine gewisse politische Stabilisierung in den kommunalen Gremien, die allerdings mit einer weitgehenden Anpassung an herrschaftliche Forderungen erkauft wurde. Die Ablösung von Oberbürgermeister Johann Wilhelm Reinhardt war eine erste Vorbedingung für das fortgesetzte Stillhalten des Gemeinderats gegenüber staatlichen Ansprüchen. Denn der erfolgreiche Finanzmakler und Geschäftsmann hatte sich zu häufig gegen die Zumutungen des großherzoglichen Stadtamts und seiner vorgesetzten Stellen aufgelehnt, wenn diese die Folgekosten staatlich verordneter Maßnahmen auf die Stadtkasse abwälzen wollten. Beispielsweise hatte der Gemeinderat auf Empfehlung Reinhardts – wie bereits erwähnt – in der Frage der Neuanlage eines Friedhofs das Engagement der Stadt von staatlichen Vorleistungen abhängig gemacht. Auch die hohen Verwaltungskosten für das Abbruchgelände der ehemaligen Festungsanlagen, die letztendlich noch auf Jahrzehnte hinaus den Stadtsäckel belasten sollten, hatte Reinhardt angeprangert. Ganz offensichtlich wurde nun ein Vorwand gesucht, den unbotmäßigen, als anmaßend empfundenen Würdenträger unter Missachtung seiner Verdienste und seiner gesellschaftlichen Rolle[44] loszuwerden: Da Reinhardt die Stadtkasse um Regulierung seiner Ausgaben aus dem Jahr 1817 gebeten hatte, als er durch eigene Zukäufe von Getreide die Marktpreise gestützt und den Hunger bekämpft hatte, suchte man ihn hier zu kompromittieren. Am 11. Februar 1820 mahnte das Stadtamt die Bildung einer vierköpfigen städtischen Kommission an, die kein anderes Ziel hatte, als durch Kontrolle von Reinhardts Geschäftsbüchern ein schlechtes Licht auf ihn zu werfen.[45] Weder erfahren wir aus den Ratsprotokollen Genaueres über die Hintergründe dieser Maßnahme noch im Weiteren etwas über den Fortgang der Affäre. Jedenfalls blieb in den folgenden sieben Ratssitzungen der Stuhl des Oberbürgermeisters vakant. Kommentarlos wurde zur Neuwahl geschritten. Ein erster Wahlgang endete insofern ergebnislos, als der zum Oberbürgermeister gekürte, erst im Jahr 1811 als Bürger der Stadt angenommene Ratsherr Martin Biermann die Annahme des Amts ablehnte.[46] Ein weiterer Wahlgang war also erforderlich, bei welchem Biermann und Reinhardt als Kandidaten vorsorglich ausgeschlossen waren. Erneut verflossen Wochen, bis das Ergebnis feststand. Erst am 17. April 1820 löste Valentin Möhl den bisherigen Oberbürgermeister ab, am 19. leitete er erstmals eine Sitzung des Gemeinderats. Als Gastwirt betrieb Möhl mit behördlicher Sondergenehmigung nebenher weiterhin die Weinwirtschaft „Zum Goldenen Lamm" in E 2, 14, deren Schildgerechtigkeit erstmals im Jahr 1730 bezeugt ist. Möhl war zum Zeitpunkt seiner Wahl etwa 53 Jahre alt und mit Anna, der 17 Jahre jüngeren Tochter des Bildhauers Konrad Linck, verheiratet, mit der er eine Tochter und zwei Söhne hatte.[47]

Stimmen schon die Umstände seiner Wahl und die offensichtliche Protegierung durch die Regierungsbehörden nachdenklich, so zeigt seine parallel zur Regierung Großherzog Ludwigs verlaufende Amtszeit kein eigenständiges Profil. Friedrich Walter urteilte nüchtern: *Von höheren Ideen war seine Amtsführung nicht getragen; auf selbständige Initiativen verzichtend* [...] *wahrte* [er] *der Regierung gegenüber möglichste Loyalität.*[48] Charakteristisch für diese Haltung war die erste Verleihung einer Ehrenbürgerwürde der Stadt an den badischen Staatsminister Reinhard Freiherr von Berstett am 1. Dezember 1820, von der man sich offensichtlich dessen verstärkten Einsatz für die Belange des Theaters versprach. Die zu diesem Zweck verfasste Lobeshymne über die *tätige Beiwirkung zu Aufrechterhaltung des der Stadt so wesentlich nützlichen Theaters* wurde eigens von einer städ-

*Reliefschmuck von Konrad Linck im Obergeschoss des Hauses E 2,14, um 1790. REM.*

tischen Delegation der Ratsherren Anton Gerhard und Paul Mayer unter Führung von Oberbürgermeister Möhl zusammen mit der Ehrenbürgerurkunde in Karlsruhe überbracht. Anscheinend wurden die drei Gesandten dort auch gut aufgenommen, denn nach dem Bericht vor dem Mannheimer Gemeinderat *zeigten S[ein]e Exzellenz der Herr Kabinettsminister Freiherr von Berstett, von deren Einwirkung hierbei ein großer Teil des günstigen Erfolges abhängt, besonders günstige Gesinnungen für unsere Stadt, die sich durch die geschehenen vorläufigen Anordnungen auch schon betätigten.*[49]

Weniger problematisch als die Oberbürgermeisterwahl war dagegen die eines zweiten Bürgermeisters. Als solcher wurde am 22. März 1820 der Mannheimer Bäckermeister und bisherige Ratsherr Gotthardt Hanselmann verpflichtet. Offensichtlich vom Stadtamt kontrolliert, hing das Ergebnis

*Schlussstein mit Küferwerkzeugen für den Hauseingang E 2, 14 von 1709. Foto, um 1910. StadtA MA.*

*Staatsminister Reinhard Freiherr von Berstett (1769–1837). Lithographie eines unbekannten Künstlers, um 1810. StadtA MA.*

der Wahlgänge damals letztendlich von der Gunst der Regierung in Karlsruhe ab. Solche staatliche Bevormundung scheint auch die Neuwahl der bürgerlichen Deputation im Juni 1820 geleitet zu haben, mit welcher dieses Mal das gesamte Gremium durch die Bürgerschaft ausgetauscht wurde, da die im Dreijahresrhythmus vorgesehene teilweise Nachwahl nicht regelmäßig vorgenommen worden war. Hoffnung auf eine Besserung solcher Zustände wurde in den Bemühungen des Landtags gesehen, der über den Entwurf einer neuen Gemeindeordnung beriet. Da sich die Abgeordneten jedoch in Detailfragen verrannten und unterschiedliche Auffassungen über grundlegende Fragen bürgerlicher Souveränität aufeinander prallten, konnte dort nur mit Mühe ein vorläufiges Ergebnis erzielt werden. Mit dem Gesetz vom 23. August 1821 wurde der so genannte Kleine Bürgerausschuss eingeführt, zu welchem jede der drei Steuerklassen ein Drittel der Ausschussmitglieder zu wählen hatte. Deren Anzahl sollte sich mit der Zahl der Gemeinderäte decken. Ihre Aufgabe bestand in der Bestätigung der Beschlüsse, die im Gemeinderat gefällt wurden; vorrangig wurde ein breiter bürgerlicher Konsens in den Gemeindeangelegenheiten angestrebt, die mit finanziellen Folgen verbunden waren. Die desolate Lage der Gemeindefinanzen legte solche konsensabhängigen Entscheidungsstrukturen durchaus nahe. Nur die Verteilung der Lasten auf die Mehrzahl der Einwohner schien Rettung aus dem finanziellen Fiasko zu verheißen. Als Schritt zur kommunalen Selbstverwaltung ist der Kleine Bürgerausschuss allerdings nicht zu interpretieren, da die Regierungsbeamten sich zunehmend im *Vielregieren* – so der zeitgenössische Vorwurf – übten und auch weiterhin Wahlen stets unter regierungsamtlicher Kontrolle hielten. Zur Not verfügte das großherzogliche Stadtamt auch die Vorladung sämtlicher Gemeindebürger *in schicklichen Abteilungen*[50] zur Stimmabgabe.

Die gedemütigte Bürgerschaft verhielt sich auch weiterhin *schicklich* und verlieh zum 1. Oktober 1824 die Ehrenbürgerwürde an Stadtdirektor von Jagemann, der 1826 das Amt eines Hofrichters in Mannheim übernahm. Weiterhin wurde Kreisrat Philipp Freiherr von Hertling mit dieser Ehrung bedacht wie auch Oberhofrichter von Drais, dem der Ehrenbürgerbrief *in dankbarer Anerkennung Hochwohldesselben bei vielfachen Gelegenheiten gegen unsere Stadt betätigter günstiger Gesinnungen* zu seinem 50-jährigen Dienstjubiläum am 21. Juni 1827 von Oberbürgermeister Möhl und dem Ratsherrn Biermann persönlich ins Haus gebracht wurde. Das großherzogliche Stadtamt erteilte *mit Vergnügen die amtliche Genehmigung*[51] zu diesem hochoffiziellen Akt, den auch der Geehrte huldvoll genoss. Anlässlich der Jubelfeier hielt der evangelische Stadtpfarrer Gerhard Heinrich Ahles eine Ansprache, die im folgenden Monat bei Tobias Löffler *sauber broschiert* zum Preis von 24 Kreuzern im Druck erschien und neben einem erklärenden Vorwort auch einen *Blick des Jubelgreises über das letzte Jahrhundert*[52] enthielt. Drais verstarb am 2. Februar 1830 über 70-jährig in Mannheim.

Folgt man dem Urteil des Zollschreibers Johann Georg Rieger, so verwundert solch vorauseilender Gehorsam nicht, wird doch in seinem 1824 erschienenen Stadtführer dem *Mannheimer* bescheinigt, er sei *gutherzig, tue willig, was man ihm vorschreibt, weil er hofft, es werde zu seinem Besten geschehen.* Er sei *weder zum Tumult noch zu Aufruhr und Empörung geneigt.* Er habe *aber auch keinen Gemeingeist,* kurzum es sei *kein Stamm leichter zu regieren als der der Pfälzer.*[53]

Andererseits stellte Rieger wenige Zeilen weiter fest, dass der Mannheimer *von seiner Gleichgültigkeit gegen öffentliche Angelegenheiten verloren* habe, was sich vor allem auf landespolitischer Ebene durchaus zeigte. Die Dankadresse Mannheimer Bürger an Großherzog Karl anlässlich der Gewährung der Landesverfassung pries das Werk als *eine die Rechte des Regenten und des Volkes genau bestimmende und wahrende, die Verwaltung des Staates weise ordnende,* [...] *welche, die teuersten Güter der Menschheit fördernd, dem kirchlichen und bürgerlichen Leben, dem Handel und Gewerbe, der Wissenschaft und Kunst fröhliches Gedeihen* zusichern sollte.[54] Dieser Optimismus enthielt im Kern bereits die liberalen Grundgedanken, die der achtundvierziger Demokrat Heinrich von Feder schon zu diesem frühen Zeitpunkt im Mannheimer Bürgertum verortete, wenn er von der Rolle der Stadt als *Vorkämpferin für den Fortschritt und die Kultur aller menschlichen Interessen* sprach.[55] Doch schon in ihrem Ursprung begannen Verfassungsversprechen und Verfassungswirklichkeit auseinanderzustreben, wie eine offizielle Bekanntmachung von Großherzog Ludwig, verkündet am 1. Juli 1819, deutlich macht. Darin wurde Bezug genommen auf *Beschwerden einzelner Staatsbürger über Kränkung in ihren verfassungsmäßigen Gerechtsamen.* Richteten sich doch die Beschwerdeführer immer häufiger direkt an die Kammern unter Umgehung der Bestimmung, dass der Beschwerdeführer nachzuweisen habe, *dass er sich vergebens an die geeigneten Landesstellen und zuletzt an das Staatsministerium gewendet habe.* Solchermaßen *unregelmäßige und voreilige Beschwerdeführungen* sollten fortan *zu den Akten gelegt* werden.[56]

Die selbstherrliche Regierungspraxis Großherzog Ludwigs sollte ihn im Lauf seiner Regierungszeit in zunehmenden Gegensatz zu den von der Verfassung bestimmten Vertretungsorganen bringen. Die zum Ende des Jahres 1819 verkündeten Zensurbestimmungen waren aber auch Folge der allgemeinen Verschärfungen, die – vom Attentat Sands provoziert – durch die *Karlsbader Beschlüsse* und die *Wiener Schlussakte* auf die politische Realität des Großherzogtums ausstrahlten. Die schon bald einsetzende zunehmende Disziplinierung der Zweiten Kammer des Landtags dagegen ging von Großherzog Ludwig selbst aus und setzte den Souverän in direkten Gegensatz

*Johann Daniel Diffené (1773–1820). Zeichnung, um 1810. REM.*

zu einem wesentlichen Element der von ihm selbst repräsentierten Ordnung.

Dabei stand das badische Verfassungsleben gerade erst am Anfang. Als die in den vorausgegangenen Wochen gewählten Wahlmänner am 8. Februar 1819 zur ersten Landtagsabgeordnetenwahl zusammentraten, fiel ihre Wahl in Mannheim auf den Kaufmann Johann Ludwig Bassermann, den Gastwirt Johann Daniel Diffené und den badischen Hofgerichtsrat Karl Ziegler als erste parlamentarische Repräsentanten. Die Gewählten vertraten durchaus die Elite der städtischen Gesellschaft. Kaufleute und Gastwirte stellten mit mehr als einem Drittel die Mehrzahl der Wahlmänner.[57] Sie kamen aus der Mitte des bürgerlichen Mannheim entsprechend der gesetzlich bestimmten Vorauswahl, die das passive Wahlrecht zur Zweiten Kammer von der Höhe der Steuerzahlung abhängig machte.

So ergibt die Betrachtung der Biografien dieser drei ersten Mannheimer Landtagsabgeordneten keine unerwarteten Ergebnisse. Allein der Abgeordnete Karl Ziegler scheint als Staatsbeamter für Mannheimer Verhältnisse nicht ganz repräsentativ zu sein. Möglicherweise war seine Wahl jedoch der Tatsache geschuldet, dass er im April 1774 in einem katholischen Haushalt der Quadratestadt geboren worden war. Ansonsten zeigt sich das Bild einer erfolgreich verlaufenden Beamtenkarriere: Nach einem juristischen Studium trat er 1803 als Stadtamtmann in Mannheim in badische Dienste und wurde 1814 zum Hofgerichtsrat in seiner Geburtsstadt ernannt. Er gehörte von 1819 bis 1823 der Zweiten Kammer an und konnte danach in Karlsruhe seine Beamtenlaufbahn fortsetzen. Mehrfach mit Orden ausgezeichnet wurde Ziegler 1837 pensioniert und verstarb schon wenige Jahre später im Alter von 68 Jahren in Karlsruhe.

Johann Daniel Diffené wurde am 19. Dezember 1773 als Sohn eines Mannheimer Gastwirts geboren und war lutherisch getauft. Seit 1810 Mitglied der bürgerlichen Deputation führte er die prominente Weinwirtschaft „Silberner Schlüssel" in D 6, 11. Er starb überraschend am 26. November 1820.

Johann Ludwig Bassermann war Sohn eines reformiert-evangelischen Tuchhändlers. Er wurde am 29. Juni 1781 in Heidelberg geboren und ließ sich in Mannheim nieder, wo er 1811 seine Frau Susanna Elisabetha, eine von zwei Töchtern der aus Frankfurt zugezogenen Bürgers-Witwe Maria Anna Frohn, ehelichte.[58] Der Eisenhandel sicherte den geschäftlichen Erfolg des 11-fachen Familienvaters. Auch gesellschaftlich verstand er es, sich schon früh ins Gespräch zu bringen, war Gründungsmitglied der Casino-Gesellschaft und seit 1811 Gemeinderat. Von diesem Amt ließ er sich im Oktober 1816 auf eigenen Antrag entbinden, *da er seiner ausgebreiteten Handelsgeschäfte wegen die Stelle als Ratsherr nicht mehr versehen könne.*[59] Als Mitglied der *Handlungsinnung* und des *Handlungskomitees* zählte er bis zu seinem frühen Tod am 20. März 1828 zu den wichtigsten Förderern der Entwicklung von Handel und Wirtschaft in Mannheim.

Die Geschichte des badischen Landtags begann am 22. April 1819. Die erste Sitzungsperiode fand noch im Karlsruher Schloss statt. Wichtige gesellschaftspolitische Fragen wie die Abschaffung der Fronden und Zehnten, die Liberalisierungen der Prozessordnung oder die Ministerverantwortlichkeit wurden thematisiert. In den Debatten wurden notwendigerweise auch die als herrschaftliche Privilegien verstandenen Kompetenzen der großherzoglichen Regierung in Frage gestellt. Im Gegenzug erließ diese zahlreiche neue Gesetze, mit denen die Landstände in ihrer Handlungsfähigkeit eingeschränkt werden sollten. Am 28. Juli löste die Regierung den ersten Landtag vorerst auf, nicht ohne jede *förmliche Zusammenkunft der Wahlmänner mit den von ihnen gewählten landständischen Deputierten, am allerwenigsten auf eine allenfallsige Aufforderung derselben an jene,*[60] zu verbieten. Gestützt auf diesen am 26. Juli 1819 verkündeten Erlass suchte das Direktorium des Neckarkreises Beratungen der zurückkehrenden Abgeordneten mit ihren Wahlmännern über ihren Auftrag und die Ergebnisse ihrer Tätigkeit in Mannheim zu verhindern.

Schon der zweite badische Landtag versammelte sich im neu erbauten Karlsruher Ständehaus, das nach den Plänen des führenden badischen Architekten Friedrich Weinbrenner entstanden war. Der dazu von der Kammer

*Ansicht von Karlsruhe. Rechts das Ständehaus. Stahlstich von Johann Poppel nach Jacob Pozzi, um 1850. StadtA MA.*

beratene Kostenrahmen war jedoch weit überschritten worden, was die Finanzkrise als ein wesentliches Element der Irritationen zwischen Hof und parlamentarischer Repräsentation herausstreicht. Gleichwohl hegten die Beteiligten selbst wohl Hoffnung auf eine Beilegung der Spannungen. Auch schien die Landtagseröffnung von 1820 eine mögliche Kooperation von ständischen und konstitutionellen Elementen anzudeuten. Eine solche friedliche Koexistenz wurde allerdings von Seiten der Regierung zunichte gemacht, indem sie die gemäßigten Abgeordneten auf ihre Politik zu verpflichten suchte und gleichzeitig anstrebte, die oppositionellen Kräfte in der Kammer zu isolieren. Der Spaltungsversuch führte jedoch zum unerwarteten Schulterschluss der gemäßigten Volksvertreter mit ihren ins Abseits gedrängten Parlamentskollegen. Gleichzeitig rückte Mannheim als *Zentrum der badischen Opposition*[61] immer stärker ins Blickfeld der Hof- und Regierungskamarilla.

Nach dem frühen Ableben des in der Abgeordnetenkammer merklich aktiven Diffené trat für diesen in der Sitzungsperiode 1822/23 Johann Adam von Itzstein in die Kammer ein. Im Jahr 1819 vom Amtmann in Schwetzingen zum Hofgerichtsrat in Mannheim befördert, hatte er sich in der Stadt niedergelassen und war im März 1822 zum Abgeordneten gewählt worden. Mit seinem Parlamentskollegen Bassermann verband ihn wohl eine intensive Freundschaft. Folgt man den Sitzungsprotokollen, so hob er sich als Parlamentssekretär wie auch in scharfen und freisinnigen Beiträgen aus der Masse der Abgeordneten hervor: *Die liberale Seite hatte eine wichtige Verstärkung durch ein neues Mitglied aus dem Kreise der Staatsbeamten erhalten, das bald zu ihren einflussreichsten Führern gehörte, einen schlagfertigen, redegewandten Draufgänger, der eine scharfe, energische Sprache liebte.*[62] Beispielsweise mahnte er die längst fällige endgültige Regelung der Verteilung der Kriegskosten der Jahre vor 1815 an. Oder er sprach sich gegen die Regierungspraxis aus, provisorische Gesetze zu erlassen, mit denen die Mitwirkung der Ständeversammlung umgangen werden sollte. In seinen Argumenten bezog er sich dabei auf die Verfassungsurkunde und den Regenten, der sicher *nicht wolle, dass die Verfassung ein toter Buchstabe auf totem Papier sei.*[63] Als der Landtag aber den Militäretat des Ministeriums mit 30 zu 29 Stimmen ablehnte, um eine Kürzung der angesetzten Summe zu erzwingen, galt Itzstein als einer der Urheber der Widersetzlichkeit, während der zweite Mannheimer Abgeordnete Bassermann für die Regierungsvorlage stimmte. Damit hatte Bassermann den realistischen

*Johann Adam von Itzstein (1775–1855). Kupferstich, um 1830. StadtA MA.*

Blick für die möglichen Folgen bewiesen, denn der Landtag wurde für geschlossen erklärt und am 31. Januar 1823 unter erniedrigenden Umständen für die Abgeordneten aufgelöst. Itzstein wurde politisch isoliert und sollte mit seiner Strafversetzung nach Meersburg darüber hinaus noch persönlich gedemütigt werden. Erbittert quittierte er den Staatsdienst. Damit war der erste kurze Abschnitt seines parlamentarischen Wirkens beendet. Im badischen Großherzogtum wurde in den folgenden Jahren eine weitgehende politische Grabesruhe durchgesetzt.

## Kulturleben

Als wichtigste kulturelle Instanz war der Stadt nach den vorangegangenen jahrzehntelangen Wirren das Theater geblieben. Seine Entwicklung blieb auch nach 1815 von Krisen geschüttelt, seine Abhängigkeit von der badischen Staatskasse ließ es mehrfach nahe an den finanziellen Ruin geraten. Ein Signal der Besserung schien im Mai 1815 die Aussicht auf die Übertragung der an den Verladeeinrichtungen des Hafens, den Lagerhäusern und der Tabakwaage anfallenden Gebühren zu setzen. Im August jedoch bewegte den Gemeinderat die Klage, dass sich ein Teil der schon bestehenden Abgaben, darunter die Salzsteuer zugunsten des Theaters, noch bis zum Monat Mai im Rückstand befände.[64] Für die Erstellung des Kostenvoranschlags, der zur Bewilligung der im Mai versprochenen Gebühren angefordert worden war, brauchte der Gemeinderat seinerseits allerdings bis zum März des Folgejahrs. Das war der dringlichen Sanierung der Finanzlage des Theaters nicht gerade förderlich – zumal zum 14. Mai 1816 die Tätigkeit des bis dahin wirkenden Intendanten Friedrich Anton von Venningen beendet wurde. In der Nachfolge wurde ein Kollegium aus einem Verwaltungsmann, dem Gefällverwalter Peter Friedrich, und einem Juristen, dem Kreisgerichtsrat Sebastian Haub, gebildet, zwei honorigen Beamten, die vermutlich besser im Publikum als in der Aufsicht der Anstalt aufgehoben waren und ihr Amt nur bis zum Jahr 1819 versahen. In diese Zeit fielen erste dramatische Einschnitte, die damit einsetzten, dass die noch im Frühsommer 1816 von Oberbürgermeister Reinhardt persönlich in Karlsruhe in Empfang genommene staatliche Unterstützung in Höhe von 20 000 Gulden auf 4 000 Gulden zusammengestrichen wurde; stattdessen sollte ein Teil der Zolleinnahmen vom Neckarumschlag den Etat aufbessern. Ein festes Budget wurde also gegen einen konjunkturabhängigen Zuschuss eingetauscht.

Als Nachfolger Friedrichs und Haubs wurde am 4. Oktober 1819 Wilhelm Heilwich Freiherr von Ungern-Sternberg zum Hoftheater-Intendanten ernannt. Auch er hatte sein Amt nur für wenige Monate inne, immerhin mit dem Erfolg, dass manche der innovativen Ideen, mit denen er seine Tätigkeit antrat, in späteren Bemühungen der Verantwortlichen Nachhall fanden. Anfang 1820 wurde das Theater jedoch Aufführungsort jenes merkwürdigen Trauerspiels, das getrost Konkursverschleppung gescholten

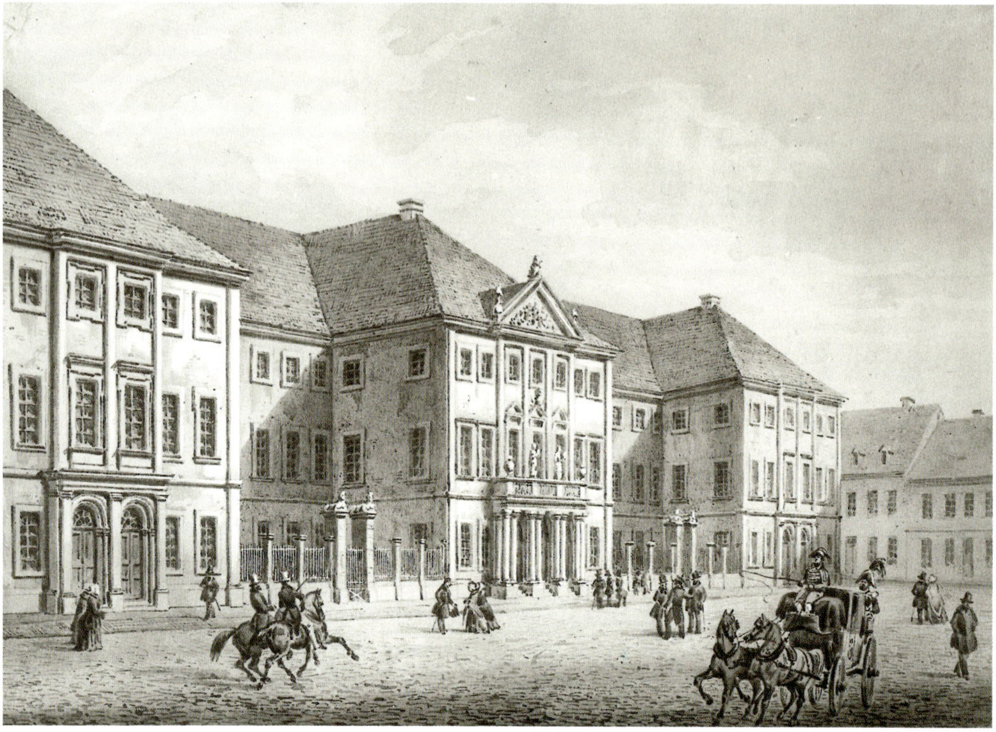

*Das Nationaltheater. Kupferstich von Anton Klauber, um 1824. StadtA MA.*

werden darf. Am 30. Oktober 1820 wurden dem Theaterintendanten neben den zwei Hofkommissaren noch zwei städtische Kommissare zur Kontrolle der Geschäftsführung beigeordnet. Am 23. Februar 1821 teilte man den Bühnenmitgliedern mit, dass von Ungern-Sternberg *wegen geschwächter Gesundheit*[65] die Intendanz abgegeben habe. Ihm folgte Karl August Reichsgraf von Luxburg als Intendant nach. Den abermaligen Wechsel in der Leitung begleitete ein hilfloses Spektakel neuerlicher Sanierungsmaßnahmen, denn nach wie vor stellten massive Finanzprobleme den Erhalt der Bühne in Frage. Vom 16. Juli bis zum 23. August 1821 wurden die Räumlichkeiten einer Reihe von optischen Verbesserungen unterzogen, von denen vor allem der große Theatersaal profitierte.[66] Um die Kosten des zuvor versprochenen *garantierten* Spielbetriebs abzuwälzen, genehmigte das Ministerium der Stadtgemeinde am 6. Dezember 1821 die Erhebung einer Zollabgabe auf das in der Stadt verzapfte Bier. Zunehmend rückte also das Finanzministerium von den einst gegebenen Garantieleistungen ab; die Vorschläge aus dem Jahr 1815 waren zwischenzeitlich obsolet geworden. Es blieb der *Salzoktroi*, dessen effektiver Zuschusscharakter von Wirtschaftskreisen durchaus angezweifelt wurde.

Mit dem am 11. Dezember 1821 verfügten *Normalreskript* für die Verwaltung des Hoftheaters wurde eine zuverlässige Finanzbuchhaltung vorgeschrieben, die bisherige finanzielle Verantwortlichkeit des badischen Staats jedoch ganz an das Institut und die Gemeindekasse übertragen. Große

Aufregung herrschte daher im Gemeinderat, als ein Finanzbeamter der großherzoglichen Regierung anlässlich einer Revision der Theaterkasse im Herbst 1824 ein erneutes Defizit von nahezu 3 000 Gulden feststellte. Als akute Gegenmaßnahme schritt der Revisor zur sofortigen Beschlagnahme des gesamten Bargeldbestands von 500 Gulden aus der ebenfalls einer Prüfung unterzogenen Stadtkasse, die ja ihrerseits dem Theater 16 000 Gulden jährlich als Betriebskosten zuschoss. Der Gemeinderat, zum Bericht aufgefordert, zeigte sich indessen wenig überrascht von den fehlenden Beträgen, rechnete diese mit Außenständen auf rund 2 000 Gulden herunter und breitete in einem langatmigen Exposé eine Reihe von Verbesserungsvorschlägen aus. In drei Hauptaspekten zusammengefasst enthielten sie zwar keine atemberaubenden neuen Konzepte, ließen jedoch einen durchaus realistischen Plan zu einer grundlegenden Sanierung erkennen. Vorgeschlagen wurde die attraktivere Gestaltung des Spielplans, wobei die Einnahmen direkt in die Theaterkasse geleitet und Benefizveranstaltungen weitgehend reduziert werden sollten. In einem zweiten Punkt wurden die Drosselung der Peronalkosten, Einsparungen bei Beschaffung und Unterhaltung der Kulissen, eine korrekte Buchhaltung in der Materialbeschaffung und die Verhinderung der Materialverschwendung sowie das Verbot des Arbeitens von Theaterbeschäftigten auf eigene Rechnung als Sparvorschläge dargelegt. Überdies wurde die Einstellung eines Technischen Direktors zur Aufsichtsführung über das Personal angeregt, *dessen Kenntnisse und Erfahrungen in diesem Fache geprüft und anerkannt sind; man bekleide ihn mit der nötigen Autorität* [...]*; man gebe ihm Sitz und Stimme im Verwaltungsrate, damit man seine Erfahrungen gehörig benützen könne, und verbinde sein persönliches Interesse mit dem der Anstalt.*[67] Letzteres sollte vor allem durch die Auszahlung eines fixen Gehalts und eine garantierte Altersversorgung erreicht werden.

Großherzogl. Hof- u. Nationaltheater in Mannheim.

1068. Sonntag, den 5. Mai, 1822.

Mit aufgehobenem Abonnement,
Zum ersten Male:

Der Freischütze.

Große romantische Oper in drei Abtheilungen, von Kind;
Musik von Karl Maria von Weber.

| | |
|---|---|
| Ottokar, böhmischer Fürst | Herr Young |
| Kuno, fürstlicher Erbförster | Herr Lay |
| Agathe, seine Tochter | Mlle. Ringelmann |
| Annchen, eine junge Verwandte von ihr | Mlle. Kinkel |
| Caspar, erster Jägerbursche ) in Kuno's Diensten | Herr Kühn |
| Max, zweiter Jägerbursche ) in Kuno's Diensten | Herr Wiseneder |
| Samiel, der wilde Jäger | Herr Brandt |
| Ein Eremit | Herr Grua d.ä. |
| Kilian, ein Bauer | Herr Obermayer |
| Fürstliche Jäger | Herr Vincenz |
| | Herr Richter |
| | Herr Struve |

Fürstliches Gefolge. Jäger. Landleute. Brautjüngfern. Erscheinungen.

719 fl

Die Zeit der Handlung ist kurz nach der Beendigung des dreißigjährigen Krieges.

Der Anfang ist um sechs Uhr, das Ende gegen 9 Uhr.

Die Freibillette sind für heute aufgehoben.

*Programmzettel der Erstaufführung von Carl Maria von Webers Oper „Der Freischütz" im Nationaltheater, 5. Mai 1822. StadtA MA.*

Trotz dieser augenscheinlichen Krisenerscheinungen blieb das Theater ein wichtiger Stützpunkt bürgerlicher Kultur und hatte möglicherweise wegen der Berücksichtigung einzelner Verbesserungsvorschläge aus den Gremien in den 1820er Jahren eine positive Entwicklung zu verzeichnen.

Auf dem Spielplan stand hauptsächlich Triviales, meistgespielter Autor blieb auch nach seinem Tod August von Kotzebue, ein Theaterdichter der *klassenlosen Bürgergesellschaft*,[68] an dessen Erfolg andere volkstümliche Dichter anzuknüpfen suchten. Mit seinen Stücken öffnete sich das Institut einem breiten Mittelstand, der frivole Handlungen und doppelbödige Dialoge gleichzeitig genoss und verurteilte. Ansonsten erfolgreich gespielte Komödien wie die weit verbreiteten Wiener Volksstücke um den *Parapluimacher Staberl* wurden in Mannheim jedoch nur mit bescheidenem Erfolg herausgebracht. Dagegen legen die regelmäßigen Aufführungen klassischer Stücke wie vor allem Schillers Dramen oder Mozarts Opern nahe, dass auch das Mannheimer Publikum die glanzvolle Geschichte eines Instituts mittrug, das im Jahr 1829 auf ein 50-jähriges Bestehen zurückblicken konnte.[69] Die Abgabe von einem halben Kreuzer auf jedes Pfund Salz zum Besten des Theaters blieb den Mannheimern vorerst erhalten. Denn nach intensiver Beratung des Gemeinderats in Anwesenheit von Mitgliedern des *Handlungs Committés* über den *Aufschlag von einem halben Kreuzer auf das Waaggeld aller zu Wasser und zu Lande hierher kommenden Kaufmannsgüter* stieß dieser Vorschlag auf gemeinsame Ablehnung. Eine solche neuerliche *Belastung des ohnehin schon ganz darnieder gedrückten Handels* wurde von den Teilnehmern der Debatte einstimmig verworfen.[70] Man schien dem Schlimmsten entronnen zu sein – da drang Anfang März 1830 die Nachricht von der bevorstehenden Gründung eines ständigen Theaters in Heidelberg nach Mannheim. Auf eine umgehend an das für Theaterfragen zuständige Ministerium der auswärtigen Angelegenheiten eingereichte Protestnote von Kreisdirektor Fröhlich und eine Eingabe des Gemeinderats hin erreichte jedoch schon Ende des Monats ein Schreiben die alarmierte Bürgerschaft, in welchem sich das Innenministerium beeilte *festzuhalten, dass in dieser Universitätsstadt bei ihren eigentümlichen* [Verhältnissen] *weder ein ständiges noch vorübergehendes Theater wünschenswert sei.*[71]

Eng verbunden mit dem Theaterleben war in Mannheim die intensive Pflege der Musik. Dem trug eine geschäftliche Neueröffnung Rechnung, deren Entwicklung das musikalische Leben der Stadt weit über das Jahrhundert hinaus prägen sollte. In O 3, 10 eröffnete der aus Wien zugezogene Karl Ferdinand Heckel am 20. Oktober 1821 seine Musikalien- und Instrumentenhandlung, deren Geschäftstätigkeit auch den Verkauf kunstvoller lithographischer Drucke umfasste. Bekanntermaßen gründete später Heckels Sohn Wilhelm eine eigene lithographische Anstalt, vorerst wurde allerdings mit günstigen viertel-, halb- oder ganzjährigen Abonnements von Musikalien geworben, die Heckel ab dem 1. März 1822 der *Liebe des gebildeten Publikums hiesiger Stadt zur Tonkunst* anempfahl, *eine Anstalt* [...], *die es jedem Musikfreunde möglich macht, sich auf die leichteste Art mit den neuesten und besten musikalischen Kompositionen bekannt zu machen.*[72]

Heckel trat mit seiner Geschäftsgründung nicht zufällig auf den Plan, hatte er sich doch in dieser wirtschaftlichen Experimenten nicht gerade förderlichen Zeitstimmung auf eine Sparte verlegt, die in Mannheim durchaus zukunftsträchtig war. Musik bewegte den Mannheimer, wie auch in Riegers Stadtführer nachzulesen ist: *Wenn eine Geige tönt, so wird ihm das Blut zu Quecksilber, er hat keine Ruhe mehr, er hüpft und springt, tanzt und singt nach Herzenslust.*[73] Und so scheint tatsächlich die Vorliebe für Konzerte, Opern oder Kirchenmusik, auch für das volkstümliche Liedgut in der Stadt weit verbreitet gewesen zu sein, konnte man dem Zeitzeugen Rieger zufolge selbst Gassenjungen schwierigste Passagen und Melodien aus bekannten

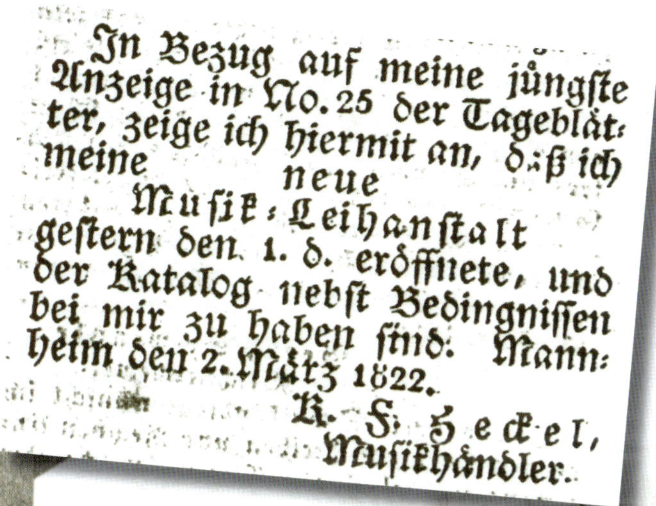

In Bezug auf meine jüngste Anzeige in No. 25 der Tageblätter, zeige ich hiermit an, daß ich meine neue
Musik-Leihanstalt
gestern den 1. d. eröffnete, und der Katalog nebst Bedingnissen bei mir zu haben sind. Mannheim den 2. März 1822.
K. F. Heckel,
Musikhändler.

*Verlagsanzeige von Karl Ferdinand Heckel (1800–1870). „Mannheimer Tageblätter" vom 2. März 1822. StadtA MA.*

*Musikalien- und Instrumenten-Handlung von Karl Ferdinand Heckel in O3, 10, um 1850. Reproduktion nach einem Plakat. StadtA MA.*

Opern pfeifen hören. Am 5. Mai 1822 erklang *Der Freischütz* von Carl Maria von Weber erstmals im *Großherzoglichen Hof- und Nationaltheater*, nachdem zuvor in der *Charis* begeistert über die ausverkauften Karlsruher Aufführungen berichtet worden war. Nach Weber, der sich 1810 in Mannheim aufgehalten hatte, besuchten weitere namhafte Musiker die Stadt, die ihren Darbietungen ein begeistertes und musikalisch gebildetes Publikum bot.

Im Sommer 1817, im Jahr der großen Hungersnot, feierte der damals 33-jährige, in Braunschweig geborene Komponist und Musiker Louis Spohr auf seiner Rückreise von einem Italienaufenthalt einen glanzvollen Auftritt im Mannheimer Theatersaal, bevor er noch im gleichen Jahr eine Kapellmeisterstelle am Theater in Frankfurt am Main und die Leitung des Orchesters der Frankfurter Museumsgesellschaft antrat. In autobiographischen Aufzeichnungen beschrieb er einen weiteren Aufenthalt in der Stadt, der 1818 am Ende einer von Darmstadt aus entlang der Bergstraße gemeinsam mit vier weiteren Musikerkollegen unternommenen Wanderung stehen sollte. Ziel der Reise war Heidelberg gewesen, von wo aus sich die fünf zum dreitägigen Musikfest begaben, das jeweils zum Jahrestag der Schlacht bei Belle-Alliance (auch Schlacht von Waterloo) in der Nachbarstadt gefeiert wurde. Die Fahrt nach Mannheim wurde vom Heidelberger Festkomitee organisiert und auf einem eigens zu diesem Zweck festlich geschmückten Schiff auf dem Neckar angetreten. Bei der Ankunft wurden die Gäste schon auf dem Fluss *vom Mannheimer Verein auf mehreren mit Blumen geschmückten Schiffen in Empfang genommen.*[74] Von Kanonensalut und einer zahlreichen Menge begrüßt, begab man sich in die völlig überfüllten Straßen der Stadt, in deren Gasthöfen bald kein freies Zimmer mehr zu finden sein sollte. Abends war erwartungsgemäß das Theater voll besetzt, am folgenden Abend gab es Haydns *Jahreszeiten* in einem erneut überfüllten und überhitzten Haus. Anschließende Tanzbelustigungen auf der Mühlau waren der willkommene Abschluss solcher Festkonzerte, die Illumination des Mühlauschlösschens und seiner Umgebung ein weiterer Höhepunkt. Nach dreitägigem Aufenthalt schied Spohr erneut aus der Stadt, sein Erfolg jedoch blieb ungebrochen: 1825 erlebte seine Oper *Jessonda* im Theater eine üppig ausgestattete Aufführung.

Zentrum des musikalischen Lebens war also das Theater, dessen Ensemble auch zumeist die Konzerte bestritt, die großen Zuspruch beim Publikum fanden, wie regelmäßig in der Presse veröffentlichte Besprechungen verraten. Hier fand auch die allgemeine Tendenz zu wohltätigen Sammlungen ihre Ausprägung. Ein am 3. Februar 1823 im Theatersaal stattfindendes *Großes Vokal- und Instrumentalkonzert* zum Besten der Armen nötigte dem Rezensenten der *Charis, Rheinische Morgenzeitung für gebildete Leser, Achtung und Liebe für so schöne Beweise sprechender Mildtätigkeit* ab. Das Publikum, dessen Begeisterung für virtuose Darbietungen sich mit einem leichten Hang zum Sentimentalen mischte, erwartete eine typische Programmzusammenstellung. Nach der Eröffnung mit einer Symphonie Beethovens und Spontinis *herrlicher Ouverture zur Vestalin* trat im weiteren Verlauf des Abends die neunjährige *Klaviervirtuosin* Delphine von

Schauroth auf. Neben anderen Musikstücken wurden auch Ausschnitte aus Mozarts *Figaro* gegeben. Allein die *kärgliche Dekoration des Orchesters und das armselige graue Bauernzimmer, welches das sämtliche konzertgebende Personal einschloss*, monierte der Redakteur, wollte diesen Missgriff jedoch nicht als Fehler der Intendanz verstehen, *die bei einem wohltätigen Zweck sicher den äußern Anstand nicht verletzen wird, sondern als ein Versehen der Theaterarbeiter.*[75] Herausragende Kritiken bekamen auch die jährlich stattfindenden Winterkonzerte, deren Programm weiteren Aufschluss über den Musikgeschmack des damaligen Publikums gibt: Neben den häufig erscheinenden Namen Beethoven, Mozart und Weber findet sich auch eine Reihe

*Louis Spohr (1784–1859), um 1830. Kupferstich von M. Esslinger. AKG Images.*

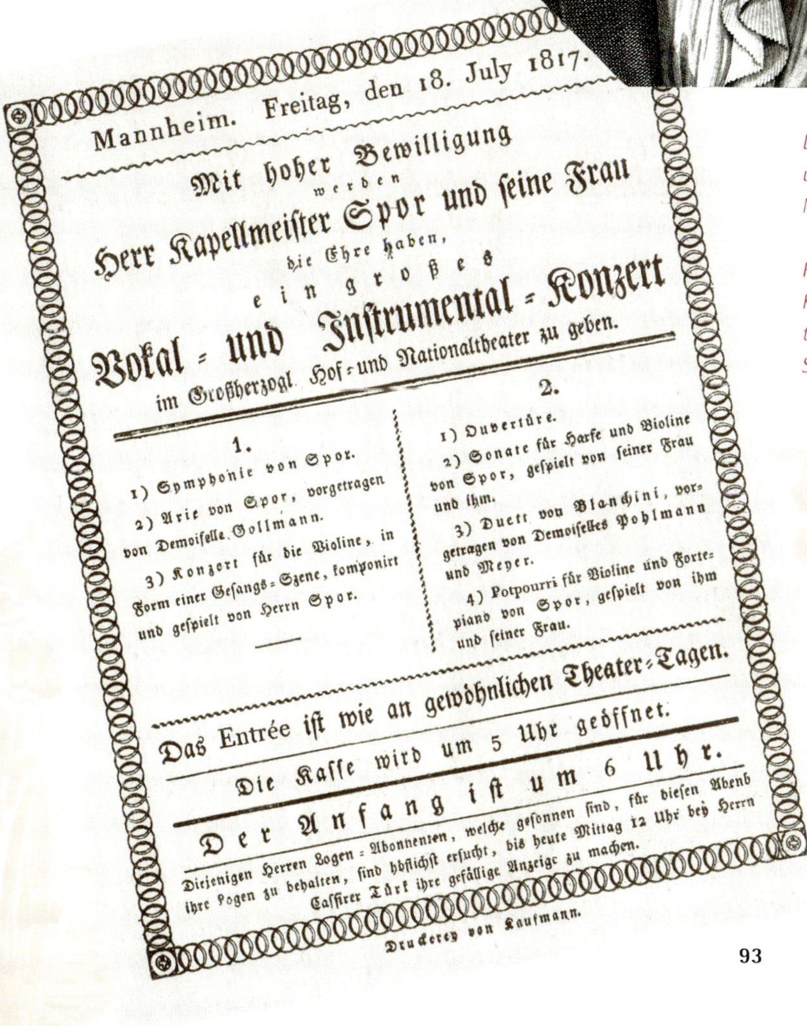

Mannheim. Freitag, den 18. July 1817.

Mit hoher Bewilligung
werden
Herr Kapellmeister Spor und seine Frau
die Ehre haben,
ein großes
Vokal- und Instrumental-Konzert
im Großherzogl. Hof- und Nationaltheater zu geben.

1.

1) Symphonie von Spor.
2) Arie von Spor, vorgetragen von Demoiselle Gollmann.
3) Konzert für die Violine, in Form einer Gesangs-Szene, komponirt und gespielt von Herrn Spor.

2.

1) Ouvertüre.
2) Sonate für Harfe und Violine von Spor, gespielt von seiner Frau und ihm.
3) Duett von Blanchini, vorgetragen von Demoiselles Pohlmann und Meyer.
4) Potpourri für Violine und Forte-piano von Spor, gespielt von ihm und seiner Frau.

Das Entrée ist wie an gewöhnlichen Theater-Tagen.
Die Kasse wird um 5 Uhr geöffnet.
Der Anfang ist um 6 Uhr.

Diejenigen Herren Logen-Abonnenten, welche gesonnen sind, für diesen Abend ihre Logen zu behalten, sind höflichst ersucht, bis heute Mittag 12 Uhr bey Herrn Cassirer Türk ihre gefällige Anzeige zu machen.

Druckerey von Kaufmann.

*Programmzettel zu einem Konzert im Nationaltheater am 18. Juli 1817. StadtA MA.*

zeitgenössischer, heute in Vergessenheit geratener Komponisten. Ein Bericht über ein Konzert vom 3. März 1823 lobt eine zu Beginn dargebrachte geniale Symphonie Louis Spohrs, deren *herrliche Durchführung und Verlegung des Hauptthemas den Kennern wahren Genuss*[76] bot.

Kein Wunder also, dass auch die aktive Musikpflege im geselligen Kreis sehr verbreitet war. So gründete im Jahr 1816 Hofgerichtsrat Mathäus Esser den Rheinischen Musikverein, der die musikalischen Aktivitäten der Museums-Gesellschaft ablöste. Weitere Dilettantenzirkel entstanden auf private Initiative hin. Seit 1827 traf sich ein Kreis von Musikbegeisterten im Bassermann'schen Haus und vergrößerte sich stetig. Im Jahr 1829 musste er seine Proben aus den Privaträumen in den Saal des wenige Jahre zuvor erbauten evangelischen Schulhauses in R 2, 2 verlegen, der ihm auf Fürsprache von Bankier Friedrich Ludwig Bassermann mit Erlaubnis des evangelischen Kirchengemeinderats zur Verfügung gestellt wurde. Dort traf das Orchester auf den seit 1824 existierenden Gesangverein der Schullehrer, mit dem es im November 1829 zu einer gemeinsamen Gesang- und Musik-Gesellschaft fusionierte. Seit dem 22. Dezember 1834 firmierte dieser Zusammenschluss dann offiziell unter dem Namen *Musikverein.*[77]

*Friedrich Ludwig Bassermann (1782–1865) und seine Frau Wilhelmine (1787–1869) geb. Reinhardt. Lithographie nach einem Ölgemälde von Louis Coblitz, um 1840. Privatbesitz.*

Mit seinen zur Ergänzung des Sortiments angebotenen Kunstblättern trat Musikverleger Heckel in Konkurrenz zu einem weiteren Mannheimer Unternehmen, der Mannheimer Kunsthandlung Artaria & Fontaine, die aus der Fusion zweier Verlagsgründungen des 18. Jahrhunderts entstanden war. Die Nachkommen der Firmengründer italienischer und französischer Herkunft betrieben am Firmenstammsitz der Artarias im Eckgebäude D 1, 1, direkt neben dem „Pfälzer Hof", ihr Geschäft, das im Gründungsjahr einen Katalog der angebotenen Kunstblätter vorlegte.[78] Dieser *Catalogue des estampes du fonds de Artaria & Fontaine à Mannheim 1819* enthielt eine Sammlung von 85 hochwertigen Kunstwerken, Stichen, Ätzungen, Aquatintablättern oder Radierungen, auch teilweise noch in Arbeit befindlichen Werken. Ansichten von Mannheim, Schwetzingen oder Heidelberg, Porträts der Großherzogin

Stephanie und Friedrich Schillers zeichneten das Programm aus. Neben namhaften Künstlern aus verschiedenen europäischen Ländern finden sich hier auch die in der Region verwurzelten Malerpersönlichkeiten wie Karl Kuntz und Franz oder Wilhelm von Kobell. Riegers Feststellung, dass an *einem Orte, wo kein großer literarischer Verkehr ist, wo nicht viele Gelehrte wohnen und die Censur im Einklang mit den übrigen Bundesstaaten die Gedanken bewacht,* [...] *wohl keine Rede von einem großen Buchhandel sein*[79] könne, trifft also nicht ganz zu. Sicherlich verhinderten die Zensurbestimmungen vorläufig das Aufkommen einer politischen Presse und Literatur. Die in Mannheim ansässigen Verlage Götz & Schwan, Tobias Löffler sowie der Verlag der Druckerei des Katholischen Bürgerhospitals hatten jedoch die Kriegszeiten überstanden und waren nicht darauf angewiesen, mit politischen Texten auf dem Markt zu reüssieren. Einzig die Druckerei von Kaufmann wurde in der ersten Jahreshälfte 1818 vom Konkurs erfasst und der Lagerbestand des Verlags, *ein sehr bedeutendes Bücherlager aus allen Fächern der deutschen, französischen und englischen Literatur*, vermutlich im Haus des Weinhändlers Sauerbeck versteigert.[80]

Auf dem fruchtbaren Boden des Erbes der Residenzstadt, vor dem Hintergrund des Versuchs, einzelne Einrichtungen wie den Antikensaal oder die Zeichnungsakademie zu erhalten, wurde Kultur als Traditionsgut weitergegeben. Helmina von Chezy listete in ihrem 1815 erschienenen Reiseführer *Gemälde von Heidelberg, Mannheim, Schwetzingen, dem Odenwalde und dem Neckarthale* die bekanntesten in Mannheim tätigen bildenden Künstler auf.[81] Sie nannte allen voran den Bildhauer Maximilian Pozzi, dessen auf dem Mannheimer Hauptfriedhof erhaltene Grabmale Zeugnis von seiner beeindruckenden Kunstfertigkeit und dem allgemeinen Geschmack der Epoche ablegen. Als Maler und Kupferstecher würdigte sie Andreas Bissel und Anton Karcher, dessen meisterliche Beherrschung der Punktiertechnik ihm dauerhaften Ruhm sicherte. Im Gegensatz zu einem Karl Kuntz, den es in die Residenzstadt Karlsruhe zog, blieben beide Künstler bis zu ihrem Tod in Mannheim. Mit ihnen fanden sich im Adressbuch von 1815 insgesamt 14 künstlerisch tätige Maler und zwei Kupferstecher. 1829 hatte sich diese Zahl auf 17 Maler und drei Stecher deutlich erhöht. Eine junge Riege Kunstschaffender zog jedoch erst die Gründung

*Grabmal von Maximilian Pozzi (um 1771–1842) für Oberbürgermeister Johann Wilhelm Reinhardt (1752–1826) auf dem Mannheimer Hauptfriedhof. Foto, 2007. StadtA MA.*

*Spaziergänger am Mühlauschlösschen. Radierung von Ludwig Friedrich Schnell nach Ernst Fries, um 1830. StadtA MA.*

des Kunstvereins 1833 an, dessen anfängliches Wirken künstlerisch von der Persönlichkeit Pozzis dominiert wurde.

Seit der Jahrhundertwende scheint ein lebendiges Kulturleben mit einer steigenden Zahl von geselligen Vereinen den bürgerlichen Alltag zu vervollständigen. Ein Mittelpunkt dieses Vereinslebens sollte das Achenbachische Kaffeehaus werden, das im Jahr 1824 in das Eigentum der Harmonie-Gesellschaft überging. Da der Vereinssitz jedoch über keinen eigenen Veranstaltungssaal verfügte, hielt die Harmonie ihre Sommervergnügungen, die so genannten Casinos, im Mühlauschlösschen ab. Es handelte sich dabei um beliebte Festlichkeiten der gehobenen Gesellschaft, die nach einer zeitweiligen Verwendung des Gebäudes als Typhusstation in Kriegszeiten seit 1819 mit Tanz und Spiel in diesem ehemaligen kurfürstlichen Lustschloss Einzug gehalten hatten.

Zweifelsohne waren die bürgerlichen Gesellschaften und Lesevereine ein wesentlicher Bezugspunkt der neu entstehenden Presse, die politische Themen unter den Bedingungen der Zensur kaum behandeln konnte und sich mehr auf Unterhaltung und Kulturberichterstattung konzentrierte. Die „politische" Berichterstattung beschränkte sich auf die Kolportage von Familiennachrichten aus den Herrscherhäusern Europas und Neuigkeiten von den Kriegsschauplätzen der Welt. So bestanden neben dem offiziellen regierungsamtlichen *Großherzoglich Badischen Anzeigeblatt für den Neckar- und Main- und Tauberkreis* mehrere Blätter vorrangig kulturellen Inhalts. Die *Mannheimer Tageblätter* hatten im Jahr 1819 das *Intelligenzblatt* abgelöst und erschienen seither dreimal in der Woche, ab 1825 gar sechsmal. Harmlos aufbereitete politische Neuigkeiten bildeten neben dichterischen Ergüssen der Redaktion den Hauptinhalt der Seiten. Ein starker historischer Rückbezug auf die Zeit der Kurfürsten zeigte das wachsende Traditionsbewusstsein. Der Nachrichtenwert des wenige Seiten umfassenden Blatts bestand für seine Leserschaft jedoch hauptsächlich in der Theaterberichterstattung. Ähnlich waren die Gewichtungen in der *Mannheimer Zeitung*, die *das geistig vornehmere Blatt* blieb, sich jedoch zunehmend *ins reaktionäre Gewässer*[82] manövrierte. Nur Kulturnachrichten enthielt die Zeitung *Charis*, die *Rheinische Morgenzeitung für gebildete Leser*, die von 1821 bis 1824 zweimal wöchentlich in Mannheim erschien. Sie zählte den aus Darmstadt stammenden jugendlichen Georg Gottfried Gervinus zu ihren redaktionellen Mitarbeitern, dessen erste belletristische Versuche und Theaterkorrespondenzen aus verschiedenen Städten neben Elaboraten von Friedrich de la Motte Fouqué, Jakob Siebenpfeiffer oder dem Herausgeber Karl Freiherr von Erlach standen.

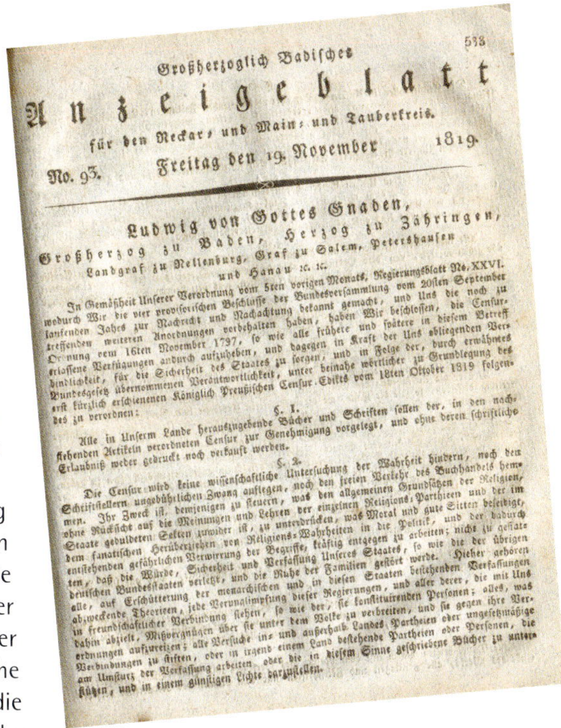

Großherzoglich Badisches

Anzeigeblatt

für den Neckar- und Main- und Tauberkreis.

No. 93. Freitag den 19. November 1819. 533

Ludwig von Gottes Gnaden,
Großherzog zu Baden, Herzog zu Zähringen,
Landgraf zu Nellenburg, Graf zu Salem, Petershausen
und Hanau rc. rc.

In Gemäßheit Unserer Verordnung vom 5ten vorigen Monats, Regierungsblatt No. XXVI. wodurch Wir die vier provisorischen Beschlüsse der Bundesversammlung vom 20sten September laufenden Jahres zur Nachricht und Nachachtung bekannt gemacht, und Uns die noch zu treffenden weiteren Anordnungen vorbehalten haben, haben Wir beschlossen, die Censur-Ordnung vom 16ten November 1797, so wie alle frühere und spätere in diesem Betreff erlassene Verfügungen andurch aufzuheben, und dagegen in Kraft der Uns obliegenden Verbindlichkeit, für die Sicherheit des Staates zu sorgen, und in Folge der, durch erwähntes Bundesgesetz übernommenen Verantwortlichkeit, unter beinahe wörtlicher zu Grundlegung des erst kürzlich erschienenen Königlich Preußischen Censur-Edikts vom 18ten Oktober 1819 folgendes zu verordnen:

§. 1.

Alle in Unserm Lande herauszugebende Bücher und Schriften sollen der, in den nachstehenden Artikeln verordneten Censur zur Genehmigung vorgelegt, und ohne deren schriftliche Erlaubniß weder gedruckt noch verkauft werden.

§. 2.

Die Censur wird keine wissenschaftliche Untersuchung der Wahrheit hindern, noch den Schriftstellern ungebührlichen Zwang auflegen, noch den freien Verkehr des Buchhandels hemmen. Ihr Zweck ist, demjenigen zu steuern, was den allgemeinen Grundsätzen der Religion, ohne Rücksicht auf die Meinungen und Lehren der einzelnen Religions-Partheien und der im Staate geduldeten Sekten zuwider ist, zu unterdrücken, was Moral und gute Sitten beleidigt, dem fanatischen Herüberziehen von Religions-Wahrheiten in die Politik, und der dadurch entstehenden gefährlichen Verwirrung der Begriffe, kräftig entgegen zu arbeiten; nichts zu gestatten, daß die Würde, Sicherheit und Verfassung Unseres Staates, so wie die der übrigen deutschen Bundesstaaten verletzt, und die Ruhe der Familien gestört werde. Hieher gehören alle, auf Erschütterung der monarchischen und in diesen Staaten bestehenden Verfassungen abzweckende Theorieen, jede Verunglimpfung dieser Regierungen, und aller derer, die mit Uns in freundschaftlicher Verbindung stehen, so wie der, sie konstituirenden Personen; alles, was dahin abzielt, Mißvergnügen über sie unter dem Volke zu verbreiten, und sie gegen ihre Verordnungen aufzureizen; alle Versuche ins- und außerhalb Landes Partheien oder ungesetzmäßige Verbindungen zu stiften, oder in irgend einem Land bestehende Partheien oder Personen, die am Umsturz der Verfassung arbeiten, oder die in diesem Sinne geschriebene Bücher zu unterstützen, und in einem günstigen Lichte darzustellen.

*Die offizielle Verkündung der Zensurordnung im „Großherzoglich Badischen Anzeigeblatt" vom 19. November 1819. StadtA MA.*

Eine Ausnahme in der Berichterstattung spielte der Unabhängigkeitskrieg der Griechen gegen die türkische Fremdherrschaft, der die Zeitungen mit ihrer Leserschaft verband, weil er sie auch emotional in ihren Bann schlug. Unter dem Banner deutscher Schriftsteller von Goethe bis Hölderlin sammelte sich die Schar derer, die dem 1821 erneut ausgebrochenen Aufstand der griechischen Freiheitskämpfer ihre Sympathien entgegenbrachten. Unterstützungskomitees bildeten sich im Südwesten neben Stuttgart und Freiburg auch in Heidelberg, wo der Kammerabgeordnete und spätere Bürgermeister der Stadt Christian Friedrich Winter sich an die Spitze der Unterstützer stellte. Die als vierte Epoche des Philhellenismus gezählte Bewegung erfasste auch das Mannheimer Bürgertum.

*Lager der Philhellenen im griechischen Freiheitskampf 1821–1829. Ölgemälde auf Holz von Carl Wilhelm Freiherr von Heideck, 1821. AKG Images.*

Die Wortführer waren Kaufmann Johann Peter Rüttinger sowie der Kammerabgeordnete Johann Ludwig Bassermann, der im Oktober 1822 einen Aufruf beisteuerte, in welchem er um materielle Unterstützung für den griechischen Freiheitskampf warb. Anders als bei der Polenbegeisterung wenige Jahre später regte sich auch kaum staatliches Misstrauen gegen diese Bewegung, die doch im gleichen nationalen Idealismus wurzelte wie das Attentat Sands.

## Wassernot und Hungerkatastrophe

Für den Alltag der Bevölkerung erwiesen sich vor allem die ersten Jahre nach dem Krieg noch als besonders katastrophal, denn Missernten und Hungersnot, Überschwemmungen und Feuersbrünste verschärften die aus den Kriegsjahren weiterwirkende soziale Not. Nachdem in den Sommermonaten des Jahres 1816 von Mai bis Juli pausenlos Regen gefallen war, bedrohten Rhein und Neckar die Stadt mit ihrem Hochwasser. Als unmittelbare Folge der Entfestigung blieb der Schutz durch Dammanlagen jahrelang unvollständig, zumal Kosten und Verantwortlichkeiten auch hier zwischen städtischer Selbstverwaltung und staatlichen Instanzen hin- und hergeschoben wurden. Gefährdet waren die Dammanlagen an der Kuhweide und im Rosengartengewann, vom Pestbuckel bis zum Rheintor und im Süden nahe der Ortschaft Neckarau beim Schlangenwörth. Mehrfach prangerte

*Der Rheindamm bei Mannheim. Kupferstich von Anton Klauber, um 1820. StadtA MA.*

der Gemeinderat, vom *Feldgericht* alarmiert, den katastrophalen Zustand des Hochwasserschutzes gegenüber dem großherzoglichen Stadtamt an. Die staatlichen Behörden mahnten dagegen säumige Berichterstattung an und erledigten schließlich die Frage im Juli 1817 durch die Einsetzung höherer Verwaltungsbeamter, des Kreisrats Heinrich Ehrmann und des Straßenbauinspektors Funck, deren Aufsicht der Dammbau nun unterstellt wurde. Damit waren vorerst alle Stellungnahmen besorgter Fachleute vor Ort vom Tisch gewischt.

Deutlich warnte eine Veröffentlichung von Ernst Ferdinand Deurer vor den Gefahren. Andreas Lameys Schwager, der seit 1775 Kommissär der hiesigen Akademie der Wissenschaften war und am 11. März 1817 im *Intelligenzblatt* ein Verzeichnis der großen Überschwemmungen zusammengestellt hatte, erregte mit dieser Veröffentlichung große Aufmerksamkeit. Die *Wassersnot* grub sich als drohende Gefahr in das Bewusstsein ein, da sie sich just in diesen Jahren durch jahreszeitlich bedingte Flutwellen als existentielles Problem für die am Zusammenfluss zweier Flüsse gelegene Stadt erwies. Schon zur Jahreswende 1819/20 entging Mannheim einer neuerlichen Überflutung nur knapp, als ein Dammbruch oberhalb von Neckarau am so genannten Heidenloch nur durch den selbstlosen Einsatz der vor Ort tätigen freiwilligen Helfer verhindert werden konnte.[83] Dagegen feierte man ein Jahr später am 17. Januar 1823 auf dem zugefrorenen Rhein ein Volksfest, nutzte die Launen des Wetters als Anlass für Kurzweil und Unterhaltung, gemengt gar mit außergewöhnlichem finanziellen Ertrag. Ein geschäftstüchtiger Handwerker hatte auf dem zugefrorenen Rhein ein 4 Fuder fassendes Weinfass hergestellt, das er dann zum Spektakel eines per Zeitungsanzeige geladenen Publikums getreu historischem Vorbild aus dem Jahr 1766 in Eisen band und am 21. Januar Nachmittags öffentlich versteigern ließ – mitten auf dem vereisten Flusslauf, aber innerhalb der Landesgrenzen, wie es hieß.[84]

Schon wenige Tage später beschworen die tauenden Eismassen und der damit einhergehende schwere Eisgang jedoch eine neue Gefahr herauf, was das ständige Auf und Ab der Bedrohung verdeutlicht. Gefahrvolle Eisgänge an Rhein und Neckar im Frühjahr 1823 bedrohten die Stadt gleich mehrere Wochen lang; die Rettung zweier Menschen aus der etwas erhöht stehenden Messonier'schen Ziegelhütte jenseits des Neckars gelang zwei aus Feudenheim und Ilvesheim stammenden Fischern nur mit großem Geschick.[85] Das besondere Hochwasserrisiko war bedingt durch die Tatsache, dass der Neckar zum damaligen Zeitpunkt noch eine weite Schleife in nördlicher Richtung machte, bevor er in den Rhein mündete und bei Hochwasser ein starker Rückstau auf beiden Flüssen auftrat. Erst die anfangs 1824 erfolgte Verstärkung und Erhöhung der nach Schleifung der Wälle rings um die Stadt geführten Dammanlagen brachte verhältnismäßige Sicherheit – eine Maßnahme, die sich schon im Herbst auszahlte; denn ohne diese Aufdeichung wäre diesmal möglicherweise die ganze Stadt überflutet worden. Hatten sich nämlich die im Frühjahr verbreiteten offiziellen Warnungen vor einer Flutkatastrophe durch das Abtauen des Alpenschnees noch als

Johann Gottfried Tulla (1770–1828). Lithographie, um 1820. REM.

unbegründet herausgestellt,[86] so erwies sich die Gefährlichkeit der nach Norden ausbiegenden Neckarmündung aufs Neue, als Ende Oktober ein rasches Anschwellen von Neckar und Rhein dann doch große Hochwassergefahr brachte. Am 3. November brach der Damm auf dem linken Rheinufer unterhalb der Rheinschanze, und nur der erneute Einsatz aller verfügbaren Kräfte konnte Schlimmeres verhüten. Die offizielle Leitung der Rettungsarbeiten lag bei General von Stockhorn und Kreisdirektor Fröhlich, denen eine städtische Abordnung am 6. November 1824 den Dank der Bürgerschaft aussprach. Beiden wurde Jahrzehnte später mit der Benennung zweier Straßen in der Mannheimer Neckarstadt ein bleibendes Andenken zuteil. Mit Rheinbrückenmeister Karl Zöller und Schiffer Wilhelm Bomatsch wurden auch zwei Helfer aus der Bürgerschaft ein halbes Jahr später für ihren Einsatz von Großherzog Ludwig mit einer silbernen Verdienstmedaille ausgezeichnet.

Die ständige Bedrohung Mannheims zog weiterhin das Augenmerk von Fachleuten auf sich und spornte sie an, auf Lösungsmöglichkeiten zu sinnen. Ersten Vorschlägen einer *Rectification des Rheinlaufs von der Schröcker Fähre bis Mannheim zur Verminderung der Überschwemmungen und Beförderung der Schifffahrt* gegenüber zeigten sich die Stadtväter und ihre technischen Berater skeptisch. Sie argwöhnten, dass die zu Tal fließenden Wassermassen sich dadurch ja nicht vermindern würden, die Gefahr von Überschwemmungen daher nicht gemindert würde und vor allem *rücksichtlich des Quellwassers, das unsern Feldern bis jetzt den meisten Nachtheil brachte, eigentlich gar kein Nutzen gebracht würde.*[87] Nachdem jedoch Johann Gottfried Tulla 1825 in seiner zweiten Denkschrift *Über die Rektifikation des Rheins von seinem Austritt aus der Schweiz bis zu seinem Eintritt in das Großherzogtum Hessen* nachdrücklich auf die Notwendigkeit der Rheinregulierung hingewiesen hatte, begannen im Sommer 1827 die Arbeiten am Friesenheimer Rheindurchstich nördlich der Stadt. Immer noch begegnete allerdings der Hoffnung auf eine Verbesserung des Hochwasserschutzes auch die Skepsis von Fachleuten, die für die Zeit nach der Kanalisierung schon damals auf die Gefahr eines verstärkten Anschwellens des Stroms an seinem Unterlauf hinwiesen. Der in Mannheim ansässige niederländische Wasserbautechniker Freiherr van der Wyck kritisierte Tullas Unternehmen in seiner Streitschrift *Der Mittelrhein und Mannheim in hydrotechnischer Hinsicht*, die ebenfalls 1825 erschien. Manches entwickelte sich jedoch in der Folge anders als erwartet. Die Mutmaßung, dass ein erster Durchstich zur Abkürzung der

Rheinschleife und der Neckarmündung schnell zu einer Verlegung der beiden Flussbetten führen würde, stellte sich als falsch heraus: Die unter der Aufsicht Tullas begonnenen Arbeiten fanden erst 1867 ihren erfolgreichen Abschluss.

Für den Bestand der Stadt waren die Arbeiten zweifellos segensreich und erschienen insofern unumgänglich, als sie sich ursächlich mit einer weiteren Katastrophe verbinden ließen. Die Versorgungsengpässe und Preissteigerungen der Kriegszeit wurden verschlimmert, als der Sommer 1816 – wie erwähnt – eine von Mai bis Juli andauernde Regenperiode und dadurch bedingte weitere Hochwasser mit sich brachte. Eine dramatische Missernte war die Folge: überschwemmte Felder und auf den Halmen verdorbenes Getreide. Irritationen über Zuständigkeiten bei der Schadensbehebung folgten Befürchtungen über das kaum abzuschätzende Ausmaß der Folgen für die von der Landwirtschaft ihrer Umgebung abhängige Bevölkerung. Die staatlich verordnete Beobachtung der weiteren Entwicklung konnte nicht verhindern, dass auch die Ernte des nächsten Jahres schlecht ausfiel. Schon erste Berichte über das mangelnde Gedeihen der Wintersaat im Frühjahr 1817 lieferten neuerlichen Anlass zur Sorge. Regenwetter und Kälte brachten in den folgenden Monaten weitere Ernteausfälle mit sich, die dramatische Auswirkungen auf die Ernährung der unteren Bevölkerungsschichten nach sich zogen. Schon im zeitigen Frühjahr 1817 ergingen offizielle Aufforderungen an die Gemeindeverwaltung, *bei der gegenwärtigen Teuerung dringende gemeinnützige öffentliche Arbeiten in ihrem Amtsbezirk jetzt vornehmen zu lassen, damit die dürftige Klasse der Untertanen dadurch Gelegenheit erhalte, etwas zu verdienen; wobei darauf zu sehen sei, dass diese Arbeiten nicht in accord gegeben, sondern so viel möglich in Taglohn unternommen würden.*[88] Der Gemeinderat entschloss sich zum Arbeitskräfteeinsatz bei der Aufschüttung des Damms vom Pestbuckel bis zum Rheintor. Ansonsten sah er keine sinnvollen Beschäftigungsmöglichkeiten bei städtischen Projekten. Eine eilig unternommene öffentliche Geldsammlung erbrachte den hohen Betrag von mehr als 1 000 Gulden, der jedoch auf Anregung des Bürgerausschusses zur Hälfte an die weit schlimmer betroffenen Ortschaften Laudenbach und Hemsbach an der Bergstraße, Kleineicholzheim im Kreis Mosbach und Mückenloch bei Neckargemünd weitergeleitet wurde.

*Einzelbilder aus dem Schraubtaler „Hungerjahr 1817". Kolorierte Kupferstiche von J. Stettner, 1817. REM.*

Das unaufhaltsame Ansteigen der Kornpreise drückte vor allem die vom Verzehr ihres täglichen Brots abhängigen Unterschichten der Stadt; der

Hunger hielt Einzug in ihren Alltag. Im Mai 1817 nahmen Felddiebstähle in solchem Maß überhand, dass der Gemeinderat auf Anfrage der Feldschützen empfahl, diese mit Schrotgewehren auszurüsten. Vorrangig Soldaten der Mannheimer Garnison gerieten dabei unter Verdacht, an diesen Diebstählen beteiligt zu sein.[89] In der Gemeinderatssitzung vom 17. Juni 1817 ging schließlich ein Erlass des Kreisdirektoriums ein, der eine vorzeitige Ernte der Feldfrüchte strengstens verbot. Gleichzeitig kamen Gerüchte auf, dass profitgierige Händler bereits *neue Kaufkontrakte über die noch auf dem Halme stehenden Früchte abgeschlossen* hätten. Der Gemeinderat empfahl der staatlichen Aufsichtsbehörde als effektive Kontrollmaßnahme, *dass durchaus keine Früchte anderswo als auf öffentlichem Markte verkauft, jeder Fruchtaufkauf von Händlern streng verboten und solcher nur den Konsumenten gestattet werde und dass solche Verfügung sowie das Verbot des Branntweinbrennens bis nach gänzlich beseitigter Not fortbestehe.*[90]

Auf dem Höhepunkt der Preisentwicklung[91] halfen somit nur noch staatliche Eingriffe gegen den zu erwartenden *Kornwucher.* Der starke Anstieg der Bedürftigkeit zwang auch zu Unterstützungsleistungen an die Ärmsten, die sowohl aus staatlicher Quelle als auf private Initiative flossen: Unter Vorschuss eigener Geldmittel kaufte Oberbürgermeister Reinhardt Korn auf, um es den Bäckern ohne weiteren Aufschlag zum Backen zur Verfügung zu stellen. Allerdings wollte er seine Großzügigkeit nur als zinslose Leihgabe verstanden wissen, da er zuvor schon die Zahlungsfähigkeit der Stadt mittels umfangreicher Darlehen gestützt hatte. Die Rechnungen machte er später bei der Stadtkasse geltend, geriet dabei aber in einen Konflikt mit der staatlichen Aufsicht, die auf einer Kontrolle der Rechtmäßigkeit einer solchen Rückzahlung bestand und letztlich Reinhardts Amtsverzicht erzwang.

Das Erlebnis des Hungerjahrs 1817 brannte sich über Generationen im Gedächtnis der Region ein: Drei Jahrzehnte später sollte eine drohende Wiederholung der Not einen wesentlichen Grund zur Revolution liefern.

## Politischer Mord und Reaktion

Ein weiteres herausragendes Ereignis prägte das Gedächtnis der Nachwelt über die folgenden Jahrzehnte hinaus. Das am 23. März 1819 verübte Attentat des Burschenschafters Karl Ludwig Sand auf den in Mannheim lebenden Schriftsteller und Diplomaten August von Kotzebue machte die Stadt europaweit bekannt. Kaum eine der Bemühungen der kurpfälzischen Herrscher um überregionale kulturelle Geltung, kein Schlachtengetümmel der vorangegangenen Kriege konnte sich mit dem Widerhall der Tat des bis dahin unbekannten Studenten messen, der an diesem Tag große Geschichte machte.

Karl Ludwig Sand wurde am 5. Oktober 1795 in Wunsiedel als viertes Kind eines preußischen Justizbeamten geboren. Er wuchs in der Zeit der Befreiungskriege in einer preußisch-deutschtümelnden, antifranzösisch gestimmten Umwelt auf. Seine Lebensaufgabe entdeckte er als Student in den Idealen der deutschen Burschenschaften. Zusammen mit Gleichgesinnten setzte er dem überkommenen, dekadenten Brauchtum im feudalistischen Denken verhafteter Studentenverbindungen einen neuen, rigiden Kodex jugendlicher Schwärmerei entgegen.

Im Herbst 1814 erstmals in Tübingen immatrikuliert, ließ Sand schon wenige Monate später die Universitätsstadt und sein Theologiestudium hinter sich, um sich dem alliierten Aufgebot gegen Napoleon anzuschließen. Am 28. April 1815 meldete er sich freiwillig, kam dann über Stuttgart nach Mannheim, wo er mobilisiert wurde. Ein weiterer Aufenthalt führte ihn anlässlich einer österlichen Wanderung im Jahr 1816 hierher. Im Jahr 1819 hatte er schon mehrere Jahre in Erlangen und Jena studiert und war als Mitglied der Burschenschaft Teutonia maßgeblich am Wartburgfest beteiligt, dessen unselige Bücherverbrennung am 18. Oktober 1817 ein erstes Blitzlicht auf die Bestrebungen der radikalisierten Hochschuljugend warf. Der in Mannheim lebende Schriftsteller und russische Staatsrat August von Kotzebue galt dieser Jugend als Intimfeind, da er schon mehrfach mit bissiger Feder auf die Brutstätten revolutionärer Gesinnung an deutschen Hochschulen hingewiesen hatte. Seine Feinde hielten ihn für einen ausgemachten Reaktionär, der die nationale Freiheitsbewegung in Deutschland an die russische Despotie verraten habe.

Der Student Karl Ludwig Sand (1796–1820). Kupferstich im Verlag der Gebrüder Schuhmann in Zwickau, um 1820. StadtA MA.

Von Lorsch her kommend, erreichte Sand am 23. März 1819 ein weiteres Mal die Stadt Mannheim. In seinem Gepäck führte er einen eigenhändig zugeschliffenen französischen Hirschfänger mit, den er dem Dichter Kotzebue ins Herz stoßen wollte. Unter falschem Namen stieg er im Gasthof „Weinberg" in D 5, 4 ab, der zum damaligen Zeitpunkt von Karl Sachs,[92] dem Vater des beinahe gleichaltrigen späteren Achtundvierziger-Revolutionärs Wilhelm Sachs, betrieben wurde. Nach Einnahme eines Frühstücks machte sich der in altdeutscher Tracht gewandete Student gegen 11 Uhr auf den Weg zur nahe gelegenen Wohnung Kotzebues. Der Dichter logierte erst seit wenigen Monaten zur Miete in dem damals der Baronin von Montigny gehörenden Haus A 2, 5. Schräg gegenüber befand sich der Theatereingang, auf dessen Bühne 131 seiner Werke zur Aufführung gelangt sein sollen, beim Mannheimer Publikum sehr beliebte Stücke, die manchen Zeitgenossen unterhaltsam, anderen jedoch frivol erschienen.

Erst bei einem zweiten Besuch nachmittags gegen fünf Uhr traf Sand sein Opfer an: Nachdem Kotzebue ihm die Tür geöffnet, ihn gar in sein Wohnzimmer vorgelassen hatte, zog Sand den Dolch und stach dreimal auf

*August von Kotzebues (1761–1819) Ermordung. Kolorierter Kupferstich, Johann Michael Voltz zugeschrieben, im Verlag von Campe und Eisen, Nürnberg, 1820. REM.*

den überraschten Dichter ein, indem er ihm zurief: *Hier, du Verräter des Vaterlands!* Nach vollbrachter Tat verließ er das Haus, um sich noch beim Tatort selbst einen weiteren mitgeführten Dolch in die Brust zu stoßen – ein Selbstmordversuch, der wohl ebenso wenig geplant war wie die vorhergehende überhastete Flucht. Umringt von entsetzten Passanten, unter denen sich auch die Schwester des späteren liberalen Politikers Alexander von Soiron befunden haben soll, sank er auf dem Gehweg nieder. Herbeieilende Wachbeamte ließen den Bewusstlosen ins Krankenhaus bringen, von wo er nach intensiver Pflege, notdürftig von seinen Wunden genesen, am 5. April 1819 in eine Haftzelle im Zuchthaus in Q 6 verbracht wurde.

Eine Untersuchungskommission, der auch Stadtdirektor von Jagemann angehörte, hatte seit dem 3. April die Arbeit aufgenommen, um das zu erwartende gerichtliche Verfahren vorzubereiten. Auf dem Krankenlager seiner auf den Zuchthausgarten gehenden Zelle wurde der Delinquent, der sich zeitweise am Rande des Tods befand, zu Protokoll verhört. Am 9. November 1819 übergab die Untersuchungskommission die Akten im Fall Karl Ludwig Sand an das Hofgericht, das wiederum eine Beurteilung des Falls an das Oberhofgericht weiterleitete. Auf Grundlage der zuvor gebildeten Akten, der Untersuchungsprotokolle und der Vernehmungen Sands fällte dieses sein Urteil, das einstimmig auf Todesstrafe lautete.

Nachdem Großherzog Ludwig am 12. Mai das ergangene Todesurteil bestätigt hatte, folgte der Akt der Hinrichtung nur wenige Tage später.

Der frühe Morgen des 20. Mai 1820 sah die Stadt unter militärischer Besetzung, als Karl Ludwig Sand in einer Kutsche zum Richtplatz an der Heidelberger Barriere, nahe beim heute dort stehenden Wasserturm, gefahren wurde. Während die Bevölkerung die Straßen säumte sowie mit Kind und Kegel gar über Stunden geduldig auf die Vollstreckung wartete, hatte Großherzogin Stephanie schon Tage zuvor die Stadt verlassen, um erst nach Vollzug der Enthauptung wieder ins Schloss zurückzukehren.

In Mannheim sind Sand und sein Opfer bis heute präsent. Der Dichter Kotzebue hatte schon in den Morgenstunden des 25. März 1819 ein stilles Begräbnis auf dem lutherischen Friedhof gefunden. Im Jahr der Hinrichtung seines Mörders wurde ein von dem Bildhauer Maximilian Pozzi entworfener, mit einer Kante auf einem Sandsteinsockel ruhender Würfel im Auftrag von Kotzebues Witwe auf seinem Grab errichtet. Die darauf eingemeißelte Grabinschrift, endend mit den Worten *Er hat der Welt verzieh'n*, soll der Verblichene noch zu seinen Lebzeiten selbst verfasst haben.[93] Nicht weit von dem ausdrucksvollen Grabmal Kotzebues wurden auch die sterblichen Überreste seines Mörders noch am Abend seiner Hinrichtung bestattet. Der lutherische Friedhof, der sich damals dem Zuchthaus gegenüber im Bereich der heutigen Quadrate P 7 und Q 7 befand, fiel nach der Anlage des zentralen Friedhofs jenseits des Neckars jedoch bald der Stadterweiterung zum Opfer. Die beiden prominenten Grabstätten wurden zuvor auf den neuen Hauptfriedhof transferiert. Am 25. April 1869 wurden Kotzebues Gebeine mit dem Pozzi'schen Gedenkstein auf den Hauptfriedhof verlegt, am 18. November 1870 folgten Sands sterbliche Überreste. Wiederum nur einen Steinwurf von seinem Mörder entfernt ruhen nunmehr die Gebeine des verkannten Literaten. Die Umbettung Sands erregte wie die spätere Errichtung eines Grabmals über seiner Ruhestätte die konservative Öffentlichkeit, die darin *eine seltsame und* [...] *unpassende Parodie*, gar eine *Kundgebung der Sympathie für die Tat des Studenten*[94] sah.

*Die Grabstätten von Sand und Kotzebue auf dem Mannheimer Hauptfriedhof. Foto, 2007. StadtA MA.*

## Karl Ludwig Sand – Schwärmer oder Revolutionär?

*Hans-Joachim Hirsch*

Ausgerechnet in Mannheim entlud sich im Jahr 1819 der Hass der Burschenschafter auf den durchaus aufgeklärten, wegen seiner diplomatischen Tätigkeit für Russland jedoch kompromittierten Dichter August von Kotzebue. Karl Ludwig Sands Attentat wurde zeitbedingt zum historischen Kristallisationspunkt, *an den sich die neue Geschichte der Deutschen ansetzte*, wie schon Friedrich Walter das in der Tat zutreffende Wort des Dichters Ludwig Börne zitierte. Das Mordmotiv – extrem nationalistische, exaltierte Schwärmerei, wie sie damals offensichtlich unter den Studenten deutscher Universitäten weit verbreitet war – machte die Tat symbolisch zum nationalen Impuls, der noch lange Zeit nachwirken sollte.

Eine Erklärung für die durchaus überraschende Publizität des Geschehens ist sicherlich im Entstehen neuer Formen der bürgerlichen Öffentlichkeit zu finden. Während im Verlauf des Gerichtsverfahrens die Hintergründe der Tat und Sands Ansichten nur indirekt zu Wort kamen, wurden sie den Interessierten in zahlreichen Publikationen zugänglich gemacht. So wurden Aktenauszüge des Prozesses zusammen mit der im Februar 1820 abgegebenen Erklärung Sands in Druck gegeben und wegen der Deutlichkeit ihrer Aussage auch prompt indiziert. Dies war nur eine von vielen Maßregeln, die letztendlich bewirkten, dass sich zumindest in Mannheim sehr bald Sympathien und Mitgefühl mit dem in der Haft von seiner Stichverletzung genesenen Überzeugungstäter regten und die Nachfrage nach weiteren Publikationen in Wort oder Bild sicherten.

*Nach der Bestätigung des Todesurteils durch Großherzog Ludwig wurde es dem Delinquenten am 17. Mai 1820 bekannt gegeben. Kolorierter Kupferstich im Verlag von Campe und Eisen, Nürnberg, 1820. REM.*

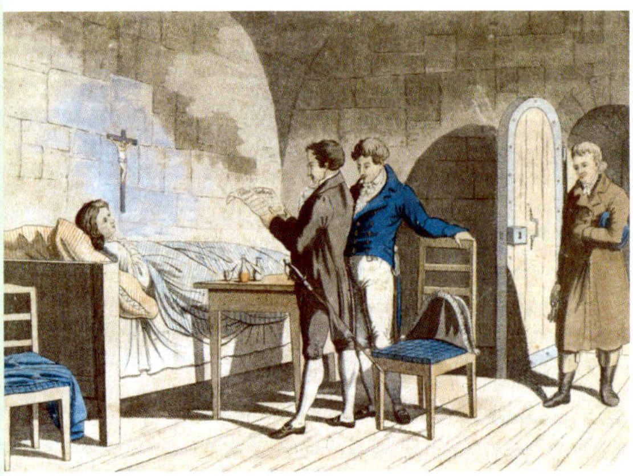

Ein Kult abgöttischer Verehrung des Attentäters durchwogte vorrangig die vornehmeren Kreise der Mannheimer Bevölkerung; auch zahlreiche Engländer, Repräsentanten der beginnenden touristischen Begeisterung für den Rhein und die Quadratestadt, feierten den jugendlichen Idealisten als Märtyrer. Der Hinrichtungsort vor dem Heidelberger Tor blieb noch über Jahre eine Stätte heimlicher „Wallfahrten“, und die vom Henker geschorenen Locken wurden wie Reliquien gehandelt. Ein Sand zugeschriebener Dolch und andere Altertümer erhielten sich gar bis auf den heutigen Tag im Inventar der Reiss-Engelhorn-Museen. Andere Museen besitzen ähnliche Zeugnisse der grausigen Tat, die eine ganze Generation in ihren Bann schlug.

Zahlreiche Belege für den noch lange wirksamen Sand-Kult schlossen sich an die ersten Aktenpublikationen an, die auch dazu dienten, eine sensationslüsterne Öffentlichkeit zu befriedigen: Indizien für die sich entwickelnde bürgerliche Medien-

*Vollstreckung des Todesurteils am 20. Mai 1820 vor dem Heidelberger Tor. Kolorierter Kupferstich im Verlag von Campe und Eisen, Nürnberg, 1820. REM.*

kultur. Neben die Porträts von Karl Ludwig Sand traten die weit verbreiteten bildlichen Darstellungen von Mordtat, Krankenbett, Haftzelle oder Hinrichtung. Bedeutendstes Zeugnis dieses ikonenhaft zugespitzten „Bildjournalismus", der sich ja nur auf die im Gerichtsverfahren aufgespürten Tatumstände stützen konnte, ist die 1820 in Nürnberg bei Campe und Eisen erschienene Bildfolge, deren Blätter teilweise dem bekannten Künstler Johann Michael Voltz zugeschrieben werden können. Mehrere grafische Darstellungen der Tat sind auch im französischen Ausland erschienen, was den europäischen Widerhall belegt. Auch zahlreiche Gedichte und Lieder zeugen von dem breiten Echo des Geschehens; selbst der russische Dichter Alexander Puschkin widmete 1821 in seiner Sturm- und Drangzeit dem jugendlichen Fanatiker ein Poem, in welchem er begeistert ausrief: *Dem Richtbeil ward dein Haupt zum Raube, / doch deiner heil'gen Tugend Spur verlor / sich nicht mit deinem Haupt im Staube.*

Die Tat Sands, eigentlich fest eingebettet in die deutsche Geschichte zu Beginn des 19. Jahrhunderts, bildete bis in die jüngere Vergangenheit die Folie für Deutungen aktueller Verhältnisse. So versuchte der Göttinger Universitätsprofessor Peter Brückner 1975 in seiner mit dem Kotzebue-Zitat *... bewahre uns Gott in Deutschland vor irgendeiner Revolution!* betitelten Studie, die Kontinuitäten deutscher Hochschulpolitik von der Zeit Sands bis in die Studentenbewegung der 1960er und 1970er Jahre hinein aufzuzeigen. Der politische Mord aus dem Jahr 1819 wurde aber auch, wie bereits die Reden anlässlich der Umbettung von Sands sterblichen Resten vom aufgegebenen lutherischen auf den neuen Hauptfriedhof über dem Neckar zeigten, von ganz und gar nicht vergleichbaren sozialen Bewegungen aufgenommen. Diese waren – wie einst Sands Tat – nicht selten von jugendlicher Schwärmerei getragen. So begeisterte sich Paul Nikolaus im Revolutionsjahr 1919 in der Mannheimer Zeitschrift *Der Revolutionär* für die 100 Jahre zurückliegende Mordtat: *Du warst, Karl Ludwig Sand, einer von denen, die sich auflehnten gegen Willkürherrschaft und Sinnlosigkeit, gegen kühle Rechnung des Alters und Paragraphengesindel, gegen lieblose Kälte und Borniertheit des Bürgers: Du warst ein Revolutionär.* ✧

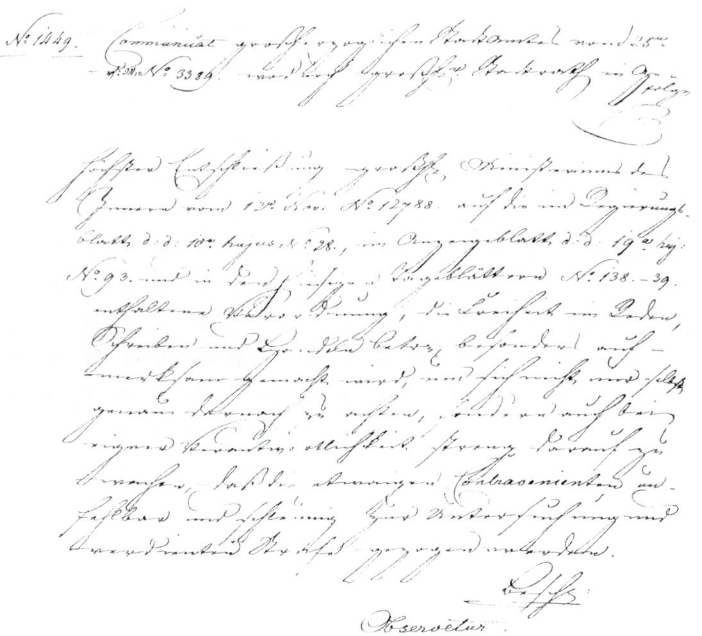

*Auszug aus dem Protokoll der Ratssitzung vom 1. Dezember 1819, in der die Polizeibehörde auf Druck des badischen Innenministeriums auf das jüngst erlassene Zensurgesetz aufmerksam macht und unterstreicht, „auch bei eigner Verantwortlichkeit streng darauf zu wachen, daß die etwaigen Contravenienten unfehlbar und schleunig zur Verantwortung und verdienter Strafe gezogen werden", was im Ratsprotokoll kurz und nüchtern mit dem Beschluss „Observetur" (lat. wird beachtet werden) quittiert wird. Ratsprotokolle 1819, Nr. 1449. StadtA MA.*

Die Reaktion der Bundesbehörden und der fürstlichen Machthaber auf Sands Tat berief sich auf die wahrgenommene schwere Bedrohung der herrschenden Ordnung. Wie Polizeiberichte schon zuvor festgestellt hatten, konnten sich die Verschwörer in den Reihen der national gestimmten Studentenschaft auf eine nicht abschätzbare Zahl von Sympathisanten stützen. Bis in die Universität von Mannheims Nachbarstadt Heidelberg hinein gingen die unterirdischen Verbindungen, die nun die Verfolgung der *Demagogen* herausforderten. Die *Karlsbader Beschlüsse*, 1820 in der *Wiener Schlussakte* bestätigt, erstickten auf lange Zeit hinaus das politische Leben an den Universitäten und setzten allgemein der Ausübung bürgerlicher Freiheiten enge Grenzen. Für Baden bedeutete dies, dass die eben erst eröffnete erste Sitzungsperiode des Landtags mit der Einschränkung bürgerlicher Rechte zusammenfiel. Großherzog Ludwig verkündete am 5. November 1819 eine Zensurverordnung, die in § 1 bestimmte: *Alle in Unserm Lande herausgegebenen Bücher und Schriften sollen der in den nachstehenden Artikeln verordneten Zensur zur Genehmigung vorgelegt und ohne deren schriftliche Erlaubnis weder gedruckt noch verkauft werden.*[95]

Unter Berufung auf die vier provisorischen Beschlüsse der Bundesversammlung vom 20. September des Jahres und mit ausdrücklichem Hinweis auf seine persönliche Verantwortung für die Staatssicherheit hatte Ludwig zuvor auch das Melderecht verschärft. Am 11. November verfügte er, dass *jeder Stadt- und Ortsbewohner, welcher einen Fremden, und wenn es auch der nächste Anverwandte wäre, über Nacht beherbergt, ohne es dem Amte oder, wo eine besondere Polizeibehörde ist, dieser oder, wo keine von beiden ist, dem bürgerlichen Ortsvorstande wenigstens binnen 24 Stunden nach Ankunft des Fremden anzuzeigen, unnachsichtlich eine Strafe von 15 Gulden zu erwarten hätte.*[96] In den folgenden Jahren erlassene, ergänzende Bestimmungen zeigen, dass es den Behörden schwerfiel, dem Gesetz Geltung zu verschaffen. So wurden die Floßmeister der an den Flussufern zusammengestellten Flöße unter Androhung einer empfindlichen Geldstrafe wiederholt gemahnt, ihre Arbeiter *bei persönlicher Verantwortlichkeit innerhalb 24 Stunden auf der Polizei anzuzeigen und sich von dort die nötigen Aufenthaltskarten zu verschaffen, nicht minder bei Vermeidung gleicher Strafe 3 Tage vor Abfahrt des Floßes die gleichmäßige Anzeige zu machen.*[97] Noch 1823 wurde das Melderecht mit der Verordnung *Nr. 1191 über das Beherbergen von Fremden in Städten und auf dem Lande*[98] erneut bestätigt. Obwohl die Höhe der zu erwartenden Geldstrafe nunmehr zwischen 1 und 10 Gulden variierte, war dies ein deutliches Signal, dass die auf eine vorgebliche Fünfjahresfrist terminierten *Karlsbader Beschlüsse* dauerhaft verankert werden sollten. Vor allem aber war der Aufruf zur Denunziation nicht zu überhören, wenn dazu aufgefordert wurde, *Kleidung und Redensarten* zu beobachten und weiterzumelden, oder gar ein Drittel der zu erwartenden Geldstrafe von den Zuwiderhandelnden dem Anzeigenden in Aussicht gestellt wurde.

Welche Verwirrungen die allgemein spürbare Verunsicherung mit sich bringen konnte, erwies sich, als das großherzogliche Stadtamt im November 1827 an den Gemeinderat herantrat, in Zukunft *keine Liegenschaftskäufe mehr an fremde, hier nicht einheimische Käufer zu protokollieren und zu gewähren, ehe und bevor sich dieselben bei der hiesigen Polizeibehörde über Herkunft und Verhältnisse ausgewiesen und die förmliche Erlaubnis zum Erwerb von Grundeigentum und Liegenschaft erhalten haben.*[99] Den Hintergrund für diese scharfe Zurechtweisung bildete der Vorwurf, ein angeblicher Engländer namens Both habe kürzlich das Haus N 4, 18 gekauft, ohne dass diese Person zuvor bei der Polizeibehörde vorgesprochen habe. Nun wurde der Gemeinderat verpflichtet, *unter Vorlegung der Papiere über diesen Fremden alsbald zu berichten.* Der Mantel des Schweigens, der diesen Vorgang im weiteren Verlauf deckt, legt nahe, dass dem Stadtamt dabei ein peinlicher Fehler unterlaufen war. Seit Beginn seines zweiten Aufenthalts in Mannheim am 16. Juni 1821 lebte unter der nämlichen Adresse N 4, 18 der ehemalige Berliner Hochschullehrer und Sprachwissenschaftler Dr. Friedrich Heinrich Bothe, der allerdings, von Weinheim kommend, der Polizeibehörde seine Papiere ordnungsgemäß vorgelegt hatte. Die Namensgleichheit lässt eine Verwechslung vermuten, wirft aber auch ein bezeichnendes Licht auf das Klima von Denunziation und Schnüffelei, das Anfang der 1820er Jahre herrschte. Die Reihe der Mannheimer Bürgen von Buchhändler Löffler bis zum Lyzeumsdirektor Weickum, die von Bothe in den Meldeunterlagen angegeben wurden, erhöht die Peinlichkeit des behördlichen Säbelrasselns.

## Aus dem Alltagsleben der Stadt

In Sands Attentat hatte sich der aufrührerische und schwärmerische Geist einer jungen Generation bemerkbar gemacht, die – hauptsächlich dem Bürgertum entstammend – die ihr angelegten gesellschaftlichen Fesseln zu sprengen suchte. Ein Sammelpunkt solcher Stimmungen bildete sich im seit 1807 bestehenden Lyzeum, das die dort heranwachsende spätere gesellschaftliche Elite der Stadt prägen sollte. Namhafte Persönlichkeiten wie der Historiker Ludwig Häusser oder die badischen Politiker Julius Jolly und August Lamey erwarben hier die Bildungsfundamente für ihre berufliche Zukunft. Aber auch eine ganze Reihe dem System kritisch gegenüberstehender Persönlichkeiten, teilweise als Demokraten und Revolutionäre bekannt geworden, drückten dort gemeinsam mit dem jungen Friedrich Hecker die Schulbank: Elias Eller beispielsweise, aus ärmlichen Verhältnissen stammend, dem nur ein vom Gemeinderat bewilligtes Stipendium den Besuch der Schule ermöglichte; oder Johann Lorenz Küchler, der später wegen seiner Beteiligung am Frankfurter Wachensturm lange Jahre im Exil zubrachte, wie auch der im Nachhall des Hambacher Fests wegen vorgeblicher Pressedelikte verfolgte Karl Mathy, Sohn des Mathematiklehrers am Lyzeum Johann Arnold Mathy. Nach dem Tod seines Vaters gehörte auch Mathy zu den unterstützungsbedürftigen Schülern, deren Anteil bis zu 10 Prozent betrug und die auf Befreiung vom Schulgeld, freie Lehrmittel oder gar ein Stipendium aus einer der zahlreichen privaten Stiftungen hoffen mussten. Diese *sozialintegrative Funktion des Mannheimer Lyzeums*[100] entsprach dem neuhumanistischen Bildungskonzept der Schule. Stolz konnte Direktor Nüßlin im Vorbericht des Schulprogramms von 1828 anmerken, *daß seit der Gründung des Lyceums vor 21 Jahren bis zum heutigen Tage nicht ein einziger unterstützungswürdiger Schüler seine Bitte um freien Unterricht umsonst an uns gerichtet hat.* [...] *Ja selbst unter denjenigen armen Schülern, welche sich später durch Unfleiß und übles Betragen jener Unterstützung unwürdig machten, sind nur wenige, und diese nur nach langen fruchtlosen Ermahnungen zur Besserung, der Ansprüche auf jene Wohltat verlustig worden.*[101]

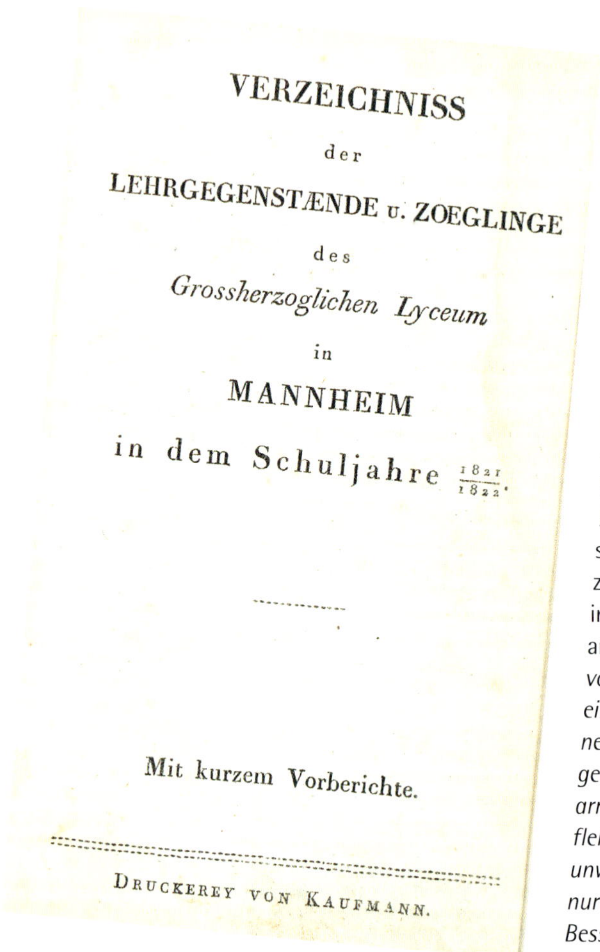

VERZEICHNISS
der
LEHRGEGENSTÆNDE u. ZOEGLINGE
des
*Grossherzoglichen Lyceum*
in
MANNHEIM
in dem Schuljahre 1821/1822.

Mit kurzem Vorberichte.

DRUCKEREY VON KAUFMANN.

*Titelblatt vom Jahresbericht des Lyzeums, 1821/22. REM.*

Der Programmatik des Unterrichts, die klassische Altphilologie, Sprachen und Mathematik in den Vordergrund stellte, aber auch die Pflege eines botanischen Gartens, Schwimmen, Fechten und entgegen obrigkeitlichem Willen zeitweise auch den Turnunterricht auf den Stundenplan setzte, stellten die Schüler schon damals ihre eigene Erlebniswelt entgegen – durchaus im Wechselspiel konsequenter Verarbeitung des übermittelten Lehrstoffs. Demgegenüber setzte die Polizeibehörde nicht selten auf scharfe Beobachtung und handfestes Eingreifen. 1820 wurde der Turnunterricht eingestellt, und im August 1824 wurde der Fechtunterricht verboten, *weil er sich seit einer Reihe von Jahren durch die unangenehmsten Erfahrungen für die Studien und Sitten der Jugend höchst verderblich bewiesen hat.*[102] Mathy und Küchler einte jedenfalls eine eigenständige Gedankenwelt, in deren Zentrum die Begeisterung für den griechischen Freiheitskampf stand, den Küchler als 18-Jähriger mit einem eigenen Schauspiel über die *Belagerung von Missolonghi* feierte. Das Stück wurde am 26. Februar und am 19. März 1828 am Mannheimer Nationaltheater aufgeführt. Und Karl Mathy plante nach Beendigung seines Heidelberger Studiums den Eintritt in die Reihen der progriechischen Freischärler, wurde jedoch nach dreimonatigem Fußmarsch in die französische Hauptstadt vom Pariser Komitee abgewiesen.

Solche biografischen Sprünge waren natürlich nicht die Regel in einer Bildungsanstalt, die Jugendliche bürgerlicher und aristokratischer Herkunft aus allen Konfessionen mischte. Selbst die mittlerweile zahlreicher werdenden englischen Rentiers schickten ihre Jungen auf das Lyzeum, das seinen bald mehr als 200 Schülern ein solides Bildungsgerüst vermittelte. Die Bedeutung des die konfessionellen Grenzen überschreitenden Erziehungsmodells erwies sich vor allem als Meilenstein für die berufliche Förderung der männlichen Jugend. Als im Frühsommer 1816 das Gerücht kursierte, dass die *Separation* [...] *nach den verschiedenen Religionen im Werke sein solle*, forderte der Bürgerausschuss den Gemeinderat auf, *eine Verwendung dahin einzulegen, dass diese Lehranstalt zum Wohle der hiesigen Stadt unzertrennt wie bisher fort erhalten werden möge.*[103] Das großherzogliche Stadtamt beeilte sich daraufhin, dem Gemeinderat am 29. Mai 1816 mitzuteilen, dass *an eine Verminderung des Lyzeums oder Absonderung der Konfessionen nicht zu denken sei.*[104]

Für die Jugendlichen selbst ging der in der Schule entwickelte Zusammenhalt häufig in eine gemeinsame Freizeitgestaltung über, die sich jenseits der überwachten Distrikte beispielsweise in den zahlreichen, dem Lyzeum nahe gelegenen Gastwirtschaften abspielte. Dort wurden die akademischen Gepflogenheiten der Studenten kopiert. Dem Beispiel der Älteren folgend, verstieß man gegen polizeiliche Bestimmungen, nach denen *den Lyceisten* [...] *das Besuchen von Bier-, Wein- und Kaffeehäusern* [...] *auch in Gesellschaft ihrer Eltern* streng verboten war und sie bei Übertretung mit *Geld-, auch Gefängnisstrafe, endlich mit Ausweisung aus den Lehrinstituten* bedroht wurden. Nicht einmal die Warnung, *dass ebenso Wirte, welche durch Aufnahme von Schülern an der Übertretung dieser Gesetze Teil nehmen, unnachsichtlich zur Strafe gezogen werden* sollten, fruchtete. Gleiches galt für die Empfehlung, die Schüler sollten *sich nicht frühzeitig das Tabakrauchen angewöhnen, noch weniger sich mit der Tabakspfeife auf der Straße sehen lassen, dagegen sich durch ein anständiges, höfliches und bescheidenes Betragen zu empfehlen suchen.*[105] Die rauchenden und Bier trinkenden Gymnasiasten imitierten eine akademische Jugend, die sich im nahen Heidelberg in Burschenschaften sammelte und eine eigene Kultur ausprägte, deren Normen bis heute in den studentischen Verbindungen nachwirken. Nicht selten gerieten aufsässige Studenten mit den akademischen Regeln in Konflikt, im Extremfall durch blutige Duelle. Eher die Ausnahme war dagegen die kollektive Verweigerung, wie sie sich als Protest gegen die willkürliche Inhaftierung von Kommilitonen im Auszug der Heidelberger Studenten vom 14. August 1828 äußerte. Nach wenigen Tagen schon kehrten die Teilnehmer der Aktion wieder in die Universitätsstadt zurück.

Insgesamt handelte es sich dabei um Begleiterscheinungen der Verfestigung bürgerlicher kultureller Normen im Ausbildungswesen generell, die mit vielfältigen weiteren Entwicklungen im Schulwesen einhergingen. Neben die öffentlichen Schulen traten zahlreiche Privatinstitute, die vom wachsenden Ansehen geistiger Bildung zeugten. Die soziale Bedeutung dieser Bildungsidee kann dabei nicht hoch genug eingeschätzt werden, fällt sie doch in einem historischen Augenblick mit der Herausbildung des Bürgertums in Mannheim zusammen.

*Gastwirtschaftsszene, modelliert von Konditor Friedrich Brechter (um 1799–1886), um 1830. REM.*

In einem Punkt allerdings kam die Konstituierung einer bürgerlichen Gemeinschaft nicht recht voran. Die Einbeziehung der jüdischen Minderheit stieß in weiten Kreisen der Bevölkerung weiterhin auf Ablehnung. Überall in Baden kursierten Vorurteile, wie sie der Karlsruher Abgeordnete Gastwirt Bernhard Dollmätsch in der Sitzung der Zweiten Kammer vom 11. Januar 1823 wiedergab. Demnach könne man *den Israeliten noch so günstige Bewilligungen in bürgerlicher Beziehung* bieten – sie blieben dennoch *immer die nämlichen arbeitsscheuen und listigen Juden* [...] *wie bisher, so lange ihnen eine eigene Sprache für ihren Religionsunterricht gestattet werde.* Und obgleich die Mehrzahl der in Baden lebenden Juden arm und bedürftig war und sich in der Hauptsache von wenig einträglichen Geschäften, dem *Nothandel*, ernährte, lastete auf ihnen *von jeher der Verdacht des Wuchers.*[106] Nicht selten durchdringen solche Gedanken auch die Mannheimer Ratsprotokolle. Im Dezember 1817 beschäftigte den Gemeinderat eine Bürgerbeschwerde gegen die Verlegung der jüdischen Schule in das Gebäude der Lemle-Moses-Klaus. Darin wurde vorgebracht, dass das Vorhaben *um so weniger zulässig sein* [dürfe], *als sonst keine Schulanstalt in dieser Straße je bestand noch wirklich besteht, und den angrenzenden Hauseigentümern nicht zugemutet werden* könne, *sich die Unannehmlichkeit einer solchen lärmenden Anstalt in ihre Nachbarschaft verpflanzen zu lassen.*[107] Der Klage über das als *Missstand* verstandene Vorhaben folgten die Behörden nicht, wurden jedoch immer wieder mit einer latent antisemitischen Stimmung konfrontiert. Beispielsweise war die Unterstellung *listigen* Geschäftsgebarens in der Bevölkerung weit verbreitet, wie ein weiterer Vorgang aus den Verhandlungen des Gemeinderats belegt. Im Februar 1820 zeigte der für die Organisation des Fruchtmarkts zuständige Kommissar Ratsherr Möhl *die mit Früchten handelnden hiesigen Juden*[108] an: Sie würden den mit Hafer ankommenden Landleuten vor der Stadt ihre Ware abkaufen, bevor diese sie noch auf dem Markt feilbieten könnten. Da das Marktrecht streng gehandhabt wurde, bezeichnete er dies als Missbrauch und drang auf ein Verbot sowie die Androhung einer empfindlichen Geldstrafe. Ganz offensichtlich jedoch wurde der antisemitische Vorbehalt in einem Vorgang vom Juni 1827. Eine Beschwerde des jüdischen Gemeindevorstands deckte auf, dass in Verzeichnissen der wählbaren Bürger zur Wahl eines neuen Bürgerausschusses, die der Kreis-Steuereinnehmer Gottlieb Friedrich Herrmann nach Steuerklassen aufgestellt hatte, die jüdischen Einwohner einfach weggelassen worden waren. Darüber zur Rede gestellt räumte Herrmann ein, *aus eigenem Antriebe gehandelt* zu haben, zeigte jedoch keine Einsicht in die Rechtmäßigkeit einer Beschwerde, da nach den Bestimmungen des Konstitutionsedikts *die christliche Kirche in Beziehung auf jede andere in dem Sinne im Großherzogtum herrschend bleibe* und *alle Regierungsgewalt und deren Ausübung in direktiver und administrativer Ordnung nur in die Hände von Dienern niedergelegt werden, die aus ihrer Mitte* seien. Mit einer kräftigen Rüge stellte das großherzogliche Stadtamt den Sachverhalt nach Paragraph 6 des landesherrlichen Edikts über die Einrichtung der Bürgerausschüsse richtig: Es sei *allerdings ein Verstoß gegen diese Verordnung* gewesen, *dass nur einige und nicht*

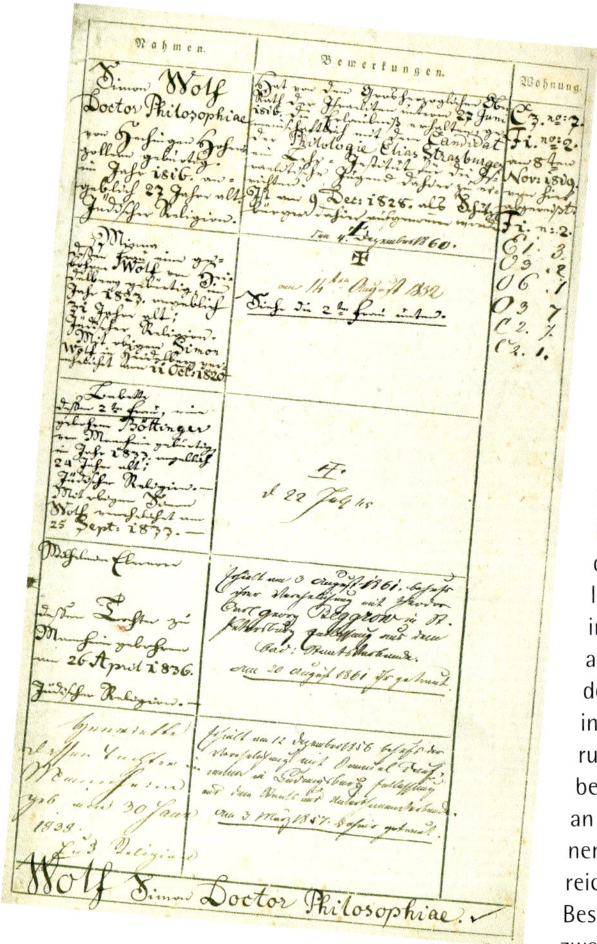
Nahmen. | Bemerkungen. | Wohnung.

Simon Wolf Doctor Philosophiae

Wolf Simon Doctor Philosophiae

Familienbogen von Simon Wolff (um 1799–1860). StadtA MA.

*alle Israeliten, welche hinsichtlich ihres steuerbaren Vermögens sich dazu gesetzlich geeigenschaftet hätten, nicht in die Liste der wählbaren Individuen gesetzt wurden. Man erwarte daher, daß für die Zukunft der landesherrlichen Verordnung in gleichem Falle besser Folge geleistet werde.*[109]

Das Konstitutionsedikt Karl Friedrichs hatte zwar die allgemeine Gleichberechtigung der *Israeliten* verkündet, in der faktischen Umsetzung jedoch war diese schon bald durch weitere Regelungen eingeschränkt worden und darüber hinaus von der Auslegung allgemeiner Bestimmungen abhängig. So scheiterte der Antrag einer israelitischen Erholungs-Gesellschaft vom September 1816, in ihrem Vereinslokal einen Billardtisch aufstellen zu dürfen, an dem Einspruch der Kaffeehausbetreiber. Bei der damals in Mannheim fast 10 Prozent der Bevölkerung ausmachenden jüdischen Minderheit bestand offensichtlich ein großes Interesse an Bildung, das sich an der Gründung eigener geselliger Vereinigungen wie auch zahlreicher Bildungseinrichtungen ablesen lässt. Besonderes Lob bekam im Frühjahr 1818 das zwei Jahre zuvor gegründete, ursprünglich zu einer höheren Erziehungs- und Lehranstalt bestimmte jüdische Schulinstitut, dem von Kreisdirektor von Stengel bescheinigt wurde, es sei als *Musterschule für ähnliche Anstalten nachdrücklich zu empfehlen.*[110] Die auf private Initiative von den Lehrern Simon Wolff und Elias Strasburger entstandene Schule trotzte den oben erwähnten Vorurteilen und zog in die Lemle-Moses-Klaus ein, wo sie nach wenigen Jahren die staatliche Anerkennung als Elementarschule für Knaben und Mädchen erhielt. 1827 bedankte sich der amtierende Kreisdirektor Fröhlich öffentlich bei der *israelitischen Schulkommission, und insbesondere deren Vorstand, für den dieser Anstalt gewidmeten reinen Eifer* und rühmte gleichzeitig das *ausgezeichnete Verdienst des Oberlehrers Wolff um die schnellen Fortschritte und den trefflichen Zustand dieser Schule und die rühmliche und vorurteilsfreie Beförderung des so gemeinnützigen Unternehmens durch den Stadtrabbiner Traub.* Die wenigen Gegner dieser Einrichtung tröstete er mit den Worten, sie könnten *die Überzeugung gewinnen, dass gegen allgemein wohltätige Anstalten auf die Dauer kein Widerstand bestehen könne.*[111]

Ein Ereignis von besonders großer Tragweite für das Leben der Stadt stellte der Zusammenschluss der wallonischen, der reformierten und der lutherischen Gemeinden zu einer evangelischen Kirchengemeinde dar. Im Jahr des 300-jährigen Reformationsjubiläums, das 1817 angesichts der Hungerkatastrophe in bescheidenem Zuschnitt begangen wurde, war der Wunsch der Gläubigen nach einer Kirchenunion laut geworden. Damit fand ein solcher Gedanke seinen Ursprung landesweit in Mannheim. Während sich die Annäherung der Gemeinden im Jubiläumsjahr in praktischer Hinsicht nur zaghaft äußern konnte, brachte ein Aufruf Mannheimer Gemeindeglieder vom Dezember 1817 den eigentlichen Vereinigungsprozess in Gang. Zwar hielten sich die Mannheimer Seelsorger in der Bewertung dieser Aktivität ihrer Gemeinden vorerst zurück und warteten auf ein Zeichen der Kirchenoberen, angesichts der zeitlichen Nähe zur Verleihung der Verfassung war jedoch von Seiten der großherzoglichen Regierung Zustimmung zum Begehren einer solchen Basisbewegung durchaus zu erwarten. Wenige Tage vor seinem Tod ließ Großherzog Karl durch das Ministerium einen *Vereinigungsplan der beiden evangelischen Kirchen ganz nach den in dem von der evangelischen Kirchensektion erstatteten Vortrag enthaltenen Grundsätzen* verfügen, der dann auch von seinem Nachfolger nicht angefochten wurde. Der lutherische Kirchenälteste Oberhofrichter Christian Friedrich Walz lobte derweil die Befürworter der geplanten Verschmelzung in einer Eingabe an den Monarchen, *weil sie den Indifferentismus aufgeschreckt und uns zu desto innigerer Vereinigung aufgerufen haben.*[112]

*Medaille zum Gedenken an die evangelische Kirchenunion in Mannheim, datiert auf den 28. Oktober 1821. REM.*

Nachdem im Sommer 1821 die kleine wallonische Gemeinde in der größeren deutsch-reformierten Schwestergemeinde aufgegangen war, wurde die Vereinigung der reformierten und lutherischen Gemeinden am 28. Oktober 1821 begangen. Die eintägige Festveranstaltung begann mit einem morgendlichen Gottesdienst in der Konkordienkirche, die bislang den Reformierten als Gotteshaus gedient hatte und nun neu benannt wurde. Für das zweite Gotteshaus, das bislang den Lutheranern gehörte, wurde der bei seiner Erbauung verwendete Name Trinitatiskirche neu belebt. Ein Festzug und weitere Gottesdienste in beiden Kirchen beschlossen die Feiern. Seinen rechtlichen Abschluss fand der Vereinigungsprozess allerdings erst am 27. April 1822, als das entsprechende Gesetz verkündet wurde. Diese zeitliche Verzögerung war auch ein Zeichen für erste Schwierigkeiten im gegenseitigen Umgang, der nun die Lösung organisatorischer und materieller Probleme des Zusammenschlusses forderte. Konflikte zwischen den beteiligten Seelsorgern um die jeweiligen Pfründen, aber auch der Versuch

*Schulgebäude in R 2. Foto, um 1900. StadtA MA.*

*Gedenkmünze zur Einweihung des evangelischen Schulgebäudes in R 2 am 9. November 1824. REM.*

einer Wiederbelebung des Mitspracherechts der Basis bei der Ausgestaltung der zukünftigen Gemeindestruktur führten zu Spannungen, die erst vom früheren Oberbürgermeister Johann Wilhelm Reinhardt beendet werden konnten. Ihm gelang es wohl vor allem, den weitgehend basisdemokratischen Regelungen zugeneigten Landtagsabgeordneten Johann Ludwig Bassermann auf eine gütliche Einigung aller Beteiligten einzuschwören.

Die evangelische Union wirkte sich bald zum Wohl eines weiteren Gedeihens der Mannheimer Kirchengemeinde aus, kündigte sich doch bereits ein Jahr später ein weiterer Höhepunkt in ihrer Geschichte an. Bislang hatte die Unterweisung für die Schüler der evangelischen Konfessionen unter improvisierten Bedingungen stattgefunden, wurden *die Zöglinge nach ihrem Alter und Geschlecht mehreren Lehrern zugeteilt, von denen jeder den Unterricht in seiner, von der Gemeinde zugewiesenen Wohnung erteilte.*[113] Nun aber schritt man zum Bau eines gemeinsamen neuen Schulhauses. Am 16. Juni 1823 fand die feierliche Grundsteinlegung in R 2 statt. Von Architekt Jakob Friedrich Dyckerhoff geplant und erbaut, war das mit einem Zuschuss aus einer bürgerschaftlichen Spende der Katholiken finanzierte Gebäude am 9. November 1824 fertiggestellt worden – ein weiteres Zeichen für das allgemeine Zusammenrücken der Bürgerschaft in Zeiten der Not und ein deutlicher Hinweis auf die positive Ausstrahlung des vorangegangenen Zusammenschlusses.

Seit dem 20. September 1819 war das ehedem kurfürstliche Residenzschloss wieder Wohnsitz eines Mitglieds der fürstlichen Familie geworden. Großherzogin Stephanie, die Gattin des im Jahr zuvor verstorbenen badischen Herrschers Karl, war dorthin übergesiedelt und hatte im westlichen Flügel des Ehrenhofs Wohnung genommen. Wohl eingedenk ihrer guten Erinnerungen an den warmherzigen Empfang in der Stadt wählte sie Mannheim zu ihrem Witwensitz, und Großherzog Ludwig überließ ihr dazu den gesamten Westflügel des Schlosses, während er sich den Ostflügel als standesgemäßes Quartier für seine Aufenthalte in der Stadt vorbehielt. Stephanie ließ sich von ausgesuchten Fachleuten, zu denen sich auch Dyckerhoff zählen durfte, im ehemaligen Wohntrakt von Karl Theodor und Elisabeth Augusta ein angemessenes Ambiente gestalten.[114] So konnte sie den Blick über die weitläufige Parkanlage hinter dem Schloss schweifen lassen, die großenteils ihrer Unterstützung zu verdanken war. Noch waren die Gartenarbeiten nicht beendet, da wurde zur Erfüllung eines *langgehegten Wunschs* von Stephanie 1829 auch die Anlage einer Promenade vom Schlossgarten über das so genannte Schniekenloch am Rheinufer entlang bis zum Neckarauer Wald versprochen. Das unter der Obhut von Gartenbaudirektor Johann Michael Zeyher geplante Projekt drohte, bedeutende Summen zu verschlingen. Jedoch mit Rücksicht darauf, dass die Anlage *zur Verschönerung der Umgebung hiesiger Stadt diene und dadurch den Fremden der Aufenthalt in hiesiger Stadt verannehmlicht werde*, war die Stadt bereit, einen moderaten Beitrag zuzuschießen.[115] Erst im Mai 1835 wurde mit dem Bau tatsächlich begonnen. Nachdem Stephanie auf eigene Kosten die dazu benötigten Grundstücke erworben und der Stadt zu Eigentum übergeben hatte, beschloss der Gemeinderat, die Anlage Stephanienpromenade zu nennen.

*Blick auf Mannheim vom Rheinufer bei der späteren Stephanienpromenade aus. Öl auf Leinwand von Karl Kuntz, 1812. Kunsthalle Mannheim.*

Mit Mannheim sollte die *Großherzoginwitwe* eine lange, durchaus auf Gegenseitigkeit beruhende Zuneigung verbinden. Groß war schon in den ersten Maitagen des Jahres 1816 die Begeisterung im Volk gewesen, als die Geburt eines Prinzen bekannt gegeben werden konnte. Das *Mannheimer Intelligenzblatt* veröffentlichte aus diesem Anlass ein Lobgedicht von Karl Vollmuth auf seinem Titelblatt – holprig gereimte Zeilen, in denen die *tapfren Badner* aufgefordert wurden, zur Feier *eines friedlichen Geschützes Donner schallen* zu lassen. Und der Autor gab der Hoffnung Ausdruck: *Dem Thron der Zähringer erblüh' in diesem Sohne / ein heiß erflehter Sproß, dem Lande Heil und Glück! / Es wache über Ihn der in des Himmels Zone / verklärte Ahn', Karl Friedrichs milder Blick!*[116] Begeistert wurde auch in Mannheim gefeiert, und es wurden *gelegentlich der Niederkunft Ihrer königlichen Hoheit der Frau Großherzogin mit einem Prinzen für an die Musik Corps der beiden hier garnisonirenden Infanterie-Regimenter abgegebene 82 Maas Wein und 27 Laibe Brod 55* [Gulden] *30 Kr*[euzer] *ausgegeben.*[117] Doch die Volksnähe war Fiktion, die in der Bevölkerung gesponnenen Legenden von einer wahrhaft prunkvollen Einrichtung der zahlreichen von Stephanie belegten Räume ließen sich nur von wenigen Personen des eigenen Hofstaats verifizieren, einem einfachen Besucher aus der Stadt war der Zutritt zu den Gemächern, ja sogar ein unbefugter Aufenthalt in der Nähe des Schlosses polizeilich untersagt. Auch wenn das bürgerliche Element durchaus akzeptiert wurde, blieb der Kontakt mit der Außenwelt eher

*Schlafzimmer der Großherzogin Stephanie (1789–1860) im Eckraum des Schlosspavillons. Aquarell von Pieter Francis Peters, 1842. Museo Mario Praz, Rom.*

distanziert, möglicherweise um die fingierte aristokratische Herkunft der Beauharnais nicht in Frage zu stellen. Hinter der majestätisch lang gezogenen, abweisenden Fensterfront des Gebäudes residierte eine feinsinnige, kunstliebende Beobachterin, deren heimlicher Blick dem Alltag des Volks, aber auch den Schönheiten der Natur galt. Mit einer Camera Obscura, Bildformat 24 1/2 mal 18 1/2 cm, erleichterte sie sich die Anfertigung naturgetreuer Zeichnungen, von denen sich einzelne Blätter erhalten haben. Wenig wahrscheinlich ist dagegen der später dem Gerät zugeschriebene Zweck: Stephanie habe das Gerät mittels Stativ diskret an einem der Fenster platziert und das Geschehen auf der Straße oder im Schlosspark belauert.[118]

Gleichwohl könnte das Engagement der Fürstin bei Wohltätigkeit und Förderung sozialer Institute auch aus dem Motiv sozialer Neugier heraus gespeist sein. Zumindest in einem Fall ging die Unterstützung weit über das Maß höfischer Etikette hinaus. Stephanie selbst schilderte in einem Brief vom 20. November 1824 eine Episode, die sich in dem 1819 von ihrer Gouvernante Amalia von Graimberg gegründeten Mädcheninstitut zutrug. Mit *feinem liebenswürdigen Humor* beschrieb sie ihr Interesse für die zum damaligen Zeitpunkt von der Witwe Henriette von Schenckendorff geleitete, im ehemaligen Karmeliter-Kloster in L 3, 1 untergebrachte Einrichtung. Von der dortigen Unterweisung und dem Schulunterricht erwartete sie eine besondere Förderung der Mädchen und sprang selbst in die Bresche, als die Geschichtslehrerin erkrankte. Alle acht Tage fragte sie die Wissensfortschritte ab, damit die Mädchen keine Zeit verlieren sollten.[119]

## Bürgerlicher Geist und wirtschaftliche Aufwärtsbewegung

Angesichts der einen langen Schatten wertenden städtischen Schuldenlast[120] erscheint erstaunlich, dass sich doch allmählich eine wirtschaftliche Besserung bemerkbar machte, zu deren Motor der von manchem Zeitgenossen weit unterschätzte Handel werden sollte. Die Konjunktur trotzte den enormen Kriegsschulden wie auch den daraus resultierenden Zinszahlungen, die den städtischen Haushalt jährlich erneut auf die Probe stellten: Erst im Jahr 1858 waren sie zur Gänze abgetragen. Die finanziellen Nöte bedingten allerdings eine vorläufig nur geringe Risikobereitschaft der Stadtväter, wenn es um ambitionierte Planungen wie die Neuanlage eines Friedhofs außerhalb der Innenstadt oder den Bau einer festen Neckarbrücke ging. Selbst der erste Schritt zur Anlage von modernen Hafenanlagen stieß auf erbitterten Widerstand in Gemeinderat und Bürgerausschuss.

Schließlich war nach den Berechnungen Friedrich Walters die Schuldenlast im Jahr 1821 auf über eine halbe Million Gulden gestiegen: 310 000 Gulden betrugen die Darlehen und Schulden, die auf der Gemeindekasse lasteten, 144 000 Gulden rührten von den Belastungen durch die Kriegsereignisse her und 66 000 Gulden waren aus Verpflichtungen im Zusammenhang mit der Entfestigung der Stadt erwachsen.[121] Regelmäßige

Appelle an die Staatsbehörden zur Deckung der durch die enormen Zinszahlungen entstehenden Haushaltslöcher ersetzten in den 1820er Jahren eine solide Haushaltspolitik. Da auf einer ganzen Reihe von Waren des täglichen Bedarfs – Salz, Holz, Bier und Wein – schon Verbrauchsabgaben lasteten, die 1821 um den so genannten Mehl-Oktroi ergänzt wurden, konnten die fehlenden Geldmittel auch auf dem Weg erhöhter Steuereinnahmen nicht aufgetrieben werden.

Vor allem die langwierigen Maßnahmen zur baulichen Erschließung des ehemaligen Festungsgeländes, aber auch daraus resultierende Probleme wie die Sicherung der Stadt vor Hochwasser sowie der Ausbau der Straßen und Wege hatten den städtischen Haushalt völlig aus dem Gleichgewicht geworfen. Der Versuch einer organisatorischen Bereinigung durch die Auflösung der bis dahin wirkenden staatlichen *Demolitionskommission* zum 21. März 1821 war für die Stadt nur mit neuen Belastungen verbunden, da sie deren Aufgaben nun zusätzlich zu übernehmen hatte. Von einer angemessenen Entschädigung durch Grundstücksübertragungen konnte nämlich nicht die Rede sein. Erst im Sommer 1824 kam es zu einer Annäherung in den Verhandlungen mit den Staatsbehörden. Als diese die Übertragung der Kassenvorräte aus der abgewickelten *Demolitionskommission*, einen ansehnlichen, bis dahin noch unverkauften Geländeanteil und weitere Vorteile anboten, ließ sich die Stadt auf einen solchen Vergleich ein und traf im August eine entsprechende Vereinbarung mit dem Ministerium. Erst wesentlich später wurde der Verdacht laut, die *Demolitionskommission* habe einen Teil des ihr anvertrauten Vermögens veruntreut, sodass die Gemeinde 1829 eine Regressklage gegen die Kommissionsmitglieder anzustrengen gedachte. Ein solcher Schritt hätte allerdings erhebliches öffentliches Aufsehen erregt und wurde daher vom großherzoglichen Stadtamt unterbunden.[122]

Zu Jahresbeginn 1826 stellte sich heraus, dass die durch ausstehende Zinszahlungen stetig steigende Kriegsschuld den städtischen Haushalt so sehr zu belasten drohte, dass die Stadt handlungsunfähig werden könnte. Nahezu zwei Jahre war sie mit den Zinsverpflichtungen in Rückstand geraten: Im Sommer würden es 26 000 Gulden sein, die auf das allgemeine Steueraufkommen der Bürgerschaft umgelegt werden müssten. Da jedoch die Stadt vor den Konsequenzen kapitulierte und als Vorbedingung eigener Initiativen vom Staat eine allgemeine Bereinigung der noch ausstehenden Kriegsschulden verlangte, stiegen die Zinsen weiter, bis erste Gläubiger warnten, dass sie vor Gericht ziehen würden, um ihre Forderungen durchzusetzen. Verbindlichkeiten in Höhe von 51 000 Gulden drohten zum 1. Oktober 1826 fällig zu werden. Ein Teil der Gläubiger strengte auch tatsächlich Klage vor dem Hofgericht an, um die Zahlungen zu erzwingen. Gerüchteweise drang durch, dass man nicht davor zurückschrecken werde, zur Befriedigung der Forderungen städtische Liegenschaften zu beschlagnahmen. Bereits am 15. Februar 1826 hatte der Gemeinderat vor einer solchen Maßnahme gewarnt, da damit *der städtische Credit auf das äußerste herabgebracht und das gesamte Ökonomiewesen der Stadt in dem Maße zerrüttet würde, dass ihr weder die Mittel zu Deckung ihrer laufenden Ausgaben noch jene zur Befriedigung ihrer wirklichen Hypothekargläubiger blieben, indem das städtische Eigentum in der jetzigen Zeit den Wert der darauf verhafteten Schulden unmöglich erreichen würde.*[123]

*Der Mannheimer Stadtdirektor Philipp Anton von Jagemann (1780–1850). Pastell eines unbekannten Künstlers, um 1820. REM.*

Am 8. März zitierte Stadtdirektor von Jagemann Gemeinderat und Bürgerausschuss zu einer gemeinsamen Beratung, um die Modalitäten einer Abfindung der Gläubiger zu beraten. Die Gemeindevertreter machten die schon seit acht Jahren andauernden Vertröstungen auf eine baldigst erfolgende gerechte Aufteilung der Kriegskosten für die desolate Finanzlage der Stadt verantwortlich, signalisierten gleichwohl ihre Kompromissbereitschaft *in der zuversichtlichen Hoffnung* [...] *eines dann möglichen schonenden Arrangements zur Tilgung ihrer Kriegsschulden.*[124] Dennoch war eine Lösung zur allgemeinen Zufriedenheit schwer zu finden, zumal die städtischen Vertreter eine allgemeine steuerliche Umlage der fehlenden Beträge kategorisch ablehnten. Auch eine drastische Erhöhung des Mehl-Oktrois wollte man tunlichst vermeiden. Man werde sich damit *gegen die ärmere Klasse versündigen, da sie den größern Teil ausmache und in der Regel die meisten Köpfe und hauptsächlich mit Brod zu ernähren habe.*[125] Nachdem eine neuerliche Sitzung unter Einschluss von Vertretern der Gläubiger am 17. Mai mit dem wiederholten Appell an die Regierung endete, doch endlich einen Schlussstrich unter die Kriegskosten zu ziehen, nahm man am 24. Juni als letzten Ausweg Zuflucht zu einer weiteren Anleihe über 48 000 Gulden, die diesmal aus den Sparguthaben bei der städtischen Sparkasse entnommen wurde. Gleichzeitig wurde verfügt, die anfänglich auf 6 Prozent festgesetzten Zinszahlungen von da an auf 4½ Prozent abzusenken, um die inflationäre Erhöhung der Schuldenlast zu dämpfen. Eine moderate Erhöhung des Mehl-Oktrois sowie eine steuerliche Umlage sollten langfristig die Rückzahlung des Darlehens und der Schulden absichern. Mit diesem kühnen Griff war die brisante Situation vorerst entschärft. Insgesamt hatte sich jedoch auch gezeigt, wie zerbrechlich die Stabilität des städtischen Haushalts war.

Nur selten erfreute die Stadtkasse ein finanzieller Segen, so wenn in früheren Zeiten erbrachte Fron- oder Wachdienste von den betroffenen Bürgern zunehmend finanziell abgegolten wurden. Das war jedoch nur wenigen begüterten Einwohnern möglich. Andere versuchten, sich in Ausnahmeregelungen zu flüchten, wie zahlreiche in den Gemeinderatssitzungen verhandelte Gesuche und Proteste zeigen. Dagegen brachten die nach jahrelangen Debatten vereinbarten staatlichen Ausgleichszahlungen für

*wahrscheinlich sich Stellen in den Flussbetten ergeben dürften, die sich zu Hafenanlagen noch weit vorteilhafter eigneten, als die jetzt vorgeschlagenen.* Außerdem erlaube *der westliche und nordwestliche Windschlag dem Schiffer kaum* [...] *daselbst anzulegen*, sodass ihm *Gefahr für sein Schiff drohe.* Schließlich wurde angemerkt, dass die winterliche Unterbringung der Pontons der Rheinbrücke diesen natürlichen Hafen *so anfüllen würde, dass andre Schiffe nicht oder nur in sehr geringer Anzahl geborgen werden könnten.*[129]

Erst das Jahr 1827 brachte die Wende in den Verhandlungen über den Hafenbau, indem der Seitenarm des Rheins zwischen der Stadt und der Mühlauinsel für erste Kaianlagen ins Auge gefasst wurde. Das Projekt sollte von der Stadt oder den Spediteuren selbst durchgeführt werden, was der Gemeinderat kurzerhand ablehnte, falls das Ministerium nicht die gleichen *Begünstigungen* gewähre, *wie sie die Rheinschanze in Bezug auf die dort bestehende Spedition genießt, da außerdem kein günstiger Erfolg für diese Anstalt zu erwarten und der namhafte Kostenbetrag ohne Nutzen aufgewendet wäre.*[130] Diese noch sehr pessimistisch klingende Aussage wurde mit zunehmendem ministeriellen Druck beantwortet. Als die Regierung zum 1. April 1827 den im Jahr 1808 eingeführten Umschlagzwang auf dem Neckar wieder abschaffte, erwuchs daraus für die Stadt das Problem, dass die der Gemeindekasse willkommenen Gebühreneinnahmen am Neckarkai zum großen Teil verloren gingen. Mit der Senkung der dort gültigen Gebührensätze vom 3. Mai suchte die Regierung einen Anreiz zum freiwilligen Warenumschlag zu schaffen und damit die Einbußen zum Teil zu kompensieren. Damit stieg aber auch der Druck zugunsten der Anlegung eines *Freihafens.* In einem streng abgegrenzten Gebiet sollten Güter frei von Erhebung von Einfuhr- oder Umsatzzoll gelagert und umgeschlagen werden können. Nunmehr signalisierte die großherzogliche Regierung erstmals die Bereitschaft, eine solche Regelung zu treffen. Dazu werde der Staat die Kosten für eine in der Nähe der Schiffbrücke im Rhein schwimmende Aus- und Einladevorrichtung in Form einer Wippe übernehmen. Trotz der bis dahin nur in Grundzügen vorhandenen Hafenanlagen ließ Großherzog Ludwig mit Wirkung vom 1. September 1828 verkünden, er habe *in der Absicht, den Handel Unserer Stadt Mannheim nach Möglichkeit zu befördern, gnädigst beschlossen, daselbst einen Freihafen am Rhein zu bewilligen.*[131] Der Polizeiordnung vom 22. April 1830 zufolge erstreckte sich das Hafengelände auch zu diesem Zeitpunkt erst vom *Matrosenhaus* bis zur Mündung des *kleinen Rheins.* Die Weichen für die weitere Entwicklung waren mit dieser Grundsatzentscheidung jedoch gestellt, die weitgehende Gebührenfreiheit ließ den Handelsverkehr schnell zunehmen, wie Bassermann und Kessler es vorausgesagt hatten.

Eine solche Entwicklung hatte sich freilich seit Längerem angekündigt. So war mit Blick auf die Erweiterung der Hafenanlagen im Herbst 1827 ein Disput zwischen den Gemeindekollegien und der staatlichen Aufsicht über die Frage entstanden, ob denn auch genügend Lagerraum zur Verfügung gestellt werden könne, um dem Handel die Benützung des Hafens ange-

Verladeeinrichtungen bei den Rheinmühlen. Tuschlavierung eines unbekannten Künstlers, um 1825. KMH.

nehm zu machen. Schon damals stellte sich heraus, dass das städtische Lagerhaus *in seiner bisherigen Ausdehnung nicht Raum genug dargeboten habe, alle Transitgüter der dortigen Handelsleute und Spediteure darin zu lagern.*[132] Erste private Lagerhäuser hatten schon eine Betriebsgenehmigung erhalten, die Aufstellung einer geeigneten Waage im öffentlichen Lagerhaus scheiterte jedoch vorläufig am unzureichenden Platz. Zudem war der bauliche Zustand der städtischen Einrichtung nach einem Bericht des Aufsehers Chuno so schlecht, dass *Kaufmannsgüter, besonders jene in Ballen verpackt, ohne dem Verderben Preis gegeben zu sein, nicht da gelagert werden könnten.* Der Boden im Untergeschoss war von Ratten durchwühlt und feucht, das Gebäude insgesamt verschmutzt. Das der Stadt nur mietweise zur Verfügung stehende Gebäude war also innerhalb weniger Jahre zu klein geworden und baulich heruntergekommen. Der Bedarf für Neuanlagen war also offensichtlich, und mit der Einrichtung des *Freihafens* gewann die Erfolgsgeschichte des Mannheimer Handels an Dynamik. In die landschaftliche Idylle, wo die Bleichanstalt Ferdinand Deurers die Wäsche von ganz Mannheim auf üppig grünen Wiesen ausbreitete, wo der Allgemeinheit ein öffentlicher Badeplatz im Rhein abgesteckt worden war und das Mühlauschlösschen seit wenigen Jahren öffentliche Tanzbelustigungen und Sommerfrische bot, fraß sich seither Stück um Stück das Hafengebiet mit seinen Anlegeplätzen und Lagerhäusern.

Die Zugeständnisse von Seiten des Ministeriums legen den Gedanken nahe, dass dort eine gewisse Einsicht in die zukünftige Bestimmung Mannheims als Handelsmetropole geherrscht haben muss. Sie baute auf dem Wissen auf, dass die von Rieger in seinem Werk genannten Handelsprodukte wie Tabak, Getreide und Holz traditionell in Mannheim umgeschlagen wurden, worauf sich auch Johann Ludwig Bassermann berufen konnte. Neu dagegen waren beispielsweise der Material- und Farbwarenhandel in zunehmender Größenordnung oder Erwerbszweige wie Geld- und Bankgeschäfte. Diese Entwicklung ist ohne den technischen Fortschritt nicht zu denken, und vor allem die Revolutionierung der Verkehrsmittel war nicht mehr aufzuhalten. Am 18. September 1825 landete wenige Tage nach seiner Jungfernfahrt das holländische Dampfschiff *De Rijn*, von Mainz kommend, erstmals in Mannheim. Erst spät abends vor Anker gehend, wurde der mit einem enormen Schlot, einem Mast und sehr primitivem Steuerruder ausgerüstete Raddampfer von einer gewaltigen Menschenmenge begrüßt. Bei seiner Abfahrt am nächsten Morgen gingen einige Mannheimer an Bord und fuhren bis Speyer mit. Auch Großherzog Ludwig ließ es sich nicht nehmen, im Hafen von Schröck oberhalb von Germersheim das Schiff zu besichtigen. Nachdem der Erfolg dieser Probefahrt allgemein anerkannt worden war, erhielt die Großherzoglich Badische Rheindampfschifffahrtsgesellschaft schon am 22. September die landesherrliche Erlaubnis zum Betrieb der Dampfschifffahrt. Seit Juli 1827 verband der Dampfer *Ludwig* mit regelmäßigen Fahrten zur Güter- und Personenbeförderung die als Handelsplätze konkurrierenden Städte Mannheim und Mainz.

*Ankunft von König Friedrich Wilhelm III. von Preußen (1797–1840) auf dem Dampfer „De Rijn" in Köln am 14. September 1825. Grafik von Johann Schlappelt. AKG Images.*

Blick über den Neckar von der Käfertaler Landstraße aus. Radierung von Ludwig Friedrich Schnell nach Ernst Fries, um 1830. StadtA MA.

Mit der Steigerung des Warenumschlags und der Personenbeförderung ging auch die Ausweitung des Straßenverkehrs einher. Im innerstädtischen Gebiet verdichtete sich die Tätigkeit der Fuhrleute und *Spanner*, die am Fruchtmarkt zwischen den Quadraten D 4 und E 4 ihre Standplätze hatten. Neue Post- und Kutschenverbindungen sicherten den Verkehr mit den ländlichen Umlandgemeinden. Expresskutschen boten auch schnelle Reisemöglichkeiten nach Frankfurt oder Straßburg an. Während die Gemeinde in der Regel für die Erhaltung der innerstädtischen Straßen und Wege zuständig war, ohne große Neuerschließungen zu wagen, fiel die Unterhaltung der aus der Stadt herausführenden Fernstraßen in die Verantwortung der Regierungsbehörden. Dennoch versuchten diese auch hier, die Gemeinde mit einzubeziehen, da angesichts der bescheidenen technischen Hilfsmittel der Aufwand doch bedeutend war. So mahnte im Dezember 1828 das großherzogliche Stadtamt den schlechten Zustand der Straße nach Käfertal an und bestimmte, der zuständige Kommissar des Gemeinderats, Paul Maier, habe innerhalb von 14 Tagen die in seinen Zuständigkeitsbereich fallende Straße vom *Meilenzeiger* bis an die Stadtgrenze bei Ansetzung einer Strafe von fünf Reichstalern *in einen guten fahrbaren Stand herstellen zu lassen.*[133] Der fragliche Weg wurde von Privatunternehmern mit Kies überstreut, der Straßengraben frisch ausgehoben. Dazu wurde das Material aus einer der nahe liegenden Kiesgruben oder bei Niedrigwasser aus dem Neckar entnommen. Außerhalb der Stadt legte man entlang des Wegs Vorratshaufen an, die jedoch ein weiteres Ärgernis mit sich brachten: Wegen mangelnder Aufsicht wurden sie regelmäßig geplündert.

Auch ein zaghafter Umbau der traditionellen Gewerbestrukturen machte sich bemerkbar. Vor allem in den frühen 1820er Jahren sind zahlreiche Konkurse und Gantverfahren, ja Fahndungen nach untergetauchten Bankrotteuren zu registrieren – Zeichen für die Krise der zahlreichen auf sich gestellten kleinen Unternehmen und Handelsgeschäfte. Demgegenüber stehen die in die Annalen der städtischen Wirtschaftsgeschichte eingegangenen Namen erfolgreicher Handels-, Wirtschafts- und Bankimperien. Die beiden Bankhäuser Hohenemser und Ladenburg, die Familienunternehmen der

Reinhardt und Bassermann, die Handelsfirmen von Tunna oder Thorbecke hatten die Kriegszeit überstanden und entwickelten sich unter den nachfolgenden Generationen zu Schrittmachern eines florierenden Handels. Experimente waren an der Tagesordnung. Ludwig Newhouse, Eigentümer einer florierenden Tabakfabrik, bot *das von ihm verfertigte Köllnische Wasser*[134] zum Kauf an. Kaufmann Jakob Behaghel erhielt zur Fabrikation seines Kartoffelsirups gar einen Vorschuss aus der Staatskasse.[135] Von der langsam sich stabilisierenden Konjunktur profitierten aber auch erste industrielle Gründungen. Aus dem Zunftleben kommende Handwerker wie Johann Schweizer sowie dessen Söhne Philipp und Georg stehen für den Übergang einer Zeugschmiede in eine Fabrik für feinmechanische Produkte. Neuerungen und Erfindungen pries mancher städtische Sonderling an, selten mit dem verdienten Erfolg, wie das Beispiel des Erfinders von Drais schlagend beweist, dessen epochale Laufmaschine dem Spott der Zeitgenossen preisgegeben war.

*Paul Franz Giulini (1796–1876). Zeichnung von Leonhard, um 1840. REM.*

Preise
von
Material-, Specerey- und Farb-Waaren
bei
Maggi Grasselli & Comp. in Mannheim.

*Produktübersicht der Handelsfirma Maggi, Grasselli & Co.,1821. StadtA MA.*

Auch neue Produktionszweige kündeten von den zaghaften Anfängen industrieller Fertigung in Mannheim. Bislang kaum in ihrer Relevanz erkannt ist die von Paul Franz Giulini auf dem jenseitigen Neckarufer gegründete chemische Fabrik. Vermutlich durch seinen Onkel Anton Dominik, der, aus dem norditalienischen Torno kommend, erstmals im Januar 1816 als Anteilseigner der Handelsfirma Maggi, Grasselli & Co. in der Stadt eintraf, kam Giulini nach Mannheim und verehelichte sich am 24. November 1822 mit der hier geborenen Johanna Margareta Lippert. Kurz zuvor mit dem Bürgerrecht ausgestattet, begann der 26-jährige Unternehmer noch im gleichen Jahr gemeinsam mit seinem Bruder Johann Baptist mit dem Aufbau des bis in die zweite Hälfte des 20. Jahrhunderts unter seinem Namen in Ludwigshafen bestehenden Chemieunternehmens. Die berufliche Beschäftigung mit dem Drogenhandel, dem Verkauf von Pulvern und Essenzen zumeist auf pflanzlicher Basis und in moderaten Mengen, brachte es mit sich, dass die beiden Kaufleute die in- und ausländischen Märkte beobachteten und feststellten, wie erfolgreich in Frankreich die chemische Industrie war. In Baden dagegen gab es bei der Versorgung mit chemischen Produkten wie Alaun, das in der Färberei verwendet wurde, oder Schwefelsäure einen offensichtlichen Mangel. Zudem stand der an der Entstehung des Werks beteiligte, ebenfalls aus Torno stammende Johann Angelus Grasselli sowohl in verwandtschaftlicher als auch in geschäftlicher Beziehung mit Straßburg und der dortigen Chemieindustrie. Grasselli hatte daher wohl die Idee zur Produktion von Schwefelsäure und Alaun und suchte mit einem am 5. November 1822 eingegangenen Schreiben an das Großherzoglich Badische Finanzministerium um die Genehmigung zur Errichtung einer Produktionsstätte nach, zu deren Zweck es hieß: *Aufgemuntert durch die in den Großherzoglich Badenschen Landen jedem Industrie-Beförderer gewährte Aufnahme und in Ermangelung einer daselbst bestehenden Anstalt zur Fabrikation mineralischer Säuren, vorzüglich Vitriolöl und romanisiertem Alaun, habe ich mich entschlossen, diesen neuen Industriezweig nach Deutschland zu verpflanzen, insofern mir durch ein hohes Großherzogliches Badensches Finanz-Ministerium die Begünstigungen allergnädigst erteilt würden, welche einer solchen Unternehmung umso notwendiger sind, als diese ein sehr beträchtliches Capital erfordert.*[136]

Im Oktober 1822 erwarben die Brüder Giulini zur Fabrikgründung mit dem *Grohehof* ein kleines Landgut, das nach dem Ableben seines vormaligen Eigners, des holländischen Diplomaten Admiral Heinrich August Freiherrn von Kinkel, zum Verkauf gestanden hatte. In den ehemals landwirtschaftlich genutzten Gebäuden, zu denen ein nahebei liegender, ausgedehnter Grundbesitz gehörte, wurde eine erste Produktionsstätte gebaut, eine Bleikammer einfachster Konstruktion, in der aus importiertem sizilianischem Schwefel Schwefelsäure hergestellt wurde. Aus gutem Grund wurde der Standort außerhalb des Innenstadtbereichs gewählt, da Umweltbelastungen zu befürchten waren und man hoffte, *eine halbe Stunde von Mannheim, Käferthal und Feudenheim entfernt* [...] *keineswegs hinsichtlich des Schwefel-Gases unangenehm* aufzufallen.[137] Grasselli hatte sich die zollfreie Einfuhr der benötigten Rohstoffe ausbedungen, und mit einem Einfuhrzoll auf Schwefelsäure aus Frankreich, der ab dem 2. Mai 1823 verhängt wurde, stellten die großherzoglichen Behörden den neuen Produktionszweig gleichsam außer Konkurrenz.

Nach einer Auskunft des großherzoglichen Stadtamts Mannheim vom 10. November 1824 befand sich die Fabrik damals *in einem blühenden Zustande*. Doch schon bald stellten interne Differenzen das junge Industrieunternehmen auf die Probe.

## Karl Drais – Bürger und Erfinder

*Hans-Erhard Lessing*

*Karl Drais (1785–1851), damals noch Freiherr. Unsignierte Kreide- und Kohlezeichnung, um 1820. Privatbesitz.*

Zwischen der technikhistorischen Bedeutung des folgenreichsten Erfinders der Goethezeit und seiner bisherigen Überlieferung als lächerlicher Schießbudenfigur herrschte eine eigentümliche Diskrepanz. Einerseits hat Ende des 20. Jahrhunderts der von ihm angestoßene Individualverkehr ohne Pferd den amerikanischen Kollektivverkehr der Eisenbahn schier zum Erliegen gebracht. Andererseits wurde kolportiert, der Erfinder sei „verkannt" gewesen und niemand habe sein Zweirad haben wollen. Laut neuen Quellenfunden wurde Drais nicht verkannt, sondern als Demokrat bis zum Mordanschlag politisch verfolgt.

Der Erfinder wurde am 29. April 1785 als Reichsfreiherr von Drais in Karlsruhe geboren und auf die Vornamen Karl Friedrich Christian Ludwig evangelisch getauft, im Beisein des regierenden Markgrafen Karl Friedrich als Paten. Seine unruhigen Jugendjahre wurden durch den Ausbruch einer Epilepsie beim Vater, einem Beamtenadligen ohne Grundbesitz, und den frühen Tod der Mutter überschattet. Vom Paten und Herrscher zum Forstdienst bestimmt, legte Drais wegen des Bewerberstaus ein Studium der Mathematik, Physik und Baukunst bei den Technologen der Universität Heidelberg ein. Danach wirkte er als Lehrer beim Onkel an dessen privater Forstschule in Schwetzingen und wurde dank guter Beziehungen des Vaters zum Herrscher noch zum Forstmeister ohne Forstamt ernannt. Erst nach dem Tod des Herrschers 1811 zog er ins Elternhaus in M 1, 8 nach Mannheim und fing an zu erfinden.

Im Jahre 1812 begann eine Serie von Missernten – Anlass für seine Beschäftigung mit vierrädrigen Muskelkraftwagen für 7 km/h, die er *Fahrmaschinen* nannte. Im *Neuesten Magazin aller neuen Erfindungen* schrieb er zumindest von *Kriegszeiten, wo die Pferde und ihr Futter oft selten werden.* Auf dem zweiten Vierrad – mit einer zu tretenden Kurbelwelle zwischen den Hinterrädern – reiste er zum Wiener Kongress, um es den Fürsten vorzuführen. Diesen erschien wohl der Haferpreis nicht bedrohlich genug, denn ohne Resonanz wandte sich Drais anderen Erfindungen zu.

Doch dann kam 1816/17 das *Jahr ohne Sommer*, eine weltweite Klimakatastrophe infolge der Vulkanstaub-Eruption des Tambora. Die Ernte war komplett verdorben. Hungersnot und Futtermangel waren die Folge. Die

Pferde verhungerten oder wurden notgeschlachtet. Vorwärtskommen ohne Pferd war jetzt zum Desiderat geworden. Am 12. Juni 1817 fuhr Drais mit seiner zweirädrigen *Laufmaschine* aus Mannheim hinaus – mit 14 km/h! Das Zeitungsecho war enorm, und das *Journal de Paris* schrieb, dass diese Maschinen *den Luxus von Pferden abzuschaffen und den Hafer- und Heupreis zu senken gedacht sind.* Die zweifache Koinzidenz von Missernte mit verzögerter Problemlösung, nämlich 1812 mit 1813 sowie 1816 mit 1817, kann kein Zufall sein und beweist somit den Zusammenhang der Drais'schen Erfindungen mit den auffälligen Missernten.

Dank Protektion durch Großherzogin Stephanie erhielt Drais ein Privileg auf die Lizenzierung des Gebrauchs der *Laufmaschinen.* Drais wurde in wissenschaftliche Gesellschaften aufgenommen und mit dem Titel eines Professors der Mechanik und einer Art Erfinderpension im Forstdienst in den Ruhestand versetzt. Nach der ersten guten Ernte 1817 gab es aber bald weltweit Fahrverbote, selbst in Kalkutta, die jedoch langfristig den Siegeszug des mechanisierten und seit Karl Benz motorisierten Individualverkehrs nicht aufhalten konnten.

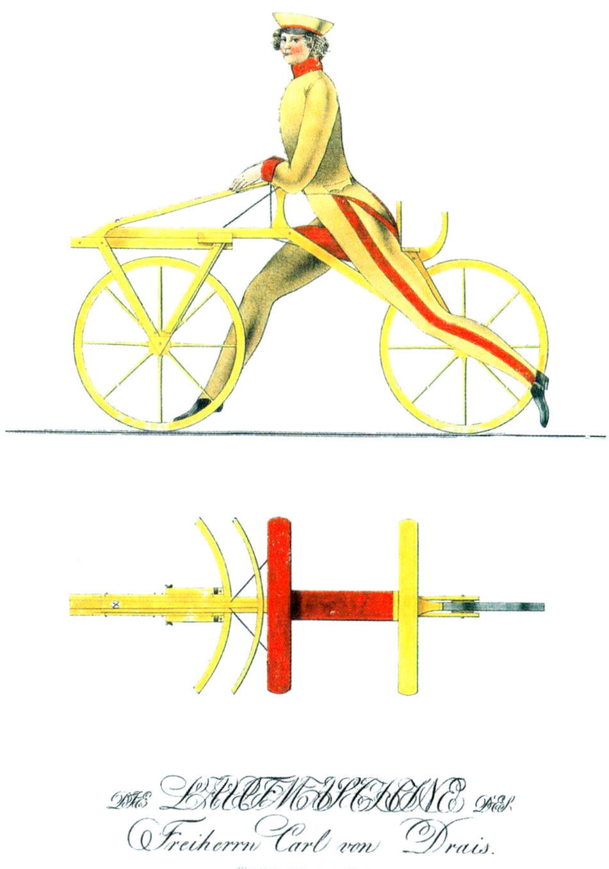


*„Die Laufmaschine des Freiherrn Carl(!) von Drais". Der Erfinder signierte stets mit „Karl". Dargestellt ist ein Stabsguide, Melder beim Generalstab. Kolorierte Zeichnung, erschienen bei Schwan & Götz, 1817. REM.*

Ein jüngst aufgefundener Zeitzeugenbericht von 1820 belegt, dass Drais seit der Hinrichtung des Kotzebue-Mörders Sand von dessen Anhängern in einer Art Sippenhaft öffentlich brüskiert wurde, denn das Oberhofgericht unter Drais' Vater war letzte Instanz gewesen. Darum wanderte Drais für fünf Jahre als Geometer nach Brasilien aus. Zuvor hatte er 1821 für den erblindenden Vater die erste Schreibmaschine mit Tastatur erfunden. Diese entwickelte er zur sprechschnellen Stenomaschine mit Lochstreifen weiter, wie man sie aus amerikanischen Gerichtsfilmen kennt.

Nach Niederschlagung der badischen Revolution 1849, in der er nur noch Bürger Karl Drais heißen wollte, wurde er unter der preußischen Besatzung misshandelt, beinah entmündigt, zur Bezahlung der Revolutionskosten enteignet und noch lange nach seinem Tod am 10. Dezember 1851 gezielt lächerlich gemacht. ✧

Einerseits lautete zwar die Konzession auf den Namen von Grasselli, hatte dieser durch die ihm gewährten fünfjährigen Zollbefreiungen den Weg frei gemacht zur Entwicklung der Firma, andererseits jedoch lag das unbeschränkte Eigentum des Firmengrundstücks bei den Brüdern Giulini. Nicht näher bezeichnete Verbindlichkeiten Grassellis gegenüber den Giulinis führten dazu, dass jene sich nach zuvor erfolgtem Eintrag im Pfandbuch im Frühjahr 1827 ihr Eigentumsrecht auf dem Wege gerichtlichen Zugriffs sichern ließen.[138] Damit war der einstige Kompagnon ausgeschaltet, und die Giulinis bestimmten die weitere Geschäftsentwicklung allein. Im Jahr 1833 verkauften sie ihre Drogenhandlung in der Stadt an die Bassermanns, und im Jahr 1849 übertrugen sie die Fabrikanlagen jenseits des Neckars an eine neu gegründete Kapitalgesellschaft, unter deren Eignern Karl Clemm-Lennig zu nennen ist, ein Schüler von Justus Liebig. Mit der Gründung der Chemischen Fabrik Wohlgelegen entstand eines der ersten wirklichen Großunternehmen der Stadt. So zeigte die weitere Entwicklung deutlich, wie ein solch zaghafter Beginn durchaus imstande war, dem Wirtschaftsleben Impulse zu einem langfristigen dauerhaften Aufschwung zu geben. Im vorliegenden Fall ist er überdies ein Beleg für die bislang unterschätzte Rolle der chemischen Industrie bei der Entwicklung des Wirtschaftsstandorts Mannheim.

## Politische Turbulenzen

Im *Deutschen Taschenbuch* von 1847, das unter der gemeinschaftlichen Mitwirkung von Johann Peter Grohe und Heinrich Hoff erschien, beschreibt eine fiktive Geschichte die Folgen oppositioneller Haltung im frühen Karlsruher Parlament. Ein anonym bleibender Mannheimer Geschäftsmann stellt dort fest, *der Herr in Karlsruhe sei entsetzlich böse und werde die Städte und Ortschaften, welche so feindselige Deputierte gewählt haben, seine Ungnade fühlen lassen.*[139] In der Tat hatte der Monarch dafür gesorgt, dass diejenigen Parlamentsmitglieder, die 1823 den Militäretat verweigert hatten, nach den Neuwahlen nicht mehr auf ihren Abgeordnetensitzen Platz nehmen konnten. Um den oppositionellen Tendenzen zu steuern, die wider Erwarten die vorangegangenen Ständeversammlungen zu einem Fiasko für Großherzog Ludwig hatten werden lassen, griff dieser auch zum Instrument direkter Beschränkung konstitutioneller Rechte. So wurde dem vom 24. Februar bis zum 14. Mai 1825 tagenden dritten Landtag, dem weder Johann Ludwig Bassermann noch Adam von Itzstein angehörten und der auch sonst frei von oppositionellen Bestrebungen erschien, eine Verfassungsänderung vorgelegt, die er weitgehend widerstandslos hinnahm. Mannheim jedoch bewies sich auch weiterhin in der Rolle eines oppositionellen Zentrums. Einer der wenigen Liberalen in diesem Landtag, einer von dreien, die 1825 gegen die herrschaftlichen Angriffe auf das Verfassungsleben stimmten, war Mathias Föhrenbach. Seit 1819 als Oberhofgerichtsrat in Mannheim beschäftigt, galt er als kompetenter und besonnener Politiker, hatte schon im ersten Landtag einen Sitz inne gehabt und präsidierte der Zweiten Kammer in den Jahren 1822 und 1831. Konsequenterweise legte er vorläufig sein Mandat nieder und wurde erst nach dem Regentenwechsel erneut für eine Tagungsperiode gewählt.

Der Mannheimer Abgeordnete Mathias Föhrenbach (1767–1841). Kupferstich, um 1832. StadtA MA.

Keine anderen Mannheimer Abgeordneten waren über die Stadtgrenze hinaus ähnlich profiliert wie Föhrenbach oder Itzstein, die zeitweilig in Mannheim nebeneinander in der Häusern M 5, 5 und M 5, 5 ½ wohnten. Am ehesten noch machte sich der aus Alzey stammende Mannheimer Kaufmann Daniel Kessler bemerkbar, der sein Mandat von 1825 bis 1828 wahrnahm, sich als Anwalt des Handelsstands verstand und für die Befreiung von Zollbeschränkungen wirkte. Bei den Wahlen des Jahres 1828 traten dem in seinem Mandat bestätigten Kessler in der vorerst letzten Landtagsperiode der in Mannheim seit einem Jahr im Staatsdienst reaktivierte Oberamtmann Franz von Faber, Bürgermeister und Gastwirt Georg Heinrich Hutten sowie der Kaffeewirt Anton Lorenz zur Seite. Allerdings tagte dieser 4. Landtag nur für den kurzen Zeitraum vom 22. Februar bis zum 14. Mai 1828. Zu einem wahrnehmbaren parlamentarischen Leben kam es im Großherzogtum Baden erst wieder nach dem Tod Großherzog Ludwigs. Der Unterdrückung der Kammeropposition war die vorläufige Abschaffung des Parlamentarismus durch den Monarchen gefolgt, womit die Hoffnung auf eine breitere Beteiligung an den Staatsangelegenheiten versiegte und die politischen Verhältnisse nunmehr als *ruhiges Stilleben* beschrieben werden konnten. Als Verhängnis für die innenpolitische Entwicklung Badens beschrieb der Heidelberger Historiker Ludwig Häusser, der in Mannheim aufgewachsen war und dort das Lyzeum besucht hatte, diese Epoche der *unglücklichen Jahre der Kongress- und Konferenzpolitik*, die er in scharfen Worten geißelte: *Die konstitutionelle Unwahrheit wurde in ein System gebracht, mit parlamentarischer Einschüchterung und Korruption die ganze eitle Spiegelfechterei dieses falschen Repräsentativwesens durchgespielt. Der Einfluss der Günstlinge und Mätressen, die Eindrücke eines sittenlosen Serailwesens untergruben die moralische Autorität der Regierung und zum Teil der Dynastie, indessen eine Beamtenwillkür, für die in Baden der bezeichnende Ausdruck Pascharegiment im Volke aufkam, ein niederes Denunziantenwesen und Gesinnungsspürerei den faktischen Gegensatz der papiernen Verfassung bildeten.*[140]

Als am 22. November 1828 die Säkularfeier der Geburt von Großherzog Karl Friedrich begangen werden sollte, wurden gleichwohl in ganz Baden

Sympathiekundgebungen für die erst kurze Landesherrlichkeit abgehalten. Gefeiert werden sollte mit dem Jahrestag auch die Abschaffung der Leibeigenschaft, wie ein eigens zu dieser Gelegenheit geschriebenes Stück suggerierte, das in Karlsruhe im Druck erschien. Die Welle der dem verblichenen Landesfürsten bekundeten Zuneigung und die allgemeine Hervorhebung seiner humanen Geisteshaltung muten wie eine Fundamentalkritik an der Amtsführung seines damals regierenden Nachfolgers an. Auch Mannheims Oberhofrichter Karl Wilhelm Friedrich Ludwig Freiherr von Drais entdeckte erneut seine schriftstellerischen Talente und ließ im Verlag der Schwan und Götz'schen Hofbuchhandlung eine Eloge auf den *unvergesslichen Fürsten* erscheinen, *Gemälde über Karl Friedrich*, eine *vaterländische Schrift*, die *Badens treuen Bürgern gewidmet*[141] war. Eine Stiftung zu Ehren Karl Friedrichs hatte gar ein in Karlsruhe eigens zu diesem Zweck gegründeter Verein im Sinn, an dem neben verschiedenen Persönlichkeiten des öffentlichen Lebens auch der frühere Mannheimer Landtagsabgeordnete Karl Ziegler beteiligt war.

In weiten Teilen der Mannheimer Bevölkerung wurde die obrigkeitliche Einschränkung der politischen Mitwirkung auf Landesebene als Enttäuschung empfunden, ein Rückschlag, der auch die städtischen Angelegenheiten beeinflusste. Denn die Konflikte zwischen staatlichen und städtischen Instanzen wirkten sich unmittelbar auf die kommunale Entwicklung aus. Dabei war die staatliche Seite in ihrem Vorgehen selten zimperlich, schickte ihre Funktionsträger in die Ratssitzungen oder ließ gar die von jedem Bürger unterschriebenen Wahlzettel dem großherzoglichen Stadtamt zur Genehmigung vorlegen. Allerdings waren solche Schikanen nur ein kleiner Ausschnitt der allgemein herrschenden Unterdrückung. Die von den Bundesbehörden in der Folge von Sands Attentat durchgesetzte politische Grabesruhe in den deutschen Ländern endete vorläufig erst elf Jahre später mit dem Ausbruch der französischen Julirevolution, in deren Gefolge erstmalig auch in deutschen Städten Aufstände losbrachen. Von den schweren Erschütterungen, Tumulten und Volkserhebungen wie in Braunschweig oder Dresden blieben badische Städte vorerst verschont, da nach dem Tod Großherzog Ludwigs am 30. März 1830 ein Regentenwechsel bevorstand. Mit der Thronbesteigung seines wesentlich jüngeren Bruders Leopold aus der zweiten Ehe Karl Friedrichs durchwehte ein Hauch von Hoffnung das Großherzogtum. Leopold konnte mit seinen zwei Söhnen legitime Thronerben vorweisen und ließ darüber hinaus in ersten Ankündigungen die Absicht erkennen, *das Szepter verfassungsgemäß und zum Wohle seines Volkes zu führen.*[142]

Nachdem es in Mannheim am 2. April 1830 zu einer ersten Huldigungsfeier für das neue Staatsoberhaupt gekommen war, traf Großherzog Leopold mit seiner Gemahlin Sophie am 7. Mai 1830 zu einem ersten Staatsbesuch ein. Das Paar betrat die Stadt durch eine am Heidelberger Tor errichtete Ehrenpforte, über der als Sinnspruch prangte: *Ein Vater naht, ihm jubeln die Kinder entgegen!* Das Ehrengeleit gaben Stadtdirektor Jakob Wundt und Oberbürgermeister Valentin Möhl, die Bürger-Kavallerie sowie berittene Landwirte aus Mannheim und Umgebung; auch die Zünfte, ja sogar die Schulkinder mit ihren Lehrern wirkten mit. Die ganze Stadt war auf den Beinen, um den Fürsten durch die Planken und die Breite Straße zum Ziel des Besuchs, dem Wohnsitz Stephanies im großherzoglichen Schloss, zu begleiten. In perfekter Ordnung lief der Festzug ab, um dem Herrscher zu beweisen, dass *alle, vom Höchsten bis zum Niedersten, von dem einen Gedanken und Bestreben belebt waren, das Glück zu verdienen, von dem Herrscher als biedere Untertanen und feinfühlende Kinder des besten Vaters erkannt zu werden.*[143] Um 7 Uhr abends begann auf dem erleuchteten Paradeplatz das eigentliche zum Empfang bereitete Fest, dessen 15 000 Teilnehmer das fürstliche Paar auf dem Balkon des Kaufhauses grüßten. Vom Brunnen auf dem Platz, der mit Laubwerk verziert roten und weißen Wein spendete, brachte Oberbürgermeister Möhl einen Toast auf das Fürstenpaar aus. *Sobald es dunkler wurde, entzündete eine Feuerwerksvorrichtung die Beleuchtung des diesen Platz zierenden alten Monuments, das wie ein Zauberbild aus einer erloschenen Märchenwelt in den bunten Menschenschwarm, der es umjubelte, ernst, aber in milder Lichtglorie hineinschaute.*[144] Weitere Höhepunkte folgten auch in den nächsten Tagen: Franz Lachner dirigierte eine Festkantate, die Harmonie-Gesellschaft gab dem Fürstenpaar einen Empfang im Mühlauschlösschen, und eine Festfahrt auf dem Rhein endete mit großem Feuerwerk auf dem Wasser. Das Ende des Besuchs wurde auf dem im Gewann Kuhweide gelegenen Exerzierplatz begangen, wo einer Anzahl Festteilnehmer – wie der Zeitung zu entnehmen war – Geldbeutel, Schlüssel, Handschuhe, Schürzen und andere Gegenstände verloren gingen. Die städtischen Armen erhielten als Abschiedsgeschenk

Zur Begrüßung des neuen Regenten fand auf dem Paradeplatz das Weinspringen statt. Lithographie, um 1830. REM

*Großherzog Leopold (1790–1852). Stahlstich von W. Kesflöth, um 1830. StadtA MA.*

je zwei Pfund Fleisch, vier Pfund Brot und zwei Schoppen Wein, und der geschmeichelte Großherzog hob zudem die Erhebung von Chausseegeldern auf. Am 12. Mai 1830 reiste er endgültig wieder ab und hinterließ der Bürgerschaft drei Kanonen, die dem Bürgermilitär zur Abgabe der Böllerschüsse überlassen worden waren. Die Kosten der Feierlichkeiten hatte die Gemeinde zu begleichen. Bei den Beratungen über die rund 14 000 Gulden, mit denen gerechnet werden musste, stellte sich schnell heraus, dass sie aus laufenden städtischen Einnahmen nicht aufgebracht werden konnten. Da eine einmalige Umlage auf die Bürgerschaft ebenfalls nicht in Frage kam, einigte man sich darauf, erneut Schulden zu machen. Dazu wurden einerseits die *bei Bankier Ladenburg bereits parat liegenden,*[145] zur regelmäßigen Tilgung der städtischen Hypothekenschuld vorgesehenen 5 000 Gulden verwendet, andererseits ein weiteres Darlehen über 7 000 Gulden auf den 1. Juli bei der Sparkasse aufgenommen!

So endeten zumindest die *kargen Zeiten* in der von festlicher Stimmung bewegten Kulisse einer Stadt, die zwischen dem Aufbruch in eine innovative, bürgerliche Zukunft und der durchaus sentimentalen Rückbesinnung, dem Beharren in einer glänzenden, feudalen Vergangenheit ihren eigenen Weg suchte. Die Aufnahme weiterer Schulden in Erwartung einer besseren Zukunft gibt das Leitmotiv für die Nachkriegszeit ab, die für den größten Teil der Bevölkerung von Not und Einschränkungen bestimmt war. Das Bild einer weitgehend hilflosen Gemeindeverwaltung bestätigt das vernichtende Urteil Friedrich Walters über deren überaus farblos bleibendes Oberhaupt Oberbürgermeister Valentin Möhl, der sich bei Amtsantritt die Weiterführung seiner Weinwirtschaft vorbehielt. Wohltuend hebt sich davon nicht selten das risikofreudige, engagierte Handeln zahlreicher Bürger ab, die mit ihren durchaus von Geschäftssinn bestimmten Unternehmungen die Zukunft der Stadt sichern sollten. Nach Jahren politischer Stagnation, die den gesellschaftlichen und wirtschaftlichen Fortschritt verlangsamte, schien mit der Thronbesteigung Leopolds nun die Zeit für den endgültigen Aufbruch gekommen. Und unter den über die Grenze herüber dringenden Klängen der Marseillaise – dem Gesang der Veränderung, der von Paris her ganz Europa überzog, diesmal jedoch nur für eine kurze Zeit erneut den Gang der Weltgeschichte bestimmte und zum Signal auch für Mannheim wurde – verbreitete sich zaghafter Optimismus, dass die *kargen Zeiten* schon bald der Vergangenheit angehören könnten.

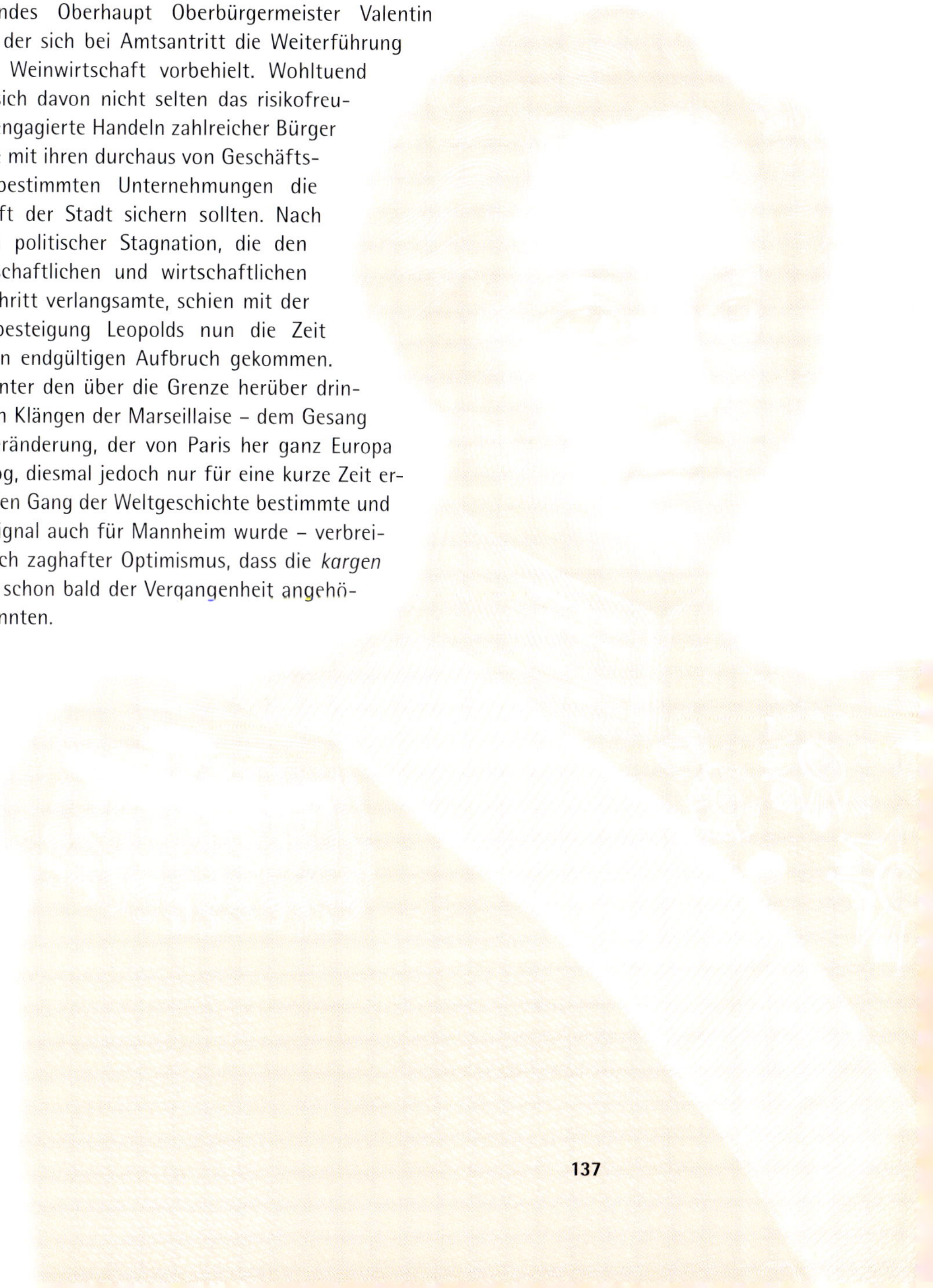

# 1830–1848

## Bürgerlicher Aufbruch

Dieter Hein

## Anmerkungen

1 Vgl. F. Walter (1907) Bd. 2 S. 145 ff.
2 H. v. Feder (1877) Bd. 2 S. 103 f.
3 Großherzoglich Badisches Anzeigeblatt 21.4.1818.
4 F. Walter (1907) Bd. 2 S. 114.
5 StadtA MA, Ratsprotokolle 1820, Nr. 221.
6 StadtA MA, Ratsprotokolle 1816, Nr. 488.
7 K. Hoff (o.J.) S. 31 f.
8 H. v. Feder (1877) Bd. 2 S. 104.
9 StadtA MA, Ratsprotokolle 1827, Nr. 886, 887.
10 F. Walter (1907) Bd. 2 S. 147.
11 StadtA MA, Ratsprotokolle 1822, Nr. 604.
12 Polizei-Vorschriften (1822) S. 115.
13 Mannheimer Tageblätter 21.4.1821.
14 StadtA MA, Ratsprotokolle 1817, Nr. 773, 843.
15 H. Rings (2000) S. 241.
16 StadtA MA, Ratsprotokolle 1827, Nr. 1178.
17 StadtA MA, Ratsprotokolle 1827, Nr. 964.
18 Großherzoglich Badisches Anzeigeblatt 22.2.1815.
19 Th. Wilckens (1900) Sp. 134–141; Neue Badische Landeszeitung 9.12.1923; 11.12.1923. Siehe auch den Beitrag von C.-J. Müller in diesem Band S. 46 f.
20 Mannheimer Tageblätter 21.2.1822.
21 StadtA MA, Ratsprotokolle 1819, Nr. 421.
22 Mannheimer Tageblätter 15.5.1821.
23 StadtA MA, Ratsprotokolle 1816, Nr. 1658.
24 StadtA MA, Ratsprotokolle 1821, Nr. 146.
25 StadtA MA, Ratsprotokolle 1824, Nr. 1088.
26 StadtA MA, Ratsprotokolle 1826, Nr. 42.
27 StadtA MA, Ratsprotokolle 1827, Nr. 170.
28 StadtA MA, Ratsprotokolle 1815, Nr. 1418.
29 StadtA MA, Ratsprotokolle 1826, Nr. 332.
30 StadtA MA, Ratsprotokolle 1828, Nr. 538.
31 Großherzoglich Badisches Anzeigeblatt 14.3.1823.
32 Mannheimer Tageblätter 20.2.1821.
33 Großherzoglich Badisches Anzeigeblatt 15.5.1827, 4.9.1827.
34 StadtA MA, Ratsprotokolle 1826, Nr. 112.
35 Vgl. auch R. Dorsch (1997) S. 463–473.
36 Mannheimer Tageblätter 24.7.1821.
37 F. Walter (1907) Bd. 2 S. 118.
38 StadtA MA, Ratsprotokolle 1816, Nr. 538.
39 Zitiert nach E.R. Huber (1978) S. 172.
40 Zitiert nach H. v. Feder (1877) Bd. 2 S. 113.
41 Ebd. S. 114.
42 Großherzoglich Badisches Anzeigeblatt 20.8.1819.
43 Mannheimer Tageblätter 10.2.1821.
44 Offensichtlich nahm man damit auch in Kauf, mit der gewählten Vorgehensweise den Bürger in seinem gesellschaftlichen Selbstbewusstsein abzustrafen, was von der Allgemeinheit durchaus so verstanden werden musste. Zur Typisierung bürgerlichen Selbstverständnisses am Beispiel des gesellschaftlichen Aufsteigers Johann Wilhelm Reinhardt vgl. L. Gall (1989) S. 149 f.
45 StadtA MA, Ratsprotokolle 1820, Nr. 140.
46 StadtA MA, Ratsprotokolle 1820, Nr. 337.
47 StadtA MA, Polizeipräsidium, Zug. -/1962, Familienbogen.
48 F. Walter (1907) Bd. 2 S. 148.
49 StadtA MA, Ratsprotokolle 1821, Nr. 5. Vgl. auch H. Stockert (2002).
50 F. Walter (1907) Bd. 2 S. 148.
51 StadtA MA, Ratsprotokolle 1827, Nr. 784, 788.
52 Großherzoglich Badisches Anzeigeblatt 13.7.1827.
53 J.G. Rieger (1824) S. 330 f.
54 H. v. Feder (1877) Bd. 2 S. 112 ff.
55 Ebd. S. 104.
56 Großherzoglich Badisches Anzeigeblatt 16.7.1819.
57 Zur sozialen Zusammensetzung der politisch aktiven Bürgerschaft vgl. D. Hein (1995) S. 220 ff.
58 StadtA MA, Polizeipräsidium, Zug. -/1962, Familienbogen.
59 StadtA MA, Ratsprotokolle 1816, Nr. 1325.
60 L. Müller (1900) S. 207.
61 H.-P. Becht (1985) S. 140.
62 F. Walter (1907) Bd. 2 S. 144.
63 L. Müller (1901) S. 196.
64 StadtA MA, Ratsprotokolle 1815, Nr. 957.
65 A. Pichler (1879) S. 224. Zur Theatergeschichte vgl. auch L. Homering/K.v. Welck (1998); H. Rings (1996).
66 J.G. Rieger (1824) S. 235 ff.
67 StadtA MA, Ratsprotokolle 1824, Nr. 1071.
68 F. Möller (1996) S. 28.
69 Über den Spielplan berichtet O. Fambach (1980).
70 StadtA MA, Ratsprotokolle 1824, Nr. 1.
71 StadtA MA, Ratsprotokolle 1830, Nr. 38, 44, 53.
72 Mannheimer Tageblätter 26.2.1822.
73 J.G. Rieger (1824) S. 334 f.
74 Th. Hänlein (1931) Sp. 123.
75 Charis 12.2.1823.
76 Charis 17.3.1823.
77 Vgl. H. Heréus (1929).
78 Werke (1909).
79 J.G. Rieger (1824) S. 398.
80 Großherzoglich Badisches Anzeigeblatt 7.4.1818, 10.7.1818.
81 H. Chezy (1815) S. 53.
82 F. Walter (1907) Bd. 2 S. 143.
83 Großherzoglich Badisches Anzeigeblatt 4.4.1820.
84 Großherzoglich Badisches Anzeigeblatt 17.1.1823.
85 Großherzoglich Badisches Anzeigeblatt 7.3.1823, 11.4.1823.
86 Großherzoglich Badisches Anzeigeblatt 9.4.1824.
87 StadtA MA, Ratsprotokolle 1820, Nr. 990.
88 StadtA MA, Ratsprotokolle 1817, Nr. 120.
89 StadtA MA, Ratsprotokolle 1817, Nr. 601.
90 StadtA MA, Ratsprotokolle 1817, Nr. 711.
91 H. v. Feder (1877) Bd. 2 S. 110.
92 F. Walter (1907) Bd. 2 S. 134.
93 Mannheimer Tageblätter 20.9.1821.
94 Mannheimer Journal 19.11.1870.
95 Großherzoglich Badisches Anzeigeblatt 19.11.1819.
96 Großherzoglich Badisches Anzeigeblatt 16.11.1819.
97 Großherzoglich Badisches Anzeigeblatt 15.3.1822.
98 Großherzoglich Badisches Anzeigeblatt 18.2.1823.
99 StadtA MA, Ratsprotokolle 1827, Nr. 1399.
100 H. Meusel (1972) S. 124.

101 Zitiert nach ebd. S. 124.
102 Zitiert nach ebd. S. 127.
103 StadtA MA, Ratsprotokolle 1816, Nr. 561.
104 StadtA MA, Ratsprotokolle 1816, Nr. 691.
105 Großherzoglich Badisches Anzeigeblatt 16.11.1819.
106 Verhandlungen (1823) Beilage S. II, V.
107 StadtA MA, Ratsprotokolle 1817, Nr. 1426.
108 StadtA MA, Ratsprotokolle 1820, Nr. 153.
109 StadtA MA, Ratsprotokolle 1827, Nr. 1827, Nr. 661, 829.
110 Großherzoglich Badisches Anzeigeblatt 21.4.1818.
111 Großherzoglich Badisches Anzeigeblatt 23.1.1827.
112 Zitiert nach U. Wennemuth (1996) S. 62.
113 J.G. Rieger (1824) S. 346.
114 Die Einrichtung der Räumlichkeiten ist in Bild und Text ausführlich beschrieben bei F. Werner (2006) S. 274 ff.
115 StadtA MA, Ratsprotokolle 1829, Nr. 177.
116 Mannheimer Intelligenzblatt 7.5.1816.
117 StadtA MA, Ratsprotokolle 1816, Nr. 610.
118 Camera obscura (1927) Sp. 174. Zur Biografie von Großherzoginwitwe Stephanie Napoleon vgl. auch F. Walter (1948).
119 Großherzogin Stephanie (1903) Sp. 128 (sinngemäße Übersetzung der in französischer Sprache abgedruckten Briefzeilen).
120 Vgl. auch C.-J. Müller (2004) S. 25 f.
121 F. Walter (1907) Bd. 2 S. 151 ff.
122 StadtA MA, Ratsprotokolle 1829, Nr. 96, 144.
123 StadtA MA, Ratsprotokolle 1826, Nr. 225.
124 StadtA MA, Ratsprotokolle 1826, Nr. 306.
125 StadtA MA, Ratsprotokolle 1826, Nr. 543.
126 J.G. Rieger (1824) S. 397.
127 StadtA MA, Ratsprotokolle 1819, Nr. 1461.
128 Zitiert nach A. Blaustein (1928) S. 61.
129 StadtA MA, Ratsprotokolle 1826, Nr. 540.
130 StadtA MA, Ratsprotokolle 1827, Nr. 162.
131 Mannheimer Tageblätter 13.9.1828.
132 StadtA MA, Ratsprotokolle 1827, Nr. 1064.
133 StadtA MA, Ratsprotokolle 1828, Nr. 580.
134 Großherzoglich Badisches Anzeigeblatt 16.3.1821.
135 StadtA MA, Ratsprotokolle 1815, Nr. 687.
136 G. Löhr (o.J.) S. 42a.
137 Ebd. S. 43.
138 StadtA MA, Ratsprotokolle 1827, Nr. 507.
139 Itzsteinfest (1847) S. 60.
140 L. Häusser (1851) S. 15 f.
141 Großherzoglich Badisches Anzeigeblatt 14.11.1828.
142 Zitiert nach F. Walter (1907) Bd. 2 S. 175.
143 Mannheimer Tageblätter 19.5.1830.
144 Ebd.
145 StadtA MA, Ratsprotokolle 1830, Nr. 72.

# 1830–1848

## Bürgerlicher Aufbruch

Dieter Hein

## Politischer Neubeginn



### Thronwechsel und Julirevolution

Der aufwändige Empfang und der Jubel, dessen sich Großherzog Leopold bei seinem Antrittsbesuch in Mannheim erfreuen konnte, spiegelten die Erwartungen, die weit über die bei den meisten Herrscherwechseln übliche hoffnungsvolle Stimmung hinausgingen. Indem die Mannheimer ihn als populären „Bürgerkönig" feierten, wollten sie ihm den Weg weisen zu einem Reformkurs, zu einem Mehr an politischer Freiheit und Mitsprache, zu einem Aufbruch im Sinne der bürgerlich-liberalen Bewegung, zu der sich in der Stadt immer weitere Kreise der Bevölkerung bekannten. Zugleich zog sich durch die Feiern das Bestreben, den neuen Großherzog für die konkreten Wünsche einzunehmen, die die Mannheimer hegten und von deren Erfüllung sie sich eine deutliche Verbesserung ihrer Lebensverhältnisse versprachen. Nicht zufällig thematisierten die Feierlichkeiten immer wieder die Lage der Stadt am Rhein und den am Rheinufer 1828 eröffneten, bislang jedoch nur notdürftig ausgestatteten Freihafen. Sie verwiesen damit auf die Entwicklungsmöglichkeiten, die sich der Stadt und ihrer Wirtschaft bei einer tatkräftigen Förderung durch den badischen Staat eröffnen könnten. *Mannheim ist*, so hieß es denn auch in der zum Herrscherbesuch erschienenen Stadtbeschreibung, *vermöge seiner Lage für eine Handelsstadt zu sehr geeignet, als daß man nicht zuversichtlich auf bessere Zeiten hoffen sollte* [...] *und wenn unser jetzt regierender hochverehrter Landesvater, Großherzog Leopold,* [...] *den Handel durch zweckmäßige Einrichtungen und Verordnungen begünstigt, wenn gar endlich einmal mehr Freiheit des Verkehrs gestattet würde* [...] *die Stadt Mannheim würde* [...] *bald wieder freudig emporblühen zum Heil ihrer Bürger und zu Badens Ehre.*[1]

Doch spricht wenig dafür, dass sich, jedenfalls soweit es die politischen Zielsetzungen betraf, die hochgespannten Erwartungen auch nur annähernd erfüllt hätten, wenn nicht – wieder einmal – das politisch unruhigere Nachbarland entscheidende Impulse gegeben hätte. Ende Juli 1830 waren in Paris die scharfen Konflikte zwischen dem König und den Royalisten auf der einen und der von den Liberalen geführten Opposition auf der anderen Seite in offenen Aufruhr umgeschlagen. Binnen weniger Tage war der Bourbone Karl X. gestürzt und eine neue,

*Der Mannheimer Huldigungspokal, der Großherzog Leopold bei seiner Begrüßung am 6. Mai 1830 überreicht wurde. REM.*

*Die französische Marianne und die deutsche Germania wehren als Hüterinnen der Freiheit die Angriffe der Reaktion – hier dargestellt als der preußische sowie der österreichische Adler – auf Pressefreiheit und die öffentliche Gerichtsordnung ab. Taschentuch, nach 1830. Museum der Stadt Weinheim.*

liberal orientierte Monarchie mit dem „Bürgerkönig" Louis-Philippe begründet worden. Der revolutionäre Funke, der auch in Frankreich noch lange weiterschwelte, sprang schon bald auf zahlreiche europäische Länder über, insbesondere auf Teile Italiens, auf Belgien, auf die Schweiz und auf den russischen Teil Polens. In Deutschland kam es ab September 1830 zu Unruhen vor allem in einigen nord- und mitteldeutschen Staaten, deren Monarchen bislang Reformen verweigert und auch noch keine Verfassungen gewährt hatten: im Herzogtum Braunschweig, in Kurhessen, in den Königreichen Sachsen und Hannover.

Dagegen blieb es in Mannheim wie überhaupt im Großherzogtum Baden zunächst ruhig. Offenkundig trug der Thronwechsel vom Frühjahr erheblich dazu bei, die Protestneigung der Bevölkerung noch für eine gewisse Zeit zu dämpfen. Erst im Herbst häuften sich die Nachrichten über eine wachsende Unruhe. Spät, doch nicht zu spät reagierte der Großherzog, indem er einige der von seinem Vorgänger übernommenen konservativen Minister entließ. Mit der Berufung von Georg Ludwig Winter, in der badischen Bürokratie einer der reformwilligsten Köpfe sowie seit langem politischer Lehrer und Berater Leopolds, zum *Chef des Ministeriums des Innern* und de facto zum leitenden Minister wurde eine neue, nach vormärzlichen Maßstäben liberale Ära eingeleitet. Der neue Kurs zeigte sich nicht zuletzt in einem Erlass an die Kreisdirektoren vom 18. November 1830; darin bekundete Winter den Willen der Regierung, dass auf die bereits unter seinem Vorgänger ausgeschriebenen Wahlen zur Zweiten Kammer *von Seiten der Regierungsbeamten weder mittelbar noch unmittelbar eingewirkt werde*; freilich erschienen der Regierung allgemeine Belehrungen der Wahlmänner durch die staatlichen Beamten nach wie vor akzeptabel und erwünscht.[2]

## Der Reformlandtag

Für Mannheim offenbarten die relativ freien Wahlen sogleich, dass die liberale Grundorientierung der Bürgerschaft durch die repressive Politik der 1820er Jahre nur partiell überdeckt, nicht aber entscheidend geschwächt worden war. Die drei städtischen Mandate vergaben die Wahlmänner an Oberhofgerichtsrat Matthias Föhrenbach, der die Stadt schon 1819 im ersten Landtag vertreten hatte und der jetzt in der Kammer sogar als Präsident amtierte, sowie an den Fabrikanten und späteren Handelskammerpräsidenten Friedrich Lauer und an Oberhofgerichadvokat Sigmund Mohr. Zusammen mit den in der Stadt ansässigen, aber in anderen Wahlkreisen gewählten Abgeordneten, dem pensionierten Hofgerichtsrat Johann Adam von Itzstein und dem Advokaten Wilhelm Gerbel, bildeten sie einen starken Mannheimer Block in der als liberal geltenden Mehrheit der Zweiten Kammer.

In welchem Maße große Teile der badischen Bevölkerung schon vor der offiziellen Eröffnung am 17. März 1831 erwartungsvoll auf den neugewählten

*Links:*
*Friedrich Lauer (1793–1873). Foto nach einem Gemälde, um 1860. StadtA MA.*

*Rechts:*
*Sigmund Mohr (1783–1860). Nach F. Walter (1907) Bd. 2 S. 182.*

Landtag blickten, lässt sich an der Fülle der Flugschriften und den mehr als 2 000 Petitionen ablesen, die an die Abgeordneten gerichtet wurden. Auch die Stadt Mannheim reihte sich in die lange Schlange der Petenten ein und übermittelte der Kammer einen Katalog von 13 Forderungen. Zu ihnen zählten neben den wohl nie fehlenden Bitten um Steuer- und Abgabenerleichterungen sowohl der Ruf, die Aufnahme auswärtiger Bewerber in das Bürgerrecht und den Zustrom von außen kommender Gewerbeprodukte zu hemmen, also ein eher traditional-zünftlerisches Denken, als auch dezidiert moderne Zielsetzungen wie vor allem die Forderung nach einem allgemeinen deutschen Zollverband. In seinem disparaten Nebeneinander von ängstlichem Festhalten an den überkommenen Strukturen und entschiedenem Verlangen nach fundamentalen Wirtschaftsreformen war der Mannheimer Katalog das typische Produkt einer Übergangszeit, in der die Erfolg verheißende Wirkung einer neuen ökonomischen Ordnung noch nicht hinreichend erkennbar war. Zugleich spiegelte er die starken Differenzen in den Reihen der städtischen Bürgerschaft.

Weitgehende Einigkeit bestand hingegen in den politischen Forderungen, vor allem soweit man sich auf die allgemein *als heiliges Palladium* verehrte Verfassung berufen konnte.[3] So wurde denn auch die von Itzstein gleich in der ersten Sitzung beantragte Wiederherstellung der 1825 abgeänderten Verfassung in einem Maße symbolisch aufgeladen, das von der Sache her – seinerzeit war die Partialerneuerung der Kammer, d.h. die Neuwahl jeweils eines Viertels der Abgeordneten alle zwei Jahre, durch eine sechsjährige Wahlperiode mit Integralerneuerung ersetzt worden – kaum gerechtfertigt war. Jedenfalls verstanden es die Liberalen mit großem Geschick, das Entgegenkommen der Regierung, die Ende Mai einen sogleich von den Kammern angenommenen Gesetzentwurf vorlegte, als bedeutenden eigenen Erfolg zu stilisieren und sich als die wahren Hüter der Verfassung feiern zu lassen.

Aber das war nur der viel bejubelte Auftakt. In den neun Monaten seines Wirkens bearbeitete der Landtag darüber hinaus ein umfangreiches Reformkompendium, das kaum ein Gebiet des öffentlichen Lebens ausließ: Wichtige Fortschritte wurden etwa bei der Bauernbefreiung mit der Abschaffung der Frohnden und der teilweisen Ablösung der Zehnten erreicht. Auch die stärkere Trennung von Justiz und Verwaltung lag ganz im liberalen Sinne. Für Mannheim am bedeutendsten unter den Reformen waren jedoch das neue Presserecht sowie das Bürgerrechtsgesetz und die Gemeindeordnung, die am letzten Tag des Jahres 1831 in Kraft traten.

Mit dem Bürgerrechtsgesetz wurde eine neue verstaatlichte bürgerliche Rechtsgemeinschaft geschaffen. Sie wurde einerseits nach dem scharfen staatlichen Zugriff in der napoleonischen Epoche als sich weitgehend selbstbestimmende Bürgergemeinde neu konstituiert, andererseits aber aus der Bindung an den Staat und damit aus der Herrschaft des allgemeinen Gesetzes nicht mehr entlassen. So hatten über die Aufnahme in das Bürgerrecht nun wieder die Gemeindeorgane zu entscheiden, doch waren sie dabei an die gesetzlichen Vorschriften gebunden und der Revisionsentscheidung der Staatsbehörden unterworfen. D.h. ein Bewerber, der die im Gesetz genannten Voraussetzungen erfüllte, insbesondere das mit 300 bis 1 000 Gulden mäßig angesetzte Mindestvermögen nachweisen und das Einkaufsgeld entrichten konnte, musste auf seinen Wunsch hin von jeder badischen Gemeinde akzeptiert werden. Das Bürgerrecht hatte sich damit von einem Recht der Gemeinde, über ihre Mitglieder souverän und nach der eigenen Interessenlage zu befinden, weitgehend zu einem Individualrecht gewandelt, durch das die Eigenschaften des Bürgers allgemein festgeschrieben waren. Dabei hingen von der Zugehörigkeit zur bürgerlichen Rechtsgemeinschaft nach wie vor die wichtigsten wirtschaftlichen, sozialen und politischen Berechtigungen ab, vor allem das Recht der Gewerbeausübung in einem zünftigen Wirtschaftszweig, die Inanspruchnahme des sozialen Sicherungssystems in der Gemeinde sowie das kommunale und das

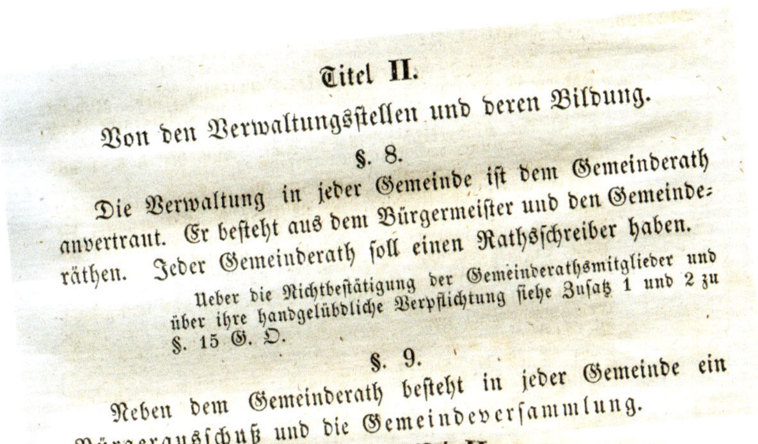

Titel II.

Von den Verwaltungsstellen und deren Bildung.

§. 8.

Die Verwaltung in jeder Gemeinde ist dem Gemeinderath anvertraut. Er besteht aus dem Bürgermeister und den Gemeinderäthen. Jeder Gemeinderath soll einen Rathsschreiber haben.

Ueber die Nichtbestätigung der Gemeinderathsmitglieder und über ihre handgelübdliche Verpflichtung siehe Zusatz 1 und 2 zu §. 15 G. O.

§. 9.

Neben dem Gemeinderath besteht in jeder Gemeinde ein Bürgerausschuß und die Gemeindeversammlung.

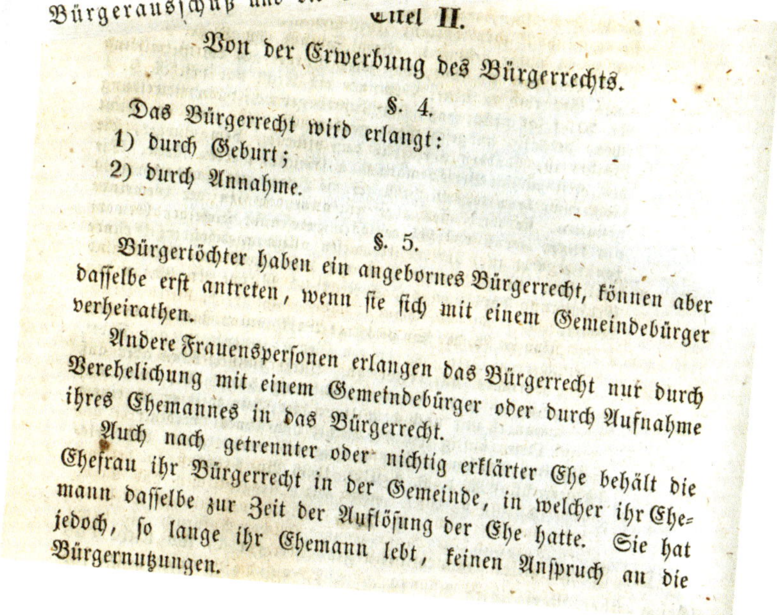

Titel II.

Von der Erwerbung des Bürgerrechts.

§. 4.

Das Bürgerrecht wird erlangt:

1) durch Geburt;

2) durch Annahme.

§. 5.

Bürgertöchter haben ein angebornes Bürgerrecht, können aber dasselbe erst antreten, wenn sie sich mit einem Gemeindebürger verheirathen.

Andere Frauenspersonen erlangen das Bürgerrecht nur durch Verehelichung mit einem Gemeindebürger oder durch Aufnahme ihres Ehemannes in das Bürgerrecht.

Auch nach getrennter oder nichtig erklärter Ehe behält die Ehefrau ihr Bürgerrecht in der Gemeinde, in welcher ihr Ehemann dasselbe zur Zeit der Auflösung der Ehe hatte. Sie hat jedoch, so lange ihr Ehemann lebt, keinen Anspruch an die Bürgernutzungen.

*Oben:*
*Titel II. „Von den Verwaltungsstellen und deren Bildung" aus der Gemeindeordnung von 1831. StadtA MA.*

*Unten:*
*Titel II „Von der Erwerbung des Bürgerrechts" aus dem Bürgerrechtsgesetz von 1831. StadtA MA.*

Landtagswahlrecht. Insofern war das Bürgerrecht das zentrale Steuerungsinstrument geblieben, mit dem Staat und Gemeinden die gesellschaftliche Entwicklung zu kontrollieren versuchten. Doch war – so jedenfalls die Intention des Gesetzgebers – die Gemeinschaft jetzt von allen lokalen Egoismen und Verkrustungen befreit und dem zukünftigen gesellschaftlichen Wandel in der festen Überzeugung geöffnet worden, dass ein immer größerer Teil der Bevölkerung die bürgerlichen Qualifikationen werde erfüllen können. Die angestrebte Öffnung wurde schließlich auch dadurch unterstrichen, dass die bisher minderberechtigten Schutzbürger durch das Reformgesetz zu Vollbürgern erklärt wurden.

Diese bürgerliche Rechtsgemeinschaft stattete die Gemeindeordnung mit relativ weit reichenden Selbstverwaltungsrechten aus – vor allem in den wirtschaftlichen und finanziellen Belangen, bei denen sich der Staat auf Aufsichts- und Überwachungsrechte zurückzog. Erstmals waren jetzt alle kommunalen Organe wie Bürgermeister und Gemeinderat als vorwiegend exekutive Instanzen, der Kleine Bürgerausschuss als kontrollierendes Gremium und der Große Bürgerausschuss, der in den größeren Städten an die Stelle der Versammlung aller Bürger treten konnte, in regelmäßigen Abständen von den Bürgern mit gleichem Stimmrecht zu wählen. Ein Bestätigungsrecht stand dem Staat nur noch im Falle des Bürgermeisters zu, und auch dieses konnte von den Bürgern durch eine dreimalige Wahl ihres Kandidaten umgangen werden.

*Marktplatz mit Rathaus. Lithographie, um 1835. REM.*

Die stärksten politischen Reaktionen sollte jedoch zunächst, zumal in Mannheim, das neue Pressegesetz auslösen. Mit ihm setzte die liberale Mehrheit der Zweiten Kammer gegen die sich lange sträubende Regierung durch, dass Baden im Alleingang und ohne Rücksicht auf die übergeordneten Rechte des Deutschen Bunds die Vorzensur aufhob. Damit war – in dieser Sicht stimmten, wenn auch mit unterschiedlichen Vorzeichen, die bürgerlich-liberale Opposition wie auch ihre konservativen Widersacher in Regierung und Bürokratie vollkommen überein – ein entscheidender Schritt auf dem Weg zu einer weiteren Umgestaltung der politischen Ordnung im freiheitlichen Sinne erfolgt. Entsprechend engagiert und hart wurde von beiden Seiten um die Umsetzung der Pressefreiheit gerungen.

### Ein bewegtes Jahr

So begann mit dem begeisterten Empfang, den die Wahlmänner, die Bürgerwehr und eine große Menschenmenge am 3. Januar 1832 den aus der Hauptstadt zurückkehrenden Abgeordneten Föhrenbach, Gerbel, Lauer und Mohr bereiteten und der sich zwei Tage später für Adam von Itzstein wiederholte, ein politisch bewegtes Jahr.[4] Wie bislang nur der großherzogliche Landesherr wurden die Abgeordneten weit draußen an der Gemarkungsgrenze feierlich begrüßt und dann im Triumphzug in die Stadt und zu ihren Wohnungen geführt. Dort brachten ihnen *am Abende beide Musikchöre des städtischen Bürger-Militärs bei Fackelschein und Jubelruf der versammelten Menge eine Ehrenmusik* dar. Knapp zwei Wochen danach, am 15. Januar, nahmen rund 250 Mannheimer im großen Saal des Theaters an einem der für den Vormärz so typischen Festmähler teil. Mit Reden und Festgesängen sowie einem silbernen Ehrenpokal für den Kammerpräsidenten Föhrenbach wurden die Abgeordneten und die von ihnen vollendeten Reformgesetze ein weiteres Mal gefeiert.[5] In allen diesen Aktivitäten spiegelte sich die große Anteilnahme, mit der die Arbeit der Kammer während des zurückliegenden Jahres verfolgt worden war, ebenso wie die politische Aufbruchsstimmung, die die freien Wahlen zur Kammer und deren Beschlüsse ausgelöst hatten. Heinrich von Feder kommentiert dies in seiner Stadtgeschichte mit den Worten: *So war die allerunterthänigste Residenz stadt eines Carl Philipp und Carl Theodor plötzlich zu einem politisirenden constitutionellen Gemeinwesen umgestaltet worden.*[6]

Eine weitere Mobilisierung ging nahezu gleichzeitig von den Nachwirkungen des polnischen Aufstands aus. Er war – wie schon einige Jahre zuvor die Erhebung in Griechenland – in weiten Kreisen der badischen Bevölkerung mit viel Sympathie und Engagement verfolgt worden.[7] Auch in Mannheim war im Frühsommer 1831 unter Führung des Obergerichtsadvokaten Theodor Bertheau und des Gymnasialprofessors Wilhelm Eisenlohr – dieser war Itzsteins Schwiegersohn – ein Unterstützungsverein gegründet worden, der vor allem Geldspenden und Verbandmaterial gesammelt und nach Polen geschickt hatte. Mit der Ankunft der ersten nach der Niederschlagung des Aufstands emigrierten Freiheitskämpfer Mitte Januar 1832 erreichte die Polenbegeisterung dann ihren Höhepunkt. Kaum ein

Wilhelm Eisenlohr (1799–1872). Foto, um 1860. StadtA MA.

Bankett, kaum ein Konzert, kaum eine Versammlung verging, ohne dass die Polen als *lebende Symbole*[8] des gemeinsamen Strebens nach einer freiheitlichen Ordnung und nach nationaler Selbstbestimmung aufgetreten wären.

Die meisten der nun immer zahlreicher werdenden Aktivitäten aber bezogen sich auf das neue Pressegesetz,[9] mit dessen Inkrafttreten am 1. März die verhasste Zensur aufgehoben worden war. Am 1. April – an diesem Tag erschien in Mannheim auch erstmals das wohl radikalste Organ des badischen Pressefrühlings, der von Franz Stromeyer, dem Schwager Karl Mathys, herausgegebene *Wächter am Rhein* – wurde im nahe gelegenen Weinheim mit großem Aufwand ein Fest der neu

# Der Wächter am Rhein.

Ein deutsches Volksblatt.

Nro. 57. Mannheim. Montag, 28. Mai 1832.

**Oeffentliche Versammlung in Freiburg wegen Bedrohung der Preßfreiheit.**

Freiburg, 22. Mai. Die Kunde, daß unserm
wichtigsten, kostbarsten Verfassungsrecht, der Preßfrei-
heit, Gefahr durch auswärtige Einwirkung drohe, hatte
auch hier, wie im ganzen Lande, ernstliche Besorgnisse
erregt. Die Bewohner Freiburgs bauten zwar fest auf
die Rechtsachtung ihres verfassungstreuen Fürsten und
setzten auch in die Regierung das wohlbegründete Ver-
trauen, daß keine Drohungen sie bewegen können, die
Bahn des Gesetzes zu verlassen. Demungeachtet aber
hielten sie einen lauten, entschiedenen Ausspruch der
öffentlichen Meinung in dieser hochwichtigen Sache für
nothwendig, überzeugt, daß die Minister, die verfas-
sungswidrigen Zumuthungen des Absolutismus nur um
so kräftiger zurückzuweisen im Stande sind, wenn sie
auch fest auf die Energie des Volkes bauen dür-
fen. Allgemein vernahm man die Meinung: nur
eine entschlossene Haltung von Regierung und Volk,
gegenüber den fremden Anmaßungen, können die dro-
hende Gefahr abwenden, und Zaghaftigkeit und Schwan-
ken ermuthige nur die Feinde der Freiheit.
Es wurde daher beschlossen, eine öffentliche Versamm-
lung der Bürger und Einwohner hiesiger Stadt zu
veranstalten, und darin eine Addresse an den Groß-
herzog vorzuschlagen, in welcher, unter wiederholter
Aeußerung der allgemeinen Gefühle von Liebe und
Treu der feste Entschluß ausgesprochen wird, zur Auf-
rechthaltung der Preßfreiheit, und dadurch der ganzen
Verfassung, auf den ersten Ruf des Fürsten Gut und
Blut einzusetzen. Diese Versammlung ward nun Mon
tags den 21., Abends 7 Uhr, im Saale des Gasthau-
ses zum Pfau, in der Nähe der Stadt, gehalten, und
trotz der sehr ungünstigen Witterung von den hiesigen
Einwohnern fast aller Stände so zahlreich besucht, daß
der Raum des Saales die Hunderte der Zuströmenden
nicht alle fassen konnte.
Als erster Redner trat Hofrath v. Rotteck auf und
sprach folgende Worte: Alle verständigen Bürger, und
welche nicht zurückgeblieben sind hinter dem Geist unse-
rer großen Zeit, anerkennen den unendlichen, ganz un-
schätzbaren Werth der Preßfreiheit, und sind bereit,
zur Eroberung derselben, und noch mehr, wenn sie be-
reits errungen ward, zur Vertheidigung derselben, mit
allen ihren Kräften und Mitteln, entschlossen, unerschüt-
terlich, kein Opfer und keine Gefahr scheuend, so wie
für Ehre und Leben selbst den Kampf zu wagen.
Die Bürger und Einwohner Freiburgs haben so
freisinnige, politisch mündiger Staatsbürger würdige
Gesinnung an den Tag gelegt, als die badische Kammer
nach dem Gute der Preßfreiheit rang. Eine vielstim-
mige Petition um Preßfreiheit ist von ihnen ausgegan-
gen, und hat, neben den vielen andern aus Städten
und Dorfgemeinden in allen Theilen des Landes, wirk-
sam beigetragen zum Sieg dieser guten Sache. Sie
haben weiter, durch die noch zahlreichere und lautere
Zustimmung zu der am 2. December v. J. von der
Kammer eingelegten Protestation gegen die Eingriffe
des Bundestages in unser heiliges Gut, solche Prote-
station bekräftigt, und auch hierin im Einklang gehan-
delt mit den edelsten Bürgern des ganzen badischen
Landes. Diese Protestation ist freilich auch jetzo noch
wirksam, und man möchte demnach für unnöthig achten,
ihr eine zweite nachfolgen zu lassen, oder sie so oft zu
wiederholen, als sich erneute Anzeigen von wiederkeh-
renden Angriffen ergeben. Doch es scheint die jetzt
von mehreren Seiten zugleich sich erhebende Gefahr
für unser Palladium noch größer als damals; und es
ist darum gut und nothwendig, den Gegnern und der

„Der Wächter am Rhein" vom 28. Mai 1832 mit einem ausführlichen Bericht über die „Versammlung in Freiburg wegen Bedrohung der Preßfreiheit". StadtA MA.

errungenen Pressefreiheit gefeiert, an dem auch prominente liberale Politiker aus den Nachbarstaaten teilnahmen und in dessen Zentrum eine Festrede Itzsteins stand.[10] Schon hier mischte sich jedoch in die Feststimmung die Sorge um die Erhaltung der eben gewonnenen Rechte, da von Seiten des Bundestags immer bedrohlichere Töne zu vernehmen waren. Wiederum unter Führung von Itzsteins wurde daher am 13. Mai auf einer Versammlung im Theatersaal eine Adresse verabschiedet, mit der Großherzog Leopold aufgefordert werden sollte, gegen die Kritik des Bunds an dem Pressegesetz festzuhalten. Binnen zehn Tagen unterschrieben etwa 2 000 Mannheimer diesen Appell, doch wurde die dreiköpfige Deputation, die am 23. Mai mit den Listen nach Karlsruhe reiste, vom Großherzog nicht empfangen, sondern vom Innenminister mit beruhigenden Zusicherungen abgefertigt.

*Johann Adam von Itzstein (1775–1855). Lithographie, um 1840. StadtA MA.*

Ihren Gipfel erreichte die politische Mobilisierung breiter Bevölkerungskreise dann bekanntlich vier Tage später mit dem Zug von etwa 20 000 bis 30 000 Menschen zum Hambacher Schloss, der größten nationalen Demonstration für Freiheit und Einheit im deutschen Vormärz. Daran haben wohl auch Hunderte von Mannheimern teilgenommen. Doch liegen über die politischen Verbindungen zwischen links- und rechtsrheinischer Pfalz in dieser Zeit nur bruchstückhafte Informationen vor. Gewiss ist, dass es in Mannheim unter Führung des eben erwähnten Stromeyer und des Buchhändlers Johann Peter Grohe einen lokalen Ableger des Preß- und Vaterlandsvereins gab, den die Organisatoren des Hambacher Festes, Philipp Jakob Siebenpfeiffer und Johann August Wirth, im Januar 1832 in Zweibrücken ins Leben gerufen hatten. Bekannt ist auch, dass in Mannheimer Bierhäusern in den Maiwochen *in Mengen* Programme für das Hambacher Fest verteilt wurden.[11] Und gesichert ist ferner, dass einige prominente badische Abgeordnete mit Itzstein an der Spitze in Hambach anwesend waren, allerdings ohne – etwa durch Reden – stärker in Erscheinung getreten zu sein. Hier zeigte wohl bereits das allmählich wieder repressiver werdende Vorgehen der badischen Regierung seine Wirkung, die den eigenen Staatsangehörigen die Teilnahme in Hambach verboten hatte; dem hatten sich auch die meisten Oppositionspolitiker, darunter Karl von Rotteck, gefügt.

Jedenfalls folgte auf die immer mehr anschwellende Woge der politischen Feste und Versammlungen eine Welle der Reaktion.[12] Nachdem die badische Regierung bereits am 19. Mai – nicht zuletzt aufgrund der Mannheimer

*Hambacher Fest. Federlithographie, um 1832. AGK Images.*

Ereignisse – Versammlungen und Adressen, die sich für die Erhaltung der Pressefreiheit einsetzten, verboten hatte, untersagte sie am 5. Juni Vereinsgründungen ohne polizeiliche Genehmigung sowie das Halten öffentlicher Volksreden; auch das Tragen der Farben Schwarz-Rot-Gold, unter denen das Hambacher Fest gestanden hatte, war nicht mehr zulässig. Zugleich verschärfte sich das Vorgehen gegen die oppositionelle Presse. In immer kürzeren Abständen wurden vor allem Ausgaben des *Wächters am Rhein* beschlagnahmt und Strafverfahren gegen die verantwortlichen Redakteure angestrengt. Am 28. Juni und 5. Juli verabschiedete dann die Bundesversammlung in Frankfurt am Main ein ganzes Bündel von Maßregeln. Durch sie sollten die den Kammern in den einzelstaatlichen Verfassungen zugestandenen Rechte beschnitten, politische Versammlungen und Vereine verboten sowie nicht zuletzt das badische Pressegesetz beseitigt werden. Am 19. Juli erging das Verbot des *Wächters am Rhein* und des in Freiburg erscheinenden *Freisinnigen* durch den Bundestag. Der badischen Regierung blieb nun keine andere Wahl mehr, als die Verbote zu vollziehen und am 28. Juli auch das Pressegesetz als von vornherein nichtig aufzuheben. Zwei Wochen später wurde der Unterdrückungskatalog noch mit dem Verbot der Polenvereine abgerundet. Der kurze Frühling der Pressefreiheit war zunächst einmal beendet.

Die Stimmung in der Mannheimer Bevölkerung war in dieser Phase auf das Äußerste gereizt. So entwickelte sich in der Nacht vom 1. zum 2. Juli aus einer Solidaritätsdemonstration für den unter Hausarrest stehenden

Stromeyer ein schwerer Zusammenstoß mit dem Militär, bei dem zehn bis zwölf Verwundete, darunter viele Unbeteiligte, zurückblieben.[13] Das brutale Einschreiten des Linienmilitärs, das mit gefälltem Bajonett im Sturmschritt gegen die vor Stromeyers Haus versammelte Menschenmenge vorgegangen war, löste bis weit in die Reihen gemäßigter Bürger Empörung aus. Immer wieder wurden jetzt Rufe nach einer allgemeinen Bürgerbewaffnung laut, doch letztlich blieb gewaltsamer Widerstand aus, wenngleich die politische Erregung, wie einzelne Vorfälle zeigen, mindestens bis zum Sommer 1833 anhielt.

## Bürgerrechtsreform und Gemeindewahlen

Parallel zu den Auseinandersetzungen um die Pressefreiheit hatten sich in der Mannheimer Bürgerschaft durch das neue Bürgerrechtsgesetz tief greifende Veränderungen vollzogen. Vom Tage des Inkrafttretens am 23. April 1832 an sollten – so bestimmte das Gesetz in § 89 – die bisherigen

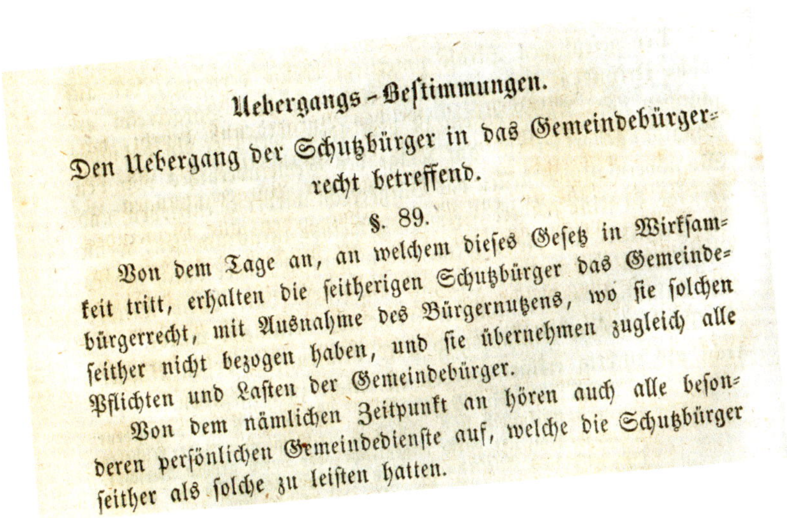

Uebergangs-Bestimmungen.

Den Uebergang der Schutzbürger in das Gemeindebürgerrecht betreffend.

§. 89.

Von dem Tage an, an welchem dieses Gesetz in Wirksamkeit tritt, erhalten die seitherigen Schutzbürger das Gemeindebürgerrecht, mit Ausnahme des Bürgernutzens, wo sie solchen seither nicht bezogen haben, und sie übernehmen zugleich alle Pflichten und Lasten der Gemeindebürger.

Von dem nämlichen Zeitpunkt an hören auch alle besonderen persönlichen Gemeindedienste auf, welche die Schutzbürger seither als solche zu leisten hatten.

*„Den Übergang der Schutzbürger in das Gemeindebürgerrecht betreffend" aus dem Bürgerrechtsgesetz von 1831. StadtA MA.*

Schutzbürger das Gemeindebürgerrecht erhalten. Sobald sie die Differenz zwischen den von ihnen seinerzeit für den Schutzbürgerstatus erbrachten Aufwendungen und den neu auf 10 Gulden festgelegten Gebühren für den Antritt des angeborenen Bürgerrechts nachzahlten, wurden sie als vollberechtigte Bürger in das Bürgerbuch eingeschrieben. Was dies in konkreten Zahlen bedeutete, lässt sich aufgrund der bruchstückhaften Überlieferung von Bürgerzahlen aus dieser Zeit nicht mit letzter Exaktheit ermitteln, wohl aber in den wesentlichen Größenordnungen deutlich machen. In Mannheim lebten nach dem Adressbuch von 1829 1 431 Bürger und 934 Schutzbürger, nach Angaben des Abgeordneten Itzstein in der Zweiten Kammer 1831 1 573 Bürger und 1 067 Schutzbürger. Durch die Reform erhöhte sich die Bürgerzahl bis 1834 auf 2 345 Bürger, der Zuwachs betrug demnach, bezogen auf das Jahr 1829, 63,9 Prozent und, bezogen auf das Jahr 1831, 49,1 Prozent.

## Mannheim als „Residenz des Rechts"

*Harald Stockert*

Mit der Einführung der Reichsgerichtsverfassung in Baden im Jahr 1879 ging für Mannheim eine Epoche zu Ende. Das Oberhofgericht, das bis dahin seinen Sitz in der Quadratestadt hatte, wurde aufgelöst. An seine Stelle traten als höchste gerichtliche Instanzen für das neue Deutsche Reich das Reichsgericht in Leipzig sowie für Baden das Oberlandesgericht in Karlsruhe. Für Mannheim bedeutete dies einen schmerzlichen Einschnitt, war es doch nahezu 160 Jahre lang „Residenz des Rechts" gewesen, zunächst in der Kurpfalz und später im Großherzogtum Baden.

Ihren Ausgang nahm diese Ära mit der von Kurfürst Karl Philipp angeordneten Verlegung der kurpfälzischen Zentralbehörden von Heidelberg nach Mannheim im Jahr 1720. Dieser Beschluss galt auch für das kurpfälzische Hofgericht, dem 1729 das neu geschaffene Oberappellationsgericht als höchste Instanz zur Seite trat. Beide boten neben den dort beschäftigten Richtern und Räten auch zahlreichen Anwälten ein Auskommen. Nicht wenige Juristen übernahmen auch Funktionen in der Kommunalverwaltung, sodass es bald zu einer wechselseitigen Durchdringung von Stadt- und Gerichtselite kam.

Der Anfall an Baden 1802/03 bedeutete einen tiefen Einschnitt. Denn Mannheim verlor nicht nur seine Zentralfunktion als Hauptstadt, der Untergang der Kurpfalz brachte auch das Ende des Oberappellationsgerichts mit sich. Das von der badischen Regierung neu geschaffene Oberhofgericht wurde zunächst in Bruchsal angesiedelt. Hiergegen wandten sich die Mannheimer mit Entscheidenheit. Doch der Protest hatte erst Erfolg, als sich ihm Oberhofgerichtspräsident Karl Wilhelm Friedrich Ludwig Drais von Sauerbronn anschloss: 1810 wurde das Oberhofgericht nach Mannheim verlegt, wo es am 23. Juli im Schloss seine erste Sitzung abhielt.

Mannheim hatte damit seinen Status als führender Gerichtsstandort wieder erobert und stand als solcher im Fokus nicht nur des juristischen, sondern auch des allgemein politischen Interesses. Das Oberhofgericht zeichnete zivilrechtlich verantwortlich als Berufungssinstanz für die Hofgerichte; in der Strafrechtspflege war es zuständig, wenn etwa über Todes- und lebenslange Zuchthausstrafen oder über Deportation zu entscheiden war. Daher wirkte es auch an einem der spektakulärsten Gerichtsprozesse in Baden mit, dem Verfahren gegen Karl Ludwig Sand.

*Dienstwohnung des Landgerichtspräsidenten im Schloss, 1897. Hier war bis zu seiner Auflösung 1879 das Oberhofgericht untergebracht. Foto, 1897. Nach R. Tillessen (1897).*

Seit den 1820er Jahren machten vor allem die an den Mannheimer Gerichten zugelassenen Anwälte öffentlich von sich reden. Ihr Berufsstand hatte einen Professionalisierungsschub erfahren, der einher ging mit einer verstärkten Hinwendung zu liberalem Gedankengut. Dies stand freilich in krassem Gegensatz zur absolutistisch geprägten Gerichtsverfassung und dem veralteten Prozessrecht des frühen 19. Jahrhunderts. Die Forderungen nach Geschworenengerichten, nach Trennung von Justiz und Verwaltung sowie nach öffentlichem und mündlichem Gerichtsverfahren waren schon bald Gegenstand der parlamentarischen Debatten. Auf dem Reformlandtag von 1831 konnte schließlich unter anderem eine Verbesserung der Stellung der Anwälte durchgesetzt werden. Doch damit wurde die öffentliche Diskussion nur weiter befeuert. In den folgenden Jahren waren es vor allem Mannheimer Obergerichtsadvokaten wie Alexander von Soiron, Leopold Ladenburg oder Friedrich Hecker, die in der juristischen Fachdiskussion, vor allem aber in der politischen Öffentlichkeit für liberale Ideale stritten. Dabei betätigten sich die Anwälte nicht nur auf landespolitischer Ebene, auch kommunalpolitisch gehörten sie längst zu den Meinungsführern.

*Karl Wilhelm Friedrich Ludwig Freiherr Drais von Sauberbronn (1755–1830) war mehr als zwei Jahrzehnte Präsident des Oberhofgerichts; parallel zu seinen Dienstpflichten veröffentlichte er zahlreiche historische, politische und juristische Schriften sowie einen Gedichtband, den er Mannheim widmete. 1827 bekam er die Ehrenbürgerwürde der Stadt verliehen. Ölgemälde eines unbekannten Künstlers, um 1820. OLG Karlsruhe.*

Vor diesem Hintergrund erscheint die Revolution von 1848/49 geradezu als das Aufbegehren der Mannheimer Juristen, die sowohl auf badischer wie auch auf nationale Ebene immer mit an der Spitze der unterschiedlichen Fraktionen standen. Für den radikalsten unter ihnen, den Obergerichtsadvokaten Gustav Struve, mochte es da wie eine Ironie des Schicksals erscheinen, dass ausgerechnet er 1849 Angeklagter war im ersten Strafprozess in Baden, der vor einem Geschworenengericht geführt wurde.

Auch wenn die Revolution scheiterte, blieb die Gerichtsverfassung weitgehend unangetastet. Dies war vor allem ein Verdienst von Justizminister Anton Stabel. Der ehemalige Obergerichtsanwalt und spätere Mannheimer Ehrenbürger setzte sogar weitere liberale Forderungen um wie etwa 1851 die Einrichtung des Mannheimer Schwurgerichts. Darauf folgte die endgültige Trennung von Justiz und Verwaltung und schließlich 1864 eine grundlegende Reform von Gerichtsorganisation, Zivil- und Strafprozessordnung. Mannheim erhielt unter anderem ein Handelsgericht, das sich im Zeitalter des Aufstiegs der Stadt zu einem führenden Handels- und bald auch Industriestandort als ein zukunftsweisendes Tätigkeitsfeld der Mannheimer Anwaltschaft erweisen sollte. Entsprechend wurde 1879 das Ende der Stadt als badische „Residenz des Rechts" zwar beklagt, letzten Endes ging diese Epoche des alten Mannheim in der Zeit des schier grenzenlosen Booms jedoch ohne größeres Aufsehen zu Ende. ✧

Ganz verschwand der minderberechtigte Schutzbürgerstatus jedoch nicht; denn den jüdischen Schutzbürgern wurde im Reformgesetz von 1831 ausdrücklich die Gleichstellung mit ihren christlichen Mitbürgern verweigert. In Mannheim betraf das knapp 80 jüdische Haushaltsvorstände. Allerdings waren schon vor der Reform – beginnend mit dem jüdischen Gemeindevorsteher Joseph Lallement bereits 1787[14] – Juden in das volle Bürgerrecht aufgenommen worden. Ihre Zahl belief sich 1829 auf 98 und stieg nach der Reform aufgrund der nun liberaleren und rechtlich klarer fixierten Regelungen für die Bürgeraufnahme rasch weiter an, sodass 1836 bereits 158 der 355 jüdischen Haushaltsvorstände – also 44,5 Prozent – der Bürgergemeinde angehörten. Der Anteil der verbürgerten Juden blieb damit nur in geringem Maße hinter dem Bürgeranteil in der übrigen Bevölkerung zurück, und insofern stellte sich der rechtliche Status der jüdischen Minderheit in Mannheim deutlich positiver dar als zur gleichen Zeit in den meisten anderen badischen und auch deutschen Städten.

*Kaufmann Salomon Aberle (1798–1869) zählte zu den Juden, die bereits 1834 über das Bürgerrecht verfügten. Foto nach einem Gemälde, um 1850. Jüdische Gemeinde Mannheim.*

Insgesamt besaßen nach der Reform gut 11 Prozent der Mannheimer Einwohnerschaft das Bürgerrecht; zusammen mit ihren Familienmitgliedern stellten die Bürger damit knapp die Hälfte der städtischen Bevölkerung. Zugleich hatte sich durch die neu hinzugekommenen Schutzbürger die soziale Zusammensetzung der Bürgerschaft deutlich verändert. Denn vor allem zwei Gruppen, die bisher unter den Bürgern nicht oder nur mit einem geringen Anteil vertreten waren – unzünftige Handwerker zum einen, Arbeiter, Tagelöhner und Gesellen zum anderen – stellten fast drei Viertel der bisherigen Schutzbürger. Durch ihre Aufnahme verbreiterte sich daher das soziale Spektrum der Bürgerschaft, das bislang von den selbstständigen Gewerbetreibenden in Handel und Handwerk dominiert worden war, ganz erheblich in die städtische Unterschicht hinein. Anders gewendet: Der solide, über ein gesichertes Auskommen verfügende Mittelstand stellte nun nicht mehr die weit überwiegende Mehrheit der Bürger. Die ohnehin schon beträchtliche Distanz zwischen großen und kleinen Bürgern, zwischen vermögenden Bankiers und Großkaufleuten einerseits und verarmten Handwerksmeistern, Tagelöhnern oder auch Kleinlandwirten andererseits, hatte sich durch die Reform, durch die Aufnahme bislang meist als „unterbürgerlich" eingeschätzter Gruppen noch einmal dramatisch vergrößert. Ob dadurch auch der soziale Zusammenhalt der bürgerlichen Rechtsgemeinschaft vollends gesprengt worden war, musste sich nicht zuletzt auf dem Feld der städtischen Politik zeigen, auf dem die neue Gemeindeordnung eine Fülle neuer Mitbestimmungsmöglichkeiten eröffnete.

**Sozialgliederung der Mannheimer Bürger und Schutzbürger 1829**

| | Bürger | Schutzbürger |
|---|---|---|
| Bildungsbürgertum | 30 | 42 |
| Händler und Fabrikanten | 257 | 51 |
| Wirte, Brauer, Landwirte | 223 | 37 |
| Handwerker | 700 | 250 |
| Arbeiter, Tagelöhner, Gesellen | 81 | 434 |
| Sonstige | 140 | 120 |
| | 1431 | 934 |

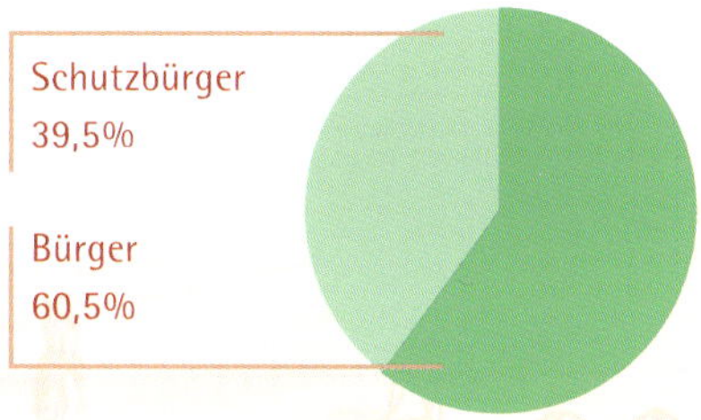


**Sozialgliederung der Mannheimer Bürger und Schutzbürger 1834**

| | Bürger | Schutzbürger |
|---|---|---|
| Bildungsbürgertum | 81 | 6 |
| Händler und Fabrikanten | 297 | 33 |
| Wirte, Brauer, Landwirte | 276 | 3 |
| Handwerker | 988 | 7 |
| Arbeiter, Tagelöhner, Gesellen | 473 | 7 |
| Sonstige | 233 | 17 |
| | 2348 | 73 |

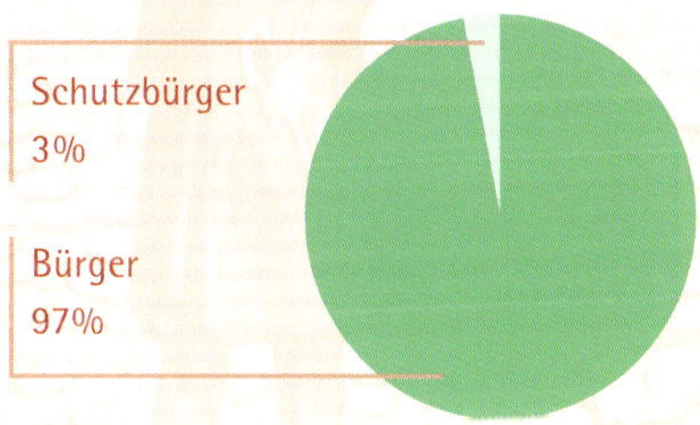


Die ersten Wahlen unter der neuen Gemeindeordnung und die vom Gesetz vorgeschriebene völlige Neukonstituierung aller Gemeindeorgane wurden in der Stadt mit großer Spannung erwartet, und sie waren *Hauptgegenstände des Gespräches und des ernsthaften Meinungsaustausches.*[15] Sie fielen allerdings, da sich die Veröffentlichung der unerlässlichen Wahlordnung bis zum 1. Juni 1832 verzögerte, mitten in die durch die Auseinandersetzungen um die Pressefreiheit aufgeheizte politische Atmosphäre des Frühsommers 1832. So war es kaum verwunderlich, dass sich die Mannheimer Bürger gleich bei der ersten Abstimmung mit einem demonstrativen Akt politischer Aufsässigkeit in Szene setzten: Anstelle des langjährigen Oberbürgermeisters, des Weinwirts Valentin Möhl, der lediglich 220 Stimmen erhielt, wählten sie nämlich mit 1 286 Stimmen den als Kammerabgeordneten und durch seine Auftritte als Verteidiger entschieden liberaler Zeitungen

bekannten Obergerichtsadvokaten Wilhelm Gerbel in dieses Amt. Gerbel war allerdings, obwohl bereits seit langem in der Stadt ansässig, erst wenige Monate zuvor in das Mannheimer Bürgerrecht eingetreten und erfüllte damit nicht die vom Gesetz als Voraussetzung für die Wählbarkeit vorgeschriebene einjährige Zugehörigkeit zur Bürgergemeinde.

Die badische Regierung war daher nach dem Buchstaben des Gesetzes zunächst vollkommen im Recht, als sie Gerbel nicht nur nach der Abstimmung vom August 1832, sondern auch nach zwei weiteren Wahlgängen, in denen die Mannheimer Bürgerschaft mit ähnlicher Stimmenmehrheit auf ihrer Entscheidung beharrte,

*Wilhelm Gerbel (1791–1853). Lithographie von R. Schlicht, 1846. REM*

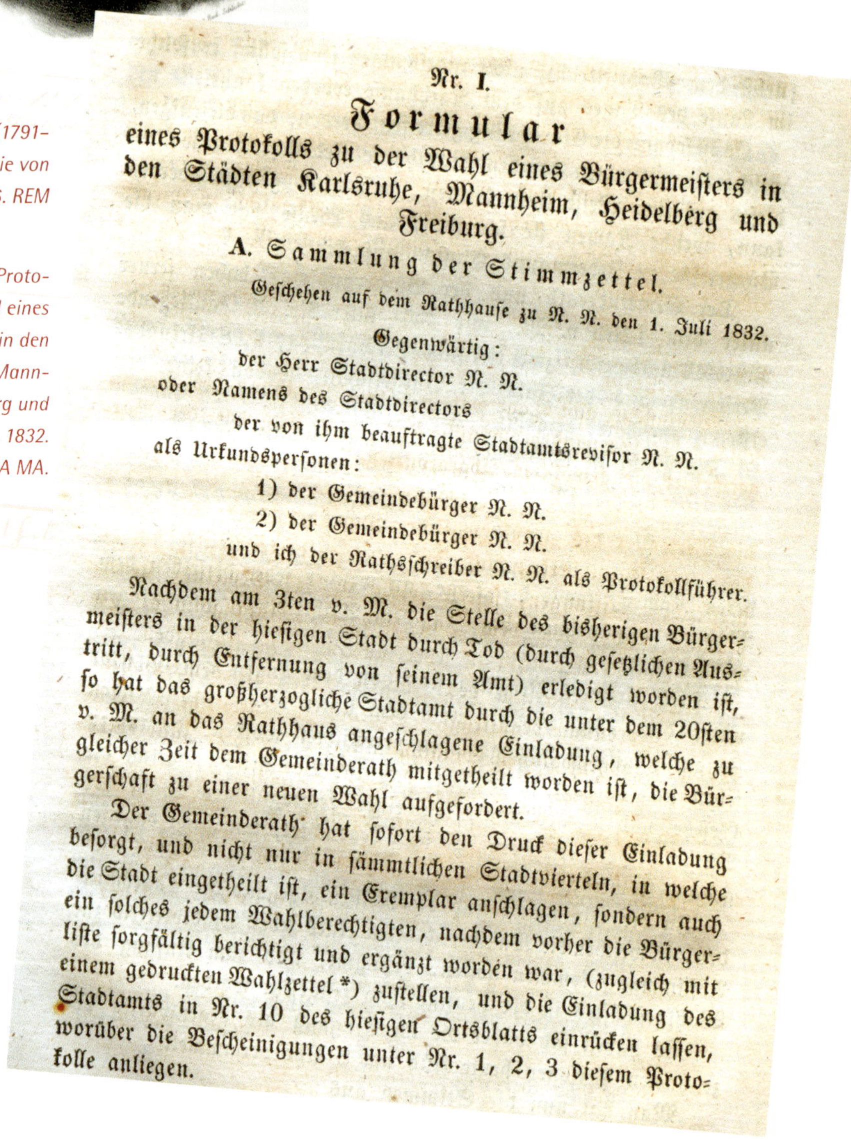

Nr. I.

Formular

eines Protokolls zu der Wahl eines Bürgermeisters in den Städten Karlsruhe, Mannheim, Heidelberg und Freiburg.

A. Sammlung der Stimmzettel.

Geschehen auf dem Rathhause zu N. N. den 1. Juli 1832.

Gegenwärtig:

der Herr Stadtdirector N. N.

oder Namens des Stadtdirectors

der von ihm beauftragte Stadtamtsrevisor N. N.

als Urkundspersonen:

1) der Gemeindebürger N. N.

2) der Gemeindebürger N. N.

und ich der Rathsschreiber N. N. als Protokollführer.

Nachdem am 3ten v. M. die Stelle des bisherigen Bürgermeisters in der hiesigen Stadt durch Tod (durch gesetzlichen Austritt, durch Entfernung von seinem Amt) erledigt worden ist, so hat das großherzogliche Stadtamt durch die unter dem 20sten v. M. an das Rathhaus angeschlagene Einladung, welche zu gleicher Zeit dem Gemeinderath mitgetheilt worden ist, die Bürgerschaft zu einer neuen Wahl aufgefordert.

Der Gemeinderath hat sofort den Druck dieser Einladung besorgt, und nicht nur in sämmtlichen Stadtvierteln, in welche die Stadt eingetheilt ist, ein Exemplar anschlagen, sondern auch ein solches jedem Wahlberechtigten, nachdem vorher die Bürgerliste sorgfältig berichtigt und ergänzt worden war, (zugleich mit einem gedruckten Wahlzettel *) zustellen, und die Einladung des Stadtamts in Nr. 10 des hiesigen Ortsblatts einrücken lassen, worüber die Bescheinigungen unter Nr. 1, 2, 3 diesem Protokolle anliegen.

*„Formular eines Protokolls zu der Wahl eines Bürgermeisters in den Städten Karlsruhe, Mannheim, Heidelberg und Freiburg", 1832. StadtA MA.*

die Bestätigung stets aufs Neue versagte. Im Januar 1833 machte die Kreisbehörde dann ihre Drohung wahr und ernannte stattdessen den aus einer alteingesessenen Mannheimer Familie stammenden, bisher in der Gemeindepolitik nur gelegentlich hervorgetretenen 65-jährigen Kaufmann Heinrich Andriano für zunächst ein Jahr zum Oberbürgermeister.

*Heinrich Andriano (1768–1836). Nach F. Walter (1907) Bd. 2 S. 199.*

Zu diesem Zeitpunkt war aufgrund der Konflikte zwischen Staatsaufsicht und Bürgerschaft noch kein weiterer der vielen im Konstituierungsprozess der neuen städtischen Selbstverwaltung notwendigen Schritte erfolgreich gegangen worden. Als besonders schwer zu nehmende Hürden erwiesen sich zudem immer wieder jene Paragraphen der Gemeindeordnung, die eine außerordentlich hohe Wahlbeteiligung von teils der Hälfte und teils zwei Dritteln der Wahlberechtigten für die Gültigkeit der Abstimmungen vorschrieben. So wurde in mehreren Urnengängen, in denen die Mannheimer Bürger die Schaffung eines Großen Bürgerausschusses billigen und über die Zahl der Gemeinderatsmitglieder beschließen sollten, nicht das gesetzliche Quorum erreicht. Schließlich wurde aus dem gleichen Grund auch noch die Mitte August 1833 durchgeführte Wahl des Gemeinderats von der Regierung für ungültig erklärt. Damit hatte die Einführung der neuen Gemeindeordnung in der größten badischen Stadt in ein totales Desaster geführt. Zweifellos spielte dabei eine Rolle, dass in einer Stadt wie Mannheim nicht ohne weiteres eine hinreichende Mehrheit der Bürger für die kommunalen Abstimmungen zu mobilisieren war; aber die gemeindepolitische Abstinenz der Bürger war ebenso unzweifelhaft durch die harte Haltung der Regierung, die nicht bereit gewesen war, die von den Mannheimern getroffenen Entscheidungen zu akzeptieren, befördert worden.

## Zensus und Dreiklassenwahlrecht

Das Mannheimer Desaster hat zusammen mit ähnlichen Vorgängen in Freiburg – hier hatte im ersten Wahlgang der prominenteste Kopf der badischen Liberalen, Karl von Rotteck, rund drei Viertel der Stimmen auf sich vereinigen können, dann jedoch, nachdem ihm die Regierungsbestätigung versagt geblieben war, seine Kandidatur zurückgezogen – entscheidend zu einem radikalen Schritt der badischen Regierung beigetragen. Ohne Zustimmung der Kammern erließ sie am 4. Dezember 1833 ein provisorisches Gesetz,[16] das für die Wahl der Bürgermeister und Gemeinderäte in allen badischen Kommunen einen Zensus in Höhe von mindestens 800 Gulden einführte; in Städten mit mehr als 3 000 Einwohnern sollte die Grenze sogar bei 1 500 Gulden liegen, und in Freiburg, Heidelberg, Karlsruhe und Mannheim sollten nur noch Bürger mit einem Steuerkapital von über 2 000 Gulden wahlberechtigt sein. Doch sollten diese Beschränkungen nicht für die Wahlen zu den beiden Bürgerausschüssen gelten, da diese als ein besonders getreues Spiegelbild der gesamten Bürgerschaft gedacht waren. Zugleich wurde, um eines der am häufigsten aufgetretenen Probleme zu beseitigen, das Quorum für die Gültigkeit einer Abstimmung von zwei Dritteln auf die Hälfte der Wahlberechtigten reduziert. Die badische Regierung hatte mit diesem Vorgehen einerseits bewusst den Landtagsschluss im November abgewartet, um diesmal völlig freie Hand bei der Zensusregelung zu behalten und neuerlichen Auseinandersetzungen mit der Kammermehrheit aus dem Wege zu gehen; andererseits lehnte sich der Entwurf des damaligen Ministerialrats im Innenressort, Johann Baptist Bekk, der dem Gesetz zugrundelag, inhaltlich weitgehend an den Vorschlag an, den die von der Kammer eingesetzte Kommission selbst vorgetragen hatte, wenngleich dort ein Zensus nur für ausgewählte Städte vorgesehen gewesen war.

Jedenfalls wurde mit der Neuregelung, die am 13. Dezember 1833 veröffentlicht wurde und sofort in Kraft trat, einem großen Teil der Gemeindebürger die Stimmberechtigung wieder entzogen. In Mannheim sank die Zahl der bei der Bürgermeister- und Gemeinderatswahl Stimmberechtigten von 2 345 auf 974 und damit um 58,5 Prozent ab.[17] So ging die Ausgrenzung der nun politisch nicht mehr vollberechtigten Bürger weit über den Kreis der erst kürzlich ins Bürgerrecht aufgestiegenen Schutzbürger hinaus. Der neue Zensus schnitt also tief in den *Kern der Bürgerschaft,*[18] in die bürgerliche Rechtsgemeinschaft in ihrer gewachsenen Struktur, hinein.

Es waren deshalb gleichermaßen das Verfahren, die Ausschaltung der verfassungsmäßig garantierten Mitwirkung der beiden Kammern bei der Gesetzgebung, wie der Gesetzesinhalt, dieser Schlag gegen das Selbstverständnis des badischen Stadt- und Gemeindebürgertums, die in der Öffentlichkeit zu erregten Debatten und empörten Äußerungen führten. Aus Mannheim wurde von der Verärgerung der Bürgerschaft über die *empfindliche Zurücksetzung* der *ärmeren Bürger* berichtet.[19] Doch erst auf dem Landtag von 1835, dem die Regierung das Gesetz von 1833 im Wesentlichen unverändert als Beschlussvorlage übermittelte,[20] erhielten die gewählten Vertreter des badischen Bürgertums Gelegenheit, in der Zensusfrage Stellung zu beziehen – freilich ohne dass es zu einer Verständigung zwischen Regierung und Kammermehrheit über die genaue Ausgestaltung der Wahlrechtsbeschränkungen gekommen wäre.

Erst bei der nächsten turnusmäßigen Session des Landtags im Frühjahr 1837 gelang es Innenminister Winter, durch ein völlig neues Wahlrechtskonzept eine Mehrheit der Abgeordneten für die Regierungspläne zu gewinnen. Und zwar hatte er ein indirektes Wahlverfahren mit einer Dreiklasseneinteilung entworfen, das obligatorisch nur noch für die Städte mit mehr als 3 000 Einwohnern gelten sollte, während die kleineren Gemeinden künftig ohne Wahlrechtsbeschränkungen bleiben sollten. In zweifacher Hinsicht entwickelte Winters Entwurf Ansätze der Gemeindegesetzgebung seit 1820 konsequent weiter: Zum einen sollte der Große Bürgerausschuss die Bürgerversammlung in allen ihren Funktionen ablösen, d.h. auch Bürgermeister, Gemeinderat und Kleiner Bürgerausschuss sollten nicht mehr unmittelbar von allen Bürgern, sondern indirekt durch den Großen Ausschuss gewählt werden. Damit war zugleich das Problem der Wahlhäufigkeit gelöst, denn fortan war nur noch alle zwei Jahre die Hälfte der Mitglieder des Großen Bürgerausschusses zu bestimmen. Zum anderen wurde die bislang nur für das passive Wahlrecht zu den Bürgerausschüssen bestehende Einteilung in drei Wählerklassen nun zu einem ungleichen Klassenstimmrecht ausgebaut. Jene Wähler, die zusammen das oberste Drittel des Steueraufkommens zahlten, sollten ebenso ein Drittel der Ausschussmitglieder wählen wie die mittelbesteuerten und die niedrigstbesteuerten Wähler. Doch sollte die höchstbesteuerte Klasse mindestens ein Sechstel, die 2. Klasse mindestens ein Drittel und die 3. Klasse maximal die Hälfte der Wählerschaft umfassen. Im Unterschied zur späteren rheinisch-preußischen Version des Dreiklassenwahlrechts mit ihrer zum Teil extremen Verzerrung der Stimmgewichte sollte also der 1. Klasse lediglich ein dreimal so hoher Einfluss wie der 3. Klasse zugestanden werden. Da gleichzeitig die Klasseneinteilung für das passive Wahlrecht bestehen blieb, ergab sich ein hochkomplizierter Wahlvorgang; jede Wählerklasse hatte je ein Drittel der höchst-, mittel- und niedrigstbesteuerten Vertreter zu wählen. Mit anderen Worten: Das ganze Verfahren war sorgsam darauf ausgerichtet, die von den einzelnen Klassen gewählten Repräsentanten so zu durchmischen, dass kein Gleichklang von politischer Haltung und sozialer Herkunft zu erwarten war, dass jede politische Konfrontation der sozial differenzierten Wählerklassen, jede klassenorientierte Politik, wenn irgend möglich, verhindert wurde.

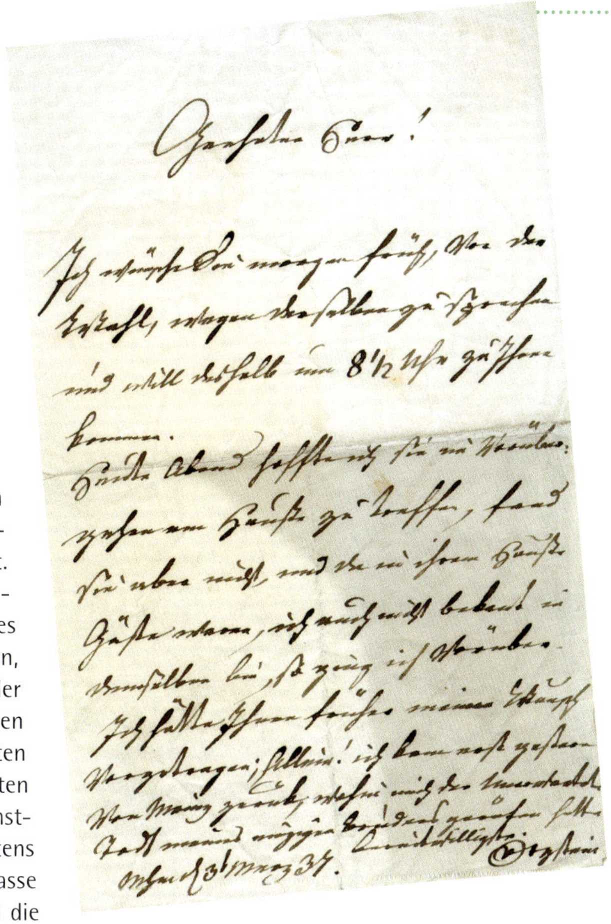

*Schreiben von Johann Adam von Itzstein (1775–1855) an Daniel Krebs (1827–1902) am Vorabend der Landtagswahl 1837. Itzstein bittet um ein Gespräch noch vor Beginn der Wahl. StadtA MA.*

Alles in allem hatte sich Winter der selbst gestellten Aufgabe, *vermittelst Einführung eines Census oder wie immer der wohlhabendern Klasse der Bürgerschaft eine gesetzliche Nachhülfe* zukommen zu lassen, *damit sie der der Zahl nach stärkeren Klasse der Minderbemittelten und Besitzlosen einiges Gegengewicht zu halten im Stande sei,*[21] auf eine eher maßvolle und schonende Weise entledigt. Dennoch konnten sich die zur bürgerlich-liberalen Opposition

*Ernst Ludwig Weller (1800–1863). Lithographie von Valentin Schertle, 1846. REM.*

zählenden Abgeordneten überwiegend auch mit dieser Revision der 1831 verabschiedeten Gemeindeordnung nicht befreunden. Zu sehr verstieß das indirekte Wahlverfahren gegen das Ideal der direkten Demokratie in den Gemeinden; zu stark kollidierte die Klasseneinteilung, die Rotteck bezeichnenderweise mit dem indischen Kastensystem verglich, mit dem Leitbild bürgerlicher Gleichheit; und zu groß war die Sorge, das ungleiche Wahlrecht werde eine Herrschaft der *Geldaristokratie* etablieren. Gegen das Gesetz stimmten daher sowohl die Mannheimer Abgeordneten Mohr und Weller als auch die in Mannheim wohnenden und der Stadt eng verbundenen Deputierten Gerbel und Itzstein. Nur der Krappfabrikant Friedrich Lauer, obwohl sonst auch eher zu den liberalen Parteigängern gehörend, votierte für das Dreiklassenwahlrecht, weil er die Mannheimer Wahlvorgänge der zurückliegenden Jahre eher negativ beurteilte.[22] Doch kann keine Rede davon sein, dass sich die liberale Opposition in der Wahlrechtsfrage nach Besitzkriterien aufgespalten habe.

## Erneute Gemeindewahlen

So heftig das neue Gesetz auch von der liberalen Opposition bekämpft und in den Jahren nach seinem Inkrafttreten weiter abgelehnt wurde, so wenig konnte doch als gesichert gelten, dass das Klassenwahlrecht zu einem politisch ruhigeren Klima in den Kommunen führen werde. Schon in den Kammerdebatten hatten einige Abgeordnete warnend darauf hingewiesen, dass die Diagnose der Regierung über die sozialen Hintergründe des Wahlverhaltens falsch sei und dass daher *die vorgeschlagene Einrichtung gar nicht das erwartete Resultat gewähren* werde.[23] Als Kenner speziell der Mannheimer Verhältnisse hatte Gerbel betont, dass man am ehesten von *einer Theilung nach politischen Farben sprechen* könne, *und da gehören Reiche so gut zur Opposition wie Arme.*[24] Der tatsächlichen Entwicklung besonders in den 1840er Jahren entsprach – in einer geradezu prophetischen Weise – vor allem die Bemerkung des Heidelberger Staatsrechtlers Karl Joseph Anton Mittermaier, es könne auch und gerade einen Radikalismus der Mitte geben, gegen den ein Klassenwahlrecht nach badischem Muster eben keine Hilfe biete.[25]

In der Tat hatte sich in Mannheim bereits im Februar 1834, als die Wahl des zuvor provisorisch eingesetzten Bürgermeisters Andriano anstand, trotz des nun geltenden Zensus wiederum eine Mehrheit der Wähler gegen Andriano und für den nochmals kandidierenden Anwalt Gerbel entschieden.[26]

Obwohl inzwischen an der formellen Wählbarkeit Gerbels keine Zweifel mehr bestehen konnten, wurde diesem nicht nur erneut von der Staatsregierung die Bestätigung versagt, sondern er wurde sogar von weiteren Wahlgängen ausgeschlossen. Um den Konflikt nicht noch weiter zu schüren, verzichtete Gerbel daraufhin auf eine weitere Kandidatur und machte den Weg frei für die Wahl Andrianos, der im Juni 1834 566 von 663 abgegebenen Stimmen erhielt und auch umgehend von staatlicher Seite bestätigt wurde. Lange Zeit hat Andriano, der zunächst mit einer misstrauisch-ablehnenden Haltung der Mannheimer Bürger zu kämpfen hatte, jedoch nicht amtieren können. Bereits im November 1835 musste er aus gesundheitlichen Gründen das Bürgermeisteramt aufgeben; er starb wenige Monate später am 2. März 1836.

*Ludwig Jolly (1780–1853). Foto nach einer Lithographie, um 1820. StadtA MA.*

Die lange Reihe der Wahlverzögerungen setzte sich auch jetzt fort; mehr als ein Jahr musste der zweite Bürgermeister, Georg Heinrich Hutten, die Geschäfte der Stadt kommissarisch führen. Erst am 30. Dezember 1836 wurde – diesmal mit klarem Vorsprung vor dem sich erneut bewerbenden Gerbel – der Tabakfabrikant und Handelskammerpräsident Ludwig Jolly zum Bürgermeister gewählt.[27] Jolly stammte aus einer Hugenottenfamilie, die nach einem Umweg über Preußen am Anfang des 18. Jahrhunderts nach Mannheim zugewandert war; sein Vater war Pfarrer der wallonischen Gemeinde gewesen; einer seiner Söhne, Julius Jolly, stieg 1868 zum badischen Staatsminister auf. Ludwig Jolly selbst hatte sich – nach längerem Militärdienst als bayerischer Offizier – gemeinsam mit seinem Schwager Johann Daniel Kessler eine bürgerliche Existenz als Kaufmann und Tabakfabrikant aufgebaut. Mit seiner Wahl zum Oberbürgermeister erreichte der Einfluss des Mannheimer Wirtschaftsbürgertums auf die Geschicke der Stadt einen neuen Höhepunkt, übte doch Jolly noch bis 1839 in Personalunion sein Amt an der Spitze der Handelskammer weiter aus. Ungeachtet dessen hat er politisch stets mäßigend und ausgleichend zu wirken versucht – bis in die scharfen Auseinandersetzungen der Revolutionszeit hinein, in denen eigentlich dem Druck zur Parteinahme kaum noch zu entgehen war.

Inzwischen waren auch – mit den schon vielfach bekannten Schwierigkeiten – der Gemeinderat und der Kleine Bürgerausschuss gewählt worden.[28] Mehrfach mussten Urnengänge für ungültig erklärt werden, weil das gesetzliche Quorum nicht erreicht wurde. Dann wieder zog sich die Wahlhandlung für den Kleinen Ausschuss wegen des komplizierten Wahlverfahrens über ganze acht Tage hin. Und schließlich zeigte auch die Zersplitterung der Stimmen bei der Gemeinderatswahl auf 309 Kandidaten an, wie wenig die kommunalpolitischen Dinge schon selbstverständlich geworden waren und in geordneten Bahnen abliefen. Längst war die Hochstimmung, die die Verabschiedung der neuen Gemeindeordnung durch den Reformlandtag ausgelöst hatte, bei vielen Mannheimer Bürgern einer tiefen Verbitterung über die unzähligen staatlichen Eingriffe und über das selbstherrliche Auftreten der staatlichen Repräsentanten in der Stadt gewichen. In dieser angespannten Atmosphäre konnten sich dann auch aus Lappalien schnell Auseinandersetzungen entwickeln, die von beiden Seiten mit kompromissloser Schärfe ausgefochten wurden.

Beispielsweise verweigerte die liberal gesinnte Mehrheit des Kleinen Bürgerausschusses Mitte 1835 einem Gemeinderatsbeschluss die erforderliche Zustimmung, der der Bürgerwehrartillerie einen Zuschuss in Höhe von 68 Gulden zu den Kosten der Geburtstagsfeierlichkeiten für Großherzog Leopold gewährte. Auch als der Gemeinderat daraufhin einen auf 40 Gulden reduzierten Betrag bewilligte, beharrte der Bürgerausschuss auf seiner Auffassung, dass diese Kosten nicht in den Gemeindeetat fielen. Die Aufmüpfigkeit und der Oppositionsgeist, die sich in dieser hartnäckigen Streitlust unübersehbar manifestierten, riefen wiederum sogleich die staatlichen Behörden auf den Plan: Innenminister Winter verfügte am 8. Juli 1836, das Votum der Bürgerausschussmehrheit sei als strafbare Illoyalität gegenüber dem Landesherrn zu werten, und ordnete an, dass die betreffenden zwölf Mitglieder zu entlassen und Ergänzungswahlen durchzuführen seien. Mit seinem massiven Einschreiten bewegte sich das Ministerium zumindest hart am Rande des gesetzlichen Rahmens. Auf jeden Fall aber widersprach das staatliche Vorgehen massiv der leitenden Idee des Reformgesetzes, den Kommunen ein größeres

*Repräsentanten der staatlichen Gewalt auf der Straße: Polizisten und Gendarme. Kolorierte Zeichnung von Heinrich Andriano, um 1840. StadtA MA.*

Maß an Selbstständigkeit zu gewähren. So landeten die Mannheimer Vorgänge schließlich im Juli 1837 sogar noch vor der Zweiten Kammer, wo sich fast die gesamte liberale Prominenz mit Rotteck, Itzstein, Welcker und Gerbel an der Spitze für die entlassenen Bürgerausschussmitglieder stark machte, ohne dass es allerdings zu einem förmlichen Beschluss der Abgeordneten kam.

Der sich hier erneut offenbarende Konflikt mit den staatlichen Aufsichtsbehörden überschattete auch viele Jahre die Wahlen zum Großen Bürgerausschuss. An sich war zwischen allen Beteiligten vollkommen unstrittig, dass in einer Stadt von Mannheims Größe die Vollversammlung aller Bürger zu schwerfällig sei, um schnell und sachgerecht wichtige kommunalpolitische Fragen zu entscheiden, und dass daher – wie im Gesetz vorgesehen – an ihre Stelle ein Großer Ausschuss treten solle. Doch nachdem sich die Entscheidung für dessen Einrichtung durch formale Einsprüche ohnehin schon bis zum März 1836 verzögert hatte, erklärte das staatliche Stadtamt am 15. Juni 1836 auch noch die kurz zuvor durchgeführte Ausschusswahl für ungültig und verschob diese bis nach der für das Frühjahr 1837 erwarteten Revision der Gemeindeordnung.

So wurde der Große Bürgerausschuss in Mannheim stets nur unter den Bedingungen des neuen Dreiklassenwahlrechts gewählt – und zwar erstmals im August 1838. An sich erbrachten in Mannheim lediglich 4,3 Prozent der Steuerpflichtigen das oberste Drittel des Steueraufkommens. Die Wählerklassen bestimmten sich deshalb nach der milderen Vorschrift, dass die 1. Klasse mindestens ein Sechstel und die 2. Klasse mindestens ein Drittel der Wahlberechtigten umfassen müsse. Deshalb lag die Grenze zwischen 1. und 2. Klasse nur bei gut 7 000 Gulden,[29] sodass zwar in der obersten Klasse die wirtschaftlich potenten Großkaufleute, Bankiers und Fabrikanten zusammen mit den Besitzern der großen Gasthöfe dominierten, aber auch noch mancher besser situierte Handwerker hier anzutreffen war. Die 2. Klasse war dann die eigentliche Domäne des gewerblichen Mittelstands, während in der 3. Klasse verarmte Handwerker, Fuhrleute sowie Tagelöhner, Gesellen und Dienstboten den Löwenanteil der Wähler stellten. Allerdings waren in dieser Klasse auch all jene eingeordnet, die noch nicht oder nicht mehr über die Rechte an einem höher besteuerten Geschäft oder Vermögen verfügten – sprich Kaufmanns- und Handwerkersöhne oder Rentiers, die sich nicht nur aus ihrem Betrieb zurückgezogen, sondern auch ihren Hausbesitz auf ihre Nachkommen überschrieben hatten. Dieser Personenkreis fiel zwar nicht für das aktive, wohl aber für das passive Wahlrecht ins Gewicht, da die Wähler der beiden höheren Klassen jeweils auch ein Drittel der von ihnen zu vergebenden Ausschussmandate aus der 3. Klasse zu besetzen hatten. Hier griffen die Wähler der 1. und 2. Klasse offenkundig in vielen Fällen auf die eigenen Söhne und Väter zurück.

Am 24. September 1838 kam der Große Bürgerausschuss endlich zu seiner ersten Sitzung zusammen, um unter anderem über die Besoldung des ersten und zweiten Bürgermeisters zu beschließen. Erst jetzt, fast sieben Jahre nach der parlamentarischen Verabschiedung der neuen Gemeindeordnung, war damit in der kurpfälzischen Metropole die Konstituierung der kommunalen Vertretungsorgane abgeschlossen.

## Strukturen städtischer Politik

Immerhin verfügten die badischen Gemeinden mit Mannheim an der Spitze jetzt über Verwaltungs- und politische Repräsentationsorgane, die vollständig aus vergleichsweise freien Wahlen hervorgegangen waren. Das war, verglichen mit der Situation in vielen anderen deutschen Staaten, gewiss nicht wenig. Wie veränderte sich nun unter der neuen Gemeindeordnung die soziale Zusammensetzung der Vertretungsgremien?

Im Gemeinderat wurde bei der ersten Wahl 1834, obwohl für diese bereits der hohe Zensus galt, die bisherige Dominanz der kaufmännischen Elite, die rund zwei Drittel der Sitze innegehabt hatte, gebrochen. Die bisherige Minderheit aus Gastwirten, Kaffetiers, Bierbrauern und anderen Handwerkern übernahm jetzt die Mehrheit. Ferner zog mit Wilhelm Gerbel bereits jetzt zum ersten Mal ein Advokat und damit ein Vertreter jener Berufsgruppe in das Gremium ein, die bald so wichtig für die politische Szene Mannheims und Badens werden sollte. Zwar konnten die Kaufleute bei den späteren Wahlen einen Teil des verlorenen Terrains wieder zurückgewinnen, doch insgesamt blieb charakteristisch, dass im Mannheimer Gemeinderat ein breites soziales Spektrum vertreten war, das von vermögenden Kaufleuten bis zu kleinen Handwerkern reichte. Das galt in noch stärkerem Maße für den Kleinen Bürgerausschuss, in dem Handwerker etwas mehr als die Hälfte der Mitglieder stellten, und für den Großen Ausschuss, dessen rund 200 Mitglieder – nicht zuletzt aufgrund des Dreiklassenwahlrechts – ein recht getreues Spiegelbild der gesamten Bürgerschaft gaben.

Wichtiger noch als die Veränderungen in der sozialen Zusammensetzung der städtischen Gremien war, dass sich der Kreis der mit der Gemeindepolitik befassten Bürger ganz erheblich erweiterte. Noch in den ersten drei Jahrzehnten des 19. Jahrhunderts hatten die kommunale Verwaltung und Politik einen höchst elitären Charakter getragen: Die geringe Zahl von Sitzen im Gemeinderat und in der bürgerlichen Deputation bzw. im Kleinen Bürgerausschuss, dazu noch die Lebenslänglichkeit des Ratsmandats und die seltenen Wahlen zur Deputation hatten bewirkt, dass selbst über längere Zeiträume hinweg kaum mehr als zwei bis drei Dutzend Bürger über die Geschicke der Stadt mitentschieden. Dagegen belief sich um 1840 die Zahl derjenigen Bürger, die als Bürgermeister, als Gemeinderäte und als Mitglieder des Kleinen und Großen Bürgerausschusses an der städtischen Herrschaft partizipierten, in Mannheim auf knapp 240 Personen. Allein der Kreis der politischen Mandatsträger im engeren Sinne umfasste damit fast ein Zehntel aller Bürger. Dabei sind noch gar nicht all jene berücksichtigt, die in städtischen Kommissionen, in der Armenverwaltung oder in der Bürgerwehr mitarbeiteten, und erst recht nicht die, die in Kirchen- und Stiftungsgremien oder in den Vorständen der freien Assoziationen engagiert waren, obwohl auch sie einen großen Teil der Leistungen des Gemeinwesens mitverwalteten und mitverantworteten. Dazu kam noch die Partizipation aller Bürger über die Wahlen: Auch wenn man von der besonderen Situation in der ersten Hälfte der 1830er Jahre mit ihren häufigen, beinahe im Abstand von wenigen Wochen oder zumindest Monaten stattfindenden

Wahlen absieht und den Blick auf die Zeit seit 1837 richtet, so war doch immer noch alle zwei Jahre eine Partialerneuerung des Großen Bürgerausschusses fällig, bei der die gesamte Bürgerschaft zur Abstimmung aufgerufen war. Zusammen mit den Wahlen zur Zweiten Kammer war damit eine außergewöhnliche politische Mobilisierung erreicht. Politik war in Mannheim unter der neuen Gemeindeordnung auch im lokalen Alltag wieder eine gemeinbürgerliche Erfahrung geworden, die für das Selbstverständnis der Bürger eine fundamentale Rolle spielte.

## Stadtpolitik

Das Aufgabenfeld, das die kommunalen Gremien zu verantworten hatten, war durch die Gemeindeordnung wesentlich erweitert worden. Allerdings blieb, wie sich ja nicht zuletzt in den Auseinandersetzungen um die Wahl der Gemeindegremien gezeigt hatte, die Präsenz des Staats in der Stadt außerordentlich hoch. Neben der für den gesamten Unterrheinkreis zuständigen Kreisregierung bestand als unmittelbar dem Gemeinderat und dem Bürgermeister vorgesetzte Behörde das von einem Stadtdirektor geleitete Stadtamt. Weit mehr als jede moderne Kommunalaufsicht regierte es in vielfältiger Weise in die Stadt hinein und übte vor allem mit den ihm unterstellten Polizeibeamten zahlreiche exekutive Funktionen aus.

*Ratssaal im Alten Rathaus in F 1. Foto, 1910. StadtA MA.*

Noch entsprach freilich auch die Praxis der kommunalen Verwaltung nicht den wachsenden Aufgaben und den selbst formulierten Ansprüchen der Mannheimer Bürger auf eigenständige Regelung ihrer Angelegenheiten. Es war besonders das Verdienst des tatkräftig zu Werk gehenden Oberbürgermeisters Ludwig Jolly, dass allmählich eine bessere Ordnung in die städtischen Angelegenheiten kam und die Effizienz der kommunalen Verwaltung zunahm. Unterstützt wurde er von einem zweiten besoldeten Bürgermeister, einem hauptberuflichen, mit 2 000 Gulden Jahresgehalt ausgestatteten Gemeinderechner und einem Ratsschreiber. Auch das Interesse der Gemeinderats- und Bürgerausschussmitglieder an den städtischen Dingen nahm, wie deren regelmäßigere Anwesenheit in den Sitzungen anzeigte, offenkundig zu.

So konnten nun nach und nach Probleme angegangen werden, die seit langem einer Lösung harrten. 1839 wurde beschlossen, innerhalb der nächsten zehn Jahre mit einem geschätzten Gesamtaufwand von 200 000 Gulden eine Neupflasterung der Straßen vorzunehmen.[30] Dringend entschieden werden musste auch über die Anlage eines neuen Friedhofs, über die bereits seit mehreren Jahrzehnten nicht zuletzt unter hygienischen Gesichtspunkten diskutiert worden war. Im April 1840 genehmigte der Große Bürgerausschuss endlich die Errichtung eines gemeinschaftlichen Totenackers für alle christlichen Gemeinden jenseits des Neckars und eines separaten, daneben gelegenen jüdischen Friedhofs. Mit der Eröffnung der Friedhöfe am 14. Juli 1842 trat zugleich eine neue Leichenordnung in Kraft, die vorschrieb, dass jeder Tote binnen 24 Stunden in die allgemeine Leichenhalle zu überführen war.[31]

*Arkadenfront am Haupteingang des neuen Friedhofs. Lithographie von Robert Geissler, 1869. KMH.*

Weniger günstig verliefen allerdings die Bemühungen um eine Verbesserung des völlig unzureichenden Stadtentwässerungssystems und der ebenfalls von den Bürgern heftig kritisierten Trinkwasserqualität. Alle Überlegungen, etwa über neu zu bohrende Brunnen oder über eine Fernwasserleitung besseres Wasser herbeizuschaffen, verliefen angesichts der hohen zu kalkulierenden Kosten und trotz oft nicht unerheblicher Summen, die für die Prüfung der Projekte ausgegeben worden waren, im Sand.[32] Ergebnislos endete 1838 ebenfalls eine Debatte des Gemeinderats über das Angebot einer Kölner Gesellschaft, ein Gaswerk zu errichten und die Straßenbeleuchtung auf Gaslicht umzustellen. Auch hier schreckte der errechnete Jahresaufwand von 16 000 Gulden die Verantwortlichen ab; erst ein Jahrzehnt später wurde das Gaswerkprojekt von Friedrich Engelhorn, dem späteren Mitgründer der BASF, wieder aufgenommen und erfolgreich realisiert.[33]

Zum wohl wichtigsten kommunalen Aufgabenfeld aber entwickelten sich in den 1830er Jahren die Fragen der wirtschaftlichen Entwicklung Mannheims. In engem Zusammenwirken von Handelskammer und Gemeindegremien wurden hier – energisch zupackend – die sich bietenden Gelegenheiten beim Schopfe ergriffen und die Grundlagen für den kometenhaften Aufstieg der Stadt in der zweiten Jahrhunderthälfte gelegt.

## Wirtschaftlicher Aufschwung

Seit dem Verlust des kurfürstlichen Hofs an München vor mittlerweile mehr als 50 Jahren hatten sich die wirtschaftlichen Grundlagen der Stadt Mannheim kontinuierlich verändert: Der Hof und die staatlichen Behörden, das Militär und die kulturellen Institutionen hatten an Gewicht verloren, Handel und Gewerbe hatten ihre Stellung ausgebaut. Dabei waren zwar durch verschiedene kleinere Verbesserungen in den wirtschaftlichen Rahmenbedingungen, durch Kriegskonjunkturen und durch Aufschwünge der einen oder anderen Branche bemerkenswerte Aufstiege einzelner Kaufmanns- und Unternehmerfamilien gelungen. Aber zu einem wirklichen Durchbruch war es im Zug dieses ökonomischen Wandlungsprozesses bis 1830 noch nicht gekommen. Die Stadt als Ganzes stagnierte auf einem niedrigen Niveau – wie nicht zuletzt an ihrer Einwohnerzahl ablesbar war. Schon seit mehreren Jahrzehnten pendelte sie um die 20 000 und lag damit rund ein Fünftel unter dem Höchststand der Zeit um 1775. Die ganze Dramatik dieser Stagnation tritt vor allem im Vergleich mit den phänomenalen Aufschwüngen zutage, die einige andere Städte, namentlich die Hauptstädte der neuen Mittelstaaten, in derselben Periode erreichen konnten. So hatte sich beispielsweise die Einwohnerzahl der unmittelbaren badischen Konkurrenz, der Hauptstadt Karlsruhe, zwischen 1800 und 1830 mehr als verdoppelt; sie überstieg sogar seit 1834 die Mannheims geringfügig.

## Die Rheinschifffahrtsakte

Doch nun, um 1830, läutete die Verkehrsrevolution eine neue Runde im großen Wettbewerb der Städte ein und bot demjenigen, der ausbaufähige Standortvoraussetzungen mitbrachte und die neuen Chancen entschlossen zu ergreifen wusste, außerordentliche Möglichkeiten für einen langfristigen Aufschwung. Dabei war der revolutionäre Wandel im Verkehrs- und Transportwesen, der sich jetzt ankündigte, keineswegs nur technischen Innovationen zu verdanken. Mindestens ebenso wichtig war die wirtschaftspolitische Liberalisierung, die Aufhebung der in Jahrhunderten gewachsenen und von den Profiteuren der alten Ordnung zäh verteidigten Rechte und Privilegien, speziell der Zollschranken und Stapelrechte, die jeden Warentransport auf dem Land- und besonders auf dem Wasserweg unnötig verzögerten und verteuerten. Auch die Mannheimer Schiffer und Kaufleute hatten in den Zeiten des Neckarstapels zwischen 1808 und 1827 – in freilich eng begrenztem Umfang – von diesem System profitiert. Aber als relative Newcomer zählten sie eigentlich zu den natürlichen Parteigängern einer liberalen Ordnung; denn nur dann konnten sie hoffen, die vorteilhafte Lage am Zusammenfluss von Neckar und Rhein ökonomisch nutzen und durch weitere Anstrengungen ausbauen zu können. Sehnsüchtig erwarteten *die hiesigen Handelsleute* deshalb die tatsächliche Umsetzung des im Pariser Frieden von 1814 für den Rhein *ausgesprochenen* und in der Wiener Kongressakte von 1815 erneut kodifizierten *Freiheitsgrundsatzes und die Realisirung der desfalsigen Verheißungen.*[34]

*Mannheimer Hafen im „kleinen Rhein". Zeichnung von J. Haller, 1836. StA Freiburg.*

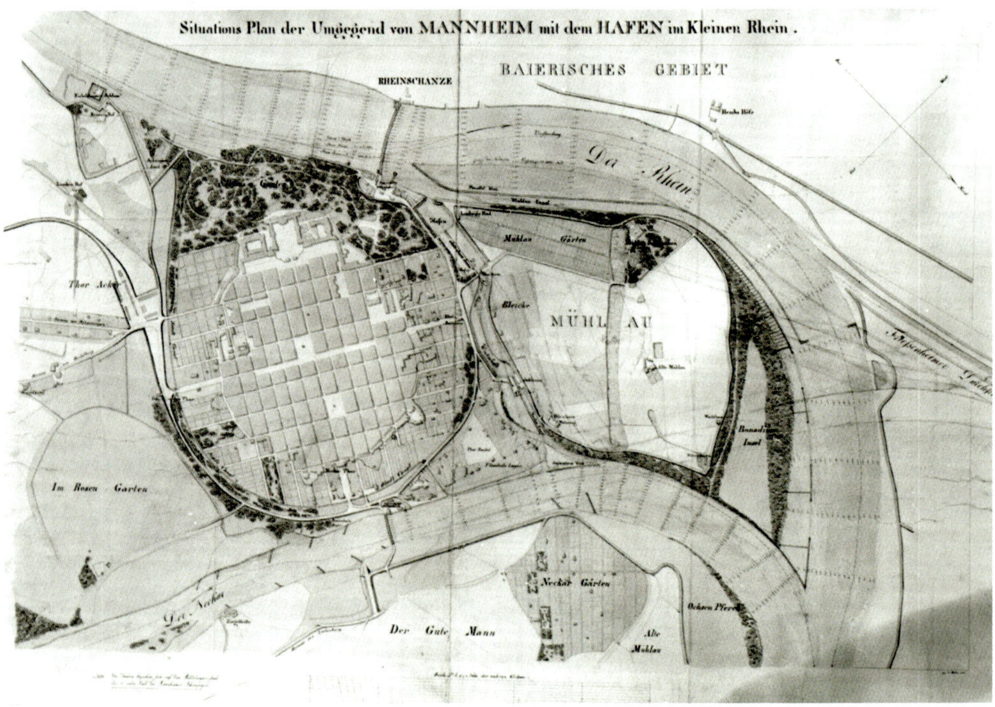

Erst am 31. März 1831 war es endlich soweit. In Mainz unterzeichneten die sieben Anrainerstaaten des Flusses die erste Rheinschifffahrtsakte, die nach einer Reihe kleinerer Zwischenschritte den Prinzipien eines freien Wettbewerbs auf dem Fluss vollends Geltung verschaffte, wobei insbesondere die bislang noch bestehenden Stapelrechte von Mainz, Köln und Dordrecht aufgehoben wurden. Lediglich die bereits 1804 vereinheitlichten Schifffahrtsabgaben blieben erhalten. Den Kaufleuten stand es jetzt völlig frei, welchen der 19 Freihäfen am Rhein sie für ihre Waren benutzen wollten. In jedem dieser Häfen konnte abgabenfrei umgeladen werden, erst bei der Einfuhr in eines der Länder fielen die landesspezifischen Zölle an. Zugleich wurden alle noch existierenden Zünfte und Gilden aufgehoben, sodass nun auch die Zahl der Schiffer keinen Beschränkungen mehr unterlag. Als Schiffsführer konnte künftig jeder zugelassen werden, der die notwendigen Fachkenntnisse nachwies. Damit waren alle rechtlichen Voraussetzungen für eine durchgehende Großschifffahrt mit den neuen dampfgetriebenen Schiffen gegeben. Deren technische Fähigkeit, auch den Oberrhein zu befahren, waren spätestens im September 1825 durch die erfolgreiche *Strom-Untersuchungs-Reise* des niederländischen Dampfschiffs *De Rijn* unter Beweis gestellt worden.[35] Der Anteil, den eine Stadt am Handel auf dem Rhein gewinnen konnte, hing jetzt fast ausschließlich von ihrer verkehrsgünstigen Lage, von der Leistungsfähigkeit ihrer Kaufleute sowie nicht zuletzt von der Größe und Qualität ihres Hafens, seiner Umschlagseinrichtungen und Lagerhäuser ab.

*Nachdem König Friedrich Wilhelm III. an einer Lustfahrt mit dem Dampfschiff „De Rijn" teilgenommen hatte, wurde es in „Friedrich Wilhelm" umbenannt. Lithographie, nach 1825. REM.*

## Der Hafenbau

Diese herausragende Bedeutung des Hafens für einen dauerhaften Aufschwung des Handels der Stadt war von den führenden Köpfen des Mannheimer Wirtschaftsbürgertums schon früh erkannt worden. Immer wieder war man mit konkreten Vorschlägen an die badische Regierung herangetreten, denn wegen der finanziellen Größenordnung des Vorhabens und der schwierigen Finanzlage der Kommune war an eine Realisierung aus eigenen, städtischen Mitteln nicht zu denken. Was den Hafenbau jedoch zu einem so diffizilen Problem werden ließ, waren einesteils die schnellen, geradezu revolutionären Veränderungen im Verkehrswesen. Sie machten es schwer, die künftige Entwicklung abzuschätzen, und ließen die Karlsruher Ministerialbürokratie angesichts der aufwändigen Investition zögern. Anderenteils waren alle konkreten Pläne und Baumaßnahmen abhängig von der groß angelegten Rheinkorrektion, die in der Mannheimer Umgebung 1826 begonnen worden war.[36] Ende der 1820er Jahre spitzte sich die Situation mehr und mehr zu. Die neuen Möglichkeiten, die sich im Schiffsverkehr auf dem Rhein mit der beginnenden Dampfschifffahrt und der Rheinschifffahrtsakte abzeichneten, wie auch die wachsende Konkurrenz der bayerischen Rheinschanze ließen einen baldigen Baubeginn für den Hafen unabweisbar werden, während sich die Arbeiten an der Flussregulierung aufgrund von preußischen und niederländischen Einsprüchen sowie von technischen Problemen verzögerten.

Im Mai 1831 wurden von der badischen Regierung erstmals konkrete Pläne für den Bau eines Rheinhafens vorgelegt: Die Standortentscheidung fiel zugunsten des *kleinen Rheins* zwischen der Stadt und der Mühlauinsel und damit angrenzend an die alten Kaianlagen am Rhein. Die Kosten des Bauvorhabens wurden von der Wasser- und Straßenbaudirektion zunächst auf 94 000 Gulden berechnet, von denen der Landtag sogleich eine erste

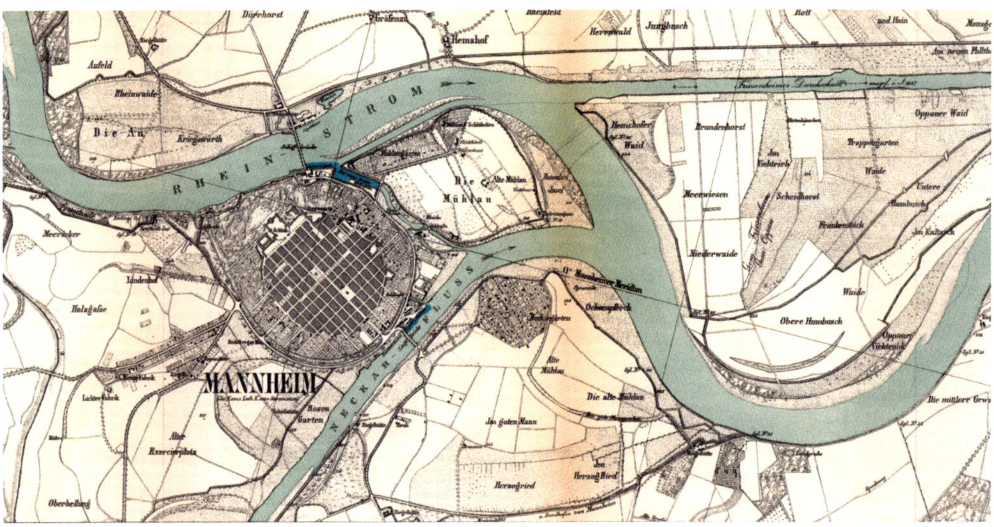


*Hafenanlagen (blau eingezeichnet), Stand 1840. StadtA MA.*

*Der Mannheimer Freihafen mit dem Großherzoglichen Hauptzollamt. Lithographie von S. Bühler, um 1840. REM.*

Summe von 4 000 Gulden zur Verfügung stellte. Doch als der Grundsatzentscheidung lange Zeit keine Baumaßnahmen folgten, kam in Mannheim erneut Nervosität auf. Energisch drängten der Gemeinderat und die Handelskammer in Karlsruhe auf einen zügigen Fortgang. Immerhin war man inzwischen auch in der Ministerialbürokratie gewillt, den Hafenbau mit allen Kräften zu fördern und voranzutreiben. Im Dezember 1833 erschien Innenminister Winter persönlich in Mannheim, um diese Entschlossenheit des badischen Staats zu demonstrieren. Tatsächlich begannen im Frühjahr 1834 die Bauarbeiten, deutlich vor der offiziellen Grundsteinlegung, die in Anwesenheit von Großherzog Leopold am 11. September desselben Jahres gefeiert wurde.

Das Einvernehmen zwischen Stadt und Staat bei der Verfolgung des Hafenprojekts wurde jedoch während der langen Bauzeit auf eine harte Probe gestellt. Im Juni 1836 löste eine Denkschrift des Ingenieurgenerals Wilhelm von Traitteur, eines Sohns des früheren Hofbibliothekars, in der die Standortentscheidung und die Bauplanungen einer harschen Kritik unterzogen wurden, eine jahrelang anhaltende Debatte über das Hafenprojekt aus. Vor allem aber vergingen mehr als fünf Jahre vom Beginn der Arbeiten bis zur weitgehenden Fertigstellung des neuen Hafenbassins im Herbst 1839, wurden doch sämtliche Erdbewegungen in Handarbeit ausgeführt und mussten zudem immer wieder bei hohem Wasserstand oder ungünstiger Witterung unterbrochen werden. Lange warten mussten die Mannheimer schließlich auch noch bis zur offiziellen Eröffnungsfeier für den Hafen, die am 17. Oktober 1840 als prachtvolle Festinszenierung unter den Augen der großherzoglichen Familie ablief. Den Höhepunkt des allerdings vollkommen verregneten Festtags bildete die Taufe eines neuen Dampfers der in Köln ansässigen Preußischen Dampfschifffahrtsgesellschaft auf den Namen *Stadt Mannheim.*

Das Festprogramm entsprach damit ganz dem zeitgenössischen Enthusiasmus für das neue Verkehrsmittel, und es unterstrich zugleich die spezifische Modernität des neuen Mannheimer Hafens. Denn mit einem Gesamtaufwand von 660 000 Gulden war nicht nur die größte und leistungsfähigste Hafenanlage am Rhein entstanden – ein 360 m langes, teils 54 m, teils 96 m breites Hafenbecken mit einer Wasserfläche von mehr als 2,5 ha, dazu großzügig bemessene Ladeeinrichtungen und Lagerhäuser sowie ein neues Hauptzollamt –, sondern auch die erste, die speziell auf die Erfordernisse des Dampfschiffverkehrs berechnet war. Mit unverhohlenem Stolz sprach Oberbürgermeister Jolly denn auch in seiner Festrede von einem Bauwerk, das *seinesgleichen nicht mehr findet am ganzen langen Rheinstrome – ein Hafen, der durch Räumlichkeit, Tiefe, Sicherheit und Schönheit allen Forderungen entspricht.*[37]

*Medaille zur Einweihung des Freihafens am 17. Oktober 1840. REM.*

Trotz der langen Bauzeit des neuen Hafens traten die Mannheimer noch rechtzeitig in den Verkehrswettbewerb auf dem Rhein ein. Denn auch die Dampfschifffahrt hatte sich in den 1830er Jahren – unter anderem wegen des Widerstands der traditionellen Schiffer, die um ihre Existenz fürchteten – nur sehr allmählich gesteigert. Zwar verkehrte bereits seit Juni 1830 der in den Niederlanden erbaute Raddampfer *Ludwig* regelmäßig zwischen Mainz, Mannheim und Straßburg. Aber die Transportkapazitäten der einzeln fahrenden Dampfer blieben noch eng begrenzt. Erst als sich ab 1840 eine völlig neue Betriebsweise, die Dampfschleppschifffahrt, zunächst mit den alten, hölzernen Rheinschiffen und bald dann auch mit neuen eisernen Schleppkähnen, durchzusetzen begann, vollzog sich ein durchgreifender Wandel des Frachtverkehrs auf dem Rhein. 1841 wurde in Köln die erste deutsche Schleppschifffahrtsgesellschaft gegründet, die ebenso wie die niederländische Konkurrenz schon im darauffolgenden Jahr den regelmäßigen Schleppbetrieb aufnahm.

Noch 1842 zogen die Mannheimer nach: Unter Führung des Handelskammerpräsidenten Friedrich Lauer schlossen sich am 3. November 87 Mannheimer Kaufleute und 30 Partikulierschiffer, von denen sechs aus Mannheim, die übrigen aus verschiedenen Städten entlang dem Rhein bis hinab nach Holland stammten, zur Mannheimer Dampfschleppschiffahrtsgesellschaft zusammen.[38] Bereits 1843 konnte die neue Gesellschaft den ersten *Remorqueur*, das erste speziell für sie von einer englischen Firma gebaute Dampfschleppschiff in Dienst stellen. Drei weitere baugleiche Schiffe folgten 1844, 1846 und 1849. Die kurze Frist, binnen der es gelang, die beachtliche Kapitalsumme von 450 000 Gulden für die Anschaffung der Schiffe aufzubringen, zeigt zugleich, dass die Gesellschaft von Anfang an außerordentlich prosperierte. Vor allem aber präsentierte sich die Mannheimer Gesellschaft als ein Modell für die soziale Verträglichkeit wirtschaftlicher Innovationen. Den Schiffern, in deren Händen auch die Aktienmehrheit lag, wurde nicht durch eine neue

Form von Reederei, d. h. durch eigene Lastkähne, in großem Stil Konkurrenz gemacht, sondern ihnen wurde die Möglichkeit geboten, mit ihren Schiffen an den Neuentwicklungen teilzuhaben und sich so schrittweise den neuen Erfordernissen anzupassen, während andernorts Proteste der Flussschiffer gegen die neuen Dampfschlepper an der Tagesordnung waren.

Was sich bereits zuvor beim Gütertransport mit einzeln fahrenden Dampfern abzeichnete, galt erst recht für die neuen, weit größer dimensionierten Schleppzüge: Ein kostengünstiger, rentabler Betrieb war mit ihnen auf dem Rhein nur bis zur Neckarmündung möglich, weiter nach Süden und Südosten musste die Güterverteilung auf kleineren Schiffen oder auf dem Landweg erfolgen, und fast immer erfolgte das Umladen der Waren in Mannheim. Das verlieh der Stadt eine nahezu monopolartige Schlüsselstellung im Warenverkehr für den süddeutschen Raum – wie sich in aller Deutlichkeit erst seit den 1850er Jahren mit dem weiteren Ausbau des Eisenbahnnetzes zeigen sollte. Doch außerordentliche Zuwachsraten wurden im Mannheimer Hafen auch schon in den 1840er Jahren erzielt: Die umgeschlagene Gütermenge – 1840 waren es 41 000 t – verdoppelte sich binnen drei Jahren und vervierfachte sich sogar bis 1845. Angesichts des rasanten Wachstums musste bereits in diesem Jahr eine Erweiterung des Hafenbeckens vorgenommen werden, die freilich schon in den ursprünglichen Planungen vorgesehen war.

Einen ähnlich dramatischen Aufschwung verzeichnete der Passagierverkehr auf dem Rhein. Die romantische Rheinreise erlebte mit den neuen Dampfbooten ihre Blütezeit. Einen Tag dauerte die Fahrt stromauf von Köln nach Mainz, ebenso lange die Reise von Koblenz nach Mannheim; stromabwärts

*„Hotel l'Europe". Lithographie, um 1840. REM.*

war die Strecke von Mannheim bis Köln in einer Tagesreise zu bewältigen. Solange die Eisenbahn noch nicht über längere Strecken verkehrte, bot damit das Dampfschiff auch dem Geschäftsreisenden konkurrenzlos kurze Reisezeiten. Und Mannheim – seit jeher wegen seiner viel gerühmten Stadtanlage und seiner zahlreichen, meist aus der residenzstädtischen Zeit stammenden Sehenswürdigkeiten gerne bereist – wurde auch jetzt wieder vielfach von in- und ausländischen Touristen besucht. Speziell für die mit dem Dampfschiff anreisenden Gäste eröffnete 1841, unmittelbar am Rheinufer und an der Einfahrt zum neuen Hafen gelegen, das „Hôtel de l'Europe" seine Tore, eine nach dem neuesten Geschmack und mit allem Komfort ausgestattete Herberge mit mehr als 80 Zimmern, die mit den etablierten Gasthöfen im Stadtzentrum vor allem um das zahlungskräftige internationale Publikum konkurrierte.

## Der Zollverein

Der Aufschwung von Handel und Verkehr hätte zweifellos nicht das skizzierte Ausmaß annehmen können, wäre er nicht durch weitere flankierende wirtschaftspolitische Maßnahmen des badischen Staats unterstützt worden. Zu den herausragenden Themen zählte hier bereits seit der napoleonischen Zeit die Schaffung größerer Wirtschaftsgebiete, in denen der Personen- und Güterverkehr nicht mehr durch Zölle und andere Abgaben behindert werden sollte. Ein erster wichtiger Schritt in diese Richtung war im Großherzogtum Baden mit der Aufhebung aller Binnenzölle durch das Zoll- und Akzisegesetz von 1812 erreicht worden. Darüber hinaus trat der Mannheimer Handelsstand schon früh für die nationale Wirtschaftseinheit ein. Vor allem Ludwig Bassermann engagierte sich in diesem Sinne in dem 1819 von Friedrich List initiierten Deutschen Handels- und Gewerbeverein und trat auch in den Debatten der Zweiten Kammer mit einem ent-

*Die Zollhäuser an der Rheinstraße zwischen E 7 und F 7 im Jahr 1842. Aquarell von Philipp Obert, um 1890. StadtA MA.*

sprechenden Plädoyer hervor. Denn die Grenzstadt Mannheim, die seit der territorialen Neuordnung in der napoleonischen Epoche von ihrem linksrheinischen Umland abgeschnitten war, hatte allen Grund, über die hohen Zollbarrieren zwischen den Staaten des Deutschen Bunds zu klagen.

Seit Anfang der 1830er Jahre war allerdings insofern eine grundlegende Änderung in der zollpolitischen Gesamtsituation eingetreten, als sich die Entwicklung nun ganz auf die Schaffung eines Zollvereins unter preußischer Führung und auf der Basis des preußischen Zollsystems konzentrierte. Damit zeichnete sich ein großer deutscher Binnenmarkt ab, der jedoch durch hohe Außenzölle von seinen europäischen Nachbarn abgeschottet sein würde. In der Folge war die Haltung zum Zollverein in Baden, wie sich vor allem auf den vom Finanzministerium im Februar 1834 abgehaltenen getrennten Anhörungen der *Urproduzenten*, der Industriellen und der Kaufleute, sowie in den Beratungen der Zweiten Kammer über den Zollvereinsbeitritt zwischen Mai und Juli 1835 zeigte, nicht mehr durch die grundsätzliche Einstellung zum Freihandel und zur wirtschaftlichen Modernisierung, sondern durch eine höchst komplexe Interessenvielfalt bestimmt.

Ein allgemeiner Dissens bestand zunächst einmal zwischen dem wirtschaftlich eng mit der Schweiz und Frankreich verflochtenen südlichen Landesteil und dem Unterland mit Mannheim an der Spitze, dessen Handel und Gewerbe stärker auf den künftigen Binnenmarkt ausgerichtet waren. Im Übrigen aber differierte das geschäftliche Interesse und damit der Standpunkt zum Zollverein in Handel und Industrie von Branche zu Branche: Optimistische Äußerungen kamen vor allem aus den Reihen der Textilindustrie. Hingegen sahen beispielsweise die Tabakfabrikanten, darunter der Mannheimer Handelskammerpräsident Ludwig Jolly, überwiegend Nachteile auf sich zukommen. Verminderte Absatzchancen musste aufgrund der zu erwartenden Preiserhöhungen auch der Kolonialwarenhandel befürchten, während wiederum für den Export von einheimischen landwirtschaftlichen Produkten auf einen geschäftlichen Aufschwung gehofft werden konnte. Trotz aller Differenzen war man sich aber in den führenden Kreisen des Mannheimer Wirtschaftsbürgertums so weit einig, dass die Handelskammer sowohl im September 1833 als auch erneut im Mai 1835 eine Delegation in die Hauptstadt schickte, um sich nach dem Stand der Angelegenheit zu erkundigen und für den Zollvereinsbeitritt zu werben.

Zusätzlich verkompliziert wurden die Zollfragen jedoch durch politische Gesichtspunkte. Denn unter Führung Karl von Rottecks, der auf dem Landtag von 1831 mit Blick auf die übergeordneten nationalen Zielsetzungen noch für eine Zolleinigung mit Preußen eingetreten war, hatte sich der harte Kern der liberalen Opposition inzwischen aus verfassungspolitischen Erwägungen umorientiert. Neben der Sorge, über den Zollverein indirekt auch politisch von dem absolutistisch regierten Preußen dominiert zu werden, spielte dabei die Befürchtung eine Rolle, das Budgetrecht der Kammern könne durch die Zollhoheit des Staatenvereins und durch die sich steigernden Zolleinnahmen der badischen Regierung geschwächt, wenn nicht gar ausgehöhlt werden. Zu dieser Gruppe gehörten mit dem Hofgerichtsrat Adam von Itzstein und dem

*„Das Lichten eines Hochwaldes". Karikatur auf die Beseitigung der Zollschranken in Deutschland durch die Gründung des Deutschen Zollvereins. Holzstich, 1834. AKG Images.*

Advokaten Wilhelm Gerbel auch zwei frühere Mannheimer Abgeordnete, die zwar nun zwei nahe gelegene Amtswahlkreise vertraten, die aber nach wie vor ihren Wohnsitz in Mannheim hatten.

Alles in allem war es ein verwirrendes Geflecht von regionalen, lokalen oder auch individuellen Interessen und unterschiedlichen politischen Optionen, das den Beitritt des Großherzogtums zum Zollverein erschwerte und relativ lange hinauszögerte. In der entscheidenden Abstimmung der Zweiten Kammer am 3. Juli 1835 stimmten schließlich 40 Abgeordnete für und 22 gegen den Vertrag. Auch die liberale Opposition war gespalten wie selten zuvor: 13 Abgeordnete votierten mit Nein, 18 stimmten mit Ja. Die drei Mannheimer Deputierten Lauer, Mohr und Weller zählten, wie es dem deutlich bekundeten wirtschaftlichen Interesse ihrer Stadt entsprach, zu den Befürwortern des Zollanschlusses, die beiden prominentesten politischen Repräsentanten Mannheims, Gerbel und Itzstein, beharrten dagegen auf ihrer Ablehnung. Hier zeigte sich in Mannheim erstmals ein tief greifender Dissens zwischen wirtschaftlicher Führungsschicht und liberaler Partei, der allerdings vorläufig noch singulär bleiben sollte.

Bereits gut zwei Wochen nach der entscheidenden Abstimmung in der Zweiten Kammer konnte am 19. Juli 1835 der freie Verkehr mit den Nachbarstaaten beginnen. In Mannheim knüpften vor allem die Kaufleute hohe Erwartungen an die Zugehörigkeit zum Zollverein, insbesondere erhofften sie, dass sich nun die zentrale Rolle der Stadt im Handel mit pfälzischem

Wein, Tabak und anderen Agrarerzeugnissen werde wiederbeleben lassen. Deshalb war es nur zu verständlich, dass das Ereignis gerade in Mannheim mit freudiger Stimmung begrüßt und mit einem wohl inszenierten Volksfest gefeiert wurde. Als Höhepunkt der Feierlichkeiten zog am Nachmittag vom linken Rheinufer aus ein festlich geschmückter Konvoi aus zahlreichen Wagen, die typische Landesprodukte geladen hatten, über die Rheinbrücke und dann die Planken hinauf durch das Spalier der Zünfte, Schiffer und Kaufleute in die Stadt ein, wo die Vertreter des linken Rheinufers am Rathaus feierlich begrüßt wurden. Wie stets bei den vormärzlichen Festen war ganz Mannheim auf den Beinen und erfreute sich in demonstrativer Eintracht und unerschütterlichem Fortschrittsglauben an den glänzenden Zukunftsperspektiven.

## Die Handelskammer

Finanziert worden war das Fest durch die Handelskammer, die überhaupt seit Ende der 1820er Jahre bemüht war, in fast allen die Mannheimer Wirtschaft betreffenden Fragen die treibende Kraft zu sein. Die Schwierigkeiten, die die Kammer bei diesen Aktivitäten zu überwinden hatte, lagen zum Teil in ihrer eigenen Organisation begründet. Denn anders als der Name suggerierte, den die Kammer seit dem 20. September 1831 mit staatlicher Genehmigung tragen durfte, handelte es sich bei ihr nach wie vor nicht um eine moderne Handelskammer, wie sie nach französischem Vorbild vor allem in den linksrheinischen Gebieten existierte, sondern um eine traditionale Zunft. Intern war man allerdings mit Zustimmung einer breiten Mehrheit von Kaufleuten bereits im Juni 1830 zu einer Umorganisation geschritten, indem der alte Zunftvorstand durch einen neuen, nach Branchen strukturierten Handelsvorstand mit 13 Mitgliedern ersetzt worden war, an dessen Spitze als *Präsident* der Tabakfabrikant und Kaufmann Ludwig Jolly stand. Diese Prinzipien bildeten dann auch den einen Teil des förmlichen Statutenentwurfs, mit dem die Handelskammer im Oktober 1832 nach einem überaus sorgfältigen, durch neuerliche Wahlen abgesicherten Beratungsverfahren einen Anlauf zu einer organisatorischen Reform unternahm. Im anderen Teil versuchte die Kammer, in Anknüpfung an die alten Zunftvorschriften genauere Bedingungen für die Ausübung des kaufmännischen Gewerbes zu umschreiben, das als Lehrberuf mit klaren Befähigungsnachweisen gesichert werden sollte. Genau diese Bestimmungen sollten dem Entwurf zum Verhängnis werden: Fast acht

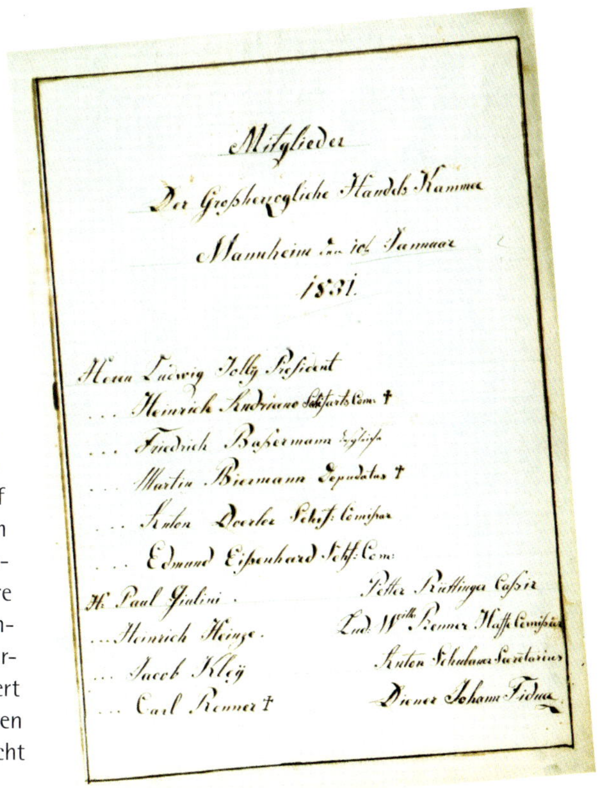

Mitglieder
Der Großherzogliche Handels Kammer
Mannheim den 1ten Januar
1831.

Herrn Ludwig Jolly President
... Heinrich Andriano ... †
... Friedrich Bassermann ...
... Martin Biermann Deputatus †
... Anton Doerler ...
... Edmund Eisenhard ...
H. Paul Giulini
... Heinrich Heinze
... Jacob Kley
... Carl Renner †
Peter Rüttinger Cassir
Lud. Wilh. Renner ...
Anton Schulmeister Secretarius
Diener Johann ...

Die Mitglieder der Handelskammer 1831. StadtA MA.

*Johann Anton Dörler (1774–1849). Foto, um 1840. StadtA MA.*

Jahre lang staubte er auf den Schreibtischen der Karlsruher Bürokratie ein, bis ihm endlich am 18. Januar 1840 die ministerielle Genehmigung unter Hinweis auf übermäßige Kompetenzansprüche der Handelskammer definitiv verweigert wurde. Erst ein weiterer, nun ganz auf die Konstituierung der Kammer konzentrierter Entwurf, den die Mannheimer Kaufleute im Juni 1841 verabschiedeten, fand schließlich nach abermaligen langwierigen Verhandlungen am 26. Januar 1844 die staatliche Zustimmung.

Doch haben weder die langen Verzögerungen, die teilweise auch die turnusgemäße Neuwahl der Vorstände erschwerten, noch die letztlich begrenzten Befugnisse verhindern können, dass die Mannheimer Handelskammer de facto schon in den 1830er Jahren das wichtigste Selbstverständigungsorgan und Handlungsinstrument der wirtschaftsbürgerlichen Führungsschicht bildete. Darüber hinaus bestanden enge personelle Verbindungen in die politischen Gremien der Stadt, am deutlichsten fassbar in der Wahl von Handelskammerpräsident Jolly zum Oberbürgermeister 1836; ja Jolly übte sogar in den ersten drei Jahren seiner bis 1849 währenden Amtszeit als Stadtoberhaupt sein Amt an der Spitze der Handelskammer weiter aus. Auch seine Nachfolger in dieser Position, der Landesproduktenhändler Johann Anton Dörler und der Krappfabrikant Friedrich Lauer, gehörten teils vor, teils während ihrer Amtszeit lange dem Mannheimer Gemeinderat an. Es bestand also in der Vormärzepoche ein Höchstmaß an personeller und sachlicher Übereinstimmung zwischen bürgerlicher Elite, wirtschaftlicher Interessenvertretung und städtischen Mandatsträgern, zwischen Stadt, Wirtschaft und Bürgertum – anders formuliert: eine vollendete Klassenherrschaft der Handelsbourgeoisie, wie sie in diesem Ausmaß – vielleicht abgesehen von den norddeutschen Hansestädten – in keiner anderen deutschen Kommune sich durchgesetzt hat.

## Der Eisenbahnbau

Zu bewähren hatte sich diese Übereinstimmung und Gemeinsamkeit von Wirtschaft und Politik in den 1830er und 1840er Jahren vor allem bei der Einführung des zweiten revolutionär neuen Verkehrsmittels, der Eisenbahn. Für Mannheim begann das Eisenbahnzeitalter am 12. September 1840. Gut vier Wochen vor der offiziellen Eröffnung des Mannheimer Hafens wurde an diesem Tag – erstaunlicherweise ohne besondere Feierlichkeiten – die erste Eisenbahnstrecke im Großherzogtum Baden, die Linie zwischen Mannheim und Heidelberg, in Betrieb genommen. Als erster Abschnitt einer Bahnverbindung von Mannheim bis nach Basel wurde hier die zweite

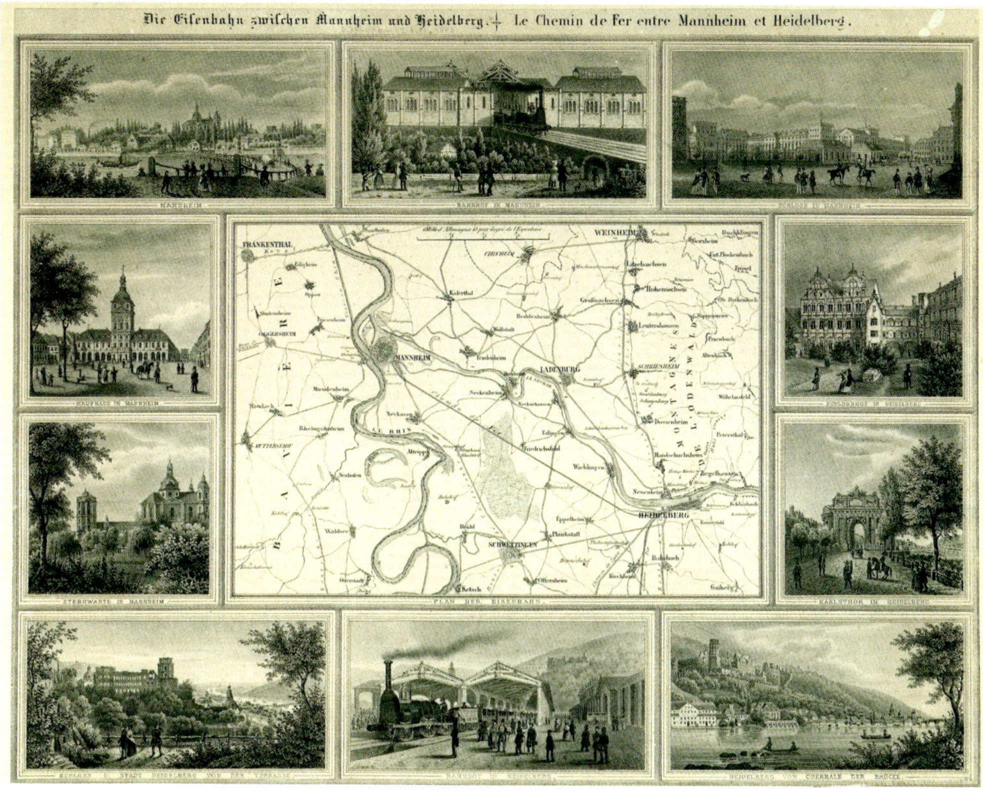


Gedenkblatt anlässlich der Eröffnung der Eisenbahnlinie Mannheim-Heidelberg. Lithographie von P. Wagner nach Schütz, 1840. StadtA MA.

Saule geschaffen, auf der die wirtschaftliche Prosperität der kurpfälzischen Metropole künftig ruhen sollte. Am 10. April 1843 konnte die nächste Teilstrecke von Heidelberg nach Karlsruhe dem Verkehr übergeben werden, im Juli 1845 wurde Freiburg erreicht, und am 20. Februar 1855 war schließlich die gesamte Linie bis an die Grenze zur Schweiz fertiggestellt.

Wie auch beim Hafenbau gingen die ersten konkreten Überlegungen für den Bau einer solchen groß angelegten Verkehrsverbindung durch das gesamte Großherzogtum auf eine Initiative aus der Mannheimer Bürgerschaft zuruck. Im Mai 1833 hatte der Tabakfabrikant und Kaufmann Ludwig Newhouse dem Großherzog persönlich einen *Vorschlag zur Herstellung einer Eisenbahn im Großherzogthum Baden* vorgetragen, im Juli dann den beiden Kammern des Landtags übergeben und anschließend veröffentlicht.[39] Newhouse hatte darin nicht nur einen Streckenplan entworfen sowie sehr genaue Kosten- und Rentabilitätsberechnungen angestellt, sondern zugleich einen allgemeinen Aufschwung des Wohlstands als unmittelbare Folge der Eisenbahn prophezeit: *Bald wird eine doppelte Reihe von Häusern, Landgütern und Gärten, sich durch's ganze Land hindurchziehend, eine lange Straße bilden, die alle Städte an derselben, von Mannheim bis Basel, zu einer einzigen verbinden wird.*[40] Der Vorstoß von Newhouse war zunächst ein individueller, denn ihm war nach allem, was wir wissen, keine

Absprache in Mannheimer Handelskreisen vorausgegangen. Er entsprang intensiver Lektüre über das neue Verkehrsmittel und war nicht zuletzt durch die Erwartung eines persönlichen geschäftlichen Erfolgs motiviert. Aber zugleich lagen die Pläne ganz und gar auf der Linie stadtbürgerlicher Wirtschaftspolitik, verbanden sich doch in ihnen das Verkehrs- und Transportinteresse des Mannheimer Handels mit dem Interesse kapitalkräftiger Finanziers aus Mannheim und aus anderen Städten wie etwa Basel an einer viel versprechenden Geldanlage.

Die Aufnahme, die die Denkschrift von Newhouse in der badischen Öffentlichkeit und bei den politischen Institutionen des Landes fand, war überaus typisch für die allgemeine Haltung zum Eisenbahnbau. Eigentlich gab es – von marginalen Ausnahmen abgesehen – keine Kritik, keine wirklichen Gegner. Die breite Zustimmung reichte vom persönlichen Dank des Großherzogs bis hin zu einem einstimmigen Beschluss der Zweiten Kammer, der die Regierung aufforderte, alsbald vorbereitende Schritte einzuleiten. Auch die liberale Opposition hegte, anders als in der Zollvereinsfrage, keine politischen Bedenken. Es klang schon ein wenig wie Selbstironie, wenn Itzstein vor der Zweiten Kammer bemerkte: Da *ich überhaupt ein Mann der Bewegung bin, so will ich mich auch auf der Eisenbahn bewegen und daher für die Anlegung derselben stimmen.*[41] Mit einem Satz: Fürst, Regierung und Volk schienen in der Eisenbahnfrage in einem sonst kaum je erreichten Maße am gleichen Strang zu ziehen.

Hinter dieser Woge der Zustimmung und Begeisterung blieben allerdings die konkreten Schritte zur Realisierung des Eisenbahnbaus lange Zeit deutlich zurück. Dies galt nicht für die stadtbürgerliche Seite: Newhouse konnte bereits im Juni 1834 als Hauptagent einer Vereinigung von Basler Bankhäusern und Kaufleuten der Karlsruher Regierung das Angebot unterbreiten, mit Hilfe einer Aktiengesellschaft binnen dreieinhalb Jahren die Strecke Mannheim–Basel erstellen zu lassen. Ein knappes Jahr später

*Ein Zug verlässt den Bahnhof in Mannheim. Stich von Johann Jacob Tanner nach einer Zeichnung von Wetzel, um 1840. REM.*

kam noch ein konkurrierendes Konzessionsgesuch von Friedrich List aus Leipzig hinzu, der sich vor allem auf seine amerikanischen und sächsischen Eisenbahnerfahrungen berief. Schließlich bildete sich Anfang 1836 in Mannheim noch ein Komitee aus Mitgliedern des Gemeinderats und der Handelskammer, das sich, obwohl auch alternative Projekte erwogen worden waren, ebenfalls für die Linie nach Basel engagierte und in Karlsruhe eine Genehmigung erbat, eine offizielle Einladung zur Aktienzeichnung veröffentlichen zu dürfen. Immerhin konnte das Komitee darauf verweisen, dass bei den Mannheimer Bankhäusern Ladenburg und Bassermann/Reinhardt auf eine bloße Zeitungsnotiz hin bereits aus halb Deutschland Aktienorders über 200 000 Gulden eingegangen seien, dass also an einer ausreichenden Finanzkraft seiner Initiative nicht gezweifelt werden könne.

Auf staatlicher Seite aber war ein nachhaltiges Zögern zu registrieren. Selbst bei einem in Wirtschaftsfragen so erfahrenen und überhaupt allem Neuen gegenüber so aufgeschlossenen Mann wie dem vor allem als Autor der badischen Verfassung bekannt gewordenen Staatsrat im badischen Innenministerium Karl Friedrich Nebenius überwogen anfänglich die Bedenken: Mal war es die Sorge vor französischer Konkurrenz auf dem linken Rheinufer, mal die angeblich dringendere Verbesserung der Transitstraßen, mal die Scheu vor staatlichen Vorleistungen, wie sie von Newhouse im Namen seiner Basler Auftraggeber gefordert worden waren, die nicht mehr als eine abwartend-skeptische Haltung der Regierung zuließen. Erst als sich der Erfolg des neuen Verkehrsmittels bereits zunehmend abzeichnete – am 7. Dezember 1835 war die erste deutsche Bahnlinie zwischen Nürnberg und Fürth in Betrieb genommen worden –, begann man in Karlsruhe um die Jahreswende 1835/36 mit konkreten Aktivitäten und beauftragte ein Sachverständigen- und Notabelnkomitee mit der Prüfung der technischen, finanziellen, wirtschaftlichen und rechtlichen Aspekte des Eisenbahnbaus.

*Karl von Rotteck (1775–1840). Lithographie, um 1820. StadtA MA.*

Damit war die Grundsatzentscheidung für den Bau der Rheintallinie schon so gut wie gefallen, doch nahm die Debatte in einem entscheidenden Punkt während der Beratungen des Eisenbahnkomitees eine überraschende Wendung. Bislang hatte niemand ernsthaft in Frage gestellt, dass Finanzierung und Bau der Bahn in privater Hand liegen und durch eine Aktiengesellschaft durchgeführt werden sollten, der Staat sich aber auf die Schaffung des rechtlichen Rahmens, vor allem also eines Enteignungsgesetzes, und auf einige Kontrollrechte beschränken sollte. Lediglich Karl von Rotteck hatte während der Kammerberatungen von 1835 einmal die

Frage angeschnitten, *ob diese Eisenbahn nicht wirklich von dem Staat unternommen oder ausgeführt werden soll oder ob der Staat sich nicht eine gewisse Quote davon vorbehalten will oder ob es wirklich notwendig ist, die Straße definitiv in das Privateigentum der Unternehmer übergehen zu lassen.*[42] Jetzt trat plötzlich Nebenius mit einem geschlossenen Konzept für eine Staatseisenbahn vor die Sachverständigen und Notabeln. Seine Argumente reichten von der Ablehnung eines privaten Monopols, das eine Eisenbahn wegen der fehlenden Konkurrenz de facto darstelle, über den Wunsch, die zu erwartenden Gewinne für die Allgemeinheit zu erhalten, bis hin zu der nach seiner Berechnung kostengünstigeren Finanzierung und Verwaltung durch den Staat und der Notwendigkeit, nicht zu viel privates Kapital dem gerade beginnenden wirtschaftlichen und industriellen Aufschwung zu entziehen. Im Zentrum stand jedoch die Überzeugung, dass der Staat nicht *das kostbarste Hilfsmittel der Produktion und des Handels des Landes* aus seiner Verfügung geben dürfe.[43]

Diesen Überlegungen von Nebenius sind sowohl das Notabelnkomitee als auch der nach wiederum langem Zögern im Februar 1838 zur Beratung der Eisenbahngesetze einberufene außerordentliche Landtag nahezu einstimmig gefolgt. Zu den Befürwortern zählte also auch die gesamte liberale Opposition, darunter alle Mannheimer und in Mannheim ansässigen Deputierten. Mit den Fabrikanten Jolly und Lauer sowie dem Advokaten Gerbel waren unter den zustimmenden Notabeln und Abgeordneten auch drei prominente Mitglieder jenes Mannheimer Komitees, das sich zunächst um einen Eisenbahnbau auf Aktienbasis bemüht hatte. Lediglich in einem Aspekt haben von Anfang an erhebliche Spannungen zwischen dem badischen Staat und seinen Bürgern bestanden: im Tempo der Planungen und später des Baus. Speziell aus Mannheimer Handelskreisen waren immer wieder – etwa von Friedrich Daniel Bassermann – Klagen über die *Geduld* zu hören, die der badische Staat *in Beziehung auf den Eisenbahnbau im eigenen Lande in übergroßem Maße an den Tag legte,*[44] häufig verbunden mit der nachdenklichen Frage, ob nicht doch eine Privatgesellschaft auf Aktienbasis diese Aufgabe schneller und kostengünstiger bewältigt hätte.[45]

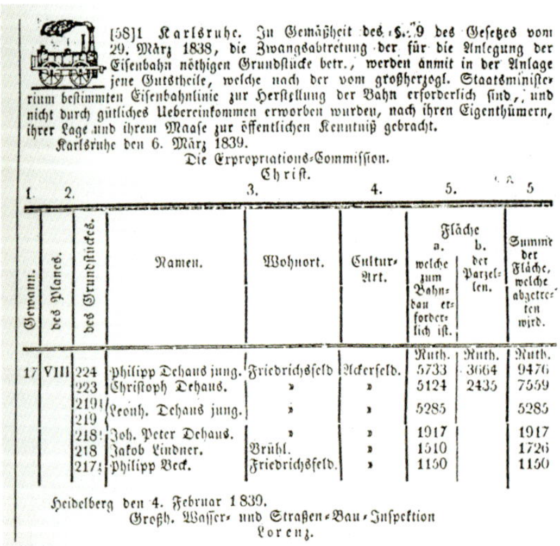

[58]1 Karlsruhe. In Gemäßheit des §. 9 des Gesetzes vom 29. März 1838, die Zwangsabtretung der für die Anlegung der Eisenbahn nöthigen Grundstücke betr., werden anmit in der Anlage jene Gutstheile, welche nach der vom großherzogl. Staatsministerium bestimmten Eisenbahnlinie zur Herstellung der Bahn erforderlich sind, und nicht durch gütliches Uebereinkommen erworben wurden, nach ihren Eigenthümern, ihrer Lage und ihrem Maase zur öffentlichen Kenntniß gebracht.

Karlsruhe den 6. März 1839.

Die Expropriations-Commission.
Christ.

| 1. Gewann. | 2. des Planes. | des Grundstückes. | 3. Namen. | Wohnort. | 4. Cultur-Art. | 5. Fläche a. welche zum Bahnbau erforderlich ist. | Fläche b. der Parzellen. | 5 Summe der Fläche, welche abgetreten wird. |
|---|---|---|---|---|---|---|---|---|
| | | | | | | Ruth. | Ruth. | Ruth. |
| 17 | VIII | 224 | Philipp Dehaus jung. | Friedrichsfeld | Ackerfeld. | 5733 | 3664 | 9476 |
| | | 223 | Christoph Dehaus. | » | » | 5124 | 2435 | 7559 |
| | | 219½ 219 | Leonh. Dehaus jung. | » | » | 5285 | | 5285 |
| | | 218½ | Joh. Peter Dehaus. | » | » | 1917 | | 1917 |
| | | 218 | Jakob Lindner. | Brühl. | » | 1510 | | 1726 |
| | | 217½ | Philipp Beck. | Friedrichsfeld. | » | 1150 | | 1150 |

Heidelberg den 4. Februar 1839.

Großh. Wasser- und Straßen-Bau-Inspektion
Lorenz.

*Bekanntmachung über die Enteignung von Grundstücken für die Eisenbahnstrecke. „Mannheimer Journal" vom 8. März 1839. StadtA MA.*

Noch im Herbst 1838 hatten die Bauarbeiten für den ersten Teilabschnitt zwischen Mannheim und Heidelberg begonnen. Eine für Mannheim wichtige Entscheidung stand aber noch offen: die Lage des künftigen Bahnhofs. Die meisten Fürsprecher hatte zunächst der Plan, den Bahnhof in der Nähe des neuen Rheinhafens zu bauen und dort sowohl die Heidelberger Strecke als auch die bereits geplante Verbindung in Richtung Frankfurt am Main, die ohnehin mit einer Brücke über den Neckar hätte angeschlossen werden müssen, zusammenzuführen. Damit wären alle modernen Verkehrsmittel an einem Punkt verknüpft und ein schnelles Umladen und Umsteigen ermöglicht worden. Doch regte sich heftiger Widerstand dagegen, die Gleise Richtung Heidelberg durch den prachtvoll angelegten Schlossgarten zu führen. So setzte sich schließlich nach längeren Beratungen des Gemeinderats und Verhandlungen mit der Handelskammer eine andere Lösung durch: Am 28. November 1839 verfügte das Staatsministerium, dass der Bahnhof im Südosten der Stadt in der Nähe des Heidelberger Tors gebaut und zunächst allein auf den Bedarf der badischen Staatsbahn berechnet werden solle. Völlig außen vor blieb im Übrigen bei den Debatten über die Eisenbahnführung die künftige Stadtentwicklung. Dass die Stadt in nicht allzu ferner Zukunft über die alten Festungsmauern hinauswachsen und der Bahnhof einen wichtigen Zielpunkt für dieses Wachstum bilden könnte, lag 1838 noch außerhalb des Horizonts der Mannheimer Gemeinderäte. Doch auch unter Verkehrs- und Transportgesichtspunkten erwies sich die Entscheidung für den Standort vor dem Heidelberger Tor, wie sich binnen weniger Jahre zeigen sollte, als höchst unglücklich und wenig zukunftsträchtig. Denn als 1844 zunächst die badische Staatsbahn, 1847 dann auch die Main-Neckar-Bahn die Güterbeförderung einführten, mussten die per Schiff ankommenden oder abgehenden Waren in umständlicher Weise umgeladen und mit Wagen und Karren quer durch die Stadt transportiert werden. Eine partielle Abhilfe schuf erst der Bau einer *Schleifbahn*, die seit 1854 vom Bahnhof über den Neckardamm zum Rheinhafen führte.

*Mannheim und Umgebung mit dem neuen Bahnhof am östlichen Stadtrand. Handkolorierte Karte, 1850. StadtA MA.*

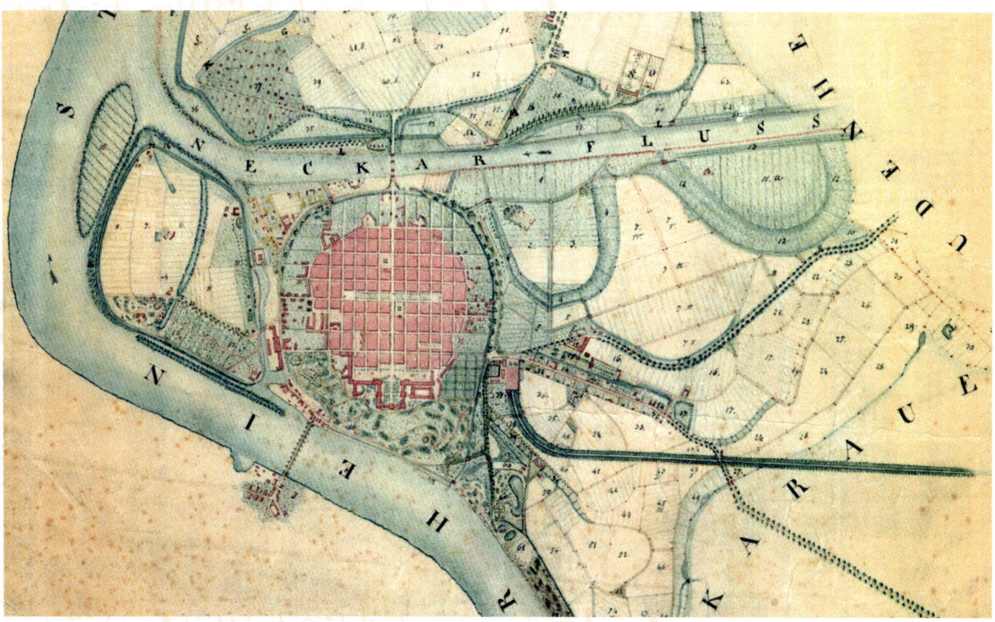

## Friedrichsfeld

Noch schwerwiegender in seinen negativen Auswirkungen auf Mannheim und seine Wirtschaft war allerdings der scharfe Konflikt, der sich zwischen der badischen Regierung und der Stadt über die Weiterführung der Eisenbahn nach Norden ergab. An sich war auch hier bereits die Entscheidung gefallen, denn Baden hatte am 10. Januar 1838 einen Staatsvertrag mit der Freien Stadt Frankfurt am Main und dem Großherzogtum Hessen-Darmstadt geschlossen, der den durch eine Aktiengesellschaft auszuführenden Bau einer Bahnstrecke von Frankfurt über Darmstadt und dann auf dem kürzesten Wege nach Mannheim vorsah. Doch diese Pläne hatten sich nicht verwirklichen lassen, teils weil sich Bedenken dagegen erhoben hatten, die Orte an der Bergstraße abseits liegen zu lassen, teils weil die für den Bau gegründete Aktiengesellschaft, auch mangels nachhaltiger Unterstützung durch den hessischen Staat, nicht genügend Kapital hatte aufbringen können und sich im Dezember 1841 aufgelöst hatte. Hessen setzte sich nun für eine direkte Linienführung nach Heidelberg ein – nicht zuletzt um auf diese Weise die lästige Mannheimer Konkurrenz für seine größte Handelsstadt Mainz zu schwächen, eine Überlegung, die verständlicherweise auch in Frankfurt Unterstützung fand. Trotz intensiver Bemühungen der Stadt Mannheim und ihrer Handelskammer unterzeichnete die badische Regierung am 25. Februar 1843 einen neuen Vertrag. Er sah vor, dass die jetzt auf Kosten der drei beteiligten Partner zu bauende Linie weder in Mannheim

*Blick in die Zweite Kammer des badischen Landtags in Karlsruhe. Stich, 1842. REM.*

noch in Heidelberg, sondern mitten zwischen beiden Städten nahezu auf freiem Feld in dem kleinen Dorf Friedrichsfeld an die schon bestehende badische Strecke angeschlossen werden sollte.

Das wurde zwar von der Ministerialbürokratie, darunter sogar von Nebenius, als eine salomonische Lösung im Streit zwischen den beiden badischen Nachbarstädten und als optimales Verhandlungsergebnis gegenüber widerstrebenden Vertragspartnern dargestellt, aber in Mannheim und weit darüber hinaus war man sich einig, dass die badische Regierung, indem sie die wichtige Nord-Süd-Verbindung an der größten Handelsstadt des Landes vorbeizuführen gewillt war, nicht nur die wirtschaftlichen Interessen dieser Stadt, sondern die des ganzen Großherzogtums aufs Höchste gefährde. Friedrich Daniel Bassermann, der junge Mannheimer Abgeordnete, der zu diesem Thema als Hauptredner seiner Heimatstadt in der Zweiten Kammer auftrat, machte dies unmissverständlich klar, als er dem Sprecher der Regierung – dieser hatte Mannheim in beschwichtigendem Ton mit einem Magneten verglichen, dessen Kraft auch gewisse Widerstände überwinden könne – antwortete: *Wenn man die Magnetnadel in ihrem freien Spiel nicht hindert, sondern die Kraft der Natur sich selbst überläßt, so wird die Magnetnadel allerdings das Eisen anziehen und nach Norden zeigen, und dieß ist es, was ich von Ihnen verlange.* [...] *die Magnetnadel weicht nur dann von ihrem natürlichen Zielpunkt ab, wenn man sie auf künstliche und gewaltsame Weise davon ablenkt, was durch den vorliegenden Vertrag gegenüber Mannheim geschieht.* In dem Verhalten der Regierung könne er *keine Wahrung der Landesinteressen* mehr erkennen, lautete daher der massive Vorwurf Bassermanns.[46]

Über die Motive, die die Regierung bei ihrem, wie man meinte, wirtschaftsfeindlichen und sachlich nicht gerechtfertigten Vorgehen geleitet hatten – von einer *Versündigung an dem gesunden Menschenverstand* sprach der führende Kopf der Liberalen Adam von Itzstein[47] –, konnten aus der Sicht der bürgerlich-liberalen Opposition keine Zweifel bestehen. Schon 1838 hatte Karl von Rotteck die Sorge geäußert, die Linienführung der Eisenbahn könne auch einmal als Druckmittel gegen politisch unbotmäßige Städte verwendet werden.[48] Dieser Fall schien nun eingetreten zu sein: Friedrichsfeld war eine Strafaktion des reaktionären Regimes Blittersdorf gegen die oppositionelle Hochburg Mannheim – diese Überzeugung durchzog weite Passagen der erregten Kammerdebatte über den Eisenbahnvertrag am 8. Mai 1844, wenngleich nur Karl Theodor Welcker dies auch relativ offen aussprach: Er habe gehört, *daß, als die Mannheimer ihre Deputation schickten, man ihr sehr deutlich zu erkennen gab, daß gewisse Wahlen und Stimmungen in Mannheim nicht so gewirkt hätten, daß die unbefangene, leidenschaftslose Ansicht des wahren Staatsvortheils und des wahren Rechts die Blicke der Minister, namentlich des Ministers der auswärtigen Angelegenheiten, nach Mannheim lenkten.*[49]

Ein Erfolg blieb dem entschiedenen Widerstand gegen den Eisenbahnvertrag jedoch versagt. Auch ein letztes Angebot der Stadt Mannheim – sie offerierte als Gegenleistung für eine Änderung der Streckenführung kostenloses Terrain, freie Mitbenutzung der von der Stadt finanzierten Neckarbrücke und einen baren Zuschuss von 100 000 Gulden – vermochte nicht mehr zu verhindern, dass die Zweite Kammer am 8. Mai 1844 alle Einsprüche gegen den Vertrag mit 33 gegen 26 Stimmen verwarf. Hinter diesem Abstimmungsergebnis verbarg sich allerdings eine politisch-soziale

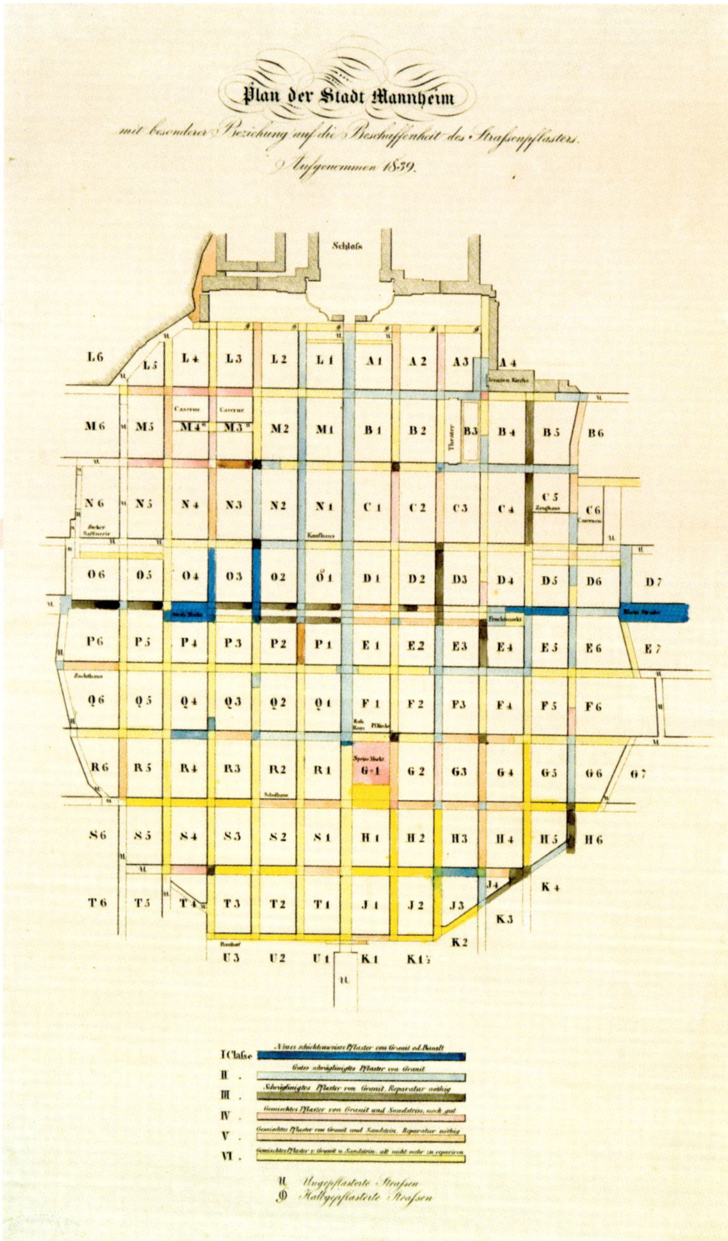


*Dass Mannheim in den 1830er und 1840er Jahren einen Modernisierungsschub erlebte, zeigt auch dieser „Plan der Stadt Mannheim mit besonderer Beziehung auf die Beschaffenheit des Straßenpflasters". Nicht verwunderlich ist, dass das „gute" und „neue" Pflaster aus Granit und Basalt (dunkel- und hellblau markiert) vorwiegend in der Oberstadt zu finden ist, während die Straßen am Stadtrand noch weitgehend ungepflastert (Kennzeichnung „u") waren. Kolorierter Plan, 1839. REM.*

Konstellation von seltener Eindeutigkeit: Für die Regierungsseite stimmten 26 Beamte – darunter der Kreisdirektor für Mannheim Joseph Alexander Dahmen – und lediglich sieben „bürgerliche" Abgeordnete, gegen sie drei Beamte und 23 „bürgerliche" Deputierte.[50]

Das musste nun freilich auf Seiten der Mannheimer Bürger und der ganzen bürgerlich-liberalen Opposition die nachhaltigste Wirkung hinterlassen. Der Ruf der Schaffner an der neuen Station Friedrichsfeld: *Mannheim hinten, Heidelberg vorne!*, wenn die aus Frankfurt kommenden Züge auseinandergekoppelt wurden, schien symbolisch für die Zurücksetzung der größten badischen Stadt durch die großherzogliche Regierung zu sein.[51] Von einem weitgehenden Einvernehmen zwischen der Regierung und dem städtischen Bürgertum in den großen wirtschaftlichen Zukunftsfragen wie in den 1830er Jahren, zu Zeiten von Winter und Nebenius, konnte jedenfalls spätestens nach den in der Eisenbahnfrage gemachten Erfahrungen keine Rede mehr sein. Die weiterreichenden ökonomischen Zielsetzungen von Handel und Industrie waren offenkundig nur dann in adäquater Weise zu verwirklichen, wenn ein bestimmender bürgerlicher Einfluss auf die Regierungspolitik durchgesetzt, wenn ein grundlegender politischer Systemwechsel herbeigeführt werden konnte. Der Staat auf der einen, die Stadt, die Wirtschaft und das Bürgertum auf der anderen Seite standen sich in diametralem Gegensatz gegenüber.

Neben den politischen Konsequenzen dieser Auseinandersetzung, die an anderer Stelle weiterzuverfolgen sein werden, sind auch die ökonomischen Folgen unübersehbar. Noch stärker, als dies aufgrund der spezifischen Entwicklung der Stadt und ihres je individuellen Aufstiegs ohnehin der Fall gewesen war, vertrauten die führenden Mannheimer Wirtschaftsbürger in der Folgezeit auf die eigenen Kräfte und versuchten, wo immer ihre vielfältigen Initiativen auf staatlicher Seite keine oder nur zögernde Resonanz fanden, die Dinge durch ein hohes eigenes Engagement voranzubringen oder gar völlig selbst in die Hand zu nehmen. Das hervorragendste Beispiel in dieser Hinsicht bildete der Bau der ersten festen Brücke über den Neckar in den Jahren 1842 bis 1845.[52] Nachdem die bis in die frühen 1820er Jahre zurückreichenden Pläne für einen Brückenbau immer wieder an Finanzierungsproblemen, an staatlichen Einsprüchen und an der lange Zeit offenen Linienführung der Eisenbahn gescheitert waren, hatte sich die Stadt 1841 trotz der nach wie vor bestehenden Unklarheiten entschlossen, nicht länger abzuwarten, sondern das Projekt in eigener Regie durchzuführen. Städtische Abgesandte, unter ihnen wiederum Friedrich Daniel Bassermann, hatten vergleichbare Bauvorhaben in anderen deutschen Staaten begutachtet und Kontakte zu den leitenden Ingenieuren geknüpft. Die mit Projekten dieser Art und Größenordnung gänzlich unerfahrenen städtischen Behörden und Vertretungsorgane hatten alle im Zug des Baus auftretenden technischen und finanziellen Schwierigkeiten mit Erfolg bewältigt. Und vor allem hatte die Stadt das mit Gesamtkosten von 372 000 Gulden für die damalige Zeit und bei einem städtischen Jahresetat von nur 50 000 Gulden gewaltige Projekt in vollem Umfang selbst finanziert.

*Festzug zur Einweihung der Kettenbrücke auf dem Marktplatz. Kolorierte Lithographie, 1845. StadtA MA.*

Voller Stolz begingen die Mannheimer – ein Bürgerkomitee hatte, da die Stadt angesichts der schwierigen wirtschaftlichen Lage und der leeren öffentlichen Kassen kein Fest veranstalten wollte, eigens 600 Gulden für eine Feier gesammelt – am 15. November 1845 die feierliche Einweihung der Kettenbrücke, die aufgrund ihrer Entstehungsgeschichte mehr als jedes andere neue Bauwerk den Wiederaufstieg der Stadt und die Leistungsfähigkeit der stadtbürgerlichen Gemeinschaft zu symbolisieren schien.

## Der Handel im Aufschwung

Nach den Jahrzehnten oft mühseliger Improvisation der Mannheimer Kaufleute, behindert durch ein Dickicht von hemmenden Vorschriften und durch unzureichende verkehrstechnische Rahmenbedingungen war Mannheim nun binnen eines guten Jahrzehnts an die Spitze der Verkehrs- und Transportentwicklung im Westen und Süden Deutschlands katapultiert worden. Was Mannheimer Kaufleute gegen Ende des 18. Jahrhunderts als kühne, weit ausgreifende Zukunftsvision entworfen hatten, war in den 1840er Jahren weitgehend verwirklicht. Verkehrsrevolution und Wirtschaftsliberalisierung eröffneten der Stadt endlich die Chance, die jahrzehntelange Stagnation zu überwinden.

Die neuen Bedingungen kamen natürlicherweise zunächst und vor allem dem Handel zugute. Seine Grundstrukturen waren dabei im Prinzip immer noch ähnlich wie zu Beginn des Jahrhunderts: Die Schlüsselrolle kam dem Speditionshandel zu. Er knüpfte die inzwischen oft weit über den europäischen Kontinent gespannten Verbindungen, er sorgte für regelmäßige Warenfuhren in zahlreiche Richtungen und Städte, er stellte günstige, gleichbleibende und damit gut zu kalkulierende Frachtraten sicher. Alles kam hier darauf an, die kritische Masse zu erreichen, die erst einen breiten Aufschwung des Handels ermöglichte. Je mehr Güter an einem Platz zusammenflossen, desto häufiger und regelmäßiger konnten die Schiffe, Eisenbahnzüge und Frachtfuhren auf den Haupthandelsrouten verkehren, desto zuverlässiger konnte man einen zügigen Weitertransport der Waren garantieren, desto sicherer konnte man sein, für jeden Transport auch eine Rückfracht zu erlangen, und desto niedrigere Transportkosten konnte der Mannheimer Handel bieten. Auf der Basis dieses Handelsnetzes eröffneten sich dann auch anderen Zweigen des Handels hervorragende Entwicklungschancen, etwa dem Import vor allem von Kolonialwaren oder auch dem Export von Landesprodukten, in erster Linie Getreide, Wein und Tabak.

Mit klaren Strichen wurde dieses handelspolitische Einmaleins von den Fürsprechern Mannheims in den Debatten der Zweiten badischen Kammer, insbesondere in dem Konflikt um die Linienführung der Main-Neckar-Bahn, immer wieder skizziert: *Es ist eine der ersten Wahrheiten des Handelsverkehrs*, hieß es etwa in dem Kommissionsbericht, den der Rastatter Obergerichtsadvokat Adolf Sander erstattete,[53] *die freilich nur im Leben und nicht in den gelehrten Büchern steht, dass die Masse der Waaren der Menge nachfolgt und dass überall dorthin, wo sich einmal eine bedeutende Spedition durch die günstige Lage eines Orts an großen Verkehrswegen gebildet hat, die Waaren zusammenströmen, theils um an diesem Ort zu bleiben und die dorten durch die blühende Spedition erleichterte und beförderte Industrie mit ihren Rohprodukten zu versehen, theils aber um von dort aus an die verschiedenen mit der Spedition des Orts bereits in Verbindung stehenden Abnehmer weiter versendet zu werden. So trivial das Sprichwort erscheint: Die Menge macht's aus – so wahr ist es im Speditionshandel, weil der Spediteur, je größer seine Versendungen sind, um desto wohlfeilere Preise machen kann und weil neben der Leichtigkeit und Sicherheit der Spedition der wohlfeilere Preis ihr Aufkommen und ihre Erhaltung bedingt.*

An diesen Grundstrukturen hat auch die vormärzliche Verkehrsrevolution auf Wasser und Schiene lange Zeit nur wenig geändert. Die

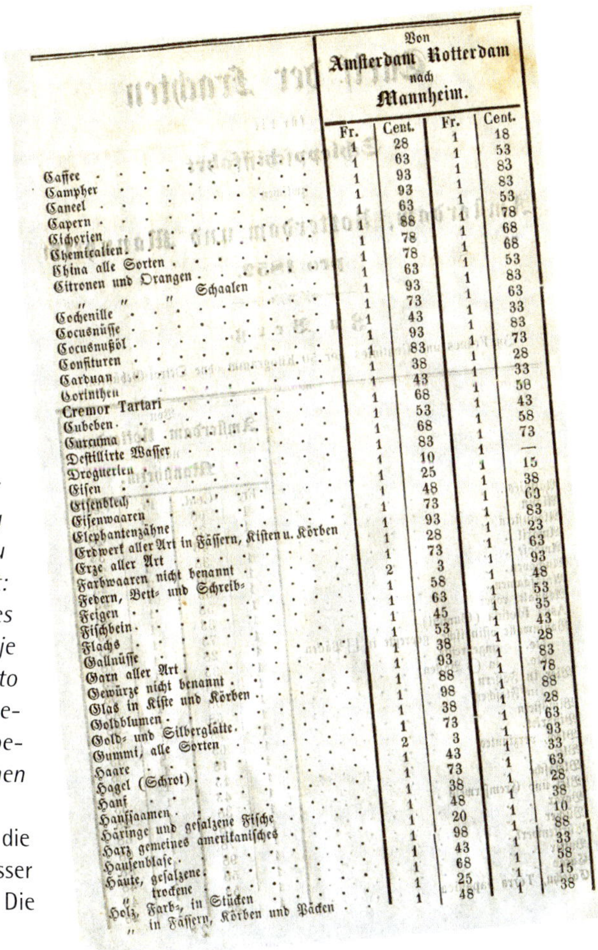

| | Von Amsterdam nach Mannheim Fr. | Cent. | Von Rotterdam nach Mannheim Fr. | Cent. |
|---|---|---|---|---|
| Caffee | 1 | 28 | 1 | 18 |
| Campher | 1 | 63 | 1 | 53 |
| Caneel | 1 | 93 | 1 | 83 |
| Capern | 1 | 93 | 1 | 83 |
| Cichorien | 1 | 63 | 1 | 53 |
| Chemicalien | 1 | 88 | 1 | 78 |
| China alle Sorten | 1 | 78 | 1 | 68 |
| Citronen und Orangen | 1 | 78 | 1 | 68 |
| " " " Schaalen | 1 | 63 | 1 | 53 |
| Cochenille | 1 | 93 | 1 | 83 |
| Cocusnüsse | 1 | 73 | 1 | 63 |
| Cocusnußöl | 1 | 43 | 1 | 33 |
| Confituren | 1 | 93 | 1 | 83 |
| Carduan | 1 | 83 | 1 | 73 |
| Corinthen | 1 | 38 | 1 | 28 |
| Cremor Tartari | 1 | 43 | 1 | 33 |
| Cubeben | 1 | 68 | 1 | 58 |
| Curcuma | 1 | 53 | 1 | 43 |
| Destillirte Wasser | 1 | 68 | 1 | 58 |
| Droguerien | 1 | 83 | 1 | 73 |
| Eisen | 1 | 10 | 1 | — |
| Eisenblech | 1 | 25 | 1 | 15 |
| Eisenwaaren | 1 | 48 | 1 | 38 |
| Elephantenzähne | 1 | 73 | 1 | 63 |
| Erdwerk aller Art in Fässern, Kisten u. Körben | 1 | 93 | 1 | 83 |
| Erze aller Art | 1 | 28 | 1 | 23 |
| Farbwaaren nicht benannt | 1 | 73 | 1 | 63 |
| Federn, Bett- und Schreib- | 2 | 3 | 1 | 93 |
| Feigen | 1 | 58 | 1 | 48 |
| Fischbein | 1 | 63 | 1 | 53 |
| Flachs | 1 | 45 | 1 | 35 |
| Gallnüsse | 1 | 53 | 1 | 43 |
| Garn aller Art | 1 | 38 | 1 | 28 |
| Gewürze nicht benannt | 1 | 93 | 1 | 83 |
| Glas in Kiste und Körben | 1 | 88 | 1 | 78 |
| Goldblumen | 1 | 98 | 1 | 88 |
| Gold- und Silberglätte | 1 | 38 | 1 | 28 |
| Gummi, alle Sorten | 1 | 73 | 1 | 63 |
| Haare | 2 | 3 | 1 | 93 |
| Hagel (Schrot) | 1 | 43 | 1 | 33 |
| Hanf | 1 | 73 | 1 | 63 |
| Hanfsaamen | 1 | 38 | 1 | 28 |
| Häringe und gesalzene Fische | 1 | 48 | 1 | 38 |
| Harz gemeines amerikanisches | 1 | 20 | 1 | 10 |
| Hausenblase | 1 | 98 | 1 | 88 |
| Häute, gesalzene | 1 | 43 | 1 | 33 |
| " trockene | 1 | 68 | 1 | 58 |
| Holz, Farb-, in Stücken | 1 | 25 | 1 | 15 |
| " in Fässern, Körben und Päcken | 1 | 48 | 1 | 38 |

*Tarif der Frachten für die Schleppschifffahrt zwischen Amsterdam, Rotterdam und Mannheim, 1852. StadtA MA.*

direkte Versendung von Gütern auf der Bahn wurde keineswegs, wie von vielen Zeitgenossen prophezeit, zur Regel; der Speditionshandel behauptete seine Stellung an den zentralen Knotenpunkten der Handelswege in hohem Maße, zumal wenn sich an einem Stapelplatz – wie im Falle Mannheims – das Umladen von dem einen auf das andere Transportmittel, insbesondere vom Großschiff auf die Eisenbahn, anbot.

Trotz dieser strukturellen Kontinuitäten bedingte jedoch allein schon das außerordentliche Wachstum des Mannheimer Handels, dass sich in dem Geschäftsumfang und in der geschäftlichen Ausrichtung der einzelnen Handelsfirmen ein grundlegender Wandel vollzog. Als 1840 – veranlasst nicht zuletzt durch die Eröffnung des neuen Hafens – erstmals ein spezielles *Adreß-Buch der Handels- und Gewerbsleute*[54] erschien, waren in ihm immerhin bereits 242 *Handlungshäuser* mit 317 Eigentümern und Teilhabern aufgeführt. Allein seit 1826 – damals waren 99 Firmen registriert worden – hatte sich deren Zahl damit um knapp 150 Prozent gesteigert. Die höchsten Zuwachsraten waren im Groß-, Speditions- und Kommissionshandel erreicht worden. Die Zahl der hier tätigen Handlungen hatte sich von 34 auf 120 nahezu vervierfacht. Lässt man jene Firmen, die neben dem Großhandel auch ein Ladengeschäft für den Detailhandel unterhielten, beiseite, so fällt der Anstieg von 15 auf 77 Handelshäuser sogar noch dramatischer aus. Nirgends lässt sich deutlicher der in wenigen Jahrzehnten erreichte Aufstieg Mannheims zur bedeutendsten Handelsstadt Süddeutschlands ablesen als daran, dass sich bereits bis 1840 ein ausgesprochener Großhandel in der Stadt etabliert hatte, der sich in der weit überwiegenden Zahl der Fälle klar vom Einzelhandel unterschied. Erheblich vorangeschritten war im gleichen Zeitraum auch die Spezialisierung des kaufmännischen Geschäfts auf einzelne Handelsgüter und Handelsformen. So konzentrierten sich allein 18 Firmen ganz auf den Großhandel mit Wein, zehn auf Tabak, weitere zehn Handelshäuser kauften und verkauften ausschließlich Kolonialwaren, zwei handelten *en gros* mit Eisen, 17 Unternehmen betrieben nur Kommissions- und Speditionshandel.

Von diesem Aufschwung profitierte ein erheblicher Teil der Mannheimer Bevölkerung – und das keineswegs nur indirekt. Zwar war die Zahl der Beschäftigten in den vormärzlichen Kontoren noch relativ gering; selbst Großkaufleute arbeiteten meist nur mit zwei bis drei Handlungsgehilfen. Aber in den Hilfsgewerben des Handels fand eine rasch wachsende Zahl von Mannheimern Brot und Arbeit als Wagenmeister und Vermesser, als Güter- oder Kranfuhrmann, als Spanner und Hafenarbeiter. So hieß es 1846, als über den Bau der *Schleifbahn* zwischen dem im Südosten der Stadt gelegenen Bahnhof und dem Rheinhafen im Westen debattiert wurde, eine solche Verbindungsbahn werde 400 Familien brotlos machen, die bislang von den Spanndiensten gelebt hatten. Insgesamt erhöhte sich der Anteil des tertiären Sektors an den Mannheimer Haushalten nach den Adressbüchern zwischen 1829 und 1848 von 12,1 Prozent auf immerhin 16,2 Prozent.

## Anfänge der Industrialisierung

Eng mit dem Handel und seiner Aufwärtsentwicklung verbunden waren auch fast alle Industrialisierungsansätze. Noch bei der Gewerbezählung von 1844 wurden allerdings für Mannheim lediglich 20 Fabriken mit insgesamt 345 Beschäftigten registriert; als Fabriken wurden in der zeitgenössischen Definition Betriebe mit mehr als 20 Beschäftigten verstanden. Dabei handelte es sich im Wesentlichen um drei Arten von Industrien: Am bedeutendsten waren nach wie vor die oft schon in der napoleonischen Epoche gegründeten manufakturartigen Unternehmen, die sich der Veredelung landwirtschaftlicher Erzeugnisse widmeten wie beispielsweise die Krappfabrik des Handelskammerpräsidenten Friedrich Lauer, in der aus der Krapppflanze roter Farbstoff hergestellt wurde. Vor einem großen Aufschwung standen besonders die Tabakfabriken, deren Beschäftigtenzahl von etwa 100 Mitte der 1840er Jahre in den beiden nachfolgenden Jahrzehnten auf über 3 000 geradezu explodieren sollte. Neu war schließlich auch, dass in diesen Betrieben erstmals moderne, mit Dampfkraft angetriebene Maschinen eingesetzt wurden; so eröffnete 1835 in C 7 die erste Dampfmühle. Ebenfalls Mitte der 1830er Jahre entstanden zwei Zuckerraffinerien, die zunächst importierten Rohzucker, bald jedoch auch einheimischen Rübenzucker verarbeiteten und aus denen langfristig prosperierende Unternehmen der Nahrungsmittelindustrie hervorgingen.

Zur zweiten Gruppe zählten jene Fabriken, die typisch handwerkliche Gewerbetätigkeit in größerem Rahmen betrieben. Ein gutes Beispiel bot die 1806 von Peter Schmuckert gegründete Möbel- und Spiegelfabrik. Sie war weit über Mannheim hinaus wegen der Qualität ihrer Erzeugnisse geschätzt und beschäftigte 1844 – inzwischen längst von Friedrich Wilhelm Bürck übernommen – immerhin 30 Arbeiter. Ebenso versuchten Handwerker Nutzen aus dem neuen Verkehrsmittel Eisenbahn zu ziehen: Seit 1835 stellte Joseph Vögele in seiner Schmiede Eisenbahngerät her und initiierte damit ebenfalls ein auf längere Sicht bedeutendes Unternehmen. Typisch war aber eher, dass sich die für die Eisenbahn benötigten Industriebetriebe, vor allem die Lokomotiv- und Waggonproduzenten sowie die Eisenbahnwerkstätten, nicht in Mannheim, sondern unter massiver Förderung der badischen Regierung in der Landeshauptstadt selbst ansiedelten.

*Blick vom Schloss über die Stadt, links fallen die rauchenden Schornsteine auf. Ausschnitt aus einem „Souvenirblatt von Mannheim" von Ludwig Hoffmeister, um 1850. StadtA MA.*

Langfristig bedeutender war die dritte Gruppe, die dezidiert neue Industrie. Auch ihre Gründung ging vielfach von Kaufleuten aus, die in der betreffenden Sparte bereits im Großhandel tätig gewesen waren und sich jetzt – in freilich zunächst meist bescheidenem Rahmen – an eine eigene Produktion wagten. So hatte beispielsweise der aus Oberitalien eingewanderte Paolo (Paul) Giulini seit Anfang der 1820er Jahre zunächst als leitender Angestellter und dann als Firmeninhaber einen florierenden Großhandel mit *Drogen*, sprich: Chemikalien, geführt. 1822 erwarb er mit seinem Bruder ein Landgut jenseits des Neckars und eröffnete dort eine chemische Fabrik, die Schwefelsäure herstellte und bald auch die Produktion von Soda aufnahm.[55] Nach der Jahrhundertmitte entwickelte sich dieses Unternehmen, inzwischen in eine Aktiengesellschaft umgewandelt, zu einer der Keimzellen der chemischen Industrie in Mannheim.

## Das Handwerk in der Krise

Alle diese höchst unterschiedlichen Industrialisierungsansätze einte, dass sie in der Vormärzepoche noch in den Kinderschuhen steckten und Arbeitsplätze nur in sehr begrenzter Zahl boten. Das war vor allem insofern ein – im Übrigen nicht nur in Mannheim anzutreffendes – Problem, als viele traditionelle, handarbeitende Gewerbe ihren Beschäftigten kein sicheres, zufriedenstellendes Auskommen mehr gewährten. Im Einzelnen entwickelten sich freilich die verschiedenen Gewerbezweige, die zusammen um 1840 immer noch fast die Mehrheit der Bürgerschaft in Lohn und Brot brachten, in höchst unterschiedlicher Weise.

Ein hinreichendes Einkommen, ja, eine solide bürgerliche Existenz boten in erster Linie die Nahrungsmittelhandwerke (Bäcker, Metzger), dazu eine Reihe von Metallgewerben (Schlosser, Schmiede und Spengler) und einzelne Bauhandwerke. Die Meister in diesen Gewerbezweigen produzierten durchweg mit einem oder mehreren Gesellen; sie wohnten und arbeiteten in ihrer großen Mehrheit im eigenen Haus – das ist ein wichtiges, in den Häuserverzeichnissen und Adressbüchern überliefertes Indiz für ihre be-

friedigende bis gute materielle Lage. Eine ausgesprochene Hochkonjunktur durchliefen sogar die Bierbrauereien, da das *Mannheimer Bier* sich weit über die Stadt hinaus einer wachsenden Beliebtheit erfreute. Dagegen musste in den am stärksten von der Gewerbekrise betroffenen Massenhandwerken, bei den Schuhmachern, Schneidern und Schreinern, und vielen weiteren Handwerksberufen ein immer größerer Anteil der Meister ohne Gesellen in kleinsten Verhältnissen wirtschaften und ein dürftiges Leben am Rande des Existenzminimums führen. In der Regel nur noch ein Drittel dieser Handwerksmeister verfügte über eigenen Hausbesitz. Nach wie vor stark rückläufig war auch die Zahl und die wirtschaftliche Position der in residenzstädtischen Zeiten so bedeutenden Kunst- und Luxushandwerke, der *Gold- und Silberarbeiter*, Kürschner, Posamentierer oder auch Uhrmacher. Insgesamt stagnierte der Anteil des Handwerks an der städtischen Bevölkerung.

Auch in Mannheim wurde über die Ursachen der Handwerkskrise und damit zugleich über die Wege, die aus ihr wieder herausführen könnten, heftig debattiert. Zwei Fraktionen standen sich gegenüber: Die eine Gruppe, eher eine Minderheit, die vor allem in den prosperierenden Gewerbezweigen vertreten war, sah sehr klar die grundlegenden, unaufhaltsamen und irreversiblen Veränderungen: *Der Gewerbstand, namentlich der kleine Handwerker, ist in der gegenwärtigen Zeit durch den Umschwung aller Verkehrsverhältnisse, durch den Aufschwung der Fabrikationsmethoden und durch viele und großartige Erfindungen, die, wir wollen es nicht verkennen, dieser unserer Zeit zum Ruhm und unseren Nachkommen vielleicht zum Seegen gereichen mögen, in einer so beklagenswerthen, traurigen Lage.*[56] Aus dieser Sicht kam es darauf an, sich den neuen Entwicklungen rechtzeitig anzupassen, sich technisch und ökonomisch fortzubilden und die eigenen gewerblichen Produktions- wie auch die Vertriebsformen zu modernisieren. Selbst die Einführung der Gewerbefreiheit erschien als akzeptabel und zukunftsträchtig, da die Zunftverfassung den notwendigen Anpassungsprozess nur behindere und verzögere.

*Der Bäcker. Lithographie, 1843. AKG Images.*

Für die vehement unter der Krise leidende breite Mehrheit der Gewerbetreibenden hingegen waren diese Auffassungen vollkommen unakzeptabel, ging sie doch – nicht zu Unrecht – davon aus, dass sie unter den Bedingungen eines freien Markts gegenüber der vielgestaltigen Konkurrenz des Handwerks in anderen Städten, des Landhandwerks, der maschinellen Produktion in Fabriken und nicht zuletzt der eigenen Zunftgenossen völlig chancenlos sei. Aus ihrer Perspektive war daher die gebundene Gewerbeverfassung das letzte Schutzdach, das sie vor dem endgültigen Ruin und der vollständigen Verarmung bewahrte.

Angesichts der klaren Kräfteverhältnisse zwischen Anhängern und Gegnern der Gewerbefreiheit sahen sich die führenden Mannheimer Politiker wie überhaupt die bürgerlich-liberale Oppositionsbewegung in Baden zu einem *fast schon paradoxen Attentismus*[57] gezwungen: Immer wieder bekannten sie sich einerseits als überzeugte Anhänger der wirtschaftlichen Liberalisierung, die sich mittelfristig durchsetzen werde, und bekundeten andererseits ebenso unmissverständlich, dass *die Klugheit jetzt noch gebietet, um nicht Alles umzuwälzen,*[58] auf eine übereilte Reform zu verzichten, da diese *mit vielfachen Gefahren, allernächst mit dem Untergang des Familienglücks von Tausenden,*[59] verbunden sein werde. Daran hat sich im Übrigen bis zur Revolution 1848/49 und danach noch mehr als ein Jahrzehnt lang nichts geändert. Eine radikale Umstrukturierung der Gewerbeverfassung war der stadtbürgerlichen Wählerschaft nicht zu vermitteln.

Trotz der sich so grundlegend verbessernden Rahmenbedingungen und der sichtbaren Zeichen des Aufschwungs konnte also für Mannheim als Ganzes zwischen 1830 und der Jahrhundertmitte von einer uneingeschränkten oder gar stürmischen Prosperität noch keine Rede sein. Vehementes Wachstum in einigen Bereichen stand neben krisenhafter Stagnation in anderen. Immerhin war der absolute Tiefpunkt der Mannheimer Stadtentwicklung nun definitiv überwunden, die Wende erreicht. Die Bevölkerung der Stadt wuchs nach den Jahrzehnten des Rückgangs und der Stagnation wieder: von rund 20 500 Einwohnern um 1830 auf nicht ganz 24 000 bis 1848, also um mehr als 15 Prozent. Hoffnungsfroh konnte zudem stimmen, dass das Wachstum nicht allein durch Zuwanderung erzielt wurde, sondern dass seit 1843 wieder kontinuierlich ein Geburtenüberschuss eine wesentliche Grundlage des Aufwärtstrends bildete.

## Bürgergesellschaft und Bürgerkultur

### Der lange Abschied von der Residenz

Der Wandel Mannheims zu einer Handelsmetropole und zur wirtschaftlich dynamischsten Stadt im süddeutschen Raum hat sich auch tief in die Strukturen der städtischen Gesellschaft eingeschrieben. Zwar hatte die grundlegende Umgestaltung von einer durch den Hof und dessen soziales Umfeld geprägten Residenz zu einer Bürgerstadt bereits mit der Übersiedlung Kurfürst Karl Theodors nach München 1778 begonnen. Aber durch die langen Zeiten der wirtschaftlichen Stagnation hatte sich dieser Prozess nur schleichend vollzogen, immer wieder gebremst durch den Mangel an alternativen Grundlagen städtischer Entfaltung. Erst nach 1830 beschleunigte sich die Entwicklung, um schließlich in den 1840er Jahren zu einem vorläufigen Abschluss zu kommen.

*Das Bassermann'sche Haus in R 1, 4-6 am Marktplatz um 1830. Zeichnung von Weyser aus der Chronik der Familie Bassermann, 1883. Privatbesitz.*

Nach außen unmittelbar sichtbar wurden Aufschwung und Wandel in der baulichen Entwicklung der Stadt und auf dem Immobilienmarkt: Die Gebäudepreise zogen merklich an. Das ehemalige Münzgebäude P 6, 20, für das sich noch 1825 kein Käufer finden wollte und das 1828 dem Wagenfabrikanten Johann Schütz für nur 11 500 Gulden zugeschlagen worden war, steigerte seinen Wert in den nächsten 30 Jahren auf beinahe das Fünffache.[60] Auch eine rege Bautätigkeit war an vielen Ecken der Stadt zu beobachten. Das eindrucksvollste Zeugnis bürgerlichen Aufstiegs stellte zweifellos das 1830 fertiggestellte, direkt am Marktplatz gelegene Haus der Familie Bassermann dar. Doch auch andere Bürgerhäuser wie das der jüdischen Bankiersfamilie Ladenburg in D 3, 12/13 wurden nun in den zeitgenössischen Reiseführern neben dem Schloss, den Kirchen und weiteren öffentlichen Gebäuden als Sehenswürdigkeiten aufgeführt.[61]

Wie meist in Zeiten des Aufbruchs und des Neuanfangs war der Sinn für den Wert und die Schönheit des Überlieferten wenig ausgeprägt; manches historisch oder kunstgeschichtlich bedeutsame Gebäude fiel – unter allgemeinem Beifall – einem Neubau zum Opfer. So musste im Frühjahr 1839 die Kapuzinerkirche einem Straßendurchbruch weichen. Und im November 1842 wurde das 1725 aus rotem Sandstein errichtete Neckartor abgetragen, eines der ältesten Bauwerke der Stadt und eben noch von Franz Baader in seinem 1842 verfassten, aber erst 1843 erschienenen Reiseführer als ein bemerkenswertes architektonisches Zeugnis gewürdigt.[62] Viele Mannheimer sahen im Torbau nur noch einen *unförmliche*[n] *Steinhaufen*, der *wie ein Überbleibsel aus einer früheren Zeit, als Störenfried der Entwicklung der fortschreitenden Verschönerung* der Stadt *feindselig* gegenüberstehe.[63] Den letzten Anstoß für den Abriss hatte der bevorstehende Bau der Kettenbrücke über den Neckar gegeben, stand doch das alte Festungstor buchstäblich einer Zukunft im Wege, die jetzt für die meisten Mannheimer im Aufschwung von Handel und Verkehr lag.

*Kapuzinerkirche, 1839 abgerissen. Kolorierte Zeichnung von Heinrich Andriano, um 1840. StadtA MA.*

*Neckartor, Stadtseite, vor dem Abriss 1842. Kolorierte Zeichnung von Heinrich Andriano, um 1840. StadtA MA.*

Dazu passte schließlich, dass in den 1830er und 1840er Jahren ein Adelspalais nach dem anderen in bürgerlichen Besitz überging. Fast genau die Hälfte der 41 Gebäude, für die im Häuserverzeichnis von 1831 adelige Eigentümer eingetragen waren, befand sich 1848 in den Händen von Mannheimer Bürgern, darunter so prominente Bauten wie das Palais Bretzenheim (A 2, 1) oder das ehemalige Haus der Gräfin Ottweiler (C 1, 2). Und die Liste der Käufer las sich wie ein *Who's who* des städtischen Wirtschaftsbürgertums: Ludwig Bassermann, Johann Engelhorn, Heinrich Ladenburg, Johann Wilhelm Reinhardt und viele mehr. Auch sonst war der Anteil des Adels überall rückläufig. Unter den im Adressbuch Verzeichneten fiel er bis 1848 auf unter 3 Prozent. In den bedeutenden Vereinen nahm er dramatisch ab, ebenso unter den Schülern des Lyzeums.[64] Die soziale Rangordnung der Residenzstadt des 18. Jahrhunderts mit ihrer Vorrangstellung von Adel, hoher Beamtenschaft und Militär hatte sich inzwischen weitgehend aufgelöst.

Doch die meisten Mannheimer sahen wenig Anlass, dieser Vergangenheit nachzutrauern. Trotzig und selbstbewusst wurde den Adeligen, die der Stadt den Rücken kehrten, im Januar 1847 in der von Mathy herausgegebenen *Deutschen Rundschau* nachgerufen: Noch keine Stadt sei durch den Luxus der höheren Stände reich geworden, manches Land sei vielmehr dadurch verarmt. *Die Mittel zum Wohlstand liegen in der Sparsamkeit, dem Fleiß und der Kunstfertigkeit der Bürger* [...]. *Vom schädlichen Luxus leben wohl einige Gewerbe, aber die Mehrheit leidet; er verdirbt den Charakter und die Sittlichkeit. Sparsame, fleißige, tüchtige Bürger suchen nicht ihr Heil im Schmeicheln und Kriechen vor denen, die Luxus treiben.*[65]

An die Stelle des Adels trat als neue städtische Oberschicht das wirtschaftlich erfolgreiche Handels- und Finanzbürgertum. Bereits nach dem

*Blick auf das Schloss mit Spaziergängern im Vordergrund. Kolorierter Stahlstich, um 1840. StadtA MA.*

Häuserverzeichnis von 1831[66] – einer der wenigen überlieferten Quellen, die auch quantitative Aussagen über die vormärzliche Mannheimer Sozialstruktur gestatten – stellte diese im Handel und auf angrenzenden Feldern tätige Gruppe mehr als 40 Prozent der höchstbesteuerten Hausbesitzer, während Adel, Militär und Bürokratie auf einen Anteil von weniger als 20 Prozent zurückgefallen waren. Dass sich dieser Trend dann in den 1830er und 1840er noch einmal dramatisch beschleunigte, kann anhand zahlreicher Einzelbeispiele belegt, nicht aber in handfesten Zahlen nachvollzogen werden.

Trotz der raschen ökonomischen Modernisierung, von der die wirtschaftsbürgerliche Oberschicht Mannheims so sehr profitierte, waren ihr im Vormärz jedoch noch viel traditionale Züge eigen. Die prunkvollen Neubauten, die einzelne Kaufmannsfamilien errichteten, und die größeren Palais, die andere erwarben, zeigten zwar den wachsenden Reichtum an. Aber hinter den aufwändig gestalteten Fassaden wurde nach wie vor nicht nur gewohnt, sondern auch gearbeitet. Kontor, Warenlager und manchmal sogar eine kleine Fabrikation bildeten in aller Regel mit dem Wohnhaus noch eine Einheit. So verlegte Friedrich Daniel Bassermann, als er sich 1833 als Kaufmann selbstständig machte, indem er den *Drogenhandel* der Gebrüder Giulini übernahm, das Geschäft bezeichnenderweise in das väterliche Haus am Markt. In den rückwärtigen Gebäudeteilen und im Hof müssen sich überall Fässer und Säcke gestapelt haben; auch das Mischen von Chemikalien wird hier an der Tagesordnung gewesen sein. Die Einheit von Arbeit und Wohnen bildete zugleich die Basis dafür, dass die wirtschaftsbürgerliche Oberschicht immer noch mitten in der Stadt lebte, Tür an Tür mit dem Bäckermeister oder Schlosser, mit dem Arzt oder Gymnasiallehrer.

Ein stark traditionales Element in der städtischen Oberschicht stellten ferner die zahlreich vertretenen Gast- und Weinwirte, Kaffetiers und Bierbrauermeister dar, die 1831 immerhin rund ein Viertel der höchstbesteuerten Hausbesitzer ausmachten. Doch auch sie profitierten nicht unerheblich von der wirtschaftlichen Modernisierung: dem Aufschwung des Fremdenverkehrs durch Dampfschiff

*Kontor im Hause Bassermann. Zeichnung von Johann Adolf Müller im Festbuch zur Goldenen Hochzeit von Friedrich und Wilhelmine Bassermann, 1855. Privatbesitz.*

und Eisenbahn einerseits, den technischen Innovationen im Braugewerbe, die einige Bierbrauer zu einem immer weiter ausgreifenden Export zu nutzen wussten, andererseits. Als Angehörige von Berufsgruppen, die von der Art ihrer Tätigkeit den handarbeitenden Gewerben nahe standen und doch zugleich nach Einkommen und Besitz mit vielen Kaufleuten mithalten konnten, banden sie zudem die auseinanderdriftenden Lebenswelten von Handel und Handwerk zusammen. Die wichtige Vermittlungsrolle, die sie in der vormärzlichen Stadtgesellschaft einnahmen, zeigte sich auch in den vielen von ihnen wahrgenommenen kommunalpolitischen Mandaten.

Insgesamt lässt sich der gesellschaftliche und kulturelle Wandel, der sich zwischen 1830 und 1848 nicht zuletzt als Folge des wirtschaftlichen Umbruchs und Aufschwungs vollzog, wohl am besten als ein Prozess der inneren Verbürgerlichung der Stadt beschreiben. Dabei gingen der stadtspezifische Wandel, nämlich der Abschied von der Residenzfunktion, und der allgemeine Aufstieg des Bürgertums in Mitteleuropa Hand in Hand. Nicht erst nachgeborenen Historikern, sondern bereits den Zeitgenossen erschienen daher die Entwicklungen, die Mannheim im Vormärz durchlief, und die konkreten Erscheinungen, die sie trugen und ausmachten, als besonders paradigmatisch.

## Die Welt der bürgerlichen Vereine

Ein getreues Spiegelbild der geschilderten Veränderungen in der Mannheimer Elite bot vor allem die Zusammensetzung der Harmonie,[67] des 1803 – zunächst noch unter anderem Namen – gebildeten und dann 1815 neu konstituierten führenden allgemeinen geselligen Vereins der Stadt. Die Harmonie-Gesellschaft war bei ihrer Gründung als eine allen Ständen offenstehende Vereinigung konzipiert gewesen, mit dem Ziel, die sozialen Barrieren, die in einer Residenzstadt wie Mannheim besonders ausgeprägt waren, abzubauen und zu überwinden. Jeder Gebildete, gleich ob adelig oder bürgerlich, ob Katholik oder Protestant, ob Offizier, Staatsbeamter oder Kaufmann, ob Pfarrer, Rechtsanwalt oder Bankier, sollte in ihr Mitglied werden können. Der Anspruch ging also gerade dahin, die führenden Kreise der Stadt nahezu vollständig zu gewinnen und sie damit genauestens abzubilden. Auch wer sich als Fremder nur vorübergehend in der Stadt aufhielt, durfte die Gesellschaft einen Monat lang unentgeltlich besuchen, angezogen durch die Gewissheit, hier sogleich Kontakte zu jedem, der in Mannheim Rang und Namen hatte, knüpfen zu können.

In der Gründungsphase war noch mehr als ein Viertel der 250 Harmonie-Mitglieder adelig gewesen, und nahezu die Hälfte war im Staats- oder Militärdienst tätig. Das Stadtbürgertum im engeren Sinne – Bankiers, Kaufleute, Fabrikanten, die Inhaber der großen Gasthöfe, auch Kunst- und Buchhändler – stellte hingegen nur ein Viertel, der Rest zählte zum Bildungsbürgertum: Pfarrer, Ärzte, Anwälte, Architekten und Gymnasiallehrer. Bis 1848 aber kehrten sich die Verhältnisse unter den jetzt rund 380 Harmonie-Mitgliedern geradezu um. Während der Anteil der Bildungsbürger leicht zurückging, sank der der Offiziere und Staatsbeamten auf rund ein Fünftel ab. Die verschiedenen wirtschaftsbürgerlichen Berufsgruppen stellten jetzt hingegen deutlich mehr als die Hälfte der Mitglieder, und der Adelsanteil war auf nur noch rund 6 Prozent abgesunken.

Der anhaltende Aufschwung und die hohe gesellschaftliche Bedeutung des Vereins zeigten sich nicht zuletzt in den Baulichkeiten. 1824 hatte die Harmonie das Achenbachische Kaffeehaus an den Planken (D 2, 6), in dessen erstem Stock sie seit ihrer Gründung zur Miete residierte, käuflich erwerben können. Doch bereits zehn Jahre später entsprach das Haus nicht mehr der Zahl der Mitglieder und deren gestiegenen Ansprüchen. Allgemein vermisst wurde vor allem ein großer Saal für die Harmonie-Bälle, musste man doch bislang mit

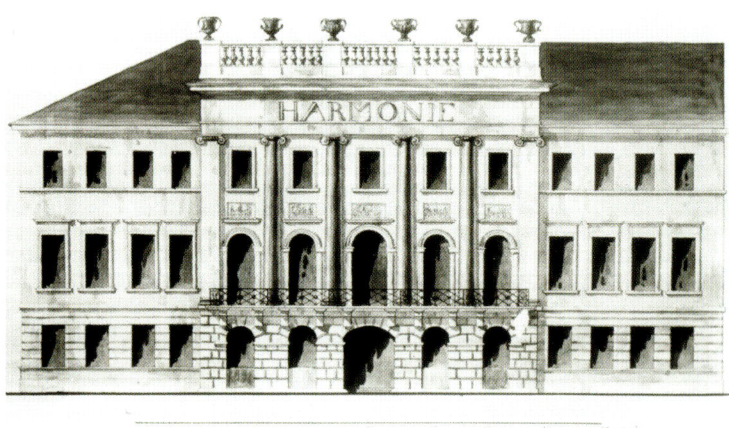


*Neubau der Harmonie in D 2, 6-7. Nicht ausgeführter Entwurf der Fassade zu den Planken von Jakob Friedrich Dyckerhoff, 1839. StadtA MA.*

den winterlichen Veranstaltungen in den Theatersaal und mit den Sommerbällen in das Mühlauschlösschen ausweichen. 1839 schritt man schließlich mit einem Kostenaufwand von 124 000 Gulden, der allein von den Mitgliedern durch Aktienzeichnung aufgebracht wurde, zu einer großen Lösung: Unter Einbeziehung eines benachbarten, zusätzlich erworbenen Hauses wurde das Harmonie-Gebäude nahezu vollständig neu errichtet und zugleich um ein drittes Stockwerk erweitert. Nach dem Abschluss der Bauarbeiten im Herbst 1840 verfügte die Harmonie über ein repräsentatives, vielfältig nutzbares und nach zeitgenössischem Geschmack hochmodernes Domizil, das in allen Reiseführern als ein Mittelpunkt des gesellschaftlichen Lebens der Stadt gewürdigt wurde: *Das Harmoniegebäude, an den Planken, ein neues, schönes Werk des Baumeisters Greiff aus Heidelberg. Es enthält eine starke Bibliothek, ein Lesezimmer, wo man die vorzüglichsten, sowohl politischen als literarischen Journale findet, einen grossen Saal für Concerte, Bälle und Deklamatorien, und die nöthigen Spiel- und Restaurationszimmer.*[68]

Das attraktive Bildungs- und Unterhaltungsangebot sowie die Vielzahl prominenter Mitglieder haben allerdings nicht verhindert, dass der Harmonie auf ihrem ureigensten Tätigkeitsfeld Konkurrenz erwuchs. Das hing zunächst damit zusammen, dass der Verein sich lange Zeit weigerte, Angehörige der jüdischen Minderheit aufzunehmen, selbst wenn diese als Bankiers und Kaufleute von ihrem materiellen wie sozialen Hintergrund her eigentlich in den Mitgliederkreis gehört hätten. Unter Führung der Bankiersfamilien Hohenemser und Ladenburg gründeten daher im Jahr 1829 46 reiche Mannheimer Juden unter dem Namen Ressource einen eigenen Geselligkeitsverein.[69] Dessen Mitgliederzahl stieg rasch an und belief sich Mitte der 1840er Jahre immerhin auf etwa 125. Dass die Gründer der Ressource durchaus beabsichtigten, auf einer Augenhöhe mit der Harmonie zu agieren, belegen sowohl der nahezu gleich hohe Mitgliedsbeitrag von 20 Gulden als auch der Kauf eines ansehnlichen, früher gräflichen Palais in C 1, 2, für das der Verein die beachtliche Summe von 27 000 Gulden aufbrachte. Obwohl die Harmonie vermutlich seit den 1840er Jahren auch einige wenige Juden aufnahm – jedenfalls sind in der Mitgliederliste von 1848 einzelne jüdische Namen, darunter Joseph Hohenemser und Seligmann Ladenburg, verzeichnet –, behauptete sich die Ressource auch in den nachfolgenden Jahrzehnten als wichtigste *Gesellschaft hiesiger Einwohner mosaischen Glaubens.*[70]

Haus der Ressource in C 1, 2 (in der Mitte mit dem dreieckigen Giebel). Zeichnung von Rudi Müllers, um 1920. StadtA MA.

Die Diskriminierung der Juden scheint auch eines, wenngleich sicher nicht das zentrale Motiv gewesen zu sein, das 60 Mannheimer Bürger, in ihrer weit überwiegenden Mehrheit Kaufleute, veranlasste, am 1. Dezember 1835 zur Bildung eines weiteren Geselligkeitsvereins aufzurufen. Immerhin erklärten die Gründer des neuen Casino, zu denen einige Juden zählten, ausdrücklich, bei der Aufnahme von Mitgliedern *weder gesellschaftliche noch religiöse Momente* berücksichtigen zu wollen. Die *abonnierte Gesellschaft zur geselligen Erholung* mietete zunächst den ersten Stock im Haus des Kaffetiers Zutt an, erwarb aber dann bereits 1839 für 37 000 Gulden das in R 1, 1 direkt am Marktplatz gelegene frühere Palais Hillesheim. Nicht nur von seinem Gebäude her, sondern auch hinsichtlich seiner Mitgliederzahl – sie lag zwischen 1845 und 1850 sogar über der der Harmonie – entwickelte sich das Casino in den folgenden Jahren zu einer gleichwertigen Konkurrenz der älteren Gesellschaft.

Die Mitglieder des Casino stammten ganz überwiegend aus dem wirtschaftenden Bürgertum, darunter vor allem Kaufleute, aber auch Gastwirte und besser gestellte Handwerker. Diese Gesellschaft war mithin – das belegt auch der auf 11 Gulden festgelegte Jahresbeitrag – mittelständischer orientiert als die Harmonie. Zugleich befanden sich jedoch unter den 78 namentlich bekannten Casino-Gründern immerhin 33 Personen, die wie beispielsweise der Kaufmann, Verleger und Politiker Friedrich Daniel Bassermann oder der spätere Handelskammerpräsident Sebastian Jörger bislang der Harmonie angehört hatten und auch weiterhin angehörten. Beide Vereine standen also für differierende politisch-soziale Optionen der wirtschaftsbürgerlichen Führungsschicht Mannheims. In der Harmonie hielten die führenden Bankiers, Kaufleute und Fabrikanten auch weiterhin ihre gesellschaftlichen Verbindungen zu den prominentesten Bildungsbürgern sowie zu den staatsnahen Eliten der Bürokratie und des Militärs aufrecht. Selbst die massiven politischen Spannungen der 1840er Jahre haben daran nichts geändert: Noch Anfang 1848 war unter den Harmonie-Mitgliedern der führende Kopf der Radikalen, Friedrich Hecker, ebenso zu finden wie

*Palais Hillesheim in R 1, 1 am Marktplatz, seit 1839 Sitz der Casino-Gesellschaft. Stich, um 1850. REM.*

der ultrareaktionäre Leiter der Kreisregierung, Regierungsdirektor Schaaf, der 1845 mit Waffengewalt eine Sitzung des Großen Bürgerausschusses auflösen ließ und dessen Abberufung im März 1848 zu den ersten Forderungen des Mannheimer Bürgertums zählte. Dagegen waren im Casino die Stadtbürger unter sich; hier werden wohl neben der zwanglosen Geselligkeit das Gespräch über allgemein interessierende wirtschaftliche Fragen und der ungehinderte politische Meinungsaustausch im Kreis von politisch eher Gleichgesinnten im Vordergrund gestanden haben.

*Seligmann Ladenburg (1797–1873) zählte zu den ersten jüdischen Mitgliedern der Harmonie-Gesellschaft. Gemälde von Jakob Serr, 1863. BASF Archiv.*

## Neue Aufgabenfelder

Doch auch sonst hat sich das Mannheimer Vereinswesen in den 1830er Jahren wesentlich erweitert und differenziert. Das neue bürgerliche Organisationsprinzip der Assoziation, des freiwilligen Zusammenschlusses Gleichgesinnter – im Unterschied zum ständischen Grundsatz der unlösbaren, oft angeborenen Zugehörigkeit zu Zünften, Ständen und Korporationen – wurde nun in raschen Schritten auf immer neue Lebensbereiche übertragen. Nachdem 1829 der Musikverein und das Mannheimer Liebhaberorchester entstanden waren, die schon bald durch aufwändig gestaltete Konzertabende das Mannheimer Musikleben entscheidend bereicherten, waren im Sommer 1833 Überlegungen in Gang gekommen, in einer großen Kraftanstrengung praktisch alle weiteren künstlerischen und wissenschaftlichen Aktivitäten in der Stadt unter dem Dach eines Vereins zusammenzufassen. Der geplante Verein für Kunst und Natur sollte die noch vorhandenen Reste der alten fürstlichen Sammlungen übernehmen, die naturwissenschaftliche und historische Forschung organisieren, aus verschiedenen Einzelbeständen eine große städtische Bibliothek errichten und sich um die Pflege der zeitgenössischen Kunst kümmern. Das Mannheimer Bürgertum als Träger dieser Vereinsgründung hätte auf diese Weise mit einem Schlag auf ganzer Breite das Erbe fürstlicher Kulturpolitik angetreten. Doch eilte dieses Konzept offenkundig der Leistungsfähigkeit der stadtbürgerlichen Gesellschaft noch voraus.

*Festzelt für das zweite Badische Sängerfest, das in Mannheim abgehalten wurde. Nach einer Lithographie, 1845. StadtA MA.*

## Karl Friedrich Schimper: Ein verkanntes Mannheimer Genie

*Gerhard Rietschel*

Am gleichen Tag wie Galileo Galilei, nur 239 Jahre später, nämlich am 15. Februar 1803, wurde Karl Friedrich Schimper in Mannheim als älterer von zwei Brüdern geboren. Zeitlebens war er stolz auf diese Datumsgleichheit, aus der ein Gefühl der Seelenverwandtschaft mit Galilei entsprang, der ja auch zu Lebzeiten verkannt wurde. Dies veranlasste Schimper, sich den „Übernamen" Galilei zuzulegen.

Schon als Schüler des Mannheimer Lyzeums nahm er an botanischen Exkursionen des Heidelberger Botanik-Professors Dierbach teil, arbeitete an dem zweibändigen Werk Friedrich Wilhelm Succows *Flora mannheimensis* mit, von dem er später sagte, dass es in Wahrheit sein Werk gewesen sei. Seit 1822 studierte er in Heidelberg Theologie, wandte sich aber zunehmend den Naturwissenschaften zu. Seine dauernden Geldnöte versuchte er durch den Verkauf von Herbarien zu lindern. Befreundet war er auch mit dem Schwetzinger Gartenbaudirektor Johann Michael Zeyher, aus dessen Schlosspark er die Heilpflanze *Symphytum bulbosum* beschrieb, eine neue Beinwell-Art, die auch heute noch im Schlosspark und im Dossenwald vorkommt.

*Der „Schimperasso" befindet sich heute noch in der Nähe des Hauses „Oberrhein". Foto, 1953. StadtA MA.*

1828 folgte Schimper seinen Freunden Braun und Agassiz nach München, wo er viele Jahre Botanik lehrte. Hier entstand seine Arbeit über die Blattstellung der Pflanzen. Im Voralpenland inspirierten ihn die erratischen Blöcke (Findlinge) zu seiner Theorie von der Eiszeit, – einen Begriff, den er völlig neu prägte. In München diskutierte er seine Gedanken zur Entstehung der Alpen als Gebirgsauffaltung durch horizontale Drucke, die damals jeglicher Lehrmeinung widersprachen. Dass ein Botaniker sich anerkannten geologischen Erkenntnissen derart widersetzte, hatte zur Folge, dass die Fachgeologen sein wissenschaftliches Ansehen untergruben und sein Stipendium gestrichen wurde.

Viele seiner wissenschaftlichen Erkenntnisse, auch die zur Eiszeit, veröffentlichte er in Gedichtform, umfangreiche Veröffentlichungen waren ihm wohl zu zeitraubend. Andere Naturwissenschaftler nahmen seine auf Kongressen und in vielen Diskussionen geäußerten Theorien auf und ließen sie als eigenes

Gedankengut drucken, Schimper selbst spricht von *literarischem Straßenraub*. Enttäuscht und verbittert kehrte er 1843 nach Mannheim zurück.

Als mittelloser Naturforscher suchte er mit missionarischem Eifer, seine Erkenntnisse einer breiten Bevölkerung nahe zu bringen. Über das *Mannheimer Journal* rief er interessierte Naturfreunde auf, an seinen freigebig angebotenen naturkundlichen Vorträgen, Führungen und Erläuterungen teilzunehmen. Er ließ einen Mannheimer Findling im Garten der 1837 eröffneten Wirtschaft „Rheinlust“ aufstellen, der im Volksmund den Namen *Schimperasso* erhielt und noch heute steht. Im Verein für Naturkunde Mannheim, gegründet 1833, war er seit 1834 Ehrenmitglied, hielt häufig Vorträge und verteilte Abhandlungen über seine neuesten Forschungen. Mit dem Vortrag *Über die Witterungsphasen der Vorwelt* wurde er der Begründer der Paläoklimatologie. Als am 29. Juli 1845 eine Windhose Teile Reilingens verwüstete, berichtete Schimper im *Mannheimer Journal* ausführlich über dieses Naturereignis und war äußerst erbost, als der Redakteur ihm nach der neunten Folge weitere Fortsetzungen versagte. Als Festschrift zur zwölften Stiftungsfeier des Vereins für Naturkunde erschien dann eine 56-seitige Druckschrift mit dem Titel *Die Windhose von Reilingen, beschrieben und erklärt von Dr. Karl Friedrich Schimper, zubenannt Galilei.*

*Karl Friedrich Schimper (1803–1867). Zeichnung von Fritz Kriehuber, 1869. StadtA MA.*

Seine Ruppigkeit gegenüber etablierten Personen brachte ihm letztlich eine dreiwöchige Gefängnisstrafe ein wegen Beleidigung des Vorstands der Pollichia, dem 1840 in Bad Dürkheim gegründeten Verein für Naturforschung und Landespflege. Diese Verurteilung und auch die damalige Mittelmäßigkeit der Mannheimer Naturforschung veranlassten Schimper schließlich im Jahr 1849, nach Schwetzingen überzusiedeln, wo er 1867 starb.

Schimper war ein hervorragender Beobachter, der aus seinen Erkundungen geniale und unkonventionelle Schlüsse ziehen konnte. Durch seinen schwierigen, rechthaberischen Charakter verdarb er es sich aber mit allen seinen Freunden und Geldgebern. ✧

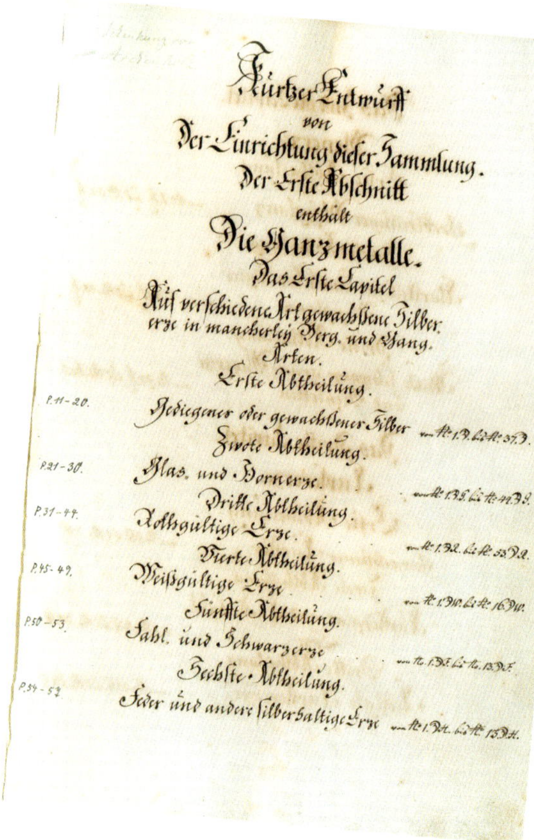
Kurtzer Entwurff
von
der Einrichtung dieser Sammlung.
Der Erste Abschnitt
enthält
Die Ganzmetalle.
Das Erste Capitel
Auf verschiedene Art gewachssene Silber-
erze in mancherley Berg- und Gang-
Arten.
Erste Abtheilung.
P. 11–20. Gediegener oder gewachssener Silber
Zweite Abtheilung.
P. 21–30. Glas- und Hornerze.
Dritte Abtheilung.
P. 31–44. Rothgültige Erze.
Vierte Abtheilung.
P. 45–49. Weisgültige Erze
Fünfte Abtheilung.
P. 50–53. Sahl- und Schwarzerze
Sechste Abtheilung.
P. 54–57. Feder und andere silberhaltige Erze

Erstes Bestandsverzeichnis der Sammlungen des Vereins für Naturkunde, um 1840. StadtA MA.

Jedenfalls kam es im Oktober 1833 nur zur Konstituierung eines Vereins für Naturkunde und – organisatorisch davon völlig getrennt – eines Kunstvereins. Hingegen mussten die Lösung der Bibliotheksfrage und die Gründung eines historischen Vereins vorerst zurückgestellt werden. Dennoch registrierten auswärtige Besucher mit Befriedigung, dass in Mannheim *der Sinn für Wissenschaft und Kunst nicht ganz verschwunden ist oder daß er vielmehr just in den neuesten Tagen frisches Leben erhält.*[71]

Während sich der Verein für Naturkunde zwar mit großem Engagement um die im Schloss verbliebenen naturwissenschaftlichen Sammlungen und um die Sternwarte kümmerte, aber das öffentliche Interesse an seinem Wirken bald wieder nachließ – die Mitgliederzahl, die zunächst bis auf über 400 angestiegen war, war bereits seit 1839 rückläufig –, stand der Kunstverein von Anfang an im Rampenlicht.[72] Bereits ein Dreivierteljahr nach der Gründung konnte er im Sommer 1834 seine erste größere Ausstellung veranstalten, bei der insgesamt Kunstwerke im Wert von 2 318 Gulden verkauft wurden. Davon entfielen knapp 45 Prozent der Ankäufe auf den Kunstverein selbst, rund 33 Prozent auf den Großherzog und seine Sammlungen und gut 22 Prozent auf private Erwerbungen.[73] Der Verein wiederum reichte seine Ankäufe – der systematische Aufbau einer vereinseigenen Sammlung begann erst Jahrzehnte später – in Form von jährlichen Gemäldeverlosungen und Jahresgaben, so genannten Nietenblättern, an die Mitglieder weiter. Die Stoßrichtung war dabei eine doppelte: Zum einen wollte man mit den Ausstellungsaktivitäten und den eigenen Ankäufen einen Markt für die zeitgenössische Kunst schaffen und so die wirtschaftliche Situation der Künstler verbessern, sie unabhängiger von einzelnen, besonders adeligen und fürstlichen Mäzenen machen. Zum anderen verstand man sich als Bildungsinstitution, die den Kunstsinn fördern und den Kunstgeschmack eines breiteren Publikums heben wollte. Insofern bezeichnete sich der Kunstverein in seiner Satzung als einen *Vereinigungspunkt, von welchem aus der Sinn für die Kunst angeregt und gepflegt, das Talent ermuntert und geleitet, der Kunstgenuß veredelt und verbreitert würde.*[74] In welchem Maße dieses Programm in der Mannheimer Öffentlichkeit auf enthusiastischen Widerhall stieß, lässt sich vor allem an der Mitgliederzahl des Kunstvereins ablesen. Sie schnellte bald nach der Gründung

Das 1856 entstandene Gemälde „Friedenszeit (Auf der Bastei)" zählt zu den zwölf Bildern von Carl Spitzweg (1808–1885), die zwischen 1836 und 1859 vom Mannheimer Kunstverein gekauft und unter seinen Mitgliedern verlost wurden. Kunsthalle Mannheim.

sprunghaft empor und überschritt bereits 1840 die Tausend, wobei die Mitglieder freilich nicht nur aus der Stadt, sondern auch aus einem weiteren Umkreis stammten. 1836 hatte sich der Verein zudem mit den Schwesterassoziationen aus Darmstadt, Karlsruhe, Mainz und Straßburg zum Rheinischen Kunstverein zusammengeschlossen, dessen Glieder ihre jährlichen Ausstellungen nun gemeinsam veranstalteten und damit in weit größerem Rahmen abhalten konnten. Seit 1837 standen dem Mannheimer Kunstverein dafür großzügige Räumlichkeiten im Seitenflügel des Schlosses zur Verfügung, und wenn jeweils im Mai die Kunstwerke, von Darmstadt kommend, Einzug in Mannheim hielten, waren sie zumindest für das gehobene bürgerliche Publikum wochenlang das zentrale Gesprächsthema.

## Das Nationaltheater

Überboten wurde dieses Interesse nur noch durch die nach wie vor ungebrochene Leidenschaft, die die Mannheimer für ihr Theater zeigten. Man werde, so war etwa 1840 in den Reisebildern von Friedrich Blaul zu lesen, *kaum in einer andern Stadt verhältnismäßig so viele wahrhaft passionirte Theaterfreunde finden als hier.* Und: *Die Leute aus dem Mittelstande* [...] *halten ihr Theater immer noch für eines der ersten in der Welt und verehren es mit einer Andacht und mit einem Enthusiasmus, der an Überspannung grenzt.*[75] Zwar gab es viele Stimmen, die mit einer gewissen Wehmut beklagten, dass das Sprechtheater nicht mehr jene Qualität aufzuweisen habe, die es unter Iffland ausgezeichnet hatte. Aber vor allem die Opernaufführungen wurden stets allgemein gelobt. Das zunächst von Franz Lachner und dann von seinem Bruder Vinzenz als Kapellmeister geleitete Orchester galt als gut, die Sänger wenn auch nicht als herausragend, so doch als sehr solide. Besonders positive Erwähnung fanden in Führern und Kritiken immer wieder die aufwändigen, gelungenen Bühnendekorationen des seit 1832 als Leiter des *Dekorations- und Maschinenwesens* arbeitenden Joseph Mühldorfer.

Aber weniger von der künstlerischen Seite her ergaben sich in den 1830er Jahren heftige Debatten um das Nationaltheater.[76] Vielmehr waren es die

Fragen der Trägerschaft und der Finanzierung, in denen erhebliches Konfliktpotential steckte. Seit der letzten grundlegenden Neuregelung in den Jahren 1820/21 wurde das Theater nämlich überwiegend von der Stadt finanziert; allerdings waren ihr seinerzeit in etwa gleicher Höhe staatliche Lagerhauseinnahmen übertragen und Pensionslasten abgenommen worden. Hingegen zahlte der badische Staat nur noch einen festen Zuschuss von 4 000 Gulden und stellte das Theatergebäude unentgeltlich zur Verfügung. Dennoch lag die volle Entscheidungsgewalt über das Theater, einschließlich des Rechts zur Ernennung des Intendanten, nach wie vor in den Händen des Karlsruher Ministeriums. Alle Versuche, die Stadt über von ihr benannte Kommissäre zumindest an der Kontrolle der Theaterfinanzen zu beteiligen, hatten immer nur kurz- bis allenfalls mittelfristige Lösungen gebracht.

*Joseph Mühldorfer (1800–1863) war von 1832 an als Bühnenbilder am Nationaltheater tätig. Foto, um 1860. StadtA MA.*

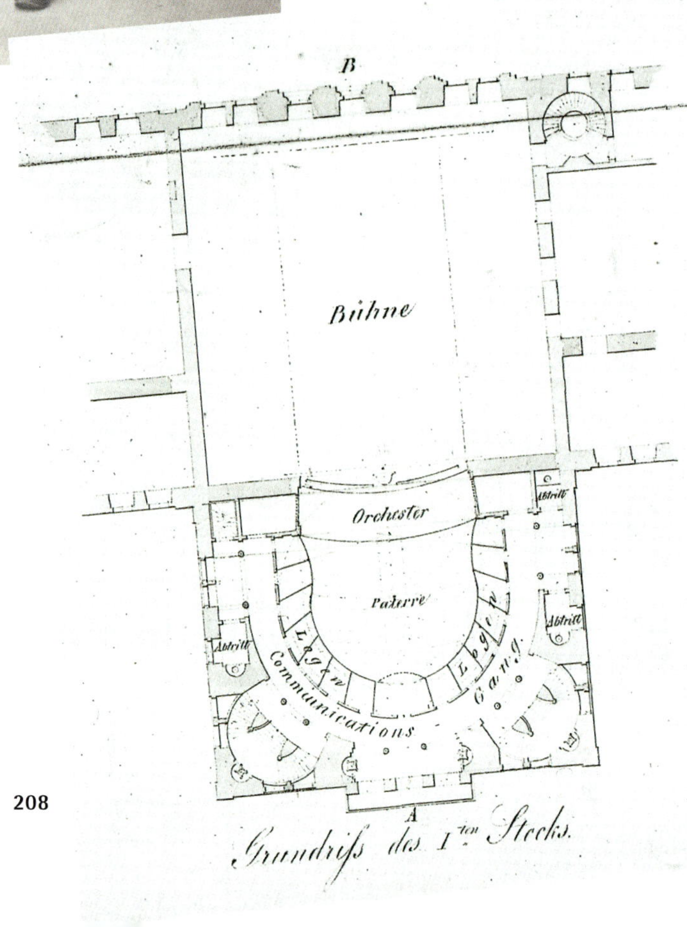


*Grundriss des 1. Stocks des Nationaltheaters, 1840er Jahre. StadtA MA.*

Mitte der 1830er Jahre steuerte die Theaterangelegenheit erneut auf einen fundamentalen Konflikt zu. Während in der Presse heftig darüber gestritten wurde, ob das Theater es wert sei, dass jährlich rund ein Drittel des städtischen Haushalts dafür aufgebracht werden müsse oder ob es nicht preisgünstigere Alternativen wie die in anderen Städten übliche Verpachtung der Bühne gäbe, drängten die politisch immer selbstbewusster auftretenden städtischen Gremien auf eine stärkere Beteiligung an der Theateradministration. Dass sie Anfang 1835 Oberhofgerichtsadvokat Wilhelm Gerbel, den von der Karlsruher Regierung mehrfach abgelehnten Kandidaten für das Amt des Oberbürgermeisters, zu einem der beiden städtischen Theaterkommissäre ernannten, sprach Bände. Umgekehrt startete der machtbewusste und für seine alleinige Entscheidungsgewalt in allen künstlerischen und administrativen Belangen streitende Theaterintendant Graf von Luxburg bei dieser Gelegenheit einen Versuch, sich der städtischen Kontrolle vollends zu entziehen, um schließlich, als er damit nicht durchdrang, Ende Januar 1836 ganz auf sein Amt zu verzichten. Zugleich kamen aus Karlsruhe teilweise überaus brüsk vorgetragene, aber inhaltlich widersprüchliche Signale, ob man nun die Stadt in der vorrangigen finanziellen Verantwortung für das Theater sehe oder nicht.

Anders als in den vorangegangenen Jahrzehnten wollten sich die Gemeindegremien jedoch mit einer halbherzigen Regelung nicht mehr abspeisen lassen. Sie verlangten nach einer *Verfassung für das Theater, welche dem Flor desselben entspricht und wobei das städtische Verwaltungsrecht den Verbindlichkeiten der Stadt zu ihrem und der Einwohnerschaft Schutz angemessen* sein müsse.[77] Im Herbst 1837 schlug der Gemeinderat erstmals vor, statt des Intendanten eine dreiköpfige Kommission an die Spitze der Bühnenanstalt zu stellen. Doch vergingen noch fast zwei Jahre, in denen bald eine kommunale, bald eine radikal gegenteilige Lösung realisiert zu werden schien, bis sich Staatsministerium und Stadt im April 1839 auf eine neue Konstruktion für die Zukunft des Theaters verständigten.

Danach blieb das Großherzogliche Hof- und Nationaltheater – wie auf Wunsch der Stadt nicht zuletzt aus Gründen der Werbung weiterhin der offizielle Name der Bühne bis zur Revolution von 1918 lautete – zwar formal eine Staatsanstalt. Auch an den laufenden Zahlungen änderte sich zunächst wenig: Der städtische Anteil belief sich nach wie vor auf 32 500 Gulden jährlich, der Staatszuschuss war jetzt auf 8 000 Gulden festgelegt – zuzüglich der Unterhaltungskosten für das Theatergebäude –, den Rest, anfangs knapp 40 000 Gulden, hatte das Theater selbst zu erwirtschaften. Aber die Stadt hatte künftig *das Theater mit allen darauf haftenden Schulden und Lasten* [...] *auf eigne Gefahr gleich einer Gemeindeanstalt zu verwalten*[78] und folglich auch für eventuell anfallende Defizite einzustehen. Damit war sie, unbeschadet der Komplexität der gefundenen Finanzierungs- und Verwaltungsform, die eigentliche Trägerin des Nationaltheaters; die erste städtische Bühne in Deutschland war begründet.

Noch revolutionärer war freilich die Umgestaltung der Theaterleitung in einer Art, wie sie nirgends sonst in Deutschland bestand und auch später

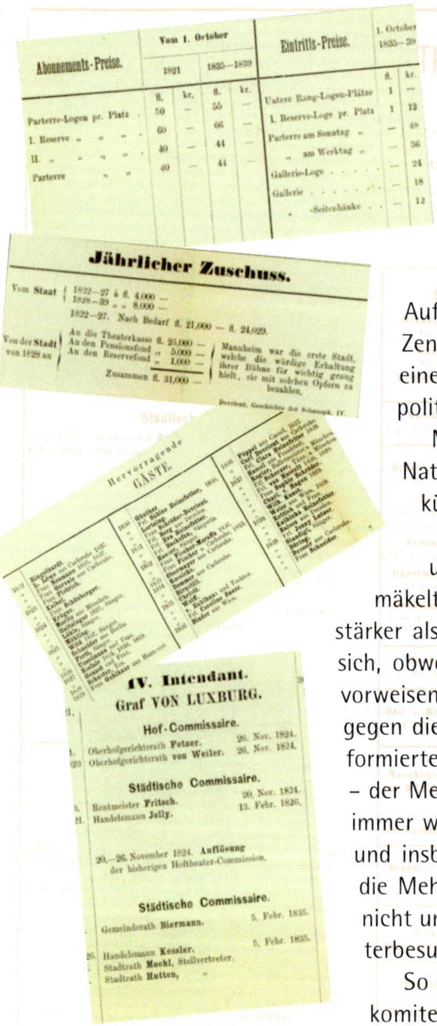

| Abonnements-Preise. | Vom 1. October 1821 fl. | kr. | 1835–1839 fl. | kr. |
|---|---|---|---|---|
| Parterre-Logen pr. Platz | 50 | — | 55 | — |
| I. Reserve „ „ „ | 60 | — | 66 | — |
| II. „ „ „ „ | 40 | — | 44 | — |
| Parterre „ „ | 40 | — | 44 | — |

| Eintritts-Preise. | 1. October 1835–39 fl. | kr. |
|---|---|---|
| Untere Rang-Logen-Plätze | 1 | — |
| I. Reserve-Loge pr. Platz | 1 | 12 |
| Parterre am Sonntag „ | — | 48 |
| „ am Werktag „ | — | 36 |
| Gallerie-Loge | — | 24 |
| Gallerie | — | 18 |
| „ Seitenbänke | — | 12 |

**Jährlicher Zuschuss.**

Vom Staat { 1822–27 à fl. 4,000 — / 1828–39 „ „ 8,000 —

1822–27. Nach Bedarf fl. 21,000 — fl. 24,029.

Von der Stadt von 1828 an { An die Theaterkasse fl. 25,000 — / An den Pensionsfond „ 5,000 — / An den Reservefond „ 1,000 — / Zusammen fl. 31,000 —

Mannheim war die erste Stadt, welche die würdige Erhaltung ihrer Bühne für wichtig genug hielt, sie mit solchen Opfern zu bezahlen.

Devrient, Geschichte der Schauspk. IV.

Hervorragende GÄSTE.

**IV. Intendant.**
**Graf VON LUXBURG.**

**Hof-Commissaire.**

Oberhofgerichtsrath Fetzer. 26. Nov. 1824.
Oberhofgerichtsrath von Weiler. 26. Nov. 1824.

**Städtische Commissaire.**

Rentmeister Fritsch. 20. Nov. 1824.
Handelsmann Jolly. 13. Febr. 1826.

20.–26. November 1824. Auflösung der bisherigen Hoftheater-Commission.

**Städtische Commissaire.**

Gemeinderath Biermann. 5. Febr. 1835.
Handelsmann Kessler. 5. Febr. 1835.
Stadtrath Moehl, Stellvertreter.
Stadtrath Hutten, „

*Das Nationaltheater geht in städtische Verwaltung über, die bisherige Leitung des Großherzoglichen Hof- und Nationaltheaters zieht Bilanz: Rückblick auf die Verwaltung vom 1. Oktober 1821 bis 1. Oktober 1839. StadtA MA.*

bestanden hat: Denn an Stelle des Intendanten sollte ein dreiköpfiges Theaterkomitee, gebildet aus angesehenen Bürgern, die uneingeschränkte Verantwortung in allen administrativen wie künstlerischen Fragen übernehmen. Die Komiteemitglieder waren von den Gemeindegremien auf sechs Jahre zu wählen und diesen gegenüber rechenschaftspflichtig. Doch zugleich bedurften sie der Bestätigung durch die Staatsbehörden und hatten ihr Amt unter der formalen Aufsicht eines Hofkommissärs auszuüben. Selbst in das staatliche Zensursystem waren sie von Amts wegen eingebunden, und das in einer Zeit, in der gerade von Mannheim aus so vehement gegen das politische Unterdrückungssystem opponiert wurde.

Mit der neuen Verfassung waren denn auch die Probleme des Nationaltheaters, die in den Jahren zuvor soviel Unruhe in seine künstlerische Arbeit gebracht hatten, keineswegs ausgeräumt. Die Künstler taten sich schwer mit der neuen, ungewohnten und unerprobten Form der Theaterleitung, die Theaterkritik mäkelte an der künstlerischen Qualität der gebotenen Aufführungen stärker als je zuvor herum, und auch die Finanzdebatten verschärften sich, obwohl das Komitee in vielen Jahren eine ausgeglichene Bilanz vorweisen konnten: Nachdem sich bereits vor 1839 vereinzelt Stimmen gegen die hohen Ausgaben der Stadt für das Theater erhoben hatten, formierte sich jetzt bis in die Gemeindegremien hinein eine Fraktion – der Mehlhändler Valentin Streuber war einer ihrer Wortführer –, die immer wieder scharf gegen die Theateraufwendungen Stellung bezog und insbesondere mit sozialkritischem Unterton monierte, dass über die Mehlsteuer gerade der ärmere Teil der Mannheimer Bevölkerung nicht unerheblich zu dem Kunstvergnügen der bessergestellten Theaterbesucher beitragen müsse.[79]

So war die immerhin rein ehrenamtliche Mitarbeit im Theaterkomitee eine höchst undankbare Aufgabe. *Bald gab es in der Stadt*, so resümiert Friedrich Walter, *kein dornenvolleres und undankbareres Amt, als das der Mitglieder des Theaterkomités! Heftigste Angriffe, schwerste Verleumdungen wurden gegen sie gerichtet, und es schien zeitweise, als seien keine opferwilligen Männer mehr für diese exponierte Stelle zu finden.*[80] Die Komiteemitglieder wechselten häufig, teilweise bereits nach wenigen Monaten. Mehrfach musste Oberbürgermeister Jolly selbst in die Bresche springen und schließlich sogar die Geschäfte provisorisch mit einer vom Gemeinderat eingesetzten sechsköpfigen Theaterkommission führen, nachdem die Auseinandersetzungen am 25. Juli 1843 in einem förmlichen Theaterskandal gegipfelt hatten und das letzte verbliebene Komiteemitglied, der Möbel- und Spiegelfabrikant Peter Schmuckert, unter Protest zurückgetreten war. Ein Mindestmaß an Ruhe kehrte erst ein, als unter der Aufsicht des 1844 mit Jolly, Friedrich Daniel Bassermann und dem Obergerichtsadvokaten Friedrich Esser neu besetzten Theaterkomitees ein Oberregisseur, der aus Mannheim stammende und in Leipzig als Theater-

mann bekannt gewordene Philipp Düringer, die künstlerische Leitung übernahm und mit dem nötigen Sachverstand den Spielbetrieb stabilisierte. Endlich war jene Bühnenverfassung gefunden, die dann rund ein halbes Jahrhundert erfolgreich und vielfach als vorbildhaft gepriesen Bestand gehabt hat.

Ungeachtet aller Querelen waren auch in den 1840er Jahren am Nationaltheater zahlreiche künstlerische Glanzpunkte zu verzeichnen. 1843 besuchte der französische Komponist Hector Berlioz die Stadt und dirigierte eigene Werke. Albert Lortzing, seit langem mit dem Regisseur Düringer befreundet, leitete am 3. Juli 1844 eine viel bejubelte Aufführung seiner komischen Oper *Zar und Zimmermann*. Überhaupt richteten sich das Interesse und die Erwartungen des kunstsinnigen Publikums in dieser Zeit besonders auf das Musiktheater. Carl Maria von Webers *Freischütz*, für den sich das Publikum nicht zuletzt im nationalen Überschwang begeisterte, war in der bürgerlichen Verwaltungsperiode der Mannheimer Bühne die am häufigsten aufgeführte Oper. Und im Sprechtheater hatten in den 1840er Jahren vor allem die politisch akzentuierbaren und als aufwühlend empfundenen Dramen Friedrich Schillers Hochkonjunktur.

Aber die Bedeutung des Theaters erschöpfte sich keineswegs in Unterhaltung und Kunstgenuss, in intellektueller Diskussion und politischer Manifestation. Wenn man sich vergegenwärtigt, dass bei einer Einwohnerzahl der Stadt von 22 000 Köpfen ein Haus von immerhin 1 450 Plätzen an vier Spieltagen in der Woche fast immer gut gefüllt, sehr oft auch ausverkauft war, dann wird klar, wie stark das Nationaltheater im Alltag der Mannheimer

*Links:*
*Karoline Friederika Düringer geb. Lange (1805–1853), die Ehefrau von Philipp Jakob Düringer. Koloriertes Medaillonbild, um 1830. StadtA MA.*

*Rechts:*
*Philipp Jakob Düringer (1809–1870). Radierung. StadtA MA.*

verankert war. Und das galt – ungeachtet der zeitgenössischen Kritik – eben nicht nur für die zunehmend von den Kaufleuten und Bankiers geprägte Oberschicht, die es sich leisten konnte, für einen Preis zwischen 44 und 66 Gulden ein Jahresabonnement für eine Loge im 1. oder 2. Rang zu nehmen. Denn im Parkett saß ein breites mittelständisches Bürgertum, das sich selbst in besonderem Maße als „Kennerpublikum" verstand und inszenierte. Und auf der Galerie fanden sich zudem – zu Preisen von 12 bis 18 Kreuzer pro Vorstellung – verarmte Bürger und unterbürgerliche Gruppen ein: Handwerker, Tagelöhner, Ladendiener und Dienstmädchen, wie wir durch die Liste der Opfer des Karlsruher Theaterbrands von 1847 wissen.[81] Insofern gab es in Mannheim keinen Ort, an dem die städtische Gesellschaft so häufig und so vollzählig zusammenkam wie im Nationaltheater. Hier war in der gemeinsamen Unterhaltung und im Kunstgenuss das zeitgenössische Ideal einer sozial relativ offenen bürgerlichen Gesellschaft tatsächlich erfahrbar.

## Die bürgerliche Gesellschaft und ihre Grenzen

*Da gibt es keine geschlossenen Kasten, die sich feindlich, hemmend und störend gegenüber stehen: Militärstand und Bürgerstand, Adelige und Bürgerliche, Geistliche und Laien: Es gibt nur gleichberechtigte Bürger, welche brüderlich nebeneinander schaffen und wirken zu ihrem eigenen Frommen und folgeweise zum Gedeihen des Staates.*[82] Mit diesen Worten umschrieb Gustav Struve in seinen vierbändigen, 1847/48 erschienenen *Grundzügen der Staatswissenschaft* sein politisches Leitbild einer nachständischen Gesellschaft gleichberechtigter Bürger. Dieses Bekenntnis hätten, wenngleich Struve zu diesem Zeitpunkt längst den äußersten linken Flügel der bürgerlich-liberalen Opposition markierte, wohl alle bekannten Köpfe dieser Bewegung in Mannheim – von Bassermann über Mathy und Soiron bis hin zu Hecker – unterschrieben. Den Kern der neuen bürgerlichen Gesellschaft, jene soziale Gruppe der alten Ständegesellschaft, von der das Neue seinen Ausgangspunkt nehmen sollte, sahen sie dabei im Mittelstand, *welcher*, so noch einmal Struve, *einerseits nicht bloß von seiner Arbeit, andererseits nicht bloß von der Gunst des Staates lebt, welcher zwar arbeitet, aber auch besitzt, zwar besitzt, aber auch arbeitet.*[83] Der soziale Wandel wurde also als ein fortschreitender Integrationsprozess verstanden, in dem immer mehr Gruppen der städtischen Gesellschaft sich hinsichtlich ihrer geistigen und materiellen Selbstständigkeit an den bürgerlichen Mittelstand angleichen und damit in ihn einbezogen würden. Am Ende stünde dann das Bürgertum als allgemeiner Stand oder – anders formuliert – die „klassenlose Bürgergesellschaft".

Gerade die Erfahrungen, die man bis etwa 1840 in Mannheim gewonnen hatte, schienen die Richtigkeit des Zukunftsentwurfs zu bestätigen. Adel, Militär und Bürokratie befanden sich auf dem Rückzug, verloren in der Stadt zunehmend an Bedeutung und schienen nur noch überlebensfähig, wenn sie sich den neuen Entwicklungen öffneten und selbst verbürgerlichten. Ferner war es, obschon in der Praxis zunächst nur für jene schmale bürgerliche Oberschicht, die der Harmonie oder dem Casino angehörte, gelungen, die konfessionellen Grenzlinien zu überwinden, die das Bürgertum der traditionalen Stadt zerklüftet und immer wieder zu scharfen Konflikten geführt hatten. Zumindest für die christlichen Konfessionen bot Mannheim im Vormärz ein Maximum an Toleranz, und speziell für die längst zu einer sozialen Einheit verschmolzenen Kaufmannsfamilien spielte es keine Rolle, ob sie ursprünglich aus Italien, Frankreich, den Niederlanden oder deutschen Territorien zugewandert, ob sie Katholiken, Lutheraner oder Reformierte waren.

Grundzüge der Staatswissenschaft von Gustav v. Struve.

Erster Band.

Von dem Wesen des Staats oder allgemeines Staatsrecht.

Mannheim.

Selbstverlag des Verfassers.

1847.

Titelblatt von Gustav von Struves „Grundzüge der Staatswissenschaft", 1847. Sein Adelsprädikat legte Struve noch im Jahr 1847 ab. StadtA MA.

Auch das Bildungsbürgertum, Pfarrer, Ärzte, Advokaten, Ingenieure und Lehrer, ursprünglich als Beamte an den Staat gebunden, hatte sich in den 1820er und 1830er Jahren emanzipiert und war zumindest zu erheblichen Teilen auf dem Weg, sich zu freien Berufen zu wandeln und damit zu verbürgerlichen. Dass die in der Gerichtsstadt Mannheim so zahlreichen Advokaten, früher wegen ihrer Stellung als Staatsdiener nicht zum Bürgerrecht zugelassen, inzwischen meist Bürger der Stadt waren und zudem zu ihren führenden politischen Repräsentanten zählten, sprach ebenfalls für eine insoweit höchst gelungene und im Übrigen weiter voranschreitende Integration.

Seit den späten 1820er Jahren waren es dann insbesondere die zahlreichen Vereinsgründungen, die den Eindruck vermittelten, dass immer weitere Kreise der städtischen Bevölkerung sich für öffentliche Belange interessierten und für die moderne bürgerliche Gesellschaft mobilisieren ließen. Jeder der neuen Vereine, der Musik- und der Kunstverein, der Verein für Naturkunde und vor allem die zahlreichen Initiativen mit bildungs- und sozialpolitischen Zielsetzungen, griff über den äußerst eng gezogenen Rahmen der elitären Geselligkeitsvereine deutlich hinaus, indem auch, wenngleich deutlich in einer Minderheitenposition, Handwerker aufgenommen wurden. Erst recht galt für die neuen Assoziationen der 1840er Jahre, dass sie den sozialen Einzugsbereich des Mannheimer Vereinswesens bis weit in die Reihen des gewerblichen Mittelstands und vereinzelt sogar darüber hinaus ausdehnten.

Diese Ausweitung vollzog sich jedoch keineswegs ohne Konflikte. Vielmehr löste jeder weitere Integrationsschritt heftige Diskussionen darüber aus, wo die Grenzen der neuen bürgerlichen Gesellschaft zu ziehen seien und welche zusätzlichen Gruppen sie noch verkraften könne, ohne ihren eigentlichen Charakter zu verlieren.

## Die jüdische Minderheit

Das betraf zunächst die für Mannheim mit einem Bevölkerungsanteil von rund 7 Prozent so bedeutende jüdische Minderheit.[84] Ihre wirtschaftliche Position hatte sich im Zug des ökonomischen Aufschwungs der Stadt noch einmal deutlich verbessert. Dass auch die Mannheimer Juden ihren Lebensunterhalt bislang fast ausschließlich durch Handel verdienen durften, erwies sich jetzt für viele als außergewöhnliche Aufstiegschance. 65 Prozent der jüdischen Haushaltsvorstände waren 1836 im Handel tätig, und die meisten von ihnen mit beachtlichem Erfolg. Anders als etwa in Karlsruhe, wo einer schmalen Oberschicht eine breite jüdische Unterschicht gegenüberstand, konnten in Mannheim zwei Drittel der Juden zur Ober- und Mittelschicht gerechnet werden. Zudem gingen – wie auch sonst bei den sich emanzipierenden deutschen Juden – relativer Wohlstand und ein hohes Bildungsniveau Hand in Hand. Zeitgenössische Beobachter kamen zu dem Schluss: *Keine andere Gemeinde hat es in allseitiger Bildung so weit als die hiesige gebracht. Viele junge Leute, denen man so was gar nicht ansieht, sprechen Französisch, Englisch und obendrein noch Italiänisch, viele können den Text der bekanntesten Opern fast auswendig.*[85] Wie weit die Verbürgerlichung der Mannheimer Juden bereits vorangeschritten war, illustriert ein Bild der Synagoge aus dem Jahr 1855: Die jüdischen Männer und Frauen, die sich hier treffen und zum Gottesdienst eilen, geben sich in Kleidung und Habitus als Bürger durch und durch.[86]

Auf dem Weg zur völligen staatsbürgerlichen Gleichstellung ging es für die badischen Juden allerdings, nachdem der auch in diesem Punkt von hohen Erwartungen begleitete Reformlandtag von 1831 sich zu keiner durchgreifenden Änderung hatte entschließen können, sondern den minderen Rechtsstatus der jüdischen Schutzbürger ausdrücklich beibehalten hatte, kaum mehr voran. Freilich war die Situation in Mannheim insofern günstiger, als hier bereits seit langem – wie an anderer Stelle schon erwähnt – Juden sogar das volle Bürgerrecht erlangt hatten und so 1836 fast die Hälfte der jüdischen Haushaltsvorstände der Bürgergemeinde angehörte. Umso mehr waren in Mannheim alle Voraussetzungen gegeben, sich an vorderster Front für die Judenemanzipation zu engagieren. Vor allem der junge Rechtsanwalt Leopold Ladenburg trat 1832 und 1833 mit zwei viel beachteten Schriften an die Öffentlichkeit, in denen er *die rechtlichen Verhältnisse der Israeliten in Baden* bilanzierte und die Politik der Zweiten Kammer kritisch kommentierte. Er war auch maßgeblich an der Formulierung vieler jener Petitionen beteiligt, mit denen die badischen Juden in der Folgezeit regelmäßig ihr Emanzipationsbegehren erneuerten und in denen sie nicht zuletzt darauf verwiesen, dass sie längst die geforderte Verbürgerlichung vollzogen hätten: *Worin liegt der Grund, dass wir in einem Staat, in dem wir schon seit vielen Jahren alle Pflichten als Bürger erfüllen, noch länger der vollen Bürgerrechte entbehren sollen?*[87] Doch ebenso hartnäckig wie das Drängen der Minderheit auf Rechtsgleichheit war die emanzipationsfeindliche Haltung der Kammermehrheit, zu der auch einige prominente liberale Politiker wie Rotteck und Itzstein zählten. Die volle staatsbürgerliche Gleichstellung erreichten die badischen Juden bekanntlich erst in der liberalen Reformära 1862.

Ein ähnlich ambivalentes Bild bot die gesellschaftliche Integration der Mannheimer Juden. Innerhalb der wirtschaftsbürgerlichen Oberschicht bestanden zwar enge und vielfach freundschaftliche Beziehungen zwischen einzelnen christlichen und jüdischen Familien, etwa zwischen den Ladenburgs und den Bassermanns. Auch begannen in den 1830er Jahren – wie bereits bemerkt – manche Vereine wie das Casino, der Musik- und der Kunstverein oder auch der Verein für Naturkunde, einzelne Juden als Mitglieder aufzunehmen. Aber die deutlich restriktivere Haltung, die die Harmonie an den Tag legte, offenbart, dass nach wie vor bis in die Spitzen der Mannheimer Gesellschaft hinein erhebliche Vorbehalte gegen eine vollständige Integration der jüdischen Minderheit gegeben waren. Das hieß zugleich, dass sich im Vormärz für die Mehrzahl der Juden, auch wenn sie gebildet waren und eine solide bürgerliche Existenz vorweisen konnten, das gesellschaftliche Leben noch vorwiegend, wenn nicht gar ausschließlich innerhalb der jüdischen Gemeinde und in den jüdischen Vereinen, etwa der Ressource, abspielte.

*Auch der jüdische Bankier Joseph Hohenemser (1794–1875) gehörte um 1840 dem Kleinen Bürgerausschuss an. Foto einer Zeichnung von A. Hohneck, 1847. StadtA MA.*

Trotz mancher noch bestehender Vorbehalte der christlichen Mehrheitsgesellschaft nahm in den 1830er und 1840er Jahren auch das öffentliche Engagement der Mannheimer Juden, die Häufigkeit und Intensität, mit der sie sich nicht mehr nur in eigenen Belangen, sondern in Gemeindeangelegenheiten und in anderen allgemein diskutierten Fragen zu Wort meldeten sowie an bürgerschaftlichen Initiativen mitwirkten, signifikant zu. 1836 wurde Hermann Ladenburg als erster Mannheimer Jude in den Kleinen Bürgerausschuss gewählt – dieses Recht war den Juden bereits 1821 eingeräumt worden, während sie als Gemeinderat erst ab 1848/49 wählbar waren. Und im rund 200 Mitglieder starken Großen Bürgerausschuss saßen um 1840 acht jüdische Haushaltsvorstände. Vor allem aber gab es in der Stadt zu dieser Zeit kaum ein bedeutenderes wirtschaftliches, soziales oder auch kulturelles Projekt, an dem nicht auch Juden in vorderster Reihe als Hauptinitiatoren, engagierte Fürsprecher oder Finanziers beteiligt gewesen wären. Namentlich Leopold Ladenburg tat sich in dieser Weise, oft gemeinsam mit seinem engen Freund Friedrich Daniel Bassermann – beide kannten sich aus der Schulzeit im Lyzeum –, immer wieder hervor.[88] Insgesamt lässt sich daher konstatieren, dass die Integration der jüdischen Minderheit in die vormärzliche Bürgergesellschaft in Mannheim weiter fortgeschritten war als im übrigen Baden und Deutschland.

## Lage und Entwicklung der Handwerkerschaft

Als mindestens ebenso diffizil und verwickelt stellte sich das Integrationsproblem hinsichtlich der Handwerkerschaft dar. Dies lag vor allem daran, dass die Gewerbetreibenden sich nach wirtschaftlichem Erfolg, Einkommen und sozialem Status in hohem Maße – weit stärker, als dies ohnehin immer der Fall gewesen war – differenziert hatten. Nur wenige hatten den Aufstieg der meisten Kaufleute selbst mitvollzogen; und nur eine starke Minderheit verfügte noch über ein solides Auskommen; die meisten Gewerbetreibenden aber lebten mittlerweile am Rande des Existenzminimums. *In größeren Städten, wie namentlich in Mannheim,* so klagte 1847 der Gewerbeverein in einer Eingabe an die großherzogliche Regierung, *ist der mittlere Gewerbsmann bereits so gestellt, daß ein äußerst sparsamer Haushalter dazugehört, wenn der jährliche Verdienst einer Familie erreicht werden soll; er lebt, so zu sagen, von der Hand in den Mund und kann weder für sein kommendes Alter noch für Krankheiten und sonstige, menschliche Zufälle etwas erübrigen; er hat vor dem Taglöhner nichts voraus als vermehrte Sorgen, die ihm theils Arbeitslosigkeit, theils der Umstand verursacht, daß er sich vermöge seines Gewerbes besser kleiden soll, eine größere Wohnung braucht.*[89]

Obwohl die Handwerker nach traditionellem Verständnis, dokumentiert in ihrer Zugehörigkeit zur bürgerlichen Rechtsgemeinschaft, zum Bürgertum gezählt wurden und sich selbst als Kern des bürgerlichen Mittelstands sahen, erfüllte die Mehrheit nicht mehr die elementaren Voraussetzungen einer bürgerlichen Existenz, nicht von ihrer Bildung und nicht von ihrer wirtschaftlichen Position her. Die viel beschworene Selbstständigkeit, in der die Handwerksmeister formal noch wirtschafteten, war angesichts der akuten Notlage, in der sich die meisten Gewerbetreibenden befanden, längst zu einer leeren Hülse geworden.

Als Oberbürgermeister Andriano im März 1834 wegen der Regierungspläne für die Einführung eines Wahlzensus den Staatsbehörden eine Aufstellung über das Steuerkapital der Mannheimer Bürgerschaft liefern musste, trat diese krisenhafte Entwicklung bereits in aller Schärfe zutage: Oberhalb der vorgesehenen Zensusgrenze von 2 000 Gulden lagen nur 974 von 2 345 Bürgern und damit kaum mehr als 40 Prozent der Bürgerschaft. Hingegen waren 1 086 Mannheimer mit einem Kapital von weniger als 1 000 Gulden veranlagt, lebten also in höchst bescheidenen, ja oft ärmlichen und prekären Verhältnissen. Zugleich zeigte der bis auf 285 Bürger ausgedünnte Bereich zwischen diesen beiden Grenzen an, dass die gesellschaftliche Entwicklung gerade nicht auf eine Stärkung der Mitte, sondern auf eine zunehmende Polarisierung hinauslief.[90] Und es war eben nicht zuletzt das Handwerk, durch das die Scheidelinie verlief und das zu erheblichen Teilen aus der Bürgergesellschaft herauszufallen drohte.

Wer dennoch auch künftig ernsthaft an der Idee festhalten wollte, immer weitere Bevölkerungskreise in die bürgerliche Mittelstandsgesellschaft zu integrieren, musste also aktiv werden und sich besonders intensiv um das Handwerk bemühen. Doch während es beispielsweise in Karlsruhe bereits 1831 unter Führung einiger Kaufleute zur Gründung eines Vereins gekommen war, der sich die Gewerbeförderung und die Handwerkerbildung auf die Fahnen geschrieben hatte, geschah in Mannheim lange Jahre nichts. Erst im Jahr 1841 nahmen die Betroffenen, die Handwerksmeister, die Dinge selbst in die Hand, indem sie zunächst einen Lese- und Geselligkeitsverein ins Leben riefen, der *Geist und Herz durch Lectüre zu bilden beabsichtigte*,[91] und im folgenden Jahr einen Gewerbeverein gründeten, der sich zum Ziel setzte, *den Aufschwung und zeitgemäßen Fortschritt der Gewerbe in unserer Stadt und Umgebung möglichst zu befördern.*[92] In zahlreichen Veranstaltungen wurden den zunächst 131 Mitgliedern, die zu mehr als 80 Prozent aus dem zünftigen und nichtzünftigen Handwerk kamen, technisch-naturwissenschaftliche Vorträge, Berichte zur Gewerbeentwicklung und Gelegenheit zum Meinungsaustausch geboten; eine Bibliothek sollte der gemeinsamen Fortbildung dienen, konkrete Versuche und Modelle Produktionsverbesserungen ermöglichen.

Vor allem unter dem Vorsitz des seit September 1843 amtierenden Bürgerschuldirektors Heinrich Schröder entfaltete der bald auf rund 250 Mitglieder angewachsene Verein eine Fülle von Aktivitäten. 1844 wurde mit nachdrücklicher Unterstützung der Staatsbehörden, die dafür Räumlichkeiten im Schloss zur Verfügung stellten, eine *Industrie-Halle* gegründet.[93] Hier sollten zum einen mustergültige Gewerbeprodukte, die als Anschauungs- und Lehrmaterial dienen konnten, ausgestellt und zum anderen qualitativ hochwertige Erzeugnisse des Mannheimer Handwerks zum Verkauf angeboten werden. Da für die Ausstellungsstücke auch ein Vorschuss auf den späteren Verkaufspreis gezahlt werden konnte, übernahm die *Industrie-Halle* zugleich eine wichtige Rolle in der Gewerbefinanzierung, die jedoch in der praktischen Umsetzung von vielfältigen Schwierigkeiten begleitet war. 1847 wurden die finanziellen Unterstützungsmaßnahmen in Form einer Handwerkerbank ausgeweitet. Gleichzeitig litt die Arbeit des Vereins allerdings stark unter den großen Differenzen, die unter seinen Mitgliedern in der Frage der Gewerbefreiheit bestanden. Als der Vereinsvorsitzende Schröder 1847 Leitsätze im Sinne des freien Wettbewerbs formulierte, traf er auf entschiedenen Widerspruch der meisten Mitglieder, sodass der Gewerbeverein bis zur Revolution keine eindeutige Position beziehen konnte.

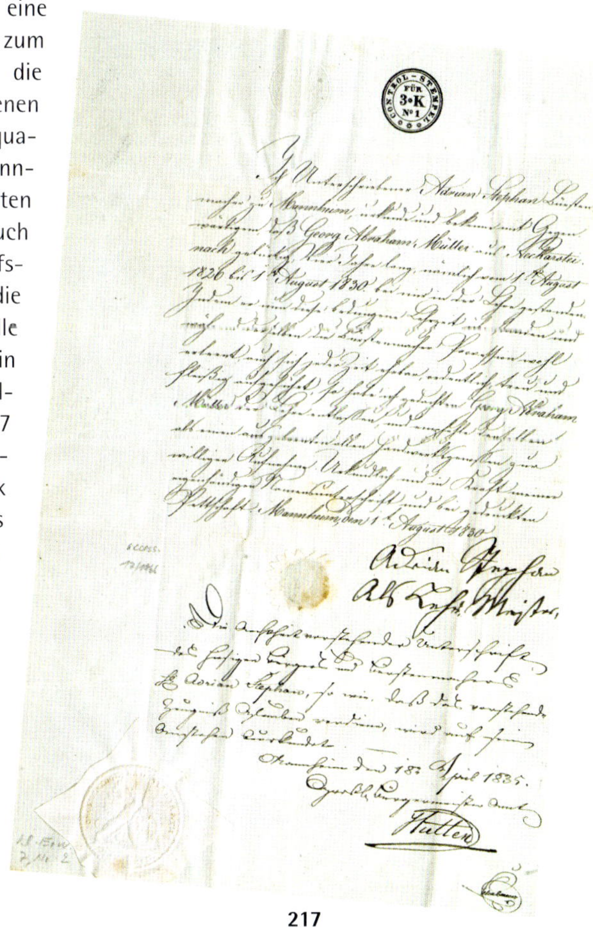

*Gesellenbrief des Bürstenmachers Georg Abraham Müller, 1831. StadtA MA.*

In welchem Maße die bürgerliche Idee der Selbstorganisation der Gesellschaft in Vereinen mittlerweile bis weit in die unteren Schichten hinein ausstrahlte, zeigte sich schließlich, als bald nach den Handwerksmeistern auch die Gewerbegehilfen in gleicher Weise hervortraten.[94] Im Oktober 1844 gründeten vier Schneidergesellen, nachdem sie sich zuvor bei Itzstein und Hecker über die rechtliche Zulässigkeit ihres Vorhabens informiert hatten, einen eigenen Verein, dessen Satzung sie von dem auch bei der Entstehung des Gewerbevereins hervorgetretenen Tapeziermeister Ferdinand Adrian hatten formulieren lassen. Als *Zweck* des Vereins nannten die Statuten, *eine höhere Bildung durch Erweiterung der Kenntnisse und Feststellung des sittlichen Betragens zu erwerben*, damit auch die Gesellen die Chance erhielten, *die höhern, bis dahin für sie fast unerreichbaren Güter des Lebens für sich zu erringen.* Der Schwerpunkt der Vereinsaktivitäten lag dementsprechend auf der Selbstbildung seiner Mitglieder; trotz der bescheidenen finanziellen Mittel, die bei einem monatlichen Mitgliedsbeitrag von 4 Kreuzer zur Verfügung standen, bauten die Gesellen eine immerhin 40 Bände umfassende Vereinsbibliothek auf. Dennoch geriet der Gesellenverein, dem in den Jahren seines Bestehens 141 Mitglieder, darunter zu mehr als 70 Prozent Schneidergesellen, angehörten, schon bald in das Visier der staatlichen Behörden. Ungeachtet recht schwacher Indizien stand er im Verdacht, Verbindung zu *Communistenvereinen* in der Schweiz, also zu den Exilvereinen deutscher Handwerker, zu unterhalten. Weder die Proteste der Betroffenen noch die Fürsprache zahlreicher Handwerksmeister und prominenter Mannheimer Politiker konnten verhindern, dass der Verein am 16. März 1847 verboten wurde; neun *ausländische* Gesellen wurden umgehend aus dem Großherzogtum Baden ausgewiesen. Durch das harte Vorgehen der Staatsbehörden blieb auch undiskutiert, wie die Mannheimer Bürger und ihre politischen Repräsentanten die vollkommen eigenständigen, nicht von bürgerlicher Hand angeleiteten Vereinsaktivitäten der Gesellen beurteilt hätten und ob sie bereit gewesen wären, diese auch zu akzeptieren, wenn es sich nicht um ein singuläres Beispiel gehandelt hätte.

### Sozialpolitik

Auf die zunehmenden sozialen Probleme waren die überkommenen Institutionen und Hilfseinrichtungen, die in Mannheim Arme und in Not geratene Menschen unterstützten und sich um Kranke, Pflegedürftige und Alte kümmerten, nur unzureichend vorbereitet. Zu unkoordiniert arbeiteten die nach Konfessionen und ständischer Rechtsstellung getrennten Einrichtungen und eine Vielzahl nach Zweck und Adressatenkreis differenzierter Stiftungen nebeneinander her, zu schnell waren sie im Falle der akuten Zunahme von Krankheiten oder bei massenhaften sozialen Notlagen überfordert.

Die eine wichtige Säule des städtischen Sozialsystems, die Hospitäler der verschiedenen Konfessionen,[95] in denen traditionell sowohl kranke als auch alte und pflegebedürftige Menschen aufgenommen und versorgt wurden, sah sich seit Ende 1831 vor allem durch die Reform des Bürgerrechts schwer belastet. Der Kreis der Berechtigten – es wurden stets nur Bürger der eigenen Konfession betreut – erweiterte sich schlagartig um weit mehr als die Hälfte. Besonders schwierig war die Lage für die Protestanten.[96] Sie hatten, als die neue Herausforderung auf sie zukam, noch nicht einmal die Folgen der Kirchenunion von 1821 bewältigt. Zwar gab es Pläne, das lutherische Trinitatisspital und das reformierte Konkordienspital zu verschmelzen und dafür einen Neubau zu errichten, aber diese scheiterten lange Zeit an der Schwierigkeit, das in unterschiedlichen Stiftungsfonds festliegende Kapital zu mobilisieren. Erst im August 1842 konnte der Grundstein für den neuen Hospitalbau in F 6, 13 gelegt werden. Das noch fehlende letzte Drittel der sich insgesamt auf 36 500 Gulden belaufenden Baukosten wurde erst jetzt durch eine Sammlung in den Reihen der Mannheimer Bürgerschaft aufgebracht, bei der allein die Familien Reinhardt und Bassermann 3 000 Gulden beisteuerten; weitere 2 000 Gulden kamen aus der großherzoglichen Privatschatulle. Doch auch nach der Einweihung des neuen Hospitals am 15. November 1843 reichte die Zahl der Plätze meist nicht aus. Mehr und mehr tendierte die Hospitalleitung dahin, sich auf die Betreuung der Pfründner zu konzentrieren; ausdrücklich verweigerten die Statuten von 1847 allen Patienten die Behandlung, *welche an Geisteskrankheit, fallender Seuche, Krebs, Lustseuche und anderen ansteckenden und unheilbaren Krankheiten litten.*[97]

*Das Gebäude des 1842/43 errichteten evangelischen Hospitals in F 6, 13. Foto, um 1908. StadtA MA.*

Etwas günstiger sah es für das Katholische Bürgerhospital aus, das zum einen mit einem beachtlichen Stiftungskapital von mehr als 200 000 Gulden ausgestattet war und zum anderen aus seinen Wirtschaftsbetrieben – insbesondere der angeschlossenen Druckerei und dem Verlag, der u.a. über ein Privileg für den Druck von katholischen Schul-, Gebet- und Gesangbüchern verfügte – nicht unerhebliche Erträge erzielte. Lange Zeit konnte man es sich leisten, nicht nur katholische Bürger, sondern auch Dienstboten und

*Das Katholische Bürgerhospital. Foto, um 1935. StadtA MA.*

Handwerksgesellen der eigenen Konfession zu behandeln und zu versorgen. Aber angesichts des seit 1831 rasch wachsenden Andrangs auf Pfründnerplätze sah sich auch das katholische Hospital zunehmend gezwungen, Kranke abzuweisen, um die eigenen finanziellen und medizinischen Risiken zu reduzieren. Ferner unterhielt noch die jüdische Minderheit ein eigenes Hospital im Quadrat E 5, das nach einem Umbau in den Jahren 1842 bis 1844 mit 36 Betten relativ großzügig bemessen war und das auch immer wieder von vermögenden Juden mit namhaften Spenden bedacht wurde.

Wer nicht verbürgert war oder wer wegen der Art seiner Krankheit von den anderen Einrichtungen abgewiesen wurde, konnte sich nur an das Hospital der 1807 gegründeten großherzoglichen Armenanstalt wenden. Sie hatte für diese Zwecke 1808 das ehemalige Borromäusspital in R 5, 1 erworben, das seither zur Hälfte als Arbeitshaus und zur Hälfte als Krankenhaus genutzt wurde. Jetzt, mit dem wachsenden Andrang an armen Kranken, reichten die vorhandenen Räumlichkeiten nicht mehr aus. Nach einer ersten Erweiterung 1836, durch die die Bettenzahl für Kranke auf 150 erhöht werden konnte, entschied die Armenkommission 1841, die Arbeitsanstalt zugunsten des Krankenhauses zu schließen und damit die Zahl der Krankenbetten auf 235 zu steigern. Parallel hierzu wurde auch das ärztliche und Pflegepersonal aufgestockt und professionalisiert. Damit war eine Entwicklung eingeleitet, die zu einer klaren funktionellen Trennung führte: Während die konfessionellen Hospitäler sich in Alters- und Pflegeheime wandelten, entstand aus dem Hospital der Armenanstalt das städtische Krankenhaus im modernen Sinne.

Vorangetrieben wurde diese wichtige Veränderung besonders dadurch, dass immer mehr Handwerksmeister und bürgerliche Haushalte nicht mehr gewillt oder in der Lage waren, für ihre Gesellen und Dienstboten im Falle von Krankheit und Armut zu sorgen. Darin schlug sich vor allem nieder, dass die Zahl der in die Stadt strömenden Arbeitskräfte signifikant zunahm, die Fluktuation zwischen den Arbeitsstellen ebenfalls stieg und folglich die

*Das allgemeine Krankenhaus in R 5. Postkarte, um 1904. StadtA MA.*

Bindung an einen einzelnen, sich verantwortlich fühlenden Arbeitgeber abnahm. Allein zwischen 1830 und 1839 erhöhten sich jedenfalls die Ausgaben der Armenanstalt für die stationäre Krankenpflege von jährlich 5 000 Gulden auf fast 18 000 Gulden, während die Aufwendungen für die häusliche Betreuung von einem ursprünglich gleichen Niveau bis auf etwa 1 000 Gulden zurückgingen. Auf massives Drängen der Regierung, die die Stadt zur Übernahme der Kosten verpflichten wollte, führte der Gemeinderat daraufhin eine *Assekuranz für Erkrankungsfälle der Dienstboten* ein – 1839 zunächst auf freiwilliger Basis, seit 1842 als Zwangsversicherung, in die jeder Beschäftigte, teilweise auch direkt der Arbeitgeber, abgestuft nach Geschlecht und Tätigkeit 2–4 Kreuzer wöchentlich einzahlen musste. Als Gegenleistung stand den Versicherten die kostenfreie Behandlung im Krankenhaus zu, während für die eingetragenen Armen die Armenanstalt aufkam und zahlungsfähige Patienten die Kosten selbst tragen mussten. Gerade die Dienstboten und Gesellen, die bis zu drei Viertel der Patienten stellten, begaben sich jetzt früher in Behandlung; ihre Heilungschancen stiegen, und um 1850 konnten im Schnitt bereits fast 90 Prozent der Patienten als geheilt entlassen werden. Auch von dieser Seite nahm das allgemeine Krankenhaus also immer mehr moderne Züge an.

Heftige Debatten entzündeten sich schließlich stets von neuem an der Konstruktion der Armenkommission, die als vom Staat verordnete Einrichtung bei den Mannheimern und ihren Gemeindevertretern wenig beliebt war. So gingen die Spenden der Bürger für die Armenanstalt zwischen 1808 und 1840 auf weniger als die Hälfte der anfänglichen Summe zurück und machten nur rund 6 Prozent der gesamten Einnahmen aus. Noch geringer war allerdings der städtische Beitrag, der in diesem Zeitraum durchschnittlich nur

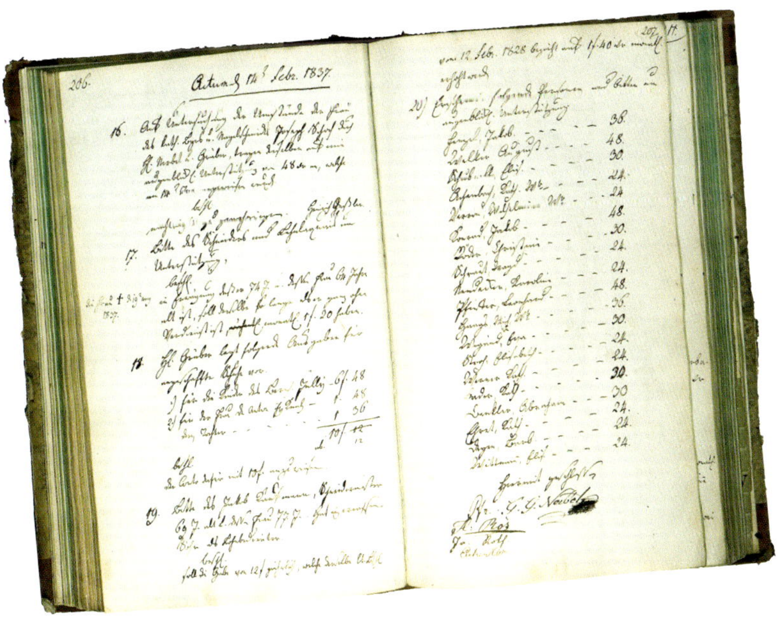

*Das Protokoll der Mannheimer Armenkommission 1830–1849. Eintrag vom 14. Februar 1837. Rechts eine Liste derjenigen, die an diesem Tag um Unterstützung baten. StadtA MA.*

gute 2 Prozent betrug. Selbst die Kreisregierung musste 1832 konzedieren, dass der Erfolg der Armenanstalt in dem Maße abgenommen habe, *als in neuerer Zeit das Vertrauen zu den Staatsbehörden überhaupt sich vermindert hat.*[98] Alle Forderungen von staatlicher Seite, sich stärker an der Finanzierung der Armenanstalt zu beteiligen, konterte die Stadt jeweils mit dem Begehren nach größerer Mitsprache. Anfang der 1840er Jahre verständigten sich Stadt und Staat endlich darauf, dass künftig der Oberbürgermeister sowie ein Gemeinderats- und ein Bürgerausschussmitglied der Armenkommission angehören sollten. Im Gegenzug stiegen auch der städtische Zuschuss und die bürgerlichen Spenden wieder an; sie erreichten nun im Schnitt beinahe das Niveau des staatlichen Finanzierungsbeitrages in Höhe von knapp 12 000 Gulden und steuerten somit fast 30 Prozent zum Etat der Armenanstalt bei. Zugleich wurde die Armenbetreuung selbst reorganisiert: Für jedes Quadrat waren nun zwei ehrenamtliche *Bezirkscommissäre* zuständig, die sich ein genaues Bild von den Lebensumständen der Bedürftigen machen und schneller als bisher für Unterstützung sorgen konnten.

So waren auf allen sozialpolitischen Feldern um 1840 wichtige Weichenstellungen und Verbesserungen erfolgt. Von einer aktiven Sozialpolitik, die auch nur annähernd mit den vor allem nach der Jahrhundertmitte im Zug des Stadtwachstums noch einmal dramatisch zunehmenden Herausforderungen Schritt gehalten oder gar die verschiedenen Erscheinungsformen sozialer Not vorausschauend und offensiv bekämpft hätte, war man allerdings noch weit entfernt.

## Schulwesen

Die erfolgversprechendste Sozialpolitik aber, das war seit der Aufklärung die gemeinsame Überzeugung aller auf Veränderung und Reform drängenden Kräfte, bestand in einem Ausbau der Bildungseinrichtungen und in einer Verbesserung der Bildungschancen. Erziehung und Bildung galten als die entscheidenden Schlüssel, mit denen sich das Versprechen einer sozial offenen Bürgergesellschaft einlösen und deren Gefährdung durch eine Revolution von unten verhindern ließen. Nicht umsonst entfiel auch in Mannheim in der ersten Hälfte des 19. Jahrhunderts die Mehrzahl aller neu gegründeten Stiftungen auf Bildungsinitiativen.

Lebhafte Debatten kreisten in den 1830er Jahren um die Volksschulen, die – getrennt nach Konfessionen – der Aufsicht der Kirchen unterstanden. Gerade in Mannheim mit seiner ausgeprägten Tradition religiöser Toleranz war die Bewegung, die vom Reformlandtag die Abschaffung der Konfessionsschulen zugunsten simultaner Volksschulen erwartete, besonders stark. Doch die Widerstände aus anderen badischen Landesteilen erwiesen sich als unüberwindbar. Immerhin schuf eine landesherrliche Verordnung vom Mai 1834 klarere Verantwortlichkeiten für die Trägerschaft der Volksschulen, indem sie die Mitwirkung des Bürgermeisters und des Kirchengemeinderats im Schulvorstand vorschrieb. Zudem legte das Volksschulgesetz von 1835 eine Beitragspflicht der Gemeinden für das Schulwesen fest und gab diesen damit eine rechtliche Handhabe zum Eingreifen, wenn die überlieferte

Das Großherzogliche Institut für Mädchen in L 3, 1-2, um 1845. REM.

finanzielle Ausstattung der Schulen in Form von Pfründen und Fonds nicht ausreichte.

Als gravierendes Defizit sahen die Zeitgenossen ferner die Lücke, die zwischen der allgemeinen, in der Volksschule vermittelten Grundbildung und der humanistischen, primär auf ein Universitätsstudium vorbereitenden Gymnasialbildung klaffte. Viele Kaufmannsfamilien lösten das Problem bisher dadurch, dass sie ihre Söhne einige Jahre das Lyzeum besuchen ließen, bevor diese dann zu befreundeten Handelshäusern in die Lehre geschickt wurden. Auch hier ging von der landesherrlichen Verordnung vom Mai 1834 ein wichtiger Anstoß aus, forderte sie doch die *gewerbereichen Städte* zur Gründung von Gewerbe- und Bürgerschulen auf. Während die Errichtung einer städtischen Gewerbeschule, in der die Handwerkslehrlinge an fünf Werktagsabenden und am Sonntag unterrichtet werden sollten, bereits 1835, wenn auch unter erheblichen Schwierigkeiten, zustande kam, verzögerte sich die Eröffnung der Bürgerschule bis zum Herbst 1840. Lange Zeit war nämlich das Drängen von kaufmännischer Seite – 1835 hatten Friedrich Daniel Bassermann und Leopold Ladenburg über eine Vereinsgründung Druck zu machen versucht, 1837 hatten Bassermann, Itzstein und Lauer nochmals die Gemeindegremien zur Schulgründung aufgefordert – auf entschiedenen Widerstand des gewerblichen Mittelstands gestoßen, der wenig Neigung zeigte, eine Schule für die Söhne der vermögenden Kaufleute auf städtische Kosten zu finanzieren. So litt auch der Lehrbetrieb nach der Aufnahme des Unterrichts mit 52 Schülern am 19. Oktober 1840 noch lange unter mancherlei Unzulänglichkeiten, bis sich allmählich die Ansicht durchsetzte, dass das pädagogische Angebot der Bürgerschule nicht nur einer kleinen Minderheit zugutekomme.

Ergänzt wurde dieses Schulsystem durch zahlreiche bürgerliche Initiativen, die sich einzelnen Problemgruppen widmeten. So regte beispielsweise ein Kreis bürgerlicher Frauen um Wilhelmine Bassermann im Herbst 1833 die Gründung einer Kleinkinderschule an, in der die Kinder arbeitender Mütter betreut und unterrichtet werden sollten. Bereits Anfang 1834 konnte die Einrichtung, deren Trägerverein bald auf mehrere Hundert Mitglieder anwuchs, eröffnet werden.

Einen weit über Mannheim hinausreichenden Ruf genoss jedoch vor allem das 1807 als konfessionsübergreifendes humanistisches Gymnasium neu konstituierte Lyzeum, das von den Zeitgenossen *unter die besten Institute des In- und Auslandes* gerechnet wurde.[99] Unter den prominenten Mannheimer Köpfen der Vormärzepoche, namentlich unter seinen führenden politischen Repräsentanten von Bassermann bis Hecker, gab es kaum jemanden, der nicht dieser Schule seine entscheidenden Bildungsimpulse zu verdanken hatte.

Der Leiter des Lyzeums, der Altphilologe und begeisterte Griechischlehrer Friedrich August Nüßlin, und seine wichtigsten Mitstreiter erfuhren 1839 insofern eine besondere Ehrung ihres Wirkens, als vom 1. bis 3. Oktober die zweite Versammlung deutscher Philologen und Schulmänner in der Stadt tagte. 158 Teilnehmer vor allem aus dem Großherzogtum und seinen Nachbarländern, vereinzelt jedoch auch aus Thüringen, dem Rheinland und den Niederlanden waren zusammengekommen. Wie auch andere nationale Zusammenkünfte etwa der Gesellschaft deutscher Ärzte und Naturforscher oder der Germanisten waren sie einerseits Instrumente der Professionalisierung wichtiger Berufsgruppen der modernen bürgerlichen Gesellschaft, boten sie den Rahmen für das persönliche Kennenlernen über die einzelstaatlichen Grenzen hinaus ebenso wie die Vereinbarung verpflichtender Standards für den jeweiligen Beruf. Andererseits aber trugen sie – ebenso wie die Turner- und Sängerfeste – die nationale Botschaft, das Streben

*Das Lyzeum in A 4. Postkarte, um 1900. StadtA MA.*

nach einer geeinten deutschen Nation, gewissermaßen en passant in die politisch geknebelte Öffentlichkeit. Und als solche wurden sie – wie eben auch die Mannheimer Philologentagung – von den Bürgern weit über ihr jeweiliges konkretes Anliegen hinaus beachtet und gefeiert. Sie waren damit auch Schrittmacher und Vorboten der sich in den 1840er Jahren wieder verschärfenden politischen Konflikte zwischen bürgerlich-liberaler Bewegung und monarchischem Obrigkeitsstaat.

## Stürmische Jahre

### Hauptstadt der Opposition

Oberflächlich betrachtet war es seit Mitte der 1830er Jahre auch in Mannheim politisch ruhiger zugegangen. Zumal das scharfe Vorgehen gegen die politisch ambitionierte Presse hatte Wirkungen gezeigt. Die offen ausgetragenen Konflikte waren zurückgegangen. Zugleich war es in manchen, insbesondere wirtschaftlichen Sachfragen zu einer gedeihlichen und für Mannheim höchst erfolgreichen Zusammenarbeit zwischen den Repräsentanten der Stadt und der großherzoglichen Regierung gekommen. Doch an der grundlegenden Konfliktkonstellation, die bei der Einführung der neuen Gemeindeordnung zutage getreten war und die sich damals zugleich verfestigt hatte, hatte sich nichts geändert. Mannheim steuerte weiterhin einen entschieden liberalen und damit regierungskritischen Kurs, ja, es entwickelte sich mehr und mehr zum *Herd und Tummelplatz aller oppositionellen Bestrebungen.*[100]

Die Stadt trat in dieser Rolle das Erbe Freiburgs an, von wo aus Karl von Rotteck rund zwei Jahrzehnte lang als scharfsinniger und scharfzüngiger Kritiker der badischen Politik die bürgerlich-liberale Bewegung intellektuell angeführt und durch sein dicht geknüpftes, sich über ganz Baden ziehendes Netz an politischen Kontakten auch organisatorisch zusammengehalten hatte. Neben ihm hatte sich in den 1830er Jahren Adam von Itzstein als ebenbürtiger Mitstreiter profiliert. Spätestens mit dem Tod Rottecks im November 1840 war Itzstein zum unbestrittenen Führer der badischen Liberalen aufgestiegen. Er trat als maßgeblicher oppositioneller Wortführer in der Zweiten Kammer auf; bei ihm suchte man Rat in allen Fragen der politischen Strategie; vor allem bat man ihn aus allen badischen Landesteilen um personelle Empfehlungen, wenn ein Abgeordnetenmandat neu zu vergeben war. Selbst seine politischen Gegner anerkannten die außergewöhnlichen politischen Fähigkeiten Itzsteins: *Dieser Mann, aus der alten Mainzer Clubistenschule hervorgegangen, reich an Erfahrungen und Verbindungen, hat ein entschiedenes*

Friedrich Landolin Karl von Blittersdorf (1792–1861). Foto nach einem Ölgemälde von Moritz von Schwind, 1844. GLA KA.

*Talent der Disciplinierung, Leitung und politischen Intrigue.*[101] Wie bei Rotteck liefen also in Itzsteins Händen alle Fäden zusammen, *Geschäftsführer des Liberalismus*[102] haben ihn Zeitgenossen rückblickend genannt. Und in seinem Einfluss personifizierte sich die politische Führungsrolle, die Mannheim mittlerweile im Großherzogtum errungen hatte.

Das war die Ausgangssituation, als im Frühjahr 1841 die Sitzungsperiode der Zweiten Kammer mit einer wohlkalkulierten politischen Provokation der badischen Regierung begann:[103] Sie verweigerte zwei Justizbeamten, die der Opposition zuneigten, die für die Teilnahme an den Sitzungen notwendige Beurlaubung von ihren Dienstgeschäften und ordnete gleichzeitig Ersatzwahlen an. Hinter diesem Vorgehen stand der entschieden konservative Politiker Friedrich Landolin Karl von Blittersdorf.[104] Seit seiner Berufung in das Außenministerium 1835 und vor allem nach dem Tod des kompromissbereiten Innenministers Winter im März 1838 sowie dem erzwungenen Rücktritt von dessen Nachfolger Nebenius im Oktober 1839 betrieb er ein schärferes Vorgehen gegen die liberale Opposition und speziell gegen die in ihren Reihen recht zahlreich zu findenden *Staatsdiener.*

Die Kammer verurteilte in zwei Entschließungen, einmal einstimmig und dann mit wenigen Gegenstimmen, das Vorgehen des Ministeriums, hielt sich aber im Übrigen klug zurück. Erst als Blittersdorf nach der Vertagung des Landtags im August 1841 ein Manifest des Großherzogs veröffentlichen ließ, das ohne Gegenzeichnung eines Ministers die Haltung der Zweiten Kammer missbilligte, eskalierte der Konflikt. Nach dem Wiederzusammentreten der Kammern fand am 18. Februar 1842 ein Antrag Itzsteins, der das Manifest als nicht verfassungsgemäß kritisierte und damit auch den Großherzog nicht mehr von Kritik verschonte, sehr zur Überraschung selbst seines Urhebers eine knappe Mehrheit von 31 zu 26 Stimmen. Bereits am nächsten Tag wurde die Kammer aufgelöst.

Die Neuwahlen wurden von Blittersdorf zu einer Entscheidungsschlacht zwischen Regierung und Opposition stilisiert.[105] In einem bisher nicht gekannten Ausmaß wurde der gesamte Behördenapparat zur Beeinflussung nicht mehr nur der Wahlmänner, sondern auch der Öffentlichkeit und der Wähler eingesetzt. Blittersdorf spielte damit ein gefährliches Spiel: Bislang hatte die Regierung stets betont, sie allein repräsentiere und wahre das Gesamtwohl, während die Abgeordneten diesen höheren Standpunkt nicht einnähmen und immer nur partikulare Interessen verträten. Nun aber erschienen Regierung und Bürokratie nur mehr als eine Partei in der politischen Arena. Die Opposition antwortete mit einer ebenso entschiedenen Mobilisierung all ihrer Kräfte, mit Wählerversammlungen, Wahlempfehlungen in der örtlichen Presse, Flugschriften und anderen modernen Wahlkampfmethoden. Blittersdorf selbst trug daher mit seinem direkten Appell an das Wahlvolk und der Form der Wahlkampfführung entscheidend dazu bei, die Politisierung der badischen Gesellschaft weiter voranzutreiben, bis hinein in die unteren Schichten. Das Ergebnis entsprach jedoch keineswegs seinen Erwartungen: Die zuvor eher ein wenig erlahmte liberale Opposition ging mit einer knappen, aber gefestigten Mehrheit als eindeutige Siegerin aus den Wahlen hervor.

Mannheim stand vom ersten Tage an im Zentrum des neuen Konflikts. Dass hier alles andere als die von der Regierung gewünschte politische Willfährigkeit zu erwarten war, zeigte sich bereits unmittelbar nach dem Ausbruch des Urlaubsstreits, als die Mannheimer Wahlmänner anstelle des aus Protest gegen das Vorgehen der Regierung zurückgetretenen Abgeordneten Lauer am 30. Juni 1841 den erst 30-jährigen Friedrich Daniel Bassermann in die Kammer entsandten.[106] Bassermann profilierte sich im Karlsruher Ständehaus schon mit seiner ersten Rede, in der er dem Kabinett Blittersdorf eine verfassungstreue Gesinnung absprach, als ein entschiedener und durch seine Intelligenz und rhetorische Begabung äußerst gefährlicher Gegner des reaktionären Regierungskurses. *Das Volk ist nicht der Regierung wegen da, sondern die Regierung des Volkes wegen*, lautete der später viel zitierte Kernsatz seiner Ausführungen, die ihn, wovon noch seine zahlreich überlieferten Porträts mit den markigen Worten als Unterschrift zeugen, schlagartig im ganzen Land bekannt machten.

Als weiterer demonstrativer Akt von Seiten der Mannheimer wurde kurze Zeit später Itzstein in den Gemeinderat gewählt.[107] Die Staatsbehörden fühlten sich so sehr provoziert, dass sie diesem ohne klare gesetzliche Handhabe die Ernennung verweigerten. Daraufhin lenkte der bislang noch eher regierungsloyale Gemeinderat ein, was wiederum den kompromisslos agierenden Itzstein veranlasste, sein Mandat nicht anzunehmen. Statt seiner wurden dann allerdings bei der Nachwahl 1842 der Konditormeister Karl Heinrich Hoff berufen aber auch der Advokat Friedrich Hecker und der Mehlwaagmeister Valentin Streuber, also jene, die später noch durch besondere politische Radikalität von sich reden machen sollten.

*Friedrich Daniel Bassermann (1811–1855). Lithographie mit nebenstehendem Zitat und Unterschrift, um 1840. Privatbesitz.*

## Generationenwechsel

Mit Bassermanns Einzug in die Zweite Kammer kündigte sich ein Generationenwechsel in der Mannheimer und der badischen Politik an. Der junge Abgeordnete stammte aus einer der reichsten und zugleich gesellschaftlich wie politisch engagiertesten Kaufmannsfamilien der Stadt.[108] Sein Großvater Johann Wilhelm Reinhardt, der den Grundstein für das Familienvermögen gelegt hatte, hatte seit 1810 als erster gewählter Oberbürgermeister die Geschicke Mannheims gelenkt; sein Vater Friedrich Ludwig Bassermann – als Kaufmann und dann auch als Bankier ebenfalls höchst erfolgreich – gehörte dem Kleinen Bürgerausschuss an, sein früh verstorbener Onkel Johann Ludwig Bassermann hatte Mannheim im ersten Landtag vertreten. Friedrich Daniel hatte zunächst den klassischen Ausbildungsgang eines Kaufmanns durchlaufen: Besuch des Nüßlin'schen Lyzeums nur bis zur mittleren Reife, dann Lehre in der Eisenhandlung des Onkels und Fortsetzung der Ausbildung in auswärtigen Handelshäusern, darunter in Paris, London und Triest, schließlich noch einige Semester Chemie-, Physik- und Botanikstudium an der Universität Heidelberg. Denn der junge Bassermann hatte sich entschlossen, sein geschäftliches Glück im Drogenhandel zu suchen, dem Kauf und Verkauf von pflanzlichen, tierischen und mineralischen Rohprodukten; dafür war ein staatlich überwachtes Examen abzulegen. Ende 1833 übernahm er mit finanzieller Hilfe des Vaters das Drogengeschäft der Brüder Giulini und baute es binnen weniger Jahre – die gute Mannheimer Konjunktur kam ihm zugute – kräftig aus.

Doch das Geschäft füllte ihn keineswegs aus. Der Familientradition entsprechend und ganz im Sinne des vormärzlichen Bürgerideals trat er den wichtigsten Mannheimer Vereinen bei, von der Harmonie über den Musik- und den Kunstverein bis hin zum Verein für Naturkunde, zählte zu den

*Innenansicht des Bassermann'schen Hauses am Marktplatz. Foto, um 1910. Privatbesitz.*

Gründungsmitgliedern der 1835 neu gebildeten Casinogesellschaft und wurde bereits mit 27 Jahren in den Kleinen Bürgerausschuss gewählt. Doch das war ihm nicht genug: Er knüpfte engeren Kontakt zu Itzstein, kam über dessen Hallgarten-Kreis auch in Verbindung zu liberalen Köpfen aus anderen deutschen Staaten und gab schließlich noch im Jahr seiner Wahl als Abgeordneter sein Drogengeschäft auf. Er wurde also faktisch, abgesichert durch sein eigenes Vermögen und materiell wie ideell gestützt vom familiären Background, Berufspolitiker.

Und Bassermann war kein Einzelfall. Was seinen Weg ausmachte und ihn politisch charakterisierte, traf in leicht abgewandelter Form auch für viele andere zu, die in dieser Zeit ihre politische Karriere begannen: Friedrich Hecker und Karl Mathy, die 1842 neu in die Kammer einrückten; Alexander von Soiron und Lorenz Brentano, die drei Jahre später ein Abgeordnetenmandat errangen; Gustav von Struve, der seine publizistischen Aktivitäten startete; auch den jüdischen Bankierssohn Leopold Ladenburg kann man im weiteren Sinne zu diesem Kreis rechnen. Sie alle verband ein beinahe gleiches Alter – der 1805 geborene von Struve war der älteste, Brentano, Jahrgang 1813, der jüngste. Bis auf Bassermann und den Journalisten Mathy waren alle Obergerichtsadvokaten. Auch ihnen war es daher möglich, Beruf und Politik so zu verbinden, dass diese in zunehmendem Maße zu ihrem zentralen Lebensinhalt wurde, sie sich also zu Berufspolitikern entwickelten, wobei sie im Unterschied zu späteren Entwicklungen nicht von der, sondern für die Politik lebten. Verbunden waren sie alle ferner durch ihre enge Zusammenarbeit mit Itzstein. Er war ihr politischer Mentor, um ihn scharten sie sich regelmäßig, um die politische Lage und Taktik zu beraten,

*Links:*
*Karl Mathy (1807–1868). Holzschnitt, 1840er Jahre. StadtA MA.*

*Rechts:*
*Alexander von Soiron (1806–1855). Lithographie von H. Hasselhorst, 1840er Jahre. StadtA MA.*

Ehrenmünze zu überreichen.[112] Zwei Jahre lang war für die Medaille gesammelt worden, die man eigens von einem dänischen Künstler hatte entwerfen und in der Kopenhagener Münze hatte prägen lassen. Die Medaille zeigte auf der Vorderseite ein Porträt Itzsteins mit der Aufschrift *Adam von Itzstein – Vertreter der Volksrechte* und auf der Rückseite eine Allegorie der Freiheit. Bei einem anschließenden Festessen, bei dem sich im Mannheimer Theatersaal mehrere Hundert Teilnehmer aus der Stadt und ihrer Umgebung, dazu zahlreiche Abgeordnete aus anderen Landesteilen zusammenfanden, wurden dann in einer langen Folge von Reden der zu Ehrende selbst sowie speziell die Arbeit der Zweiten Kammer und allgemein die Fortschritte der bürgerlich-liberalen Bewegung gewürdigt. Schließlich stimmte die Versammlung ein von Hoffmann von Fallersleben, dem Dichter der heutigen deutschen Nationalhymne, gedichtetes Itzstein-Lied an: *Vaterland, freue dich! / Deine Nacht wird immer heller: / Itzstein, unser Stern, / leuchtet nah und fern.*[113]

Beide Feste illustrieren sehr schön die Methoden, die die bürgerlich-liberale Opposition unter den Bedingungen vormärzlicher Repression für den politischen Kampf entwickelte und die sie in den 1830er und 1840er Jahren immer weiter verfeinerte. Es gab zahlreiche Gründe, warum sich ausgerechnet das Fest zu einer, wenn nicht der bevorzugten Form politischer Mobilisierung herausbildete: Die vormärzlichen Feste konnten in vielfacher Hinsicht an ältere Formen von kirchlichen und säkularen Feiern, von Prozessionen und Herrschereinzügen, von Stadt- und Zunftfesten, auch von privaten Feiern anknüpfen. Das bot nicht nur die Möglichkeit, eingespielte und allseits bekannte Abläufe zu übernehmen, sondern eignete sich auch hervorragend, den Schritt aus dem privaten Umfeld in die öffentliche Sphäre zu gehen und doch die dahinter stehenden politischen Absichten zu verschleiern und so einem schnellen Einschreiten der Staatsgewalt vorzubeu-

*Das Wohnhaus von Adam von Itzstein in M 4, 7. Foto, um 1910. StadtA MA.*

gen. Zugleich wirkten Feste integrativ, korrespondierten also bestens mit dem Anspruch der Opposition, nicht für eine Partei zu sprechen, sondern das ganze Volk zu vertreten. Nicht zuletzt aber weckten sie Emotionen und stifteten ein Gemeinschaftsgefühl unter den Teilnehmern, reichten mithin in ihren Effekten weit über das geschriebene oder gesprochene Wort hinaus. Der Anlass, den es zu feiern galt, war dabei vielfältig variierbar und stets so gewählt, dass er einerseits nicht in einem vordergründigen, gar einer bestimmten Richtung zuzuordnenden Sinne politisch war und andererseits doch wieder politisch aufgeladen und instrumentalisiert werden konnte: Verfassungsfeiern und Dichtergeburtstage, Denkmalsenthüllungen und Hafen- oder Brückeneinweihungen, Griechen- und Polenfeiern, Sänger- und Turnfeste oder auch Abgeordnetenehrungen wie im Falle Itzsteins. Bei jedem dieser Feste feierte sich die vormärzliche Opposition, die sich als alleinige Repräsentantin des auf allen Gebieten zu beobachtenden Fortschritts verstand, letztlich selbst. Die politische Mobilisierung, die auf diese Weise erreicht wurde, war extrem hoch; in Mannheim erfasste sie weite Teile, wenn nicht gar die Mehrheit der Bürgerschaft.

## Die Deutschkatholiken

Es kann daher kaum überraschen, dass auch Fragen des Glaubens und der Kirchen nicht von der Politisierung ausgenommen blieben. Den Anlass dazu gab die 1844/45 von Schlesien ausgehende deutschkatholische Bewegung.[114] Sie war von dem suspendierten katholischen Priester Johannes Ronge ins Leben gerufen worden. Ronge hatte die Ausstellung des Heiligen Rocks in Trier 1844, die binnen knapp zwei Monaten mehr als eine halbe Million Wallfahrer angelockt hatte, als ein *Götzenfest* und als kirchlich inszenierten Aberglauben heftig kritisiert und war daraufhin exkommuniziert worden. Mit seiner scharfen Kritik an der ultramontanen Richtung, die sich mit kräftiger Unterstützung aus Rom auch in der deutschen katholischen Kirche zunehmend durchsetzte, und an der damit einhergehenden Neugestaltung der Glaubenspraxis in einem antiaufklärerischen, geradezu neobarocken Sinne verband Ronge zudem eine soziale, auf die Nöte der unteren Schichten zielende Perspektive und eine nationalkirchliche Zielsetzung. So weit, sich den bald darauf zunächst in Schlesien und Sachsen entstehenden deutschkatholischen Gemeinden anzuschließen, ging zwar nur eine Minderheit. Aber Ronges Aufruf fand auch unter Protestanten und in liberalen Kreisen ein reges Echo, und eine breite Solidaritätswelle für den als neuen Luther verehrten und

*Johannes Ronge (1813–1877). Stich, 1840er Jahre. REM.*

binnen kurzem ungemein populären *Reformator* erfasste alle deutschen Staaten. Auch die Mannheimer Presse, vor allem die *Abendzeitung*, hatte bereits seit November 1844 ausführlich über die neue kirchlich-religiöse Bewegung berichtet und eine enge Verbindung zur politischen Opposition hergestellt. Ihren Höhepunkt erreichten die Popularität Ronges und die Debatte um die deutschkatholische Bewegung, als Ronge seit dem Sommer 1845 verschiedene Rundreisen durch deutsche Staaten unternahm.

Am Vormittag des 28. September 1845 traf Ronge zusammen mit einem Begleiter, von Heidelberg her kommend, mit dem Zug in Mannheim ein.[115] Schon im Vorfeld des Besuchs hatte die badische Regierung dem Stadtamt die Anweisung erteilt, keine öffentliche Versammlung der beiden Prediger zuzulassen und jede Art von Demonstration gegen die katholische Kirche strikt zu unterbinden. Dennoch war eine große Menschenmenge am Bahnhof zusammengekommen, die – angeführt von Itzstein, Bassermann, Mathy, Soiron, Hecker und Struve – Ronge zum Theater begleitete. Doch war dessen Saal, der auf Intervention des Theaterkomiteemitglieds Bassermann zur Verfügung stehen sollte, polizeilich verschlossen. Kurzerhand lud Bassermann alle Anwesenden in den Garten seines am Stadtrand in N 7, 5 gelegenen Hauses ein, wo Ronge vom Balkon im ersten Stock eine Rede an die Versammelten hielt. Das denkwürdige Ereignis wurde in einer zeitgenössischen Lithograhie festgehalten. Gegen Mittag folgte ein Essen für die Honoratioren der Stadt im „Europäischen Hof", und nach einem abendlichen Ständchen der Liedertafel vor Bassermanns Haus, in dem Ronge untergekommen war, reiste dieser am nächsten Mittag, wiederum von einer vielköpfigen Menge zum Hafen

*Versammlung der Deutschkatholiken im Bassermann'schen Garten in N 7 am 28. September 1845. Lithographie, 1845. REM.*

eskortiert, mit dem Rheindampfer nach Worms weiter. Für Bassermann hatte seine spontane Einladung noch das Nachspiel, dass er, da man ihm schwerere Vergehen nicht zur Last legen konnte, 1½ Gulden Strafe wegen unterlassener Anzeige einer Fremdenbeherbergung zahlen musste.

Gut einen Monat vor Ronges Besuch hatte sich am 17. August auch in Mannheim unter Führung des Militärarzts Adam Hammer und des Gemeinderats Valentin Streuber eine deutschkatholische Gemeinde gebildet,[116] die sogleich bei der Staatsregierung das Recht zur öffentlichen Religionsausübung beantragte. Die Gründung der neuen Religionsgemeinschaft stellte die Behörden vor schwerwiegende Probleme, z.B. in welchen kirchlichen Standesbüchern – staatliche Standesregister gab es noch nicht – die Eintragungen für die Deutschkatholiken erfolgen sollten. Als dann am 20. April 1846 auch noch die beantragte Genehmigung des öffentlichen Gottesdiensts vom Ministerium abgelehnt wurde, war dies für die liberale Oppositionsbewegung und deren führende Mannheimer Köpfe ein erneuter Anlass, sich in der Presse, in zahlreichen Broschüren und im Landtag für die Freiheit des Glaubens und der Religionsausübung ins Zeug zu werfen – allerdings, soweit es die Deutschkatholiken betraf, bis zum Ausbruch der Revolution ohne Erfolg.

Im Übrigen aber ließ das ohnehin rein politisch motivierte Interesse der bekannten Liberalen an der neuen Religionsgemeinschaft schnell wieder nach. Hingegen fanden sich unter den radikaleren Köpfen der Opposition einige, die wie der bereits erwähnte Streuber auch dem neuen Glauben anhingen und sich dauerhaft bei den Deutschkatholiken engagierten. Zu ihrem prominentesten Mitglied in Mannheim wurde Gustav von Struve, der am 25. Dezember 1846 in einem öffentlichen Schreiben an die evangelischen Pfarrer Mannheims gemeinsam mit seiner Frau Amalie den Übertritt in die deutschkatholische Gemeinde erklärte.[117]

Das kam insofern nicht überraschend, als Struve unter den führenden Oppositionellen derjenige war, der am wenigsten in die gehobenen bürgerlichen Kreise der Stadt integriert war und sich in seiner ganzen Lebensführung als Sonderling profiliert hatte: Als glühender Anhänger der Zivilisationskritik Rousseaus führte Struve ein extrem asketisches Leben, trank keinen Alkohol, rauchte nicht und ernährte sich vegetarisch; mit missionarischem Eifer verfolgte er nicht nur seine politischen Ziele, sondern beschäftigte sich auch intensiv mit Phrenologie, einer zeitgenössischen Lehre, die einen Zusammenhang zwischen Schädelformen und Charaktereigenschaften herzustellen und damit ein neues ganzheitliches Menschenbild jenseits der christlichen Seelenlehre zu formulieren versuchte. Das war schon für viele Zeitgenossen kaum nachvollziehbar – Karl Mathy soll in schallendes Gelächter ausgebrochen sein, als Struve ihn fragte, ob er seinen Schädel vermessen dürfe. Das hat Mathy jedoch nicht daran gehindert, sich bei der Hochzeit Struves mit der fast 20 Jahre jüngeren Amalie Düsar im November 1845 als Trauzeuge zur Verfügung zu stellen. Auch diese kleine Episode belegt, wie weit in den Kreisen der Mannheimer Opposition im Alltag die persönliche Nähe und Solidarität reichte.

## Presse und Zensur

Sein politisches Hauptbetätigungsfeld fand Struve im Journalismus.[118] Hier, bei der Arbeit mit Feder und Druckstock konnte er, der nur geringe persönliche Ausstrahlung besaß und auch mangels größerer rhetorischer Fähigkeiten kaum als Abgeordneter reüssieren konnte, seine Qualitäten am besten zur Geltung bringen. Im Juli 1845 übernahm Struve die Redaktion des im Verlag des Katholischen Bürgerhospitals erscheinenden *Mannheimer Journals*, das er sofort im Sinne seiner eigenen radikalen Positionen umgestaltete und zu einem weit über Mannheim hinaus gelesenen und mit einer Aufage von etwa 2 000 Exemplaren auch ökonomisch profitablen Sprachrohr der bürgerlich-liberalen Oppositionsbewegung machte. Entsprechend scharf waren die Gegenreaktionen – zunächst der Zensurbehörde, dann aber auch der Kreisregierung, die mit massiven wirtschaftlichen Pressionen den Hospitalvorstand zu bewegen versuchte, dem *Journal* wieder eine andere Richtung zu geben, und schließlich des Erzbischöflichen Ordinariats in Freiburg, das sowohl von der Regierung unter Druck gesetzt wurde als auch sich an Struves Verbindungen zu den Deutschkatholiken störte. Im Dezember 1846 war dessen Stellung endgültig unhaltbar geworden. Er schied aus der Redaktion aus und gründete als sein neues Kampfblatt den im Verlag von Heinrich Hoff erscheinenden *Deutschen Zuschauer*, in dem er – wiederum bei einer Auflage von 1 200 Exemplaren auch mit großem wirtschaftlichem Erfolg – noch schärfere Töne anschlug.

*Ein Zeitung lesender „Mannemer" mit roter Kokarde am Hut. Kolorierte Zeichnung von Heinrich Andriano, um 1850. StadtA MA.*

Es war jedoch keineswegs allein Struves Verdienst, dass Mannheim als Pressestadt – in ersten Ansätzen bereits in den 1830er und dann vor allem in den 1840er Jahren – mehr und mehr überregionale, ja nationale Bedeutung gewann und einen weithin prägenden Einfluss auf die politische Kultur des vormärzlichen Deutschland ausübte. Schon seit Anfang 1842 hatte sich unter dem Einfluss des aus Preußen zugewanderten Karl Grün die *Mannheimer Abendzeitung* unter anderem mit regelmäßigen Landtagsberichten aus der Feder von Friedrich Daniel Bassermann als oppositionelles Blatt profiliert.[119] Grün selbst wurde bereits im Oktober 1842 als unerwünschter

Ausländer aus Baden abgeschoben; in seinen Pass hatte Kreisdirektor Dahmen eingetragen: *Inhaber wird wegen Versuchs, aufregende, deutsche Souverains und Regierungen schwächende Artikel durch den Druck zu verbreiten, in der Richtung nach seiner Heimat über die Grenze gewiesen.*[120] Doch auch unter seinen Nachfolgern in der Redaktionsleitung, von denen besonders der Struve politisch sehr nahe stehende Johann Peter Grohe hervortrat, behielt das Blatt seine entschiedene politische Ausrichtung bei.

*Zensoren bei der Arbeit. Karikatur von Theodor Hosemann, 1847. AKG Images.*

Neben den bereits Genannten war es vor allem Karl Mathy, der weit über Mannheim hinaus in der badischen Presselandschaft aktiv war.[121] Seit seiner Rückkehr aus dem Exil in der Schweiz Ende 1840 hatte er in der Landeshauptstadt an mehreren Blättern in führender Position mitgewirkt und sich speziell um eine ausführliche Berichterstattung über die Verhandlungen der Zweiten Kammer bemüht. Seit Oktober 1846 gab er in Karlsruhe als Wochenzeitung die *Rundschau* heraus, in der er mit einer Mischung aus Entschiedenheit und Mäßigung zwischen den auseinanderstrebenden Flügeln der Opposition vermitteln wollte. Und nicht zuletzt war Mathy an der Initiative des liberalen Flügels der Opposition für ein von vornherein als nationales Pressorgan konzipiertes Blatt, die ab 1. Juli 1847 in Heidelberg erscheinende *Deutsche Zeitung*, als Mitredakteur und als Mitinhaber der Mannheimer Verlagsbuchhandlung Bassermann, die die neue Zeitung verlegte, entscheidend beteiligt.

Was Struve allerdings aus dieser Presseszene heraushob, waren die Intensität, das Geschick und auch die Unerbittlichkeit, mit denen er einen unermüdlichen Kampf gegen die Zensur und das Unterdrückungssystem der Karlsbader Beschlüsse führte. Dabei scheute er auch persönliche Nachteile nicht: Beschlagnahmungen, Geldbußen und sogar eine vierwöchige Gefängnishaft im Sommer 1846 wegen angeblicher Beamtenbeleidigung. Sein Gegenspieler als Zensor war der Ende 1844 aus Freiburg an den Neckar versetzte, überaus strenge und pedantische Regierungsrat von Sarachaga y Uria-, der selbst Artikel aus Struves Blättern strich, die in anderen Städten die Zensur passiert hatten und lediglich nachgedruckt werden sollten. Um die nicht genehmigten Artikel doch noch veröffentlichen zu können und zugleich das Zensursystem vollständig bloßzustellen, verfiel Struve auf die Idee, alle ganz oder teilweise gestrichenen Artikel zusammen mit seinen Beschwerden gegen die Zensureingriffe in drei in kurzer Folge 1845/46

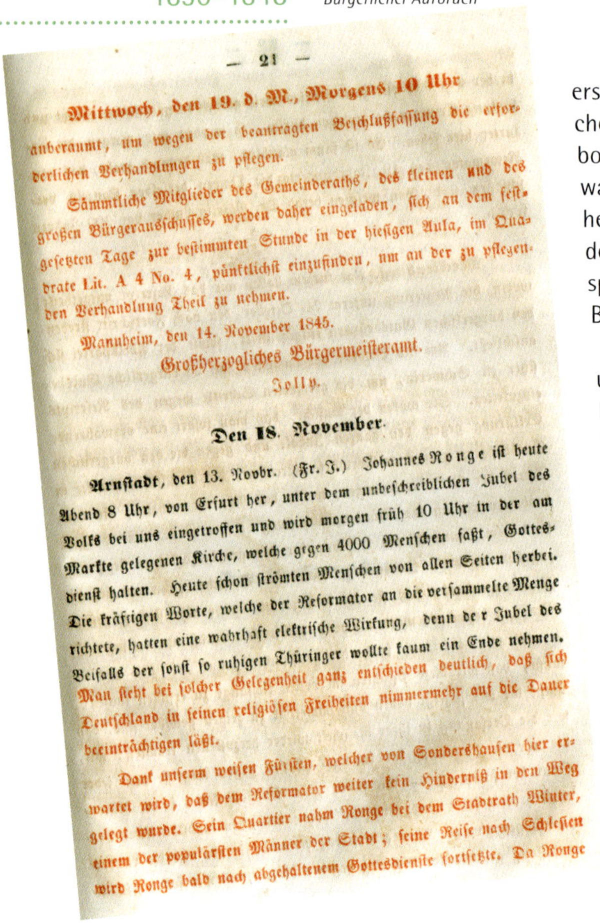
— 21 —

Mittwoch, den 19. d. M., Morgens 10 Uhr
anberaumt, um wegen der beantragten Beschlußfassung die erfor-
derlichen Verhandlungen zu pflegen.

Sämmtliche Mitglieder des Gemeinderaths, des kleinen und des
großen Bürgerausschusses, werden daher eingeladen, sich an dem fest-
gesetzten Tage zur bestimmten Stunde in der hiesigen Aula, im Qua-
drate Lit. A 4 No. 4, pünktlichst einzufinden, um an der zu pflegen-
den Verhandlung Theil zu nehmen.

Mannheim, den 14. November 1845.

Großherzogliches Bürgermeisteramt.

Jolly.

Den 18. November.

Arnstadt, den 13. Novbr. (Fr. J.) Johannes Ronge ist heute
Abend 8 Uhr, von Erfurt her, unter dem unbeschreiblichen Jubel des
Volks bei uns eingetroffen und wird morgen früh 10 Uhr in der am
Markte gelegenen Kirche, welche gegen 4000 Menschen faßt, Gottes-
dienst halten. Heute schon strömten Menschen von allen Seiten herbei.
Die kräftigen Worte, welche der Reformator an die versammelte Menge
richtete, hatten eine wahrhaft elektrische Wirkung, denn der Jubel des
Beifalls der sonst so ruhigen Thüringer wollte kaum ein Ende nehmen.
Man sieht bei solcher Gelegenheit ganz entschieden deutlich, daß sich
Deutschland in seinen religiösen Freiheiten nimmermehr auf die Dauer
beeinträchtigen läßt.

Dank unserm weisen Fürsten, welcher von Sondershausen hier er-
wartet wird, daß dem Reformator weiter kein Hinderniß in den Weg
gelegt wurde. Sein Quartier nahm Ronge bei dem Stadtrath Winter,
einem der populärsten Männer der Stadt; seine Reise nach Schlesien
wird Ronge bald nach abgehaltenem Gottesdienste fortsetzte. Da Ronge

erscheinenden Büchern abzudrucken,[122] denn Bücher mit einem Umfang von mehr als 20 Druckbogen unterlagen nicht der Vorzensur. Zudem waren alle gestrichenen Passagen in roter Schrift hervorgehoben, sodass das hässliche Wirken des Zensors jedem Leser unmittelbar ins Auge sprang und sich wie ein roter Faden durch die Bücher zog.

Struve gelang es auf diese Weise, den Kampf um die Pressefreiheit in eine breite Öffentlichkeit zu tragen und gerade auch in der Mannheimer Bürgerschaft eine nachhaltige Resonanz zu erzielen. Die verschärfte Zensurpraxis der badischen Regierung trug so indirekt und ganz entgegen den eigenen Intentionen entscheidend zur weiteren politischen Mobilisierung der oppositionellen Kräfte bei. Warnend schleuderte der liberale Abgeordnete Karl Theodor Welcker der Regierung im Januar 1845 in einer Kammerdebatte über die Zensur entgegen: *Wissen Sie, was Sie mit der Zensur tun? Sie hemmen eine gesunde und richtige Fortentwicklung.* [...] *Man häuft gewaltsam den Dampf zusammen, und der unvermeidliche Fortgang muß in einer Explosion erfolgen!*[123]

*Auch die Reise Johannes Ronges nach Arnstadt wird zensiert. Insbesondere der Satz, wonach sich „Deutschland in seinen religiösen Freiheiten nimmermehr auf die Dauer beeinträchtigen läßt", findet keine Gnade. Nach G. v. Struve, Dritte Recursschrift (1846) S. 21.*

## Radikalisierung der Gemeindepolitik

In alle diese Aktivitäten waren die Mannheimer Gemeindeinstitutionen auf das engste einbezogen. Schon 1842 war die Politisierungswelle bis in den Gemeinderat hineingeschwappt: Mit Hecker und dem Mehlhändler Valentin Streuber waren zwei bekannte radikale Köpfe in das Gremium eingezogen. Auch die Wahl von Gerbel im darauffolgenden Jahr sowie die von Mathy 1846 fügten sich ganz in diesen Trend ein. Darüber hinaus wurden der Gemeinderat und die Bürgerausschüsse in zunehmendem Maße im Sinne einer radikalliberalen Opposition und damit für eine Politik instrumentalisiert, die nicht mehr im engeren Sinne die Interessen der Stadt im Auge hatte, sondern auf einen politischen Umbruch im ganzen Land zielte. Diese Entwicklung kulminierte in den Auseinandersetzungen um eine für den 19. November 1845 in den Aulasaal einberufene Sitzung des Großen Bürgerausschusses.[124]

Die Einladung ging auf Vorfälle im September 1845 zurück, als eine von Bassermann, Itzstein, Mathy, Soiron, Streuber und anderen einberufene Versammlung, die sich mit der verschärften Pressezensur und den sie begleitenden Repressionsmaßnahmen befassen sollte, polizeilich verboten worden war. Am 18. Oktober beantragten daraufhin 84 Bürger beim

Gemeinderat, der Große Ausschuss solle sich mit der Frage befassen, ob die jüngsten staatlichen Eingriffe in verfassungsmäßige Rechte von Einwohnern Mannheims als Gemeindeangelegenheit zu behandeln seien und ob die Gemeinde dagegen beim Staatsministerium sowie gegebenenfalls auch bei der Zweiten Kammer Beschwerde führen solle. Als der Gemeinderat dieser Aufforderung – inzwischen war auch der Rekurs gegen das Verbot der September-Versammlung verworfen worden – am 14. November nachkam, untersagte das Stadtamt auf Weisung der Kreisregierung die geplante Ausschusssitzung und drohte für den Fall der Zuwiderhandlung mit militärischer Gewalt. Ungeachtet des Verbots, das man als *inkompetent erlassen* zurückwies, versammelten sich die gewählten Vertreter des Mannheimer Bürgertums am Morgen des 19. November, begannen mit ihrer Sitzung und ließen sich auch durch Interventionen eines Polizeikommissärs und des Stadtdirektors nicht bremsen. Erst als der Leiter der Kreisregierung, Regierungsdirektor Schaaf, begleitet von Soldaten, in den Saal stürzte und die Frage von Oberbürgermeister Jolly, ob er Gewalt anzuwenden gedenke, bejahte, wurde die Versammlung beendet, und die Teilnehmer verließen wortlos den Saal. Noch am selben Tag reiste eine fünfköpfige Deputation mit Jolly an der Spitze nach Karlsruhe, um gegen diese Verletzung der Gemeindeordnung zu protestieren.

Die Staatsbehörden beharrten jedoch auch in den nachfolgenden Beschwerdeverfahren unbeirrt auf ihrer Rechtsauffassung, dass die Gemeindeorgane *nur über eigentliche Gemeindesachen beraten und beschließen*

*„Wenn ein Schaaf gewalttätig wird ...". Karikatur auf die Stürmung der Versammlung vom 19. November 1845 durch Regierungsdirektor Friedrich Theodor Schaaf. Lithographie, um 1845. StadtA MA.*

dürften.[125] Das Reformgesetz von 1831 habe, wie Innenminister Nebenius betonte, nur darauf gezielt, *den Gemeinden in Hinsicht ihrer eigenen Interessen mehr Selbstständigkeit und Bewegungsfreiheit zu verschaffen, nicht aber, sie in politische Corporationen umzuwandeln, welche in öffentliche Angelegenheiten deliberierend eingreifen und dabei den Ton angeben.*[126] Aus der Sicht der Mannheimer Bürger konnten sich dagegen die Gemeindeorgane aufgrund eigenen Rechts versammeln und beraten, zum einen eher abstrakt als ein dem Staat vorausgehender Zusammenschluss der Bürger, zum anderen konkret, da die Gemeindeordnung keinerlei Einschränkungen des Beratungsgegenstands kenne. Entsprechend empört reagierte die liberale Öffentlichkeit weit über Baden hinaus darauf, dass eine Sitzung legal gewählter Gemeindeorgane mit militärischer Gewalt aufgelöst worden war. Vieles spricht dafür, dass genau dies von den Initiatoren der Bürgerausschusssitzung erwartet worden war, dass also hinter dem Vorgehen der Mannheimer Bürger die wohl überlegte Strategie steckte, dem Kampf gegen die bürokratische Reaktionspolitik eine noch stärkere Legitimation zu verschaffen und die Solidarität der Bürger mit ihren radikalliberalen Protagonisten zu stärken.

Jedes weitere Einschreiten der Staatsbehörden und der örtlichen Polizei gegen die politischen Aktivitäten der oppositionellen Bewegung – und die Zahl der einschlägigen Vorfälle, der Versammlungsverbote, der Behinderung von Unterschriftensammlungen und anderes mehr, nahm 1845/46 beständig zu – heizte die Missstimmung weiter an. In dieser gereizten Atmosphäre konnten sich dann auch aus eher nichtigen Anlässen schwerwiegende Konflikte und gewaltsame Auseinandersetzungen ergeben.[127] So kam es am 5. Mai 1846 im Wirtshaus „Vogelgesang" in O 3, 6 zu einer Schlägerei zwischen zivilen Gästen und einigen Unteroffizieren des Infanterieregiments, die von Seiten des Militärs mit blanken Waffen geführt wurde und bei der ein Soldat tödliche Verletzungen erlitt. Danach war die Lage erst recht gespannt: Die Zivilisten erregten sich über die Verhaftung des Täters, obwohl dieser angab, in Notwehr gehandelt zu haben, und die Soldaten wollten den Tod ihres Kameraden rächen. So stand der eigentliche *Militärexzess* erst noch bevor: Am Spätnachmittag des 25. Mai versammelten sich vor und in dem „Vogelgesang" in großer Zahl Soldaten und Zivilisten und standen einander drohend gegenüber. Obwohl genügend Zeit gewesen wäre, schritt keine Ordnungsmacht ein, sodass gegen halb acht Uhr die Schlägerei losging. Dabei verletzten die Soldaten, die erneut mit ihren Seitengewehren kämpften, sogar unbeteiligte

Bürger, die zufällig auf der Straße vorbeigingen. Nun erreichte die Erregung ihren Höhepunkt. Am nächsten Tag kam eine große Menschenmenge vor dem Rathaus zusammen und verlangte vom Gemeinderat, energisch gegen die militärische Bedrohung vorzugehen. Nur mit Mühe gelang es, die Versammelten zu beruhigen und den Konflikt trotz zahlreicher kleinerer Vorfälle in den nächsten Wochen nicht eskalieren zu lassen. Erst ein persönlicher Besuch von Staatsrat Nebenius am 16. Juni vermochte, die Wogen zu glätten.

Selbst im eigentlichen Sinne unpolitische Veranstaltungen wie die Einweihungsfeier der Kettenbrücke im November 1845 erhielten in diesem Kontext den Charakter einer Demonstration der Leistungsfähigkeit von Stadt und Bürgertum und trugen damit indirekt ebenfalls zur Siegesgewissheit der liberalen Bewegung bei. Ebenso eignete sich der oben bereits ausführlich behandelte Streit um die Streckenführung der Main-Neckar-Bahn, bei dem die Stadt sich von der direkten Verbindung Frankfurt–Basel aus politischen Gründen abgeschnitten sah, hervorragend, um noch einmal die Einbindung der wirtschaftsbürgerlichen Führungsschicht Mannheims in die oppositionelle Einheitsfront zu sichern und zu verstärken.

## Wirtschaftliche Krisenerscheinungen und soziale Spannungen

Über der scheinbaren politischen Geschlossenheit der Bürgerschaft hat man in Mannheim und anderen badischen Städten lange Zeit übersehen, dass der wirtschaftliche Fortschritt keineswegs allen Gruppen der Bevölkerung gleichermaßen zugutekam, dass sich vielmehr wachsende Differenzen zwischen Stadt und Land, zwischen den einzelnen Regionen des Großherzogtums und vor allem zwischen den verschiedenen städtischen Sozialgruppen auftaten. Gerade das relativ langsame Bevölkerungswachstum Mannheims nährte lange Zeit die Illusion, dass hier ein kontinuierliches Voranschreiten in neue Verhältnisse ohne tief greifende Brüche und Krisen möglich sein werde. Die erschreckende soziale Not, die sich als Pauperismus immer deutlicher zu manifestieren begann, wurde entweder als ein typisches Problem eines ganz spezifischen, eines „englischen" Wegs der Modernisierung gesehen, der gerade deshalb entschieden abzulehnen sei, oder aber als eine vorübergehende Begleiterscheinung gedeutet, die nichts daran ändere, dass die Entwicklung grundsätzlich in Richtung auf eine stetige Verbreiterung des Bürgertums, auf eine Zunahme der Zahl selbstständiger bürgerlicher Existenzen hinauslaufen werde.[128]

Besonders gefährlich für die liberale Position sollte die sich verschärfende wirtschaftliche und soziale Krisensituation werden. Schon seit Anfang der 1840er Jahre regten sich im Mannheimer Gewerbe – als Reaktion auf die existenziellen Probleme vieler Handwerkszweige – in stärkerem Maße Initiativen zu einer eigenständigen Interessenvertretung. Sie fanden ihren sichtbarsten Ausdruck in der bereits erwähnten Wahl Streubers, eines besonders engagierten Vertreters dieser Bestrebungen, in den Gemeinderat 1842 und in der im gleichen Jahr erfolgten Gründung eines Gewerbevereins. Auch von führenden liberalen Politikern wurde durchaus registriert, dass sich zwischen den unteren Schichten, zu denen nun auch viele selbstständige Handwerksmeister zählten, und der wohlhabenden wirtschaftsbürgerlichen Oberschicht eine rasch wachsende Kluft auftat, die zudem durch die staatliche Abgabenpolitik, die lediglich die Gewerbe, nicht aber die großen Kapitalien besteuerte, noch verschärft wurde.

Zu der strukturellen Krise in den handarbeitenden Gewerben trat nun in den Jahren 1845 bis 1847 eine klassische Hungers- und Teuerungsnot hinzu,[129] wie sie die vorindustriellen Gesellschaften seit Jahrhunderten in periodischer Wiederkehr als bis dahin unabwendbares Schicksal getroffen hatte. Auch diesmal lösten wieder Missernten und dazu noch die Kartoffelfäule einen dramatischen Anstieg der Lebensmittelpreise aus: So erhöhte sich der Kornpreis, der in den Jahren zuvor zwischen 6 und 8 Gulden für ein Malter gelegen hatte, bis Ende 1845 auf mehr als 12 Gulden und bis Ende 1846 sogar auf das Rekordniveau von deutlich über 16 Gulden. Auch die Brotpreise, die

**Brod-Preise bei den hiesigen Bäckern. Vom 1. bis 16. Mai 1846.**
Nach eigener Erklärung der Verkäufer.

| No. | Namen der Bäckermeister. | Wohnung. | | Brod. | | Wasserweck. | Milchbrod. |
|---|---|---|---|---|---|---|---|
| | | Lit. | No. | I. Sorte 4 ℔ | II. Sorte 3 ℔ | Loth. | |
| | | | | kr. | kr. | | |
| 1 | Ackermann. | M 2 | 2 | 18 | 12 | 4½ | 3½ |
| 2 | Baumann. | S 2 | 16 | 18 | 12 | 4½ | 3½ |
| 3 | Berberich. | M 5 | 5 | 18 | 12 | 4½ | 3½ |
| 4 | Böhm d. ä. | O 3 | 11 | 18 | — | 4½ | 3½ |
| 5 | Böhm d. j. | D 4 | 19 | 18 | — | 4½ | 3½ |
| 6 | Ernst. | Q 4 | 5 | 18 | 12 | 4½ | 3½ |

**Brod-Preise bei den hiesigen Bäckern. Vom 1. bis 8. Mai 1847.**
Nach eigener Erklärung der Verkäufer.

| No. | Namen der Bäckermeister. | Wohnung. | | Brod. | | Wasserweck. | Milchbrod. |
|---|---|---|---|---|---|---|---|
| | | Lit. | No. | I. Sorte 4 ℔ | II. Sorte 3 ℔ | Loth. | |
| | | | | kr. | kr. | | |
| 1 | Ackermann. | M 2 | 2 | 30 | 21 | 2 | 1½ |
| 2 | Baumann. | S 2 | 16 | 30 | — | 2½ | 2 |
| 3 | Berberich. | M 5 | 5 | 30 | 21 | 2½ | 2 |
| 4 | Böhm d. ä. | O 3 | 11 | 30 | — | 3 | 2 |
| 5 | Böhm d. j. | D 4 | 19 | 30 | — | 3 | 2 |
| 6 | Ernst, Johann. | Q 4 | 5 | 30 | 21 | 2½ | 2 |

*Entwicklung der Brotpreise zwischen 1846 und 1847. „Großherzogliches Badisches Anzeigeblatt" vom 5. Mai 1846 und 4. Mai 1847.*

sogar monatsweise überliefert sind, nahmen einen ähnlichen Verlauf, wobei der absolute Höhepunkt mit mehr als 30 Kreuzer, also 1/2 Gulden, für 4 Pfund Brot im Juni 1847 erreicht wurde. Dass ein solcher Preisschub von mehr als 100 Prozent für die unteren Schichten, die ohnehin am Rande des Existenzminimums lebten und in deren Budget die Ausgaben für die Ernährung den Hauptanteil ausmachten, nicht mehr aufzufangen war, liegt auf der Hand.

Die Stadtgemeinde und eine Reihe von bürgerlichen Initiativen versuchten, die elementarste Not zu lindern. Suppenküchen der Armenanstalt und des im November 1846 neu gegründeten Vereins zur Beförderung des Wohls der arbeitenden Klassen gaben gegen geringes Entgelt täglich Suppe an die Hungernden aus. Ein Frauenverein sammelte Geld für Nahrungs- und Kleiderspenden. Als die Hungersnot im Frühjahr 1847 ihrem Höhepunkt zustrebte, kaufte die Stadt sogar bei einigen Handelshäusern zu vergünstigten Preisen Getreide auf und erreichte so, dass die Bäckermeister den Brotpreis deutlich herabsetzen konnten.

Dennoch blieben soziale Verwerfungen und Unruhen nicht aus. Die Zahl der Eigentumsdelikte schnellte drastisch empor. Zudem richtete sich die Wut der Hungernden teils gegen den örtlichen Großhandel, den man der Preistreiberei beschuldigte, und teils gegen die Stadtverwaltung, der man Untätigkeit und mangelnde Sensibilität für die Notsituation vorwarf. Vereinzelt kam es sogar zu Hungerkrawallen[130] – so als am 5. Mai 1847 eine Gruppe von jungen Tagelöhnern, überwiegend am Hafen beschäftigte Packer und Spanner, durch die Stadt zog, in die Häuser wohlhabender Kaufleute und speziell bekannter jüdischer Bürger eindrang und nach Geld verlangte: *Die Eindringlinge, bekannt als die verwegensten unter den hiesigen Proletariern, machten ihre Anforderungen theils unter Austoßung von Drohungen, theils unter Lärmen und Schreien oder*

*Badische Soldaten vor dem Zeughaus. Kolorierte Zeichnung von Heinrich Andriano, um 1845. StadtA MA.*

*Annahme einer drohenden Haltung.*[131] Die Staatsbehörden ließen Militär aufmarschieren, was wiederum Tausende von Neugierigen auf die Straßen lockte; erst gegen Abend lösten sich die Menschenansammlungen auf, ohne dass es zu weiteren Ausschreitungen und Auseinandersetzungen gekommen war. Verglichen mit den Unruhen und der explosiven Stimmung in anderen süddeutschen Städten blieb es in Mannheim aber verhältnismäßig ruhig.

Dass einige der Unruhestifter am Hafen arbeiteten, verweist schließlich auf den dritten Aspekt der Wirtschaftskrise der 1840er Jahre: auf den scharfen konjunkturellen Einbruch, der Industrie und Gewerbe, Handel und Verkehr vor allem in den Jahren 1847 und 1848 erschütterte. Im Zug dieser Krise musste Mannheim den vorangegangenen wirtschaftlichen Aufschwung mit schweren Rückschlägen bezahlen, die weit stärker als etwa in Köln oder Mainz ausfielen, und ebenfalls mit einer wesentlich langsameren Erholung. So reduzierte sich der Güterumschlag am Hafen, der sich zwischen 1840 und 1845 auf rund 160 000 t vervierfacht hatte, bereits 1846 deutlich, auf 139 000 t, um dann 1847 weiter auf 93 000 t und 1848 sogar auf knapp unter 60 000 t zu fallen.[132]

Ein großer Teil des seit der Hafeneröffnung 1840 rasch angewachsenen Heers an Handelsgehilfen, Fuhrleuten, Packern, Spannern und anderen Hilfskräften verlor deshalb nun nach und nach seine Arbeit oder war zumindest hoffnungslos unterbeschäftigt und damit auch unterbezahlt. Weit mehr als die Hungerkrise, die trotz aller Unruhe, die von ihr ausgehen konnte, als schicksalhaft begriffen wurde und zur Normalerfahrung vormoderner Gesellschaften gehörte, stellte der konjunkturelle Einbruch in Handel und Gewerbe eine fundamentale Herausforderung für die Politik im Allgemeinen und für die bürger-

*Der Mannheimer Hafen. Zeichnung von Heinrich Andriano, um 1845. StadtA MA.*

lich-liberale Oppositionsbewegung im Besonderen dar. In Baden kulminierte diese Auseinandersetzung 1847 in der *Drei-Fabriken-Frage*,[133] der großen, landesweit geführten Debatte, ob der badische Staat den drei größten Fabriken des Landes – der Zuckerfabrik in Waghäusl, der Spinnerei in Ettlingen und der Maschinenfabrik Kessler in Karlsruhe –, die durch eine finanzielle Schieflage einiger Bankhäuser in die Gefahr des Konkurses geraten waren, aus Steuermitteln unter die Arme greifen solle. Die Fronten verliefen quer durch die politischen Lager und auch quer durch die Reihen der liberalen Opposition. Gegen eine staatliche Unterstützung, die jedoch letztlich in der Zweiten Kammer mit 35 zu 20 Stimmen gebilligt wurde, votierten engagierte Kritiker des Fabrikwesens wie Itzstein und Hecker ebenso wie Friedrich Daniel Bassermann, der dies aus einer eher marktwirtschaftlichen Position tat. Und zu den Befürwortern der Unterstützung zählten auch prominente Mannheimer Liberale mit Karl Mathy an der Spitze, der mit Blick auf die bedrohten Arbeitsplätze jede wirtschaftspolitische Dogmatik ablehnte. Jedenfalls war die desintegrierende Wirkung, die von der Ökonomisierung der Politik ausging, unübersehbar.

## Soziale und politische Radikalisierung

In Mannheim selbst war unter dem Einfluss der wirtschaftlichen Krisen bereits seit der Jahreswende 1845/46 eine rapide Zunahme sozialradikaler Töne in den öffentlichen Äußerungen Struves und Heckers zu verzeichnen. Der radikale Flügel der Oppositionsbewegung, der sich bislang weitgehend darauf beschränkt hatte, die liberalen Ziele in besonders radikaler Weise zu vertreten, formulierte nun immer deutlicher eine eigenständige sozialpolitische Programmatik, die vor allem in der Polemik gegen das Prinzip der freien Konkurrenz auf die massive Ungleichheit innerhalb der bürgerlichen Gesellschaft hinwies und damit die bürgerliche Oberschicht angriff.

Mit dem programmatischen Wandel einher ging auch in der konkreten politischen Praxis ein verstärktes Werben um die *arbeitenden Klassen*, wobei sich bei fast allen Initiativen Gustav von Struve als unermüdlicher, ideenreicher

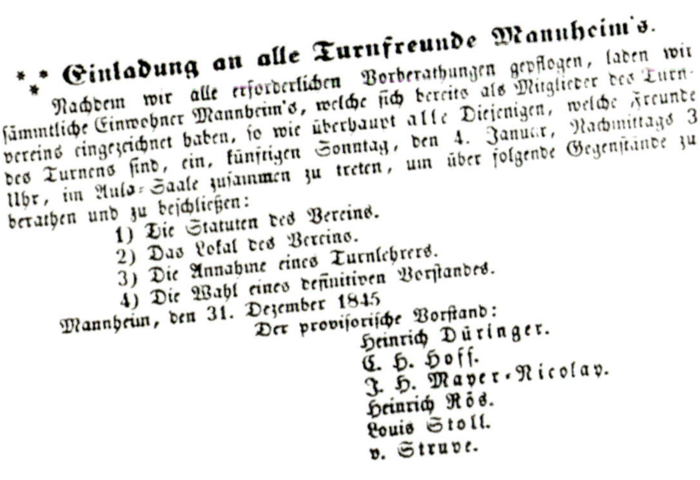

*** Einladung an alle Turnfreunde Mannheim's.

Nachdem wir alle erforderlichen Vorberathungen gepflogen, laden wir sämmtliche Einwohner Mannheim's, welche sich bereits als Mitglieder des Turnvereins eingezeichnet haben, so wie überhaupt alle Diejenigen, welche Freunde des Turnens sind, ein, künftigen Sonntag, den 4. Januar, Nachmittags 3 Uhr, im Aula-Saale zusammen zu treten, um über folgende Gegenstände zu berathen und zu beschließen:

1) Die Statuten des Vereins.
2) Das Lokal des Vereins.
3) Die Annahme eines Turnlehrers.
4) Die Wahl eines definitiven Vorstandes.

Mannheim, den 31. Dezember 1845

Der provisorische Vorstand:
Heinrich Düringer.
C. H. Hoff.
J. H. Mayer-Nicolay.
Heinrich Röß.
Louis Stoll.
v. Struve.

Gründungsaufruf des Turnvereins in der „Mannheimer Abendzeitung" vom 3. Januar 1846.

Antreiber hervortat, während Friedrich Hecker als der rhetorisch begabtere meist als Galionsfigur agierte. Im September 1845 sollte zunächst der auf einer Versammlung im Aulasaal vorgetragene Vorschlag, die Ideen der seit einigen Jahren wieder mächtig aufkommenden Turnerbewegung auch in Mannheim mit einem Zweigverein aufzugreifen, unter Führung Struves verwirklicht werden. Auch war er es, der gegen ein alsbald verfügtes Verbot des Stadtamts juristisch vorging und mit seiner Hartnäckigkeit im Dezember dessen Aufhebung erreichte, sodass am 4. Januar 1846 die formelle Vereinsgründung erfolgen und der Verein in den folgenden Monaten eine Fülle von Turn- und Versammlungsaktivitäten entfalten konnte, darunter auch die Bildung einer Abteilung für *den weiblichen Theil der Bevölkerung.*[134] Im Juli 1846 initiierte Struve dann einen Badeverein, der es sich zur Aufgabe machte, am Rheinufer eine Badeanstalt für Unbemittelte zu schaffen.[135] Speziell als Reaktion auf die akute Wirtschaftskrise war schließlich die Gründung des bereits erwähnten Vereins zur Beförderung des Wohls der arbeitenden Klassen gedacht, zu der sich am 8. November 1846 mehr als tausend Personen im Aulasaal eingefunden hatten.[136] Treffend charakterisiert Heinrich von Feder in seiner Stadtgeschichte die Stimmung dieser vorrevolutionären Jahre in Mannheim: *Das sociale Leben war während dieser Periode von der Politik durchdrungen. [...] Neben dem Oppositionsgeiste, der systematisch groß gezogen worden war, ist es der Reiz der Neuheit, welcher ein lebendiges Interesse an allen Vorgängen jener Zeit erweckt und wach erhält. Die Thätigkeit der Gesellschaft ist eine fieberhaft erregte. Von einem Vereine eilt man zu einem andern; von einer Sitzung zur andern; Zusammenkünfte und Versammlungen drängen auf einander; die Reden der Abgeordneten, die Vorträge Mathy's, Struve's und Hammer's vernimmt man mit steigendem Interesse; von Auswärts strömt man herbei, um den Leitern der Bewegung Bericht zu erstatten und um weitere Instructionen in Empfang zu nehmen.*[137]

An allen diesen Vereinsgründungen waren nach wie vor auch noch die Liberalen wie Bassermann und Mathy beteiligt: So gehörten dem Vorstand des Turnvereins neben Radikalen wie Elias Eller und Gustav von Struve namhafte Kaufleute an, darunter Friedrich Daniel Bassermanns jüngerer Bruder Ludwig Alexander. Sie bewegten ihre soziale Klientel und besonders auch die Kaufmannssöhne in so großer Zahl zum Beitritt, dass zunächst mehr als ein Drittel der Vereinsmitglieder zu dieser Sozialgruppe zählte. Mit ihrem Engagement trugen die Liberalen auch nicht unerheblich dazu bei, dass der Turnverein nach seinem erneuten Verbot am 16. Juni 1847 – dieses erging, weil auf einer Turnerversammlung von einem deutschkatholischen Prediger radikale politische Reden geschwungen worden waren – schon kurze Zeit später neu gegründet werden durfte. Dennoch vermochten die Liberalen nicht zu verhindern, dass der Verein erneut in radikales Fahrwasser geriet: *Die jungen Turner wurden schon gar bald als die künftige Armee der radikalen Partei betrachtet, die Turnvereine, welche sich rasch ausgebreitet hatten, traten miteinander in Verbindung, sie übten sich in den Waffen, organisierten sich militärisch, und es war für jedes Auge offenbar, dass ihr vorherrschender Zweck ein politischer, ein revolutionärer war*, schilderte Friedrich Daniel Bassermann in seinen Erinnerungen rückblickend diese Entwicklung.[138]

## Erster Widerstand

Es konnte kaum ausbleiben, dass sich in den Reihen der Mannheimer Bürger Bedenken gegen ein politisches Vorgehen erhoben, das letztlich doch nur den Radikalen zugute zu kommen schien und das zudem mehr und mehr Kräfte mobilisierte, die nach aller bisherigen Anschauung am Rande, wenn nicht gar außerhalb der bürgerlichen Gemeinschaft standen. Dass man mit solchen Bedenken keineswegs allein stand, konnte der gebildete Leser beispielsweise dem *Brockhaus* entnehmen, wo es unter dem Stichwort *Radicalismus* warnend hieß: *Man versteht jetzt unter Radicalismus den Ultraliberalismus, der sich von dem Liberalismus durch größeres Absehen von den gegebenen Zuständen und Bedingungen und der geschichtlichen Entwicklung, durch Verleugnung des Maßes und in der Regel auch durch Gleichgültigkeit in der Wahl der Mittel unterscheidet, und eben deshalb dem echten Liberalismus vielleicht gefährlicher ist als die Reaction.*[139] Auf diese Stimmung setzte im Übrigen auch der im Frühjahr 1846 zunächst ohne Ressort in das Kabinett berufene und dann im Dezember 1846 zum Innenminister ernannte Vizekanzler des in Mannheim ansässigen Oberhofgerichts Johann Baptist Bekk seine Hoffnungen, als er – ein gerade auch in Mannheimer Bürgerkreisen hoch geschätzter Mann des Ausgleichs – bei den gemäßigten Liberalen in der Kammer und im Lande um Unterstützung warb.

Bereits im Februar 1846 war in Mannheim anlässlich der Kammerwahlen ein Rundschreiben kursiert, in dem die Bildung eines Vereins angezeigt wurde, *um den Wahlumtrieben der radicalen Partei entgegenzuwirken*. Doch war die Sache, nachdem ein dort namentlich als Kontaktmann genannter Kaufmann sich ausdrücklich distanziert hatte, bald im Sande verlaufen.[140] Hingegen traten im Lauf des Jahres 1847 die Spannungen innerhalb des Mannheimer Bürgertums unübersehbar zutage: Nachdem bei Ergänzungswahlen zum Kleinen Bürgerausschuss im Sommer eine Partei der *Bürger im engeren Sinne* – allerdings weitgehend erfolglos – kandidiert hatte, formierte sich zu den Kammerwahlen im Oktober eine Liste der *gemäßigt-liberalen Bürger*, deren Wahlversammlungen oft mehrere Hundert Zuhörer anzogen.[141] Die bislang dominierende Verbindung aus Liberalen und Radikalen versuchte sogleich, die neue Konkurrenz als verderbliche Spaltung zu diffamieren und sie in die Nähe der staatlichen Reaktionspolitik zu stellen: Die von Mathy herausgegebene *Rundschau* nannte die Gemäßigten *Kosaken des Rückschritts*, was

*Johann Baptist Bekk (1797–1855). Lithographie, um 1850. StadtA KA.*

diese wiederum mit der Bezeichnung *Beduinen des Fortschritts* für die Liberalen konterten.[142] Ein Blick auf die soziale Zusammensetzung der beiden konkurrierenden Kandidatenlisten lässt allerdings unschwer erkennen, dass es sich bei den *gemäßigt-liberalen Bürgern* nicht um eine am Gängelband der Bürokratie geführte Gruppe handelte, sondern dass sich hier zwei sozial nahezu identische Fraktionen des Stadtbürgertums gegenüberstanden. Unter den gemäßigten Kandidaten fand sich eine Vielzahl namhafter und hoch angesehener Bürger wie die beiden langjährigen Kammerabgeordneten Friedrich Lauer und Sigmund Mohr oder die beiden jüdischen Bankiers Joseph Hohenemser und Seligmann Ladenburg sowie mit dem Kunsthändler und Gemeinderat Philipp Artaria und dem Kaufmann Friedrich Mayer-Nicolay auch solche, die noch vor nicht allzu langer Zeit politisch eng mit den Liberalen und Radikalen zusammengearbeitet hatten. Im zweiten der zehn Mannheimer Wahldistrikte gelang es den Gemäßigten sogar überraschenderweise ihre acht Kandidaten durchzubringen. Dies scheint die bisherige Mehrheit mit verstärkten Anstrengungen beantwortet zu haben, ihre Wähler zu mobilisieren. Zugleich wurde von radikaler Seite ein öffentlicher Druck aufgebaut, der den Wählern eine unbeeinflusste Entscheidung nahezu unmöglich machte. In einer Beschwerde schilderten sieben Mannheimer Bürger nach dem Wahlakt die aufgereizte und bedrohliche Atmosphäre dieser Tage: *Die Radicalen besetzten mit einer Anzahl Proletariern alle Zugänge zum Rathhause, der Speisemarkt wimmelte davon, der Gang im Rathhause selbst war von ihnen besetzt. Diejenigen, welche im Sinne unserer Partei wählen wollten, wurden, als sie herkamen, um von ihrem Wahlrechte Gebrauch zu machen, verhöhnt, bedroht, ja einer der Anwesenden sogar geschlagen. Die Wahlzettel wurden den Leuten zur Einsicht abgefordert; man suchte den Leuten andere Wahlzettel aufzudringen* [...].[143] Wohl auch unter diesem Druck traten die Gemäßigt-Liberalen in den vier zuletzt abstimmenden Distrikten gar nicht mehr an, und die bisherige Mehrheit konnte sich noch einmal klar behaupten.

## Am Vorabend der Revolution

Die Geschlossenheit, mit der die politischen Repräsentanten der Stadt nach außen auftraten, hatte bislang zu einem guten Teil die Stärke der Oppositionsbewegung gerade auch in Mannheim ausgemacht. Allmählich aber wurde sie mehr und mehr zum Dilemma einer gemäßigten, im eigentlichen Wortsinne liberalen Politik. Denn die Vorstellung, dass der Kampf nicht zwischen unterschiedlichen politischen Richtungen oder gar Parteien ausgefochten werde, sondern dass das ganze Bürgertum gegen die Bürokratie, dass die Stadt gegen den Staat stehe, lieferte die gemäßigten Kräfte letztlich völlig den radikaleren Elementen aus. Hecker und Struve hielten jetzt immer deutlicher das Heft in der Hand. Sie diktierten mit ihren vielfältigen Aktivitäten, was jeweils die nächsten Schritte in der großen Auseinandersetzung sein sollten und in welchem Tempo diese zu gehen seien. Den Liberalen wie Bassermann und Mathy blieb, wollten sie nicht offen auf Distanz gehen und damit die oppositionelle Eintracht von sich aus aufkün-

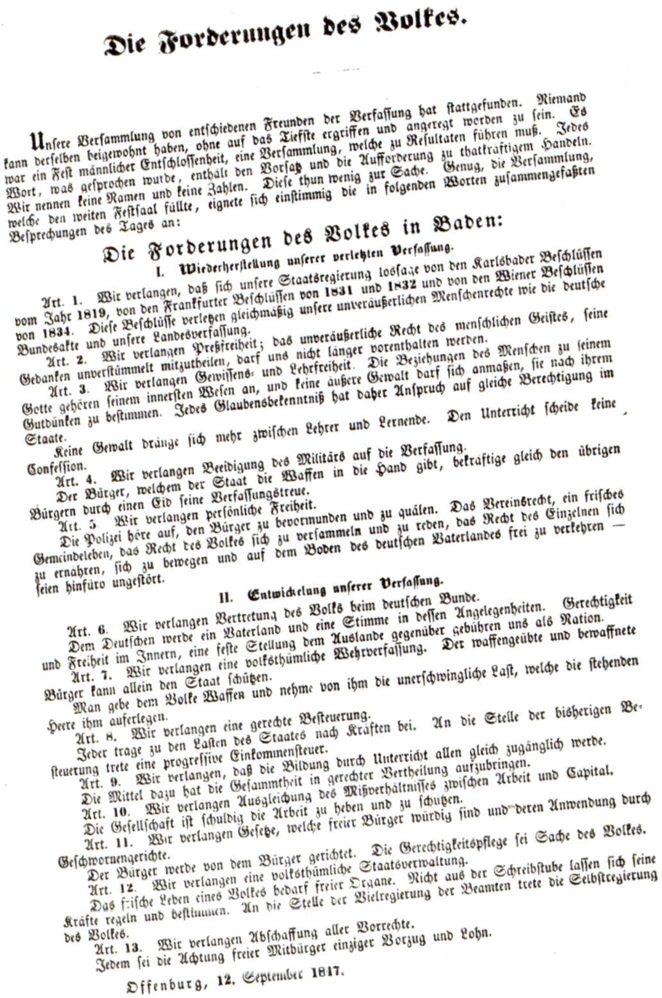

# Die Forderungen des Volkes.

Unsere Versammlung von entschiedenen Freunden der Verfassung hat stattgefunden. Niemand kann derselben beigewohnt haben, ohne auf das Tiefste ergriffen und angeregt worden zu sein. Es war ein Fest männlicher Entschlossenheit, eine Versammlung, welche zu Resultaten führen muß. Jedes Wort, was gesprochen wurde, enthält den Vorsatz und die Aufforderung zu thatkräftigem Handeln. Wir nennen keine Namen und keine Zahlen. Diese thun wenig zur Sache. Genug, die Versammlung, welche den weiten Festsaal füllte, eignete sich einstimmig die in folgenden Worten zusammengefaßten Besprechungen des Tages an:

## Die Forderungen des Volkes in Baden:

### I. Wiederherstellung unserer verletzten Verfassung.

Art. 1. Wir verlangen, daß sich unsere Staatsregierung lossage von den Karlsbader Beschlüssen vom Jahr 1819, von den Frankfurter Beschlüssen von 1831 und 1832 und von den Wiener Beschlüssen von 1834. Diese Beschlüsse verletzen gleichmäßig unsere unveräußerlichen Menschenrechte wie die deutsche Bundesakte und unsere Landesverfassung.

Art. 2. Wir verlangen Preßfreiheit; das unveräußerliche Recht des menschlichen Geistes, seine Gedanken unverstümmelt mitzutheilen, darf uns nicht länger vorenthalten werden.

Art. 3. Wir verlangen Gewissens- und Lehrfreiheit. Die Beziehungen des Menschen zu seinem Gotte gehören seinem innersten Wesen an, und keine äußere Gewalt darf sich anmaßen, sie nach ihrem Gutdünken zu bestimmen. Jedes Glaubensbekenntniß hat daher Anspruch auf gleiche Berechtigung im Staate.

Keine Gewalt dränge sich mehr zwischen Lehrer und Lernende. Den Unterricht scheide keine Confession.

Art. 4. Wir verlangen Beeidigung des Militärs auf die Verfassung.

Der Bürger, welchem der Staat die Waffen in die Hand gibt, bekräftige gleich den übrigen Bürgern durch einen Eid seine Verfassungstreue.

Art. 5. Wir verlangen persönliche Freiheit.

Die Polizei höre auf, den Bürger zu bevormunden und zu quälen. Das Vereinsrecht, ein frisches Gemeindeleben, das Recht des Volkes sich zu versammeln und zu reden, das Recht des Einzelnen sich zu ernähren, sich zu bewegen und auf dem Boden des deutschen Vaterlandes frei zu verkehren — seien hinfüro ungestört.

### II. Entwickelung unserer Verfassung.

Art. 6. Wir verlangen Vertretung des Volks beim deutschen Bunde.

Dem Deutschen werde ein Vaterland und eine Stimme in dessen Angelegenheiten. Gerechtigkeit und Freiheit im Innern, eine feste Stellung dem Auslande gegenüber gebühren uns als Nation.

Art. 7. Wir verlangen eine volksthümliche Wehrverfassung. Der waffengeübte und bewaffnete Bürger kann allein den Staat schützen.

Man gebe dem Volke Waffen und nehme von ihm die unerschwingliche Last, welche die stehenden Heere ihm auferlegen.

Art. 8. Wir verlangen eine gerechte Besteuerung.

Jeder trage zu den Lasten des Staates nach Kräften bei. An die Stelle der bisherigen Besteuerung trete eine progressive Einkommensteuer.

Art. 9. Wir verlangen, daß die Bildung durch Unterricht allen gleich zugänglich werde.

Die Mittel dazu hat die Gesammtheit in gerechter Vertheilung aufzubringen.

Art. 10. Wir verlangen Ausgleichung des Mißverhältnisses zwischen Arbeit und Capital.

Die Gesellschaft ist schuldig die Arbeit zu heben und zu schützen.

Art. 11. Wir verlangen Gesetze, welche freier Bürger würdig sind und deren Anwendung durch Geschwornengerichte.

Der Bürger werde von dem Bürger gerichtet. Die Gerechtigkeitspflege sei Sache des Volkes.

Art. 12. Wir verlangen eine volksthümliche Staatsverwaltung.

Das frische Leben eines Volkes bedarf freier Organe. Nicht aus der Schreibstube lassen sich seine Kräfte regeln und bestimmen. An die Stelle der Vielregierung der Beamten trete die Selbstregierung des Volkes.

Art. 13. Wir verlangen Abschaffung aller Vorrechte.

Jedem sei die Achtung freier Mitbürger einziger Vorzug und Lohn.

Offenburg, 12. September 1847.

*Das Offenburger Programm. Flugblatt, 1847. AKG Images.*

digen, nichts anderes übriq, als selbst jeden Schritt mitzugehen und damit zu versuchen, sich auch weiterhin einen entscheidenden Einfluss auf die Bewegung zu sichern.

Gleichzeitig aber suchten beide Flügel in unterschiedlichen Richtungen nach neuen Strategien, die die Opposition aus der schwierigen Situation relativen Stillstands herausbringen und rasche Fortschritte im Kampf gegen den monarchisch-bürokratischen Obrigkeitsstaat ermöglichen könnten. Hecker und Struve setzten vor allem darauf, in Anknüpfung an die erfolgreichen Verfassungsfeiern früherer Jahre die außerparlamentarischen Aktivitäten der Opposition zu verstärken. Sie wollten die radikale Mobilisierung über Versammlungen und Vereine entschieden weiter vorantreiben und die bisher lokal weitgehend eigenständig operierende Anhängerschaft organisatorisch, programmatisch und personell vernetzen sowie zu einer landesweiten Bewegung zusammenfassen. Das war im Kern die Zielsetzung jener von vielen Hundert Teilnehmern besuchten Versammlung, zu der führende Mannheimer Radikale – neben Hecker und Struve zählten zu den Unterzeichnern noch Lorenz Brentano, Elias Eller, Johann Peter Grohe und Heinrich Hoff – für den 12. September 1847 nach Offenburg eingeladen hatten und die dann mit dem von ihr verabschiedeten 13-Punkte-Programm wegen dessen kompromissloser Sprache und wegen des dezidierten Eingehens auf die soziale Frage weit über Baden hinaus Aufsehen erregte.[144]

Die in Offenburg nicht vertretenen gemäßigten Köpfe um Bassermann und Mathy trafen sich einen knappen Monat später mit ihren Gesinnungsgenossen aus Baden und einigen Nachbarländern in Heppenheim an der Bergstraße.[145] Dieses Treffen konnte an die früheren Begegnungen oppositioneller Politiker auf dem Weingut Itzsteins im nassauischen Hallgarten anknüpfen – Itzstein war im Übrigen auch in Heppenheim anwesend. Die an der Bergstraße am 10. Oktober 1847 Versammelten, die zumeist auch Kammerabgeordnete waren, verabredeten zum einen, ihre parlamentarische Arbeit grenzüberschreitend zu koordinieren, und debattierten zum anderen die Möglichkeit, den Zollverein oder den Deutschen Bund durch die Schaffung einer parlamentarischen Vertretung schrittweise zu einem deutschen Nationalstaat auszubauen.

Parallel zu den hier aufscheinenden programmatischen und politisch-taktischen Differenzen verstärkten sich auch die persönlichen Spannungen zwischen den Oppositionspolitikern. Zwischen Struve und Mathy war es schon um die Jahreswende 1846/47 zum Bruch gekommen, weil Struve argwöhnte, Mathy, der ihn als Redakteur des *Mannheimer Journals* während der Haftzeit vertreten hatte, habe seine Entlassung beim *Journal* betrieben. Doch auch Hecker und Mathy gerieten verschiedentlich aneinander, so etwa als Mathy anlässlich eines Mittagessens, zu dem er und Bassermann bei Hecker eingeladen waren, diesen mit spitzen Fragen, wie denn die opulent gedeckte Tafel zu Heckers Hetztiraden gegen Fettbäuche und egoistische Geldsäcke passe, bis zu einem cholerischen Wutausbruch reizte. Und bei einer der wöchentlichen Zusammenkünfte führte eine Meinungsverschiedenheit sogar zu einer Duellforderung Heckers an Mathy, und den politischen Freunden gelang es nur mit großer Mühe, den Zweikampf noch zu verhindern.[146]

In Vielem zeichneten sich also bereits die Konstellationen und scharfen Frontstellungen des Revolutionsjahres ab. Zugleich aber konnten die beiden unterschiedlichen Strategien, die nationalpolitische Offensive einerseits und die Formierung einer regionalen Bürgerbewegung aus den Gemeinden heraus andererseits, noch als einander ergänzende Taktiken verstanden werden. Deshalb waren die beiden Flügel der bürgerlich-liberalen Bewegung auch in den folgenden Monaten weiterhin fähig, politisch eng zusammenzuarbeiten. Gemeinsam kämpften Bassermann und Mathy, Hecker und Struve – wie erwähnt – im Oktober 1847 gegen die sich in Teilen der Bürgerschaft regende Kritik. Gemeinsam unterstützten sie am 4. November 1847 die Wahl von Valentin Streuber zum zweiten Bürgermeister, dem allerdings von den Staatsbehörden die Bestätigung versagt wurde.[147] Ge-

meinsam standen sie hinter der berühmten Motion, mit der Friedrich Daniel Bassermann am 12. Februar 1848 die Parlamentarisierung des Deutschen Bunds forderte.[148] Und auch als sich – nach dem Muster der Heppenheimer Versammlung – am 5. März 1848 51 liberale Abgeordnete in Heidelberg trafen, um die revolutionäre Unruhe zu nutzen, nun mit entschiedenen Schritten ein nationales Parlament zu schaffen, fanden sich die führenden Köpfe beider Richtungen wieder zusammen ein. Trotz der seit längerem offenkundigen Gegensätze war also die politische Einheit der Opposition in Mannheim und Baden auch Anfang 1848 noch keineswegs aufgegeben und schon gar nicht offen aufgekündigt.

Wohl aber war unübersehbar: Alles trieb auf eine Revolution zu; die Zeit für Reformen und friedliche Losungen wurde knapp und knapper – diese Sorge beherrschte gerade auch in Mannheim die Gedanken vieler um die Jahreswende 1847/48. Dass diese Revolution dann von Mannheim ihren Ausgang nehmen würde, hätte freilich kein Zeitgenosse vorherzusagen gewagt. Und doch war es angesichts der durchgreifenden politischen Mobilisierung, die die Stadt seit 1842 erfasst hatte, und der politischen Vorreiterrolle, die die Mannheimer Liberalen und Radikalen in Baden und Deutschland übernommen hatten, alles andere als Zufall.

*Die künftigen Revolutionäre aus Mannheim vereint – eine Szene, die so nie statt gefunden hat: Friedrich Hecker (Mitte), Gustav Struve, Adam von Itzstein, Lorenz Brentano, Karl Mathy, Alexander von Soiron. Historiengemälde, Karl Hönn zugeschrieben, um 1885/1898. REM.*

## Anmerkungen

1 Zitiert nach G. Arnscheidt (1999) S. 57.
2 Zitiert nach M. Hörner (1987) S. 439.
3 Antwortadresse der Zweiten Kammer auf die Thronrede Großherzog Leopolds am 17. 3. 1831, zitiert nach R. Goldschmit (1918) S. 70.
4 Zum Folgenden H. v. Feder (1877) Bd. 2 S. 170 ff.; F. Walter (1907) Bd. 2 S. 183 ff. sowie allgemein P. Nolte (1994) S. 74 ff.
5 Vgl. auch die Schilderung des Empfangs und des Fests bei C. v. Rotteck (1833) S. 661 ff.
6 H. v. Feder (1877) Bd. 2 S. 174.
7 Dazu jetzt G. Brudzynska-Nemec (2006) bes. S. 77 f. sowie allgemein E. Kolb (1975).
8 K.-G. Faber (1979) S. 140.
9 Zur Presse vgl. bes. N. Deuchert (1983) S. 40 ff.; H. Müller (1986) S. 41 ff.
10 Das Fest der freien Presse (1832).
11 N. Deuchert (1983) S. 56.
12 Zur Bundespolitik W. Gauer (1931) S. 363 ff.; W. v. Hippel (1967) S. 68 ff.; E.R. Huber (1978) S. 154 ff.
13 H. v. Feder (1877) Bd. 2 S. 175 f.; F. Walter (1907) Bd. 2 S. 189 ff.; R. Wirtz (1981) S. 98 ff.
14 B. Waßmuth (2005) S. 237.
15 Der Wächter am Rhein Nr. 22 vom 22.4.1832.
16 Vgl. zur Entstehungsgeschichte des provisorischen Gesetzes ausführlich P. Nolte (1994) S. 128 f.
17 So die Zahlen ebd. S. 133, der in seiner Zusammenstellung auch eine Reihe anderer badischer Städte berücksichtigt.
18 So der Mannheimer Abgeordnete Wilhelm Gerbel am 18.5.1837, Verhandlungen der Zweiten Kammer (1837) Heft 3 S. 18.
19 Badisches Volksblatt Nr. 3 vom 5.1.1834, zitiert nach: P. Nolte (1994) S. 130.
20 Innenminister Winter, dem bereits unmittelbar nach dem Inkrafttreten des Zensus Bedenken gekommen waren, die Vermögensgrenzen für das Wahlrecht könnten erheblich zu hoch angesetzt sein, und der sich durch die 1834 durchgeführten Recherchen in dieser Ansicht bestätigt sah, hatte sich im Staatsministerium mit seiner Auffassung nicht durchsetzen können. Lediglich der Zensus für die kleineren Städte und Gemeinden war im Regierungsentwurf von 800 Gulden auf 600 Gulden gesenkt worden; dazu ausführlich P. Nolte (1994) S. 131 ff.
21 Ludwig von Winter, am 13.3.1837, Verhandlungen der Zweiten Kammer (1837) Beilagenheft 3 S. 66.
22 Vgl. seine knappen Bemerkungen am 18.5.1837, Verhandlungen der Zweiten Kammer (1837) Heft 3 S. 26 f.
23 So Karl Joseph Anton Mittermaier am 23.5.1837, Verhandlungen der Zweiten Kammer (1837) Heft 3 S. 156.
24 Sitzung am 18.5.1837, Verhandlungen der Zweiten Kammer (1837) Heft 3 S. 24.
25 In seinem Bericht für die Kommissionsminderheit am 29.4.1837, Verhandlungen der Zweiten Kammer (1837) Beilagenheft 3 S. 314.
26 Vgl. F. Walter (1907) Bd. 2 S. 199 f.
27 Dazu ebd. S. 201 f.; zur Familie Jolly: F. Waldeck 1 (1920) S. 45 ff.
28 Vgl. bes. F. Walter (1907) Bd. 2 S. 202 ff.
29 Diese Angaben nach Karl Joseph Anton Mittermaier, Verhandlungen der Zweiten Kammer (1837) Beilagenheft 3 S. 315 ff.
30 F. Walter (1907) Bd. 2 S. 243.
31 Ebd. S. 247 f.
32 Ebd. S. 246 f.
33 Vgl. H. Schröter (1992) S. 37 f.
34 J.G. Rieger (1824) S. 399. Vgl. auch H. Rings (2003).
35 Dazu G. Arnscheidt (1990).
36 Dazu ausführlich M. Eisenlohr (1921).
37 Zitiert nach F. Facius (1975) S. 226.
38 F. Siebeneck (1892).
39 L. Newhouse (1833).
40 Ebd. S. 125.
41 Sitzung vom 9.3.1838. Verhandlungen der Zweiten Kammer (1838), Heft 5 S. 248.
42 Zitiert nach L. Müller (1902) Teil 4 S. 50.
43 Zitiert nach W. v. Hippel, Karl Friedrich Nebenius (1990) S. 69.
44 Sitzung vom 8.5.1844. Verhandlungen der Zweiten Kammer (1844), Heft 5 S. 48.
45 So z. B. in einem bei H.-J. Enzweiler (1990) S. 113 zitierten Artikel aus dem in Mannheim erscheinenden *Deutschen Positillon* vom 13.11.1839, der wiederum auf eine Veröffentlichung der *Leipziger Allgemeinen Volkszeitung* zurückging.
46 Sitzung vom 8.5.1844. Verhandlungen der Zweiten Kammer (1844), Heft 5 S. 47.
47 Sitzung vom 8.5.1844. Verhandlungen der Zweiten Kammer (1844), Heft 5 S. 89.
48 Sitzung vom 9.3.1838. Verhandlungen der Zweiten Kammer (1838), S. 262 f.
49 Sitzung vom 8.5.1844. Verhandlungen der Zweiten Kammer (1844), Heft 5 S. 94.
50 Ebd. S. 114.
51 Vgl. W. v. Hippel, Bureaucratie (1990) S. 233.
52 Dazu F. Walter (1907) Bd. 2 S. 229ff.
53 Bericht vom 1.4.1844, Verhandlungen der Zweiten Kammer (1844) Beilagenheft 10 S. 336.
54 Adress-Buch Handels- und Gewerbsleute (1840).
55 Siehe den Beitrag von H.-J. Hirsch in diesem Band S. 128 f. und 131.
56 Schreiben der Mannheimer Gewerbevereins an das Ministerium des Innern vom 29. Juli 1847, GLA KA, 237/14234.
57 P. Nolte (1994) S. 83.
58 So Adam von Itzstein, Sitzung vom 2.7.1831. Verhandlungen der Zweiten Kammer (1831), Heft 13 S. 79 f.
59 C. v. Rotteck (1833) S. 139.
60 F. Walter (1907) Bd. 2 S. 158 f.
61 Vgl. F. v. Baader (1843) S. 31 f.
62 Ebd. S. 15 f.
63 Mannheimer Journal 1839, zitiert nach F. Walter (1907) Bd. 2 S. 244.
64 H. Probst (1972) S. 149 ff.
65 Zitiert nach F. Walter (1907) Bd. 2 S. 317.
66 Verzeichniß sämmtlicher Gebäude (1831).
67 Hierzu D. Hein (2003) vgl. auch I. Makowski (1988).
68 K. Geib (1847) S. 10.

69 Chronik Ressource-Gesellschaft (1929); F. Walter (1907) Bd. 2 S.243; T. Bayer (2001) S. 152 ff.
70 Chronik Ressource-Gesellschaft (1929) Blatt 1.
71 F. Blaul (2000).
72 Dazu J. Brömmer (1993) Vgl. ferner F. Walter (1907) Bd. 2 S. 257 ff. sowie Erster Jahresbericht des Kunst-Vereins in Mannheim. Mannheim 1834 (REM C 354g), G. Jacob (1966); U. Nieß, Idylle (1997).
73 J. Brömmer (1993) S. 46.
74 Satzung des Mannheimer Kunstvereins vom 7. September 1833, zitiert nach G. Jacob (1966) S. 22.
75 F. Blaul (2000).
76 Vgl. bes. C. Zimmermann (1992).
77 H. v. Feder (1877) Bd. 2 S. 222.
78 Zitiert nach ebd. S. 226.
79 Dazu C. Zimmermann (1992) S. 89 f.
80 F. Walter (1907) Bd. 2 S. 265.
81 C. Zimmermann (1992) S. 77.
82 G. v. Struve (1848) Bd. 2 S. 193.
83 G. v. Struve (1848) Bd. 3 S. 70.
84 Vgl. zum Folgenden K. O. Watzinger (1984) S. 24 ff.; T. Bayer (2001).
85 Zitiert nach T. Bayer (2001) S. 26.
86 Abbildung siehe unten S. 347.
87 Zitiert nach K. O. Watzinger (1984) S. 26.
88 Vgl. zu Leopold Ladenburg auch K. O. Scherner (1997) S. 179 ff.
89 Schreiben des Mannheimer Gewerbevereins an das Ministerium des Innern vom 29. Juli 1847, GLA KA, 237/14234.
90 Bericht des Großherzoglich Badischen Stadt-Raths Mannheim vom 24. März 1834, GLA KA, 362/19.
91 Zitiert nach: H. v. Feder (1877) Bd. 2 S. 291. Vgl. auch die Hinweise auf die Entstehungsgeschichte in: Statuten des Mannheimer Gewerbevereins. Mannheim 1842, GLA KA, 362/1311.
92 Statuten des Gewerbe-Vereins in Mannheim. Mannheim 1843, 3.
93 Industrie-Halle-Ordnung, o. J. [1843], GLA KA, 362/1311.
94 Das Folgende nach W. v. Hippel (1977).
95 Vgl. v. a. M. Krauß (1992); M. Krauß (1993).
96 Dazu U. Wennemuth (1998) S. 106ff.
97 Zitiert nach M. Krauß (1993) S. 53.
98 Zitiert nach ebd. S. 76.
99 K. Geib (1847) S. 12.
100 Stellungnahme des Kriegsministeriums an das Staatsministerium vom 11.6.1846, zitiert nach R. Wirtz (1981) S. 161.
101 So der bayerische Ministerresident in Karlsruhe, zitiert nach M. Hörner (1987) S. 376.
102 Zitiert nach R. Muhs (1986) S. 330.
103 Vgl. zum Urlaubsstreit L. Müller (1906) Bd. 1 S. 6 ff.; R. Goldschmit (1918) S. 82 ff.; P. Nolte (1994) S. 230 ff.
104 Vgl. zu ihm und seiner Politik W. v. Hippel (1967) S. 112 ff.
105 Dazu genauer M. Hörner (1987) S. 401 ff.
106 Vgl. L. Gall (1989) S. 235 ff.
107 Dazu F. Walter (1907) Bd. 2 S. 277 f.
108 Vgl. seine posthum veröffentlichten Erinnerungen: F.D. Bassermann (1926) und besonders L. Gall (1989).
109 Vgl. P. Nolte (1994) S. 233 ff.
110 Ausführliche Berichte in K. Mathy (1843). Vgl. auch P. Nolte (1993).
111 K. Wild (1913) S. 200.
112 Vgl. Itzsteinfest (1847) S. 57–102.
113 Ebd. S. 81.
114 Zum Deutschkatholizismus F. W. Graf (1978); S. Paletschek (1990).
115 Hierzu ausführlich F. Walter (1907) Bd. 2 S. 294 ff.; vgl. ferner P. Nolte (1994) S. 254 ff.
116 Vgl. Feier der deutschkatholischen Gemeinde (1846).
117 I. Götz von Olenhusen (1998) S. 71.
118 Hierzu N. Deuchert (1983) S. 175 ff.; J. Hespe (1988) S. 19 ff.; F. Walter (1907) Bd. 2 S. 299 ff.
119 Vgl. N. Deuchert (1983) S. 160 ff.
120 Zitiert nach F. Walter (1907) Bd. 2 S. 300.
121 Zu seinen Aktivitäten ausführlich H. Müller (1986).
122 G. v. Struve (1845); G. v. Struve, Zweite Recursschrift (1846); G. v. Struve, Dritte Recursschrift (1846).
123 Zitiert nach F. Walter (1907) Bd. 2 S. 305.
124 Hierzu vgl. GLA KA, 362/1283. Vgl. auch F. Walter (1907) Bd. 2 S. 305 ff.; P. Nolte (1994) S. 279 ff.
125 So schon die Stellungnahme der Kreisregierung vom 18.11.1845, GLA KA, 362/1283.
126 In einem Vortrag vom 24.12.1845, zitiert nach P. Nolte (1994) S. 283.
127 Dazu R. Wirtz (1981) S. 153 ff.
128 L. Gall (1989) S. 252 ff.
129 Vgl. besonders R. Komoß (1993) S. 59ff.
130 Dazu F. Walter (1907) Bd. 2 S. 313 f.; R. Wirtz (1981) S. 164 ff.
131 Mannheimer Morgenblatt vom 7.5.1847, zitiert nach R. Komoß (1993) S. 66.
132 Die Zahlen nach A. Kunz (1999) S. 519.
133 Vgl. W. Fischer (1962) S. 390 ff., P. Nolte (1994) S. 289 f.
134 Festschrift Turnverein Mannheim (1896) S. 5 ff. Vgl. L. Wieser (1996).
135 P. Kühn (1974) S. 250 f.; F. Walter (1907) Bd. 2 S. 305.
136 Vgl. H. v. Feder (1877) Bd. 2 S. 277 f.; Th. Hagen/H.-J. Hirsch (1998) S. 26 f.
137 H. v. Feder (1877) Bd. 2 S. 301
138 F.D. Bassermann (1926) S. 30.
139 Artikel Radicalismus. In: Brockhaus Bd. 11. 9. Aufl. 1846, S. 653 f
140 Zitiert nach M. Hörner (1987) S. 419 f.
141 H. v. Feder (1877) Bd. 2 S. 279 f.; F. Walter (1907) Bd. 2 S. 321 f.; N. Deuchert (1983) S. 225 f.; P. Nolte (1994) S. 294 f. Vgl. ferner P. Blastenbrei (1995) S. 272 f
142 F. Walter (1907) Bd. 2 S. 321 f.
143 Beschwerde vom 12.10.1847, GLA KA, 236/4304 zitiert nach M. Hörner (1987) S. 417.
144 Vgl. N. Deuchert (1983) S. 244 ff.; P. Nolte (1994) S. 297 ff.; R. Schimpf (1997) S. 263 ff.
145 Dazu D. Hein (1998) sowie R. Hoede (1997).
146 Die beiden Episoden bei F.D. Bassermann (1926) S. 26.
147 Vgl. F. Walter (1907) Bd. 2 S. 323.
148 Vgl. L. Gall (1989) S. 288 f.

# 1848–1849

## In den Stürmen der Revolution

Hans-Joachim Hirsch

## „Vorwärts! ist der Ruf der Zeit"

Manche Revolutionen sind voraussehbar, selten jedoch ist der Tag zu prophezeien, an welchem sie den Lauf der Geschichte verändern. Obwohl Mannheim seit dem Vormärz als Hochburg der demokratischen Bewegung und des Republikanismus galt, waren zu Beginn des Jahres 1848 keine Anzeichen dafür zu festzustellen, dass von hier aus in Kürze das Signal zu einem Aufstand gegeben würde.[1] Heinrich von Feder hob in seiner Stadtgeschichte hervor, dass die gravierende Teuerung des vorangegangenen Jahrs gerade überstanden und von einer Krise in der wirtschaftlichen Entwicklung gar nichts zu spüren, die Stadt also gerade wieder in *normale Verhältnisse eingetreten* war.[2] Erst die Revolutionsereignisse führten zu einer erneuten *allgemeinen Geschäfts Stockung*.[3] Die politische Opposition war eher geschwächt aus den beiden im Vorjahr getrennt voneinander abgehaltenen Sammlungskongressen in Offenburg und in Heppenheim hervorgegangen. Ihr langjähriger Führer Adam von Itzstein war auf der Tagung der Gemäßigten im Heppenheimer Gasthaus „Halber Mond" in den Hintergrund getreten. In Offenburg hingegen wurde er von den jungen Oppositionellen Friedrich Hecker und Gustav Struve in der Radikalität ihrer Aussagen überboten. Darüber hinaus hatte sich gegen die gespaltene Oppositionsbewegung erstmals zaghafter Widerstand aus der Mannheimer Bevölkerung zu Wort gemeldet – eine Gruppe Konservativer, die, im Kleinbürgertum verwurzelt, die Unterstützung der obrigkeitstreuen Beamtenschaft und des deklassierten Adels gefunden hatte.

Gleichwohl bekundete sich zur Jahreswende 1847/48 in zahlreichen Gegenden Europas ein mächtiger Wille zum Umsturz der politischen Verhältnisse. Im Großherzogtum Baden war diese Grundstimmung von den jahrzehntelangen Konflikten um die parlamentarische Mitbestimmung des Bürgertums, vor allem aber von einer breiten Missbilligung staatlicher Eingriffe in die Presse- und Verlagsfreiheit sowie in das Vereinswesen geprägt. Insbesondere die Bürgerschaft Mannheims war von den

*Der Mannheimer Mehlhändler Valentin Streuber (1798–1849) wurde zu einer Symbolfigur des Widerstands gegen staatliche Willkür. Lithographie, um 1849. REM.*

ständigen Einmischungen der Polizei- und Landesbehörden aufgewühlt. Die Selbstverwaltung der Kommune wurde durch die obrigkeitlichen Übergriffe faktisch außer Kraft gesetzt, persönliche Demütigungen missliebiger Personen gehörten zum behördlichen Instrumentarium. Ein Beispiel hierfür gibt die Wahl des Mehlhändlers Valentin Streuber, Gemeinderat und Mitgründer der Mannheimer Deutschkatholiken, zum Zweiten Bürgermeister am 4. November 1847. Denn als am 8. Januar 1848 die Nachricht in Mannheim eintraf, dass die Kreisregierung nach zweimonatiger Verschleppung dem Wahlergebnis die Bestätigung versagte, wurde allgemein davon ausgegangen, dass allein die bekanntermaßen oppositionelle Haltung Streubers der Grund für die Ablehnung gewesen sein konnte. Immerhin konnte man Streuber mit dem Amt eines städtischen Mehlwaagmeisters zufriedenstellen und vergaß auch nicht, ihm *die wohlverdiente Anerkennung für sein langjähriges und ersprießliches Wirken als Mitglied des Bürgerausschusses und später des Gemeinderats auszusprechen und ihm dafür zu danken.*[4] Am 9. Februar 1848 wurde in einem neuerlichen Wahlgang der Geschäftsmann und Gemeinderat Josef Moll in das vakante Amt berufen. Es ließ sich jedoch nicht verheimlichen, dass die erneute Herabsetzung der bürgerlichen Selbstverwaltung damit nur widerwillig hingenommen worden war, zumal radikale Kräfte im Bürgerausschuss um den Redakteur der *Mannheimer Abendzeitung*, Johann Peter Grohe, den Versuch machten, die Gemeindevertretung zum juristischen Widerspruch zu bewegen.

Gegen die staatliche Missachtung formierte sich entschiedener Widerstand, der in programmatische Forderungen gegossen wurde. Elemente für eine zukunftsfähige wirtschaftliche und politische Entwicklung der Kommune sollten mit den am 18. Januar 1848 erstmals veröffentlichten *Dreizehn Petitionen vieler Bürger der Stadt Mannheim an die Hohe zweite Kammer der Landstände* in die Debatte eingebracht werden. 34 im öffentlichen Leben stehende Persönlichkeiten waren die Erstunterzeichner dieses Programms, und mehrere hundert Bürger hatten sich *trotz der ungünstigen Witterung und Zeit* am 22. Januar zu ihrer Verabschiedung *im Saal des Badner Hofes eingefunden und nach nochmaliger Anhörung des Hauptinhalts die Petitionen unterschrieben.*[5] Es handelte sich dabei um eine Sammlung völlig unterschiedlich ausgerichteter Forderungen, die sowohl Probleme der Entwicklung von Wirtschaft und Verkehr als auch des politischen Lebens betrafen und insofern auch als politisches Manifest zu verstehen waren.[6] Unter den Erstunterzeichnern fanden sich so unterschiedliche Persön-

*Friedrich Daniel Bassermann (1811–1855). Lithographie von Valentin Schertle, Druck von Eduard Gustav May in Frankfurt a. M., um 1848. StadtA MA.*

lichkeiten wie Leopold Ladenburg, Christoph Gentil auf der einen, Gustav Struve oder Heinrich Hoff auf der anderen Seite. *Die liberalen Parteien schienen wieder vereinigt zu sein.*[7] Die nach einem ersten Abdruck in der *Mannheimer Abendzeitung* in 3 000 Exemplaren gedruckten Petitionen warben für Religionsfreiheit der Deutschkatholiken und Emanzipation der Juden ebenso wie für den Bau einer Staatsstraße von Käfertal nach Weinheim. Die Förderung vor allem des gewerblichen Mittelstands und eine Liberalisierung der politischen Rahmenbedingungen lagen im Zentrum ihrer Überlegungen. Die Bürgerschaft trat in diesen Forderungen nach außen durchaus als einheitliche Bewegung in Erscheinung, die weit entfernt von subversiven, systemfeindlichen Tendenzen und trotz aller Bevormundungen durchaus staatstragend konstruktive Vorschläge zur zukünftigen Entwicklung unterbreitete. Die Petitionen gossen somit unterschiedlichste gesellschaftspolitische Positionen in eine gemeinsame Form. Weitgehende politische Selbstverwaltung war das Ziel: ein Idealmodell, das nicht von ungefähr Parallelen mit der Schweiz aufwies.

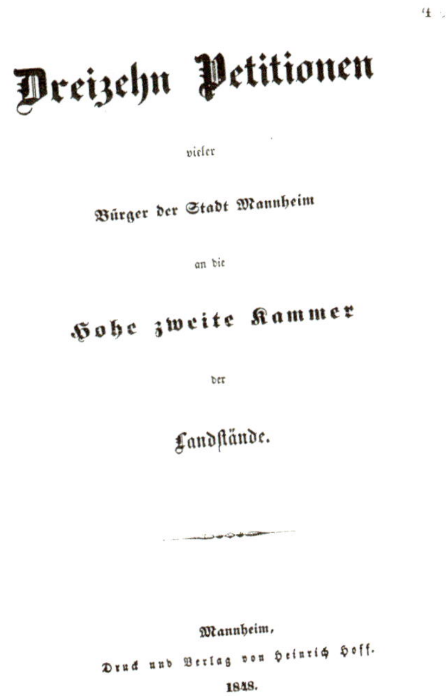


*Titel der „Dreizehn Petitionen vieler Bürger der Stadt Mannheim an die Hohe zweite Kammer der Landstände" vom Januar 1848. StadtA MA.*

Dabei wurde von der Mehrzahl der Unterstützer sicherlich nicht an eine Abschaffung der Monarchie gedacht, wie die immer wieder begeisterten Empfänge für Großherzog Leopold und seine Familie wie auch die weit verbreitete Sympathie für Großherzoginwitwe Stephanie Beauharnais bewiesen. Während hinter den Kulissen heftige Konflikte zwischen staatlicher Autorität und Gemeinde tobten, besuchte der Monarch am 21. Dezember 1847 zum letzten Mal vor der Revolution Mannheim. Keinesfalls im Gegensatz dazu machte die nationale Bewegung Fortschritte im öffentlichen Bewusstsein. Am 12. Februar stellte der Mannheimer Abgeordnete Friedrich Daniel Bassermann in der Zweiten Kammer der badischen Ständeversammlung in Karlsruhe seinen epochalen Antrag für ein deutsches Nationalparlament. Am 21. fand im Mannheimer Aulasaal unter großem Zuspruch eine Versammlung zur Unterstützung der deutsch-nationalen Bewegung in Schleswig-Holstein statt.

Von einer aufgewühlten Stimmung berichtet dagegen Amalie Struve anlässlich eines gemeinsamen Theaterabends mit ihrem Ehemann Gustav am 25. Februar 1848. Auf der Theaterbühne wurde Schillers Freiheitsdrama *Wilhelm Tell* aufgeführt, unter begeisterter Zustimmung der Zuschauer, von denen *Stellen, welche auf die Zertrümmerung des Joches der Knechtschaft*

*Links: Amalie Struve (1824–1862). Bleistiftzeichnung, um 1846. REM.*

*Rechts: Gustav Struve (1805–1870). Lithographie von Schubart bei Bühler, um 1846. StadtA MA.*

*und den Kampf für die Freiheit hinwiesen, [...] stürmisch beklatscht* wurden. Einmütig kamen die beiden Eheleute überein, dass sie *am Vorabende einer großen Revolution stünden.*[8]

Eine solche Auffassung des Geschehens war allerdings auch stark vom eigenen Wunschdenken beeinflusst und wurde keinesfalls von allen Beobachtern geteilt. Selbst die unbestrittene, hochverehrte Leitfigur der Vormärzopposition, Adam von Itzstein, hegte vorerst keine revolutionären Erwartungen. Er äußerte sich noch auf dem Weg zur entscheidenden Aulaversammlung *in verdrießlichem Tone* zu seinen Begleitern, unter denen sich Bassermann befand: *Sie hätten die Berufung dieser Versammlung können bleiben lassen.*[9] Der jugendliche Held der Opposition, Friedrich Hecker, blieb gar der Versammlung fern, war *durch Unwohlsein abgehalten.*[10] Gleichwohl lockten die seit dem 24. verbreiteten Neuigkeiten von einer revolutionären Bewegung in Paris am 27. Februar eine zahlreiche Menge in das Versammlungslokal, zumal an diesem Sonntagvormittag um 10 Uhr die Nachricht vom Erfolg des Pariser Umsturzversuchs in Mannheim eingetroffen war. Zu Beginn der um 3 Uhr nachmittags stattfindenden Versammlung in der Aula, einem Seitengebäude des einstigen Jesuitenkollegs, wurde sogleich der skeptische Itzstein von den Anwesenden durch Zuruf zum Vorsitz gedrängt. Wortführer der Bewegung war allerdings ein anderer, denn der Mannheimer Verleger Heinrich Hoff scheint die anwesende Volksmenge von

*Blick in die „Kalte Gasse": Die Aula diente als Versammlungsort für Vereine und politische Veranstaltungen. Foto, um 1900. StadtA MA.*

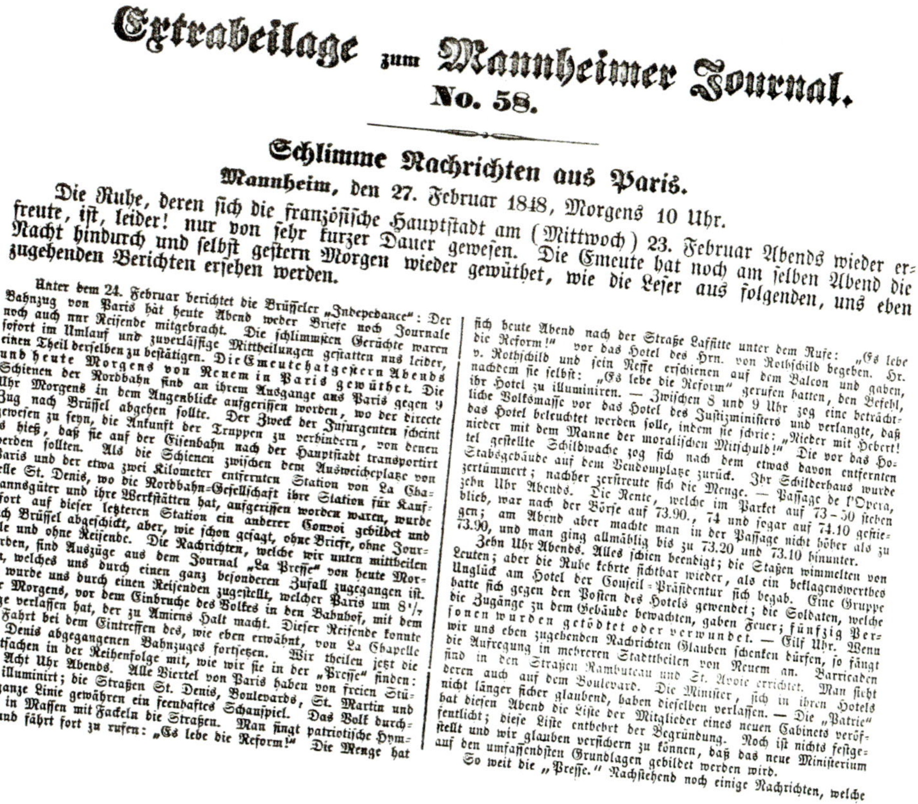

# Extrabeilage zum Mannheimer Journal.

**No. 58.**

## Schlimme Nachrichten aus Paris.

**Mannheim, den 27. Februar 1848, Morgens 10 Uhr.**

**Die Ruhe, deren sich die französische Hauptstadt am (Mittwoch) 23. Februar Abends wieder erfreute, ist, leider! nur von sehr kurzer Dauer gewesen. Die Emeute hat noch am selben Abend die Nacht hindurch und selbst gestern Morgen wieder gewüthet, wie die Leser aus folgenden, uns eben zugehenden Berichten ersehen werden.**

Unter dem 24. Februar berichtet die Brüsseler „Indepedance“: Der Bahnzug von Paris hat heute Abend weder Briefe noch Journale noch auch nur Reisende mitgebracht. Die schlimmsten Gerüchte waren sofort im Umlauf und zuverlässige Mittheilungen gestatten uns leider, einen Theil derselben zu bestätigen. Die Emeute hat gestern Abends und heute Morgens von Neuem in Paris gewüthet. Die Schienen der Nordbahn sind an ihrem Ausgange aus Paris gegen 9 Uhr Morgens in dem Augenblicke aufgerissen worden, wo der directe Zug nach Brüssel abgehen sollte. Der Zweck der Insurgenten scheint gewesen zu seyn, die Ankunft der Truppen zu verhindern, von denen es hieß, daß sie auf der Eisenbahn nach der Hauptstadt transportirt werden sollten. Als die Schienen zwischen dem Ausweicheplatze von Paris und der etwa zwei Kilometer entfernten Station von La Chapelle St. Denis, wo die Nordbahn-Gesellschaft ihre Station für Kaufmannsgüter und ihre Werkstätten hat, aufgerissen worden waren, wurde sofort auf dieser letzteren Station ein anderer Convoi gebildet und nach Brüssel abgeschickt, aber, wie schon gesagt, ohne Briefe, ohne Journale und ohne Reisende. Die Nachrichten, welche wir unten mittheilen werden, sind Auszüge aus dem Journal „La Presse“ von heute Morgen, welches uns durch einen ganz besonderen Zufall zugegangen ist. Es wurde uns durch einen Reisenden zugestellt, welcher Paris um 8½ Uhr Morgens, vor dem Einbruche des Volkes in den Bahnhof, mit dem Zuge verlassen hat, der zu Amiens Halt macht. Dieser Reisende konnte die Fahrt bei dem Eintreffen des, wie eben erwähnt, von La Chapelle St. Denis abgegangenen Bahnzuges fortsetzen. Wir theilen jetzt die Thatsachen in der Reihenfolge mit, wie wir sie in der „Presse“ finden:

Acht Uhr Abends. Alle Viertel von Paris haben von freien Stücken illuminirt; die Straßen St. Denis, Boulevards, St. Martin und die ganze Linie gewähren ein feenhaftes Schauspiel. Das Volk durchwogt in Massen mit Fackeln die Straßen. Man singt patriotische Hymnen und fährt fort zu rufen: „Es lebe die Reform!“ Die Menge hat sich heute Abend nach der Straße Laffitte unter dem Rufe: „Es lebe die Reform!“ vor das Hotel des Hrn. von Rothschild begeben. Hr. v. Rothschild und sein Neffe erschienen auf dem Balcon und gaben, nachdem sie selbst: „Es lebe die Reform“ gerufen hatten, den Befehl, ihr Hotel zu illuminiren. — Zwischen 8 und 9 Uhr zog eine beträchtliche Volksmasse vor das Hotel des Justizministers und verlangte, daß das Hotel beleuchtet werden solle, indem sie schrie: „Nieder mit Hebert! nieder mit dem Manne der moralischen Mitschuld!“ Die vor das Hotel gestellte Schildwache zog sich nach dem etwas davon entfernten Stabsgebäude auf dem Vendomplatze zurück. Ihr Schilderhaus wurde zertrümmert; nachher zerstreute sich die Menge. — Passage de l'Opera, zehn Uhr Abends. Die Rente, welche im Parket auf 73–50 stehen blieb, war nach der Börse auf 73.90., 74 und sogar auf 74.10 gestiegen; am Abend aber machte man in der Passage nicht höher als zu 73.90, und man ging allmählig bis zu 73.20 und 73.10 hinunter.

Zehn Uhr Abends. Alles schien beendigt; die Straßen wimmelten von Leuten; aber die Ruhe kehrte sichtbar wieder, als ein beklagenswerthes Unglück am Hotel der Conseil-Präsidentur sich begab. Eine Gruppe hatte sich gegen den Posten des Hotels gewendet; die Soldaten, welche die Zugänge zu dem Gebäude bewachten, gaben Feuer; fünfzig Personen wurden getödtet oder verwundet. — Eilf Uhr. Wenn wir uns eben zugehenden Nachrichten Glauben schenken dürfen, so fängt die Aufregung in mehreren Stadttheilen von Neuem an. Barricaden sind in den Straßen Rambuteau und St. Avoie errichtet. Man sieht deren auch auf dem Boulevard. Die Minister, sich in ihren Hotels nicht länger sicher glaubend, haben dieselben verlassen. — Die „Patrie“ hat diesen Abend die Liste der Mitglieder eines neuen Cabinets veröffentlicht; diese Liste entbehrt der Begründung. Noch ist nichts festgestellt und wir glauben versichern zu können, daß das neue Ministerium auf den umfassendsten Grundlagen gebildet werden wird.

So weit die „Presse.“ Nachstehend noch einige Nachrichten, welche

Zeitungsmeldung mit neuesten Nachrichten aus Paris. Sonderdruck des „Mannheimer Journals“, vom 27. Februar 1848.

etwa 2 500 Zuhörern *mit der ihm eigenen Volksberedsamkeit* in ihrer revolutionären Stimmung regelrecht in seinen Bann gezogen zu haben. Wie es heißt, *schilderte er in derber Sprache und handgreiflichen Bildern, wie das deutsche Volk von denen, die es seiner Zeit gerettet hatte, bisher misshandelt worden, die Zustände rings um uns her und die Gefahren, welche dem Vaterlande drohen. Nun gelte es fest zusammenzuhalten, aber auch dahin zu wirken, dass der Schutz unserer Grenzen durch Volksbewaffnung, unserer Rechte durch Pressfreiheit und Schwurgerichte und nur deutsche Politik durch ein deutsches Parlament sichergestellt werde. Zu diesem Zweck schlug er der Versammlung eine kräftige Petition an die Zweite Kammer vor, einen durchaus gesetzlichen Schritt, wie er rechtfertigend hinzusetzte.* Bassermann ergänzte seinen Bericht kommentierend: *Je aufreizender und verwegener seine Worte, um so maßloser war der Jubel.*[11] Nachdem dann Gustav Struve die Petition verlesen hatte, wurde der Empfehlung Hoffs entsprochen und beschlossen, die *Märzforderungen*, begleitet von einer Massendemonstration, nach Karlsruhe an den Sitz des badischen Parlaments zu bringen. *Die Herren Bassermann und Mathy warnten vor dem Verlassen des gesetzlichen Weges,*[12] berichtete das konservative *Mannheimer Morgenblatt*, das nach ersten zaghaften Nachrichten über den revolutionären

*Zeitgenössische Karikatur auf die „Bassermann'schen Gestalten". Anonyme Lithographie bei C. Knatz in Frankfurt, 1848. REM.*

Umsturz in Paris nun auch vorsichtige Beschreibungen der Mannheimer Vorgänge gab. Die Zeitung blieb gleichwohl der Meinung, die gegnerischen Radikalen hätten wahrscheinlich *die Rechnung ohne den Wirth gemacht*, da *der badische Bürger, zufrieden mit den bereits errungenen Freiheiten, und sicher, dass alle billigen Wünsche in Erfüllung gehen werden,* [...] *die Segnungen des Friedens, sein Familienglück und seine Wohlfahrt nicht so leichtfertiger Weise verscherzen* würde.[13] Misstrauisch verharrte auch Bassermann, der sich nach einem Bericht des Blatts erst wenige Wochen zuvor der *liberalen Bourgeoisie* zugewandt haben soll. Er sichtete im allgemeinen Gedränge seine *Bassermann'schen Gestalten*: *Doch war es nicht der gewöhnliche, von uns oft gehörte Beifall einer ihren Führern lauschenden Menge, das brüllende Jauchzen der rohen Masse galt mir schon an diesem Tage als Kennzeichen, dass die verwildernden Lehren der letzten Jahre nur allzu erfolgreich auf die untersten Schichten der Gesellschaft gewirkt hatten.*[14] Damit betrat das von Karl Marx beschworene *Gespenst des Kommunismus* auch in Mannheim die Bühne.

Vorerst jedoch sicherte das gemeinsame Ziel den Erfolg des Protests. Am 29. kündigte der Chef der großherzoglichen Regierung, Staatsrat Johann Baptist Bekk, die Gewährung von Pressefreiheit, Volksbewaffnung und Geschworenengerichten an. Dennoch begaben sich wie geplant am 1. März zahlreiche Mannheimer Bürger mit der Eisenbahn nach Karlsruhe, um – unterstützt von weiteren Demonstranten aus ganz Baden – vor dem

Parlament den Forderungen nach demokratischen Rechten Nachdruck zu verleihen. Das erst wenige Jahre alte Transportmittel sorgte dafür, dass die Menge bald nach Tausenden zählte. Etwa 600[15] waren allein aus Mannheim angereist, weitere Abordnungen kamen etwa aus Schwetzingen oder Ilvesheim. Alle misstrauten den Versprechungen der Regierung. Zwar musste angesichts von Bedenken der sympathisierenden Parlamentsabgeordneten der ursprüngliche Plan einer Übergabe der Petition im Ständesaal durch Gustav Struve als Sprecher der Menge aufgegeben werden, da ein solches Vorgehen gegen die Geschäftsordnung der Kammer verstieß. Friedrich Hecker jedoch sprang beherzt ein, nutzte seine Stellung als Abgeordneter und übernahm die Aufgabe, die Adresse zu übergeben. Als Karl Mathy die Abstimmung auf eine spätere Debatte verschieben wollte und Staatsrat Bekk die Zustimmung der Ersten Kammer zur Voraussetzung für eine Annahme machte, fiel Hecker kurz entschlossen ein, es sei *jetzt keine Zeit zu Zeremonien,*[16] und sicherte sich damit den Beifall der auf den Galerien versammelten Zuschauer. Mit einem einstimmigen Votum für Heckers Kompromiss einer sofortigen parlamentarischen Beratung sowie der Vertagung des mündlichen Berichts und der Beschlussfassung um 24 Stunden gewannen die Forderungen eine zusätzliche Legitimation. Bei der Rückkehr der letzten Mannheimer aus Karlsruhe kam es zu einer spontanen Kundgebung vor dem Rathaus, auf der die Anführer der exaltierten Menge Reden hielten. Dabei *brach das Volk in großen Jubel aus, als Struve ihm die Beschlüsse der Ständeversammlung von dem Balkone des Rathauses mitteilte.*[17] Unter dem Vorsitz von Heinrich Hoff wurde am 3. März auf einer weiteren Versammlung im Aulasaal über die Ergebnisse der *Sturmpetition* öffentlich berichtet.

Noch am 29. Februar hatte der Gemeinderat einen Regierungserlass über die Aufstellung von Bürgerwachen zur Aufrechterhaltung der öffentlichen Ordnung mit der Feststellung zurückgewiesen, dass *diese Frage auf einer breiteren Grundlage zu entscheiden sei und dass sie mit dem Begriff einer allgemeinen Volksbewaffnung zusammenhänge und nach denjenigen Grundsätzen geordnet werden müsse, die in den jüngsten Tagen von allen Teilen des Vaterlands vorgezeichnet wurden.*[18] Am 3. März konnte die vom Gemeinderat bestimmte Kommission schon einen nach diesen Vorstellungen gefertigten Organisationsentwurf vorlegen, der den Unterschied zwischen Bürgerwache und Bürgerwehr deutlich machte. Er beruhte gleichwohl noch auf dem Grundgedanken, dass nur wirkliche Gemeindebürger auch

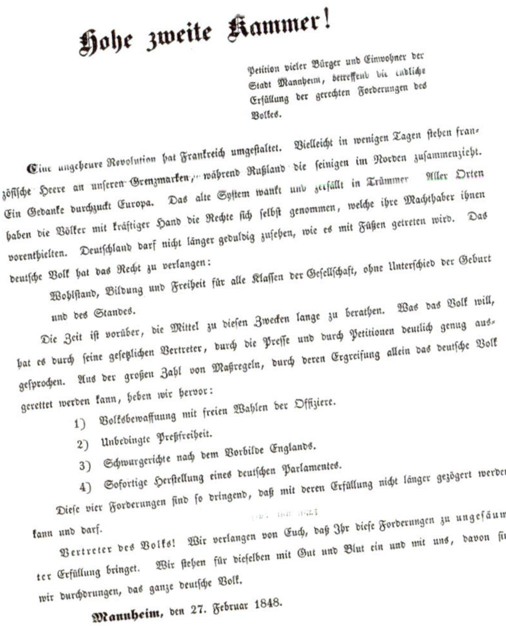

*Die Mannheimer Petition vom 27. Februar 1848. StadtA MA.*

Hohe zweite Kammer!

Petition vieler Bürger und Einwohner der Stadt Mannheim, betreffend die endliche Erfüllung der gerechten Forderungen des Volkes.

Eine ungeheure Revolution hat Frankreich umgestaltet. Vielleicht in wenigen Tagen stehen französische Heere an unseren Grenzmarken, während Rußland die seinigen im Norden zusammenzieht. Ein Gedanke durchzuckt Europa. Das alte System wankt und zerfällt in Trümmer. Aller Orten haben die Völker mit kräftiger Hand die Rechte sich selbst genommen, welche ihre Machthaber ihnen vorenthielten. Deutschland darf nicht länger geduldig zusehen, wie es mit Füßen getreten wird. Das deutsche Volk hat das Recht zu verlangen:

Wohlstand, Bildung und Freiheit für alle Klassen der Gesellschaft, ohne Unterschied der Geburt und des Standes.

Die Zeit ist vorüber, die Mittel zu diesen Zwecken lange zu berathen. Was das Volk will, hat es durch seine gesetzlichen Vertreter, durch die Presse und durch Petitionen deutlich genug ausgesprochen. Aus der großen Zahl von Maßregeln, durch deren Ergreifung allein das deutsche Volk gerettet werden kann, heben wir hervor:

1) Volksbewaffnung mit freien Wahlen der Offiziere.
2) Unbedingte Preßfreiheit.
3) Schwurgerichte nach dem Vorbilde Englands.
4) Sofortige Herstellung eines deutschen Parlamentes.

Diese vier Forderungen sind so dringend, daß mit deren Erfüllung nicht länger gezögert werden kann und darf.

Vertreter des Volks! Wir verlangen von Euch, daß Ihr diese Forderungen zu ungesäumter Erfüllung bringet. Wir stehen für dieselben mit Gut und Blut ein und mit uns, davon sind wir durchdrungen, das ganze deutsche Volk.

Mannheim, den 27. Februar 1848.

Mitglieder einer solchen Truppe werden könnten, ein Umstand, der das großherzogliche Stadtamt sicherlich zur Zustimmung ermutigte. Währenddessen begann auch in anderer Beziehung die Macht des Faktischen zu wirken, denn die Zeitungen erschienen endlich unzensiert. Der Bürgerausschuss meldete sich im Gemeinderat zu Wort und drängte auf die Abberufung des unbeliebten Regierungsdirektors und Polizeichefs Friedrich Theodor Schaaf.

Die Mannheimer Forderungen nach Pressefreiheit, Schwurgerichten, Volksbewaffnung und einem deutschen Parlament legten das programmatische Fundament der Märzrevolution. Über Darmstadt und Mainz im Norden, im Süden Heidelberg, Karlsruhe und weitere badische Orte erfasste die revolutionäre Stimmung schon am 29. Februar den Südwesten und bald ganz Deutschland. Der in vier Punkten konzentrierte Forderungskatalog formulierte die wesentlichen Anliegen der Protestbewegung und schuf daraus ein Programm, das die Massen einte. Während jedoch die badische Märzbewegung weitgehend friedlich blieb, floss in mancher deutschen Stadt Blut, wuchsen in den Straßen Berlins gar Barrikaden empor, auf denen um die Forderungen gekämpft wurde. Folgerichtig formulierten später die Stadtverordneten von Berlin eine Grußadresse an die Mannheimer Bürger, in der zum Ausdruck gebracht werden sollte, dass man in Berlin *einem Anstoß von Außen gefolgt* sei und *dass die Schwesterstadt am Rhein, dass Mannheim diesen Anstoß gegeben, und, wie jener alte Schweizerheld, der Freiheit eine Gasse zu brechen zuerst in Deutschland gewagt hat.* [...] *Ihr habt es ausge-*

*Frauen heften einer Abordnung Mannheimer Bürger auf dem Bahnhof schwarz-rot-goldene Kokarden an die Brust. Holzschnitt, 1848. REM.*

*sprochen – das rechte Wort zur rechten Zeit, Ihr habt das Mittel, die Freiheit zu gründen und zu erhalten, auf seinen kürzesten Ausdruck gebracht; ein elektrischer Schlag, hat es sich fortgepflanzt und alsobald, wie noch niemals in Deutschland, im Angesicht des vierundzwanzigsten Februar in Tat und Leben sich umgesetzt.* [...] *Was Ihr für Deutschland getan, das ist und bleibt Euch unvergessen. Stolz und Dankbarkeit wird jedes deutsche Herz nach wie vor empfinden, so oft Mannheims Name genannt wird. Es lebe und blühe Euere edle Stadt, die Heimat der Männer.*[19]

Bis dahin war die Mannheimer Petition durchaus erfolgreich gewesen. Am 2. März meldeten die Konstanzer *Seeblätter* Joseph Ficklers: *Sicherem Vernehmen nach hat die Mannheimer Deputation in Karlsruhe bereits gute Geschäfte gemacht.*[20] Als am 4. März eine neuerliche Versammlung in den Aulasaal einberufen wurde, trat Friedrich Hecker wieder an die Spitze der Bewegung, um sie in seinem Sinn zu lenken. Da er ja bei der Übergabe der Petition eine wichtige Rolle gespielt hatte, übernahm er die Berichterstattung über den Erfolg in Karlsruhe. Obwohl er gesundheitlich sehr angegriffen wirkte und kaum zu sprechen vermochte, hielt er eine eindrucksvolle Rede, über die das *Mannheimer Journal* ausführlich Bericht erstattete. Danach verwies er *auf die würdevolle Erringung der Freiheit in Frankreich* und mahnte an, *dass auch wir unsere ernste, ruhige Haltung nicht verleugnen und dass nirgends ein „bubenhafter Exceß" die große Zeit störe. Gegen diese Bewegung suche sich die Reaktion durch ein Bündnis mit Ausländern zu waffnen, und in „militärischer" Absicht die deutschen Truppen von ihrem Herde zu entfernen und Fremde an denselben zu setzen. Das badische Volk werde nicht zugeben, dass ein fremder Soldat das Land betrete und dass seine eigenen Truppen auswärts zu fremden Zwecken benutzt werden. Er schließt mit einem Hoch! Auf das unbefleckte Banner der Freiheit, von uns allen Deutschen vorangetragen.*[21]

Am 5. März versammelten sich im Heidelberger Gasthaus „Badischer Hof" 51 Politiker unterschiedlicher demokratischer und liberaler Gesinnung. Entgegen den in der Erinnerung manches Beteiligten verbürgten

*Schwarz-rot-goldene Schärpe aus der Revolutionszeit 1848/49. Möglicherweise fand sie als Rangabzeichen der Bürgerwehr Verwendung. REM.*

*Ansicht vom Gasthof „Badischer Hof" in Heidelberg. Holzstich, um 1880. StadtA Heidelberg.*

Grabenkämpfen über das weitere Vorgehen vermittelten sie nach außen hin den Eindruck der Geschlossenheit. *Einmütig entschlossen in der Hingebung für Freiheit, Einheit, Selbständigkeit und Ehre der deutschen Nation*[22] vereinbarten sie den gemeinsamen Einsatz zur Durchsetzung der noch ausstehenden Forderung nach einer in allen deutschen Staaten gewählten Nationalvertretung. Sieben Versammlungsteilnehmer sollten darüber hinaus die Einberufung eines *Vorparlaments* vorbereiten und einen geeigneten Tagungsort für dieses Gremium suchen. Mit der Majorisierung dieses Siebener-Ausschusses trugen die Gemäßigten ihren ersten Sieg über die Republikaner davon, während der von der Versammlung heimkehrende Volksheld Hecker sich in Mannheim mit Fackelzug und Gesang feiern ließ.

So wurde die Revolution im deutschen Südwesten ein tagelanges, großes Fest. Am 14. März erreichte die Stimmung einen neuerlichen Höhepunkt beim Durchzug von 400 Bürgern aus der Pfalz. Sie hatten eine nach München reisende Abordnung nach Mannheim eskortiert und wurden danach unter Gesang über die Rheinbrücke zurück geleitet. Am 19. März kamen auf einer neuerlichen Volksversammlung in Offenburg über 20 000 Teilnehmer aus allen Teilen Badens zusammen. Zu den 15 Unterzeichnern des Aufrufs gehörten neun führende Mannheimer Oppositionspolitiker, die teilweise dort als Redner auftraten.[23] Bassermann und Mathy hatten abgelehnt, Alexander von Soiron gebärdete sich hier allerdings noch besonders wortradikal. Hinter den Kulissen jedoch plädierte der später in der Nationalversammlung prominent gewordene *Volksmann* damals schon für einen gemäßigten Weg und zählte zu denen, die die Ausrufung der Republik verhinderten. Das Treffen endete mit der Gründung einer landesweiten, zentral koordinierten Organisation Vaterländischer Vereine, die für die Durchsetzung demokratischer Forderungen wirken sollten und zu deren erstem Vorsitzenden Friedrich Hecker gewählt wurde.

*Franz Sigel (1824–1902). Foto nach einem Gemälde, um 1865. StadtA Sinsheim.*

Am 22. März wurde im Gasthaus „Badner Hof" am Rand der Stadt der Mannheimer Zweigverein gegründet. Schon die Gründungsversammlung stand im Zeichen kontrovers und aggressiv geführter Debatten, wie Friedrich Daniel Bassermann als skeptischer Beobachter zu berichten wusste. In den weiteren, von Tumulten geprägten Versammlungen des Vaterländischen Vereins spaltete sich die Bewegung innerhalb weniger Wochen in eine betont radikale und eine gemäßigte Richtung. Diese Spaltung wurde von den Führern der Radikalen weiter vertieft. Heinrich Hoff begann am 26. März mit der Herausgabe der *Deutschen Volkszeitung*, die als Presseorgan der radikalen Bewegung gedacht war. Militärischer Arm sollten die am 8. März gegründeten Freikorps werden, die sich außerhalb der offiziell existierenden Bürgerwehr aus Arbeitslosen und Arbeitern rekrutierten. Aber auch in der Bürger-

*Alexander von Soiron (1806–1855) war eine beliebte Zielscheibe der Karikaturisten. Kolorierte Federlithographie von Alphons von Boddien im Verlag von Eduard Gustav May in Frankfurt a. M., 1848. StadtA MA.*

wehr selbst hatten die Radikalen Fuß gefasst. Als das Bürgermeisteramt am 13. März die Ergebnisse der Offizierswahlen für die 20 Kompanien der Bürgerwehr veröffentlichte, wurde gar Friedrich Hecker als Oberkommandierender im Rang eines Obersten genannt. Um den Konflikt mit den parallel existierenden Freikorps zu entschärfen, sollten nach dem Willen der Gemeinderäte schließlich auch Nichtbürger als Freiwillige zur Bürgerwehr zugelassen werden. Und als das großherzogliche Stadtamt als polizeiliche Aufsichtsbehörde vom Gemeinderat die Auflösung der Freikorps verlangte, weigerte sich dieser, da er *nicht berufen und nicht verpflichtet sei, die Maasregeln der Polizei auszuführen.*[24] Aus dem weitgehenden Stillstand des Wirtschaftslebens, der die beschäftigungslose Masse der Arbeiter auf die Straße brachte und in die Freikorps eintreten ließ, war in den Augen der Polizei ein massives Sicherheitsproblem entstanden. Vom ehemaligen Leutnant der badischen Armee Franz Sigel angeleitet, exerzierten die wegen ihrer martialischen Bewaffnung mit geradegeschmiedeten Sensen als *Sensenmänner* bezeichneten Freiwilligen unter den Augen der Bürger. Von diesen *wurde das Freikorps mit Misstrauen betrachtet, da es hauptsächlich aus jüngeren Leuten bestand, deren „revolutionären" Geist man fürchtete, während die Bürgerwehr meistens aus älteren Geschäftsleuten gebildet war.*[25] Auch der neu gebildete Arbeiterverein wurde verdächtigt, in politischer Hinsicht die radikale Strömung der Demokraten im Vaterländischen

Verein zu unterstützen. Die Lage blieb unübersichtlich, obwohl der Gemeinderat schon gegen Ende März versuchte, die auftretenden sozialen Spannungen durch erste Beschäftigungsmaßnahmen arbeitsloser Arbeiter zu entschärfen. Eine Entspannung brachte ein von Friedrich Hecker angeregter Beschluss des Gemeinderats vom 28. März, die Freikorps als drittes Bataillon in die Bürgerwehr zu integrieren. Am selben Tag erschien ein öffentlicher Aufruf Mannheimer Frauen zur Stiftung einer Fahne für die Bürgerwehr. Am 3. April wurde der so geadelten Truppe vom Stadtdirektor die Aufrechterhaltung der öffentlichen Ordnung übertragen. Die Situation schien vorerst gerettet.

## Von der revolutionären Zuspitzung bis zur ersten Niederlage

*Satirische Darstellung der Verhaftung Joseph Ficklers (1808–1865) durch Karl Mathy (1807–1868). Federlithographie im Verlag von Eduard Gustav May in Frankfurt, 1848. StadtA MA.*

Noch am 7. April war Friedrich Hecker an den Debatten der badischen Kammer über die Entsendung von Truppen an die badische Landesgrenze beteiligt. Gegen die Parlamentsmehrheit kritisierte er den Einsatz württembergischen Militärs und *suchte die Gefahr von Außen als eingebildet darzustellen.*[26] Sein parlamentarischer Einsatz war aber nur vordergründig, denn erste Verbindungen unter den in die Aufstandsvorbereitungen eingeweihten Gruppen waren mittlerweile geknüpft und Meinungsunterschiede zwischen den beteiligten Führern der Bewegung weitgehend ausgeräumt. Da wurde am 8. April der als Verbindungsmann durchs Land reisende Redakteur Joseph Fickler vom Parlamentsabgeordneten Karl Mathy auf dem Karlsruher Bahnhof eigenhändig verhaftet. Die Nachricht verbreitete sich wie ein Lauffeuer in Mannheim, wohin auch Mathy nach seiner anmaßenden Tat gereist war. Vor seiner Wohnung kam es zu ersten Tumulten, *man versicherte sich seiner Person und brachte ihn unter starken Verwünschungen und Drohungen*[27] aufs Rathaus, wo Mathy selbst die schnell anwachsende Volksmenge durch das Verlesen seiner diesbezüglichen Erklärung vom Rathausbalkon herunter beschwichtigt haben will. Nicht Mathy selbst jedoch trug die noch am gleichen Tag im Druck veröffentlichte Erklärung vor, sondern Gemeinderat Sebastian Jörger beruhigte mit Unterstützung von Bürgermeister Ludwig Jolly die aufgebrachten *Sensenmänner.*[28]

Nach Ficklers Verhaftung argwöhnte Hecker, er werde nun das nächste Opfer der Reaktion werden – eine durchaus realistische Befürchtung, die ihn schon ein halbes Jahr zuvor wegen seines Auftritts bei der Offenburger Versammlung vom September 1847 geradezu in panische Angstzustände versetzt hatte.[29] Dieser Bedrohung kam er zuvor. Einen Tag, nachdem er in Frankfurt zu einer Ausschusssitzung erwartet wurde, *Sonntag den 9. vor Tagesanbruch, verabschiedete* er sich in Mannheim von seinem *Weibe* – so sein eigener Bericht – *welches in Freud und Leid treu und innig bei mir gestanden* [...], *drückte einen Kuss auf die Stirne meiner drei schlafenden Kleinen* [...] *und verließ ein glänzendes Los, getragen und gehoben von der Idee, zu kämpfen, zu siegen oder unterzugehen für die Befreiung unseres herrlichen Volkes und mitzuwirken bei seiner Erlösung aus tausendjähriger Knechtschaft.*[30]

Durch die Pfalz, das Elsass und die Schweiz schlug sich Hecker zu den in Konstanz versammelten, zum Losschlagen bereiten Exilanten und Kommunisten durch, denen sich Gustav Struve schon zwei Tage zuvor angeschlossen hatte. Gemeinsam riefen sie die Republik aus. Den beiden Mannheimern war die politische Leitung eines Aufstandsversuchs vorbehalten, der in vier militärisch organisierten Kolonnen einen Sternmarsch auf die badische Hauptstadt versuchen wollte, um von dort direkt in Richtung Frankfurt vorzustoßen: Ein Fanal für einen allgemeinen deutschen Aufstand, und Mannheim hätte dann sozusagen auf dem Weg zu einer deutschen Republik gelegen!

*Karl Mathy soll seine Tat vom Mannheimer Rathausbalkon herab vor den aufgebrachten „Sensenmännern" verteidigt haben. Holzstich nach Leo von Elliott, 1848. REM.*

Bekanntermaßen scheiterte diese *Schilderhebung* schon in ihren Anfängen kläglich. Hecker und seine Anhänger wurden nach der Niederlage ins ungeliebte Exil getrieben. Eine Beschleunigung der revolutionären Dynamik war damit vorerst gescheitert, was auch die Sprecher der Radikalen ahnten, die mit Demonstrationen und Tumulten in Mannheim für Unruhe sorgten. Zur Unterstützung des Aufstands im Oberland sollten die in der Stadt stationierten Truppen gebunden werden, was jedoch nur ungenügend gelingen konnte, solange nicht mit Entschlossenheit vorgegangen wurde. Wesentliche Voraussetzungen für die erfolgreiche Anknüpfung an den Aufstand im Oberland, nämlich Unruhe und Desorientierung bei der militärischen Besatzung, blieben völlig aus. Zwar stand die republikanische Partei zum Schrecken des Bürgertums Gewehr bei Fuß, suchten Volkshaufen des Nachts die verhassten Vertreter der alten Ordnung, den Zensor Mariano Freiherr von Sarachaga y Uria oder den Polizeibeamten Gustav Jägerschmidt, mit schrillen Hohngesängen, so genannten Katzenmusiken, heim. Arbeitslose Gesellen und Arbeiter exerzierten auf den Plätzen, und obgleich ihre Truppe mittlerweile in der Bürgerwehr aufgegangen war, schlug ihnen das Misstrauen des Bürgertums entgegen. Und Johann Peter Grohe forderte in seinen Berichten vom Heckerzug, dass in Mannheim endlich ein entscheidender Schlag geführt werden sollte: *Konstanz ist Republik. Folgt Mannheim nicht?*[31]

Da die Bemühungen der Anhänger Heckers und Struves, Einfluss auf die Garnison der Stadt zu gewinnen, indem sie die Soldaten in den Bierwirtschaften freihielten, Früchte getragen zu haben schienen, war das badische Militär mittlerweile weitgehend aus der Stadt abgezogen worden. Auf die Beschwerde, dass selbst das Zuchthaus ohne Bewachung zurückgelassen worden war, wurde dem Gemeinderat beschieden, er habe ja selbst die Entfernung der Truppen beantragt, und die Bürgerwehr solle gefälligst das Zuchthaus bewachen. Dagegen legte die Gemeinde Protest ein, da ein solcher Antrag von ihr nie ausgegangen war und der *Wegzug der Garnison* [...] *sowohl in Bezug auf die Gewerbtreibenden der hiesigen Stadt als auch in Bezug auf die öffentliche Sicherheit* [als] *ein empfindlicher Nachtheil* empfunden wurde. In einer außerordentlichen Sitzung vom 11. April 1848 wurde folgerichtig gefordert, *es wolle alsbald wieder eine Garnison hierher verlegt oder mindestens ein Detachement zur Besetzung der Zuchthauswache hierher beordert werden.*[32] Stattdessen wurden Bundestruppen in Mannheim stationiert und die Beziehungen zwischen Gemeinderat und Staatsbehörden zunehmend frostiger, legte doch die zeitweilige Anwesenheit von Regierungsbeamten in den Ratssitzungen den Verdacht einer verdeckten Kontrolle nahe.

Dabei war die Furcht der Regierung vor Unruhen in der Stadt nicht unbegründet, zumal die Bürgerwehr als Ordnungsfaktor aus verschiedenen Gründen ausfiel. Ihr Kommandant hieß faktisch immer noch Friedrich Hecker; zudem fehlten ihr bislang die Waffen, hatten doch die Behörden und Militärbefehlshaber Maßnahmen zur raschen Instruktion und ausreichenden Versorgung boykottiert. Bemühungen der Gemeindebehörde

*Friedrich Hecker (1811–1881) als Freischärler. Kolorierte Federlithographie von Döring, Druck von Hauck, 1848. REM.*

*Einzig der bewaffnete Aufstand unter Führung Friedrich Heckers kann die Errungenschaften der Revolution sichern, so die Grundaussage der Karikatur. Lithographie aus dem Verlag Expedition der Carricaturen in Mannheim, 1848. REM.*

zum Ankauf von Gewehren, die in einer Reise von Gemeinderat Karl Hoff nach Lüttich gipfelten, konnten wegen der zeitbedingt starken Nachfrage Lieferungen nur in Etappen erreichen. Unzureichend bewaffnet und von unsicheren Elementen durchsetzt, war auf diese Bürgerwehr wahrlich kein Verlass. Im Gemeinderat verlautete gar, Bürgerwehrmänner würden bei den nächtlichen Patrouillen, die sie zur Sicherung der öffentlichen Ordnung gemeinsam mit Wachmannschaften von Polizei und Linienmilitär unternahmen, *Wirtshäuser besuchen und einzelne sich selbst im Trunk vergessen haben.*[33]

Dagegen besprachen sich die Mitglieder des *Sensenkorps*, die mittlerweile ja auf Anregung des immer noch amtierenden Bürgerwehrkommandanten Friedrich Hecker das dritte Bataillon der Truppe stellten, gemeinsam mit den Mitgliedern des Arbeitervereins am 25. April abends im Gasthaus „Badner Hof", G 6, 3, dessen Räumlichkeiten auch eine größere Personenzahl aufnehmen konnten. Organisationsfragen der Bürgerwehr standen auf der Tagesordnung dieser Versammlung. Angesichts der tags darauf eintretenden Ereignisse dürften zumindest hinter vorgehaltener Hand auch Planungen zu einem entschlossenen Vorgehen Thema gewesen sein.[34]

Größtes Hindernis für eine eindeutige Parteinahme zugunsten des mittlerweile auf dem Schlachtfeld besiegten Hecker blieben jedoch die in der

Stadt stationierten Bundestruppen aus dem kleinen Fürstentum Nassau, die in Mannheim einquartiert worden waren, um den ständigen Unruheherd unter Kontrolle zu halten. Die Stationierung dieser zumeist aus ländlichen Gebieten stammenden Soldaten erwies sich allerdings als Fehlgriff. Die hauptsächlich mit den Mitgliedern des *Sensenkorps* entstehenden Streitigkeiten beschworen einen ständigen Konfliktherd in den Straßen der Stadt herauf, bis es zum offenen Ausbruch kam, der offensichtlich am Morgen des 26. April von den Parteigängern Heckers gezielt gesucht wurde. Arbeitslose und *Eckensteher* reizten die in den Straßen spazierenden Soldaten so lange, bis die *Neckereien* zwischen den feindlichen Parteien gegen die Mittagszeit *in heftige Tätlichkeiten*[35] ausarteten und die Nassauer in blinder Wut über ihre Gegner herfielen, wohl auch rücksichtslos von den mitgeführten Waffen wie Seitengewehren und Säbeln Gebrauch machten, was ihnen von den beteiligten Mannheimern mit gleicher Münze heimgezahlt wurde. Schnell jedoch waren die Nassauer zahlenmäßig unterlegen, flüchteten in ihre Quartiere, einzelne Gruppen ihrer Kameraden in den Straßen zurücklassend. Während erste Verletzte der Zusammenstöße in die Hospitäler der Stadt eingeliefert wurden, jagte eine aufgebrachte Menge die versprengten Soldaten durch die Stadt. Steine flogen, Schüsse hallten wider. Letzte Rettung schien die Flucht über die Rheinbrücke nach Ludwigshafen zu verheißen, wohin sich die weiteren Auseinandersetzungen verlagerten. Am Brückenaufgang sammelten sich auch die Verfolger, räumten das Mobiliar aus dem Brückenwärterhäuschen und warfen damit eine Barrikade auf, um das Eingreifen der bayerischen Brückenwache zu verhindern. Hinter den Bäumen der Gartenwirtschaft „Rheinlust" nahmen Scharfschützen Deckung und beschossen die jenseits der Brücke postierten Bayern. Diese erwiderten den Angriff, und bei dem entstehenden lebhaften Schusswechsel wurden mehrere Soldaten verletzt, einer gar tödlich getroffen. Um die Parteien zu trennen, fuhren mittlerweile eingetroffene Bürgerwehrmänner unter dem Kugelhagel ein Brückenjoch der Schiffbrücke ab, das herrenlos den Rhein hinabschwamm, sodass die Brückenverbindung mit dem benachbarten Ludwigshafen noch am folgenden Tag unterbrochen war.

*Karikatur auf den „Mut" der Soldaten aus Nassau in Form eines Rebus (Nase/Sau/er). Lithographie im Verlag Expedition der Carricaturen in Mannheim, 1848. REM.*

Die im Lauf des Vormittags entstandene unübersichtliche Situation wurde also letztendlich nur durch das beherzte Eingreifen der Bürgerwehr geschlichtet. Während auf der einen Seite eine aufgebrachte Volksmenge, bewaffnet mit Äxten, Spaten, Eisenstangen, teilweise auch mit Schusswaffen, blindwütig auf das Militär losging, traten ausgerechnet Einheiten des dritten Bataillons, die *wackern Sensenmänner und mehrere Scharfschützen*, dazwischen, verhandelten mit den Kommandanten der Nassauer und Bayern und erreichten schließlich die Einstellung der Feindseligkeiten. Inwieweit sie dabei in den Schusswechsel und den Bau der Barrikade verwickelt waren, war schon damals schwer zu klären. Ihre beiden Führer Valentin Streuber und Franz Alois Engelhard erwartete jedenfalls kein offizieller Dank, sondern ein Untersuchungsverfahren. Heldin des Tages aber wurde die damals 25 Jahre alte Mannheimer Schuhmacherstochter Lisette Hatzfeld, von der die *Mannheimer Abendzeitung* berichtete, dass sie *manchem Manne* [...] *zum Vorbild dienen könnte*, da sie *von Anfang bis zum Ende unter dem anhaltenden Gewehrfeuer furchtlos mit verbarrikadieren half. Solchem Mute gehört alles Lob.*[36]

*Lisette Hatzfeld (geb. 1823) schwingt die Fahne auf der eilig aufgeworfenen Barrikade an der Rheinbrücke. Holzschnitt nach Leo von Elliott, 1848. StadtA MA.*

Während der Auseinandersetzungen an der Rheinbrücke hatten sich auf dem Marktplatz zahlreiche besorgte Bürger zusammengefunden. Das Läuten der Sturmglocke vom Rathausturm hatte aber auch einige Gemeinde- und Behördenvertreter herbeigerufen. So waren Bürgermeister Lud-

wig Jolly, die Gemeinderäte Gustav Algardi, Karl Hoff, Heinrich Düringer, Amtmann Friedrich Fuchs und Assessor Ferdinand Mays anwesend, als die von Streuber, Engelhard und Kaufmann Louis Stoll geführten Bürgerwehrhaufen zur Rheinbrücke zogen. Buchhändler Heinrich Hoff beschwichtigte nach dem Eintreffen erster Nachrichten vom Schauplatz des Gefechts vom Rathausbalkon herunter die Menge und versicherte, dass eine Abordnung nach Karlsruhe geschickt werde, um dort den Abzug der Nassauer Besatzungstruppen zu verlangen. Er erneuerte auch die von Gemeindevertretern häufig geäußerte Forderung nach sofortiger Abberufung des in Mannheim verhassten Regierungsrats Sarachaga y Uria. Es gelang Hoff, die aufgebrachte Menge zu besänftigen, und *der übrige Teil des Abends verlief in Ruhe,*[37] wie auch ein amtliches Protokoll zu den Vorgängen in Mannheim bestätigt.

Die staatliche Reaktion auf die Vorfälle ließ nicht lange auf sich warten. Nur wenige Tage später traf der eigens zur Disziplinierung der Stadt entsandte Regierungsrat Karl August Maier in Mannheim ein. Mit seiner Ankunft begannen am 29. April die Verhaftungen der Personen, die als Rädelsführer verdächtigt oder namentlich mit den Krawallen in Zusammenhang gebracht wurden. Redakteur Grohe und Verleger Hoff wurden ebenso Opfer der Verhaftungswelle wie Streuber, der ja erwiesenermaßen zur Schlichtung des Tumults an der Rheinbrücke beigetragen hatte. Fahndungsaufrufe nach flüchtigen Verdächtigen ergingen. Auch Hecker und Struve wurden gesucht. Eine Regierungserklärung begründete den überaus harten staatlichen Zugriff damit, dass eine *Anzahl anmaßender und verwegener Leute* [...] *die größere Zahl der ruhigen und wohlgesinnten Bürger durch ein keckes und gewalttätiges Auftreten beherrscht und die öffentlichen Behörden in ihrer gesetzlichen Wirksamkeit gelähmt* habe.[38] Zum 1. Mai wurde Mannheim daher unter Belagerungszustand gestellt, und bayerische Truppen rückten an Stelle der Nassauer ein. Die Abgabe aller in den Händen der Bürger befindlichen Waffen innerhalb von drei Stunden wurde vorgeschrieben, und schon einen Tag später begannen erste Haussuchungen zur Durchsetzung dieser Maßregel. Unterschrieben hatte den Erlass mit der Verkündung des Standrechts auch Karl Mathy, der wenige Wochen zuvor Mitglied der von Johann Baptist Bekk geleiteten badischen Regierung geworden war.

Mit weiteren Schritten wurde die Gangart verschärft. Ein Verbot der *Mannheimer Abendzeitung* und der *Deutschen Volkszeitung* legte den Hintergrund für die Verhaftungen der beiden Pressemänner Grohe und Hoff offen. Mit der Einführung neuer Aufenthaltsbestimmungen begann eine flächendeckende Überprüfung der Verhältnisse von Arbeitern und Handwerksgesellen, die nicht als Mannheimer Bürger geführt wurden: Mehr als 800 von ihnen wurden in den folgenden Wochen aus der Stadt gewiesen. Über Monate hinweg saßen Grohe, Hoff und Streuber im neu erbauten Bruchsaler Zellengefängnis ein, ohne dass die Untersuchung gegen sie strafrechtlich Verwertbares ergeben hätte. Weitere Verdächtige wie den Wirt Nikolaus Spies vom Gasthaus „Silberner Kopf" oder Theobald und Philipp

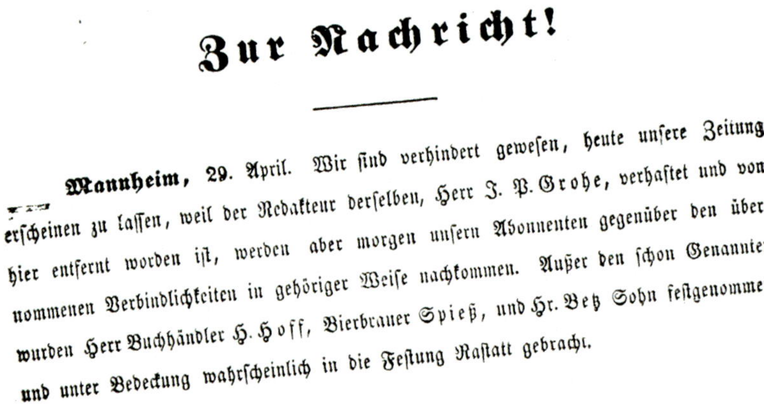

# Zur Nachricht!

**Mannheim**, 29. April. Wir sind verhindert gewesen, heute unsere Zeitung erscheinen zu lassen, weil der Redakteur derselben, Herr J. P. Grohe, verhaftet und von hier entfernt worden ist, werden aber morgen unsern Abonnenten gegenüber den übernommenen Verbindlichkeiten in gehöriger Weise nachkommen. Außer den schon Genannten wurden Herr Buchhändler H. Hoff, Bierbrauer Spieß, und Hr. Betz Sohn festgenommen und unter Bedeckung wahrscheinlich in die Festung Rastatt gebracht.

*Zeitungsmeldung über die Verhaftungen in Mannheim vom 1. Mai 1848. StadtA MA.*

Betz, die beiden Wirtssöhne vom „Schwarzen Lamm", traf die Gesinnungshaft aus unterschiedlichen, manchmal fadenscheinigen Gründen. Der Unmut in der Bevölkerung über langatmige und schwerfällige Untersuchungen der Justiz verstärkte sich mit der Dauer der unerledigten Verfahren. Die Inhaftierten konnten sich dagegen der öffentlichen Unterstützung breiter Kreise der Bürgerschaft sicher sein. Im Juni gründete sich ein erster Frauen- und Jungfrauen-Verein eigens zum Zweck, spürbare Erleichterungen für die Mannheimer Inhaftierten und ihre Familien zu erlangen. Am 23. Juli richtete er erstmals eine öffentliche Petition an die seit dem 18. Mai in Frankfurt tagende Nationalversammlung, in der um Amnestierung der politischen Gefangenen und Flüchtlinge gebeten wurde, denn Familienbande seien zerrissen, Väter oder Söhne schmachteten im Verlies oder hinter den Landesgrenzen im Ausland.

Letztendlich waren es die hochdramatischen Straßenszenen vom 26. April, die in ihrer Fernwirkung den Verlauf der weiteren Ereignisse in Mannheim entscheidend beeinflussten. Denn das nun folgende Jahr war geprägt von den Auswirkungen der militärischen Besatzung, von der drückenden Last der Einquartierung und nicht zuletzt daraus resultierender, allgemeiner wirtschaftlicher Stagnation und Hoffnungslosigkeit für Arm und Reich. Es sollte auch ein Jahr ständiger sozialer und politischer Konflikte werden, die von Seiten der konservativen, aber auch der revolutionären Kräfte immer wieder neu angefacht wurden. Presse- und Vereinsverbote, der polizeiliche Druck auf der einen, Demonstrationen, Putschversuche und neue Vereinsgründungen auf der anderen Seite trugen entscheidend zur weiteren Eskalation bei.

Zwar ließ der badische Regierungschef Staatsrat Bekk anlässlich seines Besuchs in Mannheim schon am 9. Mai nach einer Beratung mit den Behördenvertretern den Kriegszustand anderntags wieder aufheben, die militärische Besatzung und die damit einhergehenden Einquartierungen drückten die Bürgerschaft jedoch weiterhin. Denn auch die neuen Besatzer nützten die Situation der Stadt aus. In einem Bericht von Bürgermeister Josef Moll vom 5. Mai heißt es, *dass die dahier befindlichen bayerischen Truppen in Bezug auf ihre Einquartierung und Verpflegung sich Willkürlichkeiten beikommen lassen, wodurch die ohnehin ungeheure Belästigung der Stadtkasse ins Unendliche gesteigert werde; unter anderm habe sich gestern ein bayerischer Hauptmann mit seiner Compagnie auf eigne Faust im Wirtshaus zum großen Hirsch einquartiert und für die gesamte Mannschaft kostspielige Bewirtung reichen lassen.*[39] Damit nicht genug, ließ sich die Soldateska auch Übergriffe gegen die Bürger zuschulden kommen. So erreichte den Gemeinderat die Beschwerdeschrift eines jüdischen Kaufmanns, der beim bayerischen Standortkommandanten über seinem Bruder zugefügte Misshandlungen Klage geführt hatte. Nun bat er um dessen Schutz und hatte zur Antwort bekommen: *Die Herren* [Soldaten] *werden in den nächsten Tagen auch Sie am Kragen fassen, und ich kann Sie nicht schützen.*[40]

Noch beklagenswerter endete für den Mannheimer Kaufmann Georg Gotthard Hutten am 27. Juni 1848 eine Auseinandersetzung mit den Soldaten. Nachdem er wegen seiner offen zur Schau getragenen republikanischen Gesinnung verprügelt worden war, wurde er trotz seiner Verletzungen in Haft genommen und verhört. Am Nachmittag des folgenden Tags fand man ihn tot in der Zelle auf, er hatte sich *im Amthaus Arrest selbst erhängt.*[41] Die Häufung ähnlicher Fälle, in denen bayerische Soldaten selbstherrlich gegen Bürger vorgingen, sich gar Polizeigewalt anmaßten und, selbst wenn sie sich gerade nicht im Dienst befanden, Bürger von der Straße weg verhafteten, veranlasste den Gemeinderat zu dem Entschluss, Abordnungen an den in Frankfurt tagenden Fünfzigerausschuss des Vorparlaments und gleichzeitig nach Karlsruhe zu entsenden. Schon am 8. Mai stellte der Mannheimer Abgeordnete Ludwig Weller, unterstützt von Wilhelm Sachs, in der Zweiten Kammer des badischen Landtags eine Anfrage, warum die bayerischen Truppen noch nicht aus Mannheim abgezogen wären. Schließlich sei ja mittlerweile Ruhe eingekehrt, und man müsse ein Fortbestehen von Ausnahmezustand und Einquartierung als Strafmaßnahme gegen die Stadt interpretieren. Der angegriffene Regierungschef Bekk bekam in der Debatte Schützenhilfe von seinem besonders provokant auftretenden Regierungsmitglied Karl Mathy, der den Mannheimer Bürgern vorwarf, *sie hätten sich eben von den Anarchisten terrorisieren lassen, und dadurch sei es so weit gekommen.*[42]

Ein weiterer beklagter Missstand war die Belegung des evangelischen Schulhauses in R 2 durch Militär, die einen geregelten Unterricht unmöglich machte. Erst am 11. Juli verkündete das großherzogliche Stadtamt den Abzug der Bayern, doch diese machten den Mannheimern noch ein Abschiedsgeschenk, indem die nach Ludwigshafen verlegte Kommandantur im Falle eines neuerlichen Angriffs auf die Rheinbrücke warnte, von der anderen Rheinseite *das Ufer mit Kartätschen zu reinigen und die Häuser, aus denen etwa gefeuert werden sollte, mit Vollkugeln zusammenzuschießen.*[43] Noch am 9. und 10. August entfachten bayerische Soldaten einen neuerlichen Straßenkrawall, nachdem sie das Ladengeschäft von Buchbinder Friedrich Oberdhan in der Rös-Passage beim Marktplatz verwüstet hatten. Offensichtlich hatten sie die in dessen Schaufenster ausgestellten Karikaturen und Bilder provoziert. Statt jedoch die Krawallmacher zur Rechenschaft zu ziehen, wurde der Verkauf solcher Bilder vom Stadtamt bei Androhung einer empfindlichen Geldstrafe verboten.

## Das altbewährte Instrumentarium der Repression

Die Wahlen zur Nationalversammlung im April standen in Mannheim im Zeichen der Einschränkung bürgerlicher Rechte und militärischen Besetzung. Ganz wie es Friedrich Daniel Bassermann nur wenige Wochen zuvor öffentlich gefordert hatte, wurde in der Frankfurter Paulskirche ein gesamtdeutsches Parlament konstituiert. Was durchaus als Erfolg für die gemäßigten Liberalen gelten konnte, fiel im Ergebnis in Mannheim nicht ganz nach ihrem Geschmack aus: Nicht unerwartet trug im ersten Wahlgang Adam von Itzstein den Sieg davon. Als er jedoch das Mandat eines anderen Bezirks annahm, musste eine Nachwahl angesetzt werden, die am 3. Juni den Tabakhändler Wilhelm Sachs als Mannheimer Deputierten ins Parlament trug. Als Abgeordneter der badischen Zweiten Kammer war Sachs bis dahin eher im Hintergrund gestanden und beteiligte sich im Gegensatz zu seinen gemäßigten Kontrahenten Bassermann und Mathy nur selten an den parlamentarischen Debatten. Ähnlich unspektakulär war sein Auftreten in der Paulskirche.

Auf Anregung von Sebastian Jörger, der den Vorschlag in einer außerordentlichen Sitzung des Gemeinderats vorbrachte, entschloss sich die Bürgerschaft, die Eröffnung des Frankfurter Parlaments mit einem feierlichen Zug durch die Breite Straße und anschließendem Festgottesdienst in der Jesuitenkirche zu begehen. Zwar beklagte man allseits die widrigen Zeitumstände und empfand die *im jetzigen Augenblick in hiesiger Stadt herrschende düstere Stimmung als Hindernis*[44] für eine solche Feierlichkeit. Am Ende siegte jedoch der pragmatische Wunsch nach einer ausdrücklichen Sympathiekundgebung, sodass um halb neun morgens am 21. Mai ein vor dem Rathaus versammelter Festzug durch die flaggengeschmückte Breite Straße zog. Unter dem Geläut sämtlicher Glocken und dem Donner der Kanonen begab sich die Menge, angeführt von den politischen Vertretern der Gemeinde, zur Jesuitenkirche – Zeichen der *lebendigen Teilnahme* am parlamentarischen Prozess, Sinnbild für *des Volkes warme, heilige Begeisterung, die Gut und*

*Zug des deutschen Parlaments nach der Paulskirche in Frankfurt a.M. am 18. Mai 1848. Zeitgenössischer Holzstich, 1848, spätere Kolorierung. AKG Images.*

*Blut einsetzt für die Erreichung des hohen Zieles der Einheit und Freiheit des Vaterlandes!*[45] Nach dem Gesang der Männerchöre und den Worten der Geistlichen kehrten die Bürger heim, um schon wenige Stunden später erneut das Ereignis feierlich zu begehen. Denn auch das Theater leitete seine abendliche Aufführung von Mozarts *Hochzeit des Figaro* mit einer festlichen Zusammenstellung aus Musik, Texten und einer Ansprache aus Anlass der Paulskircheneröffnung ein.

Polizei- und Spitzelberichte aus diesen Tagen und den folgenden Monaten zeigen, wie die Behörden weiterhin ein Auge auf alles hatten, was ihnen gefährlich erschien – vor allem auf die zahlreich gegründeten Vereine. Während einerseits die Gemäßigten in ihrem Neuen Vaterländischen Verein bald auf amtliche Gewogenheit zählen konnten, waren die als oppositionell geltenden Zusammenschlüsse ständigen Nachforschungen unterworfen. Dabei wurden die Behörden von den absurdesten Gerüchten beunruhigt, die sich in den Mannheimer Straßen wie Lauffeuer verbreiteten: von Männern, die an die schweizerische Grenze gereist seien, um dort den nächsten Aufstand zu erwarten, die einen Tagessold von einem Franken erhielten aus *einer Summe von 12 000 Gulden, welche über Frankfurt aus der geheimnisvollen Quelle an die Häupter des Aufruhrs versendet wurden.*[46] So wurde der nach Auflösung des in der Märzeuphorie gegründeten Vaterländischen Vereins von den Radikalen ins Leben gerufene Demokratische Verein schon am 22. Juli wieder verboten. Allerdings hauptsächlich deswegen, weil sein Schriftführer Florian Mördes sich anmaßte, der Polizeibehörde die Mitgliederlisten zu verweigern und die amtliche Anforderung der Statuten mit dem Hinweis auf deren Veröffentlichung in der Presse zu beantworten. Nach dem daraufhin erfolgten Vereinsverbot wurde schon wenig später vom gleichen Personenkreis ein Volksverein gegründet, der von Mannheim aus sein organisatorisches Netz über ganz Baden auswarf und mit seiner Agitation entscheidend zum Ausbruch einer zweiten Revolte beitrug. In einer zahlreich besuchten zweiten öffentlichen Versammlung begann noch unter Federführung von Mördes, jedoch schon mit parlamentarischer Unterstützung Lorenz Brentanos, am 24. August die Kampagne des Volksvereins gegen die Zweite badische Kammer. Man forderte deren Auflösung, weil sie die derzeitige Stimmung im Volk nicht mehr repräsentiere. Offensichtlich war mit den voraufgegangenen Sanktionen der Widerstandsgeist nicht gebrochen.

*Florian Mördes (1823–1850) als Schreibtischtäter der Revolutionsregierung von 1849. Federlithographie, 1849. REM.*

## Mannheimer in der Paulskirche

*Hans-Joachim Hirsch*

Als die Mannheimer Bürgerschaft am 21. Mai 1848 die Eröffnung der Frankfurter Nationalversammlung mit einem Zug durch die Breite Straße und einem Festgottesdienst in der Jesuitenkirche beging, war noch nicht entschieden, welcher Politiker die Stadt in Frankfurt repräsentieren würde. Erst im zweiten Wahlgang wenige Tage später obsiegte der Kandidat der Radikalen Wilhelm Sachs über den gemäßigten Ludwig Weller. Trotz militärischer Besatzung und der Niederlage der Freischarenzüge im April stellte sich Mannheim damit in seiner Mehrheit hinter einen Gefolgsmann des charismatischen Revolutionsführers Friedrich Hecker.

Am 18. Mai 1848 waren in Frankfurt 330 Abgeordnete feierlich gestimmt vom Kaisersaal des Römers durch die Stadt zur Paulskirche gezogen, wo sie erstmals zusammentraten. Von Beginn an war die Debatte der Honoratiorenversammlung, der kein einziger Arbeiter angehörte, vom Konflikt um das Recht zur Revolution geprägt und spitzte sich in der Frage der Ausübung des im südbadischen Tiengen errungenen Mandats durch Friedrich Hecker zu. Der Streit um den Mannheimer Revolutionsführer zählte zu den stürmischsten der Paulskirche.

Auch in den parlamentarischen Biografien der übrigen Abgeordneten Mannheimer Herkunft, die in auswärtigen Wahlkreisen antraten, spiegelt sich der politische Grundkonflikt wider. So zog der Rechtsanwalt Alexander von Soiron für den Wahlkreis Adelsheim in die Nationalversammlung ein und wandte sich der Fraktion des gemäßigt liberalen Casino zu. In seiner Eigenschaft als Vizepräsident des Parlaments wurde er häufig zur Zielscheibe zeitgenössischer Karikaturen. Ebenfalls zum Casino gehörte Karl Mathy, der mangels Chancen in seiner Heimatstadt Mannheim im württembergi-

*Blick auf die Nationalversammlung in der Frankfurter Paulskirche. Lithographie, 1848. REM.*

schen Wahlkreis Neuenbürg-Calw-Altensteig kandidiert hatte. Seine Wähler sprachen ihm jedoch das Misstrauen aus, als er sich hinter den als nationale Schande betrachteten Waffenstillstand Preußens mit Dänemark stellte, und beriefen ihn aus Frankfurt ab. Ein weiterer Mannheimer Angehöriger des Casino war Friedrich Daniel Bassermann, der im bayerischen Wahlkreis Stadtprozelten in die Nationalversammlung gewählt wurde. Sein politisches Wirken war eng mit den Fragen deutscher Einheit und der Realisierung eines Nationalparlaments verflochten. Als Unterstaatssekretär im Innenministerium der provisorischen Regierung verhandelte er im November 1848 vergeblich mit dem preußischen König Friedrich Wilhelm IV. in Berlin.

Der prominenteste badische Liberale der Vormärzzeit, Johann Adam von Itzstein, gelangte über den Wahlkreis Bretten ins Parlament, konnte jedoch nur zu Beginn der Revolution noch Einfluss auf das Geschehen ausüben. Als Vizepräsident des Vorparlaments hatte er vergeblich versucht, im Konflikt zwischen Gemäßigten und Radikalen zu vermitteln. Als Mitglied der im „Deutschen Hof" tagenden Parlamentslinken blieb er seinen Leitsätzen auch in Frankfurt treu und stellte sich trotz seines fortgeschrittenen Alters in den Dienst der radikalen Opposition. Dank Itzsteins bewusstem Verzicht auf den Mannheimer Wahlkreis gelangte von dort – wie erwähnt – Wilhelm Sachs in die Paulskirche, der sich ebenfalls den Linken zuwandte. Er stand auch später, beim Umzug des Rumpfparlaments treu zu den radikalen Grundsätzen, denen er sein Mandat zu verdanken hatte. Seinen Einsatz in den Revolutionstagen büßte der im Mannheimer Tabakhandel erfolgreiche Geschäftsmann mit dem Verlust seines Vermögens. Der wegen Hochverrats ausgesprochenen Zuchthausstrafe hatte er sich noch rechtzeitig durch die Flucht nach London entzogen.

Schließlich gelangte der Mannheimer Landtagsabgeordnete Lorenz Brentano über die südbadischen Wahlkreise Engen-Radolfzell und Lahr in die Frankfurter Nationalversammlung. Er provozierte dort durch rhetorisch geschliffene Beiträge und vertrat zudem als Strafverteidiger verfolgte Revolutionäre vor Gericht. Seine führende Position in der Fraktion Donnersberg, einer radikaldemokratischen Abspaltung vom Deutschen Hof, und seine exponierte Stellung in den Volksvereinen verschafften ihm ein stetig wachsendes Ansehen als Führungsfigur der Linken.

Mit insgesamt sechs Sitzen war Mannheim überproportional in der Paulskirche vertreten und bestätigte damit einmal mehr seinen Ruf als Hort der liberalen Opposition. Ungeachtet ihrer unterschiedlichen politischen Positionen besiegelte jedoch die Niederlage des badischen Aufstands 1849 die politische Kaltstellung aller Mannheimer Achtundvierziger, die ja großenteils einer jungen Politikergeneration im Alter von durchschnittlich 40 Jahren angehörten. Im Privaten resignierend oder ins Ausland geflohen, mussten sie sich hilflos das Ende ihrer parlamentarischen Träume eingestehen. Bassermanns Selbsttötung nach jahrelang durchlebten Depressionen kann als symbolischer Ausdruck der vermeintlichen Ausweglosigkeit angesehen werden, die nur bei wenigen nach der Amnestie von 1862 in neue Aktivität mündete. Den politischen Aufbruch der 1860er Jahre trugen neue Männer, deren Entwicklung freilich von den Achtundvierzigern stark geprägt war.

Ein Zeitungsbericht über diese Veranstaltung diagnostizierte: *Mag man die Form aber- und abermals in Stücke schlagen, der Geist lässt sich nimmer bannen.*[47]

Wie unübersichtlich den staatlichen Behörden die Situation erscheinen musste, zeigt eine Auflistung der verschiedenen Vereinsgründungen, die Stadtdirektor Franz Kern im Oktober 1848 dem Innenministerium vorlegte. Neben Volksverein und Damenverein geriet selbst der Bürgerverein ins Visier polizeilicher Untersuchung – offensichtlich nicht ganz zu Unrecht, wenn man den Versuch, das Mitglied Karl Mathy auf einer außerordentlichen Sitzung vom 20. Juni auszuschließen, als Hinweis auf eine Radikalisierung wertet. Der Geschmähte kam jedoch dem formellen Beschluss zuvor und erklärte selbst seinen Austritt. Während laut Stadtdirektor Kern gegen Tendenz und Wirkung des gemäßigten Neuen Vaterländischen Vereins nichts einzuwenden sei, außer *ihm nur eine ausgedehntere Teilnahme zu wünschen*, mahnte er gegen den am 11. August 1848 im „Großen Mayerhof" E 4, 12 durch ein *provisorisches Komitee* neu gegründeten Arbeiterverein besondere polizeiliche Aufmerksamkeit an: Er sei doch nur vorgeblich *zur Bildung der Handwerker, Verbesserung des Gewerbstandes, eigentlich aber zur Heranbildung dieser Leute im Sinne des Volksvereins* gebildet worden *und dürfte auch seiner Zeit eine tüchtige Stütze des Ersteren werden.*[48] Neben diesen politisch wirkenden Vereinen lebten weitere Verbindungen fort, so der wieder gegründete Turnverein, die fortbestehende deutschkatholische Gemeinde oder ein am 26. Juli 1848 gegründeter Verein zur Unterstützung Gewerbetreibender, deren Geschäftsbetrieb durch die *Zeitverhältnisse* in Mitleidenschaft gezogen war.

Währenddessen entwickelten sich Zeitungen in diesen bewegten Monaten zur Tribüne im Widerstreit der Meinungen, ihr gesellschaftlicher Einfluss stieg auf einen Höhepunkt. Neben den stark genutzten Anzeige- und Unterhaltungsblättern kam natürlich der politischen Presse, die dicht gedrängt Neuigkeiten zu verbreiten hatte, eine besonders herausragende Rolle zu. Neben dem konservativen *Mannheimer Morgenblatt* erschien das im Verlag des Katholischen Bürgerhospitals herausgegebene *Mannheimer Journal* mittlerweile in gemäßigt liberaler Tendenz und durchaus unter verhaltenem Beifall aus Regierungskreisen. Die der Zensur zum Opfer gefallene *Mannheimer Abendzeitung* dagegen konnte erst nach Hinterlegung einer Kaution von 2 000 Gulden durch Lorenz Brentano und Wilhelm Sachs unter der redaktionellen Leitung des Schuhmachers Adam Münck als Strohmann wiedererscheinen. Hinzu kam der *Deutsche Zuschauer*, der nach der Spaltung der Redaktion sowohl in einer Mannheimer Ausgabe als auch von Gustav Struve im Exil in der Schweiz herausgegeben wurde. Ebenfalls in der Schweiz erschien Heckers *Volksfreund*, dessen Drucker Fidel Hollinger die badischen Behörden vergeblich zur Rechenschaft zu ziehen versuchten. Insgesamt war diese zwar zerstrittene, aber auch farbige, breite Front von Publikationen durchaus erfolgreich, zumal die staatlichen Eindämmungsversuche an der Flut der Veröffentlichungen zu scheitern drohten und Repressionsmaßnahmen zunehmend ungewollte Folgen zeitigten. Nachdem zuvor schon einige Inhaftierte mangels belegbarer Vorwürfe aus der Haft entlassen werden mussten, Theobald Betz gar unter mysteriösen Umständen aus der Bruchsaler Haftanstalt entweichen konnte, erwies sich der Presseprozess gegen Johann Peter Grohe als juristisches Fiasko. Ihm wurde sein Vergleich zwischen Mannheim und Konstanz vom April als Aufforderung zum bewaffneten Aufstand ausgelegt. Bei einer Verurteilung drohte ihm eine Arbeitshausstrafe von zwei Jahren, die seine *wackern Verteidiger* Lorenz Brentano und Elias Eller zu vermeiden wussten, indem sie vor Gericht Zeugen vorstellten, die Grohes Ausrede stützten, man habe die im Manuskript gestrichenen Worte ohne seine Einwilligung veröffentlicht. Das Verfahren vor dem Mannheimer Hofgericht endete mit einem Freispruch, der am 1. September mit acht Tagen Verzögerung verkündet wurde. So schmachtete Grohe noch unnötig in seiner Bruchsaler Haftzelle, vorgeblich, um gegen die zu erwartenden Solidaritätskundgebungen Militär herbeizuziehen. Eine Demonstration zugunsten des Freigelassenen wurde folgerichtig auch gleich mit Verbot belegt. Es ließ sich allerdings nicht verhindern, dass ein zahlreicher Sympathisantenkreis ihn und seine Anwälte noch am 1. September gegen Abend im „Badner Hof" G 6, 3 feierten. Als man jedoch nach der Feier Brentano zu seiner Unterkunft im Gasthof zum „Weinberg" D 5, 4 geleiten wollte, versperrten Soldaten den Weg, nahmen die Festgäste in die Zange und malträtierten die Unglücklichen. Nach dem Bericht der Betroffenen wurden selbst *Weiber und Mädchen* [...] *durch Bajonettstiche verwundet.*[49] Als Stadtkommandant Joseph Riegel am 3. September darüber hinaus mit der erneuten Verhängung des Kriegszustands drohte, stellte der Gemeinderat nüchtern fest, dass *nicht die Einwohnerschaft, sondern die Staats Gewalt* [...] *die Ruhe gestört habe und auf eine Weise eingeschritten sei, die mindestens eine rechtsverletzende genannt werden müsse.*[50]

Dennoch blieb den Radikalen ein eher symbolischer Triumph, nachdem Rechtsanwalt Elias Eller zuvor in der Erneuerungswahl vom 16. August gemeinsam mit seinen Gesinnungsgenossen Friedrich Löwenhaupt und Melchior Rickert in den Gemeinderat entsandt worden war – entgegen bis dahin geltendem Kommunalrecht, das Eller wegen seiner jüdischen Religionszugehörigkeit ausschloss. Ein kleiner Sieg des Fortschritts, galt doch die *Emanzipation der Israeliten* als eines der wichtigen Vormärzthemen, das gerade auch in Mannheim nach den Frühjahrspogromen des Jahres in

*Elias Eller (1813–1872). Foto, um 1870. GLA KA.*

verschiedenen Orten Badens erneut Bedeutung gewonnen hatte. So berief sich der Gemeinderat in seinen Argumenten für eine Gültigkeit der Wahl darauf, *dass die Frage der Gleichstellung der Konfessionen vor dem Gesetz bei der gegenwärtig im Gang begriffenen Umgestaltung Deutschlands von allen Einzelstaaten sowie von der deutschen Nationalversammlung bereits zu Gunsten der Israeliten aufgenommen worden ist und die gesetzliche Sanktion dieser Gleichstellung über kurz zu erwarten steht.*[51] Dennoch verzögerten die Behörden Ellers Einzug als Ratsmitglied noch um mehr als ein halbes Jahr, was nur als weitere Schikane begriffen werden konnte.

Am 18. August fand eine erste öffentliche Sitzung des neu gegründeten Volksvereins statt, während gleichentags Großherzog Leopold der Einschiffung badischer Truppen nach Schleswig-Holstein beiwohnte. Am Nachmittag des 19. August ergab sich bei der Auffüllung der militärischen Besatzung mit kurhessischen Truppen eine Peinlichkeit, deren Echo weit über die Grenzen der Stadt hinausdringen sollte. Als die Mannschaften eines in die Stadt einrückenden Bataillons in der Infanteriekaserne in C 6 Quartier nehmen sollten, mussten sie angesichts des beklagenswerten Zustands der Räumlichkeiten vor den Gebäuden nächtigen. Der am folgenden Tag alarmierte Gemeinderat stellte daraufhin fest, dass *das Innere der Kaserne wirklich ein ekelerregendes Bild von Unreinlichkeit und Unordnung darbiete und im jetzigen Zustand nicht zur Aufnahme von Truppen geeignet sei.*[52] Dem Auszug der Hessen nach Käfertal sah er daher tatenlos zu, da eine anderweitige Unterbringungsmöglichkeit nur in der vom hessischen Kommandanten gewünschten Einweisung in Privatquartiere bestanden hätte. Dagegen aber wehrte sich die Gemeinde dieses Mal erfolgreich.

Anfang September machte sich Friedrich Hecker auf den Weg nach Straßburg, von wo er nach Le Havre weiterreiste, um sich zur Auswanderung einzuschiffen. Er tat dies, obwohl die Zeitumstände ein erneutes

*Blick über den Toulonplatz auf die Rheintorkaserne kurz vor ihrem Abriss. Foto, um 1902. StadtA MA.*

„Auch ein kühner Angriff": Die Karikatur deutet den „Angriff" des Ungeziefers um. Federlithographie von Leo von Elliott, 1848. StadtA MA.

Aufflackern revolutionärer Kämpfe signalisierten. Als er am 20. September in Southampton sein Schiff nach Amerika bestieg, war über Frankfurt der Ausnahmezustand verhängt. Zuvor hatte die Annahme des Waffenstillstands von Malmö im Schleswig-Holstein-Konflikt durch die Nationalversammlung erste Straßentumulte und aggressive Auftritte der Linken in der Paulskirche hervorgerufen. Auch in Mannheim hatte sich am 11. September eine Volksversammlung gegen den Vertrag ausgesprochen, der von Preußen am 16. August auf Drängen Russlands und Englands mit Dänemark abgeschlossen worden war. Am 18. September fand auf dem Mannheimer Marktplatz eine neuerliche Kundgebung statt, auf der erklärt wurde, die Frankfurter Nationalversammlung besitze nicht mehr das Vertrauen des Volks. Eine Delegation der Demonstranten forderte tags darauf vom Gemeinderat die Herausgabe der Bürgerwehrwaffen. Als Gemeinderat Johann Glimpf zur Besprechung der Forderungen den großherzoglichen Stadtdirektor aufsuchen wollte, war dieser aus der Stadt verschwunden. Wenige Stunden später kam es vor dem Rathaus zu weiteren Tumulten, die einige Beteiligte benutzten, um in den Gemeinderat vorzudringen und ihrer Forderung nach Waffen Nachdruck zu verleihen. Während der Gemeinderat protestierte und in dem *Auftritt durchaus keine Kundgebung der Bürgerschaft* sah, *sondern lediglich eine künstlich angefachte Aufregung einer dazu allzeit empfänglichen Klasse,*[53] nahm die revolutionäre Bewegung einen neuen Anlauf. Im badischen Süden überschritten ins Exil geflohene Radikale die Grenze. Am 21. September proklamierte Gustav Struve vom Rathausbalkon in Lörrach herunter die Republik und bildete aus der Schar seiner Getreuen eine provisorische Regierung mit dem erklärten Ziel, den Staat zu zertrümmern und an dessen Stelle eine revolutionäre Ordnung zu setzen. Er beschlagnahmte öffentliche Gelder und eine Druckerei, wo er ein erstes *Regierungsblatt* herstellen ließ. Unter dem Wahlspruch *Wohlstand,*

*Karikatur auf die Ausrufung der Republik durch Gustav Struve in Lörrach. Lithographie im Verlag von Köhler in Stuttgart, 1848. StadtA MA.*

*Bildung, Freiheit für Alle*! wurde darin eine *allgemeine Erhebung des Volkes angeordnet.*[54]

Das von der Presse ausgiebig kommentierte Abenteuer war jedoch bald beendet. Die Struve'sche Republik existierte nur wenige Stunden, denn bevor ihr Anführer eine nennenswerte Streitmacht zusammenziehen konnte, wurde er am 24. September im Gefecht von Staufen von einer aus Reichstruppen und badischem Militär bestehenden Übermacht vernichtend geschlagen. Zwei Tage später wurde er in Gesellschaft seiner Frau Amalie, deren Halbbruders Pedro Düsar und Karl Blinds im südbadischen Wehr auf der Flucht verhaftet. Struve und Blind wurden im Frühjahr 1849 vom Schwurgericht zu einer achtjährigen Gefängnisstrafe verurteilt – ein vergleichsweise mildes Urteil, das auf das ungeschickte Vorgehen der Staatsanwaltschaft und des Gerichtspräsidenten zurückzuführen war und darauf, dass die badische Regierung das Standrecht erst am 26. September ausgerufen hatte. Schon bald nach dem Urteilsspruch wurden die im neu erbauten Bruchsaler Zuchthaus einsitzenden politischen Gefangenen vom Aufstand der Soldaten in Rastatt befreit. Struve stellte sich im Mai 1849 auf die Seite der neuen provisorischen Regierung unter seinem einstigen Strafverteidiger Lorenz Brentano, war jedoch vom unentschlossenen Vorgehen der Revolutionsregierung enttäuscht und zog sich daraufhin aus der aktiven Mitarbeit zurück.

Auch in Mannheim blieb die Situation vorerst unsicher. In der Nacht vom 27. auf den 28. September wurden die Wachtposten an der Landstraße nach Heidelberg *mit Steinwürfen insultiert.*[55] Am 29. September zogen preu-

✝ Neueste Botschaft.
Volk Deutschlands! Dein treuer Bürger Robert
Blum, unermüdlich thätig für deine Sache in den Ta-
gen des Metternich'schen Druckes, „gemäßigt“ in der
Zeit Deiner zuversichtlichen Hoffnungen, entschlossen kämp-
fend an des Volkes Spitze in Wien, als dort der fürst-
liche Verrath offen lag, — Robert Blum, der Abgeordnete
des Volkes zur „deutschen constituirenden Natio-
nalversammlung“, ist gemordet nach dem Befehl des
kaiserlich-königlichen Volksmeuchlers Fürst Windischgrätz!!
Volk Deutschlands: Du wirst rächen das Blut Dei-
ner Söhne, segnen den blutigen Samen Deiner Freiheit!!!

*Meldung der „Mannheimer Abendzeitung“ auf ihrer ersten Seite der Ausgabe vom 17. November 1848. StadtA MA.*

*„Ich sterbe für die deutsche Freiheit“. Standrechtliche Erschießung Robert Blums (1807–1848) am 9. November 1848 in Wien. Kolorierte Kreidelithographie von Theodor Hosemann nach Carl Steffeck, 1848. AKG Images.*

ßische Bundestruppen ein, welche die Stadt bis zum 16. Oktober besetzt hielten und zum Leidwesen der Bürgerschaft in Privathaushalten einquartiert wurden. Teilweise blieben die Preußen sogar bis zum 22. November, eine fortdauernde Beschwernis, die nun schon seit dem Frühjahr auf der Stadt lastete. Auch die bürgerlichen Rechte unterlagen zunehmenden Beschränkungen. Eine von Florian Mördes für den 16. Oktober angemeldete Bürgerversammlung sollte die Aufhebung der militärischen Besetzung des Landes sowie die Auflösung der Zweiten Kammer fordern, wurde aber von den Sicherheitsbehörden verboten.

Nach dem erfolglosen Frankfurter Aufstand wurden bald auch aus Wien, Berlin oder Köln Nachrichten über die Rückschläge der Revolution bekannt. Am 17. November prangte auf der ersten Seite der *Mannheimer Abendzeitung* in fettgedruckten Lettern die Nachricht vom Tod des bei der Einnahme von Wien durch reaktionäres Militär standrechtlich erschossenen Paulskirchenabgeordneten Robert Blum. Zwei Tage später beging Mannheim die Totenfeier als *ein ergreifendes Fest*, dessen Veranstaltung der Volksverein übernommen hatte. Die ganze Stadt nahm Anteil, die Schiffe im Hafen trugen Trauer, als sich die einzelnen Vereine gegen drei Uhr unter ihren Fahnen vor dem Lokal des Bürgervereins versammelten. Der hinter einer Trauerfahne prozessierenden, auf 6 000 Teilnehmer angeschwollenen Volksmenge schloss sich am Rathaus auch der Gemeinderat an. In der Trinitatiskirche richtete Oskar Schellenberg, der erst am 12. November seine Antrittspredigt gehalten hatte, unter Mitwirkung des Singvereins die kirchliche Feier aus. In seiner Ansprache erinnerte er *an das Streben des hingeschiedenen Volksmannes und hob hervor, wie auch die Kirche die*

*Karikatur auf die schwankende Revolutionsbegeisterung des Bürgertums. Federlithographie von Alphons von Boddien im Verlag Eduard Gustav May in Frankfurt, 1848. StadtA MA.*

*Obrigkeit verdamme, die das Gesetz mit Füßen trete.*[56] Die an diesen Gottesdienst anschließende weltliche Feier wurde im Aulasaal begangen. Florian Mördes beschwor in pathetischen Worten den Opfergang des Gemordeten, während Lorenz Brentano auch persönliche Worte fand, da er in Blum auch des Fraktionskollegen aus der Frankfurter Nationalversammlung gedachte. Die zur Schau gestellte Geschlossenheit in dieser Veranstaltung war jedoch erst durch Intervention Elias Ellers hergestellt worden. Noch am Vormittag hatte er den Gemeinderat davon überzeugt, dass es sich *bei dieser Feier durchaus nicht um eine Parteierklärung oder um eine Huldigung für eine Persönlichkeit handle, sondern dass die Sache eine viel höhere Bedeutung habe,*[57] und damit erreicht, dass dessen ohne vorherige Abstimmung veröffentlichte Mitwirkung nicht zurückgezogen wurde.

In Mannheim wechselten auch weiterhin ständig die militärischen Besatzungskräfte, und da der dadurch verursachte materielle Druck auf die Bevölkerung stieg, sann der Gemeinderat auf Abhilfe durch eine Neuorganisierung der Bürgerwehr. Sie sollte auf 1 200 Mitglieder beschränkt und aus Kreisen der verlässlichen Bürger rekrutiert werden. Laut Beschluss vom 23. September wurde die Aufstellung der drei Fähnlein ab dem 13. November mit Neuwahlen zum Offizierskorps eingeleitet. Empfehlungen wurden aus zwei Richtungen gegeben: einem Komitee, das dem gemäßigten Neuen Vaterländischen Verein nahe stand, und einem Bürgerkomitee, das im Gasthof „Weinberg" tagte. Die Wahlergebnisse brachten entgegen den Vorstellungen der Gemäßigten auch die Vertreter des Volksvereins und der republikanischen Linken in die Kommandoposten: den Parlamentsabgeordneten Wilhelm Sachs, den Glaser Heinrich Rös sowie den Schlosser Wilhelm Sönker. Das dritte Fähnlein gar war mit der Kommandantur von Brentano ganz unter die Kontrolle der Radikalen geraten. Am 15. Januar 1849 beschloss der erweiterte Bürgerausschuss mit überwältigender Zustimmung seiner Mitglieder, eine Beschwerde an die Regierung und den Landtag zu richten, in welcher die Vorenthaltung der Bürgerwehrwaffen gegeißelt wurde. Am 29. Januar bestimmten die Kommandanten der Bürgerwehr in einem ersten Wahlgang den Oberleutnant des 4. Infanterieregiments Guido Kapferer zu ihrem Obersten. Zwar nahm Kapferer in einem ersten Schreiben an den Gemeinderat das Angebot an, musste jedoch wenig später ablehnen, *weil er den erbetenen Urlaub nicht erhalten habe.*[58] Auf der Suche nach einem Alternativkandidaten führte der Gemeinderat in den folgenden Wochen rege Unterhandlungen mit einem anderen badischen Offizier, dem Oberleutnant Karl Joseph Eichfeld, der zum damaligen Zeitpunkt in Kislau eine Disziplinarstrafe verbüßte und als Opfer staatlicher Willkür galt. Mit dem Versprechen einer Jahresbesoldung von 1 200 Gulden erlangte man seine Zustimmung, kam jedoch erneut nicht zum Ziel, weil das Kriegsministerium weder die Haftzeit Eichfelds verkürzen wollte, noch zu einer Aussage darüber bereit war, ob man diese Wahl genehmigen werde. Letztendlich musste der durch seinen Militärdienst in der preußischen Armee qualifizierte, aus Koblenz zugezogene Kaufmann Peter Joseph Osterhaus, der lange Zeit provisorischer Befehlshaber der Bürgerwehr geblieben war, im Angesicht einer unaufhaltsam vorrückenden feindlichen Streitmacht am 8. Juni 1849 definitiv das Oberkommando übernehmen.

## Im revolutionären Aufwind

Nachdem ein an Weihnachten 1848 abgehaltener Kongress der badischen Volksvereine in Renchen, zu welchem der dort gebürtige Mannheimer Zollassistent Amand Goegg eingeladen hatte, diese auf eine neue organisatorische Basis eingeschworen hatte, wurde in der Folge der umstrittene Florian Mördes vom Vereinsvorsitz in Mannheim entbunden. Dem nunmehr offiziell als Landesausschuss für Baden amtierenden Mannheimer Vereinsvorstand präsidierte jetzt der hier aufgewachsene Rechtsanwalt Lorenz Brentano, Abgeordneter der badischen Zweiten Kammer und der Frankfurter Nationalversammlung. Er war seit Herbst 1848 beim Oberhofgericht und Hofgericht des Unterrheinkreises zugelassen und bezog daher im Oktober eine Wohnung in der Mannheimer so genannten Rös-Passage, die direkt hinter dem baulichen Ensemble von Rathaus und Unterer Pfarrkirche das Quadrat F 1 durchzog. Als Galionsfigur der Linken hatte er mittlerweile mit einer beeindruckenden Rednergabe in den Parlamenten von Frankfurt und Karlsruhe auf sich aufmerksam gemacht. Sein demonstrativer Austritt am 6. März 1849 aus der Karlsruher Zweiten Kammer verhalf ihm selbst, aber auch dem Schimpfwort von der *verrotteten* Volksvertretung zu großer Popularität. Als Brentano am 11. Januar 1849 zum Mannheimer Oberbürgermeister gewählt wurde, versagte die badische Regierung erneut die Bestätigung eines rechtmäßigen Mandats. Dennoch wurde das Ergebnis in einem zweiten Wahlgang am 20. April bekräftigt. Und erneut verweigerte die Regierung dem als Provokation empfundenen Ausdruck des Volkswillens ihre Zustimmung. Gemeinsam mit seinem gleichzeitig gewählten Schriftführer Amand Goegg führte Brentano auch das Mannheimer Landesbüro der Volksvereine. Der junge Finanzbeamte Goegg stammte aus dem mittelbadischen Renchen und galt als besonders energischer Revolutionär, dem der *glänzende Schachzug* der Neuorganisation der Volksvereine zuzurechnen ist und der nach eigenem Bekunden die Intensivierung der propagandistischen Tätigkeit allein geleistet hat.[59] Weite Kreise der Bevölkerung waren einer solchen Agitation durchaus zugänglich, und der Regierung konnte nicht entgangen sein, dass das Vertrauen in ihre Autorität im Schwinden begriffen war. Dennoch schürte sie weiterhin die Unzufriedenheit unter der Bevölkerung, etwa durch die ungerechte Behandlung der politischen Gefangenen im Landesgefängnis von Bruchsal und in den anderen Haftanstalten. Die Bespitzelungen und Versammlungsverbote steigerten das Gefühl allgemeiner Ohnmacht gegenüber den staatlichen Übergriffen ebenso wie die Hilferufe und die Agitation der politischen Flüchtlinge jenseits der Landesgrenze.

Ein Ausstand der Schneider wurde am 23. Januar 1849 mit der Abschiebung der Streikführer über die Stadtgrenzen beantwortet. Für diese scharfe Maßnahme zeichnete der als erbitterter Revolutionsgegner bekannte Polizeiassessor Gustav Jägerschmidt verantwortlich. Die demokratische Presse wurde mit Prozessen gemaßregelt, die dem wirtschaftlichen Ruin zutreibende Druckerei von Buchhändler Heinrich Hoff stand unter ständiger Überwachung. Bei Gesetzesverstößen wurde auch gegen einzelne Angestellte polizeilich vorgegangen. Aus einem Schriftwechsel in den Akten des Innenministeriums geht hervor, dass einer der bei Hoff Tätigen, verschwägert mit Brigadier Groß, diesem die unter Umgehung der gesetzlichen Vorschriften ohne Impressum erscheinenden *Flugblätter der Volksvereine in Baden* noch druckfrisch in die Amtsstube zukommen ließ. Ein Umstand, den der im Auftrag Jägerschmidts handelnde Polizeidiener nicht gern an die große Glocke hängen mochte, da er vermeiden wollte, *die Quelle* [zu] *verstopfen,* [...] *welche voraussichtlich noch nutzbringend sein wird.*[60] Die Hoffnung

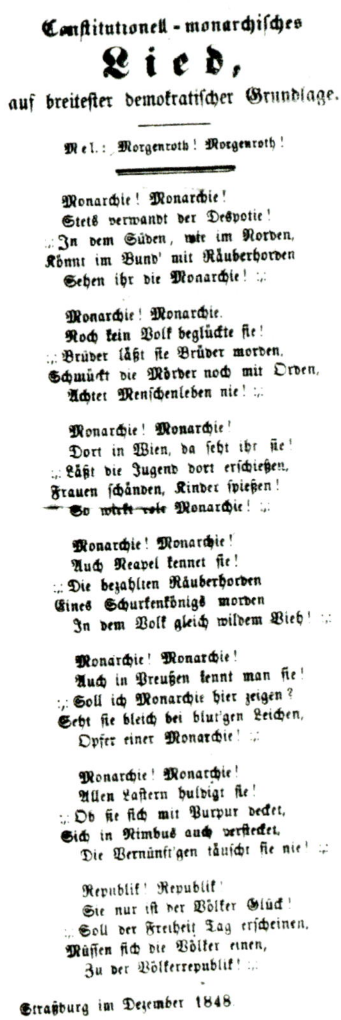

Constitutionell-monarchisches
**Lied,**
auf breitester demokratischer Grundlage.

Mel.: Morgenroth! Morgenroth!

Monarchie! Monarchie!
Stets verwandt der Despotie!
:,: In dem Süden, wie im Norden,
Könnt im Bund' mit Räuberhorden
Sehen ihr die Monarchie! :,:

Monarchie! Monarchie.
Noch kein Volk beglückte sie!
:,: Brüder läßt sie Brüder morden,
Schmückt die Mörder noch mit Orden,
Achtet Menschenleben nie! :,:

Monarchie! Monarchie!
Dort in Wien, da seht ihr sie!
:,: Läßt die Jugend dort erschießen,
Frauen schänden, Kinder spießen!
~~So wirkt wie~~ Monarchie! :,:

Monarchie! Monarchie!
Auch Neapel kennet sie!
:,: Die bezahlten Räuberhorden
Eines Schurkenkönigs morden
In dem Volk gleich wildem Vieh! :,:

Monarchie! Monarchie!
Auch in Preußen kennt man sie!
:,: Soll ich Monarchie hier zeigen?
Seht sie bleich bei blut'gen Leichen,
Opfer einer Monarchie! :,:

Monarchie! Monarchie!
Allen Lastern huldigt sie!
:,: Ob sie sich mit Purpur decket,
Sich in Nimbus auch verstecket,
Die Vernünft'gen täuscht sie nie! :,:

Republik! Republik!
Sie nur ist der Völker Glück!
:,: Soll der Freiheit Tag erscheinen,
Müssen sich die Völker einen,
Zu der Völkerrepublik! :,:

Straßburg im Dezember 1848.

*Antimonarchisches Lied aus der Feder eines unbekannten Republikaners, geschrieben im Straßburger Exil, 1848. StadtA Worms.*

Links: Amand Goegg (1820–1897). Lithographie von Irminger bei der Lithographischen Anstalt Grimminger, Zürich, um 1850. StadtA MA.

Rechts: Lorenz Brentano (1813–1891). Lithographie von L. Wagner, um 1848. StadtA MA.

auf eine Änderung der Politik war schließlich so weit gesunken, dass am 5. April eine Urwählerversammlung in Mannheim ebenfalls die Auflösung der Zweiten Kammer forderte.

Am gefährlichsten für den Bestand der Monarchie war jedoch der zunehmende Disziplinverfall der Truppe, die bis dahin schon mehrfach die Staatsmacht über die Frühjahrs- und Herbststürme des Jahres 1848 hinweggerettet hatte. Schon der Herbst 1848 sah eine nicht unerhebliche Zahl von Desertionen im badischen Heer, auch zahlreiche Mannheimer Rekruten und Soldaten wurden als Fahnenflüchtige gesucht. Die politischen Parolen der Demokraten begannen auch in der Armee ihre Wirkung zu zeigen. Zahlreiche Missstände erregten den Unmut der Uniformträger. In erster Linie war es der niedrige Sold, der für einen einfachen Soldaten etwa ein Drittel des Lohns eines Tagelöhners ausmachte. Mit brutalen Disziplinierungsmaßnahmen verletzten Offiziere und Ausbilder die Menschenwürde der Rekruten, deren Zahl durch eine gesetzlich verordnete außerordentliche Aushebung stark gestiegen war: Die Stärke des Militärs stieg durch diese Maßnahme auf zwei Prozent der Landesbevölkerung. Die Aufhebung des Einsteherwesens, das bis dahin durch die Übernahme der Dienstpflicht gegen Bezahlung vor allem den länger dienenden Unteroffiziersgraden ein willkommenes Zubrot zum mageren Sold gesichert hatte, trug entscheidend zur Unzufriedenheit gerade des ansonsten systemstützenden Mittelbaus im Militär bei.

## Lorenz Brentano – Revolutionär wider Willen?

*Christian Jansen*

Die Kaufmannsfamilie Brentano entstammt einem bereits im 13. Jahrhundert belegten lombardischen Adelsgeschlecht, dessen einer Zweig seit dem 17. Jahrhundert Verbindungen nach Deutschland hatte. Johann Peter Paul Brentano lebte als Großkaufmann in Frankfurt und Mannheim, seine Eltern waren im 18. Jahrhundert vom Comer See zugewandert; in zweiter Ehe war er mit der 44 Jahre jüngeren Helene Heger verheiratet. Im August 1813, wenige Monate vor der Geburt seines Sohns Laurentius Peter Karl, der sich später Lorenz bzw. seit 1850 meist Lorenzo nannte, war der bereits 73-jährige kurpfälzische Kommerzienrat verstorben.

Geboren in einer Zeit national-politischen Aufbruchs wuchs Lorenz, ein Cousin der romantischen Dichtergeschwister Clemens und Bettina Brentano, in Mannheim offenbar in materieller Sicherheit, aber vaterlos auf. Seine Sozialisation scheint – entgegen dem Zeitgeist der Restauration – liberal gewesen sein, denn der junge Student der Rechtswissenschaften in Heidelberg und Freiburg schloss sich in der Aufbruchstimmung zu Beginn der 1830er Jahre einer der verbotenen Burschenschaften an. Höchstwahrscheinlich beteiligte sich der Corpsstudent auch am Hambacher Fest (1832), der ersten Großdemonstration der demokratisch-nationalistischen Opposition in Südwestdeutschland.

Nach dem Examen ließ sich Lorenz Brentano als Rechtsanwalt wieder in seiner Geburtsstadt Mannheim nieder und heiratete hier 1837 die gleichaltrige Carolina Philippina Leutz, Tochter eines Holzhändlers aus Eberbach. Seit 1845 wirkte er als Obergerichtsadvokat am Hofgericht des Mittelrheinkreises in Rastatt bzw. Bruchsal. Seit den frühen 1840er Jahren hatte der junge Jurist regelmäßig an den konspirativen Treffen teilgenommen, die der Kopf der radikalen Opposition in Baden, Adam von Itzstein, auf seinem Gut Hallgarten im nassauischen Rheingau veranstaltete. Nach mehreren gescheiterten Versuchen, in die Zweite badische Kammer gewählt zu werden, gelang ihm dies mit Unterstützung Itzsteins erstmals Ende 1845 in Mannheim als Nachfolger Christian Wilhelm Gerbels. 1846 wiedergewählt, schlug sich Brentano mit Itzstein und Hecker auf die Seite der radikalen Opposition, als ihr liberaler Landtagskollege Johann Baptist Bekk Ende des Jahres zum Innenminister in Karlsruhe avancierte. Nachdem ihn Mannheim 1847 zusammen mit dem ebenfalls der Linken zuzurechnenden Wilhelm Sachs erneut in den Landtag gewählt hatte, sagte Großherzog Leopold einen Besuch in der größten Stadt Badens ab, die zu einer Hochburg der Radikalen geworden war. Auch später strafte die badische Regierung den Exponenten der Linken demonstrativ ab, als sie im Frühjahr 1849 zweimal seiner Wahl zum Mannheimer Oberbürgermeister die Zustimmung versagte.

Seit 1847 war Brentano führend beteiligt an den Aktivitäten der Demokraten: zunächst als Teilnehmer an der Offenburger Versammlung am 12. September 1847, dann im Vorparlament und in der Deutschen Nationalversammlung, in die er gleich von zwei badischen Wahlkreisen gewählt worden war. In der Paulskirche schloss er sich der demokratischen Fraktion (Deutscher Hof, später Donnersberg) und der ersten demokratischen Massenpartei im Deutschen Bund, dem Centralmärzverein, an, verlegte jedoch seit Spätsommer 1848 den Schwerpunkt seiner politischen Tätigkeit wieder nach Baden.

Aber anders als die bekannteren badischen Revolutionsführer wie Hecker und Struve, die mit Aufstandsversuchen eine putschistische Strategie verfolgten, versuchte Brentano als Vorsitzender des Landesausschusses der Volksvereine demokratische Gegenmacht von unten zu organisieren, um weitere Zugeständnissen und Reformen von oben zu erreichen. Dass dieser Druck im Mai 1849 zum Sturz der liberalen März-Regierung und zur Flucht Großherzog Leopolds führte und Brentano an die Spitze einer Revolutionsregierung brachte, war gar nicht sein Ziel gewesen. Durch die Wahl einer verfassunggebenden Versammlung am 3. Juni 1849 versuchte er, die Revolution gegen den Widerstand seiner Ex-Genossen in legale Bahnen zu lenken und ihr eine demokratische Legitimation zu verschaffen. So gelang ihm eine allerdings nur kurzlebige Stabilisierung des Landes. Nach dem Scheitern der Revolution in den Nachbarstaaten und angesichts der Übermacht der preußischen Interventionsarmee war die Lage der Brentano-Regierung jedoch aussichtslos.

So blieb Brentano wie den anderen Revolutionären nur die Flucht in die Schweiz, wo ihm jedoch dauerhaftes Asyl verweigert wurde, obwohl er am 6. Juni 1850 in Abwesenheit zum Tod verurteilt worden war. Daher sah er sich gezwungen, weiter in die USA zu ziehen, wo er sich eine völlig neue Existenz aufbauen musste. Nach vielen Schwierigkeiten brachte er es als Chef der *Illinois Staats-Zeitung*, dem bedeutendsten deutschsprachigen Blatt in den USA, zu großem Ansehen und Wohlstand. Im Unterschied zu vielen anderen Revolutionären im Exil verspürte er wenig Drang, nach Deutschland oder gar in die deutsche Politik zurückzukehren; lediglich in den Jahren 1872 bis 1876 vertrat er seine neue Heimat in Dresden als Konsul. Danach gehörte er drei Jahre dem US-Repräsentantenhaus an, verließ dann aber die Republikanische Partei wieder und starb 1891 in Chicago. ✧

*Freischärler in Karlsruhe: Lorenz Brentano (1813–1893) zu Pferd zwischen Elise Blenker (1824–1908) und Ludwig Blenker (1812–1863). Aquarell von Friedrich Kaiser, 1849. AKG Images.*

## Der Aufstand

Die Bewegung zur Durchsetzung der Reichsverfassung fand in Mannheim großen Widerhall. Nachdem sich die Hoffnung auf eine Inkraftsetzung der über die Jahre 1848/49 in der Frankfurter Paulskirche leidenschaftlich beratenen Reichsverfassung zerschlagen hatte, da sie vom Preußenkönig ebenso wie seine Wahl zum deutschen Kaiser abgelehnt wurde, ging die Nationalversammlung ihrem Ende entgegen. In ihren Bestrebungen, mit der von ihr erarbeiteten Verfassung Demokratie und Menschenrechte zur Geltung zu bringen, wurde sie gleichwohl noch in den letzten Tagen von Mannheim aus unterstützt. In einer Eingabe an den Gemeinderat legten 53 Bürger am 25. April 1849 folgenden Antrag auf Einberufung des Großen Bürgerausschusses zur *Beratung und Beschlussfassung* vor: *Es soll an die badische Staatsregierung der Antrag gestellt werden, dass dieselbe die deutsche Reichsverfassung unumwunden und unbedingt anerkenne und die jüngste Note, worin sich die Regierung das Recht wahrt, in Verbindung mit anderen Regierungen die Reichsverfassung abzuändern, wieder zurückziehe.*[61] In seiner Sitzung vom 27. April gab der Gemeinderat diesem Antrag statt. Am 2. Mai tagte der Bürgerausschuss in Anwesenheit von 176 namentlich aufgerufenen Mitgliedern (von 248) und stimmte dem Wortlaut der vorgebrachten Forderungen geschlossen zu. Selbst der gemäßigte Neue Vaterländische Verein forderte in einer Erklärung vom 1. Mai zur Verteidigung der Reichsverfassung mit *Gut und Blut* auf und trat mit den radikalen Kräften der Stadt in Verbindung, um über ein gemeinsames Vorgehen zu beraten. Die Teilnahme der Gemäßigten am für den 12. Mai geplanten Treffen der badischen Volksvereine in Offenburg scheiterte jedoch an den unüberwindlichen, auch auf persönlicher Ebene geschürten Differenzen, die der seit einem Jahr andauernde Konflikt zwischen radikalen Republikanern und den Befürwortern einer konstitutionellen Monarchie hervorgebracht hatte. Die Radikalen suchten daher eher die Allianz über die Stadtgrenzen hinaus zu konsolidieren, wie der Bericht über eine Geheimversammlung im Mannheimer Gasthof „Weinberg" nahe legt. In den ersten Maitagen von Amand Goegg einberufen, kamen auch mehrere Abgeordnete der Linken in der Frankfurter Nationalversammlung nach Mannheim, darunter der später als Zivilkommissar hier tätige Adolph von Trützschler.

An verschiedenen Orten war es zuvor zu Protestaktionen gekommen, die in mehreren rheinischen Städten sowie in Breslau und in Dresden in Barrikadenkämpfe mündeten. In der Rheinpfalz bildete sich ein revolutionärer Landesausschuss, der die Provinz vom Königreich Bayern lossagte und sich anschickte, die Regierungsgeschäfte zu übernehmen. In Baden waren die Voraussetzungen für eine neue Massenerhebung ebenfalls günstig. Die verschiedenen politisch orientierten Vereine, an deren Spitze der Mannheimer Volksverein mit seinen zahlreichen Zweigvereinen in ganz Baden stand, hatten die Unterdrückungsversuche der Regierung unbeschadet überstanden. Ihre Anhängerschaft umfasste einen großen Teil der politisch aktiven Bevölkerung. Auch den Mannheimer Gemeinderat beschäftigten in

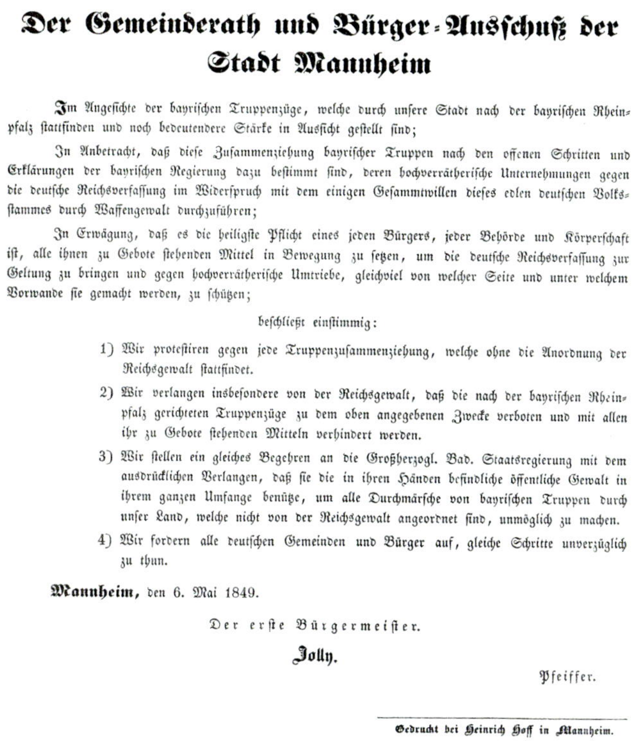

**Der Gemeinderath und Bürger-Ausschuß der Stadt Mannheim**

Im Angesichte der bayrischen Truppenzüge, welche durch unsere Stadt nach der bayrischen Rheinpfalz stattfinden und noch bedeutendere Stärke in Aussicht gestellt sind;

In Anbetracht, daß diese Zusammenziehung bayrischer Truppen nach den offenen Schritten und Erklärungen der bayrischen Regierung dazu bestimmt sind, deren hochverrätherische Unternehmungen gegen die deutsche Reichsverfassung im Widerspruch mit dem einigen Gesammtwillen dieses edlen deutschen Volksstammes durch Waffengewalt durchzuführen;

In Erwägung, daß es die heiligste Pflicht eines jeden Bürgers, jeder Behörde und Körperschaft ist, alle ihnen zu Gebote stehenden Mittel in Bewegung zu setzen, um die deutsche Reichsverfassung zur Geltung zu bringen und gegen hochverrätherische Umtriebe, gleichviel von welcher Seite und unter welchem Vorwande sie gemacht werden, zu schützen;

beschließt einstimmig:

1) Wir protestiren gegen jede Truppenzusammenziehung, welche ohne die Anordnung der Reichsgewalt stattfindet.

2) Wir verlangen insbesondere von der Reichsgewalt, daß die nach der bayrischen Rheinpfalz gerichteten Truppenzüge zu dem oben angegebenen Zwecke verboten und mit allen ihr zu Gebote stehenden Mitteln verhindert werden.

3) Wir stellen ein gleiches Begehren an die Großherzogl. Bad. Staatsregierung mit dem ausdrücklichen Verlangen, daß sie die in ihren Händen befindliche öffentliche Gewalt in ihrem ganzen Umfange benütze, um alle Durchmärsche von bayrischen Truppen durch unser Land, welche nicht von der Reichsgewalt angeordnet sind, unmöglich zu machen.

4) Wir fordern alle deutschen Gemeinden und Bürger auf, gleiche Schritte unverzüglich zu thun.

**Mannheim,** den 6. Mai 1849.

Der erste Bürgermeister.

**Jolly.**

Pfeiffer.

Gedruckt bei Heinrich Hoff in Mannheim.

*Öffentlicher Protest des Mannheimer Gemeinderats gegen die Truppendurchzüge zur Niederwerfung der aufständischen Pfalz vom 6. Mai 1849. StadtA MA.*

diesen Tagen Probleme, die mit der allgemeinen politischen Lage zusammenhingen, jedoch eigentlich nicht in sein Aufgabenfeld gehörten. So am 6. Mai, als der Durchmarsch bayerischer Truppen zur *Unterdrückung der in Rheinbayern ausgebrochenen Bewegung* in der Bürgerschaft große Empörung hervorrief. Die Gemeindevertretung verabschiedete daraufhin in einer außerordentlichen Sitzung eine Protesterklärung, die in *einigen tausend Exemplaren* als Maueranschlag an die Öffentlichkeit gelangte. Darin wurde an die Reichsgewalt appelliert, solche Truppenzusammenziehungen zu verbieten. Von der badischen Regierung verlangte man, dass *sie die in ihren Händen befindliche öffentliche Gewalt in ihrem ganzen Umfange benütze, um alle Durchmärsche von bayrischen Truppen durch unser Land, welche nicht von der Reichsgewalt angeordnet sind, unmöglich zu machen.*[62]

Als dann seitens der Reichsregierung genau das Gegenteil geschah und die Nachricht an die Öffentlichkeit drang, Reichskriegsminister Eduard von Peucker habe drei Kompanien Infanterie und eine Dragonereinheit zur Niederschlagung der von ihm als *anarchische Schilderhebung* denunzierten Bewegung in der Pfalz entsandt, steigerte sich die Aufregung in der Stadt noch einmal. Am 7. Mai kamen Gemeinderäte und aktive Bürger mit

Stadtdirektor Franz Kern auf dem Rathaus zusammen, um über die gespannte Lage zu beraten. Auf dem Marktplatz fand sich eine aufgebrachte Menge ein, die Taten forderte. Nachdem sie vom Rathausbalkon herab zur Besonnenheit aufgefordert worden war, begann sie, sich zu zerstreuen, als plötzlich *die auf der Hauptwache befindliche verstärkte Militärmannschaft in einer geschlossenen Kolonne um das Rathhauseck gebogen und nach schnell auf einander gefolgtem dreimaligem Trommelschlag mit gefälltem Bajonett gegen die dicht gedrängte Gruppe vor der Rathhaustüre geführt worden* sei, *ohne dass ein anderes Zeichen als der bemerkte Trommelschlag oder eine mündliche Aufforderung des anwesenden Zivilbeamten (Großh. Assessor Jägerschmidt) noch des kommandierenden Offiziers vorausgegangen wäre* – so das Fazit der gemeinderätlichen Debatte über den Zwischenfall.[63] Schüsse waren gefallen und eine nicht unbeträchtliche Anzahl von Demonstranten wurde von Bajonettstichen verletzt. So hatte der allseits verhasste Gustav Jägerschmidt zu einer weiteren Eskalation beigetragen.

Nur wenige Tage später wurde am 12. und 13. Mai der Kongress der badischen Volksvereine in Offenburg abgehalten. Hier trafen sich die Führer der Mannheimer Demokraten mit den Abgeordneten der Vereinsorganisation aus ganz Baden. In über 600 Ortsvereinen[64] sollen sich damals fast 40 000 Mitglieder gesammelt haben. Am ersten Tag des Treffens fanden interne Verhandlungen und die Vorstandswahlen statt. Für den 13. Mai war eine Volksversammlung angekündigt, die von über 30 000 Teilnehmern besucht wurde. Auf dieser Großveranstaltung trat auch eine Abordnung von Soldaten der Festung Rastatt auf, die tags zuvor ihren Offizieren den Gehorsam verweigert und ihre eingesperrten Kameraden befreit hatten. Alle Garnisonen des Landes mit Ausnahme Mannheims wurden von der Meuterei erfasst. In Offenburg verbündeten sich die Soldaten mit den Volksvereinen, die zum Sammelbecken der entschieden republikanisch gesinnten Opposition geworden waren. Von Panik ergriffen, flüchtete der badische Großherzog Leopold über die Landesgrenze und überließ den Revolutionären die Macht, die damit in letzter Konsequenz dem Landesausschuss der Volksvereine in den Schoß fiel. Dessen Vorstand gehörten auch nach der Neuwahl mit dem Buchhändler Heinrich Hoff, Färber Heinrich Happel und Lehrer Ludwig Degen mehrere Mannheimer an. Nach seiner Befreiung aus dem Gefängnis wurde noch der Revolutionsveteran Gustav Struve hinzugenommen, sodass von 23 Vorstandsmitgliedern vier aus Mannheim kamen. Der Landesausschuss wählte eine fünfköpfige provisorische Regierung, die unter dem Vorsitz des Präsidenten der Volksvereine Lorenz Brentano ihre Tätigkeit aufnahm. Ihr gehörten Amand Goegg und Franz Sigel an, denen neben dem zeitweise in Mannheim tätigen oppositionellen Kammerabgeordneten Ignatz Peter noch Joseph Fickler zur Seite trat. Nur Fickler kann also nicht mit Mannheim in Verbindung gebracht werden – war das die Frucht der jahrzehntelangen politischen Gärung in der Stadt?

In Mannheim war die Stimmung anfangs ganz auf der Seite der Revolutionäre. Am 11. Mai hatte sich ein Wehrausschuss zur Sammlung von Waffen gebildet. Die großherzogliche Regierung willigte noch am 12. Mai nach mehrfachen Protesten in die Verteilung der im Jahr zuvor konfiszierten Bürgerwehrwaffen ein. Am Abend des 13. Mai kehrte Florian Mördes von der Offenburger Versammlung nach Mannheim zurück. Nach eigener Aussage soll ihm dort *Vollmacht in der umfassendsten Weise* zur Übernahme der öffentlichen Gewalt gegeben worden sein. Offiziell wurde er jedoch erst am 22. Mai von Heinrich Hoff im Namen des Landesausschusses bevollmächtigt, in Mannheim und im Unterrheinkreis die Regierung zu vertreten.[65] So handelte Mördes wohl eigenmächtig, als er am Abend des 13. Mai auf einer eilig einberufenen Versammlung Mannheimer Demokraten entschiedene Maßnahmen wie die Besetzung des Bahnhofs forderte. Er konnte sich jedoch dabei nicht durchsetzen, und die Versammelten verschoben solche Entscheidungen auf eine für den nächsten Tag um 1 Uhr mittags einberufene Volksversammlung, zu der vor allem auch unter dem Militär geworben werden sollte. Nachdem am 14. die Flucht des Großherzogs aus der Karlsruher Residenz in der Stadt bekannt geworden war, wählte die Volksversammlung auf dem Marktplatz einen Sicherheitsausschuss, dessen Vorsitz Mördes übertragen wurde. Nach dem Bericht des *Mannheimer Journal* war der *Inhalt der Reden* [...] *treues Zusammenhalten der Bürger und Soldaten.* Die Versammelten hätten die von Mördes verlesenen Beschlüsse aus Offenburg gebilligt, und Mördes sowie als weitere Redner Elias Eller und ein Gefreiter des 4. Infanterieregiments hätten *zur Ordnung* ermahnt.[66] In der Tat galt Mördes als Anhänger einer konstitutionellen Monarchie und nicht als entschiedener Republikaner und war daher auch unter den demokratischen Kräften durchaus umstritten. Amand Goegg unterstellte ihm, er habe *keine Festigkeit des Charakters, keine Consequenz in politischen Ansichten, keinen Muth gegenüber drohenden Gefahren.*[67]

*Alltagsleben auf dem Mannheimer Marktplatz. Über 6 000 Personen fanden sich anlässlich der großen Kundgebungen der Revolutionszeit dort ein. Stahlstich von J. M. Kolb, 1840. StadtA MA.*

Mördes teilte dem noch am selben Nachmittag tagenden Gemeinderat mit, er habe als erste Maßnahme vor den Staatskassen Wachen aufstellen lassen und wolle mit den in der Stadt verbliebenen Militärführern und Staatsbeamten Verhandlungen über das weitere Vorgehen führen. Es war Mördes, der unter persönlichem Einsatz das Abrücken der in Mannheim stationierten militärischen Besatzung verhinderte und tags darauf die in Mannheim liegenden Dragoner auf die Reichsverfassung vereidigte. Er erklärte sich zum Zivilkommissar der Regierung in der Stadt und teilte sich vorerst die Ausübung der öffentlichen Gewalt mit Stadtdirektor Franz Kern und dem Garnisonskommandanten Konstantin von Roggenbach. Der Sicherheitsausschuss, der vermutlich durch Handzeichen auf der Marktplatzversammlung vom 14. Mai gewählt worden war und entschiedene Demokraten in seinen Reihen zählte, scheint nie richtig funktioniert zu haben. In einer außerordentlichen Sitzung des Gemeinderats klagte Mördes, dass *die ihm zur Seite gewählten Mitglieder des Ausschusses* [...] *die ihnen zugedachte Funktion abgelehnt* hätten *und* [...] *nicht im Stande seien, den Geschäftsvorkommnissen mit Erfolg obzuliegen.* Die Verantwortung laste vor allem auf ihm, und er äußerte den Wunsch, *dass von Seite des Gemeinderats eine Ergänzung des Ausschusses bewirkt werde, entweder aus Gliedern aus seiner Mitte oder durch Ernennung anderer vertrauter geeigneter Bürger.*[68] In der anschließenden Diskussion versicherten die Gemeinderatsmitglieder Mördes ihrer Unterstützung, lehnten aber eine Teilnahme am Sicherheitsausschuss kategorisch ab.

Mördes vereidigte am 16. Mai weitere Militäreinheiten auf die provisorische Regierung und leitete die Wahl der Offiziere durch die Mannschaften in die Wege. Der Mannheimer Gemeinderat aber beschloss auf der am selben Tag stattfindenden Sitzung, seine Mitglieder Karl Hoff und Elias Eller nach Karlsruhe zu entsenden, um beim Landesausschuss Informationen über seine Vorhaben einzuholen. Hoff berichtete später über die Reise in die Landeshauptstadt, die er am Ende allein antrat, da Eller am folgenden Tag den Antritt der Fahrt auf dem Bahnhof verpasste. In Karlsruhe angekommen, ließ der Mannheimer Gemeinderat mitten in der Nacht den regierenden Landesausschuss rufen, um ihn von seiner Mission zu unterrichten. Er holte sich eine bittere Abfuhr. Als erster habe ihm Joseph Fickler vorgehalten, dass man sie habe aus den Betten holen lassen, *weil die Mannheimer sich keine Regierung machen wollen, da doch bereits jede Stadt und jedes Städtle im ganzen Land sich eine Regierung gemacht hat; „Ei die 300 Arbeiter, denen wir heute Waffen in die Hand gegeben haben, werden euch schon eine Regierung machen!"* Und dann hätten alle auf ihn eingeschrien, und Amand Goegg habe ihm die Faust vor das Gesicht gehalten und gerufen: *Man wird euch Mannheimer schon von Euern Geldsäcken herunter treiben.*[69] Die bedrohliche Stimmung steigerte sich noch, als Hoff das Angebot ausschlug, sich vom Landesausschuss als Zivilkommissar einsetzen zu lassen. Ignaz Peter forderte gar seine Verhaftung, was sich im Protokoll des noch am selben Tag in Mannheim gegebenen Berichts allerdings etwas harmloser anhört: *Nachdem ihm* [...] *das Ansinnen gestellt, dass man bereit sei, ihm unumschränkte Vollmacht zur Leitung der Angelegenheiten in hiesiger Stadt zu geben, und nachdem er dies aus rein persönlichen Gründen jedoch abgelehnt hatte, sei ihm die Zusicherung gegeben worden, dass im Laufe des heutigen Tages ein Kommissär hierher entsendet kommen werde.*[70]

Während am 17. Mai die beliebte Mannheimer Schlossherrin Stephanie, einem Rat ihres großherzoglichen Verwandten folgend, die Stadt verließ, stieg die revolutionäre Stimmung unter der Bevölkerung auf einen neuerlichen Höhepunkt. Tags zuvor war bekannt geworden, dass der regierungstreue Dragoneroffizier Heinrich von Hinkeldey mit seinen Reitern versuche, bei Ladenburg den Neckar zu überqueren, um von dort nach Frankfurt zu gelangen. In einer wahren Massenhysterie eilten Soldaten und Bürgerwehrmänner zu seiner Verfolgung.

Am 20. Mai erschienen zu einer Volksversammlung auf dem Marktplatz nahezu 6 000 Teilnehmer, um den angekündigten prominenten Rednern Gustav Struve und Joseph Fickler zuzuhören. Struve war verhindert, dafür sollen auch ein französischer Offizier und ein polnischer Freiheitskämpfer auf dem festlich mit Fahnen geschmückten Platz das Wort ergriffen haben. Vor dem Auftritt der Redner wurde die wartende Menge von den Militärkapellen der Mannheimer Garnison unterhalten, *wobei die Melodie „Was ist des Deutschen Vaterland", den Anfang machte.*[71] Fickler soll von der *geschmackvollen Tribüne*[72] herunter gesagt haben, *die badische Bewegung ist eine rein deutsche, die Einheit und Freiheit bezweckende* [...] *des ganzen Volkes nicht nur in Baden, sondern auch im andern Deutschland, wo überall der Soldat von der Bewegung ergriffen und zum Volke gezogen wird.*[73] Und die Versammelten leisteten den feierlichen Eid, *für die Freiheit und Einheit Deutschlands einzustehen.*[74]

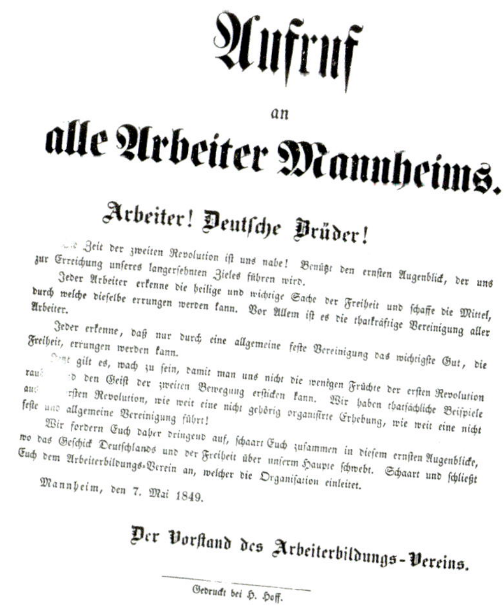
Aufruf

an

alle Arbeiter Mannheims.

Arbeiter! Deutsche Brüder!

Zeit der zweiten Revolution ist uns nahe! Benützt den ernsten Augenblick, der uns
zur Erreichung unseres langersehnten Zieles führen wird.
Jeder Arbeiter erkenne die heilige und wichtige Sache der Freiheit und schaffe die Mittel,
durch welche dieselbe errungen werden kann. Vor Allem ist es die thatkräftige Vereinigung aller
Arbeiter.
Jeder erkenne, daß nur durch eine allgemeine feste Vereinigung das wichtigste Gut, die
Freiheit, errungen werden kann.
gilt es, wach zu sein, damit man uns nicht die wenigen Früchte der ersten Revolution
rau d den Geist der zweiten Bewegung ersticken kann. Wir haben thatsächliche Beispiele
au rsten Revolution, wie weit eine nicht gehörig organisirte Erhebung, wie weit eine nicht
feste und allgemeine Vereinigung führt!
Wir fordern Euch daher dringend auf, schaart Euch zusammen in diesem ernsten Augenblicke,
wo das Geschick Deutschlands und der Freiheit über unserm Haupte schwebt. Schaart und schließt
Euch dem Arbeiterbildungs-Verein an, welcher die Organisation einleitet.

Mannheim, den 7. Mai 1849.

Der Vorstand des Arbeiterbildungs-Vereins.

Gedruckt bei H. Hoff.

*Aufruf des Arbeiterbildungs-Vereins zur Unterstützung der revolutionären Bewegung vom 7. Mai 1849. StadtA MA.*

Der Gemeinderat betrieb die schon vor dem Ausbruch des Aufstands begonnene Reorganisation der Bürgerwehr auf Verlangen des Landesausschusses inzwischen intensiver. Den militärisch Verantwortlichen konnte allerdings nicht verborgen bleiben, dass mit diesen Verbänden kein Bürgerkrieg zu gewinnen war. Öffentlich ermahnte Bürgermeister Jolly die säumigen Bürgerwehrmitglieder, zum Dienst zu erscheinen. Nur wenige waren sich wohl der herannahenden Gefahren bewusst, als schon am 18. Mai in einer Meldung des *Mannheimer Journals* darüber berichtet wurde, dass sich hinter der badisch-hessischen Grenze ein an die 4 000 Mann starkes Expeditionskorps sammle.

Die im Arbeiterverein organisierten Handwerksgesellen und Fabrikarbeiter hatten schon am 7. Mai anlässlich der Übergriffe auf dem Marktplatz vom Gemeinderat ihre Bewaffnung und Einreihung in die Bürgerwehr gefordert. Angesichts der Verschleppung der militärischen Organisation meldeten sie sich nun erneut zu Wort. *Warum wird die städtische Artillerie nicht organisiert, keine dazu gehörige Munition hergerichtet? Wenn der Feind vor der Stadt liegt, so wird sich die Stadt schlechterdings ergeben müssen; man teile unverzüglich die Artillerie ein. In der Pfalz darf niemand mehr Waffen haben, als er selbst führen kann; es könnte dieser Weg ja auch hier eingeschlagen werden, gegen Bescheinigung geben die Eigentümer ihre überflüssigen Waffen ab, und wir können wahrlich nicht mehr als unser Leben bieten.*[75] Schon tags darauf brachte die *Mannheimer Abendzeitung* einen kritischen Leserbrief, der erneut bemängelte, dass *ein großer Teil derjenigen jungen Männer von 18 bis 30 Jahren, welche nach dem Landwehrgesetz das erste Aufgebot bilden sollen, nicht bewaffnet und trotzdem, dass sie ihre Waffen bezahlen wollen, auf dem Rathhause abschlägig abgewiesen* würden. Und er stellte die Frage: *Sollen wir vielleicht erst dann Waffen bekommen, wenn die Gefahr vor den Thoren Mannheims steht, wo dann die bejahrten Familienväter, wenigstens ein großer Teil, zurückbleiben oder nur gezwungen gehen wird, um unsere bedrohte Freiheit zu schützen? Diese Fragen möchten Hunderte beantwortet wissen!!*[76] Am 18. Mai verkündete der Gemeinderat endlich die Mobilmachung für die Volkswehr, die die Altersklasse der Ledigen zwischen 21 und 30 Jahren als erstes Aufgebot betraf. In derselben Sitzung wurde auch die Frage der Truppeneinquartierung geregelt. Gemeinderat Johann Glimpf hatte mit dem zwischenzeitlichen Stadtkommandanten Oberleutnant Karl Pfeiffer vom 3. Infanterieregiment Rücksprache gehalten und gebeten, *die hiesige Stadt mit einer langen und starken Einquartierung zu verschonen, da durch anhaltende Geschäftsstockung eine große Bedrängnis unter der Gewerbetreibenden Bürger Klasse jede Rücksicht in dieser Beziehung erheische.*[77] Pfeiffer soll zugestimmt haben, die Truppen auf die umliegenden Orte zu verteilen.

*Die Gastwirtschaft „Halber Mond" in H 2,3 diente dem Arbeiterverein als Treffpunkt. Foto, um 1900. StadtA MA.*

Indessen bildeten die Mannheimer Arbeiter ein eigenes Freischarenkorps, das am 23. Mai in der Gastwirtschaft „Halber Mond" in H 2, 3 Waffen empfing. Unter der *Versicherung, dass wir Einer für Alle – Alle für Einen mit unserem Blute für Ihre gerechte Sache einstehen,* forderte der Arbeiterbildungsverein dann in einer Generalversammlung vom 26. Mai den Einsatz seiner Männer ein. Das Arbeiterbataillon unter dem Kommando des Schreiners Karl Jacobi rückte am 31. Mai in Begleitung zweier von der Bürgerwehr gestellter Trommler an die Neckarfront ab. Unter dem vom Frauenverein Germania am 11. Mai feierlich übergebenen roten Banner mit der Aufschrift *Robert Blum; für Freiheit und Gerechtigkeit*[78] bildete die zwischen 80 und 120 Männer zählende Truppe eine der verlässlichsten Einheiten der Revolutionsarmee. Mehrfach hatte sie vor ihrem Abmarsch dem ebenfalls als Zivilkommissar in Mannheim tätigen Franz Raveaux erfolgreich zur Verhinderung konterrevolutionärer Regungen in Militär und Bürgertum gedient. Auch in den folgenden Gefechten und Schlachten an der Neckarfront oder in Ubstadt bewiesen die Mannheimer Arbeiter außerordentlichen Mut und Tapferkeit. Das Arbeiterkorps wurde beim Truppenrückzug nach der Niederlage von Waghäusel in der Festung Rastatt eingeschlossen und geriet in Gefangenschaft. Jacobi wurde als Anführer von einem preußischen Standgericht zum Tod verurteilt und am 5. September morgens um 7 Uhr standrechtlich erschossen. Ein Zeitungsbericht beschrieb die letzten Augenblicke im Leben des Deutschkatholiken: *Der Verurteilte erschien mit der Cigarre im Mund, wies den Geistlichen von der Hand mit den Worten: „Ich bin Pharisär und habe gar keine Religion", ließ sich die Augen nicht verbinden und commandirte selbst: „Schlagt an! Feuer!"*[79]

Freischärler. Aquarell von Franz Artaria, 1849. REM.

Freischarenführer im Gespräch, rechts der ehemalige preußische Offizier August Willich (1810–1878). Aquarell von Franz Artaria, 1849. REM.

Neben dem Freikorps des Arbeiterbildungsvereins bildeten sich angesichts der schleppenden Organisation der Volkswehren, denen sich die Bürgersöhne nicht selten zu entziehen suchten, weitere irreguläre Einheiten. In den bekannten Gastwirtschaften „Prinz Max", „Silberner Kopf", „Mohrenkopf", „Schwarzes Lamm", „Darmstädter Hof" und „Nürnberger Hof", auch „Vogelsgesang" genannt, lagen die Einzeichnungslisten auf. Gleichzeitig begann sich die Stadt mit Revolutionären und Abenteurern aus aller Herren Länder zu füllen: ein großer Zuzug von Freischaren, viele Trommler und Leute mit Fahnen, größtenteils bewaffnet, vor allem junge Leute, die sich schnell an der mangelhaften Organisation stießen. Der Bericht eines dieser Freiheitskämpfer, der vom 18. auf den 19. Mai 1849 ein Militärengagement suchte, jedoch wegen fehlender Waffen abgewiesen wurde, beschrieb in Worten, was der Mannheimer Maler Franz Artaria im Bild festzuhalten suchte: *Auf der Rheinbrücke stand die wunderlichste Lese von Leuten Wache, am Wachthause war die seltsamste Sammlung von Gewehren, Flinten, Stutzen, Karabinern, Sensen und Picken aufgestellt.*[80] Bei der Unterbringung solcher Freiwilliger spielten die Frauenvereine eine bedeutende Rolle und sorgten für *sehr großmütige Unterstützung und gastfreundlichste Bewirtung.* Die beiden Mannheimer Frauenvereine Germania und Concordia steigerten in diesen Tagen ihre Aktivitäten. Die Sammlung von Lebensmitteln und Sanitätsmaterial, vor allem das Zupfen der *Charpie* zur Herstellung von dringend benötigtem Verbandsmaterial, waren die Aufgaben, die sie sich suchten. Mit der feierlichen Übergabe gestickter Fahnen für einzelne Volkswehr- und Freischärlereinheiten hoben sie die Moral der oft nur schlecht ausgerüsteten Truppen.

Da es an Waffen für die Freiwilligen fehlte, die zu kämpfen bereit waren, ruhten die Hoffnungen auf den nur bedingt zuverlässigen Militärverbänden. Sichtbar wurde die fehlende Loyalität vieler Beteiligter zum neuen System, als die Staatsbeamten Florian Mördes am 21. Mai den Eid auf die provisorische Regierung verweigerten. Erst am 26. entließ er deshalb die Kreisregierung aus dem Dienst und richtete sich selbst in deren Amtsgebäude als Vertreter der provisorischen Regierung ein. Wenige Tage später kehrte er der Stadt den Rücken.

Am Pfingstmontag, dem 28. Mai, wurde auf dem Exerzierplatz zwischen Mannheim und Käfertal eine Truppenparade abgehalten. Es sollen etwa 5 600 Mann gewesen sein, die vor ihren militärischen und politischen

Führern vorbeidefilierten. Lorenz Brentano *mahnte zu strengster Disziplin, ohne die das Freiheitsheer nicht existieren könne. Sein Hoch auf die Reichsverfassung und die badische Revolution wurde mit Jubel aufgenommen.* Der ehemalige Paulskirchenabgeordnete Franz Raveaux, seit dem 21. Mai als Zivilkommissar der provisorischen Regierung in Mannheim tätig, sagte, *ganz Deutschland richte seinen Blick auf das badische Heer, dem die Aufgabe zugefallen sei, Deutschland die Freiheit zu bringen.* Auf die Frage des jugendlichen militärischen Anführers Major Franz Sigel an die Soldaten, *ob sie bereit wären, ihm als Führer zu gehorchen, erschallte ein lautes Ja.* Danach zogen die Truppen *mit klingendem Spiel* in die Stadt, wo sich die Bürgerwehr aufgestellt hatte, um sie beim Vorbeimarsch nochmals zu begrüßen. Nachmittags sollte dann auf dem Exerzierplatz ein Verbrüderungsfest von Soldaten und Bürgern gefeiert werden, um *den revolutionären Geist in der Armee* [zu] *stärken.* Es begann wiederum mit einem imposanten Truppenaufmarsch: Hinter den Dragonern die in Mannheim in Garnison liegenden Infanterieregimenter und die Artillerie. *Dann kamen die Turner in Leinwandjacken mit breiten Gürteln, aus denen Äxte, kurze Säbel oder Pistolen hervorragten; ein Teil dieser Turner, welche noch die weiße Fahne mit dem alten Motto „Frisch, fromm, fröhlich, frei" wehen ließen, trug Stahlhelme, die ihnen sehr gut standen. Den Turnern mit ihrem unschuldigen Panier folgten die Arbeiter mit einer ungeheuer großen roten Fahne* [...]. *Den Arbeitern folgte die Bürgerwehr, und das schöne, regelmäßig uniformierte Korps der Schützen schloss den Zug.* Anwesend war auch das bunte Häuflein Abenteurer, das sich mittlerweile der Revolution angeschlossen hatte und zum Feiern immer bereit war: der zeitweilige Kriegsminister Karl Joseph Eichfeld, der nach seiner schon bald erfolgenden Ablösung Mannheim unter Hinterlassung ansehnlicher Schulden im „Russischen Hof" den Rücken kehrte, oder

*Abnahme der Truppenparade durch General Ludwig Mieroslawski (1814–1878). Aquarell von Franz Artaria, 1849. REM.*

der als trinkfest bekannte Freischarenführer Germain Metternich, Sohn eines Mainzer Jakobiners, *eine Gestalt von ganz anderem, martialischen Gepräge.*[81] Dieser zweite Teil des Tags geriet allerdings nahe an eine Katastrophe, als sich herausstellte, dass die wegen der sommerlichen Hitze benötigten Getränke, hauptsächlich Bier, fehlten. Es kam zu Reibereien zwischen den Festbesuchern, sodass Ausschreitungen nur mit Mühe verhindert werden konnten. Raveaux fand die Veranstaltung *so schlecht angeordnet, dass statt eines Verbrüderungsfestes beinahe ein Entzweiungsfest stattgefunden hätte; doch trifft die Schuld davon nur die Festordner, Bürger aus Mannheim.*[82]

Am Tag der großen Truppenparade kam auch der Paulskirchenabgeordnete Adolph von Trützschler als Zivilkommissar nach Mannheim, wovon er dem Gemeinderat umgehend Kenntnis gab. Die offensichtlichen Schwächen in der militärischen Organisation suchte er von Anfang an mit harter Hand zu lösen. Dadurch geriet er allerdings zunehmend in Konflikt mit dem Gemeinderat und der Bürgerschaft, die den ständig steigenden materiellen Bedarf zu verweigern begannen. Stadtkämmerer Karl Nestler beklagte in der Gemeinderatssitzung vom 8. Juni, dass *viele Leistungen aus der Stadtkasse bewilligt wurden, die die Stadt verfassungsmäßig nichts angehen.* Um dieser persönlichen Belastung aus dem Weg zu gehen, stellte er daher den Antrag, *dass er von der Verantwortung* [...] *entbunden werde.*[83] Der Gemeinderat entpflichtete Nestler allerdings nicht von seinem Amt, obwohl sich am 12. Juni bei der erneuten Behandlung der Finanzfrage die Ausgaben für Truppenverpflegung, Ausrüstung oder Schanzarbeiten schon auf 3 500 Gulden summierten, ungerechnet die als indirekte Folge der Verhältnisse entstehenden Kosten von zusätzlichen 1 000 Gulden.[84] Der Gemeinderat versuchte, solche Lasten auf die Bürgerschaft abzuschieben, indem er das Einquartierungswesen durch die Einrichtung einer Kommission neu organisierte: Die Kosten sollten auf die einzelnen Bürger verteilt werden. Die aber verweigerten zusehends solche Leistungen. Es folgten Zwangsrequisitionen, Haussuchungen und Verhaftungen, die dem Ansehen der Revolutionsregierung nicht gerade zuträglich waren. Die Einsicht des gehobenen Bürgertums in die Notwendigkeit und Legitimität dieser Revolution, die auch die ihre gewesen war, begann merklich zu schwinden. Überdies entbrannten in diesen Tagen die eigentlichen Kampfhandlungen, als der Revolutionsgeneral Franz Sigel mit einem kühnen Husarenstreich die Initiative an sich zu reißen versuchte. Am 30. Mai rückte er mit seinen Truppen über die hessische Grenze, um nach Norden vorzustoßen. Eine Flankenbewegung der am Neckar liegenden Freischärlerverbände sollte die Offensive sichern, die darauf abzielte, die absehbare Einkesselung der militärischen Kräfte im Rhein-Neckar-Raum zu durchbrechen. Der unglückliche Ausgang dieses Gefechts bei Heppenheim war vor allem den in panischer Flucht die eigene Linie überreitenden badischen Dragonern geschuldet, in gleichem Maß aber auch der Unzuverlässigkeit von Metternichs Freischärlern, die erst gar nicht auf dem Schlachtfeld eintrafen. Am 10. Juni übernahm der polnische Freiheitskämpfer Ludwig Mieroslawski den Oberbefehl über die badischen Revolutionstruppen: die letzte Trumpfkarte im militärischen Abenteuer.

Nun marschierte unaufhaltsam eine an Zahl den Revolutionstruppen weit überlegene, hauptsächlich aus preußischen Einheiten bestehende Interventionsarmee an der Grenze auf und besetzte ohne nennenswerte Gegenwehr die linksrheinische Pfalz. Die Frontsituation Mannheims wurde spürbar bedrohlich. Am 8. Juni verweigerten zwei Bürgerwehrmänner den Dienst in Ludwigshafen und wurden deshalb verhaftet. Der Gemeinderat legte dagegen ebenso Protest ein wie gegen die Maßnahme Trützschlers, zur Bewaffnung des ersten Aufgebots jeder Kompanie der Bürgerwehr 14 Gewehre abzunehmen. Am 11. Juni wurden in Mannheim auf Befehl Mieroslawskis die ersten Verteidigungsmaßnahmen getroffen. Auf der Mühlauinsel wurden Verschanzungen gegen Norden aufgeworfen, die am jenseitigen Neckarufer vertäuten Flöße wechselten die Seite, die wenige Jahre zuvor erbaute Kettenbrücke über den Neckar wurde mit Sprengkammern versehen, Kanonen zu ihrer Sicherung aufgestellt und ihr Bodenbelag einseitig ausgehoben. Die Stadtväter Mannheims sahen deutlich die Bedrohung ihrer Stadt. Gemeinderat Johann Glimpf regte schon am 8. Juni an, dass der Chemiefabrikant Paul Giulini seinen im Kaufhaus am Paradeplatz lagernden Schwefelvorrat wegen der davon ausgehenden erhöhten Brandgefahr von dort entfernen solle.[85] Auch gegen die eingeleiteten Verteidigungsmaßnahmen wurde seitens des Gemeinderats mehrfach Protest erhoben, wohl wissend, dass er erfolglos bleiben musste.

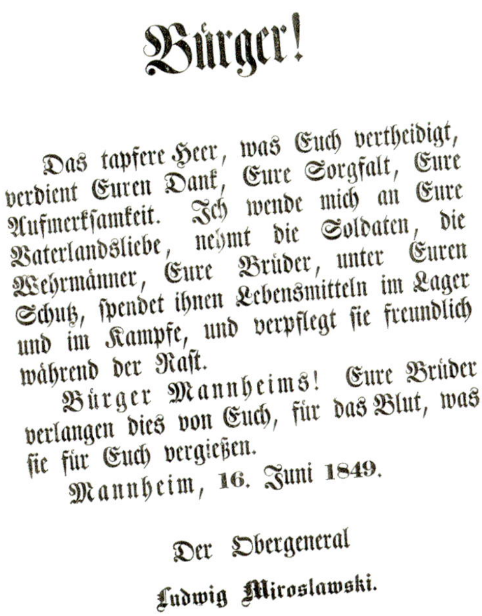

Bürger!

Das tapfere Heer, was Euch vertheidigt, verdient Euren Dank, Eure Sorgfalt, Eure Aufmerksamkeit. Ich wende mich an Eure Vaterlandsliebe, nehmt die Soldaten, die Wehrmänner, Eure Brüder, unter Euren Schutz, spendet ihnen Lebensmitteln im Lager und im Kampfe, und verpflegt sie freundlich während der Rast.

Bürger Mannheims! Eure Brüder verlangen dies von Euch, für das Blut, was sie für Euch vergießen.

Mannheim, 16. Juni 1849.

Der Obergeneral

Ludwig Miroslawski.

*Angesichts der näher rückenden preußischen Interventionstruppen appelliert General Mieroslawski am 16. Juni 1849 an die Mannheimer Bürgerschaft. StadtA MA.*

Aber angesichts des immer näher rückenden Feinds griff Zivilkommissar Trützschler zu noch härteren Maßnahmen. Am 15. Juni ordnete er die Entwaffnung des Scharfschützenkorps der Bürgerwehr an. Der neuerliche Versuch einer Bürgermeisterwahl am selben Tag verlief wegen mangelnder Beteiligung ergebnislos, denn alle Aufmerksamkeit war von den militärischen Tagesereignissen in Anspruch genommen. Preußische Truppen hatten die in Ludwigshafen liegenden Freischaren aus der Stadt gedrängt, und nur das entschiedene Eingreifen polnischer Freischärler konnte vorerst verhindern, dass die Preußen über die Schiffbrücke nach Mannheim einrückten und die gleichzeitig bei Käfertal im Kampf befindlichen revolutionären Truppenverbände vom Hinterland abschnitten. Die Lage war immer noch recht bedrohlich, als General Mieroslawski und der mit der Organisation der Volkswehrartillerie betraute Schriftsteller Otto von Corvin-Wiersbitzki eintrafen. Sie waren in Käfertal vom herüberdringenden Gefechtslärm alarmiert worden und begaben sich eilig an die Rheinbrücke. Corvin beschrieb die Lage in einem Brief an seine Frau: *Die Brücke war bereits zum Teil abgefahren, als ich ankam. Ich übernahm nun die Verteidigung von Mannheim nach Ludwigshafen mit neun Geschützen, [...]. Die Brücke geriet in Brand. Die Preußen schossen mit Granaten und glühenden Kugeln in die Stadt. Dies veranlasste mich, Granaten in den Hafen zu werfen, die nur zu gut zündeten. Der ganze Ort brannte lichterloh. Meine Zwölfpfünder haben alle Häuser durchlöchert. Die Preußen mussten ihr Feuer einstellen. Am Morgen begann es stärker. Sie beschossen die Batterie, die ich dicht vor meinem augenblicklichen Quartier am Rhein aufgestellt hatte, mit Schrapnells, Granaten, Kartätschen und glühenden Kugeln einige Stunden lang.*[86] In einer drei Tage andauernden Kanonade, die auch auf Mannheimer Seite Zerstörungen in der Stadt, aber auch Tote forderte, tasteten die ungleichen Gegner ihre Stärke ab. Denn die Preußen setzten vorerst nur leichtes Geschütz ein. Die damals noch unter dem Namen Rheinschanze bekannte Ansammlung von Lagerhäusern jenseits des Rheins – hauptsächlich von Mannheimer Geschäftsleuten genutzt – wurde völlig zerstört, was die Mannheimer nicht davon abhielt, nach dem Gefecht die aus Baumwollballen gefertigten Verschanzungen zu besichtigen.

Zur selben Zeit begannen die Kampfhandlungen auf badischem Boden. Mannheimer Volkswehren zogen über den Neckar und beteiligten sich an den erbittert geführten Gefechten. Bei Käfertal, Großsachsen und Ladenburg rangen die Revolutionstruppen mit der Interventionsarmee um jeden

*Otto von Corvin-Wiersbitzki (1812–1886) kommandiert zu Pferd die badischen Artilleristen beim Gefecht an der Rheinbrücke. Aquarell von Franz Artaria, 1849. REM.*

Fußbreit Boden und blieben trotz weit unterlegener Kräfte nicht immer erfolglos. Erst der Rheinübergang preußischer Truppen über die unbewachte Knielinger Brücke bei Karlsruhe veränderte die Lage entscheidend, da er den Feind in den Rücken von Mieroslawski führte. Die bekannte strategische Meisterleistung des Polen eröffnete den Freiheitskämpfern mit einem erfolgreichen Rückzug der abgeschnittenen Truppen allerdings noch eine letzte Hoffnung, die jedoch nach anfänglichen Erfolgen in der Entscheidungsschlacht bei Waghäusel am 21. Juni endgültig aufgegeben werden musste.

Die Stadt Mannheim stand unterdessen unter der ständigen Bedrohung neuerlicher Zerstörung. Das öffentliche Leben kam zeitweise zum Erliegen. Das Theater stellte am 18. Juni seine Vorstellungen ein, nachdem es schon zuvor über mangelnden Besuch geklagt hatte. Der Gemeinderat trat täglich zu außerordentlichen Sitzungen zusammen. Am 20. Juni erreichte ihn das Gerücht der Ankunft von schwerem Belagerungsgeschütz aus Karlsruhe, und die Ratsmitglieder vermuteten, dass *solches vom Rhein gegenüber Ludwigshafen verwendet werden solle, womit die Losung zum Verderben der Stadt Mannheim gegeben wäre.*[87] Zugleich wurde präventiv gegen eine mögliche völlige Entwaffnung der Bürgerwehr protestiert, wie sie in Heidelberg vorgenommen worden war. Mit der tags darauf stattfindenden Sitzung, die vom Rücktritt des bisherigen Bürgerwehrkommandanten Peter Osterhaus und dessen Ersetzung durch Friedrich Engelhorn beherrscht war, bricht die schriftliche Protokollierung ab. Es folgt ein sieben Seiten starker,

*17. Juni 1849: Das Artillerieduell über den Rhein zwischen den Revolutionären in Mannheim und den preußischen Truppen in Ludwigshafen. Lithographie, 1849. REM.*

ausführlicher Bericht über den Verlauf der Gegenrevolution aus der Sicht des Gemeinderats, der mit der Feststellung beginnt: *Das für die badischen Insurgenten unglücklich ausgegangene Gefecht bei Waghäusel hatte denjenigen Bürgern, welche der Mai Revolution nicht zugetan waren die Hoffnung eingeflößt, dass wir nun bald von der auf uns drückenden Last eines ungesetzlichen Zustandes befreit werden würden.*[88] Am 22. Juni um 15 Uhr hatten sich auf dem Rathaus die Sprecher der Bürgerschaft versammelt, um über das Los der bedrohten Stadt zu beraten. Gemeinderäte, Bürgerausschussmitglieder und prominente Bürger waren von der Mitteilung des hinzugekommenen Kreiskassierers Tobias Tarusello empört, dass er einen *von dem Civilkommissär Trützschler ausgestellten, schriftlichen Befehl erhalten habe, die Kreiskasse an den Notar Oswald auszuliefern.*[89]

Eugen Oswald hatte dem widerspenstigen Tarusello im Falle der Weigerung mit seiner standrechtlichen Erschießung gedroht, und der frischgebackene Bürgerwehrkommandeur Engelhorn hatte ihn deshalb dem Schutz des Gemeinderats anempfohlen. Während Trützschler und seine letzten in der Stadt noch weilenden Getreuen im Mannheimer Schlosshof ihre Reisewagen bepackten, organisierte Engelhorn hinter ihrem Rücken die gegenrevolutionären Kräfte. Er gab *den Befehl, die Kanonen vom Rhein und dem Neckar abzuführen und herein ins Zeughaus zu bringen; da er jedoch wohl wusste, dass die Kanonier*[e] *diesem Befehle nicht gehorchen würden, und an dem Vollzuge desselben alles gelegen war, so erlaubte er sich dabei eine List. Es waren von Seiten der Kommandantschaft schon morgens die Pferde requiriert worden, und diese standen nun bereit, die Kanonen nach Heidelberg zu führen. Er ließ daher den Kanonieren sagen, dass sie jetzt abmarschieren sollten, und den Fuhrleuten befahl er, anstatt nach Heidelberg die Kanonen hier in den Schlosshof zu führen, wo sie von den Dragonern bewacht wurden.*[90] Die in der Stadt liegenden Dragoner unter ihrem Major Mathias Thomann waren zur Mitarbeit leicht zu bewegen. Schon seit Beginn des Aufstands konspirierten sie zusammen mit den unangefochten weiterarbeitenden großherzoglichen Beamten gegen die neuen Machthaber. In der nun einsetzenden Gegenrevolution bildeten sie das militärische Rückgrat. Dennoch war der Sieg noch nicht errungen, die Gefahren für die Stadt waren noch groß, wenn man bedenkt, dass die Kanonen geladen durch die immer noch von revolutionstreuen Truppen besetzte Stadt fuhren, *und ein einziger Schuss, abgefeuert von der der Revolution noch ganz ergebenen Mannschaft* […] *vielleicht das Zeichen zu einer blutigen Katastrophe*[91] hätte werden können. Schließlich lagerten auf dem Paradeplatz noch an die 500 Mann des ersten Aufgebots, während das Ettenheimer Banner der

*Karl Heinrich Schnauffer (1823–1854). Litographie von M. Arnold. REM.*

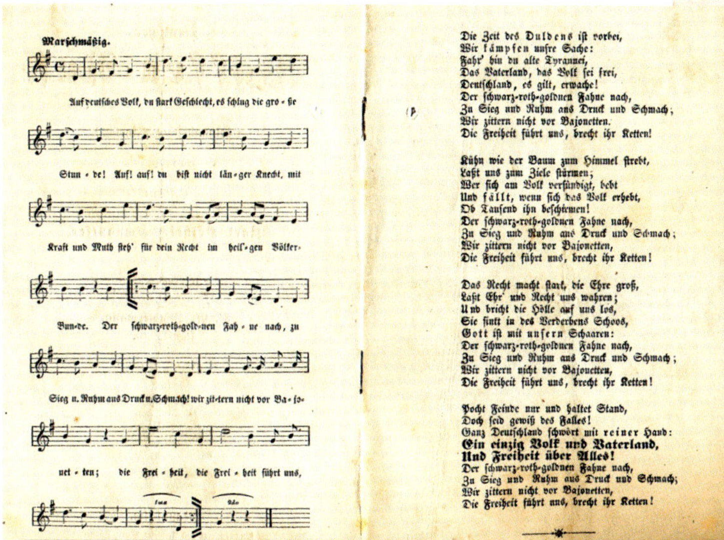
Marschmäßig.

Auf deutsches Volk, du stark Geschlecht, es schlug die gro - ße

Stun - de! Auf! auf! du bist nicht län - ger Knecht, mit

Kraft und Muth steh' für dein Recht im heil'-gen Völker-

Bun-de. Der schwarz-roth-gold-nen Fah - ne nach, zu

Sieg u. Ruhm aus Druck u. Schmach! wir zit-tern nicht vor Ba - jo-

net - ten; die Frei - heit, die Frei - heit führt uns,

Die Zeit des Duldens ist vorbei,
Wir kämpfen unsre Sache:
Fahr' hin du alte Tyrannei,
Das Vaterland, das Volk sei frei,
Deutschland, es gilt, erwache!
Der schwarz-roth-goldnen Fahne nach,
Zu Sieg und Ruhm aus Druck und Schmach;
Wir zittern nicht vor Bajonetten.
Die Freiheit führt uns, brecht ihr Ketten!

Kühn wie der Baum zum Himmel strebt,
Laßt uns zum Ziele stürmen;
Wer sich am Volk versündigt, bebt
Und fällt, wenn sich das Volk erhebt,
Ob Tausend ihn beschirmen!
Der schwarz-roth-goldnen Fahne nach,
Zu Sieg und Ruhm aus Druck und Schmach;
Wir zittern nicht vor Bajonetten,
Die Freiheit führt uns, brecht ihr Ketten!

Das Recht macht stark, die Ehre groß,
Laßt Ehr' und Recht uns wahren;
Und bricht die Hölle auf uns los,
Sie sinkt in des Verderbens Schoos,
Gott ist mit unsern Schaaren:
Der schwarz-roth-goldnen Fahne nach,
Zu Sieg und Ruhm aus Druck und Schmach;
Wir zittern nicht vor Bajonetten,
Die Freiheit führt uns, brecht ihr Ketten!

Pocht Feinde nur und haltet Stand,
Doch seid gewiß des Falles!
Ganz Deutschland schwört mit reiner Hand:
**Ein einzig Volk und Vaterland,**
**Und Freiheit über Alles!**
Der schwarz-roth-goldnen Fahne nach,
Zu Sieg und Ruhm aus Druck und Schmach;
Wir zittern nicht vor Bajonetten,
Die Freiheit führt uns, brecht ihr Ketten!

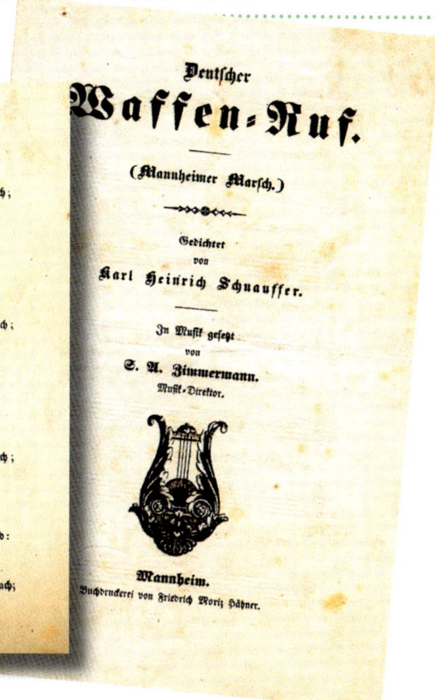
Deutscher
**Waffen-Ruf.**

(Mannheimer Marsch.)

Gedichtet
von
Karl Heinrich Schnauffer.

In Musik gesetzt
von
S. A. Zimmermann.
Musik-Direktor.

Mannheim.
Buchdruckerei von Friedrich Moriz Hähner.

*Karl Heinrich Schnauffers Dichtungen wurden auch als Flugblätter vertrieben, was die propagandistische Wirkung seiner politischen Gedichte verstärkte. Der „Mannheimer Marsch" aus den Revolutionsjahren wurde von Musikdirektor Simon Anton Zimmermann (um 1807– 1876) in Noten gesetzt. Einblattdruck bei Friedrich Moritz Hähner in Mannheim, 1848. StadtA Heidelberg.*

Volkswehr unter dem Befehl des Revolutionsdichters Karl Heinrich Schnauffer die Schlosswache besetzt hielt. Ein erster Versuch, zur Entwaffnung dieser Truppenteile die Bürgerwehr einzusetzen, misslang. Zwar erschienen die Bürgerwehrmänner zahlreich auf das Zeichen des gegen 4 Uhr ertönenden Generalmarschs, verliefen sich aber rasch wieder. Der zweite Versuch gegen 5 Uhr war erfolgreicher. Diesmal war es die wenige Tage zuvor aufgelöste Scharfschützenkompanie, die, verstärkt um zahlreiche Bewaffnete, sogleich das Rathaus und die Kreiskasse besetzten. Nur ein Teil des Ettenheimer Banners sowie Standortkommandant Oberst August Mersy mit einzelnen seiner Offiziere konnten der einsetzenden Verfolgung entkommen. Sie bestiegen unter Einsatz von Waffengewalt den Zug nach Heidelberg. Zivilkommissar Adolph von Trützschler wurde der erste prominente Gefangene der Gegenrevolution; auf seiner Flucht Richtung Bahnhof wurde er am östlichen Stadtrand, *am neuen Wege von einigen Bürgern angehalten, von den Dragonern arretirt und blieb verhaftet. Er wollte zu Pferd das Weite suchen.*[92]

In dieser immer noch sehr unübersichtlichen Situation setzten Bürgermeister Ludwig Jolly und Gemeinderat Karl Hoff gegen Abend mit einem Nachen in das zerstörte Ludwigshafen über und traten in Verhandlungen mit den dort liegenden Preußen, die allerdings vorerst keine Anstalten machten, den Rhein zu überqueren. Erfolgreicher war dagegen die Mission von Major Thomann, der in Begleitung der Gemeinderäte David Bender und Heinrich Knippenberg das preußische Lager in Käfertal aufsuchte. Während schon gegen 18 Uhr *zwei Schwadronen rother Husaren*[93] durch die Stadt sprengten, durchlebten die Parlamentäre allerdings noch einmal bange Minuten. Ein Befehl an die letzten bei Feudenheim und Ladenburg stehenden Mannheimer Volkswehreinheiten, sich mitsamt ihren Kanonen in die Stadt zu begeben, machte die Preußen misstrauisch. Erst nachdem sie sich

*Adolph von Trützschler (1818–1849). Zeichnung und Lithographie von Bülow, Druck von A. Felgner in Berlin, 1849. StadtA MA.*

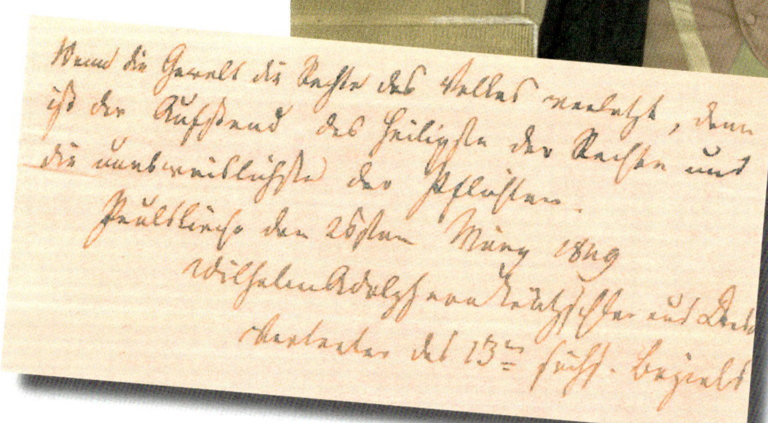

Wenn die Gewalt die Rechte des Volkes verletzt, dann ist der Aufstand das Heiligste der Rechte und die unerlässlichste der Pflichten.
Frankfurt den 25sten März 1849
Wilhelm Adolph von Trützschler aus Dresden
Abgeordneter des 13ten sächs. Bezirks

*Eigenhändiges Albumblatt Adolph von Trützschlers vom 25. März 1849. StadtA MA.*

überzeugt hatten, dass sie nicht in einen Hinterhalt gelockt würden, gaben sie den Befehl zum Einrücken. Um 8 Uhr abends besetzten Infanterieeinheiten strategische Stellen wie den Bahnhof, gegen Mitternacht rückten weitere preußische Truppen nach und *biwakierten bis zum nächsten Morgen in den Planken. Die Kettenbrücke und die breite Straße waren am Abend erleuchtet worden, und die freudige Stimmung bei dem größten Teile der Bevölkerung bezeugte, dass man mit dem Einzug der Preußen zufrieden war.*[94]

## Epilog

Die Revolutionszeit endete so für die Mannheimer Bürgerschaft im Katzenjammer. Die große geschlossene Bewegung, die das Bürgertum im März 1848 zu einem unverhofften Sieg über die Reaktion getragen hatte, war innerhalb weniger Wochen in hauptsächlich zwei zerstrittene revolutionäre Lager zerfallen. Während die gemäßigten Kräfte die deutsche Einigung und das parlamentarische Leben in realpolitischer Einsicht schrittweise voran bringen wollten, hintertrieben die Radikalen jeglichen gesellschaftlichen Konsens jenseits der republikanischen Staatsform. Zwischen diesen beiden Polen wurde der Alltag Mannheims zerrieben: Monate, die von Straßenkrawallen widerhallten und in denen ein ruhiges Geschäftsleben nicht mehr möglich war, eine Zeit, in der Militär aus allen deutschen Ländern die Straßen und Gastwirtschaften bevölkerte. Bislang Undenkbares geschah: Frauen gingen auf die Barrikaden, Handwerker und Arbeiter streikten, Schüler politisierten. Während ein Teil der Bevölkerung, für den *der oppositionelle Liberalismus* schon zuvor *zum Lebensprinzip der Gesellschaft, zu einer neuen Religion geworden* war,[95] sich zunehmend radikalisierte, standen immer mehr Bürger abseits.

Erst die Drohung, dass alle Zugeständnisse, die eine am Boden liegende Feudalherrschaft zu machen gezwungen war, im Frühjahr 1849 gänzlich auf dem Spiel standen, hatte die bürgerlich-demokratischen Kräfte noch einmal kurze Zeit geeinigt. Halbherzig allerdings, sodass ein erneuter Sieg über die reaktionären Kräfte von vornherein unwahrscheinlich war. Der Einsatz von *Gut und Blut*, so oft er auch beschworen wurde, lag den wohlsituierten Bürgern fern. Sie scheuten vor der *Wirklichkeit eines Bierhausregiments*[96] zurück und überließen das Schlachtfeld den herbeigeeilten Freischärlern, den Arbeitern und den aufständischen Soldaten. So war die Niederlage unvermeidbar.

Der badische Aufstand blieb ein Fanal, das in ein neues Jahrhundert hinüber leuchtete, dessen politische Forderungen insgesamt erst nach dem Ersten Weltkrieg, nach einer neuerlichen Revolution umgesetzt werden konnten. Gleichwohl strahlte die Revolutionsepoche auf die folgenden Jahrzehnte aus, bestimmte die Themen in Politik und Gesellschaft und brachte eine ganze Reihe ihrer Protagonisten letztendlich in führende gesellschaftliche Positionen.

## Anmerkungen

1 Vor allem im Zusammenhang mit dem 150-jährigen Jahrestag der Ereignisse ist eine Reihe von Darstellungen erschienen, in denen Mannheim als Zentrum der Revolutionsbewegung gewürdigt wird. Eine vollständige Bibliografie dieser Veröffentlichungen kann nicht das Ziel der vorliegenden Studie sein. Dem folgenden Kapitel liegen naturgemäß vor allem die vom Stadtarchiv betreuten Publikationen zugrunde, deren Aussagen nicht im Einzelnen nachgewiesen werden: P. Blastenbrei (1997); Der Rhein-Neckar-Raum und die Revolution (1998); R. Komoß (1993); Th. Hagen/H.-J. Hirsch (1998). Neben zahlreichen anderen Publikationen möge vor allem noch auf ein Werk hingewiesen werden, das trotz mancher formal begründeter Bedenken die Forschungen zum Thema grundlegend vereinfacht hat und viele Verflechtungen und Zusammenhänge freilegt, die bislang übersehen wurden. Auch hier erfolgt trotz gewinnbringender Nutzung kein Einzelnachweis: H. Raab (1998).
2 H. v. Feder (1877) Bd. 2 S. 309.
3 StadtA MA, Ratsprotokoll 1848, Nr. 338.
4 StadtA MA, Ratsprotokoll 1848, Nr. 93.
5 Mannheimer Abendzeitung 24.1.1848.
6 Dreizehn Petitionen (1848).
7 H. v. Feder (1877) Bd. 2 S. 310.
8 A. Struve (1850) S. 18.
9 F.D. Bassermann (1926) S. 40.
10 Mannheimer Abendzeitung 29.2.1848.
11 F.D. Bassermann (1926) S. 40. Treffend interpretiert auch W. v. Hippel (2001) S. 57 diese Rolle Heinrich Hoffs als neuen Typ des Politikers in seinem Tagungsbeitrag.
12 Mannheimer Morgenblatt 29.2.1848.
13 Ebd.
14 F.D. Bassermann (1926) S. 40.
15 K. Mathy (1898) S. 119.
16 Mannheimer Journal 4.3.1848.
17 A. Struve (1850) S. 22.
18 StadtA MA, Ratsprotokoll 1848, Nr. 242.
19 Mannheimer Journal 26.5.1848.
20 Seeblätter 2.5.1848.
21 Mannheimer Journal 6.3.1848.
22 Deutsche Zeitung 7.3.1848.
23 Vgl. zu den folgenden Ausführungen auch P. Blastenbrei (1997) S. 44 ff.
24 StadtA MA, Ratsprotokoll 1848, Nr. 356.
25 F. Sigel (1902) S.12 ff.
26 Mannheimer Journal 10.4.1848.
27 Mannheimer Abendzeitung 10.4.1848.
28 Mannheimer Abendzeitung 10.4.1848; StadtA MA, Ratsprotokoll 1848, Nr. 395.
29 A. Struve (1850) S. 17.
30 F. Hecker (1848) S. 29.
31 Mannheimer Abendzeitung 22.4.1848.
32 StadtA MA, Ratsprotokoll 1848, Nr. 410.
33 StadtA MA, Ratsprotokoll 1848, Nr. 356.
34 Mannheimer Abendzeitung 25.4.1848; auch 20.4.1848.
35 GLA KA, 236/5238.
36 Mannheimer Abendzeitung 27.4.1848.
37 Ebd.
38 Mannheimer Journal 2.5.1848.
39 StadtA MA, Ratsprotokoll 1848, Nr. 494.
40 StadtA MA, Ratsprotokoll 1848, Nr. 722.
41 StadtA MA, Polizeipräsidium Zug. -/1962, Familienbogen. Beide Fälle werden anhand von Militärakten eindrucksvoll beschrieben: S. Müller (1999) S. 232.
42 Mannheimer Journal 10.5.1848.
43 StadtA MA, Ratsprotokoll 1848, Nr. 818.
44 StadtA MA, Ratsprotokoll 1848, Nr. 552.
45 Mannheimer Journal 23.5.1848.
46 Mannheimer Journal 16.6.1848.
47 Mannheimer Abendzeitung 26.8.1848.
48 GLA KA, 236/8201.
49 Mannheimer Abendzeitung 3.9.1848.
50 StadtA MA, Ratsprotokoll 1848, Nr. 1065.
51 StadtA MA, Ratsprotokoll 1848, Nr. 990.
52 StadtA MA, Ratsprotokoll 1848, Nr. 994.
53 StadtA MA, Ratsprotokoll 1848, Nr. 1153.
54 G. Struve (1849/1980) S. 122.
55 StadtA MA, Ratsprotokoll 1848, Nr. 1205.
56 Mannheimer Abendzeitung 21.11.1848.
57 StadtA MA, Ratsprotokoll 1848, Nr. 1448.
58 StadtA MA, Ratsprotokoll 1849, Nr. 200.
59 K. Hochstuhl/R. Schneider (1998) S. 378.
60 GLA KA, 236/8209, 136 f., 176 ff.
61 StadtA MA, Amtsbücher, Nr. 164 (Sitzungsprotokolle des Großen Bürgerausschusses 1835/66), S. 159 f.
62 StadtA MA, Plakatsammlung, Nr. 3039 (3092).
63 StadtA MA, Ratsprotokoll 1848, Nr. 1449, Nr. 575.
64 H.-P. Becht (2002) S. 35 weist insgesamt 626 Organisationen nach.
65 F. Mördes (1849) S. 233.
66 Mannheimer Journal 15.5.1849.
67 A. Goegg (1876) S. 90.
68 StadtA MA, Ratsprotokoll 1849, Nr. 628.
69 K. Hoff (o.J.) S. 300.
70 StadtA MA, Ratsprotokoll 1849, Nr. 630.
71 Mannheimer Journal 22.5.1849.
72 Ebd.
73 L. Häusser (1851) S. 459.
74 Ebd.
75 Mannheimer Abendzeitung 17.5.1849.
76 Mannheimer Abendzeitung 18.5.1849.
77 StadtA MA, Ratsprotokoll 1849, Nr. 638.
78 Mannheimer Abendzeitung 15.5.1849.
79 Mannheimer Journal 6.9.1849.
80 A. Daul (1849) S. 7.
81 Deutsche Zeitung, zitiert nach F. Walter (1907) Bd. 2 S. 380 ff. Hier auch die vorhergehenden Zitate.
82 F. Raveaux (1850) S. 40.
83 StadtA MA, Ratsprotokoll 1849, Nr. 700.
84 StadtA MA, Ratsprotokoll 1849, Nr. 712.
85 StadtA MA, Ratsprotokoll 1849, Nr. 704.
86 Zitiert nach R. Weber (1973) S. 154 f.

87 StadtA MA, Ratsprotokoll 1849, Nr. 751.
88 StadtA MA, Ratsprotokoll 1849, Beilage S. 1.
89 StadtA MA, Ratsprotokoll 1849, Beilage S. 2.
90 StadtA MA, Ratsprotokoll 1849, Beilage S. 3.
91 Ebd.
92 StadtA MA, Ratsprotokoll 1849, Beilage S. 5.
93 Ebd.
94 StadtA MA, Ratsprotokoll 1849, Beilage S. 7.
95 GLA KA, 234/1990.
96 O. Schupp (1931) Sp. 173.

# 1849–1859

## Von der Konterrevolution zum liberalen Aufbruch

Wilhelm Kreutz

## Die badische Reaktionspolitik bis 1852



### Die preußische Intervention und das Ende der Revolution

In Mannheim endete die Revolution am 22. Juni 1849 unerwartet schnell und ohne das befürchtete Blutvergießen, als am Abend die ersten preußischen Husaren einrückten.[1] Zwar zogen diese nach Entwaffnung der Bürger- und Volkswehrmänner sowie der sich kampflos ergebenden badischen Soldaten bald weiter, um nach der Belagerung der Festung Rastatt die badische Revolution am 23. Juli endgültig niederzuschlagen. Aber Mannheim sollte bis Dezember 1850 von fremden Truppen besetzt bleiben.[2] Die abrückenden Preußen ersetzte zunächst das 1. bayerische Jägerbataillon, dessen Anwesenheit die Stadt in den Strudel der diplomatischen Querelen zwischen Berlin und München hineinzog. Weil der preußische Prinz Wilhelm früher in die Pfalz einmarschiert war, als mit dem bayerischen König Maximilian II. Joseph vereinbart, und weil er sich weigerte, die Festung Landau zu räumen, blieben die bayerischen Truppen in Mannheim, selbst nachdem am 21. Juli Oberst von Trothas preußisches Infanterieregiment in die

*Preußische Kavallerie führt badische Revolutionäre ab. Ein Teil der Gefangenen trägt die nunmehr verbotenen Heckerhüte. Zeitgenössische Lithographie, um 1850. GLA KA.*

Quadratestadt eingerückt war. So bereitwillig wie der in seinem Exil auf die Hilfe Dritter angewiesene badische Großherzog musste sich der bayerische König nach dem raschen Zusammenbruch des pfälzischen Aufstands den Zumutungen des *Kartätschenprinzen* nicht mehr unterwerfen. Seine Soldaten rückten erst ab, als Wilhelm sich bereit erklärte, Landau zu räumen.[3]

Am 12. August übernahm mit Major von Plehwe ein preußischer Offizier das Amt des Mannheimer Stadtkommandanten. Er ahndete jeden noch so geringen Verstoß gegen die rigiden Polizeibestimmungen ebenso rücksichtslos wie Legationsrat Ernst Freiherr von Reitzenstein, den der badische Großherzog Leopold zum außerordentlichen Landeskommissar für den Unterrheinkreis ernannt und mit weitreichenden Vollmachten ausgestattet hatte. Auf der Grundlage des Kriegsrechts, das Leopold auf Druck Preußens noch im Juni von seinem Mainzer Exil aus über Baden verhängt hatte, leiteten beide nun die gegenrevolutionären Säuberungen ein.[4] Dabei kam der Jagd auf Heckerhüte, rote Bänder, Schleifen oder Federn sowie auf Tabakspfeifen mit dem Bild Heckers oder andere revolutionäre Devotionalien keinesfalls nur anekdotische Bedeutung zu. Schwerer ins Gewicht fielen allerdings die Schließung politisch anrüchiger Wirtshäuser, die strenge Pressezensur, in deren Folge alle demokratischen Journale ihr Erscheinen einstellen mussten, das Versammlungsverbot, das bis 1850 auch Tanzveranstaltungen einschloss, sowie das Vereinsverbot, dem in Mannheim der Volksverein, der Bürgerverein, der Arbeiterverein, der Turnverein sowie die beiden demokratischen Frauenvereine zum Opfer fielen. Selbst der gemäßigt liberale Neue Vaterländische Verein musste sich aller Aktivitäten enthalten, bis ihn die Kreisregierung Ende August als einzige politische Organisation wieder legalisierte. Ins Zentrum der Reaktionspolitik jedoch rückten die vom preußischen Vormund geforderte Auflösung der

*Standgerichtsverhandlung gegen Adolf von Trützschler (1818–1849) am 13. August 1849 im Schwurgerichtssaal des Mannheimer Kaufhauses. Zeitgenössische Zeichnung von Jakob Götzenberger, um 1850. REM.*

Armee und die Suspendierung der Beamtenschaft, vor allem der gewählten Mitglieder der Gemeindebehörden, in denen man den maßgeblichen *politischen Körper* [...] *der Bewegung* sah.[5]

Folglich enthob Reitzenstein am 6. Juli die Bürgermeister Ludwig Jolly und Josef Moll ebenso ihrer Funktion wie sämtliche Mitglieder des Gemeinderats, des Kleinen sowie des Großen Bürgerausschusses und leitete gegen alle Mandatsträger polizeiliche Ermittlungen ein. Noch am selben Tag ernannte er sowohl die beiden Kaufleute Friedrich Reiß und Karl Nestler zum ersten bzw. zweiten Bürgermeister als auch die Mitglieder von Gemeinderat und Kleinem Bürgerausschuss, die vorerst die provisorische, von den Zeitgenossen so genannte *oktroyierte Gemeindeverwaltung* komplettierten. Wenngleich die Ermittlungen gegen verdächtige Gemeinderäte meist im Sand verliefen und die eingeleiteten Prozesse mit Freisprüchen endeten, bestätigten der Mitte August in seine Residenz zurückgekehrte Großherzog sowie sein Ministerium um Friedrich Adolf Klüber alle Amtsentlassungen und verlängerten die Tätigkeit der *oktroyierten Gemeindeverwaltung* bis Ende 1851.

Den blutigen Höhepunkt der von Preußen diktierten Reaktionspolitik,[6] deren Härte nur durch das Vorgehen des habsburgischen Kaisers gegen die ungarischen Aufständischen übertroffen wurde, markierten die vom 27. Juli bis 27. Oktober 1849 in Mannheim, Karlsruhe und Rastatt tätigen Standgerichte.[7] In 238 Prozessen wurden 115 Teilnehmer der *Reichsverfassungskampagne* verurteilt, davon 27 zum Tod. Im Gegensatz zur Pfalz, wo König Maximilian II. Joseph aus verfassungsrechtlichen Gründen auf Standgerichte verzichten musste und wo im März 1850 nur ein Todesurteil vollstreckt werden sollte,[8] wurden in Baden mindestens 23 Delinquenten hingerichtet. Zwar hatte man auf Initiative des um den politischen Ruf Preußens besorgten Berliner Kriegsministeriums die Zusammenstellung rein preußischer Standgerichte vermieden und den als Richter fungierenden preußischen Offizieren badische Juristen als Ankläger und Verteidiger zur Seite gestellt; zudem unterlagen die Verhandlungen badischem Recht, das freilich die Verfahrensrechte der Angeklagten stärker beschnitt als das preußische: Weder sie noch ihre Anwälte wurden vor Prozesseröffnung umfassend über die Anklagepunkte informiert, und das Recht, Entlastungszeugen zu benennen, blieb ihnen vorenthalten.

Dies galt auch für die 21 vermeintlichen *Hochverräter*, gegen die im Schwurgerichtssaal des Mannheimer Kaufhauses verhandelt wurde.[9] Von den sechs zum Tod Verurteilten starben fünf im Kugelhagel der Exekutionskommandos: am 14. August der vormalige Führer der Donnersbergfraktion der Paulskirche und Mannheimer Zivilkommissar Wilhelm Adolph von Trützschler aus Gotha, am 16. August der Volksschullehrer und Volkswehroffizier Karl Hoefer aus der Odenwaldgemeinde Altneudorf, am 28. August der Soldat Peter Lacher aus Bruchsal, am 20. September der Klempner und Freischarführer Heinrich Dietz aus dem sächsischen Schneeberg und am 11. Oktober der Mannheimer Mehlwaagmeister Valentin Streuber, dessen spektakulärer Prozess die ganze Fragwürdigkeit der Verfahren offenbarte. Da das

*Erschießung Valentin Streubers am Mannheimer Hauptfriedhof. Aquarell von Philipp Obert, um 1900. REM.*

Militärgericht in seinem Fall zu keinem einstimmigen Urteil gelangt war, musste der badische Kriegsminister entscheiden. Der zu unnachgiebiger Härte entschlossene vormalige Stadtkommandant von Mannheim, August Freiherr von Roggenbach, bestätigte am 11. Oktober das Todesurteil, das noch am selben Tag vollstreckt wurde. Demgegenüber wurde der sechste in Mannheim Verurteilte, der seit der Schlacht bei Waghäusel schwer verwundete Freischarführer Theodor Mögling aus dem württembergischen Brackenheim, auf Druck des württembergischen Königs Wilhelm I. wie der Stadtkommandantur Mannheims zu zehnjähriger Zuchthausstrafe begnadigt. Diese Gunst blieb dem zweiten Mannheimer Opfer der Reaktion, dem Schreinergesellen Johann Karl Jacobi, versagt. Der Anführer des Mannheimer Arbeiterbataillons wurde in Rastatt verurteilt und hingerichtet.

## Unter den Fittichen des preußischen Adlers

Die Standgerichtsurteile bildeten nur den Auftakt der strafrechtlichen Verfolgung; Ende Oktober 1849 übernahmen neu gebildete badische Kriegs- und ordentliche Strafgerichte die gegen Hunderte von Militär- und mehr als 3 700 Zivilpersonen anhängigen Verfahren. Weitere Todesurteile wurden nicht mehr vollstreckt, da die Verurteilten sich entweder im sicheren Exil befanden oder begnadigt wurden. Bis August 1850 verhängten die Gerichte gegen 705 Militär- und rund 800 Zivilpersonen langjährige Freiheits- und Arbeitshausstrafen. Demgegenüber fiel im Vergleich zu Bayern, wo der napoleonische Code pénal dem juristischen Vorgehen enge Grenzen setzte, die Bestrafung festangestellter Beamter milder aus, weil Minister und Ministerialbürokratie die vom Großherzog und seinen preußischen Beratern geforderte Säuberung sabotierten. Disziplinarische Maßnahmen trafen *fast ausschließlich niedere Bedienstete und Beschäftigte in Randbereichen der staatlichen Verwaltung,*[10] allen voran Steuereinnehmer oder Lehrer.

Den Neuaufbau der am 14. Juli 1849 fast vollständig aufgelösten badischen Armee bestimmte der politische Vormund aus Preußen.[11] Offiziere, Unteroffiziere und Mannschaften mussten sich strengen Ehrengerichtsverfahren unterwerfen. Organisation, Ausbildung und Ausrüstung der neu formierten Regimenter orientierten sich am preußischen Vorbild. Nach langwierigen Verhandlungen über die Finanzierung kamen beide Regierungen im Mai 1850 außerdem überein, zur Verbesserung der Disziplin der badischen Soldaten diese in preußische Garnisonen zu verlegen, während

*Die Gräber der standrechtlich erschossenen Revolutionäre an der Westmauer des Mannheimer Friedhofs. Zeitgenössischer Stahlstich, um 1850. StadtA MA.*

**Badisches Wiegenlied.**

Schlaf', mein Kind, schlaf' leis,
Dort draußen geht der Preuß'!
Deinen Vater hat er umgebracht,
Deine Mutter hat er arm gemacht,
Und wer nicht schläft in guter Ruh',
Dem drückt der Preuß' die Augen zu.
Schlaf, mein Kind, schlaf leis,
Dort draußen geht der Preuß'!

Schlaf', mein Kind, schlaf' leis,
Dort draußen geht der Preuß'!
Der Preuß' hat eine blut'ge Hand,
Die streckt er über's bad'sche Land,
Und Alle müssen wir stille sein,
Als wie dein Vater unter'm Stein.
Schlaf', mein Kind, schlaf' leis,
Dort draußen geht der Preuß'!

Schlaf', mein Kind, schlaf' leis,
Dort draußen geht der Preuß'!
Zu Rastatt auf der Schanz',
Da spielt er auf zum Tanz',
Da spielt er auf mit Pulver und Blei,
So macht er alle Badener frei.
Schlaf', mein Kind, schlaf' leis,
Dort draußen geht der Preuß'!

Schlaf', mein Kind, schlaf' leis,
Dort draußen geht der Preuß'!
Gott aber weiß, wie lang' er geht,
Bis daß die Freiheit auferstehet,
Und wo dein Vater liegt, mein Schatz,
Da hat noch mancher Preuße Platz!
Schrei, mein Kindlein, schrei's:
Dort draußen l i e g t der Preuß'!

**L. Pfau.**

die 18 000 Mann des preußischen Interventionskorps im Südwesten weiterhin für Ruhe und Ordnung sorgen sollten.[12] Noch im Sommer verließen die ersten badischen Einheiten auf Rheinschiffen Mannheim. Diese Vereinbarung erregte nicht nur im Großherzogtum Aufsehen, sondern verstärkte den seit Jahresbeginn in Österreich und den mitteldeutschen Staaten sich formierenden Widerstand gegen die *preußische Unionspolitik*.[13] Der Berliner Ministerpräsident Friedrich Wilhelm Graf von Brandenburg hatte noch am Tag von Friedrich Wilhelms IV. Ablehnung der Paulskirchenkrone alle deutschen Landesherren aufgefordert, den angestrebten kleindeutschen Bundesstaat unter Führung des preußischen Monarchen auf dem *Vereinbarungsweg* doch noch Wirklichkeit werden zu lassen. Der hierzu vorgelegte Verfassungsentwurf fand bis Ende 1849 den Rückhalt Badens, weiterer 25 deutscher Staaten sowie der sich Ende Juli in Gotha versammelnden kleindeutsch-erbkaiserlichen Parlamentarier der Paulskirche.

Aus den Wahlen zum *Erfurter Unionsparlament*, das die konservativ-monarchischen Ambitionen Preußens demokratisch legitimeren sollte, gingen am 16. März 1850 die nun als *Gothaer* firmierenden gemäßigt liberalen Konstitutionellen als klare Sieger hervor, unter ihnen neben dem in Mannheim gewählten Alexander von Soiron dessen Mannheimer Parteifreunde Friedrich Daniel Bassermann und Karl Mathy.[14] Sie verhalfen dem vom Parlament veränderten preußischen Verfassungsentwurf für einen kleindeutschen Bundesstaat gegen die Stimmen der preußischen Ultrakonservativen um Bismarck und die Brüder Gerlach zur Mehrheit. Dennoch scheiterte die ambitionierte Politik von Friedrich Wilhelms IV. einflussreichem Berater und Außenminister Joseph Maria von Radowitz am Widerstand sowohl Russlands und Österreichs als auch Bayerns, Hannovers, Sachsens und Württembergs, jenen Staaten des *Dritten Deutschland*, die am 27. Februar 1850 in München das *Vierkönigsbündnis* geschlossen hatten.[15]

Den Vorwand lieferte der im September 1850 eskalierende, aber schon seit Monaten schwelende Verfassungskonflikt in Kurhessen.[16] Der dortige Kurfürst Friedrich Wilhelm I. hatte im Februar 1850 den – seit seiner fast zwanzig Jahre zurückliegenden Ministertätigkeit – verhassten Ludwig Hassenpflug abermals zum leitenden Ministerpräsidenten, Innen- und Justizminister berufen.[17] Dieser sollte die Reformgesetze von 1848 außer Kraft setzen und sich von der propreußischen Politik seines Vorgängers distanzieren. Aber nach Auflösung des Landtags und der Oktroyierung neuer Steuern nahmen die meisten hessischen Offiziere ihren Abschied, sodass Hassenpflug, der bereits das Kriegsrecht verhängt hatte, am 15. Oktober 1850 den – von Preußen freilich nicht anerkannten – so genannten *engern Rat* des Frankfurter Bundestags um militärischen Beistand ersuchte. Am 1. November eilten 25 000 österreichische und bayerische Soldaten der kurhessischen Regierung zu Hilfe. Einen Tag später jedoch rückten, wie die konstitutionelle Opposition erhofft hatte, unter dem Befehl General von der Gröbens zwei preußische Divisionen ein, die am 8. November bei Bronnzell mit den Bundestruppen zusammenstießen. Aber – noch – scheute der preußische König den offenen Konflikt mit Österreich und dessen Verbündeten. Auf Druck seiner hochkonservativen Berater lenkte Friedrich Wilhelm IV. ein und befahl seinen Truppen den Rückzug. In der am 29. November 1850 geschlossenen *Olmützer Punktation* verzichtete er – zumindest vorläufig – auf die Errichtung eines kleindeutschen Kaiserreichs. Doch auch der anschließende Versuch, den Deutschen Bund grundlegend zu reformieren, scheiterte. Die *Dresdener Konferenz* von 1850/51, zu der sich Minister aller deutscher Bundesstaaten versammelten, führte lediglich zur Wiederbelebung des vormärzlichen Bündnissystems.[18] Nicht zuletzt ging auch die Rechnung König Maximilians II. Joseph von Bayern, der den eskalierenden österreichisch-preußischen Konflikt zur Rückgewinnung der rechtsrheinischen Kurpfalz nutzen wollte, nicht auf. Zwar hatte ihm die Wiener Regierung nach einem Sieg über Preußen und seinen badischen Bündnispartner insgeheim eine feste Landverbindung zwischen Franken und der linksrheinischen Pfalz zugesagt, aber das Zurückweichen Preußens ließ die bayerischen Hoffnungen zerstäuben.[19]

Schon am 25. Oktober hatten in Baden die Ersetzung von Staatsminister Klüber durch den habsburgisch gesinnten Ludwig Freiherr Rüdt von Collenberg-Bödigheim und die Entfernung aller Preußenfreunde aus der Umgebung des Großherzogs eine außenpolitische Wende eingeleitet; ebenso wie aus Kurhessen zog Friedrich Wilhelm IV. nun auch aus Baden alle Truppen ab. *Die Bindungen an die norddeutsche Großmacht, die das Großherzogtum im Juni 1849 hatte eingehen müssen, bestanden nicht mehr.*[20] Bis zum 1. Dezember 1850 kehrten die badischen Soldaten in ihre Heimat zurück, am 3. Dezember verließen die letzten *Strafpreußen* Mannheim. Dessen Einwohner atmeten auf, denn wenngleich seit der Jahreswende die

*Linke Seite: Als Reaktion auf die preußischen Besetzung Badens textete der Heilbronner Journalist Ludwig Pfau (1821–1894) das bekannte „Badische Wiegenlied". Druck, 1849. StadtA Heilbronn.*

unbeliebten preußischen Soldaten nicht mehr in Privathäusern einquartiert, sondern kaserniert waren, so hatte ihre Anwesenheit doch Anlass zu Verbitterung und Übergriffen gegeben.

## Politische Kontinuitäten und personeller Wandel

Der Abmarsch der preußischen Truppen bedeutete ebenso wenig eine Rückkehr zur „normalen" bürgerlichen Rechtsordnung wie die seit Sommer 1850 sich abzeichnende allmähliche Abkehr vom kompromisslosen Reaktionskurs in Baden: Kriegsrecht und Ausnahmegesetze galten weiter. Aber im Gegensatz zu den Monarchen in Wien, Berlin oder Dresden tastete Großherzog Leopold die Verfassung nicht an.[21] Er hoffte, diese auf parlamentarischem Weg revidieren zu können. Der Landtag, den er nach seiner Rückkehr förmlich für geschlossen erklärt hatte, nahm zu diesem Zweck am 6. März 1850 seine Arbeit wieder auf. Dem vorausgegangen waren die Wahlen vom 18. Februar, bei denen in Mannheim die gemäßigten bzw. konstitutionellen Liberalen ebenso klar triumphiert hatten wie rund vier Wochen später bei den Wahlen zum Erfurter Parlament. Während der Vizepräsident der Frankfurter Nationalversammlung Alexander von Soiron nach Erfurt entsandt wurde, wurden Bürgermeister Friedrich Reiß und Staatsrat Johann Baptist Bekk sowie Advokat Ludwig Weller mit großer Mehrheit in die Zweite Kammer entsandt. Da Bekk, der badische Innenminister der Jahre 1846 bis 1849, das Mandat seines Heimatwahlkreises Meersburg bevorzugte, das er seit 1831 fast ununterbrochen innehatte, rückte an seiner Stelle Staatsrat Karl Georg Hoffmann nach. Er war wie Bekk ein Veteran der vormärzlichen Opposition und als Finanzminister bis Juni 1849 dessen Kollege im badischen *Märzministerium*. Da zudem Obergerichtsadvokat Weller den Mannheimer Wahlkreis seit 1835 in der Zweiten Kammer vertrat, verfügten alle Gewählten mit Ausnahme des erst seit wenigen Monaten in der lokalen politischen Öffentlichkeit aktiven Bürgermeisters Reiß über vieljährige parlamentarische Erfahrung. Nachdem in Mannheim 1848/49 vorübergehend die demokratische Linke triumphiert hatte, unterstrichen die Wahlmänner mit ihrem Rückgriff auf die gemäßigten Liberalen der Vormärzjahre ihren Willen zum gesellschaftlichen Ausgleich.

*Ein „alter Hase" in der Kommunalpolitik: Der Kunsthändler Philipp Artaria (1801–1878). Nach F. Walter (1907) Bd. 2 S. 485.*

Diese Absicht teilte die Mehrheit der gemäßigten oder liberal-konservativen Abgeordneten, die vorsichtigen Änderungen des Presse- und Vereinswesens, der Gemeindeordnung, des Beamtenrechts, des Strafgesetzbuchs sowie der Straf- und Zivilprozess-

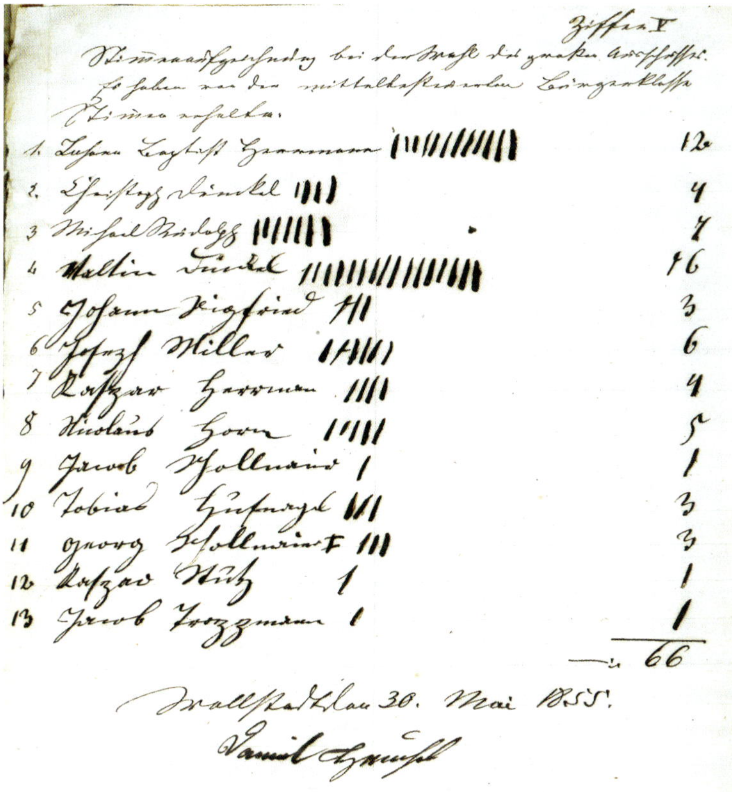

*Stimmenzählliste der „mittelbesteuernden Bürgerklasse" zu den Bürgerausschusswahlen in Wallstadt, 1855. Die entsprechenden Listen für Mannheim sind im Zweiten Weltkrieg verloren gegangen.*
*StadtA MA.*

ordnung zustimmten. Aber zu umfassenden Revisionen wie etwa jener des Staatsdienergesetzes nach preußischem Vorbild oder zu Rückschritten hinter das bis 1848 Erreichte war die Kammer nicht bereit, sodass sich die Regierung mit Verordnungen behelfen musste.

Trotz dieses 1851 wieder zunehmenden politischen Selbstbehauptungswillens der Deputierten ist nicht zu übersehen, wie schnell die politischen Repräsentanten der Vormärz- und Märztage an Einfluss verloren. Gerade in Mannheim belegen die Urnengänge des Jahres 1851, dass sie, obgleich mit Anfang Vierzig meist „im besten Mannesalter", ins politische Abseits gerieten. Den Auftakt bildeten die Wahlen zum seit 1849 aufgelösten Großen Bürgerausschuss, deren Modus durch die inzwischen in Kraft getretenen Änderungen des Bürgerrechts und der Gemeindeordnung verschärft worden war. Die Orientierung am preußischen Dreiklassenwahlrecht, an dessen alleiniger Berücksichtigung der Höhe des Steuerkapitals sowie die Rückbindung des Wahlrechts an ein Mindestvermögen von 1 000 Gulden sollten politisch radikale Elemente aus der Gemeindepolitik fernhalten, indem sie *den Zugang ärmerer Bürger in den Großen Ausschuss entscheidend erschwerten.*[22] Dies gelang nicht überall so umfassend wie in Mannheim, wo die im August gewählten Ausschussmitglieder am 12. November nicht nur die beiden 1849 ernannten Bürgermeister demokratisch legitimierten,

*Oberbürgermeister Friedrich Reiß (1802–1881) amtierte von 1849 bis 1852. Nach F. Walter (1907) Bd.2 S. 406.*

sondern am 19. Dezember auch neun der vierzehn oktroyierten Gemeinderäte. Unter ihnen befanden sich mit den Handelsleuten Jakob Glimpf und Heinrich Knippenberg zwei der drei 1849 ernannten kommunalen Mandatsträger, die bereits vor 1848 aktiv waren. Neben drei politischen Neulingen, unter ihnen der Obergerichtsadvokat Ludwig Achenbach, konnten sich nur zwei weitere Altgemeinderäte durchsetzen, der Kunsthändler Philipp Artaria und der Konditor Karl Koch. Viele der Gewählten waren ebenso wie die beiden Bürgermeister Mitglieder oder Sympathisanten des gemäßigt liberalen Neuen Vaterländischen Vereins, und zwölf der vierzehn Gemeinderäte zählten als Kaufleute oder Selbstständige zum Großbürgertum, das 1851 die mittelständischen Handwerker als politische Führungsschicht Mannheims endgültig ablöste.

Doch trotz der unverkennbaren politischen und beruflichen Homogenität von Wählern und Gewählten kam es zum Eklat. Der eindrucksvoll bestätigte Friedrich Reiß hatte sein Verbleiben im Amt von der Wahl seiner Ratgeber Alexander von Soiron und Karl Mathy abhängig gemacht. Beide fielen aber sowohl in der Haupt- als auch in der durch Mandatsverzichte ermöglichten Nachwahl durch, von Soiron unterlag überdies in der Abstimmung zum Obmann des Kleinen Bürgerausschusses und schied tief enttäuscht aus diesem Gremien aus. Deshalb trat Friedrich Reiß im Januar 1852 zurück. Im Amt des für neun Jahre gewählten ersten Bürgermeisters folgte ihm am 11. Februar der Weinhändler Heinrich Christian Diffené, der dem Gemeinderat ebenfalls erst seit 1849 angehörte.

Nicht zuletzt die demütigenden Niederlagen von Soirons und Mathys erhellen, wie grundlegend sich seit dem Ende der Revolution die Zusammensetzung der politischen Repräsentanten Mannheims verändert hatte. Die „Heroen" der Vormärz- und Revolutionsjahre waren aus dem politischen Leben der Stadt verschwunden: Sei es, dass sie wie Valentin Streuber den Standgerichten zum Opfer gefallen waren, sei es, dass sie wie Lorenz Brentano, Amand Goegg, Johann Peter Grohe, Friedrich Hecker, Heinrich Hoff, Florian Mördes, Franz Sigel oder Gustav Struve ins Exil geflohen waren, oder sei es, dass sie sich wie Friedrich Daniel Bassermann, Karl Mathy oder Alexander von Soiron tief getroffen von der öffentlichen Häme der Nachmärzjahre ins Privatleben zurückzogen. Von Letzteren fand allein Mathy, der zunächst wieder in der Verlagsbuchhandlung Bassermanns und als Korrespondent des *Mannheimer Journal* arbeitete, die Kraft für einen Neuanfang, bezeichnenderweise außerhalb Mannheims. Nach erfolgreichen Jahren im Bankgeschäft in Berlin, Gotha und Leipzig kehrte er 1862 in den badischen Staatsdienst zurück und bekleidete bis 1868 das Amt des Handels- und Staatsministers. Demgegenüber erholten sich seine liberalen Mitstreiter von den Aufregungen und Enttäuschungen nicht mehr. Von Soiron starb im Mai 1855 nicht einmal 49-jährig, und der fünf Jahre jüngere Bassermann setzte wenige Wochen später, einen Tag nachdem seine Eltern im Haus am Markt glanzvoll ihre Goldene Hochzeit gefeiert hatten, seinen physischen und psychischen Leiden mit einem Pistolenschuss selbst ein Ende.

## Zwischen Stagnation und Fortschritt

### Die neue Führungsgruppe des gemäßigten Liberalismus

Dennoch wäre es falsch von einem Generationswechsel im eigentlichen Wortsinn zu sprechen, denn die Männer, die nicht nur im nächsten Jahrzehnt, sondern bis in die Bismarck-Ära hinein die politischen Geschicke Mannheims und Badens lenkten, waren nur in Ausnahmefällen jünger als die durch die Revolution aus der Bahn Geworfenen. Aber da sie sich 1848/49 nicht exponiert hatten, überstanden sie die Reaktionsjahre ohne juristische Sanktionen und persönliche Diffamierungen. Dies gilt für den 1804 als Sohn des ersten Mannheimer Landtagsabgeordneten und Weinhändlers Johann Daniel Diffené geborenen neuen ersten Bürgermeister wie für seinen gleichaltrigen Stellvertreter Karl Nestler, der von 1854 bis 1858 seine Heimatstadt zudem in der Zweiten Kammer vertrat. Dies trifft aber in noch stärkerem Maße auf die bereits vor 1848 politisch aktiven Liberalen zu, die nach 1854 zu führenden Köpfen der liberalen Landtagsopposition avancierten: den 1806 (im selben Jahr wie Alexander von Soiron) geborenen, höchst erfolgreichen Getreidehändler und Gemeinderat Heinrich Knippenberg, den 1812 (ein Jahr nach Friedrich Daniel Bassermann) geborenen Obergerichtsadvokaten Ludwig Achenbach sowie den bereits 1801 geborenen Philipp Artaria, den Spross der erfolgreichen Mannheimer Kunsthändlerfamilie. Berücksichtigt man ferner die engen familiären oder beruflichen Bindungen der neuen Repräsentanten des Liberalismus und Protagonisten des – im

*Oberbürgermeister Heinrich Christian Diffené (1804–1883) amtierte von 1852 bis 1861. Nach F. Walter (1907) Bd. 2 S. 424.*

*Der neue Landesherr: der Prinzregent und spätere Großherzog Friedrich (1826–1907). Lithographie von S. Maier, um 1860. GLA KA.*

folgenden Kapitel noch eingehend zu würdigenden – Systemwechsels von 1860 in Mannheim, so wird zwar nicht ein Generations-, aber ein Politikwechsel mit Händen greifbar: *Aus der Hochburg der Revolution, gerade auch ihres linken Flügels, war binnen eines Jahrzehnts eine Hochburg des Reformliberalismus geworden.*[23] Personell vertreten wurde dieser vor allem durch August Lamey,[24] Enkel des berühmten Sekretärs der Kurpfälzischen Akademie der Wissenschaften, oder Julius Jolly, Sohn des 1849 amtsenthobenen ersten Bürgermeisters, oder Anton Stabel, langjähriger Mannheimer Richter, oder Franz von Roggenbach,[25] der in Mannheim geboren wurde, und nicht zuletzt Karl Mathy.[26] Ebenso wie in der Vergangenheit gingen damit entscheidende Impulse für die Modernisierung Badens von Mannheim aus.

Von politischem Fortschritt konnte zunächst indes kaum die Rede sein, wenngleich der Thronwechsel vom 24. April 1852 unter den badischen Liberalen Hoffnungen weckte. Da beim Tod Großherzog Leo-

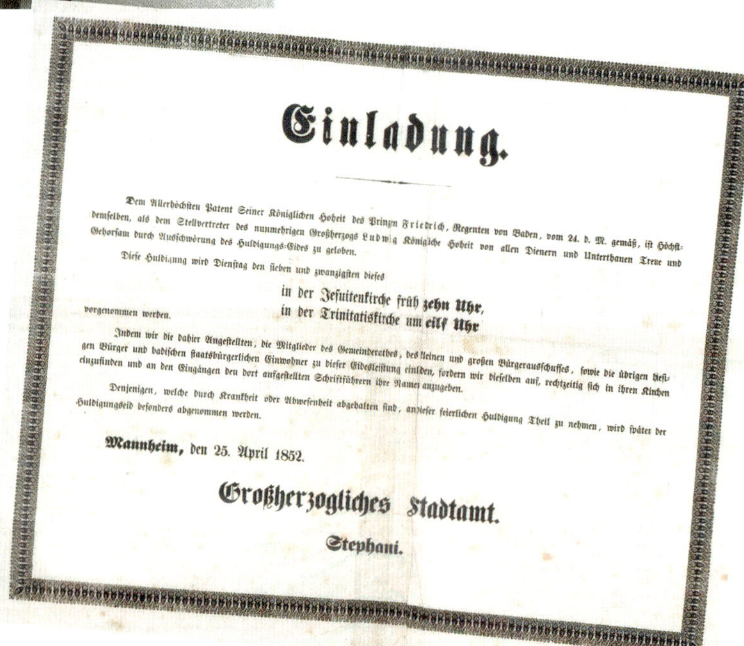

**Einladung.**

Dem Allerhöchsten Patent Seiner Königlichen Hoheit des Prinzen Friedrich, Regenten von Baden, vom 24. d. M. gemäß, ist Höchstdemselben, als dem Stellvertreter des nunmehrigen Großherzogs Ludwig Königliche Hoheit von allen Dienern und Unterthanen Treue und Gehorsam durch Ausschwörung des Huldigungs-Eides zu geloben.

Diese Huldigung wird Dienstag den sieben und zwanzigsten dieses

in der Jesuitenkirche früh **zehn Uhr**,
in der Trinitatiskirche um **eilf Uhr**

vorgenommen werden.

Indem wir die dahier Angestellten, die Mitglieder des Gemeinderathes, des kleinen und großen Bürgerausschusses, sowie die übrigen hiesigen Bürger und badischen staatsbürgerlichen Einwohner zu dieser Eidesleistung einladen, fordern wir dieselben auf, rechtzeitig sich in ihren Kirchen einzufinden und an den Eingängen den dort aufgestellten Schriftführern ihre Namen anzugeben.

Denjenigen, welche durch Krankheit oder Abwesenheit abgehalten sind, an dieser feierlichen Huldigung Theil zu nehmen, wird später der Huldigungseid besonders abgenommen werden.

**Mannheim,** den 25. April 1852.

**Großherzogliches Stadtamt.**

**Stephani.**

*Einladung zur Leistung des Huldigungseids für den „Regenten" Friedrich. Aushang, 1852. StadtA MA.*

polds kein Zweifel daran bestand, dass der psychisch kranke Thronfolger Ludwig regierungsunfähig bleiben würde, übernahm dessen jüngerer Bruder Friedrich als Prinzregent die Regierung. Noch zu Lebzeiten Ludwigs nahm er 1856 den Titel des Großherzogs an und regierte bis zu seinem Tod am 28. September 1907 mehr als 55 Jahre.[27] Nur wenige Monate nach seinem Regierungsantritt hob der noch nicht einmal 26-jährige Prinzregent den seit 1849 bestehenden Kriegszustand auf. Die politischen Verhältnisse Badens begannen sich zu normalisieren, zumal der neue Herrscher die wegen ihrer Verstrickung in den Maiaufstand Verurteilten nach und nach begnadigte. Die ins Ausland geflüchteten Aufständischen amnestierte er 1856 zumindest teilweise und 1862, zehn Jahre nach Übernahme der Regierung, ganz.

Vorerst aber blieben in der Innen- und Außenpolitik angesichts der reaktionären Dominanz des Deutschen Bunds und der aufbrechenden Konflikte mit der katholischen Kirche spektakuläre Schritte aus. Der junge Regent, den seine akademischen Lehrer – Ludwig Häusser in Heidelberg und Friedrich Christoph Dahlmann in Bonn – mit den Ideen des konstitutionellen Liberalismus vertraut gemacht hatten, konnte (noch) nicht aus dem Schatten der von seinem Vater ernannten konservativen Minister heraustreten. So fehlte das Gegengewicht zum österreichfreundlichen Kurs und zum bürokratischen Absolutismus des Freiherrn Rüdt von Collenberg-Bödigheim, der die Kammersessionen verkürzte und die Wirkungsmöglichkeiten des Landtags beschnitt. Zentrale politische Fragen wie die nach der bürgerlichen Selbstverwaltung, nach der Reform von Justiz, Verwaltung und Bildungswesen oder nach der Freiheit von Handel und Wirtschaft blieben ausgeklammert. Eine deutschlandpolitische Initiative der Kammer von 1856 verpuffte. Nur in wenigen Punkten wie bei der Einführung von Schwurgerichten (1851) oder der Trennung von Justiz und Verwaltung (1857) kam man voran. Der in allen innenpolitischen Grundsatzfragen wachsende Reformstau sollte erst nach der politischen Wende von 1860 binnen Kurzem aufgelöst werden.

Dennoch spiegelt das in der Wahrnehmung der fünfziger Jahre des 19. Jahrhunderts lange vorherrschende Bild einer Periode der Resignation und Stagnation die historische Wirklichkeit nur unzureichend wider, denn sowohl die Mobilisierung der städtischen wie ländlichen Unterschicht während der Revolution als auch die drängenden wirtschaftlichen Probleme des Nachmärzjahrfünfts machten einen Konsens der regierenden Konservativen und der wirtschaftsliberalen Opposition unumgänglich. Zumindest bei der Lösung der durch anhaltende Missernten wachsenden materiellen Probleme war der neue realpolitische Pragmatismus der Handelsbürger gefragt.

Ins Zentrum der Aktivitäten rückte daneben die Verbesserung der Infrastruktur, um Baden aus seiner Randlage zu befreien. Die dem Rat englischer Fachleute folgende Entscheidung für ein Schienennetz mit *Breitspur* hatte Baden isoliert, da sich alle Nachbarstaaten für ein Eisenbahnsystem mit *Normalspur* entschieden hatten.[28] Die Eisenbahnverwaltung sah sich genötigt, ihre Strecken umzubauen. *Dies geschah binnen eines knappen Jahres; zwischen Mai 1854 und April 1855 wurden 203 km doppeltes Gleis,*

*79 km einfaches Gleis, 11 Hauptstationen und 22 mittlere und kleine Bahnhöfe, 63 Lokomotiven, 65 Tender, 325 Personen-, Post- und Gepäckwagen und über 800 Güterwagen umgebaut,*[29] ohne den Fahrbetrieb einzustellen. Bereits 1851 war neben Post und Bahn als drittes Kommunikationssystem der *elektro-magnetische Telegraph* getreten, dessen rasante technische Fortschritte, zu denen sowohl der Mannheimer Ingenieur William Fardely[30] als auch der – einige Jahre am Mannheimer Gymnasium unterrichtende – Karlsruher Physiker Wilhelm Eisenlohr entscheidend beitrugen,[31] dem Fern- und bald auch dem Überseehandel zugute kommen sollten.

Wie trügerisch die Ruhe jener Jahre war, zeigt zudem der eskalierende Konflikt um das Verhältnis von Kirche und Staat.[32] Vor allem die Repräsentanten der katholischen Kirche stritten für die Aufhebung des Staatskirchensystems, die Stärkung der Bischofsrechte und die religiöse Erneuerung des Volks, in der sie das wichtigste Bollwerk gegen den Ungeist der Revolution sahen. Erste Erfolge der Missionare der Redemptoristen, zu deren Predigten sich im April 1851 auch in Mannheim die Gläubigen drängten, stärkten das Selbstbewusstsein der Katholiken, deren politischen Forderungen die Regierung mit hinhaltendem Widerstand begegnete. Als der Freiburger Erzbischof Hermann von Vicari jedoch begann, das staatliche Bestätigungsrecht bei Stellenbesetzungen in Frage zu stellen und Pfarreien eigenmächtig zu besetzen, die Anwesenheit landesherrlicher Kommissare bei Prüfungen abzulehnen oder das Kirchenvermögen allein zu verwalten, kam es zum offenen Konflikt zwischen Staat und katholischer Kirche: Exkommunikationen der einen Seite

*Blick auf den Mannheimer Bahnhof, am heutigen Tattersall gelegen. Das Gebäude hatte ein Länge von 75 m und eine Spannweite von 12 m je Halle. Lithographie, 1840er Jahre. REM.*

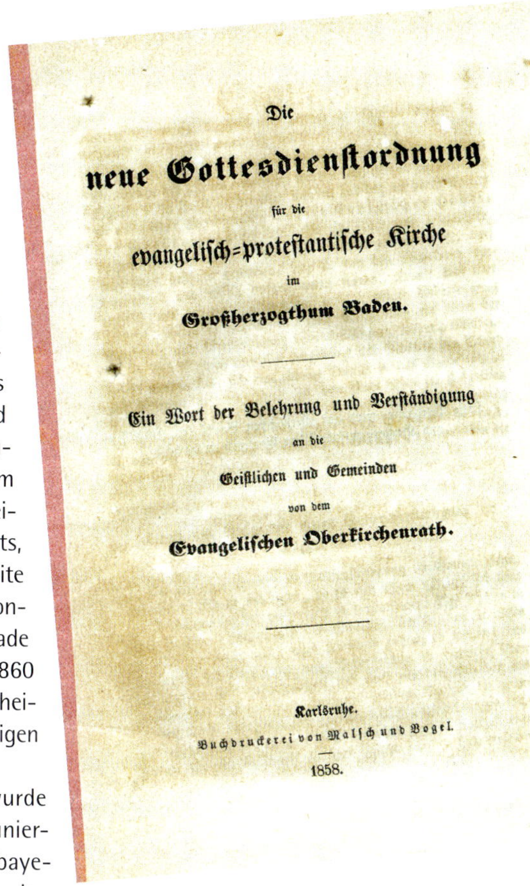

Die
neue Gottesdienstordnung
für die
evangelisch=protestantische Kirche
im
Großherzogthum Baden.

Ein Wort der Belehrung und Verständigung
an die
Geistlichen und Gemeinden
von dem
Evangelischen Oberkirchenrath.

Karlsruhe.
Buchdruckerei von Malsch und Vogel.
1858.

*„Belehrungsschrift" des Evangelischen Oberkirchenrats an die renitenten Geistlichen im Streit um die neue Gottesdienstordnung. Druckschrift, 1858. StadtA MA.*

beantwortete die andere mit Hausarrest, gerichtlicher Untersuchung und im November 1853 mit der Ausweisung aller Redemptoristen-Missionare.[33] In Mannheim formierten sich die katholischen Aktivisten im Gesellenverein des Kaplans Valentin Götzinger. Aber noch schien ein Kompromiss möglich: 1857 fand in Mannheim erstmals nach 23 Jahren wieder eine öffentliche Fronleichnamsprozession statt. 1859 kam es nach langwierigen Verhandlungen und personellen Wechseln im badischen Außen- wie Innenministerium schließlich zum Abschluss des dem österreichischen Beispiel nacheifernden badischen Konkordats, dessen Bestimmungen allerdings auf breite Ablehnung nicht nur der Protestanten, sondern auch der liberalen Katholiken – gerade der Kurpfalz – stießen. Als es im März 1860 an der Stimmenmehrheit der Liberalen scheiterte, war dies das Signal für den überfälligen innenpolitischen Kurswechsel.

Doch von innerer Unruhe erfasst wurde seit Mitte des Jahrzehnts auch die unierte Kirche Badens: Ähnlich wie in der bayerischen Pfalz wiesen die ehemals reformierten Gemeinden der badischen Kurpfalz 1858 ein neues Gesangbuch und eine neue Gottesdienstordnung schroff zurück, weil diese sich in ihren Augen zu stark an der lutherischen Orthodoxie orientierten.[34] Gerade die in der links- wie rechtsrheinischen Pfalz unübersehbaren personellen Verbindungen zwischen liberalen und kirchlichen Exponenten des Protests – wie etwa jene des Mannheimer Pfarrers Emil Otto Schellenberg zu den liberalen Familien der Quadratestadt – unterstreicht, in welchem Maße die Opposition die kirchenpolitischen „Nebenkriegsschauplätze" nutzte, um öffentlichen Rückhalt zu gewinnen und sich neu zu formieren.[35]

## Modernisierung der städtischen Infrastruktur und der sozialen Einrichtungen

Geradezu beispielhaft spiegelt die Kommunalpolitik Mannheims typische Modernisierungstendenzen der Mitte des 19. Jahrhunderts wider. Die städtischen Schulden, die sich 1840/41 auf rund 340 000 Gulden belaufen hatten, waren noch vor der Revolution durch die Investitionskosten für die Kettenbrücke (allein 375 000 Gulden) und den neuen Friedhof sowie den Ankauf des Exerzierplatzgeländes um weitere 490 000 Gulden gestiegen. Zudem wuchs durch die enormen finanziellen Belastungen von Revolution und Reaktion

– allein die Verpflegung der Interventionstruppen hatte bis zum Jahresende 1849 über 100 000 Gulden verschlungen – das Defizit im laufenden Gemeindehaushalt rasant an: Hatten sich die städtischen Ausgaben 1845 noch auf 233 202 Gulden belaufen, so schnellten sie 1848 mit 499 285 Gulden auf mehr als das Doppelte empor, blieben 1849 mit 381 170 Gulden immer noch exorbitant hoch und erreichten erst 1854 mit 239 800 Gulden wieder normale Dimensionen. Zwar wurden die Kosten für die preußische Okkupation auf alle Gemeinden verteilt, sodass Mannheim 1857 aus dem staatlichen Ausgleichsfonds 12 521 Gulden vergütet wurden, und weitere 44 000 Gulden tilgte eine Kriegskostenumlage bis 1856, aber dies konnte den städtischen Haushalt nur mäßig entlasten. Da half es nur wenig, dass die Stadtkasse im selben Zeitraum stetig steigende Einnahmen zu verzeichnen hatte. Neben dem Pachterlös aus städtischen Grundstücken wuchsen die jährlichen Einnahmen aus den direkten Gemeindesteuern zwischen 1847 (30 925 Gulden) und 1863 (43 815 Gulden) um gut 40 Prozent, jene aus den städtischen Verbrauchssteuern um rund ein Drittel (1827: 29 415 Gulden, 1863: 39 223 Gulden).[36]

*Entschädigung für entstandene „Kollateralschäden"? Die Beschießung Ludwigshafens 1849. Zeitgenössische Lithographie, um 1850. Stadtmuseum Ludwigshafen.*

So verwundert es nicht, dass der Schuldenstand der Stadt, der 1854 mit 950 000 Gulden einen Höchststand erreichte, sich trotz systematischer Abzahlungen bis in die Reichsgründungszeit hinein nur unwesentlich verringerte, umso mehr als die Stadtväter vor kostspieligen Investitionen nicht nur zur Verbesserung der Infrastruktur und der innerstädtischen Dienstleistungen keineswegs zurückschreckten. Dringlich war die Wiederherstellung der Schiffbrücke über den Rhein, deren Eröffnung am 24. August 1850 die

– von Mannheimer Seite heftig zurückgewiesenen – Schadenersatzforderungen Ludwigshafens für die während des Bombardements im Juni 1849 erlittenen Schäden überschatteten.

Langwierigere Verhandlungen gingen indes der seit einem Jahrzehnt angestrebten, aber erst vom *oktroyierten Gemeinderat* zügig vorangetriebenen Einführung der Gasbeleuchtung voraus. Zum ersten Mal stellte sich die Frage, ob man ein privates Unternehmen beauftragen oder die gewerbliche Tätigkeit in städtischer Regie betreiben sollte. Die Mehrheit entschied sich für den Mittelweg: Die Badische Gesellschaft zur Gasbeleuchtung, die aus der Fusion der seit 1848 im Jungbusch arbeitenden Gasfabrik des früheren Goldarbeiters und Bürgerwehrmajors Friedrich Engelhorn und der Karlsruher Firma Spreng & Sonntag hervorgegangen war, erhielt den Auftrag, auf Kosten und zu Eigentum der Stadt ein Gaswerk zu errichten, Gasleitungen zu verlegen und Straßenlaternen aufzustellen.[37] Mannheim überließ der Gesellschaft das Gaswerk für 30 Jahre, wobei der Ausgangspachtbetrag von 8 000 Gulden pro Jahr um 500 Gulden bis auf jährlich 22 000 Gulden steigen sollte. Dafür verpflichtete sich die Stadt, ihren gesamten Gasbedarf zu einem vereinbarten Festpreis von dort zu decken. Am 1. Dezember 1851 waren die Straßen der Stadt erstmals durch Gaslaternen erhellt,[38] doch deren feierliche Inbetriebnahme ließ die gegen die schlechte Gasqualität und den hohen Bezugspreis laut werdenden Proteste nicht verstummen. Der Unmut ebbte erst ab, als die Stadt die Gasversorgung nach der Reichsgründung in eigene Regie übernahm.

Eine ebenfalls seit Jahren kontrovers diskutierte infrastrukturelle Notwendigkeit war die Anbindung des 1845 erweiterten Rheinhafens an die Eisenbahn. 1844 war zunächst ein notdürftiger Güterschuppen neben dem Personenbahnhof errichtet worden. Gegen einen direkten Gleisanschluss des Hafengebiets formierte sich nicht nur der Widerstand all jener, die mit dem Gütertransport zwischen Hafen und Bahnhof ihr Brot verdienten, umstritten war auch die Streckenführung. 1847 hatte der Landtag den noch vor der Revolution abgeschlossenen Ausbau des Güterbahnhofs am Ostrand der Stadt und den Bau der kurz *Schleifbahn* genannten Neckardamm-Ringbahn genehmigt, deren Fertigstellung sich freilich bis zum November 1854 hinzog. Nach gut einjähriger Bauzeit befuhren die Güterzüge nun die vom Heidelberger Tor über die gesamte Ringstraße zum Rheinhafen führende eingleisige Strecke.[39] Trotz aller Nachteile für die Stadtplanung und den Straßenverkehr trug die *Schleifbahn* erheblich zur Steigerung des Mannheimer Hafenumschlags und damit zur Verstärkung des Fernhandels bei. Da Großschiffe den Rhein nur bis Mannheim befahren konnten, mussten hier alle Waren, die rheinauf- bzw. rheinabwärts zu transportieren waren, zwischen Schiff und Bahn umgeladen werden. Und der in der zweiten Hälfte der 1850er Jahre rasant zunehmende Güterverkehr steigerte die Bedeutung des Mannheimer *Seehafens im Binnenland*, dessen neuerliche Erweiterung im Jahr 1858 nur kurzzeitig für Entlastung sorgte.

Nicht von Erfolg gekrönt war demgegenüber der Versuch, Volksgesundheit und Hygiene durch eine neue Wasserversorgung zu verbessern. Zwar erteilte der Gemeinderat dem englischen Ingenieur John Tebay 1853 die Konzession, die Stadt mit frischem und reinem Trinkwasser aus dem Rhein

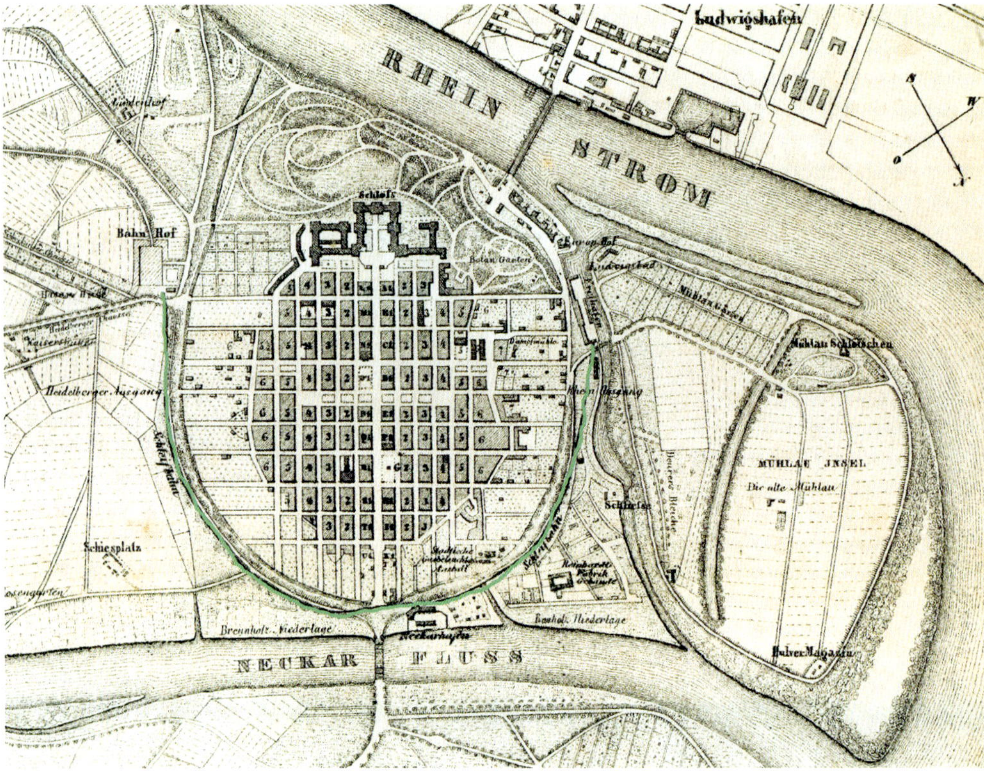


*Im Stadtplan von 1858 eingezeichnet ist die „Schleifbahn" (in der Karte grün markiert), die den Bahnhof mit dem Hafen verbindet. StadtA MA.*

zu versorgen, das er mit Hilfe einer dampfbetriebenen Pumpstation in 72 Röhrenbrunnen der Stadt leiten wollte. Aber Tebay erkrankte und konnte durch anderweitige Verpflichtungen seinen Vertrag nicht erfüllen, sodass der Bürgerausschuss die Konzession 1855 für ungültig erklärte und damit der Stadt hohe Folgekosten ersparte, auch wenn die Choleraepidemien der Jahre 1849 und 1854 unterstrichen, wie dringlich neben der Reinigung der Stadtgräben eine Verbesserung der Wasserversorgung geboten war.[40]

Die wiederkehrenden Seuchen legten außerdem die Mängel der städtischen Krankenversorgung offen, die durch den zwischen 1851 und 1857/58 in drei Etappen erfolgenden Um- und Ausbau des Borromäusspitals in R 5, 1 behoben werden konnten. Die Unzulänglichkeiten im Löschwesen der Stadt sollte die Gründung einer Art Freiwilligen Feuerwehr abstellen, die Bürgermeister Reiß im November 1851 anstieß. Diese erlangte jedoch erst 1856 die staatliche Genehmigung, nachdem die Pflicht zum Löschdienst, gegen die großbürgerliche Familien Einspruch eingelegt hatten, aufgehoben worden war. Festzuhalten aber bleibt, in welch hohem Maß die politisch Verantwortlichen in jenen Jahren bereit waren, trotz außergewöhnlicher finanzieller Belastungen nicht nur die Infrastruktur ihrer Heimatstadt, sondern auch deren soziale Einrichtungen zu verbessern.

Darüber vergaßen sie die Belange von Bildung und Kultur keineswegs. So begann der Gemeinderat unmittelbar nach Niederschlagung der Revolution, die seit langem überfällige Reform des Volks- und Realschulwesens in Angriff zu nehmen. Vorderhand konzentrierte er sich darauf, das Raumproblem der städtischen Bürgerschule zu lösen. Zu diesem Zweck erwarb er für 30 000 Gulden das Gebäude der eingegangenen Zuckerraffinerie in N 6, 4 und ließ es für weitere 58 000 Gulden für Unterrichtszwecke umgestalten.[41]

Eine weit größere Summe war allerdings erforderlich, um den ebenfalls seit langem geplanten Umbau des Nationaltheaters ab Herbst 1853 ins Werk zu setzen. Der Kostenvoranschlag des Theatermaschinisten Joseph Mühldorfer ging von rund 200 000 Gulden aus, von denen die Regierung ein Viertel übernehmen wollte. Doch die Aufstockung des Gebäudes sowie die Vergrößerung von Bühne und Zuschauerraum verschlangen rund ein Drittel mehr als vorgesehen. Für den Umbau des Konzertsaals und dann noch für die Anschaffung neuer Dekoration waren noch einmal 45 000 Gulden erforderlich, sodass sich die Gesamtkosten zum Unwillen der Bürgerschaft schließlich auf fast 295 000 Gulden beliefen, rund 50 Prozent mehr als veranschlagt. Finanziert wurde diese Kraftanstrengung durch eine Anleihe, für deren Zins- und Tilgungszahlungen man die Biersteuer bis 1861 von 3 auf 10 Kreuzer je Ohm erhöhte, durch weitere Obligationen sowie einen Kredit der Sparkasse. Am 12. Februar 1855 eröffnete eine Festaufführung der *Zauberflöte* das umgebaute Theater, am 25. Dezember 1856 ein festliches Akademiekonzert den renovierten Konzertsaal. All dies unterstreicht, dass von einem Stillstand im öffentlichen Leben der Stadt keine Rede sein kann, obgleich spektakuläre Demonstrationen oder Versammlungen erst am Ende des Jahrzehnts wieder zunahmen.[42]

*Das Nationaltheater nach dem Umbau von 1853 bis 1855 nach den Plänen von Joseph Mühldorfer. Im Vergleich zum vorherigen Bauzustand wurden die beiden Innenhöfe überbaut, das Gebäude um ein Stockwerk erhöht und die Fassade nach vorne gerückt. Zeichnung, um 1870. StadtA MA.*

# Carl Scholl – Poet, Prediger und Theaterdirektor

*Ulrich Nieß*

Für die Elite der deutschkatholischen und später freireligiösen Bewegung in ihrer Frühzeit ist der Lebensweg des ersten Predigers der Mannheimer Gemeinde Carl Scholl geradezu prototypisch. 1820 in Karlsruhe in eine Pfarrer- und Beamtenfamilie hineingeboren, lernte Scholl während seines Theologiestudiums in Tübingen und Heidelberg die Werke Hegels und die dortigen Vertreter der Bibelkritik kennen und verließ den vorbestimmten pastoralen Weg. Mit seiner Predigt am 5. Januar 1845 in der Karlsruher Stadtkirche hatte er für einen Skandal gesorgt: *Ade, ade mein Kirchenrock, / mit dir und mir ist's aus. / Uns ruft nicht mehr die Kirchenglock'/ ins stille Gotteshaus* reimte der poetisch Begabte über seine Suspension, um sich nun, im Gefolge der 1844 von Johannes Ronge ausgelösten Aufbruchstimmung, der neuen deutschkatholischen Bewegung anzuschließen. Dies brachte ihn in Kontakt mit der noch jungen Mannheimer deutschkatholischen Gemeinde, wo er am 4. Januar 1846 einen viel umjubelten Gastvortrag hielt und als Prediger angestellt wurde.

Doch schon bald trübte sich das so verheißungsvoll begonnene Verhältnis. Scholl monierte gewisse *kirchliche* Bedürfnisse in der Gemeinde, forderte das Frauenstimmrecht, wohingegen ihn der Vorstand ermahnte, in seinen Reden doch taktvoller zu sein. Nur ein knappes Jahr nach seiner Verpflichtung legte der Gescholtene am 4. Februar 1847 sein Amt nieder. Zusammen mit weiteren Deutschkatholiken, darunter mit seinem Freund Gustav Struve, hatte er noch den Montag-Verein gegründet, einer von jenen auch in Frankfurt, Offenbach oder Oppenheim zu findenden Debattierclubs, der Religions- wie aktuelle Gegenwartsfragen behandeln wollte. Mit der Darmstädterin Louise Dittmar sprach dort am 10. Mai 1847 erstmals eine Frau vor einigen hundert Zuhörern über die Reform *aller Lebensverhältnisse*, insbesondere die der Frauen.

Im Juni 1847 verließ Scholl Mannheim in Richtung Hamburg, ging dann infolge der Revolutionsereignisse im September 1848 nach Wien bzw. mit Johannes Ronge in die Steiermark, um in Graz eine deutschkatholische Gemeinde ins Leben zu rufen. Von den österreichischen Behörden ausgewiesen führte ihn sein Weg nach Schweinfurt,

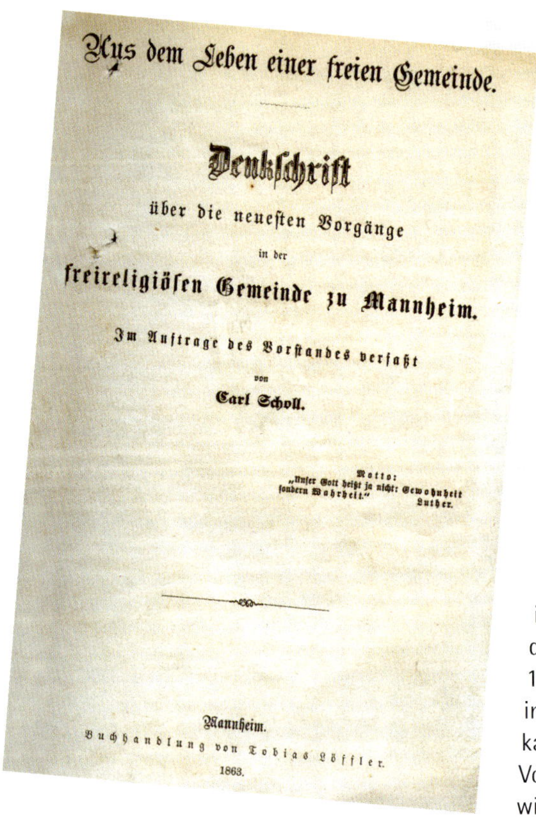

Aus dem Leben einer freien Gemeinde.

Denkschrift
über die neuesten Vorgänge
in der
freireligiösen Gemeinde zu Mannheim.
Im Auftrage des Vorstandes verfaßt
von
Carl Scholl.

Motto:
„Unser Gott heißt ja nicht: Gewohnheit
sondern Wahrheit."
Luther.

Mannheim.
Buchhandlung von Tobias Löffler.
1863.

*„Was ich niederschreibe, geschieht im Dienst der Wahrheit", heißt es in der Einleitung der Denkschrift von Carl Scholl von 1863 zum Abendmahlstreit in der freireligiösen Gemeinde Mannheim. StadtA MA.*

von wo er mit der wohlhabenden Ehefrau eines Förderers durchbrannte, die ihm ein finanzielles Auskommen über Jahre sicherte. Phasenweise trug er sich mit dem Gedanken einer Auswanderung nach Amerika und siedelte zunächst nach London über, ehe er, abgestoßen von den ihm fremden Sitten der Londoner und deren Krämerseelen wie von der allerorts anzutreffenden offenen Armut in den Straßen, Mitte 1851 nach Paris weiterzog. Hier freilich machte er nicht nur Bekanntschaft mit der *Wunderwelt des Magnetismus*, sondern – weit unangenehmer – mit der Conciergerie, dem berüchtigten Pariser Untersuchungsgefängnis. Man verdächtigte ihn, nicht nur *ein eifriger Prediger der socialistischen Lehren* zu sein, sondern einem von Amerika gesteuerten *Social-Reform-Verein* anzugehören, der die Ermordung des Präsidenten Bonaparte, des späteren Napoleon III., plane.

Carl Scholl (1820–1907) als Prediger der Schweinfurter Freichristen. Lithographie, 1850. REM.

Als Scholl sich im September 1852 erneut mit einem Fahndungsschreiben wegen Hochverrats konfrontiert sah, floh er nach Zürich. Weitgehend als Privatier lebend, korrespondierte er nun mit keinem geringeren als Pierre-Joseph Proudhon und verkehrte mit nicht wenigen bekannten ehemaligen Revolutionären, darunter Richard Wagner, Georg Herwegh oder Bruno Hildebrand, einst Nestor der Volkswirtschaftslehre. Im Frühjahr 1855 bewarb Scholl sich um die Tätigkeit eines Theaterdirektors und hielt sich auf diesem Posten bis 1858, um anschließend bis 1860 in gleicher Funktion in Freiburg im Breisgau tätig zu werden.

Im Juli 1860 kehrte Scholl wieder zur Mannheimer Gemeinde zurück, die sich inzwischen als freireligiös bezeichnete und nun auch das Frauenstimmrecht akzeptierte. Der von ihm betriebene Verzicht auf das Abendmahl spaltete indes die Gemeinde; zusehends eskalierten die Zwistigkeiten, sodass Scholl am 22. März 1868 erneut seinen Rücktritt erklärte, nicht ohne der Gemeinde vorzuwerfen, sie wäre geistig nicht agil genug, um *der Religion der Humanität Bahn zu brechen.* Es folgten Tätigkeiten als Prediger in Nürnberg und Heidelberg sowie als Schriftsteller und Leiter der von ihm 1869 begründeten Monatsschrift *Es werde Licht!*. An der Schwelle seines neunten Lebensjahrzehnts übersiedelte er nach München, wo er am 26. März 1907 verstarb.

Die Langzeitwirkung seiner Schriften kann unter anderem an Hermann Heimerich, dem nachmaligen Oberbürgermeister von Mannheim, beobachtet werden, der als junger Mensch in Nürnberg über Scholl den Weg zu den Freireligiösen fand – was gleichfalls nicht untypisch für führende Sozialdemokraten Mannheims war, die sich ebenfalls der freireligiösen Gemeinde anschlossen. ✧

## Die demographische und wirtschaftliche Entwicklung

### Bevölkerungsentwicklung

War die Zahl der Einwohner Mannheims während der Revolution und der ersten Reaktionsmonate deutlich gesunken, so stieg sie in den 1850er Jahren um mehr als 20 Prozent an, obgleich die Voraussetzungen für ein Bevölkerungswachstum wenig günstig waren. Die Einwohnerzahl hatte sich von 23 784 im Jahr 1846 bis Ende 1849 auf 22 057 vermindert, nicht allein weil die Protagonisten der Revolution mit ihren Familien vor Denunziation und Verfolgung ins sichere Ausland, vor allem in die Vereinigten Staaten, geflohen waren, wo sich die *Forty-Eighters* eine neue Existenz aufbauten.[43] Zahlenmäßig ins Gewicht fiel auch der Bevölkerungsverlust durch die Choleraepidemie von 1849, die von August bis Anfang November vornehmlich in den Armutsvierteln der Unterstadt über 360 Tote gefordert hatte.

Nicht vergessen werden darf in diesem Zusammenhang die Auswanderungsflut der Jahre 1850 bis 1854, in denen eine Serie von Getreidemissernten und die auf dem Kontinent grassierende Kartoffelfäule zu einer europaweiten Hungersnot führten.[44] Die damit einhergehende Teuerung der knappen Lebensmittel traf die Angehörigen der städtischen und ländlichen Unterschicht am härtesten, die in hellen Scharen ihrer Heimat den Rücken kehrten. Die Gemeinden waren froh über jeden *Armen*, den sie nicht mehr versorgen mussten. In jenen fünf Jahren, in denen Baden insgesamt einen Bevölkerungsverlust beklagte, verließen allein den Unterrheinkreis rund 17 000 Personen aus wirtschaftlichen Gründen, in den folgenden neun Jahren bis 1863, nachdem die Versorgungslage sich grundlegend gebessert und der industrielle Aufschwung begonnen hatte, noch nicht einmal weitere 5 000.

Schiffs-Vertrag
für
Auswanderer nach Nord- und Süd-Amerika
von
Michael Wirsching in Mannheim.

Hauptbureaux MANNHEIM

*Vertrag einer Auswandereragentur mit einem Auswanderungswilligen, um 1851. StadtA MA.*

Auch wenn 1854, als eine neue Choleraepidemie in ganz Süddeutschland wütete, in Mannheim weitaus weniger Opfer zu beklagen waren als 1849, überrascht das Ergebnis der Volkszählung von 1855; denn die Einwohnerzahl kam an das bisherige Bevölkerungsmaximum heran. Nach acht Jahrzehnten lebten 1855 mit 25 688 Einwohnern erstmals wieder nahezu so viele Menschen in der Stadt wie 1776 (25 858 Einwohner), und ihre Zahl stieg weiter an (1861: 27 160 Einwohner). Die Zuwachsraten blieben zwar weit hinter jenen des ausgehenden 19. Jahrhunderts zurück, unterstreichen aber im politischen und ökonomischen Kontext der 1850er Jahre noch einmal, wie entschieden sich die gesellschaftlichen Verhältnisse wandelten.

Dass die Bevölkerungszunahme vornehmlich der Zuwanderung von Landarbeitern und -arbeiterinnen entsprang, die hofften, in der Stadt Arbeit zu finden, liegt angesichts der Agrarkrise ebenso auf der Hand wie die Tatsache, dass ihr Zuzug die Stadt vor neue soziale Probleme stellte. Nach Jahrzehnten des Wohnungsleerstands erregte 1857 erstmals der Mangel an billigen Wohnungen die Öffentlichkeit. Aber der Antrag der Armenkommission an den Gemeinderat, Abhilfe zu schaffen, blieb ohne Ergebnis. Das soziale Engagement der Wirtschaftsliberalen ging über unabweisbare Investitionen wie den Ausbau des Krankenhauses oder die Zuschüsse zur städtischen Krankenversicherungsanstalt nicht hinaus, aus der man 1854 vergeblich versuchte, die wachsende Zahl der Fabrikarbeiter auszuschließen.

Soziale Unterstützung blieb vorerst die Sache privater oder kirchlicher Einrichtungen wie des 1849 gegründeten Frauenvereins, dessen Tätigkeitsfeld rasch über die Pflege der Cholerawaisen und anderer verwahrloster Kinder hinauswuchs, der 1851 in Käfertal eröffneten katholischen Rettungs- und Erziehungsanstalt oder des 1853 seine Arbeit aufnehmenden evangelischen Rettungshauses für verwahrloste Mädchen. Wachsende Bedeutung kam den privaten Krankenversicherungen zu, deren Mehrzahl sich 1857 zum Allgemeinen Krankenunterstützungsverein zusammenschloss, wenngleich weitere kleine Unterstützungsvereine bestehen blieben.[45]

## Handel zwischen Stagnation und Fortschritt

Maßgebliche Impulse verdankte der allmähliche Aufschwung nach 1855 den Mannheimer Kaufleuten und Maklern, obgleich sich die wirtschaftlichen Rahmenbedingungen nicht verbessert hatten. Die Einführung von Gewerbefreiheit und Freizügigkeit ließen ebenso auf sich warten wie die Einrichtung einer Börse, die weder 1846 noch 1851/52 über Ansätze hinausgelangte, oder die Gründung einer Aktienbank, weil die Regierung 1856 die Gründung einer Filiale der Darmstädter Bank für Handel und Verkehr ablehnte und die Vorgespräche zur Gründung einer Badischen Bank im Sande verliefen.

Neben Frankfurter und Basler Bankhäusern oblag die Förderung des kommerziellen Lebens allein den beiden ortsansässigen jüdischen Privatbanken, dem 1785 gegründeten Unternehmen W. H. Ladenburg & Söhne und der 1792 gegründeten Firma H. L. Hohenemser & Söhne, die sich durch ihr unermüdliches Engagement und ihre liberale Kreditvergabe große Verdienste um den Aufschwung von Industrie und Import-Export-Handel erwarben.[46]

Der langsame Aufstieg Mannheims zu einem der größten Getreideumschlagplätze Deutschlands, der gegen Ende der Reaktionsjahre allmählich Kontur gewann, ging indes zunächst Hand in Hand mit dem endgültigen Niedergang des regionalen Getreide- bzw. Fruchtmarkts, den die *Mannheimer Eigenkaufleute* [...] *durch Verstärkung alter Zunftschranken* [vergeblich] *zu hemmen* versuchten.[47] Ihr Zorn richtete sich gegen die seit den

*Der Fruchtmarkt mit den Quadraten E 4 und E 5. Lithographie, um 1840. StadtA MA.*

Vormärzjahren im regionalen, vor allem aber im überregionalen Getreidehandel erfolgreichen jüdischen Kommissionäre und Makler, deren Geschäfte expandierten, seit die Regierung 1846 private Transitlager für ausländisches Getreide und Mühlenfabrikate genehmigt hatte. Alle Versuche, ihren kommerziellen Aufstieg zu unterbinden, sei es, dass man den Erwerb des Bürgerrechts erschweren (1856) oder diesen an die vorherige Aufnahme in die Handelsinnung binden wollte (1858), schlugen freilich fehl. Noch 1859 forderte die Handelskammer eine staatliche Verordnung, welche die Konzessionierung eines Warenagenturgeschäfts an strenge Richtlinien binden sollte. Doch alle Eingaben, in denen sich Existenzangst, Konkurrenzdenken, Unsicherheit, Neid und Fremdenhass in unheilvoller Weise mischten, blieben am Vorabend der endgültigen Liberalisierung von Handel und Gewerbe erfolglos.

Zudem wuchs die Einsicht, in welcher Weise Mannheim mit seiner bevorzugten Lage an der Gelenkstelle des süddeutschen Schiffs- und Eisenbahnverkehrs von der Ausweitung des Fernhandelsvolumens profitieren konnte. Seit den 1820er Jahren bereits Zentrum des südwestdeutschen Rohtabakhandels avancierte die Stadt binnen Kurzem zu einem der führenden Umschlagplätze des deutschen Landproduktenhandels, weil Sonderkulturen wie Tabak, Hopfen und Wein eine wachsende Zahl von Abnehmern in Holland, Spanien und nicht zuletzt in den Vereinigten Staaten fanden. Schlug man vor der Revolution im Hafen jährlich rund 3 Millionen Zentner um, so überschritt man bereits Mitte der 1850er Jahre die 5-Millionen-Grenze: Die gut 70 Spediteure, Kommissionäre und Agenten sowie die rund 200 Exporteure und Großhändler verkörperten den bedeutendsten Wirtschaftsfaktor des *Seehafens im Binnenland*, dessen Aufstieg durch die ausgangs des Jahrzehnts die Vereinigten Staaten und England erfassende erste

Weltwirtschaftskrise nur kurzfristig tangiert wurde.[48] Richtungsweisender war demgegenüber die während des Krimkriegs (1853–1856) eingeleitete Revolution des Schiffsbaus, das Verdrängen des Raddampfers durch den Schraubendampfer und des Holzschiffs durch das Stahlschiff, was innerhalb weniger Jahre den gesamten Übersee- und Fernhandel grundlegend verändern sollte.[49]

## Vorboten des Industriezeitalters

Hinter der ökonomischen Bedeutung des Handels blieb jene des industriellen Gewerbes trotz unübersehbarer Fortschritte – noch – zurück, aber in diesen Jahren wurde das Fundament zur Industriestadt Mannheim gelegt, auf dem Unternehmen bzw. ihre Nachfolgefirmen zum Teil noch heute erfolgreich produzieren. Maßgebliche Impulse gingen hierbei nicht nur von England, dem Mutterland der Industrialisierung, sondern auch von Frankreich oder den Vereinigten Staaten aus. So begann 1853 das Engagement der traditionsreichen Manufactures des Glaces aus dem französischen Saint-Gobain, die auf dem Gelände des ehemaligen Guts Waldhof auf Käfertaler Gemarkung bereits im Oktober 1854 eine Spiegelglasmanufaktur eröffneten.[50] Für den Standort an Rhein und Neckar sprachen die verkehrsgünstige Lage sowie das reiche Vorkommen des für die Spiegelglasproduktion wichtigen Flugsands. Überdies glaubte das 1665 durch Minister Colbert gegründete Unternehmen auf dem deutschen Markt große Gewinne erzielen zu können, da die technisch überholte deutsche Spiegelglasproduktion keine ernsthafte Konkurrenz darstellte. Nicht zuletzt wollte man die seit Gründung des Deutschen Zollvereins 1834 erhobenen Import- und Durchgangszölle vermeiden. Aufsehen unter den Zeitgenossen erregte jedoch nicht nur die rasch expandierende Produktion, sondern das vorbildliche soziale Engagement der Betriebsleitung. Die zunächst von rund 300 französischen Fachkräften bewohnte Siedlungskolonie weckte mit ihren regelmäßigen Arbeiterwohnhäusern und den französischen Straßennamen Erinnerungen

*Arbeitersiedlung der „Spiegelfabrik" auf dem Waldhof, bestehend aus Galerie-Reihenhäusern. Lithographie von Fratel, um 1855. StadtA MA.*

an die für die Region in wirtschaftlicher Hinsicht ebenfalls segensreiche Aufnahme der hugenottischen Glaubensflüchtlinge des 17. Jahrhunderts. Auch antizipierte die 1857 eingerichtete betriebsinterne Unfall-, Kranken- und Pensionskasse das Sozialversicherungssystem Bismarcks, mehr als zwei Jahrzehnte bevor dieses geschaffen wurde.

1856 gründete der amerikanische Ingenieur Hiram Hutchinson – drei Jahre nach seinem ersten Werk im französischen Montargis – in S 6 eine zukunftsträchtige Fabrik zur industriellen Verarbeitung von Kautschuk, nachdem er von seinem Landsmann Charles Goodyear das Recht erworben hatte, dessen Patent zur Vulkanisation aus dem Jahr 1844 in Europa kommerziell auszuwerten. Das rasch expandierende Unternehmen, das Gummistiefel sowie gummierte Stoffgewebe für Bekleidung und industrielle Anwendungen herstellte, bezog später seinen Hauptsitz in Paris und gehört heute zum französischen Total-Konzern.

Impulse aus dem benachbarten Ausland griff auch Cäsar Schweitzer auf, der 1850 die väterliche Firma im Jungbusch übernahm; denn er hatte 1826 mit Unterstützung der badischen Regierung das englische Fabrikwesen „studiert". Der Sohn des Mannheimer Zirkelschmieds Johann Schweitzer setzte die Fabrikation der 1822 von den deutschen Mechanikern Alois Quintenz und Johann Baptist Schwilgué in Straßburg konstruierten Dezimalbrückenwaagen sowie in England entwickelter Hebemaschinen erfolgreich fort und legte

*Der historische Lastenkran am Neckar ist ein Produkt der Maschinenbaufabrik Mohr und Federhaff aus dem Jahr 1860. Foto, um 1900. StadtA MA.*

die Grundlage für die bis 1981 auf dem Gebiet der Kran- und Aufzugstechnik erfolgreiche Maschinenfabrik Mohr und Federhaff.[51]

Ebenso wie die traditionellen Manufakturen der Zigarren- oder Tapetenproduktion entstanden einige der im nachrevolutionären Jahrzehnt gegründeten industriellen Unternehmen innerhalb der von Ringstraße und *Schleifbahn* umgebenen Quadrate und drückten mit ihren Schloten der ehemaligen Residenzstadt allmählich einen anderen Stempel auf. Dies gilt sowohl für das erste industrielle Unternehmen des Juweliers Friedrich Engelhorn,[52] die 1848 in K 6 errichtete Leuchtgasfabrik, als auch für die ab 1855 in C 7 arbeitende Badische Wollenmanufaktur, die aber durch Misswirtschaft ihres Direktors bereits 1860 in Konkurs ging und deren Gelände 1866 von Engelhorn aufgekauft wurde. Wirtschaftlich scheiterte auch die 1855 aus der drei Jahre alten Firma der Gebrüder Reinhardt hervorgegangene Badische Zinkgesellschaft, die in ihrem Werk auf dem ehemaligen Pestbuckel im Jungbusch Galmei aus den seit Jahrhunderten ausgebeuteten Gruben bei Wiesloch verhüttete. Wegen der harten Konkurrenz stellte die Mannheimer Zinkhütte bereits 1856 ihren Betrieb ein. 1860 erwarb wiederum Friedrich Engelhorn die in Konkurs gegangene Fabrik und begann dort kurz darauf, aus Steinkohlenteer – dem Abfallprodukt seiner Leuchtgasherstellung – synthetische Anilin-Farbstoffe zu produzieren. Diese Unternehmung sollte zur Keimzelle seiner erfolgreichsten industriellen Gründung, der Badischen Anilin- und Sodafabrik, werden.

Zu diesem Zweck hatte er sich der Mitarbeit der Direktoren des 1854 aus den chemischen Fabriken Neuschloss und Wohlgelegen sowie der chemischen Fabrik Heilbronn hervorgegangenen Vereins Chemischer Fabriken Mannheim versichert, allen voran Gustav und Karl Clemm. Aber die Aktionäre des Vereins lehnten eine weitere Zusammenarbeit mit Engelhorn ab. Demgegenüber errichtete ein weiterer Kompagnon der Aktiengesellschaft, Karl Clemm-Lennig, auf dem rechten Neckarufer an der Kettenbrücke die erste chemische Düngerfabrik Südwestdeutschlands, die 1856 ein Schüler Justus Liebigs, Karl Gundelach, übernahm. Der Erfolg der Produktion von Kunstdünger, der den Bauern enorme Erntezuwächse bescherte, überrascht angesichts des agrarischen Umfelds der Stadt Mannheim nicht.[53]

Wie groß die Chancen der Modernisierung und Technisierung der Landwirtschaft waren, hatte 1851 die Weltausstellung im Londoner Kristallpalast nachdrücklich unter Beweis gestellt.[54] Mit dem Eintritt von Heinrich Lanz in die Speditionsfirma seines Vaters erreichten diese Impulse auch Mannheim; denn der Sohn eröffnete sofort eine Abteilung für die Vermittlung landwirtschaftlicher Maschinen aus England. Zunächst beschränkte er sich auf die Einfuhr von Futterschneidemaschinen, Schrot- und Obstmühlen oder Weinpressen und importierte zudem überseeischen Guano, den aus Seevogelexkrementen gewonnenen Dünger. 1860 verkaufte Lanz die erste Dampfdreschmaschine. Die neuen Maschinen bedurften aber der Wartung und bald auch der Reparatur, sodass er noch im selben Jahr an der Schwetzinger Straße mit zwei Mann eine eigene Reparaturwerkstatt einrichtete, aus der in wenigen Jahrzehnten eine Weltfirma hervorgehen sollte.[55]

*Der Londoner Kristallpalast (Crystall Palace) aus neuartigen Eisenträgern und großflächigen Glasfassaden wurde für die Weltausstellung 1851 errichtet und war ein Symbol für den technischen Aufbruch im industriellen Zeitalter. Kolorierter Stahlstich, um 1860. AKG Images.*

## Die gesellschaftliche und kulturelle Entwicklung

### Abglanz vergangener Zeiten: Mannheim und der Adel

Den Funktionswandel Mannheims spiegelten nicht nur die innerhalb der Quadrate aus dem Boden wachsenden Fabrikschlote oder die Güterzüge auf den geschleiften Wällen der einstigen Festungsstadt wider, sondern er war ebenso deutlich ablesbar am Wahrzeichen vormaliger Bedeutung, dem das Stadtbild noch immer dominierenden Schloss. Nichts machte den Niedergang der Residenz augenfälliger als der klägliche Zustand, in dem die 1795 von der Artillerie des österreichischen Generals Graf von Wurmser zerstörten Gebäudeteile, das Ballhaus, das Opernhaus sowie der Westflügel des Schlosses jahrzehntelang verharrten. Zwar bot ein Ende der 1830er Jahre errichtetes Notdach dem weiteren Verfall des Westflügels Einhalt, in dessen Erdgeschoss der Mannheimer Gewerbe- und Industrieverein seit 1844 eine Ausstellungshalle eingerichtet hatte und dessen erstes Obergeschoss 1857 für das *Zweite Mittel-Rheinische Musikfest* notdürftig hergerichtet wurde. Aber erst 1865 sollte er für die Aufnahme des Amtsgerichts gründlich renoviert werden. Die Umgestaltung des Schlosses zum Sitz staatlicher Behörden begann.[56]

Davon blieben bis zum Ersten Weltkrieg allein die Prunkräume des Mittelbaus und das erste Obergeschoss des Ehrenhof-Ostflügels ausgenommen, welches die großherzogliche Familie adligen Staatsgästen zur Verfügung stellte oder während ihrer sehr seltenen Besuche selbst nutzte. Denn das keinesfalls spannungsfreie Verhältnis der Stadt zum großherzoglichen Haus war durch die Revolution noch weiter belastet worden. So dauerte es immerhin mehr als zwei Jahre, bis Großherzog Leopold nach seiner Rückkehr nach Karlsruhe im September 1851 die größte Stadt Badens wieder besuchte. Und den jungen Prinzregenten, der 1851 seinen Vater begleitet hatte, führten nur gelegentliche Truppeninspektionen (1852,

1854 und 1858) oder die feierliche Wiedereröffnung des Nationaltheaters (12. Februar 1855) zu kurzen Stippvisiten an Rhein und Neckar. Immerhin wurde Mannheim im September 1856 die Ehre zuteil, den nunmehrigen Großherzog und seine Ehefrau Luise, die Tochter des preußischen Prinzen und späteren ersten deutschen Kaisers Wilhelm I., wenige Tage nach den Berliner Hochzeitsfeierlichkeiten auf badischem Boden begrüßen zu dürfen. Vom Hafen bis in die Innenstadt begleiteten Ehreneskorten das junge Paar durch festlich geschmückte Straßen und ein Spalier von Ehrenformationen, die bei allem Glanz nicht verbergen konnten, dass die Zeit barocker Prachtentfaltung längst vorüber war. *Ehedem hatte bei solchen Anlässen die Bürgerwehr geglänzt, jene reichuniformierten bürgerlichen Korps, auf die man später mit Verachtung herabsah. Ihre Zeit war unwiederbringlich dahin, eine Ehrengarde nichtuniformierter Bürgersöhne eskortierte an ihrer Statt den landesherrlichen Wagen.*[57] Daneben entboten berittene Landwirte und die zünftigen Handwerker, vor allem jedoch die Angehörigen der neuen Führungsschicht, die Kaufleute und Händler, sowie die Vorboten der kommenden Ära, die Fabrikanten und Arbeiter, dem Herrscherpaar ihre Grüße. Eine Festvorstellung im Theater und die feierliche Illumination der Innenstadt rundeten diese für die 1850er Jahre einmalige Demonstration landesherrlicher Macht ab. Immerhin empfingen die Mannheimer die Preußin Luise mit einer Freundlichkeit, die sie ihrem Vater nicht hatten zuteil werden lassen, weder bei der Inspektion der preußischen Garnison im September 1849 noch bei seiner Durchreise im April 1852, die er zusammen mit dem

*Musikzimmer der Großherzogin Stephanie im Mannheimer Schloss. Aquarell von Pieter Francis Peters, 1842. REM.*

damaligen preußischen Bundestagsgesandten und späteren Reichskanzler Otto von Bismarck zu einem Besuch bei Großherzogin Stephanie nutzte.

Bis 1860 verhinderte die Anwesenheit von Großherzogin Stephanie, die seit dem 30. September 1819 zahlreiche Räume des Ehrenhof-Westflügels und des westlichen Corps de Logis bis zum Rittersaal als Witwensitz nutzte, die weitere Umnutzung des Schlosses als Verwaltungsgebäude.[58] In den 1850er Jahren war die geborene Gräfin de Beauharnais zwar noch häufiger auf Reisen als zuvor, um ihre Töchter und Napoleon III. zu besuchen; denn mit dem Glanz des Zweiten Kaiserreichs in Frankreich oder den Zerstreuungen von Baden-Baden und Nizza konnte der monotone Alltag im Kreis der vertrauten Diener und der mit ihr gealterten Adligen nicht konkurrieren. Dem Hofstaat Stephanies gehörten seit Jahrzehnten dieselben Personen an, allen voran Freifrau Marie von Reck, Gräfin Franziska von Kageneck oder Freiherr Maximilian Roth von Schreckenstein. Ihre Verwandte Stephanie de Tascher de la Pagerie, die im Herbst 1858 mehrere Wochen im Mannheimer *château de vieillesse* verbrachte, legte in ihren Memoiren beredtes Zeugnis von den kuriosen Ritualen des kleines Hofs ab. Die Abendgesellschaften der teils feen-, teils boshaften Greisinnen deutete sie als paradoxe Zeichen einer untergehenden Epoche. Männer seien hierbei eine solche Rarität, dass man die Stadt, *dieses Asyl verwitweter alter Prinzessinnen* [...], *nicht Mannheim,* [sondern] *Weiberheim nennen sollte,*[59] dessen erlesene Gesellschaft Jahr um Jahr schrumpfte. 1856 starb die Oberhofmeisterin Stephanies, Freifrau Sophia von Sturmfeder geborene von Dalberg, 1859 Fürstin Maria Magdalena von Ysenburg, beides Repräsentantinnen einst führender kurpfälzischer Familien. Am 30. Januar 1860 folgte ihnen im fernen Nizza

*Großherzogin Stephanie (1789–1860) auf dem Totenbett. Aquarell eines unbekannten Meisters, 1860. REM.*

die seit Jahren leidende Großherzogin, die wenige Wochen später als letztes Mitglied der großherzoglichen Familie in der Pforzheimer Familiengruft beigesetzt wurde. Von ihrer Mildtätigkeit kündeten jetzt nur noch das von ihr 1855 gegründete Louisenhaus, das 40 Waisenmädchen Unterkunft bot, sowie das Großherzogliche Institut, eine Erziehungsanstalt für junge Mädchen, dessen verdiente Leiterin Amalie Jung nur wenige Tage vor Stephanies Ableben verstarb. Der fast gleichzeitige Tod der generösen Stifterin und der Tochter des pietistischen Schriftstellers Johann Heinrich Jung-Stilling, die das Pensionat seit 1834 geleitet hatte, gefährdete dessen Existenz. Diese konnte erst gesichert werden durch Großherzogin Luise, die 1861 die Schirmherrschaft übernahm, und durch das Engagement der Stadt, in deren Besitz das Institut 1877 schließlich überging.[60]

Der Tod der Stieftochter Napoleons und die bereits Mitte der 1850er Jahre erfolgte Teilung der Nutzungsrechte des Schlosses, dessen Gebäude mit Ausnahme der großherzoglichen Repräsentationsräume nun der Verwaltung des Domänenamts unterstellt wurden, ebneten den Weg zu dessen endgültiger „Profanierung". Das Schloss wandelte sich schnell zum größten Verwaltungsgebäude – und Mietshaus – der Stadt, und mit dem abblätternden Putz seiner Fassade verblasste auch der Glanz vergangener Tage.

## Organisation des kulturellen und geselligen Lebens der Bürger

Das Kriegsrecht sowie die mit der Aufhebung der Grundrechte Hand in Hand gehende Verschärfung des Versammlungs- und Vereinsrechts entzogen in Baden ebenso wie in anderen Mitgliedsstaaten des „wiederbelebten" Deutschen Bunds den politischen Vereinen von entschiedenen Liberalen und

*Mannheim aus der Vogelschau. Im Vordergrund die neue Kettenbrücke über den Neckar, auf der rechten Seite der 1840 eingeweihte Rheinhafen. Deutlich zeigt sich noch der Charakter des „grünen Mannheim", wobei in den Stadtrandquadraten im Grüngürtel bereits erste Gebäude entstanden sind. Stahlstich von Johann Poppel nach einer Zeichnung von Christian Heckel, um 1850. REM.*

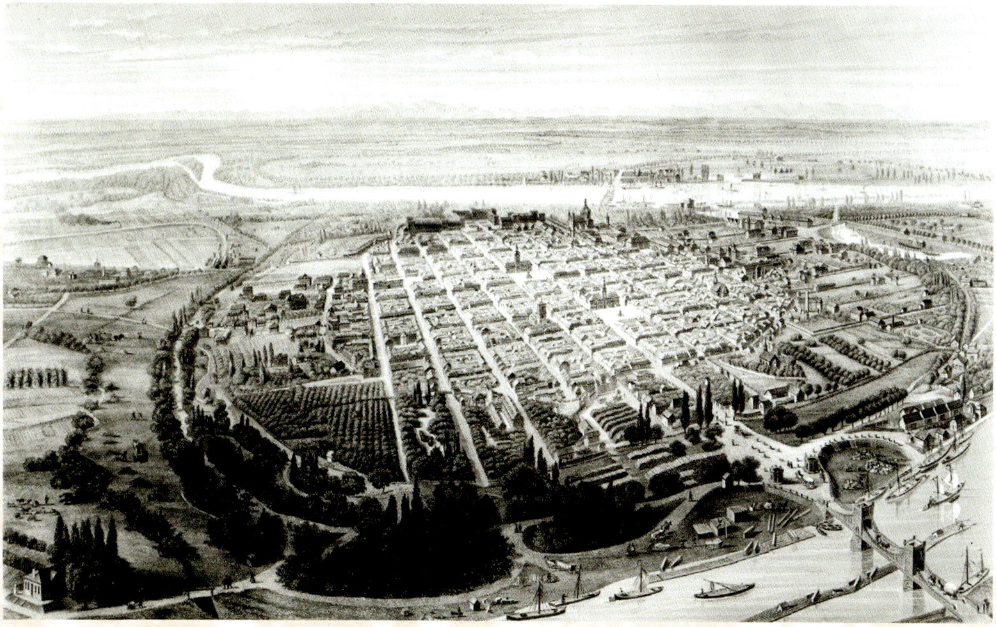

*Plakat zur Eröffnung des umgebauten Nationaltheaters, 1855. StadtA MA.*

Demokraten den Boden. Dagegen tangierte das *Affiliationsverbot*, d.h. das Verbot, *Zweigvereine* zu gründen oder mit Vereinen Gleichgesinnter zu kommunizieren, die gemäßigten Liberalen und monarchisch-konstitutionellen Konservativen weniger, da diese Honoratiorenparteien ohnehin nur schwach organisiert und vernetzt waren. Vielmehr stürzte sich der 1851 gegründete Polizeiverein der bedeutenderen deutschen Staaten mit Verve auf die Überwachung all derer, die sich 1848/49 öffentlich engagiert hatten. Die erstmals bundesstaatliche Grenzen überschreitende Zusammenarbeit der politischen Polizei ermöglichte eine koordinierte Verfolgung vor allem der *kommunistischen Umtriebe* der Mitglieder der verbotenen Arbeiterorganisationen oder der Gesellenvereine.[61]

In diesem Klima von Verfolgung und Denunziation auf der einen sowie der Enttäuschung über das Scheitern der politischen und nationalen Hoffnungen auf der anderen Seite blieb für diejenigen, die nicht auswanderten, nur der demonstrative Rückzug aus der Politik sowie – gerade für die Angehörigen der bürgerlichen Ober- und Mittelschicht – die Konzentration auf ihre angestammten gesellschaftlichen Aktionsfelder, die Ökonomie und die Kultur. Welch entscheidende Weichenstellungen für die wirtschaftliche Entwicklung Mannheims im Jahrzehnt nach der Revolution erfolgten, spiegelten das Wachstum des Fernhandels ebenso wider wie die zahlreichen Fabrikgründungen.

Vom außerordentlichen kulturellen Engagement der Mannheimer zeugt der angesichts der finanziellen Rahmenbedingungen keineswegs selbstverständliche Umbau des Nationaltheaters, das am 12. Februar 1855 im Beisein des Prinzregenten, des späteren Großherzogs Friedrich I., mit Mozarts Singspiel *Die Zauberflöte* feierlich wiedereröffnet wurde. Konnte dieses künstlerische Bekenntnis zu aufklärerischer Humanität und freimaurerischer Toleranz noch auf das Konto der lokalen Tradition gebucht werden, so war die „politische Botschaft" der Mannheimer Erstaufführung von Richard Wagners *Tannhäuser* am 15. Juli desselben Jahres nicht zu missdeuten. Die Aufführung des musikalischen Dramas eines wegen seines Engagements während der sächsischen Mairevolution noch immer im Exil in der Schweiz Lebenden unterstreicht, dass das kulturelle Engagement jener Jahre keineswegs nur als Rückzug ins Ästhetisch-Kulinarische missdeutet werden darf. Aber obgleich 1859 mit *Lohengrin* eine zweite der vier fertigen Opern Wagners folgte, ist der Beginn der Mannheimer Wagner-Begeisterung in die siebziger und nicht in die fünfziger Jahre des 19. Jahrhunderts zu datieren.[62] Der von 1836 bis 1872/73 als Erster Kapellmeister wirkende Vinzenz Lachner zählte nicht zu den Wegbereitern des deutschen Musikdramatikers, auch wenn er während seiner 36-jährigen Tätigkeit am Nationaltheater ein Repertoire aufbaute, dessen Vielfalt in Deutschland seinesgleichen suchte.[63] Unterstützt wurde er dabei von dem Leiter des *Dekorations- und Maschinenwesens*, Joseph Mühldorfer, dessen Bühnenbilder und Opernausstattungen weit über Mannheim hinaus berühmt und begehrt waren. Beide bevorzugten die seinerzeit in ganz Europa Erfolge feiernden großen Opern Giacomo Meyerbeers, Lachner zudem die Spielopern Alberts Lortzings. Doch auch die Werke Gioacchino Rossinis oder Gaetano Donizettis kamen ebenso wenig zu kurz wie jene Friedrich von Flotows oder Konradin Kreutzers. Demgegenüber gewann die Sprechbühne des Nationaltheaters erst Ende der 1850er Jahre nach der Berufung von August Wolff zum neuen Oberregisseur wieder an künstlerischem Profil.

Große Verdienste um das Musikleben der Stadt erwarb sich Vinzenz Lachner zudem mit der langjährigen Leitung (1848–1860) des 1829 gegründeten, in den 1840er Jahren aber niedergegangenen Musikvereins. Unter seiner Stabführung fanden sich wieder genügend Männer und Frauen, um sich dem gemischten Chorgesang zu widmen. Mit Oratorien wie Haydns *Schöpfung* oder Händels *Samson* erlebte der Verein, bei seinen Konzerten tatkräftig unterstützt durch das Nationaltheaterorchester, eine neue Blütezeit. Höhepunkt der Aktivitäten war das Mitte Juni 1857 im Westflügel des Schlosses durchgeführte *Zweite Mittel-Rheinische Musikfest*, zu dem zahlreiche auswärtige Vereine nach Mannheim kamen.[64] Wie in den Vormärzjahren kündeten diese Musik- und Sängerfeste ebenso vom wieder erstarkenden Selbstbewusstsein des Bürgertums wie die in der zweiten Hälfte der 1850er Jahre stetig zunehmenden Aktivitäten der Karnevalsvereine, allen

*Die Feier des 50. Geburtstag von Vinzenz Lachner (1811–1893) in Mannheim ist festgehalten in der so genannten Lachnerrolle, einer karikaturhaften Beschreibung des Lebens seines älteren Bruders Franz Lachner (1803–1890), des ehemaligen Mannheimer Hofkapellmeisters, aus dem Jahr 1862. Die über 12 m lange Zeichnung mit zahlreichen Einzelszenen stammt von dem Maler Moritz von Schwind (1804–1871). AKG Images.*

*Programmplakat zum Mannheimer Karneval, 1858. StadtA MA.*

voran Walhalla und Narhalla, die am Ende des Jahrzehnts auch wieder jährliche Umzüge veranstalteten.

In welchem Maße die kulturellen Aktivitäten des Bürgertums ihren politischen vorausgingen, zeigen die Vereinsgründungen der Jahre 1858 und 1859. Sie ließen keinerlei Zweifel daran aufkommen, dass sich eine neue Epoche des gesellschaftlichen Aufbruchs abzeichnete. Ähnlich wie im ausgehenden 18. Jahrhundert begann die Bewegung als kulturelle, bevor zu Beginn der 1860er Jahre eine *neue Ära des Liberalismus* wie Phönix aus der Asche der Reaktion stieg. Den Auftakt bildete am 12. Dezember 1858 die Gründung des ersten badischen Zweigvereins des in Nürnberg gegründeten Germanischen (National-)Museums.[65] Den Vorsitz übernahm Professor Karl Aloys Borromäus Fickler.[66] Der politisch gemäßigt konservative Bruder des badischen Revolutionärs Joseph Fickler unterrichtete seit Januar 1852 am Mannheimer Lyzeum und verwaltete seit 1855 als Kustos das Antiquarium, die im Ostflügel des Schlosses öffentlich zugängliche bedeutende archäologische Sammlung im Eigentum des Großherzogs. Nur wenige Monate nach Gründung dieses Zweigvereins hoben im April 1859 der in pfälzischer Mundart dichtende Jakob Philipp Zeller und seine Stammtischfreunde aus dem Wirthaus „Silberner Anker" den Mannheimer Altertumsverein aus der Taufe.[67] Mit dem Lithographen Wilhelm Heckel, Baumeister Karl Stein, Stadtbaumeister Max Kieferle, den Malern Erhard Brenzinger und Karl Lang sowie dem praktischen Arzt Dr. Ludwig Gerlach dominierten zunächst historische Laien die Ausgrabungs- und Sammeltätigkeit des jungen Vereins. Ihnen zur Seite trat mit Gymnasialprofessor Fickler bald ein Altertumsforscher, dessen Publikationen in der wissenschaftlichen Öffentlichkeit große Anerkennung fanden.

Neben einem weiteren verdienten Schulmann, dem Professor an der Höheren Bürgerschule Karl August Mayer, gehörten Fickler und der in Amerika geborene Pionier der Fotografie Jakob August Lorent zu den Gründungsmitgliedern des Literarisch geselligen Vereins, der im Dezember 1859 ins Leben trat. Außer Lorent, dessen frühe Aufnahmen von Bau- und

Kunstdenkmälern in Deutschland, Ägypten und im Vorderen Orient noch heute geschätzt werden,[68] zählten der preußische Oberinspektor der Rheinschifffahrt, dilettierende Musiker und Bachforscher Karl Heinrich Bittner, der Redakteur des *Mannheimer Journal* und Autor eines Buchs über Dalberg und Iffland Wilhelm Koffka, der Naturforscher Professor Johann Philipp Kilian sowie der Hofkapellmeister Vinzenz Lachner zu den aktiven Mitgliedern der nach außen weitgehend abgeschotteten Gesellschaft. Rechnet man den ebenfalls im Dezember 1859 gegründeten Dilettantenverein hinzu, der seine volle Wirksamkeit freilich erst später als Philharmonischer Verein entfaltete, so gewinnen die Vereinsgründungen jener Monate vollends Kontur. In allen Vereinen blieben die Vertreter des Bürgertums unter sich, pflegten ihre wissenschaftlichen Interessen oder künstlerischen Neigungen. Zugleich festigte sich im Netzwerk dieser Kulturvereine, in denen auch die politischen Mandatsträger eingebunden waren, der Lebensstil eines liberalen, kulturell ambitionierten Besitzbürgertums.

*Jakob Philipp Zeller (1824–1862), Mundartdichter und Gründer des Altertumsvereins. Zeichnung von G. Lang, 1860. StadtA MA.*

In dessen Kreise fanden mehr und mehr auch die Angehörigen der traditionsreichen jüdischen Gemeinde Mannheims Zugang, zumal die jüdische Reformbewegung in dem ab 1854 in Mannheim wirkenden Rabbiner Moses Präger einen tatkräftigen Mentor fand.[69] Für alle sichtbar spiegelte die im selben Jahr feierlich eingeweihte neue Synagoge in F 2 die jüdische Akkulturation wider.

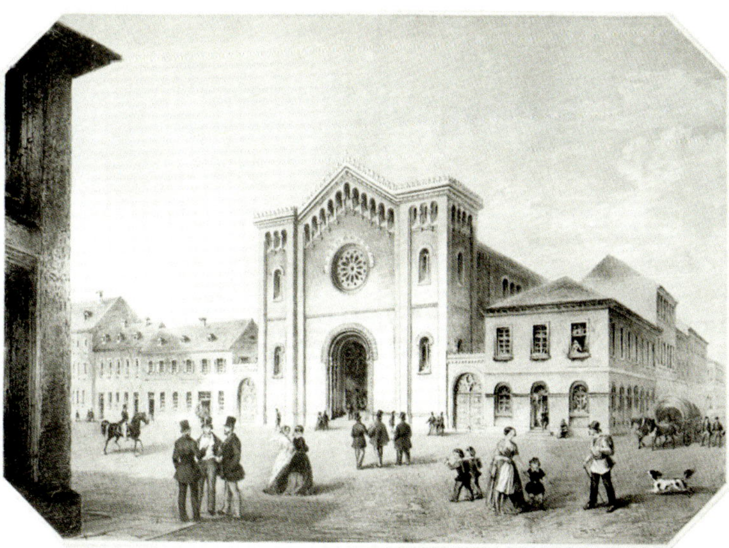

*Die in den Jahren 1851 bis 1855 erbaute Hauptsynagoge F 2, 13. Rechts davon das um 1825 erbaute Gemeindehaus F 2, 14. Lithographie von Jakob Ludwig Buhl, um 1855. REM.*

## Jakob August Lorent: Ein Mannheimer fotografiert die Welt

*Franz Waller*

Am 12. Dezember 1813 wurde Jakob August Lorent in den Vereinigten Staaten in Charleston, South Carolina, geboren. Dorthin waren sein Vater Paul Emil Lorent und dessen Geschäftspartner Jakob Eberhard August Steinmetz mit einem Schiff voller Nürnberger Spielwaren ausgewandert. Nachdem sie offenbar geschäftlich sehr erfolgreich waren, kehrten sie 1818 nach Deutschland zurück. Jakob August Lorent blieb nach der Scheidung seiner Eltern in der Obhut seines *verehrten Pflegevaters* Steinmetz. Dieser ließ sich in Mannheim nieder und wohnte in B 1, 5, wo er *von seinen Renten* lebte. Durch dieses offenbar große Vermögen war Lorent immer finanziell unabhängig und konnte sich ganz seinen persönlichen Interessen widmen. Dies waren die Naturwissenschaften, vor allem Pflanzenkunde, sowie später die 1839 erfundene Fotografie.

*Die derzeit einzige bekannte Aufnahme von Johann August Lorent, dargestellt in morgenländischer Tracht. Foto, um 1860. Jakob August Lorent (1985) S. 231.*

Nach einem Studium der Naturwissenschaften in Heidelberg mit Promotion über die Infusorien, die Lebewesen im Wassertropfen, begab er sich auf botanische Forschungsreisen durch Nordafrika und dabei vor allem nach Ägypten. Acht neue Pflanzenarten wurden später nach ihm benannt. Fasziniert von der südländischen Architektur begann er zu fotografieren, und ab 1853 entstanden erste Aufnahmen in Venedig, Oberitalien und Istrien nach dem so genannten Wachspapierverfahren. Dabei belichtete er in einer hölzernen Kamera Negative auf lichtempfindliches Papier, die vor dem anschließenden Kopierprozess durch eine Behandlung mit Bienenwachs einigermaßen transparent gemacht wurden. Lorents Wachspapiernegative hatten ein Format zwischen 34 x 47 cm und 58 x 78 cm, sodass auch der Fotoapparat die Größe einer Waschmaschine besaß, denn es gab noch keine Möglichkeit zur Vergrößerung. Weite fotografische Reisen, auf denen sämtliche Ausrüstungsgegenstände und Chemikalien immer mitgeführt werden mussten, führten ihn ab 1858 von seinem Wohnort Mannheim, wo er das Bürgerrecht und ein großes Haus in A 1, 9 besaß, über Spanien (Granada) nach Algerien, später nach Ägypten und Nubien und 1862 nach Griechenland (Athen). Dabei unterhielt er kein Studio, sondern betrieb die Fotografie als reine Liebhaberei. Möglich war dies durch das Erbe seines Pflegevaters. Er beteiligte

sich an der Weltausstellung in Paris 1855, an fotografischen Ausstellungen in Brüssel und Edinburgh 1856, Brüssel 1861, Amsterdam 1862 und im gleichen Jahr an der großen Weltausstellung in London. Immer finden wir ihn unter den ersten Preisträgern, und die Kritiker spendeten ihm größtes Lob: *Lorents Ansichten von Venedig, die wohl auf Wachspapier aufgenommen sind, zeigen eine solche Weite, Harmonie und Kraft, dass man von Meisterwerken sprechen muss. Die Ansichten sind großartig, unabhängig von ihrem außergewöhnlichen Format, und man findet in ihnen die ganze Wärme und das Sonnenlicht der Adria.* So äußerte sich der „Kritikerpapst" Ernest Lacan über den Beitrag zur Brüsseler Ausstellung 1856.

Lorents Popularität war nun so groß, dass seine Aktivitäten auch in den öffentlichen Zeitungen erwähnt wurden: Im November 1863 las man im *Mannheimer Anzeiger*: *Die Herren Dr. Lorent und Prof. Dr. Fickler haben heute eine mehrmonatliche artistische und wissenschaftliche Reise nach der Türkei, Egypten und Syrien angetreten. Kunst und Wissenschaft haben von dieser Reise bedeutende Resultate zu erwarten.* Später widmete er ein Album mit 57 Aufnahmen aus dem Heiligen Land der badischen Großherzogin Luise. Nach einer weiteren fotografischen Reise nach Sizilien (1865) wandte sich Lorent nun seiner näheren Umgebung zu. In Mannheim war er aktives Mitglied in mehreren Vereinen, so im 1833 gegründeten Verein für Naturkunde und im Altertumsverein von 1859. Auch die Gesellschaft Räuberhöhle zählte ihn zu ihren Mitgliedern, die er 1863 alle einzeln porträtierte. Leider ist das Album verschollen. Den Verein zur Gründung einer öffentlichen Bibliothek rief er 1869 selbst ins Leben. Bei der Gründungsversammlung in seinem Hause wählte man ihn zum Ehrenpräsidenten. Fotografisch widmete er sich nun den *Baudenkmälern im Königreiche Württemberg*, der Stadt Wimpfen und seinem – seit 1873 – neuen Wohnort Meran sowie dem Etschtal. Für seine Verdienste um die Fotografie und die Denkmalpflege verliehen ihm der badische und der hessische Großherzog sowie der württembergische König hohe Orden und den persönlichen Adelstitel. Jakob August von Lorent starb 1884 in Meran.

Die derzeit bekannten Aufnahmen Lorents mit knapp 900 verschiedenen Motiven befinden sich in Sammlungen und Museen in der ganzen Welt. ✧

*Der Sphynx. Foto von J.A. Lorent, 1859. Institut für Baugeschichte, Karlsruhe.*

Der dreischiffige Bau im frühromanischen Rundbogenstil unterschied sich nicht nur äußerlich wenig von evangelischen oder katholischen Gotteshäusern jener Jahre. Die Anpassung an christliche Kirchenbauten setzte sich im Innern mit dem Einbau einer Orgel fort, den der Oberrat der badischen Israeliten – trotz des entschiedenen Protests der orthodoxen Mitglieder der Mannheimer Gemeinde – billigte. Heftige Kämpfe lösten überdies Prägers deutschsprachiges Gebetbuch und seine neue Gebetsordnung für die Festtage aus. Aber all dies belegt, wie stark der gesellschaftliche Integrationswille der mehrheitlich liberalen Mannheimer Gemeinde war, noch bevor die erst 1862 unter dem Ministerium Lamey erfolgte vollständige Emanzipation der badischen Juden die letzten gesetzlichen Schranken beseitigte.[70]

*Der „Kartätschenprinz": Wilhelm I. von Preußen (1797–1888) schlug als Oberbefehlshaber der preußischen Armee die badische Revolution nieder und war als solcher im Großherzogtum wenig beliebt. Erst seine Proklamation zum Kaiser 1871 unter tatkräftiger Mithilfe Großherzog Friedrichs sollte ihm auch in Baden größere Popularität bescheren. Holzstich von Vogel, 1849. AKG Images.*

## Vorboten der politischen Wende in Baden

Wie sehr die erstarrten Verhältnisse der Reaktionsära am Ende der 1850er Jahre in Bewegung gerieten, verdeutlicht niemand besser als der vormalige Exponent der Gegenrevolution, der von vielen Kurpfälzern und Badenern als *Kartätschenprinz* geschmähte Wilhelm von Preußen, der im Oktober 1858 für seinen regierungsunfähigen Bruder Friedrich Wilhelm die Regentschaft übernahm. Dass ausgerechnet er einen Eid auf die Verfassung ablegte und in seiner Antrittsrede die *moralischen Eroberungen* beschwor, die Preußen hinfort im Bund machen müsse, ließ die nationalen Hoffnungen über Nacht in ganz Deutschland ins Kraut schießen.[71] Aber der im Mai 1859 beginnende, von Frankreich unterstütze Unabhängigkeitskrieg Piemont-Sardiniens gegen die habsburgische Monarchie kühlte ob der preußischen Schaukelpolitik über Nacht die kleindeutschen Gemüter ab. Demgegenüber wuchs im Juni 1859 nach den blutigen Niederlagen von Magenta und Solferino die Solidarität mit den bedrängten Österreichern. Patriotische Hilfsvereine und Frauenvereine, wie der Mannheimer unter seiner Vorsitzenden Wilhelmine Zeroni, sammelten Verbandsmaterial und Geld für die *großdeutsch-österreichischen Brüder*. Badische Truppen machten sich bereit, ihnen zu Hilfe zu eilen, doch die Mobilmachung des Bundesheers scheiterte an Preußen, noch bevor Napoleon III. zurücksteckte und – die Interessen seiner italienischen Verbündeten ignorierend – am 12. Juli mit Kaiser Franz Joseph den Vorfrieden von Villafranca schloss. Dieser Zick-Zack-Kurs der national-politischen Leidenschaften bündelte wie in einem Brenn-

Enthüllung des Schillerdenkmals auf dem Schillerplatz vor dem Nationaltheater am 10. November 1862. Zeitgenössische Zeichnung von C. Hohnbarm, 1862. StadtA MA.

glas die Dilemmata der Nach-Revolutionsära und führte der deutschen Öffentlichkeit den preußisch-österreichischen Dualismus schmerzhaft vor Augen.[72]
Umso bereitwilliger ignorierten die deutschen Bürger die Niederungen der Realpolitik und suchten beim wichtigsten Repräsentanten der deutschen Kulturnation, Friedrich Schiller, ideelle Kompensation. Nachdem vor allem die südwestdeutschen Liberalen 1855 des 50. Todestags ihres Heroen gedacht hatten, begannen schon 1858 überall im Deutschen Bund Festkomitees und Vereine die Feiern für den 100. Geburtstag des schwäbischen Dichters vorzubereiten.[73] Doch die von den Regierungen häufig geförderten Aktivitäten gingen weit über den Rahmen hehrer Dichtergedenkfeiern hinaus. Sie avancierten vielmehr zur bedeutendsten Demonstration der politischen Hoffnungen der Deutschen seit der Revolution

von 1848. Dies gilt auch und gerade für die Mannheimer Feierlichkeiten vom 9. bis 11. November 1859, die ein Festkomitee vorbereitet hatte, dem mit Oberbürgermeister Heinrich Christian Diffené, den liberalen Landtagsabgeordneten Ludwig Achenbach und Philipp Artaria, dem Stadtdirektor Rudolph Graf von Hennin und dem Historiker Professor Karl Fickler die politischen wie kulturellen Repräsentanten jener Jahre angehörten. So hatte Oberregisseur August Wolff auf den Spielplan des Nationaltheaters neben *Wallensteins Lager* bewusst *Wilhelm Tell*, Schillers Dramatisierung des erfolgreichen Freiheitskampfs der Schweizer, gesetzt. In der Stadt waren nicht nur badische und Mannheimer Fahnen zu sehen, sondern auch die *deutsche Trikolore*, die schwarz-rot-goldene Fahne der Nationalbewegung. Und bereits die vorabendliche Auftaktveranstaltung geriet zur nationalpolitischen Manifestation. Die am 9. November auf den in Schillerplatz umbenannten Theaterplatz strömende Menge stimmte Ernst Moritz Arndts *Was ist des Deutschen Vaterland* an, dessen Bezug zu Schiller nicht eben offen zutage lag. Die Pflanzung einer *Schiller-Linde* auf dem Messplatz über dem Neckar durch Mannheimer Bürger und die Ankündigung des Festkomitees, den deutschesten aller Dichter möglichst bald mit einem Standbild zu ehren, beendeten die Feierlichkeiten. 1862 hatte das Vorhaben Gestalt angenommen, und die Statue des jungen Bildhauers Karl Cauer aus Bad Kreuznach konnte – nun im Zeichen der politischen Neuen Ära in Baden – feierlich enthüllt werden.[74]

Aber wie dünn der Firnis der nationalen Einigkeit tatsächlich war und welch tiefe Gräben vornehmlich die kleindeutsch-protestantisch-liberale von der großdeutsch-katholisch-konservativen Partei trennten, offenbarte der wenige Tage nach den Schillerfeiern entbrennende Streit um das dem Landtag nur zur Kenntnisnahme vorgelegte badische Konkordat.[75] Vor allem in der Kurpfalz, wo sich mehr liberale Katholiken der Petitionsbewegung anschlossen als anderswo, scharten sich die Opponenten hinter dem ehemaligen akademischen Lehrer des Großherzogs, dem nationalliberalen Historiker der Universität Heidelberg und kämpferischen Protestanten Ludwig Häusser zusammen.[76] Sie alle riefen zum Widerstand gegen die Privilegierung der katholischen Kirche und gegen den bürokratischen Absolutismus der ebenso großdeutsch-österreichisch wie klerikal gesinnten Regierung Stengel-Meysenburg auf. Die Frage des Konkordats weitete sich zur Parlaments- und Regierungskrise aus, die den Großherzog zum Handeln zwang. Die Regierungsumbildung vom 2. April 1860 und die fünf Tage später veröffentliche *Osterproklamation* Friedrichs machten den Sieg der gemäßigten Liberalen Badens offenbar. Als *regierende Partei* konnten sie in der Folge an ihre Reformpolitik des Jahres 1848 anknüpfen und die radikale Phase der Revolution ebenso in den Hintergrund treten lassen wie die Jahre der politischen Reaktion.[77]

## Anmerkungen

1 Vgl. W. v. Voß (1903).
2 W.F. Schill, Militärische Beziehungen (1931) S. 290 ff.
3 W. Kreutz (1991) S. 234 Anm. 48.
4 P. Blastenbrei (1997) S. 116 ff.; W. v. Hippel (1998) S. 380 ff.
5 P. Nolte (1994) S. 416.
6 W. Real (1983); W.F. Schill (1930).
7 P. Blastenbrei (1997) S. 120 ff.; W. v. Hippel (1998) S. 384 f.
8 Zum Tod verurteilt wurde in der Pfalz allein der aus einer hochangesehenen schwäbischen Adelsfamilie stammende Leutnant Theodor von Fugger-Glött, überdies ein Neffe des unterfränkischen Regierungspräsidenten Leopold Graf von Fugger-Glött; vgl. W. Kreutz (1991) S.244 f.
9 Zu den Biographien vgl. Der Rhein-Neckar-Raum und die Revolution (1998).
10 B. Wunder (1987) S. 284.
11 W.F. Schill, Militärische Beziehungen (1931).
12 Ebd.
13 G. Mai (2000).
14 J. Lengemann (2000).
15 M. Doeberl (1926).
16 A. Wasielewski (1990).
17 R. Ham (2007).
18 W. F. Schill (1930); J. Schoeps (1972); J. Müller (1996); J. Flöter/G. Wartenberg (2002).
19 M. Doeberl (1926) S. 148f.
20 H. Fenske (1992) S. 122.
21 Zur Reaktionspolitik in anderen Bundesstaaten vgl. H.-H. Brandt (1978); G. Grünthal (1982); W. Kreutz (1991).
22 P. Nolte (1994) S. 418.
23 L. Gall (1989) S. 366.
24 L. Blum (1934).
25 W.P. Fuchs (1954); H. Einhaus (1991).
26 A. Langguth (1908); E. Angermann (1952).
27 H. Oncken (1926); W.P. Fuchs (1995).
28 A. Mühl (1981); M.-D. Koh (1997)
29 J. Stephan (1990) S. 118.
30 U. Kern (1994) S. 5 ff.
31 P. Gleber (2002) S. 34 ff.
32 G. Mittelstraß (1923); H. Peveling (1954).
33 K.-H. Braun (1990).
34 E.F. Fink (1861).
35 A.H. Kuby (1964); F. Magen (1986) S.298 ff.
36 F. Walter (1907) Bd. 2 S. 431 ff.
37 F. Walter (1907) Bd. 2 S. 437 ff.
38 Zum Hintergrund vgl. W. Schivelbusch (1983).
39 F. Walter (1907) Bd. 2 S. 488 f.
40 F. Walter (1907) Bd. 2 S. 542.
41 F. Walter (1907) Bd. 2 S. 432 f.
42 H. Beierbach (1998) S.370 ff.; F. Walter (1907) Bd. 2 S. 434 ff.
43 Vgl. C. Wittke (1952); A.E. Zucker (1967); D.H. Tolzmann (1998); W. Hochbruck (2000).
44 Zum Hintergrund vgl. G. Moltmann (1976).
45 F. Walter (1907) Bd. 2 S. 515 ff.
46 R. Haas (1970) S. 27–30.
47 F. Walter (1907) Bd. 2 S. 442.
48 F. Walter (1907) Bd. 2 S. 442 ff.
49 W. Treue (1980) S. 122 ff.
50 H. Möller (2001).
51 G. v. Klaß (1951).
52 H. Schröter (1992).
53 F. Walter (1907) Bd. 2 S. 447 ff.
54 W. Kretschmer (1999) S. 15 ff. und S. 59 ff.
55 V. Hack (o.J.); I. Kanzler (1960); W. Pretzsch (1976)
56 W. Kreutz (2007) S. 50.
57 F. Walter (1907) Bd. 2 S. 428.
58 R. Haas (1976); R. Stratmann-Döhler (1989).
59 C.St. de Tascher de la Pagerie (1893) S. 276.
60 W. Höfler (1972) S. 177 f.
61 W. Siemann (1983).
62 K. Heckel (1899).
63 S. Leopold (1998) S. 94–98.
64 Zum Hintergrund vgl. D. Klenke (1998).
65 I. Freifrau von Andrian-Werburg (2002).
66 P. Galli (1997).
67 Ch. Popp (1996).
68 F. Waller (1985).
69 K.O. Watzinger (1984) S. 31 ff.
70 R. Rürup (1975).
71 W. Kreutz (1996).
72 F. Fischer (1979); E. Portner (1959)
73 R. Noltenius (1984).
74 F. Walter (1907) Bd.2 S. 453–455.
75 J. Dorneich (1974).
76 K. Zell (1860); L. Häusser/D. Schenkel/K. Zittel (1860).
77 L. Gall (1968).

# 1860–1870

## „Neue Ära" – neue Chancen und neue Probleme

Hanspeter Rings

## Einstimmendes

Nach der restaurativen Phase in den1850er Jahren folgte eine liberale Epoche, und damit eröffnete sich eine neue Chance für das demokratische und ökonomische Selbstverständnis. In Baden, das schon in der Revolution 1848/49 eine zentrale Rolle gespielt hatte, waren nun *Krone und Liberalismus* [...] *ein wirkliches Überzeugungsbündnis eingegangen.*[1] Indes gingen die verbesserten ökonomischen Chancen auch mit massiven sozialen Verwerfungen einher, von denen vor allem die Arbeiter betroffen waren.

Die Zeichen der Zeit standen auf Handel und zunehmend auch auf Industrie und damit auf einem Anwachsen der Stadt. Zwischen den Jahren 1861 und 1871 nahm die Mannheimer Bevölkerung von rund 27 000 auf 40 000 Einwohner zu. Dennoch war die Kommune ihrem kleinstädtischen Kleid noch längst nicht entwachsen. Infrastrukturelle Probleme belasteten die wachsende Bevölkerung daher zusehends, sei es der offene, stinkende Abwasserkanal im Osten der Stadt, sei es die schlechte Trinkwasserversorgung durch das veraltete Brunnensystem. Das auf Karren feilgebotene

*Vogelschau, Blick nach Nordwesten. Der bis 1875 fertig gestellte Mühlauhafen ist bereits prospektiv mit aufgenommen. Nach einer Zeichnung von Theodor Verhas, 1869. StadtA MA.*

## Großherzog Friedrich I. und Mannheim

*Harald Stockert*

Der Herbst des Jahres 1906 sah ganz Baden im Ausnahmezustand. Gleich zwei besondere Jubiläen galt es zu begehen, und beide Male stand Großherzog Friedrich I. im Mittelpunkt: Am 9. September beging er seinen 80. Geburtstag, und kurz darauf, am 21. September, feierte er mit seiner Gemahlin Luise goldene Hochzeit. In Mannheim wurden gleich mehrere Festakte zelebriert, die Zeitungen veröffentlichten Sonderausgaben, es gab Umzüge durch die reichlich geschmückten Straßen, ein Volksfest fand statt und schließlich als Höhepunkt eine Huldigungsfeier im Rosengarten in Anwesenheit des großherzoglichen Paars.

Zweifelsohne stand Friedrich 1906 auf dem Höhepunkt seiner Popularität. Hierzu hatten nicht nur seine liberale Einstellung und sein leutseliges, bürgernahes Auftreten beigetragen, ohne dass er dabei jedoch seine aristokratische Würde aufgab; ebenso spielte seine über 54 Jahre dauernde Regierungszeit dabei eine Rolle, in der Baden eine Entwicklung vom politisch instabilen Großherzogtum zum südwestdeutschen „Musterländle" erlebt hatte.

So überraschend der positive Werdegang Badens war, so wenig schien Friedrich für die Rolle bestimmt, die er dabei spielen sollte. Als nachgeborener Prinz war er für eine militärische Karriere vorgesehen. Erst eine unheilbare Krankheit seines älteren Bruders machte ihn Mitte der 1840er Jahre zum Kronprätendenten. Zu dieser Zeit absolvierte Friedrich Studien an den Universitäten Heidelberg und Bonn. Er hörte unter anderem Vorlesungen bei Georg Gottfried Gervinus, Ludwig Häusser und Friedrich Christoph Dahlmann und kam so mit liberalem Gedankengut in Berührung. Wie ein Realitätsschock musste daher für ihn die Revolution 1848/49 wirken, die ihn schließlich zur Flucht zwang. Dennoch hielt er an seinen liberalen Idealen fest, die er als Großherzog später umsetzte. Konsequent berief er – den Mehrheitsverhältnissen im Landtag entsprechend – 1860 die Repräsentanten der liberalen Opposition in die Regierung und führte damit faktisch die parlamentarische Monarchie ein.

Für Deutschland wünschte Friedrich die nationale Einigung und hoffte dabei vor allem auf seinen Schwiegervater, den preußischen König Wilhelm I. Von ihm erwartete er liberale Reformen, wurde jedoch durch die antiparlamentarische Politik Bismarcks enttäuscht; statt zum nationalen Schulterschluss kam es 1866 zum Bruderkrieg in Deutschland, der Baden auf der Verliererseite sah. Wenige Jahre später wurde die kleindeutsche Einheit von oben mit Kanonen und Stahl geschmiedet, wobei Friedrich mit dem ersten Hochruf auf *Kaiser Wilhelm* 1871 im Spiegelsaal von Versailles in die Geschichtsbücher einging.

Höchste Popularität in Baden erreichte Friedrich vor allem in den beiden letzten Jahrzehnten des 19. Jahrhunderts. Die größere Mobilität durch die Eisenbahn machte ihn für die Badener auch vor Ort als Person greifbar. Allein in die Stadt Mannheim kam er mehr als 40-mal, wobei sich das Spektrum der Anlässe seit den 1870er Jahren beträchtlich weitete. Verstärkt standen nun kulturelle und wohltätige Zwecke im Mittelpunkt wie der regelmäßige Besuch des Maimarkts und der Mai-Rennen, aber auch bestimmte Ereignisse wie das Badische Sängerbundfest 1881. Häufig waren die Besuche verbunden mit dem wirtschaftlichen Aufblühen Mannheims: So wohnte Friedrich 1875 den Einweihungen von Mühlauhafen und Hauptbahnhof bei, 1880 eröffnete er die große *Pfalzgau-Ausstellung*. Im Jahr 1891 übergab er die neue Neckarbrücke dem Verkehr, die ihm zu Ehren Friedrichsbrücke genannt wurde, und schließlich galten seine Besuche dem Rosengarten (1903), dem 300. Stadtjubiläum (1907) und in dessen Rahmen dem neuen Industriehafen.

Sonderausgabe des „Mannheimer Tagblatt" zur Goldenen Hochzeit des Großherzogpaars Friedrich I. (1826–1907) und Luise (1838–1923), vom 20. September 1906. StadtA MA.

War der Aufstieg Mannheims mit der Regentschaft Friedrichs verbunden, so erscheint rückblickend sein Tod als Wetterleuchten der bald hereinbrechenden Krise. Geradezu symbolhaft erscheint die Geschichte des Denkmals für Großherzog Friedrich I. in Mannheim: Nachdem eine öffentliche Sammlung über 350 000 Mark erbracht hatte, begann man 1913 mit den Fundamenten am Friedrichsplatz. Während des Ersten Weltkriegs gerieten die Arbeiten ins Stocken, ehe sie mit dem Ende der Monarchie 1918 endgültig aufgegeben wurden. So blieb der Erinnerung der Mannheimer an Großherzog Friedrich I. ein monumentales Zeichen verwehrt; in den Namen Friedrichsplatz und Friedrichsring ist sie – wenn auch nicht bewusst – in der Quadratestadt bis heute gleichwohl in aller Munde. ✧

Karl Mathy (1807–1868). Holzstich, nach 1868. StadtA MA.

Dem badischen Großherzog dürfte dies auch aufgrund seiner Ehe mit Luise, Tochter des preußischen Königs Wilhelm I., nicht allzu schwer gefallen sein. Er ersetzte die Regierung mit ihren großdeutsch, proösterreichisch ausgerichteten Ministern Lamey und Stabel durch eine neues Kabinett unter Staatsminister Karl Mathy, vornehmlich unter Einbeziehung der aufkommenden kleindeutsch-nationalliberalen, Bewegung. Mathy galt als pragmatischer Politiker und gemäßigter Liberaler, der 1848/49 entschieden abgelehnt hatte, den Weg des Gesetzes und des parlamentarischen Wandels zu verlassen. Der nach Preußen hin ausgerichtete Ludwig Jolly – Sohn des ehemaligen Mannheimer Oberbürgermeisters – wurde Innenminister und zwei Jahre später, als Karl Mathy 1868 verstarb, Staatsminister. Damit hatte die liberale Ära einen gewissen Schlusspunkt gefunden, auch wenn die neue Regierung den in der Innen- und Wirtschaftspolitik eingeschlagenen Kurs durchaus weiter fortsetzte.[7]

Mannheim befand sich in einer komplexen politischen Lage und im Umbruch von einer reinen Handels- zu einer Handels- und Industriestadt, der freilich auch noch landwirtschaftliche Züge anhingen. Dabei hatte das Bürgertum den Adel an den gesellschaftlichen Schaltstellen schon weitgehend abgelöst. Ferner unterstützten nun liberale Gesetze den politischen Demokratisierungsprozess, der hier bereits eine vergleichsweise lange Tradition vorzuweisen hatte. Indes brachte die von der liberalen Gesetzgebung ebenfalls geförderte Industrialisierung nicht nur neue Chancen mit sich, sondern zugleich auch Probleme, insbesondere für die neue Unterklasse, die Arbeiter.

## Stadtgrundriss und Stadtbild

Als zu Beginn des 19. Jahrhunderts die Festungswerke geschleift wurden, übertrugen die Stadtväter das Quadratemuster auch auf das neu gewonnene Terrain. Es entstanden in den hinzugekommenen Rand-Quadraten ansehnliche Gartenanlagen, deren Bebauung jedoch auch in den 1860er Jahren nur schleppend vorankam. Die Straßenzüge endeten im Osten beim offenen Abwassergraben, waren dagegen im Westen bereits zur Hafen- und Ringstraße hin geöffnet, was die Anbindung an Hafen und Jungbusch denn

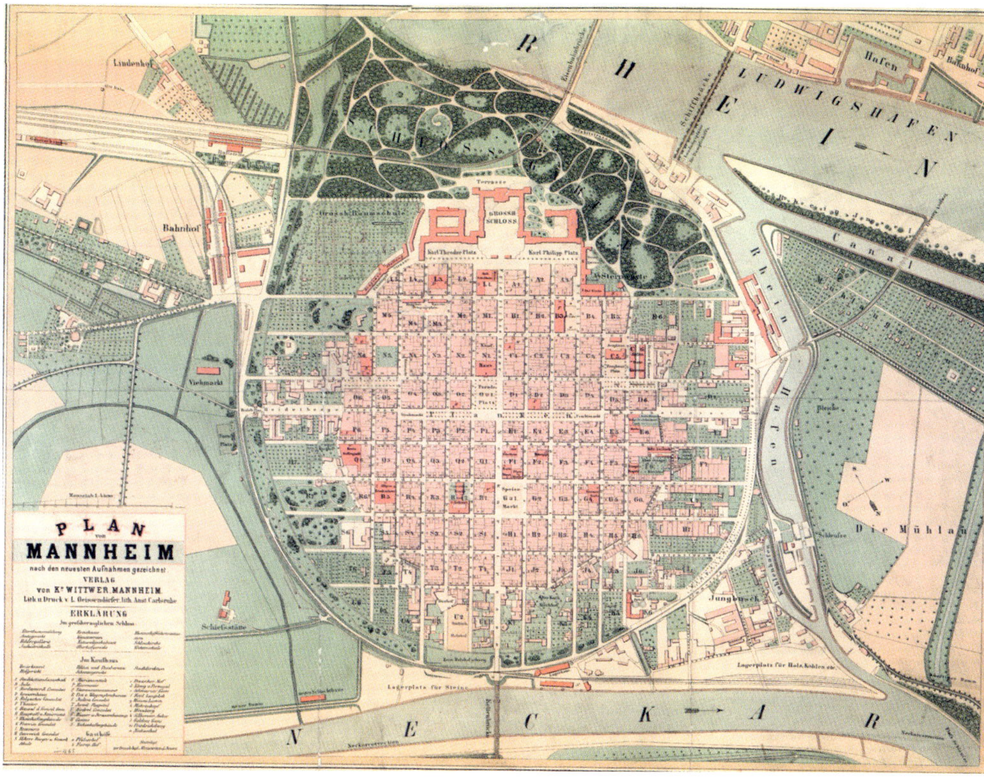


Plan der Stadt Mannheim, um 1868/69. StadtA MA.

auch zwingend gebot. Das Ringareal im Osten der Stadt war bestimmt von den zwischen modrigem Abwassergraben, in den die Straßenrinnen einmündeten, und *Schleifbahn* gelegenen *Concaven*. Es handelte sich hierbei um Areale mit prächtigen Baum- und Strauchbeständen sowie sorgfältig gepflegten Schotterwegen. Allerdings wissen wir auch von einem *Anlagenschützen* für diese Gebiete, was mit einer durch den nahen Abwassergraben verursachten Rattenplage zu tun haben könnte.[8]

Als Hauptverkehrsstraße zwischen Ost und West dienten nach wie vor die Planken, hier pulsierte das Leben. Eventuell war dies mit ein Grund für den Standort einer der frühesten fotografischen Anstalten der Stadt, das Studio der Gebrüder Matter am östlichen Ende der Planken in P 7, 3. Das Etablissement warb mit modernen Räumlichkeiten, in denen bis zu *80 Personen zugleich aufgenommen werden können.*[9] Dort entstanden jene zeittypischen Gruppenaufnahmen von Familien,

„Concave". Ausschnitt aus dem Plan der Stadt Mannheim, um 1868/69. StadtA MA.

*Familienaufnahme Ernst Dahringer aus Mannheim. Foto, um 1880. StadtA MA.*

Vereinen und Ähnlichem mehr; ferner erwies sich die Porträtfotografie als immer lukrativeres Geschäft.

Im Jahr 1860 genehmigte der Bürgerausschuss die Anlage der Straßen zwischen M 6 und den Baumschulgärten im Osten sowie im Westen zwischen B 6/B 7 und dem Schlossgarten (Verbindung Bahnhof am heutigen Tattersall – Hafen). Eine Durchgangsstraße unmittelbar beim Schloss – heutige Bismarckstraße – konnten sich die Mannheimer freilich noch nicht vorstellen; zu massiv wären die hierzu notwendigen städtebaulichen Eingriffe an den Schlossflügeln gewesen. Schließlich nahmen die Stadtväter im Jahr 1865 diverse Straßenumbenennungen vor. Noch hatten die Straßen in den Quadraten neben den Bezeichnungen der Baublocks mit Buchstaben und Zahlen zugleich Namen, die allerdings weitgehend in Vergessenheit geraten waren. Die Menschen richteten sich nach der bis heute gültigen Quadrate-Literierung von 1811. Gaben sich die alten Straßennamen noch eher schlicht und orientierten sich an nahe gelegenen Handelsorten (z.B. Wormser Gasse zwischen E 2/E 3 und K 2/K 3, ab 1865 Karlsstraße), an Berufsständen (z.B. Fischergasse zwischen G 2/H 2 und G 7/H 7, ab 1865 Jungbuschstraße) oder an topographischen Gegebenheiten (z.B. Wallstraße, entlang der Schlossremise bzw. Dragoner-Stallung, ab 1865 Zähringer Straße), so sollten sich die neuen Bezeichnungen zumeist um einiges vornehmer gerieren. Pate standen zum Beispiel die Namen des Zähringer Herrscherhauses oder die von kulturellen Größen wie Schiller und Mozart. Allerdings forderte die ansteigende industrielle Ausprägung der Stadt auch schon eine Fabrikstraße, verlaufend zwischen J 3/K 3 und J 7/K 6 (in K 6 befand sich die Gasfabrik). Jedoch konnten sich auch die Straßen- und Platznamen von 1865 nicht gegen die überlieferten Quadratbezeichnungen, die wegen der

Rheinbrücke im Bau. Foto, 1867. StadtA MA.

in den Grundbüchern dokumentierten Eigentumsverhältnisse parallel bestehen blieben, durchsetzen, von Ausnahmen wie Planken und Paradeplatz einmal abgesehen.[10]

Indessen rückten Handel, Verkehr und Industrie dem Schloss nicht nur per Straßenzug Bahnhof-Hafen (seit 1865 Marien- bzw. Ifflandstraße), sondern auch von der Schlossgartenseite her näher. Die Rheinflanke, im 18. Jahrhundert noch illustre Schauseite mit Schloss und Jesuitenkirche, entwickelte sich sukzessive zu einem Areal, auf das nun auch die Schifffahrt, Eisenbahn und die zugehörigen Arbeiter Anspruch erhoben. Einen wesentlichen Eingriff bildete die neue Eisenbahn- und Straßenbrücke zwischen Mannheim und Ludwigshafen (spätere Konrad-Adenauer-Brücke). Nachdem Bismarck zu ihrem Bau positiv Stellung bezogen hatte, begannen 1865 unter dem badischen Leiter des Brückenbaus Franz Keller 1 500 Mann mit dem Aushub.[11] Bis zur Eröffnung des Eisenbahnübergangs 1867 (Straßenbrücke 1868) hatten die benachbarten Städte im Jahr 1863 eine so genannte Trajektfähre für den Eisenbahnverkehr eingerichtet. Störungen in deren Betrieb unterstrichen jedoch immer mehr die Notwendigkeit einer stehenden Brücke, etwa wenn der Rhein noch regelmäßig zufror. Andererseits konnten dann Kohlenfuhrwerke mit bis zu 70 Zentnern Zuladung übers Eis fahren; und für die Menschen war es stets ein großes Spektakel, wenn flinke Händler ihre Buden mit Heißgetränken und Essbarem auf dem Eis aufstellten.

„Schleifbahn". Ausschnitt aus der Vogelschau von Theodor Verhas, 1869. StadtA MA.

Seither und nicht erst mit dem 1876 in Betrieb genommenen neuen Bahnhof durchschnitten die Schienentrassen Rheinbrücke-Bahnhof den Schlossgarten, wodurch das einstige Rückzugsgebiet des Adels gleichsam von den Insignien der bürgerlichen Welt überrollt wurde. Vom Hafen her verfrachtete in diesen Jahren noch die so genannte *Schleifbahn* mit Schiffsgut

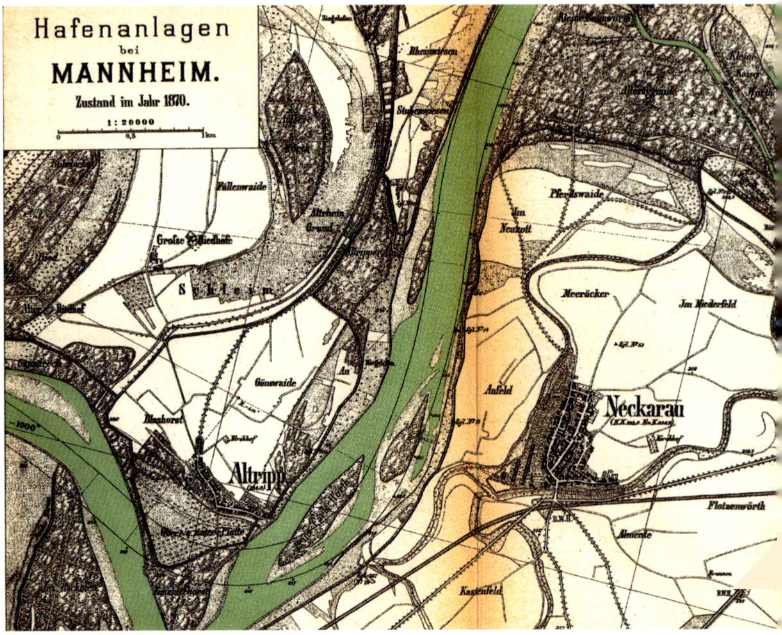


*Plan von Mannheim und seinen Wassserläufen (Hafenanlagen blau eingezeichnet), 1870. StadtA MA.*

beladene Waggons auf dem späteren Ring (daher *Schleifbahn*) nord-südlich um die Stadt zum Bahnhof. Obendrein hatte die Bahnstation seit 1859 telegrafische Anbindung ans Großherzogliche Postamt in O 2, 6 und 7 zur Fernorder.[12]

Mit der Entscheidung über den Standort der Rheinbrücke und damit die Verortung des neuen Bahnhofs waren zugleich die planerischen Voraussetzungen geschaffen für die Hafenerweiterung auf der Mühlau sowie die dortige Errichtung des Güterbahnhofs. Diese Baumaßnahmen sollten im Wesentlichen in den Jahren 1870 bis 1875, ebenfalls unter Leitung von Franz Keller, realisiert werden. Voraussetzung hierfür waren der Friesenheimer Durchstich von 1862 und die Verlegung der Neckarspitze von 1864–1873. Mit diesen wasserbaulichen Eingriffen hatte die Mühlauinsel einen neuen Zuschnitt erhalten, der vorzüglich für die Anlage eines weiteren Hafenbeckens, des Mühlauhafens, geeignet war. Der genannte Friesenheimer Durchstich war Teilstück der unter Johann Gottfried Tulla 1827 begonnen Oberrheinregulierung. Die sich dabei ergebende Altrheinschlinge nutzte man zunächst als Floßhafen, später wurde sie zum Industriehafen ausgebaut.[13]

Mit den Uferbefestigungen im Zug der Neckarspitzenverlegung musste am Ausfluss des ehemaligen Festungsgrabens in den Neckar auch das alte Schlachthaus weichen, ein neues entstand 1867 rund 700 m neckaraufwärts etwa auf Höhe des heutigen Collini-Centers. Bis zu 100 Stück Vieh konnten in der geräumigeren – der gestiegenen Bevölkerungszahl angepassten – Anstalt am Tag geschlachtet und verarbeitet werden. Ferner leistete sich die reicher werdende Kommune 1867/68 in F 1 einen Erweite-

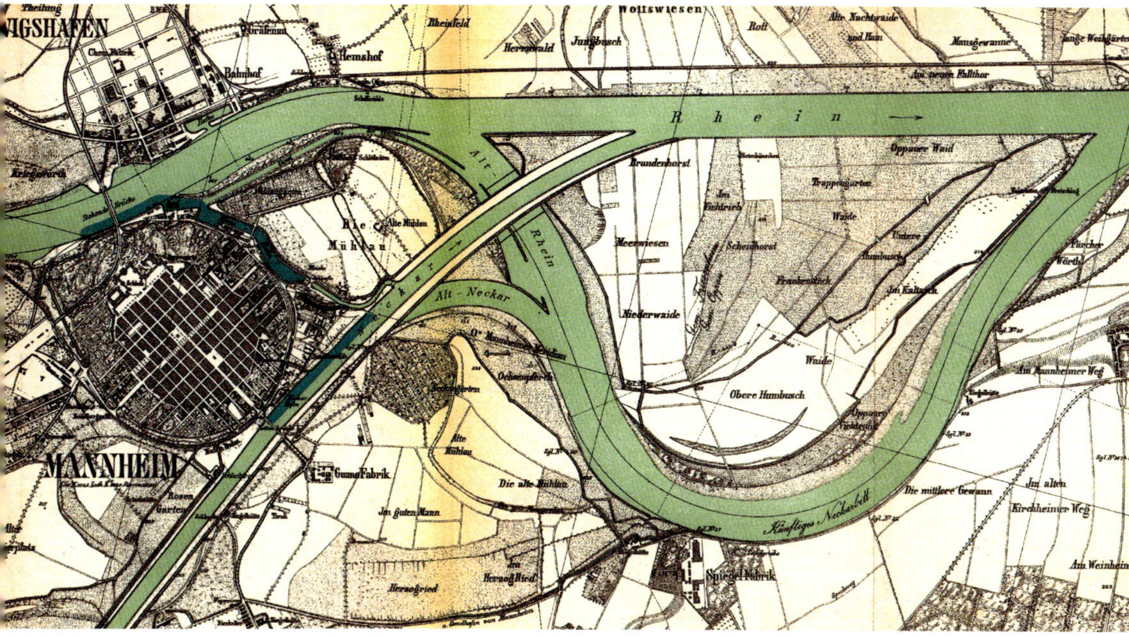


rungsbau des Rathauses entlang der Friedrichs- bzw. Neckarstraße (heute Breite Straße), unter anderem ausgestattet mit einem repräsentativen Saal für die Sitzungen des Bürgerausschusses. Hierfür hatte der bislang dem Rathaus angegliederte *Hoorige Ranze* zu weichen, ein Zweckbau mit vergitterten Fenstern, der die Hauptwache und das Untersuchungsgefängnis beherbergte. Die einsitzenden Straftäter wurden umgelegt, weg aus dem Herzen der Stadt und hin in den zu diesem Zweck umgebauten westlichen Schlossflügel.[14] Neben der Verlegung der Eisenbahntrasse durch den Schlossgarten kann auch diese Verwendung von Teilen des Schlosses als

*Blick in die Breite Straße Richtung Schloss. Lithographie von Robert Geissler, um 1869. StadtA MA.*

*Der neue Rathausanbau mit Giebel. Foto, um 1914. StadtA MA.*

Indiz für den Bedeutungs- und Einflussverlust des Adels gewertet werden. Nach dem Tod von Großherzogin Stephanie 1860, die im Schloss ihren Alterssitz genommen hatte, war die Umnutzung der ehemaligen Residenz als Verwaltungs- und Gefängnisgebäude möglich geworden.

Waren die Auftragsbücher des Bauhandwerks in diesen Jahren gefüllt, so aufgrund zunehmender öffentlicher und privater Aufträge für Wohn-, Verwaltungs- und Wirtschaftszwecke. Motiviert durch Handel, Industrie, Bevölkerungszuzug und öffentliche Maßnahmen begann in der Stadt ein baulicher Aufbruch, der freilich erst nach der Reichsgründung 1871 an ein *amerikanisches Wachstum* erinnern sollte.

## Handel und Industrie

Als der 25-jährige Goldschmied Friedrich Engelhorn 1846 nach neunjähriger Wanderschaft in seine Heimatstadt Mannheim zurückkehrte, widmete er sich zunächst seiner handwerklichen Kunst, hatte aber schon bald einen Blick für eine andere Goldgrube: jene des portativen, d.h. in Flaschen abgefüllten Gases zu Beleuchtungszwecken. Schließlich war Engelhorn in Metropolen wie Wien oder Paris mit den wesentlichen Trends seiner Zeit in Berührung gekommen. So betrieb er im Verbund mit einer Karlsruher Firma zu Beginn der fünfziger Jahre das von der Stadt errichtete Gaswerk und produzierte den stark nachgefragten Leuchtstoff. Mit städtischen Mitteln erbaut, aber von einem Privatunternehmen betrieben, war es der früheste kommunale Wirtschaftsbetrieb der Stadt, der erst 1873 vollständig in städtische Regie übergehen sollte. Freilich stand die Gasversorgung noch am Anfang ihrer Entwicklung, zum Beispiel war das Leitungsnetz an Theatertagen allein schon durch die längere Straßenillumination überlastet. Engelhorns Geschäftspartner war Friedrich Sonntag, dem er dann mit Gründung der BASF 1865 seine Anteile überließ.

Friedrich Engelhorn (1821–1902). Gemälde von Otto Propheter, um 1900. REM.

Bereits 1860 hatte Engelhorn zusammen mit dem Fabrikanten Otto Dyckerhoff, dem Gasunternehmer Friedrich Sonntag und dem Chemiker Karl Clemm die Zinkhütte auf dem Pestbuckel am Neckar – eine Aufbereitungsanlage für Zinkerze – erworben. Nach der Umrüstung produzierte man dort noch im selben Jahr Anilinfarben. Die Fabrik stand in Z 5 in unmittelbarer Nähe der 1860 erbauten Dyckerhoff'schen Portland-Zement-Fabrik in Z 4, die 1901 mit den Portland-Cementwerken Heidelberg fusionierte. Die heute in Vergessenheit geratenen Z-Bezeichnungen waren nach Niederlegung des Festungssterns um 1800 für Wohn- und Arbeitsareale außerhalb des späteren Rings eingeführt worden.

Anilin ist ein chemischer Grundstoff, der unter anderem zur Herstellung von Farben dient, und aus Steinkohlenteer destilliert wird. Schon Justus

Zinkhütte. Foto, um 1860. BASF-Unternehmensarchiv.

von Liebig hatte auf das chemische Verfahren synthetischer Farbgewinnung hingewiesen.[15] Nach dem Ausscheiden von Dyckerhoff und dem Eintritt von August Clemm, einem Schüler Liebigs, firmierte das Unternehmen ab 1863 als Sonntag, Engelhorn & Clemm. Den Teer bezog man als Abfallprodukt aus der auf Kohle basierenden Gasproduktion. Sogar auf der Londoner Weltausstellung 1862 hatten die neuen „Wunderfarben" die Besucher zu begeistern vermocht. Mit ihnen waren die Menschen weitgehend unabhängig geworden von den so sensiblen wie schwer zu gewinnenden Naturfarbstoffen. Schon mit seiner eher notdürftigen Anlage auf dem Pestbuckel flossen Engelhorn satte Gewinne zu, doch damit nicht genug: Er setzte auf Expansion und Unabhängigkeit von seinem Zulieferer anorganischer Produkte, dem Verein Chemischer Fabriken in Mannheim. Dabei sah er sich finanziell unterstützt von den beiden Privatbanken Ladenburg und Hohenemser. Allerdings hatte der Unternehmer zunächst beabsichtigt, der Monopolstellung des Vereins Chemischer Fabriken mittels Fusion zu entgehen, gehörte es schließlich zur Unternehmenspolitik des Vereins Chemischer Fabriken, Zusammenlegung statt Konkurrenz zu fördern. Als dieses Vorhaben dann doch nicht von Erfolg gekrönt war, entschloss sich Engelhorn, die benötigten Stoffe in einer eigenen Fabrikanlage herzustellen. Er gründete hierfür 1865 die Badische Anilin- und Sodafabrik (BASF) – die erste deutsche Teerfarbenfabrik, welche ihre anorganischen Hilfsstoffe aus Eigenproduktion vorhalten sollte. Dabei intendierte der Fabrikant durchaus, sich mit der neuen Produktionsstätte in seiner Heimatstadt Mannheim niederzulassen, allerdings sollten interessenbedingte Querelen dieses Vorhaben letztlich vereiteln: Die Mannheimer Stadtväter verweigerten ihm das für die neue Fabrik in Aussicht genommene, östlich der Stadt am Neckar gelegene Gelände bei den Neuwiesen. So ließ sich Engelhorn mit seiner Firma noch im selben Jahr in Ludwigshafen nieder, wo die Weltfirma BASF bis zum heutigen Tag ihren Hauptsitz hat. Dafür veranstaltete auf den Neuwiesen der neu gegründete Badische Rennverein im Mai 1869 erstmals Pferderennen. Engelhorn behielt aber zunächst den Firmensitz des Unternehmens in Z 5, 10 im Jungbusch bei, woraus sich das „Badisch" im Firmennamen der BASF erklärt.[16]

In der Stadt schlugen die Wellen hoch. Was hatte sich bei dieser Geschäftstransaktion zugetragen? Der Gemeinderat hatte das Areal am Neckar zwar zum Verkauf an Engelhorn vorgesehen, doch der von dem Unternehmer gebotene Kaufbetrag stellte den übergeordneten Bürgerausschuss nicht zufrieden, zumal ein höheres Angebot durch den konkurrierenden Verein Chemischer Fabriken vorlag. Ob dieses als seriös zu bezeichnen war, darüber besteht bis heute nicht letzte Klarheit, jedenfalls führte es zur Ablehnung des Verkaufs an Engelhorn bei 42 Pro- und 68 Gegenstimmen im Bürgerausschuss. Der Fabrikherr wechselte auf die Ludwigshafener Seite. Kurz darauf verlor aber auch der Verein Chemischer Fabriken das Interesse am Erweiterungsgebiet auf den Neuwiesen. Das *Mannheimer Journal* vom 23. April 1865 diskutierte die *wenig tröstlichen* Folgen: Die Stadt habe eine Fabrik aufgegeben, die wegen ihrer *Großartigkeit* die *merkantile Bedeutung* Mannheims erheblich erhöht hätte, und nicht zuletzt wäre die An- und Abfuhr der

Rohmaterialien und fertigen Produkte ein *Aufschwungsfaktor* für die hiesige Schifffahrt gewesen. Ferner hätte das Verwaltungs- und Arbeitspersonal des Unternehmens den Zuwachs potenter Konsumenten bedeutet. Außerdem sah man eine Chance vertan, den äußeren östlichen Teil der Quadrate Q bis U städtebaulich und industriell aufzuwerten. Letztlich wird noch der negative *moralische Eindruck* ins Feld geführt, den diese Entscheidung auf ansiedlungswillige *Etablissements* haben könne: Es könnte sich herumsprechen, dass es neuen Unternehmen in Mannheim nicht leicht gemacht werde. *Die traurige Wirklichkeit aber ist geblieben, dass unsere Stadt, deren künftige Blüthe vorzugsweise auf Fabrikthätigkeit beruht, um eines der größten Unternehmungen nicht reicher geworden ist* [...].[17] Etwa ein Jahrzehnt später, erst recht in den 1890er Jahren unter Oberbürgermeister Otto Beck, wäre eine solche ansiedlungspolitische Entscheidung wohl nicht mehr möglich gewesen, hätte man die Weichen energisch in Richtung Industrie zu stellen und einen eventuellen Interessenkonflikt zwischen Engelhorn und dem Verein Chemischer Fabriken in Einklang zu bringen gewusst. Die zögerliche Haltung bei der Industriepolitik in den 1860er Jahren, die letztlich zur Verhinderung der BASF auf Mannheimer Terrain führte, könnte jedoch der Übergangsphase von einer Handels- zur Industriestadt geschuldet sein: Einerseits setzte man schon auf *Fabrikthätigkeit*, wie die Presse betonte, andererseits war dies noch nicht in allen Köpfen angekommen, verfolgten die Stadtoberen dieses Ziel noch nicht mit letzter Konsequenz.

Heute indes sehen wir, dass die Ansiedlung der BASF für Mannheim nicht nur eine Chance bedeutet hätte. Denn projiziert man einmal die gegenwärtig etwa 7 km² Werksfläche der Firma über den östlichen Teil der Stadt, so wäre bei entsprechender Entwicklung ein Areal bis nach Seckenheim – den

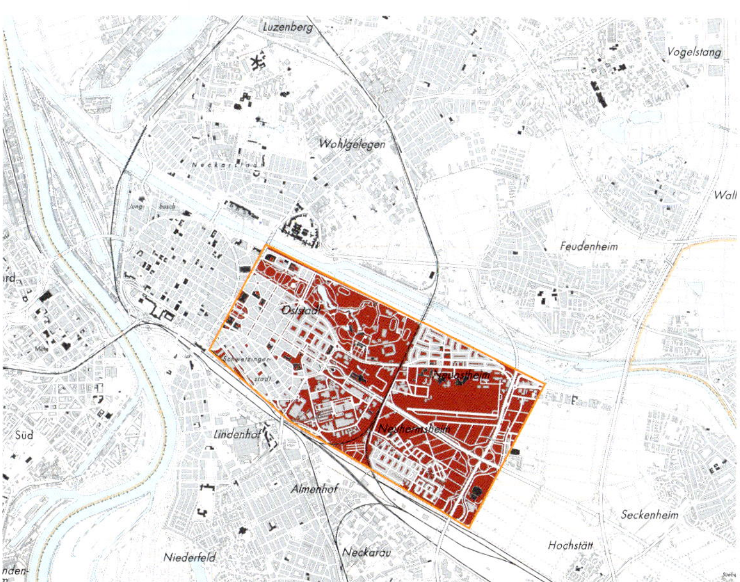


*Projektion der Fläche der heutigen BASF in Ludwigshafen über den Mannheimer Osten, 2006. StadtA MA.*

Luisenpark, die Oststadt und Schwetzingerstadt überdeckend – von Fabrikanlagen überzogen worden. Die Stadtväter stellten also – aus heutiger Perspektive – die Weichen nicht in Richtung eines alles dominierenden „Fabriktors" im Osten der Stadt, sondern hin zu industrieller Vielfalt, aber auch zu Lebensqualität und gehobenen Wohnquartieren, freilich ohne sich dessen damals bewusst zu sein. In der ehemaligen Engelhorn'schen Fabrik auf dem Pestbuckel wurde währenddessen weiter produziert: Zunächst siedelte sich 1870 die Chininfabrik F.C. Boehringer & Söhne von Stuttgart aus dort an, da ein Wasseranschluss am unteren Neckar erheblich kostengünstiger war; im Waldhof beim Altrhein ließ sich die Firma erst 1882 nieder. Und ab 1898 produzierte dann in den ehemaligen Engelhorn'schen Werksanlagen Heinrich Schlinck sein bis heute bekanntes Speisefett Palmin.[18]

Wirtschaftsliberalismus lag in der Luft, herübergeweht von England, wo eine zügellose Industrialisierung schon seit Jahrzehnten entfacht war: Das freie Spiel der wirtschaftlichen Kräfte würde, kurz gesagt, ohne äußere, insbesondere staatliche Eingriffe automatisch zum größten Glück aller führen, so die These der Ökonomietheoretiker Adam Smith und David Ricardo. Dass diese Vorstellung der Realität niemals eins zu eins entsprach, ist bekannt. Es war Karl Marx, der gegen die haarsträubenden Missstände in seinem Hauptwerk *Das Kapital* von 1859 anfocht. Aufbrausend spricht er von den *schwachsinnigen Liberalen von ganz Europa.* Auf institutionelle Regelungen, die das freie Spiel der wirtschaftlichen Kräfte zügeln und die Schwächeren schützen, könne keinesfalls verzichtet werden.[19] Kapitalismus und Industrialisierung waren durch den liberalen Gedanken entfesselt, auch in Baden. Schon der seit 1842 in Mannheim bestehende Gewerbeverein hatte die Idee der Gewerbefreiheit verfolgt. Ihre Gewährung bzw. die Auflösung der Zünfte zusammen mit dem Gesetz über Niederlassung und Aufenthalt von 1862 – das weitgehende Freizügigkeit bedeutete – sind dann wichtige Weichenstellungen für die wirtschaftliche Entwicklung. Fortan war das Ergreifen eines Berufs und die Gründung eines Betriebs nicht mehr an zünftige Regularien gebunden; vielmehr konnte ein Gewerbe auch ohne professionelle Ausbildung ausgeübt werden, sensible Bereiche wie zum Beispiel das Führen von Apotheken ausgenommen. Allerdings sollte sich diese Entprofessionalisierung zugunsten unbeschränkter wirtschaftlicher Möglichkeiten unter den Gesichtspunkten der Produkt- und Dienstleistungsqualität letztlich nicht halten können. Demzufolge wurde die gewerbliche Ausbildung als Berufsvoraussetzung in den folgenden Jahrzehnten sukzessive wieder eingeführt, nun allerdings auf gesetzlicher Grundlage. Korrespondierend erhöhte das Gesetz über Niederlassung und Aufenthalt die Mobilität der Badener. In der Folge war dem unbescholtenen badischen Staatsbürger der Zuzug an einen Landesort seiner Wahl auch ohne Gemeindebürgerrecht nicht mehr zu versagen. Gemeindebürgerrecht galt zudem nicht mehr als Vorbedingung für gewerbliche Aktivitäten. Ein badischer Unternehmer konnte damit seinen Betrieb an jeden anderen badischen Ort verlegen bzw. an verschiedenen Orten Filialen eröffnen.[20]

Mannheim baute seine Stellung als Handelsstadt aus und begann zugleich mit dem Umbruch zur Industriestadt. Zum bedeutendsten Umschlagplatz am Oberrhein war die Stadt zu Beginn der 1860er Jahre bereits erstarkt, ferner zum drittgrößten Umschlagplatz Deutschlands nach Duisburg und Ruhrort für Kohle, Getreide, Stückgut und auch schon Petroleum. Die Bedeutung der Schifffahrt kommt aber auch darin zum Ausdruck, dass die jährlichen Handelskammerberichte die Pegelstände von Rhein und Neckar, die das Transportaufkommen beeinflussten, darstellten. Bei niedrigem Flusspegelstand konnte es etwa bei der Kohlenversorgung zu *beängstigenden Lieferengpässen* kommen, da die Kähne nun weniger laden konnten.[21] Und das *Mannheimer Journal* zeigt in einer Eigenwerbung im Adressbuch von 1867 an: *Den volkswirthschaftlichen Interessen (Handel, Gewerbe, Schifffahrt etc.) werden wir besondere Aufmerksamkeit widmen.* Bis 1870 stieg Mannheims jährlicher Hafenumschlag sogar um fast das Doppelte auf über 400 000 Tonnen. Ab 1866 kam Getreide auch aus südosteuropäischen Ländern per Eisenbahn auf der Odenwaldbahnstrecke (Anbindung bis nach Ungarn) nach Mannheim.[22] Eine Produktenbörse vor Ort, die auch schon bald Wertpapiere notieren sollte, erwies sich daher als notwendig. Anders als an Wertpapier- bzw. Effektenbörsen werden an Produktenbörsen Waren im engeren Sinne gehandelt, meist solche, die in der betreffenden Gegend produziert oder an einem Hafenplatz umgeschlagen werden. Dabei *begegnen wir zunächst dem Getreide und den Feldfrüchten aller Art, nebst den unmittelbar daraus gewonnenen Produkten, insbesondere Mehl. Der größte Markt dafür ist in Deutschland nächst der Berliner Börse Mannheim, bis wohin das überseeische Getreide rheinaufwärts verschifft wird,*[23] so der bedeutende Wirtschafts- und Staatswissenschaftler Max Weber 1894. Nachdrücklich setzten sich die jüdischen Bankiers Seligmann Ladenburg und Joseph Hohenemser für den Mannheimer Börsenplatz ein. Die erste Börsenzusammenkunft fand am 26. Januar 1863 im „Cafe Pfister“ in D 4, 6 beim Fruchtmarkt statt; in E 4 entstand dann zwischen 1900 und 1902 das bis heute erhaltene monumentale Börsengebäude als Ausdruck einer selbstbewussten Handels- und Industriestadt – ein Selbstverständnis, in dem die Mannheimer gewiss auch gestärkt wurden durch zahlreiche in der Stadt ansässige Konsulate. Hier saßen zum Beispiel im Jahr 1865 schon *Handels-Consuln* aus Belgien, Brasilien, Frankreich, Italien, den Niederlanden, Nordamerika, Österreich und der Türkei. Ferner spiegeln sich die ausgedehnten Wirtschaftsbeziehungen in den seinerzeit gehandelten Devisen wider, solchen, die in Basel, London, Warschau oder Konstantinopel gültig waren.[24]

Ob die damalige Modedroge Opium in der Quadratestadt eine Rolle spielte, wir wissen es nicht. Allenfalls berichtet das *Badische Centralblatt* 1860, dass die von England nach China ausgeführten Handelsgüter nicht selten mit Opium beglichen würden. Freilich erreichten auch weniger prätentiöse Güter von Übersee die Insel und den europäischen Kontinent. Allerdings ließen die Handelsherren nach Eröffnung des Suezkanals 1869 die exotischen Güter u.a. aus den fernen Kolonien, die so genannten Kolonialwaren, nicht mehr über die Rheinschiene heran transportieren, um sie von der Umschlagsplattform Mannheim aus weiter gen Süd- und Südwestdeutschland, ja bis nach Österreich und Ungarn zu verfrachten. Nun bevorzugten etwa Kaffee, Tee, Kakao, Feigen, gesalzene Limonen, Gewürze aller Art und vieles mehr den kostengünstigeren Weg über Triest und von dort weiter auf dem Schienenweg. Umso wichtiger erwies sich die schon im *Badischen Centralblatt* von 1860 geforderte Befreiung des Rheins von seinen Zollfesseln, um den Wasserweg in den Freihandel voll einzubinden.[25] Auf dem Rhein unterstützte ein moderner Fuhrpark dieses Argument. So gründete sich die Mannheimer Dampfschleppschifffahrts-Gesellschaft 1862 neu und modernisierte sukzessive ihre Fahrzeuge. Hervorgegangen war das Unternehmen aus der 1842 etablierten gleichnamigen Gesellschaft, in der hiesiges Kapital mit den Schiffern der Rotterdam-Antwerpen-Mannheimer-Rangfahrt eine Betriebsgemeinschaft eingegangen war. Als in den 1860er Jahren vor allem mit dem Massengut Kohle das Frachtaufkommen stieg, suchte das Unternehmen durch den Bau eigener Kähne zu expandieren. Diesem Vorhaben verweigerten allerdings die Schiffer ihr gemäß Gesellschaftsvertrag notwendiges Plazet. Also löste der finanzkräftige Vorstand die Gesellschaft kurzerhand auf, ersteigerte die Dampfschlepper wieder und gründete die Gesellschaft als Aktiengesellschaft noch im selben Jahr neu, freilich ohne Berücksichtigung der ehemaligen Vertragsschiffer. Nun konnte das Unternehmen zum Bau eigener Kähne übergehen und sich rasch zur Großreederei entwickeln.[26] Beispielhaft mag dieses finanzielle Manöver für ein Geschäftsgebaren stehen, das auf überkommene und gewachsene professionelle Strukturen keine Rücksicht mehr zu nehmen brauchte.

*Lazarus Morgenthau (1817–1897). Lithographie, um 1860. REM.*

Einen Boom erlebte auch die Tabakproduktion und Zigarrenindustrie, vor allem während der Jahre des amerikanischen Bürgerkriegs 1861 bis 1865. Die kriegsbedingten Ausfälle auf dem Weltmarkt hatten zur Folge, dass hiesiger Tabak seinen Weg nun sogar bis nach Südamerika fand. Nach Beendigung der blutigen Auseinandersetzung drängten die amerikanischen Tabake allerdings wieder auf den Mannheimer Markt. So zeigte der hiesige Kaufmann Johann David Brandt 1867 an, dass er auf Lager hält *Cigarren, lose und verpackte Rauch- und Schnupftabake, fein geschnittene türkische und amerikanische Tabake, Cigaretten* [...] *und ächten amerikanischen Kautabak.*[27] So marginal wie exotisch erscheint dagegen die Geschäftsidee des Lazarus Morgenthau, der in seiner Fabrik in A 2, 4 Mitte der 1860er Jahre Zigarren das Nikotin entzog und sie dafür mit *atmungsgünstigem* Fichtennadelsaft imprägnierte. 1866 wanderte er aus und suchte in New York sein Glück zu machen.[28] In das kollektive Gedächtnis eingegangen ist er als Großvater jenes Henry Morgenthau jr., der als amerikanischer Finanzminister den Plan entwarf, Deutschland nach dem Zweiten Weltkrieg zu verkleinern, zu entmilitarisieren und zu entindustrialisieren. Der nach ihm benannte Morgenthau-Plan wurde indes nicht realisiert.

*Burschen beim Zigarrenkauf. Gemälde von Hanno Rhomberg, 1862. AKG Images.*

Mehr und mehr sollten Industriebetriebe die Stadtsilhouette bestimmen, etwa der eines Heinrich Lanz, der 1860 noch Kleinmaschinen in seiner Werkstatt in den Schwetzinger Gärten, der heutigen Schwetzingerstadt, reparierte und fertigte, 1870 allerdings schon 83 Mann beschäftigte. Auch die Maschinenfabrik Mohr und Federhaff hat in den Schwetzinger Gärten ihre Wurzeln. Um 1865 versahen in Mannheim und nächster Umgebung rund 60 Dampfmaschinen ihren Dienst; so nimmt es nicht Wunder, dass Heinrich Schröder, Direktor der Höheren Bürgerschule, 1869 bei der konstituierenden Versammlung des hiesigen Bezirks des Vereins Deutscher Ingenieure (VDI) einen Festvortrag zum Thema Dampfkesselexplosion hielt. Der Dampfmaschinenbetrieb war schließlich noch sehr risikoreich. Dies illustriert ein Unglück, das sich 1865 in der Brauerei „Zum großen Mayerhof“ in E 4, 12 zutrug. Als dort der Dampfkessel explodierte, schlug er einem Arbeiter *den Kopf entzwei* und einem anderen den Fuß ab.[29] Bereits 1866

XII.

Die Ausstellung

von

landwirthschaftlichen Maschinen & Geräthschaften

von

J. P. LANZ & Cie.

in

MANNHEIM

ist jetzt in der Nähe des Bahnhofes Schwetzingerstrasse Z 9 Nr. 6.

*Werbung aus dem Anzeigenteil des Mannheimer Adressbuchs von 1869. StadtA MA.*

wurde die Gesellschaft zur Überwachung von Dampfkesseln – eine Vorgängerin des heutigen TÜV – mit Sitz in Mannheim gegründet, was auch als Indiz für die zunehmende Industrialisierung der Quadratestadt gewertet werden kann.[30]

In den Handelsverzeichnissen der Adressbücher 1861 bis 1870 spiegelt sich der Industrialisierungsprozess folgendermaßen wider: 24 Fabriken sind im Jahr 1861 und 62 im Jahr 1870 verzeichnet, was einen Anstieg um etwa 150 Prozent bedeutet. Dabei handelte es sich 1861 um beispielsweise zwei Maschinenfabriken, 1870 sind es zehn. Die chemische Fabrikation stagniert dagegen auf den ersten Blick mit vier Herstellern. Abgesehen davon, dass, wie erwähnt, die BASF nach Ludwigshafen abwanderte, könnte dies mit der Firmenpolitik des Vereins Chemischer Fabriken zu tun haben, der auf Fusion setzte und unter dessen Dach sich die zunehmende chemische Industrialisierung vermutlich abspielte. Signifikant nimmt die fabrikmäßige Möbel-, Tapeten-, Spiegel- und Spiegelrahmenproduktion von zwei auf sieben Hersteller zu, was der gestiegenen Bevölkerungszahl und dem damit verbundenen Bedarf geschuldet sein dürfte. Die Bevölkerungsvermehrung spiegelt sich – von den Ausfuhren abgesehen – vermutlich auch im Anstieg der Zigarrenfabriken von 10 im Jahr 1861 auf 20 (1870). Daneben wird der so genannte Kolonialwarenhandel 1870 so gut wie 1861 betrieben, indes dürfte sich auch in Mannheim aus dem ursprünglichen Kolonialwarenladen allmählich der Lebensmittelwarenladen für sämtliche, also auch nicht-exotische Lebensmittel herausgebildet haben. Überdies hat der Ruhrkohlen- und Getreidehandel, wie nicht anders zu erwarten, erheblich zugenommen. So ist es kaum überraschend, dass zunehmend *Handelsagenten* in der Stadt arbeiteten, die nun ja auch Börsenplatz war.

Verwiesen sei auch auf die Amerikanische Gummiwarenfabrik in Z 8, 9 und die Zündholzfabrik von C.A. Herdegen in Z 8, 13, welche beide ab Mitte der 1860er Jahre Industrialisierung und Modernisierung signalisierten. Etwa seit 1850 konnte Naturkautschuk zu Dichtungen, Schläuchen und Ähnlichem mehr verarbeitet werden, und erst jetzt stellte man so genannte Sicherheitszündhölzer her, die sich nur an einer speziellen Reibefläche entzünden ließen. Ferner hatte der Schiffbauer und amtliche Schiffstaxator Johann Georg Nelson im Auftrag der preußischen Strombaudirektion Koblenz im Hafen eine Tauchglocke in Arbeit, was die Bedeutung *unserer Industrie im Ausland* anzeigen würde. Nelson lebte und arbeitete mit seiner Familie sowie einer Dienstbotin und drei *Handwerks-Genoßen* auf der Mühlau.[31]

*Werbung aus dem Anzeigenteil des Mannheimer Adressbuchs von 1867. Anfang der 1850er Jahre kamen die ersten amerikanischen Nähmaschinen auf den europäischen Markt.*

Freilich forderten Handelsunternehmen und Fabriken über die Möglichkeiten der bestehenden Privatbanken hinaus weitere Finanzspritzen, sodass der Wunsch nach einem stärkeren regionalen Bankenwesen übermächtig aufkam, nicht zuletzt, um sich vom auswärtigen Frankfurter und Basler – eigentlich als Konkurrenz empfundenen – Geldmarkt unabhängig zu machen. In den Jahren 1870/71 werden hier als Aktiengesellschaften die Badische Bank, die Rheinische Creditbank und die Rheinische Hypothekenbank gegründet. Es handelte sich um so genannte Zettelbanken, die Zettel bzw. Geldscheine ausgaben statt Gold- oder Silbermünzen; daher auch der Begriff „Zettelwirtschaft". Noch lange haftete Banknoten der Ruch des Unseriösen an, galten sie nur als Münzersatz. Die Privatbanken von Ladenburg und Hohenemser, welche sich in den vergangenen Jahrzehnten um Stadt und Industrie in außerordentlichem Maße verdient gemacht hatten, wussten aber trotz dieser neuen Entwicklung zu bestehen. Ferner hatte sich bereits seit 1868 eine Bank für den „kleinen Mann" – insbesondere den Handwerker – etabliert, ein genossenschaftlich organisierter so genannter Vorschussverein, seit 1870 Mannheimer Volksbank. Eine weitere Bank für den kleinen Geldbeutel war die Sparkasse, seit 1822 in Nebenräumen des Rathauses untergebracht. Und wie zum Beleg für die gestiegenen Handels- und Betriebswerte benötigt das Adressbuch etwa von 1868 über drei Seiten, um sämtliche in Mannheim niedergelassenen nationalen und internationalen Versicherungen aufzulisten.[32]

Trotz all dem hatte die Stadt aber noch landwirtschaftliche Züge, wie das Ratsprotokoll von 1866 verrät, wenn dort ein *ausgezeichnet schöner Rindviehbestand*[33] vermerkt wird. Ein noch heute erhaltenes Bauernhaus befindet sich in T 2, 14; im Jahr 1869 kaufte es die Kommune an und richtete dort einen städtischen Farrenstall als Deckanstalt für das Vieh der Mannheimer Bauern ein (Farre, der Stier). Hierzu passend hören wir vom *zottelnden*

*Milchvieh* in den Planken und in der Breiten Straße; erst 1865 wurde der Viehmarkt vom Speisemarkt weg vors Rheintor verlegt.[34]

Insgesamt jedoch wiesen die Zeiger der Zeit in Richtung Dampfmaschine und Industrie. Neben den neuen ökonomischen Chancen tauchten aber auch immer mehr soziale Risiken bzw. Probleme auf, und es war vor allem die neue Unterschicht, es waren die Arbeiter, welche die Schattenseite der modernen Zeit zu spüren bekamen.

## Betten, die nicht kalt werden – soziale Verhältnisse

Mannheim wandelte sich zum Industriezentrum, das Sogwirkung auf die umliegenden Gegenden und deren Bevölkerung ausübte. Doch nicht nur Landarbeiter, auch städtische Dienstboten drängten in die noch eher klein dimensionierten Fabrikhallen. Mithin häuften sich die Klagen über Mangel an geeignetem Dienstpersonal für die Haushalte, und in der Landwirtschaft stöhnten die Bauern über Knechte, die sie mitten in der Ernte verließen, um ihren starken Arm der Fabrikmaschine zu leihen. Einerseits deutet diese *starke Einwanderung* hin auf kümmerliche Arbeitsbedingungen und Verdienstmöglichkeiten der Menschen in ihren alten Arbeitsbereichen, andererseits tat sich manchem erstmals eine Lebens- und Berufsperspektive auf, die freilich nicht selten trog.[35] Flankierend gerieten Teile des Kleinbürgertums in soziale Schieflage, wurden vor allem selbstständige Handwerker durch die Fabrikproduktion wirtschaftlich bedroht, teilweise gar proletarisiert bzw. lohnabhängig. Damit begann auch im Mannheimer Raum eine Neuformung traditioneller Siedlungsstrukturen, die sich bis hin zur verstädterten Gesellschaft des frühen 20. Jahrhunderts fortsetzen sollte. Im Zug dieser Entwicklung trennte sich zudem – anders als noch in der

*Sich waschende Arbeiter. Bleistiftstudie von Adolph Menzel für sein Gemälde „Eisenwalzwerk", 1875. AKG Images.*

Agrar- und Handwerkergesellschaft – der Arbeitsplatz vom Wohnbereich, was zusammen mit dem Anstieg der Bevölkerung ein gravierendes Wohnungsproblem zur Folge hatte. Waren bis Mitte der 1850er Jahre in Mannheim noch zahlreiche Wohnräume leer gestanden, so verschärfte sich nun die Situation; die Stadt war trotz baulicher Initiativen noch nicht gerüstet für die Unterbringung einer stetig anwachsenden Unterschicht. Als Folge musste manche Arbeiterfamilie unter primitivsten Verhältnissen leben, in notdürftig umgebauten Ställen oder in abgewrackten Messebuden. Doch ging es in den Wohnhäusern kaum menschenwürdiger zu. Insbesondere in der ärmeren nördlichen Unterstadt unterhalb der Planken hausten die Menschen oft zusammengepfercht auf engstem und in dunklem Wohnraum, Großfamilien nicht selten in einem Zimmer. Zudem verschärften bedenkliche sanitäre und hygienische Zustände die Situation. Bäder in den Wohnungen waren die Ausnahme, man wusch sich mit dem Zuber in der Küche, außerdem diente das Bad in Rhein und Neckar zur Körperhygiene.

*Rollenstudie am Théâtre de la Porte St. Martin in Paris. Foto, 1875. AKG Images.*

Und weil das Wasser der Brunnen hart und erdig war, wich man für die Kleiderwäsche auf Rheinwasser aus, das der *Wasser-Kaufmann* in Fässern feilbot. Ferner nutzen die Haushalte immerzu das in Gefäßen aufgefangene Regenwasser.[36]

Die Menschen waren in bedrückende Abhängigkeit geraten von ihren Vermietern, den *Miethaien*, wie sie hinter vorgehaltener Hand hießen. Auch die badische Fabrikinspektion verwies auf das extreme Abhängigkeitsverhältnis zwischen Mieter und Vermieter: *Geradezu auffallend ist die scheue Beobachtung des Hausherren seitens der Mieter und die lauernde Freundlichkeit, mit welcher sie in seinem Gesichte und seinen Bewegungen zu lesen versuchen.*[37] Überdies wurden reine Schlafstellen vermietet. Offizielle Voraussetzung für dieses auch professionell betriebene Gewerbe war, *dass der Unternehmer noch nicht wegen eines Verbrechens aus Gewinnsucht bestraft worden ist,*[38] was indirekt ein erhellendes Licht auf die Ausbeutungssituation wirft. Doch selbst über ein eigenes Bett verfügte noch längst nicht jeder, weshalb die Schlafstellen oft abwechselnd belegt waren. Sogar in der Küche, so eine vorhanden war, richteten die Menschen provisorische Lagerstätten ein. Wer ein Bettgestell auch nur für einige Stunden frei hatte, der vermietete es als Zubrot an einen so genannten Schlafgänger – derart gab es Betten, die tatsächlich nie kalt wurden. Legionen Ungeziefer fanden dort außerdem Unterschlupf. Dazu kam die schlechte Ernährungssituation: Satt essen war Fremdwort, obwohl es in diesem Jahrzehnt zu keinen Missernten kam. Der Mietzins fraß jedoch schon den größten Teil der Einkommen weg, für Nahrung und anderes blieb da nicht viel. Rund 1 Gulden Tageslohn reichte zum Beispiel 1864 und 1865 zum Kauf von etwa 16 Pfund Brot. Selbst bürgerliche Kreise konstatierten, dass die immer höheren Preise der *Lebesucht*, gemeint waren Bekleidung und Entsprechendes, den Arbeiter hoffnungslos überforderten. Um hierzu eine bildkräftige Marx'sche Metapher anzuführen: Die Menschen hatten es zu tun bekommen mit dem Kapital *als verstorbene Arbeit, die sich nur vampirmäßig belebt durch Einsaugung lebendiger Arbeit.*[39]

Dabei machte den Arbeitern auch die Planungsunsicherheit zu schaffen: Gab es am nächsten Tag noch Arbeit, oder stand man auf der Straße und wurde samt Familie in größte Not gestürzt? Das war für viele die quälende Frage. Dennoch wandelte sich in den 1860er Jahren das Berufsbild des Taglöhners allmählich zum *ständigen* Arbeiter, der für einen längeren, aber befristeten Zeitraum eingestellt wurde. Kündigungsschutz war jedoch noch kein Thema. Zum Beispiel arbeiten 1865 am Bahnhof Rheinhafen 30 *Magazin-Bahnhof-Arbeiter* und 58 *Güter-Arbeiter.* Ferner schloss die Zolldirektion ab 1860 Jahresverträge mit den Hafenarbeitern ab, zumal der immer lebhaftere Schiffsumschlag gebieterisch eine kontinuierliche Personalausstattung erforderte, strich allerdings im Gegenzug die Überstundengelder. Damit tauschten die Arbeiter einen in Spitzenzeiten höheren Verdienst gegen einen insgesamt niedrigeren, aber vergleichsweise sicheren ein.[40]

Unterdessen flackerten in Frankreich und vor allem England die ersten Streiks auf. Auch in Mannheim sollte es am „Bodensatz" des Arbeitslebens zu brodeln beginnen. In der hiesigen Presse verwendete man für diese frühen Streiks noch den englischen Begriff *Strike*, war England doch Vorreiter in Sachen Industrialisierung, sozialer Verwerfung und Arbeitskampf. 1865 legten die Kohlenträger – vermutlich vor allem Hafenarbeiter – die Arbeit für höhere Löhne nieder; ein durchschlagender Erfolg blieb ihnen aufgrund ihrer Unorganisiertheit allerdings verwehrt. Dennoch sollen zumindest einige Arbeitgeber moderate Lohnzuwächse gewährt haben, wie die Presse wohlwollend vermerkte.[41] Die soziale Frage lag also in der Luft, was nicht zuletzt den Unternehmern zu denken gab: Denn ohne eine einigermaßen zufriedene und damit auch friedliche Arbeiterschaft ließ sich schwerlich Profit machen. Je mehr sich die Arbeiter – gar als politische Partei – organisierten, desto mächtiger wurden sie, dessen waren sich die Arbeitgeber durchaus bewusst. Als Konsequenz konstituierte sich 1865 auf Unternehmerinitiative hin die Gesellschaft für gemeinnützige Zwecke; einerseits wird sie das Wohl, andererseits die Beschwichtigung der Arbeiter im Blick gehabt haben. Als

*Vorzeichnung für die Radierung „Not" von Käthe Kollwitz, 1895. AKG Images.*

Vorsitzender amtierte der Mannheimer Maschinenfabrikant Karl Selbach, sein Stellvertreter war Bettfedernfabrikant Bernhard Kahn. Als ständiges Versammlungslokal diente, wie damals üblich, ein Gasthof, das „Neckarthal" in T 1, 5. Die neue Organisation nahm unter anderem das Grundbedürfnis nach Wohnraum in den Blick, sodass aus der Gesellschaft 1866 die erste Gemeinnützige Baugesellschaft Mannheims hervorging. Schon 1857 hatte der Gemeinderat eine Gesellschaft zur Beschaffung wohlfeiler Wohnungen initiiert, die jedoch an der mangelnden Kooperation der hiesigen Fabrikanten gescheitert sein soll. Allerdings sollte auch die neue Gesellschaft bis Ende der 1860er Jahre aufgrund mangelnder finanzieller Ausstattung nur wenige Arbeiterhäuser in der Schwetzinger Vorstadt erstellen können. Aus der Gesellschaft für gemeinnützige Zwecke erwuchs jedoch nicht nur eine Gemeinnützige Baugesellschaft – und übrigens auch die Volksbank; vor allem nahm sie sich des Problems der Lebensmittelversorgung an. Denn die Unterschicht war in einen misstönenden Dreiklang der Abhängigkeit geraten: der vom Arbeitgeber, vom Vermieter, aber auch der vom Krämer. Zur Bekämpfung der Missstände bei der Lebensmittelversorgung organisierten sich seit Mitte des Jahrhunderts genossenschaftlich ausgerichtete Konsumvereine, initiiert von dem linksliberalen Sozialpolitiker Hermann Schultze-Delitzsch. In dieser allgemeinen Entwicklung stehend, gründete sich aus der Mitte der Gesellschaft für gemeinnützige Zwecke 1866 der erste Mannheimer Konsumverein mit Sitz in F 3, 12. Konsumvereine produzierten Lebensmittel zum Teil selbst und gaben sie unter Ausschaltung des Zwischenhandels kostengünstig an Bedürftige weiter. Damit schützten sie vor Wucher und minderwertigen bzw. *gestreckten* Lebensmitteln wie zum Beispiel Kaffee mit Sand, Mehl mit Gips oder altem Fisch mit Rindsblut an den Kiemen aufgefrischt.[42]

*Hermann Schultze-Delitzsch (1808–1883). Holzstich, 1863. AKG Images.*

Besonders prekär wurde die Lage der Ärmeren im Krankheitsfall – noch ohne Lohnfortzahlung. Zwar hatten sich seit 1857 alle in Arbeit stehenden Personen in der städtischen Krankenversicherungsanstalt zu versichern, doch erhielten sie bei Krankheit nur eine unerhebliche pekuniäre Unterstützung. Wie viele Menschen von solchen Schicksalsschlägen betroffen waren, machen die Belegungszahlen des Allgemeinen Armen- und Krankenhauses in R 5 deutlich. Sie stiegen von rund 500 in den 1830er Jahren auf 3 000 (1870).[43] Für die Gemeinde wuchs daher – bei ansteigender Bevölkerung – trotz solcher Anfänge im Krankenversicherungswesen das Risiko, für in Not Geratene unterstützend einspringen

Moderne französische Zahnarztpraxis. Lithographie nach A. Mogis, um 1850. AKG Images.

zu müssen. Dabei beobachtete die allgemeinen Gesundheitsverhältnisse die *Armen-Polizei-Commission*, die in R 5, 1 ihren Sitz hatte und auch dem Krankenhaus vorstand. Hierzu überzog sie die Stadt mit einem Netz von Bezirksvorstehern, die regelmäßig über die Gesundheitssituation in ihrem Bezirk Bericht zu erstatten hatten. Diese Aufsichtspersonen waren nach Quadratzeilen eingeteilt, für das Schloss gab es sogar einen eigenen Vorsteher. Freilich behandelten die Ärzte noch bei vielen Krankheitsbildern nur die Symptome und nicht die Ursachen. Auch die zahnärztliche Versorgung war in diesen Jahren sehr beschränkt. Verzeichnet das Adressbuch von 1861 einen Zahnarzt, das von 1865 zwei, so gibt es 1870 gerade einmal drei Zahnärzte in der Stadt, alle in der vornehmen Oberstadt praktizierend.[44] Freilich werden sich auch Wundärzte an Zahnproblemen versucht haben, die Zahnmedizin als eigene Ausbildungsprofession bildete sich hierzulande ja gerade erst heraus.

Noch stärker kam das Haushaltsbudget allerdings durch Gesundheitskosten unter Druck, als das badische Armengesetz von 1870 die Unterstützungspflicht von der Heimat- auf die Einwohnergemeinde verlagerte. Andererseits floss der Stadt auch die ansteigende industriell erarbeitete Steueralimentation zu, eine Entwicklung, die sich in den 1870er Jahren fortsetzen sollte.[45] Trotz dieser Steuergelder funktionierte das öffentliche

Gesundheitswesen selbst auf dem gegebenen niedrigen medizinischen Niveau nicht ohne die konfessionelle katholische, evangelische und israelitische Krankenpflege. Dagegen stand das Großbürgertum für seine Krankheitskosten nach wie vor privat ein. Und das mittlere und Kleinbürgertum mit verwischender Grenze zur Arbeiterklasse suchte Formen genossenschaftlicher Selbsthilfe in zahlreichen Krankenunterstützungsvereinen auf Gegenseitigkeit, die in den Hinterzimmern der Wirtshäuser ihren Sitz hatten. So gab es zum Beispiel den Krankenunterstützungsverein im „Silbernen Kopf" in H 6, 12 mit 670 Mitgliedern oder jenen im Wirtshaus „Zum Grünen Eichbaum" in P 5, 9 mit 589 Mitgliedern.[46] Allerdings hatten sich schon ab 1857 verschiedene Krankenvereine im Allgemeinen Krankenunterstützungsverein zentralisiert, für den sich neben anderen Persönlichkeiten vor allem Johann Peter Eichelsdörfer engagierte.[47] Freilich sollte das Krankenversicherungswesen erst ab 1883 unter Bismarck in effektivere Bahnen gelenkt werden.

Wie die Anekdote lehrt, war der preußische Politiker aber auch für seinen beträchtlichen Appetit an der Festtafel bekannt – andererseits lebten große Teile der anwachsenden Stadtbevölkerung am Existenzminimum. Ihnen war Festtafel schon eine *Grumbeere-Brieh*, bestehend aus Wasser, Kartoffeln, Zwiebeln, Lauch, Sellerie, einem Lorbeerblatt und feiertags auch mit brauner Schwitze. Und was hätten mittellose Unterschichtkinder nicht alles gegeben für zeitgenössische Leckereien wie *Johannisbrot, Traubenzucker, Süßholz oder Lakritze, welche auch im Wasser aufgelöst, in Medizinflaschen schaumig gerüttelt und dann in dieser Form genossen wurde.*[48]

*Der noch heute hergestellte Fleischextrakt wurde von dem Deutsch-Brasilianer Georg Giebert ab 1864 in Fray Bentos in Uruguay produziert. Für die ärmere Bevölkerung erwies sich das Fleischbrühe-Konzentrat allerdings als zu teuer. Stattdessen fand es bei der Truppenverpflegung Verwendung. Liebig-Sammelbild, 1900. AKG Images.*

## Liberalismus, Nationen- und Parteienbildung

Wie noch zu Zeiten der Frankfurter Nationalversammlung trafen sich die Anhänger der in Bildung begriffenen Parteien bzw. politischen Vereine in den Gasthäusern zum Politisieren, mit Einführung der Polizeistunde im Jahr 1865 zur Minderung des nächtlichen Lärms übrigens nur noch bis Mitternacht.[49] Dabei gestaltete sich die Parteienentwicklung regional und je nach Kommunal- oder Landesebene unterschiedlich; die Lage war diffus und ist in der Überlieferung kaum noch zu fassen. Die Wirtshäuser dienten zum geselligen Beisammensein und zugleich als „Parteizentralen". Die politischen Richtungen bezeichneten sich dabei nach ihrem Versammlungsort: zum Beispiel Wählerversammlung „Goldener Hirsch" in S 1, 4 oder Wählerversammlung „Badener Hof" in G 6, 3.[50] In den Wirtschaften disputierten ihre Anhänger von den linken Demokraten bis hin zu den ordnungspolitisch ausgerichteten nationalliberal Gesinnten – Gruppierungen, die sich oft nur marginal in ihren politischen Grundansichten unterschieden. War doch der weltanschauliche Liberalismus im politischen Großklima der *Neuen Ära* durchweg leitend und von hoher integrativer Kraft.[51] So wählte 1861 der Große Bürgerausschuss, mutmaßlich im Wirtshaus politisch vorbereitet, den Gemeinderat und Oberhofgerichtsadvokaten Ludwig Achenbach in der Nachfolge von Heinrich Christian Diffené zum Oberbürgermeister. Achenbach lag auf einer Linie mit Innenminister August Lamey und war damit ein Stadtoberhaupt, das den liberalen, tendenziell antiklerikalen badischen Kurs der wohl bedeutendsten Stadt des Landes vorbehaltlos mittrug.[52]

Aber nicht nur die politischen Vereine bzw. Vorläufer der Parteien trafen sich in den Wirtshäusern, darüber hinaus taten dies auch Vereine jeglicher Couleur. Die Chronik von Karl Borromäus Aloys Fickler verweist 1866 auf das *üppig wuchernde Vereinsleben unserer Stadt* und führt als Indiz dafür einen Chirurgischen Collegial-Verein an, der sich neuerdings im Gasthaus „Zum Großen Mayerhof" in E 4, 12 gebildet habe.[53] Welchen Zweck die Vereine auch hatten, gemeinsam war ihnen das Regelwerk des deutschen Vereinswesens, das maßgeblich zur Einübung selbstbestimmter, ja demokratischer Spielregeln beigetragen haben wird. Zusammenkünfte explizit politisch agierender Vereinigungen bedurften dabei noch der polizeilichen Genehmigung. Doch auch vordergründig nicht-politische Vereinsaktivitäten transportierten bisweilen – quasi auf einer Metaebene –

*Ludwig Achenbach (1812–1879). Foto, 1860er Jahre. StadtA MA.*

politische Gesinnung in den öffentlichen Raum; insbesondere ist in diesem Zusammenhang das – demokratisch und national ausgerichtete – Turnen zu nennen. Der Mannheimer Turnverein war nach zehnjährigem Verbot in der restaurativen Phase im Jahr 1860 neu ins Leben gerufen worden.[54]

Wie die Korporationen bisweilen stärker politisch aufgeladen waren als sie dies offen zur Schau stellten, galt Ähnliches für die Festkultur. Augenfällig machen dies die liberal-demokratisch gefärbten Schillerfeiern des Jahres 1859. Sie gaben gleichsam den Anstoß zu weiteren Kundgebungen mit entsprechendem politischem Hintergrund, wie zum Beispiel das 1863 in Mannheim mit großem Aufwand abgehaltene 1. Badische Landesschießen. Die ganze Stadt war geschmückt und auf den Beinen; Schaubuden, Karussells und der Großherzog, alles war geboten, nicht zu vergessen eine so genannte italienische Nacht beim Mühlauschlösschen mit Feuerwerk, Lampions und Gesang. Mehr als 10 000 Menschen sollen teilgehabt haben, was bei einer Einwohnerzahl von rund 30 000 durchaus bemerkenswert ist. Zu erwähnen sind ferner das nationale Fest zum 100. Geburtstag von Johann Gottlieb Fichte im Jahr 1862 oder die von den vereinigten Männergesangvereinen 1863 veranstaltete Gedächtnisfeier zu Ehren des nationalen Dichters Ludwig Uhland.[55] Doch nicht nur in den Wirtshäusern, auch in den Theaterlogen vollzog sich politische Willensbildung unterhalb der institutionellen Ebene: Die honorigen Logenbesitzer tauschten sich während der Pausen aus und stellten manche Weiche für politische Entscheidungen oft schon vor dem letzten Akt. Obendrein dienten zur Auslotung politischer Kräfteverhältnisse die gehobenen Geselligkeitsvereine Casino und Harmonie und die 1839 ins

*Badisches Landesschießen, Festzug bei der Kettenbrücke. Zeichnung von Karl Lallemane, 1863. StadtA MA.*

Leben gerufene Männergesellschaft Räuberhöhle. Dabei bestand nicht selten doppelte Zugehörigkeit, so waren beispielsweise im Jahr 1864 von neun Räubern fünf auch Mitglied in der Harmonie.[56]

Einen starken liberalen Akzent setzte das Jahr 1862, als der Landtag zukunftsweisende Gesetze erließ: Zunächst trug das Amnestiegesetz für die Teilnehmer der Revolution 1848/49 in hohem Maße zur inneren Befriedung Badens bei, und die rechtliche Gleichstellung der Juden zeugte ebenso vom liberalen Aufbruchwillen. In diesem Zusammenhang sind auch die 1864 eingeführte Zivil- und Strafprozessordnung und die Gerichtsverfassung mit den Prinzipien der Mündlichkeit und Öffentlichkeit zu nennen, ferner die 1868 installierte Ministerverantwortlichkeit gegenüber dem Volk bzw. seinen Vertretern.[57] Zugleich kommt in den Gesetzen dieser Jahre aber auch die Zwiespältigkeit der liberalen Position zum Ausdruck, angesiedelt zwischen linksliberalem, demokratischem Gedankengut und einer sich immer stärker durchsetzenden Realpolitik – ein Begriff, der 1853 erstmals formuliert wurde.[58] Realpolitische Überlegungen fanden vor allem in die gesetzliche Ausgestaltung der wirtschaftlichen Rahmenbedingungen Eingang und waren außerdem eng verwoben mit der nationalstaatlichen Idee. In den Jahren 1848/49 noch untrennbar an demokratische Ideale geknüpft, vermischte sich das Nationale nun mit einer machtstaatlichen Ausrichtung, die nicht selten im Gewand so genannter Vaterlandsliebe daher kam. Die liberale Grundhaltung sah politische Chancen nicht mehr einzig im demokratisch gefärbten Liberalismus von 1848/49, sondern immer mehr auch in einem Liberalismus, dem zusätzlich affirmativ-obrigkeitsstaatliche, realpolitische Aspekte anhingen.

Johann Peter Eichelsdörfer (1829–1889). Foto, um 1870. GLA KA.

Nun schrieben sich, bei unterschiedlicher ideologischer Färbung und Klientel, Rechte wie Linke die nationale Idee auf die Fahne; die Zeit der Nationenbildung war angebrochen. Die Italiener machten es vor, schlossen sich 1861 im Königreich Italien zusammen, initiiert vom italienischen Nationalverein. Nach seinem Vorbild konstituierte sich 1859 der deutsche Nationalverein, der schon 1860 mit einem Ableger im Mannheimer Adressbuch auftaucht.[59] Dabei bestanden zwischen Nationalverein, Gewerbeverein und sogar dem – noch zu behandelnden – Arbeiterfortbildungsverein über ihre führenden Vertreter enge Verbindungen. Dementsprechend spielte neben dem linksliberalen Johann Peter Eichelsdörfer in diesen Vereinigungen der zwar liberale, aber gemäßigte Heinrich Schröder, Direktor der Höheren Bürgerschule (ab 1869 Realgymnasium), eine führende Rolle.

Es bahnte sich nach dem preußisch-österreichischen Krieg 1866 die nationale bzw. deutsche Einheit unter preußischer Führung mit Riesenschritten an. Maßgeblichen Anteil an dieser Entwicklung hin zum Nationalstaat sollte die realpolitisch ausgerichtete nationalliberale Richtung haben – auch wenn sich die nationale bzw. deutsche Einheit erst mit der Reichsgründung von 1871 vollziehen wird.

Im Jahr 1863 hatten neben anderen Persönlichkeiten Eduard Moll und Ludwig Achenbach auf einer viel beachteten Volksversammlung in Offenburg zur Bildung der Fortschrittspartei aufgerufen. Ihr gehörten Liberale wie Wilhelm Kopfer, Carl Eckhard und Heinrich von Feder an. Erstmals 1865 in der badischen Zweiten Kammer vertreten, stellte sich die neue Fraktion gegen eine *scheinliberale* Realpolitik, außerdem gegen eine Stärkung des politischen Einflusses des Papsts und forderte die Einhaltung eines strikt liberalen Kurses. 1868 konstituierte sich dann in Offenburg aus dem rechten Flügel – dem auch Oberbürgermeister Ludwig Achenbach anhing – der in Auflösung begriffenen liberal-demokratischen Fortschrittspartei die Nationalliberale Partei auf Landesebene. In Mannheim gründete sich der Nationalliberale Verein 1869 im „Badner Hof" in G 6, 3.

Zu den Führungspersönlichkeiten der Nationalliberalen Partei zählte zweifellos der Mannheimer Ehrenbürger August Lamey, der bis 1866 das Amt des badischen Innenministers innehatte. Aber auch der Kunsthändler Philipp Artaria, der Vorsitzende der jüdischen Gemeinde Leopold Ladenburg und der Bankier August Hohenemser spielten in dieser politischen Gruppierung führende Rollen. Und Carl Eckhard, Gründungsmitglied der Fortschrittspartei, fungierte später als Vorsitzender des badischen Landesausschusses der Nationalliberalen.[60] Die Anhänger des in Mannheim starken linken Flügels der Fortschrittspartei sammelten sich 1868 in der – 1865 in Mannheim konstituierten – Deutschen Volkspartei.[61] Sie kann als das Sammelbecken angesehen werden, in das auch die 1863 und 1866 konstituierten demokratischen Volksvereine – in der 48er-Tradition wurzelnd – einmündeten. Bei der Landtagswahl 1871 gelang es der im linksliberalen Bürgertum verankerten Partei mit ihren Mannheimer Kandidaten Elias Eller, Heinrich von Feder und Johann Peter Eichelsdörfer sogar zeitweise stärkste Fraktion vor den Nationalliberalen zu wer-

*August Lamey (1816–1896). Foto, 1860er Jahre. StadtA MA.*

den. Außerdem dominierte die Volkspartei seit 1870 zusammen mit dem in diesem Jahr gewählten Oberbürgermeister Eduard Moll den hiesigen Gemeinderat.[62] Damit begann sich der Ruf des linken Mannheim – bereits in der Revolution begründet – nun dauerhaft zu etablieren, zumal auch auf dem linken Flügel der bürgerlich ausgerichteten Deutschen Volkspartei die Arbeiterfrage einen immer höheren Stellenwert einnahm.

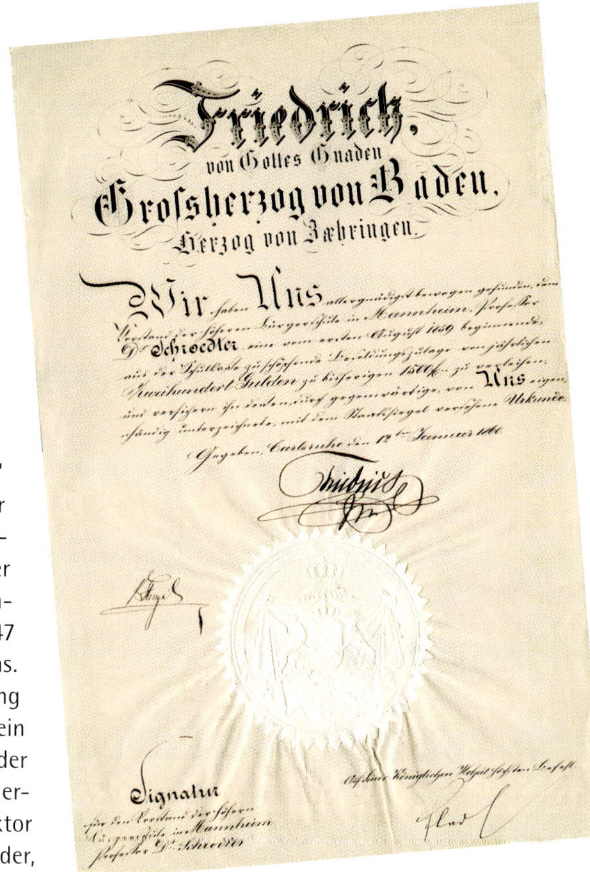
Friedrich,
von Gottes Gnaden
Grofsherzog von Baden,
Herzog von Zähringen.
Wir haben Uns
Signatur

Von Großherzog Friedrich I. eigenhändig unter schriebene Besoldungszulage für den Leiter der Höheren Bürgerschule Heinrich Schröd[t]er, 1860. StadtA MA.

Bereits 1861 war der Arbeiterfortbildungsverein (Vereinslokal: „Halber Mond" in H 2, 3) von Johann Peter Eichelsdörfer – der zentralen Figur der hiesigen Arbeiterbewegung – gegründet worden. Der neue Verein mit überregionaler Ausstrahlung stand in loser Tradition des 1847 aufgelösten Handwerker-Gesellen-Vereins. Unter dem Gesichtspunkt, dass Bildung emanzipiert und mündig macht, musste ein solches Bestreben der Jungarbeiter auf der Arbeitgeberseite freilich auch Misstrauen erwecken. So ist zu vermuten, dass der Direktor der Höheren Bürgerschule Heinrich Schröder, der sich als Vorstandsmitglied für die Bildung der Jungarbeiter einsetzte, sich auch wieder zurücknahm, als dies von seinen bürgerlichen Weggenossen immer weniger geschätzt wurde. Bis dahin hatte der bürgerliche Schulterschluss dem Arbeiterfortbildungsverein, dessen Schwerpunkt zunächst rein auf Bildung und Geselligkeit lag, sogar einen gewissen institutionellen Freiraum verschafft für eine das Eigeninteresse verfolgende politische Ausrichtung.[63]

1867 entstand in Mannheim neben Demokraten und Nationalliberalen als dritte, perspektivisch stärkste politische Kraft am unteren Ende des Schichtspektrums eine Filiale des Allgemeinen deutschen Arbeitervereins. Auf dem Eisenacher Kongress 1869 sollte Philipp A. Rüdt als einziger badischer Abgesandter vertreten sein, was einerseits die zunächst nur schwache Verankerung der neuen Bewegung hierzulande, andererseits aber auch früh das *rote Mannheim* indiziert. Zentrale Ziele des 1863 von Ferdinand Lassalle – ein Jahr vor seinem Duelltod – in Leipzig gegründeten Arbeitervereins waren das allgemeine, gleiche und direkte Wahlrecht sowie Produktivgenossenschaften. Dagegen stand man den Konsumvereinen nach Ideen von Hermann Schulze-Delitzsch eher skeptisch gegenüber. Die hiesige Filiale des Allgemeinen deutschen Arbeitervereins nahm ihren Sitz hafennah im „Prinz Friedrich" in B 6, 3. Über 2 000 Mitglieder zählte der

Verein bereits 1870, als Erster Vorsitzender wirkte wieder Johann Peter Eichelsdörfer. Zum Vergleich: Der Nationalliberale Verein bzw. die nationalliberale Partei – mit Sitz im „Schwarzen Lamm" in G 2, 17 – hatte zu diesem Zeitpunkt gerade einmal 300 Mitglieder. Für den demokratischen Volksverein, Stammlokal „Grünes Haus" in U 1, 1, dürfte die bislang nicht bekannte Zahl kaum höher gewesen sein.

Waren bereits Mitte der 1860er Jahre zaghafte Streiks aufgeflackert, so nahmen sie nun erweiterte Formen an. Im Sommer 1869 beteiligten sich die Mitglieder des Arbeitervereins an Versammlungen und Streiks, etwa denen der Fabrikarbeiter, Kohlenträger und Holzarbeiter. Bereits ein Jahr zuvor hatten die *Agitatoren* auf dem Mannheimer Arbeitertag – neben der Versammlung von 1866 eine der frühesten und bedeutendsten organisierten proletarischen Zusammenkünfte nach der Reaktionszeit – derartige Arbeitsniederlegungen als Drohkulisse aufgerichtet, wobei zur Arbeiterschaft auch die proletarisierten Handwerksgesellen zu zählen sind. Hiermit korrespondierend bildeten sich in Mannheim relativ früh gewerkschaftliche Berufsvereinigungen (Gewerke) heraus. So vereinigten sich zum Beispiel die Buchdrucker in der lokalen Fachvereinigung Typographia als Zweigniederlassung des Allgemeinen deutschen Buchdrucker-Verbands. Allerdings waren dies noch keine Gewerkschaften im heutigen Sinn, sondern eher politisch gefärbte Berufsvereinigungen, für welche ebenso wie für die Parteienbildung die Quellenlage desolat ist. Hingegen war das kaufmännische Personal noch nicht gewerklich organisiert, bekam aber mit der überregionalen Bewegung der Kaufmännischen Vereine – der Mannheimer konstituierte sich 1867 – ein eigenes berufsfachlich ausgerichtetes Forum.

Erst mit Gründung der sozialdemokratischen Partei im Jahr 1875 – als Zusammenschluss von Lassalleanern und Anhängern der *Eisenacher* Bebel und Liebknecht – erhielt die Arbeiterbewegung einen nachhaltigen Impuls. Dementsprechend sollten die Mannheimer Radikaldemokraten wie Eichelsdörfer bald schon große Teile ihrer Klientel an diese neue Massenbewegung verlieren: Hatte der Arbeiterfortbildungsverein 1869 noch 2 188 Mitglieder, so waren es 1884 nur noch 450. Inzwischen drohte die *rote Gefahr* von Mannheim aus über die Rheinbrücke zu schwappen, jedenfalls sorgte diese Vorstellung die Ludwigshafener Stadtväter. Tatsächlich gelang es den durchs Land ziehenden lassalleanischen Wanderrednern 1869 trotz scharfer Polizeikontrollen, doch unterstützt vom Mannheimer Arbeiterverein, in Oggersheim und Frankenthal Versammlungen abzuhalten.

Daneben sollte sich in den 1860er Jahren noch ein weiteres politisches Konfliktfeld auftun, das zwischen Staat und Kirche, dem die 1868 gegründete Katholische Volkspartei (später Zentrumspartei) mit ihre Existenz verdankt.[64]

## Kirche, Schule und die Rolle der Frau

Besonders in den 1850er und 1860er Jahren suchte die Führung der katholischen Kirche in Rom der Gefahr sukzessiven Bedeutungsverlusts entgegenzusteuern. Nicht zuletzt mit der Installation von Dogmen wie dem der unbefleckten Empfängnis Marias von 1854, nach dem die Gottesmutter ohne Erbsünde geboren sei, oder der päpstlichen Unfehlbarkeit in Dogmenfragen auf dem 1869 einberufenen 1. Vatikanischen Konzil.[65] In Baden hatte sich das Verhältnis zum Heiligen Stuhl schon länger als höchst konfliktbeladen erwiesen. Ein 1859 vom zuständigen badischen Ministerium mit Rom ausgehandeltes Konkordat scheiterte am Widerstand vieler Liberaler, Protestanten und auch liberal gesinnter Katholiken. Daraufhin entließ Großherzog Friedrich I. die für das Konkordat verantwortlichen Minister und holte dafür im Jahr 1860 die parlamentarischen Oppositionellen August Lamey und Anton Stabel an den Regierungstisch. Damit leitete er – auch auf der Folie des Kirchenkonflikts – die *Neue Ära* ein. Den Plan der liberalen Erneuerung hatte er seit Mitte der fünfziger Jahre zusammen mit seinem Vertrauten, dem 1825 in Mannheim geborenen Franz Freiherr von Roggenbach (Außenminister seit 1861), geschmiedet. Im traditionell überwiegend linksliberalen Mannheim wurde geflaggt! Das Verhältnis Staat-Kirche wurde nun landesgesetzlich geordnet und war nicht mehr Ausfluss eines Vertrags zwischen zwei gleichberechtigten Partnern.[66] Wie mit einem Paukenschlag verkündete der Großherzog die neue Entwicklung in seiner *Osterproklamation* vom 7. April 1860, wandte sich mit, wie er formulierte, *Friedensworten an* sein *teures Volk*. Mit der neuen gesetzlichen Regelung sollen der Verfassungsstreit zwischen Regierung und Ständen beigelegt und *alle Trennungen* [...] *vergessen sein, welche die jüngste Zeit hervorgerufen hat*. Denn: *Das einzige, was uns stark macht, ist Einigkeit.*[67]

*Links:
Anton Stabel (1806–1880). Lithographie von Valentin Schertle, 1860. REM.*

*Rechts:
Franz Freiherr von Roggenbach (1825–1907). Porträt von Karl Sohn, um 1862. StadtA MA.*

Die Protestanten, die in Gesamtbaden den Katholiken an Zahl zwar unterlegen waren, dafür in Mannheim in Folge verstärkter Zuwanderung seit den 1860er Jahren die Mehrheit bildeten, konnten sich mit dieser Entwicklung natürlich besser anfreunden als die katholische Seite. Und es war diese politische Wende, die das Schulwesen, vor allem das Volksschulwesen, immer mehr zum Zankapfel zwischen Staat und katholischer Kirche werden ließ. Der so genannte badische Kulturkampf kann als Vorläufer des Bismarck'schen angesehen werden: Die Frage war, ob die Schulaufsicht weiter bei den Kirchen liegen solle, wie die katholische Seite es forderte, oder ob der Staat für eine gemischte Konfessionsschule zuständig sei. Im Fall der höheren Lehranstalten, im Lyzeum und der Höheren Bürgerschule, bestanden solche staatlich geführten konfessionell gemischten Schulen ja schon seit längerem.

Die Auffassung vom Primat des Staats in der Schulfrage war quer durch die liberalen Kreise vorherrschend, fand Anhänger bei den Protestanten, selbstredend bei den Freireligiösen und sogar bei liberalen Teilen der katholischen Seite. Zudem sprach sich die Allgemeine Deutsche Lehrerversammlung, die 1863 in Mannheim tagte, für die staatliche Lösung aus. *Wer die Schule hat, hat die Zukunft*, war die Parole. Somit entzog das Land mit Gesetz von 1864 die Volksschulen der geistlichen Schulaufsicht und unterstellte sie Ortsschulräten.

Tatsächlich war die Volksschule noch eine Schule des Volks, das Jahr für Jahr stärkere Mitwirkungsrechte beanspruchte. Wer dessen Sozialisations-Stätte „beherrschte", der hatte – so war zu vermuten – auch die neue proletarische Schicht besser unter „Kontrolle". Vermutlich spielte dieses Motiv bei dem Hegemoniedissens zwischen Staat und Kirche bzw. in der Frontstellung Aufklärung versus religiöser Bestimmung mit eine Rolle. Eine Liste über Schulgeld-Befreiungen an Volksschulen vermittelt, wie nicht anders zu erwarten, die vergleichsweise niedrige Stellung der Eltern. Die in der Auflistung am häufigsten vorkommenden Berufe sind: Taglöhner, Handwerker, Arbeiter und Wirt, nur selten kommt der Kaufmann vor.[68]

Stand die Volksschule fortan unter der Ägide des Staats, so war sie doch noch immer nach Konfessionen getrennt. Doch sollte auch dieser – insbesondere von der katholischen Seite befürwortete – Umstand bald ein Ende finden. Das so genannte Elementarschulgesetz von 1868 eröffnete den Gemeinden erstmals die Möglichkeit, konfessionell gemischte Volksschulen einzuführen, so genannte Simultanschulen – eine Option, die Mannheim 1870 als erste badische Stadt realisierte. 1876 wandelte sich diese Kann-Bestimmung dann zur Pflicht-Simultanschule. Das evangelische Schulhaus befand sich in R 2, 2; 1869 lernten dort 1 330 Schülerinnen und Schüler, in der katholischen Schule waren es 1 216 Eleven.[69]

Insgesamt bedeutete diese Entwicklung für die Kirche den Verlust handfester irdischer Macht, was nicht ohne Ausstrahlung ins Politische bleiben konnte. Bis 1868 hatte es die Herausbildung der – in Mannheim allerdings nicht allzu starken und vermutlich schlecht organisierten – Katholischen Volkspartei zur Folge. Ihre Anhänger wurden vom politischen Gegner als Ultramontane disqualifiziert, als solche, die sich ihre Weisungen von jenseits der Berge, das heißt aus Rom, holten. Damit kam der badische Kulturkampf auch mit der aktuellen nationalpolitischen Alternative in Berührung: entweder eine kleindeutsche Nationenbildung unter Führung des protestantischen Preußens oder die großdeutsche Lösung mit einem katholischen Österreich auf Augenhöhe Preußens. Streitbar setzten sich die Ultramontanen für die katholische Position ein, initiierten und organisierten vor allem die so genannten wandernden Casinos – Veranstaltungen an wechselnden Orten, auf denen sie im Schulstreit Mitte der sechziger Jahre die Position der katholischen Kirche propagierten und gegen den staatlichen Standpunkt *agitierten*. Im Jahr 1865 beherrschten die *modernen Kreuzritterzüge verbitterter Katholiken*, mit Stöcken bewaffnet und von ihren Pfarrern oder Kaplänen angeführt, die Straßen und suchten die Menschen auf Versammlungen im Sinne des Primats der katholischen Kirche politisch zu bekehren. Dabei erhöhte die Eisenbahn die Mobilität der Kasinisten enorm, kamen sie doch mit ihr mühelos in weiten Teilen Badens herum. Bisweilen waren durchaus ernste Zusammenstöße mit den Anti-Klerikalen zu verzeichnen, so auf dem Schillerplatz nahe der Jesuitenkirche: Von Sackträgern durchgeprügelt soll den Kasinisten einzig noch die Flucht durch die *Kalte Gass* zwischen Jesuitenkirche und B 4/B 5 Richtung Ludwigshafen geblieben sein. Trotz episodenhaften Charakters indizieren solche Berichte, dass die Ansichten der Ultramontanen im liberalen Mannheim auf nur wenig aufnahmebereiten Boden fielen. Dies belegt auch eine nicht unerheblich intolerante Zeitungsnotiz, die mit Blick auf einen bevorstehenden Casino-Umzug anzeigt, dass *heute Nachmittag eine Partie Schwarzwildbret zum Aushauen erwartet wird.*[70]

Im Jahr 1869 wurde die Höhere Bürgerschule in N 6, 4 in ein Realgymnasium umgewandelt, das insbesondere zur technischen Laufbahn befähigen sollte, nach Karlsruhe das zweite in Baden. Direktor Heinrich Schröder hatte sich mit Verve für die damit zum Ausdruck kommende Stärkung des Bildungsauftrags der höheren Bürgerschulen im Vergleich zu den humanistisch ausgerichteten Lyzeen eingesetzt. Hierin kann einerseits ein Bildungsanspruch des stärker werdenden mittleren Bürgertums gesehen werden, andererseits eine zunehmende Ausrichtung der Ausbildung nicht nur auf Gelehrsamkeit, sondern auch aufs „Reale". Obendrein hatte 1863 die Höhere Töchterschule in Räumen des westlichen Schlossflügels ihre Pforten

*Gründungskollegium der Höheren Töchterschule (später Elisabeth-Gymnasium). Foto, 1863. StadtA MA.*

geöffnet; das „Höhere" bezog sich dabei auf die Schulbildung und nicht den gesellschaftlichen Stand. Die Einrichtung war auf Initiative bürgerlicher Kreise hin entstanden und kann als eine Voraussetzung für die sich in der zweiten Hälfte des 19. Jahrhunderts allmählich herausbildende Frauenbewegung angesehen werden.[71] Auf Höheren Töchterschulen erhielten die Mädchen eine zwar weit über den Elementarunterricht hinausgehende, aber nicht zum Studium berechtigende Bildung. Allein, Frauen spielten im Berufsleben, womöglich in Führungspositionen, noch kaum eine Rolle; Frauennamen tauchen vor allem bei karitativen Zusammenschlüssen auf. Dabei finden sich in den Vorstandslisten dieser Organisationen Frauen mit Adelstitulatur noch häufiger als solche des gehobenen Bürgertums. Dazu enthüllt ein alltagsgeschichtlicher Erinnerungsbericht – trotz seines anekdotenhaften Charakters – ein ebenso despektierliches wie auf den häuslichen Kreis beschränktes Frauenbild: *Der Frauen Unterhaltung und Zeitvertreib in müßigen Stunden waren auch die drehbaren, mit einem Scharnier am Fenster befestigten dreischeibigen Spiegel (sonst auch Spione genannt), welche es ermöglichen, auf große Entfernungen Beobachtungen anzustellen, ohne dabei selbst gesehen zu werden.*[72] Die gesellschaftliche Akzeptanz und wirtschaftliche Alimentation der Frau war in der Regel eng an ihre Verehelichung geknüpft. So nimmt es nicht Wunder, dass auf sich allein gestellte unverheiratete Frauen zu *Kindsmörderinnen* werden konnten. Solche Fälle tauchen immer wieder auf, zum Beispiel wissen wir von zwei auswärtigen Arbeiterinnen, welche die Kinderleichen in einer Düngergrube bzw. am Rheindamm versteckten.[73] Zur Stellung der Frau in der Gesellschaft ist aber auch ein Blick ins Theaterleben aufschlussreich. Weibliche Ensemblemitglieder hatten einen Vertragspassus zu akzeptieren, der es der Theaterleitung ermöglichte, den Kontrakt im Falle von Verehelichung oder Schwangerschaft zu lösen. Dementsprechend bestand zum Beispiel 1861 zwischen unverheirateten und verheirateten Solosängerinnen ein Verhältnis von 4 zu 1, bei den Schauspielerinnen von 4 zu 2 und beim Chor sogar von 13 zu 2. Im Orchester spielten noch keine Instrumentalistinnen mit.[74]

## Innere Liberalität und Verwaltungshandeln

Seit 1860 war der Liberalismus in der Zweiten Kammer des Landes zur führenden politischen Kraft erstarkt. Prägnant schlug sich dies nieder in den seinerzeit erlassenen Gesetzen zu politischen, wirtschaftlichen, kulturellen und kirchlichen Aspekten. Zusätzlich bewirkte August Lamey als neuer Innenminister Veränderungen in der inneren Landesverwaltung, hinunter bis in den kommunalen Bereich. Es galt, den innenpolitischen Reformstau der vergangenen Jahrzehnte Zug um Zug aufzulösen. Dabei gehörte seit dem Gesetz über die Organisation der inneren Verwaltung von 1863 und seit der Justizreform von 1864 zum Verständnis innerer Liberalität die stärkere Beteiligung der Staatsbürger am öffentlichen Leben sowie die Überprüfbarkeit des Verwaltungshandelns durch unabhängige Gerichte. Einsparungen durch die Straffung des Behördenaufbaus sollten ein zusätzlicher Effekt sein.

Nach napoleonisch-französischem Vorbild war 1809 die dreigliedrige hierarchische Organisation der inneren Verwaltung eingeführt worden: Innenministerium, Kreisregierung mit Kreisdirektion und Bezirksamt. Die Entscheidungsfindung erfolgte vor allem in schriftlichem Verfahren, also ohne die Beachtung der Prinzipien der Öffentlichkeit und Mündlichkeit, welche liberale Kreise schon längst eingefordert hatten, nachdrücklich zu Zeiten der Revolution 1848/49.

Mit dem Gesetz über die Organisation der inneren Verwaltung wurden die Kreisregierungen bzw. -direktionen aufgehoben, die Bezirksämter jedoch beibehalten, die nun unmittelbar dem Innenministerium unterstellt waren. Und zur Anbindung an die bürgerlichen Bevölkerungskreise führte man einen so genannten Bezirksrat ein, der nach den Prinzipien der Mündlichkeit und Öffentlichkeit agierte und vor allem in minderen Streitfällen Recht sprach. Der Bezirksrat setzte sich aus einem vorsitzenden Juristen und bürgerlichen juristischen Laien als Schöffen zusammen. Die Kreisversammlung schlug Personen für das Schöffenamt vor, bestellt bzw. bestätigt wurden sie jedoch vom Innenministerium. Teile der katholischen Seite sahen hierin ein Instrument der liberalen Regierung, Persönlichkeiten nach ihrem Geschmack, also liberaler Couleur, zu installieren. Der Weg innerer Verwaltungsliberalität war dennoch beschritten mit der engeren Anbindung an den Bürgerwillen und der mündlichen Anhörung der Betroffenen bei öffentlicher Verhandlung. Damit wurde nicht nur die Legitimität des Verwaltungshandelns gestärkt; es gestaltete sich vermutlich auch effizienter, allein schon durch den Sachverstand vor Ort und den unmittelbaren mündlichen Austausch gegensätzlicher Positionen.[75]

Die Reformen von 1863/64 hatten, wie erwähnt, die Auflösung der bisherigen Kreisregierungen zur Folge, damit auch die der Neckarkreisregierung, deren Amtsort seit 1810 Mannheim gewesen war. Auf dieser Verwaltungsebene waren nun die eigenständigen Kreise Mosbach, Heidelberg und Mannheim angesiedelt.[76] Für Mannheim kann – vom liberalen Aufbruch einmal abgesehen – als gewisse Schattenseite der Reform bewertet werden, dass es an Zentralität hinsichtlich seiner politisch-administrativen Funktion verlor.[77] Selbst wenn man das 1864 installierte Landeskommissariat für die Kreise Mosbach, Heidelberg und Mannheim mit Sitz in der Quadratestadt – weitere bestanden in Karlsruhe, Freiburg und Konstanz – berücksichtigt, so war dessen administrative Bedeutung doch nur nachrangig. Bei den Landeskommissariaten handelte es sich im Wesentlichen um vom Innenministerium beauftragte Aufsichtsinstanzen mit nur geringer Weisungsbefugnis. Sie bildeten gleichsam das Verbindungsglied zwischen Innenministerium und Bezirksverwaltung. Der Staat schuf sich mit ihnen eine relativ weisungsarme, sich damit in die liberale Neukonzeption einfügende Kontrollinstanz vor Ort. Der Amtsbezirk Mannheim bestand dagegen weiter, wenn auch mit verändertem Zuschnitt.[78] Dem Großherzoglichen Bezirksamt mit Sitz in N 1 war als

administrativen Zwängen. Das Fallen der Stapel, die Begradigung des Stroms und die Festschreibung der freien Schifffahrt in der revidierten Rheinschifffahrtsakte von 1868, der Mannheimer Akte, zeugen hiervon. Unter anderem kommt die Bedeutung Mannheims als Schifffahrtsstadt darin zum Ausdruck, dass hier im Schloss ab 1860 die Rheinschifffahrts-Zentralkommission angesiedelt war; auf ihren regelmäßigen Sitzungen kamen die Vertreter sämtlicher Rheinanliegerstaaten zusammen. Als ihr *ausführendes Organ*, ihr Geschäftsführer wie wir heute sagen würden, fungierte der preußische Geheime Regierungsrat Karl Hermann Bitter, General-Inspektor der Rheinschifffahrt. Der *Actuar* (Schreiber) und Archivar war Georg Gottlieb Schirges, dem wir übrigens eine umfangreiche Schrift zur Rheinschifffahrt verdanken.[81]

Nach Beendigung des für Preußen erfolgreichen Deutschen Kriegs 1866 setzte es den von ihm favorisierten Freihandel endgültig durch; das tendenziell protektionistisch ausgerichtete Österreich sollte hierbei kein Hemmnis mehr sein. Im Grunde aber waren die Würfel schon vor dem Konflikt für das industrielle Preußen gefallen. Oder wie der Wirtschaftswissenschaftler John Maynard Keynes – ein Wort Bismarcks aufnehmend – zuspitzend formulierte: Die deutsche Einigung basiere nicht auf *Blut und Eisen* (Bismarck), sondern im Sinne wirtschaftlicher Dominanz auf *Kohle und Stahl.* Im Gesamtbild hat wohl beides seine Berechtigung.

Die von der Industrie benötigten Rohstoffe und die von ihr produzierten Güter mussten herangeschafft bzw. abtransportiert werden, einerseits über das kontinuierlich ausgebaute Eisenbahnnetz, andererseits per Binnenschiff, insbesondere über die Rheinschiene, wie der Strom nach Aufkommen des Schienenwegs in Analogie bezeichnet wurde. Umso bedeutsamer nahm sich seine Befreiung von allen Restzwängen durch die revidierte Rheinschifffahrtsakte aus. Allerdings konnten sich verbesserte Fahrbedingungen und stärkere Dampfschlepper nur schwerlich auszahlen, wenn die Auslade- und Ladezeiten am Ankunftsort immer länger wurden. Kurzum, die Mannheimer Hafeninfrastruktur erwies sich dem Verkehrsaufkommen zunehmend als nicht mehr gewachsen.[82] Nur sehr bedingt konnte der 1858/59 mit einfachsten Mitteln zum Kohlenhafen ausgebaute *Hummelsgraben*, ein „Wurmfortsatz“ des *Kleinen Rheins* zum Neckar hin, als adäquate Antwort auf die neuen Herausforderungen gelten. Ein nachhaltiges Wachstum der hiesigen Hafenlandschaft sollte jedoch erst in den 1870er Jahren mit dem Mühlauhafen einsetzen.

*Kohlenhafen („Hummelsgraben“) am Neckar. Ausschnitt aus dem Plan der Stadt Mannheim, um 1868/69. StadtA MA.*

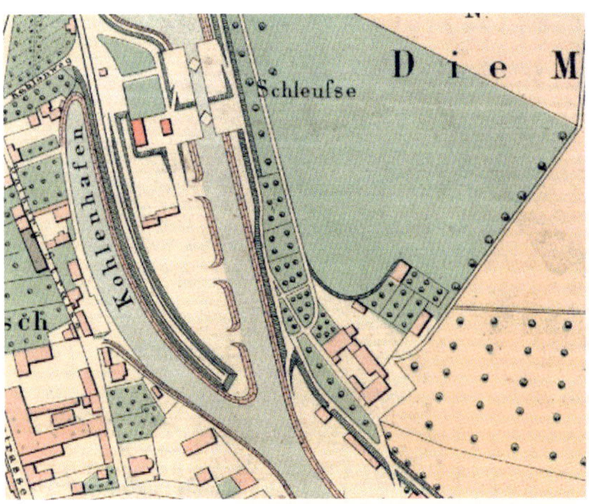


Ferner war Mannheim von alters her auch Zentrum für die Flößereiwirtschaft auf dem Neckar. Mit Abtrennung der Rheinschlinge durch den Friesenheimer Durchstich drifteten die Flößer die Hölzer vom

Neckar aus durch eine Floßschleuse in den Altrhein, wo sie die Stämme für die weitere Fahrt gen Niederlande zu den gigantischen *Holländerflößen* mit bis zu 400 m Länge zusammenbanden. Zum Beispiel ist 1864 von einem solchen Floß im Wert von 15 000 Gulden die Rede.[83] Zuvor waren die Rheinflöße am unteren Neckar zusammengestellt worden, was immer wieder zu Schwierigkeiten mit dem übrigen Schiffsverkehr geführt hatte. Somit war der neue Floßhafen, später im oberen Abschnitt zum Industriehafen ausgebaut, ein nützliches Nebenresultat der Tulla'schen Rheinbegradigung bzw. des Friesenheimer Durchstichs und der Neckarspitzenverlegung. Jedoch sollte mit dem Ausbau der Eisenbahnlinien längs des Rheins in den nächsten Jahrzehnten auch immer mehr Holz auf den Schienenweg abwandern.

Die Bahn trat immer stärker in Konkurrenz zur Schifffahrt, erschloss aber auch Landstriche, die einer Verfrachtung zu Wasser nicht zugänglich waren. Die 1866 fertiggestellte Trasse der Odenwaldbahn führte, von Ludwigshafen kommend, über Mannheim, Heidelberg, Mosbach bis nach Würzburg und weiter Richtung Osten bis nach Ungarn. Linksrheinisch bestand, zunächst über die Trajektanstalt, ab 1867 über die neue Eisenbahnbrücke Anschluss an die Ludwigs-Westbahn in die Hinterpfalz, mit Verbindung an das kohlenreiche Saargebiet. Zudem dampften in südlicher Richtung die Loks auf der bis 1870 ausgebauten Rheintalbahn in direkter Verbindung von Mannheim über Karlsruhe bis nach Basel: In Karlsruhe mündete die von Mannheim aus neu angelegte Strecke in die schon bestehende Bahnlinie Heidelberg–Basel (1855) ein, d.h. die Rheintalbahn schnitt nun den Umweg über Heidelberg ab. Zusammen mit der linksrheinisch verlaufenden Strecke nach Norden lag Mannheim als zentrale Schaltstation in einem Eisenbahnkreuz West-Ost-Nord-Süd.[84] Ein Eisenbahnknoten bei Friedrichsfeld wie im Fall der Main-Neckar-Bahn, weshalb Mannheim für lange Jahre umfahren wurde, konnte angesichts des Verkehrsaufkommens im Güter- und Personenverkehr nur noch Makulatur sein. Auch wenn Bahn- und Rheinschiene zunehmend als Konkurrenten auftraten, so ermöglichte die rasch anwachsende Masse des Transportaufkommens doch ein auskömmliches Nebeneinander. Der zukunftstaugliche Ansatz hieß daher nicht Verdrängungskonkurrenz, sondern – bis zum heutigen Tag – Ergänzung der Verkehrsträger.

Was den Nahverkehr mit den benachbarten Orten betrifft, so gab es regelmäßige Fuhren und Boten. 52 angesteuerte Orte wie Frankenthal, Germersheim oder Käfertal verzeichnet zum Beispiel das Adressbuch von 1865. Die Dienstleister hatten ihren festen Anlaufpunkt in bestimmten Wirtshäusern oder in Handelsgeschäften; übrigens übten eine solche Botentätigkeit überraschend häufig Frauen aus. Abgesehen von den Fuhrwerken ist bislang nicht bekannt, mit welchen Verkehrsmitteln, gegebenenfalls zu Fuß und per Handkarren, die Boten lieferten. Weder in den Nahverkehr noch in den innerstädtischen Verkehr hatten technische Innovationen spürbar Einzug gehalten. Und die Verbreitung der Drais'schen Laufmaschine bzw. des gerade aufkommenden Fahrrads mit Tretkurbelantrieb hielt sich noch in Grenzen; immerhin aber wurde in Mannheim 1869 ein Velocipedclub gegründet. Vorherrschend dürfte jedenfalls der Fuhrwerksverkehr gewesen sein.

## Die Mannheimer Akte von 1868

*Hanspeter Rings*

Die am 17. Oktober 1868 von Vertretern der Uferstaaten Baden, Bayern, Frankreich, Hessen, Holland und Preußen im Mannheimer Schloss unterzeichnete „Magna Charta" der Rheinschifffahrt stellt eines der ältesten im Kern noch heute gültigen internationalen Vertragswerke dar. Sie befreite die verkehrsreiche Hauptschlagader Europas von Basel bis ins Meer von allen Zwängen und Behinderungen und garantierte freie Waren- und Personenbeförderung per Schiff für alle Nationen.

Die in der Mannheimer Akte gipfelnde Entwicklung war bereits mit der von Napoleon erlassenen, 1805 in Kraft getretenen Konvention über das Rheinschifffahrts-Oktroi angestoßen worden. Der französische Imperator machte sich nicht nur durch seine Kriegführung und Länderneugliederung einen Namen, sondern auch durch seine ausgesucht klaren Gesetzeswerke, vor allem durch den Code civil. Seine Konvention über das Rheinschifffahrts-Oktroi reduzierte die Rheinzollstellen und vereinheitlichte die Zölle auf vergleichsweise niedrigem Niveau. Nach dem Sieg über den Korsen nahmen die europäischen Staaten auf dem Wiener Kongress 1815 Zollerleichterungen in die Kongressakte auf. Ferner planten sie die Abschaffung des Stapelzwangs, was jedoch erst in der Rheinschifffahrtsakte von 1831, der Mainzer Akte, festgeschrieben werden sollte. Eine der wesentlichen Errungenschaften dieses Vertragswerks war, dass Frachtkähne, welche Stapelstädte wie etwa Köln oder Mainz passierten, ihre Ladung nicht mehr in Schiffe dieser Städte umladen mussten.

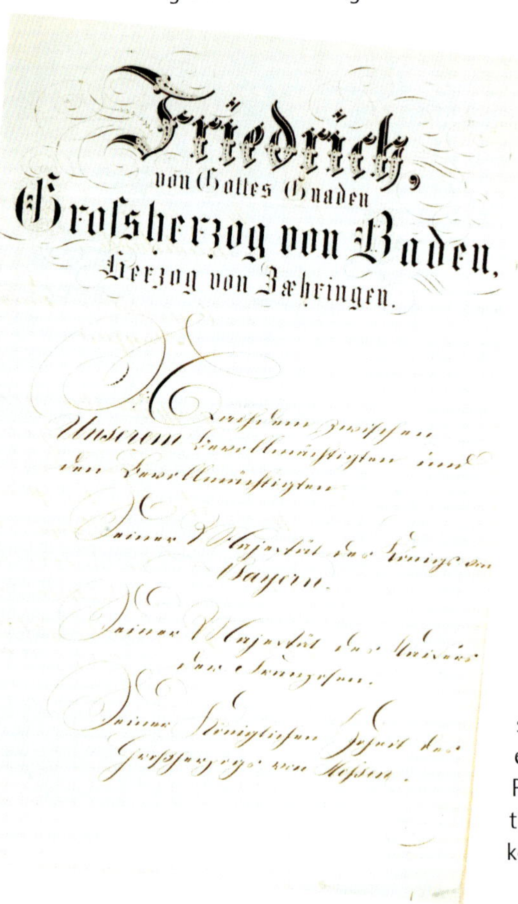
Friedrich,
von Gottes Gnaden
Grossherzog von Baden,
Herzog von Zæhringen.

*Badische Ratifikationsurkunde vom 24.3.1869, erste Seite. Privatbesitz.*

War die politische und administrative Entwicklung am Rhein einst durch Napoleons Siegeszug initiiert worden, so stand am Vorabend der Mannheimer Akte der deutsche Bruderkrieg zwischen Preußen und Österreich. Österreich unterlag bei Königgrätz, womit seine protektionistische Bremserrolle gegen den Freihandel ein Ende fand. Das industriell mächtige Preußen, interessiert an einer so funktionalen wie effektiven Wasserschiene, konnte nun mit Nachdruck die Befreiung des Rheins von seinen Zollfesseln und technischen Einschränkungen betreiben; Frankreich und die Niederlande folgten ihm dabei.

Gemäß der Mannheimer Akte, in der diese Bestrebungen kulminierten, sollte der Rhein allen Schifffahrttreibenden in gleicher Weise zugänglich sein. Dabei hatten die Anrainerstaaten die Instandhaltung des Fahrwegs und der Ufer zu gewährleisten, zum Beispiel sollten keine Mühlen, Schiffbrücken etc. die Schifffahrt behindern. Sicherheits- und Verkehrsvorschriften wurden festgelegt, ferner ordnete man die Errichtung von Rheinschifffahrtsgerichten an. Epochal aber war der Verzicht auf Abgaben, die allein auf der Tatsache der Befahrung des Stroms beruhten. Damit gehörte die noch in der Mainzer Akte festgeschriebene Schiffsgebühr der Vergangenheit an, war die Jahrhunderte währende Institution des Rheinzolls endgültig gefallen – der Güterzoll bei grenzüberschreitendem Verkehr hatte freilich weiter Bestand. Die aus Vertretern der Unterzeichnerstaaten zusammengesetzte Zentralkommission sollte über die Einhaltung der insgesamt 48 Artikel Aufsicht führen. In Kraft trat die Mannheimer Akte nach Austausch der Ratifikationsurkunden im Jahr 1869. Das Vertragswerk gewährleistete für die Dampfschleppschifffahrt, welche die Treidelschifffahrt mittlerweile abgelöst hatte, eine von wasserbautechnischen Hindernissen und Rheinzollerhebungen weitgehend befreite Fahrt. Damit konnte auch verhindert werden, dass die Güter auf den mächtig aufkommenden Schienenweg abwanderten.

Die Bezeichnung Mannheimer Akte, die sich analog zur Bezeichnung Mainzer Akte einbürgerte, erklärt sich aus dem Domizil der Zentralkommission für Rheinschifffahrt im Mannheimer Schloss in den ehemaligen Räumen von Großherzogin Stephanie ab 1860. Dort war es, wo die Diplomaten über die neuen Bestimmungen verhandelten und unter das Vertragswerk ihre Unterschriften setzten. Nach dem Ersten Weltkrieg sollte die einst aufgrund politischer Querelen von Mainz nach Mannheim gezogene Zentralkommission in Straßburg angesiedelt werden. Bis zum heutigen Tag spiegelt sich der Siegeszug des Freihandels und des technologischen Wandels in der Schifffahrt in der Revidierten Rheinschifffahrtsakte, die den jeweils aktuellen Bedürfnissen angepasst wird. ✧

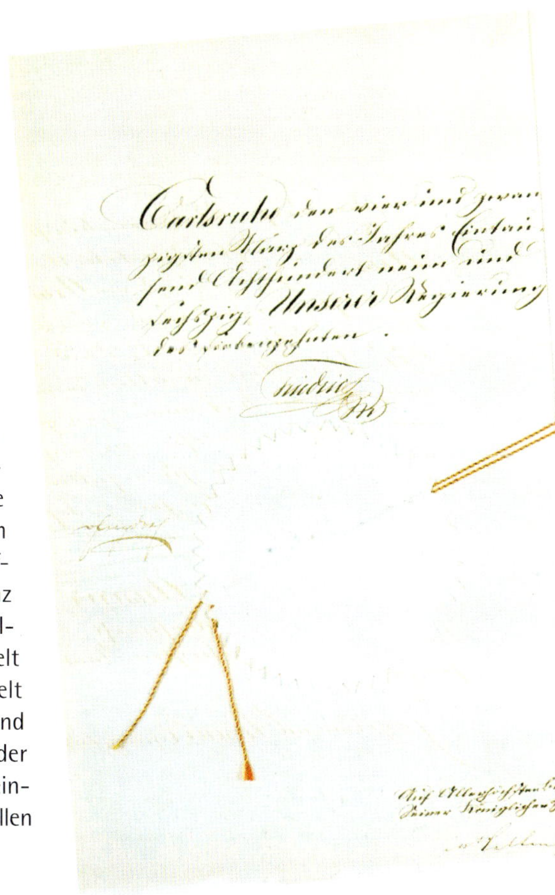

*Badische Ratifikationsurkunde vom 24.3.1869, letzte Seite. Privatbesitz.*

*Werbung aus dem Anzeigenteil des Mannheimer Adressbuchs von 1869. StadtA MA.*

Der Fuhrwerksverkehr war jedoch selbst im *geschäftlichen Mittelpunkt* der Stadt, wie ein Erinnerungsbericht besagt, noch nicht so stark, *dass er die Spielfreude der Kinder hätte stören können.* Apropos: Noch waren die *gefährlichsten Feinde beim Klickerles* [Murmelspiel] *die Spanner, die Kinder einer meist in der Unterstadt, der sogenannten Filzbach, wohnenden Art von Eckenstehern und Gelegenheitsarbeitern. Sie stürzten sich unvermutet auf die Spielenden und eigneten sich mit dem Rufe „Gerappelt" die auf der Straße liegenden Klicker an.*[85]

## Bürgerkultur schafft Kultur für Bürger

Wenn der in Mannheim für die Rheinschifffahrts-Zentralkommission in führender Position tätige Geheime Regierungsrat Karl Hermann Bitter zugleich musikgeschichtliche Werke über Johann Sebastian Bach verfasste, so zeigt dies pars pro toto die enge Verquickung des gehobenen Bürgertums mit Kultur und Wissenschaft. Es gehörte zum bürgerlichen Selbstverständnis, zur Bürgerkultur, sich für kulturelle Belange einzusetzen, gleichsam Kultur für den Bürger zu fördern und zu schaffen. Dagegen war der „kleine Mann" – von den Arbeiterbildungsvereinen abgesehen – noch kaum im Fokus der Kulturbestrebungen aufgetaucht.

Das Bürgertum nahm sich jener kulturellen und wissenschaftlichen Belange an, die im 18. Jahrhundert noch vom Hof ausgegangen waren. Bürger engagierten sich in kulturellen Vereinigungen wie etwa dem 1859 gegründeten Mannheimer Altertumsverein, der an die Tätigkeiten der kurpfälzischen Akademie der Wissenschaften anknüpfte und ab 1867 im linken Schlossflügel sein Domizil fand. Im Altertumsverein wirkte neben anderen Karl Borromäus Aloys Fickler, Kustos des Großherzoglichen Hofantiquariums (Altertumssammlung) und Professor am Lyzeum. Ihm verdanken wir auch jene handschriftliche Chronik der Stadt Mannheim für die Jahre 1863 bis 1866, die hier schon mehrfach konsultiert wurde.[86] Ferner trafen sich die Honoratioren in dem 1833 gegründeten Mannheimer Kunstverein, der die Pflege und Sammlung der Kunst dem Adel nicht mehr allein überlassen wollte. Die mit den Vereinsbeiträgen angeschafften Kunstwerke wurden noch bis 1864 unter den Mitgliedern zur Präsentation auch in ihren Privaträumen verlost. Ebenfalls 1833 war der Verein für Naturkunde gegründet worden, der den kümmerlichen Resten des kurfürstlichen Naturalienkabinetts nach Wegzug des Kurfürsten aus Mannheim neues Leben einzuhauchen und überdies Sammlungsgut anzufügen suchte.[87]

*Karl Borromäus Aloys Fickler (1809–1871), Professor am Lyzeum. Foto, 1860er Jahre. StadtA MA.*

Wie vieles andere, so waren auch große Partien der kurfürstlichen Bibliothek 1778 mit Kurfürst Karl Theodor nach München gewandert. Um diesen Verlust – wenn auch nur ansatzweise – auszugleichen, vermachte der 1861 verstorbene Oberhofgerichtsexpeditor[88] Johann Adam Schüßler der Stadt seine umfangreiche Büchersammlung sowie den Betrag von 1 000 Gulden als Grundstock für eine öffentliche Bibliothek; der Gemeinderat bewilligte einen jährlichen Zuschuss in Höhe von 400 Gulden. Doch sollte es noch rund ein Jahrzehnt dauern, bis die Bücherregale der ehemals kurfürstlichen Bibliothek im Schloss wieder gefüllt waren und der Lesesaal seine Pforten öffnen konnte. Der Literarisch gesellige Verein ebenso wie die Desbillons'sche Bibliothek hatten ihren Bücherfundus beigesteuert.[89] Wohl wird diese Bibliothekseinrichtung im Kontext des ab Mitte des Jahrhunderts an Bedeutung zunehmenden Bibliothekswesens zu sehen sein. Die Schüßler'sche Stiftung kann aber auch als Beispiel für eine einsetzende bürgerliche Stiftungskultur genommen werden, welcher der Charakter eines *gemeinbürgerlichen Phänomens* zukam.[90] Gleichermaßen muss die Seligmann, Julie und Leopold Ladenburg-Stiftung von 1867 zur Unterstützung armer Mannheimer Familien genannt werden; sie stellte immerhin ein Kapital von 30 000 Gulden zur Verfügung.[91]

Überdies kam der *erstarkende Gemeinsinn der Bürgerschaft*[92] im anspruchsvollen Musizieren zum Ausdruck, bei dem der Bürger nicht nur rezipierte, sondern sich selbst ausübend betätigte. So im Musikverein, der sich ab Mitte der 1860er Jahre vor allem dem großen Oratorium zuwandte, oder im 1859 gegründeten Dilettantenverein, bei dem die Dilettanten unerbittlicher Bürgerkrieg. Auswirkungen hatte dieser ferne bewaffnete Konflikt bis in unsere Region. Dass die Mannheimer Tabakindustrie wegen der amerikanischen Produktionsausfälle zeitweilig boomte, wurde bereits erwähnt. Ferner lag die Sympathie vieler Mannheimer nicht zuletzt deshalb auf Seiten der Nordtruppen, da sie ihre Depots mit nordstaatlichen Anleihepapieren gefüllt hatten.

Das *Badische Centralblatt* von 1864 warnte aber auch vor Avancen der Auswanderer-Agenturen, auf welche Gutgläubige leicht hereinfielen. Es handele sich um Offerten, in denen Begrüßungsgeld, ein fester Arbeitsplatz und Ähnliches mehr versprochen würden. Letztlich jedoch geriet den Auswanderern das Kleingedruckte des Auswanderer-Vertrags zum Verhängnis: In Amerika angekommen, „verkauften" die Agenten sie gemäß dort geltender Vertragsauslegung an die Armeen, die rund 800 Dollar pro Mann zahlten. Natürlich floss dieses Geld nicht in die Taschen der Auswanderer, sondern einzig in die der findigen Agenten. So geriet die verheißungsvolle Neue Welt im Lauf des Sezessionskriegs für viele schnell zum Albtraum. Und als die amerikanischen Armeen wegen Freiwilligenmangels zur Zwangsrekrutierung übergingen, regte dies den „Menschenhandel" um ein Weiteres an: Viele gut betuchte Amerikaner „bestellten" sich nun bei den Auswandereragenten ihren Vertreter – eine Person, die stellvertretend für sie in den Krieg zog.[99] In der Aktenlage ist dies kaum noch zu fassen, dennoch wissen wir, dass Straftäter zur Auswanderung begnadigt wurden, die Stadt sogar die Schiffspassage nach New York und ein Handgeld übernahm.[100] Letztlich kam dies die Kommune billiger als ein weiterer Zuchthausaufenthalt hierzulande. Vermutlich dürften solche gescheiterten und mittellosen Existenzen keine allzu schwere Beute für die amerikanischen Militärwerber gewesen sein.

Allerdings, auch in Mannheim konnten sich Vermögende durch das so genannte Einsteherwesen vom Dienst an der Waffe freikaufen. Für das Jahr 1863 zum Beispiel stellte der Mannheimer Rekrutenverein – im Adressbuch unter den Versicherungs-Anstalten aufgeführt – seinen Versicherten Ersatz. Von den 33 Versicherten waren 13 vom Los betroffen, hätten also einrücken müssen, wären vom Verein nicht Ersatzmänner für insgesamt 1 800 Gulden beschafft worden.[101] In einer Zeit, da für viele die Armut täglicher Begleiter war, ließen sich natürlich immer wieder Menschen auf solch ein riskantes Spiel ein, denn die Zeichen der Zeit konnten schnell auf Krieg stehen.

Zunächst hallte hierzulande der Kriegsdonner vom hohen Norden, von der schleswig-holsteinischen Küste wider. Die Dänen hatten einen neuen König bekommen, der Schleswig und Holstein wieder mit seinem Land zu vereinen suchte. Schon in den 1850er Jahren hatte Dänemark eine offensive Dänisierungspolitik betrieben, etwa seinen deutschsprachigen Teilen Dänisch als Schulsprache verordnet. Das Dilemma zwischen Volks- und Staatszugehörigkeit – bei der Nationenbildung seinerzeit oft höchst virulent – brach hier eitrig auf,[102] und das deutsche Nationalgefühl stöhnte auf. Auch die Badener setzten sich diplomatisch dafür ein, dass die Länder nicht im linken Schlossflügel sein Domizil fand. Im Altertumsverein wirkte neben anderen Karl Borromäus Aloys Fickler, Kustos des Großherzoglichen Hofantiquariums (Altertumssammlung) und Professor am Lyzeum. Ihm verdanken wir auch jene handschriftliche Chronik der Stadt Mannheim für die Jahre 1863 bis 1866, die hier schon mehrfach konsultiert wurde.[86] Ferner trafen sich die Honoratioren in dem 1833 gegründeten Mannheimer Kunstverein, der die Pflege und Sammlung der Kunst dem Adel nicht mehr allein überlassen wollte. Die mit den Vereinsbeiträgen angeschafften Kunstwerke wurden noch bis 1864 unter den Mitgliedern zur Präsentation auch in ihren Privaträumen verlost. Ebenfalls 1833 war der Verein für Naturkunde gegründet worden, der den kümmerlichen Resten des kurfürstlichen Naturalienkabinetts nach Wegzug des Kurfürsten aus Mannheim neues Leben einzuhauchen und überdies Sammlungsgut anzufügen suchte.[87]

*Karl Borromäus Aloys Fickler (1809–1871), Professor am Lyzeum. Foto, 1860er Jahre. StadtA MA.*

Wie vieles andere, so waren auch große Partien der kurfürstlichen Bibliothek 1778 mit Kurfürst Karl Theodor nach München gewandert. Um diesen Verlust – wenn auch nur ansatzweise – auszugleichen, vermachte der 1861 verstorbene Oberhofgerichtsexpeditor[88] Johann Adam Schüßler der Stadt seine umfangreiche Büchersammlung sowie den Betrag von 1 000 Gulden als Grundstock für eine öffentliche Bibliothek; der Gemeinderat bewilligte einen jährlichen Zuschuss in Höhe von 400 Gulden. Doch sollte es noch rund ein Jahrzehnt dauern, bis die Bücherregale der ehemals kurfürstlichen Bibliothek im Schloss wieder gefüllt waren und der Lesesaal seine Pforten öffnen konnte. Der Literarisch gesellige Verein ebenso wie die Desbillons'sche Bibliothek hatten ihren Bücherfundus beigesteuert.[89] Wohl wird diese Bibliothekseinrichtung im Kontext des ab Mitte des Jahrhunderts an Bedeutung zunehmenden Bibliothekswesens zu sehen sein. Die Schüßler'sche Stiftung kann aber auch als Beispiel für eine einsetzende bürgerliche Stiftungskultur genommen werden, welcher der Charakter eines *gemeinbürgerlichen Phänomens* zukam.[90] Gleichermaßen muss die Seligmann, Julie und Leopold Ladenburg-Stiftung von 1867 zur Unterstützung armer Mannheimer Familien genannt werden; sie stellte immerhin ein Kapital von 30 000 Gulden zur Verfügung.[91]

Überdies kam der *erstarkende Gemeinsinn der Bürgerschaft*[92] im anspruchsvollen Musizieren zum Ausdruck, bei dem der Bürger nicht nur rezipierte, sondern sich selbst ausübend betätigte. So im Musikverein, der sich ab Mitte der 1860er Jahre vor allem dem großen Oratorium zuwandte, oder im 1859 gegründeten Dilettantenverein, bei dem die Dilettanten

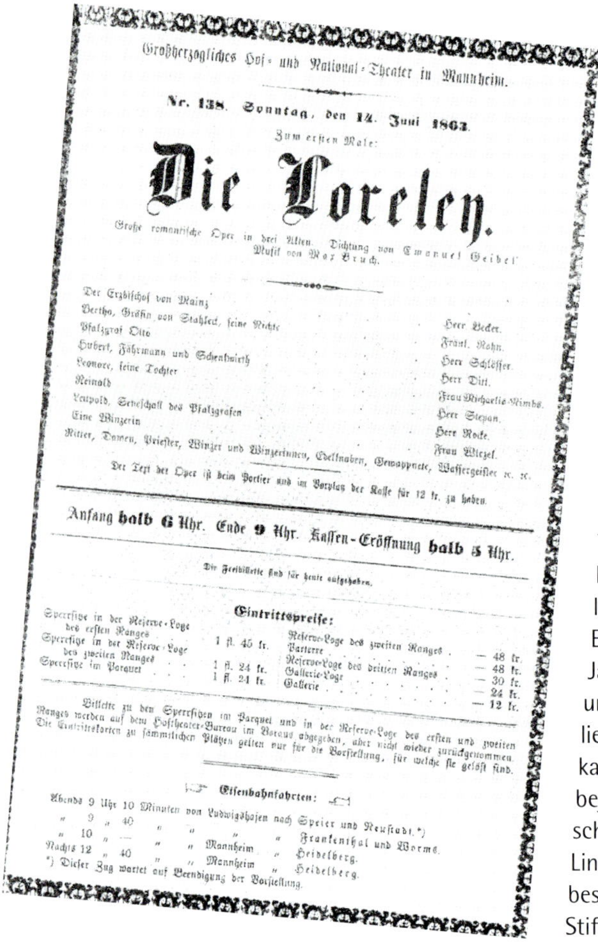

Großherzogliches Hof- und National-Theater in Mannheim.

Nr. 138. Sonntag, den 14. Juni 1863.

Zum ersten Male:

# Die Loreley.

Große romantische Oper in drei Akten. Dichtung von Emanuel Geibel
Musik von Max Bruch.

| | |
|---|---|
| Der Erzbischof von Mainz | Herr Becker. |
| Bertha, Gräfin von Stahleck, seine Nichte | Fräul. Rohn. |
| Pfalzgraf Otto | Herr Schlösser. |
| Hubert, Fährmann und Schenkwirth | Herr Ditt. |
| Leonore, seine Tochter | Frau Michaelis-Nimbs. |
| Reinald | Herr Stepan. |
| Leupold, Seneschall des Pfalzgrafen | Herr Rocke. |
| Eine Winzerin | Frau Wiezel. |

Ritter, Damen, Priester, Winzer und Winzerinnen, Edelknaben, Gewappnete, Wassergeister rc. rc.

Der Text der Oper ist beim Portier und im Vorplatz der Kasse für 12 kr. zu haben.

Anfang **halb 6 Uhr.** Ende **9 Uhr.** Kassen-Eröffnung **halb 5 Uhr.**

Die Freibillette sind für heute aufgehoben.

**Eintrittspreise:**

| | | | |
|---|---|---|---|
| Sperrsitze in der Reserve-Loge des ersten Ranges | 1 fl. 45 kr. | Reserve-Loge des zweiten Ranges | — 48 kr. |
| Sperrsitze in der Reserve-Loge des zweiten Ranges | 1 fl. 24 kr. | Parterre | — 48 kr. |
| Sperrsitze im Parquet | 1 fl. 24 kr. | Reserve-Loge des dritten Ranges | — 30 kr. |
| | | Gallerie-Loge | — 24 kr. |
| | | Gallerie | — 12 kr. |

Billette zu den Sperrsitzen im Parquet und in der Reserve-Loge des ersten und zweiten Ranges werden auf dem Hoftheater-Bureau im Voraus abgegeben, aber nicht wieder zurückgenommen. Die Eintrittskarten zu sämmtlichen Plätzen gelten nur für die Vorstellung, für welche sie gelöst sind.

**Eisenbahnfahrten:**

Abends 9 Uhr 10 Minuten von Ludwigshafen nach Speier und Neustadt.*)
„ 9 „ 40 „ „ „ „ Frankenthal und Worms.
„ 10 „ — „ „ Mannheim „ Heidelberg.
Nachts 12 „ 40 „ „ Mannheim „ Heidelberg.
*) Dieser Zug wartet auf Beendigung der Vorstellung.

*Programm zur Uraufführung der Oper „Die Loreley“ von Max Bruch am 14. Juni 1863 im Großherzoglichen Hof- und Nationaltheater Mannheim. StadtA MA.*

(Liebhaber) im Orchester mitspielten. Erwähnt sei auch das 1856 entstandene Synagogen-Männerquartett, das sich 1858 den Namen Liederkranz gab und zu einer bedeutenden Musikvereinigung anwuchs; seine Vereinschronik erweist sich bis heute als ebenso bibliophile wie informative Fundgrube.[93] Ferner war der erwähnte Johann Adam Schüßler auch der Gründer des Vereins Deutsche Tonhalle.

Der zentrale „Kulturtempel“ der Stadt war aber nach wie vor das Großherzogliche Hof- und Nationaltheater, das seit 1839 unter Leitung eines bürgerlichen Theaterkomitees stand, das sowohl auf die künstlerischen als auch finanziellen Belange des Hauses und seiner Angehörigen Einfluss nahm. So waren ihm in den 1860er Jahren die Theaterpensionäre sowie Witwen und Waisen von Theaterangehörigen ein Anliegen. In einer Zeit ohne Sozialversicherung kam es schließlich nicht selten vor, dass die bejubelten Bühnengrößen von gestern heute schon in drängendste Not abgeglitten waren. Linderung erwartete man sich von einer Verbesserung des Pensionsfonds sowie einer aus Stiftungsmitteln finanzierten Unterstützung der Witwen und Waisen. Dabei speiste sich der Pensionsfonds vor allem aus Sondervorstellungen bzw. aus den Einnahmen der teueren Logenplätze, auf denen das Bürgertum den Adel weitgehend abgelöst hatte. Die Abonnements waren an solchen Abenden zwar aufgehoben, doch erwarteten die Theaterverantwortlichen, dass die Logenbesitzer ihre Plätze trotzdem einnahmen – und zahlten. Jedoch war dies nicht immer der Fall, weshalb die Einnahmen oft allzu schmal ausfielen. 1866 wurde das Hoftheaterkomitee in dieser Angelegenheit beim Stadtrat vorstellig – die Logenmieter sollten zum Besuch solcher Pensionsvorstellungen verpflichtet werden, da nur so der Fonds effektiv unterstützt werden könne. Dieses „unliberale“ Ansinnen lehnte der Rat jedoch ab.[94] Lief der Billettverkauf im Fall der Pensionsvorstellungen nur schleppend an, so standen die Menschen Schlange, als die berühmte Pianistin Clara Schumann 1863 in Mannheim gastierte, erst recht als im selben Jahr die zwanzigjährige Operndiva Adelina Patti auftrat. In diesem Jahr verstarb der legendäre Mannheimer Bühnenbildner Joseph Mühldorfer, dem sogar Richard Wagner seinen *Ring des Nibelungen* wegen der Lösung bühnentechnischer Schwierigkeiten übersandt hatte. Und 1869 gingen in Mannheim erstmals die *Meistersinger* über die Bühne. 1871 konstituierte sich, initiiert von dem Musikalienhändler Emil Heckel, der erste Richard-Wagner-Verein, der nachhaltig zum Entstehen des Bayreuther Festspielhauses beitragen sollte.[95]

Das Theater war zu einer überwiegend von der Bürgerschaft getragenen Kultureinrichtung geworden. Dementsprechend sah man die auf dem Schillerplatz neben dem Schillerdenkmal vor dem Theater 1864 bzw. 1866 aufgestellten Statuen von Iffland und Dalberg auch als Ausdruck bürgerlichen Selbstverständnisses. Freilich sollten die Denkmäler zugleich an die Zeit vergangenen höfischen Glanzes erinnern. Gestiftet wurden sie denn auch von König Luwig I. von Bayern, der in Mannheim seine Jugendtage verlebt hatte.[96]

Außerdem traf sich die gesellschaftliche Elite in der Harmonie in D 2, 6 und 7, einem gehobenen Geselligkeitsverein. Neben politischem Austausch, Spiel oder einem gepflegten Glas konnte man dort die ausliegenden nationalen und internationalen Zeitungen studieren, natürlich auch die örtliche Presse. Vor allem die liberale, ab 1868 dreimal täglich erscheinende *Neue Badische Landeszeitung (NBLZ)* galt in Wirtschaftskreisen wegen ihrer Kursberichte als Muss. Hervorgegangen war sie 1866 aus dem 1856 gegründeten *Mannheimer Anzeiger*, Organ der Fortschrittspartei. *Alles für das Volk und alles durch das Volk* war dessen Devise. Leitender Redakteur der *NBLZ* war Johann Peter Eichelsdörfer, welcher, wie erwähnt, der Deutschen Volkspartei, die sich hier 1868 aus dem linken Flügel der Fortschrittspartei heraus konstituiert hatte, nahe stand. 1869 überwarf er sich nicht zuletzt wegen einer zeitweisen nationalliberalen Ausrichtung des Blatts mit der Verlagsspitze. Schon kurz darauf gründete er die der Volkspartei nahe stehende *Mannheimer Abendzeitung*, die allerdings nur bis 1870 Bestand hatte. Mit dem neuen Organ suchte er an die radikal-demokratische Überzeugung der 1849 eingestellten gleichnamigen Zeitung anzuknüpfen.

Ferner dürften sich im Zeitungsständer das 1864 ins Leben gerufene *Mannheimer Abendblatt* (seit 1867 *Mannheimer Tageblatt*) und der 1866 gegründete, liberale Akzente setzende *Mannheimer Verkündiger* befunden haben, womöglich aber auch das radikaldemokratische, von Ludwig Eckardt herausgegebene *Deutsche Wochenblatt*. Außerdem lag gewiss das *Mannheimer Journal* aus, das seit 1837 alle politischen Stürme mit flexibler Meinung zu überstehen gewusst hatte. So machte das zunächst preußisch bzw. kleindeutsch ausgerichtete Organ auch eine entsprechende Kehrtwendung, als 1866 badische Truppen auf österreichischer Seite gegen Preußen marschierten.[97]

## Stellvertreter-Blut ist auch rot – Krieg

Nach Golo Mann zettelte die politische Elite in den 1850er bis 1870er Jahren besonders leichtfertig Kriege an.[98] Keine unerhebliche Problematik der *Neuen Ära*! Für Bismarck war der Krieg, den er kühl kalkulierend einsetzte, die Verlängerung seiner Politik mit *Eisen und Blut*. Derweil tobte in Amerika von 1861 bis 1865 zwischen dem Norden und dem Süden ein unerbittlicher Bürgerkrieg. Auswirkungen hatte dieser ferne bewaffnete Konflikt bis in unsere Region. Dass die Mannheimer Tabakindustrie wegen der amerikanischen Produktionsausfälle zeitweilig boomte, wurde bereits erwähnt. Ferner lag die Sympathie vieler Mannheimer nicht zuletzt deshalb auf Seiten der Nordtruppen, da sie ihre Depots mit nordstaatlichen Anleihepapieren gefüllt hatten.

Das *Badische Centralblatt* von 1864 warnte aber auch vor Avancen der Auswanderer-Agenturen, auf welche Gutgläubige leicht hereinfielen. Es handele sich um Offerten, in denen Begrüßungsgeld, ein fester Arbeitsplatz und Ähnliches mehr versprochen würden. Letztlich jedoch geriet den Auswanderern das Kleingedruckte des Auswanderer-Vertrags zum Verhängnis: In Amerika angekommen, „verkauften" die Agenten sie gemäß dort geltender Vertragsauslegung an die Armeen, die rund 800 Dollar pro Mann zahlten. Natürlich floss dieses Geld nicht in die Taschen der Auswanderer, sondern einzig in die der findigen Agenten. So geriet die verheißungsvolle Neue Welt im Lauf des Sezessionskriegs für viele schnell zum Albtraum. Und als die amerikanischen Armeen wegen Freiwilligenmangels zur Zwangsrekrutierung übergingen, regte dies den „Menschenhandel" um ein Weiteres an: Viele gut betuchte Amerikaner „bestellten" sich nun bei den Auswandereragenten ihren Vertreter – eine Person, die stellvertretend für sie in den Krieg zog.[99] In der Aktenlage ist dies kaum noch zu fassen, dennoch wissen wir, dass Straftäter zur Auswanderung begnadigt wurden, die Stadt sogar die Schiffspassage nach New York und ein Handgeld übernahm.[100] Letztlich kam dies die Kommune billiger als ein weiterer Zuchthausaufenthalt hierzulande. Vermutlich dürften solche gescheiterten und mittellosen Existenzen keine allzu schwere Beute für die amerikanischen Militärwerber gewesen sein.

Allerdings, auch in Mannheim konnten sich Vermögende durch das so genannte Einsteherwesen vom Dienst an der Waffe freikaufen. Für das Jahr 1863 zum Beispiel stellte der Mannheimer Rekrutenverein – im Adressbuch unter den Versicherungs-Anstalten aufgeführt – seinen Versicherten Ersatz. Von den 33 Versicherten waren 13 vom Los betroffen, hätten also einrücken müssen, wären vom Verein nicht Ersatzmänner für insgesamt 1 800 Gulden beschafft worden.[101] In einer Zeit, da für viele die Armut täglicher Begleiter war, ließen sich natürlich immer wieder Menschen auf solch ein riskantes Spiel ein, denn die Zeichen der Zeit konnten schnell auf Krieg stehen.

Zunächst hallte hierzulande der Kriegsdonner vom hohen Norden, von der schleswig-holsteinischen Küste wider. Die Dänen hatten einen neuen König bekommen, der Schleswig und Holstein wieder mit seinem Land zu vereinen suchte. Schon in den 1850er Jahren hatte Dänemark eine offensive Dänisierungspolitik betrieben, etwa seinen deutschsprachigen Teilen Dänisch als Schulsprache verordnet. Das Dilemma zwischen Volks- und Staatszugehörigkeit – bei der Nationenbildung seinerzeit oft höchst virulent – brach hier eitrig auf,[102] und das deutsche Nationalgefühl stöhnte auf. Auch die Badener setzten sich diplomatisch dafür ein, dass die Länder nicht an Dänemark fallen sollten, sondern an den erbberechtigten Herzog von Augustenburg. Der Nationalverein rief im Aulasaal dazu auf, die Ansprüche des Augustenburgers mit Geld, Waffen und sogar Soldaten zu unterstützen. Die Mitglieder der linken, demokratischen Richtung konnten sich damit allerdings nicht anfreunden, sahen keinerlei Bedarf für einen weiteren deutschen Fürsten.[103] Preußen mit Bismarck an der Spitze und Österreich nahmen die Fehde dann 1864 mit der Waffe auf und bezwangen die Dänen noch im selben Jahr. Im Zuge des seinerzeit üblichen „Kriegstourismus" beabsichtigte auch der Bruder des Großherzogs, Ludwig August von Baden, zusammen mit Offizieren des hiesigen Dragonerregiments an die Front abzureisen. Allerdings mussten sie ihr Vorhaben aufgeben, denn trotz eifrigen Telegraphierens war kein adäquates Quartier mehr zu finden.[104] Zu guter Letzt sollte das umkämpfte Gebiet dann doch nicht an den Augustenburger, sondern je hälftig an die Krieg führenden Mächte Preußen und Österreich fallen. In Mannheim konnten sich viele mit einer solch überheblichen Großmachtspolitik nur schwer anfreunden – doch ein Darlehen der Stadt in Höhe von immerhin 10 000 Talern (der Doppeltaler zu 3 ½ Gulden) war bereits an die Krieg führenden Mächte ausgezahlt.[105]

Freilich war mit diesem Sieg auch ein weiterer Keim des Misstrauens zwischen den Großmächten gesät, der schon bald aufgehen sollte. Seit langem brodelte es zwischen Preußen und Österreich, nun waren sich die Staaten gefährlich nahe gekommen in Schleswig, das nun von Preußen, und Holstein, das von Österreich verwaltet wurde. Schon marschierten preußische Truppen im Juni 1866 in Holstein ein, und Österreich mobilisierte

*„Der sterbende Soldat". Aquarell und Bleistift von Adolph von Menzel. Das Bild entstand kurz nach der Schlacht bei Königgrätz am 3. 7. 1866. AKG Images.*

*Hauptdepot für die III. Armee in der Mannheimer Schlosskirche, betrieben vom Zentralkomitee der deutschen Vereine für im Felde verwundete oder erkrankte Krieger. „Allgemeine Illustrierte Zeitung", 1870, Nr. 9. StadtA MA.*

den größten Teil der Staaten des Deutschen Bunds, Baden inklusive. Somit rückte Ende Juni auch die Mannheimer Garnison zum Kriegsschauplatz ab. Junge Mannheimer Ärzte wurden vom Kriegsministerium aufgefordert, zu günstigen Konditionen in die Armee des Bunds einzutreten. Selbst ein Karl Reiß begab sich zum freiwilligen Sanitätsdienst.[106] Die Frauen stellten derweil für die Verletzten *Charpie* her, gezupftes Leinen als Watteersatz; sie besaßen darin schon Erfahrung aus dem amerikanischen Bürgerkrieg, da man auch in Mannheim für die Verstümmelten des nordamerikanischen Heers, in dem viele Deutsche mitkämpften, *Leinenzeug* und *Charpie* organisiert hatte. Ferner sammelten die Frauen Lebensmittel und Kleidung für die Truppen. Dennoch kam auf die Kommune eine erhebliche finanzielle Belas-

*Schlacht bei Königgrätz. Bismarck reicht auf dem Schlachtfeld einem schwer verwundeten Soldaten die „letzte Zigarre“. Holzstich nach zeitgenössischer Zeichnung, 1866. AKG Images.*

tung zu. Eine Anleihe in Höhe von 100 000 Gulden nahm die Mannheimer Stadtkasse bei den Bürgern zur Deckung der Kosten des *Bruderkriegs* auf – Einzahlung in Frankfurter Banknoten, süddeutschem Papiergeld oder in Silbergeld.[107] Obendrein wurden zum Beispiel trotz Protests und unter Berufung auf diverse Artikel der Wiener Kongressakte zur freien Schifffahrt im preußischen Köln vier für Mannheim bestimmte Schleppkähne festgehalten als Konsequenz der antipreußischen Ausrichtung Badens. Weiterfahren konnten die Schiffe erst, als der Nachweis erbracht war, dass ihre Schwefel- und Salpeter-Ladungen nicht für Kriegszwecke, sondern für die hiesige chemische Industrie bestimmt waren.[108] Doch wusste die österreichische der preußischen Seite, die über die modernen treffsicheren und

*Aushang der „Neuen Badischen Landeszeitung" vom 3. September 1870 anlässlich des für Deutschland erfolgreichen Deutsch-Französischen Kriegs. StadtA MA.*

Nr. 410 (Abend-Blatt). 15. Jahrgang.

Neue Badische Landes-Zeitung
Mannheimer Anzeiger

Samstag, 3. September. 1870.

Berlin, den 3. September.
(Officielle militärische Nachrichten).

Der König Wilhelm
an di
Königin Augusta
in
Berlin.

Vor Sedan, 2. September, 1½ Uhr Nachmittags.

Die Kapitulation, wodurch die ganze Armee in Sedan kriegsgefangen ist, wurde soeben mit General **Wimpffen** geschlossen, welcher an Stelle des verwundeten Marschalls **Mac Mahon** das Kommando führt.

Der Kaiser hat nur sich selbst Mir ergeben, da er das Commando nicht führt und Alles der Regentschaft in Paris überläßt.

Seinen Aufenthaltsort werde Ich bestimmen, nachdem Ich ihn in einem Rendezvouz gesprochen haben werde, das sofort stattfindet. Welch' eine Wendung durch Gottes Führung.

Wilhelm.

Hurrah Germania.
Sieg auf Sieg und endlich diese Entscheidung:

„Besiegt und geschlagen das tapfere Heer
Und der Kaiser, der Kaiser gefangen"

Die sich erkühnten, eine Promenade nach Berlin zu machen, wie sind sie gerichtet für ihr Prahlen, für den maßlosen Frevel, den Krieg in friedliche Gauen tragen zu wollen!
Die Nemesis hat sie erreicht, — deutsche Hiebe haben den Uebermuth gestraft.
Herrlich hat sich die deutsche Tapferkeit, herrlich die deutsche Volkskraft bewährt, glänzendere Siege verzeichnet kein Blatt der Geschichte.
Freuen wir uns des Erreichten, lassen wir heute Abend die Fenster unserer Stadt lichthell strahlen, so lichthell wie dieser Sieg die Welt durchstrahlen wird.
Aber gedenken wir auch der Opfer, welche der Kampf gekostet, der Söhne, Brüder und Mitbürger, denen das Auge brach auf blutgetränktem Schlachtfelde und aus der Siegesfreude und der Trauer um die Lieben zugleich sprieße des Volkes Hoffnung und des Volkes Wille, als Siegespreis zu erlangen und zu fordern:

Ein einiges freies Deutschland

Treue um Treue — wir haben sie den Fürsten gehalten, unter dieser Devise haben wir gesiegt, ihre Erfüllung möge das neue Deutschland zu einem Lande wahrer Volksfreiheit gestalten.
Keine der liberalen Parteien hat je ein anderes Ziel im Auge gehabt. Und heute, da wir uns in namenloser Siegesfreude diesem Ziele nahe glauben, da des Herzens warmer Schlag alle Zweifel, alle Bedenken zurückdrängt, wollen wir Mannheimer, wir Badenser diese Einigkeit, die das ganze Vaterland beglücken soll, laut und froh kundgeben in dem einstimmigen Ruf:

Hurrah Germania!

Dr. Joseph Stern.

Es bedarf wohl kaum einer Entschuldigung, wenn auch das Personal der Zeitung seinen Anspruch auf Theilnahme an der allgemeinen Freude macht und wenigstens zum Theil — wie dieses Blatt beweist — die Arbeit heute einstellt.

Verantwortlicher Redakteur Dr. Joseph Stern. — Druck und Verlag von J. Schneider in Mannheim, Ecke des Strohmarkts, Lit. O 3, Nr. 6.

feuerschnellen Zündnadelgewehre verfügte, nicht zu trotzen, sodass die Waffen nach kurzer Zeit – nach der für Österreich desaströsen Schlacht bei Königgrätz – auch wieder schwiegen. So die Männer nicht gefallen waren, erhielten sie – oft für schwere Verwundungen – bei ihrer Rückkehr ein Mittagessen, einen Schoppen Wein und einige Zigarren.[109] Nun allerdings besetzten preußische Truppen die Stadt. Beim überwiegenden Teil der Mannheimer weckte dies – trotz vergleichsweise behutsamen Vorgehens der Preußen – unangenehme Erinnerungen an die Niederschlagung der Revolution 1848/49. Auch wenn mancher badische Offizier, der einst Seite an Seite mit den Preußen gegen die Revolutionäre gekämpft hatte und seine Gedächtnismedaille für 1849 in hohen Ehren hielt, dies möglicherweise anders sah. Immerhin verzichteten die Borussen auf unmittelbare städtische Geldkontributionen, begnügten sich mit Logis und Verpflegung, was im Stadtsäckel dennoch mit rund 36 000 Gulden zu Buche schlug, darin enthalten die 480 Gulden, die der Wirt des „Europäischen Hofs" für die Verpflegung von Offizieren in Rechnung stellte, oder die von einem Tabakhändler geforderten 149 Gulden.[110]

Der badische Staat, der seine Grenze nach Frankreich ohne Schulterschluss mit einem starken Partner nun als empfindlich offen empfand, schwenkte um und unterstützte Preußen in seinen Bemühungen um die Führung des Deutschen Bunds. Gerade Mannheim war ein gebranntes Kind, was die kriegerischen Einwirkungen durch das benachbarte Frankreich betraf. Erst sieben Jahrzehnte war es her, dass die Stadt in den Koalitionskriegen zu großen Teilen zerstört worden war; Greise konnten hierzu noch Kindheitserinnerungen vorweisen. Dementsprechend galt es auch lange als Argument gegen eine feste Rheinbrücke, dass dem „Erbfeind" mit ihr Tür und Tor geöffnet würde. Bekanntlich konnte sich diese Ansicht letztlich nicht durchsetzen; allein, schon im Deutsch-Französischen Krieg 1870/71 brachten die Soldaten Pulverkästen in den Brückenpfeilern an, um die Brücke im Fall eines Vorrückens des Feinds sprengen zu können. Doch kam es nicht dazu, dafür rollten Militärzüge über den Rhein gen Westfront, während die Frauen und Kinder wieder *Charpie* zupften und dazu *Die Wacht am Rhein* sangen. Zusammen mit den norddeutschen Truppen war Baden im Sommer 1870 unter der Führung Bismarcks in den Krieg gegen Frankreich eingetreten – hin zur deutschen Einigung auf dem Schlachtfeld. Als 1871 Paris fällt, läuten in Mannheim die Glocken. Und der badische Großherzog huldigt in Versailles dem preußischen König Wilhelm I. bei seiner Proklamation zum deutschen Kaiser. Fortan fließen französische Reparationszahlungen zur großen Chance der Wirtschaft des neuen Reichs. Andererseits musste eine deutsche Kaiserproklamation in Versailles auf Dauer auch zum Problem werden, zur Belastung gegenüber dem französischen Nachbarn. Doch bevor die Waffen wieder sprechen sollten, sonnte Mannheim sich im Glanz des neuen Kaiserreichs.[111]

*„Einzug des Königs der Preußen [Wilhelm I.] in Versailles am 5. October". Holzstich, 1870. AKG Images.*

## Anmerkungen

1 L. Gall (1968) S. 113.
2 Badisches Centralblatt 7.1.1860. H. Friedmann (1968) S. 68; W. Blos (1977) S. 50; K.B.A. Fickler (1864) S. 101.
3 Vgl. Badisches Centralblatt 7.1.1860 und 2.1.1864.
4 K. Marx (1872/2003) S. 245.
5 Vgl. StadtA MA, Ratsprotokoll 1866, Nr. 57; K.B.A. Fickler (1865) S. 331.
6 Vgl. T. Nipperdey (1983) S. 715 ff.; L. Gall (1968) S. 114 Anm. 2; Charakter (1864) S. 748–784, 843–886.
7 So kehrte Stabel bereits 1867 wieder als Justizminister ins Kabinett zurück. Stabel wurde schon 1860, Lamey 1866 Ehrenbürger, vgl. M. Caroli, Anton Stabel (2002); M. Caroli, August Lamey (2002). Vgl. ferner F. Walter (1907) Bd. 2 S. 525.
8 Vgl. H. Rings (2000) S. 241; Mannheim und seine Bauten (1906) S. 594; StadtA MA, Ratsprotokoll 1866, Nr. 57.
9 Adressbuch 1867, S. XI.
10 Vgl. F. Walter (1907) Bd. 1 S. 499; ders. (1907) Bd. 2 S. 538 ff.; H. Rings (2000) S. 248; K.B.A. Fickler (1865) S. 35 ff.; H. Huth (1982) Bd. 1 S. 91 f.
11 Vgl. F. Walter (1907) Bd. 2 S. 497; K.B.A. Fickler (1865) S. 110. Zur Rolle Bismarcks beim Bau der Brücke vgl. H. Rings (2003) S. 98 f. Vgl. ferner W. Breunig (2003) S. 310 ff.
12 Vgl. K.B.A. Fickler (1864) S. 12 f.; Adressbuch 1865 S. 18 f.; F. Walter (1907) Bd. 2 S. 498. Die *Schleifbahn* bestand von 1854 bis 1879.
13 Vgl. H. Rings (2003) S. 97 ff. Zu der von Stechmücken übertragenen Malaria, die u.a. durch die Rheinregulierung bekämpft werden sollte, vgl. K. Ebner (1947). Vgl. auch Mannheim in Vergangenheit und Gegenwart (1907) Bd. 3 S. 270.
14 Der Erweiterungsbau des Rathauses wurde im Zweiten Weltkrieg weitgehend zerstört. Laut Chronik wird der *Hoorige Ranze* 1866 abgebrochen. Wegen des preußisch-österreichischen Kriegs kamen die Bauarbeiten am Neubau kurzfristig ins Stocken, vgl. StadtA MA, Ratsprotokoll 1866, Nr. 660 und Nr. 1057; F. Walter (1907) Bd. 2 S. 545 ff.; K.B.A. Fickler (1865) S. 317 ff.; StadtA MA, Nachlass Friedrich Walter, Zug. 3/1956, Nr. 438, Rathausbau und *Hooriger Ranze*; F. Walter (1923); H. Huth (1982) Bd. 1 S. 473.
15 Vgl. C.-J. Müller/S. Pabst (2004) S. 40. Die ersten Anilinfarben wurden von dem Engländer William Henry Perkin hergestellt.
16 Zum Gaswerk vgl. F. Walter (1907) Bd. 2 S. 438, 643; Mannheim in Vergangenheit und Gegenwart (1907) Bd. 3 S. 80, 239; B. Becker, Carl Ladenburg (2002) S. 70–73; K.B.A. Fickler (1864) S. 106; H. Caro (1904) S. 1350 und Anm. 17.
17 K.B.A. Fickler (1865) S. 124 f.
18 Vgl. F. Walter (1907) Bd. 2 S. 512 ff.; H. Caro (1904) S. 1350 f.; W. Breunig (2003) S. 314 f.; W. v. Hippel, Weltunternehmen (2002) S. 19 ff.; U. Nieß (2004). Zu der Überlegung, dass die Mannheimer mehr der Vorstellungswelt von Handel und Verkehr denn der industriellen Sichtweise verpflichtet gewesen sein könnten vgl. auch D. Hein (2001) S. 151; zu Palmin vgl. H. Rings (2005).
19 K. Marx (1872/2003) S. 234.
20 Vgl. Lebenserinnerungen von J.P. Eichelsdörfer, StadtA MA, Kl. Erw., Nr. 42,1,2; Mannheim in Vergangenheit und Gegenwart (1907) Bd. 3 S. 353, 366.
21 K.B.A. Fickler (1895) S. 279.
22 Vgl. H. Rings (2003) S. 82, 181; E. Plewe (1955) S. 29 f.
23 M. Weber (1894) Bd. 1 S. 23 f.
24 Vgl. K.O. Watzinger (1987) S. 107, 111; F. Walter (1907) Bd. 2 S. 508; Jahresbericht Handelskammer (1865) S. 70 f.; Adressbuch 1866, S. 186 f.
25 Vgl. Badisches Centralblatt 31.3.1860, S. 303 f. Die Tradition des Opiumkonsums in England belegt eindringlich T. de Quincey (1985). Vgl. ferner Badisches Centralblatt 14.4.1860, S. 118 f.
26 Vgl. H. Rings (2003) S. 88 ff.
27 Werbeanzeige im Adressbuch 1867, S. VIII. Vgl. F. Kistler (1954) S. 127 f.
28 Vgl. K.B.A. Fickler (1864) S. 132; Adressbuch 1865, S. 165; W. Breunig (2003) S. 328.
29 K.B.A. Fickler (1865) S. 29.
30 Vgl. F. Walter (1907) Bd. 2 S. 514 f.; StadtA MA, Mohr u. Federhaff, Zug 20/1982, Nr. 1 und 2; A. Kipnis (o.J.) S. 40.
31 Vgl. K.B.A. Fickler (1863) S. 20 f.; StadtA MA, Familienbogen Johann Georg Nelson; Adressbuch 1865, S. 30. Allgemein zur Industrie vgl. L. Post (1884).
32 Vgl. Mannheim in Vergangenheit und Gegenwart (1907) Bd. 3 S. 356, 149; F. Teutsch (1994); F. Walter (1907) Bd. 2 S. 508 f.; B. Kirchgässner (1977); J. Mirow (1996) Bd. 2 S. 631; H.-P. de Longueville (1977) S. 113. Zur Kontrolle der Sparkassen durch sog. Amtsrevidenten, eingeführt im Zug der Neuorganisation der inneren Verwaltung Badens, vgl. ebd. S. 123. Vgl. ferner K.B.A. Fickler (1865) S. 102 sowie den Bestand StadtA MA, Badische Schifffahrts-Assecuranz-Gesellschaft.
33 StadtA MA, Ratsprotokoll 1866, Nr. 632.
34 Vgl. den Beitrag *Bruchbude wandelt sich zum barocken Schmuckstück* von Susanne Räuchle im Mannheimer Morgen 4.1.2007, der auf die Häuserforschung von Friedrich Teutsch rekurriert. Vgl. ferner Mannheim in Vergangenheit und Gegenwart (1907) Bd. 3 S. 249.
35 Vgl. Badisches Centralblatt 6.10.1860, S. 317 f.; K.B.A. Fickler (1865) S. 35.
36 J. Kinkel (1927) Sp. 76. Vgl. ferner W. Kromer (1986) S. 11; J. Mirow (1996) Bd. 2 S. 636; F. Walter (1907) Bd. 2 S. 516 f. Zur Filzbach vgl. K. Bräutigam (1939) S. 8.
37 F. Wörishoffer (1891) S. 211. Diese Einschätzung bezieht sich auf die späten achtziger Jahre, dürfte aber auch für die sechziger Jahre gelten.
38 Adressbuch 1866 S. 193.
39 K. Marx (1872/2003) S. 230. Zur *Lebesucht* vgl. K.B.A. Fickler (1864) S. 133; zum Brotpreis ebd. S. 133 f., ferner K.B.A. Fickler (1865) S. 139.
40 Zu den Vereinbarungen mit der Zolldirektion vgl. GLA KA, 453/2, Berichte des Hauptzollamts an die Zolldirektion Karlsruhe 1857, 1860; Adressbuch 1865, S. 20.
41 Vgl. K.B.A. Fickler (1865) S. 140; F. Walter (1907) Bd. 2 S. 516.

42 Vgl. F. Walter (1907) Bd. 2 S. 516 f.; Adressbuch 1869 S. 151, 166; Ch. Popp (2001) S. 19; StadtA MA, Polizeipräsidium, Zug. 20/1971, Nr. 477 f.; Adressbuch 1868, S. 48. Die Maschinenfabrik des Vorsitzenden Selbach der Gesellschaft für gemeinnützige Zwecke befand sich in den Schwetzinger Gärten in Z 8, vgl. Adressbuch 1870, S. 184. Vgl. ferner Mannheim in Vergangenheit und Gegenwart (1907) Bd. 3 S. 110.

43 Vgl. M. Krauß (1993) S. 104.

44 Vgl. Adressbuch 1865, S. 20 f.; zu den Zahnärzten vgl. Adressbücher 1861 und 1865, jeweils S. 22, Adressbuch 1870, S. 24.

45 Vgl. Mannheim in Vergangenheit und Gegenwart (1907) Bd. 3 S. 396. Zum Konstitutionsprozess des Bürgertums und der Einwohnergemeinde vgl. D. Hein (1990) S. 85. Vgl. ferner F. Walter (1907) Bd. 2 S. 520, 547; C.-J. Müller/ S. Pabst (2004) S. 42.

46 Vgl. Adressbuch 1868 S. 45. Das Restaurationsverzeichnis ebd. S. 165 gibt für den „Silbernen Kopf" G 2, 8 an. Da unter „Silberner Kopf" auch ein eigener Krankenunterstützungsverein für Frauen bestand (1 042 Mitglieder), könnte unter der Bezeichnung an getrennten Orten getagt worden sein, vgl. ebd. S. 45.

47 Vgl. Lebenserinnerungen von J.P. Eichelsdörfer, StadtA MA, Kl. Erw., Nr. 42,1,2.

48 J. Kinkel (1927) Sp. 73 (Zitat leicht modifiziert). Vgl. K. Günzel (1992) S. 116; R. Günther/P. Pfaff (1997) S. 66.

49 Vgl. K.B.A. Fickler (1864) S. 206.

50 Vgl. F. Walter (1907) Bd. 2 S. 461; Adressbuch 1869, S. 166 f.; StadtA MA, Polizeipräsidium, Zug. 20/1971, Nr. 443 und 151.

51 Vgl. T. Nipperdey (1983) S. 718 ff.

52 Vgl. F. Walter (1907) Bd. 2 S. 460 f. Zum Briefverkehr zwischen Ludwig Achenbach und August Lamey vgl. StadtA MA, Kl. Erw., Nr. 66,11–16.

53 Vgl. K.B.A. Fickler (1866) S. 366.

54 Vgl. L. Gall (1986) S. 89; T. Nipperdey (1976); L. Wieser (1996) S. 45 ff.

55 Vgl. F. Walter (1907) Bd. 2 S. 453, 482 f.; J. Schadt (1977) S. 38; K.B.A. Fickler (1863) S. 67 ff.; J. Kinkel (1927) Sp. 72.

56 Vgl. H. Rings (1996) S. 35 ff.; L. Gall (1986); Räuberhöhle (1953) S. 50 f.; 200 Jahre Harmonie-Gesellschaft (2003).

57 Vgl. F. Walter (1907) Bd. 2 S. 464; K.O. Scherner (1997) S. 238; M. Caroli, Anton Stabel (2002) S. 45; J. Schadt (1971) S. 24.

58 A.L. v. Rochau (1853), vgl. T. Nipperdey (1983) S. 718.

59 Vgl. F. Walter (1907) Bd. 2 S. 481 ff.

60 Vgl. K.B.A. Fickler (1863) S. 89; F. Walter (1907) Bd. 2 S. 529 f., 534; Mannheim in Vergangenheit und Gegenwart (1907) Bd. 3 S. 53; StadtA MA, Bestand Nationalliberaler Verein. In Preußen war die Deutsche Fortschrittspartei von ihrer Gründung 1861 bis zur Abspaltung der späteren nationalliberalen Partei 1866 die politische Vertretung der Mehrheit der preußischen Bourgeoisie. Im Jahr 1862 lehnte die Deutsche Fortschrittspartei die aktive Beteiligung der Arbeiter am politischen Willensbildungsprozess sogar ab, was zusätzlich zur Sammlung der Arbeiter unter Lassalle beitrug. Vgl. Handbuch Parteien 1 (1968) S. 341. Zur Kunsthändler-Dynastie Artaria vgl. F. Walter (1907) Bd. 2 S. 13 f., dort Anm.

61 *Es wurde beschlossen, eine „deutsche Volkspartei" zu begründen*, K.B.A. Fickler (1865) S. 246 f. Bisweilen auch als Demokratische Volkspartei bezeichnet, vgl. F. Engehausen (1997) S. 9.

62 Vgl. J. Schadt (1977) S. 44 ff.; Lebenserinnerungen von J.P. Eichelsdörfer, StadtA MA, Kl. Erw., Nr. 42,1,2; A. Hoffend (1995) S. 330 f., 341; F. Engehausen (1997) S. 48 f.; F. Walter (1907) Bd. 2 S. 548 f.

63 Vgl. Lebenserinnerungen von J.P. Eichelsdörfer, StadtA MA, Kl. Erw., Nr. 42,1,2; A. Hoffend (1995); Stadtpunkte H 2,3 (www.stadtarchiv.mannheim.de); K.B.A. Fickler (1865) S. 173 f.; A. Kipnis (o.J.).

64 Vgl. Mannheim in Vergangenheit und Gegenwart (1907) Bd. 3 S. 55; F. Walter (1907) Bd. 2 S. 535 f.; J. Schadt (1977) S. 44 f.; ders. (1971) S. 22 ff., 32; A. Hoffend (1995) S. 325 ff.; F. Engehausen (1997) S. 8 f.; W. Breunig (2003) S. 343; Adressbuch 1870, S. 48 f.; StadtA MA, Kaufmännischer Verein; H.-J. Kremer (1983).

65 Vgl. G. Mann (1977) S. 275.

66 Vgl. L. Gall (1968) S. 93 ff., 114 f.; F. Walter (1907) Bd. 2 S. 456 f.

67 Zitiert nach F. Walter (1907) Bd. 2 S. 458.

68 Vgl ebd, S. 471 ff.; K.O. Watzinger (1987) S. 112. Schon 1862 waren die Volksschulen staatlichen Oberschulräten unterstellt worden. Vgl. zur Schulgeld-Befreiung StadtA MA, Ratsprotokoll 1866, Nr. 777, 832. Gewährt wurde je nach Bedürftigkeit hälftiges Schulgeld oder Schulgeldbefreiung. Vgl. ferner G. Schöppa (1906) S. 101.

69 Vgl. Adressbuch 1869, S. 39 f.

70 K.B.A. Fickler (1865) S. 52 ff., 90, 97 ff. Die Zeitungsquelle wird dort nicht angegeben.

71 Vgl. A. Kipnis (o.J.) S. 25 f.; F. Walter (1907) Bd. 2 S. 480; Mannheim in Vergangenheit und Gegenwart (1907) Bd. 3 S. 505; K.O. Watzinger (1987) S. 87; U. Nieß, Idylle (1997) S. 138; S. Schuster-Schmah (1995) S.174 f.

72 J. Kinkel (1927) Sp. 76.

73 Vgl. K.B.A. Fickler (1864) S. 49.

74 Vgl. H. Rings (1996) S. 34; Adressbuch 1868, Rubrik Großherzogliches Hof- und Nationaltheater S. 29 f.

75 Vgl. R. v. Krosigk (2002).

76 Bis 1864 galt die badische Gemeindeordnung von 1831 in der Fassung von 1851, vgl. Mannheim in Vergangenheit und Gegenwart (1907) Bd. 3 S. 65.

77 Vgl. H. Friedmann (1968) S. 75; H. Zoche (1986) Bd. 1 S. 60.

78 Vgl. H. Friedmann (1968) ebd.; H.-J. Kremer (1983) S. 22, H. Zoche (1986) ebd.

79 Vgl. K.B.A. Fickler (1864) S. 43; ders. (1865) S. 112.

80 K.B.A. Fickler (1863) S. 133. Vgl. F. Walter (1907) Bd. 2 S. 548; Mannheim in Vergangenheit und Gegenwart (1907) Bd. 3 S. 65 f.; H. Radke/G. Zöbeley (2003) S. 443 f.; G. Christ (1907) S. 21 ff.; Adressbücher für die 1860er Jahre, Rubrik „Großherzogliche Gerichtshöfe". Vgl. zu den Handelsgerichten auch StadtA MA, Industrie- und Handelskammer, Zug. 35/1966, Nr. 273, 274.

81 Vgl. z.B. Adressbücher 1861 und 1865, jeweils S. 11; vgl. H. Rings (2003) Anm. 8 zu Kap. V, S. 187.

82 Vgl. K.B.A. Fickler (1865) S. 302.

83 Vgl. ebd. (1864) S. 134.

84 Vgl. G. Wybrecht (1957) S. 27 ff. Für den linksrheinischen Eisenbahnverkehr bis nach Holland saß sogar ein eigener Agent in der Stadt, vgl. Adressbuch 1865, S. 50.

85 J. Kinkel (1927) Sp. 72 f.; vgl. F. Walter (1907) Bd. 2 S. 643; H.-E. Lessing (1985) S. 29; M. Kielwein (2006).

86 Karl Borromäus Aloys Fickler wurde 1863 vom Gemeinderat mit der Führung handschriftlicher Jahreschroniken beauftragt und verfasste sie für die Jahre 1863 bis 1866, vgl. F. Walter (1907) Bd. 2 S. 552. Vgl. ferner Badische Biographien 1 (1875) S. 247–249.

87 Vgl. U. Nieß, Idylle (1997) S. 13; Statuten und Mitgliederverzeichnisse des Vereins für Naturkunde 1833, 1844, StadtA MA, Kl. Erw., Nr. 772.

88 Expedient, mit Versandaufgaben betraute Person.

89 Vgl. F. Walter (1907) Bd. 2 S. 553. Pater Desbillons hatte seine Privatbibliothek dem Lyzeum überlassen.

90 D. Hein (1997) S. 76 f.; vgl. auch F. Milkau (1906) S. 566 f.

91 Vgl. K.O. Watzinger (1987) S. 111.

92 F. Walter (1907) Bd. 2 S. 558.

93 Vgl. ebd. S. 556 ff.; S. Schlösser (2004).

94 Vgl. StadA MA, Ratsprotokoll 1866, Nr. 770. Vgl. ferner F. Walter (1907) Bd. 2 S. 550 ff.; H. Rings (1996) S. 37; E.L. Stahl (1929) S. 410 f.

95 Vgl. K.B.A. Fickler (1863) S. 144 f.; ders. (1864) S. 29; F. Walter (1907) Bd. 2 S. 643; E.L. Stahl (1929) S. 26.

96 Vgl. F. Walter (1907) Bd. 1 S. 777; ders. (1907) Bd. 2 S. 556.

97 Vgl. K. Seyfried (1969); F. Sepainter (1980); F. Walter (1907) Bd. 2 S. 528 f., 536 f.; Mannheim in Vergangenheit und Gegenwart (1907) Bd. 3 S. 63; Lebenserinnerungen von J.P. Eichelsdörfer, StadtA MA, Kl. Erw., Nr. 42, 1,2; K.B.A. Fickler (1865) S. 20.

98 Vgl. G. Mann (1977) S. 343.

99 Vgl. K.B.A. Fickler (1864) S. 175; Badisches Centralblatt 24.9.1864, S. 707 f.

100 Vgl. StadtA MA, Auswandererkartei Treutlein.

101 Vgl. K.B.A. Fickler (1863) S. 95; P. Galli (2007) zum Einsteherwesen am Beispiel von Friedrich Daniel Bassermann.

102 Vgl. J. Mirow (1986) Bd. 2 S. 611.

103 Vgl. K.B.A. Fickler (1863) S. 140.

104 Vgl. ebd. (1864) S. 41.

105 Vgl. ebd. S. 6 f.

106 Vgl. A. Gillen, Carl Reiß (2002) S. 59.

107 Vgl. StadtA MA, Ratsprotokoll 1866, Nr. 830, 980, 891; F. Walter (1907) Bd. 2 S. 522 ff.

108 Vgl. K.B.A. Fickler (1866) S. 178.

109 Vgl. StadtA MA, Ratsprotokoll 1866, Nr. 985. Das Zündnadelgewehr ersetzte das Feuerschlossgewehr. Das neue Gewehr wurde nicht mehr durch Feuersteinzündung gezündet, sondern durch einen Hahn, der ein Zündhütchen durch Schlag zum Entzünden brachte, vgl. M. Messerschmidt (1983) S. 352 ff. Vgl. ferner W. Blos (1977) S. 54.

110 Vgl. StadtA MA, Ratsprotokoll 1866, Nr. 1028. Zur Gedächtnis-Medaille 1849 vgl. z.B. Adressbuch 1861, Militärbehörden S. 11 f., die dort angegebenen Personen, Titulaturen und Ehrenauszeichnungen.

111 Vgl. F. Walter (1907) Bd. 2 S. 492. Ein 1896 eingerichtetes, nicht mehr erhaltenes Kriegerdenkmal in E 7 am Luisenring gedachte der Gefallenen: *Ein Volk, das seine Helden ehrt, ist ein unsterbliches Volk*, so Oberbürgermeister Otto Beck bei der festlichen Enthüllung, laut „Neue Mannheimer Zeitung" vom 27.9.1936; StadtA MA, S 2/143.

# 1870–1891

## Die Großstadt kündigt sich an

Anja Gillen

# Unter schwarz-weiß-roten Farben – Mannheim, Baden und das Reich



Am 18. Januar 1871 fand im Spiegelsaal von Versailles die Kaiserproklamation Wilhelms I. statt; sein Schwiegersohn, der badische Großherzog Friedrich I., brachte das erste Hoch auf das Oberhaupt des neu geschaffenen Staatsgebildes aus. Baden und Mannheim wurden Teil eines geeinten Deutschen Reichs unter preußischer Führung.

Mit gemischten Gefühlen kommentierte man von kirchlich-evangelischer Seite die mit der nationalen Einheit einhergegangenen kriegerischen Auseinandersetzungen mit Frankreich: *Die Bangigkeit, die erschütternden Schläge, der gewaltige Siegeslauf, die außerordentlichen Opfer und Lasten, der lang und furchtbar sich hinziehende Kampf* [...] *lebendiger füllten sich die Gotteshäuser in den Sonntags- und Gebetsgottesdiensten* [...] *Bürger und Frauen, Jünglinge und Jungfrauen wirkten für Verwundete und Kranke in Vereinen, Lazarethen, für durchziehende Truppen.*[1] Dennoch feierte Mannheim, mitgerissen von der allgemeinen Euphorie, den Fall von Paris, bejubelte die heimkehrenden Truppen, begrüßte aber auch nachdrücklich und festlich den Frieden. Noch lange hallte jener Nationalkrieg vor Ort nach, zunehmend auch politisch von nationalliberaler Seite instrumentalisiert. Zunächst alljährlich, später auch gemeinsam mit Ludwigshafen, wurde – wie auch in anderen deutschen Städten – in Mannheim an die Kapitulation Sedans am 2. September 1870,[2] welche die Gefangennahme Kaiser Napoleons III. mit sich gebracht hatte, feierlich erinnert. Am 10. Mai 1874 weihte man auf dem Mannheimer Friedhof ein Denkmal zu Ehren der dort bestatteten Kriegsteilnehmer ein. Das Panorama am Friedrichsring versetzte sein Publikum noch um 1900 beängstigend real in das kriegerische Szenario jener Zeit zurück. Welch hoher symbolischer Gehalt diesem siegreichen Kampf innewohnte, zeigt auch eine kleine Geste des Großherzogs: Er schenkte dem ab 1872 genutzten kirchlichen

König Wilhelm I. von Preußen wird im Spiegelsaal des Schlosses von Versailles zum Deutschen Kaiser ausgerufen. Gemälde von Anton von Werner, 1885. AKG Images.

Panorama am Friedrichsring, mit einer Szene vom Gefecht bei Nuits. Ansichtskarte mit Poststempel vom 27. Juni 1899. StadtA MA.

Provisorium der Protestanten in den Neckargärten eine Glocke, die aus einer im Deutsch-Französischen Krieg erbeuteten Kanone gegossen worden war.[3]

Weithin hör- und sichtbar begleiteten Glockengeläut und Beflaggung in Mannheim die Versailler Ereignisse. Am 7. Oktober 1871 konnten Verwaltungsspitze und Bewohner den Kaiser dann höchstpersönlich an der Seite des Großherzogs in ihrer Stadt begrüßen. Auf der Durchreise nach Berlin nahm er eine Inspektion der vor Ort stationierten Truppen vor, die seit Inkrafttreten der Militärkonvention zwischen Preußen und Baden einen Teil des preußischen Truppenkontingents bildeten. Die nach ihrer Rückkehr aus dem Krieg auf Friedensstärke reduzierte Mannheimer Garnison, bestehend aus dem 2. Badischen Grenadier-Regiment Kaiser Wilhelm Nr. 110 und dem 1. Badischen Leib-Dragoner-Regiment Nr. 20, umfasste 1871 1 551 Personen – in der Karlsruher Residenz waren die Kommandostellen und gut die doppelte Anzahl von Soldaten stationiert.

Nicht nur das Militärwesen und die Außenpolitik sollten fortan in die Kompetenz des neuen, bundesstaatlich verfassten Reichs fallen. Seine einheitliche Gesetzgebung etwa in den Bereichen Recht, Wirtschaft und Soziales setzte den einzelnen Städten über die Länderebene hinaus einen neuen bindenden Bezugsrahmen. Reichsbehörden allerdings wie das – ab 1872 Kaiserliche – Postamt in O 2, 6–7 oder die 1876 gegründete Reichsbankhauptstelle waren in der Quadratestadt rar gesät.

Nach allgemeinem, geheimem und direktem Wahlrecht konnte nun der männliche Teil der Mannheimer Bevölkerung an den Wahlen zum neuen

deutschen Parlament, dem Reichstag, teilnehmen. Als erster Abgeordneter des 11. badischen Reichstagswahlkreises wurde 1871 der nationalliberale Kandidat und vormalige badische Innenminister August Lamey – seit 1866 Ehrenbürger der Stadt Mannheim und dort wohnhaft – nach Berlin entsandt. Gleichzeitig mit ihm zog sein Freund Carl Eckhard für den Wahlkreis Offenburg in das Parlament ein. Die beiden kannten sich schon aus gemeinsamen Tagen in der Zweiten Kammer der badischen Landstände.[4] Eckhard, wie Lamey ein auf kommunaler, Landes- und Reichsebene engagierter, nationalliberaler Politiker, war es auch, der anlässlich der Mannheimer Feier des 70. Geburtstags Bismarcks und sogar zu dessen Tod 1898 jeweils die Fest- bzw. Gedenkrede hielt. In seiner Berliner Zeit hatte er nach eigenem Bekunden persönlichen Kontakt zum Reichskanzler gepflegt.[5]

*Kaiserliches Postamt in O 2, 6–7. Foto, vor 1880. StadtA MA.*

*Carl Eckhard (1822–1910). Foto, um 1890. StadtA MA.*

Ungeachtet aller vereinheitlichenden Tendenzen im neuen Reich blieb eine partikularistische Größe nach wie vor in hohem Maße bestimmend für die kommunalpolitischen Handlungsspielräume: das Großherzogtum Baden. Wenn auch zuweilen die lokalen Interessen der an der äußersten Peripherie des Staats sowie an der Grenze zum Großherzogtum Hessen und der bayerischen Pfalz gelegenen Stadt von denen des Landes abweichen konnten, so waren die Vorgaben der Landespolitik und -gesetzgebung in vielen Bereichen doch richtungweisend für die kommunalen Verhältnisse. Dies galt insbesondere für das Schul- und Verkehrswesen, die wichtigsten Kirchensachen, die Verwaltung oder das Armenwesen. Hier waren in Baden in der *liberalen Ära* bereits entscheidende Weichen gestellt, Entwicklungen in Gang gesetzt und Konflikte ausgetragen worden, die auf gemeindlicher Ebene es nun zu konkretisieren oder zu lösen galt.

Mit dem *Gesetz über die rechtliche Stellung der Kirchen und der kirchlichen Vereine im Staat* vom Oktober 1860 hatte man in Baden das Verhältnis der beiden Hauptkirchen zum Staat im Sinne einer innerkirchlichen Autonomie bei gleichzeitiger Unterwerfung unter staatliche Souveränität festgelegt. In der Folge fand eine schrittweise Neuordnung, sprich: Entkonfessionalisierung des Schulwesens statt, die über die Einführung eines gemischt konfessionellen Schulrats 1862 und die Abschaffung der rein geistlichen Schulaufsicht 1864 schließlich in das Elementarunterrichtsgesetz vom 8. März 1868 und damit in die fakultative Simultanschule mündete.[6]

Insbesondere an der zum Teil mit machtstaatlichen Mitteln flankierten Schulpolitik der liberalen Regierung hatte sich der so genannte Kulturkampf in Baden entzündet. Die Unzufriedenheit der katholischen Bevölkerungsmehrheit politisierte sich unter massiver Agitation der katholischen Kirche zunehmend und artikulierte sich im Rahmen der Casinobewegung. Kulturexamensgesetz (1867), Einführung der obligatorischen Zivilehe (1869/70) und der nach dem 1. Vatikanischen Konzil (1869/70) einsetzende Kulturkampf in Preußen sollten einen Konflikt verschärfen, der bis weit in die 1870er Jahre Großherzog, Regierung, Parteien und die Bevölkerung in Atem hielt.[7]

Die Wirtschaft hatte durch das Gewerbegesetz und das Gesetz über Niederlassung und Aufenthalt von 1862, die eine Aufhebung der Zunftschranken und die völlige Gewerbe- und Niederlassungsfreiheit mit sich brachten, eine deutliche Liberalisierung und Flexibilisierung erfahren. Zahlreiche Firmen wurden in der Folge gegründet.[8] Daneben verstärkte sich aber auch das wirtschaftliche Gefälle zwischen Stadt und Land.

Im Zug der liberalen Verwaltungsreformen 1863/64 hatte Mannheim ein im Kaufhaus N 1 untergebrachtes Bezirksamt neuen Zuschnitts als untere staatliche Verwaltungsinstanz behalten; einer der vier Landeskommissäre war ebenfalls vor Ort ansässig. Die Jahresberichte jener für den gesamten Amtsbezirk[9] zuständigen Institution an die vorgesetzte Behörde, das badische Ministerium des Innern, bieten anschauliche Einblicke in verschiedenste

Verwaltungs- und Lebensbereiche, vom Auswanderungs- bis zum Sozialversicherungswesen, von baupolizeilichen über (ordnungs)politische bis hin zu (umwelt)wirtschaftlichen Beobachtungen. Auch im Bereich der für Mannheim so zentralen Schifffahrt war die Stadt im Jahr der Ratifizierung der Mannheimer Akte 1869 Sitz weiterer Landeseinrichtungen geworden, nämlich des Schiffseichamts und der Schiffsuntersuchungskommission. Ein Jahr später, noch vor Ausbruch des Kriegs, sollte im Übrigen eine der topographisch und wirtschaftlich für Mannheim bedeutendsten Infrastrukturmaßnahmen in Angriff genommen werden: die – staatlich finanzierte – Anlage des Mühlauhafens. Dessen Einweihung im Jahr 1875 wohnte wie so manch anderem wirtschaftlich und kulturell herausragenden Ereignis der Großherzog mit seiner Frau persönlich bei.

Die Zahl oberster Landesbehörden in Mannheim war und blieb jedoch gering, zudem erwiesen sich ihre Tage teilweise als gezählt: Im Jahr 1879 erfolgte die Verlegung des Obersten Gerichtshofs und der Landessternwarte nach Karlsruhe. Der spätere Oberbürgermeister Otto Beck bemerkte im Rückblick ebenso lapidar wie zutreffend: *Von den seit 1870 durch Reich und Staat zahlreich errichteten Behörden und Anstalten erhielt Mannheim lediglich diejenigen, welche durch die örtliche Lage, die unerläßlichen Beziehungen zum Geschäftsleben und ähnliche* [...] *Umstände an unseren Platz gebunden sind.*[10]

Für die kommunale Verwaltung hatte die erste Hälfte des Jahres 1870 mehr oder weniger tief greifende, landesgesetzlich bedingte Einschnitte gebracht. Die Änderung der Gemeindeordnung, ein neues Stiftungsgesetz und die Bestimmungen hinsichtlich der öffentlichen Armenpflege wiesen den in ihrer Selbstständigkeit gestärkten Ortsgemeinden neue bzw. deutlich erweiterte Verantwortlichkeiten und Aufgabengebiete zu.

Am 19. Juli 1870 erklärte Frankreich Preußen den Krieg. Wenige Monate später erhielt Mannheim einen neues Stadtoberhaupt. Der 18. Januar 1871 ging als Tag der Reichsgründung in die Annalen ein. Für die mit knapp 40 000 Einwohnern bevölkerungsreichste Stadt Badens begann eine neue Epoche ihrer Stadtgeschichte – eine Epoche, die auf den wirtschaftlichen, technischen und politischen Errungenschaften der vorangegangenen Jahrzehnte aufbauen konnte, doch gleichzeitig von neuen Herausforderungen unter veränderten Rahmenbedingungen geprägt wurde.

## „Eine den Arbeitern und Kleinbürgern günstige Richtung"? Die Parteien und die politische Entwicklung vor Ort

Eduard Moll (1814–1896). Foto, um 1891. StadtA MA.

In der direkten Wahl zum ersten Bürgermeister konnte im Oktober 1870 der Kaufmann, langjährige Landtagsabgeordnete und bisherige Präsident der Handelskammer, der Demokrat Eduard Moll, den Sieg über den nationalliberalen Amtsinhaber Ludwig Achenbach erringen. Auch die Bürgerausschusswahlen vom Januar des darauffolgenden Jahrs endeten mit einem Wahlerfolg der Demokraten in den Klassen der Mittel- und Niederbesteuerten – lediglich die erste Klasse wurde von nationalliberaler Seite besetzt. In den badischen Landtag zogen 1871 als Vertreter Mannheims drei Demokraten ein: Johann Peter Eichelsdörfer, Elias Eller und Heinrich von Feder.[11] Einzig bei den Wahlen zum Reichstag im gleichen Jahr konnte, wie erwähnt, mit August Lamey ein Nationalliberaler den Sieg davontragen.

Mannheim war die Hochburg der bürgerlichen Demokraten, die, in der Tradition der Paulskirche stehend, sich tief enttäuscht von der preußisch-kleindeutschen Lösung zeigten. *Eine Sammlung von Anhängern des Radikalismus, welche kaum einen Hehl daraus machen, daß für sie die „demokratische Republik" weit höheren Wert und größere Reize gehabt hätte als das deutsche Reich unter dem Kaisertum der Hohenzollern* – so die zeitgenössische Charakterisierung seitens des politischen Gegners.[12] Obwohl endgültig seit 1868 überlokal in der Deutschen Volkspartei organisiert, stellte die im Wesentlichen auf Süddeutschland konzentrierte Gruppierung in der Zeit der Reichsgründung allein im alten demokratischen Zentrum Mannheim eine politisch wirkmächtige Größe dar. Den Vorsitz des Mannheimer Demokratischen Vereins übernahm im Jahr 1871 Johann Peter Eichelsdörfer.[13] Unter seinen Anhängern finden sich zahlreiche Gewerbetreibende und Kaufleute. An führender Stelle engagierten sich altgediente Kämpfer der Revolution wie der Rechtsanwalt und Verfasser der ersten wissenschaftlichen Mannheimer Stadtgeschichte, der seit 1869 in Mannheim ansässige Heinrich von Feder. Gleiches gilt für den aus der Emigration zurückgekehrten Leiter einer Privatschule für Knaben Daniel Krebs. Auch jüdische Bürger wie der Anwalt Elias Eller oder der Kaufmann Friedrich Schneider, der seit 1875 dem Landtag angehörte, treffen wir in den Reihen der Demokraten an.

Als Publikationsorgan fungierte die unter Mitwirkung Eichelsdörfers gegründete *Neue Badische Landeszeitung*. Die Aktien-Gesellschaft Mann-

heimer Vereinsdruckerei, die auf Initiative Heinrich von Feders, des Verlagsbuchhändlers Sigmund Bensheimer und anderer entstanden war, hatte die Zeitung Ende 1870 aufgekauft.[14] Das bei Reichsgründung einzige linksliberale Presseorgan in Baden ging schließlich im Jahr 1876 in den alleinigen Besitz der Brüder Bensheimer über.[15]

Die Wahl des Fabrikanten und Demokraten Eduard Moll – 1875 und 1885 wiedergewählt – bedeutete hinsichtlich der sozialen Verortung der kommunalen Führungsspitze Mannheims keinen Bruch. Dies zeigt bereits ein Grunddilemma der demokratischen Partei auf: die problematische Positionierung ihrer in sich heterogenen Gruppierung zwischen Sozialdemokraten und Nationalliberalen. Auf der linken Seite griff man originär demokratische Traditionen auf und Wählerpotenzial ab: 1873 begingen die Sozialdemokraten erstmals den 18. März in feierlicher Erinnerung an die Revolution von 1848 und die Pariser Commune. Ihre Wahlpropaganda zielte nicht nur auf die – zahlenmäßig kontinuierlich anwachsende – Arbeiterschaft, sondern auch auf das von der Wirtschaftskrise ab 1873 schwer getroffene Kleinbürgertum. So forderte das sozialdemokratische *Pfälzisch-Badische Volksblatt* 1877, dass *unsere Gesetzgebung eine den Arbeitern und Kleinbürgern günstige und vernunftsgemäße Richtung* erhalten solle.[16] Die demokratische Partei ging auf Distanz und lehnte beispielsweise die

*Rechts:*
*Heinrich von Feder (1822–1887). Ansichtskarte, um 1880. StadtA MA.*

*Links:*
*Werbeanzeige für die „Neue Badische Landeszeitung", veröffentlicht in dem „Offiziellen Katalog der Pfalzgau-Ausstellung zu Mannheim", 1880. StadtA MA.*

Aufstellung einer gemeinsamen Kandidatenliste mit der *Eisenacher* Richtung Bebels und Liebknechts zu den Gemeindewahlen 1875 strikt ab. Ihr rechter Flügel gewann zunehmend die Oberhand. Als Johann Peter Eichelsdörfer auf eine erneute Kandidatur für den Landtag 1877 zugunsten des Präsidenten der Handelskammer Wilhelm Kopfer verzichtete, war der Richtungsstreit entschieden: *Der rechte Flügel der demokratischen Partei interessierte sich* [...] *für die Wahl Kopfers und suchte und fand dieserhalb Fühlung mit der nationalliberalen Partei. Ich wollte keinen Kampf heraufbeschwören und lehnte die Kandidatur, welche der linke Flügel aufrecht erhalten wollte, ab,*[17] erinnerte sich Eichelsdörfer. Kopfer war es auch, der 1878 das erste Reichstagsmandat für die Mannheimer Demokraten errang und immerhin acht Jahre lang innehatte.

Am 25. Mai 1878 schritt man in Mannheim zur formalen Neugründung des anscheinend einmal mehr in Inaktivität verfallenen Demokratischen Vereins.[18] Jener Maßnahme zur Stärkung der lokalen Parteiorganisation – zeitgleich übrigens zu ebensolchen Anstrengungen der Deutschen Volkspartei insgesamt – folgte im Jahr des *Sozialistengesetzes* ein deutlicher Wahlsieg der Demokraten auf kommunaler Ebene. Langfristig jedoch vermochten sie der starken Konkurrenz von links und rechts nicht standzuhalten, ab 1890 spaltete sich bezeichnenderweise auch vor Ort ein Freisinniger Verein ab. Bereits seit Mitte der 1880er Jahre verloren die Demokraten auf allen Ebenen an Einfluss und Wählern. 1885 im Landtag, 1886 im Reich und schließlich endgültig auch 1887 in der Stadt Mannheim mussten sie Mandate und Vorherrschaft an die Nationalliberalen abgeben, als deren wahrhafte Gegner sich mehr und mehr die Sozialdemokraten gerierten. Auf demokratischer Seite herrschte Resignation. In einem Brief an Daniel Krebs heißt es bereits 1882: *Unsere Zeit ist vorbei – die Menschheit wird regiert, wie sie es verdient.*[19]

Die Zeit des Nationalliberalismus war gekommen. Ein Carl Eckhard lebte seit 1870 in der Quadratestadt. Wiewohl er vier Jahre später sein Reichstagsmandat der Priorität seiner Tätigkeit als Direktor der Rheinischen Creditbank endgültig unterordnen musste[20] – der Lokalpolitik blieb er erhalten. Diese hatte für die nationalliberale Richtung eine lokale institutionelle Verfestigung in Gestalt des 1869 konstituierten Nationalliberalen Vereins Mannheim erhalten.[21] Maßgeblich an der Gründung beteiligt waren neben August Lamey und dem Kunsthändler Philipp Artaria auch der Jurist und Vorsitzende der jüdischen Gemeinde Leopold Ladenburg sowie dessen Neffe, der Bankier August Hohenemser. Zunächst konnte sich die Partei in den Gemeindegremien lediglich die finanzkräftige erste Wählerklasse sichern – und dies auch nur bis 1878. Nach diesem absoluten Tiefpunkt gelang den Nationalliberalen ab Mitte der 1880er Jahre der endgültige Durchbruch auf städtischer, Landes- und Reichsebene. Anton Bassermann, Karl Ladenburg und Karl Reiß traten in dem von ihrer Partei beherrschten Landtag in die Fußstapfen der Mannheimer Nationalliberalen der 1860er Jahre. Philipp Diffené löste im Reichstag 1886 Wilhelm Kopfer ab. Dieses nationalliberale Bürgertum – in den führenden Positionen der großen Handels-, Industrie-

und Finanzunternehmen der Stadt vertreten – bildete eine auch verwandtschaftlich vielfältig verbundene Machtelite der Stadt.

In den Reigen der nach 1871 insgesamt fast ausschließlich proliberalen oder mindestens wohlwollend neutralen badischen Presse ordnete sich auch die Mannheimer Zeitungslandschaft etwa in Form des *Mannheimer Tageblatts* – seit 1891 unter dem Titel *Badischer Generalanzeiger*[22] – oder des *Mannheimer Verkündigers* (seit 1875 *Rhein- und Neckarzeitung*)[23] ein.

Spätestens im Oktober 1868, also ein Jahr vor ihrem nationalliberalen Gegner, fand auch die dritte bedeutende politische Kraft in Mannheim ihre erste organisierte Form. Die Anhänger Ferdinand Lassalles gründeten in enger Verbindung mit den seit der ersten Hälfte der 1860er Jahre bestehenden Gewerkschaften der Schneider und Tabakarbeiter eine Mannheimer Ortsgruppe des Allgemeinen Deutschen Arbeitervereins. Erste landesweite Agitationen weisen bereits auf die auch in Zukunft grundsätzlich überlokale Ausrichtung der Mannheimer Sozialdemokraten auf Baden und die Pfalz mit Mannheim als entsprechendem Organisationszentrum hin. Auf den Eisenacher Kongress 1869 wurde denn auch Philipp August Rüdt, der Gärtnersohn aus der Neckarstadt, als einziger badischer Delegierter entsandt. Dieser schloss sich, abweichend vom Mandat der Mehrheit der Mannheimer *Lassalleaner* und entsprechend den Ressentiments der südwestdeutschen Arbeiter gegen den preußisch-kleindeutsch geprägten Allgemeinen Deutschen Arbeiterverein, der Gruppe um Bebel und Liebknecht an. Dies bedeutete die Spaltung auch der Mannheimer Sozialdemokraten; fortan standen sich die *Eisenacher* der Bebel-Liebknecht-Richtung und die *Lassalleaner* – nicht immer friedlich – gegenüber. Bei der Reichstagswahl von 1874 errang der Kandidat der *Eisenacher* immerhin 7,8 Prozent der Wählerstimmen im Wahlkreis Mannheim-Weinheim-Schwetzingen. Der noch in Stuttgart wohnhafte Schreiner August Dreesbach und der Zigarrenmacher Philipp Mai vertraten ihre Mannheimer Genossen der jeweiligen Richtung auf dem gemeinsamen Parteitag 1875 in Gotha.[24] Die von hier ausgehende Einigungsbewegung mündete alsbald auf dem ersten großen badisch-pfälzischen Regionalparteitag, der im April 1876 unter Vorsitz der beiden Genannten in Neustadt a.d.H. stattfand, in den systematischen Aufbau einer gemeinsamen Organisationsstruktur. Dreesbach siedelte im Sommer nach Mannheim als dem erklärten Zentrum künftiger Agitationsaktivitäten über. Entsprechende Anstrengungen

*Gedenkblatt zum Gothaer Vereinigungskongress 1875. Linke Reihe, Dritter von unten: August Dreesbach, 1875. AKG Images.*

zeitigten prompten Erfolg. Bei der Reichstagswahl 1877 erreichte der sozialdemokratische Kandidat August Bebel in der Stadt Mannheim mit 26,7 Prozent bereits ein sehr beachtliches Ergebnis.

Im gleichen Jahr nahm man, ebenfalls anknüpfend an die Neustadter Versammlung, auch im Bereich der parteipolitischen Propaganda einen neuen, modernen Anlauf. Das erste sozialdemokratische Presseorgan in Baden mit dem Titel *Die Waffe* war von Rüdt 1869 zunächst in Heidelberg und dann in Mannheim herausgegeben, bald aber wieder eingestellt worden. Die neue Parteizeitung sollte nun, ähnlich der des demokratischen Gegners, über eine Aktiengesellschaft finanziert werden: den Badisch-Pfälzischen Pressverein. Ab September 1877 erschien das von Dreesbach redigierte *Pfälzisch-Badische Volksblatt* zunächst einmal, dann dreimal wöchentlich.

Am 21. Oktober 1878 verabschiedete der Reichstag das *Gesetz gegen die gemeingefährlichen Bestrebungen der Sozialdemokratie*. Parteiliche Organisation und Publizistik waren fortan verboten, das aktive und passive Wahlrecht hingegen blieb erhalten. Die Partei sah sich vor die größte Herausforderung ihrer noch jungen Geschichte gestellt. Nur einen Tag nach Inkrafttreten des *Sozialistengesetzes* zogen die Sozialdemokraten erstmals ins Mannheimer Rathaus ein: Sie hatten bei den Bürgerausschusswahlen die Hälfte der Sitze der dritten Wählerklasse errungen. Von hier nahm – der Unterdrückung zum Trotz – ein steter Aufstieg der Partei in der Kommunalpolitik seinen Ausgang. Die zweite Hälfte der dritten Klasse wurde ab 1881 dauerhaft erobert (mit kurzzeitigem Rückschlag 1887). Und 1884 zogen mit August Dreesbach und Franz Königshausen erstmals Sozialdemokraten in den Stadtrat ein. Auch auf Reichsebene rückte die Partei 1878 in der Gunst der Mannheimer Wähler mit ihrem Kandidaten Dreesbach hinter die Demokraten auf die zweite Stelle. Bis 1890 stieg ihr Stimmenanteil im Reichstagswahlkreis Mannheim-Weinheim-Schwetzingen, dem von allen badischen Wahlkreisen am stärksten industrialisierten, kontinuierlich an. Die im *Volksblatt* 1877 angesprochenen Zielgruppen wurden offenbar erreicht.

Ungeachtet der offiziellen Erfolge bei Wahlen hatte die Partei zwischen 1878 und 1890 mit vielfältigen Repressalien und Beschränkungen zu kämpfen, die die Anwendung des *Sozialistengesetzes* in der Praxis mit sich brachte. Gewerkschaften und der sozialdemokratische Sängerbund Lassallia – später unter dem Namen Germania fortgesetzt – waren verboten. Das *Pfälzisch-Badische Volksblatt* hatte umgehend sein Erscheinen einstellen müssen. In der Folge entstanden in Mannheim ein ausgeklügeltes illegales Parteisystem mit nach wie vor überregionalen personalen Beziehungen sowie diverse Tarnorganisationen. Sie sicherten Zusammenhalt und Kontinuität, schufen Funktionären und Anhängern einen breit gefächerten politisch-gesellschaftlichen Aktionsbereich. Die lokale „Parteistruktur" jener Zeit knüpfte an die Funktion Mannheims als „Einfallstor" des in Zürich erscheinenden Parteiorgans *Der Sozialdemokrat* in das Reich an. Vor Ort wurden so genannte Zehnerklubs gebildet, die in regelmäßigen Treffen und über Vertrauensmänner zu Dreesbach Kontakt hielten. Der breiten Masse der Anhänger und Sympathisanten stand eine Reihe von Vereinen und Vereinigungen offen. Turn-, Gesang- und Narrenvereine boten reichlich Freizeitvergnügen unter Gleichgesinnten. Allein im Jahr 1884 erstreckte sich die polizeiliche Überwachung auf 17 Vereine mit 2 024 Mitgliedern.[25] Eigenständige Organisationen der Arbeiterschaft blieben auch im Rahmen der Sozialfürsorge – z.T. sogar gesetzlich legitimiert – bestehen, so die Hilfskassen der früheren Gewerkschaften. Der 1880 gegründete, zunehmend von den Sozialdemokraten instrumentalisierte Medizinalverein konnte 1889 bereits 10 000 Mitglieder aufweisen.[26] Sogar die Gewerkschaften kehrten seit 1883 in Form von Fachvereinen auf die politisch-gesellschaftliche Bühne zurück, ihre Existenz jedoch blieb latent bedroht. So wurde die Organisation der Metallarbeiter, zu deren Exponenten der bei der Firma Heinrich Lanz aus politischen Gründen entlassene Wilhelm Hänsler zählte, im August 1885 bereits wieder verboten. Mit der Gründung eines Arbeiterwahlvereins 1886, um durch *gegenseitige Belehrung durch Vorträge und Besprechungen über kommunale, politische und nationalökonomische Tagesfragen* [...] *zur Zeit der Wahlen auf gesetzlichem Wege den Interessen der Arbeiterschaft Geltung zu verschaffen,*[27] und der allerdings nur kurzzeitigen Herausgabe des *Pionier* wagte man erste vorsichtige Schritte in die politische Öffentlichkeit.

Im Januar 1890 lehnte der Reichstag eine weitere Verlängerung des *Sozialistengesetzes* ab. Bei der Reichstagswahl am 20. Februar setzte sich August Dreesbach als erster badischer Sozialdemokrat schließlich in der Stichwahl durch – in der Stadt Mannheim hatte er mit 41,8 Prozent sogar die meisten Stimmen auf sich vereinigen können. Ab dem 1. Mai (sic!) erschien auch wieder ein ebenfalls von Dreesbach geleitetes sozialdemokratisches Blatt in Mannheim: die *Volksstimme*. Die Stadtverordnetenwahl im Herbst 1890 entschied die Partei in der dritten Wählerklasse deutlich für sich. Bereits ein Jahr später wurden Dreesbach und Rüdt in den badischen Landtag gewählt. Das *Sozialistengesetz* war überwunden, der Durchbruch endgültig geschafft.

*August Dreesbach (1844–1906). Foto, um 1890. StadtA MA.*

Anders als die Katholische Volkspartei in Baden insgesamt, die seit 1888 unter dem Namen Zentrum firmierte und zwischen 1870 und 1891 kontinuierlich und mit bis zu über einem Drittel der Sitze im Landesparlament vertreten war, konnte der politische Katholizismus in der demokratisch-liberalen, gemischt-konfessionellen Stadt Mannheim kaum reüssieren. Lediglich eine zwanglose Dienstagsgesellschaft hielt man u.a. auf Anregung des Landgerichtsrats Rudolph Freiherr von Buol-Berenberg[28] und des Geistlichen Rats Kaspar Koch im Ballhaus ab.

## Auch ein Sohn Mannheims: Louis Lingg und der 1. Mai

*Harry Maximilian Siegert*

Mit dem Beschluss, den 1. Mai 1919 als gesetzlichen Feiertag in Deutschland zu begehen, wurde eine lange erhobene Forderung der Arbeiterbewegung erfüllt: Dabei war die Wahl des Datums keineswegs zufällig. Begonnen hatte alles in Paris, als anlässlich des 100. Jahrestags der Französischen Revolution der Gründungskongress der *Zweiten Internationale* den Beschluss fasste, den 1. Mai zum Weltfeiertag des Proletariats zu küren. Im Vordergrund standen zum einen zentrale Forderungen wie der Achtstundentag, aber auch das Gedenken an die Opfer der Haymarket-Tragödie in Chicago, unter denen sich mit dem Arbeiter Louis Lingg auch ein ehemaliger Mannheimer befand.

Nachdem am 1. Mai 1886 in Chicago ein mehrtägiger Streik für den Achtstundentag begonnen hatte, eskalierte am 3. Mai die Situation, als Streikbrecher von den Streikenden angegriffen wurden. Die Polizei eröffnete das Feuer, es gab Tote und viele Verletzte. Aus Entsetzen über dieses brutale Vorgehen folgte am nächsten Tag eine Protestkundgebung. Dabei explodierte unter den Polizisten eine Bombe, die einen von ihnen tötete und etwa 70 verletzte. Bei der anschließenden wilden Schießerei durch Polizisten starben vier Demonstranten und viele wurden verletzt. In geradezu hysterischer Weise beschwor die Staatsgewalt in den folgenden Tagen die Gefahr einer Revolution und suchte Schuldige. Willkürlich wurden Versammlungen verboten, Wohnungen durchsucht und schließlich acht Gewerkschaftsmitglieder als angebliche Drahtzieher des Bombenanschlags verhaftet. Unter den Inhaftierten befanden sich mehrere Deutsche, darunter auch Lingg.

*Louis Lingg (1864–1887). Porträt, 1886. AKG Images.*

Der am 9. September 1864 in Schwetzingen geborene Louis Lingg entstammte einer Arbeiterfamilie, die 1868 nach Mannheim gezogen war. Sein Vater Friedrich starb bereits nach wenigen Jahren an den Spätfolgen eines Arbeitsunfalls. Dieses Schicksal zeigte Louis eindrucksvoll die Schattenseiten der modernen industrialisierten Welt wie sie auch in Mannheim zutage traten und öffnete ihn für die Ideen der Arbeiterbewegung. In seinen im Chicagoer Gefängnis verfassten Lebenserinnerungen berichtet er:

*Bei seinen Anstrengungen, den Reichtum seines Unternehmers, eines Holzhändlers, zu vermehren, hatte mein Vater eine Aufgabe übernommen, die alle seine Mitsklaven nicht erledigen wollten. Er hatte versucht, einen Eichenstamm an Land zu ziehen, der von der Böschung auf den zugefrorenen Neckar gerutscht war. In seinem Eifer bemerkte er zu spät, dass die trügerische Eisdecke nachgab, und er konnte erst nach sorgfältiger Suche und mit grösster Anstrengung geborgen werden. Dieser Unglücksfall schwächte ihn so sehr, dass er seine Arbeitskraft fast völlig einbüsste. Nach einer Weile wurde mein Vater von jenem Holzhändler mit der fadenscheinigen Begründung entlassen, dass das Geschäft zurückgegangen sei und einige Arbeitskräfte eingespart werden müssten.*

*Drei Jahre nach dem traurigen Vorfall starb mein Vater. Er hatte die letzten Jahre seines Lebens in einem Zustand geistiger Verwirrung verbracht. Auf Wunsch meiner Mutter wurde eine Autopsie vorgenommen, und die Ärzte kamen zu dem Schluss, dass seine geistige Umnachtung von diesem Unfall herrührte.*

*Ich war damals dreizehn und meine Schwester sieben Jahre alt. Aus dieser Zeit rühren meine ersten Eindrücke von der Ungerechtigkeit der herrschenden gesellschaftlichen Verhältnisse, das heisst von der Ausbeutung des Menschen durch den Menschen.* [...] *Es entging meiner Aufmerksamkeit nicht, dass der ehemalige Chef meines Vaters trotz seines aufwendigen Lebensstils ständig reicher wurde, während mein Vater, der einen beträchtlichen Teil dazu beigetragen hatte* [...] *wie ein abgenutztes Werkzeug, das nicht mehr gebraucht wird, weggeworfen wurde.*

Nach Abschluss einer Schreinerlehre begab sich Lingg auf Wanderschaft, unter anderem in die Schweiz. Als ihm 1885 die Abschiebung drohte, entschloss er sich zur Auswanderung in die USA. In Chicago arbeitete er als Zimmermann und wurde Mitglied in der anarchistisch beeinflussten Internationalen Zimmermanns- und Schreinergewerkschaft. Bald war er Delegierter und aktiver Funktionär der Gewerkschaft.

Kurz nach der Verhaftung wurden in einem Schauprozess sieben Todesurteile ausgesprochen. Obwohl gegen die Verurteilten keine konkreten Beweise vorlagen, sollten die Angeklagten als Mitglieder einer Verschwörung gehängt werden. Dies rief in der Öffentlichkeit große Proteste hervor, zahlreiche Solidaritätsadressen sprachen sich für eine Begnadigung aus. Als man jedoch ausgerechnet in Linggs Zelle als Zigarren getarnte Dynamitkapseln fand, wurde dies als Beweis einer neuerlichen anarchistischen Verschwörung gewertet. Auch die Tatsache, dass sich die Mithäftlinge daraufhin von Lingg distanzierten, änderte nichts daran, dass vier von ihnen gehängt wurden. Lingg selbst kam kurz zuvor, am 10. November 1887, vermutlich durch Selbsttötung ums Leben.

Das Begräbnis der Gewerkschaftler wurde zu einer eindrucksvollen Demonstration: 200 000 Menschen säumten die Straßen. Auch die Mannheimer Zeitungen berichteten über das Schicksal des ehemaligen Landsmanns. Sechs Jahre später wurden die Verurteilten vom Gouverneur des Staats Illinois rehabilitiert, der den Prozess als Justizirrtum einstufte. Zu diesem Zeitpunkt gehörte die Haymarket-Tragödie und das Gedenken an ihre „Märtyrer" längst zu den wichtigsten Daten in der Geschichte der Arbeiterbewegung, an die mit der Feier des 1. Mai erinnert werden sollte. ✧

*Rudolph Freiherr von Buol-Berenberg (1842–1902). Foto, um 1880. StadtA MA.*

Die Teilnehmer der Dienstagsgesellschaft kamen aus Kreisen der örtlichen Geistlichkeit, Handwerkerschaft, Beamten und Kaufleute.

Der badische Kulturkampf war längst im Abklingen, als man im Jahr 1886 an den Aufbau eines lokalen politischen Vereins ging. Der Gründung vorangegangen war die Reichstagsersatzwahl im Wahlkreis Mannheim, bei der der eigene Kandidat und spätere Reichstagspräsident von Buol-Berenberg immerhin 540 Stimmen erhalten hatte.[29] In der eigentlich konstituierenden Versammlung am 14. Dezember 1886 verabschiedeten die 97 Gründungsmitglieder des Männervereins Zentrum, einer *gesellige*[n] *Vereinigung katholischer Männer zur Förderung der Zusammengehörigkeit und ihrer Interessen an den öffentlichen Lebenserscheinungen*, ihre Statuten unter ausdrücklichem Anschluss an das Programm der Zentrumspartei. Der Vorstand bestand weit überwiegend aus Handwerkern; zum ersten Vorsitzenden wurde der Architekt Karl Schweikart gewählt, wohl wenig später dem Freiherrn von Buol-Berenberg die Ehrenpräsidentschaft angetragen. Zu den Vereinsaktivitäten zählten Vorträge, ein Gesangverein und die Mitwirkung bei der Organisation bedeutender kirchlicher Veranstaltungen, die in Anwesenheit der Prominenz aus Freiburg in Mannheim stattfanden. Anlässlich der goldenen Hochzeit des wohl prominentesten Zentrumspolitikers Ludwig Windthorst unterstützte der Verein das von diesem geplante Kirchenprojekt in Hannover mit einer Spende. Hinsichtlich der Presse musste man zunächst auf fremde Blätter wie etwa den *Pfälzer Boten* aus Heidelberg zurückgreifen, dessen Bezug sogar aus der Vereinskasse bezuschusst wurde. Seit 1. Oktober 1888[30] betrieb Karl Pohl allerdings die Herausgabe des lokalen Parteiorgans *Neues Mannheimer Volksblatt*, das 1890 in die Verantwortung einer Pressekommission und zwei Jahre später in den Besitz von Jean Gremm und Josef Lorenz überging.[31]

Bei nationalen Wahlen hielt sich der Mannheimer Zentrumsverein in den ersten Jahren seiner Existenz weitestgehend zurück, man unterstützte in der Regel vielmehr die Reichstagskandidaten der Demokraten. Absolute Priorität hatte in dieser Zeit offenbar der systematische Aufbau einer regionalen Machtbasis. Das entsprach den landesweiten Ausbaubestrebungen der badischen Zentrumspartei. Allein 13 Männervereine Zentrum bzw. katholische Männervereine entstanden unter aktiver Mannheimer Mitwirkung in den Jahren 1889/90 im nahen Umkreis der Quadratestadt. Nun war auch die Zeit für die Gründung eines katholischen Arbeitervereins vor Ort gekommen. Das Terrain der Mannheimer Kommunalpolitik allerdings sollte die Zentrumspartei erst ganz allmählich in den 1890er Jahren betreten.

# „Auf dieses alte Haus ein neues Stockwerk aufgesetzt" – Die Gemeindeverwaltung im Umbruch

## Badische Städteordnung und kommunale Verfasstheit

Bürgerrecht und Gemeindeverfassung hatten in Baden schon so manche Veränderung erfahren. Gemäß den Vorschriften vom 31. Dezember 1831 sollte sich die Gemeinschaft von Bürgern auf der Grundlage eines moderat angesetzten Mindestvermögens nach einheitlichen gesetzlichen Vorgaben konstituieren. Aufnahmen in das Bürgerrecht konnten gegebenenfalls von den staatlichen Behörden revidiert werden.[32] Dem nunmehr erweiterten Kreis von Bürgern oblag die Wahl sämtlicher kommunaler Organe, vom Bürgermeister bis zu den beiden Bürgerausschüssen. Die demokratischen Errungenschaften jenes Jahres wurden bereits kurze Zeit später wieder eingeschränkt und erfuhren am 25. April 1851 eine grundlegende Revision. In indirekter Wahl bestimmte der aus 96 Mitgliedern bestehende Große Bürgerausschuss den Gemeinderat einschließlich des ersten und zweiten Bürgermeisters sowie den Kleinen Bürgerausschuss. Jene große Stadtverordnetenversammlung war zuvor auf der Grundlage des Dreiklassenwahlrechts von den Bürgern der Stadt zu bestimmen. Die Aufnahme in das Bürgerrecht hatte man u.a. durch die teilweise Erhöhung des nachzuweisenden Vermögens wieder erschwert. Eine ökonomisch-sozial exklusivere städtische Bürgerklasse gewann dadurch an politischem Gewicht. Da die Bindung des passiven Wahlrechts an die Wählerklasse aufgehoben wurde, ging auch *dieser Zwang zur sozialen Pluralität*[33] verloren. Zugleich verstärkte die staatliche Seite ihre Einflussmöglichkeiten.

Gesetze zur Gewerbe-, Niederlassungs- und Aufenthaltsfreiheit sowie eine enorme Zunahme der städtischen Einwohnerschaft bei gleichzeitig rückläufigen Bürgerzahlen stellten wesentliche Grundlagen von Bürgerrecht und Gemeindeverwaltung in den 1860er Jahren in Frage und beraubten sie ihrer Legitimation. Die beginnenden 1870er Jahre brachten endlich eine Stärkung der städtischen Selbstverwaltung unter Einbeziehung eines erweiterten Kreises von Bürgern, ohne mit der Dominanz der wirtschaftsbürgerlichen Elite gänzlich zu brechen.

Mit Gesetz vom 14. Mai 1870 wurde der Kleine Bürgerausschuss beseitigt und die direkte Wahl von Gemeinderat und Bürgermeistern wieder eingeführt. Unter diesen Voraussetzungen wählten die Bürger Mannheims den Fabrikanten Eduard Moll zum ersten Bürgermeister. Über 20 Jahre sollte Moll schließlich an der Spitze der kommunalen Verwaltung stehen, bevor er aus Altersgründen im August 1891 von seinem vertraglich vereinbarten Rücktrittsrecht Gebrauch machte. Die sich seit 1887 etablierende nationalliberale Mehrheit im Bürgerausschuss mochte dem demokratischen Stadtoberhaupt diesen Schritt erleichtert haben. Nur wenige Monate später wurde Moll zum Ehrenbürger seiner Heimatstadt ernannt.

Nachdem bereits 1870 das staatliche Bestätigungsrecht für die Gemeindeorgane abgeschafft worden war und auf Mannheimer Initiative

Linke und rechte Seite: Ehrenbürgerbrief für Eduard Moll, ausgefertigt 1892. StadtA MA.

hin sich seit 1873 die Städte im Badischen Städtetag organisiert hatten, brachte die Städteordnung vom 24. Juni 1874 die endgültige Wende zu einer umfassenderen kommunalen Selbstverwaltung.[34] Auf das alte Haus von 1831 wurde nun *ein neues Stockwerk aufgesetzt.*[35] Der in seinen Aufsichtsrechten stark zurückgedrängte Staat setzte den Rahmen, die konkrete Ausformung sollte fortan mittels Ortsstatuten und Gemeindesatzungen in den einzelnen Städten erfolgen. Zudem wurde mit der Neuregelung von 1874 die Bürgergemeinde zur Einwohnergemeinde: Das Bürgerrecht war nunmehr an den mindestens zweijährigen Aufenthalt gekoppelt. Hinzu kamen weitere Anforderungen, so etwa selbstständige Lebensstellung, Zahlung direkter Steuern, kein Empfang von Armenunterstützung etc. Ein formales Aufnahmeverfahren hingegen war abgeschafft. Die Zahl der Bürger in Mannheim stieg dadurch von 2 793 auf 5 604 oder 12,1 Prozent der Einwohnerschaft[36] – eine Größenordnung, wie sie prozentual im Vormärz bereits erreicht worden war. Ein Großteil der Bevölkerung, etwa die rund 50 Prozent Frauen, blieb allerdings weiterhin außen vor.

Die Bürger konnten in einer Vielzahl von Kommissionen an der Verwaltungsarbeit mitwirken, was angesichts der wachsenden Aufgaben der Kommune auch eine wünschenswerte Entlastung der gemeindlichen Funktionsträger mit sich brachte. In manchen Bereichen schrieb die Städteordnung die Bildung von Kommissionen vor – z.B. im Schul- und Armenwesen oder in der öffentlichen Gesundheitspflege –, andere waren fakultativ. Mannheim schuf sich ab 1875 eine Vielzahl solcher Arbeitsgruppen, angefangen bei der Schulkommission bis hin zur Kommission für die Überwachung des Kassen- und Rechnungswesens. Trotz einer gewissen „Demokratisierung" sicherten die Beibehaltung des Dreiklassenwahlrechts für den in seinen Rechten gestärkten Bürgerausschuss – bestehend aus Stadtrat und Stadtverordneten – und die Wiedereinführung der indirekten Wahl für Stadtrat und Bürgermeister durch die Versammlung der Stadtverordneten eine hohe Kontinuität in der sozialen wie wirtschaftlichen Zusammensetzung der administrativ-politischen Führungsgruppe. Während die erste Klasse der Höchstbesteuerten mindestens ein Drittel der Gemeindeumlage aufbringen sollte und mindestens ein Zwölftel der Stimmberechtigten umfasste, repräsentierte die zweite, die ebenfalls mindestens ein Drittel jener Steuer zu zahlen hatte, mindestens zwei Zwölftel der Bürgerschaft. Die übrigen höchstens neun Zwölftel der Wahlberechtigten bildeten die dritte Klasse mit höchstens einem Drittel des Umlageaufkommens.[37] Dem nunmehr als Oberbürgermeister titulierten und für neun Jahre zu wählenden bisherigen ersten Bürgermeister und seinen Beigeordneten standen erstmals auskömmliche Gehälter und Pensionen zu – ein wichtiger Schritt hin zum Berufsbeamtentum. Ein gewisses Gegengewicht zu der für Mannheim im Ortsstatut vom 12. Februar 1875 festgelegten Führungsspitze, dem Stadtrat aus Oberbürgermeister, zwei Beigeordneten und 18 auf sechs Jahre gewählten Stadträten, bildete der fünfköpfige Stadtverordnetenvorstand. Eine erneute Verschärfung des Klassenwahlrechts, die eine exakte Zwölftelung vorschrieb, und diverse andere Änderungen in der Städteordnung folgten 1882 und 1884. Insbesondere die Stellung der Stadtverordneten erfuhr noch einmal eine deutliche Stärkung. Maßgeblich an entsprechenden Initiativen beteiligt war der demokratische Landtagsabgeordnete und Mannheimer Stadtverordneten-Obmann Heinrich von Feder.

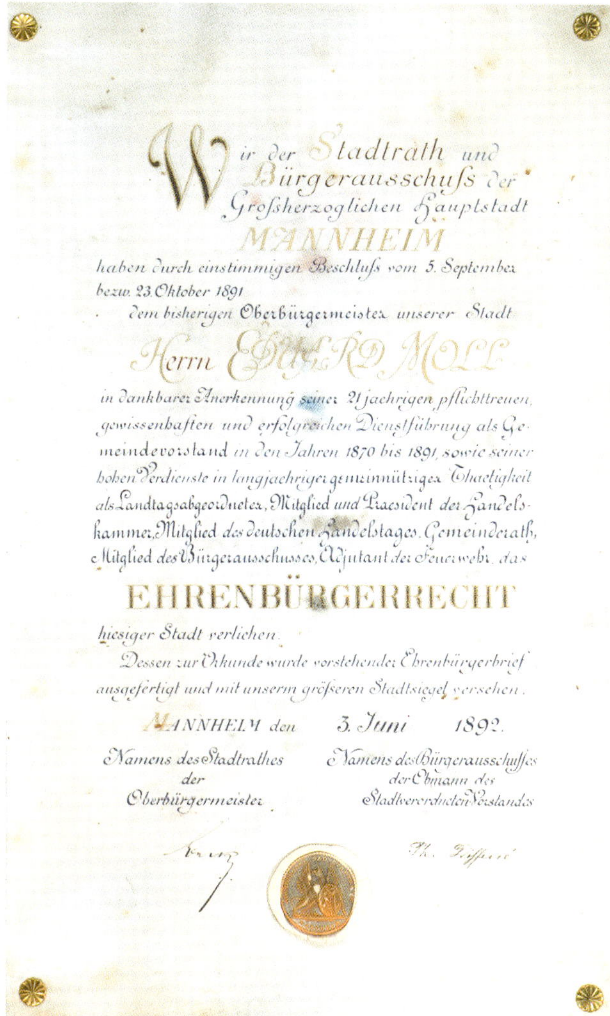
Wir der Stadtrath und
Bürgerausschuß der
Großherzoglichen Hauptstadt
MANNHEIM
haben durch einstimmigen Beschluß vom 5. September
bezw. 23. Oktober 1891
dem bisherigen Oberbürgermeister unserer Stadt
Herrn EDUARD MOLL
in dankbarer Anerkennung seiner 21jaehrigen pflichttreuen,
gewissenhaften und erfolgreichen Dienstführung als Gemeindevorstand in den Jahren 1870 bis 1891, sowie seiner
hohen Verdienste in langjaehriger gemeinnütziger Thaetigkeit
als Landtagsabgeordneter, Mitglied und Praesident der Handelskammer, Mitglied des deutschen Handelstages, Gemeinderath,
Mitglied des Bürgerausschusses, Adjutant der Feuerwehr, das
EHRENBÜRGERRECHT
hiesiger Stadt verliehen.
Dessen zur Urkunde wurde vorstehender Ehrenbürgerbrief
ausgefertigt und mit unserm größeren Stadtsiegel versehen.
MANNHEIM den 3. Juni 1892.
Namens des Stadtrathes der Oberbürgermeister
Namens des Bürgerausschusses der Obmann des Stadtverordneten Vorstandes

## Gemeindepolitik

*Aus Angst, die Umlagen erhöhen zu müssen, sträubte es* [das demokratische Kleinbürgertum] *sich mit aller Macht gegen jede politische, soziale, wie überhaupt jede neue Aufgabe der Gemeinde*[38] – dies behauptete 1906 einer der führenden Sozialdemokraten, Franz Josef Ehrhart, im Rückblick auf die Mannheimer Kommunalpolitik der zweiten Hälfte des 19. Jahrhunderts. Die Demokraten, die ab 1870 das Stadtoberhaupt stellten und die anschließenden Bürgerausschusswahlen gewannen, hatten ihrerseits im Wahlprogramm gefordert, die Gemeindebehörde *dürfe nicht abwarten, bis ihr die Anregung durch Klagen und Beschwerden gegeben werde, sondern müsse aus freiem Antriebe dem Bedürfnisse entgegenkommen.*[39]

Verwaltung und Politik sahen sich im jungen Kaiserreich angesichts des rasanten demographischen und wirtschaftlichen Wachstums ihrer Stadt großen Herausforderungen gegenüber. Straßen, Schienen und Wohnungen mussten bereitgestellt, Gas- und Wasserleitungen verlegt, immer größere Abfallmengen beseitigt werden. Hinzu kamen neue, durch die Landesgesetzgebung auf die kommunale Ebene verlagerte Aufgaben wie etwa die Armenfürsorge sowie das Stiftungs- und Volksschulwesen. In welcher Weise begegneten die demokratisch bzw. nationalliberal dominierten Gemeindegremien, Verwaltung und Kommissionen in der Folgezeit dem Urbanisierungsschub, und wie setzten sie die neuen gesetzlichen Verpflichtungen um?

Ein eher zurückhaltendes Engagement der Stadt ist hinsichtlich des Ausbaus der Verkehrsinfrastruktur zu beobachten. Hier übernahmen der badische Staat oder auch private Unternehmen finanzielle und sonstige Verantwortlichkeiten – die Stadt beteiligte sich häufig nur nachgeordnet, etwa in Form von Bereitstellung kostengünstigen Geländes. Zierten sich die badischen Behörden allerdings bei der Realisierung von für Mannheim wichtigen Projekten wie etwa der Rheintalbahn, so ließen kommunale Initiativen und Investitionen nicht lange auf sich warten.[40]

Im Bereich des Städtebaus spiegeln neue Ämter und neues – von außen kommendes – Fachpersonal die quantitativ und qualitativ gestiegenen Anforderungen wider, aber auch die Bedeutung, die man seitens der Verwaltung dem jeweiligen Sachgebiet zumaß. Die Errichtung eines Bauamts 1872,

*Bau des Gaswerks auf dem Lindenhof unweit des Neckarauer Übergangs, um 1877. Foto. StadtA MA.*

seine Aufteilung in die Bereiche Hoch- und Tiefbau 1888[41] und die Einrichtung eines eigenständigen Sielbaubüros unter dem Frankfurter Experten William Lindley zwei Jahre später waren die Stationen einer zunehmenden Spezialisierung und Professionalisierung in einem wachsenden kommunalen Aufgabenbereich. Die Neuorganisation des Jahres 1888 sollte nicht zuletzt dem Hochbau mit seinen *zahlreiche*[n] und *bedeutende*[n] Aufgaben zugutekommen und die anstehenden Projekte *unter die selbstständige Leitung eines bewährten Hochbautechnikers* stellen. Für diese Stelle konnte man in der Person Gustav Uhlmanns einen akademisch ausgebildeten Fachmann gewinnen, der sich bereits in verschiedenen Diensten – unter anderem im Büro der Architekten Gropius und Schmieden zu Berlin – bewährt hatte.[42] Auf den österreichischen Ingenieur Oskar Smreker[43] wiederum gingen die Untersuchungen und Planungen für die erste zentrale Wasserversorgung der Stadt zurück, die 1888 zum Erfolg führen sollten. Erhebliche städtische Investitionen in Höhe von 2,5 Mio. Mark waren für das Projekt erforderlich gewesen.[44]

Bereits 1873 hatte die Stadt im Trend einer deutschlandweiten Entwicklung[45] ein anderes zentrales Versorgungsinstitut in Eigenbetrieb übernommen: das Gaswerk. Das bis dahin an einen Privatmann verpachtete, zunehmend veraltete und der hohen Nachfrage nicht mehr gewachsene Unternehmen in K 6[46] ersetzte man alsbald durch ein neues Werk im bahnnahen *Stadterweiterungsgebiet* Lindenhof. Bei dem Neubau war ausdrücklich darauf geachtet worden, *daß alle Bauarbeiten an ortsansässige Meister übertragen wurden, wie man auch bei Vergebung der Maschinen- und Eisenlieferung den hiesigen Industriellen thunlichste Berücksichtigung angedeihen ließ.*[47] Im Dezember 1878[48] nahm das Gaswerk schließlich seinen Betrieb auf. Ursprünglich bei der Anlage vorgesehene Arbeiterwohnungen kamen übrigens nicht zur Ausführung.[49]

Eine Attraktion der „Pfalzgau-Ausstellung": Werner von Siemens stellt den ersten elektrischen Fahrstuhl vor, errichtet am damaligen Hauptzollamt. Foto, 1880. StadtA MA.

Schon bald erwuchs dem neuen städtischen Energiezentrum auf dem Gebiet der Beleuchtung eine ernsthafte Konkurrenz: Auf der *Pfalzgau-Ausstellung* des Jahres 1880 konnte das Publikum eine neue Errungenschaft, die elektrische Lichtquelle, bewundern, und 1885 waren bereits kleinere private Blockstationen in Betrieb. Ein Jahr später führte die Stadt die elektrische Beleuchtung in ihrem Hof- und Nationaltheater

*Berufsfeuerwehr Mannheim. Foto, 1891. StadtA MA.*

ein, um die mit Gaseinsatz immer verbundene Brandgefahr herabzusetzen. Bis zu einer zentralen städtischen Elektrizitätsversorgung sollten allerdings noch Jahre vergehen. Die stets drohende Feuergefahr wurde den Entscheidungsträgern wiederholt und eindringlich durch Großbrände wie etwa in der Chininfabrik Boehringer (1881) oder der Hafenwerfthalle (1884)[50] vor Augen geführt. Eine *Dienstanweisung für die Schutzmannschaft als Theaterpolizeiwache* vom 1. September 1882 verlangte, die *zur Nachahmung des Blitzes zu verwendende Schießbaumwolle* [...] *nur an feuersicherem Ort und in feuersicherem Behälter* aufzubewahren.[51] Erst im Jahr 1891 unternahm man den Versuch, mit der Einrichtung einer Berufsfeuerwehr dieser Herausforderung wirkungsvoller zu begegnen.

Ein anderes Problem verlangte gebieterisch nach der regelnden Aufmerksamkeit von Gesellschaft und Politik: das in den unteren sozialen Schichten weit verbreitete Wohnungselend. Wie war hohen Mieten, Überbelegung, menschenunwürdiger Bauweise und unhaltbaren hygienischen Verhältnissen beizukommen? Die 1866 als Aktiengesellschaft gegründete erste Gemeinnützige Baugesellschaft Mannheims errichtete, ausgehend von zunächst vier Wohnhäusern im Jahr 1867, 1873 eine Arbeitersiedlung mit über 60 Wohnungen in der Schwetzinger Vorstadt unweit des Neckarauer Übergangs.[52] Seitens der Stadt stellte man kostengünstig Bauland und einen billigen Kredit durch die Sparkasse zur Verfügung. Ein weiteres, durch eine Empfehlung der Armenkommission angestoßenes Bauprojekt überstieg bereits die finanziellen Möglichkeiten jener Aktiengesellschaft. Denn dieses Mal verweigerte der Stadtrat eine Zinsgarantie für das eingesetzte Kapital. Zu eigenem städtischem Wohnungsbau in großem Stil gar und damit zu einem massiven Eingriff in den freien Wohnungsmarkt konnte sich die wirtschaftsbürgerliche Führungselite in den 1870er und 1880er Jahren nicht durchringen.[53] Auch verschiedene Versuche, in den Bauordnungen hygienische Mindeststandards, Gebäudehöhen und Bebauungsdichte zu regeln, brachten keinen durchschlagenden Erfolg. So blieb das Wohnungsproblem weitgehend ungelöst. Noch 1891 musste der badische Fabrikinspektor Friedrich Wörishoffer in seinem Bericht über *Die sociale Lage der Fabrikarbeiter in Mannheim und dessen nächster Umgebung* konstatieren, dass *das gemeinsame Merkmal der Arbeiterwohnungen im Allgemeinen eine bis auf's Aeußerste getriebene Einengung des den einzelnen Familien zur Verfügung stehenden Raumes* sei und *das Fortbestehen der jetzigen Wohnungsverhältnisse die Arbeiterbevölkerung und damit die ganze Gesellschaft mit schweren Gefahren* bedrohe.[54]

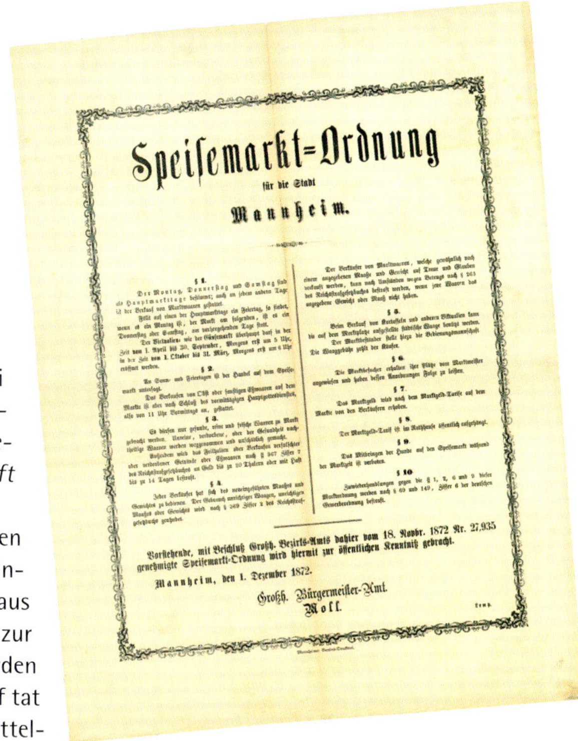

Speisemarkt-Ordnung

für die Stadt

Mannheim.

§ 1.

Der Montag, Donnerstag und Samstag sind als Hauptmarkttage bestimmt; auch an jedem andern Tage ist der Verkauf von Marktwaaren gestattet.

Fällt auf einen der Hauptmarkttage ein Feiertag, so findet, wenn es ein Montag ist, der Markt am folgenden, ist es ein Donnerstag oder Samstag, am vorhergehenden Tage statt.

Der Victualien- wie der Gänsemarkt überhaupt darf in der Zeit vom 1. April bis 30. September, Morgens erst um 5 Uhr, in der Zeit vom 1. Oktober bis 31. März, Morgens erst um 6 Uhr eröffnet werden.

§ 2.

An Sonn- und Feiertagen ist der Handel auf dem Speisemarkt untersagt.

Das Verkaufen von Obst oder sonstigen Eßwaaren auf dem Markte ist aber nach Schluß des vormittägigen Hauptgottesdienstes, also von 11 Uhr Vormittags an, gestattet.

§ 3.

Es dürfen nur gesunde, reine und frische Waaren zu Markt gebracht werden. Unreine, verdorbene, oder der Gesundheit nachtheilige Waaren werden weggenommen und unschädlich gemacht.

Außerdem wird das Feilhalten oder Verkaufen verfälschter oder verdorbener Getränke oder Eßwaaren nach § 367 Ziffer 7 des Reichsstrafgesetzbuches an Geld bis zu 20 Thalern oder mit Haft bis zu 14 Tagen bestraft.

§ 4.

Jeder Verkäufer hat sich des neueingeführten Maßes und Gewichtes zu bedienen. Der Gebrauch unrichtiger Waagen, unrichtigen Maßes oder Gewichts wird nach § 369 Ziffer 2 des Reichsstrafgesetzbuches geahndet.

Der Verkäufer von Marktwaaren, welche gewöhnlich nach einem angegebenen Maße und Gewicht auf Treue und Glauben verkauft werden, kann nach Umständen wegen Betrugs nach § 263 des Reichsstrafgesetzbuches bestraft werden, wenn jene Waaren das angegebene Gewicht oder Maaß nicht haben.

§ 5.

Beim Verkauf von Kartoffeln und andern Victualien kann die auf dem Marktplatze aufgestellte städtische Waage benützt werden.

Der Marktbeständer stellt hiezu die Bedienungsmannschaft. Die Waaggebühr zahlt der Käufer.

§ 6.

Die Marktbesucher erhalten ihre Plätze vom Marktmeister angewiesen und haben dessen Anordnungen Folge zu leisten.

§ 7.

Das Marktgeld wird nach dem Marktgeld-Tarife auf dem Markte von den Verkäufern erhoben.

§ 8.

Der Marktgeld-Tarif ist im Rathhause öffentlich aufgehängt.

§ 9.

Das Mitbringen der Hunde auf den Speisemarkt während der Marktzeit ist verboten.

§ 10.

Zuwiderhandlungen gegen die § 1, 2, 6 und 9 dieser Marktordnung werden nach § 69 und 149, Ziffer 6 der deutschen Gewerbeordnung bestraft.

Vorstehende, mit Beschluß Großh. Bezirks-Amts dahier vom 18. Novbr. 1872 Nr. 27,935 genehmigte Speisemarkt-Ordnung wird hiermit zur öffentlichen Kenntniß gebracht.

Mannheim, den 1. Dezember 1872.

Großh. Bürgermeister-Amt.
Moll.

Speisemarktordnung, 1872. StadtA MA

Jenseits des Wohnungsmarkts sahen sich Staat und Gemeinde gerade im Hinblick auf hygienische Missstände durchaus konkret in der Pflicht. Die Maßnahmen zur Wasserversorgung und Kanalisation wurden bereits erwähnt. Akuter Regelungsbedarf tat sich daneben in den Bereichen Lebensmittelhygiene und Stadtreinigung auf.

Bezirkstierarzt Philipp Fuchs konstatierte rückblickend: *Als ich im Jahre 1866 die hiesige Bezirksthierarztstelle antrat, lag die Fleischbeschau der Stadt sehr im Argen* – und dies trotz der Tatsache, dass die *Entwicklung der Thierheilkunde in den letzten Decennien, insbes. die genauere Kenntnis der Infections-, der parasitären sowie der contagiösen und auf den Menschen übertragbaren Krankheiten* [...] *nicht wenig dazu beigetragen* [hatte], *der Fleischbeschau eine wissenschaftlichere Basis* [...] *zu geben.*[55] In anderer Hinsicht barg der wissenschaftliche Fortschritt aber auch neue Gefahren. Angesichts der wachsenden Rolle von Chemie und Mikrobiologie bei der Nahrungsmittelherstellung boten die bisherigen, punktuell und nur auf polizeiliche Anordnung hin durchgeführten Kontrollen unzureichenden Schutz vor verfälschten Lebensmitteln. Auch die städtischerseits unternommenen Versuche zur Durchsetzung einer regelmäßigen Entleerung der Abort- und Dunggruben mussten Makulatur bleiben, solange Hauseigentümer nicht gesetzlich dazu verpflichtet und schon gar nicht zu Zahlungen für entsprechende Dienstleistungen bereit waren, sich gleichzeitig immer weniger landwirtschaftliche Abnehmer und damit auch keine Privatunternehmen für das wenig lukrative Geschäft fanden. Bei der Abfallbeseitigung und der Gehweg- bzw. Straßenreinigung gelangte man ebenfalls lange Zeit zu keiner befriedigenden Lösung.

Ab 1875 wurde die staatliche Fleischbeschau durch den Bezirkstierarzt vor Ort reorganisiert. Bei allen fortbestehenden Mängeln wurde seither immerhin auch das geschlachtete Kleinvieh der Fleischbeschau unterworfen.

Außerdem richtete man, um dem illegalen Handel mit minderwertigem und teilweise gesundheitsschädlichem Fleisch entgegenzuwirken, so genannte Freibänke für den Verkauf der vom Fleischbeschauer beanstandeten, aber nicht als gesundheitsschädlich eingestuften Ware ein.[56] Diese Neuerungen sollten nicht nur eine größere Garantie für den Verbraucher, sondern auch einen gewissen Schutz für *den Producenten vor unberechtigten willkürlichen Confiscationen und Schädigungen* bringen.[57] Ein modernisierter städtischer Vieh- und dann auch Schlachthof im Gewann Kleinfeld sollten erst wesentlich später – 1892 bzw. 1900 – die bisherigen Einrichtungen vor dem Heidelberger Tor und unweit des Neckars ablösen.[58]

Zwecks Intensivierung der Lebensmittelkontrollen beschloss der Stadtrat 1877 die Anstellung eines Assistenten für Chemie am Laboratorium des Realgymnasiums, der gleichzeitig als städtischer Chemiker fungierte.[59] Damit verfügte Mannheim über das landesweit erste städtische Laboratorium für Lebensmittelkontrolle. Auf der Grundlage des Reichsnahrungsmittelgesetzes von 1879 erkannte das Großherzogliche Ministerium des Innern der Einrichtung 1881 den Charakter einer öffentlichen Anstalt zu. Schon bald genügte das Laboratorium nicht mehr den steigenden Anforderungen *sowohl in Ansehung der den Zwecken* [desselben] *dienenden Räumlichkeiten als auch bezüglich der Einrichtung.*[60] Entlastung brachte das Jahr 1883, als das Ministerium zwei Privatchemikern die Ermächtigung zur *Vornahme amtlicher Untersuchungen von Nahrungs- und Genussmitteln sowie von Gebrauchsgegenständen* erteilte.[61] Nach dem Tod des Vorstands der städtischen Untersuchungsanstalt 1896 übernahm ebendieses Laboratorium der Herren Bissinger und Henking dann sämtliche für die Stadt notwendigen Untersuchungen gegen eine jährliche Vergütung.

Im Jahr 1880 verfügte die Gemeinde endlich auch die obligatorische Grubenentleerung gegen Gebühr, die Beseitigung der Haushaltsabfälle sollte zunächst kostenlos erfolgen. Die Entsorgung übernahm ab 1881 ein eigens errichtetes, kaum rentables städtisches Abfuhramt, dessen Sammelgruben im Harrlachgebiet in der Folgezeit mehrmals erweitert werden mussten.[62]

*Mülltransport. Foto, um 1890. StadtA MA.*

Zu den seit Anfang der 1870er Jahre den Gemeinden vom Staat übertragenen Aufgaben gehörte neben der nunmehr kommunalen Schulaufsicht und der Einrichtung eines bürgerlichen Standesamts auch das Armenwesen. Auf der Basis des Gesetzes *Die öffentliche Armenpflege betr.* war 1870 an die Stelle der staatlichen Armenpolizeikommission ein von der Gemeinde bestellter Armenrat getreten. Gleichzeitig ging die Unterstützungspflicht von der Heimat- auf die Aufenthaltsgemeinde über – eine Verlagerung, die für Städte mit erheblicher Zuwanderung wie Mannheim große finanzielle Belastungen mit sich brachte.[63] Jenem Armenrat oblag fortan auch die Verwaltung der so genannten Dienstbotenkrankenkasse und des städtischen Krankenhauses in R 5. Die vom Armenrat betreute gesellschaftliche Gruppe war es schließlich auch, die die städtische Krankenanstalt primär frequentierte: *In das Krankenhaus in R 5, das in der amtlichen städtischen Bezeichnung Armen- und Krankenanstalt hieß, gingen nur arme Leute oder wer zu Hause gar keine Pflege hatte.*[64] Mit Ortsstatut vom 6. Dezember 1875 erfolgte die Ablösung des Armenrats mit all seinen Kompetenzen durch eine Kommission für das Armen- und Krankenwesen im Sinne der Städteordnung von 1874. Die städtischen Ausgaben für diesen Bereich stiegen zwischen 1870 und 1890 von rund 50 000 Mark auf knapp 275 000 Mark.[65] Das infolge der Bismarck'schen Sozialgesetzgebung errichtete Versicherungssystem[66] brachte zunächst offenbar wenig Entlastung für den betreffenden kommunalen Haushaltsposten, das Bezirksamt stellte vielmehr klar: *Die vielfach geteilte Ansicht, daß infolge des Krankenversicherungsgesetzes der Armenaufwand sich erheblich vermindern werde, hat sich als nicht richtig herausgestellt.* Denn die Hauptursachen für eine Unterstützungsbedürftigkeit – *der Tod des Ernährers, Arbeitslosigkeit, Altersschwäche und geringer Verdienst* – stimmten in der Regel nicht mit den von der Versicherung abgedeckten Härtefällen überein.[67] Die Stadt ihrerseits führte in ihrem Rechenschaftsbericht aus dem Jahr 1886 sogar eine Erhöhung der Unterstützungsleistungen im Bereich der Armenpflege als Grund für Mehrausgaben an.[68]

Das Gesetz über die Stiftungen aus dem Jahr 1870 hatte traditionell kirchlich getragene Fürsorgebereiche ebenfalls in die kommunale Verantwortung überführt.[69] Für die Mehrzahl jener lokalen Einrichtungen waren seither Stiftungsräte zuständig, in denen neben den städtischen Vertretern auch weiterhin die Geistlichkeit mitwirkte. 1880 wurde dann eine auf der Basis der Städteordnung organisierte Stiftungskommission zur Verwaltung der weltlichen Stiftungen per Ortsstatut geschaffen.[70]

Insgesamt bietet sich ein heterogenes Bild der Kommunalpolitik in den Jahren 1870 bis 1891. In originär staatlichen (Bahn, Hafen) oder dem freien Markt überlassenen (Wohnungsbau) Bereichen übte die Stadt Zurückhaltung. Dennoch übernahm sie – teils freiwillig, teils durch Gesetz oder drängende Probleme gezwungen – eine Reihe neuer Aufgaben. Davon zeugt nicht zuletzt die Vermehrung der städtischen Beschäftigten. Allein die Zahl der Beamten stieg zwischen 1870 und 1890 von 48 auf 191.[71] Punktuell verstärkte sich die Verwaltung durch ausgewiesene Fachleute, und seit den 1880er Jahren wurden die öffentlichen Bediensteten auch sozial besser abgesichert. Die Kommunalisierung der Gas- und Wasserversorgung deutet überdies ein allmähliches Abrücken von dogmatisch-liberalen Anschauungen hin zu einem vorsichtigen *Munizipalsozialismus* an.[72] So manche hierbei entwickelte Lösungsstrategie erwies sich allerdings in der Praxis als nicht durchsetzbar oder bedurfte nach erster Erprobung im städtisch gelenkten „Echtbetrieb" gewisser Korrekturen oder Anpassungen (Chemische Untersuchungsanstalt; Abfuhramt). Dennoch: In vielen Bereichen war die Basis geschaffen – der Schuldenberg freilich auch erheblich gestiegen.

## „Hafenkanal" und „Millionenviertel". Zur Topographie einer wachsenden Handelsstadt

Mannheim anno 1871: Knapp 40 000 Menschen bevölkern die damalige Gemarkung. In der badischen Residenz waren es zum gleichen Zeitpunkt über 3 000 Personen weniger.[73] Der weit überwiegende Teil der Einwohner Mannheims, rund 34 000, lebte in der heutigen Innenstadt,[74] deren bebaute Fläche seit der Jahrhundertmitte ganz allmählich über den alten Festungsring hinauszuwachsen begonnen hatte.

Vor allem im Westen, Richtung Jungbusch und auf dem nordwestlichen Terrain zum Neckar hin war die Bebauung bereits in vollem Gang. Karl Schenck etwa (bis 1868 in Z 4, 4)[75] oder Christoph Boehringer (ab Anfang der 1870er Jahre in Z 5, 5) hatten sich dort, in der Nähe des Hafens, niedergelassen. Große Flächen innerhalb der späteren Ringstraßen jedoch, v.a. im Südosten (Baumschulgärten) und Nordosten (äußere Q- bis U-Quadrate), waren noch unbebaut und bildeten einen breiten Grüngürtel um die Stadt. Erste Siedlungsansätze außerhalb der Altstadt lassen sich auch in den Schwetzinger Gärten nahe dem Rangierbahnhof sowie im Norden in den Neckargärten ausmachen. Die *Schleifbahn* umrundete die Innenstadt: ausgehend von dem noch am späteren Tattersall gelegenen Bahnhof, vorbei am Heidelberger Tor, mit einer Abzweigung zum Neckarhafen bis hin zur Endstation am Rheinhafen. Der offene Abwasserkanal, der vom Schnickenloch ebenfalls im Osten entlang dem Damm verlief und in den Neckar mündete, stellte ein stinkendes und krankheitserregendes Ärgernis dar. Noch boten die Quadrate genügend Raum und wohl auch Toleranz für lärmende rauchende Industrieunternehmen. So belegte die Gasfabrik das Quadrat K 6, die Anfänge der Maschinenfabrik Joseph Vögeles waren in P 7, die Zuckerraffinerie in H 6, die Engelhard'sche Tapetenfabrik in U 4 und die Gummifabrik Hutchinson in S 6 beheimatet.[76]

So manche Firma hatte sich aber bereits billigeres, siedlungsfernes und dennoch verkehrsgünstig an Wasser- oder Schienenweg gelegenes Land in der Nachbarschaft Mannheims gesichert. An den Ufern des Altrheins auf Käfertaler Gemarkung produzierte eine Pariser Firma in ihrer Dependance seit 1853 Spiegel und Glas. Auch die chemische Industrie hatte den Waldhof schon für sich entdeckt, der Verein Chemischer Fabriken etwa stellte dort seit 1869 in einem neuen Werk Anilin her. Später sollten dorthin Unternehmen wie Boehringer (1882) oder C. Weyl & Co. (ab 1889/90) aussiedeln, sich aber auch neue Unternehmen wie die Zellstofffabrik (1884) an dem für sie so wichtigen Floßhafen niederlassen. Im Süden Mannheims säumten neue Industrieunternehmen die 1870 eröffnete Strecke der Rheintalbahn, so etwa die Rheinische Hartgummiwaren-Fabrik[77] und die Chemische Fabrik Rheinau (jeweils seit 1873) auf Neckarauer bzw. Seckenheimer Gemarkung. Aus unternehmerischer Fürsorge, v.a. jedoch aus Interesse an langfristiger Bindung ihrer qualifizierten Arbeiter errichteten viele Unternehmen nahe gelegene Wohnungen auf der grünen Wiese. So entstanden schon ab 1873

Unterkünfte der Chemischen Fabrik Rheinau, ab 1884 dann eine Arbeitersiedlung bei der Zellstofffabrik Waldhof.

Im Jahr 1872 nahm das neue städtische Bauamt seine Tätigkeit auf.[78] Angesichts wachsender Bevölkerung und drückender Wohnungsnot warteten gewaltige Aufgaben auf die junge Dienststelle. Bebauungspläne – gerade auch für die neuen Stadtteile – mussten ausgearbeitet, die Infrastruktur musste verbessert werden. Eine gewisse Erleichterung versprach das Ortsstraßengesetz vom 20. Februar 1868, nach dem die Bau- und Unterhaltskosten für Straßen, Bürgersteige und Entwässerungsanlagen auf die Anrainer umgelegt werden durften. Erst 1874 allerdings konnte man sich in Mannheim zur Erhebung zumindest eines Teils der Beiträge durchringen.

Seit den 1870er Jahren intensivierte die Stadt ihre Bemühungen um die Verbesserung der Wasserversorgung und Entwässerung.[79] Im Jahr 1876/77 ersetzte man den offenen Abwassergraben um die Innenstadt durch einen unterirdischen Abwasserkanal aus Zement. Bis 1888 entstanden Kanäle in einer Gesamtlänge von 16,84 km,[80] die sich über alle damaligen Siedlungsteile der Stadt erstreckten. Einer Verdoppelung der Bevölkerung zwischen 1871 und 1890 und insbesondere der Lage in den neuen Arbeiterstadtteilen vermochte dieses System jedoch noch nicht zu genügen. Zwei Jahre nach der Aufteilung des Bauamts in die Bereiche Hoch- und Tiefbau erfolgte 1890 die Einrichtung eines Sielbaubureaus unter Oberleitung des Frankfurter Stadtbaurats Lindley. Damit waren die Voraussetzungen für die professionelle Anlage eines umfassenden Sielsystems geschaffen, das in den nächsten Jahren im gesamten Stadtgebiet realisiert wurde.

Auch die Suche nach einem geeigneten Bezugsort von Grundwasser beschäftigte die städtischen Gremien bereits seit geraumer Zeit. 1882 übertrug man die entsprechenden Untersuchungen dem österreichischen Ingenieur Oskar Smreker. Im Käfertaler Wald wurde eine geeignete Entnahmestelle gefunden, 1888 das hier errichtete städtische Wasserwerk in Betrieb genommen. Mittels eines Doppeldükers unter dem Neckar hindurch leitete man das Wasser in die Innenstadt, ein weit verzweigtes Leitungssystem schloss die Neckarstadt und die Schwetzinger Vorstadt sowie den Lindenhof an. Diese erste zentrale Wasserversorgung in Mannheim machte die unzureichenden Brunnen im Stadtgebiet überflüssig.[81] Ihren krönenden sichtbaren Abschluss fanden die Arbeiten in dem 1889 fertiggestellten, repräsentativen Hochreservoir auf dem Friedrichsplatz, dem Wasserturm.

*Einweihung des Wasserturms. Foto, 1889. StadtA MA.*

Die Mannheimer Erfahrungen Oskar Smrekers sollten übrigens wenig später auch der Nachbarstadt Ludwigshafen zugute kommen, wo der Ingenieur 1890 ebenfalls mit den Vorarbeiten für die Errichtung eines Wasserwerks betraut wurde.[82]

Allmählich füllten sich in den Jahrzehnten nach der Reichsgründung die Lücken in den übrigen „grünen Quadraten" der Innenstadt, überdies wurden alte Gebäude durch neue Prunkhäuser oder Funktionsbauten ersetzt. Der Unternehmer par excellence Friedrich Engelhorn errichtete zwischen 1873 und 1875 sein repräsentatives Stadtpalais nahe dem Schloss in A 1, 3. Das Bezirksamt stellte mit Blick auf die Jahre 1884/85 fest: *Im Innern der Stadt kommen hauptsächlich größere alte Häuser in besserer Lage zum Abbruch, an deren Stelle zumeist Neubauten mit Verkaufs- und Geschäftslokalen nach großstädtischem Muster entstehen.*[83] Insgesamt wahrte die Oberstadt ihren traditionellen Charakter als Viertel der Hautevolee, die „kleinen Leute" – Handwerker, Kleingewerbetreibende, Arbeiter – bevölkerten hingegen mehrheitlich die Unterstadt.

In den Schwetzinger Gärten und dem neuen Stadtteil unmittelbar jenseits des Neckars bildeten bedeutende Industrieunternehmen den Ausgangspunkt für die Entstehung rasch wachsender, von Mietskasernen und Kleinstwohnungen geprägter Arbeiterstadtteile. Die Neckarstadt beherbergte mit Bopp & Reuther (1872) und der Rheinischen Gasmotoren-Fabrik Benz & Co. (1886) die Stammwerke zweier florierender und zukunftsträchtiger Unternehmen. Heinrich Lanz war in die Schwetzinger Vorstadt gezogen, bevor er ab 1873 sukzessive Produktionsstätten auf dem Lindenhof aufbaute.

Mit frühen Erschließungsmaßnahmen und einer verbesserten verkehrstechnischen Anbindung suchte man der Entwicklung in den beiden Stadtteilen zu entsprechen: 1873 kam in der Schwetzinger Straße der erste geschlossene Zementkanal zur Ausführung. In seiner Sitzung am 28. Juli 1874 behandelte der Bürgerausschuss die *Anlage eines Cementcanals von der Brauerei und den Bierkellern der Herren Ludw. Stark u. Genossen bis in den Neckar,*[84] 1876 schließlich erhielt die Neckarstadt einen unterirdischen Sammelkanal. Während die Bahnhofsnähe für das Werden der Schwetzinger Vorstadt bereits konstitutiven Charakter gehabt hatte, wurde die Ansiedlung jenseits der Kettenbrücke erst 1879/80 mit einem Bahnhof an das überlokale Schienennetz Richtung Lampertheim und Worms angeschlossen. Auch die seit 1878 von privater Seite in der Stadt Mannheim betriebene Pferdestraßenbahn *zottelte* nicht nur durch den idyllischen Schlosshof Richtung Ludwigshafen,[85] sondern fuhr in den 1880er Jahren den Jungbusch, die Schwetzinger Vorstadt und die Neckarstadt an. Mit dem Bau einer neuen festen Brücke über den Neckar, die der Großherzog persönlich im Rahmen eines Festakts am 29. September 1891 einweihte und der er seinen Namen verlieh, trug man dem wachsenden Verkehr in den Mannheimer Norden Rechnung. Im administrativen und kultisch-kulturellen Bereich bildeten sich allmählich gewisse Zentralfunktionen heraus: 1872 wurde in beiden Stadterweiterungsgebieten eine eigene, an das Bezirksamt angegliederte Polizeiwachtstube eingerichtet. Die vom Zentrum weiter entfernte Neckarstadt erhielt darüber hinaus 1875 eine Postzweigstelle und weit vor der Schwetzinger Vorstadt auch eine Schule. Beide Hauptkonfessionen bemühten sich um angemessene kirchliche Versorgung zunächst des neuen Stadtteils über dem Neckar. Bis 1878 hatte die katholische Gemeinde eine Laurentiuskapelle als Notkirche errichtet, ihre Betreuung übernahm 1889 ein eigener Geistlicher. Die Protestanten zogen nach: 1884 fand die Einweihung der Lutherkirche statt, die 1888 zur selbstständigen Pfarrkirche erhoben wurde. In den Schwetzinger Gärten konnten evangelische Gottesdienste ab 1890 in der Friedenskirche gefeiert werden, die bereits 1906 durch einen Neubau ersetzt wurde. Die dortige katholische Heilig-Geist-Kirche wurde allerdings erst 1903 feierlich geweiht.

Die feste Rheinbrücke war zu Beginn der 1870er Jahre bereits fertiggestellt, der Rheinverlauf infolge des Friesenheimer Durchstichs korrigiert und die Neckarmündung verlegt. Daran konnten weitere groß angelegte Projekte im Bereich des Schienenverkehrs und der Hafenanlagen anknüpfen, die zu einschneidenden langfristigen Veränderungen in der topographischen Gesamtanlage Mannheims führten.

Zunächst ging man an die vollständige Umgestaltung der Mühlau einschließlich des Landstücks, das zwischen neuem Neckar- und Rheinlauf und dem nunmehrigen Altrhein entstanden war. Jenes neue inselartige Gebilde gehörte als vormaliger Teil der Friesenheimer Insel noch zur Gemarkung Sandhofen und sollte erst 1884 dem Mannheimer Stadtgebiet angegliedert werden.[86] Durch Aufschüttung des kleinen Altrheinteils zwischen Mühlau und neuer Neckarspitze konnte die Landzunge vervollständigt werden. Damit waren ideale Voraussetzungen für eine Neugestaltung dieses Gebiets geschaffen. Seit 1870 entstand hier ein 120 m

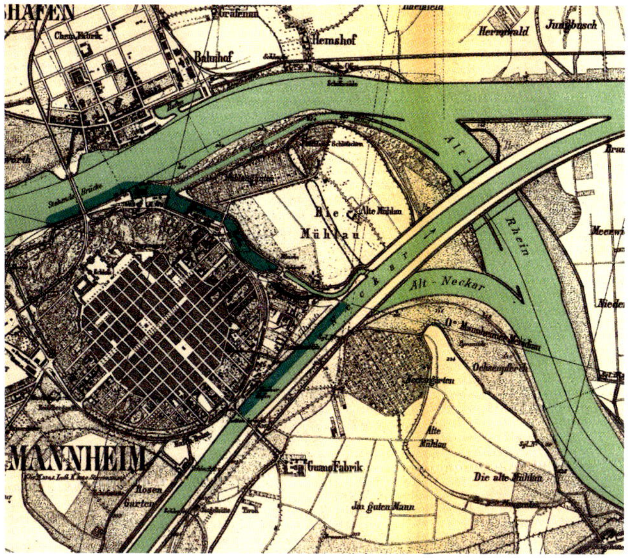


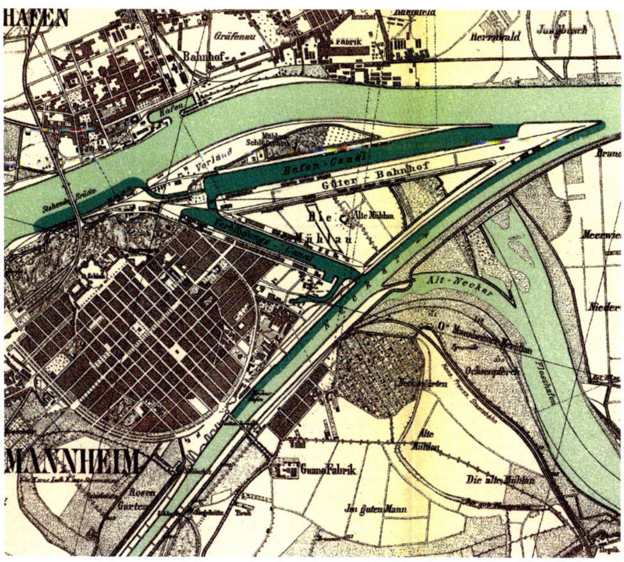


Oben: Hafenanlagen, Stand: 1870. StadtA MA.
Unten:Hafenanlagen, Stand: 1885. StadtA MA.

Jeweils dunkelblau gekennzeichnet die für den Hafen genutzten Gebiete.

Mohr nieder (N 7, 13). In seiner Nachbarschaft erbaute der Architekt Wilhelm Manchot, der später ins Frankfurter Städel wechselte, 1881/82 prunkvolle Villen für Eduard Ladenburg (N 7, 17) und August Hohenemser (N 7, 14/15).

Die bürgerliche Elite verließ das westliche Ringstraßengebiet sowie die Oberstadt und eroberte den Osten. Diese Schwerpunktverlagerung zeigt sich auch in einem bedeutenden Bauprojekt und zugleich groß angelegten Spekulationsgeschäft der 1880er Jahre: der Erschließung der Baumschulgärten. Ab November 1883 erwarb der BASF-Gründer Friedrich Engelhorn dieses Terrain südöstlich des alten Festungsrings von der Großherzoglichen Domäne und veräußerte es parzelliert weiter.[99] Neben dem noblen Hotel National (L 15, 15) ließen sich dort in der Folge Carl Eckhard (L 11, 15–16) und Felix Hecht (L 10, 1) nieder.[100] Mitten durch das im Volksmund *Millionenviertel* genannte[101] Gebiet führte eine prächtige Allee, die anlässlich des 70. Geburtstags von Bismarck 1885 nach dem Reichskanzler benannt wurde.[102]

Ab 1890 sollte Friedrich Engelhorn sein zweites großes Spekulationsgeschäft im sozial gemischten Stadtteil Lindenhof südlich der Bahnlinien zum Rheinufer hin realisieren. Es betraf das Gebiet des früheren Rennershof, des ehemals Gontard'schen und des Wellenreuther'schen Guts. Dem vorausgegangen war eine allmähliche Besiedlung jenes Viertels zunächst nach Art der anderen Arbeiterviertel. Den Fabrikansiedlungen – Joseph Vögele, Heinrich Lanz, Chemische Fabrik Weyl – und Mietskasernen in Bahnnähe

*Parzellierung der Baumschulgärten. Plan, 1883. StadtA MA.*

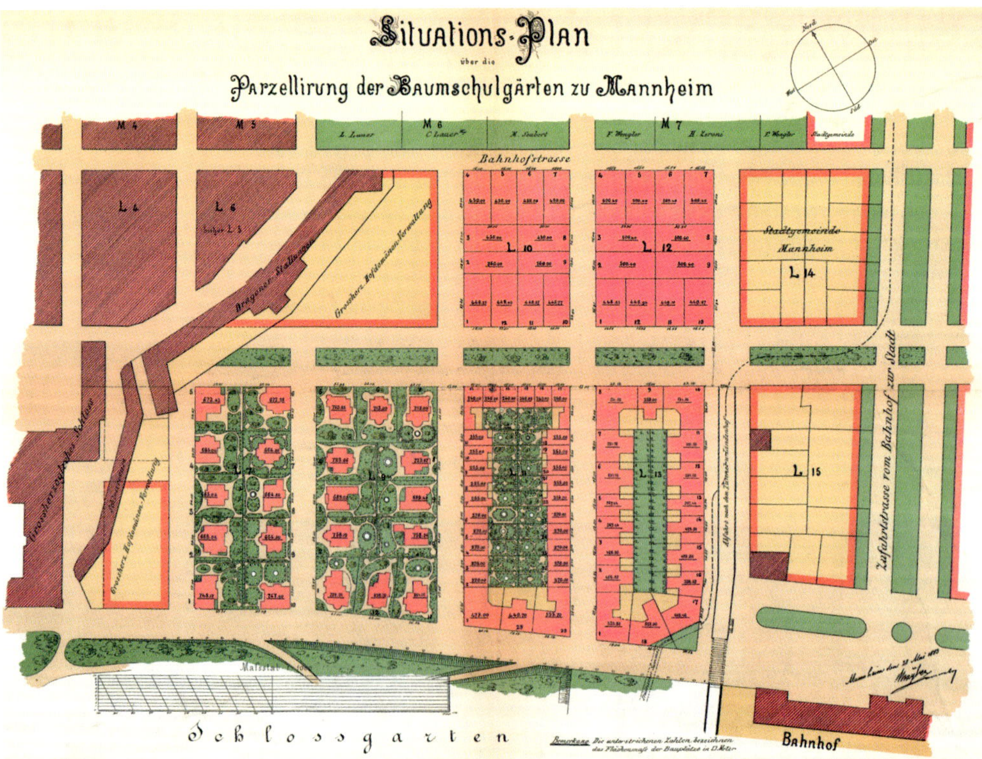

gesellte sich allerdings in den 1880er Jahren die bereits erwähnte Bauinitiative der Bahn für ihre Beamten hinzu. Die Bevölkerungszahl des Lindenhofs stieg zwischen 1880 und 1890 immerhin auf mehr als das Dreifache.

Mannheim anno 1890: Die Bevölkerung der Stadt hatte sich in den vergangenen zwei Jahrzehnten fast verdoppelt (rund 79 000 Einwohner). Innenstadt und Hafengebiet zeigten ein gründlich verändertes Gesicht. Die Siedlungstätigkeit hatte über den Neckar und nach Süden und Südosten ausgegriffen. Noch aber blieb genügend Raum, waren doch kaum 700 ha der rund 2 384 ha umfassenden Gemarkung bebaut.[103] Anders sah es im Hafengebiet aus. Das letzte Projekt, der Binnenhafen, vermochte den Ansprüchen des zunehmenden Verkehrs von Beginn an kaum gerecht zu werden.

Im Osten erhob sich bereits ein in prunkvollste Formen gehülltes Wasserhochreservoir. Der Wasserturm war als Ausgangspunkt eines neuen Stadtteils im Osten gedacht, der *das Gepräge eines großstädtischen Charakters erhält und mit allen Annehmlichkeiten und Reizen ausgestattet wird, deren man sich in der Neuzeit zur Verschönerung der Städte bedient.*[104] Die von bürgerlichem Selbstbewusstsein strotzende Großstadt kündigt sich an.

*Mannheim 1889. Beilage zum Adressbuch, 1890. StadtA MA.*

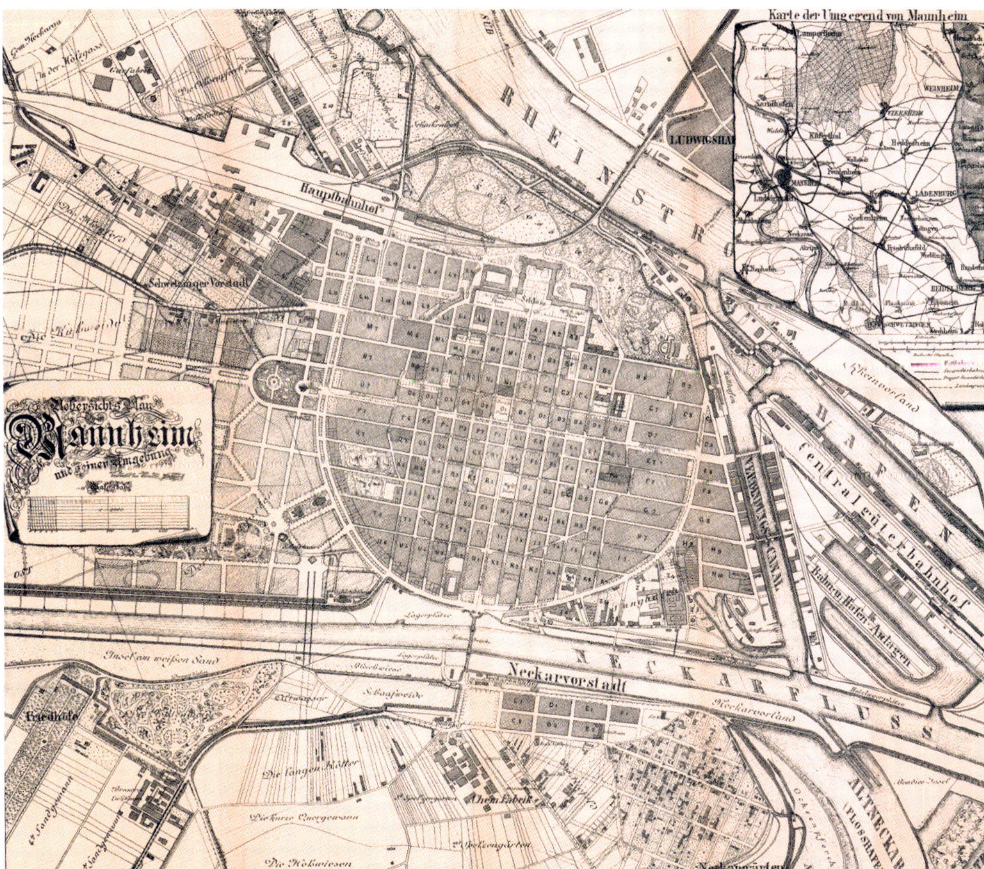

## „Ars longa, vita brevis": Mannheims Wasserturm

*Ulrich Nieß*

Nicht weniger als 21 Wassertürme kann der Kundige noch heute in Mannheim entdecken – einer davon, vor dem ehemaligen Heidelberger Tor gelegen, hat es zum Wahrzeichen der Stadt schlechthin gebracht. Als dieses Hochreservoir 1885 geplant wurde, war von Anfang an weit mehr als ein nur technisches Bauwerk intendiert, das durch seinen 2 000 $m^3$ fassenden Behälter einen gleichmäßigen Druck von 3,5 bar für das Leitungsnetz garantieren sollte. Denn der Bau wurde zugleich sichtbarer Ausdruck des Stolzes der Stadt, das Ziel einer modernen Wasserversorgung endlich erreicht zu haben. Oskar Smreker, leitender Ingenieur der Gesamtmaßnahme, hatte vor dem Stadtrat erläutert, dass *der Wasserturm in entsprechender Ausführung eine Zierde des damit geschmückten Platzes bilden* solle.

Um auch sicherzugehen, dass herausragende Entwürfe eingingen, wurde im Oktober 1885 eine *Concurrenz-Ausschreibung* auch in der überregionalen Presse annonciert, so in der renommierten *Deutschen Bauzeitung* Berlin und der *Neuen Freien Presse* Wien. Für den ersten und zweiten Preis winkten stattliche Prämien in Höhe von 1 000 bzw. 600 Mark. Die Jury war mit hochrangigen Experten besetzt, die über insgesamt 74 eingereichte Entwürfe zu befinden hatten. Den Wettbewerb gewann der damals noch völlig unbekannte, 23-jährige Gustav Halmhuber aus Stuttgart, dessen Beitrag mit der sinnreichen und programmatischen lateinischen Sentenz *ars longa, vita brevis* (lang ist die Kunst, kurz das Leben) versehen war.

In der Tat verstand der in technischen Fragen kaum versierte Halmhuber am besten, dass es bei diesem Objekt weit mehr auf ein Kunstwerk ankam, auf eine Krönung städtebaulichen Fortschrittsglaubens. Sein Entwurf gliedert den rund 60 m hohen Turmbau in vier Geschosszonen und zeigt bis ins kleinste Detail ein glänzendes Geschick für dekorative Wirkung. Aufbauend auf einem Sockel mit einer breitgelagerten, zweiläufigen Treppe mit Umgang erhebt sich das Hauptgeschoss aus gleichmäßigem und glattem Sandstein, untergliedert von zehn Pilastern. Daran schließt sich ein so genannter Tambour (frz. Trommel) an, der mit einem Putten- und Girlandenfries unterhalb des Balkengesimskranzes versehen ist. Das kupferbeschlagene Kegeldach mit je zehn Gaubenfenstern und lukenartigen Lichtöffnungen, so genannten Lukarnen, ist bahnförmig gestaltet.

Vor allem durch seine Bekrönungsfigur zieht das Dach die Blicke auf sich. Ursprünglich hatte Halmhuber diese Figur als Hebe, Göttin der Jugend, geplant, dann aber hatte der Mannheimer Bildhauer Johannes Hoffart sie als 3,25 m hohe, etwa zwei Zentner wiegende Amphitrite, Gattin des Meeresgotts Poseidon, ausgeführt. Gerade dieser auffällige Schmuck und das weitere Bildprogramm heben den Turm fast schon in die Sphäre eines Nationaldenkmals. Hierzu tragen auch die im Barock so beliebten Sphingen bei, seit der Antike Symbole für Tempel- oder Grabwächter, die den stilistischen Charakter des Baus unterstreichen.

Nicht weniger als 450 000 Mark hatte sich die Stadt das am 12. August 1889 feierlich eingeweihte Meisterwerk kosten lassen, rund das Zweieinhalbfache, was an Baukosten ursprünglich kalkuliert worden war. Vergessen waren die endlosen Querelen mit dem eigensinnigen Architekten wie dem Bildhauer, voller Stolz nahm die Stadtbewohnerschaft „ihren Wasserturm" an.

Danach galt es, den zunächst noch etwas einsam in der Landschaft wirkenden Recken mit einer öffentlichen Platzanlage zu umgeben, die der Stadterweiterung nach Osten ein großstädtisches, mithin großzügiges Gepräge geben sollte. Ganz allmählich setzte sich der Plan durch, in Sichtnähe des Wasserturms eine große Festhalle, den späteren Rosengarten, sowie ein den Platz begrenzendes Arkadenensemble zu platzieren, wofür der Berliner Architekt Professor Bruno Schmitz verantwortlich zeichnete. Sein neobarockes Ensemble mit dekorativen Jugendstilelementen verleiht dem Friedrichsplatz jene Aura, die bis heute viele Besucher in ihren Bann zieht.

Derart wirkungsvoll eingebettet überlebte das Monument Mannheimer Bürgerstolzes auch in schweren Zeiten. Der Wasserturm wurde im Zweiten Weltkrieg Opfer jenes massiven Bombenangriffs in der Nacht vom 5. auf den 6. September 1943, bei dem große Teile der Innenstadt in Schutt und Asche versanken. Zwar wiesen der eigentliche Turm und seine wassertechnischen Einrichtungen nur leichte Schäden auf, dafür war er gänzlich seiner Haube beraubt worden, weswegen ihm bereits kurz nach Kriegsende ein Notdach verpasst wurde. Danach folgten zahllose Debatten wie auch Meinungsumfragen in der Tageszeitung, was denn mit dem Turm geschehen solle. Alle kühnen Bauprojekte wie der preisgekrönte Entwurf von Rolf Volhard von 1956 fielen allerdings bei den Bürgern durch. Der Chef des Hochbauamts Heinrich Willing lieferte dann 1960 entscheidende Argumente für die Rekonstruktion des Turms, die 1962 begann und mit der Aufbringung der Amphitrite am 6. November 1963 vollendet wurde. Mannheim hatte sein Wahrzeichen wieder, das ihm bzw. seiner Eigentümerin, der MVV Energie AG, bis heute im wahrsten Sinne des Wortes lieb und teuer ist und das seit 1988 unter Denkmalschutz steht. ✧

*Der 1956 preisgekrönte Entwurf des Frankfurter Architekten Rolf Volhard sah unterhalb des neuen Hochbehälters ein gläsernes Drehrestaurant vor. Zeichnung, 1955. StadtA MA.*

## „Als läuteten sie eine neue Zeit ein". Mannheims Wirtschaft auf dem Weg in die Moderne

### Der Kapitalmarkt

*Mannheim war der Bankplatz Südwestdeutschlands schlechthin.*[105] Rund zwei Drittel des gesamten Aktienkapitals in Baden konzentrierten sich hier, der größte Anteil entfiel auf die Finanzinstitute. So charakterisiert Bernhard Kirchgässner für die Zeit um 1900 Bedeutung und Reichweite des Mannheimer Kapitalmarkts. Wie war es dazu gekommen?

Die alteingesessenen jüdischen Privatbankhäuser W. H. Ladenburg & Söhne und H. L. Hohenemser & Söhne beteiligten sich bereits in den 1860er Jahren gemeinsam mit anderen Instituten – der Berliner Discontogesellschaft oder dem Frankfurter Bankhaus Rothschild – an Anleihen zugunsten des badischen Staats, aber auch der Stadt Mannheim, z.B. für die Rheintalbahn. Zudem engagierten sie sich in Wachstumsbranchen wie dem Versicherungsgeschäft (Badische Schiffahrts-Assekuranz-Gesellschaft), der Dampfschifffahrt (Mannheimer Dampfschleppschifffahrtsgesellschaft) oder der Chemischen Industrie (BASF). Im Gegensatz zu zahlreichen anderen Privatbanken konnten diese beiden großen Mannheimer Geldunternehmen nach 1870 dem wachsenden Konkurrenzdruck standhalten, der insbesondere von den neu entstehenden Aktienbanken ausging – nicht zufällig war man dort, wie noch zu sehen sein wird, in der Regel an führender Stelle vertreten. Das Bankhaus Ladenburg beteiligte sich 1884 an der Finanzierung der Zellstofffabrik Waldhof, H. L. Hohenemser & Söhne unterstützten 1873 die Errichtung der Rheinischen Hartgummiwarenfabrik. Auch die begleitende Übernahme von Aufsichtsratsposten gewährleistete weitgehende Einfluss- und Kontrollmöglichkeiten.

*Karl Ladenburg (1827–1909). Foto, um 1885. StadtA MA.*

Der so genannte Gründerboom markiert in Deutschland den Höhepunkt, aber auch Endpunkt einer die 1860er Jahre kennzeichnenden wirtschaftlichen Aufschwungphase. Investitionen und Produktion nahmen – nicht zuletzt belebt durch die in die Wirtschaft einfließenden französischen Kriegsentschädigungen – v.a. in kapitalintensiven Wachstumsbranchen wie dem Wohnungsbau oder dem Eisenbahnwesen ungeahnte Ausmaße an. Privatwirtschaft, Staat und Kommunen benötigten große Geldmengen, die von den vor Ort oder im Land ansässigen, traditionellen Finanzinstituten allein nicht mehr aufgebracht werden konnten. Der Rückgriff auf auswärtige Banken in Frankfurt oder Basel blieb eine unbefriedigende Zwischenlösung. Ein neues Gesetz erleichterte seit 1870 die Gründung von Aktiengesellschaften, eine für die Industrie wie für das Bankenwesen richtungweisende Neuerung. Immerhin konnten Großbanken auf Aktienbasis fünf- bis zehnmal so viel Kapital aufbringen wie die herkömmlichen Geldinstitute.[106]

Auch in Mannheim entstanden in diesen Jahren des allgemeinen wirtschaftlichen Aufschwungs, der bis 1873 andauern und mit dem *Gründerkrach* bzw. der *Gründerkrise* einen deutlichen Einbruch erleben sollte, eine Reihe solcher Großbanken, u.a. die Badische Bank, die Rheinische Creditbank und die Rheinische Hypothekenbank. Von diesen drei bedeutendsten neuen Geldinstituten auf Aktienbasis besetzte jedes für sich eine Sparte des Bankgeschäfts: Notenausgabe, Personalkredit oder Bodenkredit.

Den Anfang machte die Badische Bank. Ihrer Gründung waren jahrzehntelange aufgeregte Diskussionen und diverse missglückte Anläufe zur Errichtung einer zentralen Bank für das Land Baden vorausgegangen. Das Notenausgabeprivileg, der Standort und Details des Gründungsvorgangs waren Gegenstand der seit den 1840er Jahren geführten Debatte gewesen, in der sich neben bedeutenden badischen Bankiers und Unternehmen sowie der Landespolitik auch die Mannheimer Handelskammer exponiert hatte. Nun endlich konnte auf jüngst geschaffener gesetzlicher Grundlage am 25. März 1870 die Konzession zur Gründung eines Finanzinstituts für ganz Baden mit Sitz in Mannheim erteilt werden, am 9. Mai schließlich fand die konstituierende Generalversammlung statt. Das mit einem im Vergleich zu den späteren Gründungen sehr hohen Startkapital von 10,5 Mio. Gulden (entsprach rund 18 Mio. Mark)[107] ausgestattete Geldinstitut nahm am 1. Januar 1871 seinen Betrieb in O 4, 4 auf. Einen Monat später starteten auch die Karlsruher Filiale, 1874 schließlich die Zweigniederlassung in Freiburg ihr Geschäft. Zu den Gründern der neuen Notenbank zählten u.a. Vertreter der Berliner Discontogesellschaft und des Frankfurter Bankhauses Rothschild & Söhne – Personen, die dem künftigen Aufsichtsratsvorsitzenden Karl Ladenburg aus den früheren Transaktionen bestens bekannt gewesen sein dürften. Neben Karlsruher und Heidelberger Mitgliedern gehörten dem Führungsgremium die Mannheimer Bankiers Ludwig Hohenemser und Wilhelm Köster sowie einflussreiche Kaufleute wie der nationalliberale Politiker Philipp Diffené, Handelskammerpräsident Moritz Lenel oder Konsul Simon Hartogensis an.

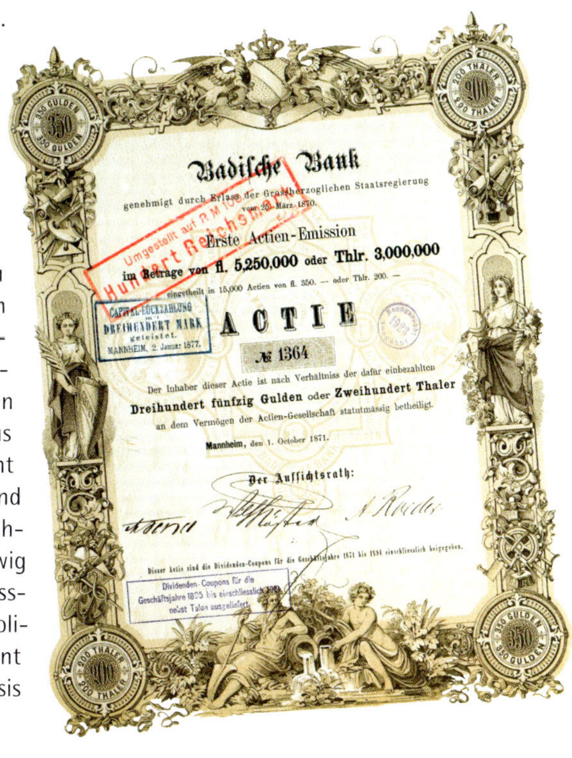


*Aktie der Badischen Bank, 1871. StadtA MA.*

*Zehn-Gulden-Note der Badischen Bank Mannheim, 1870. Deutsche Bundesbank, Frankfurt am Main.*

Das im Zug der Vereinheitlichung des Münz- und Notenbankwesens 1875 verabschiedete reichsweite Bankgesetz blieb nicht ohne Auswirkungen auf Mannheim und seine Notenbank. Angesichts der gesetzlichen Herabsetzung des Notenkontingents, von dem nur ein kleinerer Teil nicht der Notensteuer unterlag, entschloss man sich seitens der Badischen Bank zur Halbierung des Aktienkapitals. Zudem war die Quadratestadt zum 1. Januar 1876 Sitz einer Reichsbankhauptstelle in N 2, 3 geworden, deren weiträumiger Geschäftsbereich sich auf Nordbaden, aber auch die Rheinpfalz und kleine Teile Rheinhessens erstreckte. Solche Konkurrenz zwang die Badische Bank zur teilweise durchaus erfolgreichen Erschließung neuer Betätigungsfelder.

Am 15. Juni 1870 fand die Gründungsversammlung der Rheinischen Creditbank in Mannheim statt. Unter Vorsitz von Altbürgermeister Friedrich Reiß und hochkarätiger Heidelberger (Prof. Kaspar Bluntschli), Baseler (Konrad Gysin, Baseler Handelsbank), Stuttgarter (Kilian Steiner, Württembergische Vereinsbank) und Karlsruher (Albert Haas, Eduard Koelle) Beteiligung gehörten dem ersten Aufsichtsrat aus Mannheim u.a. wieder Wilhelm Köster, Moritz Lenel und Simon Hartogensis, aber auch die führenden nationalliberalen Politiker Carl Eckhard und Ferdinand Scipio, Bankier August Hohenemser und der Unternehmer Friedrich Engelhorn an. In der Folge fanden zahlreiche Filialgründungen bzw. Banküberrnahmen seitens des in B 4, 2 ansässigen Kreditinstituts statt, so in Freiburg (1871), Karlsruhe (1872), Konstanz (1873) und Heidelberg (1874). 1873/74 mussten die Dividenden auf die Hälfte reduziert werden, von weiteren Erschütterungen durch die *Gründerkrise* blieb die Bank jedoch verschont. Der langjährige Direktor Carl Eckhard erinnert sich später an diese schwierige Phase: Selbstverständlich *nahm mich [...] die Rheinische Kreditbank in Anspruch, umso mehr, als bald darauf der eingetretene Bankkrach in Berlin und Wien den Leitern der Banken schwere Sorge machte.*[108] Die Übernahme des vom Wirtschaftstief weit stärker betroffenen Pfälzischen Bankvereins 1874 ist ein Beispiel für das intensive Engagement der Rheinischen Creditbank auch jenseits der Landesgrenzen. Neben Industrie- und Bankgründungen (etwa in Frankfurt), Staats- und Stadtanleihen beteiligte sich das zunehmend national agierende Finanzunternehmen am lukrativen Versicherungsgeschäft. Als Hausbank der 1879 gegründeten Mannheimer Versicherungsgesellschaft, einer zunächst florierenden internationalen Transportversicherung, musste sie allerdings auch deren problematische Geschäftssituation in den 1880er Jahren mittragen.

Mit der Rheinischen Hypothekenbank erhielt Mannheim ein weiteres großes Finanzinstitut – in diesem Fall für die Sparte des Bodenkredits.

Noch bei der Gründung der Rheinischen Creditbank war in der Satzung eine *Zweiganstalt für das Hypothekengeschäft mit besonderer Dotierung an Kapital und besonderer Rechnungsführung* avisiert worden.[109] Bereits im November 1871 wurde nun eine eigenständige Kreditanstalt – allerdings unter Federführung der Rheinischen Creditbank und zunächst auch in ihren Räumen – ins Leben gerufen. Gleich sieben Aufsichtsratsmitglieder der Letzteren wirkten in ebendieser Funktion für das neue Geldinstitut: Ferdinand Scipio als Vorsitzender, Prof. Kaspar Bluntschli, Carl Eckhard, Moritz Lenel, Simon Hartogensis, August Hohenemser und Kilian von Steiner. Erwähnenswert ist darüber hinaus die Beteiligung von Karl Reiß, der seit 1872 auch im Aufsichtsrat der Rheinischen Creditbank saß und zwischen 1905 und 1914 gar den Vorsitz in beiden Kontrollgremien übernehmen sollte. Als ersten Direktor verpflichtete man einen ausgesprochenen Bankfachmann, den Bluntschli-Schüler Felix Hecht. Abweichend von ursprünglichen Zielsetzungen verlagerte sich das Engagement der Bank sehr schnell von den Agrarkrediten hin zum städtischen Immobiliengeschäft und Kommunalkredit.

Unverändert potente Privatbanken, die zentrale Badische Notenbank, eine Reichsbankhauptstelle und länderübergreifend agierende und fundierte Großbanken – Mannheim konnte sich seit 1870 als personell eng vernetzter sowie in Politik und Wirtschaft bestens eingebundener Kapitalmarkt positionieren. Dies geschah unter Adaption neuer moderner Gesellschaftsformen und in – den neuen größeren Wirtschaftseinheiten entsprechender – länderübergreifender Ausrichtung. Von wirklich einschneidenden konjunkturbedingten Rückschlägen blieb der zentrale Bankenplatz Badens verschont, dessen *Entwicklungsgeschichte* [...] *nicht etwa nur vorbildlich für die Entwicklungsgeschichte des badischen Bankwesens, sondern* [...] *damit identisch* war.[110]

## Verkehr und Handel

Am Rhein, der Hauptverkehrsader unter den deutschen Flüssen, und seinem ersten schiffbaren Nebenfluss gelegen bildete Mannheim den Anfangs- bzw. Endpunkt der Großschifffahrt. Von Norden her kamen die eindrucksvollen Dampfschleppzüge mit ihren Kohle-, Getreide- und zunächst auch Kolonialwarenladungen, wurden in Mannheim durch kleinere Schiffe oder die sich zunehmend etablierende Eisenbahn abgelöst, welche die Güter durch das badische Land Richtung Württemberg, Bayern und nach der Schweiz transportierten. Die Holzflöße des Schwarzwalds erreichten über den wilden Neckar- oder Oberrheinlauf die Quadratestadt, wurden dort umgebunden und rheinabwärts verbracht. Schiffe mit Kaffee, Salz oder Tabak, Kohle und Weizen bevölkerten den alten Mannheimer Hafen.

Der exponierten Lage Mannheims an Wasserwegen entsprach zunächst die Anbindung an das Schienennetz nur bedingt. Die Main-Neckar-Bahn aus Frankfurt mündete bei Friedrichsfeld in die bis 1855 vom badischen Staat angelegte Strecke über Heidelberg und Karlsruhe nach Basel. Seit

1. Die Drehbrücke des Hafens.

2. Quaimauer.

3. Lagerhaus.

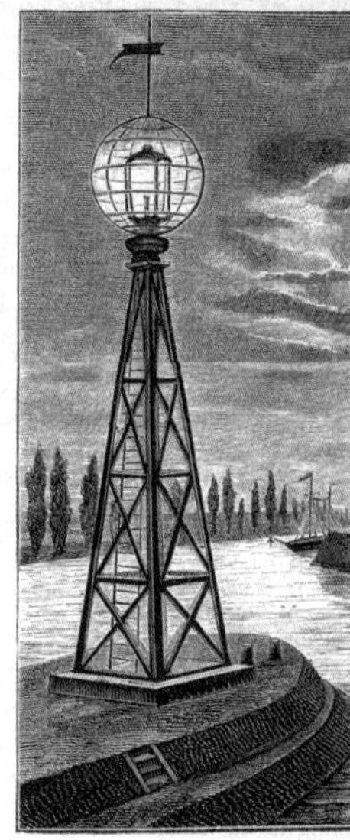

4. Leuchtthurm auf der Hafenspitze.

Linke Seite:
*Bilder aus dem Mannheimer Hafen. Holzstich, um 1870. StadtA MA.*

1866 eröffnete die Odenwaldbahn der Stadt Mannheim den Anschluss an Würzburg und damit an die Verkehrswege nach Osten bis Ungarn, über die der örtliche Getreidegroßhandel damals noch sein Produkt bezog. Eine feste Brücke erleichterte seit 1867 die Rheinüberquerung und damit den Zugang zum linksrheinischen Schienennetz. Die Züge mit der Saarkohle konnten ungehindert im Güterbahnhof am östlichen Stadtrand einrollen und verließen ihn wieder, beladen mit Waren für das hinterpfälzische Absatzgebiet.

Revidierte Rheinschifffahrtsakte (*Mannheimer Akte*) und Rheintalbahn stärkten die Funktion Mannheims als natürlicher Umschlagort vom Schiff auf die Bahn: Jener internationale Vertrag von 1868 brachte die Abschaffung der Rheinzölle und damit eine erhebliche Erleichterung für den Verkehr auf Deutschlands Hauptschifffahrtsweg. Zwei Jahre später konnte die Bahnlinie Mannheim–Schwetzingen–Karlsruhe, die so genannte Rheintalbahn, eröffnet werden. Endlich sah man die jahrelangen, auch finanziellen Bemühungen der Stadt Mannheim im Verbund mit der örtlichen Handelskammer und den übrigen betroffenen Gemeinden belohnt. Das Engagement der Kommune mit ihrem im Handel groß gewordenen Bürgertum hatte über staatliches Desinteresse gesiegt; der erste Schritt zu einer direkt durch Mannheim führenden Nord-Süd-Bahn war erfolgreich getan. Ob letztlich finanzielle oder bahnpolitische Beweggründe den Ausschlag für die staatliche Zurückhaltung gegeben hatten, muss offenbleiben. Unmittelbar nach Inbetriebnahme ging die Rheintalbahn dann, wie bereits im Vorfeld zwischen den Beteiligten vereinbart, in das Eigentum der Großherzoglichen Staatseisenbahnverwaltung über.[111]

Der rege Warenaustausch in den *Gründerjahren* v.a. auf dem Rohstoffsektor[112] ließ schon bald eine Erweiterung bzw. Ergänzung des gerade erst angelegten Mühlauhafens angeraten sein. Verbindungskanal und Binnenhafen sollten die umfassenden Infrastrukturmaßnahmen auf der Muhlauinsel abrunden. Flankierend zur Realisierung der Wasserbauprojekte galt es, die lokale Bahnsituation anzupassen. Dies geschah, wie erwähnt, durch den Bau eines Zentralgüterbahnhofs im Hafengebiet und eines neuen Personen- und Rangierbahnhofs unweit der Rheinbrücke. Der über die Mannheimer Bahnstation abgewickelte Güterverkehr nahm in der Folge einen rasanten Aufschwung. Zwischen 1871 und 1889 vervielfachte sich das Frachtvolumen von 321 285 t auf 1 745 996 t und übertraf damit den gesamten Verkehr der zehn nächstgrößeren Stationen in Baden.[113]

Anders als im Güterverkehr spielte Mannheim hinsichtlich des Personenbahnverkehrs – im Gegensatz etwa zu Karlsruhe – auf nationaler Ebene nahezu keine Rolle. Daran vermochte auch die Vollendung der lang ersehnten Riedbahnstrecke bis 1880 nichts zu ändern. Aus Frankfurt, Worms und Lampertheim kommend, erreichte sie den Mannheimer Norden und lief in einem östlichen Bogen, den Neckar über eine eigens errichtete Eisenbahnbrücke querend, in den in Nord-Süd-Richtung nur als Kopfbahnhof fungierenden neuen Hauptbahnhof ein. Immerhin vervollständigte die neue Bahntrasse die Position Mannheims als Knotenpunkt überlokaler Zugverbindungen.

Außerdem schloss sie über eine Abzweigung ab dem Waldhof Richtung Neckarvorstadt die neuen nördlichen Siedlungsgebiete an das Schienennetz an.

Vom Bahnhof am jenseitigen Neckarufer Richtung Innenstadt verkehrte seit 1880 eine Pferdestraßenbahn.[114] Dieses wie so viele Sekundärbahnen in Deutschland von der Privatwirtschaft getragene Unternehmen[115] war zwei Jahre zuvor ins Leben gerufen worden. Es hatte zunächst seine Passagiere vom Hauptbahnhof über die Planken zum Rheintor oder auf die andere Rheinseite nach Ludwigshafen befördert, später kamen Verbindungen in den Jungbusch oder die Schwetzinger Vorstadt hinzu; die Auslastung allerdings blieb hinter den Erwartungen zurück. Im Jahr 1886 verkaufte ihr Gründer Charles de Féral seine Konzessionsrechte an die Société anonyme de Tramways de Mannheim-Ludwigshafen.[116] Anders die Akzeptanz der Dampfstraßenbahnen, die die Orte des näheren nordöstlichen Umlands an das Oberzentrum Mannheim anbanden: Seit 1884 hatte die Linie nach Feudenheim in Trägerschaft der Firma Lutz & Cie., ab 1887 die von einem Konsortium erbaute und später in die Süddeutsche Eisenbahngesellschaft (SEG) integrierte, über verbilligtes städtisches Pachtgelände geführte Tram nach Weinheim ihren Betrieb aufgenommen. Bereits 1885 fuhren 23,3 Prozent der Feudenheimer einmal pro Tag mit dem neuen Verkehrsmittel nach Mannheim.[117]

Die Ladekapazitäten der Kähne stiegen. So konnte 1879 das größte deutsche Rheinschiff 800 t laden, 1892 bereits 1 560 t.[118] Leistungsfähigere Schlepper, zunehmend auch leichtere eiserne Schiffe suchten hinsichtlich Schnelligkeit und Preis im Konkurrenzkampf mit der Eisenbahn zu bestehen. Auch große Mannheimer Schifffahrtsunternehmen wie etwa die Mannheimer Dampfschleppschifffahrtsgesellschaft unter der Direktion von Johannes Kessler oder die 1887 gegründete Badische Aktiengesellschaft für Rheinschiffahrt und Seetransport setzten mit Erfolg auf eine Modernisierung ihrer Schiffsparks. Selbst den Neckar konnten seit 1878 flussaufwärts Schleppzüge befahren – dank der bis Heilbronn auf dem Grund verankerten Kette.[119]

Immer mehr Güter wurden von immer leistungsfähigeren Schiffen den großen Mannheimer Hafenanlagen zugeführt. Der Umschlag stieg von rund 370 000 t im Jahr 1865 auf bereits über 770 000 t 1875 und sogar über 1,7 Mio. t Mitte der 1880er Jahre.[120] Nach 1880 löste die Quadratestadt sogar Duisburg als zweitgrößten Rheinhafen hinter Ruhrort ab.

Kolonialwaren spielten für den Mannheimer Hafenumschlag nach Öffnung des Suezkanals 1869 allerdings nur noch eine untergeordnete Rolle. Nicht mehr Amsterdam, Rotterdam und der Rhein, sondern die Mittelmeerhäfen waren seither zum Haupteinfallstor für die Waren aus dem Fernen Osten auf das europäische Festland avanciert. Der Handelsmann Jacob Nauen verlegte seine Firma 1886 nach Triest, wo er seit 1876 bereits über eine Zweigniederlassung verfügte.[121] Kaffee wurde zunehmend direkt per Bahn aus den Nordseehäfen in Richtung seiner Bestimmungsorte abtransportiert – die preußische Eisenbahntarifpolitik verfehlte ihre Wirkung nicht.

*Kettenschleppschifffahrt auf dem Neckar. Ansichtskarte, um 1900. StadtA MA.*

Auch in anderen Sparten des Mannheimer Handels machten sich ausländische Wettbewerber stärker bemerkbar. So musste einer der ältesten Handelszweige – der Tabakhandel – seit den 1870er Jahren große Verluste im Exportgeschäft hinnehmen, die allerdings bis zum Ende des folgenden Jahrzehnts durch erhöhten Absatz elsässischen Tabaks im Nachbarland Frankreich abgemildert wurden.

Der Holzhandel hatte ebenfalls mit veränderten Rahmenbedingungen zu kämpfen. Selbstverständlich wurde nach wie vor neckar- und rheinabwärts geflößt, ja der Floßholzhandel sah sich vor Ort mit seinem neuen Markt- und Bauplatz im und am Altrhein bestens versorgt. Doch skandinavische Hölzer hatten bereits Holland erobert. Zwar konnte die Ware aus den heimischen Wäldern verstärkt in die rheinisch-westfälische Industrieregion mit ihrem expandierenden Bergbau verbracht werden. Aber allmählich gewann auch in Mannheim das importierte ausländische Holz an Boden, nahm der *Bezug von schwedischem Holz (Battens)* [...] *erheblich zu.*[122] Ein Konsul von Schweden und Norwegen begleitete ab 1883 die lokalen Geschäfte mit diesen Ländern. In der gleichen Zeit ging man an Kinzig und Murg zur direkten Verarbeitung des Schwarzwaldholzes mit anschließendem Bahnversand über. So kam der Langholzverkehr auf dem Rhein oberhalb Mannheims gegen Ende der 1880er Jahre allmählich zum Erliegen. Nur auf dem Neckar blühten noch die Geschäfte; neue polizeiliche Vorschriften zur so genannten Dampfflößerei, die eine Halbierung der Mannschaft auf den geschleppten Flößen erlaubten, erhöhten sogar die Konkurrenzfähigkeit.[123] Die Mannheimer Holzhandlungen verarbeiteten in ihren zahlreichen,

*Entladesituation im Mannheimer Hafen, mit Arbeitern und Akkordanten (in den dunklen Anzügen). Foto, 1890. StadtA MA.*

zunehmend mit Dampfkraft betriebenen Sägewerken einen Teil des anlandenden Holzes. Neue Großunternehmen auf Aktienbasis wie etwa die Zellstofffabrik Waldhof bedienten sich ebenfalls des im Altrhein sozusagen direkt vor der Haustür angelieferten Rohstoffs.

Traditionell zählte auch das Getreide zu den Haupthandelsgütern im Mannheimer Hafen. Der infolge technischer Neuerungen verbesserte Überseeverkehr machte den Getreidemarkt zu einem Weltmarkt,[124] zu dessen Knotenpunkt im Importland Deutschland Mannheim wurde. Emil Hirsch, nicht zufällig 1871–1916 Vorsitzender der Mannheimer Produktenbörse,[125] und andere Großhändler kauften das Getreide in Russland und in den USA ein. Während ein kleinerer Teil im Mannheimer Hinterland zur Ver-

*Getreidehallen der Firma Jakob Hirsch & Söhne am Verbindungskanal. Foto, um 1890. StadtA MA.*

arbeitung gelangte, wurde das Gros der Getreideimporte auf dem Schiffs- und v.a. Schienenweg weit über Baden, Bayern und Elsass-Lothringen hinaus bis in die Schweiz verfrachtet. Zweigniederlassungen, wie sie etwa die Firma Hirsch seit 1873 in München und seit 1888 in Zürich besaß,[126] erleichterten die weiträumigen Geschäfte. Nach Öffnung des Gotthardpasses 1882 und der Anlage einer direkten Bahnverbindung Marseille–Genf gingen die Süd- und Westschweiz, die nunmehr auf anderen Wegen mit südrussischem Getreide versorgt wurden, als Absatzgebiete für den Mannheimer Handel verloren. Die Nachfrage vor Ort allerdings stieg angesichts des dramatischen Bevölkerungswachstums einer werdenden Großstadt deutlich an. Zunehmend ging man – unter Einsparung von Transportkosten und zusätzlicher Logistik – zur Weiterverarbeitung in Mannheim selbst über. Den Anfang machten die Söhne Eduard Kauffmanns, die Anfang der 1880er Jahre ihre Mühlen aus dem Schriesheimer Tal an den Sitz ihrer Landesproduktenhandlung verlegten.[127] Es entstand die erste industriell arbeitende Großmühle Mannheims.[128]

*Werbekarte anlässlich des 50-jährigen Jubiläums der Kauffmann-Mühle, 1932. StadtA MA.*

Die erste Stelle unter den im Mannheimer Hafen umgeschlagenen Massengütern nahm jedoch noch immer die Kohle ein. Kohlelager und Brikettfirmen befanden sich am Mühlauhafen. Der Binnenhafen diente seit 1886 fast ausschließlich dem Kohleumschlag. Der wertvolle Heizstoff für Eisenbahn und Industrie wurde per Schiff und auf der Schiene in Mannheim angeliefert, anschließend verfeuert, verarbeitet oder weiterversandt. Woher das schwarze Gold stammte, verraten die Namen der vor Ort ansässigen Handelsunternehmen: H.A. Disch, Ruhrkohlen en gros, Wilhelm Engelhorn, Ruhrkohlen en gros,[129] später Franz Haniel & Cie., Duisburg-Ruhrort, Zweigniederlassung Mannheim, Math. Stinnes, Mülheim a.d. Ruhr, Zweigniederlassung Mannheim.[130]

Bereits seit den 1860er Jahren hatte sich die Quadratestadt auch zu einem zentralen Umschlagplatz für amerikanische Mineralöle entwickelt. Der phänomenale Aufschwung hielt nach der Reichsgründung unverändert an, allein zwischen 1875 und 1879 stieg der Ölumschlag auf das 2,5fache.[131] Die (See-)Schifffahrt suchte den Transport zu optimieren und baute seit den 1880er Jahren Segel- und Dampfschiffe zu Tankschiffen um. Diese weitsichtige Innovation stand auch am Anfang der Karriere eines Joseph Konrad Fendel, der es vom kleinen Petroleumfässertransporteur in Diensten des Mineralölunternehmers Philipp Poth schließlich zu einem der bedeutendsten Mannheimer Großreeder brachte. Die Handelskammer lobt in ihrem Bericht für das Jahr 1890 *den Transport des losen Oels in sogenannten Kastenschiffen* als *vollständig geglückt*[en] *Versuch.*[132] Gelagert wurde das entzündliche Gefahrengut, wie erwähnt, nicht mehr in den Kellern der Lagerhausgesellschaft am Mühlauhafen, sondern auf der frei liegenden Neckarspitze.

Im Jahr 1891 überstieg das in den Handel investierte Kapital das der Industrie noch um rund 50 Prozent,[133] und die Kaufleute dominierten unverändert die Handelskammer. Der auf der Verkehrslage und der stetig verbesserten Infrastruktur basierende Handel insbesondere mit Massengütern florierte. Doch die Sonderstellung Mannheims war zunehmend gefährdet: Das Projekt eines Rheinseitenkanals von Ludwigshafen nach Straßburg konnte trotz massiven Mannheimer Einspruchs[134] nur mit Mühe abgewendet werden. Und die Oberrheinregulierung – und damit der Verlust der Funktion als Anfangs- bzw. Endpunkt der Großschifffahrt – hing wie ein Damoklesschwert über der Stadt. Eine sich im Fabrikantenverein formierende Industriearbeitgeberschaft, Kauffmann-Mühle und Zellstofffabrik wiesen den Weg aus der drohenden Minderung der zentralen Rolle für den Handel: den Weg Mannheims von der Handels- zur Industriestadt.



## Industrie

Unter Dampf nahmen Schiffe und Züge aus immer mehr Richtungen direkten Kurs auf Mannheim, schafften in großen Mengen Kohle und Getreide, Rohstoffe, Heiz- und Nahrungsmittel heran. Unter Dampf produzierte die Firma Johann Schweizer senior unter Leitung von Karl Schenck und Karl Elsässer Dezimalwaagen und landwirtschaftliche Maschinen oder die Schmiedewerkstatt Joseph Vögeles Weichen für das wachstumsintensive Eisenbahnwesen. Schon bald sollten die *Herren Benz und Ritter* eine *Werkstätte mit Dampfkessel* in T 6, 11 (heute T 6, 33) einrichten.[135] Gleichzeitig hatten sich auf dem Kapitalmarkt den alten Privatbankhäusern Ladenburg und Hohenemser weitere Finanz-Aktiengesellschaften hinzugesellt. Mit seinem beachtlichen Handelsaufkommen, den technischen Verbesserungen und dem breiten Kapitalangebot empfahl sich Mannheim um die Wende zum achten Jahrzehnt des 19. Jahrhunderts auch als Industriestandort. Ein breites Spektrum von Unternehmen sowie ein deutlicher Zuwachs an Einwohnern und damit Arbeitskräften und Konsumenten waren die Antwort. Die chemische Industrie und die Branchen Metallverarbeitung bzw. Maschinenbau waren vor Ort vertreten; eine Spiegelmanufaktur, diverse Tabakfabriken sowie Brauereien, Säge- und Hobelwerke wie dann auch die Unternehmen der Gummi- und Papierindustrie oder die Ölfabriken belieferten den sich ausweitenden lokalen, deutschen wie internationalen Markt.

Freilich gingen bei allem Aufwärtstrend allgemeine konjunkturelle Schwankungen auch an Mannheims Wirtschaft nicht spurlos vorüber. So wies die Handelskammer in ihrem Bericht für 1873/74 auf die durchaus unterschiedlichen Auswirkungen der *Gründerkrise* hin: *Trotz der finanziellen Krise in Wien und Berlin, in Amerika und anderen Ländern gingen die hiesigen Geschäfte im allgemeinen nicht schlecht, der Getreidehandel blühte sogar wie nie zuvor. Erst gegen Ende des Jahres (1873) traten Erscheinungen zu Tage, die auf einen Rückgang des Handels und der Industrie hinwiesen, die meisten Bestellungen in den Fabriken waren effektuiert, neue liefen spärlich ein, und der Arbeiterstand mußte reduziert werden.*[136] Tatsächlich sollte bis zum Ende des Jahrzehnts die Zahl der Firmen weitgehend stagnieren. Es schloss sich eine allgemeine Phase des Aufschwungs an, der ab 1882 wieder schlechtere Geschäfte und ab Mitte des Jahrzehnts eine weitere Blütezeit folgten.[137]

Bereits im Jahr 1882 waren mehr Personen von der Industrie als vom Bereich Handel und Verkehr abhängig. Andererseits entfiel noch 1891 der größere Teil des Gewerbesteuerkapitals auf den Warenhandel,[138] und in der Handelskammer herrschte, wie erwähnt, zu Beginn der 1890er Jahre noch immer ein quantitatives Übergewicht der Kaufleute. Die dort ebenfalls vertretenen Fabrikanten riefen 1891 ihren eigenen Interessenverband ins Leben. Die alte Handelsstadt bewegte sich, die Industrie gewann an Raum.

Alteingesessene Handwerksbetriebe entwickelten sich zu erfolgreichen Industrieunternehmen, die Schritt für Schritt das nationale und internationale Parkett betraten – und es nach 1891 endgültig eroberten. Zwei markante Beispiele mögen diesen Strukturwandel verdeutlichen.

Aus der Werkstätte des Zirkelschmiedemeisters Johann Schweizer etwa, der sich insbesondere auf die Anfertigung von Waagen aller Art spezialisiert hatte, war bereits bis 1870 eine kleine Firma mit insgesamt 45 Mann Personal und 70 000 Gulden (entspricht rund 120 000 Mark) Jahresumsatz, nunmehr unter der Leitung von Karl Schenck und Karl Elsässer, entstanden.[139] Als der studierte Ingenieur Hermann Mohr 1871 mit der größten Kapitaleinlage aller Teilhaber[140] in das Unternehmen eintrat, brachte er ein gehöriges Maß an technischem Know-how und Erfindungsreichtum mit. Die nunmehr Mannheimer Maschinenfabrik Schenck, Mohr & Elsässer benannte Firma nahm, verkehrsgünstig an der inzwischen fertiggestellten Rheintalbahn gelegen, in der Folgezeit einen beträchtlichen Aufschwung. Signifikante Rückschläge sind selbst in den wirtschaftlichen Krisenzeiten nicht zu verzeichnen. Neue Produktionszweige belebten das Geschäft, so z.B. der Bau von Aufzügen und Werkstoffprüfungsmaschinen oder die Eigenproduktion von Dampfkranen – noch 1870 hatte man ein solches Exemplar für den Mannheimer Hafen über eine Amsterdamer Firma aus England importieren müssen.[141]

*Hermann Mohr (1846–1902). Foto, um 1890. StadtA MA.*

Es folgten sehr bald diverse Auszeichnungen im Rahmen internationaler Ausstellungen, etwa in Wien (1873), Porto Alegre (1881), Amsterdam (1883) oder Madrid (1883). Auf der *Pfalzgau-Ausstellung*, die 1880 im Mannheimer Schlossgarten stattfand, war die Firma selbstverständlich ebenfalls vertreten. Auch die großherzogliche Familie nahm den Erfolg des Mannheimer Unternehmens zur Kenntnis: Hermann Mohr erhielt 1883 den Orden vom Zähringer Löwen aus der Hand Großherzog Friedrichs I., dessen Sohn fünf Jahre später zur Besichtigung der Werkanlage in die Schwetzinger Vorstadt kam.[142] 288 Angestellte und Arbeiter beschäftigte die Firma im Jahr 1890. Gearbeitet wurde – angeordnete *Ueberzeit* nicht berücksichtigt – 60 Stunden die Woche, von montags bis samstags.[143] Zum Wochenausklang ging es dann zum *Ball des Personals*, wie er etwa am 6. September 1879 in der „Kaisershütte" (in Z 7, 2) stattfand.[144] Betriebsausflüge zum Niederwalddenkmal (1890) und an die Bergstraße (1891)[145] sollten nicht zuletzt die Loyalität einer Belegschaft sichern, die immerhin gemeinsam angesichts des verheerenden Hochwassers 1882/83 *Feierabendstunden* [...] *für die Wasserbeschädigten* gespendet hatte.[146] Als 1878 bzw. 1881 Karl Schenck und Karl Elsässer aus der Firma austraten, rückte Gustav Federhaff, ein Neffe Hermann Mohrs, nach. Der von nun ab als Mannheimer Maschinenfabrik Mohr & Federhaff firmierende und nach wie vor in Form einer Offenen Handelsgesellschaft geführte „Familienbetrieb" erzielte im Jahr 1891 einen Umsatz von 1,15 Mio. Mark. Ein Weltunternehmen war entstanden.

Die Maschinenfabrik Joseph Vögeles hatte ihren Ursprung ebenfalls im Handwerk, in einer Schmiedewerkstätte nahe dem Heidelberger Tor. Schon dort wurden die stark nachgefragten Eisenbahnweichen gefertigt, deren Herstellung das Unternehmen in den folgenden Jahrzehnten primär seinen

*Eintrittskarte zum Ball des Personals der Firma Schenck, Mohr & Elsässer, 1879. StadtA MA.*

Aufstieg verdankte. Anfang der 1870er Jahre trat Heinrich Vögele in die Firma seines Vaters ein. Bald errichtete man die neuen Produktionsstätten unweit der Bahnlinien nach Heidelberg und Karlsruhe. An dem neuen Standort waren 1875 bereits 100–180 Arbeiter beschäftigt.[147] Mit einem verstärkten Export von Weichen und sonstigem Eisenbahnbedarf sollte das Unternehmen in den 1890er Jahren schließlich seine größte Blüte erreichen.

Andere bedeutende Industrieunternehmen Mannheims konnten auf der Handelstradition der Stadt aufbauen. Sie profitierten entweder von den vor Ort gehandelten bzw. umgeschlagenen Produkten oder gingen direkt aus bereits etablierten Handelsfirmen hervor. Das prominenteste Beispiel hierfür liefert Lanz. Nachdem Heinrich Lanz 1859 die Mannheimer Zweigniederlassung der väterlichen Speditions- und Importfirma übernommen und hier eine eigene Reparaturwerkstätte eingerichtet hatte, ergänzte er den Import ab 1867 durch Eigenfabrikation von zunächst kleineren landwirtschaftlichen Maschinen. Seit 1879 produzierte er die Spezialität des Unternehmens, Dampfdreschmaschinen und Lokomobile. Parallel zu steigenden Herstellungskapazitäten sanken die Importmengen der Firma in allen Bereichen und bewegten sich Ende der 1880er Jahre gegen null, die Zahl der Beschäftigten hingegen stieg allein zwischen 1885 und 1891 auf mehr als das Doppelte.[148] Die Errichtung einer kleinen Gießerei auf dem Lindenhof 1873 leitete langfristig eine notwendige räumliche Erweiterung des florierenden Unternehmens ein, dessen Verlegung aus der Schwetzinger Vorstadt bis 1906 abgeschlossen sein sollte.

Auch die späterhin so charakteristische Großmühlenlandschaft Mannheims hatte ihre Wurzeln in entsprechenden Handelsaktivitäten. In der Hochburg des Getreideumschlags mit wachsendem Konsumentenkreis vor Ort ging man im Zeitalter der standortunabhängigen Dampfmühle zur direkten Verarbeitung über. Wie bereits erwähnt, gründeten die Söhne Eduard Kauffmanns als Inhaber eines Großhandels für Hülsenfrüchte

*Gebäude der Firma Lanz in der Schwetzinger Vorstadt. Kolorierte Lithographie, um 1900. StadtA MA.*

und Mühlenfabrikate mit ihrer Dampfmühle am Verbindungskanal Anfang der 1880er Jahre die erste großindustriell betriebene Anlage dieser Art in Mannheim.[149]

Auf den Inhaber einer Fettwaren-Großhandlung, Rudolf Traumann jun., und seine Rübölfabrik auf dem Lindenhof ging letztlich die Aktiengesellschaft Mannheimer Ölfabrik (1883) zurück. Nach nur vier Jahren kam es zur Verschmelzung mit fünf weiteren Speiseölfabriken im Verein Deutscher Ölfabriken – ein Konzentrationsprozess, wie wir ihn auf dem heiß umkämpften Mannheim-Ludwigshafener Markt der chemischen Industrie bereits aus den 1850er Jahren kennen. Schon 1889/90 griff der Verein mit einer Fabrikgründung in Hamburg nach Norddeutschland aus.

Das im Altrheinarm anlandende bzw. verhandelte Holz war es, das die Ansiedlung eines der späterhin namhaftesten Mannheimer Industrieunternehmen begründete. Karl Clemm, Mitinitiator der BASF, und die Brüder Haas riefen 1884 mit finanzieller Unterstützung des Bankhauses Ladenburg[150] eine vielversprechende Aktiengesellschaft ins Leben: die Zellstofffabrik Waldhof. Gerade erst war ein chemisches Verfahren entwickelt worden, das die Herstellung von Zellstofffasern und damit Papier aus Holz ermöglichte, schon erhob sich eines jener Unternehmen am Floßhafen, allerdings auf Sandhofener Gemarkung. Holz und Wasser sowie weitläufige Freiflächen für potenzielle Erweiterungsbauten waren hinreichend vorhanden, die Anlage per Bahn und Schiff erreichbar. Solche Standortvorteile zahlten sich aus: Die Zellstoffproduktion stieg bereits in den ersten Jahren der Firmengeschichte von 880 t (1885) auf 30 132 t (1891).[151]

In keiner Handelstradition stehend, aber ebenfalls in hohem Maße von der Gunst der Lage profitierend, bildete die chemische Industrie auch nach den großen regionalen Weichenstellungen der 1850er und 1860er Jahre noch eine von starker Konkurrenz geprägte Wachstumsbranche auf und jenseits der Mannheimer Gemarkung. Auf dem Lindenhof, in unmittelbarer Nähe des etwa zeitgleich erbauten Gaswerks mit seinen Teerabfällen, ließ der frühere Leiter der Alizarinherstellung der BASF Carl Weyl 1877 eine Anlage zur Teerdestillation errichten.[152] Sie lieferte neben dem Hauptrohstoff für die Anilinfarbenindustrie auch Teeröle zur Holzkonservierung (für Eisenbahnschwellen) oder das Teerpech für die Presssteinkohlenfabrikation. Entsprechende Einrichtungen im Elsass (1879) und in Duisburg (1884) sowie schließlich die Eröffnung einer Pikrinsäurefabrik auf dem Waldhof belegen eine erfolgreiche Unternehmensstrategie, die auch den Rückgriff auf alte personelle Verbindungen des Firmengründers nutzte: So bekleideten später Karl Dyckerhoff und August Clemm, die Söhne der BASF-Gründer, führende Positionen in der Chemischen Fabrik Lindenhof C. Weyl & Co. Bereits seit 1873 stellte die Chemische Fabrik Rheinau im Süden der Stadt auf weitgehend unbesiedeltem Gelände nahe der Rheintalbahn Soda her. Der ursprünglich ebenfalls u.a. auf dem Gebiet der Sodaherstellung tätige Verein Chemischer Fabriken fertigte seit 1869 in seiner neuen Fabrik auf dem Waldhof Anilin, seit 1879 in einer weiteren Anlage dort Anilinfarbstoffe. Die Anwendung neuer Verfahren zur Herstellung eines billigeren Soda durch die Konkurrenz und die Überlegenheit der BASF auf dem Gebiet der Anilin- und Anilinfarbstoffherstellung brachten den Verein in den 1880er Jahren in größte finanzielle Schwierigkeiten. Über weite Teile jenes Jahrzehnts konnte keine Dividende ausbezahlt werden. Neue Produkte und einschneidende Finanzmaßnahmen führten schließlich aus der Krise. Den Niederlassungen der chemischen Industrie am Altrhein gesellte sich im Jahr 1882 ein eingesessenes Mannheimer Unternehmen hinzu: die Firma C.F. Boehringer & Söhne.[153] Die ursprünglich von Stuttgart in den Jungbusch verlegte Chininfabrik siedelte nach einem Werksbrand ab 1882 in die siedlungsferne und räumlich unbeengte Peripherie um. 1883 trat der gleichnamige Sohn des BASF-Gründers Friedrich Engelhorn in das Unternehmen ein.

Im Unterschied zur chemischen Industrie, deren Ansiedlung vor Ort in einer langen, auch personellen Tradition stand, primär aber auf den günstigen Standortbedingungen beruhte, leitete sich die Existenz anderer Firmen direkt aus den aktuellen Anforderungen der werdenden Großstadt ab. Seit 1872 produzierte die Firma Bopp & Reuther in der Neckarvorstadt Armaturen für Wasser-, Gas- und Dampfanlagen, später Wassergewinnungsanlagen für Wasserwerke, Eisenbahnen oder Brauereien. Die kontinuierlichen Verbesserungen und Erweiterungen in der städtischen Wasserversorgung sicherten den Absatz, eigene Erfindungen wie etwa die Reuter'sche Venturi-Schelle erweiterten das Angebot. Das Unternehmen nahm insbesondere in der zweiten Hälfte der 1880er Jahre einen enormen Aufschwung: Die Zahl der Beschäftigten stieg von 160 auf 302, die Produktion von 940 t auf 2 086 t.[154]

Die mit wachsendem Handelsvolumen und zunehmender Urbanisierung verbundenen großen Infrastrukturprojekte in Mannheim brachten auch Bewegung in die Baubranche.

B&R Werksarchiv Sign. 7 3 1 Nr. 3 618

PATENT-URKUNDE

№ 3618.

GESETZ v. 25. MAI 1877

Auf Grund der angehefteten Beschreibung und Zeichnung ist durch Beschluss des Kaiserlichen Patentamtes

Bopp & Reuther in Mannheim

ein Patent ertheilt worden.

Gegenstand des Patentes ist:

Entwässerungs-Vorrichtung an Hydranten.

Anfang des Patentes: 5. August 1879.

Die Rechte und Pflichten des Patent-Inhabers sind durch das Patent-Gesetz vom 25. Mai 1877 (Reichsgesetzblatt für 1877 Seite 501) bestimmt.

Zu Urkund der Ertheilung des Patentes ist diese Ausfertigung erfolgt.

Berlin, den 2. März 1880.

Kaiserliches Patentamt.

Beglaubigt durch

Sekretär des Kaiserlichen Patentamtes.

Wegen der Patentgebühr ist die zweite und letzte Seite dieser Urkunde zu beachten!

Patenturkunde für Bopp & Reuther, 1880. StadtA MA.

*Die Friedrichsbrücke im Bau. Foto, 1890. StadtA MA.*

*Karl Benz (1844–1929). Gemälde, um 1920. Daimler AG, Stuttgart.*

Nicht zufällig ließ sich der Speyerer Bauunternehmer und Tiefbauexperte August Bernatz 1883 mit seinem *Wasserbaugeschäft mit Dampfbaggerei* am Standort Mannheim/Ludwigshafen nieder. Ebenso wie der Brückenspezialist August Grün mit Arbeiten im neu entstehenden Binnenhafen betraut, gründeten die beiden im März 1886 das Bauunternehmen August Bernatz & Grün. Als frühes Gesellenstück der ab 1892 Grün & Bilfinger benannten Firma konnte im September 1891 die neue Friedrichsbrücke über den Neckar eingeweiht werden.[155]

Auch eines der bekanntesten Mannheimer Unternehmen reicht in seinen ersten, sehr verhaltenen Anfängen in die Zeit der Reichsgründung zurück. Den in Mühlburg (heute Karlsruhe) geborenen Karl Benz zog es nach *Mannheim mit seiner emporstrebenden Industrie und seinem aufblühenden Handel.*[156] 1871 richtete er mit August Ritter, wie erwähnt, eine erste eigene mechanische Werkstätte mit Eisengießerei in T 6 ein. Während der Partner schon bald wieder ausschied und das junge Unternehmen unter der konjunkturellen Flaute bis zur Zahlungsunfähigkeit zu leiden hatte, gelang Benz bis 1879/80 die Entwicklung eines stationären Gasmotors, des *Zweitaktmotors, System Benz*. In den Lebenserinnerungen des Erfinders wird die Geschichte vom ersten erfolgreichen Laufen des Motors am Silvesterabend 1879 kolportiert. Benz soll das Ereignis mit den Worten kommentiert haben: *Silvesterglocken! Uns war's, als läuteten sie nicht nur ein neues Jahr, sondern eine neue Zeit ein, jene Zeit, die vom Motor den neuen Pulsschlag empfangen sollte.*[157] Die persönliche finanzielle Unterstützung, die dem Erfinder seitens des Mannheimer Hoffotografen Emil Bühler zuteil wurde, mündete in die Gründung der Aktiengesellschaft Mannheimer Gasmotorenfabrik. Das Unternehmen blieb Episode, Benz schied nach wenigen Monaten im Streit mit den Aktionären zum 1. Januar 1883 wieder aus. Noch im gleichen Jahr nahm er einen neuen Anlauf und rief mit Max Rose und Friedrich Wilhelm Eßlinger die Firma Benz & Co., Rheinische Gasmotorenfabrik ins Leben. Bis 1885 gelang ihm die technische Sensation: die Konstruktion des ersten selbstfahrenden Motorwagens. So zukunftsweisend die Erfindung auch sein mochte, der Erfolg des Benz'schen Unternehmens basierte nach wie vor ausschließlich auf dem Verkauf der stationären Gasmotoren, die auch auf verschiedensten Ausstellungen der 1880er Jahre ausgezeichnet wurden. Die an Mitarbeitern und Verkaufszahlen – immerhin 500 Gasmotoren im Jahr 1890[158] – wachsende Firma etablierte sich seit 1886 in der Neckarstadt. Ungeachtet aller Fortschritte im Fahrzeugbereich standen Benz' Partner den Experimenten in jenem wenig lukrativen Seitenzweig ihres Geschäfts skeptisch gegenüber – sie verließen die Firma im Jahr 1890.[159] Erst die neuen, ebenso weltläufigen wie optimistischen Geschäftspartner Friedrich von Fischer und Julius Ganß sowie die Entwicklung neuer Fahrzeugmodelle sollten in den 1890er Jahren die endgültige Wende in der Firmengeschichte hin zu einem der größten Automobilkonzerne der Welt bringen.

Die Industriestadt Mannheim hatte in den Jahren zwischen 1870 und 1891 an Profil gewonnen. Bestehende Unternehmen wurden umstrukturiert, Produktionsanlagen nach Mannheim verlegt oder neue Firmen – zunehmend an der Peripherie und auf angrenzenden Gemarkungen – gegründet. Eigenproduktion vor Ort ersetzte Import und Verarbeitung im Umland. Deutliche Verbesserungen in der Verkehrsinfrastruktur, v.a. hinsichtlich der Hafenanlagen, mit der Urbanisierung verbundene Bedürfnisse und Notwendigkeiten, die ausreichende Verfügbarkeit von Rohstoffen und die Entwicklung neuer Produktionsverfahren trugen das Ihre dazu bei. Nicht zuletzt waren solche Erfolgsgeschichten immer auch mit gut ausgebildeten, erfindungsreichen Ausnahmepersönlichkeiten verbunden, die – wie Hermann Mohr oder Karl Benz – der Firmenentwicklung ihren ureigensten Stempel aufzudrücken vermochten. Das Ausgreifen auf weitere Firmenstandorte, steigende Produktionsziffern und Arbeiterzahlen sowie zunehmende Exporte ins Ausland v.a. in der zweiten Hälfte der 1880er Jahre wiesen den Weg in die nachfolgende industrielle Blütezeit Mannheims.

## Karl Benz und die Anfänge des Automobils

*Anja Gillen*

Menschen-, Pferde- und Dampfkraft bewegten nach wie vor die Gefährte auf Deutschlands Land- und Wasserstraßen, als Nikolaus Otto in Deutz seinen Viertakt-Verbrennungsmotor entwickelte und 1877 patentieren ließ. 1885 bauten Gottlieb Daimler und sein Konstrukteur Wilhelm Maybach in Cannstatt das erste Motorrad der Welt. Und in Mannheim erprobte und verbesserte Karl Benz auf dem Werkstatthof in T 6, 11 sein dreirädriges, mit Viertaktmotor ausgerüstetes und mit Ligroin betriebenes Gefährt. Am 30. Januar 1886 verfügte das Reichsgericht die Aufhebung des Otto-Patents in fast allen Punkten. Bereits einen Tag zuvor hatte man Karl Benz das Reichspatent 37 435 für ein *Fahrzeug mit Gasmotorenbetrieb*, eine *Construction* [..., die] *den Betrieb hauptsächlich leichter Fuhrwerke und kleiner Schiffe* bezweckte, erteilt.

Nun durfte dieser erste selbstfahrende Motorwagen der Welt sich auch in aller Öffentlichkeit auf Mannheims Straßen sehen lassen. Mit einer Höchstgeschwindigkeit von etwa 16 km pro Stunde vermochte der Patent-Motorwagen drei Personen von Apotheke zu Apotheke zu transportieren, wo jeweils „nachgetankt" werden musste. Zeitgleich gab Daimler die entsprechende Umrüstung einer Kutsche in Auftrag; in der Folge wurden von der Pferdestraßenbahn bis zum Ballon zahlreiche Fahrzeuge „motorisiert".

Noch hatte das Automobil den Markt nicht erobert, stießen die störenden, staubenden *Hexenkarren* auf verbreitete Ablehnung in der Bevölkerung. Weder die spektakuläre Fahrt, die Bertha Benz 1888 mit ihren Söhnen nach Pforzheim unternahm, noch die viel beachtete und prämierte Präsenz auf der Münchner Kraft- und Arbeitsmaschinen-Ausstellung wenig später oder die Lockerung der Fahrverbote konnten bei Benz' skeptischen Partnern Max Rose und Friedrich Wilhelm Eßlinger das Vertrauen in die Zukunft des Automobils stärken. Beide verließen 1890 die Firma Benz & Co.

*Ausflug an die Bergstraße. Auf dem „Victoria" sitzen (v.r.) Karl und Bertha Benz, Tochter Klara Benz, Fritz Held. Foto, 1894. StadtA MA.*

Im gleichen Jahr, als Daimler mit finanzkräftigen Mitstreitern die Daimler-Motorengesellschaft ins Leben rief, nahm auch Benz einen neuen Anlauf. Mit Friedrich von Fischer und Julius Ganß konnte er 1890 zwei auslandserfahrene und dem Motorwagenbau positiv gegenüberstehende Partner für seine Offene Handelsgesellschaft Benz & Co. gewinnen. Bis 1893 entwickelte er mit dem *Victoria* sein erstes vierrädriges Automobil, das allerdings infolge des hohen Preises noch auf einen elitären

Käuferkreis beschränkt blieb. Nur ein Jahr später rollte dann ein bezahlbarer Verkaufsschlager aus den Benz'schen Werkstoren: der *Velo*. Bis 1900 sollten der Absatz aus dem stetig erweiterten Produktprogramm auf die Höchstzahl von 603 verkauften Motorwagen ansteigen sowie jenseits der traditionellen Abnehmer in Frankreich neue Märkte in Europa und Übersee erobert werden. Auch erste, wenig leistungsfähige Omnibusse (1895) sowie Lastwagen (ab 1896/97) standen im Programm.

*Benz & Cie. und Daimler-Motorengesellschaft auf der Automobilausstellung in Berlin: getrennte Stände, aber bereits gemeinsame Werbung. Plakat, 1925. Daimler AG, Stuttgart.*

Am 8. Mai 1899 wurde die Firma in eine Aktiengesellschaft umgewandelt. Doch bald brach der Absatz dramatisch ein; 1901 verkaufte die Benz & Cie. Rheinische Gasmotorenfabrik AG nur noch 385 Automobile. Zeitgleich sorgte die Cannstatter Konkurrenz mit Maybachs Neukonstruktion *Mercedes* für Aufsehen und war bei Autowettfahrten zunehmend überlegen. Die Spannungen zwischen Karl Benz und Julius Ganß eskalierten. Ersterer verwahrte sich gegen höhere (Renn-)Geschwindigkeiten und eine radikale Modernisierung. Letzterer richtete neben dem deutschen ein französisches Konstruktionsbüro unter Leitung des Ingenieurs Marius Barbarou ein. Der nun entwickelte Kraftwagen mit Kardanantrieb *Parsifal* führte jedoch nicht aus der Krise, sondern zum endgültigen Bruch zwischen den beiden alten Geschäftspartnern. Benz schied 1903 aus dem Vorstand aus. Obwohl er im folgenden Jahr wieder in den Aufsichtsrat zurückkehrte, verlegte er den Schwerpunkt seiner Aktivitäten auf sein 1906 gegründetes neues Unternehmen in Ladenburg.

In Mannheim ging man inzwischen an die Modernisierung und Erweiterung der Produktpalette, 1907 wurde eine eigenständige Rennabteilung unter Fritz Erle eingerichtet. Im Zenit des Jahres 1912 umfasste die Belegschaft 5 380 Mitarbeiter, die 3 093 Pkws produzierten – seit 1908 wurden die Untertürkheimer Produktionszahlen der Daimler-Motorengesellschaft überflügelt. Bereits 1907 hatte man die Übernahme der Süddeutschen Automobilfabrik Gaggenau GmbH mit ihrer Nutzfahrzeugfabrikation in die Wege geleitet; 1908/09 wurde die Pkw-Produktion in das neue Werk im Stadtteil Waldhof verlagert.

Nach den Jahren der Kriegsproduktion befand sich die deutsche Automobilindustrie in einer insgesamt schwierigen Lage. Viele Unternehmen gingen in Konkurs. Benz & Cie. gab mit dem Verkauf des Werks in der Neckarstadt 1922 den stationären Motorenbau auf, der Pkw-Absatz erreichte 1923 einen absoluten Tiefpunkt. In dieser kritischen Phase schlossen sich die ehemaligen Konkurrenten aus Mannheim und Untertürkheim 1924 zunächst zu einer Interessengemeinschaft zusammen, bevor sie 1926 endgültig zur Daimler-Benz AG fusionierten. Karl Benz starb am 4. April 1929. Das zu seinen Ehren 1933 eingeweihte Monument am Beginn der Augustaanlage trägt die Widmung: *Dem Pionier des Kraftwagenbaus.* ✧

## „Nicht selten wird der Segen der Kirche verschmäht". Die Religionsgemeinschaften auf der Suche nach neuen Antworten

Während in Gesamtbaden die Katholiken die klare Mehrheit bildeten, zählte im gemischt konfessionellen Mannheim des Jahres 1871 die evangelische Kirche 46,7 Prozent der Einwohner zu ihren Mitgliedern, die Katholiken stellten 44,9 Prozent, die israelitische Gemeinde immerhin 7,9 Prozent der Bevölkerung.[160] Das Gleichgewicht zwischen den beiden großen christlichen Konfessionen sollte sich in den folgenden 20 Jahren nicht signifikant ändern. Der prozentuale Anteil der Juden hingegen verringerte sich im selben Zeitraum.

Insgesamt vier Pfarrer[161] und ein Vikar übten im Jahr 1870 die Seelsorge für die gut 18 400 evangelischen Christen der *großen ungetheilten Gesammtgemeinde*[162] Mannheim rund um die Konkordien- und die Trinitatiskirche aus. Letztere bot auch den Militärgottesdiensten Raum, die seit 1872 nicht mehr von einem Garnisonspfarrer, sondern ebenfalls von der städtischen Geistlichkeit abgehalten wurden. Mannheims rund 17 800 Katholiken verteilten sich in jenen Anfangsjahren des Kaiserreichs auf zwei Sprengel: die auch mit der Militärseelsorge betraute Obere Pfarrei (die Jesuitenkirche St. Ignatius und Franz Xaver)[163] und die Untere Pfarrei (St. Sebastian).[164] Für die rund 3 100 Israeliten in der Quadratestadt bildete die Hauptsynagoge in F 2, 13 das geistliche Zentrum des liberal ausgerich-

*Architekturschnitt der Klaussynagoge, um 1888. Nach Mannheim und seine Bauten (1906) S. 133.*

teten Gemeindeteils, ihre orthodoxen Glaubensgenossen versammelten sich in der 1887/88 neu erbauten Klaus-Synagoge in F 1, 11.[165]

Industrialisierung und Zuwanderung brachten eine quantitative Zunahme des Kirchenvolks und Veränderungen in seiner sozialen Zusammensetzung mit sich. Insbesondere die neu entstehenden Arbeiterstadtteile außerhalb der Quadrate verlangten den großen Konfessionen neue Lösungen ab. Zunächst einmal galt es, die Seelsorge auch über die größere räumliche Entfernung effizient zu gestalten, um die ohnehin schwächere Kirchenbindung in jenen sozialen Problemgebieten nicht gänzlich abreißen zu lassen. Beunruhigt stellten die evangelischen Geistlichen in ihrem Schreiben an den Oberkirchenrat im Dezember 1871 fest, dass die Arbeiterbevölkerung in den Neckargärten dem kirchlichen Leben entfremdet, die religiöse Unwissenheit und Verkommenheit groß sei.[166]

Nach anfänglicher Versorgung durch die evangelische Stadtgeistlichkeit, die seit dem 10. März 1872 Gottesdienste im Saal der alten Kleinkinderschule in der Gärtnerstraße 15/17 abhielt, erhielt die Ansiedlung jenseits des Neckars denn auch ab 1875 einen eigenen Vikar. Dieser wurde zur Hälfte aus allgemeinen Kirchenmitteln bezahlt. Dennoch musste man noch im Visitationsbericht Jahre später mit Blick auf die Neckargärten enttäuscht feststellen: *Nicht selten wird der Segen der Kirche* [...] *verschmäht.*[167] Am 10. November 1883 fand im Rahmen der Feierlichkeiten zum 400. Geburtstag Martin Luthers[168] die Grundsteinlegung für ein neues Gotteshaus statt. Auf den Tag genau ein Jahr später konnte die Lutherkirche eingeweiht und 1888 zur eigenen Pfarrkirche mit Georg Ludwig Simon als erstem Amtsinhaber erhoben werden. Mit diesem letzten, vom Kirchengemeinderat schon 1885 avisierten Schritt trugen die Verantwortlichen den Verselbstständigungstendenzen Rechnung, die seit jeher dem räumlich entlegenen und von starken Persönlichkeiten wie z.B. Vikar Eduard Lamerdin geführten Seelsorgegebiet innewohnten und sich in teils heftigen Auseinandersetzungen mit der Stadtgeistlichkeit entladen hatten.

Für die katholische Kirche hatte der Pfarrer der Unteren Pfarrei Franz Winterroth bereits 1873 vom erzbischöflichen Ordinariat die Einrichtung einer dritten Vikarstelle erwirkt, die der Neckarstadt regelmäßige Gottesdienste garantieren sollte. Als das Provisorium Laurentiuskirche 1878 fertiggestellt war, konnten die Katholiken der Neckarstadt – weit vor den evangelischen Christen, deren entsprechende

*Die erste Lutherkirche, erbaut 1883/84. Foto, um 1890. Archiv der evangelischen Kirchengemeinde Mannheim.*

Bestrebungen nicht zufällig in der Folge konkretere Formen annahmen – am 3. November den ersten Gottesdienst in einer eigenen Kirche feiern. Den Status eines selbstständigen katholischen Pfarrbezirks unter der Leitung von Gustav Becker allerdings erhielt die Neckarstadt erst im August 1889.[169] Im Jahr 1904 schließlich sollte das dem heiligen Laurentius geweihte Gotteshaus durch die Herz-Jesu-Kirche ersetzt werden.

Die systematische seelsorgerische Erschließung der Schwetzinger Vorstadt durch die beiden Hauptkonfessionen setzte – nicht zuletzt aus finanziellen Gründen – erst im Anschluss an die Versorgung der Neckarstadt gegen Ende der 1880er Jahre ein. Nach ersten diesbezüglichen Planungen 1885 lassen sich seit Dezember 1889 Gottesdienste im alten Rettungshaus (heute: Traitteurstraße 24) für die etwa 2 000 evangelischen Christen nachweisen; die Grundsteinlegung für einen Kirchenneubau war kurz zuvor am 5. November erfolgt. Den seit Juni 1889 primär für jenen Stadtteil verantwortlichen Vikar Georg Sältzer musste die Kirchengemeinde komplett aus dem örtlichen Kirchenfonds bezahlen – andernfalls hätte der Oberkirchenrat, der mit der Unterstützung der Neckarstadtpfarrei seine finanziellen Möglichkeiten erschöpft sah, die Zustimmung zur Einstellung eines weiteren Geistlichen verweigert. Am 23. Juli 1890 schließlich konnte die Friedenskirche geweiht werden. Bis zur Pfarreierhebung sollten aber noch fünf Jahre vergehen. Auf katholischer Seite formulierte der Geistliche Rat Kaspar Koch (Obere Pfarrei) im Frühjahr 1888 ebenfalls die Notwendigkeit eines eigenen Gotteshauses, ein Kirchenbauverein wurde gegründet. Bis zum Jahr 1900 sollte es dauern, bevor der erste katholische Kirchenbau in der Schwetzinger Vorstadt, die Heilig-Geist-Kirche, vollendet war.

Kleinere bauliche Veränderungen, etwa der auch Abendgottesdienste ermöglichende Einbau von Gasbeleuchtung in der Konkordien- (1877) und der Trinitatiskirche (1889), konnten aus Gemeindespenden finanziert werden, für das Lutherjubiläum oder den Bau der Lutherkirche leisteten die Gläubigen ebenfalls freiwillige Beiträge. Dennoch überstieg der Finanzbedarf v.a. für Baumaßnahmen und Personal die Möglichkeiten der Kirchen bei weitem. So konnte den Anforderungen oft nur mit erheblicher zeitlicher Verzögerung entsprochen werden. Einige Erleichterung versprach das *Gesetz, die Besteuerung für örtliche kirchliche Bedürfnisse betreffend* vom 26. Juli 1888 – eine Möglichkeit, von der die evangelische Kirchengemeinde Mannheims 1891 erstmals Gebrauch machen sollte.

Während die Kirchen auf der einen Seite ihre Aufgabenbereiche erweitert, die Herausforderungen erhöht sahen, mussten sie auf der anderen Seite empfindliche Kompetenzeinbußen hinnehmen. Dies gilt in Baden insbesondere für die Folgen des so genannten Kulturkampfs, der in den 1870er Jahren mit der Verschärfung des Kulturexamensgesetzes (1874), dem Altkatholikengesetz (1874) und schließlich der landesweiten Einführung der obligatorischen Simultanschule (1876) seinen Höhe- und Wendepunkt erreichen sollte.[170] In Mannheim waren die gemischten Volksschulen schon 1870 eingeführt worden. Bereits 1864 der ausschließlich geistlichen Schulaufsicht entzogen, unterstanden sie seit 1875/76 einer Kommission gemäß der Städteordnung. Die liberalen Kreise der evangelischen Kirche hatten jener „Entkonfessionalisierung" des Elementarschulwesens auch mit Blick auf die Verbesserung des interkonfessionellen Verhältnisses Beifall gezollt. Auch die jüdische Gemeinde begrüßte die Entwicklung. Zeitgleich mit der Schließung der jüdischen Elementarschule jedoch und gewissermaßen als Kontinuitätsfaktor wurde 1870 in den Räumen der Klaus-Stiftung eine hebräische Schule eingerichtet, 1878 sogar ein Verein zur Förderung des Religionsunterrichts ins Leben gerufen.

Eine weitere einschneidende Veränderung brachte das 1870 verabschiedete Stiftungsgesetz, in dessen Folge kirchliche Stiftungen wie etwa die konfessionellen Hospitalfonds aus der ausschließlichen Finanz- und Verwaltungshoheit der Religionsgemeinschaften herausfielen. Die Einführung der Zivilehe zum 1. Februar 1870 bedeutete ebenfalls eine weitreichende Einschränkung kirchlicher Wirkmächtigkeit. Zwar versicherte der *Kirchen-Kalender für die evangelisch-protestantische Gemeinde* 1871: *Wir beklagen diese Einrichtung nicht, sie war nach dem Gange der öffentlichen Dinge nothwendig.* Die gleichzeitig geäußerte Hoffnung jedoch, dass *alle Glieder unserer Kirche, die hohe Bedeutung der religiösen und sittlichen Seite der Ehe würdigend, an der uralten, christlich-kirchlichen, ja allgemein menschlichen Ordnung einer religiösen Eheschließung festhalten und nach der bürgerlichen die kirchliche nachsuchen*, wurde bitter enttäuscht: Bis zum 31. Dezember erbaten von 77 rein evangelischen Paaren nur 46, von 143 gemischt konfessionellen Paaren gar nur 39 den Segen der protestantischen Kirche.[171]

*Diakonisse am Krankenbett. Holzstich nach Zeichnung von Georg Koch, 1888. AKG Images.*

Eines der zentralen Felder kirchlichen Engagements war und blieb die Kranken- und Sozialfürsorge. Angesichts des wachsenden Wohnungselends, der Arbeitslosigkeit und Armut sowie der starken Bevölkerungsfluktuation einerseits, der Beschränkung kirchlicher Kompetenzen andererseits nahmen die karitativen Aktivitäten einen immer breiteren Raum ein. Neben die bestehenden, z.T. quantitativ gewachsenen Einrichtungen (Krankenanstalten, Kindergärten etc.) traten neue, teilweise dezidiert auf die spezifischen Bedürfnisse der Zeit abgestellte kirchliche Hilfsangebote. Der Evangelische Verein für innere Mission Augsburgischen Bekenntnisses beispielsweise, der bereits das Rettungshaus für Mädchen in der Schwetzinger Vorstadt unterhielt, gründete 1881 den Evangelischen Männer- und Jünglingsverein. Die Diakonissen, die ab 1881 über ein selbstständiges Mutterhaus in Mannheim verfügen sollten, betreuten seit 1867 ein Kinderhospital, 1881 kamen das *Marthahaus* zur Unterbringung *stellenlose*[r]

*unbescholtene*[r] *Mädchen*[172] in U 1, 14, drei Jahre später ein Krankenhaus für Erwachsene hinzu. Auf das Jahr 1888 geht die – ebenfalls evangelische – Gründung einer *Herberge zur Heimat für die wandernde Arbeiterbevölkerung* in U 5, 12 zurück. Auf katholischer Seite sind insbesondere die Aktivitäten der Niederbronner Schwestern in der Krankenpflege und der Kinderbetreuung erwähnenswert.[173] Der Orden der Barmherzigen Schwestern vom Heiligen Vinzenz von Paul wiederum betreute seit 1889 das Heim für Dienstboten in T 5. Seitens der Israeliten wurde um 1870 ein Verein zur Unterstützung von ortsfremden israelitischen Armen gegründet.

Andere konfessionelle Vereine boten Raum für Geselligkeit und Austausch unter Glaubensgenossen. Im Jahr 1885 wurde dem in Mannheim bereits mit einem Zweigverein vertretenen evangelischen Gustav-Adolf-Verein ein Frauenverein angegliedert. Für den erst 1883 ins Leben gerufenen Katholischen Kaufmännischen Verein Columbus gehörten *Religion, Wissenschaft und Freundschaft* zu den zentralen Themen.[174] In den beiden sehr früh gegründeten konfessionellen Arbeitervereinen – der Evangelische Arbeiterverein von 1891 zählte zu den fünf ersten in Baden, sein katholisches Pendant aus dem Jahr 1890 war gar der zweite seiner Art in der Erzdiözese – suchten die Kirchen die an gesellschaftlich-politischer Relevanz zunehmenden Kräfte einzubinden.

*20-jähriges Jubiläum des Katholischen Kaufmännischen Vereins Columbus 1903. Ansichtskarte mit Poststempel vom 7. November 1904. StadtA MA.*

Das Zusammenleben zwischen den Religionsgemeinschaften in Mannheim gestaltete sich trotz der in Zeiten des Kulturkampfs brisanten politischen Gesamtlage weitgehend unspektakulär. Dies schloss Konkurrenz in der seelsorgerischen Betreuung etwa der neuen Stadtteile oder auch mitunter deutliche Signale der Abgrenzung nicht aus. So mag die Anlehnung der Konzeption des neuen Hochaltars in St. Sebastian an den Petersdom durchaus kirchenpolitisch motiviert gewesen sein.[175] Eine öffentliche Glaubenskundgebung wie die Fronleichnamsprozession jedoch war seit 1868 ausgesetzt.[176] Der Aufruf *viele*[r] *Ladeninhaber nicht kathol. Confession* an ihre Berufsgenossen, die Läden am Fronleichnamsfest zu schließen – die Katholiken seien am Karfreitag entsprechend verfahren[177] –, zeigt das beiderseitige Bemühen um ein versöhnliches religiöses Nebeneinander im Alltag. Im Rahmen einer großen (politischen) Katholikenversammlung freilich, die 1888 im Ballhaus stattfand, bezogen Redner wie der Zentrumspolitiker von Buol-Berenberg deutlich Stellung gegen den kirchenfeindlichen badischen Liberalismus.[178] Von handgreiflichen Auseinandersetzungen, wie sie für die Zeit der *wandernden Casinos* bezeugt sind, ist nach 1870 nichts mehr bekannt. Allerdings sind vereinzelte antisemitische Ausfälle aus den 1880er Jahren überliefert, seit 1890 bestand sogar ein antisemitischer Verein.[179]

Die jüdische Gemeinde Mannheims erreichte 1875 mit 3 853 Mitgliedern – das entsprach 8,3 Prozent der Bevölkerung – ihren höchsten Anteil während des 19. und 20. Jahrhunderts.[180] Den Vorsitz der Gemeinde hatte von 1849 bis 1884 Leopold Ladenburg, danach bis 1891 David Aberle inne. Viele Juden bekleideten herausragende Positionen in Wirtschaft und Politik. Ein Enkel des Tabakhändlers und langjährigen Stadtrats Fritz Hirschhorn erinnert sich später mit Blick auf die Familie seiner Mutter: *Religion spielte keinerlei Rolle, dagegen deutsche Politik im nationalliberalen Sinn.*[181] Gesellschaftliches Leben spielte sich in der Ressource-Gesellschaft oder im Liederkranz ab. Auch die Freimaurer fanden regen Zulauf von Seiten jüdischer Bürger. So gehörten der Loge Carl zur Eintracht neben Oberbürgermeister Eduard Moll oder Hofkapellmeister Ferdinand Langer die Juden Julius Hirschhorn, Bernhard Herschel und Max Hachenburg an.[182] Die 1877 von der Badenia-Loge abgespaltene Spinoza-Loge rekrutierte ihre Mitglieder sogar überwiegend aus jüdischen Kreisen.[183]

Für die Freireligiöse Gemeinde Mannheims bedeuteten die 1870er und beginnenden 1880er Jahre einen Tiefpunkt ihres Gemeindelebens.[184] Der Zulauf zu jener Bewegung, die – den demokratischen Idealen der 1848er verbunden – Selbstbestimmung in allen religiösen Angelegenheiten sowie die Trennung von Staat und Kirche propagierte, hatte nachgelassen. Viele Freireligiöse traten zur evangelischen Kirche über, und seit dem Weggang Carl Scholls 1868 verfügte die Gemeinde über keinen Prediger mehr. Erst in der zweiten Hälfte der 1880er Jahre vermochte sich die Gemeinde, in deren Vorstand sich führende Sozialdemokraten wie August Dreesbach und Franz Königshausen engagierten, zu konsolidieren. Zu dieser Entwicklung wesentlich beigetragen haben dürfte die Berufung eines eigenen Predigers – Georg Schneider – im Jahr 1885. Dessen Stelle konnte vom Erlös aus dem kurz zuvor erfolgten Verkauf des Betsaals in B 6 finanziert werden. 1888 umfasste die Gemeinde schon wieder stolze 2 319 Mitglieder.[185]



Innerkatholische Auseinandersetzungen führten zur Etablierung einer neuen Religionsgemeinschaft auch in Mannheim. Die Entscheidung des 1. Vatikanischen Konzils im Jahr 1870 zugunsten des päpstlichen Unfehlbarkeitsdogmas hatte das katholische Kirchenvolk aufgewühlt, Proteste heraufbeschworen und zur formellen Abspaltung einer kleinen, sich allmählich in eigenen Gemeinden organisierenden Oppositionsgruppe geführt. Jene *Gelehrtenhäresie*[186] mündete in die altkatholische Kirche, die sich 1873 ihren ersten eigenen Bischof wählte. Seit 1871 bestand in der Quadratestadt ein Altkatholikenverein, der bis März 1874, vor allem unter der Leitung Prof. Johannes Bauers, auf 190 Mitglieder anwuchs.[187] Auf der Grundlage der Synodal- und Gemeindeordnung der Altkatholiken des Deutschen Reichs konstituierten sich die Mannheimer Altkatholiken am 9. März 1874 als

Kirchengemeinde. Nach einigen Bemühungen erlangten sie schließlich ab dem 27. März die an eine ausreichende Mitgliederzahl gebundene staatliche Anerkennung; daran vermochten auch die Proteste der römisch-katholischen Seite beim Staatsministerium nichts zu ändern. Als kultisches Zentrum konnte die Schlosskirche gewonnen werden. Durch die Heranziehung des zu dieser Zeit nicht mehr gottesdienstlich genutzten Raumes kam es nicht, wie vielerorts, zu Konflikten mit der katholischen Gemeinde – zumindest nicht hinsichtlich der Gottesdienstausübung. Öffentliche Auseinandersetzungen blieben dennoch nicht aus.[188] Am Ostersonntag, dem 5. April 1874, fand der erste altkatholische Gottesdienst in der Schlosskirche statt – 1879 übrigens dann erstmals zu Teilen in deutscher Sprache. Aus dem zu diesem Anlass in Erscheinung tretenden gemischten Chor entwickelte sich der überkonfessionelle Verein für klassische Kirchenmusik unter Leitung von Albrecht Hänlein.[189] Zunächst erfolgte die pastorale Betreuung der Mannheimer Altkatholiken von Heidelberg aus, erst 1875 erhielt die Gemeinde vorübergehend und seit Januar 1877 mit Friedrich Bauer dauerhaft einen

*Schlosskirche, Innenansicht. Foto, 1896. Nach R. Tillessen (1897) Tafel IV.*

eigenen Pfarrer. Ungeachtet der bescheidenen Beteiligung am Vermögen der römisch-katholischen Kirche (seit 1880) waren zur Finanzierung von Personal und Gemeindeleben erhebliche Spenden notwendig. Diese wurden aufgebracht von den offenbar durchweg finanzkräftigen Mitgliedern – zu ihnen zählten auch Medizinalrat Heinrich Zeroni oder der nationalliberale Politiker Carl Eckhard.

In aller auch finanziell gebotenen Vorsicht hatten sich Mannheims Religionsgemeinschaften nach der Reichsgründung den drängenden kirchlichen und sozialen Problemen der werdenden Großstadt genähert. Christliche und jüdische Organisationen, Vereine und Orden widmeten sich neben ihren traditionellen Aufgaben gezielt bestimmten gesellschaftlich benachteiligten bzw. gefährdeten Gruppen. Die große politisch-kirchliche Auseinandersetzung der Zeit fiel vor Ort auf wenig explosiven Boden, liberale Neuerungen wurden weitgehend unspektakulär umgesetzt.

## „Mehr ein Vergnügungs-Institut der reichen Leute"? Das Großherzogliche Hoftheater und sein Umfeld

*Noch bis in die achtziger Jahre des vorigen Jahrhunderts hinein wurde die Leitung des Theaters von einem aus kunstfreundlichen Bürgern bestehenden „Comité" im Verein mit einem Oberregisseur als künstlerischem Ratgeber besorgt, ein allen Erfahrungen Hohn sprechender Zustand.*[190] Während der spätere Intendant Carl Hagemann in seinen Erinnerungen so lebhaft die begrenzten Kompetenzen des künstlerisch ausgewiesenen Oberregisseurs gegenüber einem bürgerlichen Laiengremium beklagt, bemerkt ein langjähriges Mitglied jenes von *vollkommen einwandfreier Unkenntnis aller praktischen wie künstlerischen Fragen*[191] getragenen Komitees lapidar: *Das Schlimmste war und ist noch, daß in Mannheim Jeder und Jede kunstverständig ist und bei jedem kleinen Skandale* [...] *Partei für und wider ergreift, wodurch dann ein allgemeiner Krieg im Hause und in der Stadt entsteht, als dessen Schluß jeweils der Sturz des Komitees eintritt.*[192] So subjektiv diese Einschätzungen auch sein mögen, sie thematisieren ein in der Kommunalisierung des Mannheimer Theaters gründendes, über Jahrzehnte virulentes Problem. An die Stelle des Intendanten war 1839 ein aus drei Bürgern bestehendes städtisches Hoftheaterkomitee getreten, dem sich der künstlerische Leiter, eben jener Oberregisseur, unterstellt sah. Diese konfliktträchtige Situation, deren Spannungspotenzial durch Uneinigkeit innerhalb des Komitees nicht selten weitere Steigerung fand, erfuhr erst durch die organisatorischen Umstrukturierungen des endenden 19. Jahrhunderts eine gewisse Entschärfung. Mit dem Jahr 1890 wurde das Amt des Intendanten als des künstlerischen und wirtschaftlichen Leiters des Instituts wieder eingerichtet, das umstrittene Theaterkomitee drei Jahre später durch eine Theaterkommission mit enger Bindung an den Stadtrat ganz im Sinne der Städteordnung ersetzt. Eine Garantie für erfolgreiches

Theater barg dieses Professionalisierungskonzept indes nicht – das beweist die Negativ-Bilanz, mit der der erste fachlich legitimierte Amtsinhaber Karl Freiherr von Stengel 1892 demissionierte.

Ebenso wie die Leitung des Hoftheaters war seine finanzielle Ausstattung umstritten. 1881 etwa wetterten die Sozialdemokraten in einem (verbotenen) Flugblatt zur Kommunalwahl gegen die weitere Erhöhung des auf 64 000 Mark bezifferten Zuschusses.[193] Außerdem sorgte das Programm immer wieder für heftige, stadtweit ausgetragene Auseinandersetzungen. Insbesondere Richard Wagner erregte die Gemüter, bevor er in den 1880er Jahren zu einem der meistgespielten Komponisten in Mannheim wurde – im vorhergehenden Jahrzehnt hatten noch Giacomo Meyerbeer und Albert Lortzing die örtliche Oper dominiert. Vor allem in der Person des altgedienten und verdienstlichen Kapellmeisters Vinzenz Lachner[194] sahen die begeisterten Mannheimer Wagner-Anhänger ein konservatives Bollwerk. Dieser hatte zwar 1855 den *Tannhäuser*, 1859 den *Lohengrin* und 1869 *Die Meistersinger von Nürnberg* auf die Bühne gebracht, mit seinen durchaus zeitüblichen Kürzungen aber noch Jahre später den *Meister* persönlich unendlich erbost. Als Wagner im November 1872 einige Tage als Gast in Mannheim weilte, besuchte er eine Vorstellung seiner Oper *Der Fliegende Holländer*, verließ aber schließlich empört die Loge. Bereits bei seinem Besuch im Dezember 1871 soll der *Meister* wütend ausgerufen haben: *Menschen wie diese Lachners machen nun seit vielen Jahren mich und meine Werke schlecht.*[195] Kopf der „Bayreuth-Enthusiasten" war der Musikalienhändler und langjährige Präsident des Theaterkomitees Emil Heckel, den mit dem Komponisten eine tiefe Freundschaft verband.[196] Er gründete im Mai 1871 den ersten deutschen Wagner-Verein,[197] dem im folgenden Jahr auch Cosima Wagner und ihr Vater Franz Liszt beitraten,[198] und ließ, wenige Jahre nach dem Tod des *Meisters*, am 25. September 1887 dessen Büste an seinem Haus in O 3, 10 anbringen.[199] Wagner wiederum schätzte Mannheim. Er dirigierte hier sogar persönlich im Dezember 1871 ein Konzert – und dies erstmals nicht, wie damals üblich, mit dem Rücken zum Orchester, sondern diesem zugewandt.[200] Beim anschließenden Festmahl verlieh er seiner Hoffnung Ausdruck, dass aus der Verbindung Mannheims und Bayreuths *ein neues, jugendlich kräftiges Kunstleben entsprießen* möge.[201]

*Emil Heckel (1831–1908) und Ehefrau Maria. Foto, um 1870. StadtA MA.*

Ungeachtet massiver Bemühungen Heckels[202] entschied sich das Theaterkomitee nach dem Rückzug Lachners nicht für den ebenso bedeutenden wie vielseitigen Pianisten und Dirigenten Hans von Bülow, der in Mannheim ein *klassisches deutsches Repertoir ungestört durch „welschen Tand"* realisieren wollte,[203] sondern für den Franz-Lachner-Schüler Ernst Frank als neuen Kapellmeister. Unter ihm präsentierte die Mannheimer Bühne als vierte in Deutschland eine ungekürzte *Lohengrin*-Aufführung. Als Frank 1877 zusammen mit seinem Oberregisseur Otto Devrient, dem Sohn des berühmten Karlsruher Intendanten Eduard Devrient, nach Frankfurt wechselte, folgten ihm im Amt des leitenden Kapellmeisters zunächst Franz Fischer (1877–1880), einer der musikalischen Assistenten der Bayreuther Festspiele, dann Emil Paur (1880–1889) und Felix Weingartner (1889–1891). Die Stelle des Oberregisseurs wurde mit Julius Werther (1877–1884), Jocza Savits (1884–1885) und schließlich Max Martersteig (1885–1890) besetzt.

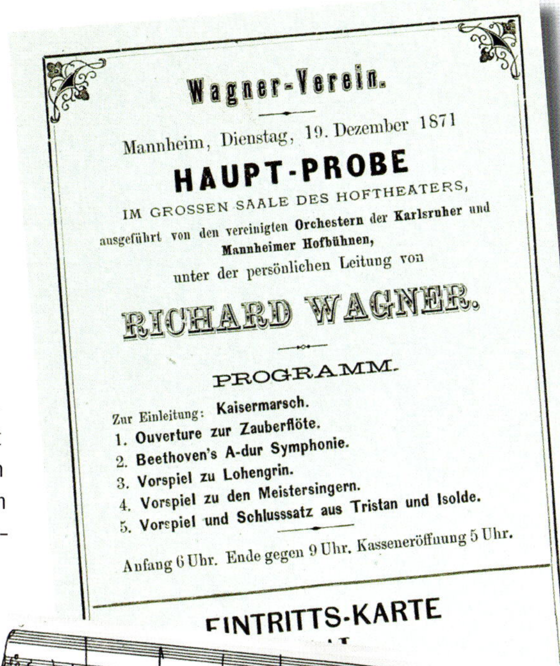
Wagner-Verein.

Mannheim, Dienstag, 19. Dezember 1871

HAUPT-PROBE

IM GROSSEN SAALE DES HOFTHEATERS,

ausgeführt von den vereinigten Orchestern der Karlsruher und Mannheimer Hofbühnen,

unter der persönlichen Leitung von

RICHARD WAGNER.

PROGRAMM.

Zur Einleitung: Kaisermarsch.

1. Ouverture zur Zauberflöte.
2. Beethoven's A-dur Symphonie.
3. Vorspiel zu Lohengrin.
4. Vorspiel zu den Meistersingern.
5. Vorspiel und Schlusssatz aus Tristan und Isolde.

Anfang 6 Uhr. Ende gegen 9 Uhr. Kasseneröffnung 5 Uhr.

EINTRITTS-KARTE

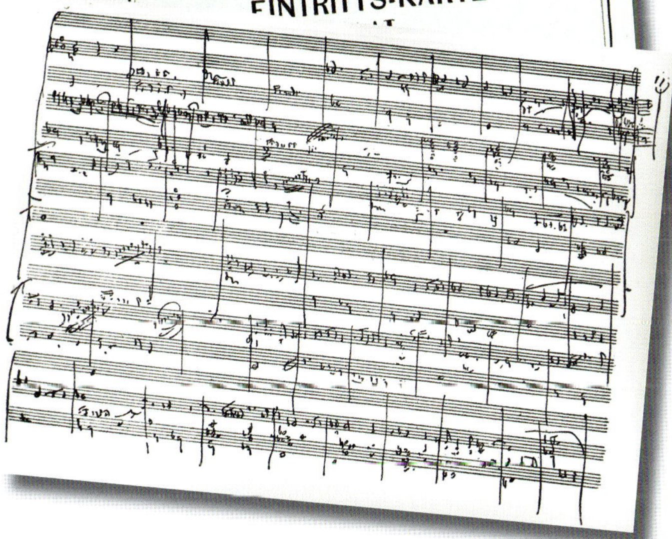

Auch Johannes Brahms, den Widersacher Richard Wagners, verbanden persönliche Beziehungen mit der Quadratestadt.[204] Gerne und oft suchte der Komponist während seines Aufenthalts in Ziegelhausen bei Heidelberg 1875 den alten Freund und nunmehrigen leitenden Kapellmeister Ernst Frank in Mannheim, im „Europäischen Hof", auf. Eine enge Freundschaft verband ihn Zeit seines Lebens – dies offenbart nicht zuletzt der erhaltene Briefwechsel – mit dem Mannheimer Bankiersehepaar Felix und Helene Hecht. Der Geiger Jean Becker, dem 1886 ein Denkmal in Mannheim errichtet wurde, oder Hofkapellmeister Emil Paur waren ihm ebenfalls wohlbekannt. Wilhelm Lindeck (vormals Levi), der Prokurist des Bankhauses Ladenburg, verwaltete in den Jahren 1872 bis 1882 das Brahms'sche Vermögen.[205]

*Oben: Eintrittskarte zur Hauptprobe des Wagnerkonzerts, 1871. StadtA MA.*

*Unten: Richard Wagner, „Die Walküre", eigenhändige Partiturseite, 1870. AKG Images.*

Doch weitaus stärker als über zahlreiche personelle Beziehungen nach außen wirkte das Mannheimer Theater traditionell in vielfältiger Weise in die Stadt und ihre Gesellschaft hinein. Der alteingesessenen Familie Bassermann entstammten der Schauspieler und nachmalige Intendant August

Anna Reiß (1836–1915), als Margarethe in Charles Gounods Oper "Faust". Foto, 1868. StadtA MA.

Bassermann sowie sein Neffe, der Schauspieler und spätere Ehrenbürger Albert. Auch eine Anna Reiß, die in jungen Jahren eine Karriere als Opernsängerin anstrebte, konnte man zuweilen als Gast auf der Theaterbühne ihrer Heimatstadt bewundern.[206] So manche Heiratsbande wurden zwischen Ensemblemitgliedern und der städtischen Elite geknüpft wie etwa im Falle der Sängerin Helene Hausen, die Alfred Seubert, der Bruder des späteren Mannheimer Ehrenbürgers Max Seubert, zur Frau nahm. Das Theater bot Raum für volkstümliche Vergnügungen wie die Kindervorstellungen am Fastnachtsmontag oder die Maskenbälle der Erwachsenen. Kapellmeister, Dirigenten und Solisten engagierten sich in der weiteren städtischen Musikszene. Vinzenz Lachner etwa, Gründer u.a. der Liedertafel, leitete *wie fast regelmäßig* [... die] *ersten Kapellmeister des Großh. Hof- und Nationaltheaters* den Musikverein.[207] Jener große Oratorienverein war Gründungsmitglied des Mittelrheinischen Musikfestverbands, der 1870 und 1879 seine Musikfeste in Mannheim ausrichtete. Die Leitung der Orchesterkonzerte der Hoftheaterkapelle, *Musikalische Akademien* genannt, oblag naturgemäß ebenfalls den ersten Kapellmeistern. Ein hochkarätig besetzter Konzertverein mit Mitgliedern wie Karl Diffené, Emil Heckel, August Hohenemser, Ferdinand Ladenburg oder Moritz Lenel bemühte sich seit Ende der 1860er Jahre um die finanzielle Konsolidierung dieser in die Jahre gekommenen Einrichtung.[208] Ferdinand Langer,[209] ab 1877 zweiter Kapellmeister am Hoftheater, wirkte von 1871 bis 1905 als Chorleiter des jüdischen Männergesangvereins Liederkranz, dessen Veranstaltungen nicht selten Solisten des Theaterensembles mitgestalteten.[210]

Der bemerkenswerteste Aspekt des Mannheimer Theaters war und blieb sein stets und manchmal über Gebühr Anteil nehmendes Publikum. Freilich hatten die Sozialdemokraten nicht Unrecht, wenn sie auf die finanzkräftige Oberschicht als Hauptkonsumenten abhoben.[211] Das führende Bürgertum Mannheims hatte weitgehend die Logenplätze des Adels eingenommen und vererbte dieses Privileg über Generationen hinweg weiter.[212] Allerdings wurde jene Monopolstellung mit einer Teilung des Jahresabonnements seit 1877 zumindest partiell aufgehoben. Dem Großherzog war ganzjährig eine Loge reserviert, in der er und seine Familie die erste Festaufführung anlässlich des Zentenariums des Theaters im Herbst 1879 oder die Gedenkvorstellung von Schillers *Die Räuber* am 13. Januar 1882, 100 Jahre nach der

*„In der Mannheimer Theaterloge". Aquarell über Bleistift von Mathias Artaria, 1852. REM.*

*Gedenkblatt zum 100-jährigen Bestehen des Nationaltheaters, 1879. StadtA MA.*

Mannheimer Uraufführung, verfolgen konnten. Das Theaterjubiläum war zu Ostern 1879 mit der Doppelpremiere von Wagners *Rheingold* und *Walküre* eingeläutet worden, bevor ab dem 7. Oktober auch das Schauspiel v.a. mit Stücken aus dem 18. Jahrhundert (Schiller, Iffland) folgte. Wiewohl das Theater also den städtischen Eliten einen adäquaten gesellschaftlichen Treffpunkt bot, bemühte man sich um die Erweiterung der Publikumsbasis. Billigere Volksvorstellungen, die an Lessings Geburtstag im Jahr 1878 mit *Nathan der Weise* eröffnet wurden, boten auch den wenig wohlhabenden Schichten Zugang zur Kulturhochburg Mannheims. Später sollte der Fabrikant Heinrich Lanz, der übrigens in den Jahren 1879 bis 1882 auch zu den *arglose*[n] *Männer*[n] gehörte, *die aus dem bürgerlichen Leben plötzlich* [in das Theaterkomitee] *hereinschneiten*, seinen Arbeitern gar Plätze in Abonnementvorstellungen mieten.[213] Auch wenn die Resonanz auf jene Volksvorstellungen offenbar nicht überwältigend war[214] – das Theater hatte aufgehört, ausschließlich *ein Vergnügungs-Institut der reichen Leute*[215] zu sein.

## „Friedlich zusammen besuchen sie die Schulen". Neue Entwicklungen im öffentlichen Bildungswesen

Auf der Grundlage des Elementarschulgesetzes von 1868 erfuhr das örtliche Volksschulwesen am Beginn der 1870er Jahre tief greifende Veränderungen. 1870 bereitete Mannheim als erste Stadt des Landes, zwei Jahre vor Karlsruhe, der traditionellen konfessionellen Volksschule ein Ende.[216] Dies geschah offenbar ohne größere Komplikationen.[217] Landesweit verpflichtend eingeführt wurde die Simultanschule per Gesetz erst am 18. September 1876. Mit dem Ende der Konfessionsschule in Baden sollte im Übrigen auch der Höhe- und Wendepunkt des Kulturkampfs erreicht sein. Die unmittelbar danach erfolgte Entlassung des leitenden Ministers Julius Jolly, ein neuer Papst (1878) und die Besetzung des erzbischöflichen Stuhls in Freiburg nach 14-jähriger Sedisvakanz (1882) waren Zeichen einer neuen Phase der Beziehungen zwischen Kirche und Staat.

In Mannheim sollte der Unterricht ab Ostern 1870 zunächst in je einer sechs- und achtklassigen, ab 1872 dann in einer einheitlich acht Klassen umfassenden, konfessionell gemischten Elementarschule erteilt werden. Im Anschluss daran mussten die in den Arbeitsalltag entlassenen Mädchen und Jungen, sofern nicht davon befreit, seit 1874 ein bzw. zwei Jahre lang die allgemeine Fortbildungsschule – einen Vorläufer der Berufsschule – besuchen.[218] Das Schulgeld in der Volksschule betrug 2 Gulden, ab 1874 4 Gulden. Erst die 1890er Jahre brachten die endgültige Abschaffung jener Zahlungsverpflichtung, gleichzeitig allerdings auch die Etablierung einer exklusiven schulgeldpflichtigen Bürgerschule. Die badische Städteordnung hatte die Kommunen zur Bildung einer Schulkommission als lokale Schulbehörde mit entsprechenden Aufsichtsbefugnissen verpflichtet, vor Ort eingerichtet wurde das u.a. mit Vertretern der verschiedenen Konfessionen und der Hauptlehrer zu besetzende Gremium in den Jahren 1875/76.[219] Mit der organisatorischen Leitung des Volksschulwesens betraute man einen auf Antrag der Stadtverwaltung vom Landesherrn zu ernennenden Rektor. Angesichts einer wachsenden Zahl von Schülern und Schülerinnen – 1870/71: rund 2 900, 1890/91: gut 9 200 –[220] mussten bestehende Schulhäuser erweitert, neue Anstalten errichtet werden. Neben der nördlichen Innenstadt (K 2-, K 5- und U 2-/Friedrichschule) erhielten in jener Zeit auch die neuen Stadtteile eigene Bildungsanstalten. 1875 konnte die Volksschule in der Neckarstadt ihrer Bestimmung übergeben werden. 1883 erhielt die Schwetzinger Vorstadt ihren ersten Schulbau an der Seckenheimer Straße, 1890 mit der Luisenschule einen zweiten. Dem fortdauernden Raummangel begegnete man auch mit so genanntem kombiniertem Unterricht, d.h. die ohnehin großen Klassen mit durchschnittlich 52 (1880/81) bzw. 48 Schülern (1890/91) wurden von einem Lehrer nacheinander im selben Raum unterwiesen.[221]

In den 1880er Jahren verstärkten sich sowohl von städtischer wie auch von privater Seite die Bemühungen, der sozial gemischten Zusammenset-

*Luisenschule. Foto, 1890. StadtA MA.*

zung der Volksschulbesucher angemessen Rechnung zu tragen. So unterstützte ab 1884 ein *Comité*, später Verein für Ferienkolonien, Erholungsaufenthalte auf dem Lande für schwache Kinder aus armen Familien.[222] Die nach 1885 errichteten Schulhäuser (Friedrich- und Luisenschule) boten in Form von Brausebädern ihren Schülern kostenfreie Badegelegenheiten, die sie zu Hause in der Regel nicht hatten. Der in unteren Schichten angesichts der unverzichtbaren Erwerbstätigkeit beider Elternteile oft fehlenden außerschulischen Aufsicht wollte der 1887 gegründete Verein Knabenhort

*„Bade-Einrichtung in einer Göttinger Volksschule". Holzstich nach Zeichnung von Robert Geißler, 1887. AKG Images.*

entgegenwirken, dem gegen Ende des Jahrhunderts eine ebensolche Einrichtung für Mädchen folgte.[223] Im Februar 1888 begann man mit der Frühstücksausgabe an minderbemittelte Schüler. Derart massive Fürsorgemaßnahmen waren in den höheren Schulen mit ihrem sozial einheitlicheren Rekrutierungsmilieu nicht erforderlich.

Das als Ergebnis jahrelanger politisch-konfessioneller Auseinandersetzungen modifizierte Elementarschulwesen war mit der Städteordnung auch formal gänzlich zum Anliegen der Kommunen und ihrer liberal-demokratischen Protagonisten geworden. In noch weit stärkerem Maße berührte (und spiegelte) das nach wie vor staatlich gelenkte höhere Schulwesen die Interessen des führenden Bürgertums einer wachsenden Handels- und Industriestadt.

Das in A 4, 1 untergebrachte humanistische Knabengymnasium mit seinem hohen Bildungsanspruch und Prestige konnte bis Mitte der 1880er Jahre steigende Schülerzahlen verzeichnen. Der keineswegs sozial völlig exklusiven,[224] bildungsbürgerlichen Anstalt mit engen Verbindungen zum Mannheimer Altertumsverein[225] stand das mehr praxisbezogene Realgymnasium für Jungen in N 6, 4a gegenüber. Der Einzugsbereich beider Bildungsinstitutionen ging deutlich über die Stadt und ihr Umland hinaus. Insbesondere aus dem benachbarten Ludwigshafen, das bis zum Jahr 1898 auf sein humanistisches Vollgymnasium warten musste,[226] strömten die Schüler in die höheren Lehranstalten Mannheims.

Das Realgymnasium mit deutlicher Affinität zum erstarkenden Wirtschaftsbürgertum vermochte sich dank hervorragender Lehrer auch im naturwissenschaftlichen Bereich zu profilieren. Nicht zufällig war am dortigen Laboratorium, wie bereits erwähnt, der städtische Chemiker angesiedelt. Nachdem man im Schuljahr 1879/80 die Zahl der Klassen auf neun erhöht und den altsprachlichen Bereich verstärkt hatte, erfuhr der Unterricht im Realgymnasium ab dem Schuljahr 1883/84 eine weitere Angleichung an die inhaltliche Ausrichtung des humanistischen Pendants, indem man einen übereinstimmenden Lehrplan für die drei unteren Klassen einführte.[227] Potenzielle Schulwechsel wurden so erheblich erleichtert. Während die Schülerzahlen im humanistischen Gymnasium ab der Mitte der 1880er Jahre zurückgingen, erlebte das Realgymnasium zwischen 1884 und 1887 einen regelrechten Boom. Die Angliederung lateinloser Realschulklassen an die unteren Jahrgänge erweiterte das Bildungsangebot zusätzlich ganz im Sinne der Verfechter einer praxisnahen Realienkunde. Aus jenem „Experiment" erwuchs 1888 eine eigenständige siebenstufige Realschule, die bereits im ersten Schuljahr von 353 Knaben besucht wurde. 1893 bezog man das eigentlich für das Realgymnasium bestimmte Gebäude am Friedrichsring, bevor das eigene Schulhaus an der Tullastraße im Jahr 1900 fertiggestellt war.

Mädchen sollten in Mannheim erst um die Jahrhundertwende – wesentlich später als in der Landeshauptstadt[228] – Zugang zum Gymnasium erhalten oder das Abitur in der Oberrealschulabteilung der Höheren Mädchenschule erwerben können. Doch bereits in den 1870er Jahren engagierten sich Staat und Kommune auch in diesem Bereich stärker. Als finanzielle Probleme infolge abnehmender Frequentierung die Existenz des Großher-

*Realgymnasium Mannheim, „Gruß vom Abiturientenkommers". Postkarte, 1898. StadtA MA.*

zoglichen Instituts bedrohten, übernahm die Stadt die Anstalt im Jahr 1877 in ihre Verwaltung – unter dem Ehrenprotektorat der Großherzogin Luise.[229] Die 1863 auf wirtschaftsbürgerliche Initiative hin gegründete Höhere Töchterschule wurde mit landesherrlicher Verordnung von 1877 in den staatlich bezuschussten Kreis der nunmehr öffentlichen höheren Mädchenschulen aufgenommen. Aufsicht und Lehrplangestaltung oblagen fortan staatlicher Verantwortung.[230]

*Klasse der Höheren Töchterschule. Foto, 1874. StadtA MA.*

Bevölkerungsentwicklung und soziale Frage hatten die Zahl der seit 1870 konfessionell gemischten Volksschulen mitsamt den auf sie abgestimmten Fürsorgeeinrichtungen anwachsen lassen – über den bildungspolitischen Erfolg und die daraus in späteren Jahren erwachsenden Konsequenzen wird noch zu berichten sein. Den veränderten Bedürfnissen einer aufstrebenden Handels- und Industriestadt war mit einer Diversifizierung der höheren Knabenbildung, insbesondere in Gestalt der neuen praxisnahen Realschulanstalten, entsprochen worden. Auch im Bereich der höheren Bildungsinstitutionen für Mädchen sahen sich Staat und Kommune zunehmend in der Pflicht – ohne freilich zu einer Gleichstellung der Geschlechter zu gelangen. Damit hatten Mannheims öffentliche Schulen erst begonnen, zureichende Antworten auf die bildungspolitischen Herausforderungen der werdenden Großstadt zu geben.

## Abendgesellschaft und Wirtshaus – Aspekte des Alltagslebens

*Titelblatt des Gästebuchs von Karl und Anna Reiß, 1884. StadtA MA.*

*In der Generation meiner Mutter wurde die Bildung der Ehefrau, zusammen mit Perlen und Diamanten, zum Statussymbol des Ehemannes. Ein erfolgreicher Fabrikant oder Geschäftsmann brauchte eine Frau, die einer Gesellschaft durch ihre Bildung Glanz verleihen konnte.* So beschreibt Hedwig Wachenheim (geb. 1891) die Stellung der großbürgerlichen Frau im Kaiserreich und zugleich eine der wichtigsten informellen Institutionen jener Zeit: die bürgerliche Abendgesellschaft.[231] Die Villa einer Anna Reiß[232] etwa oder der Salon einer Bertha Hirsch[233] standen den Vertretern aus Wirtschaft, Politik, Kunst und Kultur zu geselligen Zusammenkünften offen. An überschwänglich dekorierten Tafeln nahm man gewaltige Speisefolgen zu sich. Nicht selten trugen die Teilnehmer oder Gastgeber persönlich zum musikalischen Rahmenprogramm bei – von Carl Eckhard beispielsweise ist uns dies explizit überliefert.[234] Doch hier wurde auch Politik gemacht, wurden Entscheidungen vorbereitet und Verbindungen geknüpft. Die Familien Lanz, Reiß, Engelhorn, Bassermann, Ladenburg, Scipio oder Röchling kannten sich, standen sich freundschaftlich oder gar verwandtschaftlich nahe. Man pflegte einen aristokratisch anmutenden Lebensstil – nicht zufällig stand das zwischen 1873 und 1875 erbaute Stadtpalais Friedrich Engelhorns unweit des Schlosses in A 1, 3 oder erwarb Karl Reiß bis 1885 die Fasaneninsel, um ungestört seiner Jagdleidenschaft nachgehen zu können.[235] Auf ausgedehnten Reisen erweiterte die gesellschaftliche Elite Horizont und Bildung.[236] Den Alltag der in der Regel nicht erwerbstätigen großbürgerlichen Frauen bestimmten repräsentative Pflichten, ehrenamtliche Tätigkeiten und die Organisation des „Kleinunternehmens" Haushalt. Hier galt es, die diversen Dienstboten zu koordinieren und zu beaufsichtigen, die die Hausarbeiten wie Kochen, Nähen, Waschen oder Kinderbetreuung verrichteten. Dankbar wurde das Personal dann zuweilen auch testamentarisch bedacht.[237] Für ehrenamtliche Tätigkeit boten sich Organisationen wie der Badische Frauenverein an, der u.a. seit 1889 die auf eine private Stiftung zurückgehende Volksküche betrieb.

Grundsätzlich anders gestaltete sich die häusliche Situation der großen Zahl von Arbeiterfamilien. Sie lebten in der Regel auf engstem Raum in den schlecht belichteten Ein- bis Zwei-Zimmerwohnungen großer Mietskasernen oder -häuser.[238] Küchen waren nicht die Regel, eine fest installierte Badewanne ein bürgerlicher Luxus und die Gemeinschaftstoilette außerhalb gelegen. Die vielerorts bedenklichen hygienischen Verhältnisse erhöhten das Krankheitsrisiko (z.B. Tuberkulose) in den unteren Schichten deutlich. Wachsendes Problembewusstsein und technischer Fortschritt ließen

*Hermann Mohr (1846–1902) und seine Frau Josephine geb. Horstmann (geb. 1845) auf einer Reise nach Ägypten. Foto, um 1890. StadtA MA.*

*Arbeiterwohnhäuser im Kleinfeld, errichtet 1873. Foto, um 1905. StadtA MA.*

die kommunalen Verantwortlichen über öffentliche Abhilfe nachdenken. In der Neckarstadt und Schwetzinger Vorstadt wurden seit 1890 Volksbrausebäder eröffnet, so manche Volksschule, wie erwähnt, entsprechend „umgerüstet“. Für Werkswohnungen, die sich gleichermaßen der Fürsorge und dem Eigeninteresse der Unternehmer verdankten, gestaltete sich die Wohnsituation insgesamt etwas besser. Zu den in der Nähe der Arbeitsstätten gelegenen Siedlungen gehörten oft auch kleine Gärten und Ställe zur Selbstversorgung der Bewohner.

Häufig reichte das Geld eines männlichen Alleinverdieners in jenen Haushalten der Unterschichten kaum für Miete und Nahrung aus. Letztere beanspruchte in der Regel über die Hälfte der Ausgaben.[239] Frauen und Kinder mussten mitverdienen. Das Bezirksamt stellte fest: *Die tunlichste Einschränkung der Frauen-Fabrikarbeit wäre ja aus mancherlei Gründen sehr wünschenswert, allein in gar vielen Arbeiterfamilien müssen eben die weiblichen Familienglieder auch verdienen helfen, und sonstige Arbeitsgelegenheit ist rar.*[240] Schlaf- und Kostgänger oder Untermieter brachten willkommene Zusatzeinnahmen, verschärften jedoch auf der anderen Seite die ohnehin beengte Raumsituation. Neben zahlreichen Missständen und Mängeln sind nach 1870 auch leichte Verbesserungen im Arbeiteralltag zu konstatieren. So stieg etwa der Fleischverbrauch in den unteren Schichten,[241] die Erfindung der Margarine (1870) wirkte sich positiv auf die Fettversorgung aus. Getrunken wurde – ob im Wirtshaus oder am Arbeitsplatz – in erster Linie Bier. Es überrascht daher wenig, dass entsprechende Preiserhöhungen 1873 in Mannheim nicht nur zu den vom Arbeiterverein angestrebten friedlichen Protesten führten, sondern der Unmut der Betroffenen sich in Krawallen und Zerstörungen entlud, die mit Militär- und Polizeigewalt beendet wurden und ein gerichtliches Nachspiel hatten.[242]

Das Arbeiterleben war hart. Bei Schenck, Mohr & Elsässer schuftete man 1872 täglich 10 Stunden, von Montag bis Samstag. Die chemische Industrie verlangte ihren in der Regel schlecht qualifizierten und ebenso schlecht bezahlten Arbeitern noch 1890 10,5 Stunden pro Tag ab. Die von *Akkordanten* in den einschlägigen Kneipen angeworbenen Hafenarbeiter kamen auf eine tägliche Arbeitszeit von 12 bis 13 Stunden abzüglich einer zweistündigen Pause. Überstunden waren in allen Branchen geradezu verpflichtend, Krankheit ein oft existenzbedrohendes Problem. So mahnt noch um 1880 eine *Bureau-Ordnung* der *Rhein- und See-Speditionsgesellschaft* die Angestellten zur Erhaltung ihrer Gesundheit, da bei Krankheit die Lohnzahlung ausbleibe.[243] Erste Schritte zu einem wirksamen Arbeiterschutz wagte die Reichsgewerbeordnung von 1878, auf deren Grundlage ein Jahr später in Baden die Fabrikinspektion unter der Leitung von Friedrich Wörishoffer etabliert wurde. Ihm verdanken wir eine eindrucksvolle zeitgenössische Schilderung der Lage der Mannheimer Fabrikarbeiter aus dem Jahr 1891.[244]

Erst ganz allmählich verbreitete sich in jener mit allen Problemen der Hochindustrialisierung behafteten Gesellschaft ein *emphatisches Bewusstsein von Gesundheit.*[245] Damit einher gingen gewaltige wissenschaftliche Fortschritte – so etwa die Entwicklung synthetischer Mittel gegen Fieber (Salin 1874/75, Aspirin 1893) – und technische Neuerungen in der Medizin, aber auch reichsgesetzlich verordnete Vorsorgemaßnahmen wie z.B. der 1874 eingeführte Impfzwang. Dennoch blieben in den ersten Jahrzehnten des Kaiserreichs insbesondere die unteren Schichten aufgrund niedriger Einkommen und entsprechender Lebens- und Ernährungsbedingungen anfällig für Krankheiten, denen sie weder adäquate medizinische Betreuung

Hafenarbeiter mit Akkordanten (im Anzug). Foto, 1890. StadtA MA.

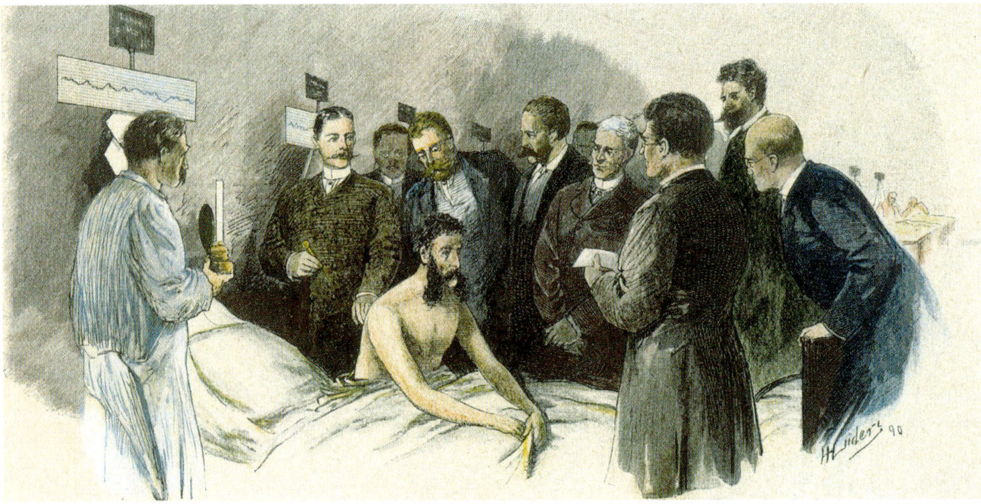


Robert Koch führt in Anwesenheit einer ausländischen Ärztedelegation in der Berliner Charité eine Impfung durch. Holzstich, koloriert, nach einer Zeichnung von Hermann Lüders, 1890. AKG Images.

noch finanzielle Sicherheiten entgegenzusetzen vermochten. Der Staat sah sich gefordert. Mit der Sozialgesetzgebung der 1880er Jahre, den Gesetzen über die Krankenversicherung (1883), die Unfallversicherung (1884) und die Alters- und Invalidenversicherung (1889), gelang es Bismarck schließlich, die Weichen in Richtung eines modernen Sozialstaats zu stellen.[246]

Doch wie sah die gesundheitspolitische Lage in Mannheim aus?[247] Hier stellt sich die Situation – verglichen mit den Verhältnissen im übrigen Reich – bereits in der Zeit vor den großen reichsweiten Gesetzesinitiativen etwas entspannter dar. Eine erstaunliche Anzahl vorhandener Einrichtungen – darunter die Krankenversicherung für Dienstboten und Gewerbegehilfen, der auf freiwilligem Beitritt beruhende allgemeine Kranken-Unterstützungsverein oder partei- bzw. betriebspolitisch instrumentalisierte Sicherungssysteme wie der sozialdemokratische Medizinalverein oder die Arbeiterunterstützungskassen verschiedener Unternehmen – suchten jenseits privat-kirchlicher Gesundheitsfürsorge Krankheit und daraus resultierender Armut entgegenzuwirken. Infolge des Reichsgesetzes von 1883 musste dieses bestehende lokale Krankenversicherungssystem umstrukturiert, angepasst und in seinen Leistungen erweitert werden. Seit 1884 lag die Aufsicht über das örtliche Kassenwesen in Händen einer eigens errichteten Krankenkassenkommission. Zunächst elf gewerblich geprägte Ortskassen, ebenso viele Betriebskassen und eine ganze Reihe von (oft nicht vor Ort) eingeschriebenen Ersatzkassen sowie – in der Folge häufig als Zusatzversicherung dienende – „wilde" Hilfskassen tummelten sich auf dem Feld der öffentlichen Gesundheitsfürsorge zum Wohl einer stetig wachsenden Bevölkerung. Noch in den 1880er Jahren fanden erste Zusammenlegungen von Ortskassen statt, nicht zuletzt auf Drängen der Kommission, die sich administrative und finanzielle Synergieeffekte erhoffte. So manche Versicherung jedoch stand finanziell so gut da, dass sie ihren Mitgliedern bald Leistungserweiterungen einräumen konnte. So war beispielsweise die Orts-

*Karikatur auf Bismarcks Sozialversicherungsgesetze, 1884. AKG Images.*

kasse der Handlungsgehilfen 1888 sogar in der Lage, das medizinische Versorgungsangebot auf die Familien ihrer Versicherten auszudehnen. Anders als im Fall der Ortskassen stieg die Zahl der Betriebskrankenkassen bis 1890 noch einmal deutlich an. Neben Firmen wie Lanz, Bopp & Reuther, Mohr & Federhaff oder den Verein Chemischer Fabriken traten die Mannheimer Dampfschifffahrtsgesellschaft oder das Bauunternehmen Bernatz & Grün. Erst gegen Ende der 1880er Jahre machte ein Landesgesetz die Umwandlung der städtischen Versicherungsanstalt für Dienstboten in eine Gemeindekrankenkasse mit Mindestversicherungsstandards erforderlich. Damit ging nun auch die Verwaltung jener alten Versicherungseinrichtung von der Armen- auf die Krankenkommission über. Trotz mancher Vorbehalte gegenüber der neuen sozialen Errungenschaft[248] erfreute sich diese gerade in Mannheim regen Zuspruchs, konnte sich die Stadt gar rühmen, vermutlich diejenige mit den meisten Krankenversicherten in Baden gewesen zu sein.

Die große und wachsende Zahl der zu Hause räumlich beengten Arbeiter bevorzugte als Ort der Freizeit und des geselligen Beisammenseins das Wirtshaus. Hier traf man sich, trank, redete, ja politisierte und spielte. Vereine tagten in den Nebenräumen. Angehörige höherer sozialer Schichten

*Eine Grußkarte aus Mannheim verweist unter anderem auf die Rudergesellschaft (rechts). Ansichtskarte mit Poststempel vom 19. März 1889. StadtA MA.*

besuchten „bessere Lokale". Den wohlhabenden Mannheimer Familien boten vornehme Hotels wie der „Pfälzer Hof" das angemessene Ambiente.[249]

Sport wurde damals zu einer beliebten Freizeitbeschäftigung bei allen Klassen. Mit der Gründung des Mannheimer Ruderklubs durch Mitglieder des Mannheimer Turnvereins 1875 und der Amicitia 1876 fand jene späterhin für Mannheim so typische Sportart ihre Heimstatt an Rhein und Neckar. Seit 1879 veranstaltete der Mannheimer Regattaverein die jährlichen Wettkämpfe im Mühlauhafen. Die High Society traf sich im Badischen Rennverein. Von der 1874 erbauten Holztribüne aus konnte sein Präsident August Röchling gemeinsam mit Karl und Anna Reiß oder den Offizieren der Mannheimer Garnison die Pferderennen auf der Wiese am Neckardamm verfolgen. Auch eine in den 1880er Jahren von der Aktiengesellschaft Tattersall errichtete Reithalle stand für Reitsportveranstaltungen zur Verfügung. Viele reiche Mannheimer Familien konnten sich ihre eigenen Pferde leisten, auf denen sie regelmäßig auszureiten pflegten.[250] Ebenfalls zunächst als Sport des gehobenen Bürgertums etablierte sich das Schlittschuhlaufen. Im Vorstand des 1872 gegründeten Mannheimer Schlittschuhclubs finden wir Philipp Diffené, Heinrich Lanz oder Franz Thorbecke. Als sich dieser Sport zunehmend zum Breitensport entwickelte – sogar die Hafenbecken wurden offenbar entsprechend zweckentfremdet –,[251] löste sich der Verein im Jahr 1890 schließlich auf. Eine ähnliche soziale Verlagerung lässt sich für den Radsport beobachten. Der elitäre, 1882 ins Leben gerufene Mannheimer Velociped-Club verfügte bald nach seiner Gründung über eine eigene Radrennbahn am Neckardamm. Seit 1886 wurde das Verbandsorgan *Der Radtourist* von der Quadratestadt aus vertrieben. Der erste sozialdemokratische Radfahrerverein Vorwärts (1896) unterstreicht die entsprechende Verbreitung jenes Sportgeräts, das sich allmählich auch als alltägliches Fortbewegungsmittel etablierte. Verschiedene zwischen 1884 und 1893 gegründete Athletenclubs boten vorrangig der Arbeiterschaft ein sportliches Betätigungsfeld mit entsprechender Anerkennung und Selbstbestätigung.

## Auf dem Weg zur Großstadt – eine Zwischenbilanz



Die Friedenszeit nach dem national aufwühlenden Krieg gegen Frankreich dauerte bereits zwei Jahrzehnte an. In diesem Zeitraum hatte sich das neue Deutsche Kaiserreich als fester Bezugsrahmen für Länder und Kommunen etabliert. Vor Ort bekleidete über all die Jahre Eduard Moll das Amt des ersten bzw. Oberbürgermeisters. Ungeachtet solcher Kontinuität, ja vielmehr in hohem Maße ihr geschuldet, zeigt die Stadt an Rhein und Neckar im Jahr 1891 ein gründlich verändertes Gesicht.

Die demokratische Partei hatte mit den 1880er Jahren ausgedient, Nationalliberale dominierten nun die kommunalen Gremien. Eine neue politische Kraft, die Sozialdemokraten, war vehement und allen Repressalien zum Trotz hinzugekommen; ihr lokaler Exponent, Stadtrat August Dreesbach, krönte den Erfolg 1890 mit seinem Einzug als erster badischer Sozialdemokrat in den Reichstag.

Durch die Änderungen der Städteordnung seit der ersten Hälfte der 1870er Jahre war die kommunale Selbstverwaltung auf ein neues Fundament gestellt und deutlich erweitert worden. Ein Indiz für die gewachsene Autonomie ist die Einrichtung des Badischen Städtetags 1873. Die neuen landesgesetzlichen Regelungen des Jahres 1870 hinsichtlich der öffentlichen Armenpflege und der Stiftungen, aber auch die starke Zuwanderung und ein rasantes Bevölkerungswachstum mit erheblichen Verschiebungen im Sozialgefüge stellten Städte wie Mannheim vor ungeahnte Herausforderungen – die sie ohne jegliche eigenen Erfahrungswerte meistern mussten.[252] Ebenso vielfältig wie die Problemfelder waren die Lösungsstrategien. Zurückhaltung in so manchem staatlich zu verantwortenden Bereich, Übernahme bestehender Wirtschaftsbetriebe in städtische Regie, Einrichtung neuer Ämter und Kommissionen, Professionalisierung und personelle Ausweitung des Verwaltungsapparats – diese Antworten gab Mannheims Stadtverwaltung auf einige drängende Fragen der Zeit. Im Gesundheits- und Sozialwesen fielen die reichsgesetzlichen Vorgaben vor Ort auf wohl bereiteten Boden. Anfänge des Arbeiterschutzes wurden in Form der Fabrikinspektion bereits staatlicherseits aufgegriffen. So manches Problem allerdings – insbesondere der Wohnungsbau – harrte auch 1891 noch einer befriedigenden Lösung.

Der Wirtschaftsstandort Mannheim vermochte sich nach 1871 im Rahmen des neuen großräumigeren Wirtschaftsgebiets zu etablieren und für die Zukunft zu positionieren. Nicht zuletzt die Einrichtung der zentralen Notenbank des Landes und neue Großbanken auf Aktienbasis trugen wesentlich dazu bei, dass sich Mannheim – und nicht die Residenz Karlsruhe – seit den *Gründerjahren* zum zentralen Bankenplatz Badens entwickelte. Mit einer völligen Umgestaltung und Vergrößerung des Hafengebiets sowie einem neuen Haupt- und Zentralgüterbahnhof trug die Handelsstadt ihrer wachsenden Bedeutung als Umschlagplatz Rechnung. Bessere Bahnanbindung, modernisierte Schiffsparks und Kettenschleppschifffahrt auf dem Neckar optimierten bis 1891 die Verkehrssituation. Zureichendes Kapitalangebot vor Ort, die günstige Verkehrslage und anlandende Rohstoffe, wachsende und neue Bedürfnisse einer werdenden Großstadt, technischer Fortschritt und Erfindungsgeist – in den 1870er und 1880er Jahren wurde die Basis für Mannheimer Weltunternehmen gelegt. Mit einer im Unterschied zu Ludwigshafen großen Bandbreite von vor Ort vertretenen Industrie- und Handelszweigen konnte die Quadratestadt allmählich den Weg hin zur blühenden Industriestadt der Jahrhundertwende einschlagen.

Unter dem Einfluss all dieser Faktoren hatte sich in jenen zwei Jahrzehnten seit der Reichsgründung auch die verkehrs-, siedlungs- und sozialtopographische Anlage der Stadt an Rhein und Neckar deutlich gewandelt. Die *Schleifbahn* gehörte der Vergangenheit an, Gleise führten nunmehr durch den Schlossgarten, in den Jungbusch, über den Rhein und die bis 1891 modernisierte Neckarbrücke; Dampfbahnen brachten Pendler in die Orte des näheren Umlands. Die Industrie zog an die Peripherie, errichtete am neuen Standort Werkswohnungen für ihre Arbeiter, die sich in ihren Standards deutlich von den sonst üblichen Unterkünften für die „kleinen Leute" abhoben. Die wirtschaftsbürgerliche Elite ihrerseits erbaute ihre Stadtpalais und Villen zunehmend im Südosten der Stadt, an der Ringstraße oder in den ehemaligen Baumschulgärten. Auch die letzten Reste des grünen Gürtels um die Quadrate verschwanden allmählich. Neue Arbeiterstadtteile hatten sich schon längst in den Schwetzinger Gärten und jenseits des Neckars, in Anfängen auch auf dem Lindenhof entwickelt. Damit einhergegangen waren Firmengründungen bzw. -verlegungen, frühe infrastrukturelle Anbindung sowie Volksschul- und Kirchenbau.

Badischer und preußischer Kulturkampf – im gemischt konfessionellen Mannheim blieb die Lage ruhig. Als erste Stadt des Landes läutete Mannheim denn auch bereits 1870 das Ende der konfessionellen Volksschule ein. Derartige Kompetenzeinbußen wurden von den christlichen Kirchen – und auch von jüdischer Seite – akzeptiert oder hingenommen. Die Kirchen dehnten ihre seelsorgerischen wie karitativen Tätigkeiten aus und suchten sie den Anforderungen der Zeit anzupassen. Mit den Altkatholiken war eine neue religiöse Gemeinschaft in der Folge der innerkatholischen Auseinandersetzungen nach dem 1. Vatikanischen Konzil entstanden. Und die Freireligiösen stabilisierten sich nach Jahren der Stagnation allmählich wieder.

Das kulturelle Leben hatte zwischen 1870 und 1891 an Vielfalt gewonnen. Neue Akzente setzte die Musik Richard Wagners, die in der Quadratestadt mit Emil Heckel und seinem ersten deutschen Wagner-Verein engagierte Verfechter fand. Das Großherzogliche Hof- und Nationaltheater, das 1879 sein 100-jähriges Jubiläum feiern konnte, öffnete sich mit *Volksvorstellungen* einem neuen, breiteren Publikum – dem Publikum einer industriell geprägten Großstadt, wie sie sich allenthalben ankündigte.

## Anmerkungen

1 Kirchen-Kalender für die evangelisch-protestantische Gemeinde in Mannheim auf das Jahr Christi 1871 S. 27 f. StadtA MA, Bibliothek, A 13/96.
2 Zum Sedanfest vgl. auch F. Schellack (1988).
3 U. Wennemuth (1996) S. 158.
4 C. Eckhard (1908) S. 52.
5 Ebd. S. 76 ff.
6 Vgl. dazu auch den Artikel von J.A. Zehnter (1921/1983) S. 27.
7 Vgl. W. Hug (1992) S. 265–272; L. Gall (1965); J. Becker (1979).
8 Vgl. dazu G. Wybrecht (1957) S. 91; H. Schwarzmaier (2005) S. 236; A.-M. Lindemann (1988) S. 86.
9 Vgl. etwa Treiben der Narrenvereine (1987). Der Amtsbezirk umfasste die Stadt Mannheim, die Gemeinden Feudenheim, Ilvesheim, Käfertal, Ladenburg, Neckarhausen, Sandhofen, Schriesheim, Wallstadt sowie die Kolonien Kirschgartshausen, Sandtorf und Scharhof, ab 1886 auch Neckarau.
10 Mannheim in Vergangenheit und Gegenwart (1907) Bd. 3 S. 120.
11 Im badischen Landtag insgesamt konnte die Partei der Demokraten, die Süddeutsche Volkspartei, zwischen 1871 und der Jahrhundertwende nie mehr als 3–6 Sitze erringen; vgl. J. Schadt (1971) S. 23.
12 Wahlaufruf der Nationalliberalen Partei Mannheim für August Lamey 1871, zitiert nach J. Schadt, Alles für das Volk (1977) S. 74.
13 Bereits 1863 hatte Eichelsdörfer in Mannheim einen Demokratischen Volksverein ins Leben gerufen, der – zwischenzeitlich offenbar nicht mehr aktiv – unter anderem auf Initiative Ludwig Eckardts 1866 wieder errichtet worden war, vgl. A. Hoffend (1995) S. 328 und 333. Die Erinnerungen Eichelsdörfers sind überliefert, vgl. StadtA MA, Kl. Erw., Nr. 42.
14 Vgl. dazu auch A. Rapp (1931).
15 Bensheimers Verlag profilierte sich landesweit auf dem Gebiet der Rechtswissenschaft, er gab z.B. seit 1880 die badischen Justizgesetze heraus; vgl. K.O. Watzinger (1987) S. 79 f.
16 Probenummer vom September 1877; vgl. auch J. Schadt (1967) S. 14.
17 J. Schadt, Alles für das Volk (1977) S. 81.
18 Mannheim in Vergangenheit und Gegenwart (1907) Bd. 3 S. 50.
19 J. Schadt, Alles für das Volk (1977) S. 79.
20 C. Eckhard (1908) S. 80: *Nach der ersten Tagung trat ich im Jahre 1874 aus dem Reichstage aus, da mein neuer kaufmännischer Beruf mir Pflichten auferlegte, deren Erfüllung, da fremde Interessen in Frage kamen, ich nicht beeinträchtigen durfte.*
21 Vgl. dazu auch StadtA MA, Nationalliberaler Verein, Zug. 11/1974.
22 F. Sepaintner (1980) S. 406.
23 K. Seyfried (1969) S. 33.
24 F.-J. Hutter (1996) S. 366 Anm. 28.
25 Treiben der Narrenvereine (1987) S. 47.
26 J. Schadt (1967) S. 21.
27 Zitat nach ebd.
28 Ab 1871 ist in den Mannheimer Adressbüchern ein Rudolph von Buol, zunächst noch als Amtsrichter, bezeugt.
29 25 Jahre Mannheimer Zentrum (1912) S. 21 f.
30 K. A. Straub (1957) S. 106.
31 Beide engagierten sich an führender Stelle im Katholischen Kaufmännischen Verein Columbus (Adressbuch 1890).
32 D. Hein (1996) S. 17 f.; vgl. auch W. Leiser (1983).
33 D. Hein (1990) S. 79.
34 Zum Wortlaut der Städteordnung vgl. Städteordnung (1874).
35 Mannheim in Vergangenheit und Gegenwart (1907) Bd. 3 S. 25.
36 D. Hein (1990) S. 83.
37 Städteordnung (1874) S. 19.
38 F.J. Ehrhart (1906), zitiert nach: J. Schadt, Alles für das Volk (1977) S. 80.
39 F. Walter (1907) Bd. 2 S. 549.
40 Siehe unten, S. 453.
41 Vgl. dazu auch: Einladung und Tages-Ordnung zur Sitzung des Bürger-Ausschusses im Rathhaussaale, Montag, den 30. Januar 1888. StadtA MA, Bibliothek, A 18/1.
42 M. Ruhland (1985) S. 122.
43 Zur Biografie Smrekers vgl. D. Schott, Vernetzung (1999) S. 340 Anm. 18.
44 C.-J. Müller/St. Pabst (2004) S. 40.
45 W. v. Hippel (2003) S. 556.
46 Die Anlage erstreckte sich auf die heutigen Quadrate K 6 und K 7. Letzteres findet allerdings erst seit 1883 in den Adressbüchern Erwähnung.
47 E. Moll (1880) S. 5.
48 Ebd.
49 Ebd. S. 7. Zur Zurückhaltung der Stadt im Wohnungsbau insgesamt siehe unten, S. 434 f.
50 Treiben der Narrenvereine (1987) S. 45.
51 Dienstanweisung für die Schutzmannschaft als Theaterpolizeiwache, 1882, S. 8. StadtA MA, Bibliothek, A 19/60.
52 Vgl. hierzu und zum Folgenden insbes. Ch. Popp (2001); siehe auch unten, Abb. S. 486.
53 In dieser Hinsicht blieb die kommunale Verwaltung übrigens auch unter Oberbürgermeister Beck, in dessen Amtszeit sich die städtische Wohnungspolitik wesentlich aktiver gestaltete, zurückhaltend; siehe den Beitrag von D. Schott in diesem Band S. 550–554.
54 F. Wörishoffer (1891) S. 202 und 209.
55 StadtA MA, Schlacht- und Viehhof, Zug. -/1952, Nr. 2.
56 St. Büchert (1997) S. 71 und 73.
57 StadtA MA, Schlacht- und Viehhof, Zug. -/1952, Nr. 2.
58 U. Wennemuth (2000) S. 56–58.
59 Realgymnasium Jahresbericht (1890) S. 16: *Assistent am chemischen Laboratorium: Dr. Gustav Brigel, städtischer Chemiker.* Vgl. zu jener Einrichtung St. Büchert (1997); Verwaltungsbericht 1892–94 Bd. 2; P. Stephani (1905).

60 Treiben der Narrenvereine (1987) S. 57.
61 Ebd.; vgl. auch O. Moericke (1909) S. 42.
62 Vgl. Einladung und Tages-Ordnung zur Sitzung des Bürger-Ausschusses im Rathhaussaale, Mittwoch, den 11. April 1888. StadtA MA, Bibliothek, A 18/1.
63 C.-J. Müller/St. Pabst (2004) S. 42.
64 J. Gentil (1955) S. 21.
65 Mannheim in Vergangenheit und Gegenwart (1907) Bd. 3 S. 93.
66 Zur sozialen Sicherung auf Reichs- und kommunaler Ebene siehe unten S. 488 f.
67 Treiben der Narrenvereine (1987) S. 32; dort auch die Zitate.
68 R.M. Wilk (2005) S. 11 Anm. 24.
69 Vgl. dazu auch D. Hein (1997).
70 C. Seeger (1899) S. 172 f.; Verwaltungsbericht 1892–94 Bd. 1 S. 641 f.
71 Mannheim in Vergangenheit und Gegenwart (1907) Bd. 3 S. 82. Ungleich deutlicher allerdings erweiterte sich der Personalstand unter Oberbürgermeister Beck.
72 Vgl. dazu G. Seeber (1989) S. 114–118.
73 Karlsruhe (1998) S. 683.
74 K. Hook (1954) S. 23.
75 Die Z-Quadrate, im gesamten Berichtszeitraum dieses Kapitels in den Adressbüchern vermerkt, verlieren sich Anfang der 1890er Jahre (1891: Z 1–8, 1892: keine Z-Quadrate mehr). *Die frühere unzweckmäßige Literirung der außerhalb des Ringdammes gelegenen Stadttheile mit dem Buchstaben Z, durch welche der Zusammenhang gegenüberliegender Quadrate und die Lage derselben zur Altstadt nicht erkennbar war, veranlaßten eine vollständige Umliterirung des Gebietes von der Rheinlust bis zur Friedrichsbrücke* – so begründet der Verwaltungsbericht die Umbenennungen; Verwaltungsbericht 1892–94 Bd. 2 S. 685. Zur Neunummerierung im Gebiet der Hafenstraße, des Luisenrings und des Jungbuschgebiets vgl. auch StadtA MA, Kartensammlung, Nr. 160 (Stand: September 1891).
76 Vgl. die Adressbücher 1870 und 1871.
77 1885 erfolgte die Umbenennung in Rheinische Gummi- und Celluloid-Fabrik.
78 Bereits im Herbst 1871 hatten die Gemeindegremien die Errichtung der neuen Dienststelle beschlossen.
79 Vorher stellte sich die Ver- und Entsorgungslage der Stadt desolat dar; in Folge wechselnder Flusswasserstände hatte sie sich zeitweise noch weiter zugespitzt. Siehe den Beitrag von H. Rings in diesem Band S 355 f.
80 Mannheim in Vergangenheit und Gegenwart (1907) Bd. 3 S. 225.
81 H. Friedmann (1968) S. 83
82 W. v. Hippel (2003) S. 560.
83 Treiben der Narrenvereine (1987) S. 42.
84 Bürgerausschussvorlage zur Sitzung vom 28.7.1874, StadtA MA, Bibliothek, A 18/1.
85 J. Gentil (1955) S. 19.
86 Der restliche, weitaus größere Teil der Friesenheimer Insel wurde erst 1895 der Mannheimer Gemarkung zugeschlagen.
87 Vgl. hierzu und zum Folgenden umfassend: H. Rings (2003). Ebenfalls weiterführend: F. Facius (1982).
88 H. Rings (2003) S. 104–106.
89 F. Walter (1907) Bd. 2 S. 569.
90 Vgl. dazu auch W. Kasper (o.J.).
91 Erinnerung (1875).
92 Hafenpolizei-Ordnung (1876) S. 6 f.
93 Ebd. S. 46.
94 Ebd. S. 29. Vgl. auch G. Wybrecht (1957) S. 37 und S. Pich (1989) S. 109.
95 Treiben der Narrenvereine (1987) S. 73.
96 Vgl. hierzu und zum Folgenden insbesondere. M.E. Ganz (1987).
97 Zitat nach ebd. S. 86.
98 Um 1890 ist die östliche Ringstraße im Bereich der Quadrate M 7/N 7 explizit unter diesem Namen kartiert, vgl. StadtA MA, Kartensammlung, Nr. 132.
99 Zu den Spekulationsgeschäften Friedrich Engelhorns vgl. H. Schröter (1991) S. 208.
100 Vgl. die Adressbücher 1886 bzw. 1889.
101 Mannheim in Vergangenheit und Gegenwart (1907) Bd. 3 S. 211.
102 Ebd. S. 642.
103 Ebd. S. 163.
104 Vorlage zur Sitzung des Bürgerausschusses vom 9.7.1888, zitiert nach Ch. Präger (1985) S. 193.
105 B. Kirchgässner (1977) S. 62.
106 T. Nipperdey (1993) S. 265.
107 R. Haas (1970) S. 43. Die Mark als reichseinheitliche Rechnungseinheit und Währung wurde mittels verschiedener Gesetze und Verordnungen auf Reichs- und Landesebene bis 1875 eingeführt. 1 Gulden entsprach 1,71 Mark. Vgl. dazu K. Stiefel Bd. 1 (1977) S. 873.
108 C. Eckhard (1908) S. 81.
109 Zitat nach R. Haas (1970) S. 79, bzw. E. Knacke/P. Muthesius (1971) S. 25.
110 So Felix Hecht in: Mannheim in Vergangenheit und Gegenwart (1907) Bd. 3 S. 356.
111 Vgl. A. Kuntzemüller (1940) S. 76; F. Walter (1907) Bd. 2 S. 500 f.; Mannheim in Vergangenheit und Gegenwart (1907) Bd. 3 S. 104.
112 G. Jacob (1957) S. 17.
113 G. Wybrecht (1957) S. 31 f.
114 Zur Pferdestraßenbahn und den ersten Dampfstraßenbahnen vgl. auch Straßenbahnbetrieb (1975); D. Schott, Vernetzung (1999); W. Rabe (1979); D. Preuss/H. Weckesser (1978).
115 W. Treue (1989) S. 338.
116 W. v. Hippel (2003) S. 506.
117 Feudenheim (1991) S. 55; vgl. dazu auch Treiben der Narrenvereine (1987) S. 83.
118 Mannheim in Vergangenheit und Gegenwart (1907) Bd. 3 S. 289.
119 Vgl. dazu H. Rings (1990) S. 36–40.
120 H. Rings (2003) S. 122; E. Reinhard (1985) S. 10.
121 Vgl. dazu auch K.O. Watzinger (1987) S. 130.
122 Jahresbericht Handelskammer (1884) S. 176.
123 S. Pich (1989) S. 110.
124 R. Walter (1989) S. 384.
125 K.O. Watzinger (1987) S. 41.
126 Getreidemühlen (1954) S. 34.
127 Ebd. S. 33, A. Schenk (2004) S. 60.
128 Vgl. auch das *Konzept der Mühlen-Einweihung im Januar 1883 der Firm. Ed. Kauffmann Söhne, Mannheim*, das sämtliche am Bau der Mühle beteiligten Firmen und Per-

sonen aufführt, Kopie: Untere Denkmalbehörde, Mannheim; Verfasserin dankt Dr. Monika Ryll für die freundliche Überlassung.
129 Adressbuch 1890.
130 Führer (1909) S. 71, H. Rings (2003) S. 121; eine *Kohlenhandlung M. Stinnes* erwähnt erstmals das Adressbuch 1889.
131 B. Kirchgässner (1977) S. 72.
132 Jahresbericht Handelskammer (1890) S. 68.
133 D. Hein (2001) S. 152.
134 G. Jacob (1957) S. 18.
135 StadtA MA, Ratsprotokoll 1871, Nr. 1202.
136 Zitiert nach G. Wybrecht (1957) S. 95 f.
137 Ebd. S. 98.
138 Zahlenbelege (1911) S. 24.
139 Vgl. hierzu und zum Folgenden, soweit nicht anders angegeben: StadtA MA, Mohr u. Federhaff, Zug. 20/1982, Nr. 1.
140 Mohr: 40 000 Gulden, Schenck: rund 21 500 Gulden, Elsässer: rund 27 600 Gulden; Mohrs Schwiegervater brachte als stiller Teilhaber ebenfalls eine Geldeinlage in Höhe von 25 000 Gulden ein.
141 StadtA MA, Mohr u. Federhaff, Zug. 20/1982, Nr. 1 und 2.
142 Ebd. Nr. 18.
143 Fabrikordnung der Fa. Schenck, Mohr & Elsässer, 1872, vgl. A.-M. Lindemann (1988) S. 85.
144 StadtA MA, Mohr u. Federhaff, Zug. 20/1982, Nr. 13.
145 Ebd.
146 StadtA MA, Mohr u. Federhaff, Zug. 20/1982, Nr. 15. Zum Hochwasser in Mannheim vgl. auch Ueberschwemmung (o.J.) und StadtA MA, Kl. Erw., Nr. 910.
147 G. Wybrecht (1957) S. 61.
148 Ebd. S. 65 und 69.
149 H. Rings (2003) S. 122.
150 B. Kirchgässner (1977) S. 70.
151 G. Wybrecht (1957) S. 154.
152 Vgl. dazu auch: R.F. Oelsner (1997).
153 Vgl. dazu auch: G. Fischer (1980).
154 G. Wybrecht (1957) S. 82.
155 Vgl. zur Firmengeschichte jüngst B. Stier/M. Krauß (2005).
156 C. Benz (2001) S. 34.
157 Ebd. S. 37.
158 G. Wybrecht (1957) S. 86.
159 Max Rose stieg anlässlich der Umgründung der Firma in eine Aktiengesellschaft, die Benz & Cie. Rheinische Gasmotorenfabrik AG, im Jahr 1899 wieder in das Unternehmen ein und übernahm für neun Jahre den Vorsitz im Aufsichtsrat. Zu Rose und Eßlinger vgl. auch den jüngst dem Stadtarchiv Mannheim zugegangenen Nachlass Eßlinger und Rose. Zug. 28/2007.
160 Mannheim in Vergangenheit und Gegenwart (1907) Bd. 3 S. 451.
161 Pfründeninhaber an Konkordien: Emil O. Schellenberg (1857–1873); Gustav Adolf Ruckhaber (1866–1906); Pfründeninhaber an Trinitatis: Wilhelm H.E. Schwarz (1848–1873); Karl Theodor Greiner (1860–1900).
162 Kirchen-Kalender der evangelisch-protestantischen Gemeinde in Mannheim auf das Jahr Christi 1891 S. 21, zitiert nach U. Wennemuth (1996) S. 122.
163 Pfarrer und Militärkurat von 1866 bis 1895: Kaspar Koch.
164 Pfarrer von 1870 bis 1894: Franz Winterroth (bereits seit 1868 Pfarrverweser).
165 V. Keller (1995) S. 36.
166 U. Wennemuth (1996) S. 157.
167 Visitationsbericht vom Juni 1887. Kirchen-Kalender der evangelisch-protestantischen Gemeinde in Mannheim 1888 S. 26, zitiert nach U. Wennemuth (1996) S. 162.
168 Vgl. dazu auch U. Wennemuth (2002).
169 K. A. Straub (1957) S. 119.
170 Vgl. W. Hug (1992); L. Gall (1965); J. Becker (1979); H. Lauer (1908).
171 Kirchen-Kalender für die evangelisch-protestantische Gemeinde in Mannheim 1871 S. 31. StadtA MA, Bibliothek, A 13/96; dort auch die Zitate.
172 Zitiert nach U. Wennemuth (1996) S. 224.
173 R. Albert (2005) S. 36–40; Zeit zur Aussaat (2002) S. 52 f.
174 Protokollbuch des Katholischen Kaufmännischen Vereins Columbus Mannheim, 2.1.1887–14.7.1890. StadtA MA, Columbus-Verein für Katholische Kaufleute, Zug. 75/1993, Nr. 1.
175 So W. Wolf-Holzäpfel (1999) S. 21.
176 Mannheim in Vergangenheit und Gegenwart (1907) Bd. 3 S. 469.
177 Generalanzeiger 30.5.1888.
178 Generalanzeiger 4.12.1888; 25 Jahre Mannheimer Zentrum (1912) S. 44.
179 Zu dieser Entwicklung vgl. H.-J. Hirsch (2005) S. 39.
180 K.O. Watzinger (1987) S. 37.
181 A. Neumeyer (1967) S. 47, auch zitiert in A.-M. Lindemann (1988) S. 135.
182 J. Waldkirch (1981) S. 46, 48–50.
183 Vgl. dazu H. Drös (1927).
184 Vgl. dazu auch die Einleitung im Findmittel zum Bestand Freireligiöse Gemeinde im StadtA MA.
185 Freireligiöse Gemeinde (1995) S. 16.
186 T. Nipperdey (1993) S. 431.
187 Mannheim in Vergangenheit und Gegenwart (1907) Bd. 3 S. 472; vgl. auch Alt-Katholische Gemeinde (1994).
188 Vgl. etwa den Aufruf *An unsere Katholischen Mitbürger*, 1877; StadtA MA, S2/1016.
189 Zu Hänlein vgl. auch K.-H. Schlage (1998).
190 C. Hagemann (1948) S. 64.
191 J. v. Werther (1911) S. 97. Werther hatte 1868–1873 und 1877–1884 die Stelle des „bedauernswerten" Oberregisseurs inne.
192 C. Eckhard (1908) S. 94. Carl Eckhard gehörte dem Gremium von 1871 bis 1877 an.
193 J. Schadt (1967) S. 23.
194 Dieser war von 1836 bis 1872 leitender Kapellmeister am Mannheimer Theater.
195 K. Heckel (1899) S. 26.
196 Vgl. dazu auch den im Stadtarchiv Mannheim – aufbewahrten Briefwechsel: StadtA MA, Nachlass Emil Heckel. Zug. 28/1966.
197 Ebd. Nr. 5.
198 Ebd. Nr. 108 und 110.
199 Vgl. dazu auch ebd. Nr. 483, 485 und 489.
200 L. Homering/K.v. Welck (1998) S. 126 f.
201 K. Heckel (1899) S. 28.
202 StadtA MA, Nachlass Emil Heckel 28/1966, Nr. 107.
203 E.L. Stahl (1929) S. 52–54, Zitat von Bülows ebd. S. 53.

204 Vgl. zum Folgenden insbesondere B. Becker (1997).
205 Vgl. dazu auch Brahms Briefwechsel (1983).
206 A. Gillen, Anna Reiß (2002) S. 87; W. Herrmann (1979) S. 51.
207 C. Eckhard (1908) S. 98.
208 Mannheim in Vergangenheit und Gegenwart (1907) Bd. 3 S. 611; in den Adressbüchern findet der Verein erstmals 1871 Erwähnung.
209 Zu Langer vgl. auch K.-H. Schlage (2003).
210 Vgl. auch S. Schlösser (2004).
211 Siehe unten, S. 479.
212 Siehe den Beitrag von H. Rings in diesem Band S. 402.
213 Nationaltheater Mannheim (1996) S. 41. Zitiert nach J. v. Werther (1911) S. 188.
214 Vgl. A. Haller (2005) S. 155.
215 Verbotenes Flugblatt der SPD zur Kommunalwahl von 1881, zitiert nach J. Schadt (1967) S. 23.
216 U. Nieß (1997) S. 138; S. Asche (1998) S. 327.
217 Der Kirchen-Kalender für die evangelisch-protestantische Gemeinde in Mannheim konstatiert 1871 in seiner Chronik: *Wir können nur bezeugen, daß auch nicht die geringste Störung im Leben und Begegnen der Kinder und den verschiedenen Confessionen vorkam; freundlich und friedlich zusammen besuchen sie die Schulen.* StadtA MA, Bibliothek, A 13/96, S. 27.
218 Gesetz vom 18.2.1874, vgl. A. Joos (1902) S. 727.
219 Städteordnung (1874) S. 14; C. Seeger (1899) S. 75.
220 Mannheim in Vergangenheit und Gegenwart (1907) Bd. 3 S. 484.
221 Ebd. S. 484 und 491.
222 Verwaltungsbericht 1892–94 Bd. 1 S. 411.
223 Zu möglichen Gründen für die zeitliche Verzögerung bei der Einrichtung der Mädchenhorte mit Blick auf Ludwigshafen, wo es sich ähnlich verhielt, vgl. W. v. Hippel (2003) S. 620.
224 H. Probst (1972) S. 165.
225 B. Troeger (1994), insbes. S. 293, 313, 315 und 322; Ch. Popp (1996) insbes. S. 444; vgl. auch E. Gropengießer (1972).
226 W. v. Hippel (2003) S. 630.
227 W. Höhler (1911) S. 26 f.; W. Höfler (1972) S. 181.
228 In Karlsruhe wurde 1893 das erste deutsche Mädchengymnasium errichtet, vgl. T. Nipperdey (1993) S. 562; S. Asche (1998) S. 329.
229 Eine Liste aller Schülerinnen des Großherzoglichen Instituts zwischen 1819 und 1910 findet sich in Großherzogliches Institut Jubiläum (1902) sowie in Großherzogliches Institut Ergänzungsbericht 1902 (1910).
230 Vgl. auch S. Asche (1998) S. 329.
231 H. Wachenheim (1973) S. 8; A.-M. Lindemann (1988) S. 63.
232 Musikalische Abende im Hause Reiß sind bereits für die endenden 1870er und beginnenden 1880er Jahre belegt, vgl. etwa StadtA MA, Nachlass Wilhelm Reiß, Zug.-/1924, Nr. 21, Brief Anna Reiß an ihren Bruder Wilhelm vom 26.12.1882. Vgl. auch K.v. Welck (1993); L. Böhm (1954); A. Gillen, Anna Reiß (2002).
233 Vgl. auch F. Cussnick (o.J.).
234 *August Scipio [...] war ein trefflicher Klavierspieler und begleitete mich im Hause und in Gesellschaften häufig beim Vortrage von Liedern*, C. Eckhard (1908) S. 88; vgl. auch J. Gentil (1955) S. 28.
235 A. Gillen, Carl Reiß (2002) S. 59.
236 Vgl. etwa C. Eckhard (1908) S. 104–110; K.v. Welck (1993) S. 131; F. Teutsch (1997) S. 498.
237 StadtA MA, Nachlass Carl und Anna Reiß, Zug. 23/1986 (ohne Nr.), 20.2.1914–13.8.1914 (Abschriften).
238 Vgl. dazu auch Ch. Popp (2001) und F. Wörishoffer (1891).
239 Ch. Popp (2001) S. 18.
240 Treiben der Narrenvereine (1987) S. 79.
241 Der Fleischkonsum in Mannheim (ohne direkt in den Privathaushalt importiertes Fleisch, ohne Wurstwaren, ohne Wildbret, Geflügel und Fisch) lag beispielsweise im Jahr 1875 bei geradezu unglaublichen 76 kg pro Kopf (StadtA MA, Schlacht- und Viehhof, Zug.-/1952, Nr. 2). Zu den reichsweit deutlich niedrigeren durchschnittlichen Verbrauchsmengen vgl. T. Nipperdey (1993) S. 126.
242 Vgl. dazu den Stenographischen Bericht über die am 23. Juni stattfindende Schwurgerichtsverhandlung in Betreff der wegen Landesfriedensbruch bei dem Mannheimer Bierkrawall angeklagten sieben Personen, Mannheim 1873; StadtA MA, Bibliothek, A 19/23.
243 H. Rings (2003) S. 121.
244 F. Wörishoffer (1891).
245 Hierzu und zum Folgenden vgl. allgemein T. Nipperdey (1993) S. 150–166. Zitat: S. 151.
246 Vgl. zu den politischen, ökonomischen und sozialen Hintergründen der Bismarck'schen Sozialgesetzgebung und ihrer Genese ebd. S. 335–373.
247 Zum Krankenversicherungswesen in Mannheim vgl. umfassend R.M. Wilk (2005).
248 Treiben der Narrenvereine (1987) S. 32. *Die Richtigkeit der Behauptung, daß die Krankenversicherung, wenn auch nicht der Simulation, so doch der Nachgiebigkeit gegen unbedeutendes Unwohlsein Vorschub leiste und daß auch die Dauer der Krankheit durchschnittlich eine längere sei, wird von einer Reihe von Fabrikanten, deren Meinung ich über den hier [zu] behandelnden Gegenstand eingeholt habe, bestätigt.*
249 J. Gentil (1955) S. 15.
250 Ebd. S. 11, mit Blick auf die Familie Hohenemser.
251 Hafenpolizei-Ordnung (1876) S. 19: In den diversen Hafenbecken war es ausdrücklich verboten *zu baden oder ohne besondere Erlaubnis der Hafenverwaltung zu fischen [...], die zugefrorenen Hafenbecken zu betreten und darauf zu schleifen oder Schlittschuh zu laufen.*
252 Vgl. auch W. v. Hippel (2003) S. 514.

# 1891–1908

## Die Stadt unter Strom

Dieter Schott

## Mannheim um 1890 – dunkle Wolken und frischer Wind an Rhein und Neckar

In der Reichspolitik wurde in den Jahren nach 1890 ein *Neuer Kurs* propagiert: Nach der Entlassung Bismarcks versuchte Reichskanzler Georg Leo Graf von Caprivi im Zeichen des *persönlichen Regiments* von Kaiser Wilhelm II. mit einer sozialpolitisch und freihändlerisch ausgerichteten Politik andere Akzente zu setzen und eine neue, die Regierungspolitik tragende Mehrheit im Reichstag zu etablieren. An die Stelle der politischen Unterdrückung der Sozialdemokratie durch das *Sozialistengesetz* trat der Versuch, die Arbeiterschaft durch Sozialgesetzgebung in die Gesellschaft des Kaiserreichs zu integrieren.

Wie weit lässt sich nun auch für Mannheim für die frühen 1890er Jahre von einem „neuen Kurs", einer „neuen Zeit" sprechen? Bei aller Sympathie der in Mannheim stark ausgeprägten Handels- und Schifffahrtsinteressen für den freihändlerischen Kurs Caprivis war die entscheidende und bedrohliche Veränderung der frühen 1890er Jahre jedoch auf der regionalen Ebene

*Mühlauhafen. Foto um 1895. StadtA MA.*

zu verorten: Eine Denkschrift des badischen Oberbaudirektors Max Honsell von 1890 präsentierte der Öffentlichkeit die Schiffbarmachung des Oberrheins als technisch realisierbares und wirtschaftlich rentables Projekt.[1] Damit war Mannheims einzigartige Standortgunst, als Endpunkt der Großschifffahrt auf dem Rhein den Warenumschlag vom Schiff auf die Bahn auf sich zu ziehen, grundlegend in Frage gestellt; dunkle Wolken zogen an Mannheims Zukunftshimmel auf. Denn die Korrektion des Oberrheins nach den Plänen von Johann Gottfried Tulla seit den 1820er Jahren hatte zwar das Überschwemmungsproblem erheblich reduziert und in beträchtlichem Umfang zur Gewinnung von Kulturland beigetragen. Zugleich waren dadurch aber die Schifffahrtsprobleme auf dem Oberrhein oberhalb von Mannheim durch wandernde Kiesbänke und eine ungenügende Tiefe der Fahrrinne bei Niedrigwasser noch verschärft und damit die Monopolposition der Rhein-Neckar-Stadt gestärkt worden. Begeisterte Unterstützer fand das Programm einer weiteren Schiffbarmachung des Oberrheins in Straßburg und Karlsruhe. Auch die Städte der Schweiz, allen voran Basel, waren sehr daran interessiert, denn ein längerer Wassertransport hätte insbesondere den Bezug von Kohle, strategisch wichtige Energieressource der Zeit, deutlich verbilligt. Für Berlin gab das Ziel einer besseren Integration von Elsass-Lothringen in das Reich den Ausschlag, sich eindeutig auf die Seite von Straßburg zu stellen.

*Sigmund Schott (1868–1953) leitete von 1897 bis 1934 das Statistische Amt der Stadt Mannheim. 1949 wurde ihm die Ehrenbürgerwürde verliehen. Foto, um 1910. StadtA MA.*

Konkurrenz drohte dem Mannheimer Monopol aber auch durch Pläne Bayerns für eine Verbindung vom Main zur Donau. Auch der von Württemberg geplante Ausbau des Neckars hätte wohl die Umschlagfunktion von Mannheim beeinträchtigt. Schließlich sah sich nicht nur die badische Hafenstadt, sondern die Rheinschifffahrt insgesamt von der preußischen Verkehrspolitik attackiert, die aus fiskalischem Interesse Güterverkehr weg vom Rhein durch die Nordseehäfen Bremen und Hamburg auf die preußischen Bahnen lenken wollte.

Was angesichts dieser bedrohlichen Szenarien die Mannheimer Eliten letztlich zur Aktion trieb, war aber die Perspektive einer Schiffbarmachung des Oberrheins. Der Direktor des Statistischen Amts der Stadt, Sigmund Schott, bezeichnete Honsells Denkschrift als *das wichtigste Dokument aus der neueren Geschichte der Stadt Mannheim [...], denn sie hat den größten und nachhaltigsten Einfluß auf die städtische Politik ausgeübt.*[2] Die Sorge über die sich eintrübenden mittel- und langfristigen Perspektiven wurde durch die scharfe wirtschaftliche Krise der frühen 1890er Jahre noch verstärkt. So ging etwa die Zahl der fertiggestellten Wohngebäude von 1889 bis 1894 um 80 Prozent zurück.[3]

## Stadt im Wandel

Wie stellt sich Mannheim um 1890 dar? Zunächst treffen wir eine Stadt mit knapp 80 000 Einwohnern an, die sich in außerordentlich raschem Wachstum befand; innerhalb des letzten Jahrzehnts war die Bevölkerung um über 25 000 Einwohner gewachsen, d.h. um knapp 48 Prozent. Dieser Zuwachs resultierte vor allem aus Zuwanderung, die sich, wie Stadtstatistiker Sigmund Schott akribisch festgestellt hat, aus einem weiten Einzugsbereich speiste, wobei der Schwerpunkt im Osten, im Bereich des Odenwalds und des Baulands lag.[4] Diese Entwicklung führte Anfang der zwanziger Jahre des 20. Jahrhunderts so weit, dass in Mannheim mehr Menschen aus dem Amt Buchen lebten als im Amt selbst.[5] Die hohe Zuwanderung implizierte auch eine sehr hohe Mobilität; Mannheim war, wie Sigmund Schott salopp geschrieben hat, eine *Stadt der Hergeloffenen*, der Jugend, der Beweglichen, die die Stadt auch wieder verlassen konnten, wenn die Konjunktur schlechter wurde. Um 1900 waren 60 Prozent der Mannheimer nicht ortsgebürtig, Traditionen und lokale Verwurzelungen mussten also erst geschaffen, eine städtische Identität erst erzeugt werden. Andererseits waren die Grenzen zwischen Alteingesessenen und Neuankömmlingen sehr durchlässig. 1905 war die Hälfte der ortsgebürtigen Mannheimer und Mannheimerinnen mit Zuwanderern verehelicht.[6]

Folgt man der Erwerbstätigenstatistik, so kann Mannheim bereits um 1890 als eine Industriestadt gelten; der Anteil der im sekundären Sektor Beschäftigten lag bereits 1882 bei 47,3 Prozent. Bis 1895 wuchs er auf 50,3 Prozent, während die Erwerbstätigen im tertiären Sektor konstant gut 31 Prozent ausmachten. Ein anderes Bild ergibt sich jedoch, wenn man die Gewerbesteuerkapitalien anschaut: Hier lag der Handel noch 1891 um knapp ein Drittel über der Industrie, während 1905 die Industrie ein um rund 60 Prozent höheres Kapital aufwies.[7] Dies kam auch in der Repräsentanz wirtschaftlicher Interessen in der Handelskammer zum Ausdruck, wo 1892 lediglich acht Industrielle 17 Kaufleuten und Bankiers im Vorstand gegenübersaßen. In der Selbstwahrnehmung der wirtschaftlichen Eliten war Mannheim um 1890 immer noch eine Handels- und Schifffahrtsstadt. Ungeachtet dieser strukturellen Dominanz des Handels war die Industrie doch das dynamischere, mehr Zuwanderer anziehende und vor allem in den 1880er Jahren rascher wachsende Element. Schwerpunkte der Industriestruktur waren um 1890 die Branchen Chemie, Gummi- und Celluloidfabrikation, Nahrungs- und Genussmittel, Metall- und Papierindustrie. Der größte Mannheimer Betrieb war um 1890 die Landmaschinenfabrik Heinrich Lanz mit 1 234 Arbeitern; mehr Beschäftigte, nämlich 1 374, hatte in dieser Zeit nur die erst 1884 gegründete Zellstofffabrik Waldhof – die lag jedoch auf Sandhofener Gemarkung. Mammutbetriebe wie die BASF, die 1890 3 600 Arbeiter beschäftigte, gab es in Mannheim allerdings nicht.

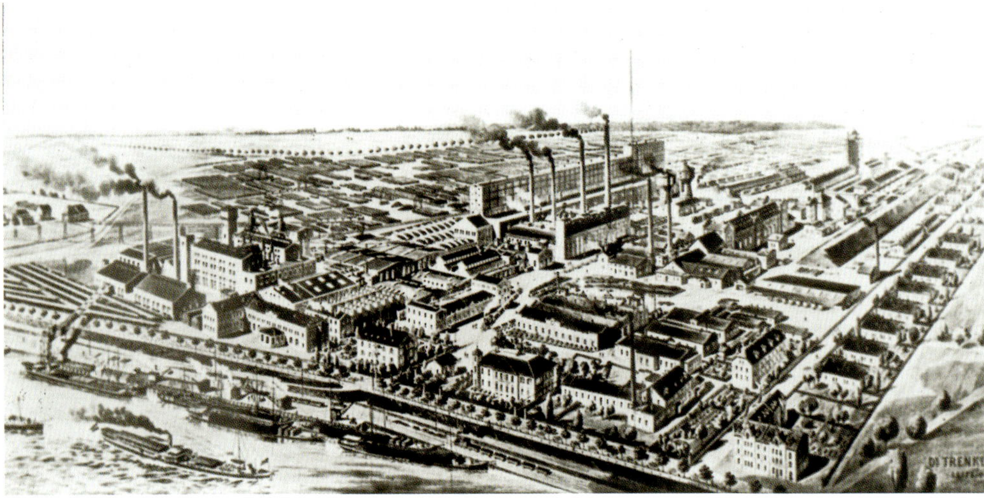

*Die Zellstofffabrik auf dem Waldhof. Zeichnung von D. Trenkle, um 1900. StadtA MA.*

Insgesamt wiesen im Jubiläumsjahr 1907 nur vier Fabriken mehr als 1 000 Beschäftigte aus, weitere 45 Unternehmen zwischen 200 und 1 000 Arbeitsplätze. Steter Wandel kennzeichnet dabei die Situation. Während etwa der Maschinenbau oder der Tiefbau immer größere Wachstumsziffern schrieben, verließen andere Industriezweige wie die Tabakfabriken wegen des allmählich ansteigenden Lohnniveaus den Standort Mannheim, um in den Landgemeinden mit billigeren Arbeitskräften zu produzieren.[8]

In politischer Hinsicht können wir nach 1890 eine bemerkenswerte Machtbalance beobachten: Auf der kommunalpolitischen Ebene hatten die Stadtverordneten-Wahlen von 1890 die Ende der 1880er Jahre errungene Mehrheitsposition der Nationalliberalen im Wesentlichen bestätigt. Während der ganzen Ära Beck blieben sie die stärkste Fraktion im Bürgerausschuss, bestimmten die Auswahl der Bürgermeister und prägten die Grundlinien der Kommunalpolitik in wichtigen Punkten. Die Nationalliberalen, die am klarsten die Reichseinigung Bismarcks und dessen Politik unterstützt

*Ein Idol und seine Anhänger: Mannheimer Nationalliberale mit dem Reichstagsabgeordneten Carl Eckhard (rechts) an der Spitze besuchen den ehemaligen Reichskanzler Otto von Bismarck (1815–1898) in Bad Kissingen. Foto, 1892. StadtA MA.*

hatten, waren auch in der städtischen Gesellschaft stark verankert: Der Nationalliberale Verein hatte am Ende des 19. Jahrhunderts 3 300 Mitglieder. Ein großes Spektrum national ausgerichteter Vereine, etwa für Gesang, Turnen oder Rudern, sympathisierte mit dem Gedankengut der Nationalliberalen, zu denen auch führende Politiker wie der Reichstagsabgeordnete Ernst Bassermann, Bankiers und Industrielle wie Karl Ladenburg und Karl Reiß zählten.[9] Die Linksliberalen, die in den 1870er und frühen 1880er Jahren noch die politische Landschaft Mannheims dominiert und mit Eduard Moll den Oberbürgermeister gestellt hatten, verloren dagegen – ab 1893 zudem aufgespalten in Demokraten und Freisinnige – zusehends an Boden. Unter den Stadtverordneten mussten sie die Vorherrschaft in der Klasse der Niedrigstbesteuerten ab 1890 an die Sozialdemokratie abgeben. Die Zentrumspartei organisierte die Mannheimer Katholiken, sie kam aber kaum über einen Wähleranteil von rund 10 Prozent hinaus und kandidierte auch nur unregelmäßig auf kommunaler Ebene.

Bei den Reichstagswahlen kam die Sozialstruktur Mannheims als Arbeiterstadt immer klarer zum Ausdruck. 1890 gewann August Dreesbach erstmals in einer Stichwahl gegen den Nationalliberalen Philipp Diffené für die SPD das Mannheimer Reichstagsmandat, das er bis zu seinem überraschenden Tod am 25. November 1906 mehrfach verteidigte. Nur 1893 war Dreesbach noch einmal in der Stichwahl unterlegen, als die Nationalliberalen mit dem Rechtsanwalt und Stadtrat Ernst Bassermann einen ihrer prominentesten Jungstars nominierten – eine Scharte, die der Sozialdemokrat bereits 1898 wieder auswetzte.[10]

*Postkarte zur Wiederwahl von August Dreesbach bei der Reichstagswahl 1903 mit den Stimmenzahlen für den ganzen Wahlkreis. StadtA MA.*

Auch in den Augen politischer Kontrahenten galt Dreesbach als die unumstrittene Führungspersönlichkeit *von einem bedeutenden praktischen Verstande und von einem sehr scharfen Blick für die realen Bedingungen des Gemeinschaftslebens.*[11] Bei den Wahlen von 1903 erhielt Dreesbach in Mannheim schon im ersten Wahlgang 14 637 Stimmen, der Nationalliberale Karl Reiß 6 384, der Zentrumskandidat Joseph Gießler 3 515 und der Demokrat Oskar Muser 1 843. Befreit von den Fesseln des *Sozialistengesetzes* entfaltete die Sozialdemokratie in der größten und sich am raschesten industrialisierenden Stadt Badens, ein vielfältiges Organisationsmilieu aus Gewerkschaften – um 1900 waren 35 Verbände dem örtlichen Kartell angeschlossen – und sozialdemokratisch orientierten Freizeitvereinen wie Athletenclubs, Radfahr- oder Gesangvereinen. Ein 1899 eingerichtetes Arbeitersekretariat diente zur Auskunfterteilung in arbeits- und sozialpolitischen Fragen. Das Parteiorgan *Volksstimme*, das bis 1906 immerhin 12 000 Abonnenten gewinnen konnte, repräsentierte die Sichtweise der SPD auf Lokal- wie Reichspolitik. Mannheim wurde zum Vorort der badischen Sozialdemokratie. In der Quadratestadt wohnte mehr als ein Drittel der badischen SPD-Genossen. Die Mitgliederzahlen waren hier von 273 im Jahr 1890 über 1 050 zur Jahrhundertwende auf fast 4 600 acht Jahre später gestiegen.[12] Und in Mannheim hatte der Landesvorstand der SPD seit 1901 seinen Sitz. Mit Ludwig Frank als Nachfolger für den verstorbenen Dreesbach stellten die Sozialdemokraten bei den Neuwahlen zum Reichstag am 25. Januar 1907 eines ihrer größten politischen Talente auf. Mühelos setzte sich der 32-jährige promovierte Anwalt schon im ersten Wahlgang durch. Frank, der Anfang Oktober 1904 nach belgischem Vorbild eine eigenständige Arbeiterjugendorganisation in Mannheim gegründet hatte – vermutlich die erste ihrer Art in Deutschland überhaupt –, entstammte wie Lassalle dem jüdischen Bürgertum und war wie dieser hochgebildet und rhetorisch ungemein begabt.[13] Mit Ernst Bassermann, seit 1905 Vorsitzender der nationalliberalen Reichstagsfraktion, sowie dem Sozialdemokraten Ludwig Frank besaß Mannheim damit zwei politische Schwergewichte in Berlin. Auch wenn beide im politischen Tagesgeschäft heftig die Klinge kreuzten, schien es vorstellbar, dass auch im Reich perspektivisch eine Zusammenarbeit von Nationalliberalen, Linksliberalen, Demokraten und Sozialdemokraten – ein *Großblock* gegen Zentrum und Konservative – wie im Großherzogtum Baden entstehen könnte.[14]

*Ernst Bassermann (1854–1917). Der ausgewiesene Kommunalpolitiker (Mannheimer Stadtrat von 1887 bis 1917) gehörte von 1893 mit einer kurzen Unterbrechung bis zu seinem Tod dem Reichstag an. Foto, um 1910. StadtA MA.*

Die Zukunftshoffnung der Mannheimer Sozialdemokraten: Ludwig Frank (1874–1914). Foto, um 1913. StadtA MA.

Die Koexistenz von bürgerlicher, insbesondere nationalliberaler Vorherrschaft auf kommunaler Ebene, partieller Zusammenarbeit von Liberalen und Sozialdemokraten im badischen Landtag und sozialdemokratischen Mehrheiten bei den Reichstagswahlen erklärt sich durch das unterschiedliche Wahlrecht. In der Gemeinde galt das plutokratische, das Besitzbürgertum massiv begünstigende Drei-Klassen-Wahlrecht. Effektiv bestimmte damit das in den beiden oberen Klassen konzentrierte Viertel der potentesten Steuerzahler zwei Drittel der Stadtverordneten. Im Jahr 1899 wurden die 32 Stadtverordneten der ersten Klasse von nur 1 400 Wahlberechtigten gewählt, die 76 Prozent der direkten Steuerlast trugen. Diesen standen in der dritten Klasse 12 600 Wähler gegenüber, die ganze 6 Prozent des Aufkommens an direkten Steuern erbrachten.[15]

Das Verhältnis zwischen bürgerlichen Parteien und SPD gestaltete sich in Mannheim wie generell im deutschen Südwesten wesentlich entspannter als in Preußen. Die frühzeitige, wenngleich sicher nicht gleichberechtigte Teilhabe an der politischen Macht – schon seit 1884 waren mit August Dreesbach und Franz Königshausen zwei Sozialdemokraten im Stadtrat vertreten[16] – trug nicht unwesentlich zur Ausbildung der reformistischen Strömung in der südwestdeutschen Sozialdemokratie bei.

## Der neue Mann an der Stadtspitze

Frischen Wind in der Kommunalpolitik brachte nach 1890 vor allem der Wechsel des Oberbürgermeisters. Im August 1891 trat der seit 1870 amtierende Eduard Moll, erklärter Parteigänger der Demokraten, aus Altersgründen mit knapp 78 Jahren zurück. Der Umstand, dass sich der Demokrat Moll seit 1890 einem nationalliberal dominierten Bürgerausschuss gegenübersah, dürfte diesen Schritt sicher befördert haben. Zum Nachfolger Molls wählte der Bürgerausschuss am 16. Oktober 1891 den Rastatter Oberamtmann Otto Beck. Dieser verkörperte nicht nur einen neuen führenden Kopf, sondern einen grundlegenden Wandel in Selbstverständnis, Funktion und Stil der Verwaltungsspitze. Für den Historiker Lothar Gall stellt Otto Beck einen der *großen Oberbürgermeister der Epoche* dar.[17] Bemerkenswert ist allerdings, wie wenig Spuren die Findung der Kandidaten und die Wahl in der Lokalpresse hinterlassen haben: Der Mannheimer *Generalanzeiger* meldete ohne jeden Kommentar die Wahl Becks im Bürgerausschuss mit 93 von

Amtliche Anzeigen

Bekanntmachung.

(307) No. 118,342 Wir bringen hiermit zur öffentlichen Kenntniß, daß Herr Obe bürg rmeister Beck dahier vorschriftsmäßig auf sein Amt verpflichtet wurde.

Mannheim, 5. Novbr. 1891.

Großh. Bezirksamt
von Rüdt. 217

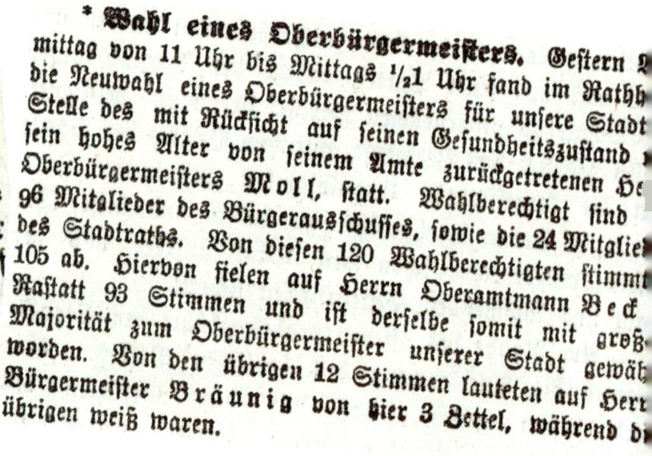

* Wahl eines Oberbürgermeisters. Gestern
mittag von 11 Uhr bis Mittags ½1 Uhr fand im Rathh
die Neuwahl eines Oberbürgermeisters für unsere Stadt
Stelle des mit Rücksicht auf seinen Gesundheitszustand
sein hohes Alter von seinem Amte zurückgetretenen He
Oberbürgermeisters Moll, statt. Wahlberechtigt sind
96 Mitglieder des Bürgerausschusses, sowie die 24 Mitglie
des Stadtraths. Von diesen 120 Wahlberechtigten stimmt
105 ab. Hiervon fielen auf Herrn Oberamtmann Beck
Rastatt 93 Stimmen und ist derselbe somit mit groß
Majorität zum Oberbürgermeister unserer Stadt gewäh
worden. Von den übrigen 12 Stimmen lauteten auf Herr
Bürgermeister Bräunig von hier 3 Zettel, während d
übrigen weiß waren.

*Im Jahr 1891 war die Wahl eines neuen Oberbürgermeisters dem Mannheimer „Generalanzeiger" nur zwei bescheidene Artikel wert. StadtA MA.*

105 Stimmen; drei Stimmen entfielen auf den damaligen ersten Bürgermeister Alfred Bräunig, die restlichen waren ungültig.[18] Bei der Suche nach geeigneten Kandidaten hatten die Stadtverordneten Franz Thorbecke und Philipp Diffené, offenbar unter bewusster Nicht-Berücksichtigung lokaler Bewerber, beim badischen Innenministerium angefragt, *welcher badische Oberamtmann der beste und geeignetste für den Mannheimer Oberbürgermeister-Posten sei.*[19] Zwei Namen wurden genannt, wobei das Ministerium hinzufügte, dass der nicht von Mannheim Berücksichtigte in das Ministerium berufen würde. Ganz bewusst suchte man also nach einem fähigen führenden Beamten aus der Landesverwaltung, der unbelastet war von den lokalen Machtspielen und Interessenkonfigurationen.

Beck war sich seines Werts bewusst: Vor der Wahl hatte er recht attraktive Besoldungsbedingungen ausgehandelt. Er erhielt ein Jahresgehalt von 12 000 Mark sowie eine nicht ruhegehaltsfähige Funktionszulage von 3 000 Mark. Außerdem sicherte er im Todesfall für seine Hinterbliebenen beamtenähnliche Versorgungsrechte, denn mit der Wahl zum Oberbürgermeister gab Beck seine Stellung als Staatsbeamter auf. Dies war für die Zeit durchaus ein Spitzengehalt im öffentlichen Dienst; viele Arbeiter verdienten um 1890 unter 1 200 Mark im Jahr. Die Auswahlkommission muss von Beck einen denkbar günstigen Eindruck gewonnen haben, sonst wäre sie wohl nicht auf so hoch angesetzte Bedingungen eingegangen. Der Verhandlungserfolg Becks bescherte auch dem ersten Bürgermeister Alfred Bräunig einen kräftigen Zuschlag: Sein Gehalt wurde von 6 000 auf 8 000 Mark, die Funktionszulage von 1 500 auf 2 000 Mark erhöht, um das *Gehalt des ersten Bürgermeisters in ein richtiges Verhältnis zu dem des Oberbürgermeisters und auch des zweiten Bürgermeisters zu bringen.*[20]

Das hohe Salär Becks provozierte denn auch den Widerspruch der Sozialdemokraten; sie kritisierten, dass man nicht den bewährten und weniger teuren Bürgermeister Bräunig zum Oberbürgermeister gemacht habe. Die Dienstverträge mit beiden wurden jedoch mit großer Mehrheit gegen die Stimmen der SPD-Stadtverordneten bewilligt. Der scheidende Oberbürger-

*Auch die städtischen Beamten lernten Oberbürgermeister Beck recht bald als ihren Vorgesetzten zu schätzen. Zu seinem 60. Geburtstag im Jahr 1906 richteten sie sogar ein Bankett aus. Karte, 1906. StadtA MA.*

meister Moll wurde mit Hochrufen und großen Ehren verabschiedet, der Stadtrat beschloss am 5. September 1891 einstimmig, ihn zum Ehrenbürger zu ernennen und ein recht ansehnliches Ruhegehalt zu zahlen.[21]

Wie lässt sich nun der neue Star am Mannheimer Kommunalhimmel, Otto Beck, als Person und Amtsträger beschreiben? Bei seiner Vorstellung erläuterte er die Grundsätze seines Wirkens als Oberbürgermeister, und in der Stadtratssitzung vom 12. November 1891, als er sein Amt antrat, stellte er fest, dass das Gremium mit ihm in dieser Hinsicht übereinstimme.

*Der erfolgreiche Oberbürgermeister: Otto Beck (1846–1908) mit Amtskette und diversen Orden. Foto des Gemäldes von Professor Kasper Ritter, 1907. StadtA MA.*

Wie aus einer Ansprache Becks beim Abschiedsbankett für seinen Vorgänger Moll hervorgeht, hob er insbesondere auf eine unparteiische Amtsführung ab, die sich für alle Mannheimer in gleicher Weise verantwortlich sah und jede politische und religiöse Verhetzung – ausdrücklich wird der Antisemitismus erwähnt – ablehnte. Explizit versprach Beck, sich versöhnend bei eskalierenden politischen Konflikten einsetzen zu wollen. Seine Rede wurde mit heftigem Beifall quittiert.[22]

Beck war zum Zeitpunkt seiner Wahl 45 Jahre alt, geboren am 19. Mai 1846 in Krautheim, Amt Tauberbischofsheim; sein Vater war Volksschullehrer. Nach Schulbesuch in Tauberbischofsheim und Konstanz sowie Jura-Studium in Freiburg trat Beck in den badischen Verwaltungsdienst ein, wurde 1875 Amtmann in Baden-Baden, 1878 Amtsvorstand in Bonndorf, 1880 zum Oberamtmann befördert, im gleichen Jahr nach Wolfach versetzt, 1884 nach Waldkirch, 1889 schließlich nach Rastatt. Auch hier hatte er trotz des vergleichsweise kurzen Aufenthalts breite Sympathien erworben, wie das Abschiedsbankett zu seinen Ehren belegt.[23] Im Lebenslauf ist zunächst nichts Auffälliges erkennbar; innerhalb weniger Jahre kreuz und quer durchs Land versetzt zu werden war im höheren Verwaltungsdienst des ausgehenden 19. Jahrhunderts nichts Ungewöhnliches. Dennoch muss Beck dem Innenministerium und der badischen Regierung positiv aufgefallen sein, sonst wäre die Empfehlung sicher nicht ausgesprochen worden. Artikel zu seinem 60. Geburtstag und Nachrufe vermitteln das Bild einer außerordentlich energiegeladenen, willensstarken, zugleich aber ihr ausgeprägtes Temperament im richtigen Augenblick doch zugunsten der Sache zügelnden Persönlichkeit. Einer seiner engsten Mitarbeiter, der Historiker Friedrich Walter, Leiter des Stadtarchivs und Gründer des Schlossmuseums, betont knapp drei Jahrzehnte nach Becks Tod: *Rasche Auffassungsgabe, Redegewandtheit, Schlagfertigkeit und Menschenkenntnis waren die Grundlagen seines außerordentlichen Verhandlungsgeschickes.*[24] Eduard von Hollander, seit 1898 als Bürgermeister eng mit Beck kooperierend, hob dessen *rein sachliche Beurteilung aller Fragen* als hervorstechendes Merkmal hervor.[25] Becks körperliche Erscheinung charakterisierten treffend die Zeilen von Ernst de Nesle von 1948: *Der eben mittelgroße Mann mit dem gewaltigen, fast quadratischen Schädel und dem auffallend breiten Rücken, der das Vermögen anzudeuten schien, wie ein kleiner Atlas die Last eines beträchtlichen Stückes Welt zu tragen, die gestraffte Energie dieser Züge – dies alles zusammen machte auf jeden, der ihn sah, einen unvergeßlichen Eindruck.*[26] Beck hatte zweifellos Charisma; seiner Ausstrahlung, die insbesondere in seinen die Zuhörer in Bann schlagenden Reden zum Ausdruck kam, konnten sich auch politische Gegner nur schwer entziehen; dies belegen die bemerkenswert positiven Nachrufe etwa der Zentrums- und der sozialdemokratischen Presse. Neben seiner raschen Auffassungsgabe wird besonders seine Fähigkeit gerühmt, in großen Linien zu denken sowie die Stadtverordneten und andere Verhandlungspartner auch für kühne, großzügige Projekte zu begeistern, ohne den Boden solider Finanzwirtschaft zu verlassen. Beck war von seinem Naturell her Aktivist, ein Tat-Mensch; eine Laissez-faire-Haltung war ihm nicht nur ordnungspolitisch, sondern auch mental zuwider.

## Neue Ausrichtung der Stadtverwaltung

Im dritten Band des Jubiläumswerks von 1907 charakterisiert Otto Beck die Haltung der Stadt Mannheim zu kommunaler Intervention vor seiner Amtszeit wie folgt: *Die Gemeinde selbst hat sich in dieser Periode von einer unmittelbaren Einwirkung auf die wirtschaftliche, insbesondere verkehrspolitische Stellung Mannheims ferngehalten, da eine solche mit der damals vertretenen Anschauung von der möglichst unbeschränkten Freiheit des Einzelnen, der wirkenden Kraft der freien von Eigennutz einerseits und Gemeinsinn andererseits getriebenen Intelligenz nicht in Einklang zu bringen war.*[27]

Tatsächlich war diese in einem prinzipiellen Liberalismus wurzelnde wirtschaftliche Enthaltsamkeit, wie auch Beck selbst einräumt, nicht völlig durchgehalten worden. Dies zeigte sich bereits 1873 in der Kommunalisierung des Gaswerks und in der auf kommunale Initiative angelegten und 1888 in Betrieb genommenen zentralen Wasserversorgung. Positive Kehrseite der weitgehenden wirtschaftlichen Enthaltsamkeit der Stadt war allerdings ein um 1890 vergleichsweise niedriger Schuldenstand der Stadt

*Stolze Bilanzen einer prosperierenden Großstadt. Ausschnitte aus dem Vogelschau-Plakat von Karl Grote, 1900. StadtA MA.*

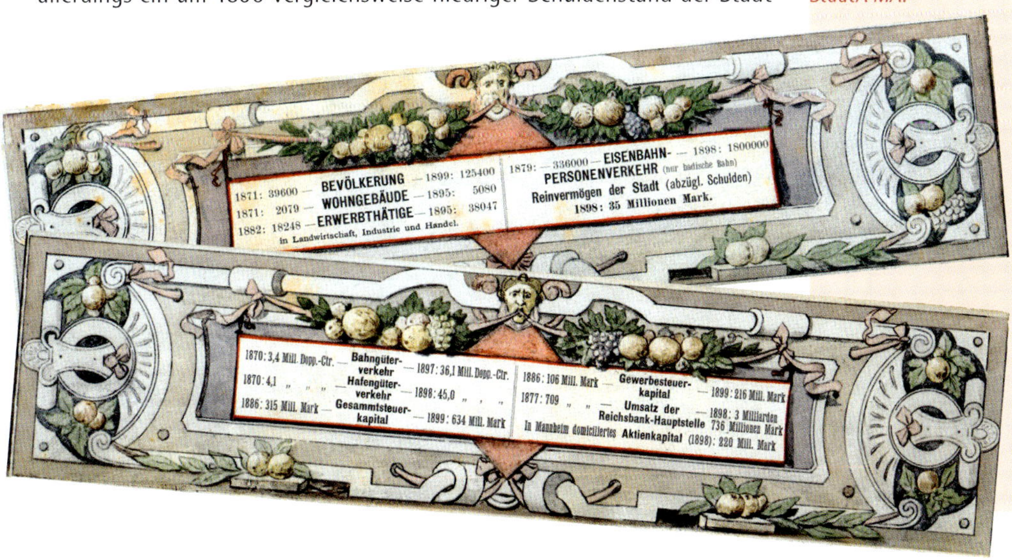

von gut 7 Mio. Mark oder 87,50 Mark pro Einwohner – verglichen mit anderen Städten ein eher niedriger Wert, der die Möglichkeit schuf, sich von der *altväterlichen Sparsamkeitsideologie* zu verabschieden,[28] und Spielräume für weiter gehende, auch kreditfinanzierte Investitionen ließ.

In den Rückblicken auf Becks Amtszeit fällt auch auf, dass Mannheim um 1890 noch als „kleinstädtisch", um 1908 dagegen als „großstädtisch" charakterisiert wird. Dies wird nicht nur quantitativ, als Funktion einer rapide gewachsenen Bevölkerung, sondern vielmehr in erster Linie als qualitativer Wandel gesehen. Gerade für die Stadtverwaltung wird Beck attestiert, dass er diese vollständig reformiert und wesentlich ausgebaut habe.

**Beschäftigte bei der Stadt Mannheim zwischen 1870 und 1913 mit Schwerpunkt 1900 bis 1913**[29]

| Jahr | Arbeiter | Beamte und Bedienstete | Gesamt |
|---|---|---|---|
| 1870 | | 48 | |
| 1875 | | 91 | |
| 1880 | | 120 | |
| 1885 | | 129 | |
| 1890 | | 191 | |
| 1895 | | 366 | |
| 1900 | 1 148 | 567 | 1 715 |
| 1901 | 1 383 | 578 | 1 961 |
| 1902 | 1 302 | 584 | 1 886 |
| 1903 | 1 341 | 583 | 1 924 |
| 1904 | 1 356 | 610 | 1 966 |
| 1905 | 1 485 | 631 | 2 116 |
| 1906 | 1 733 | 1 137 | 2 870 |
| 1907 | 1 839 | 1 259 | 3 098 |
| 1908 | 1 876 | 1 359 | 3 235 |
| 1909 | 1 872 | 1 392 | 3 264 |
| 1910 | 1 963 | 1 443 | 3 406 |
| 1911 | 1 980 | 1 536 | 3 516 |
| 1912 | 2 193 | 1 724 | 3 917 |
| 1913 | 1 841 | 1 982 | 3 823 |

1890 kam Oberbürgermeister Moll noch mit 191 Beamten aus, fünf Jahre später waren es bereits 366 und 1905 standen insgesamt über 2 000 Angestellte, Arbeiter und Beamte auf den Besoldungslisten der Stadt. Pro Kopf der Bevölkerung stieg der Aufwand für Beamtenbesoldung von weniger als 5 Mark in der Ära Moll auf über 8,50 Mark 1905.[30] Die effektivere Verwaltung kam für die Bürgerschaft also auch deutlich teurer. Beck und ab 1908 sein Nachfolger Paul Martin professionalisierten die Verwaltung in zuvor ungekannter Weise. Mit guter Menschenkenntnis und kritischem Urteilsvermögen gelang es Beck, eine größere Zahl hoch qualifizierter Verwaltungsbeamter an Mannheim zu binden. Zu nennen wären etwa der Leiter des Tiefbauamts, Moritz Eisenlohr, der als Bauleiter des Frankfurter Kanalbauexperten William H. Lindley jr. nach Mannheim gekommen war, oder der Leiter des Statistischen Amts, der Volkswirt Sigmund Schott, der Anfang des 20. Jahrhundert zu einem der reichsweit führenden Experten für kommunale Statistik avancierte.[31] Einige dieser Beamten machten später andernorts kommunalpolitisch Karriere, etwa der unter Beck als Stadtsyndikus tätige Ludwig Landmann in den 1920er Jahren als Oberbürgermeister von Frankfurt oder der als Stadtrechtsrat 1907–1917 angestellte Otto Moericke, der 1917 zum Bürgermeister von Speyer und 1919 zum Oberbürgermeister von Konstanz gewählt wurde.[32] Landmann gehörte zudem dem zwar zahlenmäßig kleinen, aber einflussreichen, in Mannheim ab 1904 existierenden Nationalsozialen Verein an, der die Ideen Friedrich Naumanns propagierte und insbesondere für ein Aufeinanderzugehen des Bürgertums und der sozialdemokratisch orientierten Arbeiterschaft plädierte.[33]

## Der Industriehafen – Schlüsselprojekt für städtischen Strukturwandel

### Umgestaltung des Floßhafens

Mannheim befand sich – so erinnerte sich später der frühere Bürgermeister von Hollander – beim Amtsantritt Becks im November 1891 *an einem kritischen Wendepunkt seiner Geschichte*.[34] Die Bedrohung der handelsstrategischen Position durch die geplante Schiffbarmachung des Oberrheins veranlasste – wie erwähnt – die Mannheimer Eliten zum Handeln. Zusätzlich machte sich Anfang der 1890er Jahre das Problem mangelnden Geländes für Industrieansiedlung bemerkbar. Das produzierende Gewerbe hatte sich in Mannheim sehr gut entwickelt, nicht nur später hochberühmte Namen wie Benz, sondern auch eine Vielzahl spezialisierter mittelständischer Firmen waren vertreten. Dies aber führte dazu, dass zahlreiche Betriebe an ihren traditionellen Standorten an Wachstumsgrenzen stießen. So verlegte etwa die Landmaschinenfabrik Lanz ihren Betrieb von der Schwetzingerstadt auf den Lindenhof.[35]

Bei der Suche nach Standorten für die zu Großbetrieben anwachsenden Firmen bzw. für ansiedlungswillige neue Unternehmen spielte guter Anschluss

*Der spätere Industriehafen als Floßhafen: In der Hafenmitte befindet sich der Mannheimer „Holzmarktplatz". Foto, vor 1900. StadtA MA.*

an die Bahn und vor allem auch an die Wasserwege eine entscheidende Rolle. Trotz der vergleichsweise umfangreichen Wasserflächen um Mannheim gab es nur sehr wenige in dieser Hinsicht geeignete, verfügbare Grundstücke. Am 3. Juni 1891 schlug daher die Handelskammer dem badischen Finanzministerium vor, den immer weniger genutzten Floßhafen im Altrhein in einen Industriehafen umzuwandeln. Die Handelskammer argumentierte, dass ansiedlungswillige Industriebetriebe, die Plätze mit Wasseranschluss im Handelshafen in Aussicht genommen hatten, abgeschreckt worden seien, weil der badische Fiskus die Grundstücke dort nicht verkaufen wolle, sondern nur verpachte; dies sei aber für die Unternehmen nicht akzeptabel. Der Vorstoß der Handelskammer war koordiniert mit dem Vorgehen der staatlichen Oberdirektion des Wasser- und Straßenbaus, die bereits bei Baggerarbeiten im Altrhein Vorarbeiten für ein solches Projekt geleistet hatte und unter Verweis auf die Ludwigshafener Konkurrenz – ein Industriehafen-Projekt war dort in Vorbereitung und wurde vom bayerischen Staat nachdrücklich unterstützt – dringend eine solche Umgestaltung des Floßhafens empfahl. Das badische Finanzministerium wies den Vorschlag jedoch zurück und erklärte sich bei der Erschließung von Industriegelände für nicht zuständig. Erst wenn sich die Stadt Mannheim bereit erkläre, als Hauptträger eines solchen Projekts zu fungieren, könne über flankierende Unterstützung des Staats verhandelt werden.[36]

## Oberbürgermeister Beck ergreift die Initiative

Beck befasste sich ab Mitte 1892 mit dem Industriehafen; seinem strategischen Denken war das große Potenzial des Projekts rasch einsichtig, zumal die Konkurrenz von Nachbarstädten wie Ludwigshafen und Worms, die damals gut erschlossenes Gelände für Industrie schufen, die Gefahr einer Abwanderung Mannheimer Betriebe heraufbeschwor. Das Trauma des

Wegzugs der Badischen Anilin- und Sodafabrik, die ja ursprünglich 1861 in Mannheim gegründet worden war, nun aber vom linken, Ludwigshafener Rheinufer aus bei den vorherrschenden Westwinden Mannheim hauptsächlich mit ihren Rauchemissionen „beschenkte", wirkte dabei sicherlich noch nach.

Beck gab Planungen in Auftrag und trieb diese trotz der zunächst exorbitant erscheinenden Kosten von 21 Mio. Mark für die Gesamtanlage bzw. 6 Mio. Mark für den ersten Bauabschnitt konsequent voran. Nachdem in einer Sitzung unter Vorsitz des badischen Innenministers August Eisenlohr im April 1893 Grundzüge des Vorgehens festgelegt worden waren, erteilte im Juli desselben Jahres der Stadtrat seine prinzipielle Zustimmung. Am 26. März 1895 wurde das Projekt nach umfangreichen Planänderungen dem Bürgerausschuss vorgelegt.[37] Es kennzeichnet Becks Überzeugungskraft, dass in dieser Sitzung die Vorlage einstimmig und somit auch von den sonst oppositionellen Fraktionen der Freisinnigen und der Sozialdemokraten angenommen wurde. Den Stadtverordneten war die Tragweite der Entscheidung wohl bewusst. Der Stadtverordnete Max Rose betonte, dass der Industriehafen *für spätere Geschlechter einen Merkstein bilden wird für den heute an maßgebenden Stellen herrschenden Scharfblick für die wichtigsten Lebensinteressen unserer Stadt.*[38] Mannheim beschritt mit dem Bau dieses Hafens – damals eine Pioniertat – den Weg einer gezielten Wirtschaftsförderung, um den bereits in Gang befindlichen Strukturwandel von der Handels- zur Industriestadt zu beschleunigen. Man hoffte, so die erwarteten Einbußen im Umschlagsverkehr nach Schiffbarmachung des Oberrheins zu kompensieren.

*Der Mannheimer Jurist August Eisenlohr (1833–1916) trieb als badischer Innenminister von 1890 bis 1900 maßgeblich den Ausbau des Industriehafens voran. 1907 wurde ihm für diese Verdienste die Ehrenbürgerwürde seiner Heimatstadt verliehen. Foto, um 1900. StadtA MA.*

## Das kühne Projekt wird realisiert

Die vom Bürgerausschuss genehmigte Vereinbarung zwischen Stadt, badischer Regierung und Bahngesellschaften bürdete die Kosten für die Baumaßnahmen im Wesentlichen der Stadt auf; nur einige flussbautechnische Maßnahmen sowie die Herstellung von Verbindungsgleisen zu den Grundstücken sollten von der badischen Regierung bezahlt werden. Der Staat verlieh überdies der Stadt das Recht zur Zwangsenteignung des für den Industriehafen benötigten Geländes und setzte sich außerdem für die Eingemeindung der Friesenheimer Insel ein.

Im Frühjahr 1895 lag dann der von Moritz Eisenlohr, dem Leiter des städtischen Tiefbauamts, bearbeitete Bauplan fertig vor: An beiden Ufern des Altrheins sowie auf der Bonadies-Insel wurden 1 130 600 m$^2$ nutzbares, hochwasserfreies Gelände geschaffen. Die Grundstücke sollten für durchschnittlich 6 Mark pro m$^2$ abgegeben werden, ein angesichts der hervorragenden infrastrukturellen Ausstattung durchaus akzeptabler Preis. Die Areale auf dem rechten Ufer waren in erster Linie für kleinere, die auf dem linken Ufer mehr für Großbetriebe gedacht. Im März 1897 begannen die Bauarbeiten auf dem rechten Ufer und waren Ende 1899 abgeschlossen; die rege Nachfrage nach Grundstücken veranlasste den Stadtrat, bereits im Januar 1900 beim Bürgerausschuss Mittel für die Fortsetzung der Arbeiten auf dem linken Ufer zu beantragen.

Das Projekt erregte auch überregional und international große Aufmerksamkeit. Zur Vermarktung der Gewerbeflächen ließ der Stadtrat Pläne des Industriehafens vervielfältigen. Eisenlohr führte zahlreiche Experten und Ingenieure aus Städten des In- und Auslands über die Baustelle.[39] Auf der Pariser Weltausstellung von 1900 war Mannheim mit Hafenplänen vertreten, die auch den Industriehafen umfassten.

Beim zweiten Bauabschnitt kam auch ein in Mannheim seit 1880 ansässiges Tiefbauunternehmen zum Zuge: die 1892 unter dem Namen Grün & Bilfinger eingetragene offene Handelsgesellschaft, die zuvor als Aug. Bernatz & Grün oHG beziehungsweise vor 1886 unter den Namen Weis & Bernatz firmierte. Die Auftragsumme belief sich auf rund 2,3 Mio. Mark und war wirt-

DerMannheimerIndustriehafen. Ausbaustand 1898. StadtA MA.

schaftlich enorm interessant. Binnen drei Jahren wurden sämtliche Arbeiten planmäßig durchgeführt.[40]

Der Industriehafen wurde für das folgende Jahrzehnt zur Achse der städtischen Entwicklungspolitik: Diese Grundsatzentscheidung prägte, motivierte und bestimmte zahlreiche weitere kommunale Handlungsfelder. Dies galt allem voran für die Eingemeindungspolitik sowie für die Energie- und Verkehrspolitik. Wenn die Stadt solch große Investitionen in den Industriehafen tätigte, wollte sie natürlich auch Nutznießerin der daraus fließenden Erträge sein. Nun lag aber Anfang der 1890er Jahre lediglich das rechte Ufer bis kurz vor der Spiegelfabrik Waldhof auf Mannheimer Gemarkung. Das linke Ufer gehörte zur Friesenheimer Insel, die unter der Gemarkungshoheit von Sandhofen stand. Weiter nördlich, flussabwärts, war das rechte Ufer bei Waldhof Teil der Käfertaler und danach der Sandhofener Gemarkung. Weil sich die Planung auf eine Umgestaltung beider Ufer bezog, wurde die Verfügung auch über das linke Ufer unverzichtbar. Ausgelöst durch das Industriehafenprojekt verfolgte die Stadt daher seit 1895 eine konsequente und zielbewusste Eingemeindungspolitik.[41] Bis 1899 hatte sich die städtische Gemarkung von 2 384 ha um 4 051 ha oder um 170 Prozent vergrößert. Bereits durch die Eingemeindung Käfertals hatte die Bevölkerungszahl Mannheims die statistische Schwelle zur Großstadt (100 000) überschritten. Zudem war der städtische Grundbesitz erheblich gewachsen. Die Stadt konzentrierte sich nun darauf, ihr ambitioniertes Entwicklungsprogramm mit neuen zentralen Infrastrukturbetrieben wie Elektrizitätswerk, Straßenbahn und Gaswerk-Neubau weiterzuführen.

## Die technische Vernetzung der Quadratestadt

### Schlüsselfragen der Stadtentwicklung

Kennzeichnend für die Mannheimer Stadtplanung in den 1890er Jahren war die Verbindung strategischer Grundsatzentscheidungen wie v.a. für den Industriehafen mit einer Vielzahl infrastrukturpolitischer Modernisierungsprojekte insbesondere im Energie- und Verkehrsbereich. Dieser Prozess verdichtete sich in den Jahren um 1900 zu einem beispiellosen, das Gesicht der Stadt insbesondere in den Außenbereichen grundlegend verändernden Investitionsstoß. Dabei war Mannheim in vieler Hinsicht keineswegs Vorreiter beim Einsatz neuer Techniken. Bereits seit 1886 beschäftigte sich die Verwaltung zunächst im Hinblick auf die Beleuchtung des Nationaltheaters mit der Einführung der Elektrizität.[42] Der katastrophale Brand des Wiener Ring-Theaters 1881, der aufgrund eines Fehlers der Gasbeleuchtung mehrere Hundert Tote gefordert hatte, aber auch die alltäglichen Probleme der Überhitzung und Luftverschlechterung in großen öffentlichen Räumen durch Gasverbrennung gaben in vielen Städten Anlass, nach weniger risikoträchtigen Alternativen zu suchen. Wegen widersprüchlicher Aussagen der auswärtigen Gutachter Professor Kittler (TH Darmstadt) und Ingenieur

*Eines der ersten öffentlichen Elektrizitätswerke weltweit wurde 1882 in New York errichtet. Holzstich, 1882. AKG Images.*

Uppenborn (München) hinsichtlich kommunaler Regie und der Gefahr der Veraltung des Systems beschloss der Mannheimer Stadtrat jedoch, zunächst noch abzuwarten. 1891 besuchten Mannheimer Delegierte dann die *Internationale Elektrotechnische Ausstellung* in Frankfurt. Dort feierte das Drehstromsystem mit der Fernübertragung von aus Wasserkraft des Neckars gewonnenem Strom von Lauffen nach Frankfurt seinen spektakulären öffentlichen Auftritt. Gleichwohl kamen die Mannheimer zu dem Schluss, dass *für unsere Stadt der Zeitpunkt noch nicht gekommen sei, der Errichtung einer elektrischen Centrale jetzt schon näher zu treten. Es ist nämlich offenbar die Cardinalfrage, welches System sowohl vom ökonomischen als auch vom technischen Standpunkte das Vollkommenste sei, heute noch nicht endgiltig entschieden.*[43] Die Zurückhaltung der Stadt konnte die Elektrifizierung freilich nicht gänzlich verhindern; so gab es bereits 1885 drei private Blockstationen, die elf Bogen- und 802 Glühlampen speisten. Ende 1891 führte die Bahn die elektrische Beleuchtung des Bahnhofsplatzes mit fünf großen Bogenlampen ein.[44]

Wenige Jahre später wurde die sich rasch ausbreitende Elektrifizierung dann seitens der Stadtverwaltung doch als ernsthafte Konkurrenz empfunden, vor allem nachdem das 1893 in Betrieb genommene Kraftwerk der Bahn im Mühlauhafen auch Handels- und Industriebetriebe im gesamten Hafengebiet versorgte. Der Stadtrat versuchte nun zum einen mit einer tarifpolitischen Offensive, nämlich der Einführung eines separaten und deutlich niedrigeren Preises für Koch- und Motorengas, neue Märkte für das Gaswerk zu gewinnen. Zum andern bewilligte er Ende 1893 Planungskosten für ein Elektrizitätswerk und setzte eine gemischte Kommission aus führenden Stadträten und Stadtverordneten unter Vorsitz des Oberbürgermeisters ein. Das Verständnis von Elektrizität und deren Nutzungspotenzial hatte sich mittlerweile grundlegend geändert. Hatte 1886 unter dem Aspekt der Feuersicherheit des Nationaltheaters elektrisches Licht im Vordergrund gestanden, so diskutierte man 1893 Elektrizität auch im Hinblick auf Kraftstromversorgung für das Kleingewerbe und Fahrstrom für die Straßenbahn. Der als Experte beigezogene Frankfurter Stadtbaurat William H. Lindley jr. empfahl der Kommission daher dringend, den Bedarf zu ermitteln, und schlug als Sachverständigen Oskar von Miller vor, der mit Lindley intensiv bei der Frankfurter Ausstellung sowie beim Gutachten für das dortige Elektrizitätswerk zusammengearbeitet hatte.

Obwohl die Verbrauchsumfrage einen erheblichen Bedarf für Elektrizität nachwies, stockte die weitere Planung wegen deren Verquickung mit der hochkomplizierten Straßenbahnfrage. Die in Mannheim und Ludwigshafen seit 1878 verkehrende, privat betriebene Pferdebahn operierte wegen Konzessionsstreitigkeiten mit der bayerischen Regierung, die für den Ludwigshafener Teil des Netzes zuständig war, in einem rechtlich ungeklärten Raum. Als Ende 1891 die Pferdebahn-Gesellschaft ihre Rechtsverhältnisse geklärt wissen wollte, drängte die Stadt Mannheim im Gegenzug auf eine Umrüstung der Linien auf elektrischen Betrieb. Die Firma Elektrizitäts-AG (vormals Schuckert) sah nun die Chance, sich bei der Elektrifizierung von Mannheim zu engagieren, sicherte sich Vorkaufsrechte für die Pferdebahn-Gesellschaft und legte im Juni 1894 einen Vertragsentwurf zur Elektrifizierung des Betriebs mit einer Konzessionsdauer von 50 Jahren und zum Bau eines eigenen Elektrizitätswerks durch die Elektrizitäts-AG vor.[45] Der Stadtrat weigerte sich jedoch, auf diesen Vertragsentwurf einzugehen, und erkannte die Elektrizitäts-AG nicht als Rechtsnachfolgerin der Pferdebahn-Gesellschaft an. Der mittlerweile berufene Sachverständige Oskar von Miller

*Der Mannheimer Bahnhof mit einer der neuartigen elektrischen Bogenlampen im Vordergrund. Postkarte, 1894. StadtA MA.*

Know-How für Mannheim: Oskar von Miller (1855–1934) gehörte zu den Pionieren der Elektrotechnik in Deutschland. In den 1880er Jahren leitete er zusammen mit Emil Rathenau die AEG; er machte sich 1890 selbstständig und als unabhängiger Gutachter sowie ab 1891 als Leiter der Internationalen elektrotechnischen Ausstellung in Frankfurt einen Namen. 1903 gründete er das Deutsche Museum. Foto, 1915. AKG Images.

riet dazu, das Angebot der Elektrizitäts-AG für ein Kraftwerk abzuwarten. Die Lage weiter komplizierend, trat Anfang 1895 die Möglichkeit einer gasbetriebenen Straßenbahn auf den Plan. Erst nachdem sich im Oktober 1896 Versuche mit Gasbahn-Wagen aus Dessau, wo eine gasbetriebene Straßenbahn verkehrte, auf den Mannheimer Strecken als nicht erfolgreich erwiesen hatten, wurde diese Option aufgegeben.

In der Zwischenzeit war die Frage einer elektrischen Zentralstation zwar weiter vorangetrieben worden, allerdings ohne in eine entscheidungsreife Vorlage für den Bürgerausschuss einzumünden. Weil dem sparsamen Stadtrat das von Oskar von Miller geforderte Beraterhonorar von 12 000 Mark zu hoch gewesen war, hatte man ohne dessen Hilfe eine allgemeine Ausschreibung unter den sieben führenden Firmen veranstaltet und als Kraftwerksstandort das Gelände des alten Schlachthauses an der Collini-Straße ausgewiesen. Da aber weder Stromsystem noch Verwendungszweck in den Ausschreibungsbedinungen spezifiziert worden waren, ließen sich die Angebote letztlich – wie Oskar von Miller vorhergesagt hatte – nicht vergleichen, sie lieferten lediglich Material für eine qualifizierte zweite Ausschreibung.

Allerdings hatten sich mittlerweile verschiedene Rahmenbedingungen geklärt, sodass Oberbürgermeister Beck, als die Elektrifizierungsfrage im Oktober 1897 dem Bürgerausschuss vorlag, die Verzögerung letztlich als *besonders glückliche Fügung* bezeichnen konnte. Beck hatte inzwischen für eine kommunale Regie der Straßenbahn die Mehrheit des zunächst widerstrebenden Stadtrats gewonnen. Dieser beschloss daher im Oktober 1897 einstimmig, Verhandlungen mit der Pferdebahn-Gesellschaft zum Ankauf durch die Stadt aufzunehmen, sich mit der Stadt Ludwigshafen über den Betrieb einer elektrischen Straßenbahn zu verständigen und bei den Staatsbehörden eine Konzession für den Betrieb elektrischer Bahnen zu beantragen.

Die Bedürfnisse des in Angriff genommenen Industriehafens verliehen der Elektrifizierung der Straßenbahn zusätzliche Dringlichkeit. Die dortige Planung wollte die wertvollen Flächen ausschließlich für die Industrie reserviert wissen; zudem folgte man bereits aus wohnungshygienischen Gründen dem Leitbild einer räumlichen Trennung von Industrie- und Wohnvierteln, wie sie sich in den 1890er Jahren zunehmend in der

Pferdebahn vor dem Bahnhof Neckarstadt am Alten Meßplatz. Foto, um 1890. StadtA MA.

deutschen Stadtplanung durchsetzte.[46] Schließlich wollten Interessenten für die Grundstücke im Industriehafen Klarheit darüber haben, ob die Stadt dort Kraftstrom anbieten könne und zu welchen Konditionen; denn davon hing nicht zuletzt auch ihre Planung und Kalkulation ab, ob sie etwa eine eigene Kraftzentrale vorsehen mussten oder sich auf Stromlieferungen der Stadt stützen konnten.

### Ausschreibung und Vergabe des Elektrizitätswerks mit industriepolitischer Strategie

Bis Oktober 1897 hatte der Stadtrat nun auch die Kraftwerksfrage zur Entscheidungsreife gebracht. Nach dem Fiasko mit der unspezifizierten Ausschreibung ging man diesmal auf Nummer sicher und engagierte vier auswärtige Experten.[47] Diese sollten insbesondere Stellung zum optimalen Stromsystem nehmen, dazu, ob eine Zentrale verschiedenen Bedürfnissen gerecht werden könne oder ob man mehrere Zentralen benötige sowie eine besondere Zentrale für den Industriehafen. Alternativ zum alten Schlachthofgelände wollte man somit auch einen Standort am Industriehafen geprüft haben. Die sehr methodisch vorgehenden Sachverständigen erkundigten sich zunächst bei der Verwaltungsspitze eingehend nach den *allgemeinen Gesichtspunkten und Verwaltungsrücksichten*, die für die Beantwortung der Fragen maßgebend waren, und empfahlen in ihrem Gutachten dann eindeutig ein Drehstromkraftwerk für alle Verbrauchszwecke mit Standort am Industriehafen. Gerade die Kombination verschiedener und zu unterschiedlichen Tageszeiten auftretender Nachfragen mache das Kraftwerk wirtschaftlich, eine Aufteilung in mehrere Zentralen sei daher unzweckmäßig. Den Ausschlag für die Wahl des Drehstromsystems gab der spezifische Kraftbedarf im Industrie- und Handelshafen mit zahlreichen Kränen und Fördereinrichtungen; der einphasige Wechselstrommotor sei dafür ungeeignet. Für den Standort Industriehafen votierten die Sachverständigen wegen der besseren Bodenverhältnisse, der preiswerteren Liegenschaften, der Erweiterungsmöglichkeiten und auch der Kombination mit dem dort vorgesehenen Kanalpumpwerk. Zudem spare der Kohlenbezug per Schiff Transportkosten. Die vermehrten Kabelkosten für die längeren Zuleitungen zum Stadtzentrum fielen demgegenüber nicht ins Gewicht. In derselben Stadtratsitzung, in der die Entscheidung für Kommunalisierung und Elektrifizierung der Straßenbahn gefallen war, wurde auch dieses Gutachten einstimmig akzeptiert und eine Ausschreibung auf dieser Grundlage beschlossen, die auch die Möglichkeit des Betriebs in privater Regie vorsehen sollte.

Im Juni 1898 prüften die vier Sachverständigen mehrere Tage lang die eingegangenen Angebote und empfahlen der Stadt, von einzelnen Konkurrenten eine Präzisierung nachzufordern. Bestandteil der Angebote waren auch Vorschläge für einen Betrieb auf Pachtbasis. Über die näheren Details verhandelte die Stadtverwaltung letztlich ausschließlich mit der Firma Brown Boveri & Cie. (BBC). Im Ergebnis beschloss der Stadtrat am 5. Juli 1898, Bau und Betrieb des E-Werks insgesamt an BBC zu vergeben und einen Pachtvertrag mit jährlicher Kündigungsmöglichkeit abzuschließen. Darin sicherte sich die Stadt neben Pachteinnahmen, die von 7 Prozent auf 9 Prozent im dritten Betriebsjahr steigen sollten, auch weitgehende Mitbestimmungs- und Kontrollbefugnisse. Außerdem erhielt die Stadt Vorzugstarife für den Strombezug des Theaters, für den Betrieb städtischer Motoren und für die Straßenbahn. Auch für elektrische Straßenbeleuchtung wurden günstige Inklusivpreise festgesetzt. Für Privatkunden wurde der Strompreis für Beleuchtung auf 70 Pf/kWh festgelegt, Kraftstrom lag bei 20 Pf/kWh, im Industriehafen sogar nur bei 15 Pf/kWh. Bei Großabnehmern war BBC befugt, die Konditionen selbst zu definieren. Im Gegenzug erhielt die Firma das Monopol für die Ausstattung des Kraftwerks und des

*Bauarbeiten am neuen Elektrizitätswerk der Stadt. Stand in der 17. Bauwoche. Foto, 1899. StadtA MA.*

Stromnetzes, wenn sie der Stadt die jeweils höchsten innerhalb der letzten zwölf Monate gewährten Rabatte einräumte.

Die Vertragsbestimmungen zeigen deutlich, dass die Stadt aus den Erfahrungen mit dem Gaswerk und anderen zunächst privat geführten Infrastrukturbetrieben gelernt hatte, andererseits aber die Unwägbarkeiten und Risiken der neuen Technik doch zunächst Dritten aufbürden wollte. Indem man den Generalunternehmer für den Kraftwerksbau auch als Pächter für die Startphase in Dienst nahm, sicherte man sich eine gute Ausführung, denn technische Fehler gingen ja auch zu Lasten des Pächters und seines Gewinns. Und durch die jährliche Kündbarkeit des Pachtvertrags behielt man sich die Möglichkeit vor, jederzeit auf geänderte wirtschaftliche Bedingungen oder Konflikte mit dem Pächter flexibel reagieren zu können.

Die Entscheidung für BBC wurde mit der erstklassigen Reputation und Leistungsfähigkeit der Firma begründet, wofür etwa der Bau des Frankfurter Elektrizitätswerks als Beispiel angeführt wurde. Allerdings warf ein unterlegener Konkurrent, die Firma Lahmeyer, dem Stadtrat vor, die wirklichen Gründe hätten nicht in den Angeboten selbst, sondern vielmehr in der Bereitschaft gelegen, mit dem Frankfurter BBC-Werk nach Mannheim umzuziehen, wenn der Zuschlag für den Bau des E-Werks erteilt würde. Tatsächlich waren die Angebote von Lahmeyer in einigen Punkten sogar günstiger als die von BBC.

Im Bürgerausschuss, der über die Auftragsvergabe und den Pachtvertrag entscheiden musste, wurden am 19. Juli 1898 denn auch nationalistische Vorbehalte gegen BBC als „ausländische" Firma – der Hauptsitz war Baden in der Schweiz – laut. Oberbürgermeister Beck erinnerte gegen solche Argumente an die weltoffene Tradition Mannheims. Man dürfe *nicht zu ängstlich und zu hyperchauvinistisch sein in einer Stadt, die wie kaum eine andere Stadt große internationale Beziehungen zum Auslande pflegt: Die hiesigen Firmen, welche mit dem Auslande zu tun haben, sowie die im Auslande befindlichen Söhne hiesiger Firmen würde es sehr schmerzlich berühren, wenn das Ausland ebenso ängstlich sein wollte.*[48]

Ins Zentrum seiner Argumentation stellte Beck aber den Zugewinn an industriellem Potenzial durch die Übersiedlung von BBC: Die Beschäftigung von zunächst 500, später 1 200 Arbeitskräften habe der Konzern zugesichert. *Die Erwerbung einer neuen großen Fabrik ist von großer Bedeutung für*

*Der Maschinenbauer Charles Eugene Lancelot Brown (1863–1924) reüssierte als erfolgreicher Erfinder und Unternehmer gleichermaßen. 1891 gelang ihm die Installation einer Kraftstromübertragung vom württembergischen Lauffen am Neckar nach Frankfurt am Main. 1891 gründete er mit Walter Boveri die BBC in Baden (Schweiz), die nach Deutschland expandierte und in Mannheim ihren Hauptsitz nehmen sollte. Foto eines Gemäldes, um 1900. StadtA MA.*

*eine Stadt, welche sich wehren muß, um in der kurzen ihr noch gegebenen Frist für die Erweiterung und Kräftigung ihrer Industrie zu sorgen und damit Ersatz zu schaffen für den Verlust eines großen Teils des Handels, den sie durch die Rheinkorrektion und die Errichtung von großen Rheinhäfen oberhalb Mannheims erleidet.*[49] Das drohende Damoklesschwert der Schiffbarmachung des Oberrheins wird in dieser Argumentation Becks überdeutlich. Es galt, jede Chance zu nutzen, um die wirtschaftliche Position Mannheims durch die Förderung von Industrieansiedlungen zu stärken und damit die befürchteten Einbußen beim Hafenumschlag auszugleichen. Der Bürgerausschuss folgte letztlich Becks Plädoyer und stimmte der Stadtratsvorlage zur Vergabe des E-Werk-Baus an BBC einstimmig zu. Die Frage, ob der Betrieb dem Privatunternehmen verpachtet werden sollte, war abgekoppelt worden. Hierbei stimmten die Sozialdemokraten aus prinzipiellen Erwägungen dagegen. In derselben Sitzung ermächtigte der Bürgerausschuss den Stadtrat, Gelände in Käfertal an ansiedlungswillige Industrieunternehmen zu einem niedrigen Preis von 2,50 Mark pro $m^2$ zu verkaufen. Dort sollte unter anderem auch das neue Werk von BBC errichtet werden.

Die Übersiedelung von BBC war ein grandioser Erfolg für das Bestreben der Verwaltungsspitze, Mannheim zur Industriestadt umzubauen. Aus den Quellen lässt sich allerdings nicht zweifelsfrei rekonstruieren, wer in diesem Prozess die treibende Kraft war. Tatsächlich griffen die Interessen von Stadt und BBC in bemerkenswerter Weise ineinander: Mannheim war bestrebt, leistungsfähige Industrie heranzuziehen. BBC wiederum war mit ihrer Niederlassung in Frankfurt an die Grenze der Expansionsmöglichkeiten gelangt. Der Frankfurter Auftrag hatte der Firma den Einstieg in den großen und lukrativen Markt des Kraftwerkbaus im Reich geebnet. Mit einer Produktionsstätte in Deutschland konnte sie bei Ausschreibungen als deutscher Anbieter auftreten. Weil aber der Pachtvertrag für das Frankfurter Kraftwerk seitens der Stadt zum 31. März 1899 gekündigt worden

*Die Mannheimer Geschäftsleitung der BBC. Foto, 1917. StadtA MA.*

war, hatte BBC keine Veranlassung mehr, sich längerfristig an diesen Standort zu binden. Die Mannheimer Ausschreibung bot der Firma die doppelte Chance, einerseits einen Großauftrag für ein Kraftwerk samt Kabelnetz zu akquirieren, andererseits ihren neuen Sitz in einer dynamischen, aufstrebenden Industriestadt zu nehmen. Angesichts dieser Perspektive dürfte die Firma ihr Angebot äußerst scharf kalkuliert und mit großem Nachdruck vertreten haben. Zu der Tatsache, dass sich die Interessenlagen von Stadt und BBC optimal ergänzten, kam die „Botschafterfunktion" des Frankfurter Stadtbaurats William H. Lindley jr. hinzu. Lindley war einerseits mit dem Firmengründer Brown befreundet, engagierte sich andererseits als Kanalisationsexperte und als Sachverständiger in der Mannheimer Kraftwerks-Kommission, war also mit den dortigen Verhältnissen bestens vertraut. Es ist nicht unwahrscheinlich, dass Lindley beide Parteien auf die Interessenkongruenz aufmerksam machte und Kontakte herstellte.

Die Entwicklung der BBC erwies sich im Weiteren als noch wesentlich erfolgreicher als zunächst angenommen, weil der Firma ab 1904 entscheidende Durchbrüche im Bereich des Turbinenbaus gelangen. Ende 1904 arbeiteten bereits 1 350 Personen bei BBC in Mannheim, 1907 1 513, 1914 waren es dann über 3 000. Innerhalb weniger Jahre war das Unternehmen damit zu einem der größten Arbeitgeber in der Stadt geworden. In einer Übersicht zur Industriestruktur Mannheims von 1906 wird das BBC-Werk neben Lanz als modernster Betrieb bezeichnet, sein Beitrag zu den Gemeindesteuern war beträchtlich.

Seitens der Stadt wurde der Bau des E-Werks zu intensiver Industrieförderung genutzt. Bei der Vergabe einzelner Komponenten schrieb die Stadt

*Das neue städtische Elektrizitätswerk. Postkarte, um 1903. StadtA MA.*

dem Generalunternehmer vor, ortansässige Bieter zu bevorzugen. So wurden der Aschenaufzug und der Kran von der Mannheimer Firma Mohr & Federhaff gebaut. Den Auftrag für die Dampfmaschinen erhielt die Firma Sulzer, Tochter eines schweizerischen Maschinenbauunternehmens, aber immerhin in Ludwigshafen ansässig. Und die Lieferung der Kabel übernahm die Süddeutsche Kabelwerke AG, die eigens nach Erteilung dieses Auftrags von Mannheimer und schweizerischen Partnern gegründet wurde. Denn die Stadt hatte die Vergabe mit der Auflage verbunden, die Herstellung der Kabel vor Ort vorzunehmen. Die Süddeutsche Kabelwerke AG baute zunächst ein Produktionswerk in Neckarau auf, später noch ein weiteres im Industriehafen. Die städtische Industriepolitik hatte damit im Zusammenhang mit dem Kraftwerksbau unmittelbar zur Ansiedlung von Firmen mit insgesamt 8 Mio. Mark Gesellschaftskapital und nach fünf Jahren immerhin bereits 2 000 Arbeitsplätzen geführt. In der Folge zeigte sich bei der Beschäftigtenstruktur in Mannheim eine signifikante Steigerung der Gewerbegruppe *Maschinen und Werkzeuge*, worunter die Elektroindustrie fiel: von 22,3 Prozent der Arbeiter 1895 auf 32 Prozent zwölf Jahre später. Damit war diese Branche klar die beschäftigungsstärkste. In Mannheim wuchs, nicht zuletzt dank solcher städtischer Industriepolitik, eine ausgesprochen moderne Branchenstruktur heran mit führenden Unternehmen in den Leitsektoren der so genannten zweiten industriellen Revolution, der Elektrotechnik und der Chemie.

### Rüsten für den großen Sprung: die Verwaltungsspitze verstärkt sich

Die Vielzahl der hier skizzierten Großprojekte hatte Mitte der 1890er Jahre die Stadtverwaltung, vor allem die Verwaltungsspitze, derart intensiv beschäftigt, dass Oberbürgermeister Beck in einer Denkschrift vom Dezember 1897 zum Befreiungsschlag ansetzte: Er forderte vom Bürgerausschuss nach Darstellung des Ehrfurcht einflößenden Aufgabenpanoramas, mit dem sich die Verwaltung konfrontiert sah, eine dritte Bürgermeisterstelle. Beck befürchtete, dass die Verwaltung angesichts der Vielzahl der laufenden Planungsprozesse von der Spitze her nicht mehr kontrollier- und steuerbar werde, und drängte energisch auf Abhilfe. Aus seiner Begründung lässt sich zugleich eine Prioritätenliste der damaligen kommunalen Agenda ablesen: an erster Stelle der Industriehafen, gefolgt von der Erweiterung der Kanalisation, der Planung und Erschließung verschiedener Bebauungsgebiete, der Errichtung einer zweiten Neckarbrücke, der Umgestaltung der Planken, dem Bau des Elektrizitätswerks und eines zweiten Gaswerks, den Vorarbeiten für ein zweites Wasserwerk, der Umgestaltung des Straßenbahnbetriebs und dem Bau von Volksschulen. Sieben der ersten zehn Positionen betrafen Maßnahmen der technischen Infrastruktur. Auch der Finanzrahmen war überaus eindrucksvoll: 10 Mio. Mark seien für diese Projekte bewilligt, 8,5 Mio. Mark davon noch nicht ausgegeben. Für die nächsten Jahre seien weitere Baumaßnahmen für 23,6 Mio. Mark projektiert. Der gigantische Investitionsschub von über 30 Mio. Mark, den Mannheim 1897 im Begriff stand in die Wege zu leiten, wollte angemessen geplant, umgesetzt und überwacht sein.

Ende 1897 bestand die Verwaltungsspitze neben Beck aus dem ersten Bürgermeister Alfred Bräunig, der bereits seit 1876 als Beigeordneter fungierte, sowie dem zweiten Bürgermeister Paul Martin, der 1894 den nach Düren gewechselten August Klotz ersetzt hatte. Der Jurist Martin, gebürtig aus Dürrheim, kam wie Beck aus der badischen Landesverwaltung, hatte als Amtmann in Heidelberg Erfahrungen mit Gemeindeproblemen gesammelt und wurde mit erst 35 Jahren in sein Amt gewählt. Im Frühjahr 1898 wurde Bräunig zum Bürgermeister von Rastatt gewählt. Das gab Gelegenheit zu einem umfassenden Revirement. Zunächst rückte Martin auf den Posten des ersten Bürgermeisters vor. Auf die nunmehr vakante Stelle des zweiten Bürgermeisters wählte der Bürgerausschuss mit 87 von 90 abgegebenen Stimmen am 12. Juli 1898 den Regierungsrat Robert Ritter von der Oberdirektion des Wasser- und Straßenbaus in Karlsruhe. Auch die sozialdemokratischen Stadtverordneten votierten offenbar für Ritter. Dieser kam ebenfalls aus der Landesverwaltung; geboren 1862 in St. Blasien hatte er seit 1885 verschiedene Stellen innegehabt, vor allem im Bereich des Steuer- und Kassenwesens. Nach längerer Debatte stimmte der Bürgerausschuss in derselben Sitzung auch der Schaffung der dritten Bürgermeisterstelle zu. Diese wurde bereits eine Woche später mit dem Amtsrichter Eduard von Hollander aus Donaueschingen besetzt. Von Hollander, 1852 in Riga geboren, war Deutschbalte und vor seiner Übersiedlung nach Deutschland in der Verwaltung von Riga tätig gewesen.

Die Neubesetzungen gaben auch Anlass zu einer Neuverteilung der Geschäftsbereiche: Martin war in erster Linie für den Vollzug der Eingemeindungen

*Die neue Spitze der Stadt: Oberbürgermeister Otto Beck und seine Bürgermeister Robert Ritter (1862–1937), Paul Martin (1859–1913) und Eduard von Hollander (1852–1935). Postkarte, vor 1908. StadtA MA.*

sowie für die technische Kommission, Wasser- und Kanalbau, Baupolizei und Bebauungspläne zuständig. Der zweite Bürgermeister Ritter zeichnete verantwortlich für die technischen Betriebe, Bade- und Marktwesen, Gemeindesteuern, Feuerschutz und den städtischen Hochbau. Von Hollander als dritter Bürgermeister hatte ein im Kern sozialpolitisches Ressort mit der Armen-, Krankenhaus-, Arbeiterversicherungs- und Volksschulkommission. Der Oberbürgermeister selbst hatte sich Haushalts-, Finanz- und Rechnungssachen, Eingemeindungsplanung und Stadterweiterungsfragen sowie auch Kulturpolitik wie Theater, Kunst, Volksbildung und höhere Schulen vorbehalten.

Beim Umbau der Verwaltungsspitze hatte Beck alle führenden Positionen mit Personen seiner Wahl und seines Vertrauens besetzt. Es handelte sich um eine vergleichsweise homogene Truppe, sowohl im Hinblick auf die berufliche Sozialisation durch Jurastudium und Verwaltungsdienst als auch altersmäßig – Geburtsjahrgänge zwischen 1846 und 1862 –, und es ist davon auszugehen, dass das Dreiergremium der hauptamtlichen Bürgermeister auch in der grundsätzlichen Auffassung über seine Rolle und Funktion mit Beck übereinstimmte. Beck hatte sich also ein qualifiziertes, schlagkräftiges und zugleich loyales Team geformt, und die hohe Zustimmung zu den wesentlich von ihm ausgewählten Kandidaten im Bürgerausschuss zeigt, dass er sich zu diesem Zeitpunkt auf die weitgehende Unterstützung aller Fraktionen verlassen konnte.

## Die Region vernetzen: das Vorortbahn-Programm

Die Anlage des Industriehafens, die Kommunalisierung der Straßenbahn und die Eingemeindungen motivierten die Verwaltung zur Entwicklung einer ambitionierten, weit über die eigene Gemarkung hinausgreifenden Nahverkehrsplanung. In einem programmatischen Schreiben bat Oberbürgermeister Beck die badische Regierung im März 1898, Konzessionsanträgen privater Firmen für Vorortbahnen im Raum Mannheim keine Genehmigung zu erteilen. Die Stadt beabsichtige selbst den Bau solcher elektrisch betriebener Verkehrsmittel und werde demnächst mit dem Bau eines Elektrizitätswerks die technischen Voraussetzungen hierfür schaffen. Bis Sommer 1899 solle Mannheim *auf Kosten und Rechnung der Stadtgemeinde mit einem Netze von Vorortbahnen umgeben werden.*[50] Dem Brief lag auch ein Plan für die vorgesehenen Linien bei. Beck warnte die Regierung vor einer Schädigung des Gemeinwohls durch Konzessionserteilung an Privatunternehmen: *Denn es müßten dann bei einem Verkehrsmittel von solch weittragender wirtschaftlicher und sozialer Bedeutung, wie es die Nebenbahnen sind, die Interessen der Gesamtheit hinter dem privatwirtschaftlichen Nutzen einiger großkapitalistischer Unternehmungen zurücktreten.* [...] *Es würden dadurch gesundheitliche und wirtschaftliche Bestrebungen der Stadtgemeinde, welche die höchste Beachtung verdienen, zum größten Schaden der Einwohnerschaft der Stadtgemeinde Mannheim und ihrer Umgebung zunichte gemacht.*[51] Nach Becks Argumentation war die kommunale Regie prinzipiell höherwertig und daher vorzuziehen. Denn der Stadt

Die Eisenbahnlinien (rot) im Mannheimer Umland. Karte, um 1900. StadtA MA.

gehe es nicht um Gewinnerzielung, sie verfolge vielmehr bevölkerungs- und sozialpolitische Ziele: Durch günstige Transportmöglichkeiten für Pendler könne der unerwünschte Zuzug von Arbeitern mit seinen negativen Folgen für Wohnungs- und sonstige soziale Versorgung gestoppt oder zumindest gedrosselt werden. *Die Großindustrie, welche durch die Anlage des Industriehafens sich voraussichtlich in Mannheim ansiedeln wird, bedarf einer Arbeitermenge, welche zur Zeit in Mannheim noch nicht vorhanden ist. Sie wird dieselbe erst herbeiziehen und wird dazu, soweit die industrielle Reservearbeiterschaft nicht ausreicht, auf das platte Land übergreifen. [...] Läßt man die Dinge hier gehen, so wie sie bisher gegangen sind, so wird ein starker Zuzug aus der Landwirtschaft nach der Stadt eine Entvölkerung des platten Landes herbeiführen, und alle die oft beklagten Mißstände dieses wirtschaftlichen Notstandes werden sich nicht nur in den Dörfern der Umgegend, sondern auch in der Stadt Mannheim selbst geltend machen.*

*Den Eintritt einer derartigen Kalamität will die Stadtgemeinde verhüten. Die für die Großindustrie nothwendige Arbeiterschaft soll derselben zur Verfügung gestellt werden, ohne daß die Ansiedelung dieser Arbeiter in Mannheim stattfindet. Das Mittel dazu sollen die Vorortbahnen bieten.*[52]

Beck sah also in elektrisch betriebenen Vorortbahnen in kommunaler Regie ein geeignetes Mittel, um die Zusammenballung industrieller Arbeiterschaft in den Großstädten zu reduzieren sowie den Arbeitern billigeren und besseren Wohnraum in kleineren Umlandgemeinden zu sichern. Seine Rhetorik bediente sich dabei zeitgenössischer Muster und Schreckensszenarien von einer *Entvölkerung des platten Landes*, wie sie in der konservativen Großstadt- und Kulturkritik der 1890er Jahre etwa von Heinrich Sohnrey, Georg Hansen oder Otto Ammon geprägt wurden.[53]

Primär ging es Beck allerdings darum zu verhindern, dass durch Konzessionen der Regierung Fakten geschaffen wurden, die den verkehrspolitischen Handlungsspielraum der Stadt erheblich eingeengt hätten. Im Vorortverkehr sah sich Mannheim nämlich mit einer mächtigen Konkurrentin konfrontiert, der Süddeutschen Eisenbahngesellschaft (SEG), die über ein meterspuriges Dampfbahnnetz verfügte, das in einem Dreieck die Städte Mannheim, Heidelberg und Weinheim verband. Deren in stündlichem Takt verkehrende kleine Züge hatten besonders in den Morgen- und Abendstunden ein erhebliches Fahrgastaufkommen – vor allem Arbeiter, die aus den umliegenden Dörfern nach Mannheim in die Fabriken strömten. Die in den Jahren 1887 bis 1891 erbauten Linien waren 1897 in der SEG zusammengefasst worden. Diese plante nun, ihr Netz allmählich auszuweiten, wobei ihr Konzessionsverträge das Recht zum Bau von Strecken im Anschluss an ihre bestehenden Linien einräumten.

*Der Schriesheimer Bahnhof im Gleisdreieck der SEG. Foto, vor 1900. StadtA MA.*

Becks Programm entwarf nun ein Gesamtverkehrsnetz für den Agglomerationsraum Mannheim. Dabei bildete der Industriehafen im Osten den Zielpunkt; eine Linie sollte auf die Friesenheimer Insel durchgeführt werden und an der Rheinfähre nach Oppau enden, also ein Pendeln über den Rhein abseits der stark belasteten Mannheim-Ludwigshafener Rheinbrücke ermöglichen.

Das vollmundig formulierte Programm war praktisch jedoch kaum einlösbar. Tatsächlich musste Beck bereits im März 1898 klar sein, dass bis Sommer 1899 weder das Kraftwerk errichtet, noch ein *Netz von Vorortbahnen* gebaut werden konnte. Becks Priorität war wohl auch weniger, selbst einen konkreten Konzessionsantrag zu stellen, als vielmehr zu verhindern, dass durch neue Konzessionen an Private die Pläne der Stadt konterkariert würden. Schließlich sollte die badische Regierung als Bündnispartner für die mit den Vorortbahnen beabsichtigte, weit ausgreifende Raumordnungspolitik Mannheims gewonnen werden.

Die Regierung ließ sich allerdings auf die Forderung Becks, der Stadt ein Quasi-Monopol für neue Vorortbahnen einzuräumen, nicht ein. Sie sicherte lediglich zu, über eingehende Konzessionsanträge zu informieren. Als im Mai 1898 die Dampfbahn Mannheim–Feudenheim an eine von der Oberrheinischen Bank in Mannheim und der Deutschen Bank Berlin zu gründende Straßenbahngesellschaft verkauft werden sollte, protestierte der Stadtrat und erreichte bei der Regierung, dass Mannheim ein Vorkaufsrecht eingeräumt wurde. Schließlich entschied sich der Bürgerausschuss im April 1899, die Linie nicht – wie zwischenzeitlich angedacht – in Betriebsgemeinschaft mit dem Bankenkonsortium, sondern allein durch die Stadt zu erwerben und zu betreiben. Bei dieser Gelegenheit billigte der Bürgerausschuss auch die im Schreiben Becks vom März 1898 formulierten Prinzipien der städtischen Verkehrspolitik.[54]

Wenig später zeigte sich, wie gering der Handlungsspielraum der Stadt bei der regionalen Verkehrspolitik tatsächlich war: Ende Mai 1899 gab die SEG ihre Absicht bekannt, eine Konzession für den Bau einer Bahnlinie von Käfertal über Wallstadt nach Heddesheim sowie von Käfertal zum Industriehafen zu beantragen. Weil die SEG aufgrund der bestehenden Konzessionsverträge – wie erwähnt – ein Vorzugsrecht besaß, Strecken, die an ihr Gleisdreieck anschlossen oder dieses kreuzten, bei sonst gleichen Bedingungen selbst zu bauen, konnten sich SEG und Stadt also bei den gegebenen Kräfteverhältnissen wechselseitig blockieren.[55] Mit dem Modell einer vertraglich vereinbarten Betriebsgemeinschaft fand man Ende 1899 eine Lösung für dieses Dilemma: Die Stadt sollte die Konzessionen für die in Frage stehenden Linien erwerben, die SEG sollte diese gegen Rechnung bauen und betreiben. Die SEG erklärte sich bereit, die Strecke Mannheim–Käfertal zweispurig auszubauen und der Stadt auch für die Benutzung mit der elektrischen Straßenbahn zur Verfügung zu stellen. Im Januar 1901 genehmigte der Bürgerausschuss den Vertrag – allerdings erst nach kontroverser Debatte. Bürgermeister Martin unterstrich dabei, dass man nur über eine solche Konstruktion überhaupt Einfluss auf die Gestaltung

## Im Schaufenster der Welt: Mannheim auf der Pariser Weltausstellung von 1900

*Harald Stockert*

Mit über 50 Millionen Besuchern brach die Pariser Weltausstellung im Jahr 1900 alle vorherigen Rekorde. Auf 120 ha Fläche präsentierten sich rund 80 000 Aussteller aus mehr als 40 Staaten mit ihren Produkten sowie Neuheiten und bescherten den Besuchern eine alle Sinne überwältigende Landschaft voller Technik, Architektur, Kultur, aber auch Vergnügen. Erstmals seit über 20 Jahren nahm das Deutsche Reich wieder an einer Weltausstellung in Paris teil, nachdem 1878 und 1889 eine Teilnahme boykottiert worden war. Nun galt es, sich zwar *im friedlichen Wettstreit der Nationen* darzustellen, dabei aber durchaus *im Kampf um die Suprematie auf dem Weltmarkte* vorwärts zu kommen. Über 5 400 Aussteller aus dem Reich nahmen an diesem „Ringen" teil, darunter mit etwas mehr als einem Dutzend vergleichsweise wenige aus Mannheim.

Die Stadtväter waren sich dennoch der Bedeutung der Ausstellung bewusst und nahmen finanzielle Anstrengungen in Kauf, um Mannheim im besten Licht darzustellen. Mit den Direktionen der badischen sowie der pfälzischen Staatseisenbahnen teilten sie sich einen Stand. Dort konnten sich die Besucher an einem imposanten Planständer mit Ansichten der Stadt und ihres Hafens ein Bild von Mannheim machen und sich gleichzeitig von den Fertigkeiten des lokalen Kunsthandwerks überzeugen. Der Ständer entstammte nämlich ebenso der Werkstatt des Mannheimer Kunstschmieds Josef Neuser wie jenes schmiedeeiserne, in barocken Formen gehaltene Portal, das für die neue städtische Gewerbeschule in N 6 vorgesehen war.

Auch die Mannheimer Unternehmen betonten die wirtschaftliche Bedeutung der Stadt, wobei das Maschinenbaugewerbe einen Schwerpunkt bildete. Nicht verwundern konnte, dass mit Heinrich Lanz auch das größte Mannheimer Unternehmen vertreten war. Es präsentierte sich erfolgreich mit verschiedenen Dampfdreschmaschinen und Lokomobilen als Marktführer in diesem Sektor. Heinrich Lanz selbst hatte an den Champs-Elysées ein stattliches Haus gemietet. Er stand in engstem Kontakt mit den Honoratioren der Ausstellung und bewegte sich erfolgreich in der Riege der international erfolgreichen Unternehmer. Gewissermaßen in seinem Windschatten präsentierte sich ein halbes Dutzend weiterer Mannheimer Unternehmen, die ebenfalls mit ihren Produkten von sich reden machten. Hierzu gehörten unter anderem die Mannheimer Eisengießerei und Maschinenbau AG mit ihren Zerkleinerungsmaschinen sowie die Schiffs- und Maschinenbau AG mit ihren imposanten Schiffsmaschinen. Nicht zuletzt erregte die Maschinenfabrik Mohr & Federhaff Aufmerksamkeit, deren Kräne, Materialprüfungsmaschinen und Aufzüge ebenfalls Weltgeltung hatten. Großes Publikumsinteresse genoss aber vor allem die Rheinische Gasmotorenfabrik, besser bekannt als Benz & Co., mit ihren Automobilen. Denn neben der Elektrizität, deren neuartige Möglichkeiten in einem prachtvoll illuminierten

Becks Programm entwarf nun ein Gesamtverkehrsnetz für den Agglomerationsraum Mannheim. Dabei bildete der Industriehafen im Osten den Zielpunkt; eine Linie sollte auf die Friesenheimer Insel durchgeführt werden und an der Rheinfähre nach Oppau enden, also ein Pendeln über den Rhein abseits der stark belasteten Mannheim-Ludwigshafener Rheinbrücke ermöglichen.

Das vollmundig formulierte Programm war praktisch jedoch kaum einlösbar. Tatsächlich musste Beck bereits im März 1898 klar sein, dass bis Sommer 1899 weder das Kraftwerk errichtet, noch ein *Netz von Vorortbahnen* gebaut werden konnte. Becks Priorität war wohl auch weniger, selbst einen konkreten Konzessionsantrag zu stellen, als vielmehr zu verhindern, dass durch neue Konzessionen an Private die Pläne der Stadt konterkariert würden. Schließlich sollte die badische Regierung als Bündnispartner für die mit den Vorortbahnen beabsichtigte, weit ausgreifende Raumordnungspolitik Mannheims gewonnen werden.

Die Regierung ließ sich allerdings auf die Forderung Becks, der Stadt ein Quasi-Monopol für neue Vorortbahnen einzuräumen, nicht ein. Sie sicherte lediglich zu, über eingehende Konzessionsanträge zu informieren. Als im Mai 1898 die Dampfbahn Mannheim–Feudenheim an eine von der Oberrheinischen Bank in Mannheim und der Deutschen Bank Berlin zu gründende Straßenbahngesellschaft verkauft werden sollte, protestierte der Stadtrat und erreichte bei der Regierung, dass Mannheim ein Vorkaufsrecht eingeräumt wurde. Schließlich entschied sich der Bürgerausschuss im April 1899, die Linie nicht – wie zwischenzeitlich angedacht – in Betriebsgemeinschaft mit dem Bankenkonsortium, sondern allein durch die Stadt zu erwerben und zu betreiben. Bei dieser Gelegenheit billigte der Bürgerausschuss auch die im Schreiben Becks vom März 1898 formulierten Prinzipien der städtischen Verkehrspolitik.[54]

Wenig später zeigte sich, wie gering der Handlungsspielraum der Stadt bei der regionalen Verkehrspolitik tatsächlich war: Ende Mai 1899 gab die SEG ihre Absicht bekannt, eine Konzession für den Bau einer Bahnlinie von Käfertal über Wallstadt nach Heddesheim sowie von Käfertal zum Industriehafen zu beantragen. Weil die SEG aufgrund der bestehenden Konzessionsverträge – wie erwähnt – ein Vorzugsrecht besaß, Strecken, die an ihr Gleisdreieck anschlossen oder dieses kreuzten, bei sonst gleichen Bedingungen selbst zu bauen, konnten sich SEG und Stadt also bei den gegebenen Kräfteverhältnissen wechselseitig blockieren.[55] Mit dem Modell einer vertraglich vereinbarten Betriebsgemeinschaft fand man Ende 1899 eine Lösung für dieses Dilemma: Die Stadt sollte die Konzessionen für die in Frage stehenden Linien erwerben, die SEG sollte diese gegen Rechnung bauen und betreiben. Die SEG erklärte sich bereit, die Strecke Mannheim–Käfertal zweispurig auszubauen und der Stadt auch für die Benutzung mit der elektrischen Straßenbahn zur Verfügung zu stellen. Im Januar 1901 genehmigte der Bürgerausschuss den Vertrag – allerdings erst nach kontroverser Debatte. Bürgermeister Martin unterstrich dabei, dass man nur über eine solche Konstruktion überhaupt Einfluss auf die Gestaltung der Vorortbahnen gewinnen könne. Becks imponierende Vision einer großzügigen Vorortbahnpolitik war also sehr rasch an den komplizierten Realitäten erworbener Rechtsansprüche gescheitert.

### „Dass Mannem 's klee Paris jetzt iss" – Kommunalisierung und Elektrifizierung der Straßenbahn

Die für den städtischen Alltag wichtigste Innovation der Zeit um 1900 war die Elektrifizierung der Straßenbahn.[56] Nach dem Grundsatzbeschluss des Bürgerausschusses vom Oktober 1897, die Pferdebahn zu kommunalisieren, zu elektrifizieren und in Gemeinschaft mit Ludwigshafen zu betreiben, handelte die Verwaltung mit der Schwesterstadt Grundsätze für den Gemeinschaftsbetrieb aus. Zwei Strecken wurden auf Ludwigshafener Gemarkung im Anschluss an das Mannheimer Netz bedient. Mannheim war im Wesentlichen für den Betrieb sowie die Unterhaltung zuständig und erhielt dafür eine Vergütung. Beide Städte bildeten ein einheitliches Tarifgebiet, Fahrpläne sollten gemeinschaftlich beschlossen werden.

Das im März 1898 beschlossene Liniennetz für Mannheim folgte den bereits mit der Pferdebahn vorgezeichneten Strecken: Der Paradeplatz wurde zum zentralen Kreuzungs- und Hauptumsteigepunkt, auf dem großen Achsenkreuz der Innenstadt (Breite Straße vom Neckar zum Schloss bzw. Rheinstraße über die Planken zur Heidelberger Straße) bündelten sich mehrere Linien, die dann außerhalb des Rings die verschiedenen Stadtviertel erschlossen. Diese radiozentrische Struktur erhöhte die kommerzielle Attraktivität und damit auch die Bodenpreise der Lagen in der Nähe des Verkehrsmittelpunkts. Tatsächlich wurden gerade um den Paradeplatz in

*Die Pferdebahn hat bald ausgedient: Bauarbeiten zur Eröffnung der „Elektrischen" am Hauptbahnhof. Foto, 1900. StadtA MA.*

der Periode um 1900 besonders viele Häuser um- bzw. neu gebaut; hier bildete sich, nicht zuletzt dank der Erreichbarkeit mit der Straßenbahn, die „City" aus, in der Wohnen teilweise durch Nutzungen mit höheren Erträgen wie Handel und Dienstleistungen ersetzt wurde.[57] Straßenbahnanschluss begünstigte auch die Eröffnung der neuen Kaufhäuser wie Wronker und Schmoller am Paradeplatz,[58] worauf später noch näher einzugehen ist.

Den Konzessionsantrag für die „Elektrische", wie sie in Mannheim genannt wurde, bewilligte die badische Regierung schließlich im April 1900 mit wenigen Einschränkungen. Im Unterschied zu anderen Städten, wo massive Widerstände gegen die Oberleitung die Elektrifizierung der Straßenbahn verzögerten, gab es hinsichtlich des Stromführungssystems kaum Konflikte. Als Spurweite wurde aufgrund ihrer Kompatibilität mit der Dampfeisenbahn der SEG die Meterspur gewählt, obwohl die Pferdebahn mit der Normalspur (1 435 mm) verkehrt war. Allerdings war wegen der deutlich schwereren Wagen der „Elektrischen" eine Neuverlegung der Gleise samt Unterbau ohnehin notwendig.

Für die Lieferung der Straßenbahnwagen erhielt ein Konsortium von Siemens und BBC den Zuschlag, was wiederum die Industrieansiedlungspolitik der Stadt unterstützte; BBC erhielt außerdem den Zuschlag für den Bau einer Umformerstation. Die Platzierung der Wagenhalle auf dem Gelände des ehemaligen Schlachthofs an der Collinistraße – ungefähr in der Mitte des Netzes – sollte Leerfahrten reduzieren. 90 Motorwagen sowie zwölf offene und zwölf geschlossene Anhängerwagen bildeten den Grundstock des Fuhrparks. Man plante von vornherein auf Zuwachs und legte die Wagenhalle und die Werkstätten so an, dass sie noch für einen um die Hälfte größeren Wagenpark ausreichten.

*Mannheimer Straßenbahnwagen. Kolorierte Zeichnung, um 1900. StadtA MA.*

## Im Schaufenster der Welt: Mannheim auf der Pariser Weltausstellung von 1900

*Harald Stockert*

Mit über 50 Millionen Besuchern brach die Pariser Weltausstellung im Jahr 1900 alle vorherigen Rekorde. Auf 120 ha Fläche präsentierten sich rund 80 000 Aussteller aus mehr als 40 Staaten mit ihren Produkten sowie Neuheiten und bescherten den Besuchern eine alle Sinne überwältigende Landschaft voller Technik, Architektur, Kultur, aber auch Vergnügen. Erstmals seit über 20 Jahren nahm das Deutsche Reich wieder an einer Weltausstellung in Paris teil, nachdem 1878 und 1889 eine Teilnahme boykottiert worden war. Nun galt es, sich zwar *im friedlichen Wettstreit der Nationen* darzustellen, dabei aber durchaus *im Kampf um die Suprematie auf dem Weltmarkte* vorwärts zu kommen. Über 5 400 Aussteller aus dem Reich nahmen an diesem „Ringen" teil, darunter mit etwas mehr als einem Dutzend vergleichsweise wenige aus Mannheim.

Die Stadtväter waren sich dennoch der Bedeutung der Ausstellung bewusst und nahmen finanzielle Anstrengungen in Kauf, um Mannheim im besten Licht darzustellen. Mit den Direktionen der badischen sowie der pfälzischen Staatseisenbahnen teilten sie sich einen Stand. Dort konnten sich die Besucher an einem imposanten Planständer mit Ansichten der Stadt und ihres Hafens ein Bild von Mannheim machen und sich gleichzeitig von den Fertigkeiten des lokalen Kunsthandwerks überzeugen. Der Ständer entstammte nämlich ebenso der Werkstatt des Mannheimer Kunstschmieds Josef Neuser wie jenes schmiedeeiserne, in barocken Formen gehaltene Portal, das für die neue städtische Gewerbeschule in N 6 vorgesehen war.

Auch die Mannheimer Unternehmen betonten die wirtschaftliche Bedeutung der Stadt, wobei das Maschinenbaugewerbe einen Schwerpunkt bildete. Nicht verwundern konnte, dass mit Heinrich Lanz auch das größte Mannheimer Unternehmen vertreten war. Es präsentierte sich erfolgreich mit verschiedenen Dampfdreschmaschinen und Lokomobilen als Marktführer in diesem Sektor. Heinrich Lanz selbst hatte an den Champs-Elysées ein stattliches Haus gemietet. Er stand in engstem Kontakt mit den Honoratioren der Ausstellung und bewegte sich erfolgreich in der Riege der international erfolgreichen Unternehmer. Gewissermaßen in seinem Windschatten präsentierte sich ein halbes Dutzend weiterer Mannheimer Unternehmen, die ebenfalls mit ihren Produkten von sich reden machten. Hierzu gehörten unter anderem die Mannheimer Eisengießerei und Maschinenbau AG mit ihren Zerkleinerungsmaschinen sowie die Schiffs- und Maschinenbau AG mit ihren imposanten Schiffsmaschinen. Nicht zuletzt erregte die Maschinenfabrik Mohr & Federhaff Aufmerksamkeit, deren Kräne, Materialprüfungsmaschinen und Aufzüge ebenfalls Weltgeltung hatten. Großes Publikumsinteresse genoss aber vor allem die Rheinische Gasmotorenfabrik, besser bekannt als Benz & Co., mit ihren Automobilen. Denn neben der Elektrizität, deren neuartige Möglichkeiten in einem prachtvoll illuminierten

Palast vorgeführt wurden, war das Auto eine der Schlüsselinnovationen der Ausstellung. Die Firma Benz stellte dabei nicht nur das Modell ihres ersten Motorwagens von 1885 aus, sondern mit dem *Spider* und dem *Duc-Tonneau* moderne Automobile, die kaum noch an die *abgebrochenen Kutschenwagen* von früher erinnerten.

Neben dem Maschinenbau zog es unter anderem mit den Firmen Böhringer & Söhne oder der Zellstofffabrik Waldhof auch Großunternehmen der chemischen bzw. Papier erzeugenden Industrie nach Paris. Besonders letztere warb mit ihren erfolgreichen Auftritten bei der Vorgängerausstellung in Chicago 1893. Eher auf den regionalen Markt fokussiert waren die meisten übrigen Aussteller aus Mannheim, die etwa den Bereichen des Buchdruckergewerbes (Dr. Haas'sche Druckerei), des Weinhandels (F. Hellwig & Co.) sowie vor allem des kunstgewerblichen Handwerks zuzuordnen waren. So zeigten etwa der Hofjuwelier Karl Heisler vergoldete Pokale oder aber der Hofmöbelfabrikant L. J. Peter moderne, dem Jugendstil verpflichtete Kanapees und Stühle, die allerdings als *Karlsruher Interieur* firmierten.

Ständer mit Ansichten der Stadt Mannheim.
Angefertigt von Joseph Neuser-Mannheim.

*Der „Ständer mit Ansichten der Stadt Mannheim". Ursprünglich war der Auftrag für die Fertigung an die gleichfalls in Paris vertretene Mannheimer Kunstschlosserei Lay vergeben worden, wurde dann aber dem renommierteren Josef Neuser übertragen. Foto, 1900. Nach G. Malkowsky (1900) S. 159.*

Seit der ersten Weltausstellung in London 1851 war es üblich, herausragende Produkte auszuzeichnen. Eine Jury entschied über die Vergabe der Preise, welche die Aussteller ihrerseits für Marketingzwecke zu nutzen hofften. Von den über 750 an deutsche Unternehmen vergebenen *Großen Preisen* und Goldmedaillen gingen einige nach Mannheim, so an die Benz & Co., die Mannheimer Eisengießerei und Maschinenbau AG sowie an die Kunsthandwerker Neuser und Peter. Auch die Chronik der Firma Mohr & Federhaff berichtet über die Verleihung einer Goldmedaille.

Mit der Vergabe eines Preises an Neuser wurde letztlich auch die Stadt Mannheim als dessen Auftraggeberin ausgezeichnet, was man im Ratsprotokoll des Jahres 1900 stolz festhielt. Dabei wurde die Weltausstellung von der Stadtverwaltung nicht nur als Werbeplattform wahrgenommen, sondern auch als Informationsbörse zum eigenen Nutzen. So zog es nicht nur einige Stadthonoratioren nach Paris; vielmehr wurden zahlreiche städtische Beamte und Angestellte dorthin geschickt. Sie kehrten mit zahlreichen Anregungen für den weiteren Ausbau ihrer Stadt zurück, wie im Übrigen auch das preisgekrönte Portal Neusers, das heute den Neckareingang des Klinikums ziert. ✧

Besonders bemerkenswert war das Tarifsystem: Im Unterschied zu anderen Städten, in denen die Straßenbahn eindeutig das Transportmittel des Bürgertums war, wurden in Mannheim schon von Anfang an Arbeiterkarten mit 50 Prozent Rabatt eingeführt, die allerdings nur zu eingeschränkten Zeiten morgens, mittags und abends gültig waren und sonntags nicht benutzt werden durften.[59] Nur wer weniger als 1 200 Mark pro Jahr verdiente, durfte sich eine Arbeiterfahrkarte kaufen. Für andere Fahrgäste galt ein Streckentarif nach Entfernungen, der günstigste Einzelfahrschein kostete 10 Pfennig. Zum Leiter des Unternehmens wurde der ehemalige Direktor der Basler Straßenbahn Ottokar Löwit bestellt, der zuvor auch als Gutachter bei der Straßenbahnplanung fungiert hatte.

Am 10. Dezember 1900 nahm die „Elektrische" den allgemeinen Betrieb auf, die feierliche Eröffnung hatte zwei Tage zuvor in Form einer Probefahrt des ganzen Bürgerausschusses samt Presse in sechs *reich geflaggten Wagen* stattgefunden. Zur Bedeutung des Ereignisses schrieb der Mannheimer *Generalanzeiger* stolz: *Der 10. Dezember wird somit in der Entwicklungsgeschichte unserer Stadt einen markanten Punkt bilden.*[60]

In den folgenden Wochen waren die Zeitungen und Leserbriefspalten voll mit Meldungen zur Straßenbahn; viel Begeisterung, aber auch manche Kritik wurde laut, etwa wenn Ludwigshafener sich beschwerten, dass auf den Wagen und Billetts nur *Städtische Straßenbahn in Mannheim* stehe und auf den Fahrkarten lediglich das Mannheimer Wappen auftauche, während zur Pferdebahnzeit beide Städte repräsentiert waren. Bemängelt wurden aber auch fehlende oder überflüssige Haltestellen, schlechte Abstimmung der Schaffner beim Umsteigen, vor allem aber das vorgeblich zu langsame Tempo. Offenbar waren die Erwartungen, welche Beschleunigung durch die „Elektrische" zu erzielen sei, sehr viel weiter gehend gewe-

*„Ludwigshafener Straßenbahnschmerzen": Manche Ludwigshafener befürchteten gar ihre schleichende Eingemeindung durch die Mannheimer. „Generalanzeiger" vom 13. Dezember 1900. StadtA MA.*

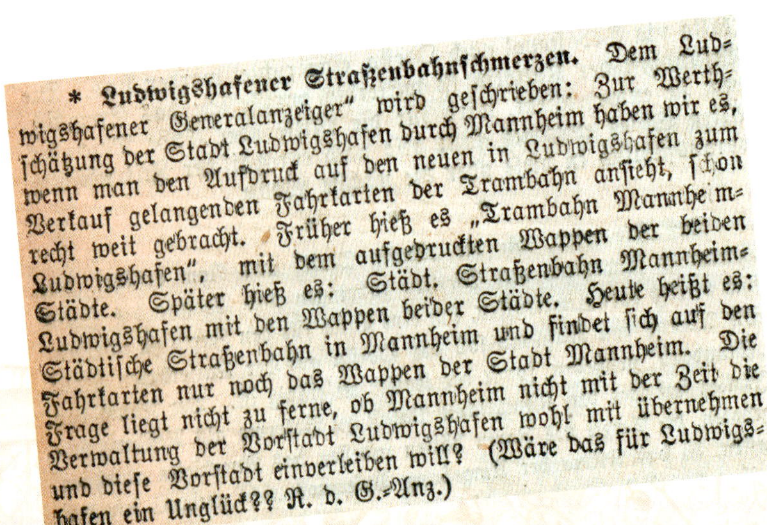
* **Ludwigshafener Straßenbahnschmerzen.** Dem Ludwigshafener Generalanzeiger" wird geschrieben: Zur Werthschätzung der Stadt Ludwigshafen durch Mannheim haben wir es, wenn man den Aufdruck auf den neuen in Ludwigshafen zum Verkauf gelangenden Fahrkarten der Trambahn ansieht, schon recht weit gebracht. Früher hieß es „Trambahn Mannheim-Ludwigshafen", mit dem aufgedruckten Wappen der beiden Städte. Später hieß es: Städt. Straßenbahn Mannheim-Ludwigshafen mit den Wappen beider Städte. Heute heißt es: Städtische Straßenbahn in Mannheim und findet sich auf den Fahrkarten nur noch das Wappen der Stadt Mannheim. Die Frage liegt nicht zu ferne, ob Mannheim nicht mit der Zeit die Verwaltung der Vorstadt Ludwigshafen wohl mit übernehmen und diese Vorstadt einverleiben will? (Wäre das für Ludwigshafen ein Unglück?? R. d. G.-Anz.)

sen, als das System tatsächlich leisten konnte. Klage wurde auch über das häufige Klingeln der Fahrer geübt, denen eingeschärft worden war, durch großzügigen Gebrauch der Glocke Unfälle zu vermeiden. Die Mannheimer Bevölkerung musste sich an das neue Verkehrsmittel erst noch gewöhnen, das wegen des fehlenden Hufegeklappers akustisch sehr viel weniger wahrnehmbar war als die bisherige Pferdebahn.

Ein Leserbriefschreiber stellte bei seinen Mitbürgern einen *Mangel an Großstadtzucht*[61] fest, weil man den Straßenbahnwagen nicht ausweiche und beim Ein- und Aussteigen sich nicht angemessen beeile. Für viele Zeitgenossen war Mannheim mit dem Transportmittel elektrische Straßenbahn erst richtig zur Großstadt geworden, aber dieser Aufstieg – so der Leserbriefschreiber – erfordere nun auch anderes Verhalten im Verkehr und auf der Straße.

Großstädtische Ambitionen dokumentiert auch eine Scherzpostkarte anlässlich der Inbetriebnahme der Straßenbahn, die in Mundart beschreibt, wie die täglichen Verrichtungen im Wochenlauf durch die „Elektrisch" erleichtert und beschleunigt würden. Das Gedicht endet so: *Ja, Leutcher, dess is halt viel werth, / dass ma hier flott elektrisch fährt. / Die Fremde glaawe ganz gewiss, / dass Mannem 's klee Paris jetzt iss.*[62]

Die Einführungsphase der „Elektrischen" zog sich noch bis Ende Mai 1902 hin, als auch die Ludwigshafener Linien eingeweiht und die letzten noch mit Pferden betriebenen Strecken auf elektrischen Betrieb umgerüstet waren. Die Straßenbahn wurde sehr rasch ein durchschlagender Erfolg. Bereits 1902, als das Grundnetz fertiggestellt war, zählte sie 11,5 Mio.

*Auch an ein neues Gefährt will sich gewöhnt sein. Scherzpostkarte auf die „Elektrische", 1900. StadtA MA.*

Fahrgäste, verglichen mit 4,5 Mio. im letzten Normaljahr der Pferdebahn. Und bis 1914 steigerte sich die Fahrgastzahl sogar auf 43 Mio., natürlich auch bei entsprechender Netzerweiterung.[63]

Auf den meisten Strecken verkehrte die Bahn im 5-Minuten-Takt, auf den Hauptstrecken innerhalb des Rings, wo sich zwei Linien überlagerten, war sogar alle 2,5 Minuten ein Fahrzeug zur Stelle. Meist reichten Triebwagen aus, nur in Stoßzeiten wie etwa bei Theateraufführungen oder an Wochenenden wurden in größerem Umfang auch Anhänger eingesetzt. Die „Elektrische" brachte Mannheim Mobilität in bisher unbekanntem Maße. Die Menschen wurden freier und flexibler in der Wahl ihres Wohnorts und der Gestaltung ihrer Freizeitaktivitäten. Nicht zuletzt der Industriehafen profitierte erheblich von der „Elektrischen"; auf dem bereits um 1900 besiedelten rechten Ufer verkehrte ab 1902 die Straßenbahn, auf dem linken Ufer nahm sie 1906 den Betrieb auf.

## Noch mehr Energie – das Gaswerk

Seit der Kommunalisierung 1873 war das Gaswerk ein wesentlicher Aktivposten des städtischen Haushalts. Als Anfang der 1890er Jahre die zunehmende Konkurrenz der Elektrizität in Gestalt privater Blockstationen, aber auch der Siegeszug des gassparenden Auer-Glühstrumpfs diese Rolle des Gaswerks zu bedrohen schien, reagierte dieses zunächst mit einer Diversifizierung der Tarife, um mit günstigeren Preisen den Markt für Koch-, Heiz- und Motorengas zu erschließen. Mit der Ausstellung von Herden und Gasbadeöfen im Schauraum des Gaswerks versuchte man zudem, neue Einsatzmöglichkeiten für Gas zu propagieren. Wegen des unerwartet großen Erfolgs dieser Marketing-Maßnahmen schlug 1897 die Gaswerk-Direktion den Bau einer zweiten Erzeugungsanlage am Industriehafen vor, von der aus sich – hier machten sich bereits die Eingemeindungen bemerkbar – die Gasversorgung der Neckarstadt und Käfertals unproblematisch organisieren ließe. Das Projekt zeigt, wie um 1900 angesichts der exorbitanten Wachstumsraten die Projektionen in den Himmel schossen: Das neue Gaswerk sollte in mehreren Stufen ausgebaut werden, um 1924 eine Bevölkerung von 315 000 versorgen zu können. Zur Planungszeit hatte Mannheim gerade mal 140 000 Einwohner, man erwartete also, in Fortschreibung der aktuellen Wachstumsraten, eine Steigerung auf mehr als das Doppelte innerhalb von 25 Jahren!

Nach Bewilligung durch den Bürgerausschuss im April 1899 wurde das Gaswerk mit Hochdruck im Gewann Luzenberg am Rand des Industriehafens aus dem Boden gestampft, sodass bereits im November 1900 der Betrieb aufgenommen werden konnte. Mit dem Standort gab die Stadt auch für potentielle Käufer von Grundstücken in Mannheims neuem Industriegebiet ein klares Signal, welches Gewicht sie der zukünftigen industriell-gewerblichen Entwicklungsachse nördlich des Neckars beimaß und dass sie dafür auch in Form des Elektrizitätswerks, des Gaswerks und der Straßenbahn in erheblichem Umfang zu investieren bereit war. Allerdings entwickelte sich nach 1900 der Gasabsatz zunächst nicht wie erhofft, vor

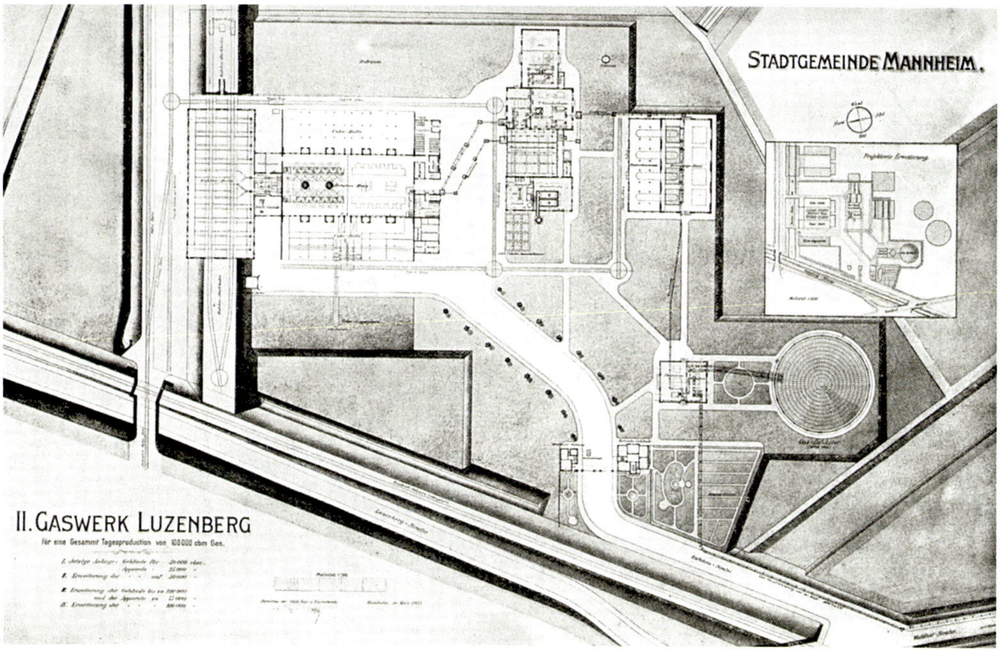


Plan des neuen Gaswerks auf dem Luzenberg, um 1906. Nach Mannheim und seine Bauten (1906) S. 616.

allem auch wegen des scharfen Konjunktureinbruchs 1901/02. Nach einer Stagnation bis 1904 konnte erst nach 1906 wieder an das Wachstum der 1890er Jahre angeknüpft werden. Beim Gasabsatz zeigten sich signifikante Verlagerungen vom Leuchtgas zum Koch- und Heizgas, was einerseits die zunehmende Verbreitung elektrischen Lichts vor allem im kommerziellen Bereich, andererseits die wachsende Popularität von Gasherden und -boilern widerspiegelt. Überdies versuchte die Stadt, auch die Arbeiterschaft als Konsumenten zu erschließen: Ab 1902 bot das Gaswerk Münzautomaten an, aus denen gegen Münzeinwurf eine bestimmte Menge Gas bezogen werden konnte. Damit war ein wesentlicher Vorbehalt Geringverdienender beseitigt, nämlich dass durch den Gaskonsum nicht kalkulierbare Kosten auf die Haushaltskasse zukämen. Gekoppelt war dieser Automat mit einem einfachen Gasherd und zwei Gaslampen für die Küche und ein angrenzendes Zimmer. Diese Gasautomaten blieben zwar stets ein kleines Marktsegment, dennoch trugen sie dazu bei, Teile der kleinen Leute an den Gaskonsum heranzuführen.

Mit Gas gespeist wurden schließlich die Tausende von öffentlichen Straßenlaternen: 1908 gab es rund 3 300 auf Mannheimer Gemarkung. Die Umrüstung der alten Gaslaternen auf Dauerbrenner war 1898 abgeschlossen. Auch in den eingemeindeten Vororten wurden kurz nach 1900 Gaslaternen eingeführt, damals ein Symbol der Urbanität. Zunächst wurden diese noch von Laternenanzündern an- und ausgeschaltet, ab 1912 wurde dann die arbeitssparende Ferndruckzündung flächendeckend eingeführt, der „Laternenputzer" verschwand als Symbol der alten Zeit. Demgegenüber

*Das neue Gaswerk im Bau, um 1906. Nach Mannheim und seine Bauten (1906) S. 617.*

wurde elektrische Beleuchtung nur sehr selektiv auf den Hauptstraßen installiert, denn die Kosten übertrafen die der Gasbeleuchtung damals noch um ein Vielfaches. Den Durchbruch brachte hier das Stadtjubiläum von 1907, als sich Mannheim im wahrsten Wortsinn „im besten Licht" zeigen wollte: Die repräsentativen Straßen und Plätze wie etwa der Friedrichsplatz strahlten nunmehr in elektrischem Glanz.

## Mannemer Dreck in den Rhein?

Gewinn zog die Stadt auch aus dem Wasserwerk, das 1888 seinen Betrieb aufgenommen hatte. Es war erklärter Wille der zuständigen Kommission, dass das Wasserwerk über Zins und Tilgung der für seinen Bau aufgenommenen Darlehen hinaus mit Überschüssen in Höhe von 1 bis 2 Prozent des Anlagekapitals zum Gemeindehaushalt beitragen sollte. Eine Minimaltaxe in Höhe von 3 Prozent des Mietwerts der angeschlossenen Häuser sollte sicherstellen, dass die Konsumenten nicht zu sparsam mit dem Wasser umgingen, auch um die notwendige Spülung des Kanalnetzes zu erreichen. Sichtbarster Ausdruck der neuen, eine kulturelle Revolution der Reinlichkeit einleitenden Wasserversorgung war im Stadtbild der trutzige Wasserturm am Friedrichsplatz. Der Schutz der Grundwasservorräte im Käfertaler Wald und deren erweiterte Nutzung waren ein wichtiges Motiv bei der Eingemeindung Käfertals 1897.

Parallel zum Ausbau der Wasserversorgung wurde auch ein Abwasser-Kanalnetz errichtet, geplant und ingenieurtechnisch überwacht vom Frankfurter Stadtbaurat William H. Lindley jr., der ein eigenes *Sielbaubüro* in Mannheim einrichtete. Die Kanalisation warf jedoch ein zentrales Problem auf: Wohin mit den mit Fäkalien und anderen Abfallstoffen belasteten Abwässern? Im Mai 1895 legte der Stadtrat dem Bezirksamt einen Plan vor, nach dem alle Abwässer in einer Pumpstation auf dem rechten Neckarufer gesammelt werden, in geringem Umfang behandelt und dann von der Friesenheimer Insel aus gegenüber der BASF-Fabrik in den Rhein eingeleitet werden sollten. Dieser Plan provozierte eine längere Kontroverse, weil Worms, das 12 km stromabwärts seine Wasserversorgung aus dem Fluss bezog, massiv gegen die Mannheimer Pläne protestierte. Das badische Innenministerium berief mehrere Kommissionen technischer und medizinischer Experten, die die von den Abwässern ausgehenden gesundheitlichen und ästhetischen Beeinträchtigungen begutachten sollten.[64] Eine erste Kommission, der etwa die renommierten Stadtplaner Reinhart Baumeister und Josef Stuebben angehörten, erteilte der Stadt kaum Auflagen; die Selbstreinigungskraft des Rheins sei ausreichend für die Absorption der Abwässer, zu fordern sei nur, dass keine *grobsinnlich erkennbare Verschmutzung erfolge.* Demgegenüber betonte eine zweite Kommission, der mit Professor August Gärtner ein führender Hygiene-Experte und Schüler von Robert Koch angehörte, dass es sich hier um einen Präzedenzfall handle; es gelte, der massenhaften Verschmutzung des Rheins durch die Anliegerstädte entgegenzutreten, *damit Zustände von vornherein vermieden werden, wie sie anderswo, z.B. in England, vielfach vorgekommen sind.*[65] Das Gutachten schlug eine Abwasserreinigung vor, die die Größe der Partikel auf 2–3 mm verringerte und damit eine sinnliche Wahrnehmung der takalen Verschmutzung ausschloss. Auch die emotionalen und ästhetischen Werte des Rheins wurden berücksichtigt, wenn die Kommission als eines ihrer Motive nennt: [...] *um den so leicht laut werdenden Besorgnissen vor Verschmutzung und Verseuchung des schönsten deutschen Stromes von vornherein entgegenzutreten.*[66] Andererseits forderten die Experten die Stadt Worms auf, aus Gründen der hygienischen Sicherheit die Trinkwasserversorgung

*Schönes Briefpapier – schmutziger Inhalt: Gesuch der Firma Seilwolff vom 20. Dezember 1893, die Abwässer aus ihrer Drahtwäscherei in den Rhein leiten zu dürfen. StadtA MA.*

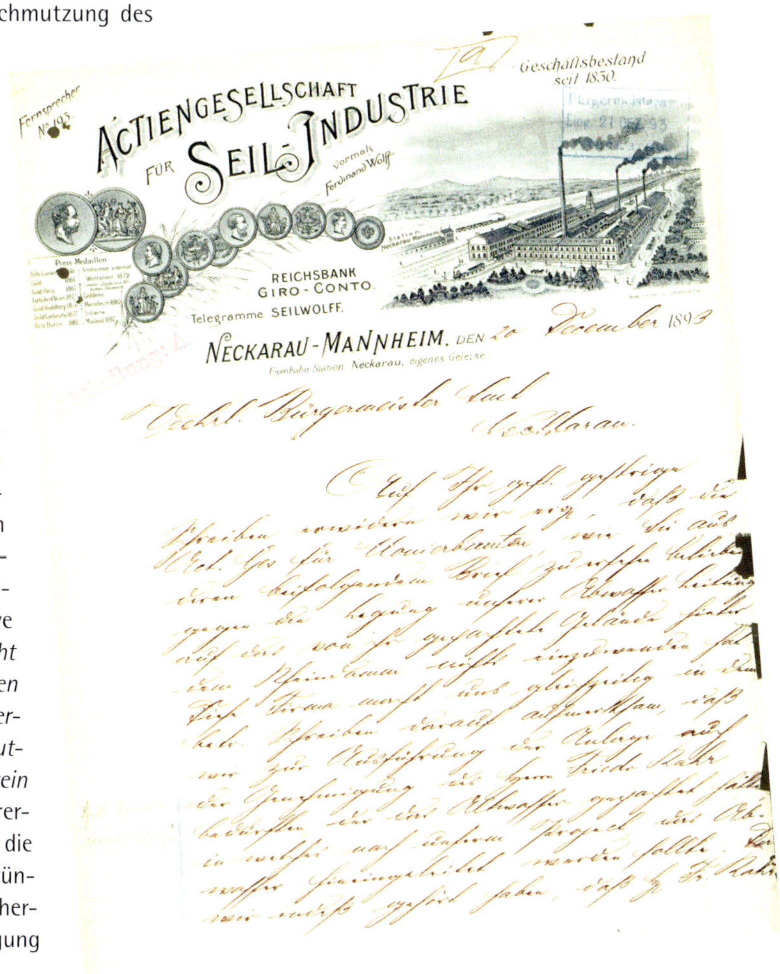
Fernsprecher No. 193
Geschäftsbestand seit 1830.
Actiengesellschaft für Seil-Industrie vormals Ferdinand Wolff
Reichsbank Giro-Conto.
Telegramme Seilwolff.
Neckarau-Mannheim, den 20 Dezember 1893
Eisenbahn Station Neckarau, eigenes Geleise

*Umweltauflagen im Jahr 1894: Der zuständige Bezirksrat erteilt der Firma Seilwolff ohne größere Auflagen die wasserpolizeiliche Genehmigung auf ihr umseitiges Gesuch. StadtA MA.*

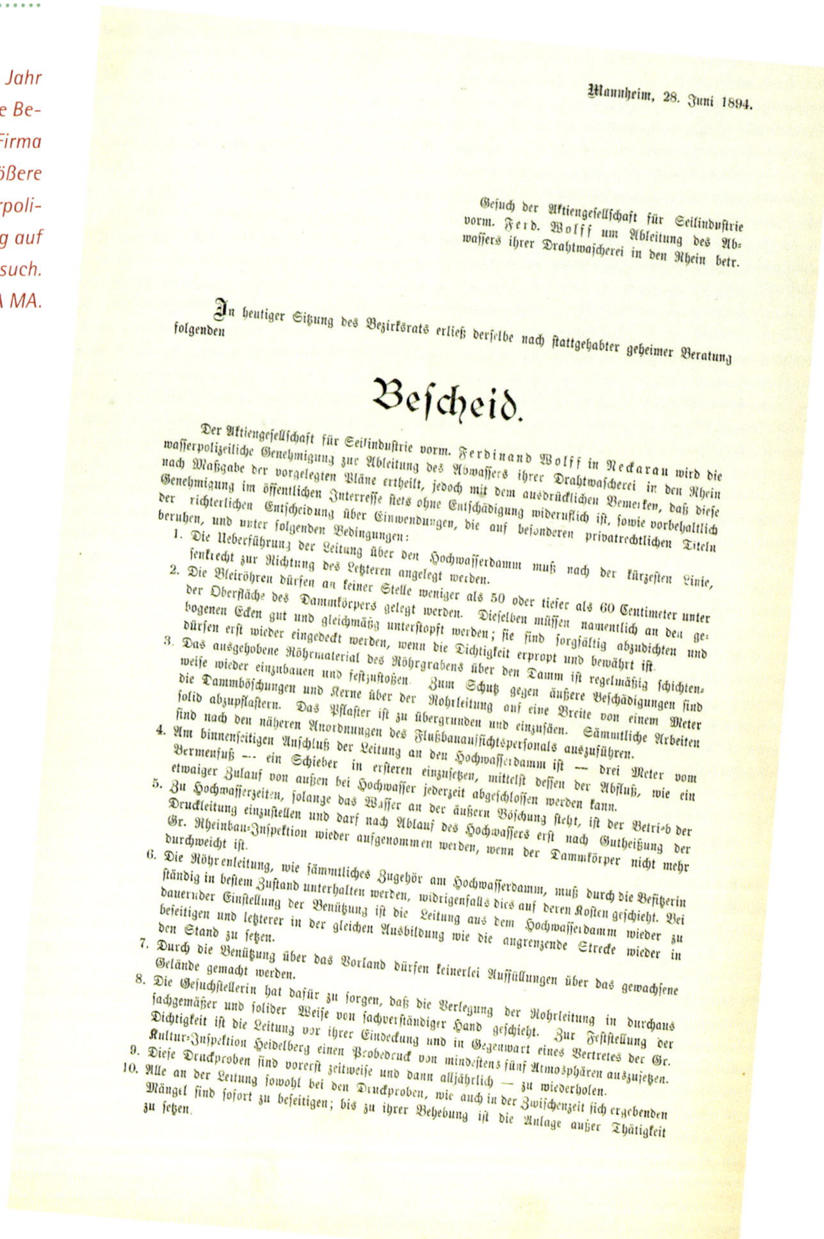

Mannheim, 28. Juni 1894.

Gesuch der Aktiengesellschaft für Seilindustrie
vorm. Ferd. Wolff um Ableitung des Ab-
wassers ihrer Drahtwascherei in den Rhein betr.

In heutiger Sitzung des Bezirksrats erließ derselbe nach stattgehabter geheimer Beratung
folgenden

# Bescheid.

Der Aktiengesellschaft für Seilindustrie vorm. Ferdinand Wolff in Neckarau wird die
wasserpolizeiliche Genehmigung zur Ableitung des Abwassers ihrer Drahtwascherei in den Rhein
nach Maßgabe der vorgelegten Pläne ertheilt, jedoch mit dem ausdrücklichen Bemerken, daß diese
Genehmigung im öffentlichen Interresse stets ohne Entschädigung widerruflich ist, sowie vorbehaltlich
der richterlichen Entscheidung über Einwendungen, die auf besonderen privatrechtlichen Titeln
beruhen, und unter folgenden Bedingungen:
1. Die Ueberführung der Leitung über den Hochwasserdamm muß nach der kürzesten Linie,
senkrecht zur Richtung des Letzteren angelegt werden.
2. Die Bleiröhren dürfen an keiner Stelle weniger als 50 oder tiefer als 60 Centimeter unter
der Oberfläche des Dammkörpers gelegt werden. Dieselben müssen namentlich an den ge-
bogenen Ecken gut und gleichmäßig unterstopft werden; sie sind sorgfältig abzudichten und
dürfen erst wieder eingedeckt werden, wenn die Dichtigkeit erpropt und bewährt ist.
3. Das ausgehobene Röhrmaterial des Röhrgrabens über den Damm ist regelmäßig schichten-
weise wieder einzubauen und festzustoßen. Zum Schutz gegen äußere Beschädigungen sind
die Dammböschungen und Kerne über der Rohrleitung auf eine Breite von einem Meter
solid abzupflastern. Das Pflaster ist zu übergrunden und einzusäen. Sämmtliche Arbeiten
sind nach den näheren Anordnungen des Flußbauaufsichtspersonals auszuführen.
4. Am binnenseitigen Anschluß der Leitung an den Hochwasserdamm ist — drei Meter vom
Bermenfuß — ein Schieber in ersteren einzusetzen, mittelst dessen der Abfluß, wie ein
etwaiger Zulauf von außen bei Hochwasser jederzeit abgeschlossen werden kann.
5. Zu Hochwasserzeiten, solange das Wasser an der äußern Böschung steht, ist der Betrieb der
Druckleitung einzustellen und darf nach Ablauf des Hochwassers erst nach Gutheißung der
Gr. Rheinbau-Inspektion wieder aufgenommen werden, wenn der Dammkörper nicht mehr
durchweicht ist.
6. Die Röhrenleitung, wie sämmtliches Zugehör am Hochwasserdamm, muß durch die Besitzerin
ständig in bestem Zustand unterhalten werden, widrigenfalls dies auf deren Kosten geschieht. Bei
dauernder Einstellung der Benützung ist die Leitung aus dem Hochwasserdamm wieder zu
beseitigen und letzterer in der gleichen Ausbildung wie die angrenzende Strecke wieder in
den Stand zu setzen.
7. Durch die Benützung über das Vorland dürfen keinerlei Auffüllungen über das gewachsene
Gelände gemacht werden.
8. Die Gesuchstellerin hat dafür zu sorgen, daß die Verlegung der Rohrleitung in durchaus
sachgemäßer und solider Weise von sachverständiger Hand geschieht. Zur Feststellung der
Dichtigkeit ist die Leitung vor ihrer Eindeckung und in Gegenwart eines Vertretes der Gr.
Kultur-Inspektion Heidelberg einen Probedruck von mindestens fünf Atmosphären auszusetzen.
9. Diese Druckproben sind vorerst zeitweise und dann alljährlich — zu wiederholen.
10. Alle an der Leitung sowohl bei den Druckproben, wie auch in der Zwischenzeit sich ergebenden
Mängel sind sofort zu beseitigen; bis zu ihrer Behebung ist die Anlage außer Thätigkeit
zu setzen.

aus dem Rhein einzustellen. Nach diesem Gutachten erteilte die badische Regierung der Stadt Mannheim entsprechende Auflagen: Eine mechanische Kläranlage war auf der Friesenheimer Insel zu errichten. Allerdings genoss Mannheim dank der enormen Wassermassen des Rheins immer noch einen Standort-Vorteil im Vergleich zu Frankfurt oder Wiesbaden, wo die Auflagen zur Abwasserreinigung zur gleichen Zeit wegen der geringeren Wasserführung der dortigen Vorfluter deutlich schärfer waren.

## An der Jahrhundertwende: eine Stadt im Umbruch

Wer Mannheim um 1900 besuchte, fand die Stadt als Großbaustelle vor. Wegen der Elektrifizierung der Straßenbahn wurden in vielen Straßen die Schienen der alten Pferdebahn entfernt und neue stabilere Gleise verlegt. Gleichzeitig nutzte man das Aufreißen des Straßenpflasters, um Kabel für die Elektrizitätsversorgung zu verlegen. Parallel dazu wurden ältere Gasleitungen durch leistungsfähigere ersetzt. Zur gleichen Zeit entstanden Hunderte von Transformatorenhäuschen über die Stadt verstreut, in denen der Strom von 3 000 Volt auf die Gebrauchsspannung von damals 110 Volt heruntertransformiert wurde, um dann an die Endverbraucher verteilt zu werden. Die Bau- und Wohnungsstatistik spricht von einer lebhaften Um- und Neubautätigkeit innerhalb der Quadrate wie natürlich auch in den Stadterweiterungsgebieten. In den Jahren 1899 bis 1901, auf dem Höhepunkt der Baukonjunktur, wurden über 6 000 Wohnungen in Mannheim neu errichtet, dazu kamen Kirchen, Schulen etc. in den Stadtvierteln. Besonders „wild" sah es im Industriehafen aus, wo nach Abschluss der Erdarbeiten, des Baus der Hafenbecken und der Anlage der Gleise erste Fabriken emporwuchsen, darunter auch das städtische Elektrizitätswerk am stadtwärts gelegenen Beginn des Industriehafens und das städtische Gaswerk im Gewann Luzenberg.

„Wild" zu ging es auch bei den nicht seltenen Streiks und Aussperrungen: Mannheim als Wirtschaftsmetropole Badens galt immer häufiger als das Streikzentrum der sich zunehmend gewerkschaftlich organisierenden Arbeiterschaft. Dabei wurden, da Ungelernte noch keineswegs Mitglied in den Gewerkschaften sein konnten, die Streiks nicht selten von angehenden Facharbeitern in kleineren und mittleren Betrieben getragen. Den Beginn zur Jahrhundertwende machten die Former der Firma Gebr. Reuling in Neckarau. Drei Wochen dauerte der Ausstand der im Holzarbeiterverband organisierten Wagnergehilfen, um eine 10-stündige Arbeitszeit, 25 Prozent Zuschlag für Überstunden und Abschaffung von Kost und Logis bei den Meistern statt Lohnzahlung durchzusetzen. Bei Bopp & Co. gelang es den Küfern, einen Mindestlohn von 40 Pf. die Stunde zu erreichen.[67] Als belastend erwies sich der heraufziehende Konjunktureinbruch, der zu meist umfangreichen Entlassungen führte. Auch die Stadt als Arbeitgeber machte hierbei keine Ausnahme.

Gleichwohl war Mannheim um die Jahrhundertwende eine Stadt im Umbruch und im Aufbruch zu neuen Ufern. Das konnten die Bewohner geradezu physisch wahrnehmen, wenn sie Baustellen zu Umwegen zwangen. Nicht wenige Beobachter attestierten Mannheim ein *amerikanisches*

*Zu Beginn des neuen Jahrhunderts beauftragte die Stadtverwaltung Mannheim den Grafiker Karl Grote (1839–1907) mit der Erstellung eines der damaligen Mode entsprechenden Vogelschaubildes ihrer Stadt. Bewusst wurde dabei die Perspektive von Osten gewählt, sodass nicht länger wie in früheren Darstellungen das Schloss, sondern der Hafen in den Fokus rückt. Eingerahmt von den allegorischen Figuren der „Mannhemia" (links) und dem Handelsgott Merkur, der für die „Industrie" stehen sollte (rechts), werden an der Unterseite stolz die Wachstumszahlen Mannheims präsentiert (siehe auch oben Abbildung S. 509). Plakat, 1900. REM.*

NECKAR
MANNHEIM
Bahngüter-verkehr
Hafengüter-verkehr
Gesamtsteuer-kapital
Gewerbesteuer-kapital
Umsatz der Reichsbank-Hauptstelle
Aktienkapital
INDUSTRIE

*Tempo*, und auch der amerikanische Konsul Harris zeigte sich im März 1900 äußerst beeindruckt von dem Ausmaß der Bautätigkeit und bezweifelte, dass irgendeine andere Stadt Europas eine so große Zahl von im Bau befindlichen neuen Gebäuden aufweise wie Mannheim.[68] Das barocke Stadtbild ging mehr und mehr verloren, ebenso verschwanden zusehends die Arbeiterwohnungen, die stattdessen entlang der Bahnlinie in den Vororten entstanden.[69] Anstelle der ehedem zwei- bis dreigeschossigen Häuser in der Innenstadt wuchsen Neubauten mit vier oder fünf Geschossen empor, oft im Stil des Historismus, häufig in einer Mischung aus Neobarock und Jugendstil, mitunter in den Stadterweiterungsgebieten auch im Landhausstil gebaut. Die Abrisswut führte neueren Forschungen zufolge dazu, dass bis 1914 der Gebäudebestand aus dem 18. Jahrhundert nicht einmal mehr 10 Prozent ausmachte. Von Kriegszerstörungen abgesehen, hatte es in Mannheims Geschichte dergleichen Eingriffe in die bauliche Substanz nicht gegeben.[70]

Um die Jahrhundertwende, nur wenige Jahre nachdem Wertheim in Berlin und Oscar Tietz in München ihre ersten Warenhäuser errichtet hatten, wagten die drei potentesten Einzelhandelsfirmen der Stadt den Schritt, äußerst prachtvolle, großstädtische Warenhauspaläste zu bauen: Zunächst öffnete am 6. Oktober 1900 die Firma Kander in T 1, 1 ein viergeschossiges Haus mit 50 Abteilungen, in dem 160 Angestellte beschäftigt waren.[71] Seit 10. Dezember 1904 zog das neu eröffnete Etablissement von H. Schmoller & Co in P 1, 8–10 die Kundschaft an, vis-a-vis dem barocken Kaufhaus aus

Paradeplatzfront des Quadrats P 1, unter anderem mit dem 1904 errichteten Kaufhaus Schmoller (rechts) sowie dem Modehaus Kaufmann links. Foto, 1906. StadtA MA.

dem 18. Jahrhundert am Paradeplatz. Nur drei Monate später weihte Hermann Wronker einen Steinwurf entfernt in E 1, 5–6 sein schmuckes, von mächtigen Schaufenstern geprägtes Geschäftsgebäude ein. Ganz gezielt setzten alle drei Häuser wie nie zuvor in der Geschichte des Einzelhandels auf den werbenden Effekt ihrer Bauten. Neben den strahlenden, weithin sichtbaren Auslagen in den Schaufenstern diente die Architektur selbst dazu, die Kauflust zu stimulieren. Die mit modernsten Mitteln wie Stahlskeletten und Beton konstruierten und neueste Brandschutzerkenntnisse berücksichtigenden Bauten entwickelten eine weit über die Stadt hinausreichende Strahlkraft, die Mannheims Ruf als Einkaufsstadt, eben als moderne „City", begründeten. Gleichzeitig wurden die Schließung kleinerer Geschäfte, sinkende Mieterträge und Einnahmeeinbrüche aus den Verkaufsmessen sowie dem Weihnachtsmarkt beklagt und über den *verderblichen Einfluß der Waarenhäuser* debattiert.[72] Planken und Breite Straße avancierten zu den Einkaufsmeilen der Stadt.

*Moderner Konsumtempel: Treppenhaus des 1900 errichteten Kaufhauses Kander in T 1, 1. Werbepostkarte, um 1904. StadtA MA.*

Die boomende Bautätigkeit – und die damit einhergehende baupolizeiliche Aufsicht und Spezialisierung in ein städtisches Tief- und ein Hochbauamt[73] – sowie die Abrisswut führten aber auch dazu, dass die Denkmalpflege erste, wenn auch noch zaghafte Konturen gewann. 1899 berief das Großherzogtum Baden Bezirkspfleger, die als Ortskundige den in Karlsruhe tätigen Amtskonservator bei der Denkmalpflege unterstützen sollten. Für Mannheim wurde der Vorsitzende des Altertumsvereins Max Seubert als erster mit dieser Aufgabe betraut.[74] Die Stunde der Bewährung schlug hier, als die Zukunft des Kaufhauses in N 1 zur Disposition stand, worauf später noch näher einzugehen sein wird.

Die Einwohnerzahl war gegenüber 1890 nochmals, teilweise auch aufgrund der Eingemeindungen, um über 60 000 oder 78,5 Prozent auf 141 147 gestiegen. Mannheim war zudem eine sehr junge Stadt, die Gruppe der 20- bis 30-Jährigen machte 1900 fast ein Viertel der Einwohner aus, und fast ein Drittel war unter 15 Jahren. Dagegen lag die Gruppe der über 50-Jährigen bei unter 10 Prozent. Dass eine solche Altersstruktur hohe Anforderungen etwa an die Ausstattung mit Bildungseinrichtungen stellte, liegt auf der Hand.

## „Schulter an Schulter": Das „Mannheimer Abkommen" 1906

*Walter Spannagel*

Nach Aufhebung des so genannten Sozialistengesetzes kam es im November 1890 mit der Bildung der Generalkommission der Gewerkschaften Deutschlands zu einem ersten organisatorischen Zusammenschluss der sozialistisch orientierten Gewerkschaften unter dem Vorsitz von Karl Legien, deren Mitgliederzahl in den folgenden Jahren rasant anstieg. In Mannheim beispielsweise wuchs ihre Zahl von 1 800 im Jahr 1893 auf über 12 500 im Jahr 1906, davon waren etwa 5 300 Metallarbeiter. Das 1899 vom hiesigen Gewerkschaftskartell als Auskunfts- und Beratungsstelle gegründete Arbeitersekretariat, das auch Nichtorganisierten offen stand, wurde 1905 von 8 349 Personen in Anspruch genommen.

Parallel dazu kam es zunehmend zu Wahlerfolgen der Sozialdemokratie. Obwohl durch das Dreiklassenwahlrecht eingeschränkt, waren in Mannheim steigende Stimmenzahlen bei Landtags- wie bei Kommunalwahlen zu verzeichnen. August Dreesbach, der führende Kopf der Mannheimer Sozialdemokraten, war es, der 1896 für Baden das erste Kommunalprogramm entwarf.

So kann es als Symbol für die zunehmende Bedeutung der Arbeiterbewegung gewertet werden, dass die SPD die Eröffnungsveranstaltung ihres Parteitags am 23. September 1906 im voll besetzten Nibelungensaal des Rosengartens, gleichsam in der „guten Stube" des Mannheimer Bürgertums abhalten konnte. Im weiteren Tagungsverlauf indes hatten die Sozialdemokraten mit zahlreichen Schikanen zu kämpfen. So mussten die Delegierten bereits am folgenden Tag in das Apollo-Theater im Quadrat G 6, 3 ausweichen, da der Rosengarten angeblich für die großherzoglichen Jubiläumsfeierlichkeiten benötigt wurde. Auch untersagte das Reichspostamt in Berlin in letzter Minute die Einrichtung der für derartige Kongresse

*Frauenkonferenz auf dem SPD-Parteitag 1906 im Mannheimer Apollo-Theater, August Bebel (1840–1913) am Rednerpult. Foto, 1906. StadtA MA.*

üblichen Postanstalt im Tagungslokal. Vor allem die beengten Platzverhältnisse im Apollo-Theater veranlassten das Lokalkomitee der Sozialdemokraten, erneut mit der Stadt Mannheim in Verhandlungen zu treten, um die Freigabe des Rosengartens zu erwirken. In einer eigens einberufenen Sitzung erteilte der Stadtrat am späten Nachmittag des 24. September die Genehmigung, ab dem 26. September den Parteitag der SPD wieder in den Nibelungensaal zu verlegen.

Für die Lösung der inhaltlichen Konflikte war der Mannheimer Parteitag von entscheidender Bedeutung. Bereits in seinem Vorfeld war es zu heftigen Auseinandersetzungen zwischen SPD und Freien Gewerkschaften über Massenstreiks gekommen, hatten doch die Gewerkschaften auf ihrem Kölner Kongress 1905 diese als politisches Mittel abgelehnt. Dagegen bestand im gleichen Jahr die SPD auf dem Jenaer Parteitag auf solchen Streiks zur Erkämpfung elementarer politischer Rechte wie des allgemeinen Wahlrechts. Vom Mannheimer Parteitag erwarteten deshalb vor allem die Gewerkschaften eine endgültige Entscheidung über die künftige Zusammenarbeit mit der Partei sowie über die Arbeitsteilung zwischen den beiden Organisationen. Diese Diskussion bildete dann auch den Schwerpunkt der Versammlung. Bereits die Eingangsreferate der Vorsitzenden von SPD und Gewerkschaften, August Bebel und Karl Legien, waren auf eine Einigung ausgerichtet, die schließlich im viel zitierten *Mannheimer Abkommen* manifestiert wurde. Konkret wurde darin vereinbart: *Sobald der Parteivorstand die Notwendigkeit eines politischen Massenstreiks für gegeben erachtet, hat derselbe sich mit der Generalkommission der Gewerkschaften in Verbindung zu setzen und alle Maßnahmen zu ergreifen, die erforderlich sind, um die Aktion erfolgreich durchzusetzen.* [...] *Um bei Aktionen, die die Interessen der Gewerkschaften und der Partei gleichzeitig berühren, ein einheitliches Vorgehen herbeizuführen, sollen die Zentralen der beiden Organisationen sich zu verständigen suchen.* Mit dieser Resolution vereinbarten SPD und Gewerkschaften nicht nur eine künftige partnerschaftliche Zusammenarbeit, sie beendeten damit zugleich die Bevormundung der Gewerkschaften durch die Partei. Beide Institutionen waren von nun an gleichberechtigte Partner im Kampf um soziale Gerechtigkeit und gesellschaftlichen Fortschritt der Arbeiterschaft.

Das Abkommen wurde mit 386 gegen fünf Stimmen verabschiedet. Unter den Befürwortern war auch Rosa Luxemburg, obwohl sie in ihrer kurz zuvor veröffentlichten Schrift *Massenstreik, Partei und Gewerkschaften* das Phänomen der Massenstreiks in erster Linie als spontane revolutionäre Erhebungen dargestellt hatte. Grund für ihre Zustimmung war wohl die mit dem *Mannheimer Abkommen* überwundene *Trennung und Verselbständigung der beiden Organisationen der Arbeiterbewegung*, die sie in der genannten Abhandlung kritisiert hatte. Diese Gemeinsamkeit brachte der zweite Vorsitzende der SPD, Paul Singer, zum Ausdruck, als er in seinem Schlusswort zum Parteitag die *Hoffnungen der Genossen, die in der Gemeinschaftlichkeit aller Gruppen der Arbeiterbewegung den Erfolg verbürgt sehen*, erfüllt sah. ✧

## Sozialpolitik in der Arbeiterstadt

### Sozialleistungen als wohlbegründeter Rechtsanspruch

In seiner Begrüßungsrede für den renommierten Verein für Socialpolitik, der im September 1905 seine Hauptversammlung in Mannheim abhielt, betonte Oberbürgermeister Beck: *Nicht überall hat der sozialpolitische Geist, der unsere moderne Zeit durchweht, so lebhaften Anklang gefunden, als in vielen Kreisen Mannheims.* [75] Hinsichtlich der Relevanz der sozialen Frage fuhr Beck fort: *Die soziale Frage – vor kaum mehr denn drei Jahrzehnten noch als Hirngespinst fanatischer Agitatoren angesehen – beherrscht heute als wichtigste die ganze geistig-ethische Gedankenwelt des Volkes. Die Sozialreform – verspottet damals von so vielen, die in der freien Konkurrenz die Lösung aller sozialen Rätsel finden –, sie steht heute im Vordergrunde aller Erörterungen in der Presse, in Versammlungen, in gesetzgebenden Körperschaften.*[76] Diese Ausführungen waren nicht einfach nur eine höfliche Verbeugung des Stadtoberhaupts zur Begrüßung eines wichtigen Kongresses, sondern entsprangen Becks ureigener Überzeugung. Im Hinblick auf die sozialen Probleme, wie sie gerade in einer sich rapide industrialisierenden Stadt wie Mannheim unübersehbar waren, identifizierte Beck in seinem gewohnt aktivistischen Politikverständnis die Stadt als zentrale Akteurin: *In diesem Sinne bildet die Gemeinde das nächste Einfallstor für die gewaltige Flutwelle der sozialen Bewegung. Das soziale Moment beherrscht heute das ganze Denken der Stadtbevölkerung und muß deshalb in dem ihr am nächsten stehenden Gemeindeleben immer mehr seinen adäquaten Ausdruck finden, aus dem Gebiete theoretischer Erörterungen in Taten umgesetzt werden.* Zugleich, so Beck, verändere sich auch Selbstverständnis und Praxis der Sozialpolitik weg von der herkömmlichen Wohltätigkeit der begüterten Schichten hin zu einem *wohlbegründeten Rechtsanspruch seitens der gleiches Recht, aber mit Rücksicht auf ihre ökonomische Lage und ihre numerische Bedeutung erhöhte Leistungen beanspruchenden Gruppe der Minderbemittelten.*[77] Wie manifestierte sich nun diese Auffassung von städtischer Sozialpolitik im Handeln Becks und der Mannheimer Stadtverwaltung?

In der Armenpflege war bereits Mitte der 1890er Jahre eine durchgreifende Reform erfolgt: An die Stelle der zentral organisierten Fürsorge trat das *Elberfelder System*, das die Armenpflege

*Fortschreibung der Mannheimer Armenliste durch die Armenkommission für den März 1901. StadtA MA.*

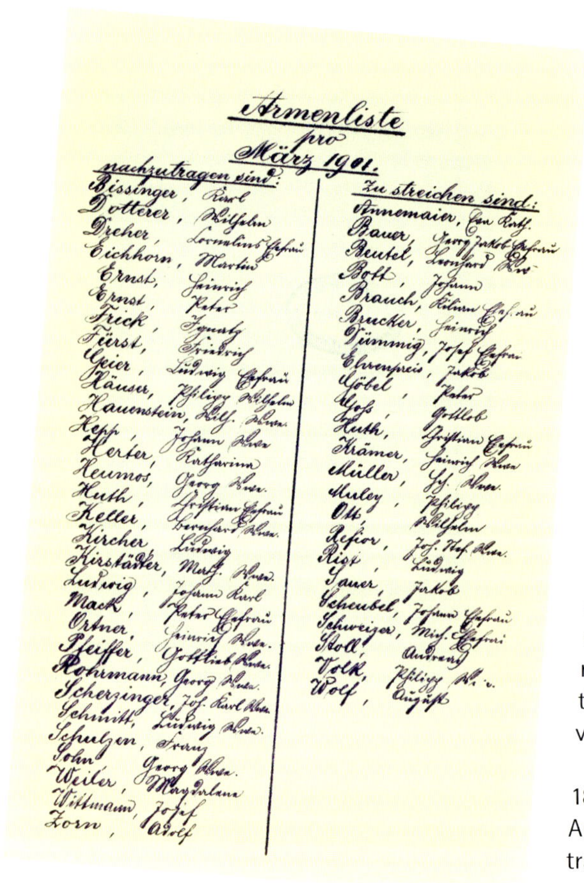

Armenliste
pro
März 1901.

nachzutragen sind:
Bissinger, Karl
Dotterer, Wilhelm
Dreher, Leonhard Ehefrau
Eichhorn, Martin
Ernst, Heinrich
Ernst, Peter
Frick, Ignatz
Fürst, Friedrich
Geier, Ludwig Ehefrau
Häuser, Philipp Wilhelm
Hauenstein, Adolf Ww.
Hepp, Johann Ww.
Herter, Katharina
Heumos, Georg Ww.
Huth, Christina Ehefrau
Keller, Bernhard Ww.
Kircher, Ludwig
Kirstädter, Math. Ww.
Ludwig, Johann Karl
Mack, Peter Ehefrau
Ortner, Heinrich Ww.
Pfeiffer, Gottlieb Ww.
Rohrmann, Georg Ww.
Scherzinger, Jos. Karl Ww.
Schmitt, Ludwig Ww.
Schulzen, Franz
Sohn, Georg Ww.
Weiler, Magdalena
Wittmann, Josef
Zorn, Adolf

zu streichen sind:
Annemaier, Ww. Kath.
Bauer, Georg Jakob Ehefrau
Beutel, Leonhard Ww.
Bott, Johann
Brauch, Kilian Ehefrau
Brucker, Heinrich
Dümmig, Josef Ehefrau
Ehrenpreis, Jakob
Göbel, Peter
Hofs, Gottlob
Huth, Christina Ehefrau
Krämer, Heinrich Ww.
Müller, Jos. Ww.
Muley, Philipp
Ott, Wilhelm
Refior, Jos. Wolf. Ww.
Rieß, Ludwig
Sauer, Jakob
Scheubel, Johann Ehefrau
Schweizer, Mich. Ehefrau
Stoll, Andreas
Volk, Philipp Ww.
Wolf, August

in so genannte Bezirke dezentralisierte und im Wesentlichen durch ehrenamtliche Armenpfleger ausführen ließ. Nach seinem Amtsantritt im Juli 1898 übernahm Bürgermeister von Hollander das Armenwesen und setzte in Mannheim die im Deutschen Verein für Armenpflege und Wohltätigkeit diskutierten Innovationen so weit wie möglich um. Mannheim nahm dabei, anders als im Bereich der technischen Infrastruktur, durchaus eine Vorreiterrolle ein: So wurde die Berufsvormundschaft früh eingeführt, die Aufsicht über Zieh- und Haltekinder fortschrittlich geregelt, die freie Arztwahl in der Armenpflege gesichert, Mütterberatung und Säuglingsfürsorge durch Stillprämien früher als in den meisten anderen Städten eingeführt.

Das System der Armenpflege mittels ehrenamtlicher Hilfskräfte erforderte erhebliche Bereitschaft zu zivilgesellschaftlichem Engagement. Bürgermeister von Hollander notiert in seinen Erinnerungen, dass es in manchen Bezirken nicht einfach war, ausreichend Freiwillige zu rekrutieren, zumal in einer jungen Stadt, die nicht gerade reich mit Rentiers und Ruheständlern gesegnet war. Rund 200 Armenpfleger, die 16 Armenbezirke versorgten, bildeten 1898 den Grundstock; bis 1914 expandierte das System auf über 700 ehrenamtliche Armenpfleger, davon rund 200 Frauen. Bürgermeister von Hollander war bestrebt, die Tätigkeit dadurch attraktiver zu machen, dass einerseits eine regelmäßige Fortbildung stattfand, andererseits aber auch durch gesellige Jahresausflüge in attraktive Städte der näheren Umgebung das Zusammengehörigkeitsgefühl gestärkt wurde. Auf solchen Ausflügen etwa nach Ladenburg oder Speyer unterhielt regelmäßig ein Mannheimer Gesangverein die Ausflügler mit deutschem Liedgut. Die Armenpflege war auch einer der Bereiche, in dem sich am frühesten und ausgeprägtesten Frauen engagierten, besonders zu nennen sind hier etwa Alice Bensheimer und Marie Tillessen, die beide seit dem 1. Mai 1899 ununterbrochen die städtische Armenpflege unterstützten. Als im Jahr 1905 der Deutsche Verein für Armenpflege und Wohltätigkeit seine Jahresversammlung

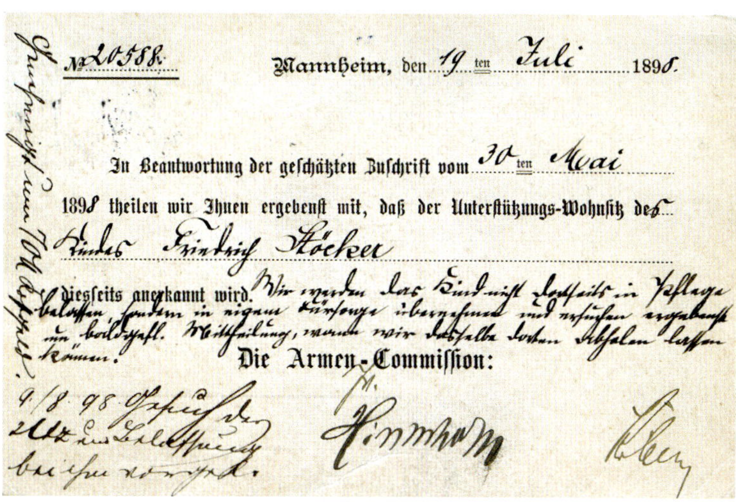

№ 20588. Mannheim, den 19ten Juli 1898.

In Beantwortung der geschätzten Zuschrift vom 30ten Mai 1898 theilen wir Ihnen ergebenst mit, daß der Unterstützungs-Wohnsitz des Kindes Friedrich Stöcker diesseits anerkannt wird.

Die Armen-Commission:

Eine Postkarte vom Amt: Die Mannheimer Armenkommission bestätigt die Übernahme der Fürsorgepflicht für ein Kind. Postkarte, 1898. StadtA MA.

im neu erbauten Rosengarten abhielt, konnte die Quadratestadt stolz ihre vorbildlichen Einrichtungen auf diesem Gebiet präsentieren.[78]

Sozialpolitisches Denken kam aber auch zum Ausdruck auf Politikfeldern, die auf den ersten Blick nichts mit Sozialpolitik zu tun haben. Am Vorortbahn-Programm von 1898 wurde bereits gezeigt, wie Beck hier letztlich sozialpolitisch argumentierte: Gegen eine absehbare Konzentration von Arbeitermassen in der Stadt mit allen damit verbundenen Problemen der Wohnungspolitik und der sozialen Integration plädierte er für ein Verbleiben der Arbeiterschaft in ihren Dörfern und das Pendeln mittels neuer elektrischer Bahnen. Dieselbe sozialpolitische Strategie stand auch hinter der Tarifpolitik für die elektrische Straßenbahn mit der Einführung spezieller Arbeiterfahrkarten. Letztlich handelte es sich um Antworten auf ein Kernproblem der sozialen Frage, die Wohnungsnot, der sich Beck mit einer 1897 vorgelegten Denkschrift ausführlich widmete.

### Städtische Wohnungspolitik

Die Missstände im Wohnungswesen waren seit langem Gegenstand sozialpolitischer Untersuchungen und Debatten in Deutschland und in Mannheim. Das Familieneinkommen einer mehrköpfigen Arbeiterfamilie mit durchschnittlichem Einkommen von rund 15 bis 24 Mark pro Woche (1890) reichte in der Regel kaum zur Ernährung aus, weshalb Zuverdienste seitens der Ehefrau, oft in Heimarbeit, oder die Aufnahme von Kost- und Schlafgängern bzw. Untermietern üblich blieben.[79] Prozentual blieb der Anteil an Frauen mit rund 20 Prozent aller Erwerbstätigen in etwa konstant, ansteigend war er phasenweise in der Industrie. Aber die meisten konnten doch nur in bescheidenem Umfang zum Familieneinkommen beitragen. Überproportional häufig waren sie als Ungelernte beschäftigt und mussten zudem stets eine deutlich schlechtere Entlohnung hinnehmen.[80] In seiner breit angelegten Untersuchung kam der von der badischen Regierung bestellte Fabrikinspektor Friedrich Wörishoffer 1891 zu dem Ergebnis, der Lohnunterschied zwischen Arbeiterinnen und Arbeitern sei ein *sehr greller, auch wenn man eine ziemlich weitgehende Abstufung in dem Verdienste beider Geschlechter für natürlich hält.* Er konstatierte ferner, dass bei den Arbeitern *auch die besten Wohnungen nur Schlafstätten sind, dass sie jede Behaglichkeit ausschließen, der Familie kein Heim bieten und jeder Kulturentwicklung entgegenstehen.*[81]

Mit Zustimmung des Stadtrats und des Bürgerausschusses schlug Otto Beck 1897 als offizielle Leitlinie für die Stadtverwaltung ein neun Punkte umfassendes Programm zur Verbesserung der Wohnverhältnisse vor. Es hatte vor allem die Arbeiterschaft im Blick.[82] Zentral war zunächst der erste Punkt, in dem sich Beck zu städtischem Wohnungsbau für die Arbeiter und niederen Beamten der Stadt bekannte, insbesondere im Zusammenhang mit neuen städtischen Aufgaben und Investitionsprojekten. Die weiteren Punkte entwickelten Instrumente, um den Bau von preisgünstigen Wohnungen für Arbeiter zu fördern, etwa durch Preisnachlässe beim Verkauf städtischen Baulands, durch Unterstützung gemeinnütziger Bauträger, durch Erschließung von Bauland, durch Erleichterungen bei den Bauvorschriften für Arbeiterwohnungen im

*Engste Wohnverhältnisse: Hof des Hauses T 2, 2. Foto, um 1900. StadtA MA.*

Rahmen von Zonenbauordnungen, durch planerische Förderung der offenen Bauweise, durch eine Wohnungsinspektion, durch statistische Beobachtung des Wohnungsmarkts, durch Bau kostengünstiger Straßenbahnlinien zwischen Wohn- und Industrievierteln und durch Anlage von Grün- und Spielflächen, um die Enge von Arbeiterwohnungen zu kompensieren.

Als Beck zehn Jahre später auf die Mannheimer Wohnungspolitik zurückblickte, stellte er fest, dass insbesondere die Maßnahmen der mittelbaren Förderung, etwa die Verbesserung der Wohnungsstatistik, die Erschließung von Bauland und die Veränderungen der Bauordnung, die Nahverkehrspolitik und der Einsatz städtischen Grundbesitzes zur Reduzierung von Baukosten die Erwartungen erfüllt hätten.[83] Auch die Wohnungsinspektionen zur Verhinderung von Missständen wurden positiv bewertet. Nicht erfolgreich dagegen war offenbar das direkte Engagement der Stadt als Bauherrin für kommunale Bedienstete. Auch die Maßnahmen zur Subventionierung der gemeinnützigen Bautätigkeit oder zur Ermunterung privater Bauherren zum Bau von Arbeiterwohnungen erbrachten nicht das erwünschte Ergebnis.

Beim kommunalen Wohnungsbau stand fürsorgliche Fortschrittlichkeit einem Erfolg im Weg. Weil die Stadt in wohnungsreformerischer Absicht die Untervermietung verbot, erschien es den nicht gerade hochbezahlten städtischen Arbeitern unattraktiv, in eine städtische Wohnung zu ziehen, wo das Haushaltsbudget nicht durch Untermieter oder Schlafgänger entlastet werden konnte. Ein anderer möglicher Grund, nämlich dass man sich vom Arbeitgeber nicht auch noch hinsichtlich der Wohnung abhängig machen wollte, wird nicht erwähnt.

Resümierend legte Beck 1907 denn auch den Akzent weiterhin auf die Förderung der privaten Seite, auf *die spekulative Bautätigkeit*, begleitet von einer planerischen und infrastrukturellen Erschließung neuen Baulands.[84] Mittels entsprechender Gestaltung der Bebauungspläne und Ver-

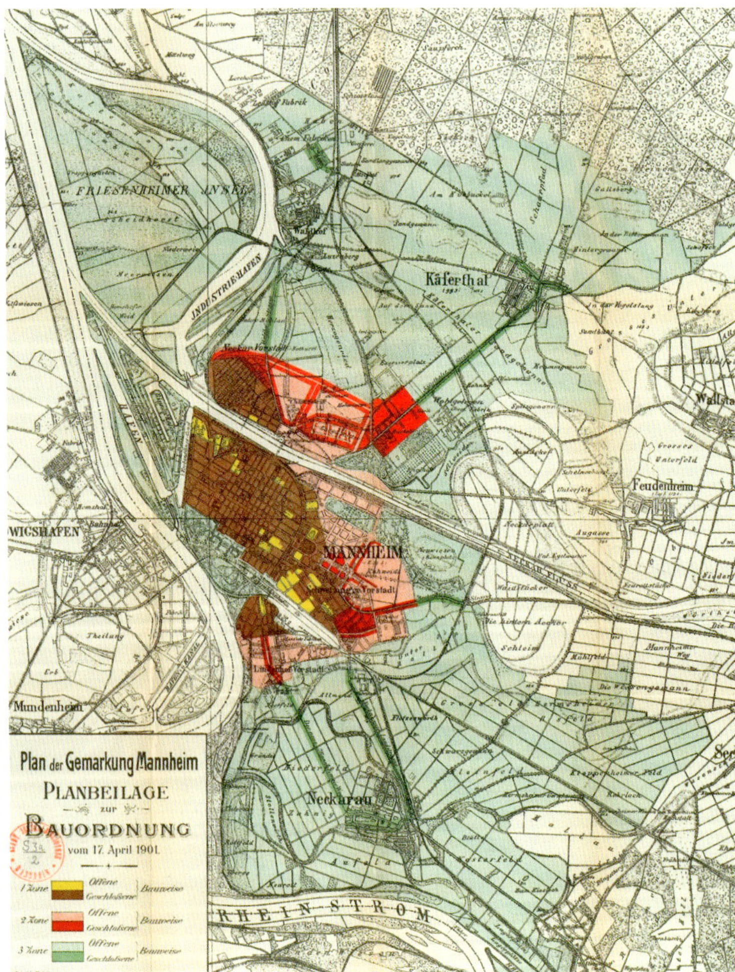


*Übersichtsplan der Bauordnung von Mannheim 1901 mit der jeweils vorgeschriebenen Bauweise. StadtA MA.*

änderungen der Bauordnung versuchte die Stadt, die unerwünschte hochverdichtete Bebauung mit Mietskasernen, wie sie typisch für die 1880er und 1890er Jahren gewesen war, in neu erschlossenen Wohngebieten zu verhindern. So sah die 1901 in Kraft getretene Bauordnung eine bessere hygienische Ausstattung für die Wohnungen vor. Abort, Wasserversorgung und Anschluss an die Kanalisation waren nun verbindlich vorgeschrieben. Die Stockwerkshöhe lag künftig bei mindestens 3 m, für die Zimmergröße wurden 15 m², für die Küchen 12 m² vorgeschrieben. Das Stadtgebiet untergliederte die Verwaltung in drei Zonen: In der ersten Zone der Innenstadt durften Grundstücke zu 60 Prozent, in der zweiten Zone – im Rest der Alt-Gemarkung – zu 50 Prozent und in den Vororten, der dritten Zone, lediglich zu 40 Prozent der Grundstücksfläche bebaut werden. Vor allem für die Vororte sowie für die villenartig konzipierte und ab 1896 im Entstehen begriffene Oststadt schrieb die Bauordnung offene Bauweise vor. Mit diesen Rahmensetzungen wollte man Mietskasernen mit ihren licht- und luftlosen Hinterhöfen in den neuen Vierteln verhindern. Stattdessen sollten im Zeichen der lebensreformerischen Orientierung an „Licht und Luft" bessere hygienische Wohnverhältnisse auch für die Arbeiterschaft erreicht werden. Natürlich schränkten diese Maßnahmen die Bebaubarkeit von Grundstücken teilweise erheblich ein; es kam daher auch zu massiven Protesten der betroffenen Grundstückseigentümer und Bauherren sowie zu einer Modifizierung der Bauordnung, die etwa im Ortskern der Vororte den Überbauungsgrad von 40 auf 45 Prozent erhöhte.[85]

Insgesamt habe – so Beck – die infrastrukturelle Erschließung durch Kanalisation, Straßenbau und Ausbau der Straßenbahn die Wohnverhältnisse in der ganzen Stadt auf eine höhere Stufe gebracht. Für die Zukunft plädierte er dafür, die Bereitstellung von preiswertem Bauland für Projekte mit Kleinwohnungen weiter zu forcieren, allerdings, um Bodenspekulation

*Erläuterungsplan zur Mannheimer Bauordnung von 1901 für das Gebiet Rheinau-Stengelhof. StadtA MA.*

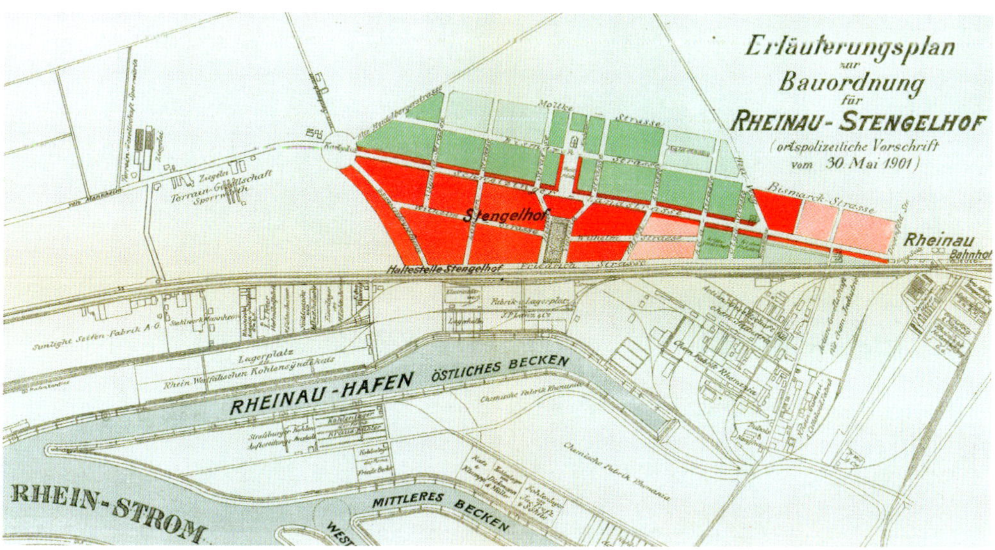

zu verhindern, gebunden an ein Rückkaufsrecht der Stadt oder im Rahmen von Erbbaurecht. Und – seine Ideen von 1898 aufgreifend – durch eine Erweiterung des Straßen- und Vorortbahnnetzes sollte versucht werden, die Arbeiterschaft auf dem Land zu halten.

Trotz gewisser Fortschritte, befriedigend war die Wohnungsversorgung um 1907 keineswegs. Legte man 1,5 Personen je Wohnraum als Obergrenze für (noch) gute und 2 Personen je Wohnraum als Untergrenze für schlechte Wohnverhältnisse zugrunde, so lebten gemäß Wohnungszählung von 1905 37,3 Prozent in guten, 34,3 Prozent in *leidlichen*, aber immer noch 28,4 Prozent der Einwohnerschaft in schlechten Wohnverhältnissen. Stadtstatistiker Sigmund Schott bemerkte in dem Jubiläumswerk von 1907 anschaulich und zugleich die städtischen Bemühungen kritisch beleuchtend: *28,4 Prozent! Welch unheimlichen Schatten wirft diese eine Zahl!*[86]

### „Mannem vorne?" Die Stadt als Arbeitgeber

In seiner Untersuchung der kommunalen Sozialpolitik betont Günther Seeber den Charakter deutscher Großstädte als sozialpolitische *Bahnbrecher.*[87] Und unter diesen *Bahnbrechern* spielte Mannheim in verschiedenen Bereichen eine führende Rolle. So wurde hier 1893 der erste gebührenfreie Arbeitsnachweis, also eine Arbeitsvermittlung, eingerichtet, und bereits 1885 wurden, zum ersten Mal in Deutschland, die Beisitzer des Gewerbegerichts in Verhältniswahlen bestimmt. Vor allem hervorzuheben war die Arbeiterpolitik der kommunalen Betriebe, *die nicht nur mustergültige Sozialleistungen realisierten, sondern darüber hinaus zumindest der lokalen Industrie in der Lohnhöhe, den Arbeitszeitverkürzungen und dem Tarifvertragswesen nicht nachstanden.*[88] Besonders zu erwähnen ist hier die Einrichtung von Arbeiterausschüssen mit der Arbeitsordnung von 1899, die bemerkenswerte, in der damaligen Privatwirtschaft kaum anzutreffende Mitspracherechte einräumte.[89] Mannheim lag mit seiner Arbeitsordnung, die das ganze Spektrum des betrieblichen Arbeitsalltags regelte, nur zwei Jahre hinter den Pionierstädten Frankfurt und Leipzig sowie unter den fünf führenden deutschen Städten.[90] Damit veränderte sich der Charakter der Arbeitsverhältnisse grundlegend: Aus einem individuellen Vertrag wurde ein kollektiv in der Arbeitsordnung geregeltes Verhältnis. Durch die Beseitigung möglicher Rechtsunsicherheiten stellte die Arbeitsordnung eine deutliche Verbesserung für beide Vertragsparteien dar und war weit vom *patriarchalischen Gedankengut* entfernt, das sich noch in vielen Regelungen der Privatwirtschaft aus dieser Zeit zeigte.[91] Auch wenn die Arbeitsordnung nach wie vor Resultat eines stadträtlichen Erlasses und nicht Ergebnis kollektiver Verhandlungen war, so zeigte die Praxis doch, dass Eingaben des Arbeiterausschusses behandelt wurden und teilweise in Änderungen der Arbeitsordnung mündeten.

Gleichwohl herrschte auch bei der Stadt die damals übliche hohe Fluktuation. Eine Vielzahl von Arbeitern wechselte oft binnen Jahresfrist den Arbeitgeber, vor allem dann, wenn sich in Zeiten einer Hochkonjunktur bessere Verdienstchancen eröffneten, und musste andererseits wie im

privaten Sektor stets damit rechnen, dass die Stadt in Rezessionsphasen, wie 1901/02, Entlassungen vornahm. Dessen ungeachtet waren bei ihr das Lohnniveau bei den Ungelernten wie auch die Sozialleistungen – freilich in den Maßstäben der Zeit, die hart an der Armutsgrenze lagen – vergleichsweise oft höher als bei den örtlichen Industrieunternehmen. Dabei spielte der höhere gewerkschaftliche Organisationsgrad städtischer Arbeiter ebenso eine Rolle wie ein überparteilicher Konsens zwischen den Stadtratsfraktionen in sozialpolitischen Grundsatzfragen.[92]

*Im Jubiläumsjahr 1907 der wichtigste Teil der städtischen Beschäftigten: Der etwa 60-köpfige Verwaltungsapparat der Jubiläumsausstellung unter Leitung von Bürgermeister Robert Ritter vor dem Wasserturm. Foto, 1907. StadtA MA.*

## Das „Mannheimer Schulsystem" – ein neuer Ansatz in der Volksbildung

Sozialpolitik einer besonderen Art praktizierte Mannheim im Hinblick auf seine Schulkinder. In den 1890er Jahren besuchten 80 Prozent von ihnen die Volksschule, und deren Ergebnisse waren notorisch schlecht; nur ein Drittel der Jungen und ein Fünftel der Mädchen erreichte die achte Klasse und damit die Aussicht auf einen ordentlichen Abschluss. Mannheim bildete damit das Schlusslicht in Baden. Dabei hatten sich die Ausgaben für Bildung im städtischen Haushalt seit 1892 erheblich erhöht, da in der Volksschule kein Schulgeld mehr erhoben wurde.[93] Die „Bildungskatastrophe" in der größten Stadt des Großherzogtums verwies auf die Schattenseiten des

*Stadtschulrat Anton Sickinger (1858–1930). Postkarte, um 1913. StadtA MA.*

raschen, durch Zuwanderung wie Geburtenüberschuss gleichermaßen bedingten Bevölkerungszuwachses.[94]

Oberbürgermeister Becks personalpolitisches Geschick bewährte sich auch hier. 1895 engagierte er den damals 37 Jahre alten Gymnasialprofessor Anton Sickinger aus Bruchsal für das Volksschulrektorat, das heißt die Leitung aller städtischen Volksschulen. Sickinger, 1858 in Harpolingen, Amt Säckingen geboren, an Schulen in der Schweiz ausgebildet und eng vertraut mit den pädogogischen Ideen Pestalozzis, analysierte die Schwächen des bestehenden Zustands und präsentierte 1899 in einer Denkschrift *Zur Frage der Organisation der Volksschule in Mannheim* Vorschläge für eine grundlegende Reform. Sickinger kritisierte die Realitätsferne des schulischen Lehrplans und führte, ausgehend vom Grundgedanken *Nicht allen das Gleiche, sondern jedem das Angemessene*, zunächst eine Differenzierung innerhalb des bis dahin monolithischen Volksschulsystems ein: Für Kinder mit geistigen Defiziten wurden Hilfsklassen eingerichtet, für entwicklungsgehemmte Kinder so genannte Förderklassen. Kinder, die in acht Jahren nicht die ordentliche Abschlussklasse erreichten, erhielten in besonderen Abschlussklassen einen reduzierten, auf praktische Fertigkeiten orientierten Unterricht. Deutlich begabteren Kindern wurden Fremdsprachenklassen angeboten, Vorbereitungsklassen in Stufe 3 und 4 bereiteten begabte Volksschüler vor zum Wechsel auf die so genannten Mittelschulen, wie die höheren Schulen damals genannt wurden. Die Fremdsprachenklassen bildeten eine ernst zu nehmende Konkurrenz für die schulgeldpflichtige Bürgerschule. Zudem ergänzte stärker praktisch ausgerichteter Unterricht in technischen Fertigkeiten bei Jungen sowie Zeichnen und Handarbeit bei Mädchen das theoretische Lernen.

Sickingers Reformideen wurden ab 1901 umgesetzt. Dazu gehörte auch eine spürbare Verkleinerung der Klassen. Als Sickinger sein „Mannheimer Modell" 1904 auf dem Internationalen Schulkongress in Nürnberg vorstellte, erhielt dieses große Aufmerksamkeit; zentrale Ideen des Konzepts wurden rasch in die Schulsysteme zahlreicher deutscher und österreichischer Städte sowie der Länder Hessen und Sachsen übernommen.

Wesentlicher Bestandteil des „Mannheimer Schulsystems" war auch eine grundlegende Veränderung des Schulumfelds: So wurde Turnen, damals noch Leibeserziehung genannt, obligatorisch ab Klasse 4 für Jungen und ab Klasse 5 für Mädchen eingeführt und die Schulen entsprechend mit Turnhallen ausgestattet. 1905 wurde ein hauptamtlicher Schularzt eingestellt, der Reihenuntersuchungen zur Früherkennung der damals grassierenden Massenkrankheiten wie Tuberkulose und Rachitis durchführte. Zur Verbesserung der Hygiene wurden in Schulen Duschen eingerichtet, und bedürftige Kinder erhielten Schulspeisungen; immerhin knapp ein Siebtel der Volksschüler wurde 1905 durch diese Maßnahme erreicht.

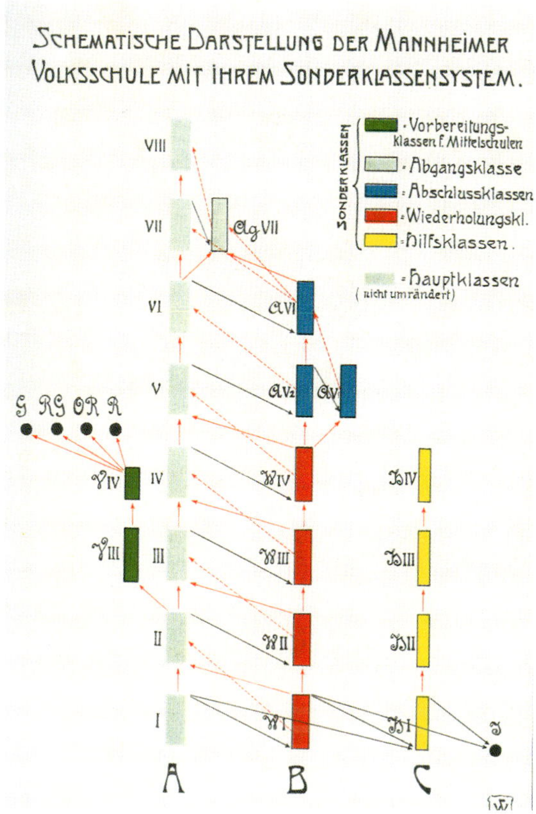


*Darstellung des Mannheimer Volksschulsystems 1907. Deutlich zu erkennen ist die wechselseitige Durchlässigkeit der Sonderklassen. Nach Mannheim in Vergangenheit und Gegenwart Bd. 3 (1907) S. 490.*

Angesichts des raschen Wachstums der Stadt wurden allein zwischen 1899 und 1906 zehn neue Volksschulen errichtet und jeweils nach den neuesten pädagogischen und schulhygienischen Prinzipien gestaltet. Insgesamt wurden von den 34 städtischen Schulgebäuden, die Mannheim um 1920 besaß, 17 in der Amtszeit Becks errichtet bzw. geplant; acht weitere kamen bis 1920 hinzu. Diese ansehnlichen Gebäude prägten auch die Ende des 19. bzw. Anfang des 20. Jahrhunderts heranwachsenden Quartiere in städtebaulicher Hinsicht.[95] Es wurde Wert auf die Ausbildung heller Klassenräume, breiter Treppenhäuser und Korridore sowie nicht zuletzt auf die repräsentative Wirkung des äußeren Erscheinungsbilds gelegt.[96] In den Schulsektor, zumal in die Gebäude, investierte die Stadt erheblich. Sah der städtische Haushalt 1892 im Bereich der laufenden – der so genannten ordentlichen – Ausgaben noch ein Volumen von rund 600 000 Mark oder 17,4 Prozent der Gesamtausgaben vor, so waren es 1900 bereits 1 562 000 Mark (23,8 Prozent) bzw. 1906 sogar 2 650 000 Mark (25,2 Prozent), wobei die erwähnten *sozialhygienischen Maßnahmen* sogar im Bereich der Armen- und Krankenpflege verbucht wurden. Neben dem Schuldendienst – mit der Rekordmarke von 30,2 Prozent im Jahr 1905 – war der Schulsektor der größte Ausgabenposten überhaupt.[97] Auch die Betreuungsrelation verbesserte sich unter Sickingers Ägide signifikant: Kamen 1890 noch 60,2 Schüler auf einen Lehrer und 1900 immer noch 55,7, so sank die Quote bis 1906 sehr deutlich auf 41,4. Besonders die Hilfs- und Förderklassen wurden bewusst kleiner gehalten, um hier auf die Bedüfnisse einzelner Schüler besser eingehen zu können. Immer noch gab es allerdings *Kombinationsklassen*, also Klassen, die wegen Mangels an Schulräumen im Schichtunterricht vom gleichen Lehrer unterwiesen werden mussten. Allerdings hatte der Stadtrat beschlossen, diese Hilfskonstruktion so rasch wie möglich zu beseitigen.

Der Beitrag von Stadtschulrat Sickinger im dritten Band des Jubiläumswerks von 1907 zeigt, wie ganzheitlich er das Volksschulwesen auffasste. So berichtet er auch über die Bemühungen, die Versorgung mit Spiel- und Sportplätzen zu verbessern. Die Bestrebungen, Mannheimer Schulkinder in so genannten Ferienkolonien gesundheitlich „aufzupäppeln", die von einem privaten Trägerverein finanziert und organisiert wurden, kommentiert Sickinger ebenfalls mit großer Begeisterung. Bildung wurde schon damals als Zukunftsinvestition in „Humankapital" gesehen. So unterstreicht Sickinger, *daß insbesondere die Handels- und Industriestadt Mannheim keine Opfer scheut, um sich die zuverlässigste Grundlage zu einer zukunftssicheren Weiterentwicklung ihres in mächtigem Wachstum begriffenen Gemeinwesens zu sichern: eine alle Klassen und Schichten der Bevölkerung durchdringende und belebende Bildung.*[98]

Das „Mannheimer Schulsystem", in der Quadratestadt selbst anfangs keineswegs unumstritten, machte in vieler Hinsicht Schule. Von den Grundprinzipien her sind die Reformideen Sickingers bis heute aktuell im Hinblick auf Differenzierung, individuelle Förderung und realitätsorientierte Ausrichtung des Lernstoffs.

### Ausdifferenzierung des Bildungsangebots – die Anfänge der Handelshochschule

Nach 1902 gab es im Bereich der weiterführenden Schulen für Jungen das humanistische Gymnasium, das 1899 ein neues Schulgebäude in der Nähe des Wasserturms bezogen hatte, das Realgymnasium, dessen Unterricht stärker weg von Griechisch und Latein und hin auf neue Sprachen und Mathematik orientiert wurde, die Oberrealschule, die sich 1896 aus einer siebenklassigen Realschule entwickelte, und schließlich die 1902 etablierte so genannte Reformschule, die spätere Lessingschule, in der sich Schüler erst ab der achten Klasse zwischen Realgymnasium und Oberrealschulzweig entscheiden mussten. Bei den Mädchen ging die ursprünglich private

*1901 bezog das Realgymnasium den prachtvollen Schulbau am Friedrichsring, der seit seiner Errichtung 1894 zunächst der Oberrealschule Unterschlupf gewährt hatte. Postkarte, um 1905. StadtA MA.*

Höhere Töchterschule 1898 in städtische Regie über und wurde ab 1902 zur Mädchen-Oberrealschule ausgebaut. Ein Schulbau in der Rheinstraße reichte angesichts des Bildungshungers der jungen Mannheimerinnen bald nicht mehr aus. Das Gymnasium hatte sich bereits 1901 für Schülerinnen geöffnet; ab 1909 schrieben dann neue badische Schulgesetze die Zulassung von Mädchen zu allen höheren Jungenschulen vor und öffneten Mädchen damit in allen Schularten den Weg zu Abitur und Studium.[99] Die bildungspolitische Offensive, die sich seit Ende der 1890er Jahre insbesondere in Sickingers Reformen Bahn gebrochen hatte, wirkte sich auch im beruflichen Bildungswesen aus. 1899 veröffentlichte Oberbürgermeister Beck dazu Leitideen in einer Denkschrift *Reform des kaufmännischen Bildungswesens*, die eine Schulpflicht für alle Lehrlinge und Gesellen in kaufmännischen Betrieben bis zum 18. Lebensjahr vorsah, analog der Berufsschulpflicht im gewerblichen Bereich. 1902 wurde diese kaufmännische Fortbildungsschule dann eingeführt, und ab 1906 waren alle Berufsschulzweige in der neuen Kurfürst-Friedrich-Schule in C 6 zusammengefasst.

Auf dem Feld der tertiären Bildung gelang es der Stadtverwaltung, die private Ingenieurschule von Paul Wittsack 1898 von Zweibrücken nach Mannheim umzusiedeln. In einem eigenen Gebäude in N 6, zuvor Domizil

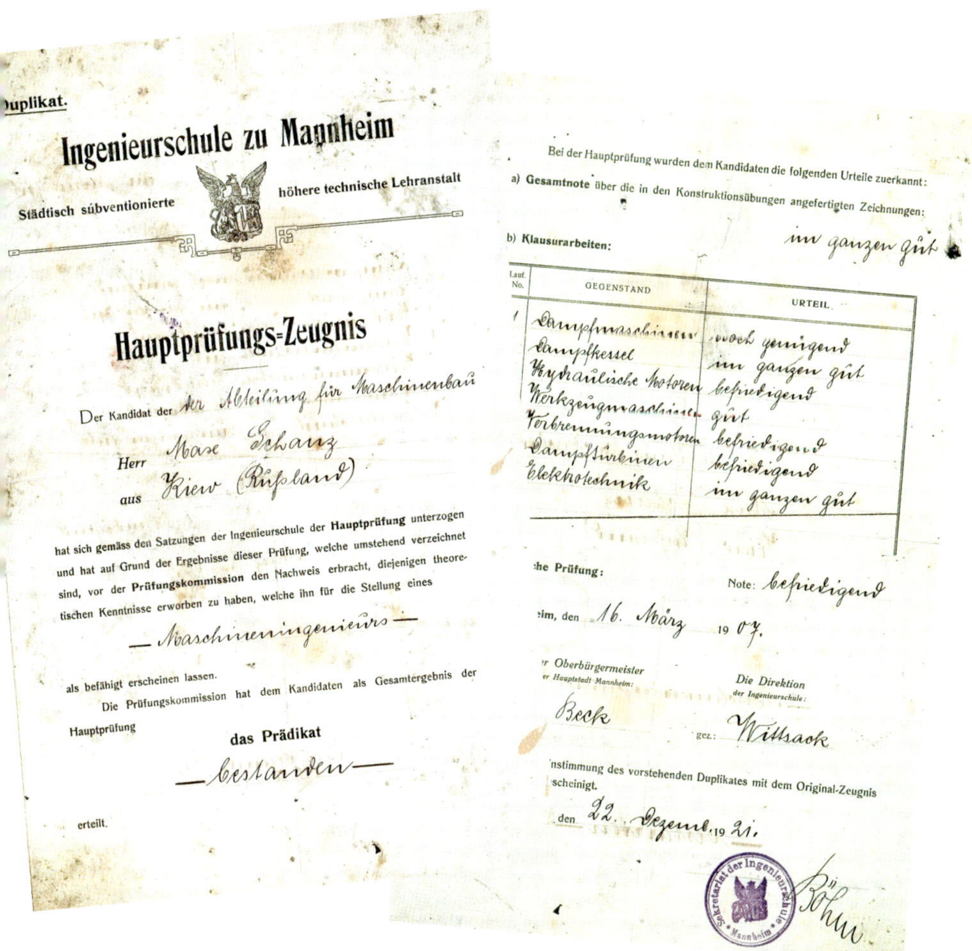

uplikat.

Ingenieurschule zu Mannheim

Städtisch subventionierte höhere technische Lehranstalt

Hauptprüfungs-Zeugnis

Der Kandidat der der Abteilung für Maschinenbau

Herr Max Schanz

aus Kiew (Rußland)

hat sich gemäss den Satzungen der Ingenieurschule der **Hauptprüfung** unterzogen und hat auf Grund der Ergebnisse dieser Prüfung, welche umstehend verzeichnet sind, vor der **Prüfungskommission** den Nachweis erbracht, diejenigen theoretischen Kenntnisse erworben zu haben, welche ihn für die Stellung eines

— Maschineningenieurs —

als befähigt erscheinen lassen.

Die Prüfungskommission hat dem Kandidaten als Gesamtergebnis der Hauptprüfung

**das Prädikat**

— bestanden —

erteilt.

Bei der Hauptprüfung wurden dem Kandidaten die folgenden Urteile zuerkannt:

a) **Gesamtnote** über die in den Konstruktionsübungen angefertigten Zeichnungen: im ganzen gut

b) **Klausurarbeiten:**

| Lauf. No. | GEGENSTAND | URTEIL |
|---|---|---|
| 1 | Dampfmaschinen | noch genügend |
| | Dampfkessel | im ganzen gut |
| | Hydraulische Motoren | befriedigend |
| | Werkzeugmaschinen | gut |
| | Verbrennungsmotoren | befriedigend |
| | Dampfturbinen | befriedigend |
| | Elektrotechnik | im ganzen gut |

he Prüfung: Note: befriedigend

im, den 16. März 1907.

r Oberbürgermeister
r Hauptstadt Mannheim:
Beck

Die Direktion
der Ingenieurschule:
gez.: Wittsack

nstimmung des vorstehenden Duplikates mit dem Original-Zeugnis
scheinigt.

den 22. Dezemb. 1921.

Sekretariat der Ingenieurschule Mannheim

Zeugnis eines Abgängers der Mannheimer Ingenieurschule 1907. Duplikat von 1921. StadtA MA.

des Realgymnasiums, studierten dann 1901 175 Studenten die Fächer Maschinenbau, Elektrotechnik, Hüttenkunde und technische Chemie.

Becks großer Ehrgeiz zielte jedoch auf die Etablierung einer wirklichen akademischen Anstalt, einer auf die Bedürfnisse einer Wirtschaftsmetropole ausgerichteten Handelshochschule. Mannheim sah sich hier in Konkurrenz zu führenden deutschen Handelsstädten wie Leipzig, wo bereits 1898 eine solche Einrichtung gegründet worden war; Frankfurt, ohnehin in vieler Hinsicht stets Vorbild und Orientierung für Mannheim, und Köln waren mit der Gründung entsprechender städtischer Hochschulen um 1900 gefolgt.[100] Bereits seit 1894 hatte Beck die Idee einer höheren Lehranstalt für Fragen des Wirtschaftslebens immer wieder ventiliert. Zweck dieser Gründung sollte die bessere Qualifizierung der Kaufmannschaft sowie dadurch die höhere Konkurrenzfähigkeit der wirtschaftlichen Eliten sein. Zunächst wurden auf der Grundlage eines Gutachtens des Heidelberger Ökonomie-Professors Eberhard Gothein 1904/05 Hochschulkurse mit Dozenten benachbarter Universitäten, insbesondere aus Heidelberg, angeboten. 1907 stimmte der Bürgerausschuss dann der Etablierung einer Handelshochschule zu. Allerdings sollte diese ohne eigene hauptamtliche Dozenten und ohne eigenes Gebäude existieren. Anfänglich war der Charakter eher der einer Abend- bzw. Volkshochschule, die Studierenden standen meist bereits im Berufsleben, nur wenige waren Vollzeitstudenten. Erst im Dezember 1907 erhielt die Handelshochschule dann einen hauptamtlichen Studiendirektor als Leiter.

*Verpflichtungserklärung für den wieder gewählten Oberbürgermeister Otto Beck, 1900. StadtA MA.*

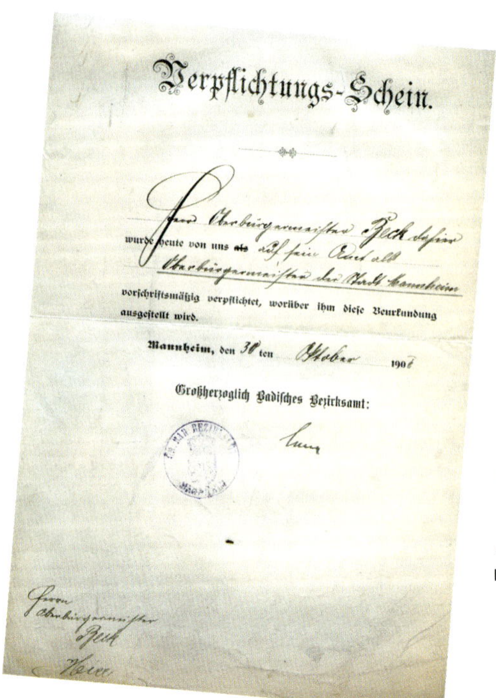

Verpflichtungs-Schein.

wurde heute von uns als ... vorschriftsmäßig verpflichtet, worüber ihm diese Beurkundung ausgestellt wird.

Mannheim, den 30ten Oktober 190

Großherzoglich Badisches Bezirksamt:

## Kultur für die Stadt der Arbeit

Die erste Amtsperiode von Oberbürgermeister Otto Beck bis 1900 hatte ganz im Zeichen des Ausbaus der technischen Infrastruktur wie Industriehafen, Elektrizitätswerk und zweites Gaswerk, Elektrifizierung der Straßenbahn, Kanalisation sowie der Eingemeindungen von Käfertal und Neckarau gestanden. In Becks Denkschrift vom Oktober 1897, mit der er die Notwendigkeit einer dritten Bürgermeisterstelle begründete, hatten – wie erwähnt – sieben der zehn dringlichsten Maßnahmen diesem Bereich angehört. Im Juni 1900 wurde Beck mit überwältigenden 101 von 102 abgegebenen Stimmen und damit offensichtlich auch von den sozialdemokratischen Stadtverordneten wieder gewählt.[101] In seiner zweiten Amtszeit ab Herbst 1900 schob sich nun die Kultur und die „Stadtverschönerung" stärker in den Vordergrund, nicht zuletzt im Hinblick auf das 1907 bevorstehende

300-jährige Stadtjubiläum, das man groß begehen wollte. Wie aber sah es im wichtigsten Kulturinstitut der Stadt, dem traditionsreichen Nationaltheater aus?

## Aufbruch zur Moderne auf der Bühne?

Das Nationaltheater, im 19. Jahrhundert die kulturelle Institution par excellence in Mannheim, konnte auch in der Ära Beck seine herausragende Stellung behaupten. Die Beratung des Theateretats im Bürgerausschuss hatte, wie Bürgermeister von Hollander sich erinnert, häufig *das Gepräge einer großen Staatsaktion* [...] *welche die Tribünen des Sitzungssaales zum Brechen füllte.*[102] Das Mannheimer Publikum war offenbar sehr begeisterungsfähig und liebte seine Schauspieler und Sänger. Zugleich verhielt es sich aber auch recht kritisch, wenn Werke oder Inszenierungen nicht dem Geschmack entsprachen. Eine Grundfrage der Theaterpolitik war natürlich stets die Frage des städtischen Zuschusses. Im Zeichen einer umfassend verstandenen Sozialpolitik, die auch den unteren Schichten Teilhabe an kulturellen Angeboten ermöglichen wollte, wurde die Forderung nach verbilligten Volksvorstellungen oder Spezialvorstellungen für Besucherorganisationen immer nachdrücklicher artikuliert. Bereits im Oktober 1895 hatte Heinrich Lanz nicht weniger als 40 Plätze in sämtlichen Abonnementsvorstellungen für seine Arbeiter und Angestellten gemietet – wie Arbeiter überhaupt, damals reichsweit eher ungewöhnlich, Abonnements erwarben.[103]

Die wichtigsten künstlerischen Persönlichkeiten in der Ära Beck waren die Intendanten August Bassermann und Carl Hagemann. Bassermann, aus einer renommierten Mannheimer Kaufmannsfamilie stammend, hatte lange Jahre als Schauspieler und Regisseur gearbeitet. Seine Berufung 1895 erfolgte gegen den zunächst scharfen Widerstand der Theaterkommission, die seine zu starke Nähe zu einflussreichen Kreisen des Mannheimer Großbürgertums befürchtete. Dem Routinier Bassermann gelang es, das Schauspiel mit Akzentuierung der Klassiker gut zu entwickeln. Moderne Dramen fanden dagegen kaum Eingang in den Spielplan. Dagegen florierte die Oper, nicht zuletzt mit Blick auf die Publikumsgunst – auch wenn das Mannheimer Musiktheater jener Zeit trotz der Uraufführung von Hugo Wolfs *Corregidor* (1896) nach heutigem Urteil eher Mittelmaß darstellte.[104] Finanziell

*August Bassermann (1847–1931) fungierte von 1895 bis 1904 als Intendant des Mannheimer Nationaltheaters und betätigte sich dabei auch als Schauspieler. Foto, um 1890. StadtA MA.*

gelang es Bassermann, das Theater mit städtischen Zuschüssen von jährlich gut 200 000 Mark zu betreiben, was vor allem dem Opernchor zugute kam, der personell erheblich aufgestockt werden konnte und beim Publikum hohes Renommee besaß.[105]

Nach Bassermanns Weggang nach Karlsruhe aus eigenem Entschluss sank das Niveau unter dem Nachfolge-Intendanten Julius Hofmann stark ab. Friedrich Walter spricht von *Geschäftstheater-Routine*.[106] 1906 wurde der Vertrag dann auch bereits wieder gelöst und mit Carl Hagemann gewissermaßen eine Kontrastfigur zu Bassermann berufen. Der bei seinem Dienstantritt erst 35 Jahre alte Hagemann war Kulturredakteur gewesen, hatte sich mit Theaterbesprechungen und der Schrift *Aufgaben des modernen Theaters* (1906) einen Namen gemacht. Er zeigte sich begeistert von Max Reinhardt und sah missionarisch im Theater den Mittelpunkt der Kultur. Hagemann entrümpelte nun den Spielplan grundlegend, brachte moderne Dramatiker wie August Strindberg, Frank Wedekind, Oscar Wilde und George Bernhard Shaw auf die Mannheimer Bretter und legte besonderen Wert auf Bühnenbild und Ausstattung, auch wenn dies gelegentlich, etwa bei Wagner-Inszenierungen, zu herber Publikumskritik führte. Das Nationaltheater war unter der Intendanz von Hagemann, der von 1906 bis 1910 und nochmals von 1915 bis 1920 amtierte, in aller Munde, am Puls der Theaterreformbewegung. Mannheimer Inszenierungen wurden auch in den reichsweit verbreiteten Blättern besprochen und beachtet. Da nahm man, wenngleich ohne Begeisterung, in Kauf, wenn der städtische Zuschuss höher ausfiel als noch unter Bassermann mit seiner bewährten, wenngleich traditionelleren Theaterkost.

Ein Grundproblem des historischen Theatergebäudes, dass das Haus bei Opern wegen diverser Umbauten zu wenig Platz für Zuschauer bot, konnte in der Ära Beck nicht abschließend gelöst werden. Der Musensaal

*Bretter, die die Welt bedeuten: Umbauarbeiten im Nationaltheater. Foto, 1896. StadtA MA.*

im Rosengarten war keine befriedigende Alternative, und Geld für einen Theaterneubau war nicht vorhanden.[107] So blieb das Theater trotz Elektrifizierung (1899), neuer Bühnentechnik (1900), diverser Maßnahmen zur besseren Feuersicherung und Heiztechnik (1892–1895) eine ständige Baustelle. Manche Mängel, wie die schon 1893 vom Intendanten beklagte defekte Bestuhlung – *Es vergeht jetzt kein Tag, an dem nicht einer oder mehrere Parquetsitze herunterbrechen* –, harrte lange der Lösung: Erst 1911 erhielt der Zuschauerraum komplett neue Stühle.[108]

## Ein Haus für die Stadt: der Kaufhaus-Umbau

Das bereits erwähnte starke Wachstum der städtischen Verwaltung durch Ausweitung der Aufgaben und Zuständigkeiten hatte in den 1890er Jahren das alte Rathaus am Markt völlig unzulänglich werden lassen. Weil im Kaufhaus am Paradeplatz, dem repräsentativen Bau aus der ersten Hälfte des 18. Jahrhunderts, nach dem Auszug des Kreis- und Hofgerichts 1875 weitläufige Räume freigeworden waren, setzte eine Mitnutzung dieses Gebäudes durch die Stadtverwaltung ein. 1894 gab es erste Überlegungen, das Kaufhaus insgesamt zum neuen Rathaus der Stadt umzubauen. Die Realisierung der damals vorübergehend kursierenden Idee, das Barockgebäude zugunsten eines Rathausneubaus komplett abzureißen, wurde vom Mannheimer Altertumsverein erfolgreich verhindert und damit ein erstes Zeichen aktiver Denkmalpflege gesetzt. In Verhandlungen mit dem badischen Staat kam es 1899 schließlich zur Einigung. Das Kaufhaus ging in städtisches Eigentum über, private Besitzer im rückwärtigen Teil wurden abgefunden. Mit den Planungen wurde der 1902 als Stadtbaurat nach Mannheim berufene Architekt Richard Perrey beauftragt, und 1904 stimmte der Bürgerausschuss den in verschiedene Abschnitte gegliederten Umbaumaßnahmen zu.

*Endlich in städtischer Hand: Das Mannheimer Kaufhaus. Foto, um 1905. StadtA MA.*

Das historische Kaufhaus hatte seine ursprüngliche Bestimmung als Handelszentrum nie erfüllen können. Obwohl in seiner Architektur von flandrischen Kauf- und Tuchhallen wie etwa in Brügge und Ypern inspiriert, insbesondere hinsichtlich des zentralen, belfried-artigen Turms, war es nie Forum bürgerlicher Wirtschaftbetätigung oder städtischer Selbstverwaltung, sondern Ort und Symbol obrigkeitlicher Herrschaft gewesen. Insoweit kann man den Ankauf und den Umbau durch die Stadt nach 1900 als verspätete Korrektur eines historischen Unrechts deuten. Mit der Inbesitznahme dieses Objekts repräsentierte Mannheim auch nach außen seine gewachsene Bedeutung und Eigenständigkeit, seine wirtschaftliche und kulturelle Potenz. Sinnfällig manifestierte sich dies in der Nutzung des Turms, der wie bei den flandrischen Kaufhäusern für das „Gedächtnis der Stadt", die städtische Registratur und das von Friedrich Walter neu geordnete städtische Archiv genutzt wurde. Das stadtbürgerliche Selbstbewusstsein des frühen 20. Jahrhunderts fand dann seinen Ausdruck in der prachtvollen Ausbildung des Bürgerauschuss-Saals, des damals größten Raums mit dieser Funktion in deutschen Großstädten.[109] Eine großzügige halbrunde Zuschauergalerie betonte die Bedeutung sowie den öffentlichen Charakter der hier debattierten und beschlossenen bürgerschaftlichen Angelegenheiten. Unterstrich der Umbau so einerseits den Geltungsanspruch der Stadtgemeinde, so wurde andererseits mit der Neugestaltung der Arkaden der kommerzielle Charakter des Gebäudes wieder stärker hervorgehoben und damit das Rathaus-Kaufhaus in die sich zur „City" umstrukturierende Mitte Mannheims integriert. Dem Geschmack der Zeit entsprechend vergrößerte Perrey die Schaufenster durch Verwendung schlanker eiserner Stützen. Mit seinen gehobenen Geschäften sollten die Kaufhaus-Arkaden

*Das neue Büro des Oberbürgermeisters im Kaufhaus. Foto, um 1905. StadtA MA.*

– so Perrey – *ein gewisses Gegengewicht gegen die Warenhäuser bilden, da man auch hier wie dort die meisten Waren unmittelbar nebeneinander kaufen kann.*[110]

## Der Rosengarten – Festhalle und Kongress-Zentrum

Einem anderen kulturpolitisch gefärbten Großprojekt, dem Bau der Festhalle Rosengarten, stand Oberbürgermeister Beck zunächst eher reserviert gegenüber. Aus finanziellen Gründen – der städtische Haushalt war durch das Investitionsprogramm zugunsten der Infrastruktur aufs Äußerste angespannt – hatte er sich anfänglich gegen das Bauvorhaben ausgesprochen und eine Finanzierung durch die interessierten Vereine und Veranstalter selbst gefordert. Eine von verschiedenen politischen Parteien initiierte Festhallen-Bewegung erhielt jedoch bei den Stadtverordneten-Wahlen von 1896 solche Durchschlagskraft, dass der Bürgerausschuss im Dezember 1897 mit großer Mehrheit den Bau in städtischer Regie beschloss. Beck zeigte sich flexibel und lernfähig: Nachdem das politische Votum so klar ausgefallen war, zog er das Projekt – ungeachtet seiner anfänglichen Vorbehalte – mit Energie durch, auch als massive Kritik an der Kostenexplosion laut wurde und im Ergebnis der Rosengarten schließlich 3,2 Mio. Mark verschlingen sollte, mehr als doppelt so viel wie anfänglich kalkuliert.[111] Der reichsweit prominente, wenn auch eigenwillige Architekt Bruno Schmitz, Entwerfer etwa des Niederwald-Denkmals bei Rüdesheim und des Völkerschlacht-Denkmals in Leipzig, war als Sieger aus einem Wettbewerb

*Stahlkonstruktion des Rosengartens. Auf der Baustelle sind der verantwortliche Architekt und die Bauleiter auszumachen. Foto, 1900. StadtA MA.*

hervorgegangen und entwarf den Rosengarten in neobarocker Formensprache mit deutlichen Jugendstil-Elementen. Für die Fassade wählte er Bunt-Sandstein, der für so viele Mannheimer Repräsentativbauten charakteristisch ist. Im Musensaal und einem kleineren Veranstaltungsraum, die beide dem Friedrichsplatz räumlich zugewandt waren, standen Plätze für 1 400 bzw. 500 Personen zur Verfügung. Der nördlich dahinter liegende, rechtwinklig mit diesem Frontbau am Friedrichsplatz verbundene Nibelungensaal wies 3 600 Sitz- und 1 400 Stehplätze auf – damals die größte Festhalle des Reichs.[112] Bei der feierlichen Eröffnung des Rosengartens an Ostern 1903 schlug Beck die Brücke von den großen Anstrengungen für technische Infrastrukturmaßnahmen – fast 75 Mio. Mark im Zeitraum von 1893 bis 1903 – zum notwendigen Ausgleich für die Bürgerschaft auf dem Feld von Kultur und Unterhaltung: *Darf eine Epoche sozialen Empfindens nicht auch würdige Räume schaffen, in denen nicht mehr für die Wohlhabenden allein, sondern zur Befriedigung höherer kultureller Bedürfnisse auch für die breiten Volksschichten die Schätze der Wissenschaft, Dichtkunst, Musik in populärer Form zugänglich gemacht werden, darf eine liberal denkende Zeit zurückschrecken davor, der gesteigerten Bewertung des politischen Bestimmungsrechts, der Ausübung der höchsten staatsbürgerlichen Rechte bei der freien Wahl ihrer Mitbürger die lang erstrebte Möglichkeit zu gewähren, das zündende Wort der Führer auf die weitesten Kreise in Versammlungen wirken zu lassen?*[113] Teilhabe einer breiten Stadtöffentlichkeit an Kunst und Kultur wie auch an politischer Meinungsbildung zeigt sich hier als Leitmotiv Beck'scher Politik.

Daneben sollte sich Mannheim als Kongress-Stadt profilieren, ein Ziel, das gerade mit dem Stadtjubiläum besonders intensiv verfolgt wurde. Aber

*Der Rosengarten. Blick von der Tullastraße auf den Nibelungensaal. Postkarte, 1907. StadtA MA.*

auch vorher bewies der Rosengarten seine Tauglichkeit als Austragungsort überregional beachteter Verstaltungen, so bereits vom 24. bis 29. August 1902, vor der offiziellen Einweihung, bei der Generalversammlung der Katholiken Deutschlands. 1903 tagte der Verband deutscher Elektrotechniker in den repräsentativen Räumlichkeiten, 1905 der renommierte Verein für Socialpolitik und 1906 gar der Reichsparteitag der SPD, auf dem das *Mannheimer Abkommen* – die Aufgabenteilung zwischen Partei und Gewerkschaft – reichsweite Geschichte schrieb. Der Bau des Rosengartens und das bevorstehende Stadtjubiläum hatten 1905 auch den Anstoß zur Gründung eines Verkehrsvereins gegeben, der von Stadtrat Viktor Darmstädter geleitet wurde und zunächst mit beachtlichem Erfolg versuchte, Mannheim, das überregional nicht als herausragendes Reiseziel galt, zumindest als Kongress- und Tagungsstadt zu vermarkten.[114] Allerdings gelang es jenseits des Stadtjubiläums 1907 nicht, Mannheim dauerhaft als touristisches „Muss" zu positionieren; schließlich machte solchen Ambitionen der Erste Weltkrieg ein Ende.

## Stadtverschönerung und Oststadt

Der Rosengarten war Bestandteil eines städtebaulichen Ensembles, das mit Bezug zum 1889 fertiggestellten Wasserturm – mittlerweile das Wahrzeichen Mannheims – nach Plänen von Bruno Schmitz gestaltet wurde. Dieser schlug vor, den Friedrichsplatz östlich des Wassertums als Rondellplatz mit Arkadenbauten auszugestalten. Der Rosengarten bildete dabei die Nordflanke, auf der Südseite gegenüber sollte als Pendant ein großzügig dimensionierter Museumsbau entstehen, der jedoch nicht realisiert wurde.

*Blick vom Wasserturm über den Friedrichsplatz in die Oststadt. Postkarte, 1912. StadtA MA.*

Südlich am Platzeingang, dem Wasserturm benachbart, stand seit 1900 das repräsentative Hotel „Neuer Pfälzer Hof"; am nördlichen Platzeingang waren zeitgleich fünfgeschossige komfortable Mietshäuser entstanden.

Zur Erreichung eines einheitlichen städtebaulichen Gesamtbilds wurde für die Arkadenhäuser des Friedrichsplatzes die Verwendung von rotem Sandstein als Fassadenmaterial vorgeschrieben. Die Versteigerung der Bauplätze – das Gelände war im Besitz der Stadt – erbrachte mit Preisen von 85 bis 90 Mark pro $m^2$ deutlich höhere Einnahmen, als die Stadt zunächst erwartet hatte.

Die Gestaltung der von hier ausgehenden östlichen Stadterweiterung zeigte schon zuvor das Streben nach „Stadtverschönerung" einerseits, zum andern das Lernen aus den Fehlern allzu dichter und schematischer Bebauung in den Erschließungsgebieten der 1870er und 1880er Jahre. Vom Friedrichsplatz gingen strahlenförmig Straßen in die seit den 1890er Jahren neu angelegte Oststadt aus. Die Stadt war Eigentümerin des großen Gebiets östlich vom Friedrichsring zwischen Neckar und Seckenheimer Landstraße. Ein vom Tiefbauamt ausgearbeiteter Bebauungsplan war 1890 in Kraft getreten und hatte hier ein vornehmes Wohngebiet vorgesehen, wozu groß geschnittene Baublöcke und Diagonalstraßen sowie eine Vielzahl öffentlicher Anlagen beitragen sollten. Voraussetzung war allerdings die Trockenlegung des ehemaligen Sumpfgebiets und die Niveauerhöhung des Terrains. Sehr rasch erkannte man, dass die Spekulation dazu führen würde, die ausgedehnten Grundstücke mit Hinterhäusern zu bebauen, wodurch

*Das Schloss des erfolgreichen Bürgers: Die jenseits des Gartens gelegenen – durch einen Torbau verbundenen Wirtschaftsgebäude und Stallungen der Villa Lanz.. Foto, 1911. StadtA MA.*

der angestrebte Charakter des Quartiers gefährdet worden wäre. Die Stadt als Eigentümerin schränkte daher in den Kaufverträgen die Bebaubarkeit von zwei Dritteln der Grundfläche, wie es die gültige Bauordnung von 1892 vorsah, auf 60 Prozent, teilweise sogar auf 50 oder 40 Prozent ein.[115] Teilweise wurde auch eine hintere Bauflucht eingeführt. Im Zeichen der guten Konjunktur nach 1895 wurde bis Anfang des 20. Jahrhunderts ein Großteil der Grundstücke zu diesen Bedingungen verkauft und überbaut.

Mit seiner einheitlichen Architektur und großzügigen Anlage entwickelten sich der Friedrichsplatz sowie die angrenzende Oststadt um 1900 zum begehrtesten Wohnviertel der Stadt und lösten allmählich das vorherige *Millionenviertel* in den ehemaligen Baumschulgärten, jetzt den L-Quadraten ab.[116]

Dem Ziel der Stadtverschönerung und Luftverbesserung dienten auch die Anlage von Parks und die gärtnerische Ausgestaltung von Straßen und Plätzen. Gerade die bevorzugte Oststadt umgab auf fast allen Seiten mit den Baumreihen entlang dem Friedrichring, mit dem exklusiv ausgestatteten Friedrichsplatz, der Augustapromenade und vor allem mit dem nach 1892 eingerichteten und mehrfach erweiterten Luisenpark ein Ring von Grünanlagen und Parks, der den exklusiven Charakter des Viertels unterstrich. Aber auch in der Innenstadt, etwa auf dem Paradeplatz und vor dem Schloss, wurden Grünanlagen geschaffen. Am Ostrand der Neckarstadt, gegenüber dem Luisenpark, legte man den so genannten Neckarpark an, der später durch das Städtische Krankenhaus überbaut wurde. Schließlich entwickelte sich nach der Eingemeindung von Neckarau der Auwald zwischen Mannheim und Neckarau zum Stadtwald und Naherholungsgebiet am Rhein.

Das rasche Wachstum Mannheims in diesen Jahren bedingte nicht nur eine Expansion in der Fläche, sondern auch einen strukturellen Wandel im bereits bebauten Gebiet. So sahen sich zahlreiche gewerbliche Betriebe in der Innenstadt und der Schwetzingerstadt bei weiterem Wachstum vor die Frage gestellt, wo sie expandieren sollten. Weil das mittlerweile zentral oder zentrumsnah gelegene Firmengrundstück recht wertvoll geworden war, konnten Betriebe häufig mit dem Erlös daraus deutlich größere Areale in den neu erschlossenen Industriegebieten in Käfertal, Neckarau oder am Industriehafen erwerben. Die planerisch angestrebte Entmischung von Wohnen und Industrie vollzog sich also bis zu einem gewissen Grad in dieser Phase naturwüchsig durch die erhöhte Mobilität der expandierenden Firmen, worauf der Leiter des Tiefbauamts und Schöpfer des Industriehafens, Moritz Eisenlohr, 1907 auch vertraute.[117]

*My home is my castle: Die Villa Röchling. Erbaut 1899 –1901 von Rudolf Tillessen. Foto, 1904. StadtA MA.*

## Das Jubiläumsjahr 1907 – die Bürgerstadt feiert sich selbst

*von Ulrich Nieß und Christmut Präger*

Mannheims Industrialisierung hatte binnen weniger Jahrzehnte einen gewaltigen Sprung nach vorne gemacht. Die Stadt befand sich auf dem Weg zu einer nicht allein numerischen Großstadt, sondern mitten in einem Urbanisierungsprozess, der für jeden Zeitgenossen spürbar und erlebbar wurde. Gerade im Vergleich mit der verwaisten ehemaligen Residenzstadt der Vormärzzeit war dieser Unterschied immer deutlicher zu spüren.

Der Stolz auf diese Entwicklung motivierte die Stadtväter, das anstehende Jubiläum der Stadtgründung ganz anders zu feiern als noch 1807. Unabdingbar dafür war ein rechtzeitiger Beginn der Planungen sowie eine schnelle und eindeutige Klärung der Voraussetzungen. Auch hier war Oberbürgermeister Otto Beck der richtige Mann zur richtigen Zeit an der richtigen Position. Er besaß Weitblick, Durchsetzungsvermögen und großes Organisationstalent. Aber er war auch der Exponent einer großbürgerlichen Stadtgesellschaft, der von erheblichen Teilen der organisierten Arbeiterschaft mit Argwohn begegnet wurde. Als es am 21. Januar 1906 anlässlich einer Demonstrationsversammlung der SPD im Nibelungensaal gegen das zaristische Russland und für das gleiche und direkte Gemeindewahlrecht fast zu blutigen Auseinandersetzungen zwischen den zahlreichen Teilnehmern und der Polizei mit ihrem verhassten Direktor Oskar Schäfer an der Spitze gekommen war, drohten die Organisatoren der Kundgebung in einem in der Mannheimer Aktiendruckerei gedruckten Flugblatt wenige Wochen später ihren Boykott jeglicher städtischer Gedenkfeiern zum 300-jährigen Jubiläum an: *Das Mannheimer Proletariat, die Klasse der Entrechteten und Unterdrückten, steht dieser Feier teilnahmslos gegenüber. [...] die Mannheimer Arbeiterschaft verschmäht es deshalb mit Recht, sich an den festlichen Veranstaltungen einer Stadt zu beteiligen, deren Verwaltung vollständig gleichgültig bleibt angesichts*

Der 18. März in Mannheim.

An die Arbeiterschaft Mannheims!

Der 17. März dieses Jahres gibt der besitzenden
Klasse Mannheims Veranlassung, eine Gedenk-
feier zu veranstalten, das dreihundertjährige Jubi-
läum der Grundsteinlegung der Festung Mann-
heim.

Das Mannheimer Proletariat, die Klasse
der Entrechteten und Unterdrückten, steht dieser Feier
teilnahmslos gegenüber. Diese Stellungnahme
ist bedingt durch unsere grundsätzlich verschiedene
Anschauung inbezug auf solch patriotische Feiern,
sodann ist sie aber ohne weiteres geboten durch die
provokatorische und ungesetzliche Haltung der
Mannheimer Polizeidirektion anläßlich der
Demonstrationsversammlung am 21. Januar Da-
durch, daß die Mannheimer Stadtverwaltung
im Interesse von Zehntausenden von Arbeitern
nicht gegen die Polizeibrutalitäten protestierte,
hat sie sich zur Mitschuldigen der
Polizei gemacht, und die Mannheimer Ar-
beiterschaft verschmäht es deshalb mit Recht, sich an
den festlichen Veranstaltungen einer Stadt zu be-
teiligen, deren Verwaltung vollständig gleichgiltig
bleibt angesichts der furchtbaren Gefahr, welche die
hiesige Polizei über die Arbeiterschaft heraufbe-
schworen hatte.

Dagegen wird das Proletariat Mannheims
den [redacted] 18. März [redacted] als seinen Feiertag
beanspruchen; es wird an diesem Tage durch einen
Massenbesuch der Grabstätte der im Jahre 1849
in Mannheim

standrechtlich Erschossenen

zeigen, daß es die von den Kugeln der Reaktion
dahingestreckten Freiheitskämpfer zu ehren versteht.

Um diese Demonstration zu einer würdigen und
recht imposanten zu machen, ist die Beteiligung
der gesamten Mannheimer Arbeiterschaft not-
wendig.

Wir appellieren deshalb an das am „roten
Sonntag" so glänzend bewährte Klassenbewußtsein
der hiesigen Arbeiter. Noch weit stärker
aber muß diesmal das Aufgebot der proletarischen
Armee sein, der herrschenden Klasse und ihren Poli-
zeibütteln zum Trotz. Wir sind überzeugt, daß unser
Appell an die Massen nicht unerhört verhallen wird,
sondern daß am nächsten Sonntag, vormittags
10 Uhr, das gesamte Proletariat Mannheims
an der Ehrung der Freiheitskämpfer sich
beteiligen wird. Einer sage es dem anderen daß
die Beteiligung an der geplanten Demonstration eine
Ehrenpflicht ist!

Das Komitee.

NB. Den einzelnen Arbeiterorganisationen
dürfte zu empfehlen sein, ähnlich wie am 21. Januar
auch am nächsten Sonntag vorher in ihren Ver-
kehrslokalen einen Appell abzuhalten.

Druck und Verlag der Mannheimer Aktiendruckerei A.-G.

*Sozialdemokratisches Flugblatt von 1906 mit dem Boykottaufruf gegen die Feierlichkeiten zum Stadtjubiläum. GLA KA.*

*der furchtbaren Gefahr, welche die hiesige Polizei über die Arbeiterschaft heraufbeschworen hatte.*[118]

Die Wogen scheinen sich, je näher das Jubiläum heranrückte, gleichwohl wieder geglättet zu haben – wenn man auch prominente Namen der Sozialdemokratie in den entsprechenden Organisationskomitees vergeblich suchen wird. Das Konzept der Stadt und ihres Bürgertums war es, „ihr" Mannheim auch als Stadt der bildenden Künste zu profilieren und zu etablieren, das Image als grauer Industriestandort nun mit einer kulturellen

*Der Vorstand der Jubiläumsausstellung mit Bürgermeister Robert Ritter in der Mitte. Postkarte, 1907. StadtA MA.*

Einfärbung aufzupolieren.[119] Früh wurde festgelegt, dass wie 1707 der Tag der Verleihung der Stadtrechte, der 24. Januar, als Datum des Jubiläums den Feiern zugrunde liegen sollte. Aus praktischen Gründen sollten die eigentlichen Festivitäten aber erst im fortgeschrittenen Frühjahr beginnen, sich dafür aber über Monate hinziehen. Der 24. Januar erschien auch deshalb ungünstig, weil man sich mitten im Wahlkampf zum Reichstag – am 25. Januar war der Wahltag – befand. Die Stadtspitze begnügte sich unter diesen Umständen damit, am 24. Januar 1907 die neue Kurfürst-Friedrich-Schule in C 6 offiziell zu eröffnen und einen Aufruf in allen lokalen Tageszeitungen abzudrucken bzw. zu plakatieren. Die Erwartungshaltung auf das Kommende wurde angeheizt: *In einfacher Weise begehen wir den heutigen Tag. Sobald des Frühlings Blütenpracht wieder herabgestiegen, wollen wir Mannheims Jubelfest in größerem Umfang feiern, wie es seiner hohen Bedeutung entspricht – froher, freudiger als unsre Vorfahren vor hundert und zweihundert Jahren!*[120]

*Professor Friedrich Walter (1870–1856). Der erste hauptamtliche Stadtarchivar stieg 1921 zum Leiter des 1926 eröffneten Mannheimer Schlossmuseums auf. 1949 wurde ihm die Ehrenbürgerwürde verliehen. Foto, um 1907. StadtA MA.*

Doch was sollte im Laufe des Jubiläumsjahrs konkret veranstaltet werden? Am 25. Januar 1902 hatte eine Versammlung von Industriellen noch die Absicht geäußert, *für die große Handels- und Industriestadt Mannheim* eine *weite Teile des kommerziellen Lebens umfassende Gewerbe- und Industrieausstellung* auszurichten. Wie Stadthistoriker Friedrich Walter treffend kommentierte, *wäre eine solche der bezeichnendste Ausdruck dessen geworden, was Mannheim heute in der wirtschaftlichen Welt bedeutet.*[121] Auch wenn das ganze Leben der Stadt *in erster Linie auf geschäftliche Dinge gerichtet* sei, so habe, fuhr Walter fort, sich Mannheim *doch den Sinn für die idealen Seiten des Lebens bewahrt und ist der ruhmvollen Traditionen eingedenk geblieben, die an seine große künstlerische Vergangenheit im 18. Jahrhundert erinnern.*[122] Vor allem der Altertumsverein von 1859 hatte sich für eine positive Bewertung der kulturellen Leistungen des einstigen kurpfälzischen Hofs eingesetzt, und besonders Friedrich Walter selbst dürfte für eine wohlwollende Sicht auf die absolutistische Kurfürstenzeit gesorgt haben. 1902 hatte er im Auftrag des Altertumsvereins bereits eine große *Ausstellung aus der Zeit Karl Theodors* in der ehemaligen Klosterkirche der Augustinerinnen in L 1, 1 organisiert. Einmal mehr aber wurde beim Blick auf die Vergangenheit deutlich, dass Mannheim zwar einen staunenswerten wirtschaftlichen Aufschwung erlebt hatte, gleichwohl aber,

gemessen an der kulturellen Blüte jener Kurfürstenzeit, trotz seiner Salons, seines Renommees als Stätte der Musikpflege, in der Richard Wagner und Johannes Brahms gefeiert wurden, nur als provinziell gelten und als Musensitz reichsweit nicht reüssieren konnte.

Der Gedanke an eine reine Industrieausstellung wurde daher bald fallen gelassen. Gesetzt war lediglich, im Jubiläumsjahr eine mehrbändige Stadtgeschichte erscheinen zu lassen, mit der vor allem Friedrich Walter betraut wurde, der dann zum 1. April 1907 die Leitung des Stadtarchivs als neues städtisches Amt übernehmen sollte, womit diese Institution ihre eigentliche „Geburtsstunde" erlebte.[123] Aber erst rund zwei Jahre vor dem Stadtjubiläum begannen Verwaltungsspitze, Stadtrat und Bürgerausschuss und nicht zuletzt die Öffentlichkeit sich intensiver mit der Frage zu beschäftigen, wie denn – jenseits aller städtebaulichen Akzente der letzten Jahre – das Jubiläumsfest selbst angemessen zu begehen sei. Bald war das Zauberwort geboren: Nur eine „Ausstellung" käme in Frage, eine festliche Präsentation, die der Industrie- und Arbeiterstadt Gelegenheit bieten sollte, nach außen hin auch als Zentrum der Kultur und der Künste aufzutreten.

### Die „Internationale Kunst- und Große Gartenbau-Ausstellung"

Mit einer internationalen Kunstausstellung sollten die Defizite der Vergangenheit, die stiefmütterliche Behandlung etwa der Malerei und Skulptur in einem großen Sprung nach vorn, gleichsam schlagartig beseitigt werden. Hierfür entschloss man sich zur Errichtung eines eigenen Zweckbaus. In diesem Zusammenhang kam die nicht sehr umfängliche, vom Mannheimer Kunstverein im Auftrag der Kommune betreute städtische Kunstsammlung in den Blick, die bis dahin keine eigenen Räumlichkeiten besaß. Um diesem Umstand abzuhelfen, hatte Henriette Aberle 1901 im Gedenken an ihren Mann Julius eine Stiftung errichtet, die für den Bau einer städtischen Gemäldegalerie bestimmt war. Die Stiftungssumme von 200 000 Mark war bis 1905 durch Zinserträge auf 241 712 Mark angewachsen. In seiner Vorlage an den Bürgerausschuss schlug der Stadtrat nun vor, zusätzlich seitens der Stadt 350 000 Mark zur Verfügung zu stellen und von dem Gesamtbetrag von rund 600 000 Mark eine Kunsthalle zu errichten, die nach der Jubiläumsausstellung zur Unterbringung der städtischen Sammlung dienen konnte. Dieser Antrag fand im Bürgerausschuss am 25. Juli 1905 eine klare Mehrheit.

Es zeigt die Aufgeschlossenheit der Jubiläumsplaner, dass in der geplanten großen Schau nahezu ausschließlich moderne Kunstwerke zu sehen sein sollten. Friedrich Walter berichtet: *Es war das erste Mal, dass das moderne Mannheim sich in der Pflege der bildenden Künste selbständig in großzügiger Weise betätigen wollte.*[124]

Zudem war die Verwaltungsspitze sich darüber klar geworden, bei der Planung auf Rat von kompetenter Seite angewiesen zu sein. Ludwig Dill, der als Mitbegründer der Münchner Sezession (1892) zu den ausgewiesenen Vertretern der Moderne gehörte, wurde für die Ausarbeitung des Konzepts für die Kunstausstellung gewonnen. Dill, seit 1899 Professor an der Kunstakademie in Karlsruhe, erhielt dann auch die künstlerische und inhaltliche Gesamtleitung des Projekts.

Nachdem Stadtbaurat Richard Perrey die Ausführung des erwünschten dauerhaften Gebäudes in der kurzen noch zur Verfügung stehenden Zeit als völlig unmöglich erachtete, wurde auf Vorschlag Dills der Karlsruher Architekt Hermann Billing um einen Vorschlag gebeten, welcher dann auch zur Ausführung kam.

Die gegen das Projekt einer „modernen" Kunstausstellung vorgetragenen Bedenken, ob diese Schau überhaupt ausreichende Anziehungskraft für namhafte auswärtige Künstler besäße, wurden durch äußerst umsichtiges Handeln von Oberbürgermeister Otto Beck zerstreut. Auf seine Aufforderung hin *erklärten sich nämlich zahlreiche begüterte Familien unserer Stadt durch Unterzeichnung eines Garantiescheines bereit, für eine bestimmte Summe Ankäufe auf der geplanten Kunstausstellung zu vollziehen.* Mit zusätzlichen staatlichen und städtischen Beiträgen kamen schließlich etwa 300 000 Mark zusammen.

Der Anspruch an das Niveau der Ausstellung war hoch: Es sei anzustreben, *nach bestimmten Gesichtspunkten eine Auswahl hervorragender Kunstschöpfungen, eine Elite-Ausstellung zu schaffen, die unter Ausscheidung aller Dutzendware bestimmte individuelle Züge zu einem harmonischen, abgerundeten Gesamtbild vereinigen solle.*[125] Annähernd 890 Werke aus Plastik und Malerei – inklusive Kunstgewerbe waren es gar 975 – galt es schließlich in einem choreographisch inszenierten Rundgang durch 30 Räume zu betrachten.[126] Ein besonderer Raum war der modernen französischen Kunst vorbehalten, die kunsthistorisch die Bedeutung der Mannheimer Ausstellung ausmachen und gleichsam die zukünftige Rich-

*Der Oberlichtsaal von Hermann Billing (1867–1946) in der Kunsthalle. Foto, um 1907. StadtA MA.*

tung weisen sollte – auch wenn gerade dieser Teil auf Kritik und heftige Ablehnung beim damaligen Publikum stieß. Paul Gauguin war mit sechs Gemälden präsent, Vincent van Gogh sogar mit 14. Angriffe in der Presse führten wohl dazu, dass sieben Bilder van Goghs noch wärend der Ausstellung wieder abgehängt wurden. Insgesamt wurde eine große Breite künstlerischer Ausdrucksformen gezeigt und ein Einblick in das Spannungsfeld zwischen traditioneller und moderner Kunst geboten. Mannheims Jubiläumsschau stellte damit einen Höhe-, aber auch einen Wendepunkt in der Geschichte der Kunstausstellungen dar. Die hier erreichte Einheitlichkeit von Raum- und Kunstwirkung, bei der das Gesamtarrangement über dem Einzelwerk stand, sollte danach zugunsten der Betonung des einzelnen Kunstwerks aufgegeben werden.

In der Bevölkerung und dann auch in den „leitenden Kreisen" war zuvor schon die Frage diskutiert worden, ob eine „Elite-Ausstellung" allein überhaupt genügend Attraktivität für Besucher haben könnte. So kam die

*Sonnenblumen in der Kunsthalle. Das 1907 ausgestellte Bild „15 Sonnenblumen" von Vincent van Gogh (1853–1890) aus dem Jahr 1889 befindet sich heute im Sompo Japan Museum of Art in Tokio. Hier abgebildet ist die Version „12 Sonnenblumen" von 1888 aus der Münchner Pinakothek. AKG Images.*

Auch durch eine Lotterie wurden die Jubiläumsausstellungen finanziert. Lotterielos, 1907. StadtA MA.

zuerst verschmähte Idee einer Gartenbauausstellung wieder auf. Man orientierte sich am Vorbild der Stadt Düsseldorf, die im Jahr 1904 eine *Internationale Kunst-, Kunsthistorische und große Gartenbau-Ausstellung* mit großem Erfolg durchgeführt hatte.[127]

Im Bürgerausschuss wurde am 6. Dezember 1905 ein *Garantiefond A* zur Vorbereitung dieser Ausstellung genehmigt, der dann in einem zweiten Schritt auf 486 000 Mark erhöht werden konnte. Durch die Zeichnung von

Ausstellungshallen und Friedrichsplatz im Jubiläumsjahr 1907. Postkarten, 1907. StadtA MA.

Bürgschaften durch nicht weniger als 205 Geschäftsinhaber größerer und kleinerer Unternehmen ergab sich ein Kreditspielraum zur Vorfinanzierung der mit 1,5 Mio. Mark veranschlagten Kosten von Ausstellung und beabsichtigtem Vergnügungspark, die vom 1. Mai bis 20. Oktober ihre Tore öffnen sollten. Zum Gesellschafter und Gesamtleiter wurde Bürgermeister Robert Ritter bestellt. Ihm oblag die Organisation des gesamten Ausstellungsvorhabens; verschiedene Fachausschüsse wurden eingesetzt. Im Vorstand der Ausstellung befanden sich neben Bürgermeister Ritter, Prof. Ludwig Dill, Kommerzienrat Hermann Dyckerhoff, Geheimer Kommerzienrat Karl Ladenburg, Geheimer Kommerzienrat Karl Reiß, Fabrikant Eduard Schweitzer und Ingenieur Oskar Smreker. Ein rund 60-köpfiger Verwaltungsapparat bestand aus Hauptbüro, Hauptkasse und Kartenbüro, Baubüro, Büro der Kunsthalle, Gartenbaubüro und technischem Büro.

Das Ausstellungsgelände zog sich vom Friedrichsplatz mit Kunsthalle und Rosengarten bis weit in die heutige, damals nur spärlich bebaute Augustaanlage hinein. Neben den Pavillons der Wirtschaftsunternehmen fand sich eine Vielzahl von Gartenanlagen damals sehr bekannter Gartenarchitekten, vom konservativen Paul Schultze-Naumburg bis hin zu den progressiven Formgestaltern Peter Behrens oder Max Laeuger. Letzterer zeichnete auch für die Gesamtanlage verantwortlich. Eine Reihe renommierter, überregionaler Gartenarchitekten wurde zur Teilnahme eingeladen, denen der Ausstellungsvorstand eine spezielle *Raumgestaltungsaufgabe* stellte. Neben Landschaftsgärten wie einem Wiesengarten sollten beispielsweise eine Schwarzwaldanlage und ein Wassergarten angelegt oder historische

Gärten wie ein *Römischer Hausgarten* in Kombination mit einem modernen Gartenhaus, ein *Romantischer Garten*, ein *Rokokogarten* und ein *Großväterlicher Hausgarten* entworfen werden. Dazu ergänzend galt es, Repräsentationsgärten zu gestalten, wobei das Ergebnis gleichermaßen Besucher und sachverständige Presse beeindruckte. Großen Widerhall fanden vor allem die Anlagen von Peter Behrens und Max Laeuger, der die ihm zur Verfügung gestellte Fläche in 15 streng geometrisch gegliederte Gartenfelder eingeteilt hatte, die rund um ein Badehaus arrangiert waren. Die Zeitschrift *Deutsche Kunst und Dekoration* lobte die Laeuger'sche Gartenanlage als *eine der bedeutendsten raumschöpferischen Leistungen der Mannheimer Ausstellung.*[128] Mit dem Ende der Ausstellung verschwanden sämtliche Gartenanlagen wieder, um den weiteren Ausbau der Oststadt zum vornehmen Wohn- und Geschäftsviertel zu ermöglichen.

## Vergnügungspark, Kongresse, festliche Höhepunkte

Räumlich integriert und doch ideell jenseits der beiden Ausstellungsbereiche lockte ein Vergnügungspark, der Attraktionen unterschiedlichster Art für alle Bevölkerungskreise bot. Das Hauptrestaurant befand sich am Friedrichsplatz, eine große Zahl anderer gastronomischer Stationen – z.B. „Café Hagen", „Restaurant Zillertal", „Restaurant Biedermeier", „Weinrestaurant zur Lustigen Witwe" – sorgten zusätzlich für das leibliche Wohl der Gäste.

Nicht wenige von diesen dürften nach dem Besuch der Gastronomie den Weg ins Kinematographentheater gefunden haben. Auch wenn in den Quadraten seit Juni 1906 in P 6, 20 ein erstes Lichtspielhaus, das Union-Theater, eröffnet hatte – das noch junge Medium Film erregte noch bei vielen Mannheimerinnen und Mannheimern ungläubiges Staunen. So wartete das Kinematographentheater im Park auch mit für damalige Verhältnisse brandaktuellen, Aufsehen erregenden Filmstreifen auf. Schließlich hatte man den 1. Mai, den Tag der Eröffnung, auf Celluloid gebannt. Der Film zeigt, wie der in Vertretung des erkrankten Landesherrn angereiste

*Das Kinematographentheater im Vergnügungspark. Foto, 1907. StadtA MA.*

Erbgroßherzog Friedrich II. zusammen mit seiner Gemahlin Hilda vor dem Rosengarten die Honoratioren der Stadt begrüßte. Zusammen mit Oberbürgermeister Otto Beck schritten sie anschließend am Wasserturm vorbei in Richtung Gärten und Schwarzwaldhaus, wo ihnen die Tochter von Bürgermeister Ritter ein Gedicht aufsagte. Dann besuchten sie abschließend den Sunlight-Pavillon.[129] Sogleich nach seiner Fertigstellung wurde dieser Film im Kinematographentheater aufgeführt. So war auch für diejenigen, die nicht selbst dabei gewesen waren, lebendig dokumentiert, wie wenige Wochen zuvor der zukünftige Landesvater der Mannheimer Ausstellung seine Aufwartung gemacht hatte.[130]

Unweit dieses Kinos startete von einem Hochturm eine spektakuläre Wasserrutschbahn auf Rädern in ein Bassin: *Blitzschnell saust der Kahn die steile Bahn hinab. Man hält einen Moment den Atem an, dann schlägt der breite Boden des Fahrzeugs platt auf das Wasser, mächtige Strahlen spritzen nach beiden Seiten, und der Nachen tanzt schaukelnd auf der Oberfläche,*[131] verkündete vollmundig der Ausstellungsführer. Nicht wenige Kinder dürften genauso begeistert von dem in unmittelbarer Nachbarschaft zum Turm gelegenen *Aeroplan* gewesen sein, einer Art Kettenkarussell, bei dem die Gondeln in Fliegerform gestaltet waren. Hinter dem Kinderspielplatz und dem Milchausschank stieg ein Fesselballon bis in die Höhe von 300 m auf. Unweit davon fanden sich ein Silhouettenschneider und ein *Orientalischer Basar*, dessen Stände die Massen anlockten.

Neben der Schießbude und den Waffelbäckereien lag das „Terrassenrestaurant", von wo aus bis zu 60 000 Menschen die wöchentlich mindestens

*Der Vergnügungspark mit Wasserrutsche und Luftschiff-Karussell. Postkarte, 1907. StadtA MA.*

einmal stattfindenden Feuerwerke bzw. Illuminationen des Ausstellungsgeländes mit Gasleuchten und elektrischem Licht bestaunen konnten. Mannheims Bemühungen um eine moderne Gasversorgung und Elektrifizierung konnten jetzt den Besuchern aus nah und fern präsentiert werden und verfehlten ihre Wirkung offensichtlich nicht. Fast ergriffen schrieb Redakteur Hermann Schade in der *Ausstellungs-Zeitung*: *Als ich die Ausstellung verließ, brannten am Wasserturm noch sämtliche Lampen. Ein Lichtmeer überflutete den Haupteingang und die umliegenden Straßenzüge und wurde gleichsam aufgefangen und weitergeleitet von den breiten Alleen, wo man vor kurzem die neuen Bogenlampen aufgestellt hat.* [...] *Sie werden als eine der mannigfaltigen Errungenschaften der Ausstellung erhalten bleiben. Mich haben sie eigentümlich berührt, denn mir erschienen sie als die Verkörperung des Fortschritts, den Mannheim jetzt auf seine Fahnen geschrieben hat.*[132]

Eine heute sehr befremdlich wirkende Einrichtung galt als eine der Hauptattraktionen: das *Abessinische Dorf*.[133] Dutzende von verschiedenen Ansichtskarten wurden von dieser „Völkerschau" vertrieben. Zu sehen waren hier etwa 80 Menschen aus dem nordöstlichen Afrika: *Die wilden Naturkinder in ihrem ungezwungenen Gebahren zu beobachten oder ihren Tänzen, Kämpfen und Umzügen zuzuschauen, hat stets seinen eigenen Reiz.*[134] Wohl zum ersten Mal wurden Mitglieder so genannter Naturvölker auf der Pariser Weltausstellung von 1889 in spektakelhaften Inszenierungen „vorgeführt", um dem Publikum stolz von den durch imperialistische Politik erworbenen Kolonien in anderen Erdteilen zu künden.[135] Veranstalter der

*Das „Abessinierdorf" im Vergnügungspark. Postkarte, 1907. StadtA MA.*

Mannheimer Schau war die Firma British-Continental Enterprises Limited mit Sitz in London, die ebenso wie die Hamburger Firma der Gebr. Hagenbeck über langjährige Erfahrung und großes Renommee in der Branche verfügte und unter anderem ein Jahr zuvor ein *Somali-Dorf* bei der Landesaustellung in Oldenburg organisiert hatte. Im *Abessinischen Dorf* in Mannheim erwarteten den Besucher drei Erlebnisbereiche: Er konnte dem alltäglichen Dorfleben mit seinen Einrichtungen wie *Schule* und *Moschee* beiwohnen, das Handwerk der Schmiede, Weber, Lederarbeiter und Töpfer betrachten und vermutlich das eine oder andere ihrer Erzeugnisse kaufen. Und zu festgelegten Zeiten fanden die Aufführungen von Tänzen und *kriegerischen Auseinandersetzungen* statt. Als am 5. August im *Abessinischen Dorf* ein Mädchen zur Welt kam, wurde diese Geburt zum „Event" genutzt. Die Kleine erhielt den Namen *Aurelia Mannhemia*, und die Ausstellungsleitung lud die Öffentlichkeit zur „Taufe" ein, die eigentlich ein muslimisches Namensgebungsfest war. Allein drei Taufkleidchen gingen unter den zahlreichen Geschenken aus der Mannheimer Bevölkerung ein.

Die meisten der Industrieunternehmen präsentierten ihre Produkte in der *Industriehalle*, einem 8 000 m² großen Gebäude, in dem sich 73 Firmen vorzugsweise mit Produkten aus dem Bereich Gartenbau vorstellten. Unter ihnen befanden sich Mannheimer Großunternehmen wie die erst 1906 begründeten Strebelwerke oder Bopp & Reuther. Zwei besonders bedeutende und in Mannheim ansässige Firmen, die Sunlight-Seifenfabrik und die Firma Heinrich Lanz, ließen eigene Pavillons errichten. Für den Entwurf des letzteren zeichnete der renommierte Mannheimer Architekt Albert Friedrich Speer verantwortlich, der Vater des späteren NS-Stararchitekten und Rüstungsministers Albert Speer. Während im Lanz-Pavillon Dampfmaschinen vorgeführt wurden, konnten die Besucher im gläsernen, von Professor Eugen Beck entworfenen Sunlight-Pavillon die Herstellung von Seife und deren Verpackung an automatischen Fließbändern bestaunen. Die Sunlight, Europas größter Seifen-Hersteller, hatte sich erst 1899 mit seiner Rheinauer Fabrik in Deutschland

*Blick in die „Industriehalle". Foto, 1907. StadtA MA.*

niedergelassen. Das noch junge Unternehmen lud eigens seine Geschäftspartner am 27. und 28. Juni zu einem Großabnehmer-Kongress ein, auf dem nicht weniger als 1 600 Gäste die hochmoderne Produktionsstätte am Rheinauhafen vorgeführt bekamen und im Anschluss daran zu einem Festbankett im Rosengarten geladen wurden.[136]

Überhaupt fanden, wie schon erwähnt, während der Ausstellungszeit zahlreiche Tagungen und Fachkongresse statt, die Menschen aus nah und fern nach Mannheim führten. So wurden beispielsweise der 6. südwestdeutsche Handlungsgehilfentag (11.–12. Mai) abgehalten, ein Deutscher Spiritistenkongress (25.–28. Mai), der 3. Kongress der Deutschen Gesellschaft zur Bekämpfung der Geschlechtskrankheiten (24.–25. Mai), die Jahreshauptversammlung des Deutschen Tabakvereins (8.–10. Juni) bzw. des Deutschen Vereins von Gas- und Wasserfachmännern (15.–17. Juni) oder die Hauptversammlung des Vereins Deutscher Kleinbahn- und Straßenbahnverwaltungen (4.–7. September).[137] Beispielsweise hielt auch der Verband Deutscher Post- und Telegraphen-Assistenten einen Verbandstag (15.–17. Juni) ab. Hatten deren Organisatoren zunächst die *geringe Anziehungskraft des Tagungsortes* als Hindernis für ein zahlreiches Erscheinen der Verbandsmitglieder befürchtet, konnte dann doch die stattliche Zahl von 700 Teilnehmern gemeldet werden, die offenbar ein grundlegend gewandeltes Bild von der Gastgeberstadt mit nach Hause nahmen. Die Verbandsmitglieder waren, wie die *Deutsche Postzeitung* enthusiastisch hervorhob, *der Bewunderung voll über die großartige, vorteilhafte Entwicklung, die die Quadratestadt in den letzten Jahren erfahren hat*, und schieden angesichts der *herrliche*[n] *Tage* [...], *die man in der so sehr verkannten Welthandelsstadt Mannheim verlebt hatte* [...] *mit dem herzlichen Versprechen „auf baldiges Wiedersehen in Mannem!"*[138]

Jenseits der Kongresse und Tagungen gab es eine Reihe von Ereignissen, die das Jubiläum vor allem zu einem Fest der Mannheimer Einwohnerschaft werden ließen. Für 2 000 Kinder aus der Stadt und ihrer Umgebung wurde etwa am 31. Juli das Stecklingspflanzenfest, eine Art botanischer Wettbewerb, veranstaltet. Zuvor hatte am 12. Juli ein *Attisches Fest* statt-

*Werbeplakat für das „Attische Fest" mit der amerikanischen Barfuß-Tänzerin Isadora Duncan (1877–1927). StadtA MA.*

gefunden. Isadora Duncan, *die berühmte Barfußtänzerin*, Begründerin des Ausdrucks- und *Reformtanzes* gab zusammen mit Kindern ihrer Tanzschule ein Gastspiel. Nach Meinung nicht weniger Beobachter war der eigentliche kulturelle Höhepunkt aber das *Rosenfest* vom 22. bis 24. Juni im Nibelungensaal.[139] Gleichfalls als Tanzfest inszeniert und überreich mit Rosen dekoriert, wagten fast 290 Laientänzerinnen und -tänzer aus der Mannheimer Bürgerschaft unter Leitung des Nationaltheater-Intendanten Carl Hagemann und seiner Ballettmeisterin Emmy Wratschko kunstvolle Tanzdarbietungen. Im Mittelpunkt stand die *Rosenkönigin*, die 24-jährige Elisabeth Bassermann, Tochter von Ernst und Julie Bassermann und damit zugleich Repräsentantin der tonangebenden Träger des gesamten Jubiläumsprogramms: des Bürgertums. Auf Kosten von 33 000 Mark kam diese *farbenprächtige Herrlichkeit*, bei der die Männer im Frack zu erscheinen hatten.[140]

Auch wenn die *Internationale Kunst- und Große Gartenbau-Ausstellung* die Grundlage geschaffen hatte für das enorme Aufblühen des kulturellen Sektors, so war ein anderes Ereignis vielleicht noch symbolträchtiger für die Stadt und ihre wirtschaftliche Fortentwicklung: die Einweihung des Industriehafens am 3. Juni. Der Stolz der Stadtväter und ihres agilen Oberbürgermeisters auf „ihr" Kind ist daran abzulesen, dass die Einweihung mitten in die Hauptfestwoche gelegt wurde. Für diesen offiziellen Tag wurde viel Prominenz aufgeboten, an der Spitze der Großherzog mit seiner Gemahlin. Wohl nicht zu Unrecht meinte der *Generalanzeiger* über den 3. Juni, diese Einweihung sei unbestritten der *Höhepunkt der Jubiläumsfestlichkeiten*.[141] Nach den obligatorischen Ansprachen fügten Oberbürgermeister Otto Beck

*Das Rosenfest: Gruppe der Rosenkönigin mit ihren Begleiterinnen. Foto, 1907. StadtA MA.*

Die Einweihung des Industriehafens am 3. Juni 1907: Großherzog Friedrich I. und Großherzogin Luise bei der symbolischen Schlusssteinlegung. Foto, 1907. StadtA MA.

und der Bauleiter, Stadtbaurat Moritz Eisenlohr, mit symbolischen Schlägen mit einem kunstvoll gefertigten, silbernen Hammer unter den Glückwünschen der Prominenz feierlich den Schlussstein ein und enthüllten eine Gedenktafel. In allen Ansprachen wie in der Urkunde, die in den Schlussstein eingelegt war, wurde betont, dass die Stadt nunmehr als *Industriemetropole* ihre Wirtschaftskraft gestärkt habe. Anschließend formierten sich 41 festlich geschmückte Schiffe – vom Personendampfer bis zum Hafenbugsierboot – unter Salutschüssen und dem Spiel zahlreicher Musikkapellen zu einer der imposantesten Schiffsparaden, die Mannheim bis dahin erlebt hatte. Eine Leuchtfontäne mit wechselnden Farben mitten im Rhein seitens der BASF trug zum Erstaunen bei. Beim Festbankett im Nibelungensaal des Rosengartens blieben dann 400 geladene Gäste und Prominente unter sich, vernahmen ein Telegramm des Kaisers *mit den wärmsten Wünschen für weiteres Blühen und Gedeihen Mannheims*, um abschließend der Festaufführung der Oper *Salome* von Richard Strauss im Hoftheater zu lauschen.[142] Unter den Gästen befanden sich mit dem Reichstagsabgeordneten Ludwig Frank und seinem späteren Nachfolger, dem Redakteur Oskar Geck auch zwei sozialdemokratische Spitzenpolitiker – ein wenn auch nur kleines Zeichen für die Partizipationsbereitschaft der politischen Eliten in Mannheim bzw. Baden, die jenseits bestehender Klassengegensätze den pragmatischen Weg suchten – und in Einzelfragen durchaus fanden.

## Auszeichnungen bürgerlicher Stifter

Wohl inszeniert, ebenfalls mitten in der großen Festwoche des Jubiläums vom 30. Mai bis 6. Juni verliehen die Organisatoren die höchste Auszeichnung der Stadt an vier Männer: die Ehrenbürgerwürde. Entsprechende Urkunden, auf Pergament gemalt, mit prächtigen Initialen und angehängter Siegelkapsel aus Palisanderholz versehen, wurden dem Bankier und Handelsrichter Karl Ladenburg, dem ehemaligen Major und Vorsitzenden des Altertumsvereins Max Seubert, dem in Mannheim-Neckarau geborenen und nun weltbekannten Begründer der experimentellen Psychologie Professor Wilhelm Wundt und dem ehemaligen badischen Innenminister August Eisenlohr am 31. Mai in einer feierlichen Festversammlung ausgehändigt.[143] Bei insgesamt 43 Trägern dieser höchstrangigen städtischen Ehrung zwischen 1820 bis 2007 stellte diese Gleichzeitigkeit schon einen bemerkenswerten Rekord dar, der nur 1949 im Zuge einer symbolischen städtischen Wiedergutmachung mit fünf zeitgleichen Verleihungen übertroffen wurde. Alle vier Ehrungen von 1907 waren wohl bedacht und müssen im Kontext

*Von links nach rechts: Bankier und Mäzen: Karl Ladenburg (1827–1909). Foto, um 1907. StadtA MA. Militär und engagierter Bildungsbürger: Max Seubert (1837–1914). Ölgemälde von Walter Waentig, 1914. Kunsthalle Mannheim. Prominenter Wissenschaftler: Wilhelm Wundt (1832–1920). Gemälde von Heinz Wagner nach einem Foto um 1905. Universitätsarchiv Leipzig.*

*Ehrenbürgerbrief für Wilhelm Wundt. Deutlich wird im Verleihungsbrief der Bezug zum 300. Stadtjubiläum hergestellt. Universitätsarchiv Leipzig.*

*Unten links: Kommerzienrat und Fabrikant: Bernhard Herschel (1837–1905). Foto, um 1890. StadtA MA.*
*Unten rechts: Brief von Bernhard Herschel an seinen „liebe[n], hochverehrte[n] Freund" Otto Beck vom 12.10.1905. Herschel berichtet von einer „arge[n] Erkältung", die er sich zugezogen habe – und die er nicht überleben sollte. Er starb eine Woche später. Der Brief zeigt deutlich die enge Beziehung von führenden Vertretern des Wirtschaftsbürgertums zur politischen Stadtspitze. StadtA MA.*

einer von Otto Beck und der Stadt betriebenen Strategie der Anregung von Stiftungen und der Stärkung der Identifikation mit der Stadtgemeinde verstanden werden. Allzu gerne verwendete Beck die Formel von der *eigenen Kraft* in seinen Reden, um deutlich zu machen, dass der Aufstieg Mannheims zugleich Verdienst seines engagierten Bürgertums und des Fleißes seiner Stadtbewohner gewesen sei. Es charakterisiert die Zeit und den „Macher" Beck, dass bewusst ein breites Spektrum an Ehrungen und Auszeichnungen geschaffen wurde, um das Mannheimer Großbürgertum dauerhaft auf das Gemeinwohl der eigenen Stadt zu verpflichten. Das in Mannheim – im Vergleich zu Städten wie Frankfurt und Straßburg mit ihren in Jahrhunderten gewachsenen Kapitalfonds – unterentwickelte Stiftungswesen erhielt im Jubiläumsjahr neuen Schub.[144] Die Ehrenbürgerwürde war dabei der attraktivste Anreiz, den die Stadt bieten konnte. Daneben pflegte beispielsweise der unter Beck 1892 eingeführte, regelmäßig gedruckt erscheinende Verwaltungsbericht der Stadt jeweils in einer *Ehren-Tafel* auf den ersten Seiten alle größeren, für wohltätige und gemeinnützige Zwecke erbrachten Zuwendungen zu veröffentlichen. Sukzessive gelang es dadurch, potente Mitglieder – nicht selten jüdische Kaufleute und Unternehmerpersönlichkeiten – zu namhaften Stiftungen zu motivieren. Flankierend hierzu verlieh, vermutlich oft auf Betreiben der Stadt, der badische Staat Auszeichnungen wie den Orden vom Zähringer Löwen 1. und 2. Klasse und – besonders beliebt und entsprechend häufig vergeben – den Titel des Kommerzienrats bzw. des Geheimen Kommerzienrats an sozial engagierte Persönlichkeiten, zumeist an Kaufleute, Unternehmer und Bankiers. Solches wurde zum Beispiel dem jüdischen Kaufmann Bernhard Herschel wenige Wochen vor seinem Tod am 20. Oktober 1905 zuteil. Der Großherzog hatte dem Tabakgroßhändler, Aufsichtsrat der Deutschen Union-Bank und national-

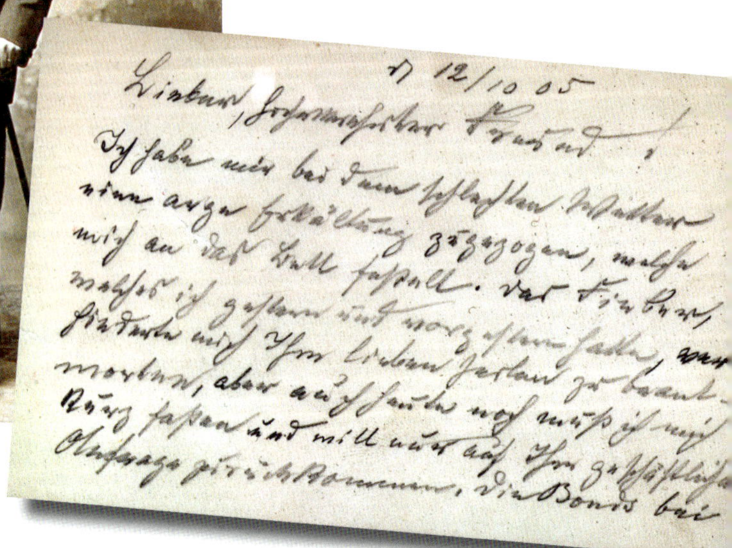
12/10 05

liberalen Stadtrat den Titel eines Kommerzienrats verliehen. Testamentarisch hinterließ Herschel, nachdem er bereits der Stadt einige kleinere und größere Schenkungen hatte zukommen lassen, 500 000 Mark für den Bau eines städtischen Hallenbads, das seinen Namen tragen sollte.[145] So herausragend im Einzelbetrag diese Stiftung auch gewesen sein mag, sie ist gleichwohl nur ein Beispiel des hohen Mäzenatentums, das in der Stadt eine immer größere Bedeutung erlangte.

In der Ära Beck gewann die Verleihung der Ehrenbürgerwürde freilich erst in der Zeit nach 1900 eindeutigere Kontur, nachdem im letzten Dezennium des 19. Jahrhunderts nur der „eiserne" Reichskanzler Otto von Bismarck von allen neun der badischen Städteordnung unterliegenden Orten kollektiv mit der Ehrenbürgerschaft ausgezeichnet worden war.[146] Als bewusst eingesetztes Mittel städtischer Stiftungspolitik wird die Ehrenbürgerschaft erstmals 1901 bei Karl Reiß fassbar. Mit ihm wurde der Gründer und Mitinitiator von zum Teil weit über Mannheim hinaus agierenden Finanzimperien und Versicherungen ausgezeichnet, der zusammen mit seiner Schwester Anna der Stadt schon zu Lebzeiten eine ganze Reihe von Stiftungen hatte zukommen lassen und dessen Name in der Reißinsel (ehemals Fasaneninsel) oder in der Bezeichnung des größten Museums der Stadt lebendig bleibt.[147] Die Ehrenbürgerwürde unterstützte diese Stiftungspolitik, aber sie diente mitunter wie bei Wilhelm Wundt auch dem Ziel, sich mit einem großen Sohn der Stadt zu schmücken. Wundt war schon seit 1902 Ehrenbürger der Stadt Leipzig, an deren Universität er lehrte.[148] Im Fall der Ehrenbürgerwürde für August Eisenlohr, an dem sich Sozialdemokraten wie August Dreesbach gerne gerieben hatten,[149] zeichnete sich die Stadt gleichsam selbst aus, weil dieser sich *insbesondere um die Einverleibung der Friesenheimer Insel sowie die Einverleibung Käfertals und die grundlegenden Vereinbarungen wegen der Erbauung des Industriehafens außerordentliche Verdienste erworben* habe, *für die seine Vaterstadt zu großem Dank verpflichtet sei.*[150]

Ein Ehrenbürger des Jahres 1901: Karl Reiß (1843–1914) an seinem Schreibtisch. Die Ausstattung seines Zimmers zeigt deutlich, wie sehr sich der Großbürger mit der Jagd mittlerweile die Leidenschaft des Adels zu eigen gemacht hatte. Foto, 1913. StadtA MA.

Entsprechend stolz und gerührt nahmen die Geehrten die höchste städtische Würdigung entgegen. Solche Ehrung motivierte sie selbst und andere zu neuen, namhaften Zuwendungen. Allein Karl Ladenburg, Schwiegervater von Ernst Bassermann und im Jubiläumsjahr seinen 80. Geburtstag begehend,[151] bedankte sich damals mit weiteren größeren und kleineren Beträgen: Dem Badischen Frauenverein flossen nicht weniger als 80 000 Mark als Grundstock für ein Heim zu; das Wöchnerinnen-Asyl erhielt ebenso 1 000 Mark wie der Altertumsverein; und nicht zuletzt schenkte Ladenburg der Stadt für die neuen Amtsräume im Kaufhaus ein Ölporträt des Oberbürgermeisters von dem Maler Kaspar Ritter.

## Bilanz eines Jubiläumsjahrs: „Schatz des Wissens und der schönen Kunst"

Das Jubiläumsjahr liest sich aus Sicht der Veranstalter wie eine einzige Erfolgsgeschichte. Fraglos hatten diese allen Grund, stolz auf das Geleistete zu sein. Obwohl die Ausstellung, die am 20. Oktober endete, mit rund 2,1 Mio. Mark weit teurer als veranschlagt wurde[152] – in einer Stadt, die an laufenden Ausgaben 1907 knapp 12 Mio. Mark verzeichnete[153] –, blieb am Ende ein klares Plus in der Kasse. 4,6 Mio. Besucher wurden gezählt, womit sich Mannheim mit den Ergebnissen der Weltausstellungen von 1905 (7 Mio.) und 1906 (10 Mio.) immerhin messen konnte.[154] Unübersehbar hatte sich die Rhein-Neckar-Metropole reichsweit ins Gespräch gebracht und ihr Image als reine Handels- und Industriestadt zu korrigieren verstanden. Nicht zuletzt gab das Jubiläum dem Großbürgertum einen weiteren Anreiz, sich finanziell an städtischen Projekten zu beteiligen, sodass die forcierte Stiftungspolitik unter Otto Beck bald weitere Früchte ernten konnte, ohne die der ohnehin stark angespannte städtische Haushalt schlichtweg überfordert gewesen wäre. Allein aus den 21 Stiftungen ergab sich 1906 ein Vermögen von rund 1,2 Mio. Mark (ohne die Aberle-Stiftung für die Kunsthalle) in Obhut der Stadt. Dies entsprach in der Größenordnung etwa dem, was die Stadt an Besoldung für ihre 717 Beamten- und Angestellten (ohne Arbeiter) 1905 aufwendete.[155] Die Beck'sche Formel *aus eigener Kraft* war zur Leitidee geworden. Aber sie wendete sich gleichsam gegen ihn, als er vorschlug, man möge doch 10 000 Mark aus dem Ausstellungsgewinn mit garantiertem 5-Prozent-Zinsfuß zugunsten eines Jubiläumsfonds für 2007 anlegen, womit dann mindestens 1 315 000 Mark zur Verfügung gestanden hätten. Der Antrag wurde im Bürgerausschuss gegen die Stimmen der

*Der dreimillionste Besucher auf der Ausstellung. Foto, 1907. StadtA MA.*

Gedenkmünze zum Stadtjubiläum von 1907. StadtA MA.

Stadträte und mit den Stimmen der Demokraten, der Freisinnigen und der Sozialdemokraten abschlägig beschieden: *Wenn jemand Feste feiert, soll er sie auch bezahlen. Wollen unsre Nachkommen in 100 Jahren eine Jahrhundertfeier begehen, so sollen sie auch die Kosten tragen, haben sie kein Geld, sollen sie es bleiben lassen.*[156]

Ludwig Frank hatte seitens der Sozialdemokraten die Ablehnung in der Debatte am 5. November begründet. Aus Sicht der organisierten Arbeiterbewegung und der Gewerkschaft galt 1907 nach dem stürmischen Auftakt infolge der Reichstagswahl am 25. Januar als ein vergleichsweise ruhiges Jahr. Nur 1 000 Arbeiter hätten, heißt es im Rechenschaftsbericht des örtlichen Gewerkschafts-Kartells, in diesem Jahr für bessere Arbeitsbedingungen gestreikt, während es im Vorjahr noch 6 700 gewesen waren. Streikschwerpunkte waren das Baugewerbe, wo 200 ausgesperrte Gipser gegen die Verlängerung der Arbeitszeit von 9 ½ auf 10 Stunden bei Lohnkürzungen von 68 auf 65 Pfennige pro Stunde zu Felde zogen, sowie das versuchte Lohndumping mit billigeren Arbeiterinnen und Arbeitern aus Polen bei der Zellstofffabrik auf dem Waldhof.[157] Gegen Jahresende sperrten zudem die Strebelwerke 700 Arbeiter wegen ihrer Lohnforderungen aus. Und infolge der Einstellung von Streikbrechern in der Leim- und Düngerfabrik von Dr. Zimmermann war es im benachbarten Ludwigshafen-Hemshof im Mai 1907 gar zu Straßenkrawallen mit Verhängung des *kleinen Belagerungszustands* gekommen. Doch war dies in der Region die Ausnahme: Die jungen Industrieansiedlungen, ob in Mannheim oder in Ludwigshafen, mit ihrer zunehmend sich organisierenden Arbeiterschaft verhielten sich eher weniger streikfreudig.[158] Ambivalent blieb jedenfalls die

Streikende Hafenarbeiter der Rheinschiffahrts-AG. Foto, 1906 oder 1911. StadtA MA.

offizielle Grundhaltung der Arbeitervertretungen zur großen Jubiläumsfeier. Im Vorwort zum Jahresbericht 1907 des Arbeitersekretariats heißt es klassenkämpferisch, es sei ein Fest der *bessersituierten Bürgerschaft unter Hervorkehrung ihres chauvinistischen Charakters* gewesen. In gewissem Widerspruch zu dieser Einschätzung wurde beklagt, dass nur *der einigermaßen materiell bessergestellte Arbeiter* sich *den Luxus einer Dauerkarte für die Ausstellung* hätte leisten können.[159] So restlos überzeugen vermag die letztere Behauptung nicht, hatte doch selbst in der weitgehend von Arbeitern bewohnten Neckarstadt noch jeder Zehnte eine Dauerkarte erworben, wenn auch andererseits der Durchschnitt bei 30 Prozent der Einwohnerschaft lag und in der Oststadt sechs von zehn Bewohnern eine Dauerkarte besaßen.[160] Indirekt schwang dann doch so etwas wie heimliche Bewunderung seitens des Arbeitersekretariats mit, wenn der Ausstellungsleitung vorgeworfen wurde, dass man auch *für die minderbemittelte Bevölkerung den Schatz des Wissens und der schönen Kunst hätte erschließen müssen.*[161] Diese Zwiespältigkeit charakterisierte eine Zeit, in der die Klassengegensätze und sozialen Verwerfungen bestehen blieben und von einer gleichberechtigten politischen Partizipation aller noch längst keine Rede sein konnte.

## Das Ende der Ära Beck – Wo stand Mannheim 1908?

Als Otto Beck am 30. März 1908, mitten in Vorbereitungen zur Eröffnung der Handelshochschule und kurz vor einer wichtigen Besprechung über die Eingemeindung Feudenheims, plötzlich starb, hatte sich Mannheim gegenüber dem Beginn der 1890er Jahre, als der energiegeladene und visionäre Oberamtmann aus Rastatt die Zügel der Stadtverwaltung ergriffen hatte, erheblich verändert. Die Bevölkerung war von 80 000 auf fast 200 000 – und damit auch im Reich überproportional – gewachsen, die Gemarkung der Stadt und der städtische Grundbesitz hatten sich bedeutend vergrößert, die Wirtschaftsstruktur war grundlegend in Richtung auf eine moderne großbetriebliche Industriestruktur mit Schwerpunkten im Maschinenbau, der Elektrotechnik und der Chemie verändert.

Zwischen 1890 und 1910 übertraf in der Umgebung nur das rasch expandierende Ludwigshafen die Quadratestadt prozentual im Bevölkerungswachstum. 1871 noch auf Platz 41 in der Städtestatistik, kletterte Mannheim in der Ära Beck bis auf Rang 26 hoch. Die ursprüngliche Dominanz der Handels- und Schifffahrtsinteressen war deutlich verringert, was sich etwa in der Mehrheit industrieller Vertreter im Vorstand der Handelskammer manifestierte, während 1890 noch Vertreter des Handels dominiert hatten. Viele dieser Veränderungen waren natürlich Ergebnis der außerordentlich günstigen wirtschaftlichen Rahmenbedingungen, der Hochkonjunktur seit Mitte der 1890er Jahre, die fast alle deutschen Städte rasch wachsen ließ. Überdies war Becks Amtszeit begünstigt durch die Verfügbarkeit von neuen Technologien und Expertenwissen, das in den Dienst planmäßiger

**Bevölkerungsentwicklung zwischen 1890 und 1910 in der Umgebung Mannheims[162]**

| | 1890 | 1900 | 1910 | Zuwachs in Prozent zwischen 1890 und 1910 |
|---|---|---|---|---|
| Darmstadt | 56 400 | 72 400 | 87 100 | + 54,5 Prozent |
| Frankenthal | 13 000 | 16 900 | 18 800[a] | + 44,6 Prozent |
| Frankfurt | 180 000 | 289 000 | 414 600 | + 130,3 Prozent |
| Heidelberg | 31 700 | 44 000 | 56 000 | + 76,6 Prozent |
| Heilbronn | 29 900 | 37 900 | 42 700 | + 42,8 Prozent |
| Kaiserslautern | 37 000 | 48 300 | 54 700[a] | + 47,8 Prozent |
| Karlsruhe | 73 700 | 97 200 | 134 500 | + 82,5 Prozent |
| Ludwigshafen | 28 700 | 61 900 | 83 400 | + 190,6 Prozent |
| Mainz | 64 800 | 76 900 | 101 900 | + 57,3 Prozent |
| Mannheim | 79 100 | 141 000 | 193 900 | + 145,1 Prozent |
| Nürnberg | 142 600 | 261 100 | 333 100 | + 133,6 Prozent |
| Pforzheim | 30 000 | 43 400 | 73 800 | + 146 Prozent |
| Speyer | 16 400 | 20 900[b] | 23 100 | + 40,8 Prozent |
| Stuttgart | 139 800 | 176 700 | 286 200 | + 104,7 Prozent |
| Worms | 25 500 | 40 700 | 46 800[a] | + 83,5 Prozent |

a Ortsanwesende Bevölkerung
b 1901

Stadtentwicklung gestellt werden konnte. Dennoch bleibt die Mannheimer Entwicklung in ihrem Tempo und in ihrer Dynamik exzeptionell, und es ist sicher nicht übertrieben, die Verantwortung dafür zu erheblichen Teilen in Oberbürgermeister Becks Führungsqualitäten und seiner Fähigkeit zur Entwicklung strategischer Leitbilder zu suchen. Becks Bürgermeisterkollege von Hollander unterstrich in seinen 1920 veröffentlichten Erinnerungen, *dass die vielfach vorbildlich gewordene Gemeindepolitik Mannheims in dieser Zeit hauptsächlich Becks Verdienst war und dass ohne seine zielbewußte, energische und weit vorausschauende Wirksamkeit Mannheim nicht das geworden wäre, was es im Jahre 1914 war und was es in Zukunft hoffentlich wieder werden wird.* Neben dem Freiburger Oberbürgermeister Winterer sei Beck *ohne Zweifel der hervorragendste und einzigartigste Kommunalpolitiker* gewesen, *der in den letzten 40 Jahren in Baden gewirkt hat.*[163] Becks unbestreitbare Leistung ist es, dass er die Zeichen der Zeit klar erkannte, die sich abzeichnenden Problemlagen und Herausforderungen wie die unvermeidbare Schiffbarmachung des Oberrheins kühl zur Kenntnis

*Die Entscheider: Stadtratssitzung mit Oberbürgermeister Otto Beck (3. von rechts stehend). Foto, 1904. StadtA MA.*

nahm und in ihren langfristigen Wirkungen abschätzte. So war sich Beck der Notwendigkeit einer planmäßigen Umstrukturierung von Mannheims wirtschaftlicher Basis bewusst und unterstützte diese kommunalpolitisch energisch. Insbesondere der Industriehafen wurde zum Katalysator dieses langfristigen Umstrukturierungsprozesses, für Hollander die *bedeutendste Schöpfung* Becks.[164] Zur Flankierung dieser hochkomplexen und finanziell aufwändigen Stadtentwicklungsaufgabe diente ein Bündel weiterer Maßnahmen wie die Eingemeindungen, die Entscheidungen über Standort und System des Elektrizitätswerks, das zweite Gaswerk und die Elektrifizierung der Straßenbahn. Gerade im Vorortbahn-Programm von 1898 zeigt sich Becks strategische, über den Tellerrand der Gemarkungsgrenze hinaus denkende Vision, die eine moderne auf die Agglomeration orientierte Nahverkehrspolitik in die Wege leiten wollte, auch wenn sich dieses Projekt zunächst wegen der erworbenen Rechtsansprüche und privatwirtschaftlichen Unternehmensstrategien der SEG nicht umsetzen ließ.

Der Industriehafen war aber nicht nur symbolisch erfolgreich, hier siedelte sich tatsächlich in kurzer Zeit eine Vielzahl von auf guten Wasseranschluss angewiesenen Firmen an, bis 1906 rund 70, davon 51 aus der Industrie. Die Mehrzahl kam allerdings nicht von auswärts, sondern hatte innerhalb von Mannheim den Standort gewechselt und war nach dem Umzug in den Industriehafen erheblich gewachsen wie etwa Grün & Bilfinger, die 1903 ein 7 750 m² großes Areal erwarben, um eine Werkstätte dort anzusiedeln, und in den folgenden Jahren ihr Firmengelände ständig erweiterten.[165] Während in den ursprünglich anderswo in Mannheim angesiedelten Firmen 730 Arbeiter beschäftigt gewesen waren, arbeiteten 1904 in den umgezogenen Betrieben im Industriehafen 1 629 Arbeiter. Noch eindrucksvoller ist der Zugewinn an Gewerbesteuerkapital: 4 Mio. Mark mehr konnte das städtische Steueramt bei den umgesiedelten Betrieben registrieren. Der Industriehafen war insbesondere attraktiv für Firmen wie Mühlen, deren Verarbeitungsprodukte wegen ihres vergleichsweise geringen Werts pro Volumeneinheit kostengünstig umgeschlagen werden mussten. Mannheim entwickelte sich nicht zuletzt dank des Industriehafens zum Mühlenzentrum Süddeutschlands.

Die städtische Politik wirkte wachstumsfördernd und dynamisierend, aber nicht nur durch die optimal erschlossenen und angebundenen Gewerbeflächen, die sie für die Privatwirtschaft bereitstellte, sondern auch durch die unmittelbaren wirtschaftlichen Impulse kommunaler Investitionen. Die Herstellung des Industriehafens und der unmittelbar und mittelbar damit verbundenen Infrastrukturmaßnahmen löste einen Geldfluss in Höhe von rund 70 Mio Mark aus, der in einem vergleichsweise kurzen Zeitraum verausgabt wurde und dank der zielgerichteten Auftragspolitik der Verwaltung in erheblichem Maß auch wiederum die regionale Wirtschaft stimulierte, wie etwa am Beispiel des Elektrizitätswerks mit der Ansiedlung der BBC und der Süddeutschen Kabelwerke gezeigt wurde. Als Verdienst Becks ist auch zu werten, dass er die erforderliche Verwaltungsstruktur und -kompetenz schuf, um diesen gigantischen Investitionsstoß kompetent administrieren zu können. In der zweiten Wahlperiode Becks lagen die Akzente dann stärker auf kulturpolitischen und städtebaulichen Vorhaben. Dies war Ausdruck eines Bestrebens, der utilitaristischen Seite städtischer Entwicklung eine kulturelle und künstlerische Dimension hinzuzufügen, um damit – und dies war die zentrale Intention des Stadtjubiläums – die Außenwahrnehmung Mannheims grundlegend zu revidieren. Auch wenn dieses Anliegen vielleicht nur unvollkommen gelungen ist, so kann nicht übersehen werden, dass die städtebauliche Gestaltung Mannheims nach der Jahrhundertwende wesentlich überzeugendere Züge gewann, dass sich hier in wachsendem Maß eine Gesamtkonzeption stadträumlicher Planung und Gestaltung geltend machte. Letztlich war mit der Stadtentwicklungspolitik auch der Versuch verbunden, das „historische Unrecht", die Randlage Mannheims in Baden und den Verlust des Hauptstadtstatus zu korrigieren. Mannheim sollte wieder – gestützt auf ein vielfältiges Geflecht von Verkehrsverbindungen und Infrastrukturen – in seine natürliche Zentralrolle für die Region zurückkehren, ungeachtet hinderlicher Landesgrenzen zu Hessen und zur bayerischen Pfalz.

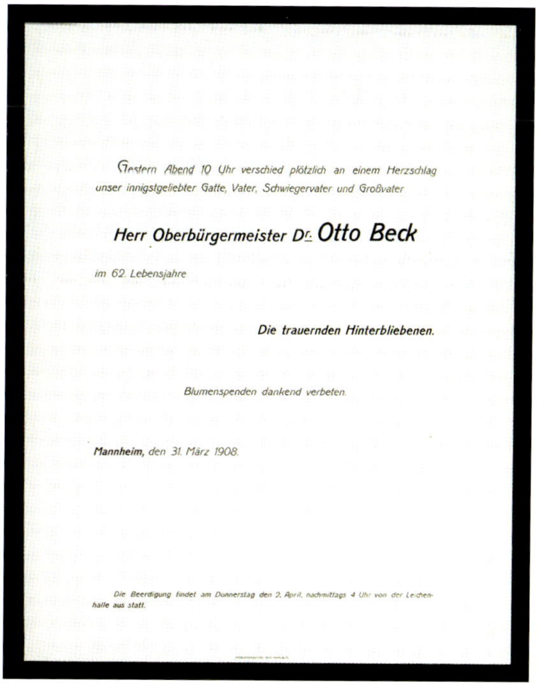

Gestern Abend 10 Uhr verschied plötzlich an einem Herzschlag unser innigstgeliebter Gatte, Vater, Schwiegervater und Großvater

**Herr Oberbürgermeister Dr. Otto Beck**

im 62. Lebensjahre

**Die trauernden Hinterbliebenen.**

Blumenspenden dankend verbeten.

**Mannheim,** den 31. März 1908.

Die Beerdigung findet am Donnerstag den 2. April, nachmittags 4 Uhr von der Leichenhalle aus statt.

*Todesanzeige für Otto Beck, 1908. StadtA MA.*

80 Vgl. A.-M. Lindemann (1988) S. 94 f.
81 F. Wörishoffer (1891) S. 141 f. bzw. S. 287.
82 Vgl. O. Beck, Wohnungsfrage (1897).
83 O. Beck (1907) S. 134 f.
84 Ebd.
85 E. v. Hollander, Erinnerungen VI (1920).
86 S. Schott, Wohnungsmarkt (1907) S. 216. Vgl. am Fallbeispiel Ludwigshafen die Beobachtungen von W. v. Hippel, Wohnungsfrage (2002) S. 261–308. Ausgesprochen kritisch zur Wirksamkeit der städtischen Wohnungspolitik im Bereich der Kleinwohnungen ist J. Wennemann (1988). Wennemann wirft Beck eine *literarisch* zwar geschickte, de facto aber weitgehend gescheiterte Wohnungsbaupolitik für die Arbeiterschaft und Geringverdiener vor.
87 G. Seeber (1989).
88 Ebd. S. 179.
89 Ebd. S. 174; vgl. auch Bestimmungen über die Arbeitsverhältnisse der Lohnarbeiter der städtischen Wasser-, Gas- und Elektrizitätswerke, Allgemeine Arbeits-Ordnung für die Lohnarbeiter der Stadtgemeinde Mannheim, 1.4.1899, StadtA MA, Bibliothek, A 24/29.
90 Vgl. G. Seeber (1990) S. 126 f.
91 G. Seeber (1989) S. 133.
92 Ebd. S. 130.
93 Vgl. S. Pabst (2004) S. 63.
94 Vgl. U. Nieß (1997).
95 Zahlen nach E. v. Hollander, Erinnerungen I (1920).
96 Vgl. A. Schenk (2002) S. 19–24.
97 Vgl. St. Pabst (2004) S. 64.
98 A. Sickinger (1907) S. 501.
99 Vgl. M. Caroli (1999) S. 50 f; F. Walter (1949) S. 75 f.
100 Die eigentliche Gründung der Universität Frankfurt erfolgte erst 1914, aber Oberbürgermeister Franz Adickes hatte im Verein mit zahlreichen Stiftern Vorarbeiten dazu seit den 1890er Jahren betrieben, insbesondere die Gründung der Akademie für Sozial- und Handelswissenschaften 1901. Die Kölner Handelshochschule wurde 1901 gegründet. Zur Mannheimer Handelshochschule vgl. A. Pfeiff (2004).
101 Vgl. Generalanzeiger 11.6.1900.
102 Vgl. E. v. Hollander, Erinnerungen IX (1920).
103 Vgl. H. Rings (1996) S. 41.
104 Vgl. S. Leopold (1998) S. 98.
105 Vgl. G. Metz (1998) S. 113.
106 F. Walter (1949) S. 80.
107 Vgl. E. v. Hollander, Erinnerungen IX (1920); F. Walter (1949) S. 78–82.
108 Vgl. U. Nieß (1996).
109 Vgl. M. Ryll (1991) S. 44 f.
110 R. Perrey (1907) S. 148 ff., zitiert nach M. Ryll (1991) S. 41.
111 Vgl. Ch. Präger (1985) S. 199f.
112 Vgl. A. Schenk (2002) S. 159 f.
113 Otto Beck im Jahr 1903, zitiert nach F. Walter (1949) S. 61.
114 Vgl. E. v. Hollander, Erinnerungen VII (1920); Vgl. auch Mannheim in Plakaten (1979) Nr. 4.
115 M. Eisenlohr (1907) S. 201.
116 Vgl. Chronik (1901) S. 64 f.
117 Vgl. M. Eisenlohr (1907) S. 203.
118 Vgl. J. Schadt, Alles für das Volk (1977) S. 116–121, Zitat: S. 120.
119 Vgl. S. Schraut, Stadt (2007) S. 31 ff.
120 Verwaltungsbericht 1907 S. 301.
121 F. Walter/H. Schade (1907) S. 7.
122 Ebd. S. 7 f.
123 Vgl. Ch. Popp (1998) sowie J. Schadt (1997).
124 F. Walter/H. Schade (1907) S. 8. Über die Kunstausstellung liegt eine ausführliche Untersuchung vor: R. Scotti (1985). Grundlegend für das Gesamtjubiläum 1907 der Sammelband: S. Schraut/M. Illing (2007).
125 F. Walter/H. Schade (1907) S. 10.
126 Vgl. I. Herold (2007).
127 Vgl. W. Schepers (1984). Die Düsseldorfer ihrerseits hatten sich an der ersten halbjährigen Gartenschau in Hamburg 1897 orientiert.
128 Zitiert nach S. Schraut, Sondergärten (2007) S. 63.
129 Zu diesem Film, der erhalten blieb und vom Stadtarchiv Mannheim vor wenigen Jahren veröffentlicht wurde, vgl. A. Gillen (2005), sowie A. Gillen (2003). Vgl. zum frühen Kino in Mannheim auch A. Haller (2005).
130 S. Schraut, Mobilität (2007).
131 Führer (1907) S. 45.
132 Offizielle Ausstellungs-Zeitung. Hg. von der Ausstellungs-Leitung, Datum 2. Mai 1907, S. 17. Vgl. S. Schraut, Licht (2007).
133 Vgl. M. Jourdan (2007).
134 Zitiert nach F. Walter/H. Schade (1907) S. 127.
135 Vgl. Weltausstellungen (1973) S. 206 f.
136 Vgl. A. Seitz (2007).
137 Gesamtliste aller Kongresse in Verwaltungsbericht 1907 S. 336–342. Näheres zu einzelnen Kongressen bietet S. Schraut/M. Illing (2007).
138 Deutsche Postzeitung, 18. Jahrgang 1907, hier zitiert nach M. Illing (2007) S. 151 f.
139 Vgl. N.B. Marek (2007).
140 Ebd. S. 153 und Verwaltungsbericht 1907 S. 336.
141 Zitiert nach G. Arnscheidt (2007) S. 123. Vgl. auch die Darstellung bei D. Schott (1999) S. 471–475. Den Ablauf mit allen Reden dokumentiert der Verwaltungsbericht 1907 S. 317–322.
142 Ebd. S. 322.
143 Zum Verlauf der Auszeichnung vgl. Verwaltungsbericht 1907 S. 309. Zu den Ausgezeichneten vgl. U. Nieß/M. Caroli (2002) S. 67–80.
144 Vgl. St. Pabst (2004) S. 56.
145 Zu Herschel, dessen Biographie noch einer intensiveren Erforschung harrt, vgl. die Würdigung von K.O. Watzinger (1984) S. 100 f.
146 Vgl. U. Nieß (2002).
147 Vgl. A. Gillen (2002).
148 Vgl. M. Hillmann (2002).
149 Vgl. J. Schadt, Alles für das Volk (1977) S. 173.
150 Protokoll der Stadtratssitzung vom 21. Mai 1907, zitiert nach H. Rings (2002) S. 67.
151 Vgl. B. Becker, Carl Ladenburg (2002).
152 Die Ausgaben in Höhe von 2,1 Mio. Mark beziehen sich auf die Ausstellung im engeren Sinne und schließen zum Beispiel nicht den auf rund 600 000 Mark veranschlagten Bau der Kunsthalle mit ein. Daher findet sich in einschlägigen Arbeiten, z.B. bei D. Schott (1999) S. 477, eine Summe von über 4 Mio. Mark.
153 Die 12 Mio. Mark ordentlicher Verwaltungsausgaben ergeben sich gemäß Verwaltungsbericht 1907 Teil II: Rechenschaftsbericht, S. III. Aufgrund der zahlreichen

städtischen Nebenkassen sind solche Zahlenangaben allerdings auch wieder erheblich zu relativieren, da viele Ausgabenposten in speziellen Haushalten, Kassen und Rechnungssystemen abgewickelt wurden; vgl. St. Pabst (2004) S. 59–67.

154 Vgl. S. Schraut, Arbeit (2007).

155 Zahlen nach Verwaltungsbericht 1907 Teil II: Rechenschaftsbericht, S. 88, sowie Mannheim in Vergangenheit und Gegenwart Bd. 3 (1907) S. 83.

156 Zitiert nach Verwaltungsbericht 1907 S. 335.

157 Jahresbericht Arbeiter-Sekretariat (1908) S. 63–79.

158 Vgl. W. v. Hippel (2003) S. 447–450.

159 Jahresbericht Arbeiter-Sekretariat (1908) S. 3.

160 Vgl. S. Schraut, Arbeit (2007) S. 210.

161 Jahresbericht Arbeiter-Sekretariat (1908) S. 3.

162 Zusammengestellt nach W. Kromer (1986) S. 26 und 28.

163 E. v. Hollander, Erinnerungen I (1920).

164 Ebd.

165 B. Stier/M. Krauß (2005) S. 45.

# 1895–1913

## Wachstum in die Fläche – die erste Eingemeindungsphase

Hansjörg Probst

## Einleitung

Die Industrialisierung im letzten Drittel des 19. Jahrhunderts löste im damaligen Deutschen Reich eine gewaltige Binnenwanderung aus. Der jahrzehntelang wachsende Überschuss der Landbevölkerung strömte in die Städte, die in der Regel Industriestandorte wurden und einen großen Teil des Bevölkerungszuwachses aufnahmen. Das alte Weichbild der Städte war schnell aufgefüllt, Vorstädte schlossen sich an die alte Stadtgrenze an, wodurch das lange auch in Mannheim landwirtschaftlich genutzte Ackerland der Gemarkung großenteils überbaut wurde. Hier mischten sich Gewerbe-, Industrie- und Wohngebiete. Bis zum Ende des 19. Jahrhunderts waren so die Grünzone des alten Festungsgeländes überbaut und seit 1860 die innerstädtischen Straßen zum Ring hin geöffnet. Darüber hinaus wuchs die Stadt um 1870 im Jungbusch nach Nordwesten in das Hafengelände hinein. In den 1890er Jahren kamen die westliche Neckarstadt, die Schwetzingerstadt und der Lindenhof dazu. Am beginnenden 20. Jahrhundert folgten die östliche Neckarstadt und die Oststadt, letztere als hochwertiges Wohnquartier ohne Gewerbe. Damit war an mehreren Stellen die Grenze der Mannheimer Altgemarkung erreicht.

1895 zählte Mannheim 91 119 Einwohner, die auf der 2 384 ha großen Altgemarkung zu knapp 60 Prozent (54 242) innerhalb des Rings wohnten, 40 Prozent immerhin schon in den genannten Vorstädten, und zwar im Jungbusch und im Hafengebiet 9 800, in der Neckarstadt 11 285, in der Schwetzingerstadt 11 235, auf dem Lindenhof 3 293 und in der Oststadt 1 261 Einwohner. Im Westen setzte der Rhein – zugleich Landesgrenze – dem Wachstum unüberwindliche Schranken. Weitere Ausdehnung war nach Norden bis zur hessischen Grenze, vor allem aber nach Osten und Süden möglich. Und ein Stillstand des Wachstums oder gar ein Rückgang der

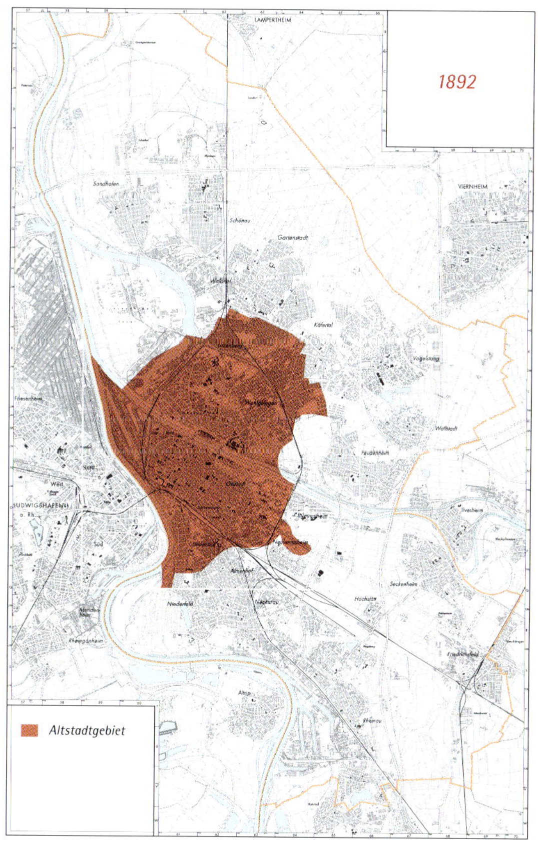


*Das so genannte Altstadtgebiet der Stadt Mannheim von 1892 in den Grenzen der heutigen Gemarkung. StadtA MA.*

Bevölkerung war nicht zu erwarten, im Gegenteil: Bereits nach fünf Jahren (1900) hatte die Einwohnerzahl auf der Mannheimer Altgemarkung schon einen Sprung auf 120 064 Personen gemacht; 1910 lebten hier 157 618 Personen. Interessanterweise war die Bevölkerungszahl innerhalb des Rings mit 53 217 in diesen 15 Jahren des stürmischsten Wachstums fast gleich geblieben, was anzeigt, dass die Kapazitätsgrenze der Innenstadt bereits 1895 mehr als erreicht war.

*Mannheim und Umgebung, um 1880. StadtA MA.*

Doch gab nicht in erster Linie oder gar ausschließlich die Bevölkerungszunahme der Stadtverwaltung unter Oberbürgermeister Otto Beck Anlass, Eingemeindungen von Nachbardörfern ins Auge zu fassen, sondern die ebenso rasante Industrialisierung.[1] Schon der Umzug der jungen BASF 1865 nach Ludwigshafen, der letztlich den knappen Gewerbeflächen auf der Altgemarkung geschuldet war, wies die Richtung. Im Käfertaler Ortsteil Waldhof, in Sandhofen, in Neckarau und im Seckenheimer Ortsteil Rheinau hatten sich ebenfalls Industriebetriebe angesiedelt: 1853 die Spiegelmanufaktur St. Gobain, 1869 der Verein Chemischer Fabriken auf dem Waldhof, 1884 direkt angrenzend auf Sandhofener Gemarkung die Zellstofffabrik Waldhof, 1873 die spätere Rheinische Gummi- und Celluloid-Fabrik und bis 1899 weitere 21 Fabriken in Neckarau und 1872 die Chemische Fabrik Rheinau und in der Folge ebenfalls weitere 17 Firmen in Rheinau, dort angelockt durch den 1896 begonnenen Hafenbau. Damit musste Mannheim, wollte es in der Industrialisierung nicht zurückfallen, neues Gewerbegelände anbieten. Überdies galt es, die mit Mannheimer Kapital jenseits der Stadtgrenze entstandenen Betriebe für die Stadt zurückzugewinnen.

Eine weitere wichtige Rolle spielte die Rheinkorrektion, die in den 1860er Jahren zwischen Altrip und Seckenheim bzw. Neckarau und zwischen Oppau bzw. Friesenheim und Käfertal bzw. Sandhofen den Rheinlauf grundlegend veränderte. 1862 erfolgte der Friesenheimer Durchstich, welcher in einem 4,6 km langen Leitgraben dem Strom einen geraden Talweg eröffnete und den Rheinbogen in einen Altrhein verwandelte. Teile der Friesenheimer und Oppauer Gemarkung kamen damit auf die rechte Rheinseite zu liegen und fielen in Ausführung eines Staatsvertrags vom 14. November 1825 zwischen Bayern und Baden am 7. Oktober 1862 an das Großherzogtum. Die so genannte Friesenheimer Insel wurde vollständig der Sandhofener Gemarkung zugeschlagen.[2]

Der Durchstich warf aber auch die Frage der Neckarmündung auf; denn dieser Fluss war jahrhundertelang in einer scharfen Kurve nach Nordwesten am Ochsenpferch vorbei in den Friesenheimer Rheinbogen gemündet. Zwischen 1864 und 1873 wurde die Neckarmündung durch einen geradlinigen Kanal an den neuen Flusslauf des Rheins verlegt. Die so entstandene Neckarspitze bildete zuvor den südwestlichen Zipfel der Friesenheimer Insel. Der alte nordwestliche Neckarmündungsbogen wurde verschlossen. Auf dem Gelände zwischen Rhein und Neckar entstanden in den folgenden Jahren ausgedehnte Hafenanlagen.[3] 1884 wurden in Verhandlungen mit Sandhofen die Gemarkungsgrenzen den neuen Gegebenheiten angepasst: Sandhofen trat mit der Neckarspitze 137 ha Land an Mannheim ab.

Parallel zum Ausbau des Mannheimer Hafens entwickelte sich 8 km südlich der Stadt auf dem Seckenheimer Gemarkungsteil Sand ein neues Industrie- und Hafengebiet, die spätere Rheinau. Auch hier ging die Rheinkorrektion voraus. 1857 vereinbarten Bayern und Baden endgültig den Durchstich des scharfen Altriper Ecks, um den Rheinlauf hinter der bewaldeten linksrheinischen Halbinsel Kuhunterhorst hindurchzuführen. 1866 wurde der Leitgraben eröffnet. In wenigen Wochen hatte der Strom das neue Bett angenommen. Jedoch scheiterte man unterhalb des Durchstichs an der Spitze des Prinz-Karl-Wörths. Hier waren die groben Neckargerölle – Hinterlassenschaft der früheren Neckarmündung in diesem Gebiet – im Untergrund fest ineinander verbacken. Daher entschloss man sich 1873, einen völligen Abschluss des Stroms herbeizuführen. In mehreren Schritten gelang es, durch die Gewalt der aufgestauten Wassermassen das schwere Geröll aufzubrechen und den Talweg frei zu machen.[4] Dadurch war auf der rechten Rheinseite zwischen dem Rest des ehemals Altriper Kuhunterhorsts und dem Seckenheimer Backofen ein Altrhein entstanden, der zu gegebener Zeit zum Hafenbau einlud. Für den Transport von Massengütern wie Kohle und Stahl lohnten sich nämlich die wenigen Kilometer Schiffsfracht oberhalb der Mannheimer Häfen durchaus. Hinzu kam die Nachfrage der Industrie nach Wasseranschluss. So gründeten sieben Großaktionäre der Aktiengesellschaft für Chemische Industrie 1895 die Rheinau GmbH, die – unterstützt von den beiden Rheinauer Chemie-Unternehmen – mit Feuereifer begann, den dortigen Altrhein um das Doppelte auf 2 km zu verlängern und zu einem Hafenbecken auszubauen. 1897 war der erste Rheinauer Hafen fertig. Zwischen 1899 und 1901 folgten noch zwei weitere Becken.[5]

In dieses Umfeld ist die erste Welle der Eingemeindungen zwischen 1895 und 1913 einzuordnen. Otto Beck, Mannheims Oberbürgermeister seit 1891, erkannte, dass um die Stadt herum – modern gesprochen – ein Ballungsraum entstand: Die vor den Toren der großen Städte liegenden Ortschaften bilden mit jenen ein mehr oder minder innig verschmolzenes, einheitliches Ansiedlungsgebiet, da für sie die gleichen Gesetzmäßigkeiten gelten. Solange die Entwicklung der Vororte sich in einer den Interessen des Hauptorts parallel gehenden Richtung vollzieht, besteht für jene kein Grund, die wirtschaftliche Zugehörigkeit durch Eingemeindung in die Stadt auch zu einer rechtlichen umzuwandeln. Die Zentralstadt hat demgegenüber ein Interesse an der Eingliederung, um Reibungsverluste durch Konkurrenz zu vermeiden: *Am zweckmäßigsten erscheint die Eingemeindung, insolange die Außengemeinden noch einen vorwiegend ländlichen Charakter zeigen, weil alsdann die städtische Verwaltung noch die Straßenzüge, Entwässerung etc. einheitlich zu disponiren und die künftigen Stadttheile durch Bauvorschriften und Baubeschränkungen sowie durch vorsichtige Verwaltung und Verwertung des Gemeindeliegenschaftsbesitzes in Wohn-, Gewerbs- oder Verkehrsbezirke zu gliedern sowie alle Gemeindeanstalten in einer der städtischen Entwickelung entsprechenden Weise auszuführen vermag.*[6] So waren für Oberbürgermeister Beck Eingemeindungen mit die wichtigste Aufgabe, um die Stadt zukunftsfähig zu machen.

Eingemeindungen wurden damals durch das badische Innenministerium als Verwaltungsakt oder durch Landesgesetz vollzogen, ein Vorgang, der natürlich durch die Zustimmung aller Betroffenen ermöglicht bzw. beschleunigt wurde. Mit anderen Worten: Der Oberbürgermeister musste sich das Einverständnis seines Stadtrats und Bürgerausschusses sichern und nach Möglichkeit die Zustimmung des Nachbarorts gewinnen. In Karlsruhe waren das Ministerium und der Landtag zu überzeugen. Beck, der seine Karriere in der staatlichen Verwaltung begonnen hatte,[7] entwickelte dazu eine Taktik, die in der Regel zum Erfolg führte. In einem ersten Schritt sorgte er über Multiplikatoren aus der Bürgerschaft für eine zustimmende Mehrheit innerhalb der Stadt und der Verwaltung. Am badischen Regierungssitz Karlsruhe hatte Mannheim großes Gewicht und starken Einfluss in Ministerium und Landtag. Hier halfen auch persönliche Gespräche viel. Parallel dazu ließ Beck Denkschriften erstellen, in denen alle Vor- und Nachteile einer Eingemeindung vorgestellt und analysiert wurden. Diesen Denkschriften, die durch kundige Fachleute in der Stadtverwaltung erarbeitet wurden, hatten die betroffenen Gemeinden nichts oder nur sehr wenig entgegenzusetzen. Damit lieferte Mannheim – wohlgemerkt die zu begünstigende Partei – die Grundlage und den Leitfaden für die öffentliche Diskussion und die internen Verhandlungen.[8]

**Eingemeindungen 1895–1913**

| Gemeinde | Eingemeindung | Verhandlungszeitraum | Gemarkungsfläche | Bedienstete |
|---|---|---|---|---|
| Mannheim (Altgemarkung) | | | 2 384 ha | |
| Friesenheimer Insel von Sandhofen | 1.7.1895 | 1892–1895 | 717 ha | |
| Käfertal mit Waldhof | 1.7.1897 | 1892–1897 | 1 776 ha | 18 |
| Neckarau | 1.1.1899 | 1898 | 1 558 ha | 35 |
| Feudenheim mit Neuostheim | 1.1.1910 | 1907–1909 | 781 ha | 16 |
| Sandhofen mit Scharhof | 1.1.1913 | 1912 | 2 437 ha | 30 |
| Rheinau von Seckenheim | 1.1.1913 | 1898–1904, 1910–1912 | 952 ha | 12 |
| Mannheim (Gemarkung 1913) | | | 10 605 ha | |

**Einwohnerzahlen der Stadt und der Gemeinden bzw. Vororte und Stadtteile**

| Ortsteil | 1823 | 1895 | Zur Zeit der Eingemeindung | 1939 | 1946 | 1960 |
|---|---|---|---|---|---|---|
| Mannheim (Altgemarkung) | 19 870 | 91 119 | – | 163 707 | 89 385 | 139 541 |
| Friesenheimer Insel | – | 7 | 7 | | | |
| Käfertal | 1 151 | 6 662 | 6 800 | 36 667 | 37 873 | 64 152 |
| Neckarau | 1 288 | 7 619 | 8 700 | 27 824 | 20 771 | 35 091 |
| Feudenheim | 1 721 | 4 068 | 6 854 | 14 660 | 17 143 | 20 250 |
| Sandhofen | 1 081 | 3 569 | 8 500 | 14 604 | 17 105 | 29 881 |
| Rheinau | 10 | 494 | 4 200 | 7 270 | 11 109 | 16 031 |

**Die finanziellen Verhältnisse der Gemeinden**

| Gemeinde/ Ortsteil | Haushalt | | Vermögen | Schulden |
|---|---|---|---|---|
| | Einnahmen | Ausgaben | | |
| Friesenh. Insel (1892) | 2 348 | 2 122 | – | – |
| Käfertal (1895) | 101 146 | 117 424 | 1 162 337 | 155 202 |
| Neckarau (1897) | 135 723 | 120 758 | 1 582 869 | 81 500 |
| Feudenheim (1909) | 100 429 | 139 568 | 3 485 848 | – |
| Sandhofen (1910) | 148 720 | 411 005 | 2 116 246 | 1 033 875 |
| Rheinau (1909/11) | 162 528 | 135 618 | 316 738 | – |
| Seckenheim (1904, mit Rheinau) | 174 724 | 163 946 | 1 782 245 | 32 778 |

| Gemeinde/ Ortsteil | Gemeindesteuerkapital | Bürgernutzen | Berechtigte | Grundbesitz |
|---|---|---|---|---|
| Friesenh. Insel (1892) | 816 956 | – | – | – |
| Käfertal (1895) | 12 604 087 | 11 966 | 540 (H), 204 (A) | 875 ha |
| Neckarau (1897) | 18 034 613 | 19 258 | 642 | 371 ha |
| Feudenheim (1909) | 19 472 850 | 27 707 | 385 | 395 ha |
| Sandhofen (1910) | 85 753 480 | 19 372 | 600 (H), 179 (A) | 617 ha |
| Rheinau (1909/11) | 58 741 643 | 565 | 13 | 51 ha |
| Seckenheim (1904, mit Rheinau) | 29 431 886 | 25 687 | 496 (H), 533 (A) | 729 ha |

## Die Friesenheimer Insel

Wie oben dargestellt, wurde Mannheim durch die Rheinkorrektion beim Friesenheimer Bogen ein beachtliches Gelände vor die Haustür gelegt. Wie fern damals, 1862, für Mannheim noch der Gedanke einer Eingemeindung dieses Geländes lag, zeigt die Tatsache, dass Sandhofen zum Zuge kam. Dabei spielte sicherlich eine Rolle, dass der größte Teil der neuen Insel als Friesenheimer und Oppauer Allmend sowie als Domäne, die von Bayern an das großherzoglich-badische Domänenärar überging, in öffentlichem Eigentum war. So war für den Inhaber der Gemarkungshoheit der direkte Nutzen der immerhin 717 ha relativ gering. Obwohl damals die Friesenheimer Begüterten den Anschluss an Mannheim wünschten, blieb diese Möglichkeit ohne Chance; die Oppauer Begüterten, die in der relativen Mehrheit waren, und die Domänenverwaltung zogen Sandhofen vor.

Diese Grundkonstellation zwischen Mannheim und seinen nördlichen Nachbarn sollte sich sehr bald ändern. Nach der Neckarkorrektion mit der Anlage der Neckarspitze erwarb Mannheim von Sandhofen am 11. Dezember 1884 137 ha an der Südspitze der Friesenheimer Insel. 1892 ergriff dann der neue Oberbürgermeister Otto Beck die Initiative. Er hatte die Vision, den stadtnahen Handelshafen zwischen Neckar und Rhein um einen Industriehafen, d.h. zur Industrieansiedlung geeignetes Gelände mit Wasseranschluss, zu ergänzen, der nur peripher zur Stadt liegen konnte.[9]

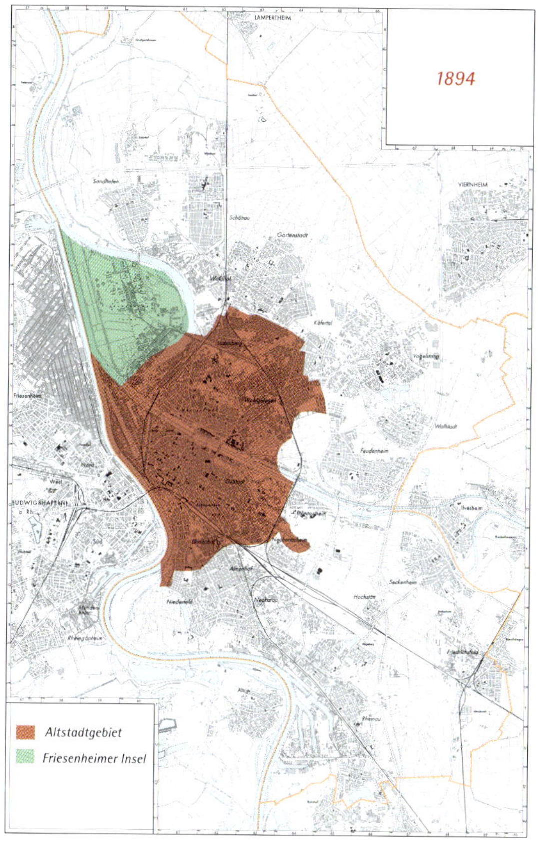


Das Gebiet der Friesenheimer Insel, 1894. StadtA MA.

Als geradezu ideale Lösung bot sich an, dafür die alte Neckarmündung und den anschließenden Altrhein zu verwenden und diese zu einem Industriehafen mit großen Verlängerungsmöglichkeiten den Altrhein entlang auszubauen. Bereits 1891 hatten sich dafür die IHK und die Oberdirektion des Wasser- und Straßenbaus ausgesprochen. Die Stadt Mannheim erklärte sich auch bereit, die Kosten für die wasser- und landseitige Erschließung des Industriegeländes zu übernehmen. Sowohl der Stadtverwaltung als auch der Kaufmannschaft in der Handelskammer war nur zu gut bekannt, wie viel Kapital zur Anlage in Industriebetrieben drängte. Für diese war ein Wasseranschluss sehr verlockend. Ebenso wusste man, dass im Süden für Rheinau Ähnliches erwogen wurde. Neben Industriegelände bot die Friesenheimer Insel auch die Möglichkeit, das Mannheimer Abwasserproblem entweder durch Rieselfelder oder Kläranlagen zu lösen. Auf der anderen Seite hatte die Friesenheimer Insel für Sandhofen und seine Wirtschaftskraft so gut wie keine Bedeutung. Damit lief auch das öffentliche Interesse mit dem Mannheimer Wunsch parallel, was die Staatsbehörden überzeugte. Oberbürgermeister Otto Beck führte seit 1892 vertrauliche Gespräche mit dem Innenministerium. Aufgeschreckt erklärte Sandhofens Gemeinderat am 14. September 1892, dass er zur Abtretung der Friesenheimer Insel an Mannheim nicht bereit sei. Als jedoch das zuständige Bezirksamt zu verstehen gab, dass die Abtretung im Staatsinteresse liege, antwortete der Bürgerausschuss Sandhofens am 11. Januar 1893: *Das Gemarkungshoheitsrecht über die Rheininsel soll an die Stadtgemeinde Mannheim nicht abgetreten werden, jedoch ist die Gemeinde bereit, unter gewissen Voraussetzungen* [...] *in Unterhandlung zu treten.*[10] Diese Voraussetzungen waren finanzieller Natur.

Mannheim reagierte mit der umgehenden Einleitung von Entschädigungsverhandlungen, die bis in den Herbst 1893 andauerten und am 21. November 1893 vom Bürgerausschuss gebilligt wurden. Sandhofen forderte

*Moderne Nutzung der neuen Flächen: 1904 erbaute die Stadt auf der Friesenheimer Insel eine zentrale Kläranlage mit Pumpenhaus und Wasserturm. Foto, um 1905. StadtA MA*

100 000 Mark, Mannheim wollte nur 30 000 Mark geben. Die Staatsbehörde hielt letztere für angemessen. Dabei gab das Innenministerium zu erkennen, für den Übergang der Friesenheimer Insel in die Mannheimer Gemarkung, wenn nötig, auch gegen den Willen der Gemeinde Sandhofen sorgen zu wollen. Das brachte den Durchbruch. Eine Entschließung des Staatsministeriums vom 21. Mai 1895 fand im Erlass vom 24. Mai ihren Niederschlag. Demnach wurde zum 1. Juli 1895 die 717 ha große Friesenheimer Insel Sandhofen aus- und Mannheim eingegliedert gegen eine Abstands-

*Eine etwas traditionellere Nutzung der neuen Flächen: Die Pferdefahrschule auf der Friesenheimer Insel. Foto, um 1900. StadtA MA.*

zahlung von 30 000 Mark zugunsten Sandhofens.[11] Schon bei dieser ersten Eingemeindung zeigt sich, wie mühsam Eingemeindungspolitik angesichts auseinander strebender Interessen war. Trotzdem erzielte man hier – wie sich zeigen sollte – einen relativ schnellen Erfolg: Handelte es sich doch bei der Friesenheimer Insel nur um einen kleinen und erst kurz zuvor erworbenen Teil der sehr ausgedehnten Sandhofener Gemarkung, auf dem es zudem keinen nennenswerten Grundbesitz von Ortsbürgern gab und überhaupt kein Gemeindeland.

## Käfertal

Mit keiner Nachbargemeinde hatte Mannheim so alte und komplizierte Beziehungen wie mit Käfertal. Diese reichten bis ins Mittelalter zurück und begannen mit dem Wüstwerden des Dorfs Dornheim. Zusammen mit Mannheim gehörte Dornheim zur Reichsburg Hausen (Rheinhausen) und kam mit dieser im 13. Jahrhundert an die Pfalzgrafen. In dieser Zeit ging Dornheim unter, seine Einwohner siedelten sich in der Neugründung Käfertal an, das man in dieser Hinsicht geradezu als Neu-Dornheim bezeichnen könnte. Die Herrschaftsrechte in Dornheim blieben aber bei Rheinhausen bzw. Mannheim, was die merkwürdige Aufteilung der Dornheimer Gemarkung erklärt. Mannheim erhielt hieraus einen spitzen Keil, der von der alten Grenze des Käfertaler Distrikts bis an den späteren Karlstern reichte.[12] Im Süden und Westen hingegen berührte das Käfertaler Gebiet die Gemarkungsgrenze zu Mannheim, während Käfertal selbst den westlichen Teil der Dornheimer Gemarkung bis an den Rhein (heute Waldhof und Luzenberg) erhielt. Paradoxerweise besaßen die Gemeinde Käfertal und Käfertaler Begüterte fast den gesamten Grund und Boden im Mannheimer Anteil, was zu jahrhundertelangen Streitigkeiten führte, die zuletzt 1808 aufflammten und in einem Vergleich endeten. Endgültig bereinigt wurden sie erst 1882 durch einen Gebietstausch: Mannheim gab die Nordspitze seiner Gemarkung zugunsten Käfertals auf und gewann im Westen Luzenberg dazu, Waldhof blieb bei Käfertal. Die neue Gemarkungsgrenze verlief den Riedweg entlang.

Eine zweite enge Verbindung ergab sich daraus, dass 1853 am Käfertaler (Alt-)Rheinufer

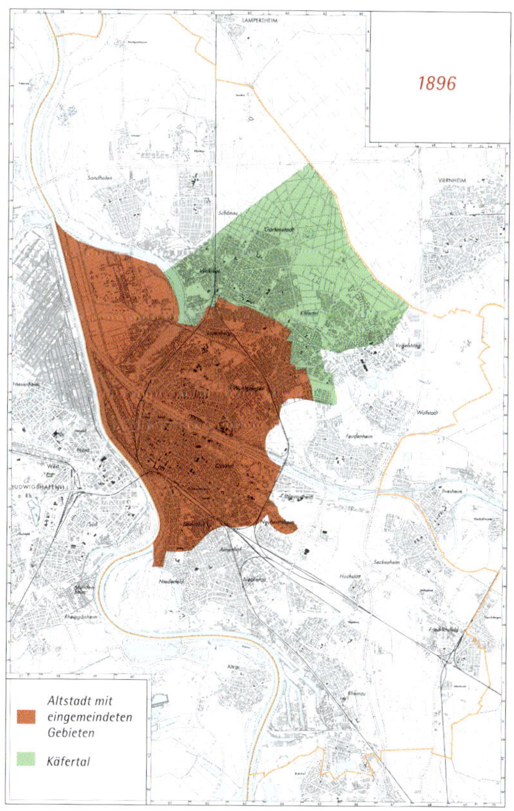


Das Gebiet der Gemeinde Käfertal, 1896. StadtA MA.

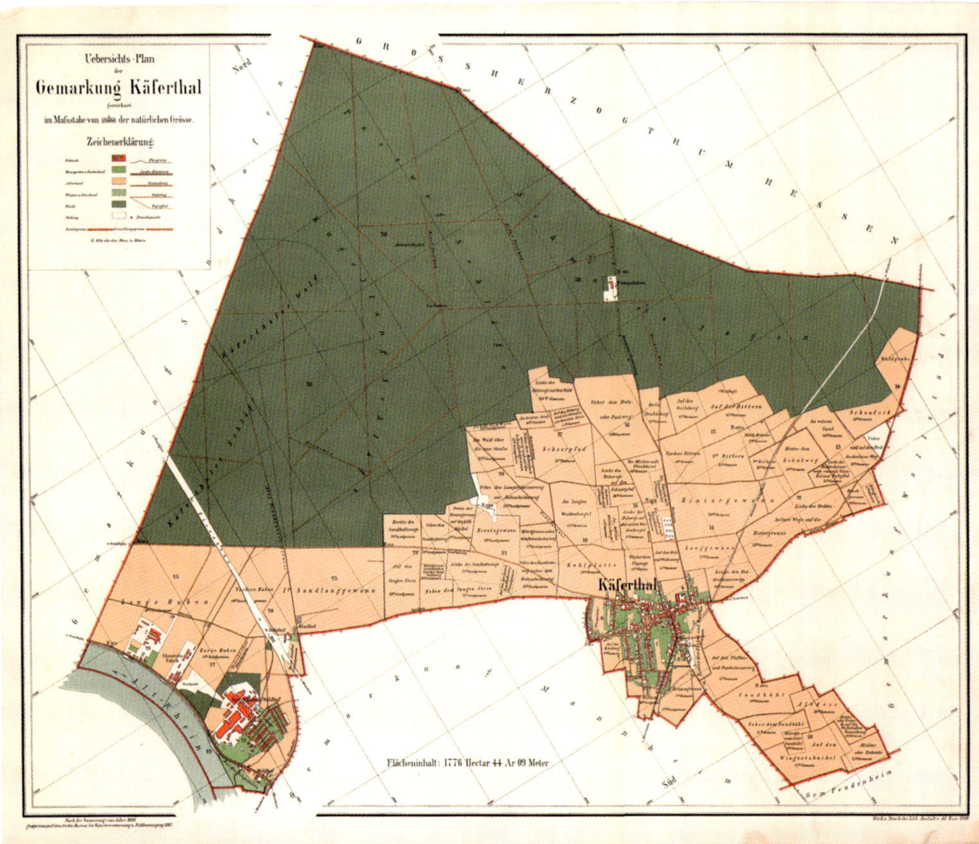


*Die Käfertaler Gemarkung, 1886. Deutlich zu erkennen ist die Zweiteilung in das Bauerndorf und in das neue industrielle Zentrum mit Spiegelfabrik und chemischen Fabriken auf dem Waldhof. StadtA MA.*

mit der französischen Spiegelmanufaktur eine frühe, von auswärts kommende Industrieansiedlung im Mannheimer Raum erfolgt war. Sie bildete den Kern des späteren Stadtteils Waldhof. Bezeichnenderweise siedelten sich mit dieser Fabrik auch Arbeitskräfte an – in den 1870er Jahren bereits über 800: die erste industriebedingte Wohnanlage.[13] Im Anschluss an die Spiegelfabrik entstanden weitere Fabriken. Die 1884 gegründete Zellstofffabrik Waldhof ist zwar nach diesem benannt, lag allerdings auf Sandhofener Gelände, direkt im Anschluss an den Käfertaler Industriedistrikt. 1895 hatte der junge Ortsteil Waldhof bereits 3 541 Einwohner und übertraf damit die Muttergemeinde Käfertal mit ihren 3 121 Einwohnern. Ein Vergleich der Wohngebäude auf dem Waldhof und in Käfertal selbst macht den städtischen Charakter des Industrieorts deutlich: In Käfertal wurden die 376 Häuser von durchschnittlich 8,3 Personen pro Haus bewohnt; auf dem Waldhof zählte man bei 109 Gebäuden 32,4 Personen pro Haus. Damit war das bäuerliche Element bereits in die Minderheit geraten. In dieser Hinsicht war Käfertal Vorreiter einer Entwicklung, der Neckarau, Sandhofen und zuletzt Seckenheim folgen sollten. Zudem pendelte ein großer Teil der Arbeiterschaft der Waldhofer Betriebe aus Mannheim ein. Die beiden chemischen Fabriken – 1882 war die Firma Boehringer vom Jungbusch auf den Waldhof gezogen, 1889 hatte die Chemische Fabrik Lindenhof Weyl & Co. das Werk des Vereins Chemischer Fabriken am Altrhein übernommen – waren von Mannheimer Unternehmern errichtet worden. Und Oberbürgermeister Otto Beck war bekannt, dass weitere Mannheimer Betriebe (z.B. Bopp & Reuther) planten, auf den Waldhof auszusiedeln. Überdies betrachteten die Staatsbehörden den Käfertaler Industriebezirk Waldhof als Teil der Mannheimer Wirtschaft. Das rasche Bevölkerungswachstum erforderte große kommunale Investitionen, beispielsweise für eine Schule auf dem Waldhof oder für die Wasserver- und -entsorgung, wobei man dabei schon mit Mannheim zusammenarbeitete.

Der Gedanke an eine Eingemeindung Käfertals keimte auf dem Waldhof; denn dort spürte man das Ungenügen der ländlichen Verhältnisse in der Muttergemeinde am frühesten. Umgekehrt war es für die Mannheimer Seite wünschenswert, die Käfertaler Industrie an den neuen Industriehafen anschließen zu können. Oberbürgermeister Beck ergriff die Initiative, indem er dieses Problem – übrigens parallel mit den Verhandlungen über die Friesenheimer Insel – bei den staatlichen Stellen ansprach. Am 5. Juni 1892 legte er eine Denkschrift vor, die in vorbildlicher Weise die beiderseitigen Verhältnisse analysierte.[14] Der Mannheimer Stadtrat beschloss daraufhin, Verhandlungen mit Käfertal aufzunehmen, die im November 1892 begannen. Am Ende dieser ersten Besprechungsserie sprach sich die Mehrheit der Käfertaler Delegierten gegen eine Eingemeindung aus, wenn nicht folgende Bedingungen erfüllt würden: Beibehaltung des Allmendgenusses

*Käfertal aus der Vogelschau mit den Industriebetrieben auf dem Waldhof im Hintergrund. Kolorierte Postkarte, 1914. StadtA MA.*

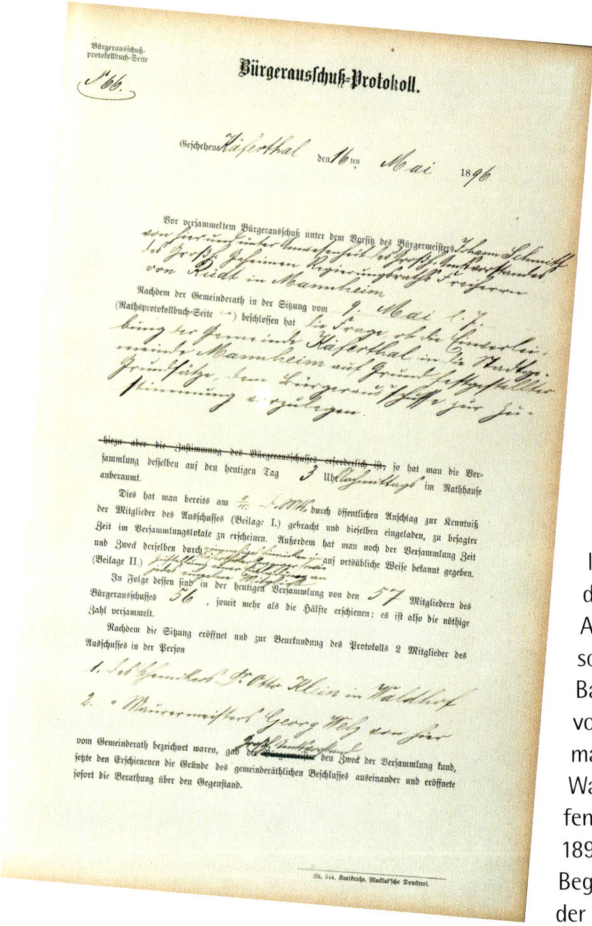

Bürgerausschuß-protokollbuch-Seite 166.

**Bürgerausschuß-Protokoll.**

Geschehen Käferthal den 16ten Mai 1896

Vor versammeltem Bürgerausschuß unter dem Vorsitz des Bürgermeisters Johann Schmitt … von Rüdt in Mannheim

Nachdem der Gemeinderath in der Sitzung vom 9. Mai l. J. (Rathsprotokollbuch-Seite —) beschlossen hat … Käferthal … Mannheim …

~~hiezu aber die Zustimmung des Bürgerausschusses erforderlich ist,~~ so hat man die Versammlung desselben auf den heutigen Tag 3 Uhr Nachmittags im Rathhause anberaumt.

Dies hat man bereits am … durch öffentlichen Anschlag zur Kenntniß der Mitglieder des Ausschusses (Beilage I.) gebracht und dieselben eingeladen, zu besagter Zeit im Versammlungslokale zu erscheinen. Außerdem hat man noch der Versammlung Zeit und Zweck derselben durch … (Beilage II.) auf ortsübliche Weise bekannt gegeben.

In Folge dessen sind in der heutigen Versammlung von den 57 Mitgliedern des Bürgerausschusses 56, somit mehr als die Hälfte erschienen; es ist also die nöthige Zahl versammelt.

Nachdem die Sitzung eröffnet und zur Beurkundung des Protokolls 2 Mitglieder des Ausschusses in der Person

1. … Dr. Otto Klein in Waldhof
2. … Maurermeister Georg Welz von hier

vom Gemeinderath bezeichnet waren, gab der … den Zweck der Versammlung kund, setzte den Erschienenen die Gründe des gemeinderäthlichen Beschlusses auseinander und eröffnete sofort die Berathung über den Gegenstand.

Nr. 544. Karlsruhe. Macklot'sche Druckerei.

*Protokoll der entscheidenden Sitzung des Käfertaler Bürgerausschusses vom 16. Mai 1896. StadtA MA.*

für die Käfertaler Ortsbürger sowie der Leseholztage und des Streubezugs im Käfertaler Wald für alle Käfertaler, ein Gemeindesekretariat im Käfertaler Rathaus und eine Vertretung Käfertals im Mannheimer Stadtrat und Bürgerausschuss. Diese Forderungen gehörten dann bei allen späteren Eingemeindungsverhandlungen zum Standardprogramm. Bei der Diskussion im Käfertaler Bürgerausschuss am 15. Dezember 1892 traten Befürworter und Gegner der Eingemeindung eindrucksvoll in Erscheinung: Die Befürworter waren die Neukäfertaler auf dem Waldhof, die Gegner die Altkäfertaler.

Nach dem Scheitern dieser ersten Verhandlungsrunde beantragte Mannheim im Mai 1893 die zwangsweise Eingliederung Käfertals. Als Argumente wurden die gefährdete Wasserversorgung der rasch wachsenden Stadt und der Bau des Industriehafens nebst der Bereitstellung von Industriegelände angeführt. Auch wollte man die wild wuchernde Ansiedlung auf dem Waldhof den Mannheimer Regelungen unterwerfen. Unter diesem Druck verhärtete sich bis Ende 1893 die Käfertaler Haltung. Andererseits trat mit Beginn des Jahres 1894 für Mannheim der Erwerb der Friesenheimer Insel in den Vordergrund. Die Stadt hielt sich daher fürs Erste zurück, während in Käfertal die Unruhe in leidenschaftlichen Diskussionen wuchs. Wiederholt traten Käfertaler Bürger – im März 1896 allein 30 Mitglieder des Bürgerausschusses und 176 weitere Ortsbürger – an Mannheim heran mit der Bitte, die Verhandlungen über die Eingemeindung Käfertals wieder aufzunehmen, und zwar *in thunlichster Bälde.*[15] Mannheim reagierte positiv. Auf den 9. Mai 1896 berief der Vorstand des Bezirksamts eine Sitzung des Käfertaler Gemeinderats ein, an der auch vier Vertreter des Mannheimer Stadtrats mit Oberbürgermeister Beck an der Spitze teilnahmen, um die Eingemeindung vorzubereiten. Dabei wurden *Grundsätze* zur Vereinigung Käfertals mit Mannheim erarbeitet, die die oben genannten Bedingungen der Käfertaler berücksichtigten und am 13. Mai die Zustimmung des Mannheimer Stadtrats fanden. Zwei Tage später billigte auch der Käfertaler Gemeinderat das Vertragswerk mit sechs Stimmen bei drei Enthaltungen; im Bürgerausschuss gab es bei 35 Ja-Stimmen zwölf Ablehnungen. Nachdem sich auch der Mannheimer Bürgerausschuss am 21. Mai für die Eingemeindung ausgesprochen hatte, konnte der Vertrag am 1. Januar 1897 in Kraft treten und die Eingemeindung am 1. Juli desselben Jahres vollzogen werden.

## Neckarau

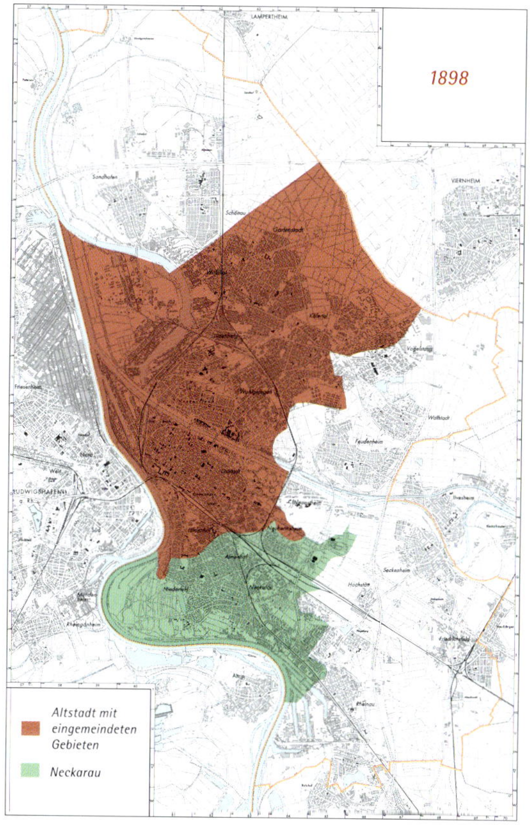


Das Gebiet der Gemeinde Neckarau, 1898. StadtA MA.

Auch Neckarau war seit langem eng mit Mannheim verbunden; es lag am nächsten bei der Stadt. Nach 1606 wurden Bauern aus dem früheren Dorf Mannheim für den durch den Festungsbau erlittenen Landverlust auf Neckarauer Grund und Boden entschädigt. Durch seine Lage auf der Gießeninsel geschützt, teilte es dennoch in allen kriegerischen Verwicklungen das Schicksal Mannheims. Dazu kam ähnlich wie bei Käfertal eine frühe Industrialisierung, eingeleitet 1873 durch die Gründung der späteren Rheinischen Gummi- und Celluloid-Fabrik. In den 25 Jahren bis zur Eingemeindung hatten sich bereits 18 Fabriken niedergelassen, allein im Jahr vor der Eingemeindung kamen vier weitere dazu. In diesen Betrieben waren 1898 3 012 Arbeiter beschäftigt, von denen 57 Prozent in Neckarau und 41 Prozent in Mannheim wohnten, nur 2 Prozent kamen anderswoher, meist aus Altrip. Auch diese Industrialisierung verdankte sich Unternehmern und Kapital aus Mannheim. Neckarau zählte 1898 rund 8 700 Einwohner und war damit die größte Landgemeinde in Baden. Auch hatte sich längst eine enge kommunale Zusammenarbeit mit Mannheim angebahnt: Neckarau hatte seinen Gemeindewald, den heutigen Waldpark, den Mannheimer Erholungssuchenden geöffnet; Mannheim hatte eine Brücke über den Grenzgraben errichtet und auf seine Kosten Spazierwege angelegt. Neubaugebiete im benachbarten Grenzgebiet wollte man in gegenseitiger Abstimmung erschließen, neue Straßen sollte das städtische Tiefbauamt planen.

Die Frage der Eingemeindung wurde für Neckarau erstmals 1886 in einem Zeitungsartikel aufgeworfen.[16] Aber erst im Mai 1896 kam es auf Intervention angesehener Neckarauer Bürger und in Neckarau engagierter Mannheimer Unternehmer bei der badischen Regierung zu ersten Verhandlungen. Hierzu hatte der Amtsvorstand des Bezirksamts Mannheim im Auftrag des Innenministeriums Delegierte aus beiden Gemeinden eingeladen. Diese Gespräche blieben jedoch ergebnislos. Für die Neckarauer Gemeinderäte stand die ungestörte Entwicklung der Landwirtschaft im Vordergrund. Andererseits spekulierte man aber auch auf die Wertsteigerung der Grundstücke durch die Industrialisierung. Mannheim hingegen hatte gerade die Friesenheimer Insel übernommen, stand mit Käfertal in aussichtsreichen Verhandlungen und war daher an einer baldigen Eingemeindung nicht interessiert.

*Der Großherzog besucht das größte Dorf in Baden: Friedrich I. bei der Aktiengesellschaft für Seilindustrie in Neckarau. Foto, 1893. StadtA MA.*

Der Anstoß, die Eingemeindungsfrage wieder aufzugreifen, kam schließlich von außen. 1895 hatten sich die beiden auf dem Seckenheimer Sand südlich der Neckarauer Gemarkungsgrenze ansässigen chemischen Fabriken Rhenania und Aktiengesellschaft für chemische Industrie mit der im selben Jahr neu gegründeten Rheinau GmbH zusammengeschlossen mit dem Ziel, einen Hafen im Gewann des Backofen anzulegen und entspre-

*Sehenswürdigkeiten in Neckarau. Kolorierte Postkarte, 1898. StadtA MA.*

chende Gewerbegebiete mit Wasseranschluss für Industrieansiedlungen bereitzustellen. Ziemlich unbeachtet hatte die Rheinau GmbH dabei auch billige Wiesen und Äcker am Neckarauer Rheinufer bis hart an den Ortsrand von Neckarau aufgekauft. So entwickelte sich im Süden Mannheims ein ausgedehntes Industriegebiet mit Hafen, durchaus in gewollter Konkurrenz zu dem gerade geplanten Industriehafen im Friesenheimer Altrhein. Schon im Sommer 1898 war das erste, über 2 km lange Rheinauer Hafenbecken fertig. Die beiden Landgemeinden Neckarau und Seckenheim sahen sich in der Rheinau GmbH einem mächtigen Gegner gegenüber, der seine Strategie rücksichtslos durchzusetzen versuchte. Am 19. Januar 1898 beantragte die Rheinau GmbH zusammen mit den erwähnten beiden großen Chemie-Unternehmen beim badischen Innenministerium, für ihre Entwicklungspläne einen neuen, selbstständigen Ort zu errichten, dessen Gemarkung aus rund 400 ha Neckarauer und Seckenheimer Gelände zwischen der Bahnlinie und dem Rheinufer zugeschnitten werden sollte. Dazu war das Ministerium jedoch nicht bereit, sondern favorisierte den Anschluss des ganzen neuen Industriegebiets an Neckarau und dessen Eingemeindung nach Mannheim.

Die Stadt war damit sofort einverstanden. Neckarau hingegen wurde von dieser Entwicklung zu einem äußerst ungünstigen Moment überrascht; denn die Gemeinde stand vor einer Reihe kommunaler Investitionen wie der Verlegung des Friedhofs, der Erbauung eines Krankenhauses, der Anlage einer Abwasserkanalisation, der Straßenpflasterung und -beleuchtung, einem Schulhausbau und der Errichtung eines Wasserwerks. Damit war heftiger Streit in der Gemeinde vorprogrammiert, der sich an der notwendigen Erhöhung der Gemeindeumlage entzündete. Gleichzeitig hatte der Angriff der Rheinau GmbH enthüllt, dass eine Gemeindepolitik, die sich nur auf die Interessen der begüterten, landwirtschaftlich orientierten Ortsbürger stützte, am Ende war. In dieser Situation ersuchte der Mannheimer Stadtrat am 15. Februar 1898 die badische Regierung, Eingemeindungsverhandlungen anzusetzen. Das Innenministerium strebte zunächst weiterhin eine Einbeziehung des Seckenheimer Rheinau-Gebiets an, musste aber bald erkennen, dass diese große Lösung kaum durchzusetzen war. So begannen am 5. März 1898 die Gespräche zwischen Mannheim und Neckarau ohne Beteiligung Seckenheims.

Oberbürgermeister Otto Beck konnte sich dabei in seiner Argumentation auf die in Neckarau geplanten großen Investitionen berufen, indem er vorrechnete, dass die Gemeinde dafür mindestens 1 Mio. Mark aufzuwenden hätte. Dafür müsse der Umlagefuß mehr als verdreifacht werden (von 30 auf 92 Pfennige). Mannheim könne das ohne Erhöhung des städtischen Umlagefußes von 45 Pfennig leisten, wobei sich der Stadtrat vorweg verpflichtete, die notwendigen Investitionen zu übernehmen. Damit reduzierten sich die Streitpunkte auf die aus Käfertal bekannten Vorbehalte wie Bürgernutzen und die Bewahrung landwirtschaftlicher Belange, Standesamt und Wochenmarkt und die anteilige Vertretung Neckaraus in den Mannheimer Gemeindegremien. Als eine Einigung dennoch auf sich warten ließ, sah sich die Neckarauer Industrie am 25. April zu einer dringenden

*Der letzte Neckarauer Bürgermeister: Valentin Orth (1845-1925). Nach der Eingemeindung war er Mannheimer Stadtrat. Foto, um 1906. StadtA MA.*

Demarche für eine schnelle Eingemeindung veranlasst. Sie erinnerte daran, dass die Neckarauer Forderungen nur 13 Prozent der Bevölkerung – den Bürgernutzen-Berechtigten – zugute kämen und die Anliegen der weit größeren Mehrheit völlig außer Acht blieben. Die Bedürfnisse dieser Mehrheit aus Arbeitern und Angestellten in den Fabriken könnten von der Verwaltung einer kleinen Gemeinde nicht mehr befriedigt werden. Die Stadt setzte sich daraufhin noch einmal mit den Neckarauer Forderungen auseinander, lehnte Unbilliges ab, schlug aber in der Regel Kompromisse vor, die auch das Ministerium überzeugten. Am 11. Mai kam es zu einer gemeinsamen Schlusssitzung der Gremien der beiden Gemeinden, die nicht zuletzt durch die geschickte Verhandlungsführung von Oberbürgermeister Beck zur Einigung führte. Am 23. Mai erfolgte die endgültige Abstimmung in Neckarau unter dem Vorsitz des großherzoglichen Amtsvorstands. Das Vertragswerk[17] wurde von 57 Mitgliedern des Bürgerausschusses angenommen, 22 stimmten dagegen. Am folgenden Tag gab der Mannheimer Stadtrat seine einhellige Zustimmung. So konnte die Eingemeindung am 1. Januar 1899 vollzogen werden.

## Feudenheim

Im Unterschied zu den schon behandelten Vororten spielte in Feudenheim die Industrialisierung keine Rolle.[18] Den Haupterwerbszweig bildete die Landwirtschaft, das Gewerbe war von bescheidenem Umfang und ortsgebunden. Allerdings war ein erheblicher Teil der Feudenheimer als Arbeiter oder Bauhandwerker in Mannheim beschäftigt. Ortsentwicklung und Bevölkerungswachstum (1895: 4 068; 1909: über 6 000) gingen in Feudenheim nicht auf den Zustrom von Industriearbeitern zurück, sondern auf die Ansiedlung von Angestellten, Beamten und Selbstständigen aus der Stadt – großenteils gut Verdienende, wie die Entwicklung des Einkommensteueraufkommens belegt, das sich in den zehn Jahren bis 1908 verdoppelte. Im ersten Jahrzehnt des 20. Jahrhunderts waren westlich des alten Ortskerns auf den „sieben Hügeln", den Sanddünen zwischen Talstraße (damals Käfertaler Straße) und Wallstadter Straße, links und rechts der Mannheimer Straße (Hauptstraße) und der Neckarstraße rund 200 Ein- und Zweifamilienhäuser entstanden, ein gehobenes und für viele Mannheimer attraktives Wohngebiet. Eine private Dampfstraßenbahn verband Feudenheim schon seit 1884 mit Mannheim; diese wurde von der Stadt Anfang 1900 gekauft, jedoch noch bis 1904 vom bisherigen Eigentümer auf städtische Rechnung weiter betrieben. Die Neufeudenheimer fühlten sich durchaus als Mannheimer. Die Stadt sah das genauso und öffnete den Feudenheimern den Zugang zu Mannheimer Einrichtungen; 1908 übertrug Feudenheim der Stadt die Gasversorgung der Gemeinde für 30 Jahre, wobei jene sich zum Ausbau des Leitungsnetzes auf ihre Kosten verpflichtete.

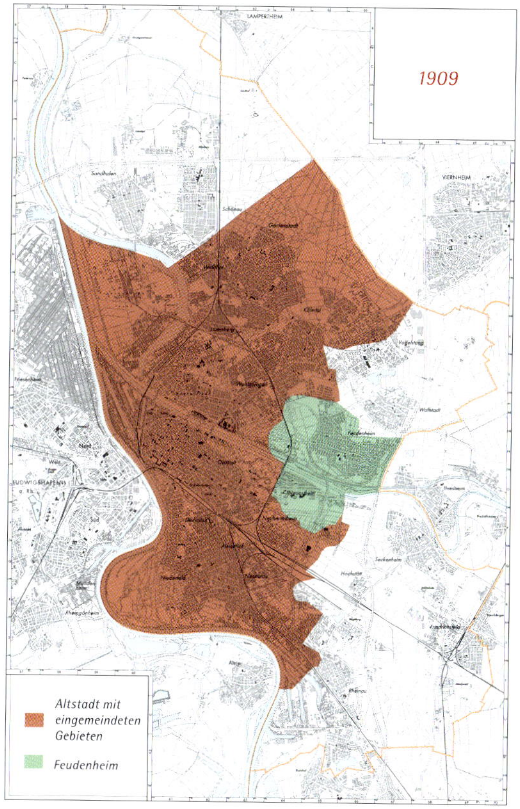


*Das Gebiet der Gemeinde Feudenheim, 1909. StadtA MA.*

Die Initialzündung zur Eingemeindung war schließlich die Neuostheim-Frage. Schon vor 1900 hatten die Staatsbehörden eine Planlegung für das Feudenheimer Gelände links des Neckars gefordert und wünschten bereits damals für den Fall einer Bebauung dessen Anschluss an die Stadt Mannheim. Aber erst 1905 ging man daran, für das Dreieck zwischen Riedbahn, Neckardamm und der Straße nach Seckenheim eine *Gartenstadt Neu-Ostheim* in Aussicht zu nehmen. Dieser neue, von der Muttergemeinde durch den Neckar und die Neckarniederung getrennte Feudenheimer Ortsteil war vollständig nach Mannheim orientiert und wurde mittels Mannheimer Privatkapital erschlossen: Die Süddeutsche Discontogesellschaft (vormals Bankhaus W.H. Ladenburg) hatte in diesem Jahr die rund 38 ha erworben, als gehobenes Siedlungsgebiet ausgewiesen und wollte möglichst schnell mit der Bebauung beginnen. Schon bei diesem Stand der Planungen machte Mannheim eigene Interessen geltend, insbesondere was die Abwasserentsorgung des geplanten Neubaugebiets betraf. Die Einsprüche der Stadt führten zu einer mehrjährigen Verzögerung, sodass die Neuostheim-Frage noch offen war, als man 1908 schließlich in Eingemeindungsverhandlungen eintrat. Mit Blick auf diese einigte sich die Süddeutsche Discontogesellschaft mit der Stadt auf die Anwendung der Mannheimer Bauordnung sowie den Anschluss von Wasser- und Elektrizitätsversorgung sowie der Kanalisation des neuen Stadtteils an das städtische Netz. Die Stadt verpflichtete sich im Gegenzug, 59 Prozent der Kosten für die Anlage von Straßen, Kanalisation, Versorgungsleitungen und Straßenbahnverbindung in Höhe von insgesamt 2,35 Mio. Mark zu übernehmen.

Aber auch in Feudenheim selbst wurde der Wunsch artikuliert, nach Mannheim eingemeindet zu werden. Am 26. September 1907 ersuchten vier Feudenheimer Gemeinderäte, 13 Bürgerausschussmitglieder und 165 Ortsbürger das großherzogliche Bezirksamt in Mannheim, die Vereinigung Feudenheims mit der Stadt auf den Weg zu bringen. Man sah sich nicht nur

*Von 1884 bis 1914 verkehrte die von M. Lutz gegründete Dampfeisenbahnlinie zwischen Mannheim und Feudenheim. Im Zug der Einbeziehung des Orts in das Mannheimer Straßenbahnnetz wurde sie stillgelegt. Foto, um 1900. StadtA MA.*

durch bevorstehende, unausweichliche kommunale Investitionen zu dieser Bitte veranlasst, sondern hoffte, durch die gleichzeitig laufenden Verhandlungen Mannheims mit Seckenheim günstigere Bedingungen erreichen zu können. Da sich das Bezirksamt jedoch nicht einschaltete, wandten sich die 182 Feudenheimer Bittsteller am 23. Dezember direkt an den Mannheimer Oberbürgermeister. Dieser lud nach anfänglichem Zögern eine Feudenheimer Delegation für den 30. März 1908 zu sich ein. Doch kam dieser Termin nicht zustande, da Beck an diesem Tag plötzlich verstarb.

Der neue Mannheimer Oberbürgermeister Paul Martin nahm erst im Dezember 1908 die Feudenheimer Angelegenheit wieder auf. Es wurde zü-

*Feudenheim aus der Vogelperspektive. Foto, um 1928. StadtA MA.*

gig verhandelt, nachdem auch das Bezirksamt sich von der inzwischen fast einhelligen Zustimmung Feudenheims überzeugt hatte. Am 18. Dezember 1908 stimmte eine Mehrheit des Feudenheimer Gemeinderats prinzipiell einer Eingemeindung zu. Die erste Jahreshälfte 1909 war sodann mit Detailverhandlungen gefüllt. Im Juli 1909 kam es zu den Schlussabstimmungen in den beiderseitigen Gremien. Bei der Straßenbeleuchtung, der Müllabfuhr, der Winterschafweide und der Straßenbahn hatten die Feudenheimer ihre Wünsche durchsetzen können. Alle Feudenheimer Gemeinderäte und 48 Mitglieder des Bürgerausschusses befürworteten bei zwölf Ablehnungen das Ergebnis. Nachdem auch Mannheims Stadtrat und Bürgerausschuss dem Übereinkommen zugestimmt hatten, wurde das entsprechende Gesetz im Dezember 1909 vom badischen Landtag verabschiedet, sodass die Eingemeindung wie vorgesehen am 1. Januar 1910 in Kraft treten konnte. Damit hatte Mannheim nicht nur einen erheblichen Gewinn an gemeindeeigenen Liegenschaften (über 50 Prozent der Feudenheimer Gesamtgemarkung) erzielt, sondern auch das in Nord-Süd-Richtung ausgedehnte Stadtgebiet in wünschenswerter Weise nach Osten arrondiert.

## Sandhofen

Auch im Norden der Mannheimer Gemarkung war mit der Einverleibung Käfertals nur ein Zwischenergebnis erreicht. Für den Verlust der Friesenheimer Insel an Mannheim im Jahr 1895 wurde Sandhofen mehr als entschädigt durch den Zusammenschluss mit dem Scharhof am 1. Juli 1899, der rund 250 Einwohner und 858 ha einbrachte. Damit umfasste Sandhofens Gemarkung insgesamt 2 437 ha – mehr als die Altgemarkung Mannheims. Im Fall Sandhofens bildete wiederum die Industrialisierung den Hintergrund der Eingemeindung.[19] Die Betriebe am Altrhein hatten sich in engstem Zusammenhang mit dem Waldhof entwickelt: Die Zellstofffabrik Waldhof lag – wie erwähnt – auf Sandhofener Gemarkung. Es folgten 1897/98 die Süddeutsche Juteindustrie und 1908 die Papyrusfabrik. Allein in diesen drei großen Werken waren 1912 3 335 Arbeiter und Angestellte beschäftigt. Dazu kamen zehn Filialen Mannheimer Zigarrenfabriken mit zusammen 350 Arbeitskräften, damals der nach der Zahl der Beschäftigten größte badische Industriezweig.

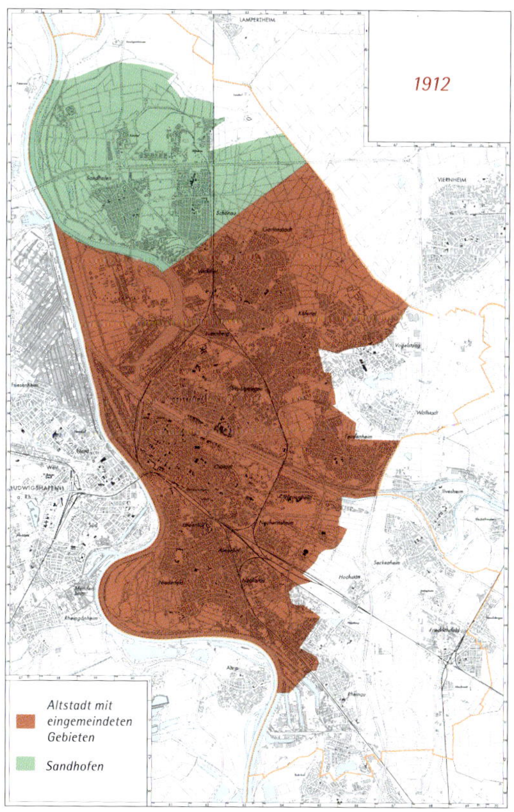


*Das Gebiet der Gemeinde Sandhofen, 1912. StadtA MA.*

*Sandhofen aus der Vogelperspektive. Kolorierte Postkarte, um 1915. StadtA MA.*

Die Verbindung zu Mannheim intensivierte auch die 1896 konzessionierte und 1900 in Betrieb genommene Abzweigung von der Riedbahnstrecke, die nördlich vom Bahnhof Waldhof beginnend an den Fabriken vorbei nach Sandhofen führte. Wie in Neckarau, mit dem Sandhofen am ehesten zu vergleichen ist, stieg die Einwohnerzahl seit den 1890er Jahren schnell an, von 3 233 im Jahr 1890 auf über 8 000 im Jahr 1911. Auch in Sandhofen verlor die Landwirtschaft in diesen Jahrzehnten ihre beherrschende Bedeutung: Nach der Berufszählung von 1907 waren in diesem Zweig gerade noch 12 Prozent der Einwohner Sandhofens beschäftigt.

Wie die Steuerkraft der Umlandgemeinden ausweist,[20] hatte Sandhofen bereits einen höheren Industrialisierungsgrad erreicht als Neckarau und Käfertal. Das bedeutete auch, dass die Wünsche der großen Betriebe nach Eingemeindung ein ausschlaggebendes Gewicht hatten. Immer wieder mahnten sie gegenüber der Gemeinde Mängel der Infrastruktur an. Sandhofens Gaswerk war schon zu klein und überdies unrentabel, obwohl es erst im April 1907 in Betrieb genommen worden war. Das seit 1893 ausgebaute unterirdische Kanalsystem zur Entwässerung war ungenügend, sodass eine völlige Neuanlage der Kanalisation erforderlich war. Das Hauptproblem war jedoch die Wasserversorgung. Denn die Zellstofffabrik hatte einen ungeheueren Frischwasserbedarf – dreimal so groß wie der Verbrauch der gesamten Stadt Mannheim! Bereits 1889 hatte die Fabrik auf ihrem Gelände zwei eigene Wasserwerke. Ein Versuch Sandhofens von 1908, die Wasserversorgung der Gemeinde durch eine neue Brunnenanlage zu sichern, scheiterte: Das Wasser war nicht trinkbar. Währenddessen erstrebte die Zellstofffabrik

Wasserrechte in den Nachbargemeinden, ohne auf die Belange Sandhofens Rücksicht zu nehmen. 1911 beschloss die Gemeinde daher, ein eigenes Wasserwerk zu errichten. Dieser Plan wurde von den staatlichen Behörden wegen unvollständiger Angaben und zweifelhafter Berechnungen abgelehnt. In diesem Zusammenhang bot Mannheim die Versorgung aus seinem neuen Wasserwerk im Käfertaler Wald an.

Während die Sozialdemokraten im Gemeinderat dieses Angebot ablehnten und auf einem eigenen Neubau bestanden, waren die bürgerlichen Parteien bereit, das Wasser aus Mannheim zu beziehen. Diese Diskussion mündete schließlich in Eingemeindungsverhandlungen. In einer Gemeinderatssitzung am 12. Februar 1912, die der Vorstand des Mannheimer Bezirksamts leitete und auf der die Stadt Mannheim durch Bürgermeister Robert Ritter vertreten war, wurde beschlossen, die Sicherung der Wasserversorgung mit der Eingemeindung nach Mannheim zu verbinden. Der Mannheimer Stadtrat signalisierte umgehend seine grundsätzliche Bereitschaft, auf das Sandhofener Ansinnen einzugehen.

Mittlerweile formierten sich die Gegner einer Eingemeindung. Dies waren einerseits – wie bei den anderen Landgemeinden – die bäuerlich-konservativen Kräfte, in Sandhofen eine kleine Minderheit. Gegen den Anschluss an Mannheim waren aber auch die Sozialdemokraten, hinter denen ein beachtlicher Teil der Einwohner Sandhofens stand. Zwei eilig einberufene Bürgerversammlungen sprachen sich gegen das Vorgehen des Gemeinderats aus – doch dann schwenkten die Sozialdemokraten – angeblich auf parteiinterne Weisung von oben – auf den Eingemeindungskurs ein.

Sandhofen legte nunmehr seine Eingemeindungsbedingungen vor, zu deren Erörterung eine von Stadt und Gemeinde paritätisch besetzte Kommission gebildet wurde. Diese tagte am 29. April in Mannheim und am 6. Mai in Sandhofen. Das hierbei gefundene Übereinkommen wurde am 15. Mai vom Sandhofener Bürgerausschuss mit überwältigender Mehrheit und vom Mannheimer Bürgerausschuss am 24. Mai einstimmig gebilligt. Diese eindeutigen Voten überzeugten auch die Regierung in Karlsruhe, die zuvor von der Notwendigkeit einer Eingemeindung keineswegs überzeugt war. Schwerer als die Argumente, die in der Öffentlichkeit für eine Eingemeindung vorgebracht wurden, wog für das badische Innenministerium freilich eine interne Überlegung *auf gemeindepolitischem Gebiet*. Man befürchtete nämlich bei der bevorstehenden Kommunalwahl eine sozialdemokratische

*Der letzte Bürgermeister von Sandhofen: Jakob Herbel (1850–1923). StadtA MA.*

Ortsmitte Sandhofen. Foto, um 1940. StadtA MA.

Mehrheit. Gegen ein solches *Überwiegen der Sozialdemokratie mit allen Folgen für die Leitung und Verwaltung der Gemeinde mit der daraus befürchteten ungünstigen Rückwirkung auf die gewaltige Industrie des Ortes* schien die Eingemeindung die beste Gewähr zu bieten.[21] Der Gesetzentwurf wurde am 12. Juli in beiden Kammern des Landtags verabschiedet und am 5. August 1912 verkündet. Damit kam Sandhofen am 1. Januar 1913 zeitgleich mit Rheinau zu Mannheim.

Die Verhandlungen mit Sandhofen waren die zügigsten und riefen am wenigsten Widerstand hervor. Beide Seiten hatten große Vorteile: Mannheim gewann Steuerkapitalien, also der Besteuerung unterliegende Vermögenswerte und Einkünfte, in Höhe von 127 Mio. Mark, mehr als von den zuvor eingemeindeten Vororten zusammen. Rund die Hälfte davon entfiel auf Betriebsvermögen.[22] Die Planungshoheit ermöglichte Mannheim den effektiven Einsatz der dringenden kommunalen Investitionen. Sandhofen erhielt auf diese Weise eine den städtischen Anforderungen genügende Infrastruktur und die Leistungen einer modernen professionellen Stadtverwaltung.

## Rheinau

Die Eingemeindung Rheinaus nach Mannheim steht in engem Zusammenhang mit der Neckaraus, verlief aber ganz anders. Der junge Industrieort auf dem Seckenheimer Gemarkungsteil Sand entstand seit den 1870er Jahren. Die Einwohnerzahl stieg in der zweiten Hälfte der 1880er Jahre rasch von 335 (1885) über 2 091 (1900) auf 4 179 (1912); immer mehr neue Industriebetriebe siedelten sich an, sodass man von einem geradezu amerikanischen Wachstum sprach. Damit wurde aber auch das Verhältnis Rheinaus zu seiner Muttergemeinde zunehmend problematisch, wobei die Rheinau GmbH eine maßgebliche Rolle spielte. Denn sie war mit der Zugehörigkeit des Sands zu Seckenheim unzufrieden, zumal diese Landgemeinde auch noch im Amtsbezirk Schwetzingen lag. Um sich ungehindert entfalten zu können, strebten die Rheinau GmbH und die hinter ihr stehende Industrie eine völlig selbstständige, auf ihre Bedürfnisse zugeschnittene Gemeinde an.

Für Mannheim war die Entstehung des Rheinauhafens mit seinen offensichtlichen und zielbewusst ausgespielten Standortvorteilen angesichts der eigenen Industriehafenpläne im Norden der Stadt ein Dorn im Auge. Dazu floss in erheblichem Maß Mannheimer Privatkapital in die Entwicklung dieses Projekts ab. Zudem war Mannheim seit der Eingemeindung Neckaraus am 1. Januar 1899 unmittelbarer Nachbar Rheinaus geworden. Schon 1897 waren Mannheim, seine Abgeordneten im Landtag, die Handelskammer und einzelne Großindustrielle in Petitionen und Denkschriften bei der badischen Regierung mit der Forderung vorstellig geworden, Rheinau von Seckenheim abzutrennen und an Mannheim anzuschließen. Als Begründung wurde übereinstimmend vorgetragen, eine Bauerngemeinde wie Seckenheim sei unfähig, eine Industrieansiedlung großen Stils zu bewältigen. Als Kompromiss wurde Rheinau

*Das Gebiet von Rheinau, 1912. StadtA MA.*

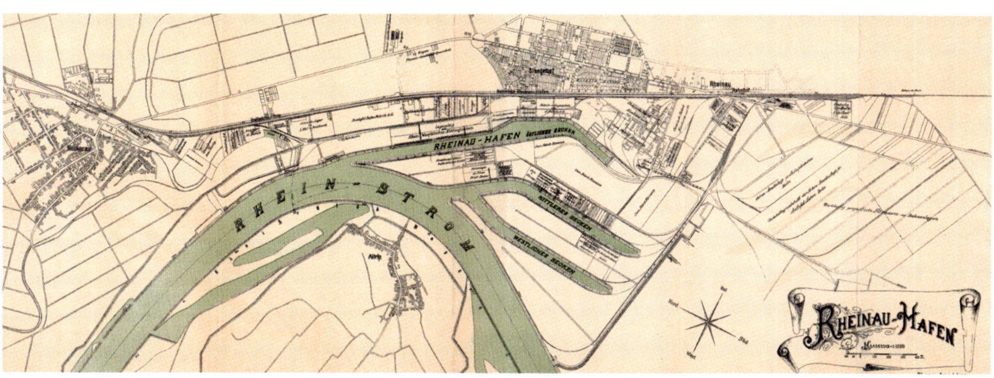


*Neckarau und Rheinau mit Rheinauhafen im Jahr 1905. StadtA MA.*

1901 zum Seckenheimer Nebenort ohne Gemarkung erklärt, der von einem Stabhalter verwaltet wurde. Bereits zum 1. Januar 1900 war Seckenheim aus dem Amtsbezirk Schwetzingen herausgelöst und dem Amtsbezirk Mannheim zugeordnet worden.

Die spannungsvolle Situation kam erneut in Bewegung, als 1902 die Rheinau GmbH in eine schwere Krise geriet und einem raschen, spektakulären Bankrott zutrieb. Vor diesem Hintergrund lebten die Überlegungen zu einer Eingemeindung des Rheinaugebiets nach Mannheim wieder auf. Entsprechende Anträge an das badische Innenministerium stellten u.a. Firmen des Rheinaugebiets gemeinsam mit Bürgerausschussmitgliedern aus dem Nebenort sowie die Mannheimer Handelskammer. Weder die Stadt noch die Gemeinde Seckenheim waren jedoch auf Nachfrage des Ministeriums zu Verhandlungen bereit. Daraufhin gab die Regierung zu erkennen, dass sie den Nebenort Rheinau auch ohne Zustimmung der Betroffenen der Gemarkung Mannheims zuweisen könne. Oberbürgermeister Beck ließ nun eine umfangreiche Denkschrift erarbeiten, die den bisherigen Verlauf dokumentierte und die Verhältnisse der Gemeinde Seckenheim-Rheinau einer erschöpfenden Analyse unterzog.[23] Sie kam zu dem Ergebnis, dass ein Verbleiben des Nebenorts bei Seckenheim der Landgemeinde erhebliche Nachteile bringen werde.

*Denkschrift von Oberbürgermeister Beck über die Eingemeindung von Rheinau, 1904. StadtA MA.*

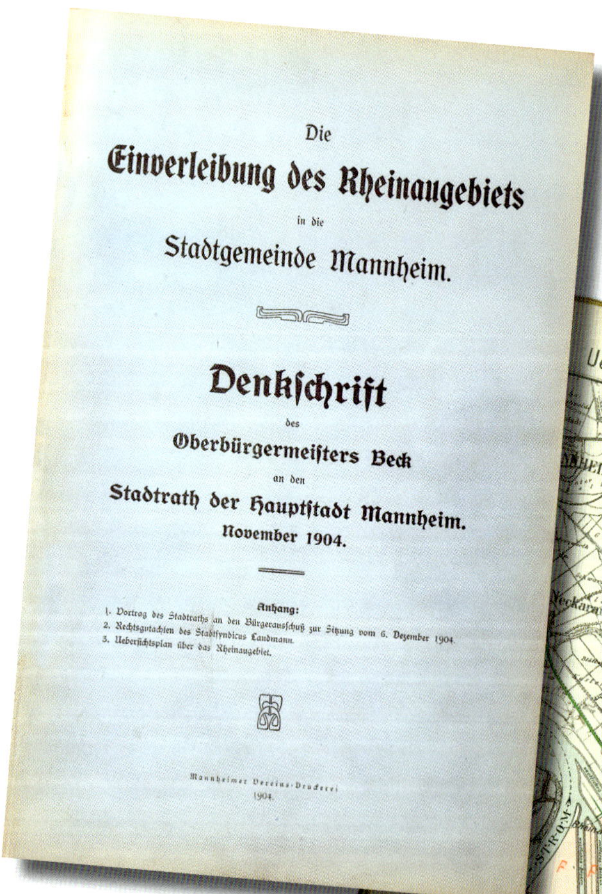

Die

Einverleibung des Rheinaugebiets

in die

Stadtgemeinde Mannheim.

Denkschrift

des

Oberbürgermeisters Beck

an den

Stadtrath der Hauptstadt Mannheim.

November 1904.

Anhang:

1. Vortrag des Stadtraths an den Bürgerausschuß zur Sitzung vom 6. Dezember 1904.
2. Rechtsgutachten des Stadtsyndicus Landmann.
3. Uebersichtsplan über das Rheinaugebiet.

Mannheimer Vereins-Druckerei
1904.

Die Zustände in Rheinau und die Perspektive einer Eingemeindung wurden jedoch so negativ beurteilt, dass sich Stadtrat und Bürgerausschuss einer etwaigen Zuweisung des Rheinaugebiets durch die Regierung verweigerten. Der Denkschrift war als Anlage ein Gutachten des Stadtsyndikus beigegeben, das die Rechtmäßigkeit einer solchen Maßnahme bestritt.

Zu neuen Verhandlungen erklärte sich die Stadt allenfalls unter folgenden Bedingungen bereit: Die abzutretende Gemarkungsfläche müsse nach dem Anteil der Einwohner des Nebenorts an der Gesamtgemeinde bemessen werden und demnach 40 Prozent bzw. rund 1 000 ha betragen. Vom Seckenheimer Gemeindevermögen wurden entsprechend dem Anteil Rheinaus an den Gemeindeausgaben 44,5 Prozent beansprucht, darunter die kommunalen Einrichtungen (öffentliche Bauten und Straßen) im Rheinaugebiet und 120 ha Wald. Der Bebauungsplan sei aufzuheben und die Mannheimer Bauordnung anzuwenden; bereits existierende Plätze, Straßen und Kanäle müssten an die Mannheimer Vorschriften angepasst werden – auf Kosten Seckenheims bzw. der bisherigen Privatbesitzer. Der Staat solle für die Abwasserreinigung und die bestehende Kläranlage im Falle der Umgemeindung keine zusätzlichen Auflagen erteilen sowie keine umfangreicheren Feuerschutzeinrichtungen im Hafenbereich verlangen, als sie zur Zeit der Eingemeindung bereits bestanden. Eisenbahnverwaltung und Industrie sollten für alle Zukunft darauf verzichten, die Stadt zum Straßenbau, zur Straßenunterhaltung und -beleuchtung sowie zu den Kanalisationskosten auf deren Gelände heranzuziehen.

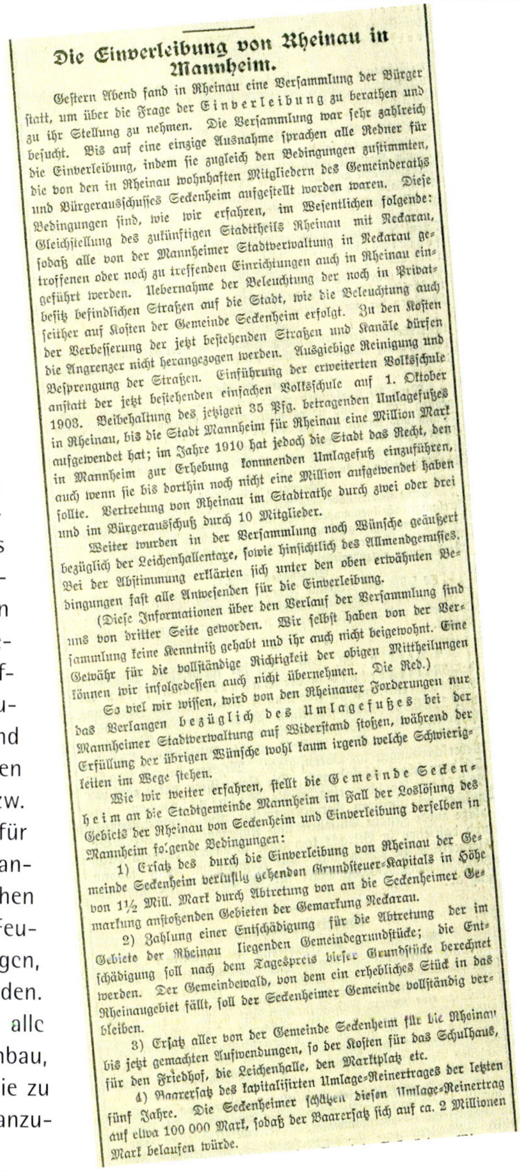

**Die Einverleibung von Rheinau in Mannheim.**

Gestern Abend fand in Rheinau eine Versammlung der Bürger statt, um über die Frage der Einverleibung zu berathen und zu ihr Stellung zu nehmen. Die Versammlung war sehr zahlreich besucht. Bis auf eine einzige Ausnahme sprachen alle Redner für die Einverleibung, indem sie zugleich den Bedingungen zustimmten, die von den in Rheinau wohnhaften Mitgliedern des Gemeinderaths und Bürgerausschusses Seckenheim aufgestellt worden waren. Diese Bedingungen sind, wie wir erfahren, im Wesentlichen folgende: Gleichstellung des zukünftigen Stadttheils Rheinau mit Neckarau, sodaß alle von der Mannheimer Stadtverwaltung in Neckarau getroffenen oder noch zu treffenden Einrichtungen auch in Rheinau eingeführt werden. Uebernahme der Beleuchtung der noch in Privatbesitz befindlichen Straßen auf die Stadt, wie die Beleuchtung auch seither auf Kosten der Gemeinde Seckenheim erfolgt. Zu den Kosten der Verbesserung der jetzt bestehenden Straßen und Kanäle dürfen die Angrenzer nicht herangezogen werden. Ausgiebige Reinigung und Besprengung der Straßen. Einführung der erweiterten Volksschule anstatt der jetzt bestehenden einfachen Volksschule auf 1. Oktober 1903. Beibehaltung des jetzigen 35 Pfg. betragenden Umlagefußes in Rheinau, bis die Stadt Mannheim für Rheinau eine Million Mark aufgewendet hat; im Jahre 1910 hat jedoch die Stadt das Recht, den in Mannheim zur Erhebung kommenden Umlagefuß einzuführen, auch wenn sie bis dorthin noch nicht eine Million aufgewendet haben sollte. Vertretung von Rheinau im Stadtrathe durch zwei oder drei und im Bürgerausschuß durch 10 Mitglieder.

Weiter wurden in der Versammlung noch Wünsche geäußert bezüglich der Leichenhallentaxe, sowie hinsichtlich des Allmendgenusses. Bei der Abstimmung erklärten sich unter den oben erwähnten Bedingungen fast alle Anwesenden für die Einverleibung.

(Diese Informationen über den Verlauf der Versammlung sind uns von dritter Seite geworden. Wir selbst haben von der Versammlung keine Kenntniß gehabt und ihr auch nicht beigewohnt. Eine Gewähr für die vollständige Richtigkeit der obigen Mittheilungen können wir infolgedessen auch nicht übernehmen. Die Red.)

So viel wir wissen, wird von den Rheinauer Forderungen nur das Verlangen bezüglich des Umlagefußes bei der Mannheimer Stadtverwaltung auf Widerstand stoßen, während der Erfüllung der übrigen Wünsche wohl kaum irgend welche Schwierigkeiten im Wege stehen.

Wie wir weiter erfahren, stellt die Gemeinde Seckenheim an die Stadtgemeinde Mannheim im Fall der Loslösung des Gebiets der Rheinau von Seckenheim und Einverleibung derselben in Mannheim folgende Bedingungen:

1) Ersatz des durch die Einverleibung von Rheinau der Gemeinde Seckenheim verlustig gehenden Grundsteuer-Kapitals in Höhe von 1½ Mill. Mark durch Abtretung von an die Seckenheimer Gemarkung anstoßenden Gebieten der Gemarkung Neckarau.

2) Zahlung einer Entschädigung für die Abtretung der im Gebiete der Rheinau liegenden Gemeindegrundstücke; die Entschädigung soll nach dem Tagespreis dieser Grundstücke berechnet werden. Der Gemeindewald, von dem ein erhebliches Stück in das Rheinaugebiet fällt, soll der Seckenheimer Gemeinde vollständig verbleiben.

3) Ersatz aller von der Gemeinde Seckenheim für die Rheinau bis jetzt gemachten Aufwendungen, so der Kosten für das Schulhaus, für den Friedhof, die Leichenhalle, den Marktplatz etc.

4) Baarersatz des kapitalisirten Umlage-Reinertrages der letzten fünf Jahre. Die Seckenheimer schätzen diesen Umlage-Reinertrag auf etwa 100 000 Mark, sodaß der Baarersatz sich auf ca. 2 Millionen Mark belaufen würde.

*Der Auslöser der Seckenheimer Proteste: Der Mannheimer „Generalanzeiger" berichtet am 26. Februar 1903 über die Eingemeindungsverhandlungen und bescheinigt den Seckenheimern darin keine „allzu große[...] Bescheidenheit". StadtA MA.*

Auf welche Stimmungslage in der betroffenen Gemeinde diese Haltung der Stadt stieß, macht eine sehr charakteristische und authentische Pressestimme deutlich. Bereits am 7. März 1903 war im *Seckenheimer Anzeiger* zu lesen: *Mannheim stellt sich auf den Standpunkt, bei dieser Eingemeindung müsste Mannheim alles umsonst empfangen und Seckenheim ohne weiteres alles herausgeben nach dem Grundsatz: Macht geht vor Recht!* [...] *Seckenheim ist nicht abgeneigt, die Rheinau abzutreten, doch nur ohne weitere Verluste und Verpflichtungen. Seckenheim verlangt Land, weil die Gemeinde schon viel zu viel Gelände eingebüßt hat und weil seine Landwirte, obschon jetzt schon viele von ihnen als Privatleute leben könnten, eben Landwirte bleiben wollen. Nun aber grenzt Mannheim-Neckarau an einer Stelle ganz nahe an den Ort Seckenheim, greift sozusagen mit einer Landzunge in die Gemarkung Seckenheim hinein. Diesen Zipfel verlangt Seckenheim von Mannheim als Tausch* [...] *Es haben nachgerade alle bisher in Mannheim Eingemeindeten – Neckarau, Käfertal, Waldhof – mit den Mannheimer Versprechungen so schlechte Erfahrungen gemacht, dass man wahrlich sehr gut begreifen kann, wie alle diejenigen, die nicht von der „Mache" beeinflusst sind, mit „nein" abstimmen.*[24]

Damit war an eine Eingemeindung des Rheinaugebiets vorerst nicht mehr zu denken. Erst drei Jahre später schuf eine andere Konstellation an der Seckenheimer Gemeindespitze eine neue Lage. 1907 war die Wiederwahl des amtierenden Bürgermeisters Georg Volz im Bürgerausschuss in dreimaligem Anlauf gescheitert, weil die 35 Rheinauer Bürgerausschussmitglieder (von insgesamt 82) die Wahl boykottierten. Bereits im Vorjahr hatten die Rheinauer mehrfach die Teilnahme an Sitzungen des Bürgerausschusses verweigert und damit die Gemeindeverwaltung zeitweise lahmgelegt. In Seckenheim selbst hatten Zentrum und SPD zum ersten Mal eigene Bürgermeisterkandidaten aufgestellt, sodass weder Volz, der Vertreter der konservativen bäuerlichen Schicht, noch seine beiden Konkurrenten eine Mehrheit erringen konnten.

Daraufhin wurde Volz von Amts wegen trotz Protesten wieder eingesetzt. Aus Trotz richteten nun am 14. August 1907 91 konservative Bauern ein Gesuch an das Innenministerium, Verhandlungen zur Eingemeindung ganz Seckenheims nach Mannheim zu veranlassen. Einen entsprechenden

*Die Schwetzingerstraße in Rheinau. Kolorierte Postkarte, um 1907. StadtA MA.*

Beschluss fasste der Seckenheimer Bürgerausschuss am 6. November. Daraufhin nahm Mannheims Oberbürgermeister Beck am 21. Dezember an einer Sitzung des Seckenheimer Gemeinderats teil. Im Folgenden traten jedoch bald die weiterhin sehr unterschiedlichen Vorstellungen zu Tage. Durch den Tod Otto Becks am 30. März 1908 kamen die Gespräche wieder zum Erliegen. In Seckenheim hatten sich zudem mittlerweile die Gemüter beruhigt, sodass Bürgermeister Volz 1909 ordentlich wiedergewählt werden konnte.

Nachdem ein Vermittlungsversuch des Bezirksamts, der auf eine Abtrennung des Rheinaugebiets von Seckenheim und die Errichtung einer selbstständigen Gemeinde Rheinau hinausgelaufen wäre, gescheitert war, kamen im Lauf des Jahres 1910 erneut Eingemeindungsverhandlungen mit Mannheim in Gang. Die Stadt erklärte sich nun zu einer Angliederung Rheinaus bereit, forderte aber eine zusätzliche Entschädigung für verkauftes Gemeindeeigentum im Rheinaugebiet. Der Seckenheimer Bürgerausschuss lehnte Letzteres am 17. September 1910 strikt ab, erklärte sich jedoch immerhin zur Abtrennung von 692 ha zugunsten Mannheims bereit. Nach einem Ortstermin in Rheinau mit Vertretern des Innenministeriums, bei dem vor allem unabweisbar zu beseitigende Missstände bei der Entwässerung festgestellt wurden, legte die Regierung im April 1911 einen Kompromissvorschlag vor, der schließlich mit Abänderungen in eine Gesetzesvorlage einfloss. Während Mannheim diesem am 11. März 1912 zustimmte,[25] stieß er in Seckenheim weiterhin auf Ablehnung. Insbesondere verlangte Seckenheim eine Entschädigung für seinen Landverlust und seine Investitionen in die Rheinauer Infrastruktur; die zuerkannten 150 000 Mark hielt es für nicht ausreichend. Dennoch machte die Regierung diesen Entwurf zu einer Vorlage an die Zweite Kammer des Landtags, über die am 14. Juni 1912 verhandelt wurde. Die Einwände Seckenheims wurden nicht berücksichtigt. Petitionen an beide Kammern des Landtags blieben ebenso erfolglos wie ein Seckenheimer Widerspruch gegen das Inkrafttreten des Gesetzes. Damit kam Rheinau am 1. Januar 1913 mit insgesamt 952 ha zu Mannheim. Seckenheim erhielt im Tausch 172 ha ehemals Neckarauer Gemarkung. Ackerland im Kloppenheimer Feld sowie Teile des Rangierbahnhofs.[26] Damit endete das dramatischste Kapitel der Mannheimer Eingemeindungspolitik vor dem Ersten Weltkrieg, das in Seckenheim viel Bitterkeit hinterließ und das Verhältnis beider Gemeinden nachhaltig belastete.

Am Ende der ersten Eingemeindungswelle hatte die Stadt ihre Gemarkungsfläche mehr als vervierfacht – allerdings bei einer nicht unproblematischen überproportionalen Nord-Süd-Ausdehnung. Zugleich war der Anteil stadteigenen Grundbesitzes von knapp einem Viertel auf über ein Drittel der Gesamtfläche angestiegen. Die am Stadtrand außerhalb des Hoheitsbereichs mit Mannheimer Kapital entstandenen Industriebezirke waren wieder in die Stadt zurückgeholt worden. Zugleich hatte man ausgedehnte Gebiete für neue Industrieansiedlungen, aber auch für Wohnsiedlungen gewonnen. Die Grundlagen für eine ausreichende Wasserversorgung der Stadt waren langfristig gesichert, das Versorgungsgebiet für die städtischen Werke ausgeweitet. Mannheim schien für die absehbare Zukunft gut gerüstet.

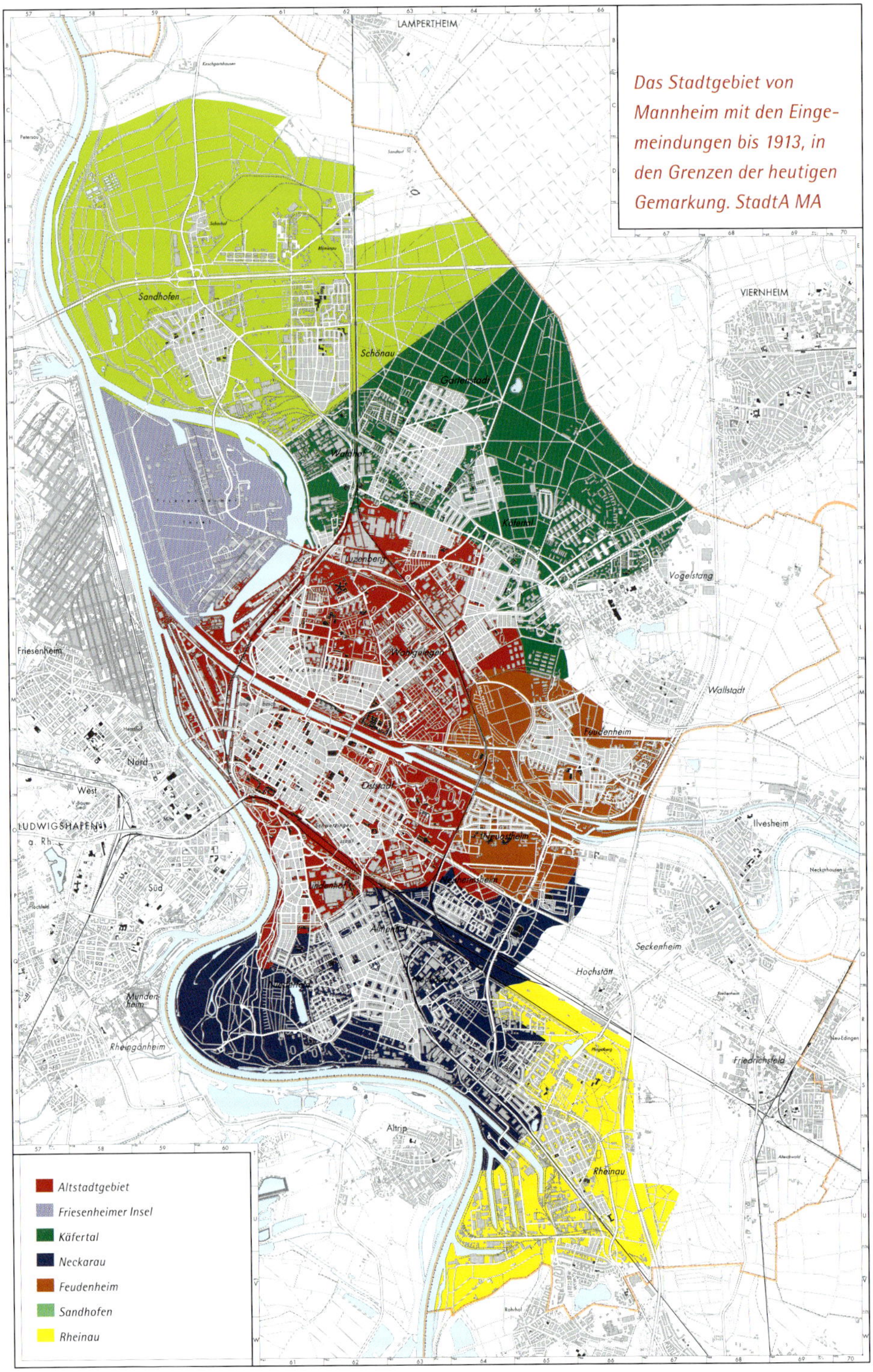


*Das Stadtgebiet von Mannheim mit den Eingemeindungen bis 1913, in den Grenzen der heutigen Gemarkung. StadtA MA*

## Anmerkungen

1 Grundlegend zu den Eingemeindungen L.A. Tolxdorff (1961).
2 Bericht des badischen Innenministeriums an den Großherzog vom 27. August und Entschließung des Großherzogs Nr. 852 vom 2. Oktober 1863; zitiert bei O. Beck, Friesenheimer Rheininsel (1893) S. 3.
3 Vgl. R. Haas (1978); H. Rings (2003) S. 101–108; vgl. auch den Beitrag von H. Rings in diesem Band S. 363–366.
4 Vgl. M. Honsell (1885) und darin Atlas II, Blatt VIII.
5 Vgl. J. Landgraf (1896); H. Gutzler (1961); H. Rings (1988) S. 31–34.
6 O. Beck (1898) S. 3.
7 Vgl. den Beitrag von D. Schott in diesem Band S. 507–511.
8 Nur Seckenheim versuchte in zwei Petitionen vom 19.6. und 15.7.1912 in letzer Minute die Abtrennung der Rheinau durch ein eigenes, von einem Rechtsanwalt verfasstes Gegengutachten zu verhindern, blieb dabei aber erfolglos. Vgl. H. Probst (1981) S. 651.
9 Vgl. R. Haas (1978) S. 45 und Karte im inneren Vorsatz des Bandes.
10 O. Beck, Friesenheimer Rheininsel (1893) S. 8.
11 StadtA MA, Bibliothek, A 18/1, Vorlagen zur Sitzung des Bürgerausschusses am 16.7.1895, Tagesordnungspunkt 7: Einverleibung der Friesenheimer Insel.
12 Vgl. Stadt- und Landkreise Heidelberg und Mannheim (1970), bes. Karte S. 46.
13 Zur Spiegelfabrik und zur Spiegelsiedlung vgl. den Beitrag von W. Kreutz in diesem Band S. 337 f.
14 O. Beck, Käferthal (1892).
15 StadtA MA, Bibliothek, A 18/1, Vorlagen zur Sitzung des Bürgerausschusses am 21.5.1896, Tagesordnungspunkt: Einverleibung der Gemeinde Käferthal in die Stadtgemeinde Mannheim, S. 15.
16 Zum Folgenden vgl. O. Beck, Neckarau (1898).
17 H. Probst (1989) S. 270–278; darin auch die vollständigen Texte der Verträge.
18 Zu Feudenheim allgemein vgl. Feudenheim (1992). Zur Eingemeindung vgl. StadtA MA, Bibliothek, A 18/1, Vorlage zur Sitzung des Bürgerausschusses am 27.7.1909, Tagesordnungspunkt: die Einverleibung der Gemeinde Feudenheim in die Stadtgemeinde Mannheim.
19 Zu Sandhofen allgemein vgl. A. Heierling (1986), bes. S. 199– 227. Zur Eingemeindung vgl. StadtA MA, Bibliothek, A 18/1, Vorlage zur Sitzung des Bürgerausschusses am 24.5.1912, Tagesordnungspunkt: die Einverleibung der Gemeinde Sandhofen in die Stadtgemeinde Mannheim sowie Beilage Nr. 71 zum Protokoll der 98. öffentlichen Sitzung der Zweiten Kammer vom 10.7.1912 (Exemplar in StadtA MA, Bibliothek, A 4/79).
20 Siehe oben Tabelle.
21 GLA KA 233/18449, zit. nach A. Heierling (1986) S. 222 f.
22 Vgl. StadtA MA, Bibliothek, A 18/1, Vorlage zur Sitzung des Bürgerausschusses am 24.5.1912, Tagesordnungspunkt: die Einverleibung der Gemeinde Sandhofen in die Stadtgemeinde Mannheim, S. 20, sowie StadtA MA, Bibliothek, A 18/1, Protokoll der Sitzung des Bürgerausschusses am 24.5.1912, S. 16.
23 O. Beck, Rheinaugebiet (1904).
24 Zitiert nach H. Probst (1981) S. 647 ff., wo der Artikel ausführlich dokumentiert ist. Zur Eingemeindung Rheinaus vgl. ebd. S. 647–651.
25 Vgl. StadtA MA, Bibliothek, A 18/1, Vorlage zur Sitzung des Bürgerausschusses am 11.3.1912, Tagesordnungspunkt: die Einverleibung des Rheinaugebietes.
26 Vgl. Gesetz vom 26.9.1912, Gesetzes- und Verordnungs-Blatt für das Großherzogtum Baden Nr. 45 vom 4.10.1912.

# 1908–1914

## „Zur vollen Macht und Reife der Großstadt“

Christmut Präger

## Ein Oberbürgermeister für die Kunst

1908–1914

Nach den zahlreichen herausragenden und erhebenden Feierlichkeiten anlässlich des Stadtjubiläums 1907 sind die darauf folgenden Jahre bis zum Ausbruch des Ersten Weltkriegs eher arm an vergleichbaren spektakulären Ereignissen. Die Jubiläumsaktivitäten hatten jedoch eine nachhaltige Fernwirkung, die sich in einer erheblich gesteigerten Bekanntheit Mannheims zeigte und am Anwachsen des Fremdenverkehrs ablesen ließ. Das Ergebnis der nur von vorübergehenden Abschwächungen gebremsten wirtschaftlichen Dynamik, die bis zum Beginn des 20. Jahrhunderts im deutschen Südwesten einen bedeutenden Entwicklungsschub verursacht hatte, suchte der in Berlin wirkende Literat Karl Scheffler im Vergleich mit dem Zentralismus in Frankreich zu charakterisieren. Der entschiedene Verfechter moderner Kunst und Kultur im deutschen Kaiserreich formulierte: *Wir haben in unserem Lande kein Paris; aber es gibt dafür in Frankreich auch nicht die blühende, wachsende Mittelstadt, wie man sie auf dem Wege von Metz nach Osten in Saarbrücken, Ludwigshafen oder Mannheim berührt.*[1]

*Symbol einer neuen Zeit? Das Luftschiff Schütte-Lanz über der Mannheimer Innenstadt. Foto, 1911. StadtA MA.*

Aus heutiger Sicht sind die Einrichtung der städtischen Kunsthalle 1909 und die damit verbundene Gründung des Freien Bunds zur Einbürgerung der bildenden Kunst in Mannheim (1911), die Anfänge der Handelshochschule sowie die Gründung der Gartenstadt-Genossenschaft im Jahr 1910 auf kulturellem und wohnungspolitischem Sektor bemerkenswert. Für das ungebrochene Innovationspotenzial der Wirtschaftsunternehmen ist der erste Probeflug des Schütte-Lanz-Luftschiffs im Jahr 1911 das spektakulärste Beispiel. Einen städtebaulichen Akzent setzte neben einigen Schulbauten die Errichtung der neuen Hauptfeuerwache am nördlichen Neckarufer. Andere Großprojekte wie das städtische Krankenhaus jenseits des Neckars oder das Herschelbad wurden zwar vor dem Ersten Weltkrieg noch in Angriff genommen, jedoch erst in den 1920er Jahren vollendet.

Nach dem so erfolgreich verlaufenen Jubiläumsjahr wünschten sich Stadtväter und Bevölkerung nichts sehnlicher, als dass Oberbürgermeister Otto Beck mit seinem Charisma auch in den folgenden Jahren die Geschicke Mannheims so umsichtig lenken möge wie bisher. Dieser Wunsch ging jedoch nicht in Erfüllung, da das hoch geschätzte und viel gelobte Stadtoberhaupt überraschend am 30. März 1908 verstarb. Ganz gegen die Gewohnheit war noch zu seinen Lebzeiten eine Straße in der Oststadt nach ihm benannt worden. Außerdem hatte ihm die Universität Heidelberg für seine außerordentlichen Leistungen die Ehrendoktorwürde verliehen, und in einer prächtigen Publikation von 1907 war zu lesen: *In der Leitung der munizipalen Angelegenheiten hat Mannheim sich einer ganz besonders glücklichen Hand zu erfreuen gehabt: Sein Oberbürgermeister Beck, dessen großer exekutiver Begabung und dessen weitem, durch eminentes nationalökonomisches und politisches Wissen geschärftem Blick es nicht zum geringsten Teil die ungeheure Hebung seines Handels und seiner Industrie zu danken hat, hält als Mitglied der Ersten badischen Kammer die Interessen Mannheims beständig im Auge.*[2]

*Der neue Oberbürgermeister: Paul Martin (1859–1913). Foto, um 1910. StadtA MA.*

Im ersten Jahr nach dem Jubiläum war es nun an den Mitgliedern von Stadtrat, Bürgerausschuss und Stadtverwaltung, für Kontinuität der Kommunalpolitik im Beck'schen Sinne zu sorgen. Die Suche nach einem Nachfolger an der Stadtspitze fiel dabei offenbar nicht schwer, denn schon am 16. Mai wurde der erste Bürgermeister Paul Martin zum Oberbürgermeister gewählt. Damit wurde die Führung der Stadt anders als noch 1891 nicht in die Hände eines externen Spezialisten gelegt, sondern diese große Verantwortung dem Mann übertragen, der während der letzten Jahre als enger Mitarbeiter und Vertrauter Otto Becks bereits reiche Erfahrung vor Ort hatte sammeln können. Zunächst hatte Martin zwar aus persönlichen Gründen eine Kandidatur für das hohe Amt abgelehnt, sich aber nach vielen Petitionen der unterschiedlichsten Interessengruppen dann doch dazu entschlossen. Nach seiner Wahl verzichtete Martin auf die Vorstellung eines umfassenden neuen Programms, das seine individuelle Handschrift trug, da er im Großen und Ganzen die Politik seines Vorgängers weiterzuführen gedachte. Von Otto Beck unterschied er sich gleichwohl darin, dass er – über verwaltungstechnische Fähigkeiten hinaus – auch ein Mann der Literatur und Kunst war: *Die bildende Kunst und eine gute Musik den weitesten Kreisen des Volkes zugänglich zu machen, war ihm Herzensanliegen, dem er seine ganze Kraft widmete.*[3]

Die Antrittsrede Martins zeugt von einem klaren Blick auf die Verhältnisse und von großer Energie: *Es gibt keinen Stillstand, am allerwenigsten vielleicht für eine moderne, mitten im Stadium gewaltigster Expansion nach allen Seiten hin stehende Handels- und Industriestadt wie unser Mannheim, sondern es gibt nur Entwicklung, nur ein ewiges* παντα ρει [panta rhei, griech. alles ist im ständigen Fluss] *und unsere Parole wird deshalb nur heißen können: entweder Rückwärtsentwicklung oder Vorwärtsentwicklung.*[4] Der fortschreitenden Stärkung der Stadt galt das Streben des neuen Manns an der Spitze. Aufgaben und Ziele seien u.a. vorgegeben durch die Aktivitäten der konkurrierenden Nachbarstädte auf den *wichtigen Gebieten des Verkehrs, des Handels und der Industrie, durch die immer mächtiger und berechtigter aufstrebenden Forderungen der Wissenschaft und Künste, mit deren etwas intensiveren Pflege unsre Stadt ja gerade eben erst begonnen hat, durch den die Gemeinden besonders nahe berührenden Umschwung der Anschauungen und Erkenntnisse auf sozialem Gebiet und endlich durch unser eigenes rastloses Streben nach Förderung des Ansehens und der Wohlfahrt unserer Stadt!*[5]

*Der erste Bürgermeister Robert Ritter (1862–1937). Foto, um 1910. StadtA MA.*

In der Bürgerausschusssitzung vom 26. Mai 1908, die erstmals vom neuen Oberbürgermeister geleitet wurde, entschied sich das Gremium für den zweiten Bürgermeister Robert Ritter als Nachfolger Paul Martins in seiner bisherigen Funktion. Der dritte Bürgermeister Eduard von Hollander rückte auf die zweite Position auf. Als neuer dritter Bürgermeister wurde schließlich am 4. Juli Landgerichtsrat Julius Finter gewählt. Damit war die Verwaltungsspitze wieder komplett. Sie sah sich mit drängenden Aufgaben konfrontiert, die der verstorbene Oberbürgermeister noch angepackt hatte, jedoch nicht mehr zum Abschluss hatte bringen können.

## Die Oberrheinische Eisenbahn-Gesellschaft (OEG) entsteht

*von Dieter Schott*

Mit den Eingemeindungen von Feudenheim (1910), Sandhofen und Rheinau (1913) vergrößerte sich die städtische Gemarkung um fast 50 Prozent auf 10 605 ha. Damit konnte die Stadt die planerische und infrastrukturelle Entwicklung in den Vororten kontrollieren und lenken. Sie war nun in der Lage, unliebsame Entwicklungen wie zum Beispiel eine Konkurrenz für den Industriehafen durch den Rheinauhafen zu verhindern. Ziel der auf das Mannheimer Umland bezogenen Politik wurde darüber hinaus zunehmend die bewusste Regulierung und Gestaltung von Infrastruktur und Energieversorgung in der Agglomeration im Sinne funktionaler Trennung und entsprechend den Bedürfnissen von Wirtschaft und Bevölkerung der Großstadt. Dabei versuchten verschiedene Akteure, ihre spezifischen, teilweise gegensätzlichen Interessen geltend zu machen.[6]

Eine Schlüsselrolle kam dem Elektrizitätswerk Rheinau zu, das in den Jahren 1897–1899 von der AEG vorrangig für den industriellen und Hafenbedarf als Drehstromkraftwerk gebaut worden war. Gemessen am Anschlusswert brachte das E-Werk Rheinau etwa ein Drittel der Energieleistung des städtischen Kraftwerks von 1900 am Industriehafen. Seine

*Das Elektrizitätswerk Rheinau der AEG. Das Gebäude ist heute im Besitz der Bilfinger Berger AG. Foto, 1998. Privatbesitz.*

wichtigsten Kunden waren die Betriebsgesellschaft für den Rheinauhafen sowie die dort ansässige Industrie, die Eisenbahn und die Gemeinde Seckenheim. Das Kraftwerk wurde samt den Versorgungsverträgen aus der Konkursmasse der Betriebsgesellschaft an die Neue Rheinau AG verkauft. Dieses Unternehmen, an dem der Ruhr-Großindustrielle Hugo Stinnes maßgeblich beteiligt war, zielte nun darauf, entweder das Kraftwerk profitabel zu veräußern oder seine Kapazitäten durch Erschließung weiterer Absatzgebiete und Gewinnung neuer Stromkonsumenten besser zu nutzen.

Ein zweiter wichtiger Akteur war die Rheinische Schuckert-Gesellschaft (RSG), die aus einem Regionalbüro der Firma Schuckert hervorgegangen war. Nach dem Zusammenschluss von Siemens und Schuckert im Jahr 1904 konzentrierte sich die RSG auf Bau und Betrieb eigener Elektrizitätswerke sowie auf deren Projektierung im Auftrag von Industriebetrieben, Städten und Gemeinden. Im nordbadischen Raum engagierte sich die RSG, zu deren Gesellschaftern renommierte Mannheimer Bankhäuser und führende Politiker wie Ernst Bassermann zählten, mit kleineren Elektrizitätswerken, etwa dem 1898 in Betrieb genommenen E-Werk in Ladenburg, das einige Gemeinden in der Region versorgte. Außerdem sicherte sich die RSG Konzessionen für den Bau elektrischer Kleinbahnen im Umland von Mannheim. Ziel der Unternehmenspolitik war offensichtlich, möglichst viele kleine und mittlere Elektrizitätswerke zu übernehmen und so die Grundlage für den Aufbau großräumiger Versorgungsbezirke zu schaffen.

Eine weitere maßgebliche Größe stellte die Süddeutsche Eisenbahn-Gesellschaft (SEG) dar, die in Nordbaden das Gleisdreieck Mannheim-Heidelberg-Weinheim betrieb und mit ihren Konzessionsrechten Becks Vorortbahnpolitik Ende der 1890er Jahre konterkariert hatte.[7] Zwar konnten sich die SEG und die Stadt 1901 auf eine Betriebsgemeinschaft hinsichtlich

*Im Jahr 1910 erwarb die Rheinische Schuckert-Gesellschaft einen Bauplatz an der Augustaanlage, wo sie in den Jahren 1914 bis 1917 durch den Architekten Albert Friedrich Speer ein repräsentatives Verwaltungsgebäude errichten ließ. Foto, um 1920. StadtA MA.*

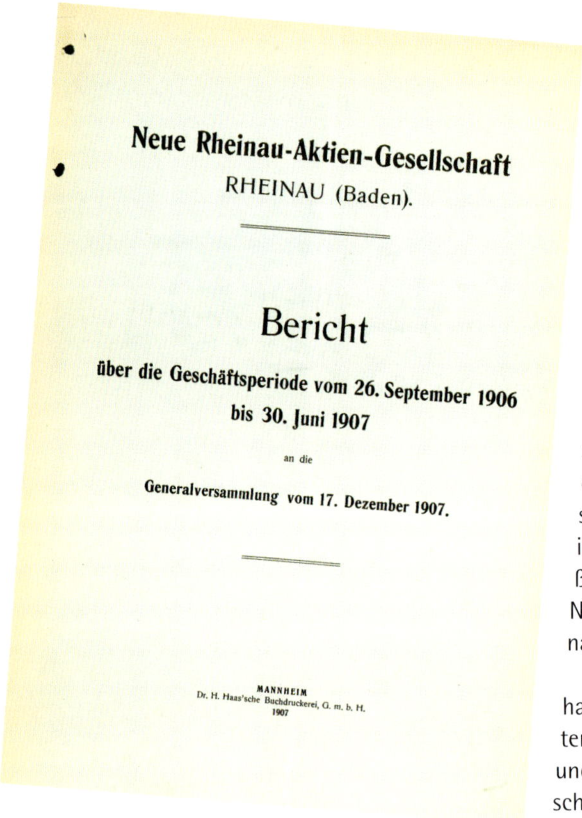
Neue Rheinau-Aktien-Gesellschaft
RHEINAU (Baden).

Bericht
über die Geschäftsperiode vom 26. September 1906
bis 30. Juni 1907
an die
Generalversammlung vom 17. Dezember 1907.

MANNHEIM
Dr. H. Haas'sche Buchdruckerei, G. m. b. H.
1907

Der erste Geschäftsbericht der 1906 gegründeten Neuen Rheinau AG, 1907. StadtA MA.

der Käfertaler Strecke verständigen, aber insgesamt sahen beiden Seiten die Situation als wenig befriedigend an. Die mühsam gewahrte Balance kam in Bewegung, als 1909 eine Essener Aktionärsgruppe um Hugo Stinnes die Aktienmehrheit der SEG erwarb und nun versuchte, das Unternehmen auf einen neuen, dynamischeren Kurs zu bringen.

Nicht zu vergessen ist schließlich die Stadt Mannheim selbst. Sie zog den Erwerb des E-Werks Rheinau als Ergänzung für die städtische Stromversorgung ernsthaft in Erwägung. Überdies wollte sie neue Versorgungsgebiete für die in ihrem Besitz befindlichen Werke erschließen und in diesem Zusammenhang den Nahverkehr durch Elektrifizierung endlich nachhaltig verbessern.

Ende 1909 kam es zu ernsthaften Verhandlungen. Hugo Stinnes als Gesellschafter der Neuen Rheinau AG schlug der Stadt und der RSG vor, eine gemeinsame Gesellschaft zum Betrieb des Rheinauer E-Werks zu gründen, in die die Stadt zusätzlich ihr eigenes E-Werk und ihre Straßenbahnen einbringen sollte. Oberbürgermeister Martin weigerte sich kategorisch, auch unter Verweis auf den Widerstand der städtischen Kollegien, auf diese Forderung einzugehen, stellte aber Kredit seitens der Stadt und die Berücksichtigung der städtischen Bahnen außerhalb der städtischen Gemarkung in Aussicht. Man einigte sich letztlich auf die Grundzüge des späteren Vertrags, der sowohl Nordbaden als Einzugsgebiet für die Stromversorgung als auch die Zusammenfassung der regionalen Vorortbahnen sowie deren Elektrifizierung und Ausbau vorsah. Mannheim wurde der Verzicht auf die unmittelbare kommunale Regie – unter Beck fast so etwas wie ein Dogma – versüßt durch eine nominelle Kapitalmehrheit von 51 Prozent an der neuen Gesellschaft, während die Leitung des zu gründenden Unternehmens – so ein Vorschlag von Stadtsyndikus Ludwig Landmann – der Privatindustrie überlassen bleiben sollte. Die entscheidende Figur bei dieser Einigung war Hugo Stinnes, der als Aufsichtsratsvorsitzender der Rheinisch-Westfälischen Kraftwerk AG (RWE) über umfangreiche Erfahrungen in der Zusammenarbeit mit Kommunen im Ruhrgebiet verfügte und weitreichende Visionen für ein regionales Energie- und Verkehrsmonopol entwickelte. Rheinau spielte dann in den 1920er Jahren eine wichtige Rolle als Relais-Station im Hochspannungstransport der RWE von den Wasserkraftwerken in den Alpen zu den Braunkohlekraftwerken am Rhein. Auch wenn dies 1909 noch die technischen Möglichkeiten überstieg, so eröffnete sich mit Rheinau und dem dynamisch sich entwickelnden nordbadischen Raum bereits jetzt ein interessanter Absatzmarkt für Stinnes' Ruhrkohle zur Verstromung im Dienst regionaler Industrie- und Verkehrsbedürfnisse.

*Hugo Stinnes (1870–1924) gehörte zu den erfolgreichsten Industriemagnaten Deutschlands. Nach dem Ersten Weltkrieg wandte er sich der Politik zu und war maßgeblich an der Aushandlung des nach ihm benannten Stinnes-Legien-Abkommens beteiligt, das die Tarifpartnerschaft zwischen Arbeitgebern und Gewerkschaften begründete. Foto, um 1922. AKG Images.*

In langen und harten Verhandlungen, in die Stinnes immer wieder auch persönlich eingriff, wurde bis Sommer 1910 der Vertrag über die Gründung der Oberrheinischen Eisenbahn-Gesellschaft (OEG) ausgehandelt. An ihrem Aktienkapital von 8 Mio. Mark sollten die Stadt mit 51 Prozent, die SEG mit 26 Prozent, die Neue Rheinau AG und die RSG mit je 11,5 Prozent beteiligt sein. Als Aktiva brachte Mannheim die Dampfbahn Käfertal–Heddesheim ein, ferner Konzessionen, Grundstücke sowie die Oberleitungsanlage auf der Strecke Mannheim-Käfertal. Die SEG steuerte ihr Gleisdreieck bei, die Neue Rheinau AG das E-Werk Rheinau samt Versorgungsnetzen, die RSG das E-Werk Ladenburg sowie Konzessionen für eine Straßenbahn Schwetzingen–Ketsch und Stromversorgungskonzessionen für die beiden Gemeinden. Die Geschäftsführung sollte in Händen Oskar Bührings (RSG) für die Elektrizitäts- und Siegmund Nettels (SEG) für die Bahnabteilung liegen.

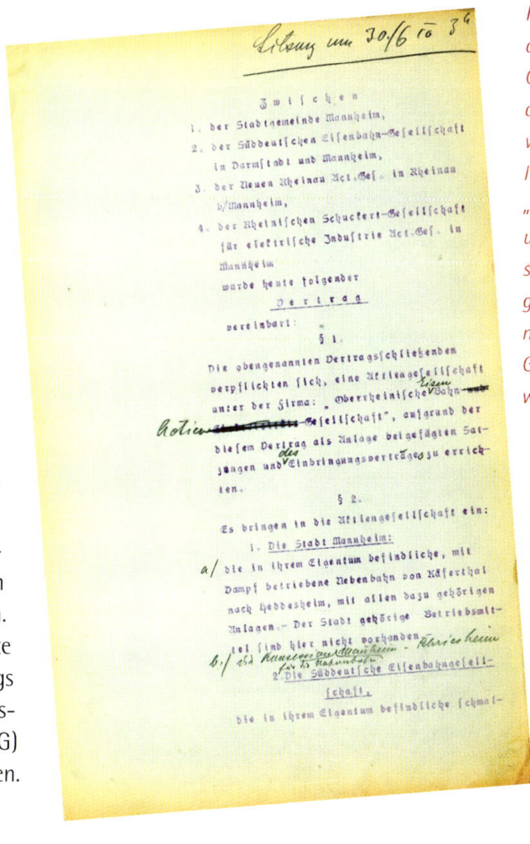

Sitzung am 30/6 10 3h

Zwischen

1. der Stadtgemeinde Mannheim,
2. der Süddeutschen Eisenbahn-Gesellschaft in Darmstadt und Mannheim,
3. der Neuen Rheinau Act.Ges. in Rheinau b/Mannheim,
4. der Rheinischen Schuckert-Gesellschaft für elektrische Industrie Act.Ges. in Mannheim

wurde heute folgender

Vertrag

vereinbart:

§ 1.

Die obengenannten Vertragschließenden verpflichten sich, eine Aktiengesellschaft unter der Firma: „Oberrheinische Eisen~~Bahn~~ Actien-~~[illegible]~~Gesellschaft", aufgrund der diesem Vertrag als Anlage beigefügten Satzungen und des Einbringungsvertrages zu errichten.

§ 2.

Es bringen in die Aktiengesellschaft ein:

1. Die Stadt Mannheim:

a/ die in ihrem Eigentum befindliche, mit Dampf betriebene Nebenbahn von Käferthal nach Heddesheim, mit allen dazu gehörigen Anlagen. – Der Stadt gehörige Betriebsmittel sind hier nicht vorhanden.

b./ [illegible]

2. Die Süddeutsche Eisenbahngesellschaft,

die in ihrem Eigentum befindliche schmal-

*Handschriftlich überarbeiteter Entwurf des Gründungsvertrags für die OEG von 1910, in welchem der ursprünglich vorgesehene Name „Oberrheinische Bahn- und Elektrizitäts-Gesellschaft" in die spater gültige Version „Oberrheinische Eisenbahn-Aktien-Gesellschaft" verändert wurde. StadtA MA.*

Als Zielgebiet für die Ausweitung der Elektrizitätsversorgung war mit Ausnahme der Stadt selbst das nordbadische Umland von Mannheim vorgesehen. Neue Bahnlinien in der Region sollte in Zukunft nur noch die OEG betreiben. Die geplante Elektrifizierung der bestehenden Nebenbahnen eröffnete nun die Chance, dass diese nicht mehr jenseits des Neckars bzw. außerhalb der Quadrate endeten, sondern – wie Beck in seinem Vorort-Bahnprogramm von 1898 als Ideal schon formuliert hatte – in das *Herz der Stadt* geführt werden konnten.

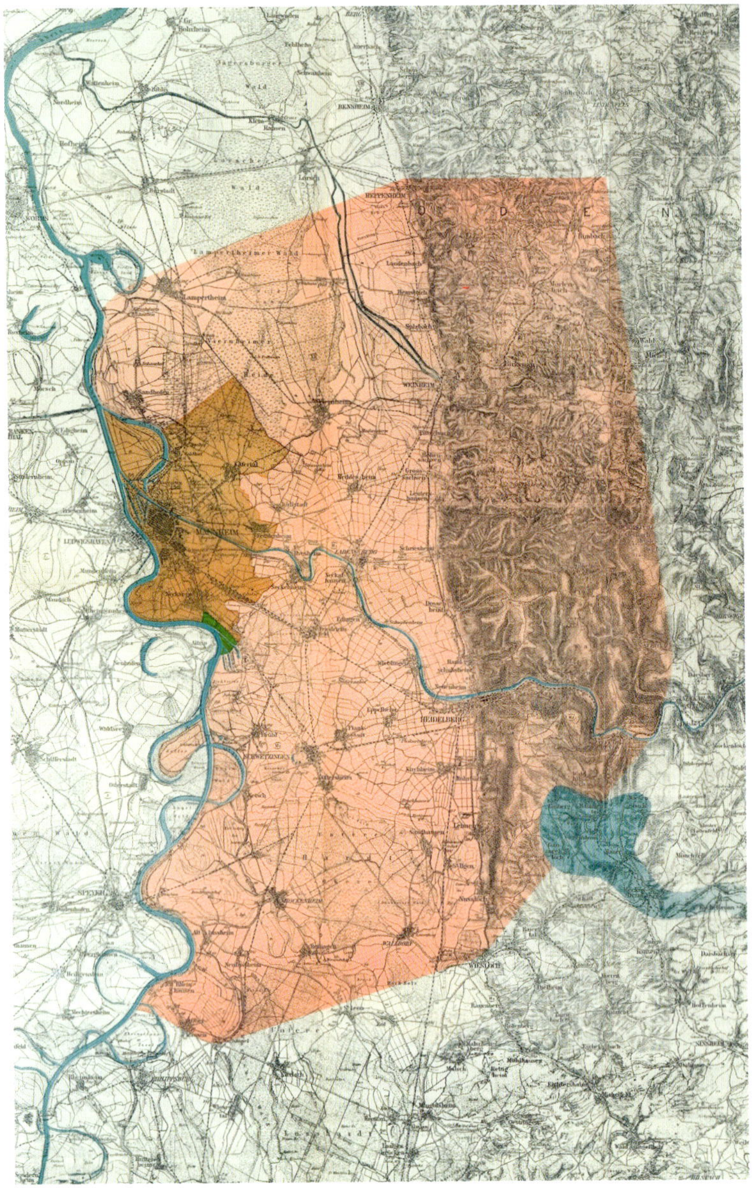

*Karte des Rhein-Neckar-Raums mit der Aufteilung der Interessengebiete zwischen der Stadt Mannheim (hellbraun), der OEG (rosa), dem Elektrizitätswerk Bammental (hellblau) und dem Versorgungsgebiet des Elektrizitätswerks Rheinau innerhalb des städtischen Interessengebiets. Beilage in der Vorlage des Stadtrats an den Bürgerausschuss, 1910. StadtA MA.*

In der kommunalpolitischen Debatte wurde das Verkehrsprogramm enthusiastisch begrüßt, auch wenn vor allem die Sozialdemokraten das Abrücken von der kommunalen Regie zunächst scharf kritisierten. Der *Generalanzeiger* sah die OEG geradezu als Schlüssel für eine neue Zentralität beiderseits des Rheins: *Die Idee, Mannheim wieder zu dem Mittelpunkt der bayerischen und badischen Pfalz zu machen, es zu einem Konzentrationsplatz der geistigen und wirtschaftlichen Interessen innerhalb des Gebietes des ehemaligen pfälzischen Kurfüstentums zu gestalten, wird hoffentlich durch das projektierte Vorort-Bahnnetz der Verwirklichung entgegengeführt.*[8] Bemerkenswerterweise wurde die Funktion der OEG als regionales Energieunternehmen kaum in der öffentlichen Debatte gewürdigt. Oberbürgermeister Martin charakterisierte die OEG in der Bürgerausschusssitzung als *ein außerordentliches Stück Mannheimer Industriepolitik* und eröffnete den Stadtverordneten eine verlockende Perspektive: Mit der Annahme der Vorlage würden sie *die notwendigen Grundlinien und Voraussetzungen schaffen für die vorteilhafteste, dem öffentlichen Interesse dienlichste Gestaltung eines sicherlich einst, wenn auch wohl erst in ferner Zukunft entstehenden Groß-Mannheim!*[9] Nachdem Martin dem Bürgerausschuss wunschgemäß versichert hatte, die Stadt werde für ihre eigenen Betriebe nicht vom Prinzip kommunaler Regie abgehen, wurde der Vertrag einstimmig angenommen.

Insbesondere die Elektrifizierung des nordbadischen Umlands konnte die OEG in der Folge sehr erfolgreich in die Praxis umsetzen. Innerhalb weniger Jahre wurden nicht nur fast alle Gemeinden an das Stromnetz angeschlossen, es entstand auch ein regionales Verbundnetz, das das 1918 fertiggestellte Murgwerk, das städtische Kraftwerk Industriehafen, das E-Werk Ludwigshafen sowie Kraftwerke in Darmstadt und Weinheim miteinander für Reservezwecke verband. Die geplante Elektrifizierung der Dampfbahnstrecken der OEG hingegen verhinderte nicht zuletzt der Erste Weltkrieg. Nur für die Strecke Mannheim-Weinheim gelang dies zum 1. September 1915, mit der Folge einer erheblichen Verkehrssteigerung. Die Strecke Mannheim-Heidelberg konnte dagegen erst 1929 elektrifiziert werden. Ein wesentliches Problem war dabei, dass sich die Gemeinden an der Strecke, die das Projekt finanziell oder durch Hergabe von Grundstücken unterstützen sollten, nur wenig kooperativ zeigten.

Mannheims Bahnpolitik erschöpfte sich jedoch nicht in der Gründung der OEG; vielmehr knüpfte man mit der linksrheinischen Rhein-Haardt-Bahn gewissermaßen an die historische Hauptstadtrolle zu Zeiten der Kurpfalz an. Die Stadt investierte rund 800 000 Mark für eine elektrische Bahn von Oggersheim nach Bad Dürkheim, eine 17 km lange Strecke, die insbesondere die relativ wohlhabenden Weinbauern der Pfalz an Mannheim als Einkaufsstadt heranführen sowie für die Mannheimer Bevölkerung neue Ausflugsziele in der Region erschließen sollte. Die Rhein-Haardt-Bahn wurde im August 1913 eröffnet und erwies sich als recht erfolgreich. Weitere ähnliche Verbindungen im linksrheinischen Gebiet waren geplant, etwa nach Frankenthal und Worms, blieben aber wegen des Kriegsausbruchs unausgeführt.

## Die Kunsthalle – „lebendiges Organ der Schaulust für das große Publikum"

Für Oberbürgermeister Paul Martin und seine Mitarbeiter galt es bei Amtsantritt, nicht nur das Erreichte zu sichern, sondern Begonnenes zügig weiterzuführen und notwendige Neuerungen einzuleiten. Vor allem die Entwicklungen auf kulturellem Gebiet waren es, welche entscheidend die Außenwirkung Mannheims prägten. Die noch von Otto Beck angestoßene Diskussion über die Zukunft der städtischen Kunstsammlungen nahm sein Nachfolger auf und leitete praktische Schritte zum Aufbau entsprechender Institute ein. Zunächst beauftragte er Friedrich Walter, den seit April 1907 im Amt befindlichen Direktor des Stadtarchivs, mit einem Gutachten zum Museums- und Sammelwesen der Stadt. Walters Diagnose war ernüchternd: Mannheim konnte auf diesem Gebiet nur provinzielle Rückständig-

*Die Kunsthalle. Foto, um 1918. StadtA MA.*

keit bescheinigt werden. Der Oberbürgermeister, ein „homme de lettre", verschaffte sich daraufhin genauere Informationen und verfolgte aufmerksam die damals in Expertenkreisen sehr kontroverse Auseinandersetzung über neue, moderne Formen der Museumsarbeit. Die Gedanken der bedeutendsten Vertreter dieser Reformbewegung – Alfred Lichtwark in Hamburg und Karl Ernst Osthaus in Essen – griff er auf und forderte, dass eine *groß angelegte Kunst- und Museumspolitik in der Handels- und Industriestadt Mannheim* ins Leben gerufen werden müsse.[10] Neben der Errichtung eines historischen, auf die Stadtgeschichte bezogenen Museums lag ihm der Aufbau einer Gemäldegalerie mit moderner Kunst besonders am Herzen. Die planerischen Anfänge gestalteten sich nicht einfach, hielten doch zum Beispiel die Sozialdemokraten andere kommunale Aufgaben, insbesondere im sozialen Bereich, für wichtiger und brachten dies bei Abstimmungen auch zum Ausdruck.[11]

*Kunsthallendirektor Fritz Wichert (1878–1951). Foto, 1914. Privatbesitz.*

Oberbürgermeister Paul Martin zeigte sich als Kenner der Kulturszene, wenn er – bereits Mitte 1908 – bei Hugo von Tschudi, dem damals wegen seines Engagements für die moderne Kunst oft angegriffenen Direktor der Berliner Nationalgalerie, um Rat nachsuchte und diesen um personelle Vorschläge für das Mannheimer Projekt bat. Im März 1909 konnte die Stadt mit Fritz Wichert eine Persönlichkeit gewinnen, die sich nicht nur für den Aufbau eines städtischen Kunstmuseums als geeignet erwies, sondern deren modernes Museumskonzept bis 1933 von nachhaltiger Wirkungskraft bleiben sollte. Mannheim wurde seither zum Schauplatz eines modernen Kunst- und Ausstellungsgeschehens. Dabei führte die Erwerbung eines Meisterwerks von Edouard Manet zu einer Debatte über den Wert zeitgenössischer Kunst, die reichsweit Aufsehen erregte.

## Kaiser Maximilian im Mittelpunkt – der Streit um moderne Kunst

Fritz Wichert, dem an einem zügigen Aufbau der modernen Abteilung seines Hauses gelegen war, gelang es 1910, eines der wichtigsten Historienbilder der neueren europäischen Malerei nach Mannheim zu bringen. Die *Erschießung Kaiser Maximilians von Mexiko* von Edouard Manet war für den jungen Kunsthallendirektor kunsthistorisches Paradigma und Anschauungsobjekt seiner auf den Aufbau eines zeitgemäßen Kunstmuseums gerichteten Bemühungen zugleich. Das großformatige Gemälde des französischen Meisters zeichnete sich

*„Erschießung Kaiser Maximilians von Mexiko". Ölgemälde von Edouard Manet, 1868/69. Kunsthalle Mannheim.*

nicht nur durch herausragende malerisch-künstlerische Qualität aus, sondern es stellte zugleich einen Bezug zum politischen Geschehen einer Zeit dar, in der die europäischen Großmächte an die Grenzen ihrer Möglichkeiten zu stoßen begannen. Darüber hinaus verband sich mit den konkreten Umständen der Erwerbung beispielhaft bürgerschaftliches Engagement für das neue Museum: Die notwendigen Ankaufsmittel wurden ausschließlich von elf privaten Spendern aufgebracht, der städtische Etat in keiner Weise belastet.

Die Bedeutung des Werks und seiner Erwerbung beschreibt Wichert, der von der führenden Rolle der französischen Malerei überzeugt war, mit folgenden Worten: *Es wird sich erweisen, dass dieses Bild unserer Galerie zu dauerndem Ruhm gereicht. Wer die süddeutschen Museen bereist, darf an der Stadt der „Erschießung" Manets nicht achtlos vorübergehen. Sie wird allein dafür sorgen, dass Mannheim unter den nennenswerten Galeriestädten einen Rang von Bedeutung einnimmt* [...]*; dies ist nicht vorübergehend, sondern für alle Zeit.*[12]

Ein solches Engagement des Kunsthallendirektors für die französische Kunst und damit auch für eine internationale Ausrichtung der Sammlung rief Kritik aus den Reihen des konservativen Publikums hervor. Dessen

Wortführer, der Rechtsanwalt und Stadtrat Theodor Alt, konnte seine Argumente auf ein Pamphlet des Bremers Karl Vinnen stützen, der im April 1911 mit seiner Schrift *Ein Protest deutscher Künstler* die Ankaufpolitik des dortigen Direktors – bis hin zu einem Gerichtsverfahren – in Misskredit zu bringen versucht hatte. Alt veröffentlichte nun ebenfalls 1911 ein 300 Seiten umfassendes Buch, dem er den vielsagenden Titel *Die Herabwertung der deutschen Kunst durch die Parteigänger des Impressionismus* gab.

Bereits im Sommer 1910 hatten das Manet'sche Bild und die kulturelle Situation Mannheims im Mittelpunkt der öffentlichen Kunstdiskussion gestanden: Die Berliner Sezession verwandte sich durch ihren damaligen Präsidenten Max Liebermann dafür, dass das Gemälde von Manet *wegen der „ungeheuren Wichtigkeit, die nicht nur der Ausstellung, sondern der ganzen zeitgenössischen Kunst daraus erwachse", der Sommerausstellung überlassen werde, es wurde als „Clou der Sezession" bezeichnet und nun in allen bedeutenden Kunstzeitschriften reproduziert und kritisiert, wie vorher in den Tageszeitungen. Es war ein Bild, wovon man in- und außerhalb Mannheims sprach und womit die Entwicklungsgeschichte der modernen Malerei rechnen musste.*[13] Dieser Bericht der Soziologin Else Biram unterstreicht nicht nur die Bedeutung des Gemäldes. Zugleich ist ihre bei Alfred Weber entstandene Dissertation ein Beleg dafür, wie aufregend neuartig das kulturelle Geschehen in Mannheim war und wie hoch Qualität und Wirkung der *Mannheimer Bewegung* auch aus zeitgenössischer wissenschaftlich-soziologischer Sicht eingeschätzt wurden.

*Ein prominentes Bild im „deutschen Saal" der Kunsthalle: „Schweinemarkt in Haarlem". Ölgemälde von Max Liebermann, 1886. Kunsthalle Mannheim.*

Oberbürgermeister Paul Martin, *den man auch den „Kunstoberbürgermeister" genannt hat,*[14] stand während dieser hitzigen Auseinandersetzungen immer fest hinter seinem Kunsthallendirektor, der unbeirrt und konsequent einen *Franzosensaal* mit Werken von Paul Cézanne, Camille Corot, Eugène Delacroix, Théodore Gericault, Claude Monet, Auguste Renoir sowie Vincent van Gogh, aber auch einen *deutschen Saal* einrichtete. Mit weiteren spektakulären Ankäufen – z. B. Werken von Caspar David Friedrich, Oskar Kokoschka oder Max Liebermann – konnte er den Bekanntheitsgrad der jungen kommunalen Kunsthalle festigen und mehren.

## „Die Einbürgerung der bildenden Kunst in Mannheim"

Die bedeutendste und wirkungsvollste Maßnahme Wicherts stellte die Gründung des so genannten Freien Bunds zur Einbürgerung der bildenden Kunst in Mannheim im Jahr 1911 dar, dem eine Akademie für Jedermann angeschlossen war. Mit diesen beiden Institutionen gelang es ihm, weiten Kreisen der Bevölkerung den Zugang zur Kunst und zu gestalterischen Ideen zu erschließen. Diese Initiative, damals weit über die Stadt hinaus als *Mannheimer Bewegung* bekannt, war eine der wichtigsten Unternehmungen in der deutschen Museumsgeschichte der Moderne. Wicherts Vorhaben, mit der Kunst und ihrer Betrachtung erzieherisch zu wirken, war vorher noch nie in diesem Umfang und mit solcher Konsequenz umgesetzt worden. In wissenschaftlichen Vorlesungen und in populären und *geschmacksbildenden* Vorträgen versuchten der Kunsthallendirektor und seine Mitarbeiter sowie die Gastredner, die Qualität moderner Kunst und Gestaltung einem breiten Publikum nahezubringen. Bald nach der Gründung des Freien Bunds am 27. April 1911 zählte die Vereinigung bereits 1 000 Mitglieder, im Jahr 1914 waren es sogar 7 000. In der anlässlich der Gründung erschienenen Schrift formulierte Wichert: *Um die bildende Kunst dem Verständnis möglichst aller Schichten der Mannheimer Bevölkerung zu erschließen, um ihr Wesen und ihre Früchte wieder in innigeren Zusammenhang mit dem Leben jedes Einzelnen zu bringen, sind im Freien Bunde zur Einbürgerung der bildenden Kunst in Mannheim vorläufig folgende Unternehmungen ins Leben getreten: 1. Eine Akademie für Jedermann, d.h. die Veranstaltung von regelmäßigen Lichtbilderabenden mit Vortrag oder Vorlesung über Kunst und verwandte Gebiete. 2. Einrichtung einer ständigen, jedermann zugänglichen*

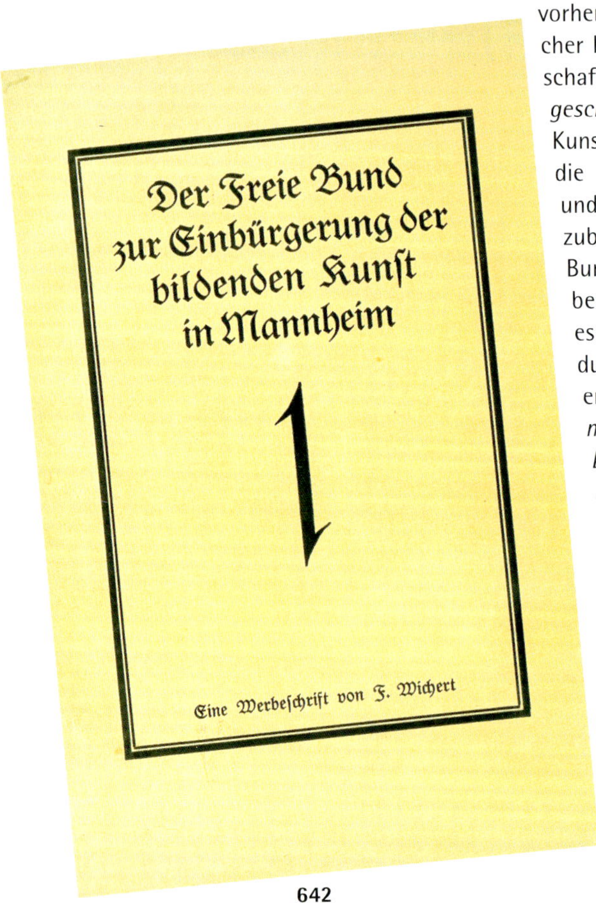


*Titelblatt der Gründungsschrift für den Freien Bund von Fritz Wichert, 1912. StadtA MA.*

*Rat- und Auskunftsstelle in der Kunsthalle für Kunstpflege des täglichen Lebens, insbesondere für künstlerische Wohnungspflege. 3. Planmäßige Kunstpropaganda vielseitigster Art durch Ausstellungen, Verbreitung geeigneter Schriften und Merkblätter [...]. Soweit die Mittel des Bundes es gestatten, ist außerdem noch geplant: 4. Die Erwerbung geeigneter Kunstwerke für die Kunsthalle, das kunstwissenschaftliche Institut und die Akademie, sowie insbesondere zur Verteilung als Haus- und Wandschmuck an die Teilnehmer des Bundes zu billigen Preisen.*[15]

Diese Vorhaben waren für die damalige Museumswelt in ihrem Ausmaß und in ihrer Zielrichtung neuartig. Damit stand die *Mannheimer Bewegung* am Anfang einer Modernisierung der Museen, die in ihrer Wirkung bis weit in die zweite Hälfte des 20. Jahrhunderts hinein reichen sollte. Else Biram konstatierte bereits vor dem Ersten Weltkrieg: *Aus toten Magazinen für gelehrte Forschung werden sie zu lebendigen Organen der Schaulust für das große Publikum.*[16] Das Mannheimer Konzept einer fortschrittlichen Museums- und Kulturpolitik konnte zwar auf Gedanken und Vorarbeiten der Kunsthistoriker Hugo von Tschudi oder Julius Meier-Graefe, besonders aber auf die Aktivitäten und Schriften Alfred Lichtwarks zurückgreifen. Aber nur hier in Mannheim war es – wenigstens für einige Jahre – gelungen, tatsächlich eine Verbindung auch zu den unteren Gesellschaftsschichten herzustellen.[17] So forderte sogar das örtliche Gewerkschafts-Kartell zur Mitgliedschaft im Freien Bund auf, damit dieser nicht *ein Tummelplatz der oberen Zehntausend wird.*[18]

*Jahresschlussfeier des Freien Bunds im voll besetzten Nibelungensaal des Rosengartens. Foto, 1913. StadtA MA.*

Die überregionale und anhaltende Wertschätzung der von Fritz Wichert ins Leben gerufenen und gemeinsam mit Friedrich Plietzsch, Willy F. Storck, Gustav F. Hartlaub und Hanna Kronberger-Frentzen aufgebauten Kunsthalle in kommunaler Trägerschaft kann auch daraus ersehen werden, dass mit Storck einer dieser Mitarbeiter 1924 durch die badische Regierung zum Nachfolger des großen Hans Thoma zum Direktor der Staatlichen Kunsthalle Karlsruhe berufen werden sollte.

## Planungen für ein erstes „Reiß-Museum"

Über der Förderung der modernen und zeitgenössischen Kunst wurde in Mannheim jedoch der Aufbau und die angemessene Präsentation der Sammlungen von historischem und aktuellem Kulturgut nicht vergessen. In dieser Hinsicht eröffnete vor allem das Mäzenatentum der Geschwister Reiß bis dahin nicht vorstellbare Aussichten. Die Idee, dem Rosengarten, der großen Fest- und Veranstaltungshalle am Friedrichsplatz, ein Gebäude der Wissenschaft und der Kunst gegenüberzustellen, war schon im Bebauungsplan für den Schmuckplatz am Wasserturm geäußert worden. Nach Überreichung des Ehrenbürgerbriefs an den bereits im Dezember des Vorjahrs ausgezeichneten Karl Reiß am 3. November 1902 hatte Oberbürgermeister Beck berichtet, dass der Geehrte *laut bereits getroffener testamentarischer Verfügung der Stadt Mannheim ein Museum stiften werde. Als Platz hierfür halte er den Baublock am Friedrichsplatz vis à vis der Festhalle für besonders geeignet.*[19] Der Stifter stellte sich ein Museum vor für Exponate aus der Vor- und Frühgeschichte, vorbildliche Leistungen handwerklicher Kunst, Kunstwerke der Neuzeit sowie industrielle Produkte der Region. Bruno Schmitz entwarf ein Gebäude für ein Vielsparten-Museum, das im Großen und Ganzen als architektonisches Pendant zum Rosengarten mit fünf großen Fassadenbögen angelegt war.

Die letzte planerische Ausformung der Museumsfassade, die mit ihrer überkuppelten Rotunde und den flachen Seitenflügeln deutlich dem Bau der Hamburger Kunsthalle ähnelte, war wohl Fritz Wicherts Einwirken zu verdanken. Der Kunsthallendirektor scheint eine Zeit lang ernsthaft die enge Verbindung von *Reiß-Museum* und Kunsthalle erwogen zu haben.[20] Auch schwebte ihm die Errichtung eines zweiten Gebäudes, des Volksheims *Reiß-Haus*, vor, in dem die bildenden Künste, mit Musik und Literatur vereint, beheimatet sein sollten.[21]

*Auch mit dem Stadthistoriker Friedrich Walter wurden Vortragsveranstaltungen des Freien Bundes abgehalten. Plakate, 1914. StadtA MA.*

Nach dem Tod des großen Gönners Karl Reiß Anfang 1914 setzte sich seine Schwester Anna bis zu ihrem Tod im Jahr 1915 für die Verwirklichung der Pläne ein, die letztendlich jedoch nicht zur Realisierung kamen. Von den einstigen hochfliegenden Ideen künden heute nur noch die Porträtbüsten von Anna und Karl Reiß, vorgesehen zur Aufstellung in der monumentalen

*Nicht realisierter Entwurf von Bruno Schmitz für ein Reiß-Museum hinter der Kunsthalle zum Friedrichsplatz hin. Aquarell, 1913. StadtA MA.*

Eingangshalle des geplanten *Reiß-Museums* am Friedrichsplatz. Geschaffen wurden sie von dem bedeutenden Bildhauer Adolf von Hildebrand.[22]

Friedrich Walter betrieb indessen mit großer Beharrlichkeit die Einrichtung eines stadtgeschichtlichen Museums; seinen Bemühungen ist der Plan einer stadthistorischen Sammlung zu verdanken. 1910 legten der Stadtarchivar und der Kunsthallendirektor gemeinsam das Konzept eines *Barockmuseums* vor, in dem Walters positive Bewertung der kurfürstlichen Karl-Theodor-Ära zum Ausdruck kam, die er im Unterschied zur bürgerlich-liberalen Stadtgeschichtsschreibung des 19. Jahrhunderts bereits in seinem Standardwerk von 1907 vertreten hatte. Trotz enger Zusammenarbeit mit dem Altertumsverein sollte es jedoch noch viele Jahre dauern, bis 1926 das Schlossmuseum eingeweiht werden konnte.

## „Schauerdramen, Schmutz und Verlogenheit" oder „Kulturaufgabe"? Kino in der Diskussion

Insgesamt waren die kommunalen kulturpolitischen Bemühungen in Mannheim unübersehbar und erfolgversprechend. Doch gab es – wie in jeder anderen größeren Stadt der damaligen Zeit – Phänomene, die so neuartig waren, dass ein sinnvoller oder gar durch die Verwaltung regulierter Umgang mit ihnen erst noch gefunden werden musste. Auch in Mannheim lockte der Kinematograph, wie das Kino damals genannt wurde, das Publikum in Massen an. Das erste so genannte Kinematographentheater am Ort wurde 1906 eröffnet, 1912 existierten hier bereits zwölf Kinos mit insgesamt 4 500 Plätzen.[23] Dabei unterschied sich Mannheim in der Anzahl der Filmvorführungsstätten, bezogen auf die Einwohnerzahl, nicht von anderen deutschen Städten. Der Inhalt der Filme war freilich – gemessen an den Standards bürgerlicher Wohlanständigkeit und Bildungsbeflissenheit – in der Regel nicht sehr qualitätsvoll, was nicht hinderte, dass darüber lange und ausführlich debattiert wurde. Die Kritiker prangerten vor allem die nicht seltenen „unsittlichen" Szenen an, welche nach ihrer Auffassung besonders die Moral der Jugendlichen gefährdeten.

Allerdings wurde die Diskussion um Wirkung und Bedeutung des neuen Mediums Film nicht nur in der Tagespresse geführt. Aus der Feder eines Mannheimers stammt die erste seriöse Untersuchung zur Theorie des Films. Der Jura-Student und spätere Kunsthändler Herbert Tannenbaum veröffentlichte im Jahr 1912 die Schrift *Kino und Theater.* In einer Selbstbesprechung fasste der junge Autor den wesentlichen Inhalt zusammen: *Kino und Theater heißt die Schrift, nicht Kino oder Theater. Herbert Tannenbaum gibt hier zum erstenmal eine eingehende Untersuchung der künstlerischen Grundlage des Kinematographen. In streng sachlicher Form wird das Wesen des Kinodramas dargestellt. Kino und Theater werden als zwei in ihrer Art grundverschie-*

Das älteste Mannheimer Kino: das Union-Theater in P 6, 20. Foto, 1907. StadtA MA.

Programm des Union-Theaters. „Generalanzeiger“ vom 29. Mai 1907. StadtA MA.

*dene Gebiete menschlicher Kunstbetätigung betrachtet, die nebeneinander, jedes auf seine Weise, als Kunststätte bestehen sollen.*[24] In seiner 1913 eingereichten Heidelberger Dissertation verband Herbert Tannenbaum Themen seines Studienfachs mit seinen ästhetischen Interessen, indem er – auch hier wissenschaftliches Neuland betretend – das Thema *Kinematographisches Urheberrecht* bearbeitete. Er betätigte sich 1914 sogar bei der Berliner Projektions-AG Union als Produzent, jedoch verhinderte der Kriegsausbruch im Sommer einen möglichen Erfolg der Detektiv-Burleske *Cognak Fünfstern.*[25]

Tannenbaum war Mitte 1912 von Kunsthallendirektor Fritz Wichert damit beauftragt worden, für eine Ausstellung über moderne Theaterkunst, die dann allerdings nicht verwirklicht wurde, eine eigene *Kino-Abteilung* aufzubauen. Möglicherweise hatte Wichert, der aufgeschlossene Neuerer, bei dem jungen Studenten das Interesse am Filmwesen entscheidend gefördert, wenn nicht gar hervorgerufen, denn der Kunsthallendirektor stand dem neuen Medium kritisch, aber durchaus aufgeschlossen gegenüber: *Warum* [...] *ist es noch niemandem eingefallen, die Kraft dieser so wunderbaren Erfindung, die einstweilen nur wie ein wilder Bergstrom alles niederreißt, was ihr in den Weg tritt, zu bändigen und höheren Kulturaufgaben nutzbar zu machen? Stattdessen werden tagaus, tagein, womöglich von drei Uhr nachmittags bis kurz vor Mitternacht Millionen aufrichtiger, aber müder Leute mit Schauerdramen, Schmutz und Verlogenheit unterhalten. Und alle feineren Stufen unseres Gefühlslebens, so wichtig für das Leben, schwinden dahin.*[26] An anderer, nicht öffentlicher Stelle bekannte sich Wichert sogar ausdrücklich zum Kino: *Der Kinematograph wird m.E. einmal berufen sein, ähnlich wie die bildende Kunst nicht nur als Aufbewahrung der Wirklichkeit zu dienen, sondern auch durch ausdrucksvolle, wohlgebaute Umgestaltung der Wirklichkeitseigenschaften künstlerischen Genuß zu vermitteln.*[27]

Beschäftigten sich Wichert und Tannenbaum erstmals mit den ästhetischen Möglichkeiten des Kinos, so ist auch auf soziologisch-systematischem Gebiet eine Pionierleistung der Filmforschung aus Mannheim herauszustellen: Die Mannheimerin Emilie Altenloh wurde mit ihrer 1914 in Jena veröffentlichten Doktorarbeit *Zur Soziologie des Kino* als eine der ersten Frauen in diesem Fachgebiet promoviert.[28]

## Die Handelshochschule: Eine Lehrstätte für die Wirtschaft

Die Gründung einer Handelshochschule war von Oberbürgermeister Otto Beck über seine ganze Amtszeit hinweg beharrlich vorangetrieben worden. Beck betonte stets die Wichtigkeit einer solchen Bildungsstätte für Mannheim als Stadt des Handels, des Verkehrs und der Industrie, ja als notwendige Voraussetzung für den weiteren Aufstieg des Wirtschaftsstandorts. 1898 hatten in Leipzig und Aachen die ersten Handelshochschulen im Deutschen Reich ihre Pforten geöffnet, orientiert am Vorbild der 1873 gegründeten Wiener Handelsakademie. 1901 folgten Köln und Frankfurt am Main sowie 1906 Berlin. Immerhin drei Jahre vor München konnte dann Mannheim ein solches Institut vorweisen, genehmigt am 3. April 1908 durch die großherzoglich-badische Regierung. Dabei hatten die Befürworter dieser Anstalt immer auch das *nationale Prestige* im Auge, das der zum süddeutschen Handelszentrum aufgestiegenen Stadt aus einer solchen akademischen Hochschule erwachsen würde.[29]

*Haupttreppenhaus in der Handelshochschule in A 4, 1. Postkarte, um 1910. StadtA MA.*

Die Selbstständigkeit und die Rechtsfähigkeit der neuen Institution bedurften jedoch noch einer soliden finanziellen Grundlage, die relativ zügig geschaffen wurde. Im März 1909 standen der Hochschule etwa 150 000 Mark aus dem Otto-Beck-Gedächtnisfonds, der aus dem Überschuss der Jubiläumsausstellung von 1907 gebildet worden war, als Anschubfinanzierung zur Verfügung. Der Bürgerausschuss genehmigte die Lehrstühle für Verkehrswissenschaften und für Volkswirtschaftslehre, und ab dem Wintersemester 1909/10 konnte man die Lehrveranstaltungen in den Räumen des alten Gymnasiums in A 4, 1 – des ehemaligen Jesuitenkollegs – abhalten.

Im Juli 1911 wurde die Hochschule schließlich durch einen Erlass des Kultusministeriums auf eine neue Basis gestellt. Sie erreichte als Anstalt des öffentlichen Rechts einen selbstständigeren Status und wurde aus der allzu engen Verbindung mit der Stadtgemeinde gelöst. Zwar blieben in der neuen Satzung die bisherigen Organe (Stadtrat, Stadtverwaltung, Dozentenkollegium und Kuratorium) weiterhin bestehen, doch oblag dem Kuratorium nicht mehr die Leitung des Alltagsgeschäfts, sondern es wurde als Aufsichtsgremium für die strategische Entwicklung zuständig. Die Stadtgemeinde stellte immer noch die stärkste Vertretung im Kuratorium. Aber der bisherige Studiendirektor wurde durch akademische Selbstverwaltungsstrukturen mit Senat und Rektor an der Spitze ersetzt, die die Vertretung der Hochschule im Kuratorium verstärkten. Die Stadt stellte Räumlichkeiten und Dienstpersonal für Verwaltung zur Verfügung. Nur wenn die Handelshochschule ihre Ausgaben nicht aus eigenen Einnahmen und ihrem Vermögen decken konnte, sollte die Stadt einspringen; in diesem Falle sollte die Hochschule der Budgethoheit der Stadt unterstellt werden – ein Szenario, das man optimistisch nicht erwartete. Denn bereits seit 1910 umfasste das Gesamtvermögen der Hochschule, vor allem durch den Heinrich-Lanz-Gedächtnisfonds in Höhe von fast 1 Mio. Mark sowie einen weiteren Zuschuss von noch einmal fast 500 000 Mark aus dem städtischen Reservefonds, rund 1,6 Mio. Mark.

Zu Beginn des Jahrs 1914 zählte die junge Handelshochschule immerhin 200 Studierende, welche die Fächer Handelsbetriebslehre, Buchführung und kaufmännische Arithmetik sowie Verkehrstechnik in zwei Studiengängen belegen konnten. Die Unterbringung in verschiedenen privaten und öffentlichen Räumlichkeiten führte immer wieder zu Überlegungen und Planungen, ein eigenes Hochschulgebäude zu errichten, was allerdings vor dem Ersten Weltkrieg nicht verwirklicht werden konnte.

*Dank der Handelshochschule sowie der Ingenieurschule entwickelte sich in bescheidenem Maße auch in Mannheim eine Studentenkultur mit all ihren Gebräuchen: Studenten der T. C. Cheruscia an der Ingenieurschule nach einer Mensur. Foto, 1910. StadtA MA.*

## Mannheimerinnen erobern die Universitäten

*Christiane Pfanz-Sponagel*

Während sich in anderen Staaten Europas seit der zweiten Hälfte des 19. Jahrhunderts die Universitäten für Frauen öffneten, wurden sie in dieser Zeit in Deutschland zum Studium noch nicht zugelassen. Man vertrat die Überzeugung, dass Frauen zur Pflege der Wissenschaften *nicht berufen* seien. „Gelehrte Männer" bemäntelten ihre Abneigung gegen das Frauenstudium mit pseudowissenschaftlichen Ausführungen über die geringeren geistigen Fähigkeiten der Frau und beschworen das Schreckensbild des seiner natürlichen Bestimmung beraubten *Mannweibes*. Das liberale Baden nahm im Hinblick auf Frauenbildung eine Vorreiterrolle ein: 1893 wurde in der Landeshauptstadt Karlsruhe das erste deutsche Mädchengymnasium eröffnet, und die beiden Landesuniversitäten Freiburg sowie Heidelberg waren 1900 die ersten Hochschulen Deutschlands, die Frauen das Recht zur Immatrikulation einräumten. In Preußen sollte es dagegen noch acht Jahre dauern, bis Frauen an den Hochschulen studieren durften.

*Führende Vertreterinnen der bürgerlichen Frauenbewegung: Die Mannheimerinnen Elisabeth Altmann-Gottheiner (1874–1930) und Alice Bensheimer (1864–1935) sowie Gertrud Bäumer (1873–1954) und Emma Ender (1875–1954) (von links nach rechts). Foto, 1919. StadtA MA.*

Die Zulassung zum Studium war nicht zuletzt auf das Engagement des Vereins Frauenbildung – Frauenstudium zurückzuführen, der sich für eine Reform der höheren Mädchenbildung und das Frauenstudium einsetzte. Die 1897 gegründete Mannheimer Ortsgruppe war mit über 400 Mitgliedern die größte des Reichs und unterhielt unter anderem eine Rechtsschutzstelle sowie ab 1916 eine Soziale Frauenschule. Mit Julie Bassermann und Alice Bensheimer standen zwei Mannheimer Frauenrechtlerinnen an der Spitze des Gesamtvereins.

An der 1907 gegründeten Handelshochschule Mannheim konnten Frauen von Beginn an studieren. Unter den 13 Studierenden, die im Wintersemester 1907/08 das Studium aufnahmen, waren auch zwei Studentinnen: die Leipzigerin Erika Kökert und die Mannheimerin Paula Ortner. Während die Studierendenzahlen in den Folgejahren zunahmen, sank bis 1914 der Frauenanteil, um im Ersten Weltkrieg wegen der Einberufung der Männer zum Militärdienst wieder anzusteigen. Die Mehrheit der Studentinnen schloss das Studium mit der kaufmännischen Diplomprüfung ab, der kleinere Teil von ihnen ließ sich zur Handels-

Der zweite Abiturientinnen-Jahrgang der Elisabethschule. Foto, 1909. StadtA MA.

lehrerin ausbilden. Die Studentinnen stammten vor allem aus wirtschaftlich gesicherten Verhältnissen, viele Väter waren selbstständige Unternehmer. Oft war das Fehlen eines männlichen Nachkommens der Grund für das wirtschaftswissenschaftliche Studium der Tochter, das sie auf die Weiterführung des elterlichen Betriebs vorbereiten sollte.

Die Handelshochschule Mannheim beschäftigte bereits im Jahr 1908 eine Lehrbeauftragte: Elisabeth Altmann-Gottheiner. Die Nationalökonomin war eine der ersten Hochschullehrerinnen Deutschlands. Wegen der Zulassungsbeschränkungen hatte sie ihr Studium in London begonnen und ihre Promotion in der Schweiz abgelegt. Elisabeth Altmann-Gottheiner folgte ihrem Mann, dem Nationalökonomen Sally Altmann, an die Handelshochschule Mannheim, wo er seit dem Wintersemester 1907/08 lehrte. In ihren Vorlesungen befasste sich die Dozentin mit sozialpolitischen Problemen, vor allem mit der Arbeiter- und Arbeiterinnenfrage sowie der Frauenfrage. Zu diesem Thema veröffentlichte die in der Frauenbewegung engagierte Wissenschaftlerin eine Reihe von Studien. 1924 wurde sie in Anerkennung ihrer Verdienste zum *ordentlichen Professor* ernannt.

Wie gering die Akzeptanz von Akademikerinnen war, zeigt das Beispiel Lili Wachenheims, der jüngeren Schwester der bekannten Mannheimer Sozialdemokratin Hedwig Wachenheim. Die aus einer alteingesessenen Familie stammende „höhere Tochter" studierte nach dem Besuch der Oberrealschule an der Ruperto-Carola in Heidelberg Chemie. Ihre Promotion schloss sie 1917 mit *summa cum laude* ab und fand zunächst eine Anstellung bei der BASF in Ludwigshafen. Als sie dem Direktor bei ihrer Einstellung mitteilte, dass sie ursprünglich Jüdin gewesen war, die später – nach dem Tod des Vaters und auf Wunsch der Mutter – protestantisch getauft wurde, entgegnete er nur lapidar: *Wenn wir schon eine Frau anstellen, dann kommt es darauf auch nicht mehr an.* ✧

# Öffentliche Neubauten und Organisationsveränderungen im Zeichen kommunaler Selbstverwaltung

## Neue Arbeitsräume für Stadt und Staat

Die Expansion der Verwaltungstätigkeit mit ihrer steigenden Zahl städtischer Bediensteter machte neue Raumplanungen erforderlich. Das alte Rathaus am Marktplatz in F 1 aus dem 18. Jahrhundert reichte trotz der Erweiterung in der zweiten Hälfte des 19. Jahrhunderts längst nicht mehr aus. Dabei lag es in der Absicht der Verwaltungsspitze, bei einer Zukunftslösung alle städtischen Dienststellen wieder unter einem Dach zu vereinen. Anfänglich wurde die Errichtung eines Neubaus am Stadtrand erwogen, dann aber die Nutzung des alten Kaufhauses am Paradeplatz nach Umbau beschlossen. Das zivile, bürgerliche Wahrzeichen der kurfürstlichen Residenz bewertete man als würdigen Rahmen für die Amtsgeschäfte der kommunalen Selbstverwaltung. Im März 1910 konnte das neue Rathaus insgesamt eingeweiht werden, nachdem es in Teilen bereits seit 1906 bezogen worden war. Verschwunden waren die früheren staatlichen Amtsstuben, die privaten Wohnungen und die Lagerräume des alten, multifunktional genutzten Baus. Außer der Stadtverwaltung nutzen fortan lediglich zeitgemäße Ladengeschäfte die modernisierten Etablissements unter den Arkaden.

Im neu gebauten Haupttreppenhaus ließen die Stadtväter allegorisch-symbolische Figuren anbringen. Im Kern der großen Treppenspindel sollten sie dem Eintretenden den Zweck des Gebäudes nahebringen. Die beiden Flußgottheiten Neckar und Rhein galten als Repräsentanten der Stadt und der umgebenden Region. Über beiden schwebte – schützend und anspornend zugleich – der Gott des Handels Merkur. Wenn in seinem Sinne und unter seiner Obhut in diesem Gebäude agiert würde – so die Botschaft –, werde er sich um die Erhaltung des allgemeinen Wohlstands der Stadt und ihrer Einwohner kümmern. Diese Symbolsprache war weitgehend dem 18. Jahrhundert entlehnt und entsprach insofern der ursprünglichen Entstehungszeit und den äußeren Architekturformen des Gebäudes. Die positive Bewertung der Kurfürstenzeit, die sich am Anfang des 20. Jahrhunderts auszuprägen begann und die – wie erwähnt – insbesondere der Stadthistoriker Friedrich Walter befördert hatte, mag diese Form der Bauzierde mit begünstigt haben. In der vereinfachenden Überhöhung des jugendlichen Gotts Mer-

*Merkur im Treppenhaus des neuen Rathauses in N 1. Foto, 1910. Nach R. Perrey (1910) S. 70.*

kur blieb freilich der Blick verstellt auf gesellschaftliche Probleme und Unzulänglichkeiten, vor allem auf die zeitgenössische soziale Frage, deren Folgen vor allem die ärmeren Schichten zu tragen hatten. Oberbürgermeister Martin betonte in seiner Einweihungsrede, dass die Gemeinde die Elementarschule der Freiheit sei: *Diese edle Freiheit, gezügelt durch Selbstbeherrschung und Disziplin, Gerechtigkeit und Tatkraft, Eintracht und weise Umsicht, männliches und zuversichtliches Vertrauen auf die eigene Kraft und die Zukunft der Gemeinde seien auch fernerhin die Bürgertugenden, deren vorbildliche Pflege die städtischen Körperschaften in diesem Hause sich angelegen sein lassen mögen!*[30]

Für den Raumbedarf der staatlichen großherzoglichen Verwaltung hatten bereits zuvor neue Lösungen gefunden werden müssen. Für das Großherzogliche Bezirksamt war ein Neubau im Quadrat L 6 in Angriff genommen worden. Die Ausarbeitung der Pläne und die Ausführung wurden dem Oberbaurat und bautechnischen Referenten des Großherzoglichen Ministeriums Adolf Hanser übertragen, der jedoch die Fertigstellung des Gebäudes im Jahr 1903 nicht mehr erlebte. Nach seinem Tod im Oktober 1902 führte sein Nachfolger Rudolf Levy die Bauarbeiten zu Ende. Der Bautyp eines stattlichen Palais in den Architekturformen des 18. Jahrhunderts und die Bauzier verwiesen die Zeitgenossen eindeutig darauf, dass dieses Gebäude der Aufrechterhaltung der staatlichen Ordnung im Großherzogtum Baden diente, dessen Geschicke in den Händen des regierenden Herrschers in Karlsruhe lagen.[31]

Als geradezu prototypisch für die Vorsteher des Bezirksamts kann der ab 1914 amtierende Jurist Lukas Strauß gelten. Dieser aus Mainz stammende, durch seine Ehe mit der Mannheimer Bankierstochter Johanna Hohenemser

*Großherzogliches Bezirksamt in L 6. Postkarte, um 1903. StadtA MA.*

Lukas Strauß (1866–1923) leitete das Bezirksamt Mannheim von 1914 bis 1920. Foto, um 1920. StadtA MA.

gesellschaftlich avancierte Karrierebeamte kannte die Verhältnisse in der Quadratestadt bestens und war zugleich ein enger Vertrauter der Hocharistokratie, insbesondere des Hauses Fürstenberg in Donaueschingen.[32] Als Amtsvorstand residierte Strauß in der dreiflügeligen Anlage in L 6 mit drei Innenhöfen, die neben einem Gefängnis und den Kanzleiräumen auch den Bezirksratssaal umfasste. An der Stirnseite dieses aufwändig ausgestatteten Raums befand sich ein lebensgroßes Bildnis des Landesherrn von der Hand des Mannheimer Malers Otto Propheter. Die Amtsstuben waren großzügig disponiert, die Büroräume der Vorstände repräsentativ gestaltet. Einzelne Räume zeugen noch heute von der einstigen Pracht.

Die doppelte Funktion von Polizeigebäude und staatlichem Verwaltungszentrum war auch an der dem Schloss zugewandten Fassade ablesbar, an der unter jedem der beiden Ecktürme ein großes Portal aus der Werkstatt des Mannheimer Kunstschmieds Josef Neuser angebracht war.[33] Auf dem Dreiecksgiebel in der Mitte der Frontfassade des Baus erhob sich bis zur Zerstörung im Zweiten Weltkrieg eine Figur der Badenia, die mit ihrer Rechten auf das Schloss wies. Architekt Adolf Hanser jedoch ging über das Herkömmliche einen Schritt hinaus, wenn er in der Dachzone neben den Spitzen der Ecktürme auf urnenartigen Gefäßen Symbole anbringen ließ, die sich auf die moderne Zeit bezogen: Das Segelschiff repräsentierte den die Wasserwege nutzenden Handel, und das Flügelrad ist als Symbol der Eisenbahn zu lesen, mit deren Hilfe sich der Personen- und der Warenverkehr zu Land mit großer Geschwindigkeit abwickeln ließ. Das von den Landesbehörden, nicht von kommunalen Ämtern errichtete Gebäude zeigt indirekt die Wertschätzung und die Bedeutung, die der pulsierenden Handelsstadt Mannheim auch von staatlicher Seite beigemessen wurde.[34]

## Neustrukturierung der sozialen Fürsorge

Das Schicksal der ärmeren Bevölkerungsschichten hatte seit dem 18. Jahrhundert eine große Anzahl privater Stiftungen im Blick. Außerdem nahm sich seit dem 19. Jahrhundert die Stadtverwaltung immer stärker dieser Probleme an. Die unterschiedlichen Hilfeleistungen wurden in der Ära Martin unter dem Begriff *Fürsorge* zusammengefasst und damit die *Armenpflege* – wie die entsprechenden Maßnahmen seit jeher genannt wurden – auf eine neue Organisationsplattform mit zwei Fachabteilungen gebracht, eine Neuerung, die seinerzeit keineswegs selbstverständlich für Kommunen war. Man schuf ein Fürsorgeamt – zuständig für die ehemalige *Armenpflege* im engeren Sinn – und ein Jugendamt, das die Aufgaben der *Armenkinderpflege*, des *Gemeindewaisenrats*, der *Zwangserziehung*, der

*Ziehkinderfürsorge*, der *Berufsmutterschaft* und der *Mütterberatung* übernahm. Bürgermeister von Hollander, der über 20 Jahre lang verantwortlich für dieses Ressort zeichnete, charakterisiert rückblickend die in der Amtszeit von Oberbürgermeister Paul Martin erfolgten Änderungen: *An die Stelle der bisher rein bürokratisch verwalteten, von einer Zentralstelle aus gehandhabten Fürsorge trat das Prinzip der Dezentralisation und der Individualisierung, das sogenannte Elberfelder System, das den Schwerpunkt der offenen Armenpflege in die Bezirke verlegte und den Grundsatz der Hilfe von Mensch zu Mensch vertrat.*[35] Die Zunahme des Hilfsbedarfs bzw. der Intensität der Hilfeleistungen während seiner Amtszeit belegt von Hollander an derselben Stelle mit folgenden Zahlen: Existierten 1898 noch 16 Armenbezirke mit 200 meist ehrenamtlichen *Armenpflegern*, so sollten es im Jahr 1920 mehr als 50 Bezirke mit 500 kontinuierlichen Helfern sein.

## Ein neues Krankenhaus für die Stadt

Das traditionelle städtische Krankenhaus in R 5 mit seinen zahlreichen An-, Um- und Neubauten erwies sich Anfang des 20. Jahrhunderts als immer weniger den hygienischen und technischen Anforderungen der Zeit angemessen. Andererseits gab es in der dicht besiedelten Unterstadt nur wenig Expansionsmöglichkeiten, von einem Neubau ganz zu schweigen. Mit dem Dienstantritt des neuen Chefarzts Franz Volhard am 1. Oktober 1908 trat man endlich der Beantwortung der lang diskutierten Frage nach einer neuen Krankenanstalt näher. Bis dahin waren die konkreten Planungen immer wieder hinausgeschoben worden. Dabei standen neben der Standortproblematik vor allem die immensen Kosten im Vordergrund, die ein solches Projekt notwendigerweise beanspruchen würde. Nicht zuletzt dem Engagement Volhards war es zu danken, dass zunächst die Standortfrage vorangetrieben wurde. Nach Prüfung von nicht weniger als elf Optionen sprach sich der Bürgerausschuss am 7. März 1911 endgültig für das auch von Oberbürgermeister Martin präferierte Gelände am nördlichen Neckarufer aus. Die Wahl dieses Areals beinhaltete allerdings eine Voraussetzung, die bei den Stadtverordneten erhebliche Bedenken ausgelöst hatte: Um das Gelände gegen Überschwemmungen des Neckars zu sichern, war die Anlage eines neuen Hochwasserdamms notwendig, der zusätzliche Kosten verursachen würde.

*Der Neubau des Wöchnerinnenasyls Luisenheim in C 7, 4. Hier wurden Frauen aus ärmlichen Verhältnissen während des Wochenbetts unentgeltlich aufgenommen. 1905 erhielten über 1 000 Frauen Hilfe. Foto, um 1904. StadtA MA.*

Anderthalb Jahre arbeiteten die städtischen Bauämter unter der Leitung von Stadtbaurat Richard Perrey an dem Entwurf. Allein 3 Mio. Mark, ein Drittel der Gesamtkosten, verschlang der erwähnte

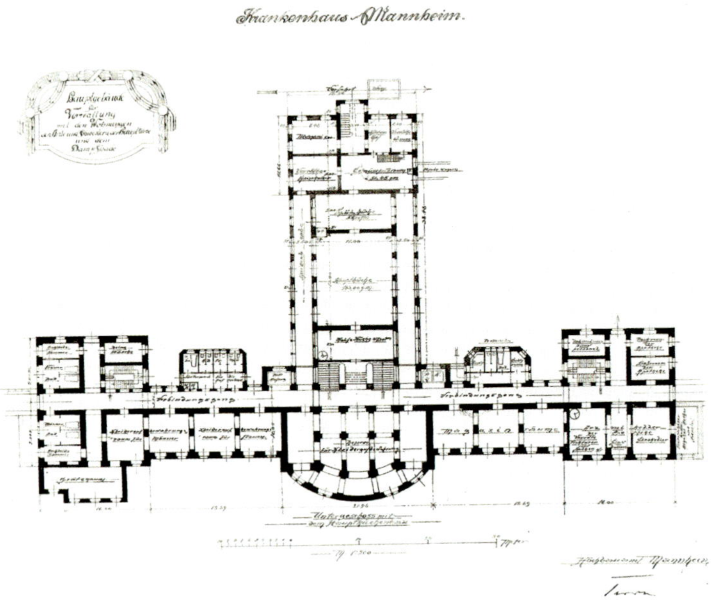


*Planentwurf für das Hauptgebäude des Städtischen Krankenhauses, um 1912. StadtA MA.*

Damm.[36] Ende 1912 lagen schließlich die baureifen Pläne vor, am 28. Januar 1913 begannen die Arbeiten. Die Realisierung des Riesenprojekts zog sich über die gesamte Zeit des Ersten Weltkriegs bis in die 1920er Jahre hin. Inzwischen hatte Perrey im Streit mit Stadtrat und Oberbürgermeister die Leitung des Hochbauamts abgeben müssen; die Bauleitung bei der Fertigstellung des Krankenhauses blieb ihm aber übertragen. Bei der feierlichen Einweihung am 8. Juli 1922 standen insgesamt 1 389 Betten zur Verfügung.[37]

*Bauarbeiten für das Städtische Krankenhaus. Foto, um 1913. StadtA MA.*

In der Gesamtanlage hatte Richard Perrey eine Synthese geschaffen aus dem damals sehr beliebten Pavillonsystem, wie es zum Beispiel im wenig zuvor erbauten Klinikum der Universität Heidelberg realisiert worden war, und dem erprobten Korridorsystem mit großen Zentralgebäuden. Im Hauptgebäude sahen sich in der einen Hälfte die chirurgische Abteilung mit Räumen für septisch Kranke sowie Augen- und Ohrenpatienten untergebracht, die andere Hälfte umfasste die medizinische Abteilung und die Gynäkologie. Die davon separierten Einzelbauten waren vorgesehen für Patienten mit Haut-, Geschlechtskrankheiten und Infektionen sowie für Prostituierte. Von Anfang an eingeplant war ein Pathologisches Institut mit den serologischen und chemischen Laboratorien. Etwas entfernter lagen die Einrichtungen der Fernheiz- und der Desinfektionsanlage. Schon der zeitgenössischen Presse galten die in einem historisierenden Neobarockstil gehaltenen Gebäude als ausgesprochen qualitätsvoll und mustergültig in ihrer Funktionalität – ein Urteil, dem man sich heute noch anschließen kann.

## „Zwischen Schulkaserne und Schulpalast": Schulbau vor dem Ersten Weltkrieg

Nicht unerwähnt bleiben dürfen natürlich auch diejenigen städtischen Bauprojekte, die durch die stetige Zunahme der Einwohnerzahl notwendig wurden, an erster Stelle die Schulen. Um 1910 betrug die Anzahl der Volksschüler über 10 000. In vielen Stadtteilen mussten daher am Anfang des 20. Jahrhunderts Schulgebäude errichtet werden, deren äußere Gestalt sich recht mannigfaltig darstellte. Im Durchschnitt baute die Stadtgemeinde in jener Zeit pro Jahr eine Schule meist größeren Ausmaßes. Das Spektrum reichte von dem relativ einfachen Klinkerbau der Pestalozzischule, die Formen der deutschen Renaissance aufnahm, bis hin zur ebenfalls 1911 eingeweihten Liselotteschule, deren Fassade aus rotem Sandstein mit säulengezierten Portalen

*Die neu errichtete Liselotteschule. Postkarte, um 1911. StadtA MA.*

neobarocke Elemente mit Jugendstilanklängen mischt. Für Friedrich Walter bewegte sich die stilistische Vielfalt zwischen den Alternativen *Schulkaserne und Schulpalast.*[38] Gemeinsam war allen Schulbauten dieser Zeit die Orientierung an der Formensprache des architektonischen Historismus.

Anders als im Großherzogtum Baden insgesamt, wo noch, ähnlich der Situation vor der Reichsgründung, zumeist kleine und veraltete Schulbauten dominierten, wurden in Mannheim moderne Regeln und Erkenntnisse der Pädagogik beachtet. Stadtverwaltung und Hochbauamt folgten damit jenen Lehrmeinungen, die großzügig gestaltete Schulhäuser als Grundvoraussetzung für einen erfolgreichen Unterricht erachteten.[39] Dazu gehörte eine ausreichende Anzahl gut belichteter und belüftbarer Klassenzimmer, Funktionsräume und nicht zuletzt Turnhallen.

Die Grundlagen für die architektonischen Planungen bildeten die von Stadtschulrat Anton Sickinger entwickelten Organisationsprinzipien, etwa die Einrichtung von Hilfs- und Förderklassen in den Volksschulen. Unmittelbare Nachahmung fand dieses neue, durchaus erfolgreiche System außerhalb Mannheims freilich nur selten, vor allem in westdeutschen Städten, im vogtländischen und schweizerischen Raum.[40] Immerhin fand das „Mannheimer Schulsystem" ein relativ breites, zumeist positives Presseecho, nicht allein in Fachzeitschriften. Doch gab es auch Kritik von pädagogischer Seite. So stießen sich in Mannheim der Hauptlehrer und verantwortliche Redakteur der *Neuen badischen Schulzeitung* Michael Rödel oder sein Lehrerkollege Hugo Fränkel vor allem am System der Förderklassen. In Hamburg attackierte Schulinspektor Fricke leidenschaftlich das nach seiner Meinung zu differenzierte, *unorganisch* erscheinende System.[41]

## Wohnen für Arm und Reich: Die Gartenstadtbewegung

Die Oststadt gilt als eine großzügige, luxuriöse Erweiterung der alten Barockstadt. Hier errichteten vermögende Familien ihre Wohnsitze in Form von stattlichen Villen oder prächtigen Palais. Wie ein Haushalt der großbürgerlichen Oberschicht beschaffen war, erfahren wir aus der Erinnerung eines Bürgen, der seine Kindheit und Jugend in Mannheim verbracht hat: *Meine Mutter sorgte mit viel Freude und Bürgerstolz dafür, dass wir zu den gesellschaftlich führenden Familien Mannheims gehörten.* [...] *Zahlreiches Dienstpersonal diente dazu, der Repräsentation zu genügen. Meine Eltern beschäftigten neben der von uns Kindern aus verständlichen Gründen geliebten Köchin noch ein Küchenmädchen, ein Dienstmädchen, oft auch einen Diener und immer einen Chauffeur, sowie zu unserer Beaufsichtigung ein Kinderfräulein. Die Mädchen trugen weiße Häubchen, schwarze Kleider und eine weiße Schürze, der Diener eine violette Livree mit vergoldeten Knöpfen, am prächtigsten war der Fahrer.*[42] Derselben Quelle ist zu entnehmen, dass es den Kindern sogar einmal vergönnt war, in einem Zeppelin mitfahren zu dürfen. Das erste Mal flog ein solches Luftschiff am 4. August

1908 über Mannheim, ein Jahr später landete Graf Zeppelin persönlich mit dem Luftschiff *LZ III* auf dem neuen Ankerplatz auf der Friesenheimer Insel.

Der Behaglichkeit und der Sicherheit von Villen und Häusern, die von großbürgerlichen und bürgerlichen Familien bewohnt wurden, stand das Dauerthema Wohnungsnot gegenüber, zumal der dynamische Handels- und Industriestandort Mannheim für Arbeitsuchende unverändert attraktiv blieb. Die permanent wachsende Einwohnerzahl und der daraus resultierende Bauboom veranlassten die Stadtverwaltung 1913 zur Einführung einer neuen Bauordnung. In ihr waren unter anderem Bestimmungen über das Verhältnis von bebauter und freizuhaltender Fläche auf Baugrundstücken, über die Geschosszahl und die Funktion der neu zu errichtenden Bauten festgelegt. Damit sollten eine zu enge, als ungesund angesehene Bebauung verhindert und Mindeststandards für die Wohnungsausstattung definiert werden.

Daneben waren neuartige Wege zur Schaffung kostengünstigen und bezahlbaren Wohnraums notwendig. Die aus England stammende Idee von so genannten Gartenstädten – Siedlungen im Grünen mit der Möglichkeit, einen Teil der notwendigen Lebensmittel auf eigenem Grund anzubauen und Kleintiere für den eigenen Bedarf zu halten – wurde in modifizierter Form an mehreren Orten auf dem Kontinent aufgegriffen, in Süddeutschland vor allem in Karlsruhe und Mannheim.[43] Theodor Kampffmeyer, der Generalsekretär der Deutschen Gartenstadtgesellschaft, hat die Ziele der Gartenstadtbewegung in dem Statut von 1907 folgendermaßen zusammengefasst: *eine planmäßig gestaltete Siedlung auf wohlfeilem Gelände, das dauernd im Obereigentum der Gemeinschaft erhalten wird, derart, daß jede Spekulation mit dem Grund und Boden dauernd unmöglich ist. Sie ist ein neuer Stadttypus, der eine durchgreifende Wohnungsreform ermöglicht, für Industrie und Handwerk vorteilhafte Produktionsbedingungen gewährleistet und einen großen Teil seines Gebiets dauernd dem Garten und Ackerbau sichert.*[44]

Entwurfszeichnungen der Architekten Hermann Esch und Arno Anke für ein Einfamilienhaus in der Gartenstadt mit 94,4 qm Wohnfläche, 1912. StadtA MA.

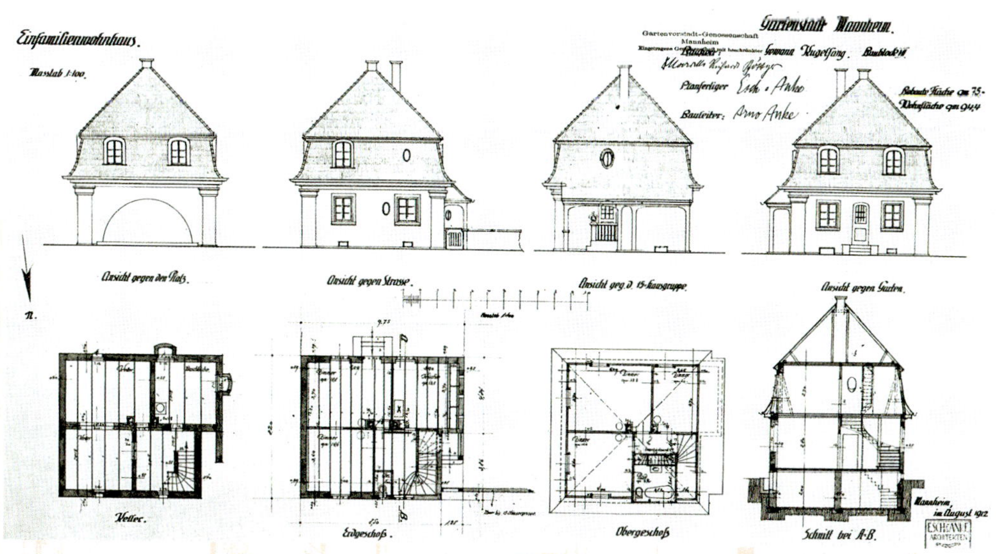

Blick in die Heidestraße der Gartenstadt. Foto, um 1914. StadtA MA.

In Mannheim erfolgte am 26. August 1910 die Gründung einer Genossenschaft, die diese allgemeinen Ziele konkret verwirklichen wollte: *Mittelst gemeinschaftlichen Geschäftsbetriebs sollen für Minderbemittelte gesunde, zweckmäßig eingerichtete und schöne Wohnungen zu billigen Preisen beschafft werden. Eine spekulative Verteuerung dieser Preise soll dadurch ausgeschlossen werden, dass die Häuser und Grundstücke nur in Miete, in Erbbaurecht oder unter Eintragung des Wiederverkaufsrechtes abgegeben werden. Von den erzielten Überschüssen sollen gemeinnützige Einrichtungen aller Art geschaffen werden, die der Bildung von Geist und Körper dienen.*[45] Die heute noch erhaltene Siedlung, die sogar der Großherzog 1914 besuchte, entstand nach Plänen der Architekten Arno Anke und Hermann Esch. Im Aufsichtsrat der Gartenstadtgesellschaft saßen die Fabrikdirektoren Karl Reuther (Firma Bopp & Reuther) und Bernhard Spielmeyer (Süddeutsche Kabelwerke) sowie Beamte, Rechtsanwälte und ein Arbeiter. Dem Vorstand gehörten prominente Sozialdemokraten wie der Arbeitersekretär und spätere Bürgermeister Richard Böttger, der Reichstagsabgeordnete Ludwig Frank, aber auch bürgerlich-liberale Größen wie die Dozentin der Handelshochschule Elisabeth Altmann-Gottheiner oder Stadtrechtsrat Otto Moericke an.[46] Von Anfang an hatte die organisierte Arbeiterbewegung in Mannheim für den Gedanken der Gartenstadt-Genossenschaft geworben, da sie darin *ein Stück Sozialismus* realisiert sah.[47]

## Konfessionelle Lebenswelten

Nach dem Ersten Weltkrieg führte der ehemalige Bürgermeister Eduard von Hollander im Rückblick folgende Glaubensgemeinschaften als wichtig für das örtliche religiöse Leben im Kaiserreich an: *In Mannheim kommen dabei fünf verschiedene Konfessionen in Betracht: Die Evangelischen, die Katholiken, die Israeliten, die Altkatholiken und die Freireligiösen.*[48] Nach der Volkszählung von 1910 gehörten der evangelischen Kirchengemeinde 99 466 Mitglieder an (51,3 Prozent), der katholischen Kirchengemeinde 82 510 (42,6 Prozent), der israelitischen Gemeinde 6 474 (3,3 Prozent) und der altkatholischen Kirchengemeinde 1 080 (0,6 Prozent); zu den Freireligiösen bekannten sich 2 953 Anhänger (1,5 Prozent).

### Die evangelische Gemeinde

In der Innenstadt standen der evangelischen Gemeinde zwei Kirchenbauten zur Verfügung: die Konkordienkirche in R 2, einst das Gotteshaus der Reformierten, und die Trinitatiskirche der vormals lutherischen Gemeinde in G 4. 1910 musste etwas mehr als die Hälfte der fast 194 000 Einwohner Mannheims von den elf Pfarrern und acht Vikaren betreut werden.[49] Solche Zahlen erforderten neue Organisationsformen. Die 1900 eingeführte Neugliederung der Pfarrbezirke gab den Gemeinden in den Vorstädten größere Eigenständigkeit. Insgesamt wurden zwischen 1872 und 1911 zwölf evangelische Gotteshäuser in Mannheim neu errichtet.

Den sozialen Nöten und Härten begegnete die evangelische Kirche mit einer grundlegenden Reform des Almosenwesens. So war es bereits 1897 zur Gründung eines ersten Hilfsvereins gekommen. Allmählich entstanden stadtweit in den Gemeinden Hilfs-, Gemeinde- und Diakonissenvereine, die die Armen- und Krankenpflege sowie soziale Hilfsdienste aller Art übernahmen. Zu den durch sein soziales Engagement herausragenden Persönlichkeiten der Kirchengemeinde zählte der im Juni 1892 zum Stadtvikar berufene Ernst Lehmann. Bis zu seiner – von maßgeblichen Kirchenvertretern und Persönlichkeiten der Stadt erzwungenen – Versetzung nach Hornberg 1894 hatte er dem 1891 gegründeten Evangelischen Arbeiterverein in Mannheim starke Mitgliederzuwächse beschert. Unter Lehmanns Ägide war jener Verein ganz im Sinne der Lehren Friedrich Naumanns vorgegangen, hatte Aktionen gegen die Sonntagsarbeit durchgeführt und sich für

*Pfarrer Ernst Josef Lehmann (1861–1948). Foto, um 1895. StadtA MA.*

Arbeitszeitverkürzungen eingesetzt. Diese Aktivitäten verstärkten den Druck konservativer Kreise auf den aufmüpfigen Vikar. Seine Versetzung löste einen Niedergang des Evangelischen Arbeitervereins aus.[50] Erst 1911 kam Lehmann als Pfarrer an der Lutherkirche wieder zurück und suchte bereits ein Jahr später beim Streik in der Friedrichsfelder Steinzeugfabrik zwischen den verhärteten Fronten zu vermitteln.

Der wichtigste Kirchenbau der protestantischen Christen in der Amtszeit Oberbürgermeister Martins sollte die Christuskirche in der Oststadt werden. Jenem Stadtteil mit seinen entstehenden Villen der *Wirtschaftsaristokratie*[51] war eine besondere Repräsentationskirche zugedacht. Die Diskussionen um den genauen Standort in dem bevorzugten Wohngebiet beschäftigten den Gemeinderat und die kirchlichen Gremien über Jahre hinweg. Die 1904 erfolgte Ausschreibung begleitete eine hochkarätig besetzte Jury, welche den Entwurf des Stuttgarter Baurats Theophil Frey und seines Assistenten Christian Schrade zur Ausführung bestimmte. Neben fachlichen Autoritäten wie Josef Durm, dem Leiter der Großherzoglichen Baubehörde, gehörten dem Entscheidungsgremium seitens der Kirchengemeinde Architekt Heinrich Hartmann, Ingenieur und Bauunternehmer August Ludwig, der ehemalige

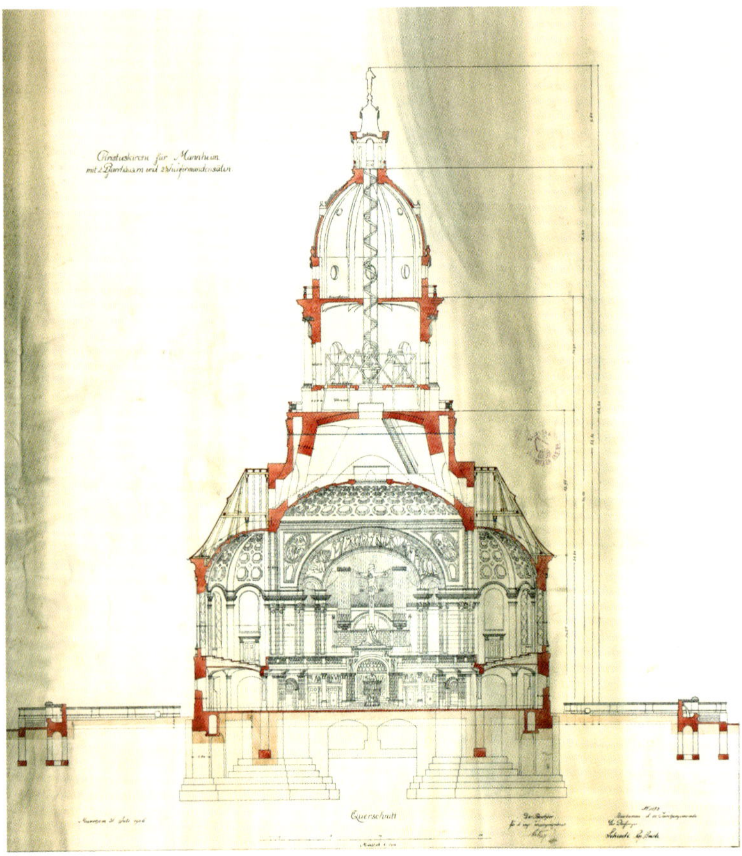


*Plan der Christuskirche von Architekt Christian Schrade, 1906. StadtA MA.*

Stadtbaurat Gustav Uhlmann, Stadtpfarrer Wilhelm Hitzig und Fabrikant Karl Reuther an. Am 24. April 1907, dem Geburtstag des Großherzogs, wurde der Grundstein gelegt, 1911 der Bau fertiggestellt.

Der große, von einer Kuppel bekrönte Zentralbau war außen und innen sehr reich mit Bauzier und Figurenschmuck versehen; als Bildhauer traten vor allem Karl Albiker, Wilhelm Gerstel und Ludwig Habich in Erscheinung. Mit den barocken Architekturformen suchte man sich bewusst von der Neugotik so vieler katholischer Kirchen abzusetzen. Die Kuppel, besonders die Ausformung des Kuppelfußes, sollte an die Dresdener Frauenkirche erinnern, die als Höhepunkt des protestantischen Kirchenbaus im Spätbarock gilt.

Die Disposition des Innenraums der Christuskirche entsprach modernsten Standards, die 1891 in dem so genannten Wiesbadener Programm formuliert worden waren. In Zusammenarbeit mit dem Berliner Architekten Johannes Otzen hatte sich der Wiesbadener Pfarrer Emil Veesenmeyer dafür ausgesprochen, bei evangelischen Gotteshäusern *den Charakter der Kirche als*

*Christuskirche. Foto, 2006. StadtA MA.*

*Predigtkirche* zu betonen und alles zu vermeiden, *was an katholische Kirchen mit ihrer Trennung von Schiff und Chor, von Priester und Gemeinde erinnerte.*[52] Demzufolge sollte die Wortverkündigung in der Mitte der Gemeinde geschehen, sodass sich eine enge Nachbarschaft von Kanzel und Altar empfahl.

Den umfangreichen Bauschmuck ermöglichten ansehnliche Spenden verschiedener begüterter Gemeindemitglieder. So war die hohe künstlerische Qualität der liturgischen Geräte der Großzügigkeit der Familien Diffené und Reuther zu verdanken.[53] Das Abendmahls- und Taufgeschirr schuf der bedeutende Goldschmied Ernst Riegel, den Großherzog Ernst Ludwig von Hessen 1906 an die Darmstädter Künstlerkolonie berufen hatte.[54]

Der repräsentative Kirchenbau war zwar nur eine von vielen protestantischen Christuskirchen, die um die Jahrhundertwende vor allem in den Großstädten Deutschlands errichtet wurden, doch machten ihre Größe, Ausstattung und Stadtbild prägende Funktion sie zu einem besonders prägnanten Beispiel evangelischer Kirchenpolitik jener Zeit: *Nirgends findet das Selbstverständnis des Protestantismus (und der Selbstdarstellungswunsch des nationalprotestantischen Großbürgertums) der Kaiserzeit deutlicher seinen Ausdruck als im aufwendigen Bau der Christuskirche, dem „Dom" der Evangelischen in Mannheim.*[55]

## Die katholische Gemeinde

Der Übergang Mannheims an Baden 1802/03 mit einem protestantischen Fürstenhaus hatte eine Stärkung der evangelischen Interessen zur Folge, sodass das katholische Leben in Mannheim phasenweise eher im Verborgenen blühte.[56] Erst in der zweiten Hälfte des 19. Jahrhunderts, im Zusammenhang mit der Expansion der Stadt und den schnell steigenden Einwohnerzahlen, wuchs auch die katholische Gemeinde wieder an.

Als dominierende Figur des katholischen Kirchenlebens erwies sich Joseph Bauer, von 1889 bis 1894 Kaplan an St. Sebastian, seit 1895 bis 1951 Pfarrer an der Jesuitenkirche.[57] Er führte ab 1896 die Fronleichnamsprozession wieder ein, die wachsenden Zuspruch verzeichnen konnte: 1906 wurden rund 16 000 Teilnehmer geschätzt.[58] Ab 1902 stand Bauer an der Spitze des neu gegründeten Stadtdekanats, das vom Landkapitel Heidelberg abgetrennt worden war, und förderte katholische Organisationen auf den unterschiedlichsten Feldern wie den 1883 gegründeten Katholischen Kaufmännischen Verein Columbus, den Männerverein Zentrum von 1886 und den Katholischen Arbeiterverein

*Fronleichnamsprozession der katholischen Gemeinde St. Josef Lindenhof. Foto, um 1920. StadtA MA.*

Jubiläumspostkarte zum 50-jährigen Bestehen des katholischen Gesellenvereins. Links der Bernhardushof in K 1, 5; in der Mitte Adolph Kolping (1813–1865) als geistiger Mentor der katholischen Gesellenvereine. Postkarte, 1906. StadtA MA

von 1890. Dabei bot der am 16. Dezember 1900 eingeweihte Bernhardushof in K 1 an der Breiten Straße dem katholischen Vereinswesen einen repräsentativen Mittelpunkt. Darüber hinaus sammelte Bauer seine Glaubensbrüder in der alten Marianischen Sodalität der Jesuitenkirche, einer Bruderschaft für Männer.

Vor allem durch die Weiterentwicklung des karitativen Engagements prägte er wesentlich das Gesicht der katholischen Kirche in Mannheim: Beispielhaft hierfür sind das 1901 von ihm gegründete Katholische Knabenwaisenhaus St. Anton, das bald in A 4, 4 untergebracht wurde, und das ein Jahr zuvor entstandene St.-Joseph-Schifferkinderheim, das ab 1909 in D 7, 5 (Bumillerhaus) sein Domizil hatte.[59] Der 1902 in der noch nicht ganz fertig gestellten Festhalle am Wasserturm, dem später so genannten Rosengarten veranstaltete Katholikentag setzte Impulse in breiteren Kirchenkreisen, um eine einheitliche deutschlandweite Caritasvereinigung zu errichten. Dies führte im April 1905 zur Gründung eines örtlichen Caritas-Comitées, dessen Vorsitz bei Stadtdekan Joseph Bauer lag. Das Comitée verstand sich als *freie Vereinigung katholischer Wohltätigkeitsvereine und Anstalten zu dem Zwecke: ohne jeglichen Eingriff in die statutenmäßige Tätigkeit der einzelnen Vereine und Anstalten die Werke der christliche Nächstenliebe in planmäßiger und dadurch wirksamer Weise zu betätigen und gemeinsam zu fördern.*[60] Ab 1912 firmierte die Organisation unter dem Namen Caritasverband Mannheim und richtete bereits ein Jahr später den vierten Diözesan-Caritastag für das Erzbistum Freiburg in der Quadratestadt aus.

Ein die katholische Sache unterstützendes Presseorgan konnte sich erst 1899 mit dem *Neuen Mannheimer Volksblatt* etablieren. Die kirchenpolitische

*Die katholische St.-Bonifatius-Kirche in Wohlgelegen. Foto, 1998. Privatbesitz.*

Jugendarbeit erfolgte im Windthorstbund, der Jugendorganisation des Zentrums, die – nach ihrem Eigenverständnis – *wertvolle Hilfstruppen für die Agitation lieferte.*[61]

In der Zeit zwischen 1894 und 1915 wurden die bestehenden katholischen Kirchenbauten im Dekanatsbezirk – die Obere Pfarrei (Jesuitenkirche) und die Untere Pfarrei (St. Sebastian) am Marktplatz – um insgesamt acht Neubauten ergänzt, davon allerdings nur zwei während der Amtszeit von Oberbürgermeister Martin: 1908 St. Franziskus auf dem Waldhof, 1915 St. Bonifatius im Stadtteil Wohlgelegen. Der Entwurf des letztgenannten Gotteshauses geht auf das Jahr 1910 zurück; mit dem Bau wurde 1912 begonnen.[62] Ein der Christuskirche an repräsentativem Anspruch vergleichbares Projekt wurde von den Katholiken weder geplant noch gebaut, was nicht verwundern kann, da sie mit der 1906 renovierten Jesuitenkirche eine der monumentalsten Kirchen Südwestdeutschlands besaßen.

## Die jüdische Gemeinde

Streitigkeiten in Glaubensangelegenheiten und Meinungsverschiedenheiten in Fragen der Assimilation hatten die jüdischen Gemeinschaften im 19. Jahrhundert stark beschäftigt und in fast jeder größeren Stadt in Deutschland zur Entstehung einer orthodoxen und einer liberalen Gruppierung geführt. Wenn auch die jüdische Gemeinde mit ihren beiden Richtungen in Mannheim deutlich weniger Mitglieder aufwies als die beiden großen christlichen Konfessionen, so war ihr Einfluss doch bedeutend. Die Ausübung des Kultus vollzogen die Orthodoxen und die Liberalen in den Jahren vor dem Ersten Weltkrieg ohne gravierende oder öffentliche Auseinandersetzungen: Die ersteren fanden sich in der Klaussynagoge nach traditionellem Ritus zusammen, die letzteren nutzten die Hauptsynagoge mit Orgel

Synagoge in F 2, 13. Foto, um 1910. StadtA MA.

für ihren Gottesdienst. Die sozialen Einrichtungen der Gemeinde wurden gemeinsam genutzt. Nicht wenige Juden waren erfolgreiche Geschäftsleute, die zudem als großzügige Mäzene hervortraten und durch gezielte Stiftungen die kulturelle und soziale Entwicklung ihrer Vaterstadt entscheidend prägten. Davon wird noch zu handeln sein. Der wirtschaftliche Aufstieg jüdischer Kaufleute, Bankiers und Industrieller war durch ihre rechtliche Gleichstellung befördert worden, die im Großherzogtum Baden 1862 erfolgt war. Die im selben Jahr gewährte Gewerbefreiheit eröffnete auch Unternehmern jüdischen Glaubens gleiche Entwicklungschancen und Initiativmöglichkeiten, wovon Firmengründer besonders auf den Gebieten der Chemie-, Textil- und Lebensmittelproduktion zeugen. Vor allem die modernste Form des Einzelhandels in großzügigen Warenhäusern wurde von jüdischen Kaufleuten getragen. Die über die Quadrate verteilten, breit sortierten repräsentativen Geschäftshäuser, etwa von Kander, Rothschild, Schmoller und Wronker, waren ausgesprochen erfolgreich, da es ihnen gelang, auch die Kundschaft des Umlands zum Einkauf in die Mannheimer „City" zu locken.

## Die freireligiöse und die altkatholische Gemeinde

Der Einfluss der beiden kleineren Glaubensgemeinschaften war im öffentlichen Leben naturgemäß beschränkt. Ihr Bestreben galt seit ihren Gründungen im 19. Jahrhundert dem Aufbau und der Konsolidierung der Gemeinden. Bezeichnend für Mannheim ist dabei die Tatsache, dass die Stadt das Wirken der kleinen Konfessionen nicht nur duldete, sondern sogar unterstützte. Anfang 1914 wurde zum Beispiel der seit 1845 bestehenden freireligiösen Gemeinde ein jährlicher Zuschuss in Höhe von 3 000 Mark zur Durchführung des Religionsunterrichts gewährt.[63] Ihr war es auch gestattet, einen Vertreter in die städtische Ortsschulkommission zu entsenden, was allerdings Missfallen bei der großherzoglichen Regierung hervorrief.

Der Glaube der Freireligiösen beruhte auf der Gewissensfreiheit und auf der Vorstellung einer wissenschaftlich begründeten Vernunftreligion, ferner bestanden sie auf der strikten Trennung von Kirche und Staat. Der freireligiöse Fortschrittsglaube fand bei liberal und sozialdemokratisch orientierten Menschen starken Anklang. Für die Rechte der Freireligiösen setzten sich zum Beispiel führende Mannheimer Sozialdemokraten wie etwa

*Ausflug der freireligiösen Gemeinde Mannheim. Foto, 1905. StadtA MA.*

August Dreesbach, Franz Josef Ehrhardt und Adam Remmele in den Parlamenten auf Landes- und Reichsebene ein.

Die kleinste der Mannheimer Gemeinden stellten die Altkatholiken. Seit 1874 feierten sie ihre Gottesdienste in der Schlosskirche und erreichten schließlich 1877 die staatliche Anerkennung. Immerhin gelang es ihnen, 1903 einen Kirchenchor und einen im Sozialwesen tätigen Frauenverein aufzubauen. Ab 1912 konnte sogar eine eigene Zeitung, das *Alt-Katholische Kirchenblatt*, erscheinen.[64]

Der tolerante Umgang untereinander und das insgesamt kooperative Wirken der Konfessionen erwies sich für die Stadtgesellschaft als förderlich, was auch ein kompetenter Zeitzeuge wie Bürgermeister von Hollander am Beispiel des Schulwesens bestätigt: *Das Zusammenwirken mit den Geistlichen aller Konfessionen hat sich in der Schulkommission* [...] *stets als durchaus ersprießlich erwiesen, und es ist zu irgendwelchen Auseinandersetzungen unangenehmer Art zwischen den Vertretern der verschiedenen Bekenntnisse eigentlich niemals gekommen.*[65]

## Unternehmer und Mäzene: Einsatz zum Wohl der Stadt

### Bedeutende Stiftungen

Bereits während des 19. Jahrhunderts gab es in Mannheim private Initiativen zur Unterstützung der städtischen Sozialpolitik. Mit zunehmendem wirtschaftlichem Erfolg wurden die Zuwendungen an das Gemeinwesen indes immer größer, zumal, wie andernorts geschildert, unter dem umtriebigen Oberbürgermeister Otto Beck eine gezielte Stiftungspolitik eingesetzt hatte,[66] die in der Amtszeit von Oberbürgermeister Paul Martin reiche Früchte trug. So versechsfachte sich das Stiftungsvermögen von 1907 bis 1913 auf die stolze Summe von 7,75 Mio. Mark, wovon die Schulstiftungen rund 700 000 Mark ausmachten.[67] Vor allem die führenden großbürgerlichen Familien, deren männliche Vertreter herausragende Positionen in Handel und Industrie einnahmen, engagierten sich im sozialen und kulturellen Bereich. Damit unterstützten sie nachhaltig ihre Heimatstadt, mit der sie sich eng verbunden fühlten. Zu den großen Förderern Mannheims zählten unter anderem die Familien Bassermann, Diffené, Engelhorn, Ladenburg oder Scipio. Aber auch Mitglieder anderer vermögender Familien traten durch bemerkenswerte Spenden hervor wie der jüdische Tabakgroßhändler und Kaufmann Bernhard Herschel mit dem nach ihm benannten Hallenbad in U 3 oder Viktor Lenel, der ein Erholungsheim für Kinder armer Mannheimer Familien in Neckargemünd errichten ließ.

*Männerschwimmhalle im Herschelbad. Foto, um 1920. StadtA MA.*

## „... den Jungen die Köpfe verwirrt": Fußball in Mannheim

*Harald Stockert*

Am 20. August 1913 wartete der Mannheimer *Generalanzeiger* mit einer Neuheit auf: Erstmals bot das Blatt seinen Lesern einen täglichen Sportteil, der unter dem anspruchsvollen Titel *Tägliche Sport-Zeitung* firmierte. Ein *Spezial-Mitarbeiter* berichtete von nationalen Ereignissen im Pferde- oder Radsport, vom neuen deutschen Rekord im 400-m-Hürdenlauf (60,4 Sekunden durch den Berliner Karl Weitling), aber auch von örtlichen Vereinen, etwa über das bevorstehende Fußballspiel des VfR Mannheim gegen den VfB Stuttgart.

Eine derart großflächige Berichterstattung wäre 30 Jahre vorher undenkbar gewesen. Noch zu Beginn der 1880er Jahre fristete der Sport ein Mauerblümchendasein, galt er doch als verpönte Freizeitbeschäftigung von Schülern und Halbwüchsigen. Dabei hatte die Sportbewegung schon in den 1860er Jahren begonnen, von England aus auf den Kontinent überzugreifen. Recht rasch geriet sie dabei in Konflikt zur etablierten Turnergemeinde. Während Turnen als *deutsche Leibesübung* zur allgemeinen *Ertüchtigung von Körper und Geist* galt, stand beim Sport der regelmäßige Wettkampf und Leistungsvergleich im Vordergrund, was als *fremdländisch* empfunden wurde. Insbesondere Vereinsfunktionäre, aber auch viele Turnlehrer versuchten daher, Sport in den Vereinen, aber auch auf dem Schulhof zu verhindern – womit sie allerdings letztlich scheiterten.

In Mannheim waren es die Ruderer und Radfahrer, die seit den 1870er Jahren mit ersten eigenen Vereinsgründungen hervortraten. Vergleichsweise spät hielt Fußball Einzug – anders als etwa in Karlsruhe, das bereits um 1890 zu den Hochburgen des Spiels mit der Lederkugel gehörte. Um 1892 kickten erstmals Schüler der Mannheimer Realschule, 1896 schlossen sie sich mit einigen Realgymnasiasten in der Mannheimer Fußball-Gesellschaft 1896 (MFG 1896) zusammen. In den folgenden Jahren kam es zu weiteren Vereinsgründungen, sodass ab 1897 vermehrt Spiele auf dem Exerzierplatz und im Luisenpark stattfinden konnten. Wie viele andere Sportarten blieb auch Fußball zunächst ein Zeitvertreib vor allem junger Bürgersöhne. Dies hatte seine Ursache in den Kosten der Ausrüstung (z.B. Fußballschuhe, Trikot), aber auch im Zeitaufwand, der von Arbeitern angesichts eines Zehn- bis Zwölfstundentags in der Fabrik schwerlich erbracht werden konnte.

Fußball tat sich in Mannheim in seinen ersten Jahren recht schwer. Ein Problem war vor allem die Platzfrage, da der Exerzierplatz vorübergehend an eine Schäferei verpachtet wurde. Entlastung gab es erst, als 1904 die MFG 1896 bei der Eichbaum-Brauerei sowie der Mannheimer Fußball-Club (MFC) Viktoria an der Rennwiese eigene Plätze bekamen. Auch hatten die Mannheimer Vereine erst 1902 mit ihrem Beitritt zum süddeutschen Verband ein dauerhaftes organisatorisches Rückgrat erhalten. Das Stadtjubiläum 1907 brachte schließlich den Durchbruch: So ließ es sich der Deutsche Fußballbund nicht nehmen, seinen Bundestag in der Jubiläumsstadt auszurichten. Außerdem fand hier das Endspiel um die Deutsche Fußballmeisterschaft zwischen dem Freiburger FC und Viktoria Berlin (Endstand 3:1) statt. Darüber hinaus organisierte die MFG 1896 mehrere Freundschaftsspiele, unter anderem gegen den englischen Meister Newcastle United. Viel wichtiger als das Ergebnis (0:5) war dabei die Tatsache, dass dem Spiel nahezu 5 000 Zuschauer beiwohnten – der bis dato größte Publikumserfolg des Fußballs in Mannheim. Diese Großveranstaltungen verstärkten den Fußballboom vor Ort, der sich 1907 im Entstehen weiterer Vereine niederschlug. Am nachhaltigsten sollte sich hierbei die Gründung des SV Waldhof erweisen, in dem erstmals vor allem Arbeiter zusammenfanden.

Auch der leidige Konflikt zwischen Turnen und Sport endete 1907 – jedenfalls in den Schulen – mit einem Kompromiss. So hatte Stadtschulrat Anton Sickinger seit längerem die Meinung vertreten, dass *die positiven Auswirkungen* von Turnen und Spiel *auf Körper und Geist allen Schülern zugute kommen* sollten. Beides – so die Vorgabe – galt es künftig im Unterricht zu praktizieren, wovon unter anderem der Fußballsport entscheidend profitierte. In den Folgejahren kam es zu weiteren Vereinsgründungen. 1911 schließlich schlossen sich die MFG 1896, der MFC Viktoria, die MFG Union sowie der Sportklub Germania zum Verein für Rasenspiele (VfR) Mannheim zusammen. Von dieser Fusion erhoffte man sich eine stärkere Rolle auf süddeutscher wie nationaler Ebene, aber auch die Lösung der erneut aufgetretenen Platzprobleme durch einen Stadionneubau in Neuostheim. Der VfR Mannheim war 1913 der größte Fußballverein der Stadt und der zweitgrößte in Deutschland; mit knapp 1 100 Mitgliedern befand er sich 1913 fast auf Augenhöhe mit dem Turnverein 1846, dem größten Mannheimer Verein.

Knapp 20 Jahre nach seinem Einzug in der Stadt war Fußball aus Mannheim nicht mehr wegzudenken. Der Ausbruch des Ersten Weltkriegs verschob jedoch nicht nur den ersten Spatenstich für das neue Stadion, er stoppte auch den Aufwärtstrend des Fußballs – jedoch nur vorübergehend: In den 1920er Jahren wurde Fußball endgültig zum Massensport und blieb es bis heute. ✧

*Die Mannschaft der Mannheimer Fußball-Gesellschaft.1896. Foto, um 1899. Nach K. Bühn (1921) S. 16.*

*Das Viktor-Lenel-Stift in Neckargemünd. Foto, 1911. StadtA MA.*

Unter den zahlreichen jüdischen Stiftern – von denen nicht wenige im kollektiven Gedächtnis der Stadt nahezu vergessen sind – ragt Friedrich Traumann hervor. Bereits 1901 hatte er testamentarisch sein gesamtes Vermögen der Stadt vermacht und zu diesem Zweck die Errichtung einer nach seinen Eltern benannten Eduard-und-Rosalie-Traumann-Stiftung verfügt. Als der großherzige Erblasser, ein enger Verwandter des populären Stadtrats Fritz Hirschhorn und des Bankiers Eduard Wachenheim,[68] am 10. April 1911 verstarb, erhielten der Verein Volksbibliothek 26 420 Mark, der Verein Wöchnerinnenasyl 13 197 Mark, der Verein Mädchenhort 10 178 Mark, der Verein für Ferienkolonien 13 193 Mark, die Israelitischen Krankenvereine 509 Mark, die Stadtgemeinde zur Förderung des Knabenhandarbeitsunterrichts 30 536 Mark, die Israelitische Gemeinde 10 178 Mark, der Israelitische Waisenverein 199 337 Mark und die neu errichtete Eduard-und-Rosalie-Traumann-Stiftung den gewaltigen Betrag von 1 261 974 Mark. Letzterer war zum einen in Form von Stipendien an Studenten, zum anderen an Rekonvaleszenten sowie *an Familien zu verteilen, welche infolge von Krankheit oder Tod ihres Ernährers in bedürftige Verhältnisse geraten* waren.[69] Damit hatte der Verstorbene der Stadt eines der höchsten Legate vermacht. Infolge der Inflation von 1923 und der Währungsreform 1948 schrumpfte das Stiftungsvermögen zusammen und ging daher neben anderen jüdischen Stiftungen in der jüdischen Erinnerungsstiftung auf.[70]

*Friedrich Traumann (1862–1911). Foto, um 1910. StadtA MA.*

Wahrscheinlich müssen aber Karl Reiß und seine Schwester Anna als die größten Förderer und Mäzene gelten, da sie ihrer Vaterstadt ihr gesamtes Vermögen vermachten, das u.a. für ein großes Vielspartenmuseum bestimmt war. Der Sohn des vormaligen Oberbürgermeisters Friedrich Reiß gehörte zeitweise mehr als 25 Aufsichtsräten diverser, zumeist Mannheimer Unternehmen an und saß als Nationalliberaler zunächst in der Zweiten und ab 1903 in der Ersten Kammer des badischen Landtags. Die später nach Reiß umbenannte *Fasaneninsel* hatte dieser testamentarisch der Stadt vermacht, wofür ihm der Stadtrat 1901 die Ehrenbürgerwürde verlieh.[71] Das zum Naturschutzgebiet erklärte Auwald-Gelände am Rhein war auch Schauplatz der in den Jahren 1911 und 1912 abgehaltenen Schülerfeste, bei denen Sport und Spiel im Mittelpunkt standen. So viel Spaß die Kinder – Mädchen und Jungen streng voneinander getrennt – dabei auch hatten, den Erwachsenen dürften bei derartigen Veranstaltungen mit Blick auf die gespannte internationale Lage durchaus bedrückende Gedanken durch den Kopf gegangen sein. Bei der Eröffnungsrede des Spielfests für die Jungen im Sommer 1911 ließ Karl Reiß den ernsten Hintergrund der von ihm ermöglichten fröhlichen Veranstaltung erkennen: *Das Fest ist für die Buben dazu da, um sie anzuspornen, ihre Kraft zu stählen, damit sie tüchtige Männer werden und das Vaterland, wenn es nottut, erfolgreich verteidigen können. Sie sollen ihr Heimatland lieb gewinnen und niemals auch nur einen Fingerbreit vaterländischen Boden preisgeben.*[72] Den Ausbruch des Ersten Weltkriegs erlebte Karl Reiß nicht mehr, er starb am 3. Januar 1914.

## Stadt und Wirtschaft „Hand in Hand"? Das Beispiel Lanz

Überaus großzügige Mäzenaten waren auch die Angehörigen der Familie Lanz. Der Fabrikant Heinrich Lanz hatte zusammen mit seiner Frau Julia, einer Kaufmannstochter, ein eher bescheidenes und zurückgezogenes

Links:
Heinrich Lanz (1838–1905). Postkarte nach einem Gemälde, um 1900. StadtA MA.

Rechts:
Julia Lanz (1843–1926). Ölgemälde von Otto Propheter, nach 1905. REM.

*Werbeplakat der Landmaschinenfabrik Heinrich Lanz, um 1912. StadtA MA.*

Privatleben geführt. 1898 hatten sie anlässlich des 60. Geburtstags des Firmengründers die schon länger bestehende Heinrich-und-Julia-Lanz-Stiftung zur Unterstützung von Beschäftigten des Unternehmens im Falle von Krankheit oder Unfall auf 1 Mio. Mark aufgestockt. Nach dem Tod von Heinrich Lanz im Jahr 1905 übernahm dessen Sohn Karl die Führung des damals größten Mannheimer Industriebetriebs. Karl Lanz, der in völligem Gegensatz zu seinem Vater einen äußerst repräsentativen Lebensstil entwickelte, erwies sich – gemeinsam mit seiner Mutter – als überaus wichtiger Förderer öffentlicher Belange. Wenn auch das finanzielle Volumen insgesamt etwas geringer als das der Reiß'schen Stiftungen gewesen sein mag, so war mancher Initiative von Lanz längere Dauer und breitere Wirkung beschieden. Dabei blieb sein Engagement nicht auf Mannheim beschränkt – wie etwa bei der Einrichtung des im November 1907 eröffneten Lanz-Krankenhauses auf dem Lindenhof –, sondern kam zum Beispiel auch der Heidelberger Universität zugute. 1909 ermöglichte Karl Lanz die Gründung der Heidelberger Akademie der Wissenschaften durch eine Spende in der immensen Höhe von 1 Mio. Mark. Als Gebäude stellte der großherzogliche Landesherr, der das Protektorat der Stiftung übernahm, aus seinem eigenen Besitz das Palais am Heidelberger Karlsplatz zur Verfügung, wo sich die Akademie heute noch befindet. In der Stiftungsurkunde vom 22. Mai 1909 wird gleich am Anfang erwähnt, dass die Stiftung *zum ehrenden Gedächtnis*

*Das von Karl Lanz im Jahr 1917 gestiftete Großherzogin-Luise-Kinderheim auf dem Sandtorf. Postkarte, um 1920. StadtA MA.*

*des am 1. Februar 1905 verstorbenen Geheimen Kommerzienrats Heinrich Lanz* erfolge und dass sie den Namen *Heidelberger Akademie der Wissenschaften, Stiftung Heinrich Lanz* tragen solle.[73] Karl Lanz brachte sie den Ehrendoktor der Heidelberger Universität ein. Ferner wurde im Hinblick auf die ebenso hohe Zuwendung zugunsten der Handelshochschule Mannheim anlässlich des 50-jährigen Firmenjubiläums ebenfalls im Jahr 1909 durch die Familien Lanz, Röchling und Seubert Julia Lanz – als erster Frau in Mannheim – am 7. März 1910 die Ehrenbürgerwürde verliehen. In der Urkunde begründete man die Auszeichnung damit, dass die Familie *schon bisher durch eine ganze Reihe bedeutsamer Stiftungen für heimische Kunst-, Wissenschafts- und Wohltätigkeitspflege sich höchst rühmlich ausgezeichnet* habe. [74] Großzügige Wohltätigkeit bewies Karl Lanz auch, als er das Kindererholungsheim in Mannheim-Sandtorf, die heutige Eugen-Neter-Schule, errichten ließ.

Sein Interesse für Kunst und Kultur verband Karl Lanz mit dem Kunsthallendirektor Fritz Wichert, der ihn auch beim Aufbau seiner privaten Kunstsammlung beriet.[75] Diese Sammlung mit Werken bedeutender Alter Meister wurde in der städtischen Kunsthalle ausgestellt und durch einen bebilderten Katalog dokumentiert. Ihr Verbleib ist heute unbekannt. Wir wissen lediglich von der Versteigerung der bibliophilen Sammlung deutscher Gesamt- und Erstausgaben des 17. bis 19. Jahrhunderts aus dem Besitz von Karl Lanz, in der sich auch Autographen und wertvolle Widmungsexemplare befanden. *Allein die Goethe-Sammlung umfaßt 200 Nummern und enthält* [u.a. die] *Doktordissertation von Goethes Vater, neben einigen bezeichnenden Autographen und der großen Reihe der Gesamtausgaben in dekorativen Einbänden* [...] *Die zweite große Abteilung des Kataloges ist mit 100 Nummern Schiller gewidmet. Auch hier fehlen nicht die großen Kostbarkeiten.*[76] Seine Beziehungen und seine Kunstkennerschaft führten schließlich dazu, dass der Mannheimer Unternehmer unter der Nennung *Kommerzienrat Karl Lanz* im Ehrenausschuss der überregional beachteten Ausstellung *Deutsche Kunst* aufgeführt wurde, die 1918 auf der Mathildenhöhe in Darmstadt gezeigt wurde.[77]

*Gesamtansicht des Heinrich-Lanz-Werks auf dem Lindenhof, 1910. Im Vordergrund das Heinrich-Lanz-Krankenhaus. Nach P. Neubaur, Illustrationsband (1910) Tafel 3.*

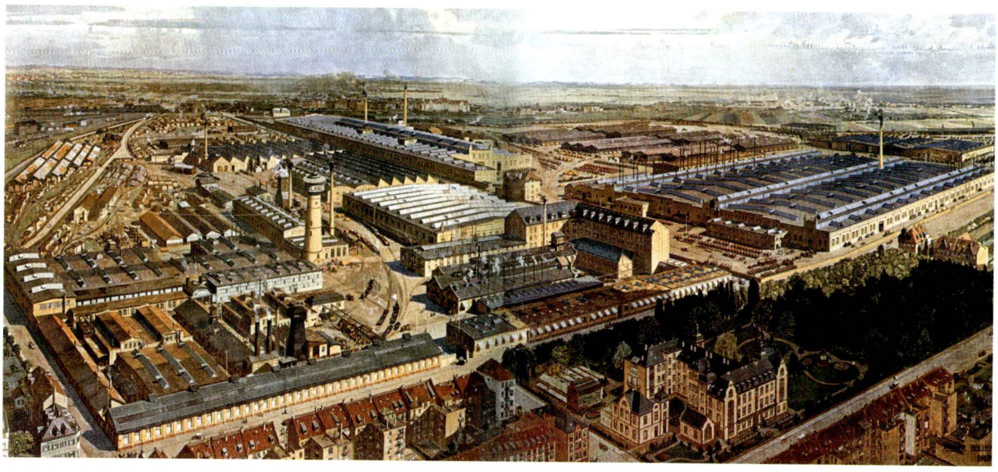

Gerade das Beispiel der Familie Lanz veranschaulicht die Verbindung von unternehmerischer Leistung mit sozialem und kulturellem Engagement. Als Oberbürgermeister Paul Martin die besondere Verbindung der Stadt mit der Firma und der Fabrikanten-Familie in seiner Rede anlässlich der Feier des *Goldenen Jubiläums* des Unternehmens am 9. März 1910 schilderte, fasste er einprägsam die letzten Jahrzehnte der Entwicklung zusammen: *Schritt für Schritt, Hand in Hand in fast der gleichen denkwürdigen Zeitperiode und sich gegenseitig nach besten Kräften fördernd, sind Stadt und Firma aus beschaulicher Stille und Verborgenheit hinausgetreten in die Welt und herangewachsen zu gewaltiger Expansion, untrennbar hoffentlich zusammengeschweißt für alle Zukunft durch jahrzehntelanges, gemeinsames Ringen und Vorwärtsstreben* [...] *die Stadt Mannheim aber preist mit Stolz und unauslöschlichem Danke sich glücklich, Bürger zu besitzen, die ihre materiellen Güter in so wahrhaft vornehmer Verwendungsart zu neuen Kulturwerten zu wandeln wissen!*[78] Die Wertschätzung, die der Oberbürgermeister mit seiner Jubelrede zum Ausdruck brachte, war gleichsam eine Hymne auf die Leistungen des Bürgertums. Doch obwohl Lanz die höchsten Löhne zahlte und sich auch früh durch eine vergleichsweise fortschrittliche Urlaubsregelung auszeichnete, blieben harte Arbeitskonflikte wie der große Streik im August 1903 nicht aus.

## Förderung neuer Ideen: Luftschiffe aus Mannheim

Neben der intensiven Pflege seiner kulturellen Interessen verfolgte Karl Lanz auch anspruchsvolle Ziele auf dem Gebiet der Technik. 1907 stiftete er einen Wanderpreis für Motorboot-Regatten auf dem Rhein. Einen weiteren Preis lobte er auf jenem Sektor der Technik aus, der ihn wohl am meisten interessierte, der Luftfahrt. Als er im Jahr 1908 den *Lanz-Preis der Lüfte* aus der Taufe hob, verband er ihn mit der Bedingung, dass ein deutscher Pilot mit einem im Deutschen Reich hergestellten Flugapparat bestimmte Flugfiguren auszuführen habe. Die Notwendigkeit einer eigenen nationalen Luftfahrtentwicklung war Karl Lanz durch seine Beobachtung des internationalen Flugwesens bewusst geworden: Er hatte festgestellt, dass in den

*Der erfolgreiche Flug des Zeppelin vom 4. August 1908 über Mannheim förderte das „Zeppelinfieber" in der Stadt, das sich in zahlreichen Erinnerungspostkarten an diesen Tag niederschlug. Postkarte, 1908. StadtA MA.*

USA und in Frankreich die Entwicklung der Luftfahrt weiter fortgeschritten war als hierzulande. Das stattliche Preisgeld für den *Lanz-Preis der Lüfte* betrug 40 000 Mark, doch es dauerte fast ein Jahr, bis sich ein geeigneter Kandidat bewarb. Währenddessen stellte Karl Lanz dem Verein für Luftschiffahrt weitere 10 000 Mark als *Ermunterungspreis zur Unterstützung deutscher Ingenieure und Erfinder* zur Verfügung; das Geld sollte die rasche Entwicklung von *Schwerer als die Luft-Flugmaschinen* vorantreiben.[79]

Als 1908 bei Echterdingen ein Zeppelin-Luftschiff bei einem Unwetter zerstört worden war, bewirkte das weit verbreitete *Zeppelinfieber*, dass sich in ganz Deutschland Initiativen zur Unterstützung der Luftschifffahrt bildeten. Kurz nach dem Unglück fand unter dem Vorsitz von Karl Lanz eine Versammlung von Ausschussmitgliedern des Deutschen Luftflottenvereins, Vertretern des Mannheimer Bürgertums und der Presse statt, die mit einem *Aufruf zur Ehrengabe des deutschen Volkes* um finanzielle Unterstützung der Zeppelin'schen Aktivitäten warb.[80]

Der tatkräftige Maschinenbau-Fabrikant beließ es jedoch nicht bei finanzieller Unterstützung aviatischer Unternehmungen. Er nahm die Konstruktion von Luftschiffen selbst in die Hand und errichtete am südlichen Rand von Rheinau, das 1913 zu einem Ortsteil Mannheims wurde, ein Werk zum Bau von Luftschiffen. Als Spezialisten holte er sich Johann Schütte, der als Professor an der Berliner Technischen Hochschule lehrte. Schütte war in der Lage, neue Ideen – was die Form und die Steuerung der Flugapparate anging – in den Luftschiffbau einzubringen, hatte er doch schon 1899 Versuche zum Strömungsverhalten für den Schiffsbau durchgeführt. Mit dieser Mannheimer Unternehmung entstand die einzige ernsthafte Konkurrenz zur Zeppelin-Produktion am Bodensee. Als Schütte übrigens seine Analyse des Echterdinger Unglücks an den Grafen nach Friedrichshafen sandte, nahm dieser sie nicht ernst. Die Produktion verschlang anfangs große Summen, und der angekündigte Termin des ersten Aufstiegs verzögerte sich stets aufs Neue. Immerhin wurde am 30. April 1910 in Anwesenheit des Großherzogs eine Luftschifftaufe vorgenommen. In seiner Rede ließ Karl Lanz erkennen, wie hoch er die Bedeutung des Projekts für

*„Taufe" des im Bau befindlichen Luftschiffs Schütte-Lanz I am 30. April 1910. Bildmitte Großherzog Friedrich II. (1857–1928) zwischen Karl Lanz (1873–1921, rechts) und Johann Heinrich Karl Schütte (1873–1940, links). Foto, 1910. Privatbesitz.*

Luftschiff-Montagehalle auf der Rheinau. Foto, um 1915. Archiv Marine-Luftschiffmuseum über Marinefliegergeschwader 3, Nordholz.

die zukünftige Luftfahrt einschätzte: *Wir sind hier vereinigt, um, so Gott will, einen neuen Abschnitt auf diesem Wege zu inaugurieren, ein Luftschiff aus der Taufe zu heben, bei welchem neue Prinzipien der Konstruktion, im Körper, in dem Motor, in der Steueranordnung binnen kurzer Zeit ihre Probe in dem unermesslichen Ozean Luft ablegen sollen.*[81]

Die Fertigstellung des neuartigen Flugobjekts lief jedoch nicht so komplikationslos wie erhofft: Erst am 17. Oktober 1911 konnte das erste Schütte-Lanz-Luftschiff seine Jungfernfahrt absolvieren. Neuartig war die Stromlinienform, die Schütte aus seinen aquanautischen Versuchen gewonnen hatte. Möglicherweise war Schütte der erste Konstrukteur, der die Bedeutung der Strömungsphysik für die Formung von Flugkörpern erkannte. Auch die durch ihn entwickelte Anbringung der Seiten- und Höhenruder in Kreuzform am hinteren Ende des Luftschiffs verbesserte entscheidend dessen Steuerung. Bereits 1914 gelang es den Mannheimer Konstrukteuren, die technische Führung im Luftschiffbau zu übernehmen. Einer der von Schütte herangezogenen Ingenieure war Franz Kruckenberg, der spätere Erfinder des 1930 gebauten Eisenbahntriebwagens *Schienenzeppelin*. Die Vorrangstellung allerdings währte nur kurze Zeit. So erwies sich die Verleimung der inneren Holzkonstruktion der Schütte-Lanz-Luftschiffe als störanfällig, weshalb permanent nach besseren Lösungen gesucht wurde.[82] Zwar hielten solche technischen Störungen die Produktion auf, gab es bisweilen auch persönliche Unstimmigkeiten sowie rechtliche und finanzielle Unklarheiten.[83] Dennoch zahlten sich die Anstrengungen aus, als sich die Heeresverwaltung des Deutschen Reichs zum Kauf des Luftschiffs SL 1 entschloss. Dies war vor allem den persönlichen Beziehungen Johann Schüttes zu verdanken, dessen Freund Paul Hossfeld sich im Reichsmarineamt unermüdlich für das Schütte-Lanz-Projekt einsetzte. Das Luftschiff SL 2 beeindruckte nach seiner Erstfahrt am 28. Februar 1914 die Berliner Entscheidungsträger in einem Maße, dass sie sogar die Zeppelinwerke aufforderten, Konstruktionsänderungen vorzunehmen, *um die Kriegstauglichkeit der Zeppeline zu erhöhen.*[84] Bis 1918 wurden sukzessive alle weiteren 21 hergestellten Exemplare vom Militär erworben, um im Ersten Weltkrieg für die Aufklärung und zum Bombenabwurf eingesetzt zu werden.

## Parteipolitik und Patriotismus

Das politische Klima im Großherzogtum Baden wirkte sich auch auf das Tagesgeschehen in den badischen Stadtgemeinden aus. Im Wesentlichen gab es drei große Richtungen: die Nationalliberale Partei, das Zentrum und die Sozialdemokratische Partei. Durch das indirekte Dreiklassenwahlrecht wurde über Jahrzehnte die nationalliberale Position gegenüber der sozialdemokratischen begünstigt, ebenso hatte die Stadtbevölkerung einen Vorteil gegenüber der ländlichen. Bis zum Ende des Kaiserreichs drückten zwei Politiker von nationaler Bedeutung Mannheim ihren Stempel auf: zum einen Ernst Bassermann, der Fraktionsführer der Nationalliberalen im Berliner Reichstag, zum anderen der Sozialdemokrat Ludwig Frank. 1874 in Nonnenweier bei Kehl geboren, war Letzterer schon während seiner Schulzeit mit sozialdemokratischen Ideen in Beruhrung gekommen. Nach seinem Studium der Rechte arbeitete er zunächst als Rechtsanwalt in der

*Zusammenkunft der Nationalliberalen Partei auf der Reißinsel. Im Vordergrund sitzend Karl und Anna Reiß. Foto, 1907/08. StadtA MA.*

*Der SPD-Vorsitzende August Bebel (1840–1913) und Ludwig Frank (1874–1914). Foto, um 1910. Ullstein-Bilderdienst.*

Mannheimer Kanzlei von Julius Loeb. Da sich seine parteipolitischen Aktivitäten zum Missfallen seines Chefs immer stärker in der Öffentlichkeit manifestierten, verließ Frank die Sozietät und machte sich 1903 selbstständig. Im Jahr 1904 wurde er in den Mannheimer Bürgerausschuss gewählt und zog 1905 in die Zweite Kammer des badischen Landtags ein. Anfang 1907 errang er das Reichstagsmandat für den Wahlkreis Mannheim als Nachfolger des verstorbenen legendären Mannheimer SPD-Führers August Dreesbach. In den örtlichen Gremien Mannheims setzte er sich stets für sozialdemokratische Belange ein, soweit dies sein Berliner Mandat zuließ.

Seit der für das Großherzogtum Baden 1904 erfolgten Änderung des Wahlrechts konnte *die Zweite Kammer 1905 zum ersten Mal nach dem allgemeinen, geheimen, gleichen und direkten Wahlrecht (allerdings nur für Männer) gewählt* werden.[85] Die lange währende Vorherrschaft der Nationalliberalen begann zu schwinden, und die sozialdemokratischen Ideen fanden immer mehr Anhänger. Nationalliberale und Sozialdemokraten verbündeten sich zeitweilig, um eine Vorrangstellung des Zentrums zu verhindern. Dieser *Großblock* war über Jahre hinweg erfolgreich. Die SPD war nunmehr auch auf Landesebene in die Sachpolitik eingebunden, was bei heiklen Entscheidungen, etwa bei der Budgetbewilligung, zu Verwerfungen führen konnte. Ludwig Frank trat dabei als Vertreter einer realpolitischen Linie auf, was ihm vor allem bei den preußischen Sozialdemokraten den Vorwurf des Revisionismus und sogar des Parteiverrats einbrachte. Deren politische Möglichkeiten blieben durch das Dreiklassenwahlrecht stark eingeschränkt. So hatten die Sozialdemokraten bei den preußischen Wahlen 1908 ein Viertel der Stimmen errungen, erhielten aber nur sechs von 440 Sitzen. Um diese offensichtliche Ungerechtigkeit zu beseitigen, zog sogar der gemäßigte Ludwig Frank das Mittel eines Massenstreiks in Erwägung und fand sich damit unverhofft an der Seite der Linken. Insgesamt jedoch stand der mitreißende Redner für eine Politik der Tat und nicht der Phrase, er war eher Pragmatiker und Nonkonformist. Seine Hauptaufgabe sah er darin, der Arbeiterklasse materielle und kulturelle Verbesserungen zu verschaffen. Dabei suchte er, die bestehenden Institutionen zu nutzen, ohne sie durch revolutionäre Aktionen zu zerstören. Seiner Auffassung nach galt es, nicht den Staat zu beseitigen, sondern den modernisierten Staat und seine Organe für die Interessen der Arbeiter wirken zu lassen: *Ist es nicht möglich durchzusetzen, dass aus Preußen und Deutschland ein moderner Staat gemacht wird und dass unsere Arbeiter, ebenso wie ihre Brüder in Westeuropa, ihren großen Kampf auskämpfen können auf dem Boden der bürgerlichen Gleichberechtigung, der Demokratie?*[86]

Auch auf Gemeindeebene begann das plutokratische Wahlsystem nun zu bröckeln. So wurde das kommunale Dreiklassenwahlrecht in Baden und damit auch in Mannheim 1910 durch ein Verhältniswahlrecht gemildert, wodurch die Sozialdemokraten ihre Repräsentanz im Bürgerausschuss verstärken konnten. Es schien nur noch eine Frage der Zeit, bis das allgemeine und gleiche Wahlrecht – jedenfalls für Männer – auch auf Kommunalebene zur Selbstverständlichkeit werden musste.

Sowohl Ernst Bassermann als auch Ludwig Frank werden in den 1914 ausbrechenden Krieg ziehen. Mit Franks Tod am 3. September 1914 im Gefecht bei Nossoncourt nahe Baccarat in Lothringen starb eine große politische Hoffnung für Mannheim und das Deutsche Reich.

## Epilog: Die „Stadt der unbegrenzten Möglichkeiten" am Vorabend des Ersten Weltkriegs

Im Jahr 1914 erschien die Quadratestadt als ein Ort gelebter Liberalität und eines sich allmählich einpendelnden Zusammenspiels der bürgerlichen Machteliten und der sich immer stärker formierenden Arbeiterbewegung, die Mannheim zur roten Hochburg Badens hatte werden lassen. Exponierte Vertreter beider Seiten betonten ihre Liebe zur Stadt an Rhein und Neckar und die großen Chancen, die sie allen Bevölkerungsschichten bot. Ludwig Frank prägte in seiner Grußadresse zum 300-jährigen Stadtjubiläum den berühmt gewordenen und gerne zitierten Satz: *Mannheim wirkt wie ein Stück junges Amerika im alten Deutschland.* Er gab aber der Stadt ein Weiteres mit auf den Weg: *Es gibt Traditionen, die keine Bleigewichte sind. Durch die Arbeit und die Arbeiter zur Freiheit und, wenn das Glück es will, zur Schönheit – so denke ich mir Mannheims Weg.*[87]

Als Paul Martin ebenfalls anlässlich des Stadtjubiläums von der *Neuen Badischen Landeszeitung* gebeten wurde, eine Glosse über die Stadt zu schreiben, reimte er sinnig:[88] *So will der Frage, was mir Mannheim sei, / ich Antwort denn,*

Zahlreiche auch überregional wahrgenommene Veranstaltungen fanden 1913 statt. Plakat, 1913. StadtA MA.

Richard Wagners „Die Meistersinger": Regisseur Hans Waag mit den Künstlern. Foto, um 1910. StadtA MA.

*wie ich sie weiß, bereiten: / Es war mir stets und ist mir täglich neu / die Stadt „der unbegrenzten Möglichkeiten!" / Das bleibe sie, so lang sie steht und lebt! / Nichts Bess'res wüßte ich ihr zu erhoffen; / denn wer das Höchste immer kühn erstrebt, / dem steht der Weg zu jedem Siege offen!*

Für Oberbürgermeister Martin schien das Jahr 1913 zum großen Höhepunkt zu werden: Die Stadt wurde in Anbetracht ihrer wirtschaftlichen Leistungsfähigkeit von einer Delegation der Amercian Society of Mechanical Engineers besucht. Am 13. Februar desselben Jahres fand zu Ehren des 70. Geburtstags von Ehrenbürger Karl Reiß ein Fackelzug von 7 000 Menschen zum Wasserturm statt.

Schließlich spielte das Theater anlässlich des 100. Geburtstags von Richard Wagner dessen sämtliche Werke – ein Ereignis, auf das der glühende Wagnerverehrer Martin seit Jahren hingearbeitet hatte und wozu eigens verbilligte Plätze für die ärmeren Bevölkerungsschichten reserviert worden waren. Doch trafen die großartigen Inszenierungen nur zum Teil den Geschmack des Publikums. Heftig erregte die Tannhäuser-Inszenierung die Gemüter, hatte sie es doch gewagt, von den Regievorschriften Wagners abzuweichen, und den Versuch unternommen, *eine dem Empfinden der Gegenwart entsprechende neuartige Auffassung zur Geltung zu bringen.* Dies rief, wie der städtische Verwaltungsbericht einräumen musste, *entrüstete Ablehnung* hervor, da *nur ein kleiner Teil des Publikums bereitwillig und zustimmend auf die Absichten des Künstlers* einging. Demselben Bericht ist zu entnehmen, dass auch das Schauspiel *bereits seit Jahren im schärfsten Feuer der Kritik stand.*[89] So schien sich Mannheim gerade in der Kontroverse um das Theater, die Kunst und die Musik zu einer lebhaften Kulturmetropole zu entwickeln, die das Image der langweiligen Arbeiter- und Industriestadt endgültig abzuschütteln verstanden hatte.

Indes, auch Martins eigenes Schicksal glich ein wenig dem von Ludwig Frank und blieb nicht frei von Tragik. Der rastlose Mann hatte sich im Amt aufgerieben und seine Gesundheit allzu kühn aufs Spiel gesetzt. Während eines Kuraufenthalts in Bad Nauheim am 13. August 1913 erlag er – völlig überraschend – einem Herzinfarkt. Am 16. August fand die Trauerkundgebung unter großer Anteilnahme der Einwohnerschaft statt. Dem klugen Kommentator seiner Zeit, dem Statistiker Sigmund Schott, ist beizupflichten, wenn er dem Amtsinhaber Martin bescheinigte, dieser wäre *aus eigenem Antrieb unablässig tätig* gewesen. Einmal mehr betonte Schott die Kunstbegeisterung des Verstorbenen, *die ihm nicht Mittel zur Unterhaltung und Zerstreuung oder als ein Gegenstand des Genusses für bestimmte Schichten, sondern als Stück Leben „so notwendig wie das tägliche Brot" galt.* [90] Sein am 3. Dezember 1913 einstimmig gewählter Nachfolger Theodor Kutzer, zuvor Oberbürgermeister in Fürth, ein nüchterner Verwaltungsfachbeamter, sah sich schon bald vor ganz andere Herausforderungen gestellt. Martins Tod wirkte wie ein symbolhaftes Vorzeichen, dass die Phase des scheinbar unablässigen Aufschwungs der Stadt, der sie zur Entfaltung von Kunst und Kultur geführt hatte – Welten, die das Mannheimer Bürgertum auch mit einem Schuss Selbstgefälligkeit genoss –, nun bald ihr abruptes Ende finden würde. So wartete das wilhelminische Kaiserreich auch in der *Stadt der unbegrenzten Möglichkeiten* alsbald auf die vielen jungen Männer, die, wie überall in Deutschland, mit patriotischem Übermut auf die grausigen, todbringenden Schlachtfelder mitten in Europa zogen.

Schmerzerfüllt teilen wir mit, dass

Herr Oberbürgermeister

**Paul Martin**

am 13. ds. Mts. in Bad Nauheim plötzlich verschieden ist.

In dankbarer Würdigung der grossen und unvergesslichen Verdienste des Verblichenen um die Stadt Mannheim haben wir beschlossen, dessen Bestattung als Angelegenheit der Stadtgemeinde zu behandeln.

Die Feuerbestattung findet am:

**Samstag, 16. August, nachmittags 4 Uhr**

im hiesigen Krematorium statt.

Wir laden hiermit zur Beteiligung an der Leichenfeier ein.

Die Vorstände der Korporationen und Vereine, welche sich als solche zu beteiligen beabsichtigen, bitten wir mit umflorter Fahne zu erscheinen und sich bis spätestens

**Freitag, den 15. August ds. Js., abends 6 Uhr**

bei dem Sekretariat des Oberbürgermeisters — Rathaus N 1, II. Stock, Zimmer No. 5 anzumelden.

Nach besonderer letztwilliger Verfügung des Verstorbenen sollen bei der Bestattuug keinerlei Ansprachen gehalten werden.

MANNHEIM, den 14. August 1913.

**Der Stadtrat:**

Ritter. Schilling.

Todesanzeige für Paul Martin. „Generalanzeiger" vom 14. August 1913. StadtA MA.

## Anmerkungen

1 K. Scheffler (1908) S. 240. Eine zweite Auflage erschien 1925.
2 E. Carlotta (1907) S. 9.
3 E. v. Hollander, Erinnerungen IV (1920).
4 Verwaltungsbericht 1908 S. 12.
5 Ebd.
6 Vgl. zu den Verhandlungen über die Gründung der OEG ausführlicher D. Schott, Vernetzung (1999) S. 506–513.
7 Siehe den Beitrag von D. Schott in diesem Band S. 530 ff.
8 Generalanzeiger 29.10.1910, S. 4.
9 Generalanzeiger 1.11.1910, S. 3.
10 F. Wichert (1908) S. 2.
11 Vgl. E. Biram (1919) S. 46. Birams Dissertation war 1913 fertiggestellt, konnte aber erst nach dem Ende des Ersten Weltkriegs erscheinen.
12 StadtA MA, Nachlass Fritz Wichert, Zug. 22/1980, Nr. 1415. Vgl. auch Kunst für alle! (2003); I. Herold, Fritz Wichert (2007).
13 E. Biram (1919) S. 53. Vgl. auch B. Lange (1992).
14 E. Biram (1919) S. 58.
15 F. Wichert (1912).
16 E. Biram (1919) S. 51.
17 Vgl. J.E. Howoldt (1982).
18 Jahresbericht des Arbeiter-Sekretariats (1914) S. 3.
19 StadtA MA, Stadtratsprotokoll 1902, Nr. 7596.
20 Vgl. J.E. Howoldt (1982) S. 76–80.
21 Vgl. E. Biram (1919) S. 58.
22 Kunsthalle Mannheim Inv. Nr. 338 und 337.
23 Vgl. A. Haller (2005).
24 Berliner Morgenzeitung 3.4.1913, zitiert nach: J.W. Storck (1994) S. 17f.
25 Zu Herbert Tannenbaum als Filmtheoretiker vgl. H.H. Diederichs (1987).
26 Zitiert nach F. Welto (1949) S. 149.
27 Brief vom 15.7.1913 an C. Rehorst, zitiert nach: J.E. Howoldt (1982) S. 145.
28 Vgl. A. Haller (2005) S. 164. Der vollständige Titel der Dissertation von Emilie Altenloh lautet: Zur Soziologie des Kino. Die Kinounternehmung und die sozialen Schichten ihrer Besucher.
29 A. Pfeiff (2004) S. 109. Vgl. diese Arbeit auch zum Folgenden
30 F. Walter (1949) S. 111.
31 Zu Geschichte und Funktion des Bezirksamts vgl. A. Neckenauer (2000).
32 Vgl. M. Ryll (1996).
33 Vgl. Schack (2000) S. 29f.
34 Vgl. Ch. Präger (2001) S. 35–37.
35 E. v. Hollander, Erinnerungen VI (1920).
36 Vgl. A. Hedström (1994).
37 Vgl. A.W. Bauer (2002) S. 20–34.
38 F. Walter (1949) S. 124. Vgl. auch A. Schenk (2002) S. 18-24.
39 M. Ruhland (1999) S. 184.
40 Vgl. die Zusammenstellung bei H. Heckel (1959) S. 29 f. und A. Noll (1985) S. 140 f.
41 Vgl. U. Nieß (1997) S. 142 f. Zum „Mannheimer Schulsystem" siehe auch den Beitrag von D. Schott in diesem Band S. 556 ff.
42 A. Speer (1970) S. 20.
43 Vgl. J. Schadt (1993).
44 L. Jacob (1985) S. 21.
45 Ebd. S. 45.
46 Vgl. A.-M. Lindemann (1986) S. 115–117.
47 Jahresbericht des Arbeiter-Sekretariats (1912) S. 5.
48 E. v. Hollander, Erinnerungen XI (1920).
49 Vgl. U. Wennemuth (1996) S. 149. Vgl. auch Adressbuch 1910.
50 U. Wennemuth (1996) S. 170–173, 228–230. Vgl. auch E. Lorenz (1987).
51 U. Wennemuth (1996) S. 181.
52 Zitiert nach O. Böcher (1996) S. 60.
53 Vgl. H. Wäldin (1961) S. 32.
54 Vgl. C.B. Heller/W. Glüber (1996) S. 123 f.
55 U. Wennemuth (1996) S. 199.
56 Vgl. K.A. Straub (1957) S. 102.
57 Vgl. A. Gillen, Joseph Bauer (2002).
58 Vgl. M. Caroli (1999) S. 37.
59 Vgl. R. Albert (2005) S. 47–53.
60 Ebd. S. 65 f.
61 K.A. Straub (1957) S. 107.
62 Vgl. W. Wolf-Holzäpfel (1999) S. 37 sowie A. Schenk (2002) S. 89 f.
63 Vgl. Freireligiöse Gemeinde (1995) S. 16.
64 Vgl. Alt-Katholische Gemeinde (1994) S. 9, S. 33.
65 E. von Hollander, Erinnerungen XI (1920).
66 Siehe den Beitrag von D. Schott in diesem Band S. 585 ff.
67 Vgl. Verwaltungsbericht 1913 S. 244–247.
68 Zur Familiengenealogie grundlegend F. Teutsch (1996) S. 56 f.
69 Verwaltungsbericht 1911 S. 235; für die Einzelbeträge vgl ebd. Ehrentafel Nr. I.
70 In der NS-Zeit wurde die Eduard-und-Rosalie-Traumann-Stiftung in *Stipendien- und Wohlfahrtsstiftung* umbenannt, was auch nach 1945 nicht revidiert wurde, vgl. StadtA MA, Hauptverwaltung, Zug. 37/1980, Nr. 722 und 723.
71 Vgl. A. Gillen, Carl Reiß (2002).
72 StadtA MA, Bildsammlung, Album 64, darin Zeitungsausschnitt.
73 StadtA MA, ZGS, S 1/2300.
74 Zitiert nach B. Becker, Julia Lanz (2002) S. 81.
75 Vgl. T. Möllmer (2007) S. 148–154.
76 Neue Mannheimer Zeitung 8.11.1928; der Bericht bezieht sich auf die am 19. November stattfindende Versteigerung im Auktionshaus Paul Grape in Berlin.
77 Deutsche Kunst Darmstadt (1918) S. 7.
78 Generalanzeiger 10.3.1910.
79 Nachruf auf Karl Lanz, Generalanzeiger 18.7.1921.
80 Vgl. Verwaltungsbericht 1908 S. 310.
81 Generalanzeiger 30.4.1910.
82 Vgl. J. Schaier (2005).
83 Vgl. D. Haaland (1987) S. 211. Vgl. auch L. Friedrich (1999).
84 A. v. Seggern (2001) S. 23.
85 K.O. Watzinger (1995) S. 85.
86 Protokoll Parteitag der SPD, zitiert nach: K.O. Watzinger (1995) S. 38.

87 Zitiert nach ebd. S. 105.
88 Neue Badische Landeszeitung 31.5.1907, hier zitiert nach StadtA MA, S 1/504.
89 Verwaltungsbericht 1913 S. 147.
90 Ebd. S. 249.

## Abkürzungen

Die im Folgenden aufgelisteten Abkürzungen sind verbindlich. Ansonsten sind Abkürzungen des DUDEN verwendet.

| | |
|---|---|
| ebd. | ebenda |
| GHAM | Geheimes Hausarchiv München |
| GLA KA | Generallandesarchiv Karlsruhe |
| Hg. | Herausgeber |
| hg. | herausgegeben |
| Kl. Erw. | Kleine Erwerbungen |
| KMH | Kurpfälzisches Museum Heidelberg |
| MGBl | Mannheimer Geschichtsblätter |
| MH | Mannheimer Hefte |
| NF | Neue Folge |
| o. J. | ohne Jahr |
| o. O. | ohne Ort |
| REM | Reiss-Engelhorn-Museen Mannheim |
| S. | Seite |
| Sp. | Spalte |
| StA | Staatsarchiv |
| StadtA | Stadtarchiv |
| StadtA KA | Stadtarchiv Karlsruhe |
| StadtA MA | Stadtarchiv Mannheim |
| ZGO | Zeitschrift für die Geschichte des Oberrheins |
| Zug. | Zugang |

# Literatur und gedruckte Quellen


Adress-Buch der Handels- und Gewerbsleute in Mannheim. Mannheim 1840. <Adress-Buch Handels- und Gewerbsleute (1840)>

Albert, Reiner: Der Caritasverband Mannheim und seine Geschichte (Quellen und Darstellungen zur Mannheimer Stadtgeschichte 9). Ostfildern 2005. <R. Albert (2005)>

120 Jahre Alt-Katholische Gemeinde in der Schlosskirche Mannheim. Festschrift hg. von der Alt-Katholischen Kirchengemeinde Mannheim. Mannheim 1994. <Alt-Katholische Gemeinde (1994)>

Andreas, Willy: Geschichte der badischen Verwaltungsorganisation und Verfassung in den Jahren 1802–1818. Bd. 1: Der Aufbau des Staates im Zusammenhang der allgemeinen Politik. Leipzig 1913. <W. Andreas (1913)>

Andrian-Werburg, Irmtraud Freifrau von: Das Germanische Nationalmuseum – Gründung und Frühzeit (Begleitheft zur Ausstellung im Germanischen Nationalmuseum). Nürnberg 2002. <I. Freifrau v. Andrian-Werburg (2002)>

Angermann, Erich: Karl Mathy als Sozial- und Wirtschaftspolitiker (1842–1848). München 1952. <E. Angermann (1952)>

Arnscheidt, Grit: Eine russische Parade auf dem Theaterplatz. Zum Besuch des Zaren Alexander I. in Mannheim im Jahre 1815. In: Badische Heimat 62 (1982), S. 229–237. <G. Arnscheidt (1982)>

Arnscheidt, Grit: Das erste Dampfboot auf dem Oberrhein – die „Strom-Untersuchungs-Reise" des Jahres 1825 und ihre Bedeutung für Mannheim. In: MH (1990), S. 38–50. <G. Arnscheidt (1990)>

Arnscheidt, Grit: Mannheim und der badische Thronwechsel von 1830. Zu einer Neuerwerbung des Reiß-Museums Mannheim. In: Badische Heimat 79 (1999), S. 48–57. <G. Arnscheidt (1999)>

Arnscheidt, Grit: Die Einweihung des Industriehafens. In: Schraut, Sylvia/Illing, Margit (Hg.): Mannheim 1707 – 1807 – 1907. Eine Stadt feiert sich selbst. Kulturgeschichtliche Facetten kommunaler Repräsentation (Sonderveröffentlichung des Stadtarchivs Mannheim – Institut für Stadtgeschichte 34). Mannheim 2007, S. 123–127. <G. Arnscheidt (2007)>

Asche, Susanne: Residenzstadt – Bürgerstadt – Großstadt. Auf dem Weg von der Residenz zum Industrie- und Verwaltungszentrum 1806–1914. In: Karlsruhe. Die Stadtgeschichte. Hg. von der Stadt Karlsruhe – Stadtarchiv. Karlsruhe 1998, S. 191–355. <S. Asche (1998)>

Baader, Franz von: Handbuch für Reisende nach Mannheim, Heidelberg und Schwetzingen. Heidelberg 1843. <F. v. Baader (1843)>

Barthel, Manfred/Lingnau, Gerold: 100 Jahre Daimler-Benz. Die Technik. Mainz 1986. <M. Barthel/G. Lingnau (1986)>

Bassermann, Friedrich Daniel: Denkwürdigkeiten 1811–1855. Frankfurt a.M. 1926. <F.D. Bassermann (1926)>

Batzer, Ernst: Die Feier der Völkerschlacht bei Leipzig in Mannheim im Jahre 1814. In: MGBl 22 (1921), Sp. 209–211. <E. Batzer (1921)>

Bauer, Axel W. Vom Nothaus zum Mannheimer Universitätsklinikum. Krankenversorgung, Lehre und Forschung im medizinhistorischen Rückblick. Ubstadt-Weiher 2002. <A.W. Bauer (2002)>

Baumann, Kurt: Kronprinz Ludwig von Bayern und die Oberrheinlande 1809–1819. In: Abhandlungen zur saarpfälzischen Landes- und Volksforschung 1 (1937), S. 155–172. <K. Baumann (1937)>

Bayer, Tilde: Minderheit im städtischen Raum. Sozialgeschichte der Juden in Mannheim während der 1. Hälfte des 19. Jahrhunderts (Quellen und Darstellungen zur Mannheimer Stadtgeschichte 6). Stuttgart 2001. <T. Bayer (2001)>

Bayer, Tilde: „... lieber Herr Prinzipal ...“: Arbeiterbriefe aus dem Jahr 1895. In: MGBl NF 9 (2002), S. 251–259. <T. Bayer (2002)>

Becht, Hans-Peter: Die badische zweite Kammer und ihre Mitglieder, 1819 bis 1841/42. Untersuchungen zu Struktur und Funktionsweise eines frühen deutschen Parlamentes. Diss. Heidelberg 1985. <H.-P. Becht (1985)>

Becht, Hans-Peter: „... alle Klassen der Gesellschaft lieferten ihr Kontingent“. Überlegungen zur sozialen Basis der revolutionären Bewegungen in Baden 1848/49. In: Rehm, Clemens/Becht, Hans-Peter/Hochstuhl, Kurt (Hg.): Baden 1848/49. Bewältigung und Nachwirkung einer Revolution. Stuttgart 2002, S. 21–50. <H.-P. Becht (2002)>

Beck, Otto: Gutachten über den Vorschlag einer Vereinigung der Gemeinde Käferthal mit der Stadtgemeinde Mannheim. Mannheim 1892. <O. Beck, Käferthal (1892)>

Beck, Otto: Antrag an den Stadtrath der Hauptstadt Mannheim die Vereinigung der Friesenheimer Rheininsel mit der Gemarkung Mannheim betreffend. Mannheim 1893. <O. Beck, Friesenheimer Rheininsel (1893)>

Beck, Otto: Die Wohnungsfrage mit besonderer Berücksichtigung der Mannheimer Verhältnisse. Denkschrift an den Stadtrath der Hauptstadt Mannheim. Mannheim 1897. <O. Beck, Wohnungsfrage (1897)>

Beck, Otto: Denkschrift des Oberbürgermeisters Beck an den Stadtrath der Hauptstadt Mannheim betreffend die Einverleibung der Gemeinde Neckarau in die Stadtgemeinde Mannheim. Mannheim 1898. <O. Beck, Neckarau (1898)>

Beck, Otto: Die Einverleibung des Rheinaugebietes in die Stadtgemeinde Mannheim. Denkschrift des Oberbürgermeisters Beck an den Stadtrath der Hauptstadt Mannheim November 1904. Mannheim 1904. <O. Beck, Rheinaugebiet (1904)>

Beck, Otto: Die Tätigkeit der bürgerlichen Kollegien. In: Mannheim in Vergangenheit und Gegenwart. Bd. 3: Mannheim seit der Gründung des Reiches (1871–1907). Im Auftrag des Stadtrates dargestellt vom Statistischen Amt (Schriftleitung Sigmund Schott). Mannheim 1907, S. 103–162. <O. Beck (1907)>

Becker, Barbara: „In Mannheim habe ich an so viel Hübsche(s) und Schöne(s) zu denken ...“. Johannes Brahms in Mannheim. In: MGBl NF 4 (1997), S. 475–493. <B. Becker (1997)>

Becker, Barbara: Carl Ladenburg (1827–1909). In: Nieß, Ulrich/Caroli , Michael (Hg.): Die höchste Auszeichnung der Stadt. 42 Mannheimer Ehrenbürger im Porträt (Kleine Schriften des Stadtarchivs Mannheim 18). Mannheim 2002, S. 70–73. <B. Becker, Carl Ladenburg (2002)>

Becker, Barbara: Julia Lanz (1843-1926). In: Nieß, Ulrich/Caroli , Michael (Hg.): Die höchste Auszeichnung der Stadt. 42 Mannheimer Ehrenbürger im Porträt (Kleine Schriften des Stadtarchivs Mannheim 18). Mannheim 2002, S. 81–85. <B. Becker, Julia Lanz (2002)>

Becker, Josef: Der badische Kulturkampf und die Problematik des Liberalismus. In: Badische Geschichte. Vom Großherzogtum bis zur Gegenwart. Hg. von der Landeszentrale für politische Bildung Baden-Württemberg. Stuttgart 1979, S. 86–102. <J. Becker (1979)>

Beierbach, Herbert: Vom Quadrat B 3 zum Goetheplatz. In: Homering, Liselotte/Welck, Karin von (Hg.): Mannheim und sein Nationaltheater. Menschen – Geschichte(n) – Perspektiven. Begleithandbuch zur theatergeschichtlichen Dauerausstellung des Reiß-Museums „Mannheim und sein Nationaltheater – Bretter, die die Welt bedeuten“ (Schriften zur Mannheimer Theater- und Musikgeschichte 1). Mannheim 1998, S. 368–383. <H. Beierbach (1998)>

Benz & Cie. Zum 150. Geburtstag von Karl Benz. Hg. von der Mercedes-Benz AG. Stuttgart 1994. <Benz (1994)>

Benz, Carl: Lebensfahrt eines deutschen Erfinders. Meine Erinnerungen. München/Berlin 2001. <C. Benz (2001)>

Binder, Hans-Otto: Staat und Kirche nach der Säkularisation. Die Organisation der „Geistlichen Angelegenheiten" in Baden und Württemberg. In: Himmelein, Volker/Rudolf, Hans Ulrich (Hg.): Alte Klöster - Neue Herren. Die Säkularisation im deutschen Südwesten 1803. Bd. 2, Teil 2: Rudolf, Hans Ulrich (Hg.): Die Mediatisierung. Auswirkung von Säkularisation und Mediatisierung. Ostfildern 2003, S. 1173–1192. <H.-O. Binder (2003)>

Biram, Else: Die Industriestadt als Boden neuer Kunstentwicklung (Schriften zur Soziologie der Kultur 4). Jena 1919. <E. Biram (1919)>

Blastenbrei, Peter: Die Wahlen von 1848 und 1853 in Mannheim. In: ZGO 143 (1995), S. 269–286. <P. Blastenbrei (1995)>

Blastenbrei, Peter: Mannheim in der Revolution 1848/49 (Kleine Schriften des Stadtarchivs Mannheim 10). Mannheim 1997. <P. Blastenbrei (1997)>

Blaul, Friedrich: Mannheim, ein kleines Paris! 1839. Mannheim 2000. <F. Blaul (2000)>

Blaustein, Arthur (Hg.): Die Handelskammer Mannheim und ihre Vorläufer 1728–1928. Mannheim 1928. <A. Blaustein (1928)>

Blos, Wilhelm: Mannheimer Erinnerungen an 1866. In: Alles für das Volk, alles durch das Volk. Dokumente zur demokratischen Bewegung in Mannheim 1848–1948. Ausgewählt und bearbeitet von Jörg Schadt (Sonderveröffentlichung des Stadtarchivs Mannheim 1). Stuttgart 1977, S. 49–57. <W. Blos (1977)>

Blum, Lily: Staatsminister August Lamey. Ein badischer Politiker der Reichsgründungszeit. Heidelberg 1934. <L. Blum (1934)>

Böcher, Otto: Evangelischer Kirchenbau im Zeichen des „Wiesbadener Programms". In: Ernst Riegel. Goldschmied zwischen Historismus und Werkbund. Ausstellungskatalog bearbeitet von Carl Benno Heller und Wolfgang Glüber. Heidelberg 1996, S. 58–70. <O. Böcher (1996)>

Böhm, Ludwig: Carl und Anna Reiß. In: MH (1954), S. 16–20. <L. Böhm (1954)>

Bräunche, Ernst Otto/Steck, Volker (Hg.): Sport in Karlsruhe von den Anfängen bis heute (Veröffentlichungen des Karlsruher Stadtarchivs 28). Karlsruhe 2006. <E.O. Bräunche/V. Steck (2006)>

Bräutigam, Kurt: Woher hat die „Filzbach" ihren Namen? In: MGBl 40 (1939), S. 8. <K. Bräutigam (1939)>

Johannes Brahms. Briefwechsel mit dem Mannheimer Bankprokuristen Wilhelm Lindeck 1872–1882. Bearbeitet von Michael Martin (Sonderveröffentlichung des Stadtarchivs Mannheim 6). Heidelberg 1983. <Brahms Briefwechsel (1983)>

Brandt, Harm-Hinrich: Der österreichische Neoabsolutismus. Staatsfinanzen und Politik 1848–1860. Teil 1–2 (Schriftenreihe der Historischen Kommission bei der Bayerischen Akademie der Wissenschaften 15, 1–2). Göttingen 1978. <H.-H. Brandt (1978)>

Braun, Karl-Heinz: Hermann von Vicari und die Erzbischofswahlen in Baden. Ein Beitrag zu seiner Biographie (Forschungen zur oberrheinischen Landesgeschichte 35). Freiburg i.Br. 1990. <K.-H. Braun (1990)>

Breunig, Willi: Vom Handelsplatz zum Industriestandort. Gründung und Entwicklung Ludwigshafens 1843–1870. In: Mörz, Stefan/Becker, Klaus Jürgen (Hg.): Geschichte der Stadt Ludwigshafen am Rhein. Bd. 1: Von den Anfängen bis zum Ende des Ersten Weltkrieges. Ludwigshafen a.Rh. 2003, S. 265–363. <W. Breunig (2003)>

Brömmer, Jürgen: Geschichte des Mannheimer Kunstvereins von der Gründung 1833 bis in die Zeit nach dem Zweiten Weltkrieg. In: Brömmer, Jürgen (Hg.): Bilder von nah und fern. 160 Jahre Mannheimer Kunstverein. Mannheim 1993, S. 19–166. <J. Brömmer (1993)>

Brudzynska-Nemec, Gabriela: Polenvereine in Baden. Hilfeleistung süddeutscher Liberaler für die polnischen Freiheitskämpfer 1831–1832. Heidelberg 2006. <G. Brudzynska-Nemec (2006)>

Büchert, Stephanie: Lebensmittelhygiene in Mannheim von 1871–1914. Mannheim 1997. <St. Büchert (1997)>

Bühn, Karl: 25 Jahre Mannheimer Rasensport. Denkschrift zum 25jährigen Jubiläum des Vereins für Rasenspiele Mannheim e.V. Mannheim 1921. <K. Bühn (1921)>

Eine Camera obscura der Großherzogin Stephanie. In: MGBl 28 (1927), Sp. 174. <Camera obscura (1927)>

Carlotta, Emil: Der Welthandel in Bildern. Der Rhein und seine Lande. Jubiläums-Ausgabe. Berlin 1907. <E. Carlotta (1907)>

Caro, Heinrich: Über die Entwicklung der chemischen Industrie von Mannheim-Ludwigshafen a.Rh. Sonderausgabe der Zeitschrift für angewandte Chemie 37 (1904). <H. Caro (1904)>

Caroli, Michael: Fin de siècle oder Aufbruch zu neuen Ufern? In: Caroli, Michael/Teutsch, Friedrich: Mannheim im Aufbruch. Die Stadt an der Wende vom 19. zum 20. Jahrhundert. (Kleine Schriften des Stadtarchivs Mannheim 13). Mannheim 1999, S. 11-63. <M. Caroli (1999)>

Caroli, Michael: Anton Stabel (1806–1880). In: Nieß, Ulrich/Caroli, Michael (Hg.): Die höchste Auszeichnung der Stadt. 42 Mannheimer Ehrenbürger im Porträt (Kleine Schriften des Stadtarchivs Mannheim 18). Mannheim 2002, S. 44–46. <M. Caroli, Anton Stabel (2002)>

Caroli, Michael: August Lamey (1816–1896). In: Nieß, Ulrich/Caroli, Michael (Hg.): Die höchste Auszeichnung der Stadt. 42 Mannheimer Ehrenbürger im Porträt (Kleine Schriften des Stadtarchivs Mannheim 18). Mannheim 2002, S. 50–53. <M. Caroli, August Lamey (2002)>

Caroli, Michael: Sigmund Schott (1868-1953). In: Nieß, Ulrich/Caroli, Michael (Hg.): Die höchste Auszeichnung der Stadt. 42 Mannheimer Ehrenbürger im Porträt (Kleine Schriften des Stadtarchivs Mannheim 18). Mannheim 2002, S. 108–112. <M. Caroli, Sigmund Schott (2002)>

Charakter und Verlauf der Neuen Ära in Baden. In: Historisch-politische Blätter für das katholische Deutschland 54 (1864), S. 748–784, 843–886. <Charakter (1864)>

Chezy, Helmina: Handbuch für Reisende nach Heidelberg und seine Umgebungen, nach Mannheim, Schwetzingen, dem Odenwalde und dem Neckarthale. Heidelberg 1815. <H. Chezy (1815)>

Christ, Gustav: Die Aufhebung der städtischen Verfassung im Jahre 1804. In: MGBl 5 (1904), Sp. 111–113, 205–210. <G. Christ (1904)>

Christ, Gustav: Die Mannheimer Gerichte seit dem Lüneviller Frieden 1801–1907. Mannheim 1907. <G. Christ (1907)>

Chronik der Hauptstadt Mannheim für das Jahr 1900. Mannheim 1901. <Chronik (1901)>

Chronik zum 100jährigen Jubiläum. Ressource-Gesellschaft Mannheim 1829–1929. Mannheim 1929. <Chronik Ressource-Gesellschaft (1929)>

Cussnick, Franziska: Die Mannheimer Kulturförderin Bertha Hirsch. In: Mannheim-Archiv, Bl. 04232 o.J. <F. Cussnick (o.J.)>

Daul, A. : Tagebuch eines politischen Flüchtlings während des Freiheitskampfes in der Rheinpfalz und in Baden. St. Gallen 1849. <A. Daul (1849)>

Der Rhein-Neckar-Raum und die Revolution von 1848/49. Revolutionäre und ihre Gegenspieler. Hg. vom Arbeitskreis der Archive im Rhein-Neckar-Dreieck. Ubstadt-Weiher 1998. <Der Rhein-Neckar-Raum und die Revolution (1998)>

Deuchert, Norbert: Vom Hambacher Fest zur badischen Revolution. Politische Presse und Anfänge deutscher Demokratie 1832–1848/49 (Sonderveröffentlichung des Stadtarchivs Mannheim 5). Stuttgart 1983. <N. Deuchert (1983)>

Deutsche Kunst - Darmstadt 1918. Illustrierter Katalog. Städtisches Ausstellungsgebäude Mathildenhöhe. Darmstadt 1918. <Deutsche Kunst Darmstadt (1918)>

Diederichs, Helmut H.: Der Filmtheoretiker Herbert Tannenbaum (Kinematograph 4). Frankfurt a.M. 1987. <H.H. Diederichs (1987)>

Doeberl, Michael: Bayern und Deutschland, Teil 3: Bayern und das preußische Unionsprojekt. München/Berlin 1926. <M. Doeberl (1926)>

Dorneich, Julius: Der Kirchenkampf im Baden (1860–1876) und die katholische Gegenbewegung. In: Freiburger Diözesan-Archiv 94 (1974), S. 574–588. <J. Dorneich (1974)>

Dorsch, Rudi: Die Gründung der Sparkasse Mannheim. In: MGBl NF 4 (1997), S. 463–473. <R. Dorsch (1997)>

Dreizehn Petitionen vieler Bürger der Stadt Mannheim an die Hohe Zweite Kammer der Landstände. Mannheim 1848. <Dreizehn Petitionen (1848)>

Drös, Hugo: Festschrift zur Feier des 50-jährigen Bestehens der Spinoza-Loge Nr. 5 von Baden e.V. in Mannheim. Mannheim 1927. <H. Drös (1927)>

Ebner, Karl: Autochthone Malaria. Eine geschichtliche und epidemiologische Betrachtung mit besonderer Berücksichtigung der Stadt Mannheim. Heidelberg 1947 (Unveröffentlichtes Manuskript, StadtA MA, Kl. Erw., Nr. 45.). <K. Ebner (1947)>

Eckhard, Carl: Erinnerungen aus meinem Leben. Mannheim 1908. <C. Eckhard (1908)>

Ehrhart, Franz Josef: Parteigeschichtliches aus Mannheim. o.O. 1906. <F.J. Ehrhart (1906)>

Einhaus, Hermann: Franz von Roggenbach. Ein badischer Staatsminister zwischen deutschen Whigs und liberaler Kamarilla. Frankfurt a.M. u.a. 1991. <H. Einhaus (1991)>

Einrichtung der Armenanstalt zu Mannheim. Mannheim 1807. <Einrichtung (1807)>

Der Einzug des Kurprinzen Karl und der Kurprinzessin Stephanie in Mannheim 1806. In: MGBl 7 (1906), Sp. 141–151. <Einzug (1906)>

Eisenlohr, Moritz: Bebauungsplan und Bauordnung. In: Mannheim in Vergangenheit und Gegenwart. Bd. 3: Mannheim seit der Gründung des Reiches (1871–1907). Im Auftrag des Stadtrates dargestellt vom Statistischen Amt (Schriftleitung Sigmund Schott). Mannheim 1907, S. 193–205. <M. Eisenlohr (1907)>

Eisenlohr, Moritz: Die Flußkorrektion bei Mannheim und deren Einwirkung auf die Entwicklung der Stadt. In: Jahrbuch der Hafenbautechnischen Gesellschaft 4 (1921), S. 220–267. <M. Eisenlohr (1921)>

Ellrich, Hartmut: Vom kurfürstlichen Residenzschloss bis zum großherzoglich-badischen Witwensitz: Das Mannheimer Schloss von 1778 bis 1860. In: MGBl NF 11 (2004), S. 175–212. <H. Ellrich (2004)>

Emmerich Josef von Dalberg und der Plan einer Wiederbelebung der Mannheimer Kunstakademie 1805. In: MGBl 11 (1910), Sp. 186–187. <Emmerich Josef von Dalberg (1910)>

Engehausen, Frank: Heinrich von Feder. Der politische Werdegang eines badischen Demokraten im 19. Jahrhundert (Kleine Schriften des Stadtarchivs Mannheim 7). Mannheim 1997. <F. Engehausen (1997)>

Engeli, Christian: Die Großstadt um 1900. Wahrnehmungen und Wirkungen in Literatur, Kunst, Wissenschaft und Politik. In: Zimmermann, Clemens/Reulecke, Jürgen (Hg.): Die Stadt als Moloch? Das Land als Kraftquell? Wahrnehmungen und Wirkungen der Großstädte um 1900. Basel/ Boston/ Berlin 1999, S. 21–51. <Ch. Engeli (1999)>

Enzweiler, Hans-Jürgen: Gut Ding will Weile haben, Teil 4: Der Bau der ersten badischen Bahnstrecke von Mannheim nach Heidelberg 1838–1840 – Probestrecke oder Spazierfahrt? In: Eisenbahn-Fieber. Badens Aufbruch ins Eisenbahnzeitalter. Hg. vom Landesmuseum für Technik und Arbeit in Mannheim u.a. Ubstadt-Weiher 1990, S. 98–115. <H.-J. Enzweiler (1990)>

Erbauung eines städtischen Elektrizitätswerks. Mannheim 1896. <Erbauung (1896)>

Erdmannsdörfer, Bernhard: Politische Correspondenz Karl Friedrichs von Baden 1783–1806. Bd. 4: 1801–1804. Heidelberg 1896. <B. Erdmannsdörfer (1896)>

Zur Erinnerung an die Eröffnung der neuen Mannheimer Hafenanstalten am 15. August 1875. o.O. 1875. <Erinnerung (1875)>

Faber, Karl-Georg: Deutsche Geschichte im 19. Jahrhundert. Restauration und Revolution von 1815 bis 1851 (Handbuch der deutschen Geschichte 3, 1b). Wiesbaden 1979. <K.-G. Faber (1979)>

Facius, Friedrich: Badische Häfen am Oberrhein und Bodensee in der Frühzeit der Dampfschiffahrt. Grundlagen und Entwicklungstendenzen 1800–1840. In: Aus Stadt- und Wirtschaftsgeschichte Südwestdeutschlands. Festschrift für Erich Maschke zum 75. Geburtstag. Stuttgart 1975, S. 207–236. <F. Facius (1975)>

Facius, Friedrich: Die Mannheimer Hafenanlagen im 19. und 20. Jahrhundert. Entstehung – Entwicklung – Ausbau. In: Badische Heimat 62 (1982), S. 181–189. <F. Facius (1982)>

Fambach, Oscar: Das Repertorium des Hof- und Nationaltheaters in Mannheim 1804–1832. Bonn 1980. <O. Fambach (1980)>

Feder, Heinrich von: Geschichte der Stadt Mannheim. Bd. 2: 1. Hälfte des 19. Jahrhunderts. Mannheim/Straßburg 1877. <H. v. Feder (1877) Bd. 2>

Die Feier des ersten Gründungs-Festes der deutschkatholischen Gemeinde Mannheim, Sonntag, den 16. August 1846. Hg. von Carl Scholl. Basel 1846. <Feier der deutschkatholischen Gemeinde (1846)>

Feier der ersten Anwesenheit Ihrer Königlichen Hoheiten des Großherzogs Leopold und der Frau Großherzogin Sophie in Mannheim. Mannheim 1830. <Feier der ersten Anwesenheit Ihrer Königlichen Hoheiten (1830)>

Fenske, Hans: Der liberale Südwesten. Freiheitliche und demokratische Traditionen in Baden und Württemberg 1790–1933 (Schriften zur politischen Landeskunde Baden-Württembergs 5). Stuttgart 1981. <H. Fenske (1981)>

Fenske, Hans: Baden zwischen 1830 und 1860. In: Schwarzmaier, Hansmartin u.a. (Hg.): Handbuch der baden-württembergischen Geschichte. Hg. im Auftrag der Kommission für geschichtliche Landeskunde in Baden-Württemberg. Bd. 3: Vom Ende des alten Reiches bis zum Ende der Monarchien. Stuttgart 1992, S. 79–132. <H. Fenske (1992)>

Das Fest der freien Presse zu Weinheim an der Bergstrasse, gefeiert von Männern aus Baden, aus den beiden Hessen, Baiern, Frankfurt und von einigen Polen und Griechen etc., am 1. April 1832. Beschrieben von einem Augenzeugen. Heidelberg 1832. <Fest der freien Presse (1832)>

Festschrift zur Feier des 50jährigen Jubiläums des Turnverein Mannheim im Juli 1896. Mannheim 1896. <Festschrift Turnverein Mannheim (1896)>

Feudenheim. Illustrierte Geschichte eines Mannheimer Vorortes. Bearbeitet von der Geschichtswerkstatt Feudenheim unter Leitung von Michael Caroli. Mannheim 1991. <Feudenheim (1991)>

Feudenheim. Illustrierte Geschichte eines Mannheimer Vorortes. Bearbeitet von der Geschichtswerkstatt Feudenheim unter Leitung von Michael Caroli. 2. Aufl. Mannheim 1992. <Feudenheim (1992)>

Feyer des achtzehnten und neunzehnten Octobers 1814 in Mannheim. Mannheim [1814]. <Feyer (1814)>

Fickler, Karl Borromäus Aloys: Chronik der Stadt Mannheim 1863. StadtA MA, Kl. Erw., Nr. 37,1. <K.B.A. Fickler (1863)>

Fickler, Karl Borromäus Aloys: Chronik der Stadt Mannheim 1864. StadtA MA, Kl. Erw., Nr. 37,2. <K.B.A. Fickler (1864)>

Fickler, Karl Borromäus Aloys: Chronik der Stadt Mannheim 1865. StadtA MA, Kl. Erw., Nr. 37,3. <K.B.A. Fickler (1865)>

Fickler, Karl Borromäus Aloys: Chronik der Stadt Mannheim 1866. StadtA MA, Kl. Erw., Nr. 37,4. <K.B.A. Fickler (1866)>

Fiedler, Siegfried: Das Militärwesen Badens zur Zeit Napoleons. In: Baden und Württemberg im Zeitalter Napoleons. Bd. 2: Aufsätze. Hg. vom Württembergischen Landesmuseum Stuttgart. Stuttgart 1987, S. 255–276. <S. Fiedler (1987)>

Fink, Ernst Friedrich: Die badische Generalsynode von 1861 und ihre Bezeichnung. Karlsruhe 1861. <E.F. Fink (1861)>

Fischer, Friedrich: Die öffentliche Meinung in Baden während der italienischen Krise 1859 und in der anschließenden Diskussion um die Bundesreform bis 1861. Berlin 1979. <F. Fischer (1979)>

Fischer, Gerhard: Vom „Chemischen Laboratorium mit Drogenhandlung" zur Boehringer Mannheim GmbH. Mannheim 1980. <G. Fischer (1980)>

Fischer, Wolfram: Der Staat und die Anfänge der Industrialisierung in Baden 1800–1850. Bd. 1: Die staatliche Gewerbepolitik. Berlin 1962. <W. Fischer (1962)>

Flöter, Jonas (Hg.): Die Dresdener Konferenz 1850/51. Föderalisierung des Deutschen Bundes versus Machtinteressen der Einzelstaaten (Schriften zur sächsischen Landesgeschichte 4). Leipzig 2002. <J. Flöter (2002)>

Förster, Wolfram: Benz & Cie. Rheinische Automobil- und Motorenfabrik AG. Eine unternehmensgeschichtliche Skizze. In: Badische Heimat 72 (1992), S. 183–240. <W. Förster (1992)>

150 Jahre Freireligiöse Gemeinde Mannheim 1845–1995. Hg. von der Freireligiösen Gemeinde Mannheim. Mannheim 1995. <Freireligiöse Gemeinde (1995)>

Friederich, Albert: Historisch-politische Skize von Mannheim. Mannheim 1807. <A. Friederich (1807)>

Friedmann, Helmut: Alt-Mannheim im Wandel seiner Physiognomie, Struktur und Funktionen (1606–1965). Mannheim 1968. <H. Friedmann (1968)>

Friedrich, Ludwig: Der Schütte-Lanz-Luftschiffbau in Mannheim. In: MGBl NF 6 (1999), S. 265–285. <L. Friedrich (1999)>

Fuchs, Walther Peter: Franz von Roggenbach. Karlsruhe 1954. <W.P. Fuchs (1954)>

Fuchs, Walther Peter: Studien zu Großherzog Friedrich I. von Baden (Veröffentlichungen der Kommission für geschichtliche Landeskunde in Baden-Württemberg B 100). Stuttgart 1995. <W.P. Fuchs (1995)>

Führer durch Mannheim. Hg. vom Verkehrsverein unter Mitwirkung von Sigmund Schott. Mannheim 1907. <Führer (1907)>

Führer durch die Industrie- und Hafenanlagen von Mannheim, Rheinau und Ludwigshafen. Duisburg-Ruhrort 1909. <Führer (1909)>

Gall, Lothar: Die partei- und sozialgeschichtliche Problematik des badischen Kulturkampfes. In: ZGO 113 (1965), S. 151–196. <L. Gall (1965)>

Gall, Lothar: Der Liberalismus als regierende Partei. Das Großherzogtum Baden zwischen Restauration und Reichsgründung. Wiesbaden 1968. <L. Gall (1968)>

Gall, Lothar: Die Stadt der bürgerlichen Gesellschaft – das Beispiel Mannheim. In: MH (1986), S. 85–93. <L. Gall (1986)>

Gall, Lothar: Bürgertum in Deutschland. Berlin 1989. <L. Gall (1989)>

Gall, Lothar: Von der ständischen zur bürgerlichen Gesellschaft (Enzyklopädie deutscher Geschichte 25). München 1993. <L. Gall (1993)>

Galli, Peter: Für Publikum und Wissenschaft. Das Großherzogliche Antiquarium in Mannheim unter Leitung von C.B.A. Fickler (1855–1871). In: MGBl NF 4 (1997), S. 401–432. <P. Galli (1997)>

Galli, Peter: Die Abgeltung der Militärpflicht des jungen Friedrich Daniel Bassermann. In: Badische Heimat 87 (2007), S. 112–115. <P. Galli (2007)>

Ganz, Manfred E.: Die Baugeschichte des Mannheimer Hauptpersonenbahnhofs von 1840 bis 1876. In: MH (1987), S. 81–89. <M.E. Ganz (1987)>

Gauer, Wilhelm: Badische Staatsräson und Frühliberalismus um die Juliwende. Regierung, Presse und öffentliche Meinung in Baden 1830–32. Ein Versuch. In: ZGO NF 45 (1931), S. 341–406. <W. Gauer (1931)>

Geib, Karl: Malerisch-historische Schilderung der Neckargegenden von Mannheim bis Heilbronn. Frankfurt a.M. 1847. <K. Geib (1847)>

Gentil, Joseph: Mannheim in der Erinnerung (Schriften der Gesellschaft der Freunde Mannheims und der ehemaligen Kurpfalz, Mannheimer Altertumsverein von 1859, 3). Mannheim 1955. <J. Gentil (1955)>

Gerhard, Paul: Die Entwicklung der Mannheimer Industrie von 1895 bis 1907 und ihr Einfluß auf das Wohnungswesen. Karlsruhe 1912. <P. Gerhard (1912)>

Die Mannheimer Getreidemühlen im Wandel der Zeiten. In: MH (1954), S. 32–37. <Getreidemühlen (1954)>

Gieseler, Albert/Ryll, Monika: Wassertürme in Mannheim (Kleine Schriften des Stadtarchivs Mannheim 9). Mannheim 1997. <A. Gieseler/M. Ryll (1997)>

Gillen, Anja: Anna Reiß (1836–1915). In: Nieß, Ulrich/Caroli, Michael (Hg.): Die höchste Auszeichnung der Stadt. 42 Mannheimer Ehrenbürger im Porträt (Kleine Schriften des Stadtarchivs Mannheim 18). Mannheim 2002, S. 86–89. <A. Gillen, Anna Reiß (2002)>

Gillen, Anja: Carl Reiß (1843–1914). In: Nieß, Ulrich/Caroli, Michael (Hg.): Die höchste Auszeichnung der Stadt. 42 Mannheimer Ehrenbürger im Porträt (Kleine Schriften des Stadtarchivs Mannheim 18). Mannheim 2002, S. 59–63. <A. Gillen, Carl Reiß (2002)>

Gillen, Anja: Joseph Bauer (1864-1951). In: Nieß, Ulrich/Caroli, Michael (Hg.): Die höchste Auszeichnung der Stadt. 42 Mannheimer Ehrenbürger im Porträt (Kleine Schriften des Stadtarchivs Mannheim 18). Mannheim 2002, S. 98–101. <A. Gillen, Joseph Bauer (2002)>

Gillen, Anja: Bewegte Bilder – bewegende Dokumente. Ein filmisches Zeugnis vom Besuch des badischen Erbgroßherzogs in Mannheim. In: Badische Heimat 83 (2003), S. 405–410. <A. Gillen (2003)>

Gillen, Anja: Mannheimer Filmschätze 1907–1957. 14 historische Filme auf DVD. Hg. vom Verein der Freunde des Stadtarchivs Mannheim e.V. (Stadtgeschichte digital 5). Mannheim 2005. <A. Gillen (2005)>

Gleber, Peter: Von der Ortszeit über die Eisenbahnzeit zur Mitteleuropäischen Zeit. In: Alle Zeit der Welt. Von Uhren und anderen Zeitzeugen (Ausstellungskatalog des Landesmuseums für Technik und Arbeit). Mannheim 2002, S. 32–38. <P. Gleber (2002)>

Goegg, Amand: Nachträgliche authentische Aufschlüsse über die Badische Revolution von 1849, deren Entstehung, politischen und militärischen Verlauf. Zürich 1876. <A. Goegg (1876)>

Götz von Olenhusen, Irmtraud: Gustav Struve – Amalie Struve: Wohlstand, Bildung und Freiheit für alle. In: Freitag, Sabine (Hg.): Die Achtundvierziger. Lebensbilder aus der deutschen Revolution 1848/49. München 1998, S. 62–80. <I. Götz von Olenhusen (1998)>

Goldschmit, Robert: Geschichte der badischen Verfassungsurkunde 1818–1918. Karlsruhe 1918. <R. Goldschmit (1918)>

Graf, Friedrich Wilhelm: Die Politisierung des religiösen Bewußtseins. Die bürgerlichen Religionsparteien im deutschen Vormärz: Das Beispiel des Deutschkatholizismus. Stuttgart 1978. <F. W. Graf (1978)>

Gropengießer, Erich: Humanistisches Gymnasium, Archäologische Sammlungen und Altertumsverein in Mannheim. In: Müller, Karl Albert (Hg.): Dreihundert Jahre Karl-Friedrich-Gymnasium. Vergangenheit und Gegenwart einer Mannheimer Schule. Mannheim 1972, S. 199–210. <E. Gropengießer (1972)>

Großherzogin Stephanie im Großh. Mädcheninstitut. In: MGBl 4 (1903), Sp. 128. <Großherzogin Stephanie (1903)>

Zum fünfundzwanzigjährigen Jubiläum des Großherzoglichen Instituts Mannheim in städtischer Verwaltung April 1902. <Großherzogliches Institut Jubiläum (1902)>

Großherzogliches Institut Mannheim. Ergänzungsbericht zu der Festschrift vom Jahre 1902. Mannheim 1910. < Großherzogliches Institut Ergänzungsbericht 1902 (1910)>

Grünthal, Günther: Parlamentarismus in Preußen 1848/49–1857/58. Preußischer Konstitutionalismus – Parlament und Regierung in der Reaktionsära (Handbuch der Geschichte des deutschen Parlamentarismus). Düsseldorf 1982. <G. Grünthal (1982)>

Günther, Rosmarie/Pfaff, Patricia: Gut gesse gedenkt em ewisch. Kleine Stadtgeschichte mit historischen Kochrezepten (Sonderveröffentlichung des Stadtarchivs Mannheim 24). Mannheim 1997. <R. Günther/P. Pfaff (1997)>

Günzel, Klaus: Aus Klios Anekdotenkiste. Bismarcks barocke Bosheiten. In: Damals. Das Geschichtsmagazin 2 (1992), S. 116–122. <K. Günzel (1992)>

Gutzler, Heinz: Das Rheinauer Industrie- und Hafengebiet von 1873 bis 1914. Ein Beitrag zur Geschichte der Industrie und der Schiffahrt am mittleren Oberrhein (Heidelberger Veröffentlichungen zur Landesgeschichte und Landeskunde 7). Heidelberg 1961. <H. Gutzler (1961)>

Haaland, Dorothea: Der Luftschiffbau Schütte-Lanz Mannheim-Rheinau (1909-1925). Die Geschichte einer innovativen Idee als zeitlich-räumlicher Prozeß. Mannheim 1987. <D. Haaland (1987)>

Haas, Rudolf: Die Entwicklung des Bankwesens im deutschen Oberrheingebiet. Mannheim 1970. <R. Haas (1970)>

Haas, Rudolf: Stephanie Napoleon, Großherzogin von Baden. Ein Leben zwischen Frankreich und Deutschland 1789–1860. Mannheim 1976. <R. Haas (1976)>

Haas, Rudolf: 150 Jahre Rheinhafen Mannheim. Mannheim 1978. <R. Haas (1978)>

Hack, Volker: Geschichte der John Deere Werke Mannheim. Ludwigshafen a.Rh./Mannheim o.J. <V. Hack (o.J.)>

Hacker, Werner: Kurpfälzische Auswanderer vom Unteren Neckar (Sonderveröffentlichung des Stadtarchivs Mannheim 4). Stuttgart 1983. <W. Hacker (1983)>

Hänlein, Theodor: Louis Spohr auf dem Musikfest in Mannheim 1818. In: MGBl 32 (1931), Sp. 120–127. <Th. Hänlein (1931)>

Häusser, Ludwig: Denkwürdigkeiten zur Geschichte der Badischen Revolution. Heidelberg 1851. <L. Häusser (1851)>

Häusser, Ludwig/Schenkel, Daniel/Zittel, Karl: Das Badische Concordat und die Conferenz in Durlach. Sendschreiben an Herrn Geh. Hofrath Dr. Zell. Heidelberg 1860. <L. Häusser/D. Schenkel/K. Zittel (1860)>

Die Hafenpolizei-Ordnung und die Zollhafen- und Zollhofs-Ordnung für Mannheim mit Erläuterungen; nebst einem Anhang: Die Mannheimer Gebühren-Tarife enthaltend. Mannheim 1876. <Hafenpolizei-Ordnung (1876)>

Hagemann, Carl: Bühne und Welt. Erlebnisse und Betrachtungen eines Theaterleiters. Wiesbaden 1948. <C. Hagemann (1948)>

Hagen, Thomas/Hirsch, Hans-Joachim: „Vorwärts! ist der Ruf der Zeit". Die Revolution 1848/49 in der Region Mannheim (Kleine Schriftenreihe des Stadtarchivs Mannheim 11). Mannheim 1998. <Th. Hagen/H.-J. Hirsch (1998)>.

Haller, Andrea: „Die Kinematographentheater sind das Schönste, was man in Mannheim hat." Das Kino in Mannheim in der Kaiserzeit. In: MGBl NF 12 (2005), S. 147–206. <A. Haller (2005)>

Ham, Rüdiger: Ludwig Hassenpflug. Staatsmann und Jurist zwischen Revolution und Reaktion. Eine politische Biographie (Schriftenreihe Studien zur Geschichtsforschung der Neuzeit 50). Hamburg 2007. <R. Ham (2007)>

Die bürgerlichen Parteien in Deutschland. Handbuch der Geschichte der bürgerlichen Parteien und anderer bürgerlicher Interessenorganisationen vom Vormärz bis zum Jahre 1945. Bd. 1. Berlin 1968. <Handbuch Parteien 1 (1968) >

Harder, Hans-Joachim: Militärgeschichtliches Handbuch Baden-Württemberg. Hg. vom Militärgeschichtlichen Forschungsamt. Stuttgart u.a. 1987. <H.-J. Harder (1987)>

Hauck, Karl: Geschichte der Stadt Mannheim zur Zeit ihres Überganges an Baden (Forschungen zur Geschichte Mannheims und der Pfalz 2). Leipzig 1899. <K. Hauck (1899)>

Heckel, Hans: Die Städte und ihre Schulen. Leistung und Bedeutung der Städte für die Entwicklung und den Bestand des deutschen Schulwesens. Stuttgart 1959. <H. Heckel (1959)>

Heckel, Karl (Hg.): Briefe Richard Wagners an Emil Heckel. Zur Entstehungsgeschichte der Bühnenfestspiele in Bayreuth. Berlin 1899. <K. Heckel (1899)>

Hecker, Friedrich: Die Erhebung des Volkes in Baden für die deutsche Republik im Frühjahr 1848. Basel 1848. <F. Hecker (1848)>

Hedström, Aina: Das Herschelbad und das Städtische Krankenhaus von Stadtbaudirektor Richard Perrey. In: Architektur in Mannheim 1918–1939. Bearbeitet von Monika Ryll (Beiträge zur Mannheimer Architektur- und Baugeschichte 2). Mannheim 1994, S. 12–37. <A. Hedström (1994)>

Heffter, Heinrich: Der nachmärzliche Liberalismus. Die Reaktion der 1850er Jahre. In: Wehler, Hans-Ulrich (Hg.): Moderne deutsche Sozialgeschichte. Köln 1966, S. 177–196. <H. Heffter (1966)>

Heierling, Alfred: Die Geschichte von Sandhofen und Scharhof. 100 Jahre Volksbank Sandhofen. Mannheim 1986. <A. Heierling (1986)>

Hein, Dieter: Badisches Bürgertum. Soziale Struktur und Kommunalpolitische Ziele im 19. Jahrhundert. In: Gall, Lothar (Hg.): Stadt und Bürgertum im 19. Jahrhundert. München 1990, S. 65–96. <D. Hein (1990)>

Hein, Dieter: Umbruch und Aufbruch. Bürgertum in Karlsruhe und Mannheim 1780–1820. In: Gall, Lothar (Hg.): Vom alten zum neuen Bürgertum. Die mitteleuropäische Stadt im Umbruch 1780–1820. München 1991, S. 447–515. <D. Hein (1991)>

Hein, Dieter: Stadt und Bürgertum in Baden. Karlsruhe und Mannheim vom Ancien Régime bis zur Revolution 1848/49. Habil. Frankfurt a.M. 1995. Unveröffentlichtes Manuskript. <D. Hein (1995)>

Hein, Dieter: Die badischen Städte im 19. Jahrhundert. In: Pforzheim im 19. und 20. Jahrhundert. Bausteine zur modernen Stadtgeschichte. Sigmaringen 1996, S. 13–31. <D. Hein (1996)>

Hein, Dieter: Das Stiftungswesen als Instrument bürgerlichen Handelns im 19. Jahrhundert. In: Kirchgässner, Bernhard/Becht, Hans-Peter (Hg.): Stadt und Mäzenatentum. Südwestdeutscher Arbeitskreis für Stadtgeschichtsforschung, 33. Arbeitstagung (Stadt in der Geschichte 23). Sigmaringen 1997, S. 75–92. <D. Hein (1997)>

Hein, Dieter: Vom Gemeinde- zum Elitenliberalismus. Die Heppenheimer Versammlung von 1847 und die bürgerlich-liberale Bewegung in Deutschland. In: Jahrbuch zur Liberalismus-Forschung 10 (1998), S. 9–31. <D. Hein (1998)>

Hein, Dieter: Die Stadt, das Bürgertum und der Verkehr. Karlsruhe und Mannheim im 19. Jahrhundert. In: Niederstätter, Alois (Hg.): Stadt: Strom – Strasse – Schiene. Die Bedeutung des Verkehrs für die Genese der mitteleuropäischen Städtelandschaft (Beiträge zur Geschichte der Städte Mitteleuropas 16). Linz 2001, S. 127–154. <D. Hein (2001)>

Hein, Dieter: Die Kultur der Geselligkeit. 200 Jahre Harmonie-Gesellschaft Mannheim. In: 200 Jahre von der Tradition zur Zukunft. Hg. Harmonie-Gesellschaft von 1803 e.V. Mannheim 2003, S. 27–72. <D. Hein (2003)>

Heller, Carl Benno/Glüber, Wolfgang: Ernst Riegel. Goldschmied zwischen Historismus und Werkbund. Heidelberg 1996. <C.B. Heller/W. Glüber (1996)>

Heréus, Heinrich: 100 Jahre Musikverein Mannheim. Nach den Akten und unter Benutzung älterer Zusammenstellungen dargestellt. Mannheim 1929. <H. Heréus (1929)>

Herrmann, Wilhelm: Das Nationaltheater Mannheim im 19. Jahrhundert. Ausstellung zum 200jährigen Bestehen des Nationaltheaters Mannheim vom 6. Oktober bis 31. Dezember 1979. Städtisches Reiß-Museum Mannheim. Mannheim 1979. <W. Herrmann (1979)>

Herold, Inge: Die Internationale Kunst-Ausstellung. In: Schraut, Sylvia/Illing, Margit (Hg.): Mannheim 1707 – 1807 – 1907. Eine Stadt feiert sich selbst. Kulturgeschichtliche Facetten kommunaler Repräsentation (Sonderveröffentlichung des Stadtarchivs Mannheim – Institut für Stadtgeschichte 34). Mannheim 2007, S. 53–59. <I. Herold (2007)>

Herold, Inge: Fritz Wichert (1909-1932). „Ein künstlerischer Erzieher für eine ganze Stadt". In: 100 Jahre Kunsthalle Mannheim. Ausstellung Kunsthalle Mannheim 1. Mai bis 9. September 2007. Mannheim 2007, S. 16–25. <I. Herold, Fritz Wichert (2007)>

Hespe, Jürgen: Mannheimer Zeitungen des 18. und 19. Jahrhunderts. Beispiele und Dokumente. Sonderschau Städtisches Reiß-Museum Mannheim. Mannheim 1988. <J. Hespe (1988)>

Hillmann, Marion: Wilhelm Wundt (1832-1920). In: Nieß, Ulrich/Caroli, Michael (Hg.): Die höchste Auszeichnung der Stadt. 42 Mannheimer Ehrenbürger im Porträt (Kleine Schriften des Stadtarchivs Mannheim 18). Mannheim 2002, S. 77–80. <M. Hillmann (2002)>

Hippel, Wolfgang von: Friedrich Landolin Karl von Blittersdorff 1792–1861. Ein Beitrag zur badischen Landtags- und Bundespolitik im Vormärz. Stuttgart 1967. <W. v. Hippel (1967)>

Hippel, Wolfgang von: Der Mannheimer Gesellenverein und seine Auflösung (1844/47). Ein Beitrag zum Vereinswesen in der Zeit des Vormärz. In: Fenske, Hans/Reinhard, Wolfgang/Schulin, Ernst (Hg.): Historia Integra. Festschrift für Erich Hassinger zum 70. Geburtstag. Berlin 1977, S. 219–244. <W. v. Hippel (1977)>

Hippel, Wolfgang von: „Bureaucratie" und „Volksvertretung", „Weltverkehr" und „Particularinteressen", „Ordnung des Dienstes" und „Klassengesellschaft". Alltägliches aus den Kinderjahren der badischen Eisenbahn. In: Eisenbahn-Fieber. Badens Aufbruch ins Eisenbahnzeitalter. Hg. vom Landesmuseum für Technik und Arbeit in Mannheim u.a. Ubstadt-Weiher 1990, S. 194–290. <W. v. Hippel, Bureaucratie (1990)>

Hippel, Wolfgang von: Gut Ding will Weile haben, Teil 2: Karl Friedrich Nebenius und das Konzept der Staatseisenbahn 1835/37. In: Eisenbahn-Fieber. Badens Aufbruch ins Eisenbahnzeitalter. Hg. vom Landesmuseum für Technik und Arbeit in Mannheim u.a. Ubstadt-Weiher 1990, S. 60–74. <W. v. Hippel, Karl Friedrich Nebenius (1990)>

Hippel, Wolfgang von: Wirtschafts- und Sozialgeschichte 1800 bis 1918. In: Schwarzmaier, Hansmartin u.a. (Hg.): Handbuch der baden-württembergischen Geschichte. Hg. im Auftrag der Kommission für geschichtliche Landeskunde in Baden-Württemberg. Bd. 3: Vom Ende des alten Reiches bis zum Ende der Monarchien. Stuttgart 1992, S. 477–776. <W. v. Hippel (1992)>

Hippel, Wolfgang von: Revolution im deutschen Südwesten. Das Großherzogtum Baden 1848/49 (Schriften zur politischen Landeskunde Baden-Württembergs 26). Stuttgart 1998. <W. v. Hippel (1998)>

Hippel, Wolfgang von: „... daß Mannheim für Deutschland nicht sei, was Paris für Frankreich". Mannheim in den Revolutionsjahren 1848/49. In: Kirchgässner, Bernhard (Hg.): Stadt und Revolution. Südwestdeutscher Arbeitskreis für Stadtgeschichtsforschung, 37. Arbeitstagung (Stadt in der Geschichte 27). Stuttgart 2001, S. 55–70. <W. v. Hippel (2001)>

Hippel, Wolfgang von: Auf dem Weg zum Weltunternehmen (1865–1900). In: Abelshauser, Werner (Hg.): Die BASF. Eine Unternehmensgeschichte. München 2002, S. 17–116. <W. v. Hippel, Weltunternehmen (2002)>

Hippel, Wolfgang von: Die „Wohnungsfrage" in einer jungen Industriestadt: Ludwigshafen am Rhein 1890–1914. In: MGBl NF 9 (2002), S. 261–308. <W. v. Hippel, Wohnungsfrage (2002)>

Hippel, Wolfgang von: Zwischen kleindeutscher Reichsgründung und Weltkriegs-Katastrophe – Ludwigshafen zur Zeit des Zweiten Deutschen Kaiserreichs 1870/71–1914. In: Mörz, Stefan/Becker, Klaus Jürgen (Hg.): Geschichte der Stadt Ludwigshafen am Rhein. Bd. 1: Von den Anfängen bis zum Ende des Ersten Weltkrieges. Ludwigshafen a.Rh. 2003, S. 365–774. <W. v. Hippel (2003)>

Hirsch, Hans-Joachim: „Ich habe Dich bei Deinem Namen gerufen". Die Gedenkskulptur für die jüdischen Opfer des Nationalsozialismus in Mannheim. Mit Beiträgen von Peter Kurz, Jochen Kitzbihler und Helmut Striffler (Kleine Schriften des Stadtarchivs Mannheim 23). Mannheim 2005. <H.-J. Hirsch (2005)>

Hochbruck, Wolfgang: Achtundvierziger – Forty-eighters. Die deutschen Revolutionen von 1848/49, die Vereinigten Staaten und der amerikanische Bürgerkrieg. Münster 2000. <W. Hochbruck (2000)>

Hochstuhl, Kurt/Schneider, Regine: Politische Vereine in Baden 1847–1849. In: ZGO 146 (1998), S. 351–436. <K. Hochstuhl/R. Schneider (1998)>

Hoede, Roland: Die Heppenheimer Versammlung vom 10. Oktober 1847. Frankfurt a.M. 1997. <R. Hoede (1997)>

Höfler, Wolfgang: Von der Bürgerschule zum Gymnasium. In: Müller, Karl Albert (Hg.): Dreihundert Jahre Karl-Friedrich-Gymnasium. Vergangenheit und Gegenwart einer Mannheimer Schule. Mannheim 1972, S. 175–198. <W. Höfler (1972)>

Höhler, Wolfgang: Das Realgymnasium Mannheim 1840–1910. Beilage zum Jahresbericht des Realgymnasiums Mannheim für das Schuljahr 1910/11. Mannheim 1911. <W. Höhler (1911)>

Hörner, Manfred: Die Wahlen zur Badischen Zweiten Kammer im Vormärz (1819–1847). Göttingen 1987. <M. Hörner (1987)>

Hoff, Karl: Zur Erinnerung an Carl Heinrich Hoff, geboren zu Mannheim am 13. Juli 1804, gestorben ebendaselbst am 7. Mai 1891. Privatdruck Mannheim o.J. <K. Hoff (o.J.)>

Hoffend, Andrea: Verhinderte Sozialdemokraten. Die Rolle des Mannheimer Linksliberalismus im Emanzipationsprozeß der deutschen Arbeiterbewegung nach 1860. In: MGBl NF 2 (1995), S. 317–342. <A. Hoffend (1995)>

Churfürstlich-Pfalzbaierischer Hof- und Staatskalender auf das Jahr 1802. München 1802. <Hof- und Staatskalender (1802)>

Hollander, Eduard von: Erinnerungen eines Mannheimer Bürgermeisters. Teil I. In: Generalanzeiger 19.6.1920. <E. v. Hollander, Erinnerungen I (1920)>

Hollander, Eduard von: Erinnerungen eines Mannheimer Bürgermeisters. Teil II. In: Generalanzeiger 3.7.1920. <E. v. Hollander, Erinnerungen II (1920)>

Hollander, Eduard von: Erinnerungen eines Mannheimer Bürgermeisters. Teil IV. In: Generalanzeiger 16.7.1920. <E. v. Hollander, Erinnerungen IV (1920)>

Hollander, Eduard von: Erinnerungen eines Mannheimer Bürgermeisters. Teil VI. In: Generalanzeiger 30.7.1920. <E. v. Hollander, Erinnerungen VI (1920)>

Hollander, Eduard von: Erinnerungen eines Mannheimer Bürgermeisters. Teil VII. In: Generalanzeiger 6.8.1920. <E. v. Hollander, Erinnerungen VII (1920)>

Hollander, Eduard von: Erinnerungen eines Mannheimer Bürgermeisters. Teil VIII. In: Generalanzeiger 13.8.1920. <E. v. Hollander, Erinnerungen VIII (1920)>

Hollander, Eduard von: Erinnerungen eines Mannheimer Bürgermeisters. Teil IX. In: Generalanzeiger 21.8.1920. <E. v. Hollander, Erinnerungen IX (1920)>

Hollander, Eduard von: Erinnerungen eines Mannheimer Bürgermeisters. Teil XI. In: Generalanzeiger 4.9.1920 <E. v. Hollander, Erinnerungen XI (1920)>

Homering, Liselotte/Welck, Karin von (Hg.): Mannheim und sein Nationaltheater. Menschen – Geschichte(n) – Perspektiven. Begleithandbuch zur theatergeschichtlichen Dauerausstellung des Reiß-Museums. „Mannheim und sein Nationaltheater – Bretter, die die Welt bedeuten" (Schriften zur Mannheimer Theater- und Musikgeschichte 1). Mannheim 1998. <L. Homering/ K. v. Welck (1998) >

Honsell, Max: Die Korrektion des Oberrheins (Beiträge zur Hydrographie des Großherzogtums Baden 3). Karlsruhe 1885. <M. Honsell (1885)>

Honsell, Max: Die Wasserstraße zwischen Mannheim-Ludwigshafen und Kehl-Straßburg – Canal oder freier Rhein? (Sonderdruck aus dem Centralblatt der Bauverwaltung 1890). Berlin 1890. <M. Honsell (1890)>

Hook, Karl: Mannheim in Wort, Zahl und Bild. Seine Entwicklung seit 1900. Ein Handbuch. Mannheim 1954. <K. Hook (1954)>

Howoldt, Jenns Eric: Der Freie Bund zur Einbürgerung der bildenden Kunst in Mannheim. Kommunale Kunstpolitik einer Industriestadt am Beispiel der „Mannheimer Bewegung". Frankfurt a.M. u.a. 1982. <J.E. Howoldt (1982)>

Huber, Ernst Rudolf (Hg.): Dokumente zur deutschen Verfassungsgeschichte. Bd. 1: Deutsche Verfassungsdokumente 1803–1850. Stuttgart 3. Aufl. 1978. <E.R. Huber (1978)>

Huber, Ernst Rudolf (Hg.): Dokumente zur deutschen Verfassungsgeschichte. Bd. 2: Deutsche Verfassungsdokumente 1851–1900. Stuttgart 3. Aufl. 1986. <E.R. Huber (1986)>

Hug, Wolfgang: Geschichte Badens. Stuttgart 1992. <W. Hug (1992)>

Die Huldigungsfeier der Badischen Pfalzgrafschaft 1803. Mannheim 1803. <Huldigungsfeier (1803)>

Huth, Hans: Die Kunstdenkmäler des Stadtkreises Mannheim. Bd. 1 (Die Kunstdenkmäler in Baden-Württemberg). München 1982. <H. Huth (1982) Bd. 1>

Huth, Hans: Die Kunstdenkmäler des Stadtkreises Mannheim. Bd. 2 (Die Kunstdenkmäler in Baden-Württemberg). München 1982. <H. Huth (1982) Bd. 2>

Hutter, Franz-Josef: Reichstagswahlen und Sozialstruktur im Wahlkreis Mannheim 1871–1912/14. In: MGBl NF 3 (1996), S. 361–378. <F.-J. Hutter (1996)>

Illing, Margit: 15.–17. Juni: Südwestdeutscher Gauverbandstag des Verbands Deutscher Post- und Telegraphen-Assistenten. In: Schraut, Sylvia/Illing, Margit (Hg.): Mannheim 1707 – 1807 – 1907. Eine Stadt feiert sich selbst. Kulturgeschichtliche Facetten kommunaler Repräsentation (Sonderveröffentlichung des Stadtarchivs Mannheim – Institut für Stadtgeschichte 34). Mannheim 2007, S. 145–152. <M. Illing (2007)>

Das Itzsteinfest zu Mannheim am 22. September 1844. In: Deutsches Taschenbuch 1. Zweite und vermehrte Ausgabe. Mannheim [1847], S. 57–102. <Itzsteinfest (1847)>

Jacob, Gustaf: Mannheimer Reeder. In: MH (1957), S. 15–21. <G. Jacob (1957)>

Jacob, Gustaf: Aus der Geschichte des Kunstvereins. In: MH (1966), S. 22–25. <G. Jacob (1966)>

Jacob, Lothar: Eine Idee macht Geschichte. Betrachtungen eines Außenstehenden 1910–1985. 75 Jahre Gartenstadtgenossenschaft. Hamburg 1985. <L. Jacob (1985)>

2. Jahresbericht 1900. Hg. vom Arbeiter-Sekretariat und Gewerkschafts-Kartell Mannheim. Mannheim 1901. <Jahresbericht des Arbeiter-Sekretariats (1901)>

8. Jahresbericht 1907. Hg. vom Arbeiter-Sekretariat und Gewerkschafts-Kartell Mannheim. Mannheim 1908 <Jahresbericht des Arbeiter-Sekretariats (1908)>

11. Jahresbericht 1911. Hg vom Arbeiter-Sekretariat und Gewerkschafts-Kartell Mannheim. Mannheim 1912. <Jahresbericht des Arbeiter-Sekretariats (1912)>

14. Jahresbericht 1913. Hg. vom Arbeiter-Sekretariat und Gewerkschafts-Kartell Mannheim. Mannheim 1914 <Jahresbericht des Arbeiter-Sekretariats (1914)>

Jahresbericht der Handelskammer in Mannheim für 1866/67. Mannheim 1868 <Jahresbericht Handelskammer 1868)>

Jahresbericht der Handelskammer für den Kreis Mannheim für das Jahr 1883. Mannheim 1884. <Jahresbericht Handelskammer (1884)>

Jahresbericht der Handelskammer für den Kreis Mannheim für das Jahr 1890, Teil 1. Mannheim 1890. <Jahresbericht Handelskammer (1890)>

Joos, August: Gesetze und Verordnungen über Elementarunterricht und Fortbildungsunterricht im Großherzogtum Baden. Heidelberg 1902. <A. Joos (1902)>

Jourdan, Marion: 6. Oktober: Hochzeit im Abessinischen Dorf. In: Schraut, Sylvia/Illing, Margit (Hg.): Mannheim 1707 – 1807 – 1907. Eine Stadt feiert sich selbst. Kulturgeschichtliche Facetten kommunaler Repräsentation (Sonderveröffentlichung des Stadtarchivs Mannheim – Institut für Stadtgeschichte 34). Mannheim 2007, S. 199–205. <M. Jourdan (2007)>

Kanalisation der Stadt Mannheim. Ergänzendes Sachverständigen-Gutachten vom 12. März 1899. Mannheim 1899. <Kanalisation (1899)>

Kanzler, Ingeborg: Lanz und die Landwirtschaft. Ein Ausschnitt aus 100 Jahren Landtechnik. Mannheim 1960. <I. Kanzler (1960)>

Karlsruhe. Die Stadtgeschichte. Hg. von der Stadt Karlsruhe – Stadtarchiv. Karlsruhe 1998. <Karlsruhe (1998)>

Kasper, Wolfgang: Der Bahnhof und das vergessene Dorf oder: Der Versuch einer Chronik vom Hauptgüterbahnhof Mannheim und der Eisenbahnersiedlung Neckarspitze. Hg. von der Geschichtswerkstatt Jungbusch. Mannheim o.J. <W. Kasper (o.J.)>

Keller, Volker: Jüdisches Leben in Mannheim. Mannheim 1995. <V. Keller (1995)>

Kern, Ulrich: William Fardely. Ein Lebensbild des Mannheimer Erfinders (LTA-Forschung 18). Mannheim 1994. <U. Kern (1994)>

Kielwein, Matthias: Velozipede in Deutschland: Fabrikanten und Händler 1868 bis 1870. In: Der Knochenschüttler. Zeitschrift für Liebhaber historischer Fahrräder 37 (2006), S. 2–7. <M. Kielwein (2006)>

Kilian, Barbara: Die Mannheimer Warenhäuser Kander, Schmoller und Wronker. Ein Stück Mannheimer Wirtschafts- und Architekturgeschichte. In: MGBl NF 1 (1994), S. 329–368. <B. Kilian (1994)>

Kinkel, Joseph: Erinnerungen eines Alt-Mannheimers aus den 1860er und 1870er Jahren. In: MGBl 28 (1927), Sp. 71–76. <J. Kinkel (1927)>

Kipnis, Alexander: Heinrich Schröder (1810–1885). Leben und Wirken als Wissenschaftler, Schullehrer und als Persönlichkeit des öffentlichen Lebens. (Unveröffentlichtes Manuskript o.J., StadtA MA, Kl. Erw., Nr. 1325). <A. Kipnis (o.J.)>

Kirchgässner, Bernhard: Der Aufstieg Mannheims als Bank- und Versicherungsplatz im deutschen Kaiserreich. In: Maschke, Erich/Sydow; Jürgen (Hg.): Zur Geschichte der Industrialisierung in den südwestdeutschen Städten. Südwestdeutscher Arbeitskreis für Stadtgeschichtsforschung, 11. Arbeitstagung (Stadt in der Geschichte 1). Sigmaringen 1977, S. 57–79. <B. Kirchgässner (1977)>

Kistler, Franz: Die wirtschaftlichen und sozialen Verhältnisse in Baden 1849–1870 (Forschungen zur Oberrheinischen Landesgeschichte 2). Freiburg i.Br. 1954. <F. Kistler (1954)>

Kistner, Adolf: Die Mannheimer Todesfahrt des Luftschiffers Bittorf im Jahre 1812. In: MGBl 18 (1917), Sp. 110–119. <A. Kistner (1917)>

Kistner, Adolf: Der erste elektrische Personenaufzug in der Mannheimer Pfalzgau-Ausstellung von 1880. In: MGBl 31 (1930), Sp. 229–231. <A.Kistner (1930)>

Klaß, Gert von: Mannheimer Maschinenfabrik Mohr und Federhaff A.-G.: 1801–1951. Hoppenstedt 1951. <G. v. Klaß (1951)>

Klenke, Dietmar: Der singende „deutsche Mann". Gesangvereine und deutsches Nationalbewusstsein von Napoleon zu Hitler. Münster 1998. <D. Klenke (1998)>

Knacke, Ernst/Muthesius, Peter: Aus der 100jährigen Geschichte der Rheinischen Hypothekenbank. In: 100 Jahre Rheinische Hypothekenbank. Frankfurt a.M. 1971, S. 23–104. <E. Knacke/P. Muthesius (1971)>

Koh, Myong-Duck: Die Finanzierung der Großherzoglich-Badischen Staatseisenbahn von Mannheim bis Basel (1833–1855). Mannheim 1997. <M.-D. Koh (1997)>

Kolb, Eberhard: Polenbild und Polenfreundschaft der deutschen Frühliberalen. Zu Motivation und Funktion außenpolitischer Parteinahme im Vormärz. In: Saeculum 26 (1975), S. 111–127. <E. Kolb (1975)>

Kolb, Johann Baptist: Historisch-statistisch-topographisches Lexicon von dem Großherzogthum Baden. Bd. 2. Karlsruhe 1814. <J.B. Kolb (1814)>

Komoß, Regine: Vom Vormärz zur Revolution. Die ökonomische, soziale und politische Entwicklung Mannheims in den 1840er Jahren. Diss. Mannheim 1993. <R. Komoß (1993)>

Konersmann, Frank: Rechtslage, soziale Verhältnisse und Geschäftsbeziehungen von Mennoniten in Städten und auf dem Land – Mennonitische Bauernkaufleute in der Pfalz und Rheinhessen (18.–19. Jahrhundert). In: MGBl NF 10 (2003), S. 83–115. <F. Konersmann (2003)>

Krauß, Martin: Armenwesen und Gesundheitsfürsorge in Mannheim (1806–1845). In: Spieß, Pirmin (Hg.): Mannheim im Umbruch. Die frühe badische Zeit. Mannheim 1992, S. 55–72. <M. Krauß (1992)>

Krauß, Martin: Armenwesen und Gesundheitsfürsorge in Mannheim vor der Industrialisierung 1750–1850/60 (Quellen und Darstellungen zur Mannheimer Stadtgeschichte 2). Sigmaringen 1993. <M. Krauß (1993)>

Krauß, Martin: Stadtgeschichte und Unternehmensgeschichte. Die Grün & Bilfinger AG in Mannheim von den Anfängen um 1880 bis zum Ersten Weltkrieg. In: MGBl NF 9 (2002), S. 225–249. <M. Krauß (2002)>

Kremer, Hans-Jürgen: Mit Gott für Wahrheit, Freiheit und Recht. Quellen zur Organisation und Politik der Zentrumspartei und des politischen Katholizismus in Baden 1888–1914 (Veröffentlichungen des Stadtarchivs Mannheim 11). Stuttgart u.a. 1983. <H.-J. Kremer (1983)>

Kretschmer, Winfried: Geschichte der Weltausstellungen. Frankfurt a.M. 1999. <W. Kretschmer (1999)>

Kreutz, Wilhelm: Revolution – Reform – Reaktion. Regierungspolitik und Parlamentarismus im nachmärzlichen Bayern. Habil. Mannheim 1991. Unveröffentlichtes Manuskript. <W. Kreutz (1991)>

Kreutz, Wilhelm: Zwischen Konfrontation und Kompromiss: Zur innenpolitischen Entwicklung Preußens und Bayerns in den Jahren 1858/59. In: Rau, Peter (Hg.): Widersprüche und Widersprechen. Historische und aktuelle Ansichten der Verneinung. Festgabe für Horst Meixner zum 60. Geburtstag. Frankfurt a.M. u.a. 1996, S. 230–241. <W. Kreutz (1996)>

Kreutz, Wilhelm: Vom Opernhaus zum Gefängnis, von der Residenz zum Amt. In: Barockschloss Mannheim. Kurfürstliche Residenz im neuen Glanz. Mannheim 2007, S. 50. <W. Kreutz (2007)>

Kromer, Wolfgang: „Ich wollt' auch einmal in die Stadt". Zuwanderungen nach Mannheim vor dem Zweiten Weltkrieg, illustriert an Wanderungsbiographien aus dem badischen Odenwald (Sonderveröffentlichung des Stadtarchivs Mannheim 10). Heidelberg 1986. <W. Kromer (1986)>

Krosigk, Rüdiger von: Bürokratiekritik und Verwaltungsreform im Großherzogtum Baden im 19. Jahrhundert. Arbeitsgemeinschaft für geschichtliche Landeskunde am Oberrhein, Protokoll über die Arbeitssitzung 416. (2002). In: http://www.ag-landekunde-oberrhein.de/prot/V416.htm (Stand 30.10.2007). <R. v. Krosigk (2002)>

Kuby, Alfred H.: Dokumente zum Gesangbuchstreit der Jahre 1857–1862. In: Blätter zur pfälzischen Kirchengeschichte und religiösen Volkskunde 30 (1963), S. 79–82. <A.H. Kuby (1963)>

Kühn, Peter: Materialien zu einer Geschichte der Mannheimer Unterschichten in der Zeit von 1835–1862 (1871). Bern 1974. <P. Kühn (1974)>

Kunst für alle! Der Nachlass Fritz Wichert. Hg. vom Stadtarchiv Mannheim (Stadtarchiv digital 3). Mannheim 2003. <Kunst für alle! (2003)>

Kuntzemüller, Albert: Die badischen Eisenbahnen 1840–1940. Freiburg i.Br. 1940. <A. Kuntzemüller (1940)>

Kunz, Andreas (Hg.): Statistik der Binnenschiffahrt in Deutschland 1835–1989. Teil 1 und 2. St. Katharinen 1999. <A. Kunz (1999)>

Die Lage von Mannheim am Ende des achtzehnten Jahrhunderts in Beziehung auf eine zu erwartende Transplantation im Verhältnisse als Hauptstadt und Gränzfestung der Pfalz am Rhein. Mannheim 1798. <Lage von Mannheim (1798)>

Landerer, Helmut: Bugatti in Mannheim? Automobilbau in den Quadraten. In: Mannheim auf Achse. Mobilität im Wandel 1607-2007. Katalog zur Sonderausstellung im Landesmuseum für Technik und Arbeit. Mannheim 2007, S. 24-29. <H. Landerer (2007)>

Landgraf, Joseph: Der Rheinau-Hafen. Ein neuer Industriehafen bei Mannheim zwischen den Eisenbahn-Stationen Rheinau und Neckarau der Badischen Rheintalbahn. Mannheim 1896. <J. Landgraf (1896)>

Lange, Barbara: „Die Erschießung Kaiser Maximilians" von Edouard Manet in der Diskussion um die Moderne in Deutschland. In: Edouard Manet. Augenblicke der Geschichte. Ausstellung Städtische Kunsthalle Mannheim 18. Oktober 1992 bis 17. Januar 1993. München 1992, S. 171–181. <B. Lange (1992)>

Langewiesche, Dieter: Neuzeit, Neuere Zeit. In: Dülmen, Richard van (Hg.): Das Fischer Lexikon Geschichte. Frankfurt a.M. 1990, S. 386-405. <D. Langewiesche (1990)>

Langguth, Adolf: Karl Mathy. Ein Lebensbild aus sturmbewegter Zeit. Berlin 1908. <A. Langguth (1908)>

Lauer, Hermann: Geschichte der katholischen Kirche im Großherzogtum Baden. Von der Gründung des Großherzogtums bis zur Gegenwart. Freiburg i.Br. 1908. <H. Lauer (1908)>

Leiser, Wolfgang: Die Einwohnergemeinde im Kommunalrecht des Großherzogtums Baden. In: Kirchgässner, Bernhard/Schadt, Jörg (Hg.): Kommunale Selbstverwaltung – Idee und Wirklichkeit. Südwestdeutscher Arbeitskreis für Stadtgeschichtsforschung, 20. Arbeitstagung (Stadt in der Geschichte 10). Sigmaringen 1983, S. 39–59. <W. Leiser (1983)>

Lengemann, Jochen: Das Deutsche Parlament (Erfurter Unionsparlament) von 1850. Ein Handbuch. Mitglieder, Amtsträger, Lebensdaten, Fraktionen (Veröffentlichungen der Historischen Kommission für Thüringen, Große Reihe 6). Jena/München 2000. <J. Lengemann (2000)>

Leopold, Silke: Von der Hofoper zur West Side Story. Mannheims Musiktheaterrepertoire. In: Homering, Liselotte/Welck, Karin von (Hg.): Mannheim und sein Nationaltheater. Menschen – Geschichte(n) – Perspektiven. Begleithandbuch zur theatergeschichtlichen Dauerausstellung des Reiß-Museums. „Mannheim und sein Nationaltheater – Bretter, die die Welt bedeuten" (Schriften zur Mannheimer Theater- und Musikgeschichte 1). Mannheim 1998, S. 86–105. <S. Leopold (1998)>

Lessing, Hans-Erhard: Professor Karl von Drais – der Hass auf den Techniker. In: Karl Friedrich Drais von Sauerbronn 1785–1851. Ein badischer Erfinder. Ausstellung zu seinem 200. Geburtstag. Hg. von der Stadt Karlsruhe – Stadtarchiv. Karlsruhe 1985, S. 15–30 <H.-E. Lessing (1985)>

Lessing, Hans-Erhard: Automobilität – Karl Drais und die unglaublichen Anfänge. Leipzig 2003. <H.-E. Lessing (2003)>

Lindemann, Anna-Maria: Mannheim im Kaiserreich (Sonderveröffentlichung des Stadtarchivs Mannheim 15). Mannheim 1986. <A.-M. Lindemann (1986)>

Lindemann, Anna-Maria: Mannheim im Kaiserreich (Sonderveröffentlichung des Stadtarchivs Mannheim 15). 2. erw. Aufl. Mannheim 1988. <A.-M. Lindemann (1988)>

Löhr, Günther: Die „Schwefelsäure- und Sodafabrik in Mannheim" (Wohlgelegen – vormals Grohehof) von ihrer Gründung im Jahre 1823 bis zum Verkauf im Jahre 1849. Aus der Werksgeschichte der Firma Gebrüder Giulini GmbH Ludwigshafen. Unveröffentlichtes Manuskript o.O. o.J. <G. Löhr (o.J.)>

Longueville, Hans-Peter de: Geschichte des Sparkassenwesens in Württemberg und Baden im 19. Jahrhundert. In: Maschke, Erich/Sydow, Jürgen (Hg.): Zur Geschichte der Industrialisierung in den südwestdeutschen Städten. Südwestdeutscher Arbeitskreis für Stadtgeschichtsforschung, 11. Arbeitstagung (Stadt in der Geschichte 1). Sigmaringen 1977, S. 80–161. <H.-P. de Longueville (1977)>

Lorent, Jakob August: Egypten, Alhambra, Tlemsen, Algier. Reisebilder aus den Anfängen der Photographie. Nachdruck der Ausgabe von 1861. Zusammengestellt und eingeleitet von Wulf Schirmer, Werner Schnuchel, Franz Waller. Mainz 1985. <J.A. Lorent (1861/1985)>

Lorenz, Eckehart: Kirchliche Reaktionen auf die Arbeiterbewegung in Mannheim 1890-1933. Ein Beitrag zur Sozialgeschichte der evangelischen Landeskirche in Baden (Sonderveröffentlichung des Stadtarchivs Mannheim 11). Sigmaringen 1987. <E. Lorenz (1987)>

Lurz, Meinhold: „Wie eine Geliebte im Herzen". Carl Maria von Weber in Mannheim. In: Badische Heimat 87 (2007, S. 483-509. <M. Lurz (2007)>

Lutz, Alfred: Die Reichsstadt Ravensburg am Ende des Alten Reiches. In: Himmelein, Volker/Rudolf, Hans Ulrich (Hg.): Alte Klöster – Neue Herren. Die Säkularisation im deutschen Südwesten 1803. Bd. 2, Teil 2: Rudolf, Hans Ulrich (Hg.): Die Mediatisierung, Auswirkung von Säkularisation und Mediatisierung. Ostfildern 2003, S. 759–778. <A. Lutz (2003)>

Magen, Ferdinand: Protestantische Kirche und Politik in Bayern. Möglichkeiten und Grenzen in der Zeit von Revolution und Reaktion 1848–1859 (Kölner Veröffentlichungen zur Religionsgeschichte 11). Köln/Wien 1986. <F. Magen (1986)>

Mai, Gunther: Die Erfurter Union und das Erfurter Unionsparlament 1850. Köln 2000. <G. Mai (2000)>

Makowski, Ilse: Emanzipation oder „Harmonie" – zur Geschichte der gleichnamigen Mannheimer Lesegesellschaft in der ersten Hälfte des 19. Jahrhunderts. München u.a. 1988. <I. Makowski (1988)>

Malkowsky, Georg: Die Pariser Weltausstellung in Wort und Bild. Berlin 1900. <G. Malkowsky (1900)>

Mann, Golo: Deutsche Geschichte des 19. und 20. Jahrhunderts. 12. Aufl. Frankfurt a.M. 1977. <G. Mann (1977)>

Mannheim in Plakaten 1900 – 1933. Hg. vom Stadtarchiv Mannheim (Sonderveröffentlichung des Stadtarchivs Mannheim 3). Mannheim1979. <Mannheim in Plakaten (1979)>

Mannheim in Vergangenheit und Gegenwart. Bd. 3: Mannheim seit der Gründung des Reiches (1871–1907). Im Auftrag des Stadtrates dargestellt vom Statistischen Amt (Schriftleitung Sigmund Schott). Mannheim 1907. <Mannheim in Vergangenheit und Gegenwart Bd. 3 (1907)>

Mannheim und seine Bauten. Hg. vom Unterrheinischen Bezirk des Badischen Architekten- und Ingenieur-Vereins und vom Architekten- und Ingenieur-Verein Mannheim-Ludwigshafen. Mannheim 1906. <Mannheim und seine Bauten (1906)>

Marek, Nicole B.: Das Rosenfest. In: Schraut, Sylvia/Illing, Margit (Hg.): Mannheim 1707 – 1807 – 1907. Eine Stadt feiert sich selbst. Kulturgeschichtliche Facetten kommunaler Repräsentation (Sonderveröffentlichung des Stadtarchivs Mannheim – Institut für Stadtgeschichte 34). Mannheim 2007, S. 153–158. <N.B. Marek (2007)>

Marx, Karl: Das Kapital. Kritik der politischen Ökonomie. Nach der 2. Auflage von 1872 mit einem Geleitwort von Karl Korsch aus dem Jahre 1932. Köln 2003. <K. Marx 1872/2003)>

Mathy, Karl (Hg.): Die Verfassungsfeier in Baden am 22. August 1843. Mannheim 1843. <K. Mathy (1843)>

Aus dem Nachlass von Karl Mathy: Briefe aus den Jahren 1846–1848. Mit Erläuterungen hg. von Ludwig Mathy. Leipzig 1898. <K. Mathy (1898)>

Messerschmidt, Manfred: Deutsche Militärgeschichte in sechs Bänden 1648–1939. Bd. 2, Abschnitt IV: Militärgeschichte im 19. Jahrhundert. 1814–1890. Herrsching 1983. <M. Messerschmidt (1983)>

Metz, Georg: Geschichte, Entwicklung und Aufgabe des Opernchors am Nationaltheater Mannheim. In: Homering, Liselotte/Welck, Karin von (Hg.): Mannheim und sein Nationaltheater. Menschen – Geschichte(n) – Perspektiven. Begleithandbuch zur theatergeschichtlichen Dauerausstellung des Reiß-Museums. „Mannheim und sein Nationaltheater – Bretter, die die Welt bedeuten" (Schriften zur Mannheimer Theater- und Musikgeschichte 1). Mannheim 1998, S. 108–119. <G. Metz (1998)>

Meusel, Horst: Zur Geschichte und Bedeutung des Mannheimer Lyceums, des heutigen Karl-Friedrich Gymnasiums, im Zusammenhang mit der Entwicklung des badischen Schulwesens. In: Müller, Karl Albert (Hg.): Dreihundert Jahre Karl-Friedrich-Gymnasium. Vergangenheit und Gegenwart einer Mannheimer Schule. Mannheim 1972, S. 113–148. <H. Meusel (1972)>

Meuser, Adolf: Aus der Schulgeschichte Mannheims. Mannheim 1891. <A. Meuser (1891)>

Milkau, Fritz: Die Bibliotheken. In: Hinneberg, Paul (Hg.): Die Kultur der Gegenwart. Ihre Entwicklung und ihre Ziele. Bd. 1,1: Die allgemeinen Grundlagen der Kultur der Gegenwart. Berlin/Leipzig 1906, S. 539–590. <F. Milkau (1906)>

Mirow, Jürgen: Geschichte des deutschen Volkes. Von den Anfängen bis zur Gegenwart. Bd. 1: Von den Anfängen bis 1850. Bd. 2: 1850 bis heute. Gernsbach 1996. <J. Mirow (1996) Bd. 1, 2>

Mittelstraß, G.: Österreichs und Preußens Kampf um den diplomatischen Einfluss in Baden während des Kirchenstreits 1853/54. Diss. Heidelberg 1923. <G. Mittelstraß (1923)>

Möller, Frank: Zwischen Kunst und Kommerz. Bürgertheater im 19. Jh. In: Hein, Dieter (Hg.): Bürgerkultur im 19. Jahrhundert: Bildung, Kunst und Lebenswelt. Lothar Gall zum 60. Geburtstag. München 1996, S. 19–33. <F. Möller (1996)>

Möller, Horst: Saint-Gobain in Deutschland. Von 1853 bis zur Gegenwart. Geschichte eines europäischen Unternehmens. Unter Mitwirkung von Hildegard Möller. München 2001. <H. Möller (2001)>

Möllmer, Tobias: Neureicher Protz oder scheuer Philanthrop? Eine biographische Skizze zu Karl Lanz und seiner Familie. In: Badische Heimat 87 (2007), S. 148–154. <T. Möllmer (2007)>

Mördes, Florian: Die deutsche Revolution mit besonderer Rücksicht auf die badische Revolutions-Episode. Herisau 1849. <F. Mördes (1849)>

Moericke, Otto: Die Gemeindebetriebe Mannheims. Leipzig 1909. <O. Moericke (1909)>

Moericke, Otto: Erinnerungen. Hg. von Helmut Maurer (Konstanzer Geschichts- und Rechtsquellen 30. Sigmaringen 1985. <O. Moericke (1985)>

Möser, Kurt: Benz, Daimler, Maybach und das System Straßenverkehr. Utopien und Realität der automobilen Gesellschaft (LTA-Forschung 27). Mannheim 1998. <K. Möser (1998)>

Moll, Eduard: Bericht über die Erbauung des neuen Gaswerkes der Stadt Mannheim. Mannheim 1880. <E. Moll (1880)>

Moltmann, Günter (Hg.): Deutsche Amerikaauswanderung im 19. Jahrhundert. Sozialgeschichtliche Beiträge (Amerikastudien 44). Stuttgart 1976. <G. Moltmann (1976)>

Mühl, Albert: Die Großherzoglich-Badischen Staatseisenbahnen. Ihre Geschichte, Lokomotiven und Reisezugwagen in Wort und Bild. Stuttgart 1981. <A. Mühl (1981)>

Müller, Carl-Jochen: Carl Scholl - der erste Prediger der deutschkatholischen Gemeinde Mannheim. In: „Das Paradoxe zog mich an". Festschrift für Eckhart Pilick. Hg. von der Freireligiösen Landesgemeinde Baden. Mannheim 1997, S. 28–48. <C.-J. Müller (1997)>

Müller, Carl-Jochen: „Auf dem Wege zur Wahrheit" ... ist leicht straucheln. Ein „Arbeiter der Humanität" sucht Verwendung im nachrevolutionären Europa. In: MGBl NF 9 (2002), S. 501–551. <C.-J. Müller (2002)>

Müller, Carl-Jochen: Der weite Weg in die Moderne – Streiflichter auf Mannheims Haushaltswesen vor der Expansion zur Großstadt (1607–1870). In: Müller, Carl-Jochen/Pabst, Stefan: Gulden – Mark – Euro. Mannheims Geschichte im Spiegel des städtischen Finanzwesens (Kleine Schriften des Stadtarchivs Mannheim 22). Mannheim 2004, S. 10–31. <C.-J. Müller (2004)>

Müller, Carl-Jochen/Pabst, Stefan: Gulden – Mark – Euro. Mannheims Geschichte im Spiegel des städtischen Finanzwesens (Kleine Schriften des Stadtarchivs Mannheim 22). Mannheim 2004. <C.-J. Müller/St. Pabst (2004)>

Müller, Hildegard: Liberale Presse im badischen Vormärz. Die Presse der Kammerliberalen und ihre Zentralfigur Karl Mathy 1840–1848. Heidelberg 1986. <H. Müller (1986)>

Müller, Jürgen (Hg.): Die Dresdener Konferenz und die Wiederherstellung des Deutschen Bundes 1850/51 (Quellen zur Geschichte des Deutschen Bundes Abt. 3, 1). München 1996. <J. Müller (1996)>

Müller, Karl Albert: Von den Anfängen unserer Schule 1665–1807. In: Müller, Karl Albert (Hg.): Dreihundert Jahre Karl-Friedrich-Gymnasium. Vergangenheit und Gegenwart einer Mannheimer Schule. Mannheim 1972, S. 7–112. <K.A. Müller (1972)>

Müller, Leonhard: Badische Landtagsgeschichte. Teil 1: Der Anfang des landständischen Lebens im Jahre 1819. Berlin 1900. <L. Müller (1900)>

Müller, Leonhard: Badische Landtagsgeschichte. Teil 2: 1820–1825. Berlin 1901. <L. Müller (1901)>

Müller, Leonhard: Badische Landtagsgeschichte. Teil 3: 1825–1833. Berlin 1902. <L. Müller (1902) Teil 3>

Müller, Leonhard: Badische Landtagsgeschichte. Teil 4: 1833–1840. Berlin 1902. <L. Müller (1902) Teil 4>

Müller, Leonhard: Die politische Sturm- und Drangperiode Badens 1: 1840–1848. Mannheim 1905. <L. Müller (1905)>

Müller, Leonhard: Die politische Sturm- und Drangperiode Badens 2: 1848–1850. Mannheim 1906. <L. Müller (1906)>

Müller, Sabrina: Soldaten in der deutschen Revolution von 1848/49 (Krieg in der Geschichte 3). Paderborn u.a. 1999. <S. Müller (1999)>

Muhs, Rudolf: „Wie die geheimen Wiener Konferenzbeschlüsse an das Tageslicht gezogen wurden". Zur Publikation des Schlußprotokolls von 1834 und zur Rolle des Hallgarten-Kreises für die vormärzliche Opposition. In: Archiv für Sozialgeschichte 26 (1986), S. 321–343. <R. Muhs (1986)>

Das Nationaltheater Mannheim. Abriss seiner Geschichte und Führer zu den im Stadtarchiv Mannheim verwahrten Unterlagen (Kleine Schriften des Stadtarchivs Mannheim 6). Mannheim 1996. <Nationaltheater Mannheim (1996)>

Neckenauer, Albert: Das Amt des Landrats im Wandel der Zeit (Bausteine zur Kreisgeschichte Rhein-Neckar-Kreis 4). Heidelberg 2000. <A. Neckenauer (2000)>

Nesle, Ernst de: Kurpfälzische Profile. In: Merian. Städte und Landschaften. Hamburg 1948, S. 35-48. <E.de Nesle (1948)>

Neubaur, Paul: Heinrich Lanz. Fünfzig Jahre des Wirkens in Landwirtschaft und Industrie 1859–1909. Berlin [ca.1910]. <P. Neubaur (1910)>

Neumeyer, Alfred: Lichter und Schatten. Eine Jugend in Deutschland. München 1967. <A. Neumeyer (1967)>

Newhouse, Ludwig: Vorschlag zur Herstellung einer Eisenbahn im Großherzogtum Baden von Mannheim bis Basel und an den Bodensee, als zweckmäßigstes Mittel, Landbau, Handel und Gewerbe in größeren Flor zu bringen, den Gütern und Produkten einen besseren Wert zu verschaffen und so den Nationalreichtum zu erhöhen. Karlsruhe 1833. <L. Newhouse (1833)>

Nieß, Ulrich: Theater: Eine ständige Baustelle – Hochbauamt. In: Das Nationaltheater Mannheim. Abriss seiner Geschichte und Führer zu den im Stadtarchiv Mannheim verwahrten Unterlagen (Kleine Schriften des Stadtarchivs Mannheim 6). Mannheim 1996, S. 103–105. <U. Nieß (1996)>

Nieß, Ulrich: Mannheims Schul- und Bildungsgeschichte im Kaiserreich. Das Beispiel der Elementarschulen und der höheren Lehranstalten. In: Kirchgässner, Bernhard/Becht, Hans-Peter (Hg.): Stadt und Bildung. Südwestdeutscher Arbeitskreis für Stadtgeschichtsforschung, 34. Arbeitstagung (Stadt in der Geschichte 24). Sigmaringen 1997, S. 137–156. <U. Nieß (1997)>

Nieß, Ulrich: Die trügerische Idylle – Carl Spitzweg und der Mannheimer Kunstverein (Kleine Schriften des Stadtarchivs Mannheim 8). Mannheim 1997. <U. Nieß, Idylle (1997)>

Nieß, Ulrich: Hermann Heimerich und die freireligiöse Bewegung. In: „Das Paradoxe zog mich an." Festschrift für Eckhart Pilick. Hg. von der Freireligiösen Landesgemeinde Baden. Mannheim 1997, S. 77–83. <U. Nieß, Hermann Heimerich (1997)>

Nieß, Ulrich/Caroli, Michael (Hg.): Die höchste Auszeichnung der Stadt. 42 Mannheimer Ehrenbürger im Porträt (Kleine Schriften des Stadtarchivs Mannheim 18). Mannheim 2002. <U. Nieß/M. Caroli (2002)>

Nieß, Ulrich: Otto von Bismarck (1815-1898). In: Nieß, Ulrich/Caroli, Michael (Hg.): Die höchste Auszeichnung der Stadt. 42 Mannheimer Ehrenbürger im Porträt (Kleine Schriften des Stadtarchivs Mannheim 18). Mannheim 2002, S. 56–58. <U. Nieß (2002)>

Nieß, Ulrich: Mannheims Industriedenkmäler – Wegmarken einer urbanen Arbeits- und Lebenswelt. In: Schenk, Andreas: Mannheim und seine Bauten 1907–2007. Bd. 4: Bauten für Verkehr, Industrie, Gesundheit und Sport. Hg. vom Stadtarchiv Mannheim – Institut für Stadtgeschichte und vom Mannheimer Architektur- und Bauarchiv e.V. Mannheim 2004, S. 8–11. <U. Nieß (2004)>

Nipperdey, Thomas: Verein als soziale Struktur in Deutschland im späten 18. und im frühen 19. Jahrhundert. Eine Fallstudie zur Modernisierung. In: Nipperdey, Thomas: Gesellschaft, Kultur, Theorie. Gesammelte Aufsätze zur neueren Geschichte. Göttingen 1976, S. 174–205. <T. Nipperdey (1976)>

Nipperdey, Thomas: Deutsche Geschichte 1800–1866. Bürgerwelt und starker Staat. München 1983. <T. Nipperdey (1983)>

Nipperdey, Thomas: Deutsche Geschichte 1866–1918. Bd. 2: Machtstaat vor der Demokratie. München 1992. <T. Nipperdey (1992)>

Nipperdey, Thomas: Deutsche Geschichte 1866–1918. Bd. 1: Arbeitswelt und Bürgergeist. München 1993. <T. Nipperdey (1993)>

Noll, Almuth: Sickingers System der Klassen für förderungsbedürftige Schüler in der Schweiz. Eine schulhistorische Studie (Züricher Beiträge zur Förderung Behinderter 2). Berlin 1985. <A. Noll (1985)>

Nolte, Paul: Die badischen Verfassungsfeste im Vormärz. Liberalismus, Verfassungskultur und soziale Ordnung in den Gemeinden. In: Hettling, Manfred/Nolte, Paul (Hg.): Bürgerliche Feste. Symbolische Formen politischen Handels im 19. Jahrhundert. Göttingen 1993, S. 63-94. <P. Nolte (1993)>

Nolte, Paul: Gemeindebürgertum und Liberalismus in Baden 1800–1850. Tradition – Radikalismus – Republik (Kritische Studien zur Geschichtswissenschaft 102). Göttingen 1994. <P. Nolte (1994)>

Noltenius, Rainer: Dichterfeiern in Deutschland. Rezeptionsgeschichte als Sozialgeschichte am Beispiel der Schiller- und Freiligrath-Feiern. München 1984. <R. Noltenius (1984)>

Oelsner, Reiner F.: Kurzer historischer Abriss zur Teerdestillation 1877 bis 1988. Teil der Fotodokumentation Weyl GmbH Mannheim (LTA-Forschung 23). Mannheim 1997. <R.F. Oelsner (1997)>

Oncken, Hermann: Großherzog Friedrich I. von Baden. Ein fürstlicher Nationalpolitiker im Zeitalter der Reichsgründung. Berlin 1926. <H. Oncken (1926)>

Pabst, Stefan: Zwischen kommunaler Selbstverwaltung und staatlichen Vorgaben – Mannheims Finanzwesen im Industrie- und Dienstleistungszeitalter (1870 bis heute). In: Müller, Carl-Jochen/Pabst, Stefan: Gulden – Mark – Euro. Mannheims Geschichte im Spiegel des städtischen Finanzwesens (Kleine Schriften des Stadtarchivs Mannheim 22). Mannheim 2004, S. 32–139. <St. Papst (2004)>

Paletschek, Sylvia: Frauen und Dissens. Frauen im Deutschkatholizismus und in den freien Gemeinden 1841–1852. Göttingen 1990. <S. Paletschek (1990)>

Perrey, Richard: Das Mannheimer Kaufhaus. In: Achter Tag für Denkmalpflege unter dem Protektorat Sr. Königl. Hoheit des Erbgroßherzogs Friedrich von Baden. Stenographischer Bericht. Mannheim 19. und 20. September 1907. Berlin 1907, S. 148ff. <R. Perrey (1907)>

Perrey, Richard: Umbau des Kaufhauses. In: Das Kaufhaus in Mannheim. Festschrift zur Einweihung des umgebauten Hauses. Hg. vom Stadtrat. Mannheim 1910, S. 53–92. <R. Perrey (1910)>

Peveling, Hans: Der badische Kirchenkonflikt der Jahre 1852 bis 1854. o.O. 1954. <H. Peveling (1954)>

Pfeiff, Andreas: Die Handelshochschule Mannheim zwischen Kaiserreich, Republik und Diktatur: eine historisch-quantitative Umweltanalyse. Diplomarbeit Universität Mannheim. Mannheim 2004. <A. Pfeiff (2004)>

Pich, Sabine: Flößerei und Holzhandel in Mannheim. In: MH (1989), S. 106–113. <S. Pich (1989)>

Pichler, Anton: Chronik des Großherzoglichen Hof- und National-Theaters in Mannheim. Zur Feier seines hundertjährigen Bestehens am 7. Oktober 1879. Mannheim 1879. <A. Pichler (1879)>

Plewe, Ernst: Zur Entwicklungsgeschichte der Stadt Mannheim. In: Wirtschaftshochschule Mannheim. Festschrift zur Einweihung ihres Gebäudes im Mannheimer Schloss. Mannheim 1955. <E. Plewe (1955)>

Polizei-Vorschriften für die Großherzoglich-Badische Hauptstadt Mannheim. Nach alphabetischer Ordnung. Zweite, mit den neuen Verordnungen und Vorschriften, auch der allgemeinen Bau-Ordnung für die Stadt Mannheim vermehrte Auflage. Mannheim 1822. <Polizei-Vorschriften (1822)>

Popp, Christoph: Der Mannheimer Altertumsverein 1859–1949. Regionale Forschungen, Sozialstruktur und Geschichtsbild eines Historischen Vereins (Mannheimer historische Forschungen 10). Mannheim 1996. <Ch. Popp (1996)>

Popp, Christoph: Friedrich Walter (1870–1956): Historiker, Museumsdirektor und Demokrat. In: MGBl NF 5 (1998), S. 171–290. <Ch. Popp (1998)>

Popp, Christoph: Die Vorläufer: zwei gemeinnützige Baugesellschaften in Mannheim. In: 75 Jahre GBG – Mannheimer Wohnungsbaugesellschaft mbH 1926–2001 (Beiträge zur Mannheimer Architektur- und Baugeschichte 3). Mannheim 2001, S. 18–25. <Ch. Popp (2001)>

Portner, Ernst: Die Einigung Italiens im Urteil liberaler Zeitgenossen. Studie zur inneren Geschichte des kleindeutschen Liberalismus (Bonner historische Forschungen 13). Bonn 1959. <E. Portner (1959)>

Post, L.: Die Industrie von Mannheim und Umgegend. In: Zeitschrift des Vereins deutscher Ingenieure 28 (1884), Nr. 50 vom 13.12.1884, S. 973–976. <L. Post (1884)>

Präger, Christmut: Viehweide, Wasserturm und Schmuckplatz. Bemerkungen zur Entstehungsgeschichte des Mannheimer Friedrichsplatzes und seiner Bauten. In: Jugendstil-Architektur um 1900 in Mannheim. Hg. von der Badischen Kommunalen Landesbank (BAKOLA) in Zusammenarbeit mit dem Stadtarchiv und der Kunsthalle Mannheim. Mannheim 1985, S. 189–223. <Ch. Präger (1985)>

Präger, Christmut: Gehäuse zum Wohnen, Lernen und Verwalten. Bauten Adolf Hansers in Mannheim und Ludwigshafen. In: Fischer, Werner (Hg.): Adolf Hanser (1858-1901). Ein badischer Architekt (Ingenium 1). Karlsruhe 2001, S. 25–39. <Ch. Präger (2001)>

Pretzsch, W.: Von Heinrich Lanz zu John Deere. Die Geschichte der John Deere Werke Mannheim. Mannheim [1976]. <W. Pretzsch (1976)>

Preuss, Dieter/Weckesser, Hans: Auf Achse und Schiene. 100 Jahre Nahverkehr in Mannheim. Mannheim 1978. <D. Preuss/H. Weckesser (1978)>

Probst, Hansjörg: Die soziale Herkunft der Schüler des Karl-Friedrich-Gymnasiums. In: Müller, Karl Albert (Hg.): Dreihundert Jahre Karl-Friedrich-Gymnasium. Vergangenheit und Gegenwart einer Mannheimer Schule. Mannheim 1972, S. 149–165. <H. Probst (1972)>

Probst, Hansjörg: Seckenheim – Geschichte eines Kurpfälzer Dorfes. Mannheim 1981. <H. Probst (1981)>

Probst, Hansjörg: Neckarau. Bd. 2: Vom Absolutismus bis zur Gegenwart. Mannheim 1989. <H. Probst (1989)>

Quincey, Thomas de: Bekenntnisse eines englischen Opiumessers. München 1985. (engl. Originalausgabe London 1822). <T. de Quincey (1985)>

Raab, Heinrich: Revolutionäre in Baden 1848/49: Biographisches Inventar für die Quellen im Generallandesarchiv Karlsruhe und im Staatsarchiv Freiburg. Stuttgart 1998. <H. Raab (1998)>

Rabe, Werner: Betriebsgeschichte Mannheimer Verkehrs-Aktiengesellschaft (MVG), Verkehrsbetriebe Ludwigshafen am Rhein GmbH (VBL), Rhein-Haardt-Bahn GmbH (RHB). Mannheim 1979. <W. Rabe (1979)>

Radke, Holger/Zöbeley, Günter: Die Gerichte im Landgerichtsbezirk Mannheim. In: Münchbach, Werner (Hg.): Festschrift 200 Jahre Badisches Oberhofgericht, Oberlandesgericht Karlsruhe. Heidelberg 2003, S. 425–464. <H. Radke/G. Zöbeley (2003)>

Räder, Autos und Traktoren. Erfindungen aus Mannheim. Wegbereiter der mobilen Gesellschaft (Schriften des Landesmuseums für Technik und Arbeit in Mannheim 1). Mannheim 1986. <Räder, Autos und Traktoren (1986)>

Die Räuberhöhle zu Mannheim. Ihre Gründung, ihre Grundsätze und ihre geschichtliche Entwicklung hauptsächlich in den Jahren 1839–1953. Mannheim 1953. <Räuberhöhle (1953)>

Rapp, Alfred: 75 Jahre Neue Badische Landes-Zeitung. Geschichte einer Zeitung, Geschichte einer Stadt. Mannheim 1931. <A. Rapp (1931)>

Raveaux, Franz: Mitteilungen über die Badische Revolution. Frankfurt a.M. 1850. <F. Raveaux (1850)>

Real, Willy (Hg.): Das Großherzogtum Baden zwischen Revolution und Restauration 1849–1851. Die deutsche Frage und die Ereignisse im Spiegel der Briefe und Aktenstücke aus dem Nachlass des preußischen Diplomaten Karl Friedrich von Savigny (Veröffentlichungen der Kommission für geschichtliche Landeskunde in Baden-Württemberg A 33/34). Stuttgart 1983. <W. Real (1983)>

Großh. Realgymnasium Mannheim. Einundzwanzigster Jahresbericht. Schuljahr 1889/90. Mannheim 1890. <Realgymnasium Jahresbericht (1890)>

Rebentisch, Dieter: Ludwig Landmann. Frankfurter Oberbürgermeister der Weimarer Republik (Frankfurter historische Abhandlungen 10). Wiesbaden 1975. <D. Rebentisch (1975)>

Großherzoglich Badisches Regierungsblatt 1808–1811. <Regierungsblatt (1808–1811)>

Reinhard, Eugen: Großstadtentwicklung im Industriezeitalter II: Mannheim. In: Historischer Atlas von Baden-Württemberg, Erläuterungen. Hg. von der Kommission für geschichtliche Landeskunde in Baden-Württemberg, 10. Lieferung. Stuttgart 1985, S. 1–20. <E. Reinhard (1985)>

Rieger, Johann Georg: Historisch-topographisch-statistische Beschreibung von Mannheim und seiner Umgebung. Nebst Gemälden von Heidelberg, der Bergstraße, von Weinheim, Ladenburg, Schwezingen und dem dortigen Lustgarten, von Frankenthal, Worms, den Hardtgebirgen, von Dürkheim, Neustadt, Landau, Speier und einem Anhange für Reisende. Mannheim 1824. <J.G. Rieger (1824)>

Rings, Hanspeter: Rheinau. Illustrierte Geschichte eines Mannheimer Vorortes. Unter Mitwirkung von Horst Burger und Werner Stückle (Sonderveröffentlichung des Stadtarchivs Mannheim 20). Mannheim 1988. <H. Rings (1988)>

Rings, Hanspeter: Neckarschiffahrt. Illustrierte Geschichte der Ludwig und Jakob Götz KG. Mit den Erinnerungen von Friedrich Götz. Mannheim 1990. <H. Rings (1990)>

Rings, Hanspeter: Das Mannheimer Nationaltheater – Eine „historische Oper" über einen Fruchtspeicher, Früchte des Geistes u.a.m. In: Das Nationaltheater Mannheim. Abriß seiner Geschichte und Führer zu den im Stadtarchiv verwahrten Unterlagen (Kleine Schriften des Stadtarchivs Mannheim 6). Mannheim 1996, S. 13–71. <H. Rings (1996)>

Rings, Hanspeter: Das grüne Quadrat. Mannheimer Stadtgrundriss und -bild im Vormärz (1815–1848) – Impressionen. In: MGBl NF 7 (2000), S. 233–262. <H. Rings (2000)>

Rings, Hanspeter: August Eisenlohr (1833-1916). In: Nieß, Ulrich/Caroli, Michael (Hg.): Die höchste Auszeichnung der Stadt. 42 Mannheimer Ehrenbürger im Porträt (Kleine Schriften des Stadtarchivs Mannheim 18). Mannheim 2002, S. 67–69. <H. Rings (2002)>

Rings, Hanspeter: Mannheim auf Kurs. Hafen- und Schifffahrtsgeschichte der Stadt an Rhein und Neckar (Kleine Schriften des Stadtarchivs Mannheim 20). Mannheim 2003. <H. Rings (2003)>

Rings, Hanspeter: Geht runter wie Öl: Palmin-Plakat neu in der Sammlung des Stadtarchivs – Institut für Stadtgeschichte. In: MGBl NF 12 (2005), S. 292–296. <H. Rings (2005)>

Rochau, August Ludwig von: Grundsätze der Realpolitik, angewendet auf die staatlichen Zustände Deutschlands. Stuttgart 1853. <A.L. v. Rochau (1853)>

Rotteck, Carl von: Geschichte des badischen Landtags von 1831. als Lese- und Lehrbuch für's Deutsche Volk. Hildburghausen u.a. 1833. <C. v. Rotteck (1833)>

Rürup, Reinhard: Die Judenemanzipation in Baden. In: Ders.(Hg): Emanzipation und Antisemitismus. Studien zur „Judenfrage" der bürgerlichen Gesellschaft (Kritische Studien zur Geschichtswissenschaft 15). Göttingen 1975, S. 37–73. <R. Rürup (1975)>

Ruhland, Michael: Gustav Uhlmann, Richard Perrey und das Städtische Hochbauamt 1888–1918. In: Jugendstil-Architektur um 1900 in Mannheim. Hg. von der Badischen Kommunalen Landesbank (BAKOLA) in Zusammenarbeit mit dem Stadtarchiv und der Kunsthalle Mannheim. Mannheim 1985, S. 121–154. <M. Ruhland (1985)>

Ruhland, Michael: Schulhausbauten im Großherzogtum Baden 1806–1918. Augsburg 1999. <M. Ruhland (1999)>

Ryll, Monika: Kaufhaus – Rathaus – Stadthaus in Mannheim. Bauten im Widerspruch zwischen Obrigkeit und Bürgerschaft (Sonderveröffentlichung des Stadtarchivs Mannheim 23). Mannheim 1991. <M. Ryll (1991)>

Ryll, Monika: Lukas Strauss. Badisches Bürgertum im Kaiserreich (Kleine Schriften des Stadtarchivs Mannheim 3). Mannheim 1996. <M. Ryll (1996)>

Ryll, Monika: Baukultur und Denkmalpflege. In: Schenk, Andreas: Mannheim und seine Bauten. Bd. 1: Stadtplanung und Stadtentwicklung. Mannheim 2006, S. 156–167. <M. Ryll (2006)>

Sauer, Paul: Napoleons Adler über Württemberg, Baden und Hohenzollern. Südwestdeutschland in der Rheinbundzeit. Stuttgart u.a. 1987. <P. Sauer (1987)>

Schadt, Jörg: Mannheimer Sozialdemokratie 1867–1918. In: 100 Jahre SPD in Mannheim. Eine Dokumentation. Mannheim 1967, S. 11–35. <J. Schadt (1967)>

Schadt, Jörg: Die Sozialdemokratische Partei in Baden. Von den Anfängen bis zur Jahrhundertwende (1868–1900). Hannover 1971. <J. Schadt (1971)>

Schadt, Jörg: Alles für das Volk, alles durch das Volk. Dokumente zur demokratischen Bewegung in Mannheim 1848–1948 (Sonderveröffentlichung des Stadtarchivs Mannheim 1). Stuttgart 1977. <J. Schadt, Alles für das Volk (1977)>

Schadt, Jörg: Im Dienst an der Republik. Die Tätigkeitsberichte des Landesvorstands der Sozialdemokratischen Partei Badens 1914–1932 (Veröffentlichungen des Stadtarchivs Mannheim 4). Stuttgart 1977 <J. Schadt, Im Dienst an der Republik (1977)>

Schadt, Jörg: Die Anfänge der Gartenstadtbewegung in Südwestdeutschland. In: Kirchgässner, Bernhard/Schultis, Joachim B. (Hg.): Wald, Garten und Park. Vom Funktionswandel der Natur für die Stadt. Südwestdeutscher Arbeitskreis für Stadtgeschichtsforschung, 28. Arbeitstagung (Stadt in der Geschichte 18). Sigmaringen 1993, S. 97–104. <J. Schadt (1993)>

Schadt, Jörg: „Alles, was mit der Geschichte unserer Stadt zusammenhängt, muss gesammelt, geordnet und durchforstet werden." 90 Jahre Stadtarchiv. In: MGBl NF 4 (1997), S. 651–666. <J. Schadt (1997)>

Schaier, Joachim: Karl Lanz. In: Badische Biographien. NF Bd. 5. Im Auftrag der Kommission für geschichtliche Landeskunde in Baden-Württemberg hg. von Fred Ludwig Sepaintner. Stuttgart 2005, S.173–176. <J. Schaier (2005)>

Scheffler, Karl: Paris. Notizen. Leipzig 1908. <K. Scheffler (1908)>

Schellack, Fritz: Sedan- und Kaisergeburtstagsfeste. In: Düding, Dieter/Friedemann, Peter/ Münch, Paul (Hg.): Öffentliche Festkultur. Politische Feste in Deutschland von der Aufklärung bis zum Ersten Weltkrieg. Reinbek 1988, S. 278–297. <F. Schellack (1988)>

Schenk, Andreas: Mannheim und seine Bauten 1907–2007. Bd. 2: Bauten für Verwaltung, Handel und Gewerbe. Hg. vom Stadtarchiv Mannheim und vom Mannheimer Architektur und Bauarchiv e.V. Mannheim 2000. <A. Schenk (2000)>

Schenk, Andreas: Mannheim und seine Bauten 1907–2007. Bd. 3: Bauten für Bildung, Kultus, Kunst und Kultur. Hg. vom Stadtarchiv Mannheim und vom Mannheimer Architektur- und Bauarchiv e.V. Mannheim 2002. <A. Schenk (2002)>

Schenk, Andreas: Mannheim und seine Bauten 1907–2007. Bd. 4: Bauten für Verkehr, Industrie, Gesundheit und Sport. Hg. vom Stadtarchiv Mannheim und vom Mannheimer Architektur- und Bauarchiv e.V. Mannheim 2004. <A. Schenk (2004)>

Schenk, Andreas: Mannheim und seine Bauten 1907–2007. Bd. 5: Bauten für Wohnen, Soziales, Plätze und Grünanlagen. Hg. vom Stadtarchiv Mannheim und vom Mannheimer Architektur- und Bauarchiv e.V. Mannheim 2005. <A. Schenk (2005)>

Schenk, Andreas: Mannheim und seine Bauten 1907–2007. Bd. 1: Stadtplanung und Stadtentwicklung. Hg. vom Stadtarchiv Mannheim und vom Mannheimer Architektur- und Bauarchiv e.V. Mannheim 2006. <A. Schenk (2006)>

Schepers, Wolfgang: Düsseldorf als Ausstellungsstadt. In: Ders. (Hg.): Düsseldorf. Eine Großstadt auf dem Weg in die Moderne. Kunstmuseum Düsseldorf (Der westdeutsche Impuls 1900–1914. Kunst und Umweltgestaltung im Industriegebiet 1). Düsseldorf 1984, S. 15–31. <W. Schepers (1984)>

Scherner, Karl Otto: Advokaten, Revolutionäre, Anwälte. Die Geschichte der Mannheimer Anwaltschaft (Quellen und Darstellungen zur Mannheimer Stadtgeschichte 5). Sigmaringen 1997. <K.O. Scherner (1997)>

Schill, Wilhelm Friedrich: Baden und die preußische Unionspolitik 1849–50. Ein Beitrag zur Geschichte der deutschen Einheitsbewegung. Heidelberg 1930. <W.F. Schill (1930)>

Schill, Wilhelm Friedrich: Baden auf den Dresdener Konferenzen 1850/51. In: ZGO 83 (1931), S. 505–551. <W.F. Schill, Dresdener Konferenzen (1931)>

Schill, Wilhelm Friedrich: Militärische Beziehungen zwischen Preußen und Baden in den Jahren 1849 und 1850. In: Forschungen zur Brandenburgischen und Preußischen Geschichte 43 (1931), S. 290–333. <W.F. Schill, Militärische Beziehungen (1931)>

Schimpf, Rainer: Offenburg 1802–1847. Zwischen Reichsstadt und Revolution. Karlsruhe 1997. <R. Schimpf (1997)>

Schivelbusch, Wolfgang: Lichtblicke. Zur Geschichte der künstlichen Helligkeit im 19. Jahrhundert. München 1983. <W. Schivelbusch (1983)>

Schlage, Karl-Hermann: Albrecht Hänlein (1846–1909), Organist und Chorleiter. Sein Beitrag zum Mannheimer Musikleben vor hundert Jahren. In: MGBl NF 5 (1998), S. 149–169. <K.-H. Schlage (1998)>

Schlage, Karl-Hermann: Auf den Spuren von Ferdinand Langer, Musiker und Kapellmeister in Mannheim. In: MGBl NF 10 (2003), S. 117–145. <K.-H. Schlage (2003)>

Schlick, Heinrich: Die rechtsrheinische Pfalz beim Anfall an Baden. Karlsruhe 1930. <H. Schlick (1930)>

Schlick, Heinrich: Die wirtschaftlichen und kulturellen Zustände der rechtsrheinischen Pfalz beim Anfall an Baden. In: ZGO NF 45 (1932), S. 407–456. <H. Schlick (1932)>

Schlösser, Susanne: Das Goldene Buch des Liederkranzes. Die Chronik eines jüdischen Männergesangvereins in Mannheim 1856–1938 (Stadtgeschichte digital 4). Mannheim 2004. <S. Schlösser (2004)>

Schlösser, Susanne: Eine Neigung für die rote Mütze? Im Zeitalter der Französischen Revolution (1789–1801). In: Nieß, Ulrich/Caroli, Michael (Hg.): Geschichte der Stadt Mannheim. Bd. 1: 1607–1801. Ubstadt-Weiher 2007, S. 586–644. <S. Schlösser (2007)>

Schnabel, Franz: Deutsche Geschichte im neunzehnten Jahrhundert. Bd. 1: Die Grundlagen. Unveränderter Nachdruck der Ausgabe 1929. München 1987. <F. Schnabel (1929/1987)>

Schöppa, Gottlob: Das Volksschulwesen. In: Hinneberg, Paul (Hg.): Die Kultur der Gegenwart. Ihre Entwicklung und ihre Ziele. Bd. 1,1: Die allgemeinen Grundlagen der Kultur der Gegenwart. Berlin/Leipzig 1906, S. 87–119. <G. Schöppa (1906)>

Schoeps, Julius: Von Olmütz nach Dresden 1850/51. Ein Beitrag zur Geschichte der Reformen am Deutschen Bund. Darstellung und Dokumente. Köln/Berlin 1972. <J. Schoeps (1972)>

Schott, Dieter: Die Konstanzer Gesellschaft 1918–1924 (Schriftenreihe des Arbeitskreises für Regionalgeschichte Bodensee e.V. 10). Konstanz 1989. <D. Schott (1989)>

Schott, Dieter: Eine Bürgertram für die Residenzstadt: Planung, Bau und Betrieb der Elektrischen in Darmstadt, 1890–1945. In: Schott, Dieter/Klein, Stefan (Hg.): Mit der Tram ins nächste Jahrtausend. Geschichte, Gegenwart und Zukunft der elektrischen Straßenbahn. Essen 1998, S. 69–85. <D. Schott (1998)>

Schott, Dieter: Die Vernetzung der Stadt. Kommunale Energiepolitik, öffentlicher Nahverkehr und die „Produktion" der modernen Stadt. Darmstadt – Mannheim – Mainz 1880–1918. Darmstadt 1999. <D. Schott, Vernetzung (1999)>

Schott, Dieter: Lichter und Ströme der Großstadt. Technische Vernetzung als Handlungsfeld für die Stadt-Umland-Beziehungen um 1900. In: Zimmermann, Clemens/Reulecke, Jürgen (Hg.): Die Stadt als Moloch? Das Land als Kraftquell? Wahrnehmungen und Wirkungen der Großstädte um 1900. Basel/Boston/Berlin 1999, S. 117–140. <D. Schott, Lichter und Ströme (1999)>

Schott, Dieter: Remodeling „Father Rhine": the Case of Mannheim 1825–1914. In: Anderson, Susan C./ Tabb, Bruce H. (Hg.): Water, Culture and Politics in Germany and the American West. New York u.a. 2001, S. 203–225. <D. Schott (2001)>

Schott, Dieter: The Formation of an Urban Industrial Policy to counter pollution in German Cities (1890-1914). In: Bernhardt, Christoph (Hg.): Le démon moderne. La pollution dans les sociétés urbaines et industrielles d'Europe. The Modern Demon. Pollution in Urban and Industrial European Societies. Clermont-Ferrand 2002, S. 311–332. <D. Schott (2002)>

Schott, Sigmund: Die Gebürtigkeit der Mannheimer Bevölkerung (Beiträge zur Statistik der Stadt Mannheim 14/1). Mannheim 1905. <S. Schott (1905)>

Schott, Sigmund: Der Industriehafen zu Mannheim. Festschrift zur Einweihung des Hafens am 3. Juni 1907. Mannheim 1907. <S. Schott, Industriehafen (1907)>

Schott, Sigmund: Wachstum und Gliederung der Bevölkerung. In: Mannheim in Vergangenheit und Gegenwart. Bd. 3: Mannheim seit der Gründung des Reiches (1871–1907). Im Auftrag des Stadtrates dargestellt vom Statistischen Amt (Schriftleitung Sigmund Schott). Mannheim 1907, S. 180–193. <S. Schott, Wachstum (1907)>

Schott, Sigmund: Die Bautätigkeit. In: Mannheim in Vergangenheit und Gegenwart. Bd. 3: Mannheim seit der Gründung des Reiches (1871–1907). Im Auftrag des Stadtrates dargestellt vom Statistischen Amt (Schriftleitung Sigmund Schott). Mannheim 1907, S. 206–214 <S. Schott, Bautätigkeit (1907)>

Schott, Sigmund: Der Wohnungsmarkt. In: Mannheim in Vergangenheit und Gegenwart. Bd. 3: Mannheim seit der Gründung des Reiches (1871–1907). Im Auftrag des Stadtrates dargestellt vom Statistischen Amt (Schriftleitung Sigmund Schott). Mannheim 1907, S. 214–216. <S. Schott, Wohnungsmarkt (1907)>

Schraut, Sylvia: Zwei Jahre Arbeit im Dienste von Stadtimage und bürgerschaftlichem Engagement. In: Schraut, Sylvia/Illing, Margit (Hg.): Mannheim 1707 – 1807 – 1907. Eine Stadt feiert sich selbst. Kulturgeschichtliche Facetten kommunaler Repräsentation (Sonderveröffentlichung des Stadtarchivs Mannheim – Institut für Stadtgeschichte 34). Mannheim 2007, S. 209–214. <S. Schraut, Arbeit (2007)>

Schraut, Sylvia: Und überall Licht, Licht, Licht! In: Schraut, Sylvia/Illing, Margit (Hg.): Mannheim 1707 – 1807 – 1907. Eine Stadt feiert sich selbst. Kulturgeschichtliche Facetten kommunaler Repräsentation (Sonderveröffentlichung des Stadtarchivs Mannheim – Institut für Stadtgeschichte 34). Mannheim 2007, S. 78–81. <S. Schraut, Licht (2007)>

Schraut, Sylvia: Mobilität im Bild, zu Wasser und in den Lüften – der Vergnügungspark. In: Schraut, Sylvia/ Illing, Margit (Hg.): Mannheim 1707 – 1807 – 1907. Eine Stadt feiert sich selbst. Kulturgeschichtliche Facetten kommunaler Repräsentation (Sonderveröffentlichung des Stadtarchivs Mannheim – Institut für Stadtgeschichte 34). Mannheim 2007, S. 72–77. <S. Schraut, Mobilität (2007)>

Schraut, Sylvia: Die Sondergärten. In: Schraut, Sylvia/Illing, Margit (Hg.): Mannheim 1707 – 1807 – 1907. Eine Stadt feiert sich selbst. Kulturgeschichtliche Facetten kommunaler Repräsentation (Sonderveröffentlichung des Stadtarchivs Mannheim – Institut für Stadtgeschichte 34). Mannheim 2007, S. 60–64. <S. Schraut, Sondergärten (2007)>

Schraut, Sylvia: Eine Stadt feiert sich selbst. In: Schraut, Sylvia/Illing, Margit (Hg.): Mannheim 1707 – 1807 – 1907. Eine Stadt feiert sich selbst. Kulturgeschichtliche Facetten kommunaler Repräsentation (Sonderveröffentlichung des Stadtarchivs Mannheim – Institut für Stadtgeschichte 34). Mannheim 2007, S. 31–52. <S. Schraut, Stadt (2007)>

Schraut, Sylvia/Illing, Margit (Hg.): Mannheim 1707 – 1807 –1907. Eine Stadt feiert sich selbst. Kulturgeschichtliche Facetten kommunaler Repräsentation (Sonderveröffentlichung des Stadtarchivs Mannheim – Institut für Stadtgeschichte 34). Mannheim 2007. <S. Schraut/M. Illing (2007)>

Schröter, Hans: Friedrich Engelhorn. Ein Unternehmer-Porträt des 19. Jahrhunderts. Landau/Pfalz 1991. <H. Schröter (1991)>

Schröter, Hans: Friedrich Engelhorn. Ein Unternehmer-Porträt des 19. Jahrhunderts. 2. Aufl. Landau/Pfalz 1992. <H. Schröter (1992)>

Schupp, Ottmar: Zwei Jugendbriefe Julius Jollys an seinen Freund Franz v. Roggenbach aus den Jahren 1848/49. In: MGBl 32 (1931), Sp. 141–150, 173–178. <O. Schupp (1931)>

Schuster-Schmah, Sigrid: „Lass dich gelüsten nach der Männer Bildung, Kunst, Weisheit und Ehre". 200 Jahre Geschichte des höheren Mädchenschulwesens in Mannheim. In: Thomas, Ilse/Schraut, Sylvia (Hg.): ZeitenWandel. Frauengenerationen in der Geschichte Mannheims (Frauen in der Geschichte Mannheims 2). Mannheim 1995, S. 168–183. <S. Schuster-Schmah (1995)>

Schwarzmaier, Hansmartin: Baden. Dynastie – Land – Staat. Stuttgart u.a. 2005. <H. Schwarzmaier (2005)>

Scotti, Roland: Die „Internationale Kunst-Ausstellung 1907" in Mannheim (Kunst und Dokumentation 9). Mannheim 1985. <R. Scotti (1985)>

Seeber, Günther: Kommunale Sozialpolitik in Mannheim 1888–1914 (Südwestdeutsche Schriften 8). Mannheim 1989. <G. Seeber (1989)>

Seeber, Günther: Privilegien für Arbeiter im Öffentlichen Dienst? Die Mannheimer Regiebetriebe im Kaiserreich vor 1914. In: MH (1990), S. 125–132. <G. Seeber (1990)>

Seeger, Carl: Sammlung der für die Stadt Mannheim gültigen Ortsstatuten und der damit zusammenhängenden Satzungen und Gemeindebeschlüsse. Mannheim 1899. <C. Seeger (1899)>

Seeger, Carl: Organisation der Gemeindeverwaltung. In: Mannheim in Vergangenheit und Gegenwart. Bd. 3: Mannheim seit der Gründung des Reiches (1871–1907). Im Auftrag des Stadtrates dargestellt vom Statistischen Amt (Schriftleitung Sigmund Schott). Mannheim 1907, S. 65–87. <C. Seeger (1907)>

Seggern, Andreas von: Höhenflug eines großen Geistes: Betrachtungen zu Johann Schütte. In: Schütte-Lanz - „Im Schatten des Titanen". Zeppelin Museum Friedrichshafen. Friedrichshafen 2001, S. 13–39. <A. v. Seggern (2001)>

Seidel, Winfried A.: Carl Benz. Eine badische Geschichte. Die Vision vom „Pferdelosen Wagen" verändert die Welt. 2. Aufl. Weinheim 2007. <W.A. Seidel (2007)>

Seitz, Ariane: 27.–28. Juni: Der Großabnehmerkongress der Sunlight Seifenfabrik GmbH. In: Schraut, Sylvia/Illing, Margit (Hg.): Mannheim 1707 – 1807 – 1907. Eine Stadt feiert sich selbst. Kulturgeschichtliche Facetten kommunaler Repräsentation (Sonderveröffentlichung des Stadtarchivs Mannheim – Institut für Stadtgeschichte 34). Mannheim 2007, S. 159–162. <A. Seitz (2007)>

Sepaintner, Fred: Die badische Presse im Kaiserreich – Spiegelbild der Parteienverhältnisse vor dem Ersten Weltkrieg. In: ZGO 128 (1980), S. 403–413. <F. Sepaintner (1980)>

Seyfried, Karl: Mannheimer Zeitungen und ihre Geschichte. Mannheim 1969. <K. Seyfried (1969)>

Sickinger, Anton: Das Volksschulwesen. In: Mannheim in Vergangenheit und Gegenwart. Bd. 3: Mannheim seit der Gründung des Reiches (1871–1907). Im Auftrag des Stadtrates dargestellt vom Statistischen Amt (Schriftleitung Sigmund Schott). Mannheim 1907, S. 483–501. <A. Sickinger (1907)>

Siebeneck, Friedrich: Die Geschichte der Mannheimer Dampfschleppschiffahrts-Gesellschaft. In: Das Rheinschiff 7 (1892), S. 1–4. <F. Siebeneck (1892)>

Siemann, Wolfram: Der „Polizeiverein“ deutscher Staaten. Eine Dokumentation zur Überwachung der Öffentlichkeit nach der Revolution von 1848/49 (Studien zur Sozialgeschichte der Literatur 9). Tübingen 1983. <W. Siemann (1983)>

Sigel, Franz: Denkwürdigkeiten des Generals Franz Sigel aus den Jahren 1848 und 1849. Hg. von Wilhelm Blos. Mannheim 1902. <F. Sigel (1902)>

Spannagel, Walter: Eduard Moll (1814-1896). In: Nieß, Ulrich/Caroli, Michael (Hg.): Die höchste Auszeichnung der Stadt. 42 Mannheimer Ehrenbürger im Porträt (Kleine Schriften des Stadtarchivs Mannheim 18). Mannheim 2002, S. 54 f. <W. Spannagel (2002)>

Speer, Albert: Erinnerungen. Berlin 1970. <A. Speer (1970)>

Die Stadt- und Landkreise Heidelberg und Mannheim. Amtliche Kreisbeschreibung. Bd. 3: Die Stadt Mannheim und die Gemeinden des Landkreises Mannheim. Hg. von der Staatlichen Archivverwaltung Baden-Württemberg in Verbindung mit den Städten und den Landkreisen Heidelberg und Mannheim (Die Stadt- und Landkreise in Baden Württemberg). Karlsruhe 1970. <Stadt- und Landkreise Heidelberg und Mannheim (1970)>

Städteordnung für das Großherzogthum Baden. Amtliche Zusammenstellung. Karlsruhe 1874. <Städteordnung (1874)>

Stahl, Ernst Leopold: Das Mannheimer Nationaltheater. Ein Jahrhundert deutscher Theaterkultur im Reich. Mannheim 1929. <E.L. Stahl (1929)>

Stephan, Joachim: Aller Anfang ist schwer: Die Anfänge des Eisenbahnbetriebs in den 1840er und 1850er Jahren. In: Eisenbahn-Fieber. Badens Aufbruch ins Eisenbahnzeitalter. Hg. vom Landesmuseum für Technik und Arbeit in Mannheim u.a. Ubstadt-Weiher 1990, S. 116–144. <J. Stephan (1990)>

Stephani, Paul: Die Gesundheitspflege in Mannheim. Festgabe der Stadt Mannheim zur 30. Jahres-Versammlung des deutschen Vereins für öffentliche Gesundheitspflege. Mannheim 1905. <P. Stephani (1905)>

Stiefel, Karl: Baden 1648–1952. Bd. 1. Karlsruhe 1977. <K. Stiefel (1977) Bd. 1>

Stier, Bernhard/Krauß, Martin: Drei Wurzeln – ein Unternehmen. 125 Jahre Bilfinger Berger AG. Heidelberg u.a. 2005. <B. Stier/M. Krauß (2005)>

Stockert, Harald: Reinhard Freiherr von Berstett (1769–1837). In: Nieß, Ulrich/Caroli, Michael (Hg.): Die höchste Auszeichnung der Stadt. 42 Mannheimer Ehrenbürger im Porträt (Kleine Schriften des Stadtarchivs Mannheim 18). Mannheim 2002, S. 18–20. <H. Stockert (2002)>

Stockert, Harald: „Wir werden das goldene Zeitalter erleben“. Mannheim wird badisch (1802/03). In: Badische Heimat 83 (2003), S. 366–375. <H. Stockert (2003)>

Stockert, Harald: Zwischen latenter Depression und unbemerktem Aufbruch. Das Stadtjubiläum 1807. In: Schraut, Sylvia/Illing, Margit (Hg.): Mannheim 1707 – 1807 – 1907. Eine Stadt feiert sich selbst. Kulturgeschichtliche Facetten kommunaler Repräsentation (Sonderveröffentlichung des Stadtarchivs Mannheim – Institut für Stadtgeschichte 34). Mannheim 2007, S. 19–29. <H. Stockert (2007)>

Storck, Joachim W.: Herbert Tannenbaum – Versuch einer Lebensbeschreibung. In: Für die Kunst. Herbert Tannenbaum und sein Kunsthaus. Ausstellung Städtisches Reiß-Museum Mannheim. Mannheim 1994, S. 15–36. <J.W. Storck (1994)>

75 Jahre Elektrischer Straßenbahnbetrieb in Mannheim. 10. Dezember 1900 – 10. Dezember 1975. Hg. von der Mannheimer Verkehrs-Aktiengesellschaft (MVG). Mannheim 1975. <Straßenbahnbetrieb (1975)>

Stratmann-Döhler, Rosemarie: Stephanie Napoleon. Großherzogin von Baden 1789–1860. Ausstellung anlässlich der 200. Wiederkehr ihres Geburtstages. Karlsruhe 1989. <R. Stratmann-Döhler (1989)>

Straub, Karl Anton: Mannheimer Kirchengeschichte. Katholische Vergangenheit und Gegenwart. Mannheim 1957. <K. A. Straub (1957)>

Struve, Amalie: Erinnerungen aus den badischen Freiheitskämpfen. Den deutschen Frauen gewidmet. Hamburg 1850. <A. Stuve (1850)>

Struve, Gustav von: Actenstücke der Censur des Großherzoglich Badischen Regierungs-Rats von Uria-Sacharaga. Eine Recursschrift an das Publikum. Mannheim/Heidelberg 1845. <G. v. Struve (1845)>

Struve, Gustav von: Actenstücke der Mannheimer Censur und Polizei. Zweite Recursschrift an das Publikum. Mannheim/Heidelberg 1846. <G. v. Struve, Zweite Recursschrift (1846)>

Struve, Gustav von: Actenstücke der badischen Censur und Polizei. Dritte Recursschrift an das Publikum. Mannheim/Heidelberg 1846. <G. v. Struve, Dritte Recursschrift (1846) >

Struve, Gustav von: Grundzüge der Staatswissenschaft. 4 Bde. Mannheim 1848. <G. v. Struve (1848)>

Struve, Gustav von: Geschichte der drei Volkserhebungen in Baden. Veränderter Nachdruck der Ausgabe 1849. Freiburg i.Br. 1980. <G. v. Struve (1849/1980)>

Tascher de la Pagerie, Comtesse Stephanie de: Mon séjour aux Tuileries 1852–1858. 2. Aufl. Paris 1893. <C. St. de Tascher de la Pagerie (1893)>.

Teutsch, Friedrich: Stadt und Standort, Bau und Bauherren der Baden-Württembergischen Bank. Mannheim 1994. <F. Teutsch (1994)>

Teutsch, Friedrich: Genealogische Tafeln. In: Ryll, Monika: Lukas Strauss. Badisches Bürgertum im Kaiserreich (Kleine Schriften des Stadtarchivs Mannheim 3). Mannheim 1996, S. 49–57. <F. Teutsch (1996)>

Teutsch, Friedrich: Carl Reiß – Finanzmann, Mäzen, Naturfreund. In: MGBl NF 4 (1997), S. 495–502. <F. Teutsch (1997)>

Tillessen, Rudolf: Das Großherzogliche Schloss zu Mannheim. Ausgewählte Innendekorationen. Mannheim 1897. <R. Tillessen (1897)>

Tolxdorff, Leo Adalbert: Der Aufstieg Mannheims im Bilde seiner Eingemeindungen (1895–1930). Stuttgart 1961. <L. A. Tolxdorff (1961)>

Tolzmann, Don Heinrich (Hg.): The German-American Forty-eighters 1848–1998 (Publications of the German-American Center 11). Indianapolis 1998. <D.H. Tolzmann (1998)>

„... dem Treiben der Narrenvereine mit allen zulässigen Mitteln entgegentreten ...". Der Jahresbericht des Großherzoglich Badischen Bezirksamts Mannheim für 1884/85. Hg. und bearbeitet von Jörg Schadt. (Sonderveröffentlichung des Stadtarchivs Mannheim 18). Mannheim 1987. <Treiben der Narrenvereine (1987)>

Treue, Wilhelm: Der Krimkrieg und seine Bedeutung für die Entstehung der modernen Flotten. 2. Aufl. Herford 1980. <W. Treue (1980)>

Treue, Wilhelm: Neue Verkehrsmittel im 19. und 20. Jahrhundert. Dampf-Schiff und -Eisenbahn, Fahrrad, Automobil, Luftfahrzeuge. In: Pohl, Hans (Hg.): Die Bedeutung der Kommunikation für Wirtschaft und Gesellschaft. Referate der 12. Arbeitstagung der Gesellschaft für Sozial- und Wirtschaftsgeschichte vom 22.–25.4.1987 in Siegen (Vierteljahrschrift für Sozial- und Wirtschaftsgeschichte, Beiheft 87). Stuttgart 1989, S. 321–357. <W. Treue (1989)>

Troeger, Barbara: Der Mannheimer Altertumsverein 1859–1914. In: MGBl NF 1 (1994), S. 273–327. <B. Troeger (1994)>

Die größte Ueberschwemmung des neunzehnten Jahrhunderts in der Neckar-, Main-, Mosel- und Rheingegend, sowie an vielen anderen Orten Deutschlands. Reutlingen o.J. <Ueberschwemmung (o.J.)>

Ullmann, Hans-Peter: Baden 1800 bis 1830. In: Schwarzmaier, Hansmartin u.a. (Hg.): Handbuch der baden-württembergischen Geschichte. Im Auftrag der Kommission für geschichtliche Landeskunde in Baden-Württemberg Bd. 3: Vom Ende des alten Reiches bis zum Ende der Monarchien. Stuttgart 1992, S. 25–78. <H.-P. Ullmann (1992)>

Varnhagen, Karl August: Denkwürdigkeiten des eigenen Lebens. Bd. 3. Hg. von Konrad Feilchenfeldt. Frankfurt a.M. 1987. <K.A. Varnhagen (1987)>

Verhandlungen der Stände-Versammlung des Großherzogthums Baden 1819-1850. Protokolle der zweiten Kammer. Karlsruhe 1819-1850. <Verhandlungen (Jahr)>

Verwaltungsbericht des Stadtrathes der Großherzoglich Badischen Hauptstadt Mannheim für die Jahre 1892, 1893 und 1894. Bd. 1. Mannheim 1896. <Verwaltungsbericht 1892-94 Bd. 1>

Verwaltungsbericht des Stadtrathes der Großherzoglich Badischen Hauptstadt Mannheim für die Jahre 1892, 1893 und 1894. Bd. 2. Mannheim 1896. <Verwaltungsbericht 1892-94 Bd. 2>

Verwaltungs- und Rechenschaftsbericht der Großherzoglich Badischen Hauptstadt Mannheim für 1907. Mannheim 1909. <Verwaltungsbericht 1907>

Verwaltungs- und Rechenschaftsbericht der Großherzoglich Badischen Hauptstadt Mannheim für 1908. Mannheim 1910. <Verwaltungsbericht 1908>

Verwaltungs- und Rechenschaftsbericht der Großherzoglich Badischen Hauptstadt Mannheim für 1911. Mannheim 1913. <Verwaltungsbericht 1911>

Verwaltungs- und Rechenschaftsbericht der Großherzoglich Badischen Hauptstadt Mannheim für 1913. Mannheim (1915) <Verwaltungsbericht 1913>

Neuestes Verzeichniß sämmtlicher Gebäude in Mannheim mit Bemerkung ihrer dermaligen Eigenthümer und Aufgabe des Schatzungs-Capitals und des Brandversicherungs-Capitals. Mannheim 1831. < Verzeichniß sämmtlicher Gebäude (1831)>

Voß, Wilhelm von: Der Feldzug in der Pfalz und in Baden im Jahre 1849. Berlin 1903. <W. v. Voß (1903)>

Wachenheim, Hedwig: Vom Großbürgertum zur Sozialdemokratie. Memoiren einer Reformistin (Historische Kommission zu Berlin. Beihefte zur Internationalen wissenschaftlichen Korrespondenz zur Geschichte der deutschen Arbeiterbewegung 1). Berlin 1973. <H. Wachenheim (1973)>

Wäldin, Herbert: Christuskirche Mannheim 1911–1961. Mannheim 1961. <H. Wäldin (1961)>

Waldeck, Florian: Alte Mannheimer Familien 1 (Schriften der Familiengeschichtlichen Vereinigung Mannheim). Mannheim 1920. <F. Waldeck 1 (1920)>

Waldkirch, Julius: Ein Beitrag zur Geschichte der Freimaurerei in Mannheim anlässlich des 225jährigen Jubiläums der Johannis-Freimaurerloge „Carl zur Eintracht" i.O. Mannheim. Mannheim 1981. <J. Waldkirch (1981)>

Waller, Franz: „Wahren Werth hat allein die Photographie." Jakob August Lorent, ein deutscher Reisephotograph. In: Lorent, Jakob August: Egypten, Alhambra, Tlemsen, Algier. Reisebilder aus den Anfängen der Photographie. Nachdruck der Ausgabe 1861. Zusammengestellt und eingeleitet von Schirmer, Wulf/Schnuchel, Werner/Waller, Franz. Mainz 1985, S. 231–241. <F. Waller (1985)>

Walter, Friedrich: Mannheim in Vergangenheit und Gegenwart. Bd. 1: Geschichte Mannheims von den ersten Anfängen bis zum Übergang an Baden 1802. Mannheim 1907. <F. Walter (1907) Bd. 1>

Walter, Friedrich: Mannheim in Vergangenheit und Gegenwart. Bd. 2: Geschichte Mannheims vom Übergang an Baden (1802) bis zur Gründung des Reiches. Mannheim 1907. <F. Walter (1907) Bd. 2>

Walter, Friedrich: Karlsruhe oder Mannheim badische Residenz? Denkschrift des Regierungsrats Friederich von 1804. In: MGBl 14 (1913), Sp. 10–16, 34–42. <F. Walter (1913)>

Walter, Friedrich: Zur Baugeschichte des Mannheimer Rathauses. In: MGBl 24 (1923), Sp. 79–85. <F. Walter (1923)>

Walter, Friedrich: Karl Maria von Weber in Mannheim und Heidelberg 1810 und sein Freundeskreis. In: MGBl 25 (1924), Sp. 18–73. <F. Walter (1924)>

Walter, Friedrich: Otto Beck. In: Badische Biographien 6. Teil: 1901-1910. Im Auftrage der Badischer Historischen Kommission hg. von Albert Krieger und Karl Obser. Heidelberg 1935, S. 192–200. <F. Walter (1935)>

Walter, Friedrich: Stephanie Napoleon. Lebensweg und Weggenossen 1789–1860. Baden-Baden 1948. <F. Walter (1948)>

Walter, Friedrich: Schicksal einer deutschen Stadt. Geschichte Mannheims 1907–1945. Bd. I. Frankfurt a.M. 1949. <F. Walter (1949)>

Walter, Friedrich/Schade, Hermann: Mannheim 1907. Ein Gedenkbuch über das Jubiläumsjahr und seine Ausstellung. Mannheim 1907. <F. Walter/H. Schade (1907)>

Walter, Rolf: Märkte, Börsen, Messen, Ausstellungen und Konferenzen im 19. und 20. Jahrhundert. In: Pohl, Hans (Hg.): Die Bedeutung der Kommunikation für Wirtschaft und Gesellschaft. Referate der 12. Arbeitstagung der Gesellschaft für Sozial- und Wirtschaftsgeschichte vom 22.–25.4.1987 in Siegen (Vierteljahrschrift für Sozial- und Wirtschaftsgeschichte, Beiheft 87). Stuttgart 1989, S. 379–440. <R. Walter (1989)>

Wasielewski, Andreas: Der kurhessische Verfassungskonflikt von 1850 in der Bewertung des deutschen Konstitutionalismus (Hessische Forschungen zur geschichtlichen Landes- und Volkskunde 19). Kassel 1990. <A. Wasielewski (1990)>

Waßmuth, Britta: Im Spannungsfeld zwischen Hof, Stadt und Judengemeinde. Soziale Beziehungen und Mentalitätswandel der Hofjuden in der kurpfälzischen Residenzstadt Mannheim am Ausgang des Ancien Régime (Sonderveröffentlichung des Stadtarchivs Mannheim – Institut für Stadtgeschichte 32). Ludwigshafen a.Rh. 2005. <B. Waßmuth (2005)>

Watzinger, Karl Otto: Geschichte der Juden in Mannheim 1650–1945 (Veröffentlichungen des Stadtarchivs Mannheim 12). Stuttgart u.a. 1984. <K.O. Watzinger (1984)>

Watzinger, Karl Otto: Geschichte der Juden in Mannheim 1650–1945 (Veröffentlichungen des Stadtarchivs Mannheim 12). 2. Aufl. Stuttgart u.a. 1987. <K.O. Watzinger (1987)>

Watzinger, Karl Otto: Ludwig Frank. Ein deutscher Politiker jüdischer Herkunft (Quellen und Darstellungen zur Mannheimer Stadtgeschichte 3). Sigmaringen 1995. <K.O. Watzinger (1995)>

Weber, Max: Die Börse. Bd. 1: Zweck und äußere Organisation der Börsen. Bd. 2: Der Börsenverkehr. Göttingen 1894. <M. Weber (1894) Bd. 1, 2>

Weber, Rolf (Hg.): Revolutionsbriefe 1848/49. Frankfurt a.M. 1973. <R. Weber (1973)>

Weckesser, Hans: Geliebter Wasserturm. Die Geschichte des Mannheimer Wahrzeichens. Mannheim 1991. <H. Weckesser (1991)>

Weis, Eberhard: Montgelas. Bd. 2: Der Architekt des modernen bayerischen Staates 1799–1838. München 2005. <E. Weis (2005)>

Welck, Karin von: Anna Reiß. Opernsängerin, Mäzenin, Ehrenbürgerin von Mannheim. In: Stadt ohne Frauen? Frauen in der Geschichte Mannheims. Hg. von der Frauenbeauftragten der Stadt Mannheim und den Autorinnen. Mannheim 1993, S. 127–132. <K. v. Welck (1993)>

„Weltausstellungen im 19. Jahrhundert". Neue Sammlung München. Hg. von Beutler, Christian/Metken, Günter. München 1973, S. 167–207. <Weltausstellungen (1973)>

Wennemann, Jürgen: Die Wohnungspolitik der Stadt Mannheim bis 1914. Programmatik und Wirklichkeit. In: Rodriquez-Lores, Juan/Banik-Schweitzer, Renate (Hg.): Die Kleinwohnungsfrage. Zu den Ursprüngen des sozialen Wohnungsbaus in Europa. Hamburg 1988, S. 279–290. <J. Wennemann (1988)>

Wennemuth, Udo: Geschichte der evangelischen Kirche in Mannheim (Quellen und Darstellungen zur Mannheimer Stadtgeschichte 4). Sigmaringen 1996. <U. Wennemuth (1996)>

Wennemuth, Udo: Der Mannheimer Maimarkt in vier Jahrhunderten (Kleine Schriften des Stadtarchivs Mannheim 16). Mannheim 2000. <U. Wennemuth (2000)>

Wennemuth, Udo: Luthergedenken in Mannheim 1883 und 1933. In: MGBl NF 9 (2002), S. 399–420. <U. Wennemuth (2002)>

Werke aus dem Mannheimer Kunstverlag von Artaria & Fontaine. In: MGBl 10 (1909), Sp. 62–67. <Werke (1909)>

Werner, Ferdinand: Die kurfürstliche Residenz zu Mannheim (Beiträge zur Mannheimer Architektur- und Baugeschichte 4). Worms 2006. <F. Werner (2006)>

Werther, Julius von: Erinnerungen und Erfahrungen eines Hoftheater-Intendanten. Stuttgart 1911. <J. v. Werther (1911)>

Wettmann-Jungblut, Peter: „Stelen inn rechter hungersnodtt". Diebstahl, Eigentumsschutz und strafrechtliche Kontrolle im vorindustriellen Baden 1600–1850. In: Dülmen, Richard van (Hg.): Verbrechen, Strafen und soziale Kontrolle (Studien zur historischen Kulturforschung 3). Frankfurt a.M. 1990, S. 133–176. <P. Wettmann-Jungblut (1990)>

Wichert, Fritz: Die Mannheimer Museumssammlungen und ihr weiterer Ausbau. Denkschrift verfasst im Auftrag des Oberbürgermeisters. Mannheim 1908. <F. Wichert (1908)>

Wichert, Fritz: Der freie Bund zur Einbürgerung der bildenden Kunst in Mannheim. Eine Werbeschrift. Mannheim 1912. <F. Wichert (1912)>

Wieser, Lothar: 150 Jahre Turnen und Sport in Mannheim. Hg. vom Turn- und Sportverein Mannheim von 1846 e.V. Mannheim 1996. <L. Wieser (1996)>

Wilckens, Theodor: Reichsgräfin Katharina von Ottweiler und ihre Beziehungen zu Mannheim. In: MGBl 1 (1900), Sp. 134–141. <Th. Wilckens (1900)>

Wild, Karl: Karl Theodor Welcker, ein Vorkämpfer des älteren Liberalismus. Heidelberg 1913. <K. Wild (1913)>

Wilk, Ruth Maria: Krankenkassen in Mannheim im ersten Jahrzehnt nach der Einführung des Bismarck'schen Krankenversicherungsgesetzes 1883–1893. Mannheim 2005. <R.M. Wilk (2005)>

Wittke, Carl: Refugees of Revolution. The German Forty-eighters in America. Philadelphia 1952. <C. Wittke (1952)>

Wirtz, Rainer: Widersetzlichkeiten, Excesse, Crawalle, Tumulte und Skandale. Soziale Bewegung und gewalthafter sozialer Protest in Baden 1815–1848. Frankfurt a.M. 1981. <R. Wirtz (1981)>

Wörishoffer, Friedrich: Die sociale Lage der Fabrikarbeiter in Mannheim und dessen nächster Umgebung. Karlsruhe 1891. <F. Wörishoffer (1891)>

Wolf-Holzäpfel, Werner: Katholischer Kirchenbau in Mannheim von 1874 bis heute. Zur Geschichte des Sakralbaus in Nordbaden im 19. und 20. Jahrhundert (Kleine Schriften des Stadtarchivs Mannheim 15). Mannheim 1999. <W. Wolf-Holzäpfel (1999)>

Würtz, Christian: Johann Niklas Friedrich Brauer (1754–1813). Badischer Reformer in napoleonischer Zeit (Veröffentlichungen der Kommission für geschichtliche Landeskunde in Baden-Württemberg B 159). Stuttgart 2005. <C. Würtz (2005)>

Wunder, Bernd: Die badische Beamtenschaft während der Revolution von 1848. In: ZGO 135 (1987), S. 273–290. <B. Wunder (1987)>

Wybrecht, Günther: Die strukturellen Veränderungen der Mannheimer Wirtschaft von 1830 bis 1914. Freiburg i.Br. 1957. <G. Wybrecht (1957)>

Zahlenbelege zur wirtschaftlichen Entwickelung und Bedeutung Mannheims. Dem Deutschen Handelstag gewidmet zu seinem 50jährigen Jubiläum von der Handelskammer für den Kreis Mannheim. Mannheim 1911. <Zahlenbelege 1911>

Zehnter, Johann Anton: Entstehung und Entwicklung der Katholischen Volkspartei und des Zentrums in Baden. (Ursprünglich abgedruckt in : Der Zentrumswähler 1921, S. 115–148.). In: Kremer, Hans-Jürgen (Bearb.): Mit Gott für Wahrheit, Freiheit und Recht. Quellen zur Organisation und Politik der Zentrumspartei und des politischen Katholizismus in Baden 1888–1914 (Veröffentlichungen des Stadtarchivs Mannheim 11). Stuttgart u.a. 1983, S. 26–37. <J.A. Zehnter (1921/1983)>

Zeilinger, Gerhard: Die Pionierzeit des Fußballspiels in Mannheim. Die ersten 25 Jahre von 1894 bis 1919 (100 Jahre Fußballgeschichte Mannheims und Umgebung 1). Mannheim 1992. <G. Zeilinger (1992)>

Zeit zur Aussaat. 100 Jahre Erzbischöfliches Stadtdekanat Mannheim 1902–2002. Hg. vom Kath. Stadtdekanat Mannheim. Mannheim 2002. <Zeit zur Aussaat (2002)>

Zell, Karl: Beleuchtung der Verhandlungen der protestantischen Conferenz in Durlach den 28. November 1859. Freiburg i.Br. 1860. <K. Zell (1860)>

25 Jahre Mannheimer Zentrum. Zum Silber-Jubiläum des Männervereins Zentrum Mannheim. Mannheim 1912. <25 Jahre Mannheimer Zentrum (1912)>

Zimmermann, Clemens: Die Kommunalisierung des Nationaltheaters als stadthistorisches Problem. Vom Beginn der badischen Epoche bis in die 1840er Jahre. In: Spieß, Pirmin (Hg.): Mannheim im Umbruch. Die frühe badische Zeit (Südwestdeutsche Schriften 12). Mannheim 1992, S. 73–94. <C. Zimmermann (1992)>

Zoche, Hartmut: Die Gemeinde – ein kleiner Staat? Motive und Folgen der großherzoglich-badischen Gemeindegesetzgebung 1819–1914. Bd. 1 und 2. Frankfurt a.M. u.a. 1986 <H. Zoche (1986) Bd. 1, 2>

Zucker, Adolf Eduard: The Forty-eighters. Political Refugees of the German Revolution of 1848. New York 1950. <A.E. Zucker (1950)>

200 Jahre von der Tradition zur Zukunft. Hg. Harmonie-Gesellschaft von 1803 e.V. Mannheim 2003. <200 Jahre Harmonie Gesellschaft (2003)>

Ulrich Nieß / Michael Caroli (Hg.)

## Geschichte der Stadt Mannheim

### Band 1 | 1607–1801

688 Seiten mit zahlreichen, z.T. farbigen Abb.
Leinen mit Fadenheftung, Schutzumschlag, 17 × 24 cm
ISBN: 978-3-89735-470-8

Ulrich Nieß / Michael Caroli (Hg.)

## Geschichte der Stadt Mannheim

### Band 3 | 1914–2007

Ca. 600 Seiten mit zahlreichen, z.T. farbigen Abb.
Leinen mit Fadenheftung, Schutzumschlag, 17 × 24 cm
ISBN: 978-3-89735-472-2

Mit CD-ROM zur „Geschichte der Stadt Mannheim“:
Stadtchronik mit über 30 000 elektronisch recherchierbaren Einträgen, großformatige Karten und Pläne

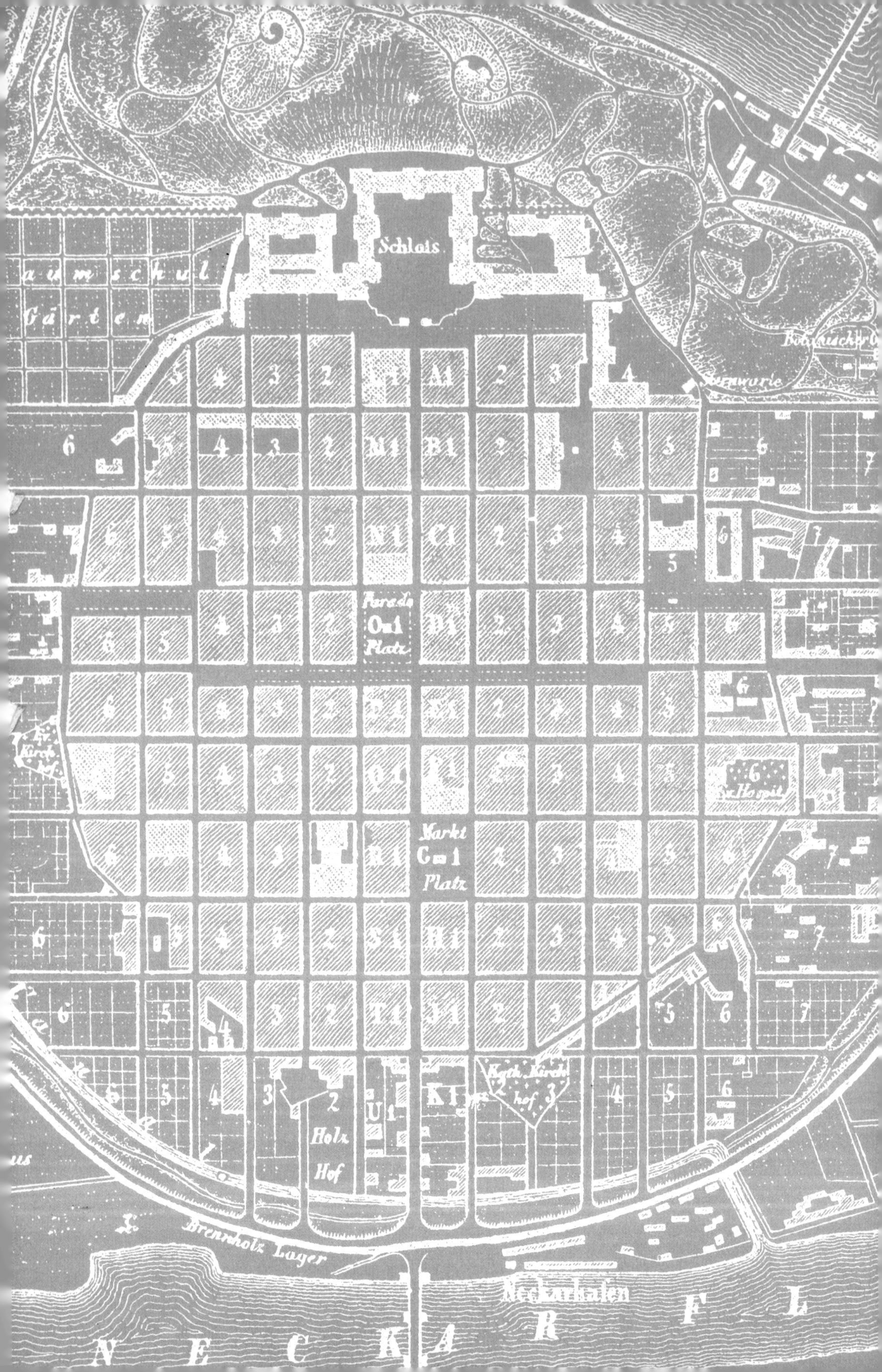
Schloss
Baumschul Gärten
Botanischer Garten
Orangerie
Parade Platz
Markt Platz
Holz Hof
Kath. Kirchhof
Brennholz Lager
Neckarhafen
NECKAR FL